MANUAL DE DIREITO DO
TRABA
LHO

O GEN | Grupo Editorial Nacional – maior plataforma editorial brasileira no segmento científico, técnico e profissional – publica conteúdos nas áreas de concursos, ciências jurídicas, humanas, exatas, da saúde e sociais aplicadas, além de prover serviços direcionados à educação continuada.

As editoras que integram o GEN, das mais respeitadas no mercado editorial, construíram catálogos inigualáveis, com obras decisivas para a formação acadêmica e o aperfeiçoamento de várias gerações de profissionais e estudantes, tendo se tornado sinônimo de qualidade e seriedade.

A missão do GEN e dos núcleos de conteúdo que o compõem é prover a melhor informação científica e distribuí-la de maneira flexível e conveniente, a preços justos, gerando benefícios e servindo a autores, docentes, livreiros, funcionários, colaboradores e acionistas.

Nosso comportamento ético incondicional e nossa responsabilidade social e ambiental são reforçados pela natureza educacional de nossa atividade e dão sustentabilidade ao crescimento contínuo e à rentabilidade do grupo.

ROGÉRIO RENZETTI

MANUAL DE DIREITO DO TRABALHO

6ª edição revista e atualizada

- O autor deste livro e a editora empenharam seus melhores esforços para assegurar que as informações e os procedimentos apresentados no texto estejam em acordo com os padrões aceitos à época da publicação, e todos os dados foram atualizados pelo autor até a data de fechamento do livro. Entretanto, tendo em conta a evolução das ciências, as atualizações legislativas, as mudanças regulamentares governamentais e o constante fluxo de novas informações sobre os temas que constam do livro, recomendamos enfaticamente que os leitores consultem sempre outras fontes fidedignas, de modo a se certificarem de que as informações contidas no texto estão corretas e de que não houve alterações nas recomendações ou na legislação regulamentadora.

- Fechamento desta edição: *24.03.2021*

- O Autor e a editora se empenharam para citar adequadamente e dar o devido crédito a todos os detentores de direitos autorais de qualquer material utilizado neste livro, dispondo-se a possíveis acertos posteriores caso, inadvertida e involuntariamente, a identificação de algum deles tenha sido omitida.

- **Atendimento ao cliente:** (11) 5080-0751 | faleconosco@grupogen.com.br

- Direitos exclusivos para a língua portuguesa
  Copyright © 2021 by
  Editora Forense Ltda.
  Uma editora integrante do GEN | Grupo Editorial Nacional
  Travessa do Ouvidor, 11 – Térreo e 6º andar
  Rio de Janeiro – RJ – 20040-040
  www.grupogen.com.br

- Reservados todos os direitos. É proibida a duplicação ou reprodução deste volume, no todo ou em parte, em quaisquer formas ou por quaisquer meios (eletrônico, mecânico, gravação, fotocópia, distribuição pela Internet ou outros), sem permissão, por escrito, da Editora Forense Ltda.

- Capa: Aurélio Corrêa

- **CIP – BRASIL. CATALOGAÇÃO NA FONTE.**
  SINDICATO NACIONAL DOS EDITORES DE LIVROS, RJ.

  Renzetti, Rogério

  Manual de Direito do Trabalho / Rogério Renzetti. – 6. ed. – Rio de Janeiro: Forense; MÉTODO, 2021.

  Inclui bibliografia
  ISBN 978-85-309-9176-0

  1. Direito do trabalho – Brasil. I. Título.

  21-70008   CDU: 349.2(81)

  Meri Gleice Rodrigues de Souza – Bibliotecária - CRB-7/6439

DEDICATÓRIA

Dedico este livro a Tina e a Laura, minhas companheiras durante o isolamento social, por tornarem meus dias mais felizes.

E também a Vólia Bomfim pela amizade e incentivo.

Dedico, ainda, aos meus alunos do Complexo de Ensino Renato Saraiva e do IBMR Laureate International Universities.

NOTA DO AUTOR À 1ª EDIÇÃO

O *Manual de Direito do Trabalho* é fruto da releitura de diversos institutos da área trabalhista, da experiência diária como docente e advogado, acrescida de um rigoroso trabalho de pesquisa doutrinária, legislativa e principalmente jurisprudencial, que levou um ano para ser desenvolvido.

O filho cresceu e ganhou maturidade! Estamos saindo da coleção de Provas & Concursos, na qual tivemos a satisfação e o reconhecimento dos leitores, por cinco edições, voltada exclusivamente para os concursos públicos na área trabalhista e exame de ordem. E agora damos um salto com uma obra cada vez mais completa, com ampliação significativa dos temas abordados, que vão além das discussões direcionadas apenas aos concursos.

Apresento a você, caro leitor, uma obra de teoria trabalhista destinada a todos que atuam na área trabalhista, seja na prática forense, seja nos estudos acadêmicos (graduação e pós-graduação) e também nos concursos públicos.

Destaco que a essência foi mantida, com a teoria e os exemplos expostos de forma clara, direta e com linguagem didática. O objetivo é que o estudo seja agradável. A obra traz a jurisprudência atualizada no STF e TST e as principais novidades da Reforma Trabalhista e das medidas excepcionais adotadas durante a pandemia do novo coronavírus. O livro também conta com um capítulo específico sobre a Lei Geral de Proteção de Dados Pessoais - LGPD - Lei nº 13.709/2018 no Direito do Trabalho

Abraços, bons estudos e nunca se esqueçam: **TRABALHO não dá trabalho!**

Rogério Renzetti
Março de 2021
Contatos: www.aprenda.com.br/rogeriorenzetti
IG: @profrenzetti

APRESENTAÇÃO

Queridos alunos!

Com a ajuda de vocês, descobri que lecionar Direito do Trabalho é a minha paixão. Só tenho a agradecer pelo carinho e respeito com que sou acolhido e pelo retorno que tenho recebido, por meio de perguntas, críticas ou mensagens. Enfim, com vocês estou sempre aprendendo e tentando melhorar.

Foi observando as necessidades de cada um, em sala de aula, que tive a oportunidade de notar a falta de um livro feito com o nosso jeito, que falasse a nossa língua. Percebi que alguns alunos, que carregam os seus livros para estudar no trajeto de casa para o trabalho, para o curso ou em qualquer outro caminho, precisavam encontrar, nessas publicações, um acesso rápido aos dispositivos de leis e às jurisprudências dos Tribunais.

Pensando exatamente em vocês é que resolvi escrever uma obra com linguagem própria, que levasse um pouco das nossas aulas para essas páginas, permitindo que, mesmo diante da correria do dia a dia, vocês pudessem encontrar o conteúdo necessário para o estudo em um único livro.

Este livro não é só meu: este livro é nosso. E aqui faço um convite a cada um de vocês: entrem nesta sala de aula comigo, abram esse novo caderno e, se possível, não me deixem sem o seu retorno.

Então, vamos lá!

Nossa aula já vai começar

Abraços,

Rogério Renzetti
www.aprenda.com.br/rogeriorenzetti
Instagram: @profrenzetti
E-mail: renzettiprofessor@gmail.com

SUMÁRIO

CAPÍTULO 1 – INTRODUÇÃO AO DIREITO DO TRABALHO 1

1.1. Conceito e denominação 1
1.2. Característica 1
1.3. Divisão 1
1.4. Natureza 2
1.5. Autonomia 2
1.6. Evolução no Brasil 2

CAPÍTULO 2 – PRINCÍPIOS DO DIREITO DO TRABALHO 5

2.1. Princípio da proteção 6
    2.1.1. Princípio do *in dubio pro misero* (ou *in dubio pro operario*) 7
    2.1.2. Princípio da norma mais favorável 8
    2.1.3. Princípio da condição mais benéfica ("cláusula mais vantajosa") ... 9
2.2. Princípio da primazia da realidade 11
2.3. Princípio da inalterabilidade contratual lesiva 13
2.4. Princípio da intangibilidade salarial 13
2.5. Princípio da irredutibilidade salarial 15
2.6. Princípio da irrenunciabilidade dos direitos trabalhistas (ou indisponibilidade, ou inderrogabilidade) 17
2.7. Princípio da continuidade da relação de emprego 17
2.8. Princípio da imperatividade 18

CAPÍTULO 3 – FONTES DO DIREITO DO TRABALHO 21

3.1. Fontes materiais (reais ou primárias) 21
3.2. Fontes formais (secundárias) 22
    3.2.1. Autônoma 22
    3.2.2. Heterônoma 24
3.3. Interpretação das leis trabalhistas 25

CAPÍTULO 4 – RENÚNCIA E TRANSAÇÃO 37

CAPÍTULO 5 – DAS COMISSÕES DE CONCILIAÇÃO PRÉVIA (CCP).   43

CAPÍTULO 6 – RELAÇÃO DE TRABALHO, EMPREGO E PRESTAÇÃO DE SERVIÇO 57

6.1. Das diferenças entre relação de trabalho e relação de emprego 57
6.2. Da relação de emprego 58
6.3. Dos requisitos caracterizadores da relação de emprego 59
    6.3.1. Trabalho prestado por pessoa física 59
    6.3.2. Pessoalidade 62
    6.3.3. Não eventualidade ou habitualidade 63
    6.3.4. Onerosidade 64
    6.3.5. Subordinação 66
    6.3.6. Alteridade 68
6.4. Considerações finais sobre a relação de emprego 69
6.5. Modalidades especiais de trabalho: características principais 72
    6.5.1. Trabalho autônomo 72
    6.5.2. Trabalho eventual 74
    6.5.3. Trabalho avulso 75
    6.5.4. Trabalho voluntário 85
    6.5.5. Estagiário 89
    6.5.6. Cooperativa 98
    6.5.7. Residência médica 98
    6.5.8. Trabalho prisional 98
    6.5.9. Cabo eleitoral 99
    6.5.10. Associações denominadas empresas juniores 99
    6.5.11. Salão-parceiro/profissional-parceiro 100

CAPÍTULO 7 – SUJEITOS DO CONTRATO DE TRABALHO 103

7.1. Empregado 103
    7.1.1. Da proibição de distinção entre o trabalho manual, técnico e intelectual 103
    7.1.2. Trabalho em domicílio e a distância 104
7.2. Empregado "hipersuficiente" 106
7.3. Relações empregatícias especiais 107
    7.3.1. Empregado doméstico 107
        7.3.1.1. Requisitos específicos da relação de emprego do doméstico 107
        7.3.1.2. Direitos assegurados ao doméstico 109
            7.3.1.2.1. Constituição Federal de 1988 110
            7.3.1.2.2. Lei Complementar nº 150/2015 112
    7.3.2. Empregado rural 126
        7.3.2.1. Requisitos específicos da relação de emprego do rural 127

7.3.2.2.	Intervalos na jornada de trabalho do rural	128
7.3.2.3.	Trabalho noturno	129
7.3.2.4.	Aviso-prévio	129
7.3.2.5.	Descontos sobre salários	129
7.3.2.6.	Produtor rural x contrato de trabalho a prazo determinado (contrato de safra)	130

7.4. Empregador 131

7.4.1. Conceito 131

7.4.2. Características 131

7.4.3. Empregador por equiparação 132

7.4.4. Grupo econômico 132

7.4.5. Sucessão de empregadores 137

7.4.6. Poderes do empregador 137

7.4.6.1. Caracterização 137

7.4.6.1.1. Poder diretivo 138

7.4.6.1.2. Poder regulamentar 139

7.4.6.1.3. Poder fiscalizatório 140

7.4.6.1.4. Poder disciplinar 142

7.4.7. Contrato de empreitada (dono de obra) e subempreitada 143

CAPÍTULO 8 – TERCEIRIZAÇÃO 147

8.1. Contrato de trabalho temporário 147

8.1.1. Características do trabalho temporário 149

8.1.2. Direitos dos trabalhadores temporários 152

8.1.4. Responsabilidade da empresa tomadora ou cliente ... 154

8.2. Terceirização em geral 155

8.3. Diferença entre a intermediação de mão de obra e a terceirização 166

8.4. Súmula nº 331 do TST 166

8.5. Efeitos na Administração Pública 170

CAPÍTULO 9 – CONTRATO DE TRABALHO 171

9.1. Características do contrato de trabalho 175

9.2. Classificação do contrato de trabalho 175

9.3. Assinatura da CTPS 177

9.4. Contrato individual de trabalho 183

9.4.1. Conceito 183

9.5. Contratos por prazo determinado 184

9.5.1. Contratos por prazo determinado da CLT 184

9.5.1.1. Hipóteses de contratação 185

9.5.1.2. Duração dos prazos 186

9.5.1.3. Prorrogação dos prazos 186

9.5.1.4. Sucessividade 186

	9.5.1.5. Resilição do contrato (sem justa causa).....................	187
	9.5.1.6. Cláusula assecuratória do direito recíproco de rescisão – cláusula do aviso-prévio	188
	9.5.1.7. Suspensão e interrupção	188
	9.5.1.8. Estabilidade adquirida no curso do contrato............	189
	9.5.1.9. Contrato de experiência.....................................	190
9.6.	Contrato de aprendizagem	191
9.7.	Contrato intermitente..	195
9.8.	Contrato provisório da Lei nº 9.601/1998..............................	197

CAPÍTULO 10 – ALTERAÇÃO DE CONTRATO DE TRABALHO 199

10.1.	Classificação das alterações do contrato de trabalho....................	201
10.2.	Alterações objetivas do contrato de trabalho..............................	202
	10.2.1. Alteração de função...	202
	10.2.2. Alteração do salário...	205
	10.2.3. Alteração da jornada...	206
	10.2.4. Alteração do local da prestação de serviços..............	209
	10.2.4.1. Adicional de transferência.....................	212
	10.2.4.2. Despesas com transferência....................	214
10.3.	Alterações subjetivas do contrato de trabalho	215
	10.3.1. Previsão legal..	216
	10.3.2. Princípios que regem a sucessão de empregadores..................	218
	10.3.4. Responsabilidades das empresas na sucessão de empregadores.	220
	10.3.5. Casos especiais..	224

CAPÍTULO 11 – INTERRUPÇÃO E SUSPENSÃO DO CONTRATO DE TRABALHO 227

11.1.	Conceito...	227
11.2.	Características	227
11.3.	Principais pontos de semelhanças entre os institutos....................	229
11.4.	Principais pontos de diferenças entre os institutos	229
11.5.	Hipóteses de cabimento da interrupção	230
	11.5.1. Hipóteses do art. 473 da CLT...............................	232
11.6.	Hipóteses de cabimento da suspensão.......................................	234

CAPÍTULO 12 – FÉRIAS 247

12.1.	Período aquisitivo	248
	12.1.1. Da perda do direito às férias................................	248
12.2.	Período concessivo	251
	12.2.1. Da época da concessão do período de férias..............	251
	12.2.2. Da concessão do parcelamento das férias..................	252

	12.2.3. Da fixação das férias por sentença	253
12.3.	Dos cálculos das férias (art. 130 da CLT)	253
	12.3.1. Cálculo das férias	254
	12.3.2. Das faltas justificadas	255
12.4.	Do pagamento da remuneração das férias	256
	12.4.1. Do prazo para o pagamento	257
	12.4.2. Do pagamento das férias em dobro	257
	12.4.3. Direito de receber pelas férias na extinção do contrato de trabalho.	260
12.5.	Do abono pecuniário	262
12.6.	Das férias coletivas	264
	12.6.1. Do fracionamento das férias coletivas	264
	12.6.2. Da ampla publicidade	265
	12.6.3. Dos empregados com período aquisitivo incompleto	266
12.7.	Da prescrição	266

CAPÍTULO 13 – REMUNERAÇÃO E SALÁRIO 267

13.1.	Princípios de proteção ao salário	271
	13.1.1. Princípio da irredutibilidade salarial	271
	13.1.2. Princípio da intangibilidade	272
13.2.	Características do salário	272
13.3.	Complexo salarial e suas modalidades	274
	13.3.1. Salário básico	274
	13.3.2. Salário *in natura* (ou salário-utilidade)	274
	13.3.3. Sobressalário	282
	13.3.4. Adicionais	288
	13.3.5. Prêmio	300
	13.3.6. Salário complessivo	301
13.4.	Parcelas que não possuem natureza salarial	301
13.5.	Descontos no salário	306
	13.5.1. Descontos permitidos no salário do empregado	306
	13.5.2. *Truck system* (sistema de trocas)	309
	13.5.3. Descontos no salário dos domésticos	309
13.6.	Décimo terceiro salário	309
	13.6.1. Lei nº 4.090/1962	310
	13.6.2. Lei nº 4.749/1965 – Dispõe sobre o pagamento da gratificação prevista na Lei nº 4.090, de 13 de julho de 1962	310
	13.6.3. Decreto nº 57.155/1965 (regulamenta a Lei nº 4.090/1962)....	311
	13.6.4. 13º salário proporcional	311
	13.6.5. Servidor público cedido – Súmula nº 50 do TST	312
	13.6.6. Resumo sobre 13º salário	312
13.7.	Da proteção ao salário mínimo	312
	13.7.1. Salário mínimo do professor	317

13.8. Do pagamento	318
13.8.1. Do tempo do pagamento	318
13.8.2. Do lugar do pagamento	319
13.8.3. Do meio de pagamento	320
13.8.4. Retenção do salário	321
13.9. Equiparação salarial	321
13.9.1. Art. 461 da CLT	322
13.9.2. Requisitos da equiparação salarial	324
13.9.3. Súmula n° 6 do TST	326
13.9.4. Equiparação salarial e a Administração Pública	329
13.9.5. Equiparação e substituição de caráter não eventual	330
13.9.6. Desvio de função	330
13.9.7. Acúmulo de funções	331

CAPÍTULO 14 – DURAÇÃO DO TRABALHO	333
14.1. Jornada de trabalho	336
14.1.1. Espécies de jornadas	341
14.1.1.1. Turnos ininterruptos de revezamento	341
14.1.1.2. Trabalho em regime de tempo parcial	346
14.1.2. Variações de horários – minutos que antecedem ou sucedem a jornada	348
14.2. Horas extraordinárias	350
14.2.1. Horas extras autorizadas por lei	355
14.2.2. Integração, cálculo e supressão das horas extras	357
14.3. Formas de compensação da jornada	360
14.3.1. Compensação de jornada (semanal)	361
14.3.2. Banco de horas	365
14.3.3. Regime de 12 x 36 horas de trabalho	366
14.3.4. Semana espanhola	368
14.3.5. Empregado Doméstico	369
14.3.6. Menor Trabalhador	370
14.3.5. Do sobreaviso e da prontidão	371
14.4. Vedação da prorrogação da jornada	373
14.5. Prorrogação e compensação de jornada em condições insalubres	375
14.6. Ônus da prova da duração do trabalho	376
14.7. Registro de ponto por exceção	378
14.8. Descansos trabalhistas	379
14.8.1. Intervalo intrajornada	379
14.8.1.1. Intervalos intrajornadas específicos	385
14.8.2. Intervalos interjornadas	391
14.9. Repouso semanal remunerado e feriados	392
14.9.1. Trabalho em domingo e feriados	394
14.9.2. Da remuneração	398

14.9.3. Da não concessão do RSR	401
14.10. Trabalho noturno	402
14.10.1. Trabalho noturno para o empregado urbano	402
14.10.2. Trabalho noturno para o empregado rural	404
14.10.3. Trabalho noturno para o advogado (Estatuto da OAB – Lei nº 8.906/1994)	404
14.10.4. Trabalho noturno do empregado doméstico (LC nº 150/2015)	404
14.10.5. Trabalho noturno do portuário	404
14.10.6. Do adicional noturno	405
14.11. Jornadas especiais de trabalho	408
14.11.1. Bancário	408
14.11.2. Advogado	413
14.11.3. Professor	414
14.11.4. Jornalista	415
14.11.5. Engenheiro e médico	415

CAPÍTULO 15 – AVISO-PRÉVIO	417
15.1. Aviso-prévio trabalhado e indenizado	417
15.2. Natureza jurídica	418
15.3. Características	418
15.4. Base constitucional	418
15.5. Aviso-prévio proporcional – Lei nº 12.506/2011	419
15.6. Da contagem do prazo	422
15.7. Da integração ao tempo de serviço	423
15.8. Do cabimento	423
15.9. Das consequências jurídicas da falta de aviso-prévio	424
15.9.1. Por parte do empregador	424
15.9.2. Por parte do empregado	424
15.10. Da redução do horário no curso do aviso-prévio	425
15.10.1. Para o empregado urbano	426
15.10.2. Para o empregado rural	427
15.10.3. Para o empregado doméstico	427
15.11. Da irrenunciabilidade do aviso-prévio	427
15.12. Da reconsideração do aviso-prévio	429
15.13. Da justa causa no curso do aviso-prévio	429
15.14. Do aviso-prévio e da garantia da estabilidade	430
15.15. Do cálculo do aviso-prévio	432
15.16. Do início da prescrição	435
15.17. Aviso-prévio e norma coletiva	436

| CAPÍTULO 16 – TÉRMINO DO CONTRATO DE TRABALHO | 437 |
| 16.1. Resilição | 437 |

16.1.1.	Dispensa sem justa causa	437
16.1.2.	Pedido de demissão	439
16.1.3.	Distrato	440
16.2.	Resolução	444
16.2.1.	Dispensa por justa causa	444
	16.2.1.1. Requisitos caracterizadores da justa causa	444
	16.2.1.2. Hipóteses de justa causa previstas na CLT	447
	16.2.1.3. Outras hipóteses de falta grave	457
16.2.2.	Rescisão indireta	459
16.2.3.	Culpa recíproca	469
16.3.	Rescisão contratual	470
16.4.	Outras formas de terminação do contrato de trabalho	470
16.5.	Do pagamento, quitação e homologação da rescisão trabalhista	477
16.6.	Prazo para pagamento das verbas rescisórias	482
16.7.	Multa do art. 477, § 8º, x multa do art. 467 da CLT	483
16.8.	Da anotação do término do contrato na CTPS	487
16.9.	Dispensas coletivas ou plúrimas	488
16.10.	Arbitragem	490
16.11.	Quitação anual das obrigações trabalhistas	491

CAPÍTULO 17 – ESTABILIDADE E GARANTIA DE EMPREGO ... 493

17.1.	Estabilidade decenal	493
17.2.	Estabilidade do art. 19 do ADCT da CF/1988	494
17.3.	Estabilidade prevista no art. 41 da CF/1988	495
17.4.	Estabilidade provisória	500
17.5.	Empregado eleito dirigente sindical	500
17.6.	Da representação dos empregados	513
17.7.	Empregados eleitos diretores de sociedades cooperativas	515
17.8.	Empregados eleitos membros da CIPA	517
17.9.	Empregados eleitos membros de Comissão de Conciliação Prévia (CCP)	522
17.10.	Gestante	523
17.11.	Empregado acidentado	532
17.12.	Empregados eleitos membros do Conselho Curador do FGTS	536
17.13.	Representantes dos empregados no Conselho Nacional de Previdência – CNP	537
17.14.	Dispensa Discriminatória	538
17.15.	Empregado Reabilitado e Empregado com Deficiência	540
17.16.	Dos direitos do empregado no caso de quebra da estabilidade	543
17.17.	Cargos de Confiança e a Estabilidade	545
17.18.	Pedido de Demissão de Empregado Estável	546
17.19.	Pandemia – estabilidade provisória na hipótese de redução de salários e de jornada ou de suspensão temporária do contrato de trabalho	547

CAPÍTULO 18 – FUNDO DE GARANTIA POR TEMPO DE SERVIÇO – FGTS ... 549

18.1. Natureza jurídica do FGTS ... 549
18.2. FGTS obrigatório ... 550
   18.2.1. Da administração do FGTS ... 551
   18.2.2. Dos depósitos ... 556
      18.2.2.1. Alíquotas do FGTS ... 556
      18.2.2.2. Base de cálculo do FGTS ... 558
      18.2.2.3. Atualização monetária do saldo do FGTS ... 562
      18.2.2.4. Recolhimento do FGTS nos contratos declarados nulos .. 562
   18.2.3. Conceito de contribuinte/empregadores ... 563
   18.2.4. Conceito de beneficiários ... 564
   18.2.5. Da multa indenizatória ... 567
   18.2.6. Da movimentação do saldo do FGTS pelo trabalhador ... 570
   18.2.7. Ônus da Prova ... 575
   18.2.8. Suspensão e Interrupção Contratual ... 576
   18.2.9. Alienação/Cessão Fiduciária ... 577
   18.2.10. Da prescrição dos créditos referentes ao FGTS ... 579

CAPÍTULO 19 – SEGURANÇA E MEDICINA DO TRABALHO ... 583

19.1. Dos deveres do empregador ... 584
19.2. Dos deveres do empregado ... 585
19.3. Comissão Interna de Prevenção de Acidentes (CIPA) ... 587
19.4. Equipamento de Proteção Individual (EPI) ... 588
19.5. Atividades insalubres ... 589
19.6. Atividades perigosas ... 592
19.7. Normas comuns à insalubridade e à periculosidade ... 597
19.8. Acidente de Trabalho ... 598
19.9. Responsabilidade do Empregador/Tomador pelo Acidente de Trabalho ... 604

CAPÍTULO 20 – TRABALHO DO MENOR ... 613

20.1. Idades e trabalhos noturno, perigoso e insalubre ... 614
20.2. Serviços prejudiciais ... 616
20.3. Deveres dos representantes legais e do empregador ... 617
20.4. Carteira de Trabalho ... 618
20.5. Duração do trabalho ... 618
20.6. Estatuto da criança e do adolescente ... 620
20.7. Empregado aprendiz ... 622
20.8. Convenção nº 138 e 182 da OIT ... 624

CAPÍTULO 21 – TRABALHO DA MULHER ... 631

21.1. Introdução ... 631

21.2. Condições de trabalho da mulher.. 632
21.3. Duração do Trabalho.. 634
21.3. Trabalho noturno... 634
21.4. Períodos de descanso... 634
21.5. Métodos e locais de trabalho.. 635
21.6. Proteção à maternidade.. 636
21.7. Licença-maternidade... 641
21.8. Licença-maternidade na adoção e guarda judicial.............................. 644
21.9. Garantia Provisória no emprego... 647

CAPÍTULO 22 – PRESCRIÇÃO E DECADÊNCIA................................... 651
22.1. Dos prazos decadenciais... 655
22.2. Dos prazos prescricionais... 658
    22.2.1. Do momento da arguição da prescrição.............................. 658
    22.2.2. Dos prazos previstos em lei... 659
    22.2.3. Prescrição bienal e prescrição quinquenal........................... 662
    22.2.4. Prescrição total e prescrição parcial.................................... 663
    22.2.5. Mudança de Regime.. 666
    22.2.5. Das causas interruptivas, suspensivas e impeditivas............ 667
    22.2.6. Prescrição intercorrente... 673
    22.2.7. FGTS.. 673

CAPÍTULO 23 – DIREITO COLETIVO DO TRABALHO........................ 677
23.1. Conceito.. 677
23.2. Funções.. 679
23.3. Princípios do Direito Coletivo.. 680
    23.3.1. Princípio da Liberdade Sindical... 680
    23.3.2. Princípio da Autonomia Sindical.. 682
    23.3.3. Princípio da Intervenção Sindical obrigatória na negociação coletiva.. 684
    23.3.4. Princípio da Equivalência entre os negociantes coletivos......... 685
    23.3.5. Princípio da Autonomia Privada Coletiva........................... 686
    23.3.6. Princípio da Boa-fé, Lealdade e Transparência na Negociação Coletiva... 686
    23.3.7. Princípio da Criatividade Jurídica na Negociação Coletiva...... 687
    23.3.8. Princípio da Adequação Setorial Negociada........................ 688
    23.3.9. Princípio da Unicidade Sindical... 690
23.4. Convenções nos 87 e 141 da OIT... 691
23.5. Organização Sindical Brasileira.. 693
    23.5.1. O Fenômeno Social do Sindicalismo................................... 693
    23.5.2. Generalidades 694
    23.5.3. Categoria econômica.. 695

23.5.4. Categoria profissional.. 695

23.5.5. Categoria profissional diferenciada............................. 696

23.5.6. Do enquadramento sindical..................................... 696

23.5.7. Estrutura sindical... 697

23.5.8. Do registro do sindicato.. 708

23.5.9. Funções e prerrogativas.. 710

23.5.10. Receita sindical 714

23.3. Condutas Antissindicais.. 722

23.3. Negociação coletiva de trabalho.. 728

23.3.1. Convenções Coletivas de Trabalho (CCT).................... 728

23.3.2. Acordos Coletivos de Trabalho (ACT).......................... 728

23.3.3. Diferenças entre as CCT e os ACT 729

23.3.4. Competência para julgamento..................................... 729

23.3.5. Limitações ao objeto dos ACT e das CCT.................... 730

23.3.6. CLT – Título VI – Convenções Coletivas de Trabalho 735

    23.3.6.1. Do procedimento próprio............................. 735

    23.3.6.2. Da forma e do conteúdo dos instrumentos dos acordos e das convenções coletivas............................ 738

    23.3.6.3. Do registro... 739

    23.3.6.4. Da vigência 740

    23.3.6.5. Da publicidade... 741

    23.3.6.6. Prazo máximo de validade dos efeitos do instrumento coletivo de dois anos 741

    23.3.6.7. Da prorrogação, revisão, denúncia, revogação e extensão.... 742

CAPÍTULO 24 – GREVE 749

24.1. Conceito de greve.. 750

24.2. Da classificação do direito de greve 751

24.3. Dos requisitos indispensáveis 752

24.4. Dos direitos e deveres 758

24.5. Natureza da paralisação.. 761

24.6. Efeitos da greve no contrato de trabalho............................... 763

24.7. Instauração do dissídio coletivo de greve 764

24.8. *Lockout*.. 765

24.9. Greve Política 765

24.10. Greve dos servidores públicos.. 766

CAPÍTULO 25 – LEI GERAL DE PROTEÇÃO DE DADOS NAS RELAÇÕES DE TRABALHO... 773

25.1. Introdução... 773

25.2. Missões da LGPD 774

25.3. Fundamentos.. 775

25.4.	Princípios	775
25.5.	Destinatário da LGPD	776
25.6.	A quem a LGPD não se aplica	777
25.7.	LGPD nas relações de trabalho	778

REFERÊNCIAS ... 787

INTRODUÇÃO AO DIREITO DO TRABALHO

1.1. CONCEITO E DENOMINAÇÃO

A expressão "trabalho" é oriunda do latim vulgar *tripaliare*, que significa torturar, sendo, por sua vez, derivado do latim clássico *tripalium*, antigo instrumento de tortura. Verificamos, assim, que a primeira concepção deferida ao vocábulo "trabalho" derivava de fadiga, esforço, sofrimento, ou seja, valores totalmente negativos, justificando, sob essa ótica, o trabalho escravo.

Ocorre que essa concepção social decorreu de um lento processo evolutivo, chegando aos dias atuais em que o valor social do trabalho encontra-se estampado na nossa Constituição Federal, referindo-se a um trabalho digno, contrário ao que ocorria nos primórdios.

O Direito do Trabalho é o ramo do Direito composto por regras, princípios e institutos sistematicamente ordenados, aplicáveis à relação de trabalho e situações equiparáveis, que objetivam a melhoria da condição social do trabalhador, acompanhado de sanções para as hipóteses de descumprimento dos seus mandamentos.

O Direito do Trabalho também recebe usualmente as seguintes denominações: Legislação do Trabalho, Trabalho Corporativo, Direito Social, Direito Industrial, Direito do Emprego e Direito Laboral.

1.2. CARACTERÍSTICA

A maior característica do Direito do Trabalho é a proteção do trabalhador, por meio da regulamentação de condições mínimas de trabalho. A essa característica acrescenta-se a circunstância de ser limitada a autonomia da vontade individual no contrato de trabalho.

1.3. DIVISÃO

As relações de trabalho se expressam em duas principais modalidades: individual e coletiva. Assim o Direito do Trabalho contempla, no âmbito do Direito Individual do Trabalho, relações de emprego comuns e especiais. Já no Direito Coletivo do Trabalho se inserem as relações coletivas de trabalho, compreendendo a negociação e contratação coletiva e institutos como a greve e liberdade sindical.

1.4. NATUREZA

O contrato de trabalho se assemelha a um contrato regular do Direito Civil, ramo do Direito qualificado como Privado.

Apesar de notória necessidade de intervenção estatal na regulamentação de regras mínimas para o Direito do Trabalho, infensas à disposição pelos contratantes, confirma-se o Direito do Trabalho como ramo integrante do Direito Privado.

1.5. AUTONOMIA

O Direito do Trabalho apresenta objeto de estudo próprio, se utiliza de teorias particulares. Enfim, mostra-se dotado de métodos próprios para a sua estruturação como ramo do Direito. A vasta produção legislativa sobre as relações de trabalho confirma a sua autonomia.

1.6. EVOLUÇÃO NO BRASIL

Em brevíssimas linhas, vale lembrar.

- 1500-1888 – Prevalência do trabalho escravo;
- 1888-1930 – Houve regulação incipiente da matéria, algumas disposições acerca de sindicatos e do tratamento coletivo do trabalho;
- 1943 – Edição da Consolidação das Leis Trabalhistas – CLT, consolidando as leis esparsas editadas no período anterior.

Podemos afirmar categoricamente que, nos últimos anos, o Direito do Trabalho tem como tendência, no Brasil, a flexibilização das normas trabalhistas, com a valorização do negociado sobre o legislado. Além disso, foi promulgada a Lei nº 13.467/2017, denominada de Reforma Trabalhista, enfatizando acordos e convenções coletivas de trabalho em detrimento de dispositivos legais.

A nova legislação impactou todo ordenamento jurídico trabalhista, uma vez que regulamenta diversos institutos jurídicos e apresenta as tendências legislativas a esse ramo do Direito. Estamos diante da maior e mais profunda alteração desde 1943.

Durante o ano de 2019 e o primeiro semestre de 2020, foram editados diversos diplomas legislativos que trouxeram novos impactos ao Direito do Trabalho. A legislação editada no ano de 2019 objetivou a desburocratização das relações de trabalho, especialmente no tocante à CTPS e ao registro de ponto. Por outro lado, as medidas provisórias editadas pelo Governo Federal no ano de 2020 visaram combater os efeitos do novo coronavírus nas relações de trabalho. Desta forma, ganham destaque:

- **Lei nº 14.020/2020 (MP nº 936/2020/)**: estabelece o Programa Emergencial de Manutenção do Emprego e da Renda, que permite a redução proporcional de salário e de jornada ou a suspensão do contrato de trabalho;

- **MP nº 927/2020**: previu medidas transitórias para enfrentamento do estado de calamidade pública decorrente da pandemia de coronavírus. Perdeu sua vigência por ausência de votação no dia 20/07/2020;
- **Lei nº 14.043/2020**: instituiu o Programa Emergencial de Suporte a Empregos;
- **Lei nº 14.047/2020**: previu sobre medidas temporárias em reposta à pandemia decorrente da Covid-19 no âmbito do setor portuário;
- **Lei nº 13.979/2020**: dispõe sobre as medidas para enfrentamento da emergência de saúde pública de importância internacional decorrente do coronavírus responsável pelo surto de 2019, dentre elas o isolamento e a quarentena.

Verifica-se, portanto, que a legislação trabalhista passou, e ainda passa, por inúmeras mudanças. Trataremos de todas elas nesta obra, ao longo dos capítulos, demonstrando a sua importância para que todos nós, operadores do direito, nos mantenhamos atualizados.

PRINCÍPIOS DO DIREITO DO TRABALHO

Os princípios constituem a base de todo o ordenamento jurídico, e não seria diferente no Direito do Trabalho.

A autonomia de um ramo do Direito se verifica quando este possui regras, princípios e institutos próprios. A coerência de um sistema jurídico decorre dos princípios sobre os quais se organiza. Deriva-se, assim, os princípios gerais e os princípios especiais.

Na definição de Américo Plá Rodrigues, "princípios são linhas diretrizes que informam normas e inspiram direta ou indiretamente uma série de soluções, pelo que podem servir para promover e embasar a aprovação de novas normas, orientar a interpretação das existentes e resolver casos não previstos".[1]

Neste capítulo, estudaremos os princípios de maior aplicação no Direito do Trabalho, ainda que não possamos esquecer que há princípios gerais do Direito que são, normalmente, abordados no Dircito constitucional, que também se aplicam à área trabalhista. Merecem destaque, aqui, os princípios da dignidade da pessoa humana, o da boa-fé e o da razoabilidade.

Os princípios, de acordo com ampla doutrina, podem exercer tripla função:

a) Função Informativa: norteiam/informam o legislador na elaboração da norma. São, portanto, classificados como fonte material do Direito;

b) Função Normativa ou Integrativa: integram o ordenamento jurídico, suprindo, por exemplo, as suas lacunas;

c) Função Interpretativa: auxiliam na interpretação das normas jurídicas.

O art. 8º da CLT contempla essas duas últimas funções dos princípios, ou seja, sua atividade de interpretação de uma norma e sua atividade de integração, lacuna, sobre determinado tema de Direito do Trabalho.

A Reforma Trabalhista alterou inúmeros dispositivos da CLT. Entretanto, entendemos que a principiologia do Direito do Trabalho não pode perder a sua essência por essas mudanças. Dessa forma, a aplicação dos princípios é imprescindível para a tutela do trabalhador.

---

[1] Apud VILLELA, Fábio Goulart. *Manual de Direito do Trabalho*: teoria e questões. Rio de Janeiro: Elsevier, 2010. p. 45.

2.1. PRINCÍPIO DA PROTEÇÃO

Não deve haver hierarquia entre os princípios, mas não resta dúvida de que o princípio protetor é reconhecido como o "Princípio dos Princípios do Direito do Trabalho" e representa a essência do direito laboral. Sua ausência significaria o não reconhecimento da autonomia do Direito do Trabalho.

O princípio da proteção busca equilibrar a relação existente entre o trabalhador e o empregador. Seu objetivo é conferir ao empregado hipossuficiente (parte mais fraca dessa relação) uma superioridade jurídica capaz de lhe garantir mecanismos destinados a tutelar os direitos mínimos estampados na legislação trabalhista.

A inevitabilidade do princípio protetor tem fundamento na subordinação exercida pelo empregador, limitando a autonomia de vontade. Podemos imaginar a hipótese em que o empregador solicita ao empregado que trabalhe as terças-feiras, além da jornada de 8 horas, advertindo que muitas pessoas desejam aquele emprego. Certamente o empregado aceitará a prorrogação da jornada.

As limitações ao exercício da autonomia privada criam as medidas pioneiras na busca do equilíbrio contratual entre os desiguais. O princípio da proteção surge, para contrabalançar relações materialmente desiquilibradas.

O princípio da proteção com o advento da Reforma Trabalhista está ameaçado diante dos interesses da classe empresária, que altera em mais de cem pontos a legislação trabalhista.

Cabe destacar a polêmica e extremamente criticada exceção produzida pelo legislador reformista de 2017, ao acrescentar o parágrafo único do art. 444 da CLT, a figura do empregado hipersuficiente, expressão utilizada pelo relator da reforma, Deputado Rogério Marinho. De acordo com o novel dispositivo, esse empregado pode negociar livremente com o seu empregador as cláusulas do contrato de trabalho nas mesmas condições concedidas aos sindicatos no art. 611-A da CLT (essência da Reforma Trabalhista).

Art. 444, parágrafo único, CLT. A livre estipulação a que se refere o *caput* deste artigo aplica-se às hipóteses previstas no art. 611-A dessa consolidação, com a mesma eficácia legal e preponderância sobre os instrumentos coletivos, no caso de empregado portador de diploma de nível superior e que perceba salário mensal igual ou superior a duas vezes o limite máximo dos benefícios do Regime Geral de Previdência Social.

A mudança que se pode ter sobre a proteção é destinada ao empregado pelo simples fato de possuir uma "alta" remuneração, se comparada ao padrão costumeiro dos trabalhadores que recebem um salário-mínimo. Não podemos acreditar que quem recebe um pouco mais goza de maior autonomia. O tema, portanto, merece uma análise cautelosa com o intuito de evitar a generalização que lamentavelmente ofereceu o legislador.

Tal princípio é dividido em três vertentes: princípio do *in dúbio pro misero (ou in dubio pro operario)*, princípio da norma mais favorável e princípio da condição mais benéfica.

Vejamos:

2.1.1. Princípio do *in dubio pro misero* (ou *in dubio pro operario*)

Esse princípio é voltado para o intérprete da norma que deve, sempre, na existência de duas ou mais possíveis interpretações, optar pela mais favorável ao trabalhador.

Portanto, sempre que for vislumbrada pelo intérprete da norma uma **dúvida razoável**, deverá ele escolher a interpretação que seja mais benéfica ao obreiro.

☞ ATENÇÃO!

A dúvida que enseja essa escolha por uma interpretação da norma que seja mais favorável ao trabalhador tem que ser razoável (aplicação do princípio da razoabilidade), e a interpretação escolhida deve considerar a vontade do legislador, bem como ser compatível com o ordenamento jurídico.

Podemos citar como exemplo o art. 59 da CLT, que limita as horas extras em até duas horas por dia, mediante acordo individual entre empregador e empregado, ou mediante negociação coletiva de trabalho. Em uma primeira e rápida leitura, pode-se entender que, mesmo que o empregado preste mais de duas horas extraordinárias por dia, apenas as primeiras duas horas que superarem a jornada normal diária serão consideradas como extras e remuneradas como tal. Como já dissemos, devemos levar em consideração a vontade do legislador, e no caso do art. 59 da CLT, a sua vontade foi dificultar a realização das horas extras, por serem elas prejudiciais à saúde do empregado, ou seja, para evitar que ele seja levado ao seu limite físico e mental diariamente. Caso sejam realizadas mais de duas horas extras por dia, deverá o empregador pagar por elas, sendo esse o entendimento já firmado pelo TST, no inciso I da Súmula nº 376, o qual determina que: "A limitação legal da jornada suplementar a duas horas diárias não exime o empregador de pagar todas as horas trabalhadas".

O princípio da proteção, contudo, não é aplicado no campo probatório, ou seja, ao analisar uma prova, o magistrado não deverá aplicar esse princípio de forma a favorecer o trabalhador. No campo probatório, podemos dizer que o princípio que busca o equilíbrio entre as partes é o da primazia da realidade.

Podemos afirmar, contudo, que a aplicação do princípio em análise no campo processual do trabalho está limitada a inspirar o legislador na elaboração das normas processuais.

Exemplos: o reclamante (trabalhador), na hipótese de improcedência do pedido, se houver a interposição de recurso, está dispensado de efetuar o depósito recursal. O não comparecimento do reclamante à audiência de conciliação ou inaugural importa em arquivamento, enquanto a do reclamado acarreta a revelia e o seu principal efeito, que é a confissão ficta.

Verificado, portanto, que a legislação processual trabalhista tende a beneficiar o empregado.

O TST vem reconhecendo que o princípio *pro operario* incide na interpretação de cláusula de instrumento coletivo normativo de autocomposição.

> AGRAVO DE INSTRUMENTO. RECURSO DE REVISTA INTERPOSTO NA VIGÊNCIA DA LEI 13.015/2014. DIFERENÇAS SALARIAIS DECORRENTES DO REENQUADRAMENTO DO AUTOR NO CARGO DE ASSESSOR NÍVEL V – INTERPRETAÇÃO DA NORMA COLETIVA – SÚMULA 126 DO TST. (...). "A dubiedade da redação da norma coletiva não pode reverter em prejuízo do empregado, em homenagem ao princípio *in dubio pro operario*. Deste modo, a decisão do Tribunal Regional não ofendeu a norma constitucional que assegura validade às negociações coletivas, pelo contrário, conferiu-lhe plena validade ao garantir sua aplicação à situação dos autos. Agravo de instrumento não provido." (TST-AIRR 4143120145110016, Relatora Ministra: Maria Helena Mallmann, 2ª Turma, *DEJT* 11/04/2017).
>
> RECURSO DE REVISTA – AUXÍLIO – ALIMENTAÇÃO – NORMA COLETIVA – APLICAÇÃO DO PRINCÍPIO *IN DUBIO PRO OPERARIO*. O Colegiado *a quo*, interpretando cláusula coletiva da categoria, decidiu que, diante da disparidade, deve ser aplicado o princípio *in dubio pro operário*. Impertinente a invocação do art. 114 do Código Civil, uma vez que o Tribunal não ampliou a interpretação da cláusula normativa.

2.1.2. Princípio da norma mais favorável

Havendo duas ou mais normas aplicáveis ao caso concreto, deverá ser aplicada aquela mais favorável ao trabalhador, independentemente de ser ela hierarquicamente superior a outra.

> **Exemplo:** a CF/88 fixa o adicional de horas extras no percentual mínimo de 50% (art. 7º, XVI) e a Convenção Coletiva de Trabalho de uma determinada categoria de empregados fixa tal adicional em 100%, a segunda hipótese será a norma trabalhista aplicável ao caso concreto.

Esse princípio também é aplicável no caso de haver omissão ou obscuridade na norma a ser aplicada. Nessa hipótese, deverá incidir a interpretação que seja mais favorável ao trabalhador.

Esse princípio encontra-se consagrado na Súmula nº 202 do TST, vejamos:

> Súmula nº 202 do TST – Gratificação por tempo de serviço. Compensação (mantida). Resolução nº 121/2003, *DJ* de 19, 20 e 21/11/2003. Existindo, ao mesmo tempo, gratificação por tempo de serviço outorgada pelo empregador e outra da mesma natureza prevista em acordo coletivo, convenção coletiva ou sentença normativa, o empregado tem direito a receber, exclusivamente, a que lhe seja mais benéfica.

A Reforma Trabalhista ataca esse princípio, quando determina, no art. 620 da CLT, a prevalência do acordo coletivo sobre a convenção.

Outro exemplo é a ampla flexibilização prevista no art. 611-A da CLT, que autoriza a norma coletiva a reduzir direitos. Nesses casos, a norma coletiva prevalecerá mesmo que reduza ou suprima direitos previstos em lei, no regulamento empresarial ou no plano de cargos e salários.

> ☞ **ATENÇÃO!**
>
> O princípio da norma favorável ao trabalhador não é absoluto, ou seja, não poderá ser aplicado quando existirem normas de ordem pública ou de caráter punitivo. Exemplo: prazo prescricional.

O problema surge quando duas normas apresentam uma parte mais favorável e outra menos favorável ao trabalhador. Para resolver essa questão, a doutrina e a jurisprudência apresentam duas teorias:

- **Teoria da acumulação**: defende-se a criação de um novo instrumento normativo formado pelas partes mais favoráveis ao trabalhador das normas existentes;

- **Teoria do conglobamento** (Teoria Tradicional): é a teoria adotada pela maioria da doutrina e da jurisprudência. Essa teoria defende que deve ser aplicada a norma que em seu conjunto for mais favorável ao trabalhador, sem fracionar os institutos.

Existem, ainda, outras teorias intermediárias, que apesar de receberem nomenclaturas diferenciadas, elas nada mais são do que formas mitigadas da Teoria do Conglobamento.

> ☞ **ATENÇÃO!**
>
> Seja qual for a teoria aplicável, alguns pressupostos devem ser observados. Primeiramente, a norma a ser aplicada não poderá ser incompatível com o ordenamento jurídico, ou seja, deve ser considerada legal e constitucional.

2.1.3. Princípio da condição mais benéfica ("cláusula mais vantajosa")

As condições mais benéficas estabelecidas no contrato de trabalho ou no regulamento da empresa serão incorporadas definitivamente ao contrato de trabalho, não podendo ser reduzidas ou suprimidas no seu curso. Cabe observar que essas condições são sempre concedidas ao empregado de forma voluntária e expressa pelo empregador, sendo as concedidas tacitamente incorporadas quando usufruídas pelo empregado de forma habitual.

Esse princípio foi consagrado nas Súmulas n°s 51 e 288 do TST.

Súmula nº 51 do TST – Norma regulamentar. Vantagens e opção pelo novo regulamento. Art. 468 da CLT (incorporada a Orientação Jurisprudencial nº 163 da SBDI-1). Resolução n° 129/2005, *DJ* de 20, 22 e 25/04/2005. I – As cláusulas regulamentares, que revoguem ou alterem vantagens deferidas anteriormente, só atingirão os trabalhadores admitidos após a revogação ou alteração do regulamento. II – Havendo a coexistência de dois regulamentos da empresa, a opção do empregado por um deles tem efeito jurídico de renúncia às regras do sistema do outro.

Súmula n° 288 do TST – Complementação dos proventos da aposentadoria (nova redação para o item I e acrescidos os itens III e IV em decorrência do julgamento do Processo TST-E-ED-RR-235-20.2010.5.20.0006 pelo Tribunal Pleno em 12/04/2016) – Res. 207/2016, *DEJT* divulgado em 18, 19 e 20/04/2016. I – A complementação dos proventos de aposentadoria, instituída, regulamentada e paga diretamente pelo empregador, sem vínculo com as entidades de previdência privada fechada, é regida pelas normas em vigor na data de admissão do empregado, ressalvadas as alterações que forem mais benéficas (art. 468 da CLT). II – Na hipótese de coexistência de dois regulamentos de planos de previdência complementar, instituídos pelo empregador ou por entidade de previdência privada, a opção do beneficiário por um deles tem efeito jurídico de renúncia às regras do outro. III – Após a entrada em vigor das Leis Complementares n°s 108 e 109, de 29/05/2001, reger-se-á a complementação dos proventos de aposentadoria pelas normas vigentes na data da implementação dos requisitos para obtenção do benefício, ressalvados o direito adquirido do participante que anteriormente implementara os requisitos para o benefício e o direito acumulado do empregado que até então não preenchera tais requisitos. IV – O entendimento da primeira parte do item III aplica-se aos processos em curso no Tribunal Superior do Trabalho em que, em 12/04/2016, ainda não haja sido proferida decisão de mérito por suas Turmas e Seções.

A Reforma Trabalhista passou a priorizar o negociado sobre o legislado. De acordo com o art. 611-A, VI, da CLT, a convenção e o acordo coletivo de trabalho prevalecem sobre a legislação quando dispuserem sobre o regulamento empresarial.

Art. 611-A da CLT. A convenção coletiva e o acordo coletivo de trabalho têm prevalência sobre a lei quando, entre outros, dispuserem sobre:

(...)

VI – regulamento empresarial;

☞ **ATENÇÃO!**

Até setembro de 2012, dizíamos que, no caso das condições estabelecidas por sentença normativa, acordo ou convenção coletiva do TST, adotava-se a Teoria da Aderência Limitada pelo Prazo, pois o texto do inciso I da Súmula n° 277 do TST determinava que as condições de trabalho alcançadas por força de sentença normativa, convenção ou acordos coletivos vigoravam no prazo assinado, não integrando, de forma definitiva, os contratos individuais de trabalho.

Mas o texto da Súmula n° 277 do TST foi alterado, e o novo posicionamento dessa Corte, muito embora esteja desagradando a maioria dos doutrinadores, que consideram ser o fim das negociações coletivas, a nosso ver, para fins de estudo para os concursos das áreas dos tribunais, nada mais é do que o ápice da consagração do princípio da condição mais benéfica.

Súmula nº 277 do TST – Convenção coletiva de trabalho ou acordo coletivo de trabalho. Eficácia. Ultratividade (redação alterada na sessão do Tribunal Pleno realizada em 14/09/2012). Resolução nº 185/2012, *DEJT* divulgado em 25, 26 e 27/09/2012. "As cláusulas normativas dos acordos coletivos ou convenções coletivas integram os contratos individuais de trabalho e somente poderão ser modificadas ou suprimidas mediante negociação coletiva de trabalho."

> ☞ **ATENÇÃO!**
>
> Em 14/10/2016, em caráter liminar, o Ministro Gilmar Mendes, do STF, suspendeu todos os processos que versam sobre a aplicabilidade da Súmula nº 277 do TST até que ocorra a análise de constitucionalidade pelo plenário. A questão parece superada com a nova redação do § 3º do art. 614 da CLT, que veda expressamente a ultratividade. Art. 614, § 3º, da CLT. "Não será permitido estipular duração de convenção coletiva ou acordo coletivo de trabalho superior a dois anos, sendo vedada a ultratividade."

Com isso, consagra-se o princípio da não incorporação definitiva das vantagens normativas ao contrato de trabalho, permitindo-se a supressão, alteração ou manutenção das vantagens anteriores.

2.2. PRINCÍPIO DA PRIMAZIA DA REALIDADE

Para o Direito do Trabalho, o que realmente importa são os fatos e não a aparente verdade traduzida por meros documentos. Sendo assim, havendo confronto entre a verdade real/fatos e a verdade formal/provas, a primeira prevalecerá.

> **Exemplo:** determinado empregado tem registro na CTPS de salário no valor de R$ 1.000. Todo dia 20, ocorre o pagamento de mais R$ 500 "por fora", como forma de burlar os encargos trabalhistas. Nessa hipótese, o real salário do obreiro corresponde ao valor de R$ 1.500, pouco importa o que está anotado na sua CTPS.

Esse princípio está consagrado no art. 9º da CLT, segundo o qual: "Serão nulos de pleno direito os atos praticados com o objetivo de desvirtuar, impedir ou fraudar a aplicação dos preceitos contidos na presente Consolidação".

A Súmula nº 12 do TST também consagra esse princípio:

Súmula nº 12 do TST. Carteira profissional (mantida) – Res. 121/2003, *DJ* 19, 20 e 21/11/2003. As anotações apostas pelo empregador na carteira profissional do empregado não geram presunção *juris et de jure*, mas apenas *juris tantum*.

> ☞ **ATENÇÃO!**
>
> Alguns doutrinadores utilizam como sinônimo para o princípio em comento a nomenclatura "contrato realidade". *Data maxima venia*, não podemos concordar, uma vez que o contrato realidade nada mais é do que uma das teorias utilizadas para tentar esclarecer a natureza jurídica da relação de emprego, enquanto a primazia da realidade é um princípio do Direito do Trabalho.

O princípio da primazia da realidade foi afetado pela reforma, pois algumas modificações feitas no texto consolidado deixam clara a prevalência do ajuste individual ou coletivo, mesmo que contrário à realidade dos fatos.

Contudo, a aplicação desse princípio passa a ser essencial para os operadores do Direito, para evitar que possíveis fraudes ocorram.

Podemos exemplificar com a redação do art. 4º, § 2º, da CLT. Contudo, caberá análise para verificar se a atividade desenvolvida pelo empregado é particular ou, na verdade, representa tempo à disposição do empregador.

Art. 4º da CLT. Considera-se como de serviço efetivo o período em que o empregado esteja à disposição do empregador, aguardando ou executando ordens, salvo disposição especial expressamente consignada.

(...)

§ 2º Por não se considerar tempo à disposição do empregador, não será computado como período extraordinário o que exceder a jornada normal, ainda que ultrapasse o limite de cinco minutos previsto no § 1º do art. 58 desta Consolidação, quando o empregado, por escolha própria, buscar proteção pessoal, em caso de insegurança nas vias públicas ou más condições climáticas, bem como adentrar ou permanecer nas dependências da empresa para exercer atividades particulares, entre outras:

I – práticas religiosas;

II – descanso;

III – lazer;

IV – estudo;

V – alimentação;

VI – atividades de relacionamento social;

VII – higiene pessoal;

VIII – troca de roupa ou uniforme, quando não houver obrigatoriedade de realizar a troca na empresa.

Da mesma forma, no tocante ao trabalhador autônomo, deve-se verificar a existência da subordinação jurídica entre o "autônomo" e o "empregador", a fim de verificar a existência da relação empregatícia.

Art. 442-B da CLT. A contratação do autônomo, cumpridas por este todas as formalidades legais, com ou sem exclusividade, de forma contínua ou não, afasta a qualidade de empregado prevista no art. 3º desta Consolidação.

Com o advento da Reforma Trabalhista, o princípio da primazia da realidade passou a ser muito utilizado na prática trabalhista, afastando possíveis práticas fraudulentas nas relações laborais, uma vez que se pretende a busca pela verdade dos fatos.

2.3. PRINCÍPIO DA INALTERABILIDADE CONTRATUAL LESIVA

Os contratos de trabalho, assim como os contratos regidos pelo Direito Civil, fazem lei entre as partes, ou seja, vigora o princípio do *pacta sunt servanda* na área trabalhista. Contudo, sobre os contratos de trabalho também incide o princípio da inalterabilidade contratual lesiva, que preconiza a vedação de alteração contratual desfavorável ao trabalhador.

Preceitua o art. 468, *caput*, da CLT que: "Nos contratos individuais de trabalho só é lícita a alteração das respectivas condições por mútuo consentimento, e ainda assim desde que não resultem, direta ou indiretamente, prejuízos ao empregado, sob pena de nulidade da cláusula infringente desta garantia".

Esse princípio não significa, contudo, a extinção do *jus variandi* do empregador, como estudaremos mais adiante; esse instituto é plenamente aplicável, desde que observados certos requisitos. Podemos citar, como exemplos, o poder do empregador de alterar o horário de trabalho do empregado, que deixa de laborar no período noturno e passa para o diurno, e o uso obrigatório de uniformes.

Não obstante figurar no Direito do Trabalho o princípio da inalterabilidade contratual lesiva, como já foi explicado, o cerne da questão está na segunda parte. Na verdade, há momentos e condições em que o contrato poderá ser alterado, daí resultando coercibilidade para as duas partes; sendo assim, o contrato gerará força normativa, e não se manterá incólume.

> ☞ **ATENÇÃO!**
>
> A reforma trabalhista permite várias alterações contratuais, mesmo que prejudiciais ao empregado, como exemplo, a supressão da gratificação de função de confiança mesmo após 10 anos, caso o empregado seja revertido ao cargo efetivo (art. 468).

2.4. PRINCÍPIO DA INTANGIBILIDADE SALARIAL

Em regra, o trabalhador tem direito a receber o seu salário de forma integral, sem sofrer qualquer desconto abusivo. Todavia, os descontos legais (ex.: dedução de imposto de renda, contribuição sindical (hoje não mais obrigatória) e pagamento de pensão alimentícia) são permitidos.

Não podemos afastar a natureza alimentar do salário, que faz que o empregado garanta a sua subsistência e a de sua família, não podendo haver restrição à disposição do seu salário. O empregado é livre para utilizá-lo como bem lhe aprouver.

O empregador não pode realizar descontos no salário do empregado, como regra. As exceções ocorrem quando os descontos são:

- autorizados em lei;
- autorizados em norma coletiva (convenção ou acordo coletivo de trabalho);
- autorizados por adesão individual voluntária de trabalhador a benefício concedido ou contratado pelo empregador.

Os dois primeiros casos estão previstos no art. 462, *caput*, da CLT:

Art. 462, CLT. Ao empregador é vedado efetuar qualquer desconto nos salários do empregado, salvo quando este resultar de adiantamentos, de dispositivos de lei ou de contrato coletivo.

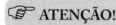 **ATENÇÃO!**

Quando o legislador menciona "contrato coletivo", deve-se compreender atualmente que o preceito se refere a **norma coletiva** (gênero do qual a convenção e o acordo coletivo são espécies).

Vale lembrar que o TST admite a adesão do obreiro a um benefício fornecido ou contratado pelo empregador, concordância essa que pressupõe muitas vezes o desconto de valores do salário para ajudar a custear a vantagem. São exemplos dessas vantagens a adesão ao plano de saúde, ao seguro de vida e aos clubes recreativos.

Exemplo: a empresa pode oferecer um plano de saúde ao trabalhador custeando grande parte do valor, sendo que o trabalhador interessado adere ao plano com um desconto pequeno sobre seu salário.

O TST sintetizou a questão na Súmula n° 342:

Súmula n° 342 do TST. DESCONTOS SALARIAIS. ART. 462 DA CLT (mantida) – Res. 121/2003, *DJ* 19, 20 e 21/11/2003. Descontos salariais efetuados pelo empregador, com a autorização prévia e por escrito do empregado, para ser integrado em planos de assistência odontológica, médico-hospitalar, de seguro, de previdência privada, ou de entidade cooperativa, cultural ou recreativo-associativa de seus trabalhadores, em seu benefício e de seus dependentes, não afrontam o disposto no art. 462 da CLT, salvo se ficar demonstrada a existência de coação ou de outro defeito que vicie o ato jurídico.

A Súmula evidencia que a adesão individual não vulnera o art. 462 da CLT, exceto se houver algum vício na declaração de vontade do trabalhador (coação, por exemplo). Nesse ponto, vale um registro: o TST considera que a adesão do obreiro (consentimento) ao benefício que exige desconto salarial, no dia da contratação, não implica presunção de vício no consentimento. O fato de autorizar o desconto no mesmo dia de sua admissão não pode ser tido como prova de coação. Coação não se presume. Deve ser provada.

Veja a Orientação Jurisprudencial nº 160 da SDI-I do TST:

OJ 160 da SDI-I do TST. DESCONTOS SALARIAIS. AUTORIZAÇÃO NO ATO DA ADMISSÃO. VALIDADE (inserida em 26/03/1999). É inválida a presunção de vício de consentimento resultante do fato de ter o empregado anuído expressamente com descontos salariais na oportunidade da admissão. É de se exigir demonstração concreta do vício de vontade.

2.5. PRINCÍPIO DA IRREDUTIBILIDADE SALARIAL

Esse princípio faz referência tão somente ao valor nominal do salário do trabalhador, proibindo que o empregador diminua o valor "numérico" que paga a seus funcionários. Porém, tal princípio não tem caráter absoluto. De acordo com a própria Constituição Federal, o trabalhador pode sofrer redução salarial mediante acordo ou convenção coletiva de trabalho.

Art. 7º, VI, da CF: irredutibilidade do salário, salvo o disposto em convenção ou acordo coletivo;

Caso seja pactuada norma coletiva que reduza o salário do empregado, deverá haver uma garantia de que ele não seja dispensado sem justa causa no prazo de vigência do instrumento coletivo.

Art. 611-A, § 3º, da CLT. Se for pactuada cláusula que reduza o salário ou a jornada, a convenção coletiva ou o acordo coletivo de trabalho deverão prever a proteção dos empregados contra dispensa imotivada durante o prazo de vigência do instrumento coletivo.

Assim, no caso de redução de salário ou jornada, a lei estabeleceu uma contrapartida específica, ou seja, a impossibilidade de dispensa sem justa causa durante a vigência da norma coletiva.

Outro ponto relevante sobre o princípio refere-se à peculiaridade do **salário-condição**. Trata-se de parcela remuneratória que apenas é devida se o trabalho é realizado em determinadas condições, tais como adicional de insalubridade (devido se o trabalho é realizado em condições insalutíferas), adicional de periculosidade (devido se é realizado em condições perigosas), adicional de transferência (devido enquanto dura a transferência provisória) etc.

No salário-condição, eliminada a condição que justifica aquela parcela, não há mais necessidade de pagamento, o que não afronta o princípio da irredutibilidade. Nesse contexto, é perfeitamente compreensível o disposto nas Súmulas 248 e 265 do TST, as quais respectivamente aduzem:

Súmula nº 248 do TST. ADICIONAL DE INSALUBRIDADE. DIREITO ADQUIRIDO (mantida) – Res. 121/2003, DJ 19, 20 e 21/11/2003. A reclassificação ou a descaracterização da insalubridade, por ato da autoridade competente, repercute na satisfação do respectivo adicional, sem ofensa a direito adquirido ou ao princípio da irredutibilidade salarial.

Súmula n° 265 do TST. ADICIONAL NOTURNO. ALTERAÇÃO DE TURNO DE TRABALHO. POSSIBILIDADE DE SUPRESSÃO (mantida) – Res. 121/2003, DJ 19, 20 e 21/11/2003. A transferência para o período diurno de trabalho implica a perda do direito ao adicional noturno.

☞ ATENÇÃO!

O art. 503 da CLT autorizava a redução salarial, contudo tal dispositivo foi superado pela Constituição Federal.

O art. 611-A da CLT, apesar de ter inumerado 15 itens que podem ser negociados (reduzidos ou suprimidos), traz em seu *caput* a expressão "entre outros", o que permite a ampliação dos direitos submetidos à negociação coletiva.

Atente-se que, no período crítico vivenciado com a pandemia do coronavírus, o isolamento social causou grandes transtornos para as pessoas, bem como acarretou uma crise econômica sem precedentes com o fechamento de milhares de postos de empregos.

Diante desse cenário de calamidade, o governo implementou algumas medidas necessárias para impedir o fechamento de milhares de empresas e consequentemente a preservação de empregos.

Em 1° de abril de 2020, o governo promulgou a Medida Provisória n° 936.

Em síntese, a referida medida permitiu que as empresas reduzissem o salário e as horas dos empregados em 25%, 50% ou 70%, por até 90 dias.

Além disso, permitindo (alternativamente) suspender os contratos de trabalho dos empregados (licença), por até 60 dias, durante a pandemia da Covid-19.

A Medida Provisória no 936/2020 também instituiu um benefício de emergência do governo a ser pago aos trabalhadores durante a licença e/ou redução de salário.

A Lei n° 14.020, de 6 de julho de 2020, que sucedeu a MP n° 936, estabeleceu os critérios para redução da jornada e do salário, bem como a suspensão do contrato de trabalho e o pagamento do auxílio emergencial, ao qual permanecerá enquanto durar o período de pandemia.

Ao passo que a nova lei prevê que, no caso de o sindicato que representa os empregados firmar um acordo de negociação coletiva em todo o setor, serão estabelecidos termos específicos para licenças e redução de salário.

Após o empregador celebrar acordos individuais com seus empregados, os termos desse acordo de negociação coletiva substituirão os termos individuais.

Na nossa visão, a redução de direitos trabalhistas nesse momento de calamidade pública com a redução de salário e da jornada, bem como com a suspensão do contrato de trabalho, embora não seja o melhor caminho a ser adotado, foi uma alternativa encontrada pelo governo para sustar milhares de demissões e um agravamento ainda maior na economia. Necessário que tais medidas sejam equilibradas e que permaneçam em vigor apenas e tão somente enquanto durar o período de pandemia, retomando a sua total normalidade quando uma vacina for criada e o controle do coronavírus for bem sucedido.

2.6. PRINCÍPIO DA IRRENUNCIABILIDADE DOS DIREITOS TRABALHISTAS (OU INDISPONIBILIDADE, OU INDERROGABILIDADE)

Para podermos nos fazer entender em relação a esse princípio, é preciso que façamos uma análise da posição constitucional dos direitos sociais. Os direitos sociais encontram-se dispostos no Capítulo II do Título II da CF/1988, sendo esse título destinado aos chamados Direitos e Garantias Fundamentais. Portanto, os direitos sociais garantidos pelo ordenamento constitucional brasileiro integram o rol dos direitos e das garantias fundamentais. Não iremos nos alongar no campo do Direito Constitucional, até porque não é este o objeto desta obra, mas é fundamental termos perfeita noção da importância que o poder constituinte conferiu às normas que regem as relações trabalhistas.

Dessa maneira, em regra, os direitos trabalhistas não podem ser objeto de renúncia ou transação, ou seja, os direitos trabalhistas são irrenunciáveis pelo trabalhador, em razão do caráter imperativo das normas trabalhistas.

Nesse sentido, preconiza a Súmula nº 276 do TST:

> Súmula nº 276 do TST – Aviso-prévio. Renúncia pelo empregado (mantida). Resolução nº 121/2003, *DJ* de 19, 20 e 21/11/2003. "O direito ao aviso-prévio é irrenunciável pelo empregado. O pedido de dispensa de cumprimento não exime o empregador de pagar o respectivo valor, salvo comprovação de haver o prestador dos serviços obtido novo emprego."

☞ ATENÇÃO!

A Reforma Trabalhista ampliou a possibilidade de ajuste individual entre empregado e empregador, podendo negociar livremente, por exemplo:

Banco de horas semestral (art. 59, § 5º, da CLT);

Jornada 12 x 36 (art. 59-A da CLT);

Alteração do regime de trabalho presencial para o teletrabalho (art. 75-C, § 1º, da CLT);

Fracionamento das férias (art. 134, § 1º, da CLT);

Intervalo especial para amamentação (art. 396 da CLT);

Empregado hipersuficiente (arts. 444, parágrafo único, e 611-A da CLT);

Distrato (art. 484-A da CLT);

Quitação anual de obrigações trabalhistas (art. 507-B da CLT).

2.7. PRINCÍPIO DA CONTINUIDADE DA RELAÇÃO DE EMPREGO

O princípio da continuidade da relação de emprego busca proteger aquilo que todo homem pretende quando busca um emprego, que é poder prover o sustento de sua casa e de sua família. Peço licença para que, em tom um tanto quanto poético, possa discorrer sobre o que me parece ideal. Para que o homem possa realizar seu desejo de constituir um lar e formar uma família, é preciso que encontre um emprego seguro, protegido contra despedidas arbitrárias e, preferencialmente, a prazo indeterminado. Para o homem que visa sustentar a sua família, o término do contrato de trabalho deveria ocorrer, tão somente, quando ele, chegando à idade de se aposentar, se retirasse do mercado de trabalho, para então ceder sua vaga ao jovem, dando início a um novo ciclo.

Se o contrato de trabalho fosse marcado pela fugacidade, pela brevidade e pela incerteza, não haveria nenhum aprimoramento sobre a sua qualidade. Aliás, nem poderia ser chamado de contrato de trabalho por tão exíguo e indefinido.

O princípio da continuidade da relação de emprego, então, determina que a regra é a de que os contratos de trabalho sejam pactuados por prazo indeterminado. Sendo assim, os contratos por prazo determinado constituem exceções permitidas em lei, desde que observados os requisitos por ela impostos, como, por exemplo, a exigência de os contratos serem sempre escritos. Em outros termos, tais contratos devem seguir os requisitos legais para a sua configuração e precisam ser provados, pois impera a presunção de os contratos serem a prazo indeterminado em razão desse princípio.

Podemos afirmar que esse princípio confere uma presunção *juris tantum* de que os contratos de trabalho são celebrados por prazo indeterminado.

O conteúdo do princípio de preservação da relação do emprego também pode ser encontrado na Súmula nº 212 do TST, a qual preconiza que o ônus de provar o término do contrato de trabalho, quando negados a prestação de serviço e o despedimento, cabe ao empregador, bem como nos arts. 10 e 448 da CLT, que estudaremos mais adiante, que tratam da questão da sucessão de empregadores.

Há situações em que não haverá a prestação dos serviços (interrupção e suspensão contratual), mas o vínculo empregatício continuará existindo, por força do princípio da continuidade.

A Reforma Trabalhista passa a prever uma nova modalidade de contrato de trabalho: a prestação de trabalho intermitente. Até então, essa nova modalidade contratual não tinha precedentes na seara trabalhista, cuja prestação de serviços ocorre com subordinação, mas não é contínua, havendo alternância entre períodos de atividade e inatividade.

Não restam dúvidas de que a nova modalidade contratual é uma hipótese de flexibilização do princípio da continuidade da relação de emprego.

2.8. PRINCÍPIO DA IMPERATIVIDADE

É sabido que as partes têm ampla liberdade para pactuarem as condições atinentes ao contrato de trabalho. Contudo, no Direito do Trabalho, temos normas cogentes, obrigatórias, que limitam a autonomia de vontade das partes.

Exemplo: não será possível empregado e empregador pactuarem contratualmente que o pagamento das horas extras prestadas terá a natureza indenizatória.

Devemos destacar, contudo, que o princípio da imperatividade das normas trabalhistas foi flexibilizado pela Reforma Trabalhista. As convenções e os acordos coletivos passam a prevalecer sobre a lei (art. 611-A da CLT). As próprias partes da relação jurídica coletiva podem transacionar com maior liberdade.

FONTES DO DIREITO DO TRABALHO

Etimologicamente, o termo "fonte" designa o lugar de onde brota alguma coisa. Portanto, "fonte de Direito" é expressão que indica a origem das normas jurídicas, ou seja, como elas nascem ou surgem.

Algumas fontes são obrigatórias, ou seja, todos devem respeitá-las, outras, porém, atuam como fase preliminar das normas obrigatórias.

As fontes do Direito são classificadas tradicionalmente como fontes materiais e formais.

3.1. FONTES MATERIAIS (REAIS OU PRIMÁRIAS)

Representam um momento que antecede a materialização da norma/momento pré-jurídico. Esse momento pré-jurídico representa o conjunto de fatores que levam à formação da norma. Tais fatores são conhecidos como fontes materiais econômicas, sociológicas, políticas e filosóficas. As fontes materiais, portanto, são os fatos sociais em si.

O exemplo de fonte material, por excelência é a **GREVE** (pressão exercida pelos trabalhadores em busca de melhores e novas condições de trabalho). Essa pressão também pode ocorrer por parte do empregador, com o intuito de reduzir ou flexibilizar os direitos trabalhistas.

> As fontes materiais não são obrigatórias, apenas vislumbra-se uma pressão das classes sociais (empregados e empregadores). Logo, trata-se de uma fase prévia ao surgimento das fontes formais.

Caro leitor, não posso deixar de mencionar o fato de que alguns doutrinadores têm citado como exemplo de fonte material as recomendações da OIT. Contudo, ainda não vi nenhuma banca examinadora cobrando esse tipo de abordagem em relação às fontes materiais. Por isso, não irei me alongar; contento-me, tão somente, em deixar registrado que, caso você encontre uma questão que cobre a classificação das Recomendações da OIT, marque que são fontes materiais de Direito do Trabalho.

Exemplo: Greve, Flexibilização[1] e Recomendação da OIT.

As fontes materiais, em suma, seriam os fatos sociais, históricos, religiosos, políticos, geopolíticos e econômicos que interferem na produção das normas. Servem de parâmetro para informar o legislador e como ponto de partida de algumas soluções dadas ao caso concreto.

Uma pandemia como a que vivenciamos pela **Covid-19** provoca fatos sociais e econômicos tão relevantes que gera a necessidade de produção de normas jurídicas. Trata-se de uma fonte material.

3.2. FONTES FORMAIS (SECUNDÁRIAS)

Representam a norma já construída, isto é, a exteriorização do Direito com força vinculante. Dão à regra jurídica o *status* de Direito Positivo.

São obrigatórias, abstratas e impessoais.

As fontes formais podem ser divididas em:

3.2.1. Autônoma

São aquelas elaboradas com a participação direta/imediata de seus destinatários, sem a intervenção do Estado ou de terceiros. Os próprios envolvidos na aplicação da norma são os que promovem a sua criação.

Exemplos: Costumes,[2] Acordo e Convenção Coletiva de Trabalho.

 ATENÇÃO!
Um dos pilares da reforma trabalhista sancionada pela Lei nº 13.467/2017 é de que a negociação coletiva realizada por entidades representativas de trabalhadores e empregadores possa prevalecer sobre normas legais, em respeito à autonomia coletiva da vontade.

Nessa linha, o foco que se almeja com a reforma é a expansão das condições de negociação dos sindicatos diante das regras rígidas previstas na CLT, sem comprometer os direitos assegurados aos trabalhadores.

---

[1] Flexibilização é o fenômeno de alteração do direito legislado pelo negociado. Exemplo: a reforma trabalhista aprovada pela Lei nº 13.467/2017.

[2] Costume é a prática reiterada de uma conduta numa determinada região ou empresa. Exemplo: fornecimento de cesta básica.

Exemplos: intervalo intrajornada, negociação de um tempo mais razoável para movimentação dos empregados no início e término da jornada, participação nos lucros ou resultados da empresa.

Logo, se o sindicato de professores da cidade do Rio de Janeiro assina convenção coletiva com o sindicato dos estabelecimentos de ensino (patronal), todas as escolas e todos os professores, independentemente de serem ou não filiados, serão regidos por essa fonte do direito. Lembre-se de que o trabalhador pode não ser filiado a uma entidade sindical, mas continua integrando a categoria representada pelo sindicato.

Além disso, o art. 620 da CLT passa a dispor que as condições estabelecidas em acordo coletivo prevalecerão sobre as dispostas em convenção coletiva.

Art. 620 da CLT. As condições estabelecidas em acordo coletivo de trabalho sempre prevalecerão sobre as estipuladas em convenção coletiva de trabalho.

O legislador da reforma pretendeu criar uma hierarquia entre as normas. Ou seja, ainda que as disposições contidas no acordo coletivo sejam prejudiciais ao trabalhador, deverão prevalecer sobre as da convenção coletiva.

Há, ainda, discussão doutrinária acerca de o regulamento empresarial ser ou não fonte do direito.

Temos dois posicionamentos sobre o tema:

1. Entende que o regulamento não configura uma fonte formal autônoma por ser confeccionado somente pelo empregador (posicionamento minoritário).

2. Entende que o regulamento é, sim, uma fonte formal autônoma, pois é obrigatório para todos os empregados daquela determinada categoria. Ou seja, terá um caráter geral e impessoal (posicionamento majoritário).

Na prova objetiva (1ª fase) o segundo posicionamento deve ser defendido. Se a questão for discursiva (2ª fase), o candidato deve discorrer sobre os dois entendimentos.

Destaca-se que a Reforma Trabalhista prevê que a convenção coletiva e o acordo coletivo prevalecerão sobre a lei quando versarem sobre o regulamento empresarial:

Art. 611-A da CLT. A convenção coletiva e o acordo coletivo de trabalho têm prevalência sobre a lei quando, entre outros, dispuserem sobre:

(...)

VI – regulamento empresarial;

3.2.2. Heterônoma

São aquelas elaboradas com a participação de um terceiro, em regra, o Estado, ou seja, sem a participação direta/imediata de seus destinatários principais. O terceiro define as normas que regerão a relação jurídica.

> **Exemplos:** Leis, Atos do Poder Executivo (Decretos, Portarias, Instrução Normativa), Tratados e Convenções Internacionais (desde que ratificados pelo Brasil), Sentenças Normativas, Constituição Federal, Súmulas Vinculantes.

Lembre-se, por oportuno, que sentença normativa é o nome que se dá a uma decisão do TRT ou do TST em um dissídio coletivo que julga o mérito e fixa cláusulas que irão reger as relações de trabalho. De forma extremamente simples (esse não é o momento oportuno para detalhes), nessa ação, o Tribunal estabelece normas sobre condições de trabalho, direitos e deveres dos trabalhadores e empresa(s). Quando os sindicatos de trabalhadores e de empresas ou sindicato de trabalhadores e uma ou mais empresas não chegam sozinhos em um consenso sobre as normas que os regerão, pode haver o ajuizamento de dissídio coletivo, quando, então, o Estado (por meio do Poder Judiciário) decidirá e estabelecerá as normas.

 ATENÇÃO!

Os usos e costumes previstos no art. 8º, *caput*, da CLT são considerados fontes formais autônomas de Direito do Trabalho.

Segundo o professor Fábio Goulart Villela, "O costume é a convicção dos que se conformam a uma prática constante de que a tanto estão obrigados por um dever jurídico. O que o distingue do hábito é a consciência da obrigatoriedade".[3]

> Art. 8º, *caput*, da CLT. As autoridades administrativas e a Justiça do Trabalho, na falta de disposições legais ou contratuais, decidirão, conforme o caso, pela jurisprudência, por analogia, por equidade e outros princípios e normas gerais de direito, principalmente do direito do trabalho, e, ainda, de acordo com os usos e costumes, o direito comparado, mas sempre de maneira que nenhum interesse de classe ou particular prevaleça sobre o interesse público.

Dentro desse artigo, merecem menção, a equidade[4] e a analogia.[5] A doutrina se divide neste aspecto: parte as classifica como fontes do Direito, e outra vertente,

---

[3] VILLELA, Fabio Goulart. *Manual de Direito do Trabalho*: teoria e questões. Rio de Janeiro: Elsevier, 2010. p. 91. (Provas e Concursos)

[4] Equidade é a justiça aplicada com bom senso e razoabilidade.

[5] A analogia ocorre quando uma lei é aplicada para regular uma situação para a qual não há lei específica.

a qual me filio, defende que são meios de integração da norma. Por fim, o art. 8º menciona a jurisprudência e a doutrina que, ao nosso entender, também não são consideradas fontes do Direito.

A doutrina e a jurisprudência divergem quanto à classificação do regulamento de empresa. Muitos doutrinadores sequer o consideram como sendo fonte de Direito, classificando-o como mero ato unilateral de vontade. Nesse sentido, as bancas examinadoras vêm entendendo que esse instituto é uma fonte formal autônoma do Direito do Trabalho.

A CF/1988, nos §§ 1º e 2º do art. 114, estabelece a arbitragem como forma de solução dos conflitos coletivos de Direito do Trabalho. As sentenças arbitrais, ou laudos arbitrais, são consideradas fontes formais heterônomas do Direito do Trabalho.

Vale lembrar ainda, que o instituto da arbitragem é regido pela Lei nº 9.307/1996, a qual pressupõe relação de igualdade entre as partes, o torna incompatível com as causas trabalhistas, em que predomina a desigualdade. No entanto, o legislador reformista abre a possibilidade de ser utilizado esse recurso quando o empregado ganhar salário superior a duas vezes o limite máximo dos benefícios previdenciários.

> Art. 507-A da CLT. Nos contratos individuais de trabalho cuja remuneração seja superior a duas vezes o limite máximo estabelecido para os benefícios do Regime Geral de Previdência Social, poderá ser pactuada cláusula compromissória de arbitragem, desde que por iniciativa do empregado ou mediante a sua concordância expressa, nos termos previstos na Lei nº 9.307, de 23 de setembro de 1996.

3.3. INTERPRETAÇÃO DAS LEIS TRABALHISTAS

Várias são as técnicas de interpretação das normas trabalhistas: gramatical, lógica, sistemática, histórica, teleológica, extensiva, restritiva e autêntica.

A interpretação **gramatical** pressupõe que o sentido é exatamente aquele exposto no texto da norma. A literalidade da regra expõe seu sentido. Veja uma aplicação prática:

> DIGITADOR. INTERVALO DO ART. 72 DA CLT. ATIVIDADES DE DIGITAÇÃO NÃO PREPONDERANTES NA ROTINA LABORAL DO RECLAMANTE. O fato de desempenhar simultaneamente outras funções não retira do obreiro o direito ao intervalo assegurado pelo art. 72 da CLT, mormente quanto se considera que a atividade de digitação, reconhecidamente penosa, acumulada telemarketing, por exemplo, causa um desgaste físico e mental muito maior ao empregado, ensejando-lhe o direito ao intervalo postulado. Todavia, esta Corte tem entendido que, não obstante o termo permanente referido no art. 72 da CLT não signifique exclusividade, a própria interpretação gramatical do vocábulo leva à noção de atividade contínua, constante, duradoura, embora não exclusiva. Infere-se dos termos do acórdão recorrido que o autor não trabalhou de forma contínua em serviço de datilografia, escrituração, cálculo ou digitação, isto é, não havia exercício de digitação de forma preponderante em sua jornada laboral, razão pela qual não tem

direito ao intervalo previsto no art. 72 da CLT. Recurso de revista conhecido e provido (RR-1223-37.2010.5.01.0049, 6ª Turma, Relator Ministro: Augusto Cesar Leite de Carvalho, *DEJT* 24/06/2016).

A interpretação **teleológica** considera a finalidade da norma. Busca-se atender aos objetivos da norma.

Veja um recente julgado em que se utilizou uma norma prevista no capítulo do ferroviário estabelecido na CLT, para se deferir as horas de sobreaviso a um empregado em regime de plantão:

"(...) HORAS DE SOBREAVISO – CARACTERIZAÇÃO DO REGIME DE PLANTÃO. Mediante interpretação teleológica do art. 244, § 2º, da CLT, tem direito às horas de sobreaviso o empregado que trabalha em regime de plantão durante o período de descanso, podendo ser chamado ao trabalho a qualquer momento e estando sujeito ao poder disciplinar do empregador durante o seu repouso. Incide a Súmula n. 428, II, do TST. Recurso de revista não conhecido. (...)" (RR-13-77.2012.5.09.0656, 7ª Turma, Relator Ministro: Luiz Philippe Vieira de Mello Filho, *DEJT* 30/08/2019).

A interpretação **lógica** parte da premissa de que deve ser examinado o sentido coerente e objetivo trazido pela norma. Trata-se de uma análise que foca a harmonia da interpretação razoável da norma, partindo de seu texto. Aqui não se foca a intenção do legislador e tampouco a mera literalidade da regra, mas a coerência que deve ser retirada da regra ou comando.

Veja em um exemplo:

"(...) DIFERENÇAS DE VALE ALIMENTAÇÃO/REFEIÇÃO. PREVISÃO EM NORMA COLETIVA ESTABELECENDO O PAGAMENTO APENAS EM DIAS ÚTEIS. TRABALHO EM DIAS DE DESCANSOS. DEVIDO. 1. Hipótese em que o e. Tribunal regional registrou que '(...) esta Terceira Turma fixou o entendimento de que, havendo a previsão de vale-refeição/ alimentação para os dias úteis trabalhados, restam devidos também para os dias não úteis. Para tanto, foi adotada uma interpretação lógica, tendo em vista que o fato ensejador do benefício é o labor. Se a norma não previu o benefício nos dias não úteis é porque o trabalho não deveria acontecer em tais épocas. Ademais, excluir o benefício quando há o labor em condições mais prejudiciais (RSR) acabaria por penalizar duplamente o trabalhador. Portanto, devido o pagamento do vale-refeição em todos os dias trabalhados'. (...)" (ARR-4-02.2011.5.09.0026, 1ª Turma, Relator Ministro: Hugo Carlos Scheuermann, *DEJT* 08/06/2018).

A interpretação **sistemática** pressupõe que haja uma harmonização de uma norma com as demais normas do ordenamento que tratam direta e indiretamente do tema. Não se realiza uma interpretação isolada e literal da norma. Pelo contrário, a conclusão adequada apenas pode ser atingida pela concatenação de diversos pontos jurídicos do ordenamento com a norma examinada, observando a tendência do conjunto.

Veja um julgado exemplificativo:

Cap. 3 – FONTES DO DIREITO DO TRABALHO

"(...) REPOUSO SEMANAL REMUNERADO. CONCESSÃO APÓS SETE DIAS CONSECUTIVOS DE TRABALHO. FOLGA COMPENSATÓRIA. PAGAMENTO DOBRADO. A jurisprudência desta Corte Superior, a partir da interpretação sistemática e teleológica dos arts. 7º, XV, da Constituição Federal, 67 da CLT e 1º da Lei n. 605/49, fixou o entendimento de que o repouso semanal remunerado, destinado a assegurar a higidez física e mental dos trabalhadores, deve ser concedido dentro do lapso temporal máximo de uma semana, consoante se extrai da Orientação Jurisprudencial n. 410 da SBDI-1 do TST. Recurso de revista conhecido e provido, no particular. (...)" (RR-1438-47.2014.5.09.0664, 1ª Turma, Relator Ministro: Walmir Oliveira da Costa, *DEJT* 04/05/2020).

A interpretação **histórica** considera as fontes materiais que geraram a criação de uma regra, fortalecendo o sentido original pretendido.

Separamos um preceito da Lei dos Portos que trata da contratação de empregados portuários. A regra menciona que somente poderão ser contratados, como empregados, aqueles que já atuam como trabalhadores avulsos registrados. Nesse caso, ele deixa de ser um trabalhador avulso e se torna empregado:

Lei nº 12.815/2013

Art. 40. (...)

§ 2º A contratação de trabalhadores portuários de capatazia, bloco, estiva, conferência de carga, conserto de carga e vigilância de embarcações com vínculo empregatício por prazo indeterminado será feita exclusivamente dentre trabalhadores portuários avulsos registrados.

Essa ideia atende à necessidade de modernização e eficiência dos portos sendo uma regra válida. Veja que o TST recentemente adotou a interpretação histórica para validar essa regra:

"(...) CONTRATAÇÃO COM VÍNCULO DE EMPREGO POR TEMPO INDETERMINADO DE TRABALHADORES NÃO CADASTRADOS OU REGISTRADOS NO OGMO – LEI N. 12.815/2013 – IMPOSSIBILIDADE (...) 2. Para as contratações realizadas a partir da vigência da Lei n. 12.815/2013, seu art. 40, § 2º, confere exclusividade aos trabalhadores portuários avulsos registrados nos casos de contratação para os serviços de capatazia, bloco, estiva, conferência e conserto de carga e vigilância de embarcações, com vínculo empregatício por prazo indeterminado. (...) 4. A interpretação histórica do art. 40, § 2º, da Lei n. 12.815/2013 indica que a contratação exclusiva de trabalhadores portuários registrados está em sintonia com um cenário de modernização e eficiência, porquanto o OGMO tem em sua essência justamente a busca por essas duas qualidades para o setor portuário. 5. A partir de uma interpretação sistemática, a análise do conjunto normativo da Lei n. 12.815/2013 permite concluir que em nenhum momento o legislador estabeleceu diferença entre capatazia e os demais serviços portuários, havendo tratamento unitário para todos eles. Embargos conhecidos e desprovidos." (E-ED-RR-52500-43.2007.5.02.0446, Subseção I Especializada em Dissídios Individuais, Relatora Ministra: Maria Cristina Irigoyen Peduzzi, *DEJT* 31/01/2020).

A interpretação **restritiva** é aquela que considera um conteúdo mais estrito do que a literalidade da norma atesta. O sentido é menos amplo do que uma análise gramatical.

Veja um exemplo:

> "(...) ADICIONAL DE TRANSFERÊNCIA. CARÁTER PROVISÓRIO. OJ 113/SBDI-I/TST. O adicional de transferência pressupõe mudança de residência do trabalhador (art. 469, CLT), tendo a jurisprudência pacificado (OJ 113 da SDI-1/TST) que referida parcela só é devida caso seja transitória a remoção, e não definitiva. Não se pode aprofundar ainda mais a interpretação restritiva já feita pela OJ 113, como, ilustrativamente, considerar-se definitiva a mudança pelo fato de que o contrato se extinguiu certo tempo depois, já que na Ciência, na Vida e no Direito a natureza das coisas e das relações não é dada pelo seu futuro, mas, seguramente, por sua origem, estrutura e reprodução históricas (o futuro não rege o passado, como se sabe). (...)" (ARR-1105-78.2013.5.04.0241, 3ª Turma, Relator Ministro: Mauricio Godinho Delgado, *DEJT* 09/02/2018).

A interpretação **autêntica** é aquela que deriva do próprio legislador, o qual define expressamente o conteúdo da norma, seu sentido e extensão.

Observe o julgado:

> "(...) INDENIZAÇÃO POR DANO MORAL. UTILIZAÇÃO DE CAMISA COM LOGOMARCAS DE FORNECEDORES. USO INDEVIDO DA IMAGEM. NÃO CARACTERIZAÇÃO. (...) Na hipótese, o cerne do debate consiste em definir se a utilização de uniformes que contêm logomarcas de produtos comercializados pela empresa configura uso não autorizado da imagem do empregado a ensejar a reparação por danos morais. (...) Pois bem, considerando a necessidade de se adequar o Direito do Trabalho à nova realidade social e suas recentes configurações empresariais, a Lei n. 13.467/17, em seu artigo 456-A, através de uma interpretação autêntica da matéria, expressamente reconheceu a licitude na utilização de logomarcas, *in verbis*: 'Cabe ao empregador definir o padrão de vestimenta no meio ambiente laboral, sendo lícita a inclusão no uniforme de logomarcas da própria empresa ou de empresas parceiras e de outros itens de identificação relacionados à atividade desempenhada'. Releva, por oportuno, notar que, nas relações modernas, novas ações se fazem necessárias para o desempenho da atividade lucrativa, dentre elas, a existência de contratos de parceria, nos quais empresas se unem, a fim de diversificar suas marcas, valendo-se de utilização de logomarcas Intrinsecamente ligadas ao próprio ramo da atividade empresarial. (...)" (RR-889-15.2015.5.05.0017, 5ª Turma, Relator Ministro: Breno Medeiros, *DEJT* 17/08/2018).

A interpretação **extensiva** visualiza um sentido mais amplo do que a literalidade da norma, ultrapassando os limites originalmente propostos.

Quanto aos meios de integração, será feita a análise do art. 8º da CLT, chamando a atenção para o fato de aqui relacionarmos todas as formas de interpretação e aplicação da lei trabalhista.

Dispõe o art. 8º da CLT:

> As autoridades administrativas e a Justiça do Trabalho, na falta de disposições legais ou contratuais, decidirão, conforme o caso, pela jurisprudência, por analogia, por equidade

e outros princípios e normas gerais de direito, principalmente do direito do trabalho, e, ainda, de acordo com os usos e costumes, o direito comparado, mas sempre de maneira que nenhum interesse de classe ou particular prevaleça sobre o interesse público.

§ 1º O Direito comum será fonte subsidiária do Direito do trabalho.

> ☞ **ATENÇÃO!**
>
> A Reforma Trabalhista converteu o parágrafo único em § 1º, suprimindo a expressão "naquilo em que não for incompatível com os princípios fundamentais deste". A supressão tem a finalidade de excluir a barreira dos princípios trabalhistas, como condicionante ao direito comum. Não se pode, contudo, partir para a aplicação subsidiária em contextos diferentes daqueles que norteiam o direito do trabalho. Uma regra dos contratos de compra e venda, por exemplo, não guarda a menor semelhança com os institutos laborais.

Quando se menciona o Direito Comum, resta evidente que se trata dos demais instrumentos normativos de Direito, como ocorre com o Código Civil e o Código de Defesa do Consumidor, por exemplo. No entanto, o Direito Comum apenas é fonte subsidiária quando existe compatibilidade com o Direito do Trabalho.

Veja um exemplo de norma do Código Civil que é incompatível com o Direito do Trabalho:

"(...) INAPLICABILIDADE DO ARTIGO 940 DO CÓDIGO CIVIL À RELAÇÃO DE EMPREGO (alegação de violação aos artigos 8º da CLT, 940 do Código Civil e 93, IX, da CF/88 e divergência jurisprudencial). A norma prevista no artigo 940 do Código Civil que impõe o pagamento de indenização em dobro, em favor do empregador, pela cobrança de dívida já paga, não se aplica à relação de emprego, já que incompatível com um de seus princípios fundamentais, que é o da proteção, que confere tratamento mais benéfico aos trabalhadores, ante a sua condição de hipossuficiência em relação ao empregador. Recurso de revista não conhecido. (...)" (RR-165-28.2011.5.02.0019, 7ª Turma, Relator Ministro: Renato de Lacerda Paiva, *DEJT* 28/08/2020).

Deve-se destacar que estamos diante das chamadas técnicas de integração, utilizadas para suprimir eventuais lacunas deixadas pela lei, não se confundindo com as fontes do direito. O poder legiferante não possui condições de prever todos os acontecimentos que venham a ocorrer na sociedade. Desse modo, se houver um caso ainda não previsto em lei, o juiz estará obrigado a julgá-lo, não podendo se eximir da sua função jurisdicional.

Passaremos à análise sucinta dessas técnicas de integração:

a) Analogia: é a aplicação de uma lei semelhante para um caso concreto na ausência de lei específica. Ex.: O datilógrafo possui um intervalo especial de 10 minutos a cada 90 minutos trabalhados. Essa norma poderá ser aplicada de forma analógica para os digitadores.

Nesse sentido, temos dois tipos de analogia: **legal** e **jurídica**. Vejamos:

• **Analogia legal**: utiliza-se uma norma existente para casos semelhantes para suprir a lacuna.

Retornaremos ao exemplo clássico dos serviços de mecanografia: o art. 72 da CLT prevê um intervalo intrajornada de 10 minutos para cada 90 minutos de trabalho daquele que trabalha com datilografia:

CLT

Art. 72. Nos serviços permanentes de mecanografia (datilografia, escrituração ou cálculo), a cada período de 90 (noventa) minutos de trabalho consecutivo corresponderá um repouso de 10 (dez) minutos não deduzidos da duração normal de trabalho.

O TST entende, por analogia legal, que o mesmo intervalo deve ser aplicado ao digitador:

Súmula n. 346 do TST. DIGITADOR. INTERVALOS INTRAJORNADA. APLICAÇÃO ANALÓGICA DO ART. 72 DA CLT (mantida) – Res. 121/2003, *DJ* 19, 20 e 21/11/2003. Os digitadores, por aplicação analógica do art. 72 da CLT, equiparam-se aos trabalhadores nos serviços de mecanografia (datilografia, escrituração ou cálculo), razão pela qual têm direito a intervalos de descanso de 10 (dez) minutos a cada 90 (noventa) de trabalho consecutivo.

• **Analogia jurídica**: não se utiliza uma única norma específica existente para outro caso, mas se procede ao exame do conjunto de normas do ordenamento, e a partir da análise de várias regras e princípios, é que o operador chega a uma conclusão para suprir a omissão.

Um exemplo dessa situação pode ser visto no recente julgado em que o TST reconheceu o direito à licença adotante, independentemente de se tratar de guarda provisória, guarda definitiva e guarda para fins de adoção. Foram utilizados diversos preceitos diferentes e princípios jurídicos:

"(...) LICENÇA-MATERNIDADE. LICENÇA ADOTANTE. GUARDA JUDICIAL PROVISÓRIA. PRINCÍPIO DA ISONOMIA ENTRE OS FILHOS. INTERPRETAÇÃO TELEOLÓGICA E CONFORME À CONSTITUIÇÃO FEDERAL. O período de licença-maternidade tem como espoco principal, não só o restabelecimento físico e psíquico após o parto no caso da mãe biológica, mas também a estruturação familiar e a formação dos vínculos afetivos entre o filho, seja ele biológico ou adotado, e os pais, especificamente, a mãe. A par da proteção à mulher e à maternidade, a licença em questão é voltada para o filho, resguarda o bem estar da criança ou do adolescente e viabiliza a eficácia dos direitos que lhe são garantidos pelos artigos 227, *caput*, da Constituição Federal, e 3º e 4º do Estatuto da Criança e do Adolescente. Nesse diapasão, qualquer distinção entre a concessão da licença-maternidade para a mãe biológica ou adotiva ofende, em última análise, a isonomia jurídica entre os filhos (biológicos ou adotados, matrimoniais ou extramatrimoniais), garantida nos artigos 227, §6º, da Constituição Federal, 19 e 20 do Estatuto da Criança e do Adolescente, e 1.596 do Código Civil. Na hipótese dos autos, o Tribunal de origem registrou ser incontroverso que a empregada obteve a guarda provisória de menor em 03/11/2014, a qual, em 25/03/2015, foi convertida em guarda definitiva. Ademais, consignou que não foi possível o desfecho do processo de adoção em virtude de ainda se encontrar em andamento ação de interdição da mãe biológica. Desta feita, concluiu ser perfeitamente possível a equiparação da guarda provisória à guarda para fins de adoção, e a concessão da licença-maternidade, tendo em vista que ficou evidente o propósito da adoção. Considerando todo o explanado, embora os institutos da guarda provisória, guarda definitiva e guarda para fins de adoção não se confundam, a finalidade precípua da licença adotante é viabilizar a fruição dos direitos do menor adotado, que devem ser garantidos pela sociedade, pela família e pelo Estado, consoante o artigo 227, *caput*, da Constituição Federal. Não se pode inviabilizar o regular exercício dos direitos da mãe adotante e do menor em razão de formalismos legais e de nomenclaturas. Verifica-se, por conseguinte, que a Corte a quo, mediante exegese teleológica e conforme a Constituição Federal, deu a exata subsunção dos fatos ao sistema jurídico pátrio, privilegiando os Princípios e Direitos assegurados na Constituição Federal, em observância às regras de hierarquia das normas do ordenamento jurídico brasileiro, segundo as quais a Magna Carta consiste em Lei suprema e fundamental. Agravo de Instrumento conhecido e não provido. (...)" (ARR-10303-43.2015.5.15.0119, 7ª Turma, Relator Ministro: Claudio Mascarenhas Brandão, *DEJT* 07/08/2020).

b) Equidade: é a justiça bem aplicada com razoabilidade e bom senso. A lei ou o ato normativo é genérico, abstrato e impessoal. Logo, muitas vezes essa norma ampla desconsidera as peculiaridades do caso concreto, do problema real que o juiz vai julgar. Então, o juiz pode suavizar o rigor da lei, visto que pode ser que, em alguns casos, o que a regra escrita contém é excessivo para aquele caso que o juiz está julgando. A aplicação pura da regra seria injusta. Será utilizada quando a lei permitir.

> **Exemplo:** no procedimento sumaríssimo, o juiz poderá julgar com equidade (art. 852-I, § 1º, da CLT).

Imagine que um trabalhador sofreu acidente de trabalho por culpa do empregador e perdeu um membro superior no acidente. É justo que receba uma pensão equivalente ao grau de perda de sua capacidade laborativa. No entanto, se ele recebe tudo em uma parcela única, isso seria muito mais, em termos quantitativos, do que o recebimento de forma mensal. R$ 5.000 mensais não são a mesma coisa que todos os meses da expectativa de vida pagos de forma antecipada à vista. Logo, o TST admite, por equidade, a aplicação de um redutor quando o pagamento ocorre em parcela única:

"(...) DOENÇA OCUPACIONAL. INDENIZAÇÃO POR DANO MATERIAL. PENSÃO MENSAL. CONVERSÃO EM PARCELA ÚNICA. APLICAÇÃO DE REDUTOR. A jurisprudência deste Tribunal Superior, interpretando o art. 950, *caput* e parágrafo único, do Código Civil, é firme no sentido de que, na conversão do pagamento de pensão mensal em parcela única, deve ser aplicado índice redutor que compense as vantagens decorrentes do pagamento antecipado, como medida de equidade e vedação de enriquecimento ilícito. Na espécie, o Tribunal Regional, ao converter, em cota única, a pensão mensal pelos danos materiais decorrentes da incapacidade parcial do reclamante, não aplicou o redutor. Recurso de revista conhecido e provido, no particular (RR-21124-95.2013.5.04.0406, 1ª Turma, Relator Ministro: Walmir Oliveira da Costa, *DEJT* 18/08/2020).

Existem, ainda, casos para os quais não há uma regra exata e o juiz pode utilizar esses critérios de justiça e razoabilidade para suprir a lacuna. Por exemplo, no momento de arbitrar o valor exato de uma indenização, o juiz deve considerar a quantia com base em equidade:

"(...) 3. VALOR DA INDENIZAÇÃO POR DANO MORAL. O Regional, ao mensurar o valor da reparação, consignou, como parâmetros, as circunstâncias fáticas do caso, as condições das partes envolvidas, a natureza e a extensão do dano, o fato de o trabalho ter atuado apenas como concausa para a doença, bem como a culpa patronal, mensurados à luz dos critérios de razoabilidade e de equidade. Diante desse contexto, não se cogita em violação dos arts. 5º, V e X, da CF e 944 do CC, visto que a indenização, nos moldes em que fixada, não representa montante desarrazoado e desproporcional, em face das circunstâncias que ensejaram a condenação, atendendo à dupla finalidade reparatória e pedagógica. Agravo de instrumento conhecido e não provido." (AIRR-21528-08.2016.5.04.0030, 8ª Turma, Relatora Ministra: Dora Maria da Costa, *DEJT* 08/06/2020).

c) Princípios: é a base. O alicerce do ordenamento jurídico. Na ausência de lei específica, o magistrado poderá aplicar um dos princípios que estudamos no capítulo anterior.

d) Usos e costumes: em alguns ramos do direito, os usos e costumes encontram maior campo de aplicação, e o Direito do Trabalho se insere nesse rol. Ex.: O costume de se pagar gorjetas a certos empregados em uma determinada localidade. Veja que o recebimento das gorjetas vem antes da lei. O intervalo intrajornada dos trabalhadores rurais deve seguir os usos e costumes da região:

Lei nº 5.889/1973

Art. 5º. Em qualquer trabalho contínuo de duração superior a seis horas, será obrigatória a concessão de um intervalo para repouso ou alimentação observados os usos e costumes da região, não se computando este intervalo na duração do trabalho. Entre duas jornadas de trabalho haverá um período mínimo de onze horas consecutivas para descanso.

O TST já decidiu que esses usos e costumes é possível o fracionamento desse intervalo:

"(...) INTERVALO PARA O CAFÉ. TRABALHADOR RURAL. Esta Subseção Especializada firmou o entendimento de que, em relação aos rurícolas, respeitado o período mínimo de uma hora para o almoço, não configura tempo à disposição do empregador o intervalo para

Cap. 3 – FONTES DO DIREITO DO TRABALHO

o café, uma vez que o art. 5º da Lei n. 5.889/1973, ao prever que sejam observados os usos e costumes da região, não veda a concessão fracionada do intervalo intrajornada. Recurso de embargos conhecido e provido." (E-ED-RR-423800-98.2009.5.09.0325, Subseção I Especializada em Dissídios Individuais, Relator Ministro: Walmir Oliveira da Costa, *DEJT* 01/12/2017).

e) Direito comparado: é o direito estrangeiro. Com a ajuda do direito comparado dos diversos ordenamentos jurídicos, seria possível encontrar soluções para os problemas mais aflitivos do Direito do Trabalho. Essa autorização do art. 8º da CLT já não se apresenta de forma tão vivaz em outros códigos e normas brasileiras. Possivelmente o Direito do Trabalho guarda uma base universal em sua formação e em seu desenvolvimento, independentemente das origens de cada população.

Por exemplo, uma indenização pode ser fixada não apenas para ressarcir o prejuízo, mas para impor ao responsável uma punição que desestimule novas práticas ilícitas. É a doutrina do *punitive damage*, muito difundida nos Estados Unidos. Veja uma utilização em julgado do TST:

"(...) DOENÇA OCUPACIONAL. INDENIZAÇÃO POR DANOS MORAIS. VALOR ARBITRADO. A jurisprudência desta Corte vem admitindo a interferência na valoração do dano moral com a finalidade de ajustar a decisão aos parâmetros da razoabilidade e da proporcionalidade contidos no art. 5º, V, da Constituição Federal. De fato, diversos são os critérios adotados para fixar a indenização por danos morais, dado que não se há medir apenas a extensão do dano, como aprioristicamente preconiza o art. 944 do Código Civil, se o parágrafo único desse dispositivo, ao remeter o intérprete à equidade, proporcionalidade e à análise da culpa do ofensor, descola-se da vertente teórica que vislumbra função somente compensatória para a reparação civil e a impregna de elementos afetos à subjetividade. Há lastro jurídico consistente, portanto, para extrair da ordem jurídica as funções dissuasória e punitiva, as quais transcendem o escopo de mensurar a dor, a vexação ou o constrangimento resultantes da ofensa a bens extrapatrimoniais e autorizam que o juiz fixe indenização em valor que também sirva para tornar antieconômico ao ofensor insistir na ofensa e para constranger, tal qual se apreende no direito comparado (*punitive damages*) pelo mal que já consumara. Em igual senda segue a exegese do art. 5º, V e X, da Constituição Federal. A não ser assim, a perspectiva do causador do dano será a de quem se insere em uma relação custo-benefício, estimulando-se a indústria do dano moral, qual seja, aquela em que a lesão extrapatrimonial, pelo que custa, pode compensar financeiramente para o ofensor. (...)" (AIRReRR-123200-72.2008.5.12.0012, 6ª Turma, Relator Ministro: Augusto Cesar Leite de Carvalho, *DEJT* 18/11/2016).

f) Jurisprudência: constitui a reiteração de julgados dos Tribunais na mesma direção, conferindo uma orientação que pode ser seguida pelos julgadores (é a interpretação uniforme dada pelos Tribunais sobre uma dada matéria). O uso da expressão **"pode ser seguida"** decorre do fato de que, normalmente, a jurisprudência **não é vinculante**, ou seja, não obriga os juízes a segui-la.

Contudo, excepcionalmente há casos de jurisprudência vinculante, como ocorre com os precedentes que a lei aponta como orientadores obrigatórios do juiz, conforme se infere do art. 927 do CPC:

CPC

Art. 927. Os juízes e os tribunais observarão:

I – as decisões do Supremo Tribunal Federal em controle concentrado de constitucionalidade;

II – os enunciados de súmula vinculante;

III – os acórdãos em incidente de assunção de competência ou de resolução de demandas repetitivas e em julgamento de recursos extraordinário e especial repetitivos;

IV – os enunciados das súmulas do Supremo Tribunal Federal em matéria constitucional e do Superior Tribunal de Justiça em matéria infraconstitucional;

V – a orientação do plenário ou do órgão especial aos quais estiverem vinculados.

☞ **ATENÇÃO!**

Podemos entender que a jurisprudência tem força de lei? Temos duas correntes sobre o tema. A primeira destaca que jurisprudência é apenas técnica de interpretação, e não de integração. A segunda corrente, à qual me filio, afirma que a jurisprudência de fato é uma técnica de integração, pois há expressa previsão no art. 8º da CLT. Na prática trabalhista, os juízes utilizam a jurisprudência como fundamento para integrar as lacunas deixadas pelo legislador.

☞ **ATENÇÃO!**

A reforma trabalhista aprovada pela Lei nº 13.467/2017 inseriu os §§ 2º e 3º do art. 8º da CLT e passa a dispor: "§ 2º Súmulas e outros enunciados de jurisprudência editados pelo Tribunal Superior do Trabalho e pelos Tribunais Regionais do Trabalho não poderão restringir direitos legalmente previstos nem criar obrigações que não estejam previstas em lei".

O texto afirma que a jurisprudência não pode restringir direitos legalmente previstos nem criar obrigações não previstas em lei.

Exemplo: Súmula nº 291 do TST. HORAS EXTRAS. HABITUALIDADE. SUPRESSÃO. INDENIZAÇÃO (nova redação em decorrência do julgamento do processo TST-IUJERR 10700-45.2007.5.22.0101). Resolução nº 174/2011, *DEJT* de 27, 30 e 31/05/2011. A supressão total ou parcial, pelo empregador, de serviço suplementar prestado com habitualidade, durante pelo menos 1 (um) ano, assegura ao empregado o direito à indenização correspondente ao valor de 1 (um) mês das horas suprimidas, total ou parcialmente, para cada ano ou fração igual ou superior a seis meses de prestação de serviço acima da jornada normal. O cálculo observará a média das horas suplementares nos últimos 12 (doze) meses anteriores à mudança, multiplicada pelo valor da hora extra do dia da supressão.

Como vimos no início deste tópico, entretanto, os costumes e os princípios também são fontes de integração, e algumas vezes superam os textos legais. Ademais, não são raras as vezes em que uma lei se torna desatualizada, necessitando de uma interpretação, uma complementação. Nesses casos, a jurisprudência age como integradora e atualizadora da legislação. Logo, não é crível que haja impedimento da jurisprudência como técnica de integração da lei.

O dispositivo, no nosso entendimento, é inconstitucional, por impedir o controle de leis pelos princípios e valores constitucionais. Além disso, a previsão do dispositivo *supra* limita a função do julgador a mero reprodutor da lei. Contudo, nas provas, devemos observar a redação expressa do atual § 2º.

Atente-se, ainda, que o § 3º do citado dispositivo passa a inscrever a negociação coletiva (convenção e acordo) no rol de princípios fundamentais de aplicação, interpretação e integração da legislação trabalhista.

§ 3º No exame de convenção coletiva ou acordo coletivo de trabalho, a Justiça do Trabalho analisará exclusivamente a conformidade dos elementos essenciais do negócio jurídico, respeitado o disposto no art. 104 da Lei nº 10.406, de 10 de janeiro de 2002 (Código Civil), e balizará sua atuação pelo princípio da intervenção mínima na autonomia da vontade coletiva. (NR)

Afirma o referido parágrafo que, na avaliação dos requisitos para validade da norma coletiva, o Poder Judiciário deverá analisar exclusivamente os requisitos previstos no art. 104 do Código Civil.

Art. 104 do CC. A validade do negócio jurídico requer:

I – agente capaz;

II – objeto lícito, possível, determinado ou determinável;

III – forma prescrita ou não defesa em lei.

Deve-se observar, porém, que existem outros vícios que podem tornar nulo o negócio jurídico, como aqueles previstos nos arts. 613 e 614 da CLT, bem como contrariar o art. 611-B, além de a nulidade contrariar normas constitucionais.

Em suma, o nosso entendimento é de que, apesar da agressiva redação, o novo art. 8º da CLT não terá força suficiente para inibir a produção de súmulas e orientações jurisprudenciais nem para abater as ações anulatórias de cláusulas de norma coletiva.

CLT (antes da reforma)	CLT (depois da reforma)
Art. 8º. As autoridades administrativas e a Justiça do Trabalho, na falta de disposições legais ou contratuais, decidirão, conforme o caso, pela jurisprudência, por analogia, por equidade e outros princípios e normas gerais de direito, principalmente do direito do trabalho, e, ainda, de acordo com os usos e costumes, o direito comparado, mas sempre de maneira que nenhum interesse de classe ou particular prevaleça sobre o interesse público.	Art. 8º. (...)
Parágrafo único. O direito comum será fonte subsidiária do direito do trabalho, naquilo em que não for incompatível com os princípios fundamentais deste.	§ 1º O direito comum será fonte subsidiária do direito do trabalho.
	§ 2º Súmulas e outros enunciados de jurisprudência editados pelo Tribunal Superior do Trabalho e pelos Tribunais Regionais do Trabalho não poderão restringir direitos legalmente previstos nem criar obrigações que não estejam previstas em lei.
	§ 3º No exame de convenção coletiva ou acordo coletivo de trabalho, a Justiça do Trabalho analisará exclusivamente a conformidade dos elementos essenciais do negócio jurídico, respeitado o disposto no art. 104 da Lei nº 10.406, de 10 de janeiro de 2002 (Código Civil), e balizará sua atuação pelo princípio da intervenção mínima na autonomia da vontade coletiva. (NR)

RENÚNCIA E TRANSAÇÃO

É sabido que as normas trabalhistas são de ordem pública, ou seja, indisponíveis. As partes não podem simplesmente dispor de tais normas.

As normas trabalhistas em tese não podem ser transacionadas ou renunciadas.

> **Exemplo**: determinado empregador, com dificuldades financeiras, "coage" o seu empregado a assinar um termo "abrindo mão" do seu décimo terceiro salário, sob pena de admitir outro empregado que aceite tal medida no seu lugar.

Sabemos que essa medida não tem nenhuma validade jurídica. Estamos, obviamente, aplicando os princípios da **irrenunciabilidade** e da **indisponibilidade**.

A Reforma Trabalhista ampliou significativamente as hipóteses de ajuste individual entre empregado e empregador, podendo negociar livremente:

- banco de horas semestral;
- jornada 12 x 36;
- compensação de jornada;
- alteração do regime presencial para teletrabalho;
- fracionamento das férias;
- compra e manutenção de equipamentos necessários ao teletrabalho;
- empregado "hipersuficiente";
- intervalo para amamentação;
- forma de pagamento das verbas rescisórias;
- distrato;
- eficácia liberatória do Plano de Demissão Voluntária (PDV);
- cláusula compromissória de arbitragem;
- quitação anual das obrigações trabalhistas.

A renúncia consiste em um ato unilateral de despojamento de um direito certo. Por exemplo: o empregado conquistou o direito a férias após completar o seu período aquisitivo de doze meses e abriria mão (renunciaria) a esse direito já conquistado, o que não é válido no Direito do Trabalho, como dispõe a regra estabelecida no art. 9º da CLT:

Art. 9º da CLT. Serão nulos de pleno direito os atos praticados com o objetivo de desvirtuar, impedir ou fraudar a aplicação dos preceitos contidos na presente Consolidação.

Já a transação corresponde a um ato bilateral, mediante concessões recíprocas, sobre um direito duvidoso (*res dubia*), com vistas a finalizar ou a evitar um litígio.

O princípio da irrenunciabilidade ou indisponibilidade não constitui óbice à legítima transação, mas tão somente à renúncia. Sabe-se, inclusive, que o Processo do Trabalho prestigia muito a conciliação entre as partes. Dispõe o art. 764 da CLT: "Os dissídios individuais ou coletivos submetidos à apreciação da Justiça do Trabalho serão sempre sujeitos à conciliação".

Podemos, dessa forma, afirmar que a conciliação consiste no ato judicial em que as partes litigantes, sob a intervenção do juiz, acordam sobre a matéria debatida no processo judicial. A conciliação não implica necessariamente transação, pois poderá ocorrer de o empregador pagar todas as verbas devidas ao empregado em juízo, sem que o obreiro faça qualquer concessão.

Defendemos, contudo, que a transação na seara laboral, em razão da natureza cogente de suas normas e da hipossuficiência econômica do empregado, para que possa ser considerada válida, deve ser submetida ao crivo do Poder Judiciário Trabalhista.

A transação celebrada entre os titulares de uma relação de trabalho deve ser sempre homologada pelo Juízo Trabalhista. A única possibilidade de transação individual extrajudicial prevista no ordenamento jurídico antes da Reforma Trabalhista está no art. 625-E da CLT, que dispõe sobre a Comissão de Conciliação Prévia (CCP). Nessa hipótese, o empregado, individualmente, transaciona diretamente com o seu empregador suas verbas trabalhistas.

Com o advento da Reforma Trabalhista, foi criado o procedimento de jurisdição voluntária para homologação de acordo extrajudicial (arts. 855-B a 855-E da CLT). Na celebração do acordo extrajudicial, permite-se que as partes transacionem direitos trabalhistas.

O controle do conteúdo do acordo firmado entre as partes será realizado no momento da homologação judicial.

É importante destacar que o tema abrange questões de Direito do Trabalho e de Processo do Trabalho. Limitaremos nossa análise ao âmbito do direito material.

Art. 855-B da CLT. O processo de homologação de acordo extrajudicial terá início por petição conjunta, sendo obrigatória a representação das partes por advogado.

§ 1º As partes não poderão ser representadas por advogado comum.

§ 2º Faculta-se ao trabalhador ser assistido pelo advogado do sindicato de sua categoria.

Art. 855-C da CLT. O disposto neste Capítulo não prejudica o prazo estabelecido no § 6º do art. 477 desta Consolidação e não afasta a aplicação da multa prevista no § 8º do art. 477 desta Consolidação.

Art. 855-D da CLT. No prazo de quinze dias a contar da distribuição da petição, o juiz analisará o acordo, designará audiência se entender necessário e proferirá sentença.

Art. 855-E da CLT. A petição de homologação de acordo extrajudicial suspende o prazo prescricional da ação quanto aos direitos nela especificados.

Parágrafo único. O prazo prescricional voltará a fluir no dia útil seguinte ao do trânsito em julgado da decisão que negar a homologação do acordo.

O acordo extrajudicial abrange o ajuste direto entre empregado e empregador, em que pode ser discutido e negociado aquilo que não foi pago durante o período de vigência do contrato de trabalho. Celebrado o acordo, há necessidade de levá-lo ao Juiz do Trabalho para homologação ou não.

Após análise, o Juiz do Trabalho pode:

- homologar o acordo: nessa hipótese, as partes devem cumprir aquilo que foi estabelecido no acordo e o empregado não poderá ajuizar reclamação trabalhista em relação às verbas que estiverem presentes no acordo;

- não homologar o acordo: o acordo pode ser recusado quando as partes atenderem às condições exigidas para a celebração do acordo ou quando o acordo apresentar condições desfavoráveis a uma das partes, em geral ao empregado.

☞ ATENÇÃO!

Da sentença de que não homologar o acordo extrajudicial, é cabível a interposição de recurso ordinário.

A Reforma Trabalhista não estabeleceu de forma clara os limites da transação judicial no acordo extrajudicial. De acordo com o art. 855-E da CLT, o acordo extrajudicial atinge apenas os direitos especificados na petição do processo de homologação extrajudicial, o que nos faz concluir que os direitos decorrentes do contrato de trabalho que não forem expressamente objeto da petição não serão atingidos e poderão ser objeto de futura reclamação trabalhista.

Alguns autores incluem o Programa de Demissão Voluntário (PDV) como hipótese de transação individual de direitos trabalhistas. Não podemos esquecer que o PDV tem por objetivo conceder uma vantagem pecuniária ao empregado para se desligar voluntariamente do trabalho, para que ocorra uma redução nos quadros da empresa.

☞ ATENÇÃO!

O TST tem posicionamento no sentido de que a indenização paga no PDV não pode substituir verbas trabalhistas decorrentes do contrato de trabalho. O empregado que adere ao PDV não concede quitação geral ao contrato de trabalho, podendo, no futuro, discutir parcelas que não foram quitadas.

OJ 270 SDI-I do TST. Programa de incentivo à demissão voluntária. Transação extrajudicial. Parcelas oriundas do extinto contrato de trabalho. Efeitos. A transação extrajudicial que importa rescisão do contrato de trabalho ante a adesão do empregado a plano de demissão voluntária implica quitação exclusivamente das parcelas e valores constantes do recibo.

O Supremo Tribunal Federal (STF) entendeu, entretanto, que, se houver negociação coletiva (instrumento coletivo) prevendo quitação genérica do contrato de trabalho para aqueles empregados que aderirem ao PDV, torna-se possível a quitação geral das verbas trabalhistas.

Ressalta-se ainda que não cabe compensação em relação ao PDV, pois estamos tratando de verbas com naturezas distintas. A parcela recebida no PDV tem natureza indenizatória; já a que envolve o contrato de trabalho é de natureza salarial. Nos termos do TST:

OJ 356 SDI-I do TST. Programa de incentivo à demissão voluntária (PDV). Créditos trabalhistas reconhecidos em juízo. Compensação. Impossibilidade. Os créditos tipicamente trabalhistas reconhecidos em juízo não são suscetíveis de compensação com a indenização paga em decorrência de adesão do trabalhador a Programa de Incentivo à Demissão Voluntária (PDV).

Cumpre ressaltar que a Reforma Trabalhista inseriu o instituto do PDV na CLT:

Art. 477-B da CLT. Plano de Demissão Voluntária ou Incentivada, para dispensa individual, plúrima ou coletiva, previsto em convenção coletiva ou acordo coletivo de trabalho, enseja quitação plena e irrevogável dos direitos decorrentes da relação empregatícia, salvo disposição em contrário estipulada entre as partes.

São raríssimos os casos de renúncia de direito na seara trabalhista. Um exemplo, previsto em lei, é o pedido de transferência para outra cidade, feito pelo dirigente sindical. Nesse caso, como ele foi eleito para desempenhar a função naquela localidade, perderia (renunciaria) o direito à estabilidade.

Art. 543, § 1º, da CLT. O empregado perderá o mandato se a transferência for por ele solicitada ou voluntariamente aceita.

A jurisprudência do TST prevê a possibilidade de o trabalhador renunciar ao aviso prévio, se comprovar que já possui outro emprego.

Súmula nº 276 do TST. Aviso prévio. Renúncia pelo empregado (mantida) – Res. 121/2003, *DJ* 19, 20 e 21/11/2003. O direito ao aviso prévio é irrenunciável pelo empregado. O pedido de dispensa de cumprimento não exime o empregador de pagar o respectivo valor, salvo comprovação de haver o prestador dos serviços obtido novo emprego.

Ressalte-se, ainda, que a indisponibilidade da norma trabalhista não pressupõe a ocorrência do vício de consentimento. Se assim fosse, restaria sempre a opção da prova em contrário, como forma de elidir a efetividade desse princípio.

A aplicação do princípio da irrenunciabilidade resta, atualmente, mitigada pela tese da flexibilização das normas trabalhistas, adotada de forma moderada pelo texto constitucional vigente.

> Art. 7º da CF/1988. São direitos dos trabalhadores urbanos e rurais, além de outros que visem à melhoria de sua condição social: (...)
>
> VI – irredutibilidade do salário, salvo o disposto em convenção ou acordo coletivo; (...)
>
> XIII – duração do trabalho normal não superior a oito horas diárias e quarenta e quatro semanais, facultada a compensação de horários e a redução da jornada, mediante acordo ou convenção coletiva de trabalho;
>
> XIV – jornada de seis horas para o trabalho realizado em turnos ininterruptos de revezamento, salvo negociação coletiva.

Admite-se, portanto, a flexibilização sob a tutela sindical por meio da negociação coletiva, no tocante à redução de salário, à compensação e à redução de jornada de trabalho e à ampliação da jornada de trabalho nos turnos ininterruptos de revezamento.

☞ ATENÇÃO!

O legislador constituinte permitiu a possibilidade de redução do salário por meio da negociação coletiva, ou seja, por convenção coletiva de trabalho ou acordo coletivo de trabalho, sendo obrigatória a participação dos sindicatos nessas negociações.

No campo da CLT, na sua edição em 1943, já era prevista a nulidade de todo e qualquer ato que objetivasse fraudar ou burlar direitos trabalhistas nela previstos (arts. 444 e 468).

> Art. 444 da CLT. As relações contratuais de trabalho podem ser objeto de livre estipulação das partes interessadas em tudo quanto não contravenha às disposições de proteção ao trabalho, aos contratos coletivos que lhes sejam aplicáveis e às decisões das autoridades competentes.

A reforma trabalhista consagrada pela Lei nº 13.467/2017 incluiu o parágrafo único do art. 444 para permitir que os desiguais sejam tratados desigualmente, sob o fundamento de que um trabalhador com graduação em ensino superior e salário acima da média remuneratória da grande maioria dos trabalhadores seja tratado como alguém vulnerável, que necessite de proteção do Estado ou de tutela sindical para negociar os seus direitos trabalhistas.

Dessa forma, o legislador passou a permitir que o empregado com diploma de nível superior e que perceba salário mensal igual ou superior a duas vezes o limite máximo dos benefícios do Regime Geral de Previdência Social possa estipular cláusulas contratuais que prevaleçam sobre o legislado, nos mesmos moldes admitidos em relação à negociação coletiva, previstos no art. 611-A da CLT.

> Art. 444, parágrafo único, da CLT. A livre estipulação a que se refere o *caput* deste artigo aplica-se às hipóteses previstas no art. 611-A desta Consolidação, com a mesma eficácia legal e preponderância sobre os instrumentos coletivos, no caso de empregado portador de diploma de nível superior e que perceba salário mensal igual ou superior a duas vezes o limite máximo dos benefícios do Regime Geral de Previdência Social.

Data maxima venia, entender que os empregados que recebem mais que R$ 11.062,62 podem livremente dispor sobre os direitos trabalhistas relacionados no art. 611-A da CLT é negar a vulnerabilidade do trabalhador, que depende do emprego para sobreviver e facilmente concordaria com qualquer ajuste para manutenção do emprego.

O valor do salário não reduz a subordinação do empregado. O que muda é o seu nível social.

> Art. 468 da CLT. Nos contratos individuais de trabalho só é lícita a alteração das respectivas condições por mútuo consentimento, e ainda assim desde que não resultem, direta ou indiretamente, prejuízos ao empregado, sob pena de nulidade da cláusula infringente desta garantia.

Dessa forma, podemos concluir que todos os direitos trabalhistas previstos na lei são indisponíveis, imperativos, e só poderão ser disponibilizados quando a lei assim autorizar. Da mesma forma se posiciona a doutrina majoritária, seja quanto à transação ou à renúncia.

> ☞ **ATENÇÃO!**
>
> Quando o direito, objeto do ajuste, for privado, a transação será possível, desde que não acarrete prejuízo direto ou indireto ao trabalhador. O mesmo não se pode dizer quanto à renúncia, que será sempre nula, porque causará prejuízo ao empregado.

Por fim, deve-se destacar o posicionamento do Professor Maurício Godinho Delgado. De acordo com o jurista, não cabe transação individual por atingir o patamar mínimo civilizatório, como o direito à anotação da CTPS, ao salário mínimo, à incidência das normas de proteção à saúde e segurança do trabalhador. As normas de indisponibilidade relativa, por sua vez, não atingem o patamar mínimo civilizatório, e o interesse é meramente particular.

DAS COMISSÕES DE CONCILIAÇÃO PRÉVIA (CCP)

A Comissão de Conciliação Prévia – CCP foi criada com o advento da Lei nº 9.958/2000, que incluiu na CLT os arts. 625-A a 625-H, objetivando desafogar o grande número de ações trabalhistas ajuizadas diariamente no Judiciário Trabalhista.

O principal objeto da CCP é buscar a solução dos conflitos existentes entre empregado e empregador fora do Poder Judiciário, portanto de forma extrajudicial. Estamos diante da figura da autocomposição.

Por essa razão, foi facultada a criação da CCP no âmbito empresarial, sindical, em grupos de empresas ou ainda em caráter intersindical, de composição paritária, com representantes dos empregados e dos empregadores, com a função precípua de tentar conciliar os conflitos individuais do trabalho.

A reforma trabalhista sancionada pela Lei nº 13.467/2017 acrescentou um novo título à CLT, o IV-A, para regulamentar o art. 11 da CF, que determina que toda empresa com mais de 200 empregados tenha um representante eleito com a finalidade exclusiva de promover o entendimento direto com os empregadores. A ideia é que esse representante atue na conciliação de conflitos trabalhistas no âmbito da empresa.

Pretendeu o legislador prestigiar o diálogo social e desenvolver as relações de trabalho, reduzindo os conflitos e o número de ações judiciais. De fato, uma pessoa que tenha credibilidade e liderança junto aos demais trabalhadores contribuirá para reduzir os desentendimentos internos da empresa.

> ☞ **ATENÇÃO!**
> A Constituição Federal não previu que esse representante dos trabalhadores fosse vinculado à estrutura sindical. Ao contrário, se essa fosse a intenção, o artigo teria sido incorporado aos dispositivos específicos da organização sindical (art. 8º da CF). Por essa razão, foi criado um título próprio (já citado por nós) para tratar unicamente desse representante, apartado dos dispositivos da organização sindical.

O representante dos trabalhadores eleito é autônomo em relação ao sindicato. A participação do representante se dá no âmbito da empresa nas questões que envolvam o aprimoramento das relações internas e a busca de soluções para os conflitos eventualmente surgidos entre empregados e empregadores.

> **ATENÇÃO!**
> Esse representante não tem atribuições no que se refere às negociações coletivas, atividade constitucionalmente delegada aos sindicatos de classes.

CLT (antes da reforma)	CLT (depois da reforma)
	Art. 510-A. Nas empresas com mais de duzentos empregados, é assegurada a eleição de uma comissão para representá-los, com a finalidade de promover-lhes o entendimento direto com os empregadores.
	§ 1º A comissão será composta:
	I – nas empresas com mais de duzentos e até três mil empregados, por três membros;
	II – nas empresas com mais de três mil e até cinco mil empregados, por cinco membros;
	III – nas empresas com mais de cinco mil empregados, por sete membros.
	§ 2º No caso de a empresa possuir empregados em vários Estados da Federação e no Distrito Federal, será assegurada a eleição de uma comissão de representantes dos empregados por Estado ou no Distrito Federal, na mesma forma estabelecida no § 1º deste artigo.
	Art. 510-B. A comissão de representantes dos empregados terá as seguintes atribuições:
	I – representar os empregados perante a administração da empresa;
	II – aprimorar o relacionamento entre a empresa e seus empregados com base nos princípios da boa-fé e do respeito mútuo;
	III – promover o diálogo e o entendimento no ambiente de trabalho com o fim de prevenir conflitos;
	IV – buscar soluções para os conflitos decorrentes da relação de trabalho, de forma rápida e eficaz, visando à efetiva aplicação das normas legais e contratuais;
	V – assegurar tratamento justo e imparcial aos empregados, impedindo qualquer forma de discriminação por motivo de sexo, idade, religião, opinião política ou atuação sindical;
	VI – encaminhar reivindicações específicas dos empregados de seu âmbito de representação;

Cap. 5 – DAS COMISSÕES DE CONCILIAÇÃO PRÉVIA (CCP)

CLT (antes da reforma)	CLT (depois da reforma)
	VII – acompanhar o cumprimento das leis trabalhistas, previdenciárias e das convenções coletivas e acordos coletivos de trabalho.
	§ 1º As decisões da comissão de representantes dos empregados serão sempre colegiadas, observada a maioria simples.
	§ 2º A comissão organizará sua atuação de forma independente.
	Art. 510-C. A eleição será convocada, com antecedência mínima de trinta dias, contados do término do mandato anterior, por meio de edital que deverá ser fixado na empresa, com ampla publicidade, para inscrição de candidatura.
	§ 1º Será formada comissão eleitoral, integrada por cinco empregados, não candidatos, para a organização e o acompanhamento do processo eleitoral, vedada a interferência da empresa e do sindicato da categoria.
	§ 2º Os empregados da empresa poderão candidatar-se, exceto aqueles com contrato de trabalho por prazo determinado, com contrato suspenso ou que estejam em período de aviso-prévio, ainda que indenizado.
	§ 3º Serão eleitos membros da comissão de representantes dos empregados os candidatos mais votados, em votação secreta, vedado o voto por representação.
	§ 4º A comissão tomará posse no primeiro dia útil seguinte à eleição ou ao término do mandato anterior.
	§ 5º Se não houver candidatos suficientes, a comissão de representantes dos empregados poderá ser formada com número de membros inferior ao previsto no art. 510-A desta Consolidação.
	§ 6º Se não houver registro de candidatura, será lavrada ata e convocada nova eleição no prazo de um ano.
	Art. 510-D. O mandato dos membros da comissão de representantes dos empregados será de um ano.
	§ 1º O membro que houver exercido a função de representante dos empregados na comissão não poderá ser candidato nos dois períodos subsequentes.
	§ 2º O mandato de membro de comissão de representantes dos empregados não implica suspensão ou interrupção do contrato de trabalho, devendo o empregado permanecer no exercício de suas funções.
	§ 3º Desde o registro da candidatura até um ano após o fim do mandato, o membro da comissão de representantes dos empregados não poderá sofrer despedida arbitrária, entendendo-se como tal a que não se fundar em motivo disciplinar, técnico, econômico ou financeiro.

CLT (antes da reforma)	CLT (depois da reforma)
	§ 4º Os documentos referentes ao processo eleitoral devem ser emitidos em duas vias, as quais permanecerão sob a guarda dos empregados e da empresa pelo prazo de cinco anos, à disposição para consulta de qualquer trabalhador interessado, do Ministério Público do Trabalho e do Ministério do Trabalho.

Passaremos à leitura detalhada de todos os artigos, para, no final, traçarmos algumas observações importantes.

A comissão de conciliação prévia não integra o Poder Judiciário e a Administração Pública, e sua criação é feita por empresas e sindicatos. Aliás, nesse ponto, veja o previsto no art. 625-A da CLT:

Art. 625-A da CLT. As empresas e os sindicatos podem instituir Comissões de Conciliação Prévia, de composição paritária, com representante dos empregados e dos empregadores, com a atribuição de tentar conciliar os conflitos individuais do trabalho.

Parágrafo único. As Comissões referidas no *caput* deste artigo poderão ser constituídas por grupos de empresas ou ter caráter intersindical.

Se a comissão for criada no âmbito da empresa, o texto celetista explica como será a sua constituição:

Art. 625-B da CLT. A Comissão instituída no âmbito da empresa será composta de, no mínimo, dois e, no máximo, dez membros, e observará as seguintes normas:

I – a metade de seus membros será indicada pelo empregador e outra metade eleita pelos empregados, em escrutínio secreto, fiscalizado pelo sindicato de categoria profissional;

A constituição da Comissão de Conciliação Prévia é paritária (conforme prevê o art. 625-A, *caput*, da CLT), ou seja, há o mesmo número de representantes dos trabalhadores e o mesmo número de representantes do empregador.

Haverá, ainda, titulares e suplentes em mesma quantidade. O mandato será de um ano, mas é possível que haja uma recondução (novo mandato de mais um ano):

II – haverá na Comissão tantos suplentes quantos forem os representantes titulares;

III – o mandato dos seus membros, titulares e suplentes, é de um ano, permitida uma recondução.

A atividade de conciliador representante dos empregados na CCP gera certamente muitos atritos com o empregador, visto que, muitas vezes, esse conciliador precisa orientar o trabalhador a não fazer o acordo por diversas razões, como por exemplo, ser o valor ofertado substancialmente baixo perto do direito existente, erro na compreensão do trabalhador sobre os efeitos do acordo, impossibilidade jurídica de certas propostas serem aceitas etc. Essa orientação do conciliador representante dos empregados pode desagradar alguns empregadores, o que gera risco desse conciliador perder seu emprego.

Cap. 5 – DAS COMISSÕES DE CONCILIAÇÃO PRÉVIA (CCP)

Logo, para garantir que esse conciliador representante dos trabalhadores possa atuar com independência e bem representar sua classe, o legislador criou uma garantia provisória no emprego:

§ 1º É vedada a dispensa dos representantes dos empregados membros da Comissão de Conciliação Prévia, titulares e suplentes, até um ano após o final do mandato, salvo se cometerem falta grave, nos termos da lei.

Os representantes dos trabalhadores serão eleitos em voto secreto (escrutínio secreto), sendo que o processo eleitoral será fiscalizado pelo sindicato de trabalhadores (sindicato da categoria profissional).

Aqui vale um registro: quando o empregado é eleito e vai desempenhar suas funções como conciliador na CCP, ele precisa se afastar de seu trabalho normal, mas o tempo que gasta atuando na CCP é computado também como trabalho (espécie de interrupção do contrato de trabalho). O art. 625-B, § 2º, da CLT assegura essa contagem:

§ 2º O representante dos empregados desenvolverá seu trabalho normal na empresa afastando-se de suas atividades apenas quando convocado para atuar como conciliador, sendo computado como tempo de trabalho efetivo o despendido nessa atividade.

Por outro lado, se a Comissão de Conciliação Prévia for criada no âmbito do sindicato, sua formação e regras de funcionamento serão definidas em norma coletiva (convenção coletiva ou acordo coletivo):

Art. 625-C da CLT. A Comissão instituída no âmbito do sindicato terá sua constituição e normas de funcionamento definidas em convenção ou acordo coletivo.

Uma vez surgido o conflito trabalhista, os interessados (trabalhadores ou empregadores) podem protocolizar o pedido de resolução de conflito na Comissão de Conciliação Prévia. A Comissão será a do local da prestação de serviços, conforme se vê no art. 625-D da CLT:

Art. 625-D da CLT. Qualquer demanda de natureza trabalhista será submetida à Comissão de Conciliação Prévia se, na localidade da prestação de serviços, houver sido instituída a Comissão no âmbito da empresa ou do sindicato da categoria.

Claro que o legislador usa a expressão "se, na localidade da prestação de serviços, houver sido instituída", uma vez que muitas vezes não existe a CCP.

O requerimento e a narrativa dos fatos podem ser feitos de forma escrita, bem como pode o interessado comparecer na CCP e verbalmente narrar a situação (que será transcrita – reduzida a termo – por qualquer membro da Comissão):

§ 1º A demanda será formulada por escrito ou reduzida a termo por qualquer dos membros da Comissão, sendo entregue cópia datada e assinada pelo membro aos interessados.

Se não houver acordo nenhum, será fornecida ao empregado e ao empregador uma declaração de tentativa conciliatória frustrada assinada pelos membros da comissão. Nela constará a matéria que era objeto de discussão na demanda:

§ 2º Não prosperando a conciliação, será fornecida ao empregado e ao empregador declaração da tentativa conciliatória frustrada com a descrição de seu objeto, firmada pelos membros da Comissão, que deverá ser juntada à eventual reclamação trabalhista.

§ 3º Em caso de motivo relevante que impossibilite a observância do procedimento previsto no *caput* deste artigo, será a circunstância declarada na petição da ação intentada perante a Justiça do Trabalho.

Todavia, se houver uma CCP no âmbito da empresa e simultaneamente outra CCP no âmbito intersindical, qual será a responsável por essa tentativa de conciliação? Nesse ponto, o art. 625-D, § 4º, da CLT esclarece que qualquer delas pode examinar a demanda, mas a competência ficará com aquela que primeiro receber o pedido de solução do conflito:

§ 4º Caso exista, na mesma localidade e para a mesma categoria, Comissão de empresa e Comissão sindical, o interessado optará por uma delas para submeter a sua demanda, sendo competente aquela que primeiro conhecer do pedido.

Esse pedido feito à CCP indicará qual é o conflito (fatos relacionados), quem são os envolvidos e o que pretende o requerente.

A leitura do art. 625-D, *caput*, da CLT passa uma falsa impressão de que a submissão do conflito à Comissão de Conciliação Prévia é obrigatória, porquanto a norma usa o verbo no futuro do presente ("Qualquer demanda de natureza trabalhista será submetida à Comissão de Conciliação Prévia").

Essa errônea impressão parece reforçada pelo fato de que o art. 625-D, § 2º, da CLT, ao falar da conciliação frustrada, diz que a declaração deve ser juntada a eventual petição inicial em ação trabalhista que será ajuizada.

O legislador parece, ainda, reiterar essa suposta obrigação no art. 625-D, § 3º, da CLT, ao mencionar que, se não for possível passar na CCP, deve essa situação ser explicada na petição inicial da ação trabalhista na Justiça do Trabalho.

Entretanto, esse raciocínio não ultrapassa o óbice constitucional. Essa ideia viola o princípio da inafastabilidade jurisdicional. O princípio constitucional está previsto no art. 5º, XXXV, da Constituição Federal:

CF

Art. 5º. (...)

XXXV – a lei não excluirá da apreciação do Poder Judiciário lesão ou ameaça a direito;

A simples leitura literal (e equivocada) da norma celetista obrigaria o interessado, antes de ingressar com ação na Justiça do Trabalho, a promover a demanda na Comissão de Conciliação Prévia. Essa literalidade conflita frontalmente com o pleno acesso à Justiça.

Diante dessa circunstância, foram ajuizadas Ações Diretas de Inconstitucionalidade no Supremo Tribunal Federal (ADI 2160 e a ADI 2139).

Cap. 5 – DAS COMISSÕES DE CONCILIAÇÃO PRÉVIA (CCP)

> ☞ **ATENÇÃO!**
>
> O Supremo Tribunal Federal reconheceu a inconstitucionalidade da exigência de submissão de uma demanda à Comissão de Conciliação Prévia como pressuposto ou condição para o ajuizamento de ação trabalhista.

Logo, a Excelsa Corte deu ao preceito uma interpretação conforme a constituição. Veja a decisão proferida na ADI nº 2.139:

AÇÃO DIRETA DE INCONSTITUCIONALIDADE. §§ 1º A 4º DO ART. 625-D DA CONSOLIDA-ÇÃO DAS LEIS DO TRABALHO – CLT, (...) SUPOSTA OBRIGATORIEDADE DE ANTECEDENTE SUBMISSÃO DO PLEITO TRABALHISTA À COMISSÃO PARA POSTERIOR AJUIZAMENTO DE RECLAMAÇÃO TRABALHISTA. INTERPRETAÇÃO PELA QUAL SE PERMITE A SUBMIS-SÃO FACULTATIVAMENTE. GARANTIA DO ACESSO À JUSTIÇA. INC. XXXV DO ART. 5º DA CONSTITUIÇÃO DA REPÚBLICA. AÇÃO JULGADA PARCIALMENTE PROCEDENTE PARA DAR INTERPRETAÇÃO CONFORME A CONSTITUIÇÃO AOS §§ 1º A 4º DO ART. 652-D DA CONSOLIDAÇÃO DAS LEIS DO TRABALHO – CLT. 1. O Supremo Tribunal Federal tem reconhecido, em obediência ao inc. XXXV do art. 5º da Constituição da República, a des-necessidade de prévio cumprimento de requisitos desproporcionais ou inviabilizadores da submissão de pleito ao Poder Judiciário. 2. Contraria a Constituição interpretação do previsto no art. 625-D e parágrafos da Consolidação das Leis do Trabalho pelo qual se reconhecesse a submissão da pretensão à Comissão de Conciliação Prévia como requisito para ajuizamento de reclamação trabalhista. Interpretação conforme a Constituição da norma. 3. Art. 625-D e parágrafos da Consolidação das Leis do Trabalhos: a legitimidade desse meio alternativo de resolução de conflitos baseia-se na consensualidade, sendo importante instrumento para o acesso à ordem jurídica justa, devendo ser estimulada, não consubstanciando, todavia, requisito essencial para o ajuizamento de reclamações trabalhistas. 4. Ação direta de inconstitucionalidade julgada parcialmente procedente para dar interpretação conforme a Constituição aos §§ 1º a 4º do art. 625-D da Consoli-dação das Leis do Trabalho, no sentido de assentar que a Comissão de Conciliação Prévia constitui meio legítimo, mas não obrigatório de solução de conflitos, permanecendo o acesso à Justiça resguardado para todos os que venham a ajuizar demanda diretamente ao órgão judiciário competente. (ADI 2139, Relatora Ministra: Cármen Lúcia, Tribunal Pleno, Data de Publicação: 19/02/2019).

Dessa forma, conclui-se que a submissão do conflito à Comissão de Conciliação Prévia é facultativa, cabendo ao interessado decidir se deve buscar uma forma mais rápida de conciliação antes de ir ao Judiciário ou ingressar diretamente com a ação trabalhista na Justiça do Trabalho.

No dia e horário da sessão, empregado e empregador tentarão buscar um consenso, um acordo. Se o acordo for atingido, será lavrado um termo de conciliação e uma cópia será entregue às partes:

Art. 625-E da CLT. Aceita a conciliação, será lavrado termo assinado pelo empregado, pelo empregador ou seu proposto e pelos membros da Comissão, fornecendo-se cópia às partes.

Parágrafo único. O termo de conciliação é título executivo extrajudicial e terá eficácia liberatória geral, exceto quanto às parcelas expressamente ressalvadas.

O acordo firmado na CCP traz consequências muito relevantes no meio trabalhista.

A primeira consequência é que esse termo possui força executiva, ou seja, pode ser executado diretamente na Justiça do Trabalho se o acordo não for cumprido.

Essa mesma ideia foi reforçada no art. 876, *caput*, da CLT:

CLT
Art. 876. As decisões passadas em julgado ou das quais não tenha havido recurso com efeito suspensivo; os acordos, quando não cumpridos; os termos de ajuste de conduta firmados perante o Ministério Público do Trabalho e os termos de conciliação firmados perante as Comissões de Conciliação Prévia serão executada pela forma estabelecida neste Capítulo.

E essa execução é iniciada por uma petição que junta o termo de conciliação. O juiz, então, determina a citação do executado na forma do art. 880 da CLT.

A segunda consequência refere-se ao efeito liberatório dessa conciliação.

Uma vez realizado o acordo na CCP, não pode o interessado pleitear mais qualquer parcela, exceto se foi colocada uma ressalva no próprio termo de conciliação? Ou seria a eficácia limitada somente ao que as partes declararam no termo de conciliação?

Exemplo: Gustavo ingressa na CCP e pede adicional de insalubridade (R$ 5.000,00), horas extras (R$ 25.000,00) e indenização substitutiva do vale-transporte (R$ 2.000,00), e faz, na sessão de conciliação, um acordo com o empregador para receber R$ 5.000,00 sem qualquer ressalva. Qual seria a eficácia liberatória? Seria para qualquer outra verba trabalhista ainda que não tivesse sido pedida ou ficaria somente restrita para as parcelas que foram demandas?

Temos que analisar, nesse caso, duas correntes:

- 1ª corrente: defende que até mesmo as verbas trabalhistas que não foram pedidas na CCP também serão atingidas, se não houve ressalva expressa. A eficácia liberatória é geral em relação a tudo do contrato que não foi expressamente ressalvado.

Veja dois julgados exemplificativos dessa corrente:

"(...) COMISSÃO DE CONCILIAÇÃO PRÉVIA. EFICÁCIA LIBERATÓRIA. ARTIGO 625-E, PARÁGRAFO ÚNICO, DA CLT. PREVISÃO DE QUITAÇÃO DAS PARCELAS E DOS VALORES EXPRESSAMENTE CONSIGNADOS NO TERMO. (...) A existência de norma específica reguladora de determinada matéria, como no caso do artigo 625-E da CLT, torna inviável a abertura de espaço à interpretação analógica ou amplificada do texto legal, sob o risco de se desprestigiar o direito que se pretendeu proteger. Nesse contexto, a eficácia liberatória

Cap. 5 – DAS COMISSÕES DE CONCILIAÇÃO PRÉVIA (CCP)

do termo de conciliação, exceto quanto às parcelas expressamente ressalvadas, decorre da própria lei e tem como objetivo evitar que demandas resolvidas previamente através da composição entre as partes cheguem à análise do Poder Judiciário. Dessarte, não havendo notícia de que o reclamante tenha ressalvado expressamente alguma parcela no termo de conciliação firmado perante a Comissão de Conciliação Prévia, conclui-se pela sua eficácia liberatória geral, com quitação ampla do extinto contrato de trabalho. (...)" (ARR-11598-51.2016.5.15.0129, 4ª Turma, Relator Ministro: Guilherme Augusto *Caputo* Bastos, *DEJT* 25/09/2020).

"(...) 1. COMISSÃO DE CONCILIAÇÃO PRÉVIA. TERMO DE QUITAÇÃO. EFICÁCIA LIBERATÓRIA GERAL. INEXISTÊNCIA DE RESSALVA EXPRESSA. TRANSCENDÊNCIA POLÍTICA RECONHE-CIDA. CONHECIMENTO E PROVIMENTO. I. Esta Corte Superior firmou entendimento de que a disposição contida no art. 625-E, parágrafo único, da CLT é bastante clara no sentido de que, a partir do momento em que as partes elegem o foro extrajudicial (Comissão de Conciliação Prévia) para a composição do conflito, as manifestações de vontade ali externadas devem ser respeitadas. II. Na ausência de ressalvas e de vícios de consentimento, o termo conciliatório tem eficácia liberatória geral, abrangendo todas as parcelas oriundas do contrato de trabalho. III. No caso em exame, o Tribunal Regional não registra a existência de vício de consentimento na assinatura do termo de conciliação, tampouco ressalvas no termo de conciliação. Assim, ao limitar a eficácia liberatória do termo de conciliação firmado perante a Comissão de Conciliação Prévia, o Tribunal de origem violou o art. 625-E, parágrafo único, da CLT. IV. Recurso de revista de que se conhece e a que se dá provimento." (RR-11960-27.2017.5.15.0094, 4ª Turma, Relator Ministro: Alexandre Luiz Ramos, *DEJT* 19/06/2020).

Dessa forma, no exemplo dado anteriormente sobre o acordo de R$ 5.000,00, se Gustavo ainda tivesse direito ao adicional noturno e essa verba não foi pedida na CCP, o trabalhador não teria como ganhar essa parcela na Justiça do Trabalho, exceto se o adicional noturno tivesse sido colocado na ressalva do termo de conciliação na CCP.

- 2ª corrente: defende que o STF, ao julgar a ADI 2237, definiu que a eficácia liberatória abrange as parcelas e valores que estão em discussão no procedimento da CCP, não se tratando de uma eficácia liberatória geral de todas as parcelas do contrato. Observe esse trecho da ementa da ADI nº 2.237:

"AÇÃO DIRETA DE INCONSTITUCIONALIDADE. ARTS. 625-D, §§ 1º A 4º, E 625-E, PARÁ-GRAFO ÚNICO, DA CONSOLIDAÇÃO DAS LEIS DO TRABALHO – CLT, ACRESCIDOS PELA LEI N. 9.958, DE 12 DE JANEIRO DE 2000. COMISSÃO DE CONCILIAÇÃO PRÉVIA – CCP. (...) TERMO DE CONCILIAÇÃO. TÍTULO EXECUTIVO EXTRAJUDICIAL COM EFICÁCIA LIBE-RATÓRIA GERAL. EFEITOS INCIDENTES TÃO SOMENTE SOBRE AS VERBAS DISCUTIDAS EM SEDE CONCILIATÓRIA. VALIDADE DA CONVOLAÇÃO DO TERMO EM QUITAÇÃO APENAS DE VERBAS TRABALHISTAS SOBRE AS QUAIS AJUSTADAS AS PARTES. (...) 4. A interpre-tação sistemática das normas controvertidas nesta sede de controle abstrato conduz à compreensão de que a 'eficácia liberatória geral', prevista na regra do parágrafo único do art. 625-E da CLT, diz respeito aos valores discutidos em eventual procedimento conciliatório, não se transmudando em quitação geral e indiscriminada de verbas trabalhistas. 5. A voluntariedade e a consensualidade inerentes à adesão das partes ao subsistema implantado pelo Título VI-A da Consolidação das Leis do Trabalho, no qual se reconheceu a possibilidade de instituição de Comissão de Conciliação Prévia, torna válida a lavratura do termo de conciliação sob a forma de título executivo extrajudicial com eficácia liberatória geral pertinente às verbas acordadas. Validade da norma com essa interpretação do objeto cuidado. (...)" (Relatora Ministra: Cármen Lúcia, Plenário, publicado em *DJe* 20/2/2019).

Agora, observe dois julgados do TST que perfilam essa corrente:

"(...) COMISSÃO DE CONCILIAÇÃO PRÉVIA. ACORDO SEM RESSALVAS E SEM VÍCIO DE CONSENTIMENTO. EFICÁCIA LIBERATÓRIA. O STF, no julgamento ADI n. 2.237/DF, Relatora Ministra Carmem Lúcia, apreciando a constitucionalidade do art. 625-E, parágrafo único, da CLT, proferiu decisão no sentido de que 'a eficácia liberatória geral do termo neles contido está relacionada ao que foi objeto da conciliação. Diz respeito aos valores discutidos e não se transmuta em quitação geral e indiscriminada de verbas trabalhistas' (*DJE* 20/02/2019 – ATA N. 14/2019. *DJE* n. 34, divulgado em 19/02/2019). No caso dos autos, o TRT delimitou que o empregado deu 'plena quitação dos valores e parcelas expressamente consignadas no presente termo'. Logo, a eficácia liberatória decorrente da quitação passada pelo trabalhador ao firmar o mencionado acordo atinge apenas o objeto de conciliação, quais sejam, as parcelas e os valores consignados pelas partes. A decisão recorrida, portanto, está em conformidade com o entendimento esposado pelo STF, no julgamento ADI n. 2.237/DF. Precedentes. (...)" (ARR-1102-33.2011.5.04.0811, 2ª Turma, Relatora Ministra: Maria Helena Mallmann, *DEJT* 28/08/2020).

"(...) TERMO DE CONCILIAÇÃO FIRMADO PERANTE COMISSÃO DE CONCILIAÇÃO PRÉVIA. EFICÁCIA LIBERATÓRIA. ALCANCE. NOVA INTERPRETAÇÃO DO STF. 1. No julgamento da ADI n. 2.237/DF em 1º.8.2018, publicado no *DJE* de 20.2.2019, o Plenário do Supremo Tribunal Federal adotou nova interpretação conforme a Constituição, quanto ao parágrafo único do art. 625-E da CLT, entendendo que 'a 'eficácia liberatória geral', prevista na regra do parágrafo único do art. 625-E da CLT, diz respeito aos valores discutidos em eventual procedimento conciliatório, não se transmudando em quitação geral e indiscriminada de verbas trabalhistas'. 2. No caso dos autos, o Regional decidiu que o termo de conciliação firmado perante a comissão de conciliação prévia, sem aposição de ressalvas e sem evidência de vício na manifestação de vontade das partes, tem seu alcance limitado às parcelas consignadas como objeto do acordo celebrado, não havendo que se falar em eficácia liberatória geral. (...)" (RR-11457-73.2014.5.01.0070, 3ª Turma, Relator Ministro: Alberto Luiz Bresciani de Fontan Pereira, *DEJT* 08/05/2020).

Portanto, retornando mais uma vez ao exemplo dado anteriormente sobre o acordo de R$ 5.000,00, se o trabalhador ainda tivesse direito ao adicional noturno e essa verba não foi pedida na CCP, poderia demandar a parcela na Justiça do Trabalho.

Vale lembrar que, independentemente da corrente seguida, somente se fala em eficácia liberatória caso não haja qualquer nulidade no termo de conciliação assinado. Isso porque o juiz anulará o termo quando constatar algum vício grave, como vício de consentimento (erro, coação etc.). Olhe julgados do TST sobre o tema:

Cap. 5 – DAS COMISSÕES DE CONCILIAÇÃO PRÉVIA (CCP)

"(...) COMISSÃO DE CONCILIAÇÃO PRÉVIA. ACORDO. VÍCIO DE CONSENTIMENTO. IN-VALIDADE. O Tribunal Regional, amparado no acervo fático-probatório delineado nos autos, concluiu pela invalidade do acordo firmado perante a Comissão de Conciliação Prévia diante da manipulação da vontade do autor, em especial quanto à homologação da resilição contratual no mesmo dia em que assinados os termos de demanda e de conciliação, além de haver conciliação sobre títulos que sequer foram pleiteados. Assim, comprovada a fraude por vício de consentimento, não há como se atribuir eficácia liberatória ao acordo firmado perante a CCP. Incólumes os artigos 5º, XXXVI, da CF, 625-A e 625-H da CLT. Recurso de revista não conhecido. (...)" (RR-1126-74.2010.5.01.0263, 2ª Turma, Relatora Ministra: Maria Helena Mallmann, *DEJT* 28/08/2020).

"(...) COMISSÃO DE CONCILIAÇÃO PRÉVIA. TERMO DE CONCILIAÇÃO. AUSÊNCIA DE RESSALVAS. EFICÁCIA LIBERATÓRIA GERAL. EXISTÊNCIA DE VÍCIO DE CONSENTIMENTO. A jurisprudência desta Corte encontra-se sedimentada no sentido de que o termo de conciliação lavrado perante comissão de conciliação prévia regularmente constituída, sem a evidência de vícios ou fraudes, e sem aposição de ressalvas, possui eficácia liberatória geral em relação às verbas decorrentes do vínculo empregatício, nos termos do artigo 625-E da CLT. No presente caso, o Regional registrou a existência de vício de consentimento na celebração do termo de conciliação, fato hábil a gerar a perda da eficácia liberatória geral do contrato de trabalho. Recurso de revista de que não se conhece. (...)" (RR-3292600-90.2009.5.09.0041, 8ª Turma, Relator Ministro: Marcio Eurico Vitral Amaro, *DEJT* 28/09/2018).

A Comissão, uma vez provocada pelo interessado, possui prazo de dez dias para designar uma data e horário para a sessão de tentativa de conciliação:

Art. 625-F da CLT. As Comissões de Conciliação Prévia têm prazo de dez dias para a realização da sessão de tentativa de conciliação a partir da provocação do interessado.

Uma pergunta ainda se revela importante: e se a Comissão não marcar a sessão de conciliação dentro dos dez dias que a lei prevê?

Nesse caso, o legislador informa que, no último dia (décimo dia), deverá a comissão, mesmo sem ter realizado a tentativa de conciliação, fornecer uma declaração de tentativa conciliatória frustrada às partes:

Parágrafo único. Esgotado o prazo sem a realização da sessão, será fornecida, no último dia do prazo, a declaração a que se refere o § 2º do art. 625-D.

Quando se submete um conflito à Comissão de Conciliação Prévia, os interessados não estão inertes. Pelo contrário, estão buscando seu direito. Logo, jamais se poderia pensar que o prazo de prescrição das verbas trabalhistas estivesse correndo.

O legislador, atento a esse ponto, estabeleceu no art. 625-G da CLT:

Art. 625-G da CLT. O prazo prescricional será suspenso a partir da provocação da Comissão de Conciliação Prévia, recomeçando a fluir, pelo que lhe resta, a partir da tentativa frustrada de conciliação ou do esgotamento do prazo previsto no art. 625-F.

Dessa forma, o prazo prescricional em curso será suspenso se provocada a CCP e apenas voltará a correr pelo resto após a tentativa frustrada de conciliação na sessão ou mesmo após esgotado o prazo de dez dias sem que houvesse a realização da sessão.

> **Exemplo**: Ana foi dispensada da empresa Vende Tudo LTDA. no dia 07/04/2018 e se quisesse receber horas extras que não foram pagas, o prazo prescricional é de 2 anos contados da extinção do contrato de trabalho.

> CF
>
> Art. 7º. São direitos dos trabalhadores urbanos e rurais, além de outros que visem à melhoria de sua condição social:
>
> XXIX – ação, quanto aos créditos resultantes das relações de trabalho, com prazo prescricional de cinco anos para os trabalhadores urbanos e rurais, até o limite de dois anos após a extinção do contrato de trabalho;

Imagine que, no dia 05/04/2020, Ana resolva submeter suas pretensões na CCP. Logo, a partir desse dia (05/04/2020) houve suspensão do prazo prescricional. Faltavam, assim, três dias para o final do prazo (dias 05, 06 e 07/04/2020). Suponha que a CCP designou sessão para o dia 10/04/2020, mas não houve acordo. Dessa forma, volta a correr o prazo faltante de três dias, podendo Ana ajuizar ação trabalhista até 13/04/2020 sem que a prescrição bienal tenha vencido.

É importante lembrar que o prazo prescricional é suspenso e não interrompido. Na interrupção do prazo prescricional, o prazo paralisa e começa a contar tudo de novo do zero. Não é o caso da CCP.

Vale lembrar de que, se já existirem Núcleos Intersindicais de Conciliação (núcleos formados entre sindicatos para conciliar conflitos trabalhistas) em funcionamento, devem ser aplicadas as mesmas regras das Comissões de Conciliação Prévia:

> Art. 625-H da CLT. Aplicam-se aos Núcleos Intersindicais de Conciliação Trabalhista em funcionamento ou que vierem a ser criados, no que couber, as disposições previstas neste Título, desde que observados os princípios da paridade e da negociação coletiva na sua constituição.

1. A tentativa conciliatória extrajudicial somente será possível quando envolver conflitos individuais do trabalho, e não conflitos coletivos.

> Os conflitos coletivos serão solucionados por meio da arbitragem, mediação, negociação coletiva e, ainda, pelo dissídio coletivo.

2. A composição da CCP é paritária, ou seja, é idêntico o número de representantes dos empregados e empregadores.
3. A criação da CCP é facultativa no âmbito da empresa e sindical.

☞ **ATENÇÃO!**
É importante destacar que o empregador não está obrigado a criar a CCP. Trata-se de mera faculdade.

Cap. 5 – DAS COMISSÕES DE CONCILIAÇÃO PRÉVIA (CCP) **55**

É comum grandes empresas ou grupos econômicos criarem as Comissões de Conciliação Prévia.

☞ ATENÇÃO!

Caso exista, na mesma localidade e para a mesma categoria, comissão de empresa e comissão sindical, o interessado optará por uma delas para submeter a sua demanda, sendo competente aquela que primeiro conhecer o pedido.

4. A CCP instituída no âmbito do sindicato terá sua constituição e as normas de funcionamento definidas em convenção ou acordo coletivo.

5. A CCP instituída no âmbito da empresa tem as suas regras definidas na própria CLT. Essas regras, sim, representam **GABARITO** em prova. Então, atenção:

– composição: no mínimo dois e, no máximo, dez membros;

– eleição: será feita em escrutínio secreto, com a fiscalização do sindicato da categoria profissional respectivo;

– suplentes: tantos quantos forem os representantes titulares;

– mandato: um ano, permitida uma recondução, tanto para os membros titulares quanto para os suplentes;

– estabilidade provisória (garantia de emprego) para os representantes dos empregados eleitos.

Obs. 1: A estabilidade apontada abrange os membros titulares e suplentes.

Obs. 2: O termo final da estabilidade será um ano após o final do mandato.

Obs. 3: Durante o período estabilitário, somente poderão ser dispensados os empregados que cometerem falta grave.

A CLT é omissa sobre o termo inicial da estabilidade provisória, ou seja, quando realmente começa essa garantia no emprego.

6. O representante dos empregados desenvolverá seu trabalho normal na empresa, afastando-se de suas atividades apenas quando convocado para atuar como conciliador, sendo computado como tempo de trabalho efetivo o despendido nessa atividade. Logo, o tempo dedicado à atividade de conciliador tem natureza de **interrupção** do contrato de trabalho.

7. A demanda será formulada por escrito ou reduzida a termo por qualquer dos membros da comissão, sendo entregue cópia datada e assinada pelo membro interessado.

8. Em caso de motivo relevante que impossibilite a observância da passagem obrigatória pela CCP, será a circunstância declarada na reclamação trabalhista ajuizada perante a Justiça do Trabalho.

9. As CCP têm o prazo de dez dias para a realização da sessão de tentativa de conciliação a partir da provocação do interessado. Isso poderá acarretar duas situações:

- aceita a conciliação, será lavrado termo de conciliação, assinado pelo empregado, pelo empregador ou seu representante e pelos membros da comissão, fornecendo-se cópia às partes;

O termo de conciliação é um título executivo extrajudicial e terá eficácia liberatória geral, exceto quanto às parcelas expressamente ressalvadas. Nesse caso, se no termo não houver ressalvas, o obreiro terá dado quitação total às parcelas do contrato.

Nesse sentido, é salutar a leitura do Informativo nº 29 do TST:

> Comissão de Conciliação Prévia. Acordo firmado sem ressalvas. Eficácia liberatória geral. Parágrafo único do art. 625-E da CLT. Nos termos do parágrafo único do art. 625-E da CLT, o termo de conciliação, lavrado perante a Comissão de Conciliação Prévia regularmente constituída, possui eficácia liberatória geral, exceto quanto às parcelas ressalvadas expressamente. Em outras palavras, não há limitação dos efeitos liberatórios do acordo firmado sem ressalvas, pois o termo de conciliação constitui título executivo extrajudicial, com força de coisa julgada entre as partes, equivalendo a uma transação e abrangendo todas as parcelas oriundas do vínculo de emprego. Com esse posicionamento, a SBDI-I, em sua composição plena, por unanimidade, conheceu dos embargos, por divergência jurisprudencial, e, no mérito, pelo voto prevalente da Presidência, deu-lhes provimento para julgar extinto o processo sem resolução de mérito, na forma do art. 267, IV, do CPC. Vencidos os Ministros Horácio Raymundo de Senna Pires, Rosa Maria Weber, Lelio Bentes Corrêa, Luiz Philippe Vieira de Melo Filho, Augusto César Leite de Carvalho, José Roberto Freire Pimenta e Delaíde Miranda Arantes, por entenderem que a quitação passada perante a Comissão de Conciliação Prévia não pode abranger parcela não inserida no correlato recibo (TST-E-RR-17400-43.2006.5.01.0073, SBDI-I, rel. Min. Aloysio Corrêa da Veiga, 08/11/2012).

Antes do advento da Reforma Trabalhista, tratávamos a CCP como a única hipótese de transação direta de verbas trabalhistas fora do Poder Judiciário. Agora, temos o acordo extrajudicial que será levado para a homologação judicial.

O procedimento correto para impugnar o termo de conciliação firmado perante a CCP é a ação anulatória, e não a rescisória.

- fracassada a tentativa conciliatória, será fornecida ao empregado e ao empregador declaração da tentativa conciliatória frustrada (também chamada de carta de malogro).

10. Esgotado o prazo de dez dias sem a realização da sessão de tentativa de conciliação, será fornecida a declaração da tentativa de conciliação frustrada no último dia do prazo.

11. No que tange ao prazo prescricional, se o empregado provoca a CCP, o prazo será **suspenso** a partir da provocação, recomeçando a fluir, pelo que lhe resta, a partir da tentativa frustrada de conciliação ou do esgotamento do prazo de dez dias.

RELAÇÃO DE TRABALHO, EMPREGO E PRESTAÇÃO DE SERVIÇO

A prestação de serviço é tutelada pelo Direito Civil e pactuada por meio de contrato de prestação de serviços. Já as relações de trabalho são disciplinadas pelo Direito do Trabalho e acordadas por meio dos contratos de trabalho.

Para que haja prestação de serviço, basta que, de um lado, exista uma parte que deseja a realização de um serviço, e de outro, alguém que preste o serviço desejado. Na prestação de serviço, o que realmente importa é o produto final, ou seja, o resultado. Contudo, como poderemos perceber ao analisarmos, em especial, as relações de emprego, o objetivo dos contratos de trabalho não é o resultado, mas sim o labor do trabalhador propriamente dito.

Não estamos dizendo que na relação de trabalho não haja prestação de serviço, muito pelo contrário, ela é a própria essência dessa espécie de contrato. Mas existem certos requisitos de cada espécie contratual que devem ser observados para que possa ficar configurada a existência ou não de uma prestação de serviço ou de um determinado tipo de contrato de trabalho. Todavia, não podemos esquecer que o princípio da primazia da realidade pode fazer que aparentes contratos de prestações de serviços sejam reconhecidos como verdadeiros vínculos de emprego.

6.1. DAS DIFERENÇAS ENTRE RELAÇÃO DE TRABALHO E RELAÇÃO DE EMPREGO

A relação de trabalho é gênero do qual a relação de emprego é uma das espécies. Podemos citar as espécies mais comuns:

- emprego;
- trabalho autônomo;
- trabalho eventual;
- trabalho avulso;
- estágio;
- trabalho voluntário;
- servidores públicos com relação jurídico-administrativa.

Essa é a distinção tradicional, e não temos como fugir dela. E dessa "máxima" existem algumas inevitáveis conclusões que iremos esquematizar para que sejam, literalmente, memorizadas.

```
┌────────────────────────────────────┐
│  Relação de Trabalho               │
│                                    │
│           ┌──────────────────────┐ │
│           │  Relação de Emprego  │ │
│           └──────────────────────┘ │
│                                    │
└────────────────────────────────────┘
```

Toda relação de emprego é uma relação de trabalho, mas nem toda relação de trabalho é uma relação de emprego.

Dizer que a relação de trabalho é gênero significa afirmar que ela não se esgota na relação de emprego, que essa é apenas uma de suas espécies. Sendo assim, vale citar algumas outras espécies, como, por exemplo, trabalho avulso, voluntário, estagiário e cooperativado.

A relação de emprego fica estabelecida quando estão presentes os requisitos dos arts. 2º e 3º da CLT, também chamados de elementos fático-jurídicos da relação empregatícia; destaca-se, em especial, a subordinação.

Ressalte-se que existem aqueles operadores do Direito que consideram que as atividades do empresário podem ser enquadradas como outra espécie de relação de trabalho.

Nesse capítulo, analisaremos essas espécies, exceto os servidores públicos com relação jurídico-administrativa, visto que o exame desses últimos compete ao Direito Administrativo e não ao Direito do Trabalho.

De plano, devemos ter um primeiro cuidado. Quando se menciona, nas leis, "contrato de trabalho", o legislador trata de "contrato de emprego". Embora a relação de trabalho seja um gênero, essa expressão não é sinônimo de "contrato de trabalho". Assim, onde se lê "contrato de trabalho" na norma legal, leia-se "contrato de emprego". Essa necessidade da correspondência desses contratos criada pelo art. 442, *caput*, da CLT:

CLT

Art. 442. Contrato individual de trabalho é o acordo tácito ou expresso, correspondente à relação de emprego.

6.2. DA RELAÇÃO DE EMPREGO

Trata-se da relação de trabalho mais protetiva no Direito do Trabalho. O reconhecimento dessa espécie de relação jurídica pressupõe a presença de elementos de existência.

Uma vez existente a relação de emprego, passa-se a outra questão: seria o contrato válido?

Nesse caso, cumpre analisar os requisitos de validade do contrato de trabalho, o que será feito no capítulo sobre contrato de trabalho.

O conceito de relação de emprego é obtido por meio da combinação dos arts. 2º e 3º da CLT, conforme podemos depreender da leitura desses dispositivos:

Cap. 6 – RELAÇÃO DE TRABALHO, EMPREGO E PRESTAÇÃO DE SERVIÇO

Art. 2º. Considera-se empregador a empresa, individual ou coletiva, que, assumindo os riscos da atividade econômica, admite, assalaria e dirige a prestação pessoal de serviço.

§ 1º Equiparam-se ao empregador, para os efeitos exclusivos da relação de emprego, os profissionais liberais, as instituições de beneficência, as associações recreativas ou outras instituições sem fins lucrativos, que admitirem trabalhadores como empregados.

§ 2º Sempre que uma ou mais empresas, tendo, embora, cada uma delas, personalidade jurídica própria, estiverem sob a direção, controle ou administração de outra, ou ainda quando, mesmo guardando cada uma sua autonomia, integrem grupo econômico, serão responsáveis solidariamente pelas obrigações decorrentes da relação de emprego.

§ 3º Não caracteriza grupo econômico a mera identidade de sócios, sendo necessárias, para a configuração do grupo, a demonstração do interesse integrado, a efetiva comunhão de interesses e a atuação conjunta das empresas dele integrantes.

Art. 3º. Considera-se empregado toda pessoa física que prestar serviços de natureza não eventual a empregador, sob a dependência deste e mediante salário.

Parágrafo único. Não haverá distinções relativas à espécie de emprego e à condição de trabalhador nem entre o trabalho intelectual, técnico e manual.

Podemos concluir, dessa forma, que a relação de emprego é configurada pela prestação de um trabalho de natureza não eventual, por pessoa natural com pessoalidade, subordinação e de forma onerosa.

6.3. DOS REQUISITOS CARACTERIZADORES DA RELAÇÃO DE EMPREGO

6.3.1. Trabalho prestado por pessoa física

O contrato de emprego exige que a figura do empregado seja uma pessoa natural. Logo, o empregado terá, necessariamente, que ser uma pessoa física, não poderá ser pessoa jurídica. Alguns doutrinadores entendem que esse requisito já se encontra inserido na pessoalidade (próximo elemento a ser estudado). Não há nenhum vício nesse entendimento.

Existem, contudo, autores que sustentam a possibilidade de, aplicando-se o princípio da primazia da realidade, reconhecer o vínculo de emprego, mesmo nos casos em que a figura do empregado for ocupada por pessoa jurídica unipessoal. Essa afirmação tem o condão de afastar possíveis casos de fraudes, em que tentem se mascarar contratos de emprego por meio de prestações de serviços.

O tomador de serviços (que na verdade é empregador) exige que o trabalhador apenas preste serviços por meio de uma pessoa jurídica que ele é obrigado a criar ou participar. Essa conduta ilegal destina-se a simular um pacto entre pessoas jurídicas, o que eliminaria a obrigação da "tomadora de serviços" de arcar com contribuições previdenciárias, FGTS, 13º salário, terço de férias etc.

Esse fenômeno ilegal é conhecido como **pejotização**. A jurisprudência trabalhista, reconhecendo que os elementos da relação de emprego estão presentes na prática (primazia da realidade), reconhece o vínculo de emprego e determina as retificações necessárias.

Veja um julgado sobre esse assunto:

"(...) CONTRATO DE PRESTAÇÃO DE SERVIÇOS AUTÔNOMOS DESCARACTERIZADO. 'PEJOTI-ZAÇÃO'. VÍNCULO DE EMPREGO RECONHECIDO. O Tribunal Regional, soberano na análise do conjunto fático-probatório dos autos, registrou que os depoimentos testemunhais apontam que o empregado falecido laborou na condição de empregado em prol da ré, com pessoalidade, habitualidade, subordinação e no desempenho de atividade-fim da empresa, utilizando, inclusive, uniforme com o logotipo da empresa. Registrou, no particular, que a ré era destinatária dos serviços prestados pelo *de cujus*, por meio da empresa jurídica constituída em sociedade com sua esposa e que o trabalho prestado não revertia em proveito próprio, mas exclusivamente à ré, que lhe repassava valores segundo as entregas feitas. (...) Descaracterizado o contrato de prestação de serviços, porque constatado o intuito de fraudar direitos previstos na legislação trabalhista por meio da constituição de pessoa jurídica, fenômeno conhecido como 'pejotização'. Trata-se de conhecida modalidade de precarização das relações de trabalho por meio da qual o empregado é compelido ou mesmo estimulado a formar pessoa jurídica, não raras vezes mediante a constituição de sociedade com familiares, e presta os serviços contratados, mas com inteira dependência, inclusive econômica, e controle atribuído ao tomador. (...)" (ARR – 1682900-69.2009.5.09.0652, Relator Ministro: Cláudio Mascarenhas Brandão, Data de Julgamento: 17/08/2016, 7ª Turma, Data de Publicação: *DEJT* 26/08/2016).

A fraude, contudo, não pode ser presumida, devendo ser cabalmente comprovada por quem a alega:

"(...) DENTISTA. NÃO CONFIGURADA IRREGULARIDADE NA CONSTITUIÇÃO DE PESSOA JURÍDICA. DECISÃO DO TRT COM BASE NAS PROVAS PRODUZIDAS. FRAUDE NÃO DEMONSTRADA. PRESUNÇÃO DE FRAUDE VEDADA. PECULIARIDADE DO CASO CONCRETO.

1 – Não se ignora que a denominada 'pejotização' (quando configurada a contratação por meio de empresa individual com a finalidade de burlar a legislação trabalhista) deve ser combatida em todas as frentes: legisladores, julgadores, órgãos de fiscalização etc. Contudo, é preciso que a fraude à legislação trabalhista, cuja presunção é vedada, em cada caso concreto esteja demonstrada de maneira inequívoca, o que não se constata nestes autos. (...)" (RR – 94300-18.2009.5.12.0021, Relatora Ministra: Kátia Magalhães Arruda, Data de Julgamento: 09/12/2015, 6ª Turma, Data de Publicação: *DEJT* 18/12/2015).

Quanto ao empregador, esse pode ser pessoa física, jurídica ou mesmo determinados entes despersonalizados (massa falida, espólio etc.).

Perceba que a referência a "empresa" prevista no *caput* do art. 2º da CLT, atualmente, em nada se relaciona à exigência de que o empregador seja pessoa jurídica. Hoje é pacífico que pessoas físicas e alguns entes despersonalizados possam ser empregadores.

Aliás, ainda que se trate de entidade sem fins lucrativos, pode ele ser, como qualquer pessoa jurídica privada, empregadora. É o que consta no art. 2º, § 1º, da CLT, na lei conhecido como **empregador por equiparação**.

Assim, na prática, superando interpretações antigas, atualmente se confere à expressão "empresa" uma interpretação ampla, plástica e aberta. Logo, não importa

Cap. 6 – RELAÇÃO DE TRABALHO, EMPREGO E PRESTAÇÃO DE SERVIÇO

se o empregador é pessoa física, jurídica (empresarial ou não), entes despersonalizados, Administração Pública, ente público externo, todos podem ser empregadores.

Não se esqueça de que, na lei do **trabalho rural** (Lei nº 5.889/1973), existe um conceito de **empregado rural** e de **empregador rural**:

Lei nº 5.889/1973

Art. 2º. Empregado rural é toda pessoa física que, em propriedade rural ou prédio rústico, presta serviços de natureza não eventual a empregador rural, sob a dependência deste e mediante salário.

Art. 3º. Considera-se empregador, rural, para os efeitos desta Lei, a pessoa física ou jurídica, proprietário ou não, que explore atividade agroeconômica, em caráter permanente ou temporário, diretamente ou através de prepostos e com auxílio de empregados.

§ 1º Inclui-se na atividade econômica referida no *caput* deste artigo, além da exploração industrial em estabelecimento agrário não compreendido na CLT, aprovada pelo Decreto-lei n. 5.452, de 1º de maio de 1943, a exploração do turismo rural ancilar à exploração agroeconômica.

Quanto ao **emprego doméstico**, o art. 1º da Lei Complementar nº 150/2015 prevê uma definição:

LC nº 150/2015

Art. 1º. Ao empregado doméstico, assim considerado aquele que presta serviços de forma contínua, subordinada, onerosa e pessoal e de finalidade não lucrativa à pessoa ou à família, no âmbito residencial destas, por mais de 2 (dois) dias por semana, aplica-se o disposto nesta Lei.

No caso específico do emprego doméstico, a norma exige uma **finalidade não lucrativa** nos serviços prestados, além de que o trabalho ocorra no âmbito residencial do empregador ou de sua família.

Registre-se que o caseiro de chácara ou de sítio de lazer é considerado empregado doméstico, conforme se constata nesse trecho de julgado do TST:

"(...) Do ponto de vista econômico, pode-se afirmar que o doméstico produz, exclusivamente, valor de uso, jamais valor de troca, por isso sem intuito ou conteúdo econômicos para o tomador de serviços. Nessa linha será doméstico o caseiro de sítio de lazer do empregador, desde que não se realize produção, na propriedade, com o concurso do caseiro, para fins de colocação no mercado. Existindo sistema de produção para venda habitual de bens a terceiros, descaracteriza-se a natureza doméstica do vínculo estabelecido com o trabalhador no local. (...)" (ARR – 10030-92.2014.5.15.0121, Relator Ministro: Mauricio Godinho Delgado, Data de Julgamento: 19/04/2017, 3ª Turma, Data de Publicação: *DEJT* 28/04/2017).

☞ **ATENÇÃO! REGRA ABSOLUTA!**

Eis um requisito caracterizador da relação de emprego: todo empregado é uma pessoa natural/física.

6.3.2. Pessoalidade

O contrato de emprego é pessoal em relação à figura do empregado, ou seja, ele é contratado para prestar serviços pessoalmente, não podendo ser substituído, senão em situações excepcionais e com a concordância do empregador. Diz-se, então, que a relação de emprego possui uma natureza *intuitu personae* do empregado em relação ao empregador, ou seja, no que se refere à figura do empregado, os contratos de emprego são considerados infungíveis.

Claro que sempre há a possibilidade anormal da denominada substituição consentida. Isso significa que o empregado pode até enviar alguém em seu lugar se o empregador concordar, mas isso não é direito subjetivo do trabalhador e a mera liberalidade patronal não altera o vínculo com o empregado. A relação com a pessoa indicada também é outra. Aliás, existe inclusive risco, dependendo da forma de prestação de serviços e habitualidade com que isso ocorre, de se formar vínculo de emprego também com aquele que substitui o trabalhador.

O fato de a morte do empregado ser uma das causas de extinção do contrato de trabalho é, portanto, consequência direta desse requisito. Em hipótese alguma se transferirá para os herdeiros do empregado falecido a obrigação de dar continuidade ao contrato.

A pessoalidade aplicada aos contratos de trabalho se restringe à figura do empregado. Mas, como veremos mais adiante e, também, como já vimos no Capítulo 2, "Princípios do Direito do Trabalho", em relação ao empregador aplicam-se os princípios da despersonalização da figura do empregador e da continuidade da relação de emprego. Ou seja, havendo sucessão de empregadores, as relações de emprego já existentes serão mantidas.

> **Exemplo**: Célio é empregado da empresa Tudo Azul LTDA., e a empresa foi comprada e absorvida pela Raio de Sol LTDA. É uma incorporação de empresas. Célio, que continuou trabalhando normalmente, passa a ter como empregador a Raio de Sol LTDA., mas o vínculo de emprego continua o mesmo. Houve alteração do empregador, mas não do empregado.

Todavia, nos contratos em que a relação entre empregado e empregador seja pessoal, já vem sendo aceita a pessoalidade em relação à figura do empregador. Nesses casos, geralmente, na hipótese de morte do empregador ou havendo sucessão de empresas, poderá o empregado alegar tais fatos como causa de rescisão indireta do contrato de trabalho.

Registre-se, ainda, que a pessoalidade continua a existir no **teletrabalho**. Assim, mesmo que o trabalhador eventualmente conte com ajuda de familiares na prestação laboral (normalmente sem o conhecimento patronal), a pessoalidade não é eliminada. Veja esse julgado do TRT da 2ª Região:

TRABALHO EM DOMICÍLIO. CARACTERIZAÇÃO DO VÍNCULO DE EMPREGO. A Consolidação das Leis do Trabalho não distingue entre o trabalho executado nas dependências do empregador e o executado no domicílio (arts. 6º e 83). O fato do trabalhador prestar

Cap. 6 – RELAÇÃO DE TRABALHO, EMPREGO E PRESTAÇÃO DE SERVIÇO

os serviços em domicílio e não estar sob o controle direto da empresa, não significa que o empregador não possa controlá-lo, pois pode fazer isso estabelecendo metas de produção, definindo material a ser utilizado e prazos para apresentação do produto acabado, caracterizando-se desta forma a subordinação hierárquica, um dos princípios básicos que o classifica como empregado. O trabalho em domicílio pode caracterizar relação de emprego se estiverem presentes as seguintes condições: recebimento de materiais e orientações sobre os procedimentos a serem observados; execução de tarefas relativas à atividade da empresa; pagamento pelos serviços prestados; e subordinação do trabalhador ao empresário. A subordinação pode ser caracterizada pelo volume de serviço a ser cumprido diariamente, exigindo dedicação em tempo integral do emprega-do, como se estivesse no estabelecimento do empregador; pela obrigatoriedade de os trabalhos serem executados de acordo com as normas estabelecidas previamente; pelo direito do empregador de dar ordens, determinar o comparecimento do empregado no estabelecimento em dia e hora que fixar, e pela obrigação do empregado em obedecer ordens; e ainda, quando o salário recebido pelo empregado representar o seu principal meio de subsistência. A pessoalidade é indispensável. A ajuda de familiares não lhe des-caracteriza. A exclusividade não é exigida. (TRT2, Rel. Ivani Contini Bramante, Processo nº: 00391-2009-332-02-00-7, 4ª Turma, Data de publicação: 23/04/2010).

Ressalte-se que os elementos da relação de emprego caracterizam o vínculo independentemente do local da prestação de serviços:

CLT

Art. 6º. Não se distingue entre o trabalho realizado no estabelecimento do empregador, o executado no domicílio do empregado e o realizado a distância, desde que estejam caracterizados os pressupostos da relação de emprego.

6.3.3. Não eventualidade ou habitualidade

A não eventualidade ou habitualidade, acreditem, não é um requisito fácil de ser conceituado.

Após uma longa pesquisa sobre o requisito em questão, porém, chegamos à conclusão de que devemos entender a habitualidade ou não eventualidade como o serviço prestado em caráter **contínuo**, permanente, duradouro.

Portanto, posso afirmar, por exemplo, que o empregado que labora apenas uma vez por semana, de forma habitual, tem seu vínculo de emprego reconhecido.

Não eventualidade é o mesmo que habitualidade, não se confundindo com continuida-de. Apesar desse posicionamento doutrinário majoritário, a banca examinadora Cespe utilizou o termo não eventualidade como sinônimo de continuidade.

Decerto, nesse ponto, todos já devem estar se perguntando: e os domésticos? Falaremos sobre os domésticos em capítulo próprio. Mas podemos adiantar que, com o advento da Lei Complementar nº 150/2015, já podemos afirmar quantas vezes por semana no mínimo o empregado deverá trabalhar, para ser considerado empregado doméstico.

Por fim, *data maxima venia*, curvo-me às conclusões da ilustre professora Vólia Bomfim Cassar sobre o tema. Para ela, "O termo 'não eventual', quando relacionado ao Direito do Trabalho, no ponto referente ao vínculo de emprego do urbano e do rural, tem conotação peculiar, pois significa necessidade permanente da atividade do trabalhador para o empreendimento... Seja de forma **contínua...** Ou **intermitente**".[1]

A Reforma Trabalhista acrescentou o § 3º no art. 443 da CLT para prever uma nova modalidade de contrato de trabalho: a prestação de trabalho intermitente.

> Art. 443, § 3º, da CLT. Considera-se como intermitente o contrato de trabalho no qual a prestação de serviços, com subordinação, não é contínua, ocorrendo com alternância de períodos de prestação de serviços e de inatividade, determinados em horas, dias ou meses, independentemente do tipo de atividade do empregado e do empregador, exceto para os aeronautas, regidos por legislação própria.

Perceba que o trabalho intermitente compreende o contrato de trabalho, cuja prestação dos serviços ocorre com subordinação, mas não é contínua, havendo alternância de períodos de prestação de serviços e de inatividade.

6.3.4. Onerosidade

Esse é o requisito que diferencia o trabalho voluntário, regulamentado pela Lei nº 9.608/1998, das demais relações de trabalho.

A onerosidade nos contratos de emprego, bem como em todo contrato de trabalho oneroso, traduz-se no pagamento de salário. Salário é contraprestação paga pelo empregador pelos serviços prestados pelo empregado.

ONEROSIDADE ≠ REMUNERAÇÃO

ONEROSIDADE = SALÁRIO

A onerosidade possui dois aspectos (ou dimensões):

- **aspecto objetivo:** na relação de emprego deve haver uma retribuição pelo serviço prestado, um efetivo pagamento destinado ao trabalhador.

O aspecto objetivo fica bastante evidente no conceito de emprego do art. 3º da CLT:

Art. 3º. Considera-se empregado toda pessoa física que prestar serviços de natureza não eventual a empregador, sob a dependência deste e mediante salário.

- aspecto subjetivo: uma vontade (*animus*) de formar um contrato de trabalho por meio do qual uma pessoa física quer colocar sua força de trabalho à

---

[1] CASSAR, Vólia Bomfim. *Resumo de Direito do Trabalho*. 2. ed. Niterói: Impetus, 2012.

disposição de outrem em troca de uma retribuição. Importa a intenção. É o que denominamos *animus contrahendi* da relação de emprego.

Observe um caso em que o TST expressamente mencionou a existência desse *animus* para reconhecer o vínculo de emprego entre cônjuges:

"(...) RECONHECIMENTO DO VÍNCULO DE EMPREGO. REQUISITOS. CÔNJUGE. ONEROSIDA-DE. O Tribunal Regional, soberano na análise do conjunto fático-probatório dos autos, registrou estarem presentes os requisitos para a configuração do vínculo de emprego. Consignou que 'a onerosidade também restou demonstrada, sobretudo porque a Reclamante, como alegado pela própria Recorrente, era sustentada por seu ex-marido. Tal fato não tira seu direito de receber os salários, mesmo não tendo sido pagos na época oportuna'. Quanto à onerosidade, objeto de insurgência do recurso, cumpre esclarecer que estará caracterizada quando comprovado nos autos o pagamento de parcelas como forma de contraprestação ao trabalho realizado (recebimento de valores em um contexto laboral) ou, ainda, nos casos em que fique demonstrada a simples intenção econômica atribuída pelas partes ao fato da prestação de serviços. Trata-se das dimensões objetiva e subjetiva, respectivamente, do requisito ora analisado. Logo, a presença dos demais pressupostos da relação empregatícia, inclusive, com as devidas anotações em CTPS – que geram presunção relativa de veracidade –, indica a existência do *animus contrahendi* das partes e, em especial, a intenção onerosa da autora pela prestação dos seus serviços. Com isso, pelo registro fático contido nos autos, extrai-se a presença do requisito onerosidade, mesmo que, em seu plano subjetivo, o que evidencia o acerto da decisão regional ao reconhecer o vínculo de emprego entre as partes. Agravo de instrumento a que se nega provimento. (...)" (AIRR – 1520-29.2013.5.03.0099, Relator Ministro: Cláudio Mascarenhas Brandão, Data de Julgamento: 28/10/2015, 7ª Turma, Data de Publicação: *DEJT* 06/11/2015).

Assim, o fato de ser membro da mesma família não afasta, por si só, o vínculo empregatício.

Importante lembrar que a vontade (animus) não precisa ser manifestada de forma escrita ou verbal. O texto celetista reconhece a possibilidade de relação de emprego até mesmo de forma tácita, conforme se verifica no art. 442, *caput*, da CLT:

CLT

Art. 442. Contrato individual de trabalho é o acordo tácito ou expresso, correspondente à relação de emprego.

A ausência de qualquer desses aspectos da onerosidade implica a impossibilidade de reconhecimento da relação de emprego.

Logo, quando não existe esse *animus contrahendi*, deve ser afastada a relação de emprego. Veja um caso em que isso ocorreu:

"(...) PRESTAÇÃO DE SERVIÇOS DURANTE 15 ANOS SEM RECEBIMENTO DE SALÁRIOS. CARÁTER NÃO ONEROSO DA RELAÇÃO HAVIDA ENTRE AS PARTES. 1. A onerosidade, requisito fático-jurídico da relação empregatícia, caracteriza-se pela presença de dois elementos: objetivo e subjetivo. O primeiro consiste simplesmente no pagamento, pelo empregador, de parcelas destinadas a remunerar o serviço prestado; o segundo, a seu turno, na intenção do empregado de se vincular ao empregador, com o especial fim de retirar desse vínculo os meios necessários à subsistência própria e/ou de sua família. 2. Na hipótese dos autos, a circunstância do reclamante se relacionar com a reclamada durante quase 16 anos, sem auferir dessa relação qualquer remuneração pelos serviços prestados, demonstra a ausência do 'animus contrahendi', isto é, da intenção do autor retirar desse vínculo os meios materiais à sua mantença. 3. Dessa forma, o Tribunal Regional deu o correto alcance ao preceito contido no art. 3º da CLT. Recurso de Revista de que não se conhece." (RR – 23400-63.2004.5.09.0669, Relator Ministro: João Batista Brito Pereira, Data de Julgamento: 18/11/2009, 5ª Turma, Data de Publicação: 27/11/2009)

6.3.5. Subordinação

Pode ser considerado o mais importante requisito da relação de emprego.

Diversas teorias surgiram para explicar o que seria a subordinação: técnica, econômica etc.

Na **subordinação técnica**, o empregado dependeria dos conhecimentos do empregador sobre o processo produtivo e as técnicas necessárias. Essa ideia de subordinação não conseguiu abranger todos os casos, porque muitas vezes o conhecimento técnico pertence ao empregado e é o empregador que depende desse conhecimento técnico.

Na **subordinação econômica**, o empregado depende financeiramente do seu empregador. No entanto, essa ideia não funciona para todos os casos de relação de emprego, uma vez que existem trabalhadores que são empregados pela simples vontade de se manter ocupados ou para ter ganhos extras e não porque dependem financeiramente.

A subordinação em questão é a **subordinação jurídica**, que representa o poder empregatício do empregador, ou seja, é aquela que reflete o seu poder de direção.

A subordinação jurídica **desconsidera** a eventual dependência econômica do trabalhador, o eventual desconhecimento ou superconhecimento do trabalhador acerca do processo produtivo. De fato, é justamente a submissão do empregado à dinâmica definida pelo empregador por uma vontade própria em busca de contrapartida que fixa ideia de contrato e justifica a expressão "subordinação jurídica".

Vale ressaltar que subordinação jurídica não exige necessariamente a presença de submissão a ordens. É muito comum a submissão a ordens como configurador da subordinação (dimensão tradicional da subordinação – natureza subjetiva), mas nada impede que o trabalhador não receba ordens e, ainda assim, insira-se na estrutura empresarial definida pelo empregador, adequando-se à forma de produção e organização definida.

A subordinação é essencial à relação de emprego. Até mesmo empregados intelectuais possuem subordinação. O trabalhador intelectual não tem assegurada autonomia da vontade sobre a sua atividade, uma vez que se subordina às diretrizes fixadas pelo empregador, enquadrando-se em uma dinâmica definida pela organização empresarial.

A subordinação pode existir ainda que haja prestação de serviços à distância, conforme se constata no art. 6º, parágrafo único, da CLT:

> Art. 6º. (...)
>
> Parágrafo único. Os meios telemáticos e informatizados de comado, controle e supervisão se equiparam, para fins de subordinação jurídica, aos meios pessoais e diretos de comando, controle e supervisão do trabalho alheio.

Não confunda a subordinação da relação de emprego com a **subordinação agonal**, que se refere à submissão que existe do trabalhador árbitro com as regras da competição esportiva. Não se trata de subordinação jurídica com entidades desportivas, mas somente de sujeição às regras competitivas criadas. Nesse ponto, observe o art. 88 da Lei nº 9.615/1998:

> Lei nº 9.615/1998
>
> Art. 88. Os árbitros e auxiliares de arbitragem poderão constituir entidades nacionais, estaduais e do Distrito Federal, por modalidade desportiva ou grupo de modalidades, objetivando o recrutamento, a formação e a prestação de serviços às entidades de administração do desporto.
>
> Parágrafo único. Independentemente da constituição de sociedade ou entidades, os árbitros e seus auxiliares não terão qualquer vínculo empregatício com as entidades desportivas diretivas onde atuarem, e sua remuneração como autônomos exonera tais entidades de quaisquer outras responsabilidades trabalhistas, securitárias e previdenciárias.

Aliás, quanto ao árbitro desportivo, observe esse julgado do TST:

> RECURSO DE REVISTA – VÍNCULO DE EMPREGO – ÁRBITRO DE FUTEBOL – NÃO CARACTERIZAÇÃO. É sabido que a atividade desempenhada pelo árbitro de futebol, em face da própria natureza do serviço, adquire cunho, eminentemente, autônomo, por não exercer a federação qualquer direção, controle ou aplicação de penas disciplinares na execução do trabalho, tão-somente o administra. O árbitro, no campo de futebol, é autoridade máxima no comando da partida de futebol, não recebendo ordens superiores da entidade desportiva, apenas devendo observar e fazer cumprir as regras do jogo, daí a conclusão pelo exercício da atividade com autonomia plena. Nesse contexto, torna-se inviável a constatação dos elementos fático-jurídicos caracterizadores da relação de emprego, sobretudo a subordinação jurídica, o que diferencia a figura do trabalhador autônomo do empregado. Recurso de revista conhecido e provido. (RR – 118340-84.1997.5.02.0014, Relator Ministro: Luiz Philippe Vieira de Mello Filho, Data de Julgamento: 24/09/2008, 1ª Turma, Data de Publicação: 06/10/2008).

São considerados manifestações do poder empregatício: o poder diretivo ou organizativo; o poder regulamentar; o poder fiscalizatório ou de controle; e o poder disciplinar.

> **ATENÇÃO! SUBORDINAÇÃO ESTRUTURAL!**
> A subordinação estrutural é um novo conceito de subordinação que a doutrina e a jurisprudência vêm sustentando para poder solucionar casos como o da terceirização e do teletrabalho. A subordinação estrutural traz consigo a ideia de que o trabalhador inserido na estrutura organizacional do tomador de serviços acaba acolhendo a sua dinâmica de trabalho, organização e o seu funcionamento, independentemente de receber ordens diretas dele.

A palavra-chave da subordinação estrutural é **inserção**. Inserção do trabalhador na dinâmica do tomador dos serviços.

> Subordinação estrutural – Subordinação ordinária: O Direito do Trabalho contemporâneo evoluiu o conceito da subordinação objetiva para o conceito de subordinação estrutural como caracterizador do elemento previsto no art. 3º da CLT. A subordinação estrutural é aquela que se manifesta pela inserção do trabalhador na dinâmica do tomador de seus serviços, pouco importando se receba ou não suas ordens diretas, mas se a empresa o acolhe, estruturalmente, em sua dinâmica de organização e funcionamento. Vínculo que se reconhece (TRT – MG – RO – 01352-2006-060-03-00-3, Terceira Turma, Red. Designada Juíza Convocada Adriana Goulart de Sena, *DJMG* 25/08/2007).

> **ATENÇÃO!**
> A subordinação estrutural foi incorporada ao texto do art. 6º da CLT.

Notem que o parágrafo único do art. 6º fez que meios indiretos de comando fossem equiparados por lei aos meios diretos de controle do que se chamou de "trabalho alheio", para fins de subordinação jurídica.

6.3.6. Alteridade

O requisito da alteridade significa que o risco do negócio pertence exclusivamente ao empregador. O empregador deve suportar o eventual prejuízo que sua atividade lhe causar, bem como os reflexos econômicos incidentes sobre ela, não podendo esse risco ser dividido com o trabalhador.

Muito embora a maioria dos doutrinadores não considere a alteridade um requisito caracterizador do contrato de emprego, ouso me posicionar do lado de quem entende que ela está literalmente prevista no *caput* do art. 2º da CLT, quando este determina que o empregador é aquele que assume os riscos da atividade econômica.

A Reforma Trabalhista passou a regulamentar o instituto do teletrabalho nos arts. 75-A a 75-E da CLT. Dessa forma, é possível o estabelecimento de acordo escrito que preveja a responsabilidade do empregado por aquisição, manutenção

Cap. 6 – RELAÇÃO DE TRABALHO, EMPREGO E PRESTAÇÃO DE SERVIÇO

ou fornecimento dos equipamentos tecnológicos e da infraestrutura necessária e adequada à prestação do trabalho remoto, além do reembolso de despesas que forem arcadas pelo trabalhador.

Portanto, observe que, com uma análise rápida, o empregado pode ser responsável pela compra dos recursos necessários para o desenvolvimento do seu trabalho. Entendemos que o legislador da reforma possibilitou a transferência dos riscos da atividade.

> Na ausência de apenas um dos requisitos caracterizadores da relação de emprego, você poderá ter uma relação de trabalho, mas nunca uma relação de emprego.

☞ ATENÇÃO!

Presentes os requisitos da relação de emprego, ele será declarado. Atente-se ao fato de o Auditor-Fiscal do Trabalho (AFT) possuir a prerrogativa de reconhecer a existência de vínculo empregatício, como no caso da ausência do registro. O próprio TST tem entendimento pacífico nesse sentido: "O auditor do Trabalho não invade a competência da Justiça do Trabalho quando declara a existência de vínculo de emprego e autua empresas por violação ao artigo 41 da Consolidação das Leis do Trabalho" (RR-173700-35.2007.5.07.0007).

Questão que deve ser observada é o tema que envolve o policial militar. Se ele preencher os requisitos caracterizadores da relação de emprego, será considerado empregado, pouco importa se ele responderá ou não administrativamente perante a sua instituição.

> Súmula nº 386 do TST. Policial militar. Reconhecimento de vínculo empregatício com empresa privada (conversão da Orientação Jurisprudencial nº 167 da SBDI-1) – Res. 129/2005, *DJ* 20, 22 e 25/04/2005. Preenchidos os requisitos do art. 3º da CLT, é legítimo o reconhecimento de relação de emprego entre policial militar e empresa privada, independentemente do eventual cabimento de penalidade disciplinar prevista no Estatuto do Policial Militar.

6.4. CONSIDERAÇÕES FINAIS SOBRE A RELAÇÃO DE EMPREGO

Não são considerados requisitos caracterizadores da relação de emprego a prestação de serviço no estabelecimento do empregador e a prestação de serviço de forma exclusiva.

A exclusividade nunca foi requisito da relação de emprego. Não há essa exigência na lei.

Nada impede que um mesmo trabalhador possua mais de um contrato de trabalho. A exclusividade não é sequer uma característica.

> ☞ **ATENÇÃO!**
>
> Não existe norma que impeça que haja nos contratos de trabalho com previsão de exclusividade.

No caso do menor de 18 anos, entretanto, as jornadas, para fins de limitação da duração do trabalho, devem ser somadas. É o teor do art. 414 da CLT:

> Art. 414 da CLT. Quando o menor de 18 (dezoito) anos for empregado em mais de um estabelecimento, as horas de trabalho em cada um serão totalizadas.

Outro aspecto que deve ser observado diz respeito às **anotações na CTPS do empregado**. O fato de o empregado não ter sua CTPS anotada, mas preencher todos os requisitos caracterizadores da relação de emprego, não retira o conceito de empregado. Nesse sentido, a empresa cometeu apenas uma infração administrativa e será autuada pelos órgãos competentes.

De acordo com o art. 611-B, I, da, CLT, que traz limites ao negociado, constituem objeto ilícito de instrumento coletivo de trabalho a supressão ou a redução dos direitos relacionados à identificação profissional, inclusive as anotações na CTPS;

> Art. 611-B, CLT. Constituem objeto ilícito de convenção coletiva ou de acordo coletivo de trabalho, exclusivamente, a supressão ou a redução dos seguintes direitos:
>
> I. normas de identificação profissional, inclusive as anotações na Carteira de Trabalho e Previdência Social;

Com a promulgação da Lei nº 13.844/2019, em decorrência da conversão em lei da MP nº 870, o Ministério do Trabalho foi extinto e suas atribuições foram transferidas aos Ministérios da Economia, da Justiça e Segurança Pública e da Cidadania. O Ministério da Economia concentrou grande parte das atribuições do Ministério do Trabalho, como a fiscalização do trabalho, a segurança e a saúde do trabalho, a regulação profissional, a política salarial etc.

> ☞ **ATENÇÃO!**
>
> O Ministério da Economia passou a ser o órgão responsável pela emissão da CTPS.

Art. 13, § 2º, CLT. A Carteira de Trabalho e Previdência Social (CTPS) obedecerá aos modelos que o Ministério da Economia adotar.

A Lei nº 13.874/2019 (Lei da Liberdade Econômica) passou a prever que a emissão de CTPS ocorrerá preferencialmente, por meio eletrônico.

Art. 14, CLT. A CTPS será emitida pelo Ministério da Economia preferencialmente em meio eletrônico.

Apesar de a lei estabelecer a preferência de emissão da CTPS em meio eletrônico, não estabeleceu as hipóteses de exceção em que a emissão ocorrerá por meio físico.

Observe, ainda, que a Lei da Liberdade Econômica passou a prever exclusivamente que a CTPS terá como identificação única do empregado o número de inscrição no Cadastro de Pessoas Físicas – CPF. Além disso, a CTPS deixa de ter um número próprio e série de emissão, pois passará a ser vinculada exclusivamente ao CPF do empregado.

Art. 16, CLT. A CTPS terá como identificação única do empregado o número de inscrição no Cadastro de Pessoas Físicas.

Fique atento! Diante da criação da CTPS em meio eletrônico, a Lei da Liberdade Econômica revogou diversos dispositivos da CLT que versam sobre a CTPS, pois tornaram-se incompatíveis com as novas regras de emissão e de seu valor probatório.

> Foram revogados: arts. 17, 20, 21, 25, 26, 30, 31, 32, 33, 34, 53, 54, 56, 141, 415, § único, 417, 419, 420, 421, 422 e 633.

De acordo com o art. 29, *caput* da CLT, o prazo para assinatura da CTPS era de 48 horas, não se admitindo prorrogação, salvo motivo de força maior. A partir da nova lei, os empregadores têm o prazo de 5 dias úteis para a anotação na CTPS em meio eletrônico.

Art. 29, CLT. O empregador terá o prazo de 5 (cinco) dias úteis para anotar na CTPS, em relação aos trabalhadores que admitir, a data de admissão, a remuneração e as condições especiais, se houver, facultada a adoção de sistema manual, mecânico ou eletrônico, conforme instruções a serem expedidas pelo Ministério da Economia.

§ 1º As anotações concernentes à remuneração devem especificar o salário, qualquer que seja sua forma de pagamento, seja ele em dinheiro ou em utilidades, bem como a estimativa da gorjeta.

§ 2º As anotações na Carteira de Trabalho e Previdência Social serão feitas:

a) na data-base;

b) a qualquer tempo, por solicitação do trabalhador;

c) no caso de rescisão contratual; ou

d) necessidade de comprovação perante a Previdência Social.

§ 3º A falta de cumprimento pelo empregador do disposto neste artigo acarretará a lavratura do auto de infração, pelo Fiscal do Trabalho, que deverá, de ofício, comunicar a falta de anotação ao órgão competente, para o fim de instaurar o processo de anotação.

§ 4º É vedado ao empregador efetuar anotações desabonadoras à conduta do empregado em sua Carteira de Trabalho e Previdência Social.

Por exemplo, o empregador não pode anotar a ocorrência de falta grave na CTPS do empregado, devendo apenas registrar a data do desligamento do trabalhador.

§ 5º O descumprimento do disposto no § 4º deste artigo submeterá o empregador ao pagamento de multa prevista no art. 52 deste Capítulo.

§ 6º A comunicação pelo trabalhador do número de inscrição no CPF ao empregador equivale à apresentação da CTPS em meio digital, dispensado o empregador da emissão de recibo.

§ 7º Os registros eletrônicos gerados pelo empregador nos sistemas informatizados da CTPS em meio digital equivalem às anotações a que se refere esta Lei.

§ 8º O trabalhador deverá ter acesso às informações da sua CTPS no prazo de até 48 (quarenta e oito) horas a partir de sua anotação.

A CTPS possui valor probatório, com destaque no art. 456 da CLT:

Art. 456 da CLT. A prova do contrato individual do trabalho será feita pelas anotações constantes da carteira profissional ou por instrumento escrito e suprida por todos os meios permitidos em Direito.

☞ **ATENÇÃO!**

As anotações inseridas na CTPS do obreiro não geram presunção absoluta de veracidade, mas apenas relativa. Este é o posicionamento estampado pelo TST: "Súmula nº 12 do TST. CARTEIRA PROFISSIONAL (mantida) – Res. 121/2003, *DJ* 19, 20 e 21/11/2003. As anotações apostas pelo empregador na carteira profissional do empregado não geram presunção *juris et de jure*, mas apenas *juris tantum*".

6.5. MODALIDADES ESPECIAIS DE TRABALHO: CARACTERÍSTICAS PRINCIPAIS

6.5.1. Trabalho autônomo

Não há subordinação jurídica entre o trabalhador e o tomador.

O prestador de serviços desenvolve o serviço ou obra contratada, de forma autônoma, com profissionalidade e habitualidade, atuando por conta e risco próprio, assumindo o risco da atividade desenvolvida.

☞ **ATENÇÃO!**

A Lei nº 13.467/2017 acrescentou o art. 442-B ao texto consolidado e passa a dispor: "A contratação do autônomo, cumpridas por este todas as formalidades legais, com ou sem exclusividade, de forma contínua ou não, afasta a qualidade de empregado prevista no art. 3º desta Consolidação." Ora! Se o trabalhador autônomo não é empregado, não parece lógica sua inclusão na CLT, para afirmar o óbvio. Portanto, sua inclusão na CLT mais parece uma tentativa de fraudar a relação de emprego do que de

> reconhecer que o autônomo não é empregado. O fato de existir contrato de prestação de serviços escrito ou com as formalidades legais não afasta, por si só, o liame empregatício. O que afasta é a ausência dos requisitos caracterizadores contidos nos arts. 2º e 3º da CLT.

O trabalho autônomo possui uma série de características comuns, mas que não são essenciais para o reconhecimento desse tipo de trabalho:

- liberdade de horário: normalmente os autônomos possuem liberdade para definir o horário de trabalho.

Entretanto, pode ocorrer de haver autônomos que não podem definir seu horário de trabalho. É o que ocorre, por exemplo, com muitos professores de cursos preparatórios, visto que não definem o horário das aulas (esses horários já são predefinidos).

- fungibilidade na prestação de serviços: os trabalhadores autônomos podem, em regra, se fazer substituir.

Contudo, pode haver a pactuação de cláusula de infungibilidade no contrato do autônomo (quando, então, o autônomo não pode mandar substituto). É o que ocorre, por exemplo, com o médico cirurgião plástico que é contratado para realizar procedimentos.

- possibilidade de recusa de oferta da prestação de serviços sem penalidade: os autônomos normalmente podem se recusar a prestar serviços oferecidos sem que haja, como regra, qualquer penalidade.

No entanto, excepcionalmente se verifica em contratos de autônomos a possibilidade de punição por eventual recusa no serviço durante o lapso de vigência do contrato.

Os empregados, como se sabe, não podem se recusar a cumprir determinações lícitas oriundas do empregador, sob pena de punição.

- liberdade para a contratação de ajudantes: os autônomos possuem liberdade para contratar ajudantes por conta própria.

Entretanto, pode ocorrer de o contrato do autônomo prever uma proibição ou mesmo que o tomador de serviço assuma essa obrigação.

- ausência de fiscalização direta pelo destinatário da prestação de serviços: normalmente o tomador de serviços fiscaliza somente o resultado do trabalho ou das etapas do processo produtivo. A fiscalização mais direta durante todo o tempo não é comum, embora possa ocorrer.

☞ ATENÇÃO!

É possível que haja previsão de cláusulas que eliminem ou reduzam esse risco no contrato com o tomador de serviços.

6.5.2. Trabalho eventual

Nessa modalidade, nos reportamos ao que já dissemos quando abordamos o requisito da não eventualidade, e podemos dizer que o trabalho eventual tem a ver com a necessidade ocasional da atividade do trabalhador para o empreendimento. Nessa hipótese, em regra, não há fixação do trabalhador a um único tomador, e a natureza do trabalho corresponde a eventos ocasionais, certos, determinados e de curta duração.

E o que seria um eventual?

Surgiram várias teorias para explicar isso, das quais destacamos as principais:

- **teoria da descontinuidade**: trabalhador eventual seria aquele que presta serviços descontínuos, ou seja, fracionados no tempo, fragmentados.

Essa é a única teoria claramente rejeitada pelo texto celetista, visto que, no conceito de empregado do art. 3º da CLT, considera-se a não eventualidade, requisito esse que abrange o trabalho habitual, ainda que não seja contínuo.

Isso quer dizer que o trabalho fragmentado no tempo, descontínuo, pode ser considerado habitual, não eventual, afastando definitivamente o enquadramento como trabalho eventual.

Exemplo: Silas, empregado do Bar Zacarias, somente labora nas sextas e nos sábados, toda semana, exercendo a função de garçom.

Observe no exemplo apresentado que Silas é empregado para a CLT (atividade habitual, não eventual), muito embora exerça um trabalho descontínuo.

- **teoria do evento**: trabalhador eventual é aquele que presta serviços de forma esporádica, específica, pontual, por prazo que não seja longo;
- **teoria da fixação jurídica**: trabalhador eventual é aquele que se liga a diversos tomadores de serviços, não se vinculando a um único tomador;
- **teoria dos fins do empreendimento**: trabalhador eventual é aquele que atua na atividade-meio do tomador de serviços e não na atividade-fim. Quem atuaria na atividade finalística do empreendimento seria empregado e não trabalhador eventual.

Nenhuma dessas **três últimas teorias** está isenta de críticas pela doutrina trabalhista. Portanto, atualmente, deve-se analisar as circunstâncias de cada caso concreto, aplicando as três teorias. No entanto, se houver falha em alguma delas, isso não elimina a condição de trabalho eventual.

A grande dúvida é: pode haver **subordinação no trabalho eventual**? A resposta da nossa parte é positiva, muito embora não seja uma exigência. Assim, o trabalhador eventual pode ou não ostentar subordinação em relação ao tomador de serviços. Por exemplo, ele pode estar sujeito às ordens do tomador durante toda a prestação laboral.

Cap. 6 – RELAÇÃO DE TRABALHO, EMPREGO E PRESTAÇÃO DE SERVIÇO

6.5.3. Trabalho avulso

Com a intermediação do sindicato ou do Órgão de Gestão de Mão de Obra (Ogmo), o trabalhador avulso presta serviços a diversos tomadores, sem se fixar especificamente a nenhum deles. O trabalhador avulso é comumente encontrado no setor portuário.

A criação dessa relação de trabalho foi muito importante para suprir uma lacuna mercadológica. É que existem atividades que necessitam de uma prestação de serviços muito mais curta, mas que exigem subordinação. Assim, muitos tomadores de serviço acabavam contratando trabalhadores de maneira informal, provocando prejuízo de direitos aos trabalhadores. Com o surgimento do trabalho avulso, esses obreiros foram trazidos para a formalidade, recebendo direitos que muitas vezes lhe eram sonegados anteriormente.

☞ **CUIDADO!**

Muito embora o inciso XXXIV do art. 7º da CF/1988 assegure a igualdade de direitos entre o trabalhador com vínculo permanente de emprego e o avulso, este não é empregado. A intenção do constituinte foi simplesmente assegurar ao avulso os mesmos direitos concedidos ao empregado com vínculo permanente de emprego.

Alguns julgados do TST ilustram essa igualdade. Veja:

"(...) B) RECURSO DE REVISTA. TRABALHADOR AVULSO. HORAS EXTRAS E INTERVALO INTRA-JORNADA. DOBRA DE TURNOS. É cediço que o art. 7º, XXXIV, da CF assegura igualdade de direitos entre o trabalhador com vínculo empregatício permanente e o trabalhador avulso. Assim, não há cogitar que as condições peculiares pertinentes ao trabalhador avulso são incompatíveis com as garantias constitucionais mínimas asseguradas aos trabalhadores, tais como a jornada especial do turno ininterrupto de revezamento, as horas extras e o intervalo intrajornada (CF, art. 7º, XIV e XVI), especialmente ante o caráter cogente de tais direitos, constituindo medidas de proteção, higiene e segurança do trabalho. Recurso de revista conhecido e parcialmente provido." (RR-1001143-95.2016.5.02.0444, 8ª Turma, Relatora Ministra: Dora Maria da Costa, *DEJT* 04/10/2019).

"(...) RECURSO DE REVISTA DO OGMO. VALE TRANSPORTE. TRABALHADOR AVULSO. ÔNUS DA PROVA. O entendimento pacífico deste c. Corte Superior, consubstanciado na Súmula n. 460 do c. TST, é no sentido de que incumbe ao empregador o ônus de comprovar que o empregado não satisfaz os requisitos indispensáveis à concessão do vale-transporte. Ademais, este c. Tribunal Superior também já pacificou seu entendimento no sentido de que o trabalhador avulso faz jus ao vale-transporte, tendo em vista que o artigo 7º, XXXIV, da Constituição Federal assegura a igualdade de direitos entre o trabalhador com vínculo empregatício permanente e o trabalhador avulso. Precedentes. Recurso de revista de que não se conhece." (ARR – 713-44.2014.5.09.0022, Relatora Desembargadora Convocada: Cilene Ferreira Amaro Santos, Data de Julgamento: 22/08/2018, 6ª Turma, Data de Publicação: *DEJT* 24/08/2018).

No entanto, essa igualdade não pode desconsiderar algumas peculiaridades específicas do trabalho avulso. Como, nesse trabalho, o obreiro se engaja em diferentes frentes de serviço perante diferentes tomadores de serviço em momentos distintos, sem que haja necessariamente uniformidade, não se aplica a dobra das férias prevista no art. 137 da CLT. Assim, o trabalhador possui direito às férias, mas não à sua dobra:

> "(...) RECURSO DE REVISTA INTERPOSTO ANTES DA LEI 13.015/2014. TRABALHADOR PORTUÁRIO AVULSO. FÉRIAS EM DOBRO. INDEVIDAS. A igualdade de direitos entre o trabalhador com vínculo empregatício permanente e o trabalhador avulso, prevista no art. 7º, XXXIV, da CF/88, restringe-se à existência dos mesmos direitos (no caso, as férias), mas não à forma de sua concessão. Portanto, não há como conferir ao trabalhador portuário avulso, cujo trabalho não se realiza de forma uniforme e no qual o pagamento das férias é feito pelo OGMO diretamente ao trabalhador, no prazo de 48 horas após o término do serviço, o mesmo direito do trabalhador com vínculo de emprego com relação à dobra de férias, prevista no art. 137 da CLT. Há precedentes. Recurso de revista conhecido e não provido. (...)" (ARR-261-36.2011.5.09.0411, 6ª Turma, Relator Ministro: Augusto César Leite de Carvalho, *DEJT* 11/10/2019).

> "(...) TRABALHADOR AVULSO – FÉRIAS – PAGAMENTO EM DOBRO Nos termos da jurisprudência desta Corte, é inaplicável ao trabalhador avulso o art. 137 da CLT, que prevê o pagamento em dobro das férias eventualmente não usufruídas, tendo em vista as peculiaridades próprias das suas atividades laborais. Precedentes. Agravo de Instrumento parcialmente provido. (...)" (ARR-2445-57.2014.5.09.0411, 8ª Turma, Relatora Ministra: Maria Cristina Irigoyen Peduzzi, *DEJT* 07/06/2019).

A Reforma Trabalhista reforça a igualdade de direitos entre o trabalhador avulso e o empregado, vedando a celebração de convenção ou acordo coletivo que tenha como objeto a supressão ou a redução dessa igualdade.

> Art. 611-B da CLT. Constituem objeto ilícito de convenção coletiva ou de acordo coletivo de trabalho, exclusivamente, a supressão ou a redução dos seguintes direitos:
>
> (...)
>
> XXV – igualdade de direitos entre o trabalhador com vínculo empregatício permanente e o trabalhador avulso;

Por fim, cumpre destacar que o trabalho avulso é dividido basicamente em duas espécies: trabalho avulso portuário e trabalho avulso não portuário.

• Trabalho Avulso Portuário

No trabalho avulso portuário, a entidade que faz a intermediação da mão de obra é, em regra, o **Órgão Gestor de Mão de Obra** (OGMO), sendo que a relação de trabalho é regida pela Lei nº 12.815/2013 e Lei nº 9.719/1998. O tomador de serviço é o operador portuário.

A definição de trabalhador avulso pode ser vista na Instrução Normativa nº 971/09 da Receita Federal do Brasil:

Instrução Normativa 971/09 da Receita Federal do Brasil

Art. 263. Para fins do disposto nesta Instrução Normativa considera-se:

I – trabalhador avulso é aquele que, sindicalizado ou não, presta serviços de natureza urbana ou rural, sem vínculo empregatício, a diversas empresas, com intermediação obrigatória do sindicato da categoria ou, quando se tratar de atividade portuária, do OGMO;

O operador portuário é a pessoa jurídica que promove a movimentação de passageiros e cargas nos portos:

Lei nº 12.815/2013

Art. 2º Para os fins desta Lei, consideram-se:

XIII – operador portuário: pessoa jurídica pré-qualificada para exercer as atividades de movimentação de passageiros ou movimentação e armazenagem de mercadorias, destinadas ou provenientes de transporte aquaviário, dentro da área do porto organizado.

O OGMO, por sua vez, é uma entidade sem fins lucrativos, qualificada como de utilidade pública:

Lei nº 12.815/2013

Art. 39. O órgão de gestão de mão de obra é reputado de utilidade pública, sendo-lhe vedado ter fins lucrativos, prestar serviços a terceiros ou exercer qualquer atividade não vinculada à gestão de mão de obra.

A constituição do OGMO é realizada pelos operadores portuários e sua finalidade está elencada no art. 32 da Lei nº 12.815/2013:

Lei nº 12.815/2013

Art. 32. Os operadores portuários devem constituir em cada porto organizado um órgão de gestão de mão de obra do trabalho portuário, destinado a:

I – administrar o fornecimento da mão de obra do trabalhador portuário e do trabalhador portuário avulso;

II – manter, com exclusividade, o cadastro do trabalhador portuário e o registro do trabalhador portuário avulso;

III – treinar e habilitar profissionalmente o trabalhador portuário, inscrevendo-o no cadastro;

IV – selecionar e registrar o trabalhador portuário avulso;

V – estabelecer o número de vagas, a forma e a periodicidade para acesso ao registro do trabalhador portuário avulso;

VI – expedir os documentos de identificação do trabalhador portuário; e

VII – arrecadar e repassar aos beneficiários os valores devidos pelos operadores portuários relativos à remuneração do trabalhador portuário avulso e aos correspondentes encargos fiscais, sociais e previdenciários.

Parágrafo único. Caso celebrado contrato, acordo ou convenção coletiva de trabalho entre trabalhadores e tomadores de serviços, o disposto no instrumento precederá o órgão gestor e dispensará sua intervenção nas relações entre capital e trabalho no porto.

O OGMO possui, assim, vários deveres, entre eles e escalação de trabalhadores, a realização de rodízio entre eles, o registro do trabalhador avulso e treinamento, além do exercício de atividades fiscalizadora e disciplinadora.

Veja alguns deveres do OGMO:

Lei n° 12.815/2013

Art. 33. Compete ao órgão de gestão de mão de obra do trabalho portuário avulso:

I – aplicar, quando couber, normas disciplinares previstas em lei, contrato, convenção ou acordo coletivo de trabalho, no caso de transgressão disciplinar, as seguintes penalidades:

a) repreensão verbal ou por escrito;

b) suspensão do registro pelo período de 10 (dez) a 30 (trinta) dias; ou

c) cancelamento do registro;

II – promover:

a) a formação profissional do trabalhador portuário e do trabalhador portuário avulso, adequando-a aos modernos processos de movimentação de carga e de operação de aparelhos e equipamentos portuários;

b) o treinamento multifuncional do trabalhador portuário e do trabalhador portuário avulso; e

c) a criação de programas de realocação e de cancelamento do registro, sem ônus para o trabalhador;

III – arrecadar e repassar aos beneficiários contribuições destinadas a incentivar o cancelamento do registro e a aposentadoria voluntária;

IV – arrecadar as contribuições destinadas ao custeio do órgão;

V – zelar pelas normas de saúde, higiene e segurança no trabalho portuário avulso; e

VI – submeter à administração do porto propostas para aprimoramento da operação portuária e valorização econômica do porto.

§ 3° O órgão pode exigir dos operadores portuários garantia prévia dos respectivos pagamentos, para atender a requisição de trabalhadores portuários avulsos.

Art. 41. O órgão de gestão de mão de obra:

I – organizará e manterá cadastro de trabalhadores portuários habilitados ao desempenho das atividades referidas no § 1° do art. 40; e

II – organizará e manterá o registro dos trabalhadores portuários avulsos.

§ 1° A inscrição no cadastro do trabalhador portuário dependerá exclusivamente de prévia habilitação profissional do trabalhador interessado, mediante treinamento realizado em entidade indicada pelo órgão de gestão de mão de obra.

§ 2° O ingresso no registro do trabalhador portuário avulso depende de prévia seleção e inscrição no cadastro de que trata o inciso I do *caput*, obedecidas a disponibilidade de vagas e a ordem cronológica de inscrição no cadastro.

Cap. 6 – RELAÇÃO DE TRABALHO, EMPREGO E PRESTAÇÃO DE SERVIÇO

Art. 42. A seleção e o registro do trabalhador portuário avulso serão feitos pelo órgão de gestão de mão de obra avulsa, de acordo com as normas estabelecidas em contrato, convenção ou acordo coletivo de trabalho.

Lei n° 9.719/1998

Art. 5°. A escalação do trabalhador portuário avulso, em sistema de rodízio, será feita pelo órgão gestor de mão de obra.

§ 1° O órgão gestor de mão de obra fará a escalação de trabalhadores portuários avulsos por meio eletrônico, de modo que o trabalhador possa habilitar-se sem comparecer ao posto de escalação.

§ 2° O meio eletrônico adotado para a escalação de trabalhadores portuários avulsos deverá ser inviolável e tecnicamente seguro.

§ 3° Fica vedada a escalação presencial de trabalhadores portuários.

Art. 6°. Cabe ao operador portuário e ao órgão gestor de mão de obra verificar a presença, no local de trabalho, dos trabalhadores constantes da escala diária.

Parágrafo único. Somente fará jus à remuneração o trabalhador avulso que, constante da escala diária, estiver em efetivo serviço.

O **operador portuário** também possui **deveres** em relação aos trabalhadores avulsos:

Lei n° 12.815/2013

Art. 26. O operador portuário responderá perante:

IV – o trabalhador portuário pela remuneração dos serviços prestados e respectivos encargos;

V – o órgão local de gestão de mão de obra do trabalho avulso pelas contribuições não recolhidas;

VI – os órgãos competentes pelo recolhimento dos tributos incidentes sobre o trabalho portuário avulso; e

Quanto à remuneração do portuário avulso, basicamente, o **operador portuário** faz o pagamento para o OGMO que, por seu turno, paga o trabalhador portuário avulso.

Lei n° 9.719/1998

Art. 2°. Para os fins previstos no art. 1° desta Lei:

I – cabe ao operador portuário recolher ao órgão gestor de mão de obra os valores devidos pelos serviços executados, referentes à remuneração por navio, acrescidos dos percentuais relativos a décimo terceiro salário, férias, Fundo de Garantia do Tempo de Serviço – FGTS, encargos fiscais e previdenciários, no prazo de vinte e quatro horas da realização do serviço, para viabilizar o pagamento ao trabalhador portuário avulso;

II – cabe ao órgão gestor de mão de obra efetuar o pagamento da remuneração pelos serviços executados e das parcelas referentes a décimo terceiro salário e férias, diretamente ao trabalhador portuário avulso.

§ 1º O pagamento da remuneração pelos serviços executados será feito no prazo de quarenta e oito horas após o término do serviço.

§ 2º Para efeito do disposto no inciso II, o órgão gestor de mão de obra depositará as parcelas referentes às férias e ao décimo terceiro salário, separada e respectivamente, em contas individuais vinculadas, a serem abertas e movimentadas às suas expensas, especialmente para este fim, em instituição bancária de sua livre escolha, sobre as quais deverão incidir rendimentos mensais com base nos parâmetros fixados para atualização dos saldos dos depósitos de poupança.

O **OGMO** e o **operador portuário** respondem **solidariamente**, caso haja inadimplemento, pelos créditos trabalhistas do trabalhador avulso e pelos tributos relacionados a esse trabalho.

Logo, podem ser cobrados qualquer um deles ou ambos em conjunto por toda a dívida:

Lei nº 12.815/2013

Art. 33. (...)

§ 2º O órgão responde, solidariamente com os operadores portuários, pela remuneração devida ao trabalhador portuário avulso e pelas indenizações decorrentes de acidente de trabalho.

Lei nº 9.719/1998

Art. 2º. (...)

§ 4º O operador portuário e o órgão gestor de mão de obra são solidariamente responsáveis pelo pagamento dos encargos trabalhistas, das contribuições previdenciárias e demais obrigações, inclusive acessórias, devidas à Seguridade Social, arrecadadas pelo Instituto Nacional do Seguro Social – INSS, vedada a invocação do benefício de ordem.

Como dito anteriormente, **não há vínculo de emprego entre o trabalhador avulso e o OGMO**:

Lei nº 12.815/2013

Art. 34. O exercício das atribuições previstas nos arts. 32 e 33 pelo órgão de gestão de mão de obra do trabalho portuário avulso não implica vínculo empregatício com trabalhador portuário avulso.

Por fim, qual seria efetivamente o trabalho que pode ser realizado pelo operador portuário? As atividades estão listadas no art. 40 da Lei nº 12.815/2013:

Cap. 6 – RELAÇÃO DE TRABALHO, EMPREGO E PRESTAÇÃO DE SERVIÇO

Lei nº 12.815/2013

Art. 40. O trabalho portuário de capatazia, estiva, conferência de carga, conserto de carga, bloco e vigilância de embarcações, nos portos organizados, será realizado por trabalhadores portuários com vínculo empregatício por prazo indeterminado e por trabalhadores portuários avulsos.

§ 1º Para os fins desta Lei, consideram-se:

I – capatazia: atividade de movimentação de mercadorias nas instalações dentro do porto, compreendendo o recebimento, conferência, transporte interno, abertura de volumes para a conferência aduaneira, manipulação, arrumação e entrega, bem como o carregamento e descarga de embarcações, quando efetuados por aparelhamento portuário;

II – estiva: atividade de movimentação de mercadorias nos conveses ou nos porões das embarcações principais ou auxiliares, incluindo o transbordo, arrumação, peação e despeação, bem como o carregamento e a descarga, quando realizados com equipamentos de bordo;

III – conferência de carga: contagem de volumes, anotação de suas características, procedência ou destino, verificação do estado das mercadorias, assistência à pesagem, conferência do manifesto e demais serviços correlatos, nas operações de carregamento e descarga de embarcações;

IV – conserto de carga: reparo e restauração das embalagens de mercadorias, nas operações de carregamento e descarga de embarcações, reembalagem, marcação, remarcação, carimbagem, etiquetagem, abertura de volumes para vistoria e posterior recomposição;

V – vigilância de embarcações: atividade de fiscalização da entrada e saída de pessoas a bordo das embarcações atracadas ou fundeadas ao largo, bem como da movimentação de mercadorias nos portalós, rampas, porões, conveses, plataformas e em outros locais da embarcação; e

VI – bloco: atividade de limpeza e conservação de embarcações mercantes e de seus tanques, incluindo batimento de ferrugem, pintura, reparos de pequena monta e serviços correlatos.

Conforme se constata no art. 40, *caput*, supratranscrito, essas atividades também podem ser exercidas pelo trabalhador com vínculo empregatício, mas a contratação desses empregados deve ser realizada entre os trabalhadores portuários avulsos registrados (que deixam de ser avulsos e se tornam, então, empregados):

Lei nº 12.815/2013

Art. 40. (...)

§ 2º A contratação de trabalhadores portuários de capatazia, bloco, estiva, conferência de carga, conserto de carga e vigilância de embarcações com vínculo empregatício por prazo indeterminado será feita exclusivamente dentre trabalhadores portuários avulsos registrados.

Essas categorias (portuários avulsos e portuários empregados) são categorias diferenciadas, matéria que será estudada no capítulo de Direito Coletivo:

Lei n° 12.815/2013

Art. 40. (...)

§ 4° As categorias previstas no *caput* constituem categorias profissionais diferenciadas.

§ 5°. Desde que possuam a qualificação necessária, os trabalhadores portuários avulsos registrados e cadastrados poderão desempenhar quaisquer das atividades de que trata o § 1° deste artigo, vedada a exigência de novo registro ou cadastro específico, independentemente de acordo ou convenção coletiva.

Aquelas atividades não podem ser realizadas por terceirizados em trabalho temporário:

Lei n° 12.815/2013

Art. 40. (...)

§ 3° O operador portuário, nas atividades a que alude o *caput*, não poderá locar ou tomar mão de obra sob o regime de trabalho temporário de que trata a Lei n. 6.019, de 3 de janeiro de 1974.

Assinala-se, ainda, que o art. 35 admite que o OGMO possa ceder, de forma permanente, o trabalhador portuário avulso ao operador portuário:

Lei n° 12.815/2013

Art. 35. O órgão de gestão de mão de obra pode ceder trabalhador portuário avulso, em caráter permanente, ao operador portuário.

• Trabalho Avulso Não Portuário

No trabalho avulso não portuário, a entidade que faz a intermediação da mão de obra é o **sindicato**, sendo que os trabalhadores são regidos pela Lei n° 12.023/2009.

Essa modalidade de trabalho foi admitida para as atividades de movimentação de mercadorias em geral, seja em áreas urbanas ou rurais. Registre-se, ainda, que é necessário que haja uma convenção ou um acordo coletivo autorizando esse trabalho:

Lei n° 12.023/2009

Art. 1°. As atividades de movimentação de mercadorias em geral exercidas por trabalhadores avulsos, para os fins desta Lei, são aquelas desenvolvidas em áreas urbanas ou rurais sem vínculo empregatício, mediante intermediação obrigatória do sindicato da categoria, por meio de Acordo ou Convenção Coletiva de Trabalho para execução das atividades.

Parágrafo único. A remuneração, a definição das funções, a composição de equipes e as demais condições de trabalho serão objeto de negociação entre as entidades representativas dos trabalhadores avulsos e dos tomadores de serviços.

Cap. 6 – RELAÇÃO DE TRABALHO, EMPREGO E PRESTAÇÃO DE SERVIÇO

As atividades de movimentação de mercadorias foram especificadas no art. 2º da Lei nº 12.023/2009:

Lei nº 12.023/2009

Art. 2º. São atividades da movimentação de mercadorias em geral:

I – cargas e descargas de mercadorias a granel e ensacados, costura, pesagem, embalagem, enlonamento, ensaque, arrasto, posicionamento, acomodação, reordenamento, reparação da carga, amostragem, arrumação, remoção, classificação, empilhamento, transporte com empilhadeiras, paletização, ova e desova de vagões, carga e descarga em feiras livres e abastecimento de lenha em secadores e caldeiras;

II – operações de equipamentos de carga e descarga;

III – pré-limpeza e limpeza em locais necessários à viabilidade das operações ou à sua continuidade.

Quanto às **atribuições do sindicato,** elas abrangem a elaboração da escala de trabalho e das folhas de pagamento, a exibição de documentos, a formalização de norma coletiva e a observância de regras de segurança e medicina do trabalho:

Lei nº 12.023/2009

Art. 4º. O sindicato elaborará a escala de trabalho e as folhas de pagamento dos trabalhadores avulsos, com a indicação do tomador do serviço e dos trabalhadores que participaram da operação, devendo prestar, com relação a estes, as seguintes informações:

I – os respectivos números de registros ou cadastro no sindicato;

II – o serviço prestado e os turnos trabalhados;

III – as remunerações pagas, devidas ou creditadas a cada um dos trabalhadores, registrando-se as parcelas referentes a:

a) repouso remunerado;

b) Fundo de Garantia por Tempo de Serviço;

c) 13º salário;

d) férias remuneradas mais 1/3 (um terço) constitucional;

e) adicional de trabalho noturno;

f) adicional de trabalho extraordinário.

Art. 5º. São deveres do sindicato intermediador:

I – divulgar amplamente as escalas de trabalho dos avulsos, com a observância do rodízio entre os trabalhadores;

II – proporcionar equilíbrio na distribuição das equipes e funções, visando à remuneração em igualdade de condições de trabalho para todos e a efetiva participação dos trabalhadores não sindicalizados;

IV – exibir para os tomadores da mão de obra avulsa e para as fiscalizações competentes os documentos que comprovem o efetivo pagamento das remunerações devidas aos trabalhadores avulsos;

MANUAL DE DIREITO DO TRABALHO – ROGÉRIO RENZETTI

V – zelar pela observância das normas de segurança, higiene e saúde no trabalho;

VI – firmar Acordo ou Convenção Coletiva de Trabalho para normatização das condições de trabalho.

Aliás, a observância das normas de segurança e medicina do trabalho também é obrigação do tomador de serviços:

Lei nº 12.023/2009

Art. 9º. As empresas tomadoras do trabalho avulso são responsáveis pelo fornecimento dos Equipamentos de Proteção Individual e por zelar pelo cumprimento das normas de segurança no trabalho.

Os **tomadores de serviço** (que se beneficiam do trabalho dos avulsos indicados pelo sindicato) pagam o sindicato, o qual repassa os valores aos **trabalhadores avulsos**:

Lei nº 12.023/2009

Art. 6º. São deveres do tomador de serviços:

I – pagar ao sindicato os valores devidos pelos serviços prestados ou dias trabalhados, acrescidos dos percentuais relativos a repouso remunerado, 13º salário e férias acrescidas de 1/3 (um terço), para viabilizar o pagamento do trabalhador avulso, bem como os percentuais referentes aos adicionais extraordinários e noturnos;

II – efetuar o pagamento a que se refere o inciso I, no prazo máximo de 72 (setenta e duas) horas úteis, contadas a partir do encerramento do trabalho requisitado;

III – recolher os valores devidos ao Fundo de Garantia por Tempo de Serviço, acrescido dos percentuais relativos ao 13º salário, férias, encargos fiscais, sociais e previdenciários, observando o prazo legal.

Art. 5º. São deveres do sindicato intermediador:

III – repassar aos respectivos beneficiários, no prazo máximo de 72 (setenta e duas) horas úteis, contadas a partir do seu arrecadamento, os valores devidos e pagos pelos tomadores do serviço, relativos à remuneração do trabalhador avulso;

Destaca-se que os **tomadores de serviços** são solidariamente responsáveis com o sindicato pelas verbas trabalhistas devidas aos trabalhadores avulsos e pelas contribuições previdenciárias devidas. Quer dizer que a ausência de pagamento implica na responsabilidade da tomadora e do sindicato por todo o valor devido, podendo ser cobrado de qualquer um deles ou de ambos a dívida total:

Lei nº 12.023/2009

Art. 8º. As empresas tomadoras do trabalho avulso respondem solidariamente pela efetiva remuneração do trabalho contratado e são responsáveis pelo recolhimento dos encargos fiscais e sociais, bem como das contribuições ou de outras importâncias devidas à Seguridade Social, no limite do uso que fizerem do trabalho avulso intermediado pelo sindicato.

Cap. 6 – RELAÇÃO DE TRABALHO, EMPREGO E PRESTAÇÃO DE SERVIÇO

Uma última análise se faz necessária: será que apenas trabalhadores avulsos podem exercer as atividades de movimentação de mercadoria previstas nessa lei? A resposta é **negativa**. Podem também trabalhadores empregados exercer essas atividades:

Lei nº 12.023/2009

Art. 3º. As atividades de que trata esta Lei serão exercidas por trabalhadores com vínculo empregatício ou em regime de trabalho avulso nas empresas tomadoras do serviço.

6.5.4. Trabalho voluntário

Trata-se de **atividade não remunerada** (desprovida, portanto, de onerosidade) prestada por pessoa física a entidade pública de qualquer natureza ou mesmo instituição privada sem fins lucrativos. Aplica-se a **Lei nº 9.608/1998** (dispõe sobre o serviço voluntário e dá outras providências).

Art. 1º. Considera-se serviço voluntário, para os fins desta Lei, a atividade não remunerada prestada por pessoa física a entidade pública de qualquer natureza ou a instituição privada de fins não lucrativos que tenha objetivos cívicos, culturais, educacionais, científicos, recreativos ou de assistência à pessoa.

Parágrafo único. O serviço voluntário não gera vínculo empregatício, nem obrigação de natureza trabalhista previdenciária ou afim.

Art. 2º. O serviço voluntário será exercido mediante a celebração de termo de adesão entre a entidade, pública ou privada, e o prestador do serviço voluntário, dele devendo constar o objeto e as condições de seu exercício.

Art. 3º. O prestador do serviço voluntário poderá ser ressarcido pelas despesas que comprovadamente realizar no desempenho das atividades voluntárias.

Parágrafo único. As despesas a serem ressarcidas deverão estar expressamente autorizadas pela entidade a que for prestado o serviço voluntário.

A principal marca do trabalho voluntário é a ausência do requisito da onerosidade. Vale lembrar que é possível o ressarcimento ao trabalhador de eventuais despesas comprovadas, o que não significa contraprestação pelos serviços realizados.

O rol de finalidades previstas na referida lei é meramente exemplificativo, porquanto existem outros objetivos que não se enquadram no rol, mas também permitem trabalho voluntário, como ocorre com o trabalho religioso de pastores, padres e fiéis:

"(...) II) TRABALHO RELIGIOSO – PRESTAÇÃO DE SERVIÇOS PARA IGREJA – RELAÇÃO DE EMPREGO NÃO CARACTERIZADA – REEXAME DE FATOS E PROVAS VEDADO PELA SÚMULA 126 DO TST. 1. A Lei 9.608/98 contemplou o denominado trabalho voluntário, entre os quais pode ser enquadrado o trabalho religioso, que é prestado sem a busca de remuneração, em função de uma dedicação abnegada em prol de uma comunidade, que muitas vezes nem sequer teria condições de retribuir economicamente esse serviço, precisamente pelas finalidades não lucrativas que possui. (...)" (AIRR – 148200-76.2009.5.04.0751, Relator Ministro: Ives Gandra Martins Filho, 7ª Turma, Data de Publicação: *DEJT* 10/09/2012)

No que tange ao trabalho religioso, existe uma subordinação eclesiástica, o que é muito diferente da subordinação jurídica:

"(...) II) TRABALHO RELIGIOSO – PRESTAÇÃO DE SERVIÇOS PARA IGREJA – RELAÇÃO DE EMPREGO NÃO CARACTERIZADA – REEXAME DE FATOS E PROVAS VEDADO PELA SÚMULA 126 DO TST. 1. A Lei 9.608/98 contemplou o denominado trabalho voluntário, entre os quais pode ser enquadrado o trabalho religioso, que é prestado sem a busca de remuneração, em função de uma dedicação abnegada em prol de uma comunidade, que muitas vezes nem sequer teria condições de retribuir economicamente esse serviço, precisamente pelas finalidades não lucrativas que possui. 2. Na hipótese, o Regional, após a análise dos depoimentos das testemunhas obreiras e patronais, afastou o vínculo empregatício entre o Autor e a Igreja Evangélica Assembleia de Deus, ao fundamento de que a subordinação jurídica era distinta da prevista no art. 3º da CLT, em especial porque o Demandante apenas cumpria regras da congregação, a serem observadas por uma questão de hierarquia na organização da Igreja. 3. Ademais, conforme se extrai do acórdão atacado, a subordinação existente era de índole eclesiástica, e não empregatícia. Ora, o fato de o Pastor não ter liberdade para alterar dias e horários dos cultos não tem o condão, por si só, de caracterizar trabalho subordinado, mormente porque toda a atividade humana laboral está sujeita a um mínimo de coordenação. (...)" (AIRR – 148200-76.2009.5.04.0751, Relator Ministro: Ives Gandra Martins Filho, Data de Julgamento: 05/09/2012, 7ª Turma, Data de Publicação: *DEJT* 10/09/2012).

Destaca-se, ainda em relação ao trabalho religioso, que o Brasil possui um acordo com a Santa Sé relativo ao estatuto jurídico da Igreja Católica, em que consta a presunção de inexistência de vínculo de emprego:

Decreto nº 7.107/2010

Art. 16.

I – O vínculo entre os ministros ordenados ou fiéis consagrados mediante votos e as Dioceses ou Institutos Religiosos e equiparados é de caráter religioso e portanto, observado o disposto na legislação trabalhista brasileira, não gera, por si mesmo, vínculo empregatício, a não ser que seja provado o desvirtuamento da instituição eclesiástica.

II – As tarefas de índole apostólica, pastoral, litúrgica, catequética, assistencial, de promoção humana e semelhantes poderão ser realizadas a título voluntário, observado o disposto na legislação trabalhista brasileira.

Como notamos, na leitura do art. 2º da Lei nº 9.608/1998, existe um requisito formal para a validade do trabalho voluntário. A lei menciona a necessidade de um **termo de adesão** assinado pelo trabalhador e pela pessoa jurídica beneficiada:

No entanto, prevalece o entendimento de que o termo apenas facilita a prova dessa espécie de relação de trabalho, de maneira que a simples ausência de termo não é bastante para se afastar a existência efetiva de trabalho voluntário.

Cap. 6 – RELAÇÃO DE TRABALHO, EMPREGO E PRESTAÇÃO DE SERVIÇO

Se existe o termo, então se presume que o trabalho é voluntário e cabe ao trabalhador comprovar a fraude. Por outro lado, se não há termo, cabe ao tomador de serviços comprovar que se trata de trabalho voluntário:

"(...) VÍNCULO EMPREGATÍCIO – ÔNUS DA PROVA. No caso, a reclamante alegou a existência de vínculo com a primeira-reclamada como fato constitutivo do seu direito. Os reclamados, por sua vez, suscitaram fato impeditivo do acolhimento da pretensão autoral, qual seja, que o contrato de trabalho foi voluntário, ligado ao Programa Social de Capacitação e Geração de Renda para Inclusão no Mercado de Trabalho. A prova dessa alegação foi feita por meio do Termo de Adesão para Trabalho Voluntário. Desincumbiram-se, portanto, do encargo probatório previsto nos arts. 818 da CLT e 333, do CPC. Na forma como posta, portanto, a decisão regional, ao estabelecer que era ônus da reclamante comprovar relação jurídica diversa da voluntária, não afrontou os dispositivos indicados. Desincumbindo-se os reclamados do encargo probatório quanto a fato impeditivo do direito da autora, o ônus de comprovar o desvirtuamento da relação havida permaneceu com a reclamante. Contudo, a prova produzida foi insuficiente ao convencimento do julgador. Agravo de instrumento desprovido." (AIRR – 10740-35.2010.5.04.0000, Relator Ministro: Luiz Philippe Vieira de Mello Filho, Data de Julgamento: 29/06/2011, 1ª Turma, Data de Publicação: *DEJT* 05/08/2011).

Ressalte-se que o fato de o trabalho voluntário não ser remunerado não elimina a possibilidade de o tomador de serviços arcar com as despesas que o trabalhador voluntário tem no desempenho de sua atividade, ressarcindo os gastos. Contudo, essas despesas devem estar expressamente autorizadas:

Lei nº 9.608/1998

Art. 3º. O prestador do serviço voluntário poderá ser ressarcido pelas despesas que comprovadamente realizar no desempenho das atividades voluntárias.

Parágrafo único. As despesas a serem ressarcidas deverão estar expressamente autorizadas pela entidade a que for prestado o serviço voluntário.

Chamamos a atenção, ainda, para o fato de que o rol de tomadores de serviço do trabalho voluntário também é exemplificativo. A posição que prevalece considera que pode haver trabalho voluntário em prol da comunidade ou mesmo previsão legal de outras entidades diversas das indicadas no preceito estudado.

Você, caro leitor, certamente irá se recordar de um exemplo de outra entidade, como ocorreu com a **Lei Geral da Copa do Mundo**, ocorrida no Brasil:

Lei nº 12.663/2012

Art. 57. O serviço voluntário que vier a ser prestado por pessoa física para auxiliar a FIFA, a Subsidiária FIFA no Brasil ou o COL na organização e realização dos Eventos constituirá atividade não remunerada e atenderá ao disposto neste artigo.

§ 1º O serviço voluntário referido no *caput*:

I – não gera vínculo empregatício, nem obrigação de natureza trabalhista, previdenciária ou afim para o tomador do serviço voluntário; e

II – será exercido mediante a celebração de termo de adesão entre a entidade contratante e o voluntário, dele devendo constar o objeto e as condições de seu exercício.

§ 2º A concessão de meios para a prestação do serviço voluntário, a exemplo de transporte, alimentação e uniformes, não descaracteriza a gratuidade do serviço voluntário.

§ 3º O prestador do serviço voluntário poderá ser ressarcido pelas despesas que comprovadamente realizar no desempenho das atividades voluntárias, desde que expressamente autorizadas pela entidade a que for prestado o serviço voluntário.

Art. 58. O serviço voluntário que vier a ser prestado por pessoa física a entidade pública de qualquer natureza ou instituição privada de fins não lucrativos, para os fins de que trata esta Lei, observará o disposto na Lei n. 9.608, de 18 de fevereiro de 1998.

O TST reconheceu a validade dessa prestação de serviço voluntário:

"(...) PROGRAMA DE VOLUNTÁRIOS DA COPA DO MUNDO FIFA 2014. COMITÊ ORGANIZADOR BRASILEIRO LTDA. (COL). PESSOA JURÍDICA DE DIREITO PRIVADO. FINS LUCRATIVOS. LEI N. 12.663/2012 ('LEI GERAL DA COPA'). ADI N. 4.976/DF. SERVIÇO VOLUNTÁRIO. CONTEXTO ATÍPICO. EXCEPCIONALIDADE DA LIMITAÇÃO PREVISTA NO ARTIGO 1º DA LEI N. 9.608/98. DECISÃO JUDICIAL E ANÁLISE DE SUAS CONSEQUÊNCIAS PRÁTICAS. SOLUÇÃO JURÍDICA PROPORCIONAL, EQUÂNIME E COMPATÍVEL COM OS INTERESSES GERAIS (ARTIGOS 20 E 21 DA LINDB – INCLUÍDOS PELA RECENTÍSSIMA LEI N. 13.655/2018). (...) No presente caso, o programa sob a responsabilidade do réu previa que o voluntário deveria ter idade mínima de 18 (dezoito) anos e disponibilidade para trabalhar no período de 20 (vinte) dias corridos, em turnos que poderiam alcançar até 10 (horas) de trabalho, conforme premissas fáticas delineadas na decisão regional, observando-se o requisito legal acerca da celebração mediante termo de adesão entre a entidade contratante e o voluntário, e constituindo prova documental da não formalização do vínculo de emprego. Já em relação à natureza não onerosa da prestação do serviço, relevante destacar a definição veiculada pela Organização das Nações Unidas (ONU): 'voluntário é o jovem, adulto ou idoso, que devido a seu interesse pessoal e seu espírito cívico, dedica parte do seu tempo, sem remuneração, a diversas formas de atividades de bem estar social ou outros campos.' A propósito, vale conferir a lição de Maurício Godinho Delgado, segundo o qual a dimensão subjetiva do serviço voluntário 'traduz-se, pois, na índole, na intenção, no ânimo de a pessoa cumprir a prestação laborativa em condições de benevolência. Essencialmente tal ideia importa na graciosidade da oferta do labor, em anteposição às distintas formas de trabalho oneroso que caracterizam o funcionamento da comunidade que cerca o prestador de serviços.' (Curso de direito do trabalho – 12ª ed. – São Paulo: LTr, 2013, p. 350-351). Nesse aspecto, é nítida a intenção dos milhares de voluntários (cerca de 14 mil pessoas dentre 152 mil cadastros realizados) que trabalharam em evento internacional esportivo por interesses alheios ao de receber remuneração pelas atividades prestadas. (...) Entretanto, diferentemente do que pretende fazer crer o *Parquet*, não se trata simplesmente da análise de violação ou não do artigo 1º da Lei n. 9.608/98, diante dos lucros auferidos pelo réu, sob a ótica formal-legalista. A matéria trazida ao debate não se esgota no direito material propriamente dito; há que se levar em conta o aspecto imaterial do evento no chamado 'País do Futebol', reconhecido, inclusive, pela expressão 'Pátria de Chuteiras' – metáfora preconizada na célebre frase do escritor e jornalista brasileiro Nelson Rodrigues, para

Cap. 6 – RELAÇÃO DE TRABALHO, EMPREGO E PRESTAÇÃO DE SERVIÇO

descrever a mobilização, a expectativa e o sentimento que as copas do mundo geram no País. (...) A FIFA, de fato, é entidade privada de caráter internacional e, como é de conhecimento geral, obteve vultosos resultados financeiros com o evento realizado. Contudo, nos moldes da decisão proferida pelo Supremo Tribunal Federal, a edição da Lei n. 12.663/2012 resultou de compromisso assumido pela República Federativa do Brasil, ainda à época de sua candidatura a sediar a Copa de 2014, em se comprometer com o conjunto de garantias apresentadas, em decorrência de decisão soberana do País. Destarte, lógica semelhante há de se adotar no presente caso, 'como sistema de gerenciamento de situações excepcionais', em que o serviço voluntário prestado na organização e realização dos eventos da COPA DO MUNDO FIFA 2014 não se sujeita à limitação prevista no artigo 1º da Lei n. 9.608/98. Em arremate, necessária a menção da recentíssima alteração na LINDB, introduzida pela Lei n. 13.655, de 25 de abril de 2018, no sentido de que 'não se decidirá com base em valores jurídicos abstratos sem que sejam consideradas as consequências práticas da decisão', bem assim que a decisão deverá ser proporcional, equânime, eficiente e compatível com os interesses gerais (artigos 20 e 21 da LINDB) – destaquei. Sendo assim, conquanto legítima e louvável a iniciativa do Ministério Público do Trabalho, inclusive, respaldada pelo então 'MANIFESTO CONTRA O TRABALHO 'VOLUNTÁRIO' NA COPA' (assinado por mais de 200 renomados representantes da comunidade jurídica), em trazer ao debate desta Corte Superior tema de magna importância, principalmente em razão da polêmica instaurada, conclui-se pela manutenção de improcedência dos pedidos iniciais formulados. Agravo de instrumento conhecido e não provido." (AIRR-10704-52.2014.5.01.0059, 7ª Turma, Relator Ministro: Claudio Mascarenhas Brandão, *DEJT* 03/09/2018).

6.5.5. Estagiário

A finalidade do estágio é complementar a formação do estudante por meio de atividades práticas.

O contrato de estágio possui todos os requisitos caracterizadores da relação de emprego, pois nele há pessoalidade, não eventualidade, onerosidade e subordinação. Entretanto, o legislador excluiu o estagiário da proteção celetista.

O **conceito** de estágio encontra-se no art. 1º da Lei nº 11.788/2008:

Lei nº 11.788/2008

Art. 1º. Estágio é ato educativo escolar supervisionado, desenvolvido no ambiente de trabalho, que visa à preparação para o trabalho produtivo de educandos que estejam frequentando o ensino regular em instituições de educação superior, de educação profissional, de ensino médio, da educação especial e dos anos finais do ensino fundamental, na modalidade profissional da educação de jovens e adultos.

§ 1º O estágio faz parte do projeto pedagógico do curso, além de integrar o itinerário formativo do educando.

§ 2º O estágio visa ao aprendizado de competências próprias da atividade profissional e à contextualização curricular, objetivando o desenvolvimento do educando para a vida cidadã e para o trabalho.

A **monitoria** pode ser considerada estágio? A resposta depende da previsão no projeto pedagógico do curso:

Lei n° 11.788/2008

Art. 2°. (...)

§ 3° As atividades de extensão, de monitorias e de iniciação científica na educação superior, desenvolvidas pelo estudante, somente poderão ser equiparadas ao estágio em caso de previsão no projeto pedagógico do curso.

Existem duas espécies de estágio: **estágio voluntário** e **estágio obrigatório**:

Lei n° 11.788/2008

Art. 2°. O estágio poderá ser obrigatório ou não obrigatório, conforme determinação das diretrizes curriculares da etapa, modalidade e área de ensino e do projeto pedagógico do curso.

§ 1° Estágio obrigatório é aquele definido como tal no projeto do curso, cuja carga horária é requisito para aprovação e obtenção de diploma.

§ 2° Estágio não obrigatório é aquele desenvolvido como atividade opcional, acrescida à carga horária regular e obrigatória.

O contrato de estágio envolve sempre três personagens: o **estagiário**, a **parte concedente** e a **instituição de ensino**.

O estagiário precisa estar **matriculado** em curso de educação superior, educação profissional, ensino médio, educação especial ou nos anos finais do ensino fundamental:

Lei n° 11.788/2008

Art. 3°. O estágio, tanto na hipótese do § 1° do art. 2° desta Lei quanto na prevista no § 2° do mesmo dispositivo, não cria vínculo empregatício de qualquer natureza, observados os seguintes requisitos:

I – matrícula e frequência regular do educando em curso de educação superior, de educação profissional, de ensino médio, da educação especial e nos anos finais do ensino fundamental, na modalidade profissional da educação de jovens e adultos e atestados pela instituição de ensino;

Além disso, precisa assinar um **termo de compromisso** com a parte concedente e com a instituição de ensino e haver compatibilidade entre as atividades do estágio e as previstas no termo de compromisso:

Lei n° 11.788/2008

Art. 3°. O estágio, tanto na hipótese do § 1° do art. 2° desta Lei quanto na prevista no § 2° do mesmo dispositivo, não cria vínculo empregatício de qualquer natureza, observados os seguintes requisitos:

Cap. 6 – RELAÇÃO DE TRABALHO, EMPREGO E PRESTAÇÃO DE SERVIÇO

II – celebração de termo de compromisso entre o educando, a parte concedente do estágio e a instituição de ensino;

III – compatibilidade entre as atividades desenvolvidas no estágio e aquelas previstas no termo de compromisso.

Art. 16. O termo de compromisso deverá ser firmado pelo estagiário ou com seu representante ou assistente legal e pelos representantes legais da parte concedente e da instituição de ensino, (...).

Como destacamos anteriormente, os sujeitos envolvidos na relação de estágio são: o estagiário, a instituição de ensino e a parte concedente.

Quanto à **parte concedente**, as pessoas jurídicas de direito privado, a Administração Pública e os profissionais liberais de nível superior podem conceder estágio:

Lei n° 11.788/2008

Art. 9°. As pessoas jurídicas de direito privado e os órgãos da administração pública direta, autárquica e fundacional de qualquer dos Poderes da União, dos Estados, do Distrito Federal e dos Municípios, bem como profissionais liberais de nível superior devidamente registrados em seus respectivos conselhos de fiscalização profissional, podem oferecer estágio, observadas as seguintes obrigações:

I – celebrar termo de compromisso com a instituição de ensino e o educando, zelando por seu cumprimento;

II – ofertar instalações que tenham condições de proporcionar ao educando atividades de aprendizagem social, profissional e cultural;

III – indicar funcionário de seu quadro de pessoal, com formação ou experiência profissional na área de conhecimento desenvolvida no curso do estagiário, para orientar e supervisionar até 10 (dez) estagiários simultaneamente;

IV – contratar em favor do estagiário seguro contra acidentes pessoais, cuja apólice seja compatível com valores de mercado, conforme fique estabelecido no termo de compromisso;

V – por ocasião do desligamento do estagiário, entregar termo de realização do estágio com indicação resumida das atividades desenvolvidas, dos períodos e da avaliação de desempenho;

VI – manter à disposição da fiscalização documentos que comprovem a relação de estágio;

VII – enviar à instituição de ensino, com periodicidade mínima de 6 (seis) meses, relatório de atividades, com vista obrigatória ao estagiário.

Parágrafo único. No caso de estágio obrigatório, a responsabilidade pela contratação do seguro de que trata o inciso IV do *caput* deste artigo poderá, alternativamente, ser assumida pela instituição de ensino.

Quanto ao número máximo de estagiários na parte concedente, o art. 17 da lei do Estágio estabelece proporção e regras mínimas:

Lei n° 11.788/2008

Art. 17. O número máximo de estagiários em relação ao quadro de pessoal das entidades concedentes de estágio deverá atender às seguintes proporções:

I – de 1 (um) a 5 (cinco) empregados: 1 (um) estagiário;

II – de 6 (seis) a 10 (dez) empregados: até 2 (dois) estagiários;

III – de 11 (onze) a 25 (vinte e cinco) empregados: até 5 (cinco) estagiários;

IV – acima de 25 (vinte e cinco) empregados: até 20% (vinte por cento) de estagiários.

§ 1º Para efeito desta Lei, considera-se quadro de pessoal o conjunto de trabalhadores empregados existentes no estabelecimento do estágio.

§ 2º Na hipótese de a parte concedente contar com várias filiais ou estabelecimentos, os quantitativos previstos nos incisos deste artigo serão aplicados a cada um deles.

§ 3º Quando o cálculo do percentual disposto no inciso IV do *caput* deste artigo resultar em fração, poderá ser arredondado para o número inteiro imediatamente superior.

§ 4º Não se aplica o disposto no *caput* deste artigo aos estágios de nível superior e de nível médio profissional.

§ 5º Fica assegurado às pessoas portadoras de deficiência o percentual de 10% (dez por cento) das vagas oferecidas pela parte concedente do estágio.

As **instituições de ensino** também possuem obrigações no estágio:

Lei nº 11.788/2008

Art. 7º. São obrigações das instituições de ensino, em relação aos estágios de seus educandos:

I – celebrar termo de compromisso com o educando ou com seu representante ou assistente legal, quando ele for absoluta ou relativamente incapaz, e com a parte concedente, indicando as condições de adequação do estágio à proposta pedagógica do curso, à etapa e modalidade da formação escolar do estudante e ao horário e calendário escolar;

II – avaliar as instalações da parte concedente do estágio e sua adequação à formação cultural e profissional do educando;

III – indicar professor orientador, da área a ser desenvolvida no estágio, como responsável pelo acompanhamento e avaliação das atividades do estagiário;

IV – exigir do educando a apresentação periódica, em prazo não superior a 6 (seis) meses, de relatório das atividades;

V – zelar pelo cumprimento do termo de compromisso, reorientando o estagiário para outro local em caso de descumprimento de suas normas;

VI – elaborar normas complementares e instrumentos de avaliação dos estágios de seus educandos;

VII – comunicar à parte concedente do estágio, no início do período letivo, as datas de realização de avaliações escolares ou acadêmicas.

Parágrafo único. O plano de atividades do estagiário, elaborado em acordo das 3 (três) partes a que se refere o inciso II do *caput* do art. 3º desta Lei, será incorporado ao termo de compromisso por meio de aditivos à medida que for avaliado, progressivamente, o desempenho do estudante.

Nada impede que a instituições de ensino podem manter convênios com entidades ou instituições pública e privadas para fins de concessão de estágio, mas isso não elimina a necessidade de assinar o termo de compromisso:

Lei nº 11.788/2008

Art. 8º. É facultado às instituições de ensino celebrar com entes públicos e privados convênio de concessão de estágio, nos quais se explicitem o processo educativo compreendido nas atividades programadas para seus educandos e as condições de que tratam os arts. 6º a 14 desta Lei.

Parágrafo único. A celebração de convênio de concessão de estágio entre a instituição de ensino e a parte concedente não dispensa a celebração do termo de compromisso de que trata o inciso II do *caput* do art. 3º desta Lei.

O estagiário pode ser **estudante estrangeiro** matriculado regularmente em cursos superiores no Brasil:

Lei nº 11.788/2008

Art. 4º. A realização de estágios, nos termos desta Lei, aplica-se aos estudantes estrangeiros regularmente matriculados em cursos superiores no País, autorizados ou reconhecidos, observado o prazo do visto temporário de estudante, na forma da legislação aplicável.

Nesse ponto, vale registrar a norma contida no art. 14, § 4º, da Lei de Imigração:

Lei nº 13.445/2017

Art. 14. (...)

§ 4º O visto temporário para estudo poderá ser concedido ao imigrante que pretenda vir ao Brasil para frequentar curso regular ou realizar estágio ou intercâmbio de estudo ou de pesquisa.

Analisados os sujeitos essenciais, não se pode esquecer de que existem instituições que cadastram estudantes interessados em estágios, fazem o encaminhamento etc. São os chamados **agentes de integração**.

Exemplo: o CIEE (Centro de Integração Empresa Escola) é um agente de integração.

A contratação desse agente é facultativa:

Lei nº 11.788/2008

Art. 5º. As instituições de ensino e as partes cedentes de estágio podem, a seu critério, recorrer a serviços de agentes de integração públicos e privados, mediante condições acordadas em instrumento jurídico apropriado, devendo ser observada, no caso de contratação com recursos públicos, a legislação que estabelece as normas gerais de licitação.

§ 1º Cabe aos agentes de integração, como auxiliares no processo de aperfeiçoamento do instituto do estágio:

I – identificar oportunidades de estágio;

II – ajustar suas condições de realização;

III – fazer o acompanhamento administrativo;

IV – encaminhar negociação de seguros contra acidentes pessoais;

V – cadastrar os estudantes.

Esses agentes de integração não podem cobrar qualquer valor dos estudantes:

Lei n° 11.788/2008

Art. 5°. (...)

§ 2° É vedada a cobrança de qualquer valor dos estudantes, a título de remuneração pelos serviços referidos nos incisos deste artigo.

Além disso, esses agentes possuem responsabilidade civil se indicarem estagiários para atividades sem compatibilidade com a grade curricular:

Lei n° 11.788/2008

Art. 5°. (...)

§ 3° Os agentes de integração serão responsabilizados civilmente se indicarem estagiários para a realização de atividades não compatíveis com a programação curricular estabelecida para cada curso, assim como estagiários matriculados em cursos ou instituições para as quais não há previsão de estágio curricular.

O agente de integração não assina termo de compromisso:

Lei n° 11.788/2008

Art. 16. O termo de compromisso deverá ser firmado pelo estagiário ou com seu representante ou assistente legal e pelos representantes legais da parte concedente e da instituição de ensino, vedada a atuação dos agentes de integração a que se refere o art. 5° desta Lei como representante de qualquer das partes.

O estagiário pode receber **bolsa/contraprestação** (ainda que em dinheiro). Isso não desqualifica o estágio. Essa bolsa ou outra forma de contraprestação é obrigatória no estágio não obrigatório, mas é facultativa no estágio obrigatório. Essa mesma regra vale para o auxílio-transporte.

Observe o art. 12, *caput*, da Lei n° 11.788/2008:

Lei n° 11.788/1008

Art. 12. O estagiário poderá receber bolsa ou outra forma de contraprestação que venha a ser acordada, sendo compulsória a sua concessão, bem como a do auxílio-transporte, na hipótese de estágio não obrigatório.

A duração máxima do estágio é de 2 anos, exceto se for pessoa com deficiência, conforme art. 11 da Lei nº 11.788/2008:

Lei nº 11.788/2008

Art. 11. A duração do estágio, na mesma parte concedente, não poderá exceder 2 (dois) anos, exceto quando se tratar de estagiário portador de deficiência.

O estagiário possui direito a **recesso** de 30 dias e não férias, já que estagiário não é empregado, consoante art. 13 da mesma lei:

Lei nº 11.788/2008

Art. 13. É assegurado ao estagiário, sempre que o estágio tenha duração igual ou superior a 1 (um) ano, período de recesso de 30 (trinta) dias, a ser gozado preferencialmente durante suas férias escolares.

§ 1º O recesso de que trata este artigo deverá ser remunerado quando o estagiário receber bolsa ou outra forma de contraprestação.

§ 2º Os dias de recesso previstos neste artigo serão concedidos de maneira proporcional, nos casos de o estágio ter duração inferior a 1 (um) ano.

No que tange à jornada máxima de trabalho do estagiário, o art. 10 cria uma série de regras:

Lei nº 11.788/2008

Art. 10. A jornada de atividade em estágio será definida de comum acordo entre a instituição de ensino, a parte concedente e o aluno estagiário ou seu representante legal, devendo constar do termo de compromisso ser compatível com as atividades escolares e não ultrapassar:

I – 4 (quatro) horas diárias e 20 (vinte) horas semanais, no caso de estudantes de educação especial e dos anos finais do ensino fundamental, na modalidade profissional de educação de jovens e adultos;

II – 6 (seis) horas diárias e 30 (trinta) horas semanais, no caso de estudantes do ensino superior, da educação profissional de nível médio e do ensino médio regular.

§ 1º O estágio relativo a cursos que alternam teoria e prática, nos períodos em que não estão programadas aulas presenciais, poderá ter jornada de até 40 (quarenta) horas semanais, desde que isso esteja previsto no projeto pedagógico do curso e da instituição de ensino.

§ 2º Se a instituição de ensino adotar verificações de aprendizagem periódicas ou finais, nos períodos de avaliação, a carga horária do estágio será reduzida pelo menos à metade, segundo estipulado no termo de compromisso, para garantir o bom desempenho do estudante.

O educando pode ser inscrito como segurado facultativo na Previdência Social:

Lei nº 11.788/2008

Art. 12. (...)

§ 2º Poderá o educando inscrever-se e contribuir como segurado facultativo do Regime Geral de Previdência Social.

Pontue-se que se aplica ao estagiário as regras sobre saúde e segurança no trabalho:

Lei nº 11.788/2008

Art. 14. Aplica-se ao estagiário a legislação relacionada à saúde e segurança no trabalho, sendo sua implementação de responsabilidade da parte concedente do estágio.

O estágio, quando atendidos os requisitos definidos em lei, não gera qualquer vínculo de emprego com a parte concedente do estágio:

Lei nº 11.788/2008

Art. 3º. O estágio, tanto na hipótese do § 1º do art. 2º desta Lei quanto na prevista no § 2º do mesmo dispositivo, não cria vínculo empregatício de qualquer natureza, observados os seguintes requisitos:

(...)

Ressalte-se que a concessão de vantagens relacionadas a transporte, alimentação e saúde não geram vínculo de emprego:

Lei nº 11.788/2008

Art. 12. (...)

§ 1º A eventual concessão de benefícios relacionados a transporte, alimentação e saúde, entre outros, não caracteriza vínculo empregatício.

Estagiário não se confunde com o aprendiz. O estagiário, em regra, não é empregado, o aprendiz sim. O estagiário encontra-se regido pela Lei nº 11.788/2008, que em seu art. 1º define estágio como ato educativo escolar supervisionado, desenvolvido no ambiente de trabalho, que visa à preparação para o trabalho produtivo de educandos que estejam frequentando o ensino regular em instituições de educação superior, de educação profissional, de ensino médio, da educação especial e dos anos finais do ensino fundamental, na modalidade profissional da educação de jovens e adultos. O estágio, quando realizado de acordo com os requisitos exigidos pela lei, não cria vínculo empregatício de qualquer natureza.

Se verificada a falta de compatibilidade entre a formação escolar do estudante e as atividades desenvolvidas no estágio, estaremos diante de uma fraude, atraindo o princípio da primazia da realidade, estampado no art. 9º da CLT, formando-se vínculo empregatício entre o estagiário e parte concedente. Pense na hipótese, por exemplo, de um estagiário de Direito de um banco privado, realizando as

Cap. 6 – RELAÇÃO DE TRABALHO, EMPREGO E PRESTAÇÃO DE SERVIÇO

funções de caixa e atendendo os idosos no caixa eletrônico. Estamos diante de uma fraude. O que o banco está fazendo é buscando no mercado de trabalho uma mão de obra barata.

Nesse sentido, dispõe o art. 15 da Lei nº 11.788/2008:

Art. 15. *A manutenção de estagiários em desconformidade com esta Lei caracteriza vínculo de emprego do educando com a parte concedente do estágio para todos os fins da legislação trabalhista e previdenciária.*

§ 1º A instituição privada ou pública que reincidir na irregularidade de que trata este artigo ficará impedida de receber estagiários por 2 (dois) anos, contados da data da decisão definitiva do processo administrativo correspondente.

§ 2º A penalidade de que trata o § 1º deste artigo limita-se à filial ou agência em que for cometida a irregularidade.

Destacamos dois julgados sobre desvirtuamento e reconhecimento de vínculo de emprego:

"(...) CONTRATO DE ESTÁGIO. PERÍODO DE 6/04/2008 A 5/04/2009. DESCARACTERIZA-ÇÃO. O art. 3º, § 1º, da Lei nº 11.788/2007, que regulamente o estágio dos estudantes, estabelece como requisito de validade do contrato de estágio que haja acompanhamento tanto pela instituição de ensino quanto pelo supervisor da parte concedente, 'comprovado por vistos nos relatórios referidos no inciso IV do *caput* do art. 7º desta Lei'. O descumprimento de quaisquer desses requisitos descaracteriza o contrato de estágio e implica o reconhecimento do vínculo de emprego com a parte concedente do estágio (art. 3º, § 2º). No caso, o eg. Tribunal Regional entendeu que a 'falta de documento comprovando o acompanhamento do estágio pela instituição de ensino, por si só, não é capaz de descaracterizar a relação de estágio firmada'. Referido fundamento não encontra amparo no texto expresso da lei. Descaracterizado o contrato de estágio impõe-se o reconhecimento do vínculo de emprego com a reclamada no período. Recurso de revista de que se conhece e a que se dá provimento. (...)" (ARR-338-57.2013.5.04.0009, 6ª Turma, Relatora Desembargadora Convocada: Cilene Ferreira Amaro Santos, *DEJT* 04/04/2019).

"(...) NULIDADE DO CONTRATO DE ESTÁGIO. DESVIRTUAMENTO. O e. TRT, a partir da valoração da prova documental produzida, concluiu pela nulidade do contrato decorrente do estágio desvirtuado, por não terem vindo aos autos avaliações semestrais, relatórios semestrais das atividades ou acompanhamento e avaliação do estágio, bem como com base na prova testemunhal, de que houve desvirtuamento do contrato de estágio, que visou mascarar verdadeiro vínculo de emprego. Nesse cenário, com base nas premissas registradas no acórdão recorrido, não há como se chegar a conclusão contrária, pois para tanto seria necessário o revolvimento dos fatos e prova, procedimento vedado nesta esfera extraordinária, ante o óbice da Súmula n. 126 do TST. Incólumes os arts. 3º da Lei n. 11.788/2008 e 9º da CLT. Quanto à divergência jurisprudencial, revela-se inespecífica, na esteira da Súmula 296, I, do TST. Recurso de revista não conhecido. (...)" (RR – 222-45.2013.5.04.0205, Relator Ministro: Alexandre de Souza Agra Belmonte, Data de Julgamento: 29/08/2018, 3ª Turma, Data de Publicação: *DEJT* 31/08/2018).

> **☞ ATENÇÃO!**
> Se a fraude no estágio ocorrer perante a Administração Pública, não acarretará formação de vínculo empregatício, por ausência do concurso público previsto no art. 37, II e § 2º, da CF. A solução é reconhecer contrato nulo por ausência de concurso com as verbas desse tipo de pactuação, as quais serão estudadas no capítulo sobre contrato de trabalho,

> OJ nº 366 da SDI-I do TST. Estagiário. Desvirtuamento do contrato de estágio. Reconhecimento do vínculo empregatício com a administração pública direta ou indireta. Período posterior à Constituição Federal de 1988. Impossibilidade (*DJ* 20, 21 e 23/05/2008). Ainda que desvirtuada a finalidade do contrato de estágio celebrado na vigência da Constituição Federal de 1988, é inviável o reconhecimento do vínculo empregatício com ente da Administração Pública direta ou indireta, por força do art. 37, II, da CF/1988, bem como o deferimento de indenização pecuniária, exceto em relação às parcelas previstas na Súmula nº 363 do TST, se requeridas.

6.5.6. Cooperativa

As pessoas se reúnem em torno de um objetivo comum, onde se encontram autonomia, autogestão coletiva e independência.

> Art. 442, parágrafo único, da CLT. Qualquer que seja o ramo de atividade da sociedade cooperativa, não existe vínculo empregatício entre ela e seus associados, nem entre estes e os tomadores de serviços daquela.

O art. 30 da Lei nº 12.690/2012, que revogava o parágrafo único do art. 442 da CLT, foi **VETADO**, pois o verdadeiro cooperativado não é empregado.

6.5.7. Residência médica

Não gera vínculo de emprego. O objetivo da residência é a formação profissional. Dar ao residente um conteúdo programático não visto em sala de aula. A natureza jurídica de uma residência é de uma pós-graduação.

6.5.8. Trabalho prisional

Não vai gerar vínculo empregatício. O único objetivo é a ressocialização do preso.

Nesse sentido, veja o previsto na Lei de Execuções Penais (LEP) (Lei nº 7.210/1984):

> Art. 28. O trabalho do condenado, como dever social e condição de dignidade humana, terá finalidade educativa e produtiva. (...)
> § 2º O trabalho do preso não está sujeito ao regime da Consolidação das Leis do Trabalho.

Registre-se que a Justiça do Trabalho não possui sequer competência para examinar a matéria referente ao trabalho do preso:

RECURSO DE REVISTA INTERPOSTO ANTES DA LEI N. 13.015/2014. TRABALHO DO PRESIDIÁRIO. INCOMPETÊNCIA DA JUSTIÇA DO TRABALHO. A Jurisprudência desta Corte fixou o entendimento de que o trabalho realizado pelo presidiário em decorrência do cumprimento da pena é regido pela Lei de Execução Penal (Lei n. 7.214/84), ante a sua finalidade educativa e produtiva, visando à sua reinserção social. Ainda que o trabalho do presidiário seja prestado para empresa privada autorizada por estabelecimento prisional e esteja presente o aspecto econômico da prestação de serviços, o labor exercido sob tais condições decorre do conjunto de deveres que integram a pena, carecendo da voluntariedade de que são revestidas as relações dirimidas pela Justiça do Trabalho. Estando a relação entre o condenado e o Estado sujeita às regras da Lei de Execução Penal, resta evidente a incompetência da justiça do trabalho para apreciar as demandas relativas ao trabalho realizado por detento em razão de cumprimento de pena. Precedentes. Recurso de revista não conhecido. (RR – 80900-48.2009.5.15.0151, Relatora Ministra: Maria Helena Mallmann, Data de Julgamento: 28/03/2017, 2ª Turma, Data de Publicação: *DEJT* 31/03/2017).

6.5.9. Cabo eleitoral

A Lei Eleitoral nº 9.504/1997 veda expressamente a possibilidade de vínculo empregatício.

Art. 100. A contratação de pessoal para prestação de serviços nas campanhas eleitorais não gera vínculo empregatício com o candidato ou partido contratantes.

6.5.10. Associações denominadas empresas juniores

A Lei nº 13.267, de 06/04/2016, disciplina a criação e a organização das associações denominadas empresas juniores, com funcionamento perante instituições de ensino superior.

Segundo a novel legislação, considera-se empresa júnior a entidade organizada nos termos da lei na forma de associação civil gerida por estudantes matriculados em cursos de graduação de instituições de ensino superior, com o propósito de realizar projetos e serviços que contribuam para o desenvolvimento acadêmico e profissional dos associados, capacitando-os para o mercado de trabalho.

Para fins trabalhistas, importa consignar que os estudantes matriculados em curso de graduação e associados à respectiva empresa júnior exercem trabalho voluntário, nos termos da Lei nº 9.608, de 18/02/1998.

Em outros termos, não haverá a formação do vínculo de emprego entre os estudantes e a empresa júnior, salvo se constatado qualquer tipo de fraude.

Vale observar que, nos termos do art. 4º da citada Lei, a empresa júnior somente poderá desenvolver atividades que atendam a pelo menos uma das seguintes condições: I – relacionem-se aos conteúdos programáticos do curso de graduação ou dos cursos de graduação a que se vinculem; II – constituam atribuição da categoria profissional correspondente à formação superior dos estudantes associados à entidade.

Logo, pode-se afirmar que, caso a empresa atue com desvio de finalidade, também restará configurado o vínculo empregatício, já que, nesses casos, o fim educacional restará desatendido.

6.5.11. Salão-parceiro/profissional-parceiro

A Lei nº 13.352, de 2016, passa a dispor sobre o contrato de parceria entre os profissionais que exercem as atividades de cabeleireiro, barbeiro, esteticista, manicure, pedicure, depilador e maquiador e pessoas jurídicas registradas como salão de beleza.

Essa legislação trouxe na prática a regularidade de uma situação fática já existente, que é o não reconhecimento do vínculo de emprego para os empregados que trabalham no salão de beleza.

☞ **ATENÇÃO!**

A referida lei não se aplica a todos os empregados de salão. Ela será aplicada especificamente aos empregados que trabalham como cabeleireiro, barbeiro, esteticista, manicure, pedicure, depilador e maquiador. Ou seja, não há aplicabilidade para o recepcionista, caixa etc.

Art. 1º-A da Lei nº 13.352/2016. Os salões de beleza poderão celebrar contratos de parceria, por escrito, nos termos definidos nesta Lei, com os profissionais que desempenham as atividades de cabeleireiro, barbeiro, esteticista, manicure, pedicure, depilador e maquiador.

Os estabelecimentos e os profissionais de que trata o dispositivo *supra*, ao atuar nos termos da Lei nº 13.352/2016, serão denominados salão-parceiro e profissional-parceiro, respectivamente, para todos os efeitos jurídicos.

O salão-parceiro será responsável pela centralização dos pagamentos e recebimentos decorrentes das atividades de prestação de serviços de beleza realizadas pelo profissional-parceiro e realizará a retenção de sua cota-parte percentual, fixada no contrato de parceria, bem como dos valores de recolhimento de tributos e contribuições sociais e previdenciárias devidos pelo profissional-parceiro incidentes sobre a cota-parte que a este couber na parceria.

☞ **ATENÇÃO!**

A cota-parte retida pelo salão-parceiro ocorrerá a título de atividade de aluguel de bens móveis e de utensílios para o desempenho das atividades de serviços de beleza e/ou a título de serviços de gestão, de apoio adminis-

> trativo, de escritório, de cobrança e de recebimentos de valores transitórios recebidos de clientes das atividades de serviços de beleza, e a cota-parte destinada ao profissional-parceiro ocorrerá a título de atividades de prestação de serviços de beleza.

O profissional-parceiro não poderá assumir as responsabilidades e obrigações decorrentes da administração da pessoa jurídica do salão-parceiro, de ordem contábil, fiscal, trabalhista e previdenciária incidentes, ou quaisquer outras relativas ao funcionamento do negócio.

O contrato de parceria de que trata a Lei nº 13.352/2016 será firmado entre as partes, mediante ato escrito, homologado pelo sindicato da categoria profissional e laboral, e, na ausência destes, pelo órgão local competente do Ministério da Economia perante duas testemunhas. Estamos diante de um contrato de natureza cível.

São cláusulas obrigatórias do contrato de parceria:

- percentual das retenções pelo salão-parceiro dos valores recebidos por cada serviço prestado pelo profissional-parceiro;

Atente-se para o fato de o contrato não estabelecer um percentual mínimo para o trabalhador. Dessa forma, é possível que seja contratado um cabeleireiro e estipulado no contrato que 80% fiquem para o salão e 20% para o profissional parceiro.

- obrigação, por parte do salão-parceiro, de retenção e recolhimento dos tributos e contribuições sociais e previdenciárias devidos pelo profissional-parceiro em decorrência da atividade deste na parceria;
- condições e periodicidade do pagamento do profissional-parceiro, por tipo de serviço oferecido;
- direitos do profissional-parceiro quanto ao uso de bens materiais necessários ao desempenho das atividades profissionais, bem como sobre o acesso e circulação nas dependências do estabelecimento;
- possibilidade de rescisão unilateral do contrato, no caso de não subsistir interesse na sua continuidade, mediante aviso-prévio de, no mínimo, trinta dias;
- responsabilidades de ambas as partes com a manutenção e higiene de materiais e equipamentos, das condições de funcionamento do negócio e do bom atendimento dos clientes;
- obrigação, por parte do profissional-parceiro, de manutenção da regularidade de sua inscrição perante as autoridades fazendárias.

☞ ATENÇÃO!

O profissional-parceiro não terá relação de emprego ou de sociedade com o salão-parceiro enquanto perdurar a relação de parceria.

Configurar-se-á vínculo empregatício entre a pessoa jurídica do salão-parceiro e o profissional-parceiro quando:

- não existir contrato de parceria formalizado na forma descrita na lei;
- o profissional-parceiro desempenhar funções diferentes das descritas no contrato de parceria.

Acreditamos que a mudança impactante para a seara trabalhista trazida por essa lei ocorre com o fim de direitos mínimos trabalhistas. A busca pela caracterização do vínculo de emprego, diante dos requisitos caracterizadores, se torna, em vão, na medida em que foi legalizada para os trabalhadores de salão de beleza, uma atividade ilícita que operava em toda seara trabalhista.

A jornada de trabalho, sem dúvida, é a maior conquista social. Na medida em que o trabalhador é retirado da proteção constitucional e tratado como autônomo, empresário, o dono do salão pode estabelecer uma jornada exaustiva, sem repouso de intervalo intrajornada, sem o repouso semanal remunerado etc. Tivemos uma categoria de trabalhadores "expulsos" da CLT. Esperamos que não aumente pelo poder legiferante o rol de trabalhadores previstos nessa lei.

SUJEITOS DO CONTRATO DE TRABALHO

Neste capítulo estudaremos os sujeitos do contrato de trabalho. Analisaremos os pontos mais relevantes que dizem respeito às figuras do empregado e do empregador.

7.1. EMPREGADO

O conceito de empregado é trazido pelo art. 3º da CLT:

> Art. 3º Considera-se empregado toda pessoa física que prestar serviços de natureza não eventual a empregador, sob a dependência deste e mediante salário.

A esse conceito deve ser somado, ainda, o requisito da pessoalidade encontrado no art. 2º.

Desse modo, o conceito mais completo de empregado é o que o define como toda pessoa física ou natural que contrata, de livre e espontânea vontade, seja de forma tácita ou expressa, a prestação não eventual de seus serviços a um tomador, sob a dependência deste e mediante salário.

A Reforma Trabalhista criou a figura do empregado "hipersuficiente", apresentando verdadeira contradição ao que está disciplinado no art. 3º da CLT, que veda qualquer tratamento diferenciado em relação à espécie de emprego e à condição de trabalhador. Analisaremos com maior atenção, ainda neste capítulo.

7.1.1. Da proibição de distinção entre o trabalho manual, técnico e intelectual

A proibição de distinção entre o trabalho manual, técnico e intelectual encontra previsão na CLT e na CF/1988 e tem como escopo garantir a isonomia no tratamento dos empregados, independentemente da atividade por eles exercida.

> Art. 3º, parágrafo único, da CLT. Não haverá distinções relativas à espécie de emprego e à condição de trabalhador, nem entre o trabalho intelectual, técnico e manual.
>
> Art. 7º, XXXII, da CF/1988: Proibição de distinção entre trabalho manual, técnico e intelectual ou entre os profissionais respectivos.

☞ ATENÇÃO!

A Constituição Federal e a CLT em momento algum vedaram a regulamentação de determinadas profissões por leis próprias. Muito pelo contrário, as leis específicas que regulamentam as profissões acabam consagrando o princípio da igualdade substancial.

7.1.2. Trabalho em domicílio e a distância

A exigência da prestação do serviço no estabelecimento do tomador não é requisito caracterizador da relação de emprego, nem para se definir o empregado. A CLT veda explicitamente a distinção entre o trabalho realizado no estabelecimento do empregador, no domicílio do empregado e o realizado a distância.

Trabalho realizado em domicílio é aquele executado na residência do empregado; o exemplo clássico é o trabalho exercido pelas costureiras. Já o trabalho realizado a distância tem uma amplitude maior, pois não mede distâncias geográficas. Neste caso, podemos ter uma empresa tomadora do serviço sediada em Curitiba e um empregado que a ela presta serviço morando em Manaus.

Eis os artigos pertinentes ao tema:

Art. 6º da CLT. Não se distingue entre o trabalho realizado no estabelecimento do empregador, o executado no domicílio do empregado e o realizado a distância, desde que estejam caracterizados os pressupostos da relação de emprego.

Parágrafo único. Os meios telemáticos e informatizados de comando, controle e supervisão se equiparam, para fins de subordinação jurídica, aos meios pessoais e diretos de comando, controle e supervisão do trabalho alheio. (...)

Art. 83. É devido o salário mínimo ao trabalhador em domicílio, considerado este como o executado na habitação do empregado ou em oficina de família, por conta de empregador que o remunere.

Em relação aos trabalhos realizados a distância, em especial ao disposto no parágrafo único do art. 6º da CLT, merece destaque a questão da subordinação estrutural já estudada nesta obra, quando abordamos os requisitos caracterizadores da relação de emprego.

A Lei nº 13.467/2017 inseriu um capítulo destinado ao teletrabalho.

Essa modalidade é uma realidade em inúmeros países. Aqui mesmo no Brasil já temos sua adoção em algumas empresas da iniciativa privada, porém sua atuação tem sido mais destacada em órgãos da Administração Pública. É o caso, por exemplo, do Tribunal Superior do Trabalho, do Supremo Tribunal Federal, da Procuradoria-Geral da República, do Tribunal de Contas da União, do Conselho Nacional de Justiça, entre muitos outros.

O prefixo *tele* significa distância, afastamento. Logo, conceituar o teletrabalho como aquele que preferencialmente ocorre a distância é um conceito equivocado

Cap. 7 – SUJEITOS DO CONTRATO DE TRABALHO

do legislador. O correto seria adotar a técnica semântica: teletrabalhador é o trabalhador externo, a distância, que trabalha com as novas tecnologias relacionadas com a informática e a telemática.

O art. 75-D da CLT permite que, por ajuste entre as partes, possam ser transferidas ao empregado as despesas com a aquisição e o fornecimento de equipamentos e material de trabalho.

> Art. 75-D da CLT. As disposições relativas à responsabilidade pela aquisição, manutenção ou fornecimento dos equipamentos tecnológicos e da infraestrutura necessária e adequada à prestação do trabalho remoto, bem como ao reembolso de despesas arcadas pelo empregado, serão previstas em contrato escrito.

☞ **ATENÇÃO!**

De acordo com os arts. 2º e 3º da CLT, é o empregador que suporta os riscos da atividade econômica. Nesse sentido, é injusta a medida que tenta transferir para o empregado as despesas com as ferramentas de trabalho.

É importante pontuar que o fato de o empregado estar trabalhando em regime de teletrabalho não significa que o empregador não possa controlar a jornada de trabalho dele. Da forma como proposta pelo legislador, a empresa poderá transferir ao empregado as despesas da manutenção do local de trabalho e, ainda assim, manter de certa forma o controle de sua jornada de trabalho, inclusive exigindo o comparecimento ao estabelecimento empresarial, sem que tal fato desconfigure o instituto ou garanta ao empregado o recebimento de horas extras, bastando, para tanto, que o labor preponderante continue fora das dependências do empregador.

Não podemos, porém, deixar de citar que o inciso III do art. 62 da CLT exclui os empregados que trabalham a distância do capítulo "Da Duração do Trabalho". Isso significa que esses trabalhadores, mesmo que controlados, passam a não ter direito a hora extra, intervalo intrajornada, intervalo interjornadas, hora noturna e adicional noturno.

> Art. 62 da CLT. Não são abrangidos pelo regime previsto neste capítulo: (...) III – os empregados em regime de teletrabalho.

Apesar de todas as aberrações legislativas, é inegável o impacto positivo que o teletrabalho pode trazer para os empregadores, empregados e até mesmo para a sociedade como um todo. Isso porque ele proporciona redução nos custos da empresa, maior flexibilidade do empregado para gerenciar o seu tempo, otimizando o equilíbrio entre o tempo de trabalho e de convivência com a família, aumento da produtividade e diminuição do número de veículos circulantes nas cidades.

O desenvolvimento tecnológico atual permite a realização de tarefas independentemente de onde o trabalhador esteja, diante da alta conectividade e dos recursos que permitem o acesso remoto e seguro aos dados empresariais.

CLT (antes da reforma)	CLT (depois da reforma)
	TÍTULO II CAPÍTULO II-A DO TELETRABALHO Art. 75-A. A prestação de serviços pelo empregado em regime de teletrabalho observará o disposto neste Capítulo. Art. 75-B. Considera-se teletrabalho a prestação de serviços preponderantemente fora das dependências do empregador, com a utilização de tecnologias de informação e de comunicação que, por sua natureza, não se constituam como trabalho externo. Parágrafo único. O comparecimento às dependências do empregador para a realização de atividades específicas que exijam a presença do empregado no estabelecimento não descaracteriza o regime de teletrabalho. Art. 75-C. A prestação de serviços na modalidade de teletrabalho deverá constar expressamente do contrato individual de trabalho, que especificará as atividades que serão realizadas pelo empregado.
	§ 1º Poderá ser realizada a alteração entre regime presencial e de teletrabalho desde que haja mútuo acordo entre as partes, registrado em aditivo contratual. § 2º Poderá ser realizada a alteração do regime de teletrabalho para o presencial por determinação do empregador, garantido prazo de transição mínimo de quinze dias, com correspondente registro em aditivo contratual. Art. 75-D. As disposições relativas à responsabilidade pela aquisição, manutenção ou fornecimento dos equipamentos tecnológicos e da infraestrutura necessária e adequada à prestação do trabalho remoto, bem como ao reembolso de despesas arcadas pelo empregado, serão previstas em contrato escrito. Parágrafo único. As utilidades mencionadas no *caput* deste artigo não integram a remuneração do empregado. Art. 75-E. O empregador deverá instruir os empregados, de maneira expressa e ostensiva, quanto às precauções a tomar a fim de evitar doenças e acidentes de trabalho. Parágrafo único. O empregado deverá assinar termo de responsabilidade comprometendo-se a seguir as instruções fornecidas pelo empregador.

7.2. EMPREGADO "HIPERSUFICIENTE"

O art. 444 da CLT ganhou um parágrafo único com o advento da Reforma Trabalhista, passando a permitir que o trabalhador portador de diploma de nível superior, com remuneração igual ou superior a duas vezes o valor do maior benefício previdenciário, possa negociar individualmente, sem intervenção sindical, nas matérias disciplinadas no art. 611-A passíveis de negociação coletiva.

Para a caracterização do empregado "hipersuficiente" (nomenclatura utilizada pelo relator da Reforma Trabalhista, Deputado Rogério Marinho, é necessário o preenchimento de dois requisitos:

Nível de escolaridade: empregado portador de diploma de nível superior;

Valor do salário superior a duas vezes o limite máximo dos benefícios do Regime Geral da Previdência Social.

Art. 444, parágrafo único, da CLT. A livre estipulação a que se refere o *caput* deste artigo aplica-se às hipóteses previstas no art. 611-A desta Consolidação, com a mesma eficácia legal e preponderância sobre os instrumentos coletivos, no caso de empregado

Cap. 7 – SUJEITOS DO CONTRATO DE TRABALHO

portador de diploma de nível superior e que perceba salário mensal igual ou superior a duas vezes o limite máximo dos benefícios do Regime Geral de Previdência Social.

Entendemos que, independentemente do valor do salário e do nível de escolaridade, a subordinação jurídica não está afastada. Não há nada que garanta que o valor recebido como salário tornará um empregado capaz de negociar todos os quinze pontos do art. 611-A da CLT em pé de igualdade com o seu empregador.

De forma acoplada, o legislador da reforma acrescentou o art. 507-A ao texto consolidado para autorizar a fixação de cláusula compromissória, para fins de procedimento arbitral, em caso de conflito trabalhista.

> Art. 507-A da CLT. Nos contratos individuais de trabalho cuja remuneração seja superior a duas vezes o limite máximo estabelecido para os benefícios do Regime Geral de Previdência Social, poderá ser pactuada cláusula compromissória de arbitragem, desde que por iniciativa do empregado ou mediante a sua concordância expressa, nos termos previstos na Lei nº 9.307, de 23 de setembro de 1996.

7.3. RELAÇÕES EMPREGATÍCIAS ESPECIAIS

7.3.1. Empregado doméstico

A relação de trabalho do empregado doméstico desde 2015 passou a ser regida pela Lei Complementar nº 150/2015.

Considera-se empregado doméstico, de acordo com a LC nº 150/2015, "aquele que presta serviços de forma contínua, subordinada, onerosa e pessoal e de finalidade não lucrativa à pessoa ou à família, no âmbito residencial destas, por mais de 2 (dois) dias por semana".

☞ **ATENÇÃO!**

Além dos requisitos da relação de emprego, temos estampados na lei mais quatro requisitos para identificar o empregado doméstico: o local da prestação do serviço unicamente em âmbito residencial, finalidade não lucrativa dos serviços prestados, prestação de serviço para pessoa ou família e trabalho realizado por período superior a dois dias por semana.

7.3.1.1. Requisitos específicos da relação de emprego do doméstico

a) Local da prestação do serviço unicamente em âmbito residencial. Este requisito deixa muito clara a delimitação do local da prestação do serviço, que será a residência do empregador.

A casa de campo ou praia utilizada apenas para o lazer é considerada como extensão da residência, sendo possível a contratação de empregados domésticos.

b) **Finalidade não lucrativa dos serviços prestados.** O trabalho exercido pelo doméstico não poderá ter direta ou indiretamente finalidade lucrativa.

Assim, por exemplo, se a sua doméstica faz bolo para você, ela é realmente doméstica. Mas, se ela fizer para você vender, haverá finalidade lucrativa, e descaracteriza-se o trabalho doméstico.

c) **Prestação de serviço para pessoa ou família.** O empregador doméstico tem que ser pessoa física, ou seja, pessoa jurídica não pode ter empregado doméstico.

É importante observar que grupos de pessoas que não necessariamente constituem uma família podem ser empregadores domésticos; é o caso, por exemplo, das repúblicas de estudantes. Nestes casos, o nome dado ao ambiente residencial não é levado em consideração, mas sim a sua finalidade, que é a moradia. É diferente dos hotéis, dos *hostels*, das pensões e similares, pois nessas hipóteses a finalidade é o lucro.

d) **Trabalho realizado por período superior a dois dias por semana.** A antiga discussão prevista na legislação anterior que tratava dos empregados domésticos (Lei nº 5.859/1972) sobre o período mínimo necessário para que se caracterizasse o requisito da continuidade da relação está superada. Estabelece, assim, o art. 1º da LC nº 150/2015 que será configurado o trabalho doméstico quando realizado por período superior a dois dias por semana.

> Se os serviços forem prestados em um ou dois dias por semana, ficará configurada a figura do "diarista", que é considerado trabalhador autônomo.

Outro ponto também muito enfrentado e discutido pela doutrina trabalhista envolvia a idade mínima para a contratação de empregado doméstico. Uma parcela defendia a idade mínima de 16 anos em razão da ampliação dos direitos trazida pela Emenda Constitucional nº 72/2013 e no art. 7º, XXXIII, da CF/1988, que possibilitou o trabalho a partir dos 16 anos. Outra parcela doutrinária, à qual sempre nos filiamos, aplicava a limitação de 18 anos prevista na Convenção nº 182 da Organização Internacional do Trabalho (OIT). Com o advento do novo estatuto do doméstico, a questão tornou-se totalmente superada, acompanhando o legislador o segundo posicionamento, senão vejamos:

> Art. 1º, parágrafo único, da LC 150/2015. É vedada a contratação de menor de 18 (dezoito) anos para desempenho de trabalho doméstico, de acordo com a Convenção nº 182, de 1999, da Organização Internacional do Trabalho (OIT) e com o Decreto nº 6.481, de 12 de junho de 2008.

Devemos mencionar, ainda, que os quatro requisitos específicos supracitados devem ser somados aos seguintes requisitos das relações de emprego em geral: a prestação de serviço por pessoa física, a pessoalidade, a onerosidade e a subordinação jurídica. Não cabe falar em alteridade e não eventualidade para o doméstico.

Cap. 7 – SUJEITOS DO CONTRATO DE TRABALHO

Por fim, frise-se que basta a ausência de apenas um dos requisitos elencados para que fique configurada outra relação de trabalho, e não a relação de emprego doméstico.

Aqui cabe um alerta: o conceito de doméstico não se exaure nos exemplos de cozinheiro e faxineiro. Todo serviço prestado a uma entidade familiar, no âmbito residencial, desde que não tenha fins lucrativos, se enquadra nesse tipo. Podemos citar como exemplos: motorista, babá, enfermeiro, jardineiro, cuidador de idoso, entre tantos outros.

Reconhecido assim o vínculo de empregado doméstico, torna-se necessária a anotação da CTPS, no prazo máximo de 48 horas, contendo a data da admissão, a remuneração e se o contrato foi celebrado por prazo determinado.

> Art. 9º da LC nº 150/2015. A Carteira de Trabalho e Previdência Social será obrigatoriamente apresentada, contra recibo, pelo empregado ao empregador que o admitir, o qual terá o prazo de 48 (quarenta e oito) horas para nela anotar, especificamente, a data de admissão, a remuneração e, quando for o caso, os contratos previstos nos incisos I e II do art. 4º.

Estabelece ainda a nova lei dos domésticos a necessidade de o empregador arquivar toda a documentação referente ao período laboral, enquanto as obrigações não estiverem prescritas.

> Art. 42 da LC nº 150/2015. É de responsabilidade do empregador o arquivamento de documentos comprobatórios do cumprimento das obrigações fiscais, trabalhistas e previdenciárias, enquanto estas não prescreverem.

7.3.1.2. Direitos assegurados ao doméstico

Primeiramente, temos que ressaltar a Emenda Constitucional nº 72/2013 que, ao inserir o parágrafo único do art. 7º da CF, se tornou um verdadeiro divisor de águas na vida do empregado doméstico. Por isso, considerando a sua importância, iremos voltar a esse dispositivo mais adiante. Contudo, não apenas sugiro, mas peço que todos leiam e releiam o art. 7º da CF e seu parágrafo único várias vezes, com atenção.

Outro marco importante nos direitos do doméstico foi a Lei Complementar nº 150/2015, que trouxe em seu art. 19 o seguinte texto: "Observadas as peculiaridades do trabalho doméstico, a ele também se aplicam as Leis nº 605, de 5 de janeiro de 1949, nº 4.090, de 13 de julho de 1962, nº 4.749, de 12 de agosto de 1965, e nº 7.418, de 16 de dezembro de 1985, e, subsidiariamente, a Consolidação das Leis do Trabalho (CLT), aprovada pelo Decreto-lei nº 5.452, de 1º de maio de 1943".

Após uma leitura cautelosa da Lei Complementar nº 150/2015, podemos então concluir que ela corroborou o entendimento da maioria da jurisprudência que sempre foi defendido por nós, ou seja, o cabimento da aplicação da CLT em relação aos empregados domésticos naquilo que a própria Constituição Federal determinasse como aplicável; isso ocorre, por exemplo, no caso das férias.

Tal determinação, por sua vez, ao contrário do que se pode pensar, não colide com o disposto na alínea *a* do art. 7º da CLT; senão vejamos:

> Art. 7º Os preceitos constantes da presente Consolidação salvo quando for, em cada caso, expressamente determinado em contrário, não se aplicam:
>
> a) aos empregados domésticos, assim considerados, de um modo geral, os que prestam serviços de natureza não econômica à pessoa ou à família, no âmbito residencial destas.

Observem que a CLT tão somente deixa claro que suas normas não serão aplicadas ao doméstico quando houver norma que expressamente determine o contrário.

7.3.1.2.1. Constituição Federal de 1988

> Art. 7º, parágrafo único, da CF/1988. São assegurados à categoria dos trabalhadores domésticos os direitos previstos nos incisos IV, VI, VII, VIII, X, XIII, XV, XVI, XVII, XVIII, XIX, XXI, XXII, XXIV, XXVI, XXX, XXXI e XXXIII, e atendidas as condições estabelecidas em lei e observada a simplificação do cumprimento das obrigações tributárias, principais e acessórias, decorrentes da relação de trabalho e suas peculiaridades, os previstos nos incisos I, II, III, IX, XII, XV e XVIII, bem como a sua integração à previdência social.

A Constituição Federal de 1988 assegurou aos domésticos, até a entrada em vigor da Emenda Constitucional nº 72/2013, direito ao salário mínimo, à irredutibilidade salarial, ao décimo terceiro salário, ao repouso semanal remunerado, a férias, à licença à gestante, à licença à paternidade, ao aviso-prévio e à aposentadoria nos mesmos termos previstos para os empregados urbanos e rurais.

Observe que, com a referida Emenda, o Brasil deu um salto à efetivação dos direitos fundamentais trabalhistas, reconhecendo direitos básicos do empregado doméstico. Foram incluídos no rol dos direitos dos domésticos: a garantia de salário, nunca inferior ao mínimo, para os que percebem remuneração variável; proteção do salário na forma da lei, constituindo crime sua retenção dolosa; a duração do trabalho normal não superior a oito horas diárias e quarenta e quatro semanais, facultada a compensação de horários e a redução da jornada, mediante acordo ou convenção coletiva de trabalho; a remuneração do serviço extraordinário superior, no mínimo, em cinquenta por cento do normal; a redução dos riscos inerentes ao trabalho por meio de normas de saúde, higiene e segurança; o reconhecimento das convenções e acordos coletivos de trabalho; a proibição de diferenças de salários, de exercício de funções e de critério de admissão por motivo de sexo, idade, cor ou estado civil; a proibição de qualquer discriminação no tocante a salário e critério de admissão do trabalhador portador de deficiência; a proibição do trabalho noturno, perigoso ou insalubre a menores de dezoito, e de qualquer trabalho a menores de dezesseis anos, salvo na condição de aprendiz a partir de quatorze anos.

Em relação à questão da estabilidade da gestante aplica-se o art. 10, II, *b*, do ADCT, ficando vedada a dispensa arbitrária ou sem justa causa da empregada gestante, desde a confirmação da gravidez até cinco meses após o parto. Contudo, deixaremos para estudar melhor o assunto em capítulo próprio.

Cap. 7 – SUJEITOS DO CONTRATO DE TRABALHO

No tocante à questão da aplicação ou não do prazo prescricional previsto na CF aos empregados domésticos, vê-se que essa discussão está totalmente superada.

A redação do art. 43 da LC nº 150/2015 encerrou qualquer tipo de dúvida existente, prevendo expressamente as prescrições bienal e quinquenal para a categoria dos empregados domésticos:

Art. 43 da LC nº 150/2015. O direito de ação quanto a créditos resultantes das relações de trabalho prescreve em 5 (cinco) anos até o limite de 2 (dois) anos após a extinção do contrato de trabalho.

A seguir, um quadro exemplificativo dos direitos adquiridos pelos domésticos após as mudanças legislativas mencionadas. Esse quadro tem a intenção de dar destaque a alguns dos direitos mais abordados na atualidade.

Art. 7º, parágrafo único, da CF – Direitos assegurados ao empregado doméstico desde a edição da EC nº 72/2013
Proteção ao salário na forma da lei, constituindo crime sua retenção dolosa.
Proibição de diferenças de salários, de exercício de funções e de critério de admissão por motivos de sexo, idade, cor ou estado civil.
Proibição de trabalho noturno, perigoso ou insalubre a menores de dezoitoanos e de qualquer trabalho a menores de dezesseis anos.
Proibição de discriminação no tocante a salário e critérios de admissão de portadores de deficiência.
Garantia do Salário Mínimo – Garantia ao empregado de receber ao menos 1 salário mínimo ao mês, inclusive para aqueles que recebem remuneração variável.
Segurança no trabalho – Redução dos riscos inerentes ao trabalho por meio de normas de higiene, saúde e segurança.
Reconhecimento dos acordos e as convenções coletivas.
Jornada de Trabalho – Deve ser respeitado o limite de 8 horas diárias e 44 horas semanais.
Horas extras – Adicional mínimo de 50%.
Direitos dos empregados domésticos que só foram regulamentados após LC nº 150/2015
Proteção da relação de emprego contra a dispensa arbitrária ou sem justa causa.
Seguro-desemprego, em caso de desemprego involuntário.
Fundo de Garantia do Tempo de Serviço (FGTS) obrigatório.
Remuneração do trabalho noturno superior à do diurno.
Salário-família.
Assistência gratuita aos filhos e dependentes até 5 anos de idade em creches e pré-escolas.
Seguro contra acidentes do trabalho a cargo do empregador, sem excluir a indenização a que este está obrigado, quando incorrer em dolo ou culpa.
Direito dos empregados domésticos que só foi expressamente assegurado após LC nº 150/2015
PRESCRIÇÃO nos termos do art. 7º, XXIX, da CF – Art. 43 da LC nº 150/2015 – O direito de ação quanto a créditos resultantes das relações de trabalho prescreve em 5 (cinco) anos até o limite de 2 (dois) anos após a extinção do contrato de trabalho.

Alguns direitos constitucionalmente assegurados aos trabalhadores urbanos e rurais não foram estendidos à categoria dos empregados domésticos. Observe:
• participação nos lucros ou resultados;
• jornada de 6 horas em turnos ininterruptos de revezamento;
• proteção do mercado de trabalho da mulher mediante incentivos específicos nos termos da lei;
• adicional de insalubridade, periculosidade e penosidade;
• proteção em face da automação, na forma da lei;
• proibição de distinção entre o trabalho manual, técnico e intelectual ou entre os profissionais respectivos;
• piso salarial proporcional à extensão e à complexidade do trabalho.

7.3.1.2.2. Lei Complementar nº 150/2015

Após mais de dois anos da publicação da tão falada, "PEC das Domésticas", introduzida pela já mencionada EC nº 72/2013, o Congresso Nacional editou a Lei Complementar nº 150/2015, que regulamentou os direitos assegurados aos domésticos.

E mais, a LC nº 150/2015 sanou diversas discussões enfrentadas diariamente pelos operadores do direito, a saber:

1. requisito da continuidade (mais de duas vezes por semana);
2. contratação na modalidade por prazo determinado;
3. idade mínima para contratação, 18 anos;
4. prazos prescricionais idênticos aos empregados urbanos e rurais.

Buscando sempre a forma mais didática (e este é o maior objetivo desta obra), passaremos a seguir as principais alterações e inovações para o campo do Direito do Trabalho.

Jornada, Intervalo e Adicional Noturno

A EC nº 72/2013 assegurou aos empregados domésticos a jornada de 8 horas diárias, limitada a 44 horas semanais e ao pagamento das horas extras, acrescidas do adicional de 50%. Também foi assegurado a essa categoria o adicional noturno, mas a regulamentação só ocorreu com o advento da LC nº 150/2015. O adicional garantido aos domésticos pelo trabalho no período noturno é o mesmo previsto para os empregados urbanos, regidos pela CLT, ou seja, 20% sobre a hora diurna.

Art. 2º da LC nº 150/2015. A duração normal do trabalho doméstico não excederá 8 (oito) horas diárias e 44 (quarenta e quatro) semanais, observado o disposto nesta Lei.

§ 1º A remuneração da hora extraordinária será, no mínimo, 50% (cinquenta por cento) superior ao valor da hora normal.

Art. 14 da LC nº 150/2015. Considera-se noturno, para os efeitos desta Lei, o trabalho executado entre as 22 horas de um dia e as 5 horas do dia seguinte.

§ 1º A hora de trabalho noturno terá duração de 52 (cinquenta e dois) minutos e 30 (trinta) segundos.

§ 2º A remuneração do trabalho noturno deve ter acréscimo de, no mínimo, 20% (vinte por cento) sobre o valor da hora diurna.

§ 3º Em caso de contratação, pelo empregador, de empregado exclusivamente para desempenhar trabalho noturno, o acréscimo será calculado sobre o salário anotado na Carteira de Trabalho e Previdência Social.

Ao empregador doméstico cabe fiscalizar a jornada de trabalho de seus empregados anotando os horários de entrada e saída, em registro manual (regra dos lares brasileiros), mecânico ou eletrônico.

Art. 12 da LC nº 150/2015. É obrigatório o registro do horário de trabalho do empregado doméstico por qualquer meio manual, mecânico ou eletrônico, desde que idôneo.

Cap. 7 – SUJEITOS DO CONTRATO DE TRABALHO

Não se aplica aos domésticos a limitação prevista no art. 74, § 2º, da CLT, que exige o controle de jornada apenas para as empresas com mais de dez empregados.

É possível, ainda, a compensação da jornada mediante simples acordo escrito entre empregado e empregador, bem como a adoção do sistema de banco de horas (compensação anual), que deverá ser realizado da seguinte forma:

– as primeiras **40 horas** extras deverão ser pagas, salvo se compensadas no mesmo mês;

Art. 2º, § 4º, da LC nº 150/2015. Poderá ser dispensado o acréscimo de salário e instituído regime de compensação de horas, mediante acordo escrito entre empregador e empregado, se o excesso de horas de um dia for compensado em outro dia.

§ 5º No regime de compensação previsto no § 4º:

I – será devido o pagamento, como horas extraordinárias, na forma do § 1º, das primeiras 40 (quarenta) horas mensais excedentes ao horário normal de trabalho;

II – das 40 (quarenta) horas referidas no inciso I, poderão ser deduzidas, sem o correspondente pagamento, as horas não trabalhadas, em função de redução do horário normal de trabalho ou de dia útil não trabalhado, durante o mês;

– o **saldo** de horas extras que ultrapassarem as primeiras 40 horas mensais poderá ser compensado dentro do prazo máximo de 1 ano (banco de horas).

Art. 2º, § 5º, III, da LC nº 150/2015. O saldo de horas que excederem as 40 (quarenta) primeiras horas mensais de que trata o inciso I, com a dedução prevista no inciso II, quando for o caso, será compensado no período máximo de 1 (um) ano.

☞ ATENÇÃO!

Na hipótese de rescisão do contrato de trabalho sem que tenha havido a compensação integral da jornada extraordinária, o empregado fará jus ao pagamento das horas extras não compensadas, calculadas sobre o valor da remuneração na data de rescisão.

O trabalho não compensado prestado em domingos e feriados deve ser pago em dobro, sem prejuízo da remuneração relativa ao repouso semanal. Note que essa regra está totalmente de acordo com o entendimento do TST, consubstanciado na Súmula nº 146.

A nova lei autorizou o regime de 12 horas de trabalho, por 36 de descanso (**12 x 36**), sendo necessário apenas um acordo escrito entre as partes e a necessidade de se respeitar (gozar) ou de indenizar os intervalos para repouso e alimentação. Se ocorrer o trabalho no feriado ou prorrogação da jornada noturna, eles serão considerados compensados, logo não haverá pagamento.

Art. 10 da LC nº 150/2015. É facultado às partes, mediante acordo escrito entre essas, estabelecer horário de trabalho de 12 (doze) horas seguidas por 36 (trinta e seis) horas ininterruptas de descanso, observados ou indenizados os intervalos para repouso e alimentação.

§ 1º A remuneração mensal pactuada pelo horário previsto no *caput* deste artigo abrange os pagamentos devidos pelo descanso semanal remunerado e pelo descanso em feriados, e serão considerados compensados os feriados e as prorrogações de trabalho noturno, quando houver, de que tratam o art. 70 e o § 5º do art. 73 da Consolidação das Leis do Trabalho (CLT), aprovada pelo Decreto-lei nº 5.452, de 1º de maio de 1943, e o art. 9º da Lei nº 605, de 5 de janeiro de 1949.

Você, candidato que já vem se preparando para os certames na área trabalhista, fique muito atento! Essa regra é totalmente diversa do posicionamento do TST, abordado para os demais empregados e previsto na Súmula nº 444; senão vejamos:

Súmula nº 444 do TST – Jornada de trabalho. Norma coletiva. Lei. Escala de 12 por 36. Validade. – Res. 185/2012, *DEJT* divulgado em 25, 26 e 27/09/2012 – republicada em decorrência do despacho proferido no processo TST-PA-504.280/2012.2 – *DEJT* divulgado em 26/11/2012. É válida, em caráter excepcional, a jornada de doze horas de trabalho por trinta e seis de descanso, prevista em lei ou ajustada exclusivamente mediante acordo coletivo de trabalho ou convenção coletiva de trabalho, assegurada a remuneração em dobro dos feriados trabalhados. O empregado não tem direito ao pagamento de adicional referente ao labor prestado na décima primeira e décima segunda horas.

Atente-se para o fato de que a reforma trabalhista introduzida em nosso ordenamento pala Lei nº 13.467/2017 seguiu a mesma diretriz da LC nº 150/2015, permitindo que por meio de acordo individual escrito possa ser estabelecida a jornada de 12 horas diárias, seguidas por 36 de descanso. Apresenta, ainda, o entendimento de que o intervalo intrajornada pode ser suprimido e que, nesses casos, ele não terá natureza salarial, e sim indenizatória, e, ainda, retira o direito à remuneração em dobro dos feriados trabalhados e suprime a redução da hora noturna prevista no art. 73 da CLT.

Art. 59-A da CLT. Em exceção ao disposto no art. 59 desta Consolidação, é facultado às partes, mediante acordo individual escrito, convenção coletiva ou acordo coletivo de trabalho, estabelecer horário de trabalho de doze horas seguidas por 36 horas ininterruptas de descanso, observados ou indenizados os intervalos para repouso e alimentação.

Dessa forma, a jornada 12x36, por acordo individual, apenas será pactuada para entidades atuantes no setor de saúde.

O novo estatuto do doméstico adotou o regime de tempo parcial de até 25 horas semanais para esses trabalhadores. Diferente do que foi estabelecido pela CLT, ficou autorizado o labor de até 1 hora extra, com o limite máximo diário de 6 horas.

Art. 3º da LC nº 150/2015. Considera-se trabalho em regime de tempo parcial aquele cuja duração não exceda 25 (vinte e cinco) horas semanais.

§ 1º O salário a ser pago ao empregado sob regime de tempo parcial será proporcional a sua jornada, em relação ao empregado que cumpre, nas mesmas funções, tempo integral.

§ 2º A duração normal do trabalho do empregado em regime de tempo parcial poderá ser acrescida de horas suplementares, em número não excedente a 1 (uma) hora diária, mediante acordo escrito entre empregador e empregado, aplicando-se-lhe, ainda, o disposto nos §§ 2º e 3º do art. 2º, com o limite máximo de 6(seis) horas diárias.

Em relação ao período de férias do empregado doméstico contratado sob regime de tempo parcial, será aplicada a seguinte proporção:

Art. 3º, § 3º, da LC nº 150/2015. Na modalidade do regime de tempo parcial, após cada período de 12 (doze) meses de vigência do contrato de trabalho, o empregado terá direito a férias, na seguinte proporção:

I – 18 (dezoito) dias, para a duração do trabalho semanal superior a 22 (vinte e duas) horas, até 25 (vinte e cinco) horas;

II – 16 (dezesseis) dias, para a duração do trabalho semanal superior a 20 (vinte) horas, até 22 (vinte e duas) horas;

III – 14 (quatorze) dias, para a duração do trabalho semanal superior a 15 (quinze) horas, até 20 (vinte) horas;

IV – 12 (doze) dias, para a duração do trabalho semanal superior a 10 (dez) horas, até 15 (quinze) horas;

V – 10 (dez) dias, para a duração do trabalho semanal superior a 5 (cinco) horas, até 10 (dez) horas;

VI – 8 (oito) dias, para a duração do trabalho semanal igual ou inferior a 5 (cinco) horas.

O empregado doméstico que labore 8 horas diárias deverá, necessariamente, fazer jus ao intervalo intrajornada para repouso e alimentação (art. 71 da CLT), ou seja, 1 a 2 horas, podendo ser reduzido mediante acordo escrito entre as partes, para 30 minutos ou fracionado em dois períodos, desde que cada um deles tenha, no mínimo, 1 hora até o limite de 4 horas diárias. Nessa hipótese, é necessário que o empregado resida no local de trabalho.

Art. 13 da LC nº 150/2015. É obrigatória a concessão de intervalo para repouso ou alimentação pelo período de, no mínimo, 1 (uma) hora e, no máximo, 2 (duas) horas, admitindo-se, mediante prévio acordo escrito entre empregador e empregado, sua redução a 30 (trinta) minutos.

§ 1º Caso o empregado resida no local de trabalho, o período de intervalo poderá ser desmembrado em 2 (dois) períodos, desde que cada um deles tenha, no mínimo, 1 (uma) hora, até o limite de 4 (quatro) horas ao dia.

Se o empregado doméstico residir no local de trabalho, será possível a concessão do intervalo intrajornada por período superior a 2 horas diárias.

☞ ATENÇÃO!

Se o empregador decidir pelo desmembramento do intervalo será necessária a sua anotação no registro diário de horário, sendo vedada a prenotação.

A lei deixou uma lacuna no que se refere ao intervalo devido para as jornadas superiores a 4 horas até 6 horas, devendo ser aplicada de forma subsidiária a CLT, ou seja, o intervalo mínimo de 15 minutos.

Em relação ao intervalo interjornadas do doméstico, será aplicada a mesma regra dos demais empregados, e corresponde a um descanso de no mínimo 11 horas consecutivas.

> Art. 15 da LC nº 150/2015. Entre 2 (duas) jornadas de trabalho deve haver período mínimo de 11 (onze) horas consecutivas para descanso.

a) Descanso semanal remunerado e feriados

O descanso semanal remunerado está previsto no art. 7º, XV, da CF/1988 e foi estendido ao trabalhador doméstico.

A Lei nº 605/1949 regulamenta esse direito, naquilo que for compatível com a LC nº 150/2015.

> Art. 2º, § 8º, da LC nº 150/2015. O trabalho não compensado prestado em domingos e feriados deve ser pago em dobro, sem prejuízo da remuneração relativa ao repouso semanal.
>
> Art. 16 da LC nº 150/2015. É devido ao empregado doméstico descanso semanal remunerado de, no mínimo, 24 (vinte e quatro) horas consecutivas, preferencialmente aos domingos, além de descanso remunerado em feriados.

A Lei nº 605/1949, no seu art. 6º, apresenta os dois requisitos necessários para a aquisição do direito à remuneração do repouso e dos feriados, que devem ser aplicados aos domésticos: pontualidade e frequência na semana.

O empregado doméstico também terá direito ao descanso remunerado em feriados. Se o doméstico trabalhar em dia de feriado ou de repouso semanal, terá direito a outra folga compensatória, sob pena de pagamento em dobro das horas laboradas nesses dias, como citamos anteriormente na redação do art. 2º, § 8º, da LC nº 150/2015.

b) Férias acrescidas de 1/3

> Art. 17 da LC nº 150/2015. O empregado doméstico terá direito a férias anuais remuneradas de 30 (trinta) dias, salvo o disposto no § 3º do art. 3º, com acréscimo de, pelo menos, um terço do salário normal, após cada período de 12 (doze) meses de trabalho prestado à mesma pessoa ou família.
>
> § 1º Na cessação do contrato de trabalho, o empregado, desde que não tenha sido demitido por justa causa, terá direito à remuneração relativa ao período incompleto de férias, na proporção de um doze avos por mês de serviço ou fração superior a 14 (quatorze) dias.
>
> § 2º O período de férias poderá, a critério do empregador, ser fracionado em até 2 (dois) períodos, sendo 1 (um) deles de, no mínimo, 14 (quatorze) dias corridos.

Cap. 7 – SUJEITOS DO CONTRATO DE TRABALHO

§ 3º É facultado ao empregado doméstico converter um terço do período de férias a que tiver direito em abono pecuniário, no valor da remuneração que lhe seria devida nos dias correspondentes.

§ 4º O abono de férias deverá ser requerido até 30 (trinta) dias antes do término do período aquisitivo.

§ 5º É lícito ao empregado que reside no local de trabalho nele permanecer durante as férias.

§ 6º As férias serão concedidas pelo empregador nos 12 (doze) meses subsequentes à data em que o empregado tiver adquirido o direito.

> ☞ **ATENÇÃO!**
>
> Para os que trabalham em regime de tempo parcial (até 25 horas semanais) deve-se respeitar a proporção estipulada no art. 3º, § 3º, da LC nº 150/2015.

Na jurisprudência havia inúmeras decisões que negavam ao empregado doméstico o direito às férias proporcionais. Entretanto, com o advento da nova lei, o tema está pacificado: foram garantidas as férias proporcionais quando da extinção do contrato de trabalho (art. 17, § 1º, da LC nº 150/2015).

> O empregado doméstico dispensado por justa causa não fará jus às férias proporcionais. Desta forma, além do posicionamento já expresso em lei, reforça-se a ideia trazia pelo TST: Súmula nº 171 do TST. Férias proporcionais. Contrato de trabalho. Extinção. Salvo na hipótese de dispensa do empregado por justa causa, a extinção do contrato de trabalho sujeita o empregador ao pagamento da remuneração das férias proporcionais, ainda que incompleto o período aquisitivo de doze meses (art. 147 da CLT).

O novo estatuto dos domésticos permitiu o fracionamento em até dois períodos a critério do empregador, desde que um dos períodos tenha, no mínimo, 14 dias corridos.

O art. 134, § 1º, da CLT autoriza o parcelamento das férias em três períodos, um deles não inferior a 14 dias corridos e os demais não inferiores a cinco dias corridos, cada um.

Em relação ao abono pecuniário de férias, deverá este ser requerido pelo empregado até 30 dias antes do término do período aquisitivo. A CLT exige antecedência de no mínimo 15 dias antes do término do período aquisitivo para os demais empregados.

> ☞ **ATENÇÃO!**
>
> Infelizmente, a lei restou silente quanto à dobra das férias após o período concessivo. Ou seja, permaneceremos com essa controvérsia.

c) Contrato de trabalho

Em regra, o contrato de trabalho será celebrado por prazo indeterminado, de forma tácita ou expressamente, verbalmente ou por escrito.

O contrato por prazo determinado (a termo) é uma modalidade excepcional, conforme previsão em lei.

Já era possível, antes da nova lei, a celebração de um contrato por prazo determinado. A única modalidade compatível era o contato de experiência. Com o advento da LC nº 150/2015 foram estabelecidas mais duas modalidades: necessidade familiar transitória e substituição de outros empregados com contratos interrompidos ou suspensos, com os mesmos prazos de validade e os mesmos direitos decorrentes da extinção antecipada previstos na CLT.

> Art. 4º da LC nº 150/2015. É facultada a contratação, por prazo determinado, do empregado doméstico:
>
> I – mediante contrato de experiência;
>
> II – para atender necessidades familiares de natureza transitória e para substituição temporária de empregado doméstico com contrato de trabalho interrompido ou suspenso.
>
> Parágrafo único. No caso do inciso II deste artigo, a duração do contrato de trabalho é limitada ao término do evento que motivou a contratação, obedecido o limite máximo de 2 (dois) anos.
>
> Art. 5º O contrato de experiência não poderá exceder 90(noventa) dias.
>
> § 1º O contrato de experiência poderá ser prorrogado 1 (uma) vez, desde que a soma dos 2 (dois) períodos não ultrapasse 90(noventa) dias.

☞ **ATENÇÃO!**

A LC nº 150/2015 somente estabeleceu a possibilidade de prorrogação para o contrato de experiência. Contudo, diante da aplicação subsidiária da CLT prevista no art. 19 da referida lei, entendemos que é possível uma única prorrogação nos demais contratos, desde que respeitado o limite máximo de dois anos.

> § 2º O contrato de experiência que, havendo continuidade do serviço, não for prorrogado após o decurso de seu prazo previamente estabelecido ou que ultrapassar o período de 90(noventa) dias passará a vigorar como contrato de trabalho por prazo indeterminado.
>
> Desrespeitado o limite máximo do contrato a termo ou se houver mais de uma prorrogação, automaticamente ele passa a vigorar como indeterminado.
>
> Art. 6º Durante a vigência dos contratos previstos nos incisos I e II do art. 4º, o empregador que, sem justa causa, despedir o empregado é obrigado a pagar-lhe, a título de indenização, metade da remuneração a que teria direito até o termo do contrato.
>
> Art. 7º Durante a vigência dos contratos previstos nos incisos I e II do art. 4º, o empregado não poderá se desligar do contrato sem justa causa, sob pena de ser obrigado a indenizar o empregador dos prejuízos que desse fato lhe resultarem.

Cap. 7 – SUJEITOS DO CONTRATO DE TRABALHO

Parágrafo único. A indenização não poderá exceder aquela a que teria direito o empregado em idênticas condições.

Art. 8º Durante a vigência dos contratos previstos nos incisos I e II do art. 4º, não será exigido aviso-prévio.

Atente-se para o fato de que a CLT prevê no seu art. 481 a possibilidade da cláusula assecuratória do direito recíproco de rescisão nos contratos por prazo determinado, isto é, a cláusula do aviso-prévio. No entanto, ao contrário da Consolidação, a nova lei não prevê essa cláusula nos contratos a termo, como se observou da redação do art. 8º.

Art. 9º A Carteira de Trabalho e Previdência Social será obrigatoriamente apresentada, contra recibo, pelo empregado ao empregador que o admitir, o qual terá o prazo de 48 (quarenta e oito) horas para nela anotar, especificamente, a data de admissão, a remuneração e, quando for o caso, os contratos previstos nos incisos I e II do art. 4º.

d) Acompanhar empregador em viagens

Em seu art. 11, a LC nº 150/2015 determina a necessidade de realização prévia de acordo escrito entre empregado e empregador doméstico como condição para que essa categoria acompanhe os patrões em viagens, com direito a receber um adicional de 25% por hora trabalhada. A LC esclarece, também, que o empregado somente receberá o adicional pelas horas efetivamente trabalhadas, e não sobre todo o período da viagem.

Art. 11 da LC nº 150/2015. Em relação ao empregado responsável por acompanhar o empregador prestando serviços em viagem, serão consideradas apenas as horas efetivamente trabalhadas no período, podendo ser compensadas as horas extraordinárias em outro dia, observado o art. 2º.

§ 1º O acompanhamento do empregador pelo empregado em viagem será condicionado à prévia existência de acordo escrito entre as partes.

§ 2º A remuneração-hora do serviço em viagem será, no mínimo, 25% (vinte e cinco por cento) superior ao valor do salário-hora normal.

☞ **ATENÇÃO!**

O adicional de 25% poderá ser, mediante acordo, convertido em acréscimo no banco de horas, a ser utilizado a critério do empregado.

e) Remuneração

O pagamento deverá ser efetuado até o quinto dia útil do mês subsequente.

Aplicando o princípio da intangibilidade salarial, a nova lei veda o desconto no salário do empregado.

Art. 18 da LC n° 150/2015. É vedado ao empregador doméstico efetuar descontos no salário do empregado por fornecimento de alimentação, vestuário, higiene ou moradia, bem como por despesas com transporte, hospedagem e alimentação em caso de acompanhamento em viagem.

No mesmo dispositivo (art. 18), no entanto, essa lei permitiu três hipóteses de descontos nos salários do doméstico:

§ 1° É facultado ao empregador efetuar descontos no salário do empregado em caso de adiantamento salarial e, mediante acordo escrito entre as partes, para a inclusão do empregado em planos de assistência médico-hospitalar e odontológica, de seguro e de previdência privada, não podendo a dedução ultrapassar 20% (vinte por cento) do salário.

§ 2° Poderão ser descontadas as despesas com moradia de que trata o *caput* deste artigo quando essa se referir a local diverso da residência em que ocorrer a prestação de serviço, desde que essa possibilidade tenha sido expressamente acordada entre as partes.

☞ **ATENÇÃO!**

O fornecimento de moradia ao empregado doméstico na própria residência ou em morada anexa, de qualquer natureza, não gera ao empregado qualquer direito de posse ou de propriedade sobre a referida moradia.

Observe, ainda, que a lei foi omissa quanto à obrigação de desocupação do imóvel com a extinção do contrato de trabalho, podendo ser aplicado, por analogia, o art. 9°, § 3°, da Lei n° 5.889/1973 (rural).

Art. 9°, § 3°, da Lei n° 5.889/1973. Rescindido ou findo o contrato de trabalho, o empregado será obrigado a desocupar a casa dentro de trinta dias.

Caso o empregador deseje efetuar desconto em virtude de dano, por força do art. 19 da LC n° 150/2015, aplicaremos o art. 462 da CLT no seu § 1°. Nessa hipótese, se o dano foi praticado pelo empregado de forma dolosa (com intenção), o desconto é lícito. Se praticado por culpa (sem intenção), o desconto só será possível se houver previsão no contrato de trabalho.

Art. 462, § 1°, da CLT. Em caso de dano causado pelo empregado, o desconto será lícito, desde de que esta possibilidade tenha sido acordada ou na ocorrência de dolo do empregado.

A grande novidade trazida pela nova lei, sem dúvida, foi a possibilidade de o empregador descontar mediante acordo escrito, até 20% do salário do empregado para a sua inclusão em planos de assistência médico-hospitalar e odontológica, de seguro e de previdência privada.

f) Décimo terceiro salário

O empregado doméstico tem direito ao décimo terceiro salário, que deverá ser pago nos moldes das Leis nº 4.090/1962 e nº 4.749/1965.

> Art. 19 da LC nº 150/2015. Observadas as peculiaridades do trabalho doméstico, a ele também se aplicam as Leis nº 605, de 5 de janeiro de 1949, nº 4.090, de 13 de julho de 1962, nº 4.749, de 12 de agosto de 1965, e nº 7.418, de 16 de dezembro de 1985, e, subsidiariamente, a Consolidação das Leis do Trabalho (CLT), aprovada pelo Decreto-lei nº 5.452, de 1º de maio de 1943.

Em suma: o décimo terceiro salário será pago até o dia 20 de dezembro de cada ano, de acordo com o número de meses trabalhados pelo empregado doméstico, devendo o empregador adiantar a metade da gratificação entre os meses de fevereiro e novembro de cada ano ou por ocasião das férias, se requerido tempestivamente.

g) Licença-maternidade, paternidade e estabilidade da gestante

A licença-maternidade já era garantida às domésticas, antes da promulgação da EC nº 72/2013. A nova lei, contudo, estabelece os mesmos direitos referentes à licença-maternidade previstos na CLT.

> Art. 25 da LC nº 150/2015. A empregada doméstica gestante tem direito a licença--maternidade de 120 (cento e vinte) dias, sem prejuízo do emprego e do salário, nos termos da Seção V do Capítulo III do Título III da Consolidação das Leis do Trabalho (CLT), aprovada pelo Decreto-lei nº 5.452, de 1º de maio de 1943.

Até o advento da Lei nº 11.324/2006 não se aplicava à empregada doméstica a estabilidade provisória no emprego prevista no art. 10, II, *b*, do ADCT. Após a edição da referida lei, a doméstica passou a ter direito à estabilidade no emprego, podendo o empregador dispensá-la se cometer uma falta grave. Por isso, estamos diante de uma estabilidade relativa.

A matéria encontra-se agora totalmente disciplinada na nova lei, aplicando-se também o entendimento da Súmula nº 244 do TST.

> Art. 25, parágrafo único, da LC nº 150/2015. A confirmação do estado de gravidez durante o curso do contrato de trabalho, ainda que durante o prazo do aviso-prévio trabalhado ou indenizado, garante à empregada gestante a estabilidade provisória prevista na alínea "b" do inciso II do art. 10 do Ato das Disposições Constitucionais Transitórias.
>
> Súmula nº 244 do TST. Gestante. Estabilidade provisória (redação do item III alterada na sessão do Tribunal Pleno realizada em 14/09/2012) – Res. 185/2012, *DEJT* divulgado em 25, 26 e 27/09/2012. I – O desconhecimento do estado gravídico pelo empregador não afasta o direito ao pagamento da indenização decorrente da estabilidade (art. 10, II, "b", do ADCT). II – A garantia de emprego à gestante só autoriza a reintegração se esta se der durante o período de estabilidade. Do contrário, a garantia restringe-se aos

salários e demais direitos correspondentes ao período de estabilidade. III – A empregada gestante tem direito à estabilidade provisória prevista no art. 10, inciso II, alínea "b", do Ato das Disposições Constitucionais Transitórias, mesmo na hipótese de admissão mediante contrato por tempo determinado.

A licença-paternidade de cinco dias (consecutivos, contados a partir do nascimento) é concedida ao empregado doméstico, com fulcro no art. 7º, XIX, da CF/1988.

h) Aviso-prévio

De acordo com o art. 7º, XXI, da CF/1988, o empregado doméstico tem direito ao aviso-prévio proporcional ao tempo de serviço de, no mínimo, 30 dias. Tal garantia foi confirmada pela nova lei.

Art. 23 da LC nº 150/2015. Não havendo prazo estipulado no contrato, a parte que, sem justo motivo, quiser rescindi-lo deverá avisar a outra de sua intenção.

§ 1º O aviso-prévio será concedido na proporção de 30 (trinta) dias ao empregado que conte com até 1 (um) ano de serviço para o mesmo empregador.

§ 2º Ao aviso-prévio previsto neste artigo, devido ao empregado, serão acrescidos 3 (três) dias por ano de serviço prestado para o mesmo empregador, até o máximo de 60 (sessenta) dias, perfazendo um total de até 90 (noventa) dias.

§ 3º A falta de aviso-prévio por parte do empregador dá ao empregado o direito aos salários correspondentes ao prazo do aviso, garantida sempre a integração desse período ao seu tempo de serviço.

§ 4º A falta de aviso-prévio por parte do empregado dá ao empregador o direito de descontar os salários correspondentes ao prazo respectivo.

§ 5º O valor das horas extraordinárias habituais integra o aviso-prévio indenizado.

Art. 24. O horário normal de trabalho do empregado durante o aviso-prévio, quando a rescisão tiver sido promovida pelo empregador, será reduzido de 2 (duas) horas diárias, sem prejuízo do salário integral.

Parágrafo único. É facultado ao empregado trabalhar sem a redução das 2 (duas) horas diárias previstas no *caput* deste artigo, caso em que poderá faltar ao serviço, sem prejuízo do salário integral, por 7 (sete) dias corridos, na hipótese dos §§ 1º e 2º do art. 23.

☞ ATENÇÃO!

O aviso-prévio integra o tempo de serviço para os efeitos de baixa na CTPS e para fins de prescrição, na forma do art. 487, § 1º, da CLT c/c as OJs nº 82 e 83 da SDI-I do TST. No caso de culpa recíproca o aviso-prévio será reduzido pela metade, como previsto na Súmula nº 14 do TST.

☞ ATENÇÃO!

Tanto no caso do aviso-prévio trabalhado quanto do indenizado, o tempo de serviço será projetado para todos os fins, na contagem de férias, décimo terceiro salário e nos depósitos do FGTS.

i) Justa causa

O art. 27 da LC nº 150/2015 elenca as hipóteses de justa causa aplicáveis ao contrato de trabalho doméstico, tendo como base o art. 482 da CLT, e introduz duas causas peculiares ao ambiente doméstico.

Em relação à justa causa aplicável ao empregado, a LC nº 150/2015 sabiamente incluiu as hipóteses de prática de maus-tratos de idoso, de enfermo, de pessoa com deficiência ou de criança sob cuidado direto ou indireto do empregado.

Dessa forma, entendo que o empegado doméstico que praticar maus-tratos contra alguém que, mesmo temporariamente, esteja sob os seus cuidados caracteriza justa causa. Data máxima vênia, gostaria de me antecipar a futuras discussões jurisprudenciais, e deixar registrado que entendo que maus-tratos contra animais domésticos deverão, em breve, ser incluídos, nessa hipótese, haja vista a ampla jurisprudência que considera animais de estimação como membros da entidade familiar.

A LC nº 150/2015 também trouxe como uma das causas da rescisão indireta, ou seja, de justa causa aplicável ao empregador, a ocorrência de violência doméstica ou familiar contra as mulheres.

Art. 27 da LC nº 150/2015. Considera-se justa causa para os efeitos desta Lei:

I – submissão a maus-tratos de idoso, de enfermo, de pessoa com deficiência ou de criança sob cuidado direto ou indireto do empregado;

II – prática de ato de improbidade;

III – incontinência de conduta ou mau procedimento;

IV – condenação criminal do empregado transitada em julgado, caso não tenha havido suspensão da execução da pena;

V – desídia no desempenho das respectivas funções;

VI – embriaguez habitual ou em serviço;

VII – (VETADO);

VIII – ato de indisciplina ou de insubordinação;

IX – abandono de emprego, assim considerada a ausência injustificada ao serviço por, pelo menos, 30 (trinta) dias corridos;

☞ ATENÇÃO!

A CLT é omissa quanto ao lapso temporal necessário para configuração do abandono de emprego, o que nos reporta à redação da Súmula n° 32 do TST. A nova lei estabeleceu de forma clara o prazo de pelo menos 30 dias para que o abandono seja configurado.

X – ato lesivo à honra ou à boa fama ou ofensas físicas praticadas em serviço contra qualquer pessoa, salvo em caso de legítima defesa, própria ou de outrem;

XI – ato lesivo à honra ou à boa fama ou ofensas físicas praticadas contra o empregador doméstico ou sua família, salvo em caso de legítima defesa, própria ou de outrem;

XII – prática constante de jogos de azar.

Parágrafo único. O contrato de trabalho poderá ser rescindido por culpa do empregador quando:

I – o empregador exigir serviços superiores às forças do empregado doméstico, defesos por lei, contrários aos bons costumes ou alheios ao contrato;

II – o empregado doméstico for tratado pelo empregador ou por sua família com rigor excessivo ou de forma degradante;

III – o empregado doméstico correr perigo manifesto de mal considerável;

IV – o empregador não cumprir as obrigações do contrato;

V – o empregador ou sua família praticar, contra o empregado doméstico ou pessoas de sua família, ato lesivo à honra e à boa fama;

VI – o empregador ou sua família ofender o empregado doméstico ou sua família fisicamente, salvo em caso de legítima defesa, própria ou de outrem;

VII – o empregador praticar qualquer das formas de violência doméstica ou familiar contra mulheres de que trata o art. 5º da Lei nº 11.340, de 7 de agosto de 2006.

j) Vale-transporte

A LC nº 150/2015 regularizou o que já ocorria na prática, ou seja, agora é expressamente permitido que o empregador doméstico faça o ressarcimento em dinheiro, mediante recibo, dos valores pagos pelo empregado a título de transporte.

☞ **ATENÇÃO!**

Os domésticos que residem com a família empregadora não terão direito ao benefício, pois não utilizam transporte para o trabalho. Há empregados que retornam para sua casa na sexta-feira e voltam ao trabalho na segunda-feira. Se for este o caso, o empregador estará obrigado ao ressarcimento do transporte utilizado nesses dias.

k) FGTS e seguro-desemprego

A opção pelo FGTS era uma faculdade do empregador. Depois do advento da EC nº 72/2013, passou a ser obrigatória. No entanto, esse direito só foi regulamentado pela LC nº 150/2015.

☞ **ATENÇÃO!**

A nova lei condicionou a obrigação de inscrever e recolher o FGTS dos empregados domésticos à edição de um regulamento pelo Conselho Curador e pelo agente operador do fundo. Em razão disso, foi editada a Resolução CC/FGTS nº 780/2015, que estabeleceu a obrigatoriedade do FGTS a partir de 1º de outubro de 2015. Dessa forma, passou a ser obrigatório que o empregador doméstico realize seu cadastro no portal eletrônico e-social.

Cap. 7 – SUJEITOS DO CONTRATO DE TRABALHO

Atualmente, os domésticos têm direito a 8% do FGTS e, caso preencham os requisitos do seguro-desemprego, receberão o valor de, no máximo, três parcelas mensais equivalentes a um salário mínimo.

No tocante à regulamentação do seguro-desemprego, foi editada pelo Conselho Deliberativo do Fundo de Amparo ao Trabalhador (Codefat) a Resolução nº 754/2015, que assim dispõe:

> Art. 6º da Resolução nº 754/2015 – Codefat. O valor do benefício do Seguro-Desemprego do empregado doméstico corresponderá a 1 (um) salário mínimo e será concedido por um período máximo de 3 (três) meses, de forma contínua ou alternada, a cada período aquisitivo de 16 (dezesseis) meses, contados da data da dispensa que originou habilitação anterior.

A nova lei obriga ainda o empregador a depositar mensalmente 3,2% sobre a remuneração devida, no mês anterior, a cada empregado, destinada ao pagamento da indenização compensatória da perda do emprego sem justa causa ou por culpa do empregador.

> Caso ocorra a dispensa por justa causa ou pedido de demissão do empregado doméstico, a indenização não será devida, e os valores depositados poderão ser levantados pelo próprio empregador. Se a hipótese for de culpa recíproca, metade dos valores será movimentada pelo empregado e a outra metade pelo empregador.

Merecem leitura minuciosa os dispositivos relacionados a essa temática, pois eles certamente podem estar presentes na sua próxima prova.

l) Prescrição

A prescrição trabalhista a ser aplicada aos empregados domésticos é tema que sempre gerou inúmeros debates entre os operadores da área trabalhista.

Assim, sempre entendíamos que a prescrição a ser aplicada ao empregado doméstico era a prevista no art. 7º, XXIX, da CF/1988 (5 anos até o limite de 2 anos após a extinção do contrato).

A matéria, no entanto, não era pacífica, pois o inciso XXIX, mesmo depois da EC nº 72/2015, não foi incluído no parágrafo único do art. 7º da CF.

Toda a discussão a respeito, todavia, encontra-se superada pela LC nº 150/2015 que determina expressamente a aplicação da prescrição bienal e quinquenal dos demais empregados para as relações que envolvam os domésticos.

> Art. 43 da LC nº 150/2015. O direito de ação quanto a créditos resultantes das relações de trabalho prescreve em 5 (cinco) anos até o limite de 2 (dois) anos após a extinção do contrato de trabalho.

m) Documentação

A nova lei trouxe um ônus para o empregador doméstico. Ele deverá guardar todos os documentos comprobatórios do cumprimento das obrigações fiscais, trabalhistas e previdenciárias, enquanto não prescrita a pretensão.

Art. 42 da LC nº 150/2015. É de responsabilidade do empregador o arquivamento de documentos comprobatórios do cumprimento das obrigações fiscais, trabalhistas e previdenciárias, enquanto essas não prescreverem.

n) Da fiscalização e do bem de família

No Capítulo V da LC nº 150/2015, que trata das Disposições Finais, encontramos duas inovações legislativas importantes, que não podem passar despercebidas por nós.

A primeira diz respeito à fiscalização/verificação pelo Auditor Fiscal do Trabalho, no âmbito do domicílio do empregador, do cumprimento das normas que regem o trabalho doméstico. Essa fiscalização será realizada com acompanhamento do empregador ou de alguém de sua família; sua natureza será orientadora e deverá ser observado, em regra, o critério da dupla visita para lavratura de auto de infração.

A segunda novidade é que foi revogado o inciso I do art. 3º da Lei nº 8.009/1990, que dispunha sobre a penhorabilidade do bem de família em razão dos créditos de trabalhadores da própria residência e das respectivas contribuições previdenciárias.

A partir da LC nº 150/2015, portanto, o bem de família não poderá mais ser penhorado para pagamento de dívidas de trabalhadores da própria residência e das respectivas contribuições previdenciárias.

☞ **ATENÇÃO!**

A LC nº 150/2015 assegurou, em seu Capítulo III, direitos que não vamos detalhar por serem de natureza tributária e previdenciária. Como essas matérias não são objeto de estudo desta obra, remetemos o nosso leitor à leitura dos dispositivos legais.

7.3.2. Empregado rural

Antes da promulgação da CF/1988, o empregado rural não possuía os mesmos direitos dos empregados urbanos, ocorrendo, com a sua promulgação, uma verdadeira equiparação de direitos entre empregados urbanos e rurais.

Cumpre destacar, inicialmente, que a Reforma Trabalhista não modificou nenhum dispositivo da lei do rurícola – Lei nº 5.889/1973. No entanto, haverá impactos indiretos à regulamentação dos direitos dos empregados rurais, pois a CLT tem aplicação naquilo em que não colidir com a legislação específica.

O mais importante a ser analisado por você, candidato, neste item, são as peculiaridades do meio rural que diferem em alguns aspectos da relação do urbano.

A primeira questão a ser abordada é o conceito de empregado rural. Vejamos:

Art. 7º da CLT. Os preceitos constantes da presente Consolidação salvo quando for, em cada caso, expressamente determinado em contrário, não se aplicam: (...)

b) aos trabalhadores rurais, assim considerados aqueles que, exercendo funções diretamente ligadas à agricultura e à pecuária, não sejam empregados em atividades que, pelos métodos de execução dos respectivos trabalhos ou pela finalidade de suas operações, se classifiquem como industriais ou comerciais;

O conceito da CLT costuma ser alvo de algumas críticas, sob o argumento de que é utilizada uma sistemática fundada no segmento de atividade do empregador, e não no método ou fins da atividade laboral para podermos enquadrar um trabalhador em uma determinada categoria profissional. Sendo assim, é aconselhável que se adote o conceito trazido pelo art. 2º da Lei nº 5.889/1973: "Empregado rural é toda pessoa física que, em propriedade rural ou prédio rústico, presta serviços de natureza não eventual a empregador rural, sob a dependência deste e mediante salário".

> ☞ **ATENÇÃO!**
> O TST cancelou a Orientação Jurisprudencial nº 419 da SDI-I que estabelecia que o empregado seria rurícola independentemente da atividade desenvolvida.

Permanece, contudo, o entendimento de que o trabalhador que prestar serviços ao empregador rural será considerado rurícola.

> ☞ **ATENÇÃO!**
> O empregado que prestar serviços ao empregador rural em âmbito residencial é empregado doméstico, pois não está inserido em atividade lucrativa.

Por fim, a Constituição Federal de 1988 assegurou aos empregados rurais os mesmos direitos concedidos aos urbanos, sendo que eles têm os seus contratos de trabalho regidos pela Lei nº 5.889/1973, bem como pelo Decreto nº 73.626/1974.

Art. 7º, *caput*, da CF/1988. São direitos dos trabalhadores urbanos e rurais, além de outros que visem à melhoria de sua condição social.

7.3.2.1. Requisitos específicos da relação de emprego do rural

a) Empregador/Tomador Rural – o empregador do empregado rural deve explorar atividade de cunho agroeconômico.

Art. 3º da Lei nº 5.889/1973. Considera-se empregador rural, para os efeitos desta Lei, a pessoa física ou jurídica, proprietário ou não, que explore atividade agroeconômica, em caráter permanente ou temporário, diretamente ou através de prepostos e com auxílio de empregados.

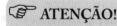 **ATENÇÃO!**
"Gatos" e "Tumeiros" são meros intermediários que agem aliciando pessoas para trabalharem nas propriedades rurais; portanto, não são considerados empregadores rurais.

7.3.2.2. Intervalos na jornada de trabalho do rural

Se, exercido de forma contínua, o trabalho do rural exceder seis horas diárias, terá ele, obrigatoriamente, um intervalo de uma hora para repouso e alimentação, observados os usos e costumes da região.

Já o intervalo interjornadas será igual ao aplicado ao urbano, ou seja, entre duas jornadas de trabalho o rural terá direito a onze horas consecutivas de descanso.

> Art. 5º da Lei nº 5.889/1973. Em qualquer trabalho contínuo de duração superior a 6 horas, será obrigatória a concessão de um intervalo para repouso ou alimentação, observados os usos e costumes da região, não se computando este intervalo na duração do trabalho. Entre duas jornadas de trabalho haverá um período mínimo de onze horas consecutivas para descanso.
>
> Art. 5º, § 1º, do Decreto nº 73.626/1974. Será obrigatória, em qualquer trabalho contínuo de duração superior a 6 horas, a concessão de um intervalo mínimo de 1 hora para repouso ou alimentação, observados os usos e costumes da região.

Importante destacar que o TST se posicionou no sentido de que o empregado rural que tenha jornada superior a 6 horas diárias possui o direito ao intervalo mínimo de 1 hora, conforme a Súmula nº 437 do TST. Se o empregador não observar esse intervalo mínimo, haverá o pagamento de horas extras, com fulcro no art. 71, § 4º, da CLT.

> Súmula nº 437, I, do TST: I – Após a edição da Lei nº 8.923/1994, a não concessão ou a concessão parcial do intervalo intrajornada mínimo, para repouso e alimentação, a empregados urbanos e rurais, implica o pagamento total do período correspondente, e não apenas daquele suprimido, com acréscimo de, no mínimo, 50% sobre o valor da remuneração da hora normal de trabalho (art. 71 da CLT), sem prejuízo do cômputo da efetiva jornada de labor para efeito de remuneração.

Na hipótese de serviços intermitentes, em que há possibilidade de intervalos mais longos, como dos empregados que trabalham com gado que fazem a primeira ordenha na madrugada e só voltam no fim da tarde para a segunda ou o empregado que rega a plantação bem cedinho e depois só no final do dia. Esses intervalos não são computados na jornada de trabalho.

> Art. 6º da Lei nº 5.889/1973. Nos serviços, caracteristicamente intermitentes, não serão computados, como de efeito exercício, os intervalos entre uma e outra parte da execução

Cap. 7 – SUJEITOS DO CONTRATO DE TRABALHO

da tarefa diária, desde que tal hipótese seja expressamente ressalvada na Carteira de Trabalho e Previdência Social.

7.3.2.3. Trabalho noturno

Art. 7º da Lei nº 5.889/1973. Para os efeitos desta Lei, considera-se trabalho noturno o executado entre as vinte e uma horas de um dia e as cinco horas do dia seguinte, na lavoura, e entre as vinte horas de um dia e as quatro horas do dia seguinte, na atividade pecuária.

Parágrafo único. Todo trabalho noturno será acrescido de 25% (vinte e cinco por cento) sobre a remuneração normal.

Rural	Dica para não esquecer	Horário noturno 8 horas	Adicional noturno sobre a remunera-ção (%)
Pecuária	A vaca tem 4 patas Vai até as 4 h	20 h às 4 h	25%
Lavoura Agricultura	Some 1 h, assim: + 1 h antes + 1h depois	21 h às 5 h	25%

7.3.2.4. Aviso-prévio

Em relação ao aviso-prévio trabalhado, o rural se diferencia do urbano quanto à questão da dispensa do empregado para poder procurar um novo emprego durante o prazo do aviso. Nos casos de dispensa do empregado sem justa causa, o urbano poderá optar por reduzir a jornada de trabalho diária em duas horas ou faltar durante sete dias seguidos; o rural, por sua vez, só tem direito de faltar um dia por semana.

Art. 15 da Lei nº 5.889/1973. Durante o prazo do aviso-prévio, se a rescisão tiver sido promovida pelo empregador, o empregado rural terá direito a 1 dia por semana, sem prejuízo do salário integral, para procurar outro trabalho.

7.3.2.5. Descontos sobre salários

Art. 9º da Lei nº 5.889/1973. Salvo as hipóteses de autorização legal ou decisão judiciá-ria, só poderão ser descontadas do empregado rural as seguintes parcelas, calculadas sobre o salário mínimo:

a) até o limite de 20% pela ocupação da morada;

b) até 25% pelo fornecimento de alimentação sadia e farta, atendidos os preços vigentes na região;

c) adiantamentos em dinheiro.

§ 1º As deduções acima especificadas deverão ser previamente autorizadas, sem o que serão nulas de pleno direito;

Natureza da parcela	Descontos sobre o salário mínimo	Autorização para o desconto
Moradia	Até 20%	Obrigatória
Alimentação	Até 25%	Obrigatória

☞ ATENÇÃO!

Já que estamos abordando o art. 9º da Lei nº 5.889/1973, chamamos atenção para o seu § 2º, que veda taxativamente a hipótese de moradia coletiva.

§ 2º Sempre que mais de um empregado residir na mesma morada, o desconto, previsto na letra *a* deste artigo, será dividido proporcionalmente ao número de empregados, vedada, em qualquer hipótese, a moradia coletiva de famílias.

7.3.2.6. *Produtor rural x contrato de trabalho a prazo determinado (contrato de safra)*

Art. 14, parágrafo único, da Lei nº 5.889/1973. Considera-se contrato de safra o que tenha sua duração dependente de variações estacionais da atividade agrária.

Art. 14-A. O produtor rural pessoa física poderá realizar contratação de trabalhador rural por pequeno prazo para o exercício de atividades de natureza temporária.

§ 1º A contratação de trabalhador rural por pequeno prazo que, dentro do período de 1 (um) ano, superar 2 (dois) meses fica convertida em contrato de trabalho por prazo indeterminado, observando-se os termos da legislação aplicável.

§ 2º A filiação e a inscrição do trabalhador de que trata este artigo na Previdência Social decorrem, automaticamente, da sua inclusão pelo empregador na Guia de Recolhimento do Fundo de Garantia do Tempo de Serviço e Informações à Previdência Social – GFIP, cabendo à Previdência Social instituir mecanismo que permita a sua identificação.

§ 3º O contrato de trabalho por pequeno prazo deverá ser formalizado mediante a inclusão do trabalhador na GFIP, na forma do disposto no § 2º deste artigo, e:

I – mediante a anotação na Carteira de Trabalho e Previdência Social e em Livro ou Ficha de Registro de Empregados; ou

II – mediante contrato escrito, em 2 (duas) vias, uma para cada parte, onde conste, no mínimo:

a) expressa autorização em acordo coletivo ou convenção coletiva;

b) identificação do produtor rural e do imóvel rural onde o trabalho será realizado e indicação da respectiva matrícula;

Cap. 7 – SUJEITOS DO CONTRATO DE TRABALHO

c) identificação do trabalhador, com indicação do respectivo Número de Inscrição do Trabalhador – NIT.

§ 4º A contratação de trabalhador rural por pequeno prazo só poderá ser realizada por produtor rural pessoa física, proprietário ou não, que explore diretamente atividade agroeconômica.

§ 5º A contribuição do segurado trabalhador rural contratado para prestar serviço na forma deste artigo é de 8% (oito por cento) sobre o respectivo salário de contribuição definido no inciso I do *caput* do art. 28 da Lei nº 8.212, de 24 de julho de 1991.

§ 6º A não inclusão do trabalhador na GFIP pressupõe a inexistência de contratação na forma deste artigo, sem prejuízo de comprovação, por qualquer meio admitido em direito, da existência de relação jurídica diversa.

§ 7º Compete ao empregador fazer o recolhimento das contribuições previdenciárias nos termos da legislação vigente, cabendo à Previdência Social e à Receita Federal do Brasil instituir mecanismos que facilitem o acesso do trabalhador e da entidade sindical que o representa às informações sobre as contribuições recolhidas.

§ 8º São assegurados ao trabalhador rural contratado por pequeno prazo, além de remuneração equivalente à do trabalhador rural permanente, os demais direitos de natureza trabalhista.

§ 9º Todas as parcelas devidas ao trabalhador de que trata este artigo serão calculadas dia a dia e pagas diretamente a ele mediante recibo.

§ 10. O Fundo de Garantia do Tempo de Serviço – FGTS deverá ser recolhido e poderá ser levantado nos termos da Lei nº 8.036, de 11 de maio de 1990.

Art. 19 do Decreto nº 73.626/1974. Considera-se safreiro ou safrista o trabalhador que se obriga à prestação de serviços mediante contrato de safra.

Parágrafo único. Contrato de safra é aquele que tenha sua duração dependente de variações estacionais das atividades agrárias, assim entendidas as tarefas normalmente executadas no período compreendido entre o preparo do solo para o cultivo e a colheita.

7.4. EMPREGADOR

7.4.1. Conceito

O empregador é uma pessoa física, jurídica ou ente despersonificado que contrata a prestação de serviços de uma pessoa física e, assumindo os riscos do negócio, admite, assalaria e dirige a prestação pessoal de serviços.

Art. 2º, *caput*, da CLT. Considera-se empregador a empresa, individual ou coletiva, que, assumindo os riscos da atividade econômica, admite, assalaria e dirige a prestação pessoal de serviço.

7.4.2. Características

a) Despersonificação – se a pessoalidade é um dos requisitos essenciais da relação de emprego, por outro lado a despersonificação é uma das principais características do empregador para que seja assegurada a efetividade do princípio da continuidade da relação de emprego. Essa característica irá possibilitar a existência da figura da sucessão e do consórcio de empregadores.

A despersonificação nos faz afirmar que o vínculo do empregado se estabelece em relação ao empreendimento, e não em relação à pessoa do empregador.

b) Alteridade – o risco da atividade econômica deve ser suportado, exclusivamente, pelo empregador. O empregado não divide os riscos da atividade econômica. Assim, num momento de baixa produtividade, vendas baixas não autorizam o empregador a reduzir os salários dos seus empregados.

7.4.3. Empregador por equiparação

> Art. 2º, § 1º, da CLT. Equiparam-se ao empregador, para os efeitos exclusivos da relação de emprego, os profissionais liberais, as instituições de beneficência, as associações recreativas ou outras instituições sem fins lucrativos, que admitirem trabalhadores como empregados.

Em suma, não só será empregador uma empresa, mas também um profissional liberal, associações recreativas, entidades sem fins lucrativos etc. podem contratar empregados.

> Qualquer pessoa pode assumir a condição de empregador, seja ela física ou jurídica. Os entes despersonificados (a massa falida e o espólio) podem ser empregadores.

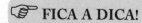

FICA A DICA!
Empregador é quem contrata empregado.

7.4.4. Grupo econômico

a) Conceito de grupo econômico – **Teoria do Empregador Único – Responsabilidade Solidária**:

A figura do grupo econômico tornou-se relevante no Direito do Trabalho como forma de aumentar a garantia dos créditos trabalhistas, isto é, dar mais segurança no sentido de que os direitos trabalhistas seriam devidamente pagos. A ideia do legislador é impor, quanto a créditos trabalhistas devidos por uma empresa, a **responsabilidade solidária** aos integrantes do grupo econômico.

Nesse contexto, torna-se extremamente relevante saber o conceito de grupo econômico. Existem duas situações que podem configurar o grupo econômico. Veja o art. 2º, § 2º, da CLT:

> Art. 2º, § 2º, da CLT. Sempre que uma ou mais empresas, tendo, embora, cada uma delas, personalidade jurídica própria, estiverem sob a direção, controle ou administração de

outra, ou ainda quando, mesmo guardando cada uma sua autonomia, integrem grupo econômico, serão responsáveis solidariamente pelas obrigações decorrentes da relação de emprego.

Quando uma empresa é **dirigida, controlada** ou **administrada** por **outra empresa**, todas elas são **solidariamente** responsáveis pelos créditos trabalhistas por integrarem o grupo econômico. Assim, existe um nexo de coordenação hierárquico entre as empresas integrantes do grupo econômico.

No segundo caso, não se fala em empresa dirigindo, controlando ou administrando outra empresa. Pelo contrário, reconhece-se a autonomia de cada uma, mas, ainda assim, elas integram grupo econômico. Então, se cada uma possui autonomia em relação à outra, o que caracterizaria o grupo econômico na segunda hipótese? A resposta é a existência de **interesses em comum com atuação conjunta**.

A Reforma encerra qualquer discussão no tocante ao grupo econômico horizontal ou por coordenação sobre o seu cabimento, antes previstos exclusivamente na lei do rural.

Por fim, torna-se expressa a previsão de que a identidade de sócios entre sociedades empresariais distintas não é suficiente para caracterização do grupo econômico. É necessária a demonstração de interesse integrado à efetiva comunhão de interesses e à atuação conjunta das empresas dele integrantes.

§ 3º Não caracteriza grupo econômico a mera identidade de sócios, sendo necessárias, para a configuração do grupo, a demonstração do interesse integrado, a efetiva comunhão de interesses e a atuação conjunta das empresas dele integrantes.

Por fim, torna-se expressa a previsão de que a identidade de sócios entre sociedades empresariais distintas não é suficiente para caracterização do grupo econômico. É necessária a demonstração de interesse integrado à efetiva comunhão de interesses e à atuação conjunta das empresas dele integrantes.

> **Exemplo**: duas empresas construtoras, Delta e Ômega, são independentes e pertencem a sócios distintos. Ocorre que ambas decidem que farão um empreendimento imobiliário em conjunto, uma incorporação. Ambas possuem atuação conjunta com interesses integrados. São, portanto, integrantes de grupo econômico.

b) Características

Basta uma rápida leitura do § 2º para percebermos que a caracterização do grupo econômico pressupõe a coexistência de pelo menos **duas** empresas, ficando uma sob a direção, controle ou administração da outra. Ou seja, a CLT adotou o critério da subordinação para classificar as empresas como pertencentes ao mesmo grupo econômico. Por isso, no que se refere à caracterização do grupo econômico e seus reflexos na Justiça do Trabalho, não há que falar nas formalidades exigidas pelas normas do Direito Comercial.

Em relação ao empregador rural, cabe uma pequena observação. A Lei nº 5.889/1973 adotou tanto o critério da subordinação quanto o critério da coordenação.

> Art. 3º, § 2º, da Lei nº 5.889/1973. Sempre que uma ou mais empresas, embora tendo cada uma delas personalidade jurídica própria, estiverem sob direção, controle ou administração de outra, ou ainda quando, mesmo guardando cada uma sua autonomia, integrem grupo econômico ou financeiro rural, serão responsáveis solidariamente nas obrigações decorrentes da relação de emprego.

c) Teoria do Empregador Único

O grupo econômico é o instituto de Direito do Trabalho que prevê a responsabilidade das empresas integrantes de um "bloco empresarial" em relação aos créditos trabalhistas. A tese que vem sendo adotada pela doutrina e jurisprudência sobre a responsabilidade aplicada nesta hipótese é a Teoria do Empregador Único, não apenas do ponto de vista de uma solidariedade meramente passiva, mas também ativa, ou seja, todos os que integram o grupo econômico são ao mesmo tempo garantidores dos créditos trabalhistas e empregadores.

> É correto afirmar que a responsabilidade solidária do grupo econômico é dual (ativa e passiva).

Podemos, contudo, observar que a reforma trabalhista proposta pela Lei nº 13.467/2017 não enfrentou a solidariedade ativa escondida em parte do § 2º do art. 2º: "(...) serão responsáveis solidariamente pelas obrigações decorrentes da relação de emprego (...)". O legislador perdeu a oportunidade de limitar a responsabilidade das empresas do grupo às obrigações inadimplidas, deixando expressa apenas a possibilidade de solidariedade passiva.

> ☞ **ATENÇÃO!**
>
> Não confunda a responsabilidade solidária com a responsabilidade subsidiária. Na primeira, todas as empresas são responsáveis pelos débitos trabalhistas. Na responsabilidade subsidiária, há uma ordem de preferência, ou seja, executam-se primeiro os bens do devedor principal, e cobra-se dos demais somente se este não pagar, como ocorre na terceirização.

A solidariedade ativa acarreta importantes consequências para o contrato de trabalho dos prestadores de serviços das empresas que integram o grupo. É importante, neste ponto, citar os ensinamentos de Maurício Godinho Delgado no que se refere ao tema das consequências:

> a) ocorrência da *accesio temporis*, isto é, a contagem do tempo de serviço prestado sucessivamente a diversas empresas do grupo; b) possibilidade de veiculação da temática

de equiparação salarial em face de empregados de outras empresas do grupo – caso configurados, evidentemente, os demais pressupostos do art. 461 da CLT; c) pagamento de um único salário ao empregado por jornada normal concretizada, ainda que o obreiro esteja prestando serviço concomitantemente a distintas empresas do grupo (Súmula 129, TST); d) natureza salarial dos valores habitualmente recebidos de outras empresas do grupo por serviços prestados diretamente a elas (com o consequente efeito expansionista circular dos salários); e) extensão do poder de direção empresarial por além da específica empresa em que esteja localizado o empregado – com o que se autorizaria, a princípio, a transferência obreira de uma para outra empresa do grupo, respeitadas as limitações legais quanto à ocorrência de prejuízo (art. 468, CLT).[1]

Súmula nº 129 do TST – Contrato de trabalho. Grupo econômico (mantida). Resolução nº 121/2003, *DJ* de 19, 20 e 21/11/2003. A prestação de serviços a mais de uma empresa do mesmo grupo econômico, durante a mesma jornada de trabalho, não caracteriza a coexistência de mais de um contrato de trabalho, salvo ajuste em contrário.

Esse verbete claramente consagrou a Teoria do Empregador Único ao admitir que a prestação de serviços a mais de uma empresa integrante do mesmo grupo econômico, durante a mesma jornada de trabalho, não gera a existência de mais de um contrato de trabalho em relação aos seus empregados.

Exemplo: Letícia presta serviços para a empresa A e para a empresa B, integrantes do mesmo grupo econômico no mesmo dia. Devemos considerar um único contrato de trabalho. A jornada é única, visto que o empregador é único, mesmo que apenas uma delas promova a anotação na CTPS de Letícia. A exceção ocorre se as empresas decidirem fazer, cada uma, o seu contrato de trabalho com Letícia (quando então existirá uma anotação para cada contrato de trabalho na CTPS).

Se um empregado receber pagamento de outra empresa (venda de títulos, por exemplo) pertencente ao mesmo grupo, em razão de serviços prestados, o valor deverá integrar a remuneração do trabalhador.

Súmula nº 93 do TST. Bancário (mantida) – Res. nº 121/2003, *DJ* 19, 20 e 21/11/2003. "Integra a remuneração do bancário a vantagem pecuniária por ele auferida na colocação ou na venda de papéis ou valores mobiliários de empresas pertencentes ao mesmo grupo econômico, se exercida essa atividade no horário e no local de trabalho e com o consentimento, tácito ou expresso, do banco empregador."

Súmula específica para a categoria dos bancários que pode ser utilizada por analogia para os demais empregados.

---

[1] DELGADO, Maurício Godinho. *Curso de Direito do Trabalho*. 10. ed. São Paulo: LTr, 2011. p. 404.

> ☞ **ATENÇÃO!**
> O TST cancelou o texto da sua Súmula nº 205. Portanto, aplicando-se a Teoria do Empregador Único, mesmo que um empregador integrante do grupo econômico não tenha participado da relação processual como reclamado e que, portanto, não conste no título executivo judicial como devedor, poderá, na Justiça do Trabalho, figurar como sujeito passivo na execução.

"(...) **INCLUSÃO DA EXECUTADA NO POLO PASSIVO DA LIDE EM FACE DA FORMAÇÃO DE GRUPO ECONÔMICO**. (...) Com efeito, em razão do cancelamento da Súmula n. 205 do TST, a jurisprudência passou a admitir o redirecionamento da execução à empresa integrante do mesmo grupo econômico da empresa empregadora do trabalhador, como forma de garantir a plena satisfação do crédito trabalhista, conforme o artigo 2º, § 2º, da CLT, que assegura a responsabilidade de grupo empresarial. Assim, o fato de a executada não ter participado da fase de conhecimento não configura ofensa, direta e literal, ao art. 5º, incisos LIV e LV, da Constituição Federal, uma vez que a responsabilidade solidária pode ser reconhecida em qualquer fase processual. Agravo de instrument desprovido. (...)" (AIRR – 863-43.2013.5.03.0146, Relator Ministro: José Roberto Freire Pimenta, Data de Julgamento: 06/02/2019, 2ª Turma, Data de Publicação: *DEJT* 08/02/2019).

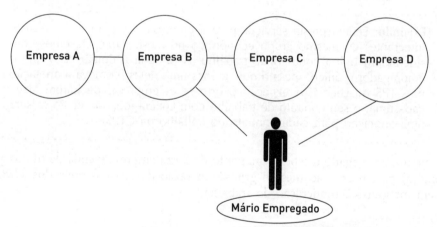

Mário empregado – presta serviços de manutenção de computadores para as empresas B e D.

No exemplo *supra*, o empregado mantinha vínculo de emprego direto com as empresas B e D, muito embora só exista um único contrato de trabalho. Contudo, caso Mário, eventualmente, tenha créditos trabalhistas a receber de seus empregadores, poderá cobrá-los de qualquer um dos integrantes do grupo econômico.

d) Finalidade econômica

A posição amplamente majoritária da doutrina é no sentido de que somente entes que possuam finalidade econômica possam integrar o grupo econômico. Parece-nos lógico que para ser integrante de um grupo econômico seja um dos requisitos essenciais do ente exercer atividade econômica.

Cap. 7 – SUJEITOS DO CONTRATO DE TRABALHO

Por fim, o que você precisa saber é que, com a Reforma Trabalhista, a redação do § 2º do art. 2º da CLT estabelece o reconhecimento de duas formas de grupo econômico:

→ **Grupo econômico por subordinação ou vertical**: modalidade que já era prevista no nosso ordenamento. Nesta hipótese, o grupo é formado pela existência de hierarquia entre as empresas (estrutura piramidal). É indispensável demonstrar que há uma relação de controle entre uma ou mais empresas em relação às demais integrantes.

→ **Grupo econômico por coordenação ou horizontal**: a Reforma prevê a possibilidade de formação de grupo econômico por coordenação. De acordo com o novo dispositivo, mesmo que as empresas guardem cada uma sua autonomia, estará configurado o grupo econômico.

Seja no grupo econômico por subordinação ou por coordenação, a responsabilidade das empresas pertencentes ao grupo quanto aos créditos trabalhistas será solidária. Responsabilidade solidária, vale lembrar, não tem ordem de preferência.

7.4.5. Sucessão de empregadores

A sucessão de empregadores nada mais é do que a alteração do polo subjetivo do contrato de trabalho, com a transferência da titularidade do negócio. O novo titular assume não apenas o ativo do novo negócio, mas também o passivo, incluindo os contratos de trabalho que estão em curso.

É o princípio da despersonificação do empregador que viabiliza a manutenção dos contratos de trabalho e as respectivas relações de emprego quando ocorre a negociação e a transferência da titularidade de um empreendimento.

Estudaremos melhor esta questão no capítulo que aborda o ponto da Alteração do Contrato de Trabalho.

7.4.6. Poderes do empregador

O poder do empregador está previsto no art. 2º da CLT. Em razão de o empregador assumir os riscos da atividade econômica, a lei lhe assegura um conjunto de prerrogativas para que possa empreender a organização e a fiscalização do seu negócio da melhor forma possível.

Os poderes conferidos ao empregador não são absolutos. Há uma limitação prevista na própria CLT e na CF/1988. Se transmitida uma ordem ilegal, alheia ao contrato, o empregado poderá se recusar a cumprir a ordem dada, nascendo o direito de resistência do obreiro (*jus resistentiae*).

7.4.6.1. Caracterização

O poder empregatício é dividido em quatro aspectos: o poder diretivo ou organizativo, o poder regulamentar, o poder fiscalizatório ou de controle e o poder disciplinar.

7.4.6.1.1. Poder diretivo

O poder diretivo também é chamado de poder organizativo ou poder de comando. Esse poder consiste na distribuição das tarefas aos empregados, fixação do horário de trabalho, utilização de uniformes, crachás etc.

A Reforma Trabalhista aprovada pela Lei nº 13.467/2017 confirmou o poder diretivo do empregador:

> Art. 456-A da CLT. Cabe ao empregador definir o padrão de vestimenta no meio ambiente laboral, sendo lícita a inclusão no uniforme de logomarcas da própria empresa ou de empresas parceiras e de outros itens de identificação relacionados à atividade desempenhada.

O texto legal teve o objetivo de impedir o trabalhador de postular indenização por uso de imagem por usar uniforme com logomarca de empresas parceiras ou do próprio empregador.

Devemos, ainda, ressaltar neste tópico que entendia o TST de forma majoritária que o uso de uniforme com marcas de fornecedores e propaganda de produtos configurava dano à imagem do empregado, sendo passível de indenização por danos morais ao trabalhador.

> Dano moral. Configuração. Uso indevido da imagem. Uniforme com propagandas comerciais. Ausência de autorização.
>
> A veiculação de propagandas comerciais de fornecedores da empresa nos uniformes, sem que haja concordância do empregado, configura utilização indevida da imagem do trabalhador a ensejar o direito à indenização por dano moral, nos termos dos arts. 20 do CC e 5º, X, da CF, sendo desnecessária a demonstração concreta de prejuízo. Com esse entendimento, a SBDI-I, em sua composição plena, conheceu do recurso de embargos, por divergência jurisprudencial, e, no mérito, por maioria, negou-lhe provimento. Vencidos os Ministros Aloysio Corrêa da Veiga, relator, Brito Pereira e Maria Cristina Irigoyen Peduzzi. TST-E-RR-40540-81.2006.5.01.0049, SBDI-I, rel. Min. Aloysio Corrêa da Veiga, red. p/ acórdão Min. João Oreste Dalazen, 13.12.2012 (Informativo nº 34, TST).
>
> Dano moral. Configuração. Violação do direito de imagem. Veiculação de propagandas comerciais de fornecedores da empresa nos uniformes. Ausência de autorização dos empregados.
>
> A veiculação de propagandas comerciais de fornecedores da empresa nos uniformes, sem que haja concordância do empregado, configura utilização indevida da imagem do trabalhador a ensejar o direito à indenização por dano moral, nos termos dos arts. 20 e 186 do CC e 5º, X, da CF. Ademais, na esteira da jurisprudência do TST e do STF, a imagem é bem extrapatrimonial, cuja utilização não autorizada configura violação a direito personalíssimo, tornando desnecessária a demonstração concreta de prejuízo. Com esses fundamentos, a SBDI-I, por unanimidade, conheceu dos embargos da reclamada, por divergência jurisprudencial, e, no mérito, negou-lhes provimento. Ressalvou entendimento pessoal o Ministro Ives Gandra Martins Filho. TST-E-RR-19-66.2012.5.03.0037, SBDI-I, rel. Min. Renato de Lacerda Paiva, 10.10.2013 (Cf. Informativo TST nº 34) (Informativo nº 62, TST).

Cap. 7 – SUJEITOS DO CONTRATO DE TRABALHO

139

Dano moral. Configuração. Uso de imagem. Ausência de autorização do empregado. A utilização da imagem sem o consentimento de seu titular, independentemente do fim a que se destina, configura ato ilícito, porquanto viola o patrimônio jurídico personalíssimo do indivíduo. Assim, a utilização da imagem do empregado para fins comerciais, sem prévia autorização, ainda que daí não advenha qualquer constrangimento, constitui ato ilícito, resultando em responsabilidade civil por dano moral, consoante o art. 20 do CC. Sob esses fundamentos, a SBDI-I decidiu, por unanimidade, conhecer dos embargos, por divergência jurisprudencial, e, no mérito, dar-lhes provimento para restabelecer a sentença no tocante à condenação ao pagamento de indenização por dano moral. TST-E-RR-20200-67.2007.5.02.0433, SBDI-I, rel. Min. João Oreste Dalazen, 29.09.2016 (Informativo nº 146, TST).

Ademais, o uniforme do empregado não configura salário-utilidade, pois é utilizado como ferramenta de trabalho, e não como contraprestação por um serviço prestado. De acordo com o parágrafo único do art. 456-A da CLT, a higienização do uniforme é, em regra, de responsabilidade do trabalhador, salvo nas hipóteses em que forem necessários procedimentos ou produtos diferentes daqueles utilizados para a limpeza de vestimentas de uso comum.

Art. 456-A, parágrafo único, da CLT. A higienização do uniforme é de responsabilidade do trabalhador, salvo nas hipóteses em que forem necessários procedimentos ou produtos diferentes dos utilizados para a higienização das vestimentas de uso comum.

7.4.6.1.2. Poder regulamentar

É a manifestação do poder empregatício por meio de fixação de regras gerais a serem observadas por todos os empregados. Essa manifestação ocorrerá pelo regulamento da empresa.

O regulamento empresarial não produz normas jurídicas, mas cláusulas obrigacionais que aderem aos contratos de trabalho dos empregados da empresa.

De acordo com o art. 611-A, VI, do texto consolidado, o regulamento empresarial passa a ser discutido também via instrumento coletivo.

Súmula nº 77 do TST. Punição (mantida) – Res. 121/2003, *DJ* 19, 20 e 21/11/2003. Nula é a punição de empregado se não precedida de inquérito ou sindicância internos a que se obrigou a empresa por norma regulamentar.

O empregado deverá respeitar o regulamento interno. Entretanto, se houver modificação desse regulamento que acarrete prejuízos, essa alteração será nula, por força do art. 468 da CLT que veda a alteração contratual lesiva.

Súmula nº 51 do TST – norma regulamentar. Vantagens e opção pelo novo regulamento. Art. 468 da CLT (incorporada a Orientação Jurisprudencial nº 163 da SBDI-1) – Res. 129/2005, *DJ* 20, 22 e 25/04/2005. I – As cláusulas regulamentares, que revoguem ou alterem vantagens deferidas anteriormente, só atingirão os trabalhadores admitidos após a revogação ou alteração do regulamento. II – Havendo a coexistência de dois regulamentos da empresa, a opção do empregado por um deles tem efeito jurídico de renúncia às regras do sistema do outro.

Súmula n° 288 do TST – Complementação dos proventos da aposentadoria (nova redação para o item I e acrescidos os itens III e IV em decorrência do julgamento do processo TST-E-ED-RR-235-20.2010.5.20.0006 pelo Tribunal Pleno em 12/04/2016) – Res. 207/2016, *DEJT* divulgado em 18, 19 e 20/04/2016. I – A complementação dos proventos de aposentadoria, instituída, regulamentada e paga diretamente pelo empregador, sem vínculo com as entidades de previdência privada fechada, é regida pelas normas em vigor na data de admissão do empregado, ressalvadas as alterações que forem mais benéficas (art. 468 da CLT). II – Na hipótese de coexistência de dois regulamentos de planos de previdência complementar, instituídos pelo empregador ou por entidade de previdência privada, a opção do beneficiário por um deles tem efeito jurídico de renúncia às regras do outro. III – Após a entrada em vigor das Leis Complementares n° 108 e n° 109 de 29/05/2001, reger-se-á a complementação dos proventos de aposentadoria pelas normas vigentes na data da implementação dos requisitos para obtenção do benefício, ressalvados o direito adquirido do participante que anteriormente implementara os requisitos para o benefício e o direito acumulado do empregado que até então não preenchera tais requisitos. IV – O entendimento da primeira parte do item III aplica-se aos processos em curso no Tribunal Superior do Trabalho em que, em 12/04/2016, ainda não haja sido proferida decisão de mérito por suas Turmas e Seções.

Súmula n° 6 do TST. Equiparação salarial. Art. 461 da CLT (redação do item VI alterada) – Res. 198/2015, republicada em razão de erro material – *DEJT* divulgado em 12, 15 e 16/06/2015. I – Para os fins previstos no § 2° do art. 461 da CLT, só é válido o quadro de pessoal orga-nizado em carreira quando homologado pelo Ministério do Trabalho, excluindo-se, apenas, dessa exigência o quadro de carreira das entidades de direito público da administração direta, autárquica e fundacional aprovado por ato administrativo da autoridade competente. (...)

A Reforma Trabalhista encerra com a obrigatoriedade de homologação do plano de cargos e salários pelo Ministério do Trabalho (atualmente Ministério da Economia) para as empresas privadas, o que impactará na jurisprudência *supra*.

Art. 461, § 2°, da CLT. Os dispositivos deste artigo não prevalecerão quando o empre-gador tiver pessoal organizado em quadro de carreira ou adotar, por meio de norma interna da empresa ou de negociação coletiva, plano de cargos e salários, dispensada qualquer forma de homologação ou registro em órgão público.

7.4.6.1.3. Poder fiscalizatório

Também denominado poder de controle, assim, o empregador fiscaliza as tarefas executadas, verifica o cumprimento da jornada de trabalho e protege o seu próprio patrimônio.

Os princípios previstos na ordem constitucional vedam a realização de condutas fiscalizatórias e de controle da prestação dos serviços que agridam a liberdade e a dignidade da pessoa humana do empregado.

☞ ATENÇÃO!

Prevalece o entendimento de que o empregador pode fiscalizar o correio eletrônico dos seus empregados, desde que seja um *e-mail* corporativo, utilizado como ferramenta de trabalho.

Outra questão interessante sobre o tema diz respeito à possibilidade de revistas íntimas. O legislador constituinte erigiu a inviolabilidade das relações de trato íntimo. Assim, no âmbito do Direito do Trabalho, qualquer conduta da parte que viole esse direito pode acarretar o ressarcimento pelos eventuais danos materiais e morais advindos desse comportamento.

Há expressa previsão na CLT vedando revistas íntimas nas mulheres:

Art. 373-A. Ressalvadas as disposições legais destinadas a corrigir as distorções que afetam o acesso da mulher ao mercado de trabalho e certas especificidades estabelecidas nos acordos trabalhistas, é vedado: (...)

VI – proceder o empregador ou preposto a revistas íntimas nas empregadas ou funcionárias.

Essa vedação à revista íntima vem sendo estendida também aos empregados do sexo masculino.

☞ ATENÇÃO!

O TST vem entendendo que as revistas pessoais, realizadas com razoabilidade, sem que envolvam nudez, podem ser admitidas, desde que a atividade exercida justifique esse controle e que não seja o empregado submetido à situação vexatória.

Dano moral. Indenização indevida. Revista visual de bolsas, sacolas ou mochilas. Inexistência de ofensa à honra e à dignidade do empregado. Poder diretivo e de fiscalização do empregador. "A revista visual em bolsas, sacolas ou mochilas, realizada de modo impessoal e indiscriminado, sem contato físico ou exposição do trabalhador a situação constrangedora, decorre do poder diretivo e fiscalizador do empregador e, por isso, não possui caráter ilícito e não gera, por si só, violação à intimidade, à dignidade e à honra, a ponto de ensejar o pagamento de indenização a título de dano moral ao empregado. Com base nessa premissa, a SBDI-I, por unanimidade, conheceu do recurso de embargos, por divergência jurisprudencial, e, no mérito, por maioria, negou-lhe provimento. Vencidos os Ministros Delaíde Miranda Arantes e Augusto César Leite de Carvalho. TST-E-RR-306140-53.2003.5.09.0015, SBDI-I, rel. Min. Brito Pereira, 22/03/2012" (Informativo nº 03 do TST).

Recentemente foi publicada a Lei nº 13.271, de 15/04/2016, que dispõe sobre a proibição de revista íntima de funcionárias e clientes do sexo feminino nos locais de trabalho.

Art. 1º As empresas privadas, os órgãos e entidades da administração pública, direta e indireta, ficam proibidos de adotar qualquer prática de revista íntima de suas funcionárias e de clientes do sexo feminino.

Art. 2º Pelo não cumprimento do art. 1º, ficam os infratores sujeitos a:

I – multa de R$ 20.000,00 ao empregador, revertidos aos órgãos de proteção dos direitos da mulher;

II – multa em dobro do valor estipulado no inciso I, em caso de reincidência, independentemente da indenização por danos morais e materiais e sanções de ordem penal.

A referida lei reforça o debate em torno da vedação de qualquer tipo de revista íntima. Contudo, a lei perdeu uma grande oportunidade de elencar na mesma vedação o empregado do sexo masculino, homossexuais e transexuais com fundamento no princípio da igualdade.

7.4.6.1.4. Poder disciplinar

É a manifestação do poder empregatício correspondente à imposição de sanções aos empregados que descumprem as suas obrigações contratuais.

Se verificado o descumprimento às regras impostas, caberão as seguintes penalidades:

a) Advertência verbal ou escrita: a advertência corresponde a sanção trabalhista mais leve. Tem origem nos costumes trabalhistas, embora também conste em alguns instrumentos normativos coletivos.

☞ **ATENÇÃO!**

A advertência tem previsão expressa na Lei nº 7.644/1987 que regulamenta o exercício da atividade de Mãe Social.

b) Suspensão disciplinar: dentre as sanções previstas, a suspensão é a segunda em proporção de gravidade. Encontra-se disposta no art. 474 da CLT:

Art. 474. A suspensão do empregado por mais de 30 (trinta) dias consecutivos importa na rescisão injusta do contrato de trabalho.

c) Dispensa por justa causa: é a penalidade mais grave, colocando fim ao contrato de trabalho sem o pagamento das verbas resilitórias típicas à dispensa imotivada do obreiro.

Por fim, deve-se ressaltar que não há obrigatoriedade de uma passagem gradual entre as penalidades anteriores, ou seja, se o empregado cometer uma falta grave, não há necessidade de aplicação de advertência ou suspensão, em primeiro lugar. O empregador poderá dispensar imediatamente o trabalhador com fulcro no art. 482 da CLT.

Cap. 7 – SUJEITOS DO CONTRATO DE TRABALHO

Antes da Reforma Trabalhista não havia previsão na CLT para aplicação de pena de multa. No entanto o legisldador criou a hipótese de multa que pode ser aplicado ao empregado contratado para prestação de trabalho intermitente.

Essa nova modalidade contratual dispõe que a parte que descumprir, sem justo motivo, pagará à outra oarte, no prazo de 30 dias, multa de 50% da remuneração que seria devida, permitida a compensação em igual prazo.

7.4.7. Contrato de empreitada (dono de obra) e subempreitada

Quando se trata de uma pessoa que pretende realizar uma determinada obra (dono da obra), normalmente contrata a construção com uma pessoa física ou jurídica. Esse contratado (empreiteiro) contrata, por sua vez, trabalhadores.

Surge, então, uma pergunta: se o empregador (empreiteiro contratado para realizar a obra) não pagar as verbas trabalhistas de seus empregados, será o dono da obra responsabilizado?

a) Contrato de empreitada (dono de obra) – Regra: O dono da obra **não** tem responsabilidade.

O dono da obra não exerce atividade econômica em relação ao imóvel objeto de reforma ou construção. Por isso, ele não é considerado empregador dos obreiros.

OJ nº 191 da SDI-I do TST – Contrato de empreitada. Dono da obra de construção civil. Responsabilidade (nova redação). Resolução nº 175/2011, *DEJT* divulgado em 27, 30 e 31/05/2011.

Diante da inexistência de previsão legal específica, o contrato de empreitada de construção civil entre o dono da obra e o empreiteiro não enseja responsabilidade solidária ou subsidiária nas obrigações trabalhistas contraídas pelo empreiteiro, salvo sendo o dono da obra uma empresa construtora ou incorporadora.

O TST trouxe um Informativo relacionado ao tema que merece destaque: a construção de imóveis para locação não se enquadra no conceito de incorporação imobiliária a autorizar o reconhecimento da responsabilidade do dono da obra.

Dono da obra. Pessoa física. Construção de imóveis para locação. Responsabilidade subsidiária. Não configuração. Lei nº 4.591/64. "Nos termos da Lei nº 4.591/64, a construção de imóveis para locação não se enquadra no conceito de incorporação imobiliária a autorizar o reconhecimento da responsabilidade subsidiária da dona da obra, pessoa física, com base na parte final da Orientação Jurisprudencial nº 191 da SBDI-I. Assim, a referida Subseção, por maioria, conheceu dos embargos, por contrariedade ao mencionado verbete jurisprudencial, e, no mérito, deu-lhes provimento para julgar improcedentes os pedidos formulados em relação à reclamada Ilma. Cortina Ramos. Vencido o Ministro José Roberto Freire Pimenta. TST-E-RR-214700-44.2008.5.12.0038, SBDI-I, rel. Min. Alberto Luiz Bresciani de Fontan Pereira, 16/05/2013" (Informativo nº 47 do TST).

b) Contrato de subempreitada – Regra: O empreiteiro principal responde subsidiariamente pelas obrigações que decorrem do contrato de trabalho.

Art. 455 da CLT. Nos contratos de subempreitada responderá o subempreiteiro pelas obrigações derivadas do contrato de trabalho que celebrar, cabendo, todavia, aos empregados, o direito de reclamação contra o empreiteiro principal pelo inadimplemento daquelas obrigações por parte do primeiro.

Parágrafo único. Ao empreiteiro principal fica ressalvada, nos termos da lei civil, ação regressiva contra o subempreiteiro e a retenção de importâncias a este devidas, para a garantia das obrigações previstas neste artigo.

Essa ideia ficou clara no item II da tese do tema 6 da Lista de Repetitivos do TST. Lembre-se de que o TST, ao julgar temas de recursos repetitivos, fixa tese que deve ser seguida por todo o Judiciário trabalhista. Vamos à tese:

Tema n. 6 da Lista de Repetitivos do TST

RESPONSABILIDADE SUBSIDIÁRIA – DONA DA OBRA – APLICAÇÃO DA OJ 191 DA SbDI-1 LIMITADA À PESSOA FÍSICA OU MICRO E PEQUENAS EMPRESAS:

II – A excepcional responsabilidade por obrigações trabalhistas prevista na parte final da Orientação Jurisprudencial n. 191, por aplicação analógica do art. 455 da CLT, alcança os casos em que o dono da obra de construção civil é construtor ou incorporador e, portanto, desenvolve a mesma atividade econômica do empreiteiro (decidido por unanimidade);

Voltando à regra geral, o dono da obra não responde pelas obrigações trabalhistas inadimplidas pelo empregador (que é contratado para fazer a obra). E não importa se o dono da obra é uma pessoa física, microempresa, empresa de pequeno, médio ou grande porte. A regra continua. O TST não aceita diferenciação com base no tamanho da empresa.

Veja os incisos I e III da tese referente ao tema 6 da Lista de Repetitivos do TST:

Tema n. 6 da Lista de Repetitivos do TST

RESPONSABILIDADE SUBSIDIÁRIA – DONA DA OBRA – APLICAÇÃO DA OJ 191 DA SbDI-1 LIMITADA À PESSOA FÍSICA OU MICRO E PEQUENAS EMPRESAS:

I – A exclusão de responsabilidade solidária ou subsidiária por obrigação trabalhista a que se refere a Orientação Jurisprudencial n. 191 da SDI-1 do TST não se restringe à pessoa física ou micro e pequenas empresas, compreende igualmente empresas de médio e grande porte e entes públicos (decidido por unanimidade);

III – Não é compatível com a diretriz sufragada na Orientação Jurisprudencial n. 191 da SDI-1 do TST jurisprudência de Tribunal Regional do Trabalho que amplia a responsabilidade trabalhista do dono da obra, excepcionando apenas "a pessoa física ou micro e pequenas empresas, na forma da lei, que não exerçam atividade econômica vinculada ao objeto contratado" (decidido por unanimidade);

No entanto, existe outra ressalva quanto à regra geral da ausência de responsabilidade. Se o dono da obra contratar um empreiteiro que não possui condições econômico-financeiras, e esse empreiteiro não pagar as verbas trabalhistas, o dono da obra vai ser responsabilizado de forma subsidiária.

Entende-se que o dono da obra teve culpa ao escolher um empreiteiro completamente sem condições econômico-financeiras. Veja o entendimento no inciso IV do tema da lista de repetitivos:

> **Tema n. 6 da Lista de Repetitivos do TST**
>
> RESPONSABILIDADE SUBSIDIÁRIA – DONA DA OBRA – APLICAÇÃO DA OJ 191 DA SbDI-1 LIMITADA À PESSOA FÍSICA OU MICRO E PEQUENAS EMPRESAS:
>
> IV – Exceto ente público da Administração Direta e Indireta, se houver inadimplemento das obrigações trabalhistas contraídas por empreiteiro que contratar, sem idoneidade econômico-financeira, o dono da obra responderá subsidiariamente por tais obrigações, em face de aplicação analógica do art. 455 da CLT e culpa *in eligendo* (decidido por maioria, vencido o Exmo. Ministro Márcio Eurico Vitral Amaro).

c) Acidente de trabalho

No caso de acidente de trabalho envolvendo o empregado da empreiteira, o dono da obra pode ser responsabilizado, porquanto não se trata de obrigação trabalhista convencional, afastando a incidência da OJ 191 da SDI-I do TST. A responsabilidade decorrente do acidente possui natureza civil:

> "(...) DONO DA OBRA. ACIDENTE DE TRABALHO. RESPONSABILIDADE. ENTE PÚBLICO. INAPLICABILIDADE DA OJ 191 DA SBDI-1 DO TST. (...) 3. Discute-se, no caso dos autos, a responsabilidade do dono da obra por acidente de trabalho de empregado da empreiteira que lhe presta serviços. Por tratar-se de parcela de natureza cível e não trabalhista, decorrente da culpa extracontratual por ato ilícito, não está abrangida pela compreensão da OJ 191 da SBDI-1, que diz respeito apenas às obrigações trabalhistas em sentido estrito. (...)" (Ag-E-ED-ARR-1470-40.2012.5.15.0087, Subseção I Especializada em Dissídios Individuais, Relator Ministro: Alberto Luiz Bresciani de Fontan Pereira, *DEJT* 18/09/2020).

Como se nota no julgado, a responsabilidade decorre de culpa (*lato sensu*) do dono da obra. Assim, a posição prevalecente entende que a responsabilidade do dono da obra é subjetiva, devendo haver dolo ou culpa.

O nível de responsabilidade do dono da obra, no caso de acidente de trabalho, é solidário com o empreiteiro, porquanto o dono da obra torna-se coautor do ilícito, atraindo o art. 942 do Código Civil:

> Art. 942, CC. Os bens do responsável pela ofensa ou violação do direito de outrem ficam sujeitos à reparação do dano causado; e, se a ofensa tiver mais de um autor, todos responderão solidariamente pela reparação.
>
> Parágrafo único. São solidariamente responsáveis com os autores os coautores e as pessoas designadas no art. 932.

Observe um julgado do TST sobre o tema:

> "(...) RESPONSABILIDADE SOLIDÁRIA. DONO DA OBRA. ACIDENTE DO TRABALHO. PRETEN-SÃO DE NATUREZA CIVIL. INAPLICABILIDADE DA OJ N. 191 DA SBDI-1 DO TST. Hipótese

em que o Tribunal Regional manteve a decisão que afastou a incidência da OJ 191 da SDI-1 sob o fundamento de que houve o reconhecimento da responsabilidade civil das reclamadas. A jurisprudência desta Corte Superior consolidou o entendimento de que o contrato de empreitada de construção civil entre o dono da obra e o empreiteiro não enseja responsabilidade solidária ou subsidiária nas obrigações trabalhistas em sentido estrito. Tratando-se de casos envolvendo responsabilidade civil decorrente de acidente de trabalho, o dono da obra é responsável solidário pelo pagamento de compensação por danos morais e materiais em face da aplicação do artigo 942 do Código Civil, sendo inaplicável o entendimento da OJ 191 da SBDI-1 do TST. Precedentes. Óbice da Súmula n. 333/TST. Agravo de instrumento a que se nega provimento. (...)" (AIRR-10437-79.2015.5.15.0019, 2ª Turma, Relatora Ministra: Maria Helena Mallmann, *DEJT* 07/08/2020).

TERCEIRIZAÇÃO

A terceirização é o instituto de Direito do Trabalho que permite que uma empresa contrate empresas intermediárias para a execução de determinadas atividades sem que tal fato gere vínculo empregatício direto com os prestadores de serviços.

Faremos, neste capítulo, uma análise da terceirização trazida pela Lei nº 6.019/1974 (e suas alterações), bem como pela Súmula nº 331 do TST.

A Lei nº 13.429/2017 passou a disciplinar o trabalho temporário e a terceirização comum. Após a sanção da referida lei, contudo, o legislador verificou que determinadas matérias não ficaram bem definidas. Desse modo, a Reforma Trabalhista introduzida pela Lei nº 13.467/2017 apresentou algumas alterações pontuais.

Não tivemos alteração na CLT e sim na Lei nº 6.019/1974. Pela nova redação, a referida lei passa a regular tanto o trabalho temporário como a terceirização de serviços em geral, logo autoriza dois tipos de terceirização de serviços:

- terceirização do trabalho temporário;
- terceirização em geral.

O primeiro tipo é praticado pela empresa de trabalho temporário, como já era previsto na Lei nº 6.019/1974, e o segundo era tratado pelo TST na Súmula nº 331 e agora, pela primeira vez regulado em lei, pela empresa de prestação de serviços.

8.1. CONTRATO DE TRABALHO TEMPORÁRIO

O trabalho temporário era o único tipo de terceirização que poderia, segundo o TST e antes das decisões do STF e da Reforma Trabalhista, ocorrer tanto na atividade-meio como na atividade-fim.

> Súmula n. 331 do TST. CONTRATO DE PRESTAÇÃO DE SERVIÇOS. LEGALIDADE (nova redação do item IV e inseridos os itens V e VI à redação) – Res. 174/2011, *DEJT* divulgado em 27, 30 e 31/05/2011.
>
> I – A contratação de trabalhadores por empresa interposta é ilegal, formando-se o vínculo diretamente com o tomador dos serviços, salvo no caso de trabalho temporário (Lei n. 6.019, de 03/01/1974).

Quando a súmula menciona a possibilidade de empresa meramente interposta no trabalho temporário, acaba admitindo a legalidade da prestação de serviços inclusive na área fim do tomador de serviços, visto que aceita a existência de uma empresa que atue como simples intermediária da mão de obra.

Houve uma ampliação dos casos de trabalho temporário. A Lei nº 13.429/2017 alterou o conceito do trabalho temporário:

> Art. 2º da Lei nº 6.019/1974. Trabalho temporário é aquele prestado por pessoa física contratada por uma empresa de trabalho temporário que a coloca à disposição de uma empresa tomadora de serviços, para atender à necessidade de substituição transitória de pessoal permanente ou à demanda complementar de serviços.
>
> § 1º É proibida a contratação de trabalho temporário para a substituição de trabalhadores em greve, salvo nos casos previstos em lei.
>
> § 2º Considera-se complementar a demanda de serviços que seja oriunda de fatores imprevisíveis ou, quando decorrente de fatores previsíveis, tenha natureza intermitente, periódica ou sazonal.

A ampliação do conceito decorre do fato de que **demanda complementar** é um conceito muito maior que acréscimo extraordinário de serviços.

Muitas vezes a tomadora de serviços precisa de mais força de trabalho por conta de um período de maior movimentação no mercado, mesmo que o acréscimo de serviços não seja propriamente extraordinário. O legislador certamente quis autorizar o trabalho temporário também nessas hipóteses.

> **Exemplo**: a fábrica de chocolates Doce Delícia, no período da Páscoa, tem um acréscimo de produção, que não será necessariamente extraordinário, porque é normal e esperado esse aumento nessa época. Trata-se de uma sazonalidade/periodicidade ordinária. Com a alteração na lei, o uso do trabalho temporário passa a ser permitido.

Quanto à necessidade de **substituição transitória de pessoal permanente**, pode ocorrer um afastamento temporário de um empregado da empresa (em virtude de um benefício previdenciário, por exemplo). A empresa pode, então, ao invés de contratar diretamente um substituto, contratar uma empresa de trabalho temporário para que essa última encaminhe o seu empregado para substituir o empregado da empresa cliente.

A nova redação veda a contratação de trabalhador temporário para substituição de trabalhadores em greve. Excelente medida, pois não impede o movimento grevista, salvo nos casos de necessidade de manutenção de maquinário e aparelhos em geral e para evitar prejuízos irreparáveis ao empregador, como preceitua a lei de greve:

> Art. 9º. da Lei nº 7.783/1989. Durante a greve, o sindicato ou a comissão de negociação, mediante acordo com a entidade patronal ou diretamente com o empregador, manterá em atividade equipes de empregados com o propósito de assegurar os serviços cuja paralisação resultem em prejuízo irreparável, pela deterioração irreversível de bens, máquinas e equipamentos, bem como a manutenção daqueles essenciais à retomada das atividades da empresa quando da cessação do movimento.

Parágrafo único. Não havendo acordo, é assegurado ao empregador, enquanto perdurar a greve, o direito de contratar diretamente os serviços necessários a que se refere este artigo.

> **ATENÇÃO!**
> O Decreto nº 10.060/2019 regulamenta o trabalho temporário.

8.1.1. Características do trabalho temporário

a) É admitido no meio urbano e rural;

Art. 4º da Lei nº 6.019/1974. Empresa de trabalho temporário é a pessoa jurídica, devidamente registrada no Ministério do Trabalho, responsável pela colocação de trabalhadores à disposição de outras empresas temporariamente.

b) Somente é admitido em duas hipóteses:

1ª – atender à necessidade de substituição transitória de pessoal permanente, ou

2ª – demanda complementar de serviços.

A lei deixa clara a possibilidade de terceirizar também atividade-fim, o que já era admitido pela maior parte da doutrina.

Art. 9º, § 3º, da Lei nº 6.019/1974. O contrato de trabalho temporário pode versar sobre o desenvolvimento de atividades-meio e atividades-fim a serem executadas na empresa tomadora de serviços.

c) Engloba três relações jurídicas distintas:

1 – o trabalhador temporário;

2 – empresa de trabalho temporário (intermediadora de mão de obra temporária);

3 – empresa tomadora dos serviços.

> **ATENÇÃO!**
> Tomadora é pessoa jurídica ou entidade a ela equiparada. Conclui-se que não pode a pessoa física ou natural terceirizar temporariamente.

Art. 5º da Lei nº 6.019/1974. Empresa tomadora de serviços é a pessoa jurídica ou entidade a ela equiparada que celebra contrato de prestação de trabalho temporário com a empresa definida no art. 4º desta Lei.

d) Contrato formal:

Os contratos celebrados pela empresa de trabalho temporário deverão ser obrigatoriamente escritos, tanto o contrato que ela celebra diretamente com cada um dos empregados colocados à disposição da tomadora quanto o celebrado com esta.

Art. 9º da Lei nº 6.019/1974. O contrato celebrado pela empresa de trabalho temporário e a tomadora de serviços será por escrito, ficará à disposição da autoridade fiscalizadora no estabelecimento da tomadora de serviços e conterá:

I – qualificação das partes;

II – motivo justificador da demanda de trabalho temporário;

III – prazo da prestação de serviços;

IV – valor da prestação de serviços;

V – disposições sobre a segurança e a saúde do trabalhador, independentemente do local de realização do trabalho.

☞ ATENÇÃO!

Tivemos duas radicais modificações em menos de um ano numa única lei.

e) Prazo máximo de 270 dias (cerca de nove meses):

Uma das principais alterações trazidas para o trabalho temporário está no prazo máximo de validade. O prazo deixa de ser de 3 meses prorrogáveis por mais 3 ou 6 meses (dependendo da hipótese), para ser de 180 dias prorrogáveis por mais 90 dias, consecutivos ou não, totalizando 270 dias (cerca de 9 meses).

Art. 10, § 1º, da Lei nº 6.019/1974. O contrato de trabalho temporário, com relação ao mesmo empregador, não poderá exceder ao prazo de cento e oitenta dias, consecutivos ou não.

§ 2º O contrato poderá ser prorrogado por até noventa dias, consecutivos ou não, além do prazo estabelecido no § 1º deste artigo, quando comprovada a manutenção das condições que o ensejaram.

☞ ATENÇÃO!

A possibilidade de prorrogação do prazo máximo por norma coletiva foi vetada pelo Presidente da República, assim como a possibilidade de pagamento direto do FGTS para os contratos de curta duração (até 30 dias), mantendo-se a obrigatoriedade de depósito do FGTS na conta vinculada do empregado.

f) Contrato de experiência:

O contrato de experiência não se aplica ao trabalhador temporário, contratado pela empresa tomadora de serviços. Excelente medida legislativa, se o trabalhador foi contratado. Significa que a tomadora gostou de seu serviço, já testado enquanto era terceirizado temporário.

Cap. 8 – TERCEIRIZAÇÃO

A regra só deve ser aplicada se o empregado for contratado para a mesma função que exercia quando era terceirizado. Logo, para outra função, totalmente diversa, poderá haver a pactuação do contrato de expediência.

Art. 10, § 4º, da Lei nº 6.019/1974. Não se aplica ao trabalhador temporário, contratado pela tomadora de serviços, o contrato de experiência previsto no parágrafo único do art. 445 da Consolidação das Leis do Trabalho (CLT), aprovada pelo Decreto-lei nº 5.452, de 1º de maio de 1943.

Diante dessa regra, entendemos que permanece vigente a nulidade de cláusula de reserva.

g) Contratos sucessivos:

O trabalhador temporário que cumprir o período máximo de 270 dias somente poderá ser colocado novamente à disposição da mesma empresa tomadora de serviços em um novo contrato de trabalho temporário após o prazo de 90 dias contados do término do contrato anterior.

Caso o período da "carência" mínima de 90 dias não for respeitado, ocorrerá a formação de vínculo empregatício direto com a empresa tomadora.

Se o período contratado for menor, ele poderá ser várias vezes recontratado para laborar para o mesmo tomador.

Art. 10, §§ 5º e 6º, da Lei nº 6.019/1974. O trabalhador temporário que cumprir o período estipulado nos §§ 1º e 2º deste artigo somente poderá ser colocado à disposição da mesma tomadora de serviços em novo contrato temporário, após noventa dias do término do contrato anterior.

§ 6º A contratação anterior ao prazo previsto no § 5º deste artigo caracteriza vínculo empregatício com a tomadora.

Se o período do contrato de trabalho temporário for menor que 270 dias, o trabalhador poderá ser recontratado várias vezes para trabalhar para o mesmo tomador.

h) Caracteriza uma das hipóteses de terceirização lícita;

O art. 2º da Lei nº 6.019/1974 elencou as hipóteses de contratação lícita de trabalhadores, por empresas interpostas, para desenvolverem as atividades-meio e fim da empresa.

O trabalho temporário será legal e, assim, não formará vínculo direto com o tomador dos serviços sempre que se destinar à necessidade de substituição transitória de pessoal permanente ou à demanda complementar de serviços.

i) Proibição de contratação de estrangeiros com visto provisório;

Art. 17 da Lei nº 6.019/1974. É defeso às empresas de prestação de serviço temporário a contratação de estrangeiros com visto provisório de permanência no País.

Esse é mais um exemplo de trabalho proibido, ou seja, o objeto da prestação do serviço é lícito, mas a lei optou por vedar tal possibilidade.

j) Vedação da cláusula de reserva;

Questão interessante surge: e se a tomadora de serviços gostar tanto do trabalho do terceirizado temporário e decidir contratá-lo como empregado seu? Isso é possível? A resposta é positiva. Aliás, essa contratação é desejável, porque se forma um vínculo direto com a tomadora, normalmente por tempo indeterminado. É por isso que a lei prevê **nulidade de cláusula de reserva** (cláusula em que a empresa de trabalho temporário quer ficar com o trabalhador para si):

Art. 11, parágrafo único, da Lei nº 6.019/1974. Será nula de pleno direito qualquer cláusula de reserva, proibindo a contratação do trabalhador pela empresa tomadora ou cliente ao fim do prazo em que tenha sido colocado à sua disposição pela empresa de trabalho temporário.

8.1.2. Direitos dos trabalhadores temporários

O trabalhador temporário possui uma série de **direitos** assegurados na lei:

Art. 12 da Lei nº 6.019/1974. Ficam assegurados ao trabalhador temporário os seguintes direitos:

a) remuneração equivalente à percebida pelos empregados de mesma categoria da empresa tomadora ou cliente calculados à base horária, garantida, em qualquer hipótese, a percepção do salário mínimo regional.

Foi mantida a isonomia remuneratória.

☞ **ATENÇÃO!**

Após a CF/1988 o empregado temporário passou a ter, ainda, direito ao 13º salário.

b) jornada de oito horas, remuneradas as horas extraordinárias não excedentes de duas, com acréscimo de 20%.

☞ **ATENÇÃO!**

O art. 7º, XVI, da CF/1988 determina, para esse caso, um acréscimo de 50%.

c) férias proporcionais, nos termos do artigo 25 da Lei nº 5.107, de 13 de setembro de 1966;

d) repouso semanal remunerado;

e) adicional por trabalho noturno;

f) indenização por dispensa sem justa causa ou término normal do contrato, correspondente a 1/12 (um doze avos) do pagamento recebido; c/c legislação que regulamenta o FGTS – o empregado tem direito a levantar o FGTS e, também, a receber a multa de 40% em caso de dispensa sem justa causa.

> ## ☞ ATENÇÃO!
> Esse dispositivo não tem mais aplicação prática; é indispensável, nesse ponto, a remissão à legislação que regulamenta o FGTS, segundo a qual o empregado tem direito a levantar o fundo de garantia e, também, a receber a multa de 40% em caso de dispensa imotivada.

g) seguro contra acidente do trabalho;

h) proteção previdenciária nos termos do disposto na Lei Orgânica da Previdência Social, com as alterações introduzidas pela Lei nº 5.890, de 8 de junho de 1973 (art. 5º, item III, letra "c" do Decreto nº 72.771, de 6 de setembro de 1973).

§ 1º Registrar-se-á na Carteira de Trabalho e Previdência Social do trabalhador sua condição de temporário.

§ 2º A empresa tomadora ou cliente é obrigada a comunicar à empresa de trabalho temporário a ocorrência de todo acidente cuja vítima seja um assalariado posto à sua disposição, considerando-se local de trabalho, para efeito da legislação específica, tanto aquele onde se efetua a prestação do trabalho, quanto a sede da empresa de trabalho temporário.

Art. 18 da Lei nº 6.019/1974. É vedado à empresa do trabalho temporário cobrar do trabalhador qualquer importância, mesmo a título de mediação, podendo apenas efetuar os descontos previstos em Lei.

Parágrafo único. A infração deste artigo importa no cancelamento do registro para funcionamento da empresa de trabalho temporário, sem prejuízo das sanções administrativas e penais cabíveis.

Embora o direito ao décimo terceiro salário não conste no rol de direitos assegurados aos trabalhadores temporários, há previsão constitucional. Dessa forma, deve-se ser reconhecido esse direito.

Atente-se ainda que o contrato é por prazo determinado e não há direito ao aviso-prévio, pois as partes sabem previamente a data do término do contrato.

Para o TST, o trabalhador temporário não terá direito à indenização prevista no art. 479 da CLT no caso de rompimento antecipado do contrato por ato do empregador.

> Contrato temporário. Lei nº 6.019/74. Rescisão antecipada. Indenização prevista no art.
> 479 da CLT. Inaplicabilidade. A rescisão antecipada do contrato de trabalho temporário

disciplinado pela Lei n° 6.019/74 não enseja o pagamento da indenização prevista no art. 479 da CLT. Trata-se de forma específica de contratação, regulada por legislação especial e não pelas disposições da CLT. Sob esse entendimento, a SBDI-I, por unanimidade, conheceu do recurso de embargos da reclamante, por divergência jurisprudencial, e, no mérito, por maioria, negou-lhe provimento. Vencidos os Ministros Lelio Bentes Corrêa, relator, João Oreste Dalazen, Ives Gandra Martins Filho e Hugo Carlos Scheuermann, que entendiam ser aplicável a indenização prevista no art. 479 da CLT também aos trabalhadores regidos pela Lei n° 6.019/74, por se tratar de espécie de contrato a termo. Registrou ressalva de fundamentação o Ministro José Roberto Freire Pimenta. TST-RR-1342-91.2010.5.02.0203, SBDI-I, rel. Min. Lelio Bentes Corrêa, red. p/ acórdão Min. Renato de Lacerda Paiva, 30/04/2015 (Informativo n° 105 do TST).

O direito a um ambiente de trabalho sadio é dever da empresa contratante para os seus próprios empregados, ampliado aos terceirizados. Dessa forma, é de responsabilidade da contratante dos serviços garantir as condições de segurança, higiene e salubridade de todos os trabalhadores terceirizados quando o trabalho for realizado nas dependências da empresa ou em local convencionado no contrato.

A tomadora estenderá ao trabalhador da empresa de trabalho temporário o mesmo atendimento médico, ambulatorial e de refeição destinado aos seus empregados.

Art. 9°, § 1°, da Lei n° 6.019/1974. É responsabilidade da empresa contratante garantir as condições de segurança, higiene e salubridade dos trabalhadores, quando o trabalho for realizado em suas dependências ou em local por ela designado.

§ 2° A contratante estenderá ao trabalhador da empresa de trabalho temporário o mesmo atendimento médico, ambulatorial e de refeição destinado aos seus empregados, existente nas dependências da contratante, ou local por ela designado.

O legislador apresentou uma excelente medida que reduz a desigualdade entre o trabalhador temporário e os empregados da tomadora. Não se trata de uma faculdade e sim de uma obrigação.

8.1.4. Responsabilidade da empresa tomadora ou cliente

a) Solidária:

O tomador responde solidariamente no caso de falência da empresa de trabalho temporário e em relação às obrigações de natureza previdenciária.

Art. 16 da Lei n° 6.019/1974. No caso de falência da empresa de trabalho temporário, a empresa tomadora ou cliente é solidariamente responsável pelo recolhimento das contribuições previdenciárias, no tocante ao tempo em que o trabalhador esteve sob suas ordens, assim como em referência ao mesmo período, pela remuneração e indenização previstas nesta Lei.

b) Subsidiária:

A empresa tomadora responderá subsidiariamente pelas obrigações trabalhistas dos terceirizados referentes ao período em que ocorrer a prestação de serviços. A lei fixa expressamente a responsabilidade secundária, medida já adotada pela jurisprudência do TST.

Nesse caso, é necessário obedecer a ordem de exigência de pagamento das obrigações trabalhistas: primeiro, deve-se tentar obter as verbas da empresa prestadora de serviços e só depois, caso não seja possível, serão cobrados da empresa contratante.

> Art. 10, § 7º, da Lei nº 6.019/1974. A contratante é subsidiariamente responsável pelas obrigações trabalhistas referentes ao período em que ocorrer o trabalho temporário, e o recolhimento das contribuições previdenciárias observará o disposto no art. 31 da Lei nº 8.212, de 24 de julho de 1991. (NR)
>
> Súmula nº 331 do TST – Contrato de prestação de serviços. Legalidade (nova redação do item I e inseridos os itens V e VI à redação). Resolução nº 174/2011, *DEJT* divulgado em 27, 30 e 31/05/2011. (...) IV – O inadimplemento das obrigações trabalhistas, por parte do empregador, implica a responsabilidade subsidiária do tomador dos serviços quanto àquelas obrigações, desde que haja participado da relação processual e conste também do título executivo judicial. (...) VI – A responsabilidade subsidiária do tomador de serviços abrange todas as verbas decorrentes da condenação referentes ao período da prestação laboral.

Como dissemos anteriormente, para que o empregado possa cobrar seus créditos trabalhistas do tomador dos serviços em virtude da responsabilidade subsidiária, devem coexistir alguns requisitos: ter o tomador participado da relação processual e seu nome constar do título executivo.

8.2. TERCEIRIZAÇÃO EM GERAL

A jurisprudência do TST havia consagrado que a terceirização somente seria possível **na atividade meio do tomador de serviços**. Isso significava que não se poderia passar a atividade-fim da tomadora para uma empresa prestadora de serviços.

Assim, por exemplo, uma universidade não poderia terceirizar a atividade de docentes. Entretanto, poderia terceirizar serviços de limpeza, conservação e vigilância.

Terceirizar a **atividade-fim** seria, em regra, segundo o TST, **ilícito**. E a ilicitude implicava o reconhecimento de vínculo de emprego diretamente com o tomador.

Logo, por exemplo, se a universidade terceirizasse a atividade-fim, contratando uma empresa prestadora de serviços para realizar a atividade de docentes, a Justiça do Trabalho reconhecia o vínculo de emprego do trabalhador indevidamente terceirizado com a universidade.

Veja novamente o disposto na Súmula nº 331, I, do TST:

> Súmula n. 331 do TST
>
> CONTRATO DE PRESTAÇÃO DE SERVIÇOS. LEGALIDADE (nova redação do item IV e inseridos os itens V e VI à redação) – Res. 174/2011, *DEJT* divulgado em 27, 30 e 31/05/2011.

I – A contratação de trabalhadores por empresa interposta é ilegal, formando-se o vínculo diretamente com o tomador dos serviços, (...).

Importante destacar que o **STF**, ao julgar a referida matéria no **Tema 725 da Lista de Repercussão Geral, reconheceu a regularidade da terceirização na atividade-fim.** O entendimento foi sintetizado na tese do Tema 725 mencionado, assim redigido:

É lícita a terceirização ou qualquer outra forma de divisão do trabalho entre pessoas jurídicas distintas, independentemente do objeto social das empresas envolvidas, mantida a responsabilidade subsidiária da empresa contratante.

O trecho da ementa desse julgado transcrito a seguir evidencia que o entendimento de que **a terceirização pode ocorrer na atividade-fim**, sendo prática perfeitamente compatível com a Constituição Federal:

"RECURSO EXTRAORDINÁRIO REPRESENTATIVO DE CONTROVÉRSIA COM REPERCUSSÃO GERAL. DIREITO CONSTITUCIONAL. DIREITO DO TRABALHO. CONSTITUCIONALIDADE DA 'TERCEIRIZAÇÃO'. ADMISSIBILIDADE. OFENSA DIRETA. VALORES SOCIAIS DO TRABALHO E DA LIVRE INICIATIVA (ART. 1º, IV, CRFB). RELAÇÃO COMPLEMENTAR E DIALÓGICA, NÃO CONFLITIVA. PRINCÍPIO DA LIBERDADE JURÍDICA (ART. 5º, II, CRFB). CONSECTÁRIO DA DIGNIDADE DA PESSOA HUMANA (ART. 1º, III, CRFB). VEDAÇÃO A RESTRIÇÕES ARBITRÁRIAS E INCOMPATÍVEIS COM O POSTULADO DA PROPORCIONALIDADE. DEMONSTRAÇÃO EMPÍRICA DA NECESSIDADE, ADEQUAÇÃO E PROPORCIONALIDADE ESTRITA DE MEDIDA RESTRITIVA COMO ÔNUS DO PROPONENTE DESTA. RIGOR DO ESCRUTÍNIO EQUIVALENTE À GRAVIDADE DA MEDIDA. RESTRIÇÃO DE LIBERDADE ESTABELECIDA JURISPRUDENCIALMENTE. EXIGÊNCIA DE GRAU MÁXIMO DE CERTEZA. MANDAMENTO DEMOCRÁTICO. LEGISLATIVO COMO LOCUS ADEQUADO PARA ESCOLHAS POLÍTICAS DISCRICIONÁRIAS. Súmula n. 331 TST. PROIBIÇÃO DA TERCEIRIZAÇÃO. EXAME DOS FUNDAMENTOS. INEXISTÊNCIA DE FRAGILIZAÇÃO DE MOVIMENTOS SINDICAIS. DIVISÃO ENTRE 'ATIVIDADE-FIM' E 'ATIVIDADE-MEIO' IMPRECISA, ARTIFICIAL E INCOMPATÍVEL COM A ECONOMIA MODERNA. CISÃO DE ATIVIDADES ENTRE PESSOAS JURÍDICAS DISTINTAS. ESTRATÉGIA ORGANIZACIONAL. INEXISTÊNCIA DE CARÁTER FRAUDULENTO. PROTEÇÃO CONSTITUCIONAL DA LIBERDADE DE DESENHO EMPRESARIAL (ARTS. 1º, IV, E 170). CIÊNCIAS ECONÔMICAS E TEORIA DA ADMINISTRAÇÃO. PROFUSA LITERATURA SOBRE OS EFEITOS POSITIVOS DA TERCEIRIZAÇÃO. OBSERVÂNCIA DAS REGRAS TRABALHISTAS POR CADA EMPRESA EM RELAÇÃO AOS EMPREGADOS QUE CONTRATAREM. EFEITOS PRÁTICOS DA TERCEIRIZAÇÃO. PESQUISAS EMPÍRICAS. NECESSÁRIA OBSERVÂNCIA DE METODOLOGIA CIENTÍFICA. ESTUDOS DEMONSTRANDO EFEITOS POSITIVOS DA TERCEIRIZAÇÃO QUANTO A EMPREGO, SALÁRIOS, TURNOVER E CRESCIMENTO ECONÔMICO. INSUBSISTENTÊNCIA DAS PREMISSAS DA PROIBIÇÃO JURISPRUDENCIAL DA TERCEIRIZAÇÃO. INCONSTITUCIONALIDADE DOS INCISOS I, III, IV E VI DA Súmula n. 331 DO TST. AFASTAMENTO DA RESPONSABILIDADE SUBSIDIÁRIA DA CONTRATATE POR OBRIGAÇÕES DA CONTRATADA. RECURSO EXTRAORDINÁRIO PROVIDO. 1. Recurso extraordinário com repercussão geral reconhecida para examinar a constitucionalidade da Súmula n. 331 do Tribunal Superior do Trabalho, no que concerne à proibição da terceirização de atividades-fim e responsabilização do contratante pelas obrigações trabalhistas referentes aos empregados da empresa terceirizada. (...) 4. Os valores do trabalho e da livre iniciativa, insculpidos na Constituição (art. 1º, IV), são intrinsecamente conectados, em uma relação dialógica que impede seja rotulada determinada providência como maximizadora de apenas um desses princípios, haja vista ser essencial para o progresso dos trabalhadores brasileiros a liberdade de organização produtiva dos cidadãos, entendida esta como balizamento do poder regulatório para evitar intervenções na dinâmica da economia incompatíveis com os postulados da proporcionalidade e da razoabilidade. 5. O art. 5º, II, da Constituição consagra o princípio da liberdade jurídica, consectário da dignidade da pessoa humana, restando cediço em sede doutrinária que o 'princípio da liberdade jurídica exige uma situação de disciplina jurídica na qual se ordena e se proíbe o mínimo possível' (ALEXY, Robert. Teoria dos Direitos Fundamentais. Trad. Virgílio Afonso da Silva. São Paulo: Malheiros, 2008. p. 177). 6. O direito geral de liberdade, sob pena de tornar-se estéril, somente pode ser restringido por medidas informadas por parâmetro constitucionalmente legítimo e adequadas ao teste da proporcionalidade. (...) 10. A dicotomia entre 'atividade-fim' e 'atividade-meio' é imprecisa, artificial e ignora a dinâmica da economia moderna, caracterizada pela especialização e divisão de tarefas com vistas à maior eficiência possível, de modo que frequentemente o produto ou serviço final comercializado por uma entidade comercial é fabricado ou prestado por agente distinto, sendo também comum a mutação constante do objeto social das empresas para atender a necessidades da sociedade, como revelam as mais valiosas empresas do mundo. É que a doutrina no campo econômico é uníssona no sentido de que as 'Firmas mudaram o escopo de suas atividades, tipicamente reconcentrando em seus negócios principais e terceirizando muitas das atividades que previamente consideravam como centrais' (ROBERTS, John. The Modern Firm: Organizational Design for Performance and Growth. Oxford: Oxford University Press, 2007). 11. A cisão de atividades entre pessoas jurídicas distintas não revela qualquer intuito fraudulento, consubstanciando estratégia, garantida pelos artigos 1º, IV, e 170 da Constituição brasileira, de configuração das empresas para fazer frente às exigências dos consumidores, justamente porque elas assumem o risco da atividade, representando a perda de eficiência uma ameaça à sua sobrevivência e ao emprego dos trabalhadores. (...) 13. A Teoria da Administração qualifica a terceirização (outsourcing) como modelo organizacional de desintegração vertical, destinado ao alcance de ganhos de performance por meio da transferência para outros do fornecimento de bens e serviços anteriormente providos pela própria firma, a fim de que esta se concentre somente naquelas atividades em que pode gerar o maior valor, adotando a função de 'arquiteto vertical' ou 'organizador da cadeia de valor'. 14. A terceirização apresenta os seguintes benefícios: (i) aprimoramento de tarefas pelo aprendizado especializado; (ii) economias de escala e de escopo; (iii) redução da complexidade organizacional; (iv) redução de problemas de cálculo e atribuição, facilitando a provisão de incentivos mais fortes a empregados; (v) precificação mais precisa de custos e maior transparência; (vi) estímulo à competição de fornecedores externos; (vii) maior facilidade de adaptação a necessidades de modificações estruturais; (viii) eliminação de problemas de possíveis excessos de produção; (ix) maior eficiência pelo fim de subsídios cruzados entre departamentos com desempenhos diferentes; (x) redução dos custos iniciais de entrada no mercado, facilitando o surgimento de novos concorrentes; (xi) superação de eventuais limitações de acesso a tecnologias ou matérias-primas; (xii) menor alavancagem operacional, diminuindo a exposição da companhia a riscos e oscilações de balanço, pela redução de seus custos fixos; (xiii) maior flexibilidade para adaptação ao mercado; (xiv) não comprometimento de recursos que poderiam ser utilizados em setores estratégicos; (xv) diminuição da possibilidade de falhas de um setor se comunicarem a outros; e (xvi) melhor adaptação a diferentes requerimentos de administração, know-how e estrutura, para setores e atividades distintas. 15. A terceirização de uma etapa produtiva é estratégia de organização que depende da peculiaridade de cada mercado e cada empresa, destacando a *opinio doctorum* que por vezes a configuração ótima pode ser o fornecimento tanto interno quanto externo (GULATI, Ranjay; PURANAM, Phanish; BHATTACHARYA, Sourav. 'How Much to Make and How Much to Buy? Na Analysis of Optimal Plural Sourcing Strategies.' Strategic Management Journal 34, no. 10 (October 2013): 1145–1161). Deveras, defensável à luz da teoria econômica até mesmo a terceirização dos Conselhos de Administração das companhias às chamadas Board Service Providers (BSPs) (BAINBRIDGE, Stephen M.; Henderson, M. Todd. 'Boards-R-Us: Reconceptualizing Corporate Boards' (July 10, 2013). University of Chicago Coase-Sandor Institute for Law & Economics Research Paper No. 646; UCLA School of Law, Law-Econ Research Paper No. 13-11). 16. As leis trabalhistas devem ser observadas por cada uma das empresas envolvidas na cadeia de valor com relação aos empregados que contratarem, tutelando-se, nos termos constitucionalmente assegurados, o interesse dos trabalhadores. 17. A prova dos efeitos práticos da terceirização demanda pesquisas empíricas, submetidas aos rígidos procedimentos reconhecidos pela comunidade científica para desenho do projeto, coleta, codificação, análise de dados e, em especial, a realização de inferências causais mediante correta aplicação de ferramentas matemáticas, estatísticas e informáticas, evitando-se o enviesamento por omissão de variáveis ('omitted variable bias'). 18. A terceirização, segundo estudos empíricos criteriosos, longe de 'precarizar', 'reificar' ou prejudicar os empregados, resulta em inegáveis benefícios aos trabalhadores em geral, como a redução do desemprego, diminuição do turnover, crescimento econômico e aumento de salários, permitindo a concretização de mandamentos constitucionais como 'erradicar a pobreza e a marginalização e reduzir as desigualdades sociais e regionais', 'redução das desigualdades regionais e sociais' e a 'busca do pleno emprego' (arts. 3º, III, e 170 CRFB). (...) 20. A teoria econômica, à luz dessas constatações empíricas, vaticina que, *verbis*: 'Quando a terceirização permite às firmas produzir com menos custos, a competição entre firmas que terceirizam diminuirá os preços dos seus produtos. (...) consumidores terão mais dinheiro para gastar com outros bens, o que ajudará empregos em outras indústrias' (TAYLOR, Timothy. 'In Defense of Outsourcing'. In: 25 Cato J. 367 2005. p. 371). (...) 22. Em conclusão, a prática da terceirização já era válida no direito brasileiro mesmo no período anterior à edição das Leis n. 13.429/2017 e 13.467/2017, independentemente dos setores em que adotada ou da natureza das atividades contratadas com terceira pessoa, reputando-se inconstitucional a Súmula n. 331 do TST, por violação aos princípios da livre iniciativa (artigos 1º, IV, e 170 da CRFB) e da liberdade contratual (art. 5º, II, da CRFB). 23. As contratações de serviços por interposta pessoa são hígidas, na forma determinada pelo negócio jurídico entre as partes, até o advento das Leis n. 13.429/2017 e 13.467/2017, marco temporal após o qual incide o regramento determinado na nova redação da Lei n. 6.019/1974, inclusive quanto às obrigações e formalidades exigidas das empresas tomadoras e prestadoras de serviço. 24. É aplicável às relações jurídicas preexistentes à Lei n. 13.429, de 31 de março de 2017, a responsabilidade subsidiária da pessoa jurídica contratante pelas obrigações trabalhistas não adimplidas pela empresa prestadora de serviços, bem como a responsabilidade pelo recolhimento das contribuições previdenciárias devidas por esta (art. 31 da Lei n. 8.212/93), mercê da necessidade de evitar o vácuo normativo resultante da insubsistência da Súmula n. 331 do TST. (...)" (RE 958252, Relator

Ministro: Luiz Fux, Tribunal Pleno, julgado em 30/08/2018, Processo Eletrônico Repercussão Geral – Mérito *DJe*-199 Data de Divulgação: 12/09/2019, Data de Publicação 13/09/2019).

Além disso, o STF, na **ADPF 324,** reforçou essa possibilidade de terceirização na atividade-fim, firmando mais uma tese nesse sentido:

> Direito do Trabalho. Arguição de Descumprimento de Preceito Fundamental. Terceirização de atividade-fim e de atividade-meio. Constitucionalidade. 1. A Constituição não impõe a adoção de um modelo de produção específico, não impede o desenvolvimento de estratégias empresariais flexíveis, tampouco veda a terceirização. Todavia, a jurisprudência trabalhista sobre o tema tem sido oscilante e não estabelece critérios e condições claras e objetivas, que permitam sua adoção com segurança. O direito do trabalho e o sistema sindical precisam se adequar às transformações no mercado de trabalho e na sociedade. 2. A terceirização das atividades-meio ou das atividades-fim de uma empresa tem amparo nos princípios constitucionais da livre iniciativa e da livre concorrência, que asseguram aos agentes econômicos a liberdade de formular estratégias negociais indutoras de maior eficiência econômica e competitividade. 3. A terceirização não enseja, por si só, precarização do trabalho, violação da dignidade do trabalhador ou desrespeito a direitos previdenciários. É o exercício abusivo da sua contratação que pode produzir tais violações. 4. Para evitar tal exercício abusivo, os princípios que amparam a constitucionalidade da terceirização devem ser compatibilizados com as normas constitucionais de tutela do trabalhador, cabendo à contratante: i) verificar a idoneidade e a capacidade econômica da terceirizada; e ii) responder subsidiariamente pelo descumprimento das normas trabalhistas, bem como por obrigações previdenciárias (art. 31 da Lei n. 8.212/1993). 5. A responsabilização subsidiária da tomadora dos serviços pressupõe a sua participação no processo judicial, bem como a sua inclusão no título executivo judicial. 6. Mesmo com a superveniência da Lei n. 13.467/2017, persiste o objeto da ação, entre outras razões porque, a despeito dela, não foi revogada ou alterada a Súmula n. 331 do TST, que consolidava o conjunto de decisões da Justiça do Trabalho sobre a matéria, a indicar que o tema continua a demandar a manifestação do Supremo Tribunal Federal a respeito dos aspectos constitucionais da terceirização. Além disso, a aprovação da lei ocorreu após o pedido de inclusão do feito em pauta. 7. Firmo a seguinte tese: '1. É lícita a terceirização de toda e qualquer atividade, meio ou fim, não se configurando relação de emprego entre a contratante e o empregado da contratada. 2. Na terceirização, compete à contratante: i) verificar a idoneidade e a capacidade econômica da terceirizada; e ii) responder subsidiariamente pelo descumprimento das normas trabalhistas, bem como por obrigações previdenciárias, na forma do art. 31 da Lei n. 8.212/1993'. 8. ADPF julgada procedente para assentar a licitude da terceirização de atividade-fim ou meio. Restou explicitado pela maioria que a decisão não afeta automaticamente decisões transitadas em julgado. (ADPF 324, Relator Ministro: Roberto Barroso, Tribunal Pleno, julgado em 30/08/2018, Processo Eletrônico *DJe*-194 Data de Divulgação, 05/09/2019, Data de Publicação 06/09/2019).

O Tribunal Superior do Trabalho passou a firmar entendimento, com base nas decisões vinculantes do STF, que é possível a terceirização na atividade-fim, muito embora ainda não tenha sido alterada a Súmula nº 331. Veja um exemplo de julgado do TST:

"(...) 1. TERCEIRIZAÇÃO. BANCO. LICITUDE. ADPF N. 324 E RE N. 958.252. TESE FIRMA-DA PELO STF EM SEDE DE REPERCUSSÃO GERAL. APLICAÇÃO DA SÚMULA N. 331 DO TST À LUZ DOS PRECEDENTES DO STF. CONHECIMENTO E PROVIMENTO. I. O Supremo Tribunal Federal reconheceu a repercussão geral em relação ao tema da terceirização, cujo deslinde se deu em 30/08/2018, com o julgamento do RE n. 958.252, de que resultou a fixação da seguinte tese jurídica: 'é lícita a terceirização ou qualquer outra forma de divisão do trabalho entre pessoas jurídicas distintas, independentemente do objeto social das empresas envolvidas, mantida a responsabilidade subsidiária da empresa contratante'. Na mesma oportunidade, ao julgar a ADPF n. 324, a Suprema Corte firmou tese de caráter vinculante de que '1. É lícita a terceirização de toda e qualquer atividade, meio ou fim, não se configurando relação de emprego entre a contratante e o empregado da contratada. 2. Na terceirização, compete à contratante: i) verificar a idoneidade e a capacidade econômica da terceirizada; e ii) responder subsidiariamente pelo descumprimento das normas trabalhistas, bem como por obrigações previdenciárias, na forma do art. 31 da Lei n. 8.212/1993'. A partir de então, esse entendimento passou a ser de aplicação obrigatória aos processos judiciais em curso em que se discute a terceirização, impondo-se, inclusive, a leitura e a aplicação da Súmula n. 331 do TST à luz desses precedentes. (...)" (RR-1545-48.2014.5.03.0021, 4ª Turma, Relator Ministro: Alexandre Luiz Ramos, *DEJT* 18/09/2020).

☞ **ATENÇÃO!**

A possibilidade de terceirizar a atividade-fim ou a atividade-meio não significa que, apenas por isso, está tudo correto. **Não pode haver também pessoalidade e subordinação direta** entre o trabalhador terceirizado e o tomador de serviços.

Se houver essa pessoalidade e subordinação direta, então o verdadeiro empregador será aquele que era o suposto tomador de serviços, havendo fraude. E se houver essa fraude, a Justiça poderia reconhecer vínculo de emprego entre o trabalhador e a empresa tomadora de serviços.

Nesse caso, os tribunais trabalhistas podem verificar que a hipótese examinada possui elementos que diferenciam das premissas do que foi decidido pelo STF. Essa diferenciação autoriza julgamento diverso. É a técnica do *distinguishing*. Leia esses julgados exemplificativos:

"(...) III – RECURSO DE REVISTA ADESIVO DA RECLAMANTE REGIDO PELA LEI 13.015/2014. VÍNCULO DE EMPREGO. NÃO CONFIGURAÇÃO. AUSÊNCIA DE SUBORDINAÇÃO JURÍDI-CA. (...) Portanto, de acordo com a Suprema Corte, é lícita a terceirização em todas as etapas do processo produtivo, sem distinção entre atividade-meio ou atividade-fim. Sob essa perspectiva, não é mais possível reconhecer vínculo direto com a tomadora dos serviços, em razão apenas da terceirização da atividade-fim. Todavia, admite-se a aplicação do *distinguishing* quanto à tese fixada no julgamento proferido pelo STF, quando, na análise do caso concreto, verifica-se a existência de subordinação direta do empregado terceirizado com a empresa tomadora dos serviços, situação que autoriza

Cap. 8 – TERCEIRIZAÇÃO

o reconhecimento do vínculo empregatício direto com esta, o que não ocorre no caso em tela. (...)" (ARR – 21044-67.2014.5.04.0028, Relatora Ministra: Delaíde Miranda Arantes, Data de Julgamento: 03/04/2019, 2ª Turma, Data de Publicação: *DEJT* 05/04/2019) (...) RECONHECIMENTO DO VÍNCULO EMPREGATÍCIO COM O TOMADOR DE SERVIÇOS. FRAUDE NA TERCEIRIZAÇÃO DE SERVIÇOS. VERBAS DECORRENTES DO RECONHECIMENTO DA CONDIÇÃO DE BANCÁRIA. ADPF-324/DF. REPERCUSSÃO GERAL. RE-958252/MG. TEMA N. 725. *DISTINGUISHING*. O Supremo Tribunal Federal, em sessão extraordinária realizada no dia 30/08/2018, julgou procedente a arguição formulada na ADPF-324/DF (Rel. Min. Luís Roberto Barroso, DJe n. 188, divulgado em 06/09/2018), com eficácia *erga omnes* e efeito vinculante, e fixou tese jurídica de repercussão geral, correspondente ao Tema n. 725, no sentido de que 'É lícita a terceirização ou qualquer outra forma de divisão do trabalho entre pessoas jurídicas distintas, independentemente do objeto social das empresas envolvidas, mantida a responsabilidade subsidiária da empresa contratante.' (*leading case*: RE-958252/MG, Rel. Min. Luiz Fux, *DJe* n. 188, divulgado em 06/09/2018). Todavia, o caso em exame autoriza a aplicação da técnica da distinção (*distinguishing*), pois o Tribunal Regional, com amparo no contexto fático-probatório delineado nos autos, (...), além de ter consignado que a parte reclamante se ativava na atividade-fim, destaco a sua subordinação direta ao tomador de serviços, mantendo a sentença que verificou a presença dos demais elementos necessários à caracterização do vínculo empregatício. Recurso de revista não conhecido. (...)" (RR – 1560-58.2013.5.09.0094, Relator Ministro: Márcio Eurico Vitral Amaro, Data de Julgamento: 27/02/2019, 8ª Turma, Data de Publicação: *DEJT* 01/03/2019).

Essa modalidade está regulamentada nos arts. **4º-A** a 4º-C e **5º-A** a 5º-D da Lei nº 6.019/1974 (dispositivos acrescidos pela Lei nº 13.429/2017 e alterados pela Lei nº 13.467/2017).

Da mesma forma que o trabalho temporário já analisado, aqui existe uma relação jurídica triangular entre:

1. trabalhador terceirizado;
2. empresa prestadora de serviços a terceiros;
3. empresa contratante.

Apenas pessoa jurídica pode terceirizar trabalhadores:

Art. 4º-A da Lei nº 6.019/1974. Considera-se prestação de serviços a terceiros a transferência feita pela contratante da execução de quaisquer de suas atividades, inclusive sua atividade principal, à pessoa jurídica de direito privado prestadora de serviços que possua capacidade econômica compatível com a sua execução.

Observa-se que, de acordo com o dispositivo *supra*, passa a ser autorizada a terceirização **total** das atividades da empresa (meio e fim). A Lei nº 13.429/2017 era omissa. Agora, a Reforma Trabalhista passa a ter previsão expressa.

Não é mais possível defender a impossibilidade de terceirizar atividade-fim. Apenas pessoa jurídica pode terceirizar trabalhadores.

Art. 5º-A da Lei nº 6.019/1974. Contratante é a pessoa física ou jurídica que celebra contrato com empresa de prestação de serviços relacionados a quaisquer de suas atividades, inclusive sua atividade principal.

Terceirizar atividade-fim significa delegar a terceiros a execução de parte ou de toda a atividade principal da empresa, o que coloca em risco não só a qualidade dos serviços oferecidos, já que executados por trabalhadores que não são subordinados ao tomador, como também os direitos dos terceirizados, porque não terão os mesmos salários e benefícios dos empregados do tomador, mesmo quando exercerem as mesmas funções daqueles.

Art. 4º-A, § 2º, da Lei nº 6.019/1974. Não se configura vínculo empregatício entre os trabalhadores, ou sócios das empresas prestadoras de serviços, *qualquer que seja o seu ramo*, e a empresa contratante.

A lei permite que a empresa que terceiriza possa subcontratar serviços. Estamos diante da permissão expressa do fenômeno da quarteirização.

A quarteirização compreende a transferência de parte da gestão dos serviços de uma empresa terceirizada para outra empresa. Observe que, além da relação que existe entre prestadora de serviço e tomadora (terceirização), teremos a transferência de um setor da empresa terceirizada para uma nova empresa (quarteirização).

Art. 4º-A, § 1º, da Lei nº 6.019/1974. A empresa prestadora de serviços contrata, remunera e dirige o trabalho realizado por seus trabalhadores, ou subcontrata outras empresas para realização desses serviços.

Convém recordar que, antes da nova lei, a jurisprudência do TST tinha o posicionamento de que a quarteirização constituía fraude e acarretava responsabilidade solidária das empresas envolvidas.

☞ ATENÇÃO!

A lei impede expressamente o vínculo empregatício com o tomador. Todavia, se presentes os requisitos caracterizadores da relação de emprego entre o trabalhador e o tomador dos serviços, será possível o reconhecimento do vínculo empregatício.

A empresa prestadora de serviço não precisa de registro no Ministério da Economia basta ter CNPJ, registro na Junta Comercial e capital social mínimo.

Art. 4º-B da Lei nº 6.019/1974. São requisitos para o funcionamento da empresa de prestação de serviços a terceiros:

I – prova de inscrição no Cadastro Nacional da Pessoa Jurídica (CNPJ);

Il – registro na Junta Comercial;

III – capital social compatível com o número de empregados, observando-se os seguintes parâmetros:

a) empresas com até dez empregados – capital mínimo de R$ 10.000,00 (dez mil reais);

b) empresas com mais de dez e até vinte empregados – capital mínimo de R$ 25.000,00 (vinte e cinco mil reais);

c) empresas com mais de vinte e até cinquenta empregados – capital mínimo de R$ 45.000,00 (quarenta e cinco mil reais);

d) empresas com mais de cinquenta e até cem empregados – capital mínimo de R$ 100.000,00 (cem mil reais); e

e) empresas com mais de cem empregados – capital mínimo de R$ 250.000,00 (duzentos e cinquenta mil reais).

☞ ATENÇÃO!

A contratante celebrará contrato com a empresa de prestação de serviços para que sejam fornecidos serviços determinados e específicos. Portanto, é vedada à contratante a utilização dos trabalhadores em atividades distintas daquelas que foram objeto do contrato, podendo o trabalho ser exercido nas dependências da empresa contratante ou em outro local, de comum acordo entre as partes contratantes.

A empresa prestadora de serviços não precisa de registro no Ministério do Trabalho (atualmente Ministério da Economia). Basta ter CNPJ e registro na Junta Comercial.

Art. 4º-C da Lei nº 6.019/1974. São asseguradas aos empregados da empresa prestadora de serviços a que se refere o art. 4º-A desta Lei, quando e enquanto os serviços, que podem ser de qualquer uma das atividades da contratante, forem executados nas dependências da tomadora, as mesmas condições:

I – relativas a:

a) alimentação garantida aos empregados da contratante, quando oferecida em refeitórios;

b) direito de utilizar os serviços de transporte;

c) atendimento médico ou ambulatorial existente nas dependências da contratante ou local por ela designado;

d) treinamento adequado, fornecido pela contratada, quando a atividade o exigir.

II – sanitárias, de medidas de proteção à saúde e de segurança no trabalho e de instalações adequadas à prestação do serviço.

O novo dispositivo inserido pela reforma encerra a discriminação trazida pela Lei nº 13.429/2017 e passa a garantir aos empregados das empresas de prestação de serviço as condições de trabalho relacionadas nos incisos do artigo, desde que elas sejam também previstas em relação aos empregados da tomadora.

Art. 4º-C, § 1º, da Lei nº 6.019. Contratante e contratada poderão estabelecer, se assim entenderem, que os empregados da contratada farão jus a salário equivalente ao pago aos empregados da contratante, além de outros direitos não previstos neste artigo.

> **ATENÇÃO!**
> Confesso que leio e releio esse parágrafo diversas vezes e indago: Quando a empresa contratante vai estabelecer que o terceirizado ganhará salário equivalente aos demais empregados? Confesso que não visualizo.

Se a isonomia estivesse de fato garantida, a terceirização seria uma opção feita pelo empresário acerca da modalidade de serviço que pretende contratar, e não uma opção para baratear a mão de obra.

Atente-se, ainda, que, nos contratos que impliquem mobilização de empregados da contratada em número igual ou superior a 20% dos empregados da contratante, esta poderá disponibilizar aos empregados da contratada os serviços de alimentação e atendimento ambulatorial em outros locais apropriados e com igual padrão de atendimento, com vistas a manter o pleno funcionamento dos serviços existentes.

Art. 5º-A, § 5º, da Lei nº 6.019/1974. A empresa contratante é subsidiariamente responsável pelas obrigações trabalhistas referentes ao período em que ocorrer a prestação de serviços, e o recolhimento das contribuições previdenciárias observará o disposto no art. 31 da Lei nº 8.212, de 24 de julho de 1991.

Permanece a mesma responsabilidade: subsidiária. Deve-se cobrar o empregador (empresa prestadora de serviço). Se a empresa não tiver bens para a satisfação do crédito trabalhista, cobra-se, em segundo lugar, a tomadora (hoje denominada como empresa contratante).

A responsabilidade subsidiária é total. Não alcança apenas as verbas salariais, mas também as indenizatórias.

A nova lei, seguindo o entendimento da Súmula nº 331 do TST, estabelece que a empresa contratante é subsidiariamente responsável pelas obrigações trabalhistas referentes ao período em que ocorrer a prestação de serviço.

Exemplo: se o supermercado Sacola Cheia LTDA. é o tomador de serviços e a empresa prestadora de serviços Delta deixar de pagar seus empregados, os empregados podem cobrar da empresa empregadora Delta e do supermercado Sacola Cheia, enquanto o tomador supermercado responde subsidiariamente. Na execução, primeiramente será executada a empregadora Delta e, não possuindo bens para pagar a dívida, passa-se ao supermercado Sacola Cheia.

O STF também reconheceu a responsabilidade subsidiária do tomador na ADPF 324:

> "(...) 7. Firmo a seguinte tese: '1. É lícita a terceirização de toda e qualquer atividade, meio ou fim, não se configurando relação de emprego entre a contratante e o empregado da contratada. 2. Na terceirização, compete à contratante: i) verificar a idoneidade e a capacidade econômica da terceirizada; e ii) responder subsidiariamente pelo descumprimento das normas trabalhistas, bem como por obrigações previdenciárias, na forma do art. 31 da Lei n. 8.212/1993'. 8. ADPF julgada procedente para assentar a licitude da terceirização de atividade-fim ou meio. Restou explicitado pela maioria que a decisão não afeta automaticamente decisões transitadas em julgado. (ADPF 324, Relator Ministro: Roberto Barroso, Tribunal Pleno, julgado em 30/08/2018, Processo Eletrônico *DJe*-194, Data de Divulgação 05/09/2019, Data de Publicação 06/09/2019).

O entendimento também foi incluído na tese do **Tema 725 da Lista de Repercussão Geral**, assim redigido:

> É lícita a terceirização ou qualquer outra forma de divisão do trabalho entre pessoas jurídicas distintas, independentemente do objeto social das empresas envolvidas, mantida a responsabilidade subsidiária da empresa contratante.

Será necessário atender alguns requisitos para a celebração do contrato de prestação de serviços:

> Art. 5º-B da Lei nº 6.019/1974. O contrato de prestação de serviços conterá:
>
> I – qualificação das partes;
>
> II – especificação do serviço a ser prestado;
>
> III – prazo para realização do serviço, quando for o caso;
>
> IV – valor.

A nova regulamentação estampada na Lei nº 6.019/1974 não se aplica às empresas de vigilância e transporte de valores, permanecendo as respectivas relações de trabalho reguladas por legislação especial, e subsidiariamente pela CLT.

> Art. 5º-C da Lei nº 6.019/1974. Não pode figurar como contratada, nos termos do art. 4º-A desta Lei, a pessoa jurídica cujos titulares ou sócios tenham, nos últimos dezoito meses, prestado serviços à contratante na qualidade de empregado ou trabalhador sem vínculo empregatício, exceto se os referidos titulares ou sócios forem aposentados.

O dispositivo impede que a pessoa jurídica, cujos titulares ou sócios tenham, nos últimos dezoito meses, prestado serviços à contratante na qualidade de empregado ou trabalhador sem vínculo empregatício, possa figurar como contratada.

A medida inibe os empregadores de dispensar seus empregados para, depois, recontratá-los como pessoa jurídica.

Art. 5º-D da Lei nº 6.019/1974. O empregado que for demitido não poderá prestar serviços para esta mesma empresa na qualidade de empregado de empresa prestadora de serviços antes do decurso de prazo de dezoito meses, contados a partir da demissão do empregado.

> ☞ **ATENÇÃO!**
> O art. 5º-D da Lei nº 6.019/1974 traz a quarentena do trabalhador terceirizado.

Os dispositivos impedem que a pessoa jurídica, cujos titulares ou sócios tenham, nos últimos dezoito meses, prestado serviços à contratante na qualidade de empregado ou trabalhador sem vínculo empregatício, possa figurar como contratada.

A medida inibe os empregadores de dispensar seus empregados para, depois, recontratá-los como pessoa jurídica.

8.3. DIFERENÇA ENTRE A INTERMEDIAÇÃO DE MÃO DE OBRA E A TERCEIRIZAÇÃO

A intermediação de mão de obra está configurada no trabalho temporário. A empresa prestadora de serviços possibilita que um trabalhador temporário preste serviços em outra empresa, denominada tomadora.

A terceirização (em geral) compreende a transferência de um serviço ou atividade específico de uma empresa a outra. Não se busca apenas o trabalhador para substituir outro que teve seu contrato interrompido ou suspenso. Na terceirização, há verdadeira delegação de um setor da empresa para que outra possa atuar com seus próprios empregados.

8.4. SÚMULA Nº 331 DO TST

Caro leitor, passo a destacar a literalidade e breves comentários sobre a Súmula nº 331 do TST, que a meu ver continua prevalecendo em alguns pontos.

Súmula nº 331 do TST – Contrato de prestação de serviços. Legalidade (nova redação do item I e inseridos os itens V e VI à redação). Resolução nº 174/2011, *DEJT* divulgado em 27, 30 e 31/05/2011. Inciso I – A contratação de trabalhadores em empresas interposta é ilegal, formando-se o vínculo diretamente com tomador dos serviços;

O inciso I consubstancia a regra de que a terceirização de mão de obra da atividade-fim é ilegal. A Lei nº 6.019/1974, chamada Lei dos Temporários, autoriza alguns casos de terceirização lícita da atividade-fim da empresa.

Inciso II – A contratação irregular de trabalhador, mediante empresa interposta, não gera vínculo de emprego com os órgãos da Administração Pública direta, indireta ou fundacional;

Esse inciso, combinado com o art. 37, II, da CF/1988, privilegiou o princípio do concurso público, que pertence à seara do Direito Constitucional.

De acordo com o texto do dispositivo em comento, a investidura em cargos ou empregos públicos na Administração Pública direta e indireta depende da aprovação prévia em concurso público. A ausência de concurso não gera vínculo de emprego com a Administração, mas o inciso V dessa súmula não a isenta de arcar com as responsabilidades oriundas dessa contratação.

Inciso III – Não forma vínculo de emprego com o tomador a contratação de serviços de vigilância e de conservação e limpeza, bem como a de serviços especializados ligados à atividade-meio do tomador, desde que inexistente a pessoalidade e a subordinação direta;

O inciso III nos apresenta três das quatro hipóteses de terceirização lícita possíveis. São elas: serviços de vigilância patrimonial; segurança e transporte; serviços de conservação e limpeza; e serviços especializados ligados a atividades--meo do tomador.

☞ **ATENÇÃO!**

Nos três casos, devem estar ausentes a pessoalidade e a subordinação. Caso contrário, restará configurada a relação do empregado diretamente com o tomador.

Inciso IV – O inadimplemento das obrigações trabalhistas por parte do empregador implica a responsabilidade subsidiária do tomador de serviços quanto àquelas obrigações, desde que haja participado da relação processual e conste também do título executivo judicial;

Na hipótese do inciso IV, o tomador de serviço não é integrante da Administração Pública direta ou indireta, e a sua responsabilidade independe da comprovação de culpa, em especial da culpa *in vigilando*.

Inciso V – Os integrantes da Administração Pública direta e indireta respondem subsidiariamente, nas mesmas condições do item IV, caso evidenciada a sua conduta culposa no cumprimento das obrigações da Lei nº 8.666/1993, especialmente na fiscalização do cumprimento das obrigações contratuais e legais da prestadora de serviço como empregadora. A aludida responsabilidade não decorre de mero inadimplemento das obrigações trabalhistas assumidas pela empresa regularmente contratada.

Observe: evidenciado pela Administração Pública o descumprimento das obrigações trabalhistas por parte da empresa contratada, restará claro, igualmente, o seu comportamento omissivo ou irregular em não fiscalizar, em típica culpa *in vigilando*, sendo cabível sua responsabilidade pelo menos de forma subsidiária.

Admitir o contrário, apenas por uma interpretação literal do item ora em exame, seria o mesmo que derrubar toda a proteção jurídica conquistada pelos empregados e, mais do que isso, há que ter em mente que a Administração Pública deve pautar os seus atos com a observância dos princípios da legalidade, impessoalidade e moralidade pública.

Súmula n° 363 do TST – contrato nulo. Efeitos (nova redação). Resolução n° 121/2003, *DJ* divulgado em 19, 20 e 21/11/2003.

A contratação de servidor público, após a CF/1988, sem prévia aprovação em concurso público, encontra óbice no respectivo art. 37, II, e § 2°, somente lhe conferindo direito ao pagamento da contraprestação pactuada, em relação ao número de horas trabalhadas, respeitado o valor da hora do salário mínimo, e dos valores referentes aos depósitos do FGTS.

☞ ATENÇÃO!

A hipótese descrita na Súmula n° 363 do TST faz referência à contratação de empregado pela Administração Pública sem a realização de concurso público e não da terceirização ilícita de mão de obra. Portanto, o teor da Súmula n° 363 do TST não se confunde com o inciso V da Súmula n° 331 do TST, nem da OJ n° 383 da SDI-I.

Por fim, registre-se que o STF decidiu no dia 30/03/2017 que a administração pública não é responsável pelo pagamento de eventuais dívidas trabalhistas contratadas por órgãos públicos.

O Ministro do STF Alexandre de Moraes votou contra a possibilidade de a administração pública ser responsável pelo pagamento de encargos trabalhistas devidos pelas empresas terceirizadas, prestadoras de serviço para o governo, desempatando o caso analisado desde fevereiro pela Corte.

A decisão tem repercussão geral e deve ser seguida em todas as instâncias.

Inciso VI – A responsabilidade subsidiária do tomador de serviços abrange todas as verbas decorrentes da condenação referentes ao período da prestação laboral.

OJ n° 382 da SDI-I do TST – juros de mora. Art. 1°-F da Lei n° 9.494, de 10/9/1997. Inaplicabilidade à Fazenda Pública quando condenada subsidiariamente. (*DEJT* divulgado em 19, 20 e 22/04/2010). A Fazenda Pública, quando condenada subsidiariamente pelas obrigações trabalhistas devidas pela empregadora principal, não se beneficia da limitação dos juros, prevista no art. 1°-F da Lei n° 9.494, de 10/09/1997.

O Supremo Tribunal Federal estabeleceu tese entendendo que a responsabilidade não é automática no **tema 246 da Lista de Repercussão Geral**:

O inadimplemento dos encargos trabalhistas dos empregados do contratado não transfere automaticamente ao Poder Público contratante a responsabilidade pelo seu pagamento, seja em caráter solidário ou subsidiário, nos termos do art. 71, § 1°, da Lei n. 8.666/1993.

Quanto ao **ônus da prova,** o TST passou a entender que cabe à Administração Pública comprovar que fiscalizou adequadamente os contratos administrativos de prestação de serviços, bem como o cumprimento das obrigações trabalhistas relacionadas a esse contrato:

RECURSO DE EMBARGOS. ADMINISTRAÇÃO PÚBLICA DIRETA OU INDIRETA. TERCEIRIZAÇÃO. RESPONSABILIDADE SUBSIDIÁRIA. (...) 2. Diante da salvaguarda inscrita no art. 71 da Lei n. 8.666/1993, a responsabilidade subjetiva e subsidiária da Administração Pública Direta ou Indireta encontra lastro em caracterizadas ação ou omissão culposa na fiscalização e adoção de medidas preventivas ou sancionatórias ao inadimplemento de obrigações trabalhistas por parte de empresas prestadoras de serviços contratadas (arts. 58, III, e 67 da Lei n. 8.666/1993). 3. O Supremo Tribunal Federal, no julgamento do RE n. 760.931/DF (Tema 246 da Repercussão Geral), fixou a seguinte tese: "O inadimplemento dos encargos trabalhistas dos empregados do contratado não transfere automaticamente ao Poder Público contratante a responsabilidade pelo seu pagamento, seja em caráter solidário ou subsidiário, nos termos do art. 71, § 1º, da Lei n. 8.666/1993", mantendo o entendimento de que a responsabilização subsidiária da Administração Pública, ante o reconhecimento da constitucionalidade do preceito – ADC n. 16/DF –, não é automática e somente pode ser admitida se demonstrada a sua conduta omissiva ou comissiva. 4. A Subseção Especializada em Dissídios Individuais I desta Corte, após o julgamento dos embargos de declaração opostos no RE n. 760.931/DF, decidiu, em sessão realizada no dia 12 de dezembro de 2019, em composição plena, ao apreciar o recurso de embargos n. E-RR-925-07.2016.5.05.0281, que, sendo obrigação da Administração Pública fiscalizar a regular execução do contrato, cabe-lhe o ônus processual de comprovar o seu regular cumprimento. 5. No caso concreto, do quadro fático narrado no acórdão regional (Súmula 126/TST), devidamente transcrito no acórdão turmário, depreende-se que o Ente Público descuidou do seu dever de apresentar provas hábeis a demonstrar a eficiente fiscalização da execução do contrato administrativo, o que, na visão do Supremo Tribunal Federal no julgamento do RE-760.931/DF, permite sua responsabilização subsidiária pelas parcelas devidas ao trabalhador. Recurso de embargos não conhecido (E-ED-RR-212200-57.2009.5.02.0261, Subseção I Especializada em Dissídios Individuais, Relator Ministro: Alberto Luiz Bresciani de Fontan Pereira, *DEJT* 26/06/2020).

Quanto às multas, veja um julgado do TST:

"ABRANGÊNCIA DA CONDENAÇÃO. MULTAS PREVISTAS NOS ARTIGOS 467 E 477, DA CLT. TRANSCENDÊNCIA JURÍDICA RECONHECIDA. EFEITOS DA DECISÃO PROFERIDA PELO SUPREMO TRIBUNAL FEDERAL NA ADPF N. 324 E NO RE N. 958.252, COM REPERCUSSÃO GERAL RECONHECIDA (TEMA 725). O recurso não encontra condições de prosseguimento, em razão da conformidade entre a decisão regional e a atual jurisprudência desta Corte, consolidada na Súmula n. 331, VI. Acrescente-se que a jurisprudência desta Corte tem o entendimento de que a condenação subsidiária do tomador de serviços abrange todas as verbas devidas pelo devedor principal, inclusive as multas em epígrafe, verbas rescisórias ou indenizatórias. Agravo de instrumento não provido." (AIRR- 618-87.2018.5.10.0008, 5ª Turma, Relator Ministro: Breno Medeiros, *DEJT* 18/09/2020).

8.5. EFEITOS NA ADMINISTRAÇÃO PÚBLICA

A Lei nº 13.429/2017, que alterou sensivelmente a Lei nº 6.019/1974, foi omissa quanto a esse ponto, o que certamente está acarretando muitas divergências.

Cumpre observar que o "alvo" da nova regulamentação jurídica é o trabalho temporário e terceirização nas empresas. A lei não foi criada para a administração direta, autárquica e fundacional por não se equipararem às empresas privadas.

> O princípio do concurso público está estampado no texto constitucional:
>
> "Art. 37, CF/1988. A administração pública direta e indireta de qualquer dos Poderes da União, dos Estados, do Distrito Federal e dos Municípios obedecerá aos princípios de legalidade, impessoalidade, moralidade, publicidade e eficiência e, também, ao seguinte: (...)
>
> II – a investidura em cargo ou emprego público depende de aprovação prévia em concurso público de provas ou de provas e títulos, de acordo com a natureza e a complexidade do cargo ou emprego, na forma prevista em lei, ressalvadas as nomeações para cargo em comissão declarado em lei de livre nomeação e exoneração; (...)
>
> § 2º A não observância do disposto nos incisos II e III implicará a nulidade do ato e a punição da autoridade responsável, nos termos da lei".

Nesse contexto, nos lembraremos das aulas de Direito Constitucional: a Constituição Federal é hierarquicamente superior à legislação ordinária, logo, a regulamentação sobre o trabalho temporário e a terceirização não excluíra o concurso público para a investidura em cargo ou emprego público.

Além disso, existem atividades que apenas podem ser prestadas diretamente por integrantes de Poder ou servidores públicos. Assim, não se pode imaginar terceirização de juízes, policiais, bombeiros, parlamentares, membros do Ministério Público etc.

Leia, como exemplo, o disposto no art. 3º do Decreto nº 9.507/2018:

Decreto nº 9.507/1998

Art. 3º. Não serão objeto de execução indireta na administração pública federal direta, autárquica e fundacional, os serviços:

I – que envolvam a tomada de decisão ou posicionamento institucional nas áreas de planejamento, coordenação, supervisão e controle;

II – que sejam considerados estratégicos para o órgão ou a entidade, cuja terceirização possa colocar em risco o controle de processos e de conhecimentos e tecnologias;

III – que estejam relacionados ao poder de polícia, de regulação, de outorga de serviços públicos e de aplicação de sanção; e

IV – que sejam inerentes às categorias funcionais abrangidas pelo plano de cargos do órgão ou da entidade, exceto disposição legal em contrário ou quando se tratar de cargo extinto, total ou parcialmente, no âmbito do quadro geral de pessoal.

§ 1º Os serviços auxiliares, instrumentais ou acessórios de que tratam os incisos do *caput* poderão ser executados de forma indireta, vedada a transferência de responsabilidade para a realização de atos administrativos ou a tomada de decisão para o contratado.

CONTRATO DE TRABALHO

O contrato de trabalho é um negócio jurídico em que a parte ativa é representada pelo prestador de serviços e a passiva pelo tomador de serviços. Para que possamos discorrer sobre os contratos, é necessário que primeiro se fale sobre o plano da existência dos negócios jurídicos e depois da sua validade.

O plano da existência já foi exaustivamente abordado quando estudamos os requisitos caracterizadores da relação de trabalho e da relação de emprego, em especial os arts. 2º e 3º da CLT.

Já em relação ao plano da validade, no qual verificamos se o negócio jurídico se encontra apto a produzir seus efeitos, faremos uma breve análise do art. 104 do Código Civil, que dispõe sobre os elementos essenciais dos negócios jurídicos.

> Art. 104. A validade do negócio jurídico requer:
> I – agente capaz;
> II – objeto lícito, possível, determinado ou determinável;
> III – forma prescrita ou não defesa em lei.

Os contratos de trabalho devem, portanto, possuir partes contraentes capazes e ser o objeto da prestação de serviço lícito, possível, determinado ou determinável. Contudo, a forma não é a regra no Direito do Trabalho; pelo contrário, a exigência de formalidade é exceção.

Em relação à capacidade das partes, vale citar o inciso XXXIII do art. 7º da CF/1988, que proíbe a realização "de trabalho noturno, perigoso ou insalubre a menores de dezoito e de qualquer trabalho a menores de dezesseis anos, salvo na condição de aprendiz, a partir de quatorze anos". A capacidade das partes no contrato de trabalho, portanto, se limita a verificar a aptidão da parte para prestar serviços, ou seja, de figurar no polo ativo da relação jurídica.

Como se percebe, quando se trata de **atividade insalubre, perigosa ou noturna**, a idade mínima é **18 anos**.

Todavia, existem casos específicos em que menores de 16 anos (e não são aprendizes) e até mesmo menores de 14 anos atuam de forma artística e o contrato é válido. Exemplo disso seria o artista mirim.

Importante destacar que, em decisão majoritária, tomada na sessão plenária em novembro de 2018, o Supremo Tribunal Federal (STF) referendou medida liminar concedida pelo ministro Marco Aurélio para suspender a eficácia de normas conjuntas de órgãos do Judiciário e do Ministério Público nos Estados de São Paulo e de Mato Grosso que dispõem sobre a competência da Justiça do Trabalho para conceder autorização de trabalho artístico a crianças e adolescentes. Para a maioria dos ministros, a matéria é de **competência da Justiça comum**.

O artigo 114 da Constituição Federal, na redação conferida pela Emenda Constitucional (EC) nº 45/2004, não dá prerrogativa à Justiça do Trabalho para analisar pedidos de autorização de crianças e adolescentes em representações artísticas. O tema sempre foi processado e analisado pela Justiça comum, na maioria dos casos por varas especializadas, em harmonia com o artigo 227 da Constituição Federal, que trata dos interesses da juventude.

Essa excepcionalidade torna-se possível porque o Brasil é signatário da Convenção nº 138 da Organização Internacional do Trabalho (OIT). Esse ponto, em específico, será detalhado no capítulo sobre a proteção do menor.

No tocante ao objeto, é importante diferenciar o trabalho proibido do ilícito.

O trabalho proibido possui uma prestação de serviço considerada originalmente lícita, mas, em relação a ele, a lei opta por fazer determinadas ressalvas para proteger o próprio trabalhador ou o interesse público. Esses contratos são anuláveis e geram efeitos *ex nunc*. É um exemplo de trabalho proibido o que é objeto do art. 390 da CLT: "Ao empregador é vedado empregar a mulher em serviço que demande o emprego de força muscular superior a 20 (vinte) quilos para o trabalho contínuo, ou 25 (vinte e cinco) quilos para o trabalho ocasional".

Outro exemplo seria um trabalhador rural de 12 anos de idade ou, ainda, um trabalhador de 17 anos de atividade laborando em atividade insalubre.

Nos exemplos apresentados, ser trabalhador rural ou trabalhar em condições insalubres, no exemplo, não é crime ou contravenção. O problema, nos exemplos, está na menoridade dos trabalhadores.

Se não houver possibilidade de regularização da situação (como ocorre certamente no caso do adolescente de 12 anos), deve haver a cessação imediata da prestação de serviços.

Por outro lado, se houver possibilidade de regularização da situação laboral (como a retirada do menor com 17 anos da atividade insalubre para uma atividade salubre), essa alteração faz cessar a nulidade do contrato.

Contudo, em qualquer dos casos, não se pode admitir que o empregador, o qual se beneficiou do serviço irregular, saia impune, sem pagar direitos trabalhistas. Assim, o empregador será condenado a pagar todas as verbas trabalhistas.

☞ **ATENÇÃO!**

Quando estivermos diante de uma hipótese de trabalho proibido, a regra é o reconhecimento dos direitos trabalhistas durante todo o período em que houve irregularidade e cessação imediata do trabalho se a irregularidade persistir.

Essa lógica de se reconhecer direitos trabalhistas àquele em situação de trabalho proibido ou irregular decorre da aplicação plena da **teoria trabalhista das nulidades**.

Essa teoria considera que não se pode voltar no tempo (**impossibilidade de retorno ao** status quo ante) e, em consequência, não há possibilidade de se devolver a força de trabalho ao trabalhador. Como incide o princípio geral do direito que veda o enriquecimento sem causa, então a única solução é reconhecer **efeitos** ex nunc **para a nulidade trabalhista,** isto é, a nulidade apenas opera efeitos dali em diante. A consequência é que os efeitos trabalhistas são devidamente reconhecidos até a nulidade ser decretada.

Observe um julgado exemplificativo:

"(...) CORRETOR DE SEGUROS – VÍNCULO EMPREGATÍCIO COM A SEGURADORA. Apesar de o art. 17 da Lei n. 4594/64 vedar aos corretores o estabelecimento de relação de emprego com empresa de seguros, o contrato de trabalho, cujos requisitos se inserem nos arts. 2º e 3º da CLT, é contrato realidade, que se perfaz em razão da prestação de serviços revestida dos pressupostos fático–jurídicos da pessoalidade, onerosidade, não eventualidade e subordinação, à revelia de qualquer roupagem diversa que tenha sido formalizada. Nesse sentido, ainda que a lei prescreva que a contratação do trabalhador, no caso, se dê sob determinada forma, o desrespeito a essa exigência pelo tomador, que já se beneficiou da irregularidade quando aproveitou a energia da reclamante em favor de sua atividade econômica, não pode justificar o enriquecimento ilícito da empresa e o desprestígio ao valor social do trabalho. Se o serviço foi prestado nos moldes empregatícios, ainda que a lei vede essa possibilidade, o empregador que já praticou a ilicitude deverá reconhecê-lo e remunerá-lo como tal, sem afastar do empregado as garantias mais amplas inerentes a essa modalidade de contratação. Incide, no caso, a Teoria Trabalhista das Nulidades. Ademais, considerando que o reconhecimento dos elementos fático-jurídicos da relação de emprego se deu em razão das circunstâncias de fato verificadas no caso concreto, a pretensão de revolvê-las encontra óbice na Súmula n. 126 do TST. Agravo de instrumento desprovido." (AIRR-501-03.2011.5.08.0201, 4ª Turma, Relator Ministro: Luiz Philippe Vieira de Mello Filho, *DEJT* 28/09/2012).

O trabalho ilícito, por seu turno, tem como objeto uma prestação de serviço considerada um ilícito, um tipo penal, e, dessa maneira, não pode produzir efeito algum. O contrato será considerado nulo e gera efeitos *ex tunc*. É um exemplo de trabalho ilícito aquele que aborda a OJ nº 199 da SDI-I do TST.

OJ nº 199 da SDI-I do TST – Jogo do bicho. Contrato de trabalho. Nulidade. Objeto ilícito (título alterado e inserido dispositivo) – *DEJT* divulgado em 16, 17 e 18/11/2010. É nulo o contrato de trabalho celebrado para o desempenho de atividade inerente à prática do jogo do bicho, ante a ilicitude de seu objeto, o que subtrai o requisito de validade para a formação do ato jurídico.

Nesses casos, a violação à ordem jurídica e aos valores importantes à sociedade é tão violenta que **não se pode reconhecer qualquer efeito trabalhista**.

Como se nota, não se aplica a teoria trabalhista das nulidades. E deve ser cessada necessariamente a prestação de serviços.

Veja um julgado que ilustra o tema:

"(...) RECURSO DE REVISTA. OPERADOR DE MÁQUINA CAÇA-NÍQUEIS. ILICITUDE DO OBJETO. APLICAÇÃO DA ORIENTAÇÃO JURISPRUDENCIAL 199/ SBDI-1/TST POR ANALOGIA. (...) Sob essa perspectiva, a jurisprudência desta Corte é pacífica no sentido de reconhecer que, em se tratando de trabalho ilícito, não se deve conferir qualquer efeito trabalhista – como se depreende da Orientação Jurisprudencial 199 da SDI-1, acerca da prestação de serviços relacionados à exploração do jogo do bicho. Na hipótese em exame, embora não se trate especificamente de jogo do bicho, infere-se que a atividade afeta às operações com máquinas caça-níqueis pode vir a configurar o enquadramento na contravenção penal de exploração de jogos de azar – prevista no art. 50 do Decreto-lei n. 3.688/41, que pune a conduta de 'Estabelecer ou explorar jogo de azar em lugar público ou acessível ao público, mediante o pagamento de entrada ou sem ele'. Nesse contexto, tratando-se de prestação laboral – operação com máquinas caça-níqueis – envolta a atividades repudiadas pelo ordenamento jurídico, devem incidir os mesmos efeitos previstos na OJ 199 da SBDI-1 do TST. Por todo o exposto, evidencia-se que não há como conferir efeitos jus trabalhistas à relação mantida entre o Reclamante e a Reclamada. Agravo de instrumento desprovido." (AIRR – 361-91.2013.5.05.0003, Relator Ministro: Mauricio Godinho Delgado, Data de Julgamento: 07/10/2015, 3ª Turma, Data de Publicação: *DEJT* 09/10/2015).

☞ **ATENÇÃO!**

A CTPS não será anotada se o contrato for nulo.

"RECURSO DE REVISTA INTERPOSTO NA VIGÊNCIA DAS LEIS 13.105/2014 E 13.467/2017 (...) 2 – CONTRATO NULO. ANOTAÇÃO DA CTPS. No caso concreto, considerando que a contratação da reclamante não foi precedida de prévio concurso público, ela se torna nula, atraindo a aplicação da Súmula n. 363 do TST. Assim, deve-se declarar a nulidade do contrato de trabalho, deferindo à obreira apenas os salários retidos e o FGTS inadimplido, não havendo que se cogitar de condenação de ofício para determinar a anotação na CTPS da reclamante e o recolhimento de verbas previdenciárias. Recurso de revista conhecido e provido." (RR-408-74.2017.5.19.0055, 2ª Turma, Relatora Ministra: Delaíde Miranda Arantes, *DEJT* 13/09/2019).

Os contratos de trabalho **não possuem formalidade específica,** podendo ser formados de maneira expressa (escrita ou verbal) e até mesmo tácita (art. 442, *caput*, da CLT).

Ocorre que, em alguns casos específicos, os contratos de trabalho precisam ser necessariamente escritos, como ocorre com o trabalho temporário, por exemplo:

Cap. 9 – CONTRATO DE TRABALHO

Lei nº 6.019/1974

Art. 11. O contrato de trabalho celebrado entre empresa de trabalho temporário e cada um dos assalariados colocados à disposição de uma empresa tomadora ou cliente será, obrigatoriamente, escrito e dele deverão constar, expressamente, os direitos conferidos aos trabalhadores por esta Lei.

9.1. CARACTERÍSTICAS DO CONTRATO DE TRABALHO

O contrato de trabalho é:

a) De Direito Privado: há presença da autonomia da vontade, ou seja, as partes são livres para estipular as cláusulas contratuais, ainda que o Estado seja o empregador;

b) Informal: esta característica consiste na possibilidade de o contrato de trabalho poder ser celebrado tácita ou expressamente, verbalmente ou por escrito;

c) Bilateral ou sinalagmático: os direitos e obrigações gerados pelo contrato de trabalho são recíprocos e antagônicos para o empregado e para o empregador. Ex.: o pagamento mensal do salário de forma integral é um direito do empregado e, ao mesmo tempo, constitui um dever do empregador; o uso do equipamento de proteção individual (EPI) é uma obrigação do empregado e corresponde ao dever do empregador de fiscalizar;

d) Personalíssimo ou *intuitu personae*: essa característica se refere à figura do empregado. Em relação a ele, o contrato de trabalho é considerado infungível, isto é, o empregado não pode transferir para outrem a tarefa de prestar o serviço a que se obrigou;

e) Comutativo: há uma equivalência, uma equipolência entre o serviço prestado e o valor por ele pago;

f) Consensual: o contrato de trabalho deriva do livre consentimento das partes;

g) De trato sucessivo (de débito permanente): os direitos e as obrigações se renovam a cada período, ou seja, o contrato se protrai no tempo, não se exaurindo em uma única prestação;

h) Oneroso: o salário é o requisito essencial do contrato de trabalho. O empregado deve ser pago pelos serviços prestados;

i) De atividade: o contrato de trabalho não é um contrato de resultado, mas sim um contrato que tem como objetivo a própria prestação de um serviço.

9.2. CLASSIFICAÇÃO DO CONTRATO DE TRABALHO

Art. 443 da CLT. O contrato individual de trabalho poderá ser acordado tácita ou expressamente, verbalmente ou por escrito, por prazo determinado ou indeterminado, ou para prestação de trabalho intermitente.

CLT (antes da reforma)	CLT (depois da reforma)
Art. 443. O contrato individual de trabalho poderá ser acordado tácita ou expressamente, verbalmente ou por escrito e por prazo determinado ou indeterminado.	Art. 443. O contrato individual de trabalho poderá ser acordado tácita ou expressamente, verbalmente ou por escrito, por prazo determinado ou indeterminado, ou para prestação de trabalho intermitente.

De acordo com o art. 443 da CLT, o contrato de trabalho pode ser classificado em:

I. Quanto à manifestação de vontade das partes:

a) Tácito: as partes não expressam explicitamente a vontade de contratar, apenas demonstram o ânimo de celebrar o contrato;

b) Expresso: as partes manifestam sua vontade de forma expressa, clara, explícita e precisa.

II. Quanto ao número de prestadores de serviço:

a) Individual: os contratos individuais de trabalho são aqueles em que o polo ativo da relação jurídica contratual é formado por apenas um empregado;

b) Plúrimos: nos contratos plúrimos, existem dois ou mais empregados no polo ativo da relação jurídica.

☞ ATENÇÃO!

Cuidado para não confundir os contratos plúrimos com a Teoria do Empregador Único (grupo econômico). Perceba a diferença: os contratos plúrimos estão relacionados à figura do empregado. A Teoria do Empregador Único está relacionada à figura do empregador.

Por fim, um último detalhe quanto aos contratos plúrimos. Existem autores que o diferenciam do chamado contrato de equipe. Para esses autores, nos contratos de equipe haveria uma unidade de interesse que ligaria os empregados a ponto de uni-los em uma relação jurídica própria. Exemplo: uma orquestra.

O contrato em equipe seria, na verdade, um feixe de contratos individuais. Não pode ser tratado como um contrato único. Logo, por exemplo, se um dos empregados cometer falta grave, apenas ele pode ser dispensado por justa causa. O restante, se não mais interessar ao empregador, deve ser dispensado sem justa causa.

Observe o julgado do TST:

"(...) 2. CONTRATO INDIVIDUAL DE TRABALHO. EMPREGADO. PRESENÇA DOS ELEMENTOS DO ART. 3º DA CLT. CONTRATO DE EQUIPE OU CONTRATO PLÚRIMO. (...) A presunção de existência de vínculo empregatício no Direito Brasileiro é imperativa (Súmula 212, TST), harmonizando-se aos princípios constitucionais e legais de valorização do trabalho, da justiça social, do bem-estar individual e social e da própria dignidade da pessoa humana. Tratando-se de contrato de equipe – ou contrato plúrimo – os quais não possuem lei regulatória específica -, são regidos como feixes de contratos individuais de trabalho, com vínculos de empregos diretos entre cada trabalhador e o tomador de serviços. Dessa maneira, não há como assegurar o processamento do recurso de revista quando o agravo de instrumento interposto não desconstitui os fundamentos da decisão denegatória, que subsiste por seus próprios fundamentos. Agravo de instrumento desprovido." (AIRR – 2058-45.2012.5.03.0131, Relator Ministro: Mauricio Godinho Delgado, Data de Julgamento: 11/12/2013, 3ª Turma, Data de Publicação: *DEJT* 13/12/2013).

III. Quanto à forma:

a) Verbal: o contrato verbal é informal;

b) Escrito: o contrato escrito é formal e documentado.

IV. Quanto ao prazo:

a) Determinado: somente é admitido nos casos expressos em lei;

b) Indeterminado: os contratos por prazo indeterminado são a regra no Direito do Trabalho. Essa regra decorre da aplicação dos princípios protetivos do empregado, em especial do princípio da continuidade da relação de emprego.

Súmula nº 212 do TST – Despedimento. Ônus da prova (mantida). Resolução nº 121/2003, *DJ* de 19, 20 e 21/11/2003. O ônus de provar o término do contrato de trabalho, quando negados a prestação de serviço e o despedimento, é do empregador, pois o princípio da continuidade da relação de emprego constitui presunção favorável ao empregado.

A Súmula nº 212 do TST confirma que os contratos por prazo indeterminado são a regra no Direito do Trabalho.

9.3. ASSINATURA DA CTPS

☞ **ATENÇÃO!**

Não confunda o contrato de trabalho com a anotação na Carteira de Trabalho e Previdência Social (CTPS). A anotação é o mero registro da existência do contrato de trabalho. O fato de não ter havido uma anotação não significa que não exista contrato.

Aliás, por falar em anotação da CTPS, essa anotação é, em regra, obrigatória na relação de emprego, conforme o art. 13 da CLT:

CLT

Art. 13. A Carteira de Trabalho e Previdência Social é obrigatória para o exercício de qualquer emprego, inclusive de natureza rural, ainda que em caráter temporário, e para o exercício por conta própria de atividade profissional remunerada.

O modelo da Carteira de Trabalho é definido pelo Ministério da Economia:

CLT

Art. 13.

§ 2º A Carteira de Trabalho e Previdência Social (CTPS) obedecerá aos modelos que o Ministério da Economia adotar.

Considerando a maior segurança dos meios eletrônicos para fins de registros de dados, o legislador deu preferência à **CTPS eletrônica**, mas admitiu, de forma excepcional, a existência da CTPS física:

CLT

Art. 14. A CTPS será emitida pelo Ministério da Economia preferencialmente em meio eletrônico.

Parágrafo único. Excepcionalmente, a CTPS poderá ser emitida em meio físico, desde que:

I – nas unidades descentralizadas do Ministério da Economia que forem habilitadas para a emissão;

II – mediante convênio, por órgãos federais, estaduais e municipais da administração direta ou indireta;

III – mediante convênio com serviços notariais e de registro, sem custos para a administração, garantidas as condições de segurança das informações.

Art. 15. Os procedimentos para emissão da CTPS ao interessado serão estabelecidos pelo Ministério da Economia em regulamento próprio, privilegiada a emissão em formato eletrônico.

A identificação da CTPS é feita com base no CPF do trabalhador:

CLT

Art. 16. A CTPS terá como identificação única do empregado o número de inscrição no Cadastro de Pessoas Físicas (CPF).

A Carteira de Trabalho e Previdência Social (CTPS) deverá ser assinada mesmo nos contratos de trabalho em que não houver a exigência de forma específica, e mesmo nos contratos celebrados verbal ou tacitamente. O empregador terá o **prazo máximo de 5 dias úteis** da admissão do empregado para assinar a carteira de trabalho do empregado, sob pena de incorrer em um ilícito administrativo.

Art. 29, CLT. O empregador terá o prazo de 5 (cinco) dias úteis para anotar na CTPS, em relação aos trabalhadores que admitir, a data de admissão, a remuneração e as condições especiais, se houver, facultada a adoção de sistema manual, mecânico ou eletrônico, conforme instruções a serem expedidas pelo Ministério da Economia.

§ 1º As anotações concernentes à remuneração devem especificar o salário, qualquer que seja sua forma de pagamento, seja ele em dinheiro ou em utilidades, bem como a estimativa da gorjeta.

O fato de o empregado não ter a sua CTPS anotada não afasta o vínculo empregatício, contudo, a empresa deverá ser autuada pelo órgão fiscalizador das relações de trabalho.

Além das anotações iniciais, pode haver outras anotações no curso do contrato:

CLT

Art. 29. (...)

§ 2º As anotações na Carteira de Trabalho e Previdência Social serão feitas:

a) na data-base;

b) a qualquer tempo, por solicitação do trabalhador;

c) no caso de rescisão contratual; ou

d) necessidade de comprovação perante a Previdência Social.

§ 3º A falta de cumprimento pelo empregador do disposto neste artigo acarretará a lavratura do auto de infração, pelo Fiscal do Trabalho, que deverá, de ofício, comunicar a falta de anotação ao órgão competente, para o fim de instaurar o processo de anotação. § 4º É vedado ao empregador efetuar anotações desabonadoras à conduta do empregado em sua Carteira de Trabalho e Previdência Social.

Caso a CTPS seja eletrônica, basta o trabalhador indicar ao empregador o número de seu CPF, porque isso equivale à apresentação do documento para fins de anotação. Feita a anotação eletrônica, o trabalhador terá acesso aos dados no **prazo de até 48 horas** a partir da anotação:

CLT

Art. 29. (...)

§ 6º A comunicação pelo trabalhador do número de inscrição no CPF ao empregador equivale à apresentação da CTPS em meio digital, dispensado o empregador da emissão de recibo.

§ 7º Os registros eletrônicos gerados pelo empregador nos sistemas informatizados da CTPS em meio digital equivalem às anotações a que se refere esta Lei.

§ 8º O trabalhador deverá ter acesso às informações da sua CTPS no prazo de até 48 (quarenta e oito) horas a partir de sua anotação.

Temos uma exceção para a obrigatoriedade de anotação na CTPS. No caso de **contrato de trabalho rural por pequeno prazo** (até 2 meses em 1 ano) para atividades de natureza temporária em favor de produtor pessoa física, a lei faculta a anotação na CTPS ou contrato escrito. Leia o trecho da lei:

Lei nº 5.889/1973

Art. 14-A. O produtor rural pessoa física poderá realizar contratação de trabalhador rural por pequeno prazo para o exercício de atividades de natureza temporária.

§ 1º A contratação de trabalhador rural por pequeno prazo que, dentro do período de 1 (um) ano, superar 2 (dois) meses fica convertida em contrato de trabalho por prazo indeterminado, observando-se os termos da legislação aplicável.

§ 3º O contrato de trabalho por pequeno prazo deverá ser formalizado mediante a inclusão do trabalhador na GFIP, na forma do disposto no § 2º deste artigo, e:

I – mediante a anotação na Carteira de Trabalho e Previdência Social e em Livro ou Ficha de Registro de Empregados; ou

II – mediante contrato escrito, em 2 (duas) vias, uma para cada parte, onde conste, no mínimo:

a) expressa autorização em acordo coletivo ou convenção coletiva;

b) identificação do produtor rural e do imóvel rural onde o trabalho será realizado e indicação da respectiva matrícula;

c) identificação do trabalhador, com indicação do respectivo Número de Inscrição do Trabalhador – NIT.

A anotação na CTPS faz efetiva **prova da existência do contrato de trabalho**, mas sua ausência não impede que a prova seja feita por outros meios, até porque deve prevalecer a realidade (**princípio da primazia da realidade**):

CLT

Art. 456. A prova do contrato individual do trabalho será feita pelas anotações constantes da carteira profissional ou por instrumento escrito e suprida por todos os meios permitidos em direito.

As anotações da CTPS geram uma presunção relativa dos termos do pactuado entre as partes.

Súmula nº 12 do TST – Carteira Profissional (mantida) – Res. 121/2003, *DJ* 19, 20 e 21/11/2003. As anotações apostas pelo empregador na carteira profissional do empregado não geram presunção *juris et de jure*, mas apenas *juris tantum*.

Apesar de a anotação na CTPS ser, como regra, obrigatória, sua ausência não implica automática violação moral do trabalhador, não havendo direito à indenização:

"(...) 2. INDENIZAÇÃO POR DANO MORAL. AUSÊNCIA DE ANOTAÇÃO DO CONTRATO DE TRABALHO NA CTPS. A jurisprudência desta Corte Superior consolidou o entendimento de que a simples ausência de registro do contrato de trabalho na CTPS, por si só, não configura lesão a direito personalíssimo do empregado, a ensejar a indenização por dano moral. Precedentes. Recurso de revista não conhecido." (RR-811-50.2017.5.09.0660, 3ª Turma, Relator Ministro: Alberto Luiz Bresciani de Fontan Pereira, *DEJT* 08/05/2020).

Claro que isso não obsta o direito de o empregado ter sua CTPS anotada, de forma que o Poder Judiciário pode impor a obrigação de fazer ao empregador, inclusive sob pena de multa cominatória para eventual descumprimento.

Contudo, se o empregador costumeiramente não anota a CTPS dos funcionários, trata-se de reiteração dolosa significativa da violação, ensejando condenação em indenização por dano moral coletivo:

"RECURSO DE REVISTA. AÇÃO CIVIL PÚBLICA. DESCUMPRIMENTO DA LEGISLAÇÃO TRABALHISTA. DANO MORAL COLETIVO. CONFIGURAÇÃO. (...) 2. Na hipótese, o sistemático e reiterado desrespeito às normas trabalhistas (v.g. ausência de anotação da CTPS e registro de empregados em livro, ficha ou sistema eletrônico) demonstra que a lesão perpetrada foi significativa e que, efetivamente, ofendeu a ordem jurídica, ultrapassando a esfera individual. 3. As empresas que se lançam no mercado, assumindo o ônus financeiro de cumprir a legislação trabalhista, perdem competitividade em relação àquelas que reduzem seus custos de produção à custa dos direitos mínimos assegurados aos empregados. 4. Diante desse quadro, tem-se que a deliberada e reiterada desobediência do empregador à legislação trabalhista ofende a população e a Carta Magna, que tem por objetivo fundamental construir sociedade livre, justa e solidária (art. 3º, I, da CF). 5. Tratando-se de lesão que viola bens jurídicos indiscutivelmente caros a toda a sociedade, surge o dever de indenizar, sendo cabível a reparação por dano moral coletivo (arts. 186 e 927 do CC e 3º e 13 da LACP). Recurso de revista conhecido e provido." (RR-20493-40.2016.5.04.0021, 3ª Turma, Relator Ministro: Alberto Luiz Bresciani de Fontan Pereira, *DEJT* 26/06/2020).

E a retenção da CTPS física acima do prazo? O empregador recebeu o documento para promover a anotação, mas não devolveu após os 5 dias úteis, retendo-o de forma indevida. Isso prejudica substancialmente o trabalhador. Trata-se de um documento que representa sua vida profissional, o que pressupõe que é o trabalhador quem deve manter o documento,

A posição majoritária do TST entende que a indenização por danos morais é devida nesses casos:

"(...) II – RECURSO DE EMBARGOS REGIDO PELAS LEIS Nos 13.015/2014 E 13.105/2015. RETENÇÃO DA CTPS. DANO MORAL. CONFIGURAÇÃO PELA SIMPLES OCORRÊNCIA DO FATO. (...) 6. A retenção ilegal da CTPS impede o trabalhador, então desempregado, de buscar nova colocação no mercado de trabalho e receber o seguro-desemprego, criando estado de permanente apreensão, que, por óbvio, compromete sua vida profissional e ultrapassa o mero dissabor. 7. Tal estado de angústia está configurado sempre que se verifica a retenção ilegal de documento de devolução obrigatória – 'damnum in reipsa'. 8. Ao contrário do dano material, que exige prova concreta do prejuízo sofrido pela vítima, a ensejar o pagamento de danos emergentes e de lucros cessantes, nos termos do art. 402 do Código Civil, desnecessária a prova do prejuízo moral, pois presumido da violação da personalidade do ofendido, autorizando que o juiz arbitre valor para o compensar financeiramente. (...)" (E-RR-881-07.2015.5.12.0029, Subseção I Especializada em Dissídios Individuais, Relator Ministro: Alberto Luiz Bresciani de Fontan Pereira, *DEJT* 29/11/2019).

Vale lembrar, ainda, que o empregador não pode fazer qualquer anotação que seja depreciativa e desabonadora para o trabalhador ou que o prejudique na busca de nova colocação no mercado de trabalho:

CLT

Art. 29. (...)

§ 4º É vedado ao empregador efetuar anotações desabonadoras à conduta do empregado em sua Carteira de Trabalho e Previdência Social.

§ 5º O descumprimento do disposto no § 4º deste artigo submeterá o empregador ao pagamento de multa prevista no art. 52 deste Capítulo.

Uma das anotações consideradas desabonadoras é o registro da existência de ação trabalhista na CTPS. O empregador, ao cumprir uma determinação judicial de anotação de vínculo empregatício ou de qualquer outro dado, não pode anotar, na CTPS, que houve essa determinação judicial, porquanto isso evidencia que o trabalhador buscou o Poder Judiciário. Isso poderia prejudicar a obtenção de um novo emprego:

> "(...) ANOTAÇÕES NA CTPS DOS EMPREGADOS A RESPEITO DO AJUIZAMENTO DE RE-CLAMAÇÃO TRABALHISTA. READMISSÃO DOS EMPREGADOS POR FORÇA DE DECISÃO JUDICIAL. CARÁTER DISCRIMINATÓRIO. RETIFICAÇÃO. A jurisprudência reiterada e predominante desta Corte superior, com vistas a desmotivar conduta do empregador que possa acarretar ao empregado dificuldade na tentativa de obtenção de novo emprego, adota a tese de que o ex-empregador, ao proceder a anotação da carteira de trabalho do trabalhador, fazendo constar que o registro decorreu de determinação judicial, atenta contra o direito de personalidade desse. Não se pode negar que a realidade brasileira apresenta um mercado de trabalho altamente competitivo, com o desemprego crônico e a precarização dos direitos trabalhistas, sendo notório que algumas empresas, na seleção dos candidatos à vaga de emprego, utilizam-se de critérios arbitrários e ilegais, discriminando os trabalhadores em razão da formação, idade, raça, aparência, pretensão salarial ou qualquer ponto que considerem negativo, como o anterior ajuizamento de reclamação trabalhista contra seu ex-empregador. Portanto, na hipótese, ainda que a reclamada, ao fazer anotação desnecessária e injustificável na CTPS dos reclamantes de ajuizamento de reclamação trabalhista, não tenha comprovadamente agido de forma dolosa para causar dano aos trabalhadores, assumiu deliberadamente o risco de fazê-lo, ao registrar naquele documento, sem nenhuma necessidade real, que o fazia no cumprimento de determinação judicial, não podendo razoavelmente ignorar que, ao assim proceder, fatalmente, sujeitou os reclamantes a uma possível discriminação no mercado de trabalho, com graves consequências de ordem social e econômica. Por tudo isso, a reclamada teve conduta contrária ao disposto no artigo 29, caput e seu § 4º, da CLT (precedentes). Recurso de revista conhecido e provido." (RR-940-45.2015.5.20.0005, 2ª Turma, Relator Ministro: José Roberto Freire Pimenta, *DEJT* 23/08/2019).

Quanto à anotação de existência de atestados médicos na CTPS, existe uma divergência no TST. A posição majoritária defende que esse registro é desabonador e gera indenização por danos morais, porquanto causa constrangimento e discriminação, dificultando a recolocação do trabalhador no mercado de trabalho. O futuro novo empregador pode deixar de contratar o obreiro se visualizar um histórico grande de atestados anotados na CTPS:

> "(...) INDENIZAÇÃO POR DANO MORAL. ANOTAÇÃO DE ATESTADOS MÉDICOS NA CTPS. É firme a jurisprudência do TST no sentido de que o ato da empregadora, ao proceder anotações na CTPS do empregado, especificando os afastamentos justificados por atestados médicos, constitui prática ilegal, desabonadora e abusiva, pois sujeita o empregado à discriminação no mercado de trabalho, configurando transtorno à sua honra subjetiva capaz de ensejar a compensação pelo dano moral infligido. Incidência do disposto no art. 896, § 7º, da CLT. Recurso de revista de que não se conhece." (RR- 20618-39.2012.5.20.0009, 1ª Turma, Relator Ministro: Walmir Oliveira da Costa, *DEJT* 27/09/2019).

Cap. 9 – CONTRATO DE TRABALHO

"ANOTAÇÃO DE ATESTADOS MÉDICOS NA CTPS – DANO MORAL – CONFIGURAÇÃO. O art. 29 da CLT e a Portaria MTE 41/2007 discriminam as anotações de teor trabalhista e previdenciária que devem constar da CTPS. O art. 29, § 4º, da CLT, por seu turno, veda as anotações desabonadoras à conduta do empregado. O registro dos atestados apresentados pelo empregado não se revela necessário, conforme se extrai da legislação, sendo forçoso concluir que, se o ato do empregador de efetuá-lo não lhe traz nenhum benefício, apenas tem por escopo prejudicar o empregado na obtenção de novo emprego. Notadamente o adoecimento do trabalhador não é bem visto por nenhum empregador, o que denota a atitude abusiva da reclamada e, por conseguinte, o ato ilícito enseja o dever de reparação. Trata-se de dano moral presumido, no qual o ofendido não necessita prová-lo, sendo incontestável que a conduta da reclamada em fazer o referido registro na CPTS ocasionaria inegável sofrimento e angústia à empregada quando de sua reinserção no mercado de trabalho. Recurso de revista conhecido e provido." (RR-182-29.2010.5.05.0015, 7ª Turma, Relator Ministro Luiz Philippe Vieira de Mello Filho, *DEJT* 01/07/2019).

A posição minoritária entende que tais anotações revelam somente o histórico funcional do empregado, não havendo abusividade:

"(...) RESPONSABILIDADE CIVIL DO EMPREGADOR. INDENIZAÇÃO POR DANO MORAL. REGISTRO DE ATESTADOS NA CTPS OBREIRA. DESCUMPRIMENTO DA PORTARIA N. 41/2007. (...) Impertinente, assim, as alegações da agravada visto que não age ilicitamente o empregador que registra atestados médicos na CTPS para justificar as ausências dos empregados, considerando a fidedignidade das anotações, incontroversa na decisão regional. É que não se pode presumir que anotações dessa natureza, que apenas refletem o histórico funcional do empregado, sejam abusivas ou discriminatórias. Ao contrário, ressai evidente a possibilidade de o empregador poder efetuar registros de eventuais interrupções no contrato de trabalho, não havendo, à luz do princípio da boa-fé contratual, como supor que a intenção da empresa é frustrar o trabalhador de obter nova colocação no mercado de trabalho. Agravo não provido." (Ag-ARR-469-12.2013.5.20.0001, 5ª Turma, Relator Ministro Breno Medeiros, *DEJT* 24/04/2020).

9.4. CONTRATO INDIVIDUAL DE TRABALHO

9.4.1. Conceito

Contrato individual de trabalho é o negócio jurídico tácito ou expresso, verbal ou escrito, por meio do qual uma pessoa física assume a obrigação de prestar serviços a outrem, com pessoalidade, não eventualidade, onerosidade e subordinação.

Art. 442 da CLT. Contrato individual de trabalho é o acordo tácito ou expresso, correspondente à relação de emprego.

O art. 442 da CLT não foi muito técnico ao dizer que o contrato individual de trabalho corresponde à relação de emprego. Como já dissemos anteriormente, existe uma máxima em Direito do Trabalho segundo a qual toda relação de emprego corresponde a uma relação de trabalho, mas o contrário não é verdadeiro, isso porque a relação de trabalho é gênero do qual a relação de emprego é espécie. Portanto, cremos que a CLT teria sido mais adequada se tivesse dito que o contrato individual de trabalho corresponde à relação de trabalho.

Quando se alega que o contrato de emprego (de trabalho) pode ser um acordo **tácito**, fica claro que, mesmo não havendo um ajuste expresso entre os contratantes, estando presente na situação fática os elementos da relação de emprego, deve ser reconhecida a existência desse contrato empregatício.

E quando se fala em contrato **expresso**, significa dizer que pode ser tanto verbal quanto escrito.

O art. 442-B, inserido na CLT pela Lei nº 13.467/2017, seguiu o mesmo raciocínio adotado em relação à descaracterização do vínculo empregatício entre a sociedade cooperativa e seu associado. De fato, não há motivo razoável para configurar vínculo empregatício entre a empresa e um autônomo que lhe preste algum serviço eventual.

> Art. 442-B da CLT. A contratação do autônomo, cumpridas por este todas as formalidades legais, com ou sem exclusividade, de forma contínua ou não, afasta a qualidade de empregado prevista no art. 3º desta Consolidação.

☞ ATENÇÃO!

Ressalte-se que, na eventualidade de uma tentativa de fraudar a legislação trabalhista, estando configurados os requisitos caracterizadores da relação de emprego, a Justiça do Trabalho poderá reconhecer o vínculo empregatício, garantindo ao empregado todos os direitos a ele inerentes.

Parece-nos que a regra proposta pela reforma é lógica. Se o trabalhador é autônomo, não é empregado. Sua inclusão mais parece uma tentativa de burlar a relação de emprego. O fato de existir um contrato de prestação de serviços escrito ou com as formalidades legais não afasta, por si só, o liame empregatício. O que afasta é a ausência dos requisitos contidos nos arts. 2º e 3º da CLT.

9.5. CONTRATOS POR PRAZO DETERMINADO

9.5.1. Contratos por prazo determinado da CLT

> Art. 443, § 1º, da CLT. Considera-se como de prazo determinado o contrato de trabalho cuja vigência dependa de termo prefixado ou da execução de serviços especificados ou ainda realização de certo acontecimento suscetível de previsão aproximada.

O § 1º do art. 443 apresenta não apenas o conceito de contrato por prazo determinado, mas também apresenta três formas diferentes de determinação de prazo.

O contrato por prazo determinado poderá ocorrer, portanto, das seguintes formas:

a) termo prefixado, isto é, o contrato terá uma data certa para o término; ex.: contrato de experiência;

b) sem termo prefixado e de execução de serviços especificados; ex.: contratação de vendedores extras em lojas na época do natal;

c) sem termo prefixado e de realização de certo acontecimento suscetível de previsão aproximada; ex.: contrato de safra.

Quando se fala em "**termo prefixado**", isso significa que pode existir um prazo fixo limite para o fim do contrato de trabalho. Quando a data estipulada chega, ocorre o término do pacto laboral. Imagine que o contrato foi estipulado para terminar em 30 dias. Nesse caso, ao fim do último dia, encerra-se o contrato.

Por outro lado, quando se fala em **serviços especificados** ou **realização de certo acontecimento suscetível de previsão aproximada**, apesar de não ter uma data fixa e clara, trata-se de um serviço específico que, uma vez cumprido, faz terminar o contrato, ou de um acontecimento que, uma vez ocorrido, implica a resolução da relação de emprego.

9.5.1.1. Hipóteses de contratação

Art. 443, § 2º, da CLT. O contrato por prazo determinado só será válido em se tratando:

a) de serviço cuja natureza ou transitoriedade justifique a predeterminação do prazo;

Nesse caso, a atividade desenvolvida pela empresa é permanente, mas o serviço prestado pelo empregado é transitório.

Exemplo: a contratação de vendedores na época do Natal.

b) de atividades empresariais de caráter transitório;

Nesse caso, o relevante é a natureza da atividade desenvolvida pela empresa, isto é, a empresa deve desenvolver atividades que possuam caráter transitório.

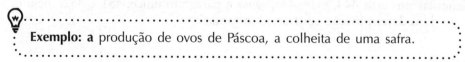

Exemplo: a produção de ovos de Páscoa, a colheita de uma safra.

c) de contrato de experiência;

O contrato de experiência é uma modalidade de contrato por prazo determinado, que tem por finalidade a aferição, por ambas as partes, da viabilidade de um futuro vínculo de emprego por prazo indeterminado.

9.5.1.2. Duração dos prazos

Art. 445 da CLT. O contrato de trabalho por prazo determinado não poderá ser estipulado por mais de 2 anos, observada a regra do art. 451.

Art. 445, parágrafo único, da CLT. O contrato de experiência não poderá exceder 90 dias.

> 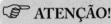 **ATENÇÃO!**
> Este contrato tem o prazo máximo de 90 dias. Portanto, é um erro dizer que o contrato de experiência tem três meses. Três meses podem não perfazer 90 dias.

9.5.1.3. Prorrogação dos prazos

Art. 451 da CLT. O contrato de trabalho por prazo determinado que, tácita ou expressamente, for prorrogado mais de uma vez, passará a vigorar sem determinação de prazo.

Súmula nº 188 do TST – Contrato de trabalho. Experiência. Prorrogação (mantida). Resolução nº 121/2003, DJ de 19, 20 e 21/11/2003. O contrato de experiência pode ser prorrogado, respeitado o limite máximo de 90 (noventa) dias.

A prorrogação do prazo dos contratos por prazo determinado somente poderá ocorrer uma única vez, desde que observado o limite máximo legalmente previsto para esses contratos, sob pena de ocorrer a indeterminação contratual automática.

- contratos por prazo determinado – prorrogação do prazo – uma única vez, desde que respeitado o prazo máximo legal = válido;
- contratos por prazo determinado – prorrogação do prazo – uma única vez, não respeitado o prazo máximo legal = indeterminação contratual automática;
- contratos por prazo determinado – prorrogação do prazo – mais uma vez = indeterminação contratual automática.

Sempre que forem inobservadas as regras contratuais previstas nos artigos da CLT referentes aos contratos por prazo determinado, em especial as hipóteses elencadas nos arts. 443, § 1º, 445, *caput* e parágrafo único, 451 e 452, incidirá a regra da **indeterminação contratual automática**.

9.5.1.4. Sucessividade

Pode haver a formação de sucessivos contratos de trabalho por prazo determinado com o mesmo empregador? Como **regra**, a resposta é **negativa**.

Uma vez terminado o contrato de trabalho por prazo determinado, o trabalhador não pode ser contratado em novo contrato dessa espécie pelos próximos

6 meses, exceto quando esse contrato se refere à realização de certos serviços ou da ocorrência de certos acontecimentos. Leia o art. 452 da CLT:

> Art. 452 da CLT. Considera-se por prazo indeterminado todo contrato que suceder, dentro de seis meses, a outro contato por prazo determinado, salvo se a expiração deste dependeu da execução de serviços especializados ou da realização de certos acontecimentos.

Nos casos de execução de serviços especializados e da realização de certos acontecimentos, caso ocorra uma segunda contratação antes de decorrido o prazo de seis meses, o contrato de trabalho continuará a ser por prazo determinado.

O decurso do prazo de seis meses é importante para que fique caracterizada a figura da sucessividade ou da prorrogação. Assim, passados seis meses entre a celebração dos contratos, teremos a sucessividade, ou seja, a existência de contratos distintos. Caso contrário, em se passando menos de seis meses, o segundo contrato já nasce como indeterminado, não havendo que se falar em unicidade do contrato.

Um ponto é relevante. Os contratos por prazo determinado podem deter cláusula expressa de prorrogação automática do ajuste, mas o período total de contrato por prazo determinado, incluindo a prorrogação, deve respeitar o limite máximo previsto em lei para aquele contrato. Por exemplo, no contrato de experiência, deve respeitar o limite máximo de 90 dias:

> "(...) CONTRATO DE EXPERIÊNCIA. PRORROGAÇÃO TÁCITA. O acórdão regional consignou que o contrato de trabalho do reclamante teve início em 4/11/2014 e a rescisão ocorreu em 17/01/2015. Verifica-se que o art. 8º do contrato de trabalho prevê a prorrogação tácita do contrato de experiência. A jurisprudência desta Corte entende que o contrato de experiência pode ser tacitamente prorrogado desde que haja previsão contratual da prorrogação automática, bem como seja respeitado o período máximo de 90 dias. Precedentes. Óbice da Súmula n. 333/TST. Recurso de revista não conhecido." (RR-618-75.2016.5.14.0031, 2ª Turma, Relatora Ministra: Maria Helena Mallmann, *DEJT* 24/08/2018).

9.5.1.5. Resilição do contrato (sem justa causa)

Nos contratos por prazo determinado, em regra, não ocorre a incidência do aviso-prévio. Contudo, a CLT prevê, para os casos de resilição do contrato (sem justa causa), uma indenização. Ou seja, caso o empregador ou o empregado decidam pôr fim ao contrato de trabalho por prazo determinado, sem justa causa, terão que indenizar a outra parte por eventuais prejuízos a ela causados.

> Art. 479 da CLT. Nos contratos que tenham termo estipulado, o empregador que, sem justa causa, despedir o empregado será obrigado a pagar-lhe, a título de indenização, e por metade, a remuneração a que teria direito até o termo do contrato.
>
> Parágrafo único. Para a execução do que dispõe o presente art., o cálculo da parte variável ou incerta dos salários será feito de acordo com o prescrito para o cálculo da indenização referente à rescisão dos contratos por prazo indeterminado.

> ## ☞ ATENÇÃO!
>
> Na hipótese prevista no art. 479 da CLT, ou seja, quando o empregador sem justa causa dispensar o empregado nos contratos a termo, deve-se ainda observar o art. 14 do Decreto nº 99.684/1990, que determina a aplicação da multa de 40% do FGTS, nos casos da dispensa imotivada, e 20% quando reconhecida a culpa recíproca ou força maior.

Art. 480 da CLT. Havendo termo estipulado, o empregado não poderá se desligar do contrato, sem justa causa, sob pena de ser obrigado a indenizar dos prejuízos que desse fato lhe resultarem.

§ 1º A indenização, porém, não poderá exceder àquela a que teria direito o empregado em idênticas condições.

9.5.1.6. Cláusula assecuratória do direito recíproco de rescisão – cláusula do aviso-prévio

A regra nos contratos por prazo determinado é a ausência do aviso-prévio. Contudo, poderão as partes, se assim quiserem, estipular no contrato a chamada cláusula do aviso-prévio que assegura, na hipótese de término desses contratos, os mesmos direitos assegurados nos contratos por prazo indeterminado.

Art. 481 da CLT. Aos contratos por prazo determinado, que contiverem cláusula assecuratória do direito recíproco de rescisão antes de expirado o termo ajustado, aplicam-se, caso seja exercido tal direito por qualquer das partes, os princípios que regem a rescisão dos contratos por prazo indeterminado.

Nesse caso, teremos a incidência do aviso-prévio e da multa de 40% do FGTS.

Súmula nº 163 do TST – Aviso-prévio. Contrato de experiência (mantida). Resolução nº 121/2003, *DJ* de 19, 20 e 21/11/2003. Cabe aviso-prévio nas rescisões antecipadas dos contratos de experiência, na forma do art. 481 da CLT.

9.5.1.7. Suspensão e interrupção

Como regra, o tempo que o empregado permanecer afastado do emprego, em virtude de causas de suspensão ou interrupção do contrato de trabalho, será computado na contagem do prazo nos contratos por prazo determinado. Contudo, a CLT possibilita que esse tempo não seja computado no curso do contrato a prazo determinado caso as partes assim acordarem.

Art. 472, § 2º, da CLT. Nos contratos por prazo determinado, o tempo de afastamento, se assim acordarem as partes interessadas, não será computado na contagem do prazo para a respectiva terminação.

Logo, **se as partes decidirem que o tempo de afastamento não conta**, o prazo paralisa quando o afastamento ocorre e continua pelo resto quando o afastamento acaba. No entanto, **se nada combinarem as partes**, então o contrato conta normalmente durante o afastamento.

> **Exemplo**: imagine que o trabalhador esteja com contrato de experiência de 90 dias em curso. No 60º (sexagésimo) dia, afasta-se por uma doença, passa a receber auxílio-doença comum e fica afastado por 100 dias. Dessa forma, o contrato de experiência vai continuar contando normalmente.

Você deve estar se perguntando: mas a regra não seria a impossibilidade de rescindir durante a suspensão? A resposta é positiva. Nesse caso, como o tempo de contrato acaba, mas o término apenas pode ser feito por ocasião do retorno do obreiro, quando o trabalhador reaparecer para o serviço, após a alta previdenciária, terá seu contrato rescindido. Veja esse julgado do TST:

RECURSO DE REVISTA. 1 – CONTRATO DE EXPERIÊNCIA. PERCEPÇÃO DE AUXÍLIO-DOENÇA COMUM. EFEITOS. ART. 472, § 2º, DA CLT. SUSPENSÃO DO CONTRATO DE TRABALHO, SEM, CONTUDO, AFETAR A CONTAGEM DO PRAZO DO CONTRATO DE EXPERIÊNCIA, DIANTE DA AUSÊNCIA DE ACORDO EXPRESSO NESSE SENTIDO. O Tribunal Regional, soberano na análise das provas, consignou expressamente que "do próprio teor das alegações do recurso ordinário da primeira reclamada conclui-se que o procedimento por ela adotado implicou a conversão do contrato de experiência em contrato por prazo indeterminado, pois o art. 472, §2º, da CLT dispõe que o tempo de afastamento nos contratos por prazo determinado não será computado na contagem do prazo para a respectiva terminação, se assim acordarem as partes interessadas. Assim, o afastamento do reclamante em razão de benefício previdenciário suspendeu o contrato de trabalho mantido entre as partes, mas não afetou a contagem do prazo do contrato de experiência, uma vez que as partes não acordaram expressamente nesse sentido. Considerando que o contrato não podia ser extinto pela primeira reclamada durante a suspensão, caso esta não tivesse interesse na continuidade após o término do benefício previdenciário, deveria ter despedido o reclamante no momento em que ele se reapresentou ao serviço. Portanto, não procedem as alegações da recorrente, devendo ser mantida a sentença". Dessa forma, por não haver acordo expresso no sentido de que a percepção do auxílio-doença iria afetar a contagem do prazo do contrato de experiência, nos termos do art. 472, § 2º, da CLT, e o benefício previdenciário ter expirado antes do término do contrato de experiência, não há como acolher a tese da reclamada. (...) (RR – 127600-23.2009.5.04.0011, Relatora Ministra: Delaíde Miranda Arantes, Data de Julgamento: 23/11/2016, 2ª Turma, Data de Publicação: *DEJT* 02/12/2016).

9.5.1.8. Estabilidade adquirida no curso do contrato

 **ATENÇÃO!**

> O TST, recentemente, alterou o seu entendimento no sentido de que tanto a gravidez quanto o acidente de trabalho ocorrido durante o contrato de trabalho a prazo determinado geram a estabilidade provisória.

Súmula n° 244 do TST – gestante. Estabilidade provisória (redação do item III alterada na sessão do Tribunal Pleno, realizada em 14/09/2012). Resolução n° 185/2012, *DEJT* divulgado em 25, 26 e 27/09/2012. I – O desconhecimento do estado gravídico pelo empregador não afasta o direito ao pagamento da indenização decorrente da estabilidade (art. 10, II, *b*, do ADCT). II – A garantia de emprego à gestante só autoriza a reintegração se esta se der durante o período de estabilidade. Do contrário, a garantia restringe-se aos salários e demais direitos correspondentes ao período de estabilidade. III – A empregada gestante tem direito à estabilidade provisória prevista no art. 10, inciso II, alínea *b*, do Ato das Disposições Constitucionais Transitórias, mesmo na hipótese de admissão mediante contrato por tempo determinado.

Súmula n° 378 do TST – estabilidade provisória. Acidente do trabalho. Art. 118 da Lei n° 8.213/1991 (inserido item III). Resolução n° 185/2012, *DEJT* divulgado em 25, 26 e 27/09/2012. I – É constitucional o art. 118 da Lei n° 8.213/1991 que assegura o direito à estabilidade provisória por período de 12 meses após a cessação do auxílio-doença ao empregado acidentado. II – São pressupostos para a concessão da estabilidade o afastamento superior a 15 dias e a consequente percepção do auxílio-doença acidentário, salvo se constatada, após a despedida, doença profissional que guarde relação de causalidade com a execução do contrato de emprego. III – O empregado submetido a contrato de trabalho por tempo determinado goza da garantia provisória de emprego decorrente de acidente de trabalho prevista no art. 118 da Lei n° 8.213/1991.

9.5.1.9. Contrato de experiência

O contrato de experiência, vale recordar, é uma modalidade de contrato por prazo determinado, que tem por finalidade a aferição, por ambas as partes, da viabilidade de um futuro vínculo de emprego por prazo indeterminado.

Como já dissemos, o contrato de experiência está previsto expressamente no parágrafo único do art. 445 da CLT e possui um prazo máximo de 90 dias. Chamamos a atenção, novamente, para a observação de que 90 dias não são iguais a três meses.

Em seus arts. 478 e 442-A, a CLT faz referência a dois outros institutos que, embora tenham nomes que lembrem o contrato de experiência, possuem significados diferentes.

> Art. 478 da CLT. A indenização devida pela rescisão de contrato por prazo indeterminado será de 1 (um) mês de remuneração por ano de serviço efetivo, ou por ano e fração igual ou superior a 6 (seis) meses.
>
> § 1° O primeiro ano de duração do contrato por prazo indeterminado é considerado como período de experiência, e, antes que se complete, nenhuma indenização será devida.

O art. 478 prevê uma indenização devida pelo período considerado como de experiência nos contratos por prazo indeterminado. Esse dispositivo, contudo, perdeu a sua eficácia com a criação do FGTS. Mas como o dispositivo legal ainda não foi expressamente revogado, poderá ser cobrado nas provas.

Estabelecidas essas premissas, surge uma pergunta: é possível que o empregador exija algum **tempo de experiência** do trabalhador?

A resposta é **positiva**, mas não pode ser uma exigência superior a 6 meses no mesmo tipo de atividades, conforme art. 442-A da CLT:

> Art. 442-A da CLT. Para fins de contratação, o empregador não exigirá do candidato a emprego comprovação de experiência prévia por tempo superior a 6 (seis) meses no mesmo tipo de atividade.

O art. 442-A da CLT estipula que o empregador só poderá exigir o tempo máximo de seis meses de experiência para fins de contratação; é o chamado tempo de experiência prévia.

De fato, admitir a possibilidade de um tempo de experiência muito grande inviabiliza o acesso ao mercado de trabalho e atua contra os princípios da busca do pleno emprego e do valor social do trabalho.

9.6. CONTRATO DE APRENDIZAGEM

O contrato de aprendizagem é mais uma modalidade de contrato por prazo determinado previsto na CLT. O contrato de aprendizagem é uma exceção, prevista no próprio texto constitucional. De acordo com o inciso XXXIII do art. 7º, é proibido "o trabalho noturno, perigoso ou insalubre a menores de dezoito e de qualquer trabalho a menores de dezesseis anos, salvo na condição de aprendiz, a partir de quatorze anos".

O contrato de aprendizagem será visto mais uma vez quando formos abordar a questão da proteção do trabalho do menor. Contudo, engana-se quem pensa que o contrato de aprendizagem se limita a proteger os direitos trabalhistas do menor entre 14 e 16 anos.

O texto do *caput* do art. 428, bem como de seu § 5º, esclarece que pode ser aprendiz o trabalhador com idade entre 14 e 24 anos e pessoas com deficiência, independentemente da idade.

Quanto ao **prazo do contrato de aprendizagem**, esse não pode ultrapassar 2 anos. No caso do aprendiz com deficiência, o contrato poderá ser por prazo indeterminado; é o que preceitua o § 3º do art. 428 da CLT.

Iremos, aqui, organizar e simplificar a leitura dos artigos relacionados ao contrato de aprendizagem, de modo a facilitar o estudo da matéria em relação à questão dos contratos por prazo determinado.

> Art. 428 da CLT. Contrato de aprendizagem é o contrato de trabalho especial, ajustado por escrito e por prazo determinado, em que o empregador se compromete a assegurar ao maior de 14 (quatorze) e menor de 24 (vinte e quatro) anos inscrito em programa de aprendizagem formação técnico-profissional metódica, compatível com o seu desenvolvimento físico, moral e psicológico, e o aprendiz, a executar com zelo e diligência as tarefas necessárias a essa formação. (...)

§ 5º A idade máxima prevista no *caput* deste artigo não se aplica a aprendizes portadores de deficiência.

O art. 433 da CLT não apenas confirma, como repete a norma já estabelecida no *caput* do art. 428 e seu § 5º.

Art. 433 da CLT. O contrato de aprendizagem extinguir-se-á no seu termo ou quando o aprendiz completar 24 (vinte e quatro) anos, ressalvada a hipótese prevista no § 5º do art. 428 desta Consolidação (...).

Podem ser considerados aprendizes:

1. O maior de 14 anos e menor de 24 anos;
2. A pessoa com deficiência, independentemente da sua idade.

A Lei nº 13.146/2015 acrescentou os §§ 6º e 8º ao art. 428 da CLT, que passa a dispor:

§ 6º Para os fins do contrato de aprendizagem, a comprovação da escolaridade de aprendiz com deficiência deve considerar, sobretudo, as habilidades e competências relacionadas com a profissionalização. (...)

§ 8º Para o aprendiz com deficiência com 18 (dezoito) anos ou mais, a validade do contrato de aprendizagem pressupõe anotação na CTPS e matrícula e frequência em programa de aprendizagem desenvolvido sob orientação de entidade qualificada em formação técnico-profissional metódica.

Por fim, vale lembrar que o *caput* do art. 428 determina expressamente que os contratos de aprendizagem devem ser formais.

* Prazo:

Art. 428, § 3º, da CLT. O contrato de aprendizagem não poderá ser estipulado por mais de 2 (dois) anos, exceto quando se tratar de aprendiz portador de deficiência.

* Jornada:

A jornada do aprendiz está definida no art. 432 da CLT, estabelecendo o limite de **6 horas diárias,** salvo se o aprendiz terminou o ensino fundamental e as horas de aprendizagem teórica forem consideradas na jornada, quando então a jornada pode ser de **8 horas diárias:**

Art. 432 da CLT. A duração do trabalho do aprendiz não excederá de seis horas diárias, sendo vedadas a prorrogação e a compensação de jornada.

§ 1º O limite previsto neste artigo poderá ser de até oito horas diárias para os aprendizes que já tiverem completado o ensino fundamental, se nelas forem computadas as horas destinadas à aprendizagem teórica.

Cap. 9 – CONTRATO DE TRABALHO

A CLT veda a realização de horas extraordinárias e a compensação de jornada pelo aprendiz.

• Remuneração:

Quanto à remuneração, existe garantia para o aprendiz de que recebe, pelo menos, em relação a cada hora trabalhada, o valor da hora do salário mínimo:

CLT

Art. 428. (...)

§2º Ao aprendiz, salvo condição mais favorável, será garantido o salário mínimo hora.

• Obrigatoriedade:

Os estabelecimentos de qualquer natureza são obrigados a contratar aprendizes na forma do art. 429 da CLT:

CLT

Art. 429. Os estabelecimentos de qualquer natureza são obrigados a empregar e matricular nos cursos dos Serviços Nacionais de Aprendizagem número de aprendizes equivalente a cinco por cento, no mínimo, e quinze por cento, no máximo, dos trabalhadores existentes em cada estabelecimento, cujas funções demandem formação profissional.

§ 1º-A O limite fixado neste artigo não se aplica quando o empregador for entidade sem fins lucrativos, que tenha por objetivo a educação profissional.

§ 1º-B Os estabelecimentos a que se refere o *caput* poderão destinar o equivalente a até 10% (dez por cento) de sua cota de aprendizes à formação técnico-profissional metódica em áreas relacionadas a práticas de atividades desportivas, à prestação de serviços relacionados à infraestrutura, incluindo as atividades de construção, ampliação, recuperação e manutenção de instalações esportivas e à organização e promoção de eventos esportivos.

§ 1º As frações de unidade, no cálculo da percentagem de que trata o *caput*, darão lugar à admissão de um aprendiz.

§ 2º Os estabelecimentos de que trata o *caput* ofertarão vagas de aprendizes a adolescentes usuários do Sistema Nacional de Atendimento Socioeducativo (Sinase) nas condições a serem dispostas em instrumentos de cooperação celebrados entre os estabelecimentos e os gestores dos Sistemas de Atendimento Socioeducativo locais.

§ 3º Os estabelecimentos de que trata o *caput* poderão ofertar vagas de aprendizes a adolescentes usuários do Sistema Nacional de Políticas Públicas sobre Drogas – SISNAD nas condições a serem dispostas em instrumentos de cooperação celebrados entre os estabelecimentos e os gestores locais responsáveis pela prevenção do uso indevido, atenção e reinserção social de usuários e dependentes de drogas.

E se não houver vagas suficientes nos Serviços Nacionais de Aprendizagem? Veja a resposta no art. 430 da CLT:

CLT

Art. 430. Na hipótese de os Serviços Nacionais de Aprendizagem não oferecerem cursos ou vagas suficientes para atender à demanda dos estabelecimentos, esta poderá ser suprida por outras entidades qualificadas em formação técnico-profissional metódica, a saber:

I – Escolas Técnicas de Educação;

II – entidades sem fins lucrativos, que tenham por objetivo a assistência ao adolescente e à educação profissional, registradas no Conselho Municipal dos Direitos da Criança e do Adolescente.

III – entidades de prática desportiva das diversas modalidades filiadas ao Sistema Nacional do Desporto e aos Sistemas de Desporto dos Estados, do Distrito Federal e dos Municípios.

§ 1º As entidades mencionadas neste artigo deverão contar com estrutura adequada ao desenvolvimento dos programas de aprendizagem, de forma a manter a qualidade do processo de ensino, bem como acompanhar e avaliar os resultados.

§ 2º Aos aprendizes que concluírem os cursos de aprendizagem, com aproveitamento, será concedido certificado de qualificação profissional.

§ 3º O Ministério do Trabalho fixará normas para avaliação da competência das entidades mencionadas nos incisos II e III deste artigo.

§ 4º As entidades mencionadas nos incisos II e III deste artigo deverão cadastrar seus cursos, turmas e aprendizes matriculados no Ministério do Trabalho.

§ 5º As entidades mencionadas neste artigo poderão firmar parcerias entre si para o desenvolvimento dos programas de aprendizagem, conforme regulamento.

• Extinção do contrato de trabalho:

Quanto à extinção do contrato de trabalho do aprendiz, o art. 433 da CLT menciona que o contrato finda no final do prazo ou mesmo antes dele quando ocorrer as hipóteses indicadas no art. 433 da CLT:

CLT

Art. 433. O contrato de aprendizagem extinguir-se-á no seu termo ou quando o aprendiz completar 24 (vinte e quatro) anos, ressalvada a hipótese prevista no § 5º do art. 428 desta Consolidação, ou ainda antecipadamente nas seguintes hipóteses:

I – desempenho insuficiente ou inadaptação do aprendiz, salvo para o aprendiz com deficiência quando desprovido de recursos de acessibilidade, de tecnologias assistivas e de apoio necessário ao desempenho de suas atividades;

II – falta disciplinar grave;

III – ausência injustificada à escola que implique perda do ano letivo; ou

IV – a pedido do aprendiz.

§ 2º Não se aplica o disposto nos arts. 479 e 480 desta Consolidação às hipóteses de extinção do contrato mencionadas neste artigo.

Quanto a esse último item, caso o aprendiz queira pedir demissão ou o empregador rescindir o contrato antes do prazo final fixado no contrato de aprendizagem, não se aplica a multa/indenização dos arts. 479 e 480 da CLT:

9.7. CONTRATO INTERMITENTE

O contrato denominado intermitente permite a prestação de serviços de forma descontínua, podendo alternar períodos em dia e hora, cabendo ao empregado o pagamento pelas horas efetivamente trabalhadas.

> Art. 443, § 3º, da CLT. Considera-se como intermitente o contrato de trabalho no qual a prestação de serviços, com subordinação, não é contínua, ocorrendo com alternância de períodos de prestação de serviços e de inatividade, determinados em horas, dias ou meses, independentemente do tipo de atividade do empregado e do empregador, exceto para os aeronautas, regidos por legislação própria.

Assim, existe um contrato em que o trabalhador nem sempre está prestando serviços ou à disposição do empregador. Esse período em que não presta serviços ou nem está à disposição chama-se **período de inatividade**.

Ressalte-se que o próprio TST já admitiu a legalidade do pagamento das horas trabalhadas:

> OJ nº 358 da SDI-I do TST. Salário mínimo e piso salarial proporcional à jornada reduzida. Empregado. Servidor público. I – Havendo contratação para cumprimento de jornada reduzida, inferior à previsão constitucional de oito horas diárias ou quarenta e quatro semanais, é lícito o pagamento do piso salarial ou do salário mínimo proporcional ao tempo trabalhado.

Além disso, o trabalho prestado nessa modalidade contratual poderá ser descontínuo para que possa atender a demandas específicas de determinados setores, como, por exemplo, bares e restaurantes.

O contrato de trabalho intermitente está inserido na inclusão do § 3º do art. 443 e por meio do acréscimo do art. 452-A da CLT.

O contrato de trabalho celebrado na modalidade intermitente deve ser celebrado por escrito e conter especificamente o valor da hora de trabalho, que não pode ser inferior ao valor-horário do salário mínimo ou àquele devido aos demais empregados do estabelecimento que exerçam a mesma função em contrato intermitente ou não. O empregador convocará o empregado, por qualquer meio de comunicação eficaz, para a prestação de serviços, informando qual será a sua jornada, com, pelo menos, três dias corridos de antecedência.

Como se nota, o valor da hora de trabalho não pode, como em qualquer relação de emprego, ser inferior ao valor da hora do salário mínimo. Claro que, se houver trabalhadores empregados na empresa que recebam valor superior, deve ser mantida a isonomia.

Recebida a convocação, o empregado terá o prazo de um dia útil para responder ao chamado, presumindo-se, no silêncio, a recusa. Nessa hipótese, a recusa da oferta não descaracteriza a subordinação para fins do contrato de trabalho intermitente.

Havendo a aceitação pelo empregado para o comparecimento ao trabalho, a parte que descumprir, sem justo motivo, pagará à outra parte, no prazo de 30 dias, multa de 50% da remuneração que seria devida, permitida a compensação em igual prazo.

> ☞ **ATENÇÃO!**
>
> O período de inatividade não será considerado tempo à disposição do empregador, podendo o trabalhador prestar serviços a outros contratantes. **Essa regra está prevista no art. 452-A, § 5º da CLT.**

Ao término de cada período de prestação de serviço, o empregado receberá o pagamento imediato das seguintes parcelas:

Remuneração
Férias proporcionais com acréscimo de um terço
Décimo terceiro salário proporcional
Descanso semanal remunerado
Adicionais legais

Claro que esse rol é meramente exemplificativo. O empregador efetuará o recolhimento da contribuição previdenciária e o depósito do Fundo de Garantia do Tempo de Serviço, na forma da lei, com base nos valores pagos no período mensal, e fornecerá ao empregado comprovante do cumprimento dessas obrigações.

A cada 12 meses, o empregado adquire o direito de usufruir, nos 12 meses subsequentes, a um mês de férias, período no qual não poderá ser convocado para prestar serviços pelo mesmo empregador.

Analisada a nova modalidade contratual, concluímos que essa espécie de contrato de trabalho visa, na verdade, autorizar a jornada móvel variada e o trabalho variável, ou seja, a imprevisibilidade da prestação de serviços.

E mais! De acordo com os arts. 2º e 3º da CLT, é o empregador quem corre os riscos da atividade econômica (**alteridade**). O contrato intermitente pretende repassar ao trabalhador os riscos inerentes ao empreendimento, o que não é possível na relação de emprego.

Destaca-se que o § 4º do art. 452-A da CLT determina o pagamento de multa pelo não comparecimento no dia de trabalho equivalente a 50% da remuneração pelo período, criando uma excessiva punição ao trabalhador.

Não há, em regra, exclusividade na celebração do contrato de trabalho na modalidade intermitente.

O período de inatividade não será considerado tempo à disposição do empregador e não será remunerado, hipótese em que restará descaracterizado o contrato de trabalho intermitente caso haja remuneração por tempo à disposição no período de inatividade.

9.8. CONTRATO PROVISÓRIO DA LEI Nº 9.601/1998

O contrato provisório de trabalho previsto na Lei nº 9.601/1998 é uma espécie de contrato de trabalho por prazo determinado, realizado mediante **negociação coletiva**, tendo como objeto a prestação de qualquer atividade desenvolvida pela empresa.

A Lei nº 9.601/1998 possibilita a realização dos contratos provisórios além das hipóteses elencadas no § 2º do art. 443 da CLT. No entanto, o parágrafo único do art. 1º do Decreto nº 2.490/1998 veda a sua utilização nos casos de substituição de pessoal regular e permanente.

> Art. 1º. do Decreto nº 2.490/1998. As convenções e os acordos coletivos de trabalho poderão instituir contrato de trabalho por prazo determinado, de que trata o art. 443 da Consolidação das Leis do Trabalho (CLT), independentemente das condições estabelecidas em seu § 2º, em qualquer atividade desenvolvida pela empresa ou estabelecimento, para admissões que representem acréscimo no número de empregados.
>
> Parágrafo único. É vedada a contratação de empregados por prazo determinado, na forma do *caput*, para substituição de pessoal regular e permanente contratado por prazo indeterminado.

A intenção da lei em comento foi facilitar as admissões coletivas de empregados da empresa que representem um acréscimo no número de empregados.

Recomendamos a leitura da Lei nº 9.601/1998, e esclarecemos que iremos abordar os pontos que consideramos mais relevantes.

> Art. 1º. da Lei nº 9.601/1998. As convenções e os acordos coletivos de trabalho poderão instituir contrato de trabalho por prazo determinado, de que trata o art. 443 da Consolidação das Leis do Trabalho – CLT, independentemente das condições estabelecidas em seu § 2º, em qualquer atividade desenvolvida pela empresa ou estabelecimento, para admissões que representem acréscimo no número de empregados.

Em relação ao prazo, deve-se levar em conta o art. 3º do Decreto nº 2.490/1998, que determina:

> Art. 3º. Em relação ao mesmo empregado, o contrato por prazo determinado na forma da Lei nº 9.601, de 21 de janeiro de 1998, será de no máximo dois anos, permitindo-se, dentro deste período, sofrer sucessivas prorrogações, sem acarretar o efeito previsto no art. 451 da CLT.
>
> Lei nº 9.601/1998: Art. 1º, § 1º As partes estabelecerão, na convenção ou acordo coletivo referido neste artigo:
>
> I – a indenização para as hipóteses de rescisão antecipada do contrato de que trata este artigo, por iniciativa do empregador ou do empregado, não se aplicando o disposto nos arts. 479 e 480 da CLT;
>
> II – as multas pelo descumprimento de suas cláusulas.

Art. 1º, § 2º, da Lei nº 9.601/1998. Não se aplica ao contrato de trabalho previsto neste artigo o disposto no art. 451 da CLT.

Observe que a lei afasta a aplicação do art. 451 da CLT, ou seja, a possibilidade de prorrogação do contrato uma única vez dentro do prazo máximo estipulado por lei. Mas não há vedação para a aplicação do art. 452 da CLT, que impõe o decurso do prazo de seis meses entre a realização de contratos sucessivos, sob pena de ocorrer a indeterminação automática do contrato.

☞ **ATENÇÃO!**

Casos em que há garantia expressa de estabilidade.

Art. 1º, § 4º, da Lei nº 9.601/1998. São garantidas as estabilidades provisórias da gestante; do dirigente sindical, ainda que suplente; do empregado eleito para cargo de direção de comissões internas de prevenção de acidentes; do empregado acidentado, nos termos do art. 118 da Lei nº 8.213, de 24 de julho de 1991, durante a vigência do contrato por prazo determinado, que não poderá ser rescindido antes do prazo estipulado pelas partes.

ALTERAÇÃO DE CONTRATO DE TRABALHO

O contrato de trabalho, por possuir normas de caráter imperativo, não deve ser objeto de alteração entre as partes (regra). Há, entretanto, possibilidades de alteração do contrato de trabalho, desde que não prejudique direta ou indiretamente o empregado.

Art. 468 da CLT. Nos contratos individuais de trabalho só é lícita a alteração das respectivas condições por mútuo consentimento, e, ainda assim, desde que não resultem, direta ou indiretamente, prejuízos ao empregado, sob pena de nulidade da cláusula infringente desta garantia.

O art. 468 da CLT consagra o **princípio da intangibilidade** ou da **inalterabilidade contratual lesiva** ao empregado que, em regra, somente permite a alteração do contrato de trabalho mediante o mútuo consentimento das partes (alteração bilateral) e a ausência de prejuízos diretos ou indiretos ao empregado.

> ☞ **ATENÇÃO!**
> A doutrina permite que o empregador realize pequenas alterações unilaterais desde que não cause direta ou indiretamente prejuízo ao empregado. É o chamado *JUS VARIANDI* **DO EMPREGADOR**.
>
> O *jus variandi* é dividido em ordinário e extraordinário.
>
> - No *jus variandi* **ordinário** encontramos a alteração do contrato de trabalho realizada no dia a dia (cotidiano) da empresa, de forma a oganizar a prestação dos serviços, independentemente de previsão legal ou jurisdicional. Exemplos: obrigatoriedade de uso de uniforme, de crachás etc.
> - Entende-se por *jus variandi* **extraordinário** a alteração contratual excepcional, que exige previsão legal ou jurisprudencial. Exemplos: transferência do período noturno para o diurno, transferência de localidade.

O *jus variandi* do empregador tem como fundamentos o poder de direção (poder diretivo inerente ao poder empregatício) e a alteridade (característica inerente à atividade econômica que exerce). Tendo como fundamento o poder diretivo, o *jus variandi* permite ao empregador realizar com certa liberdade alterações nos contratos de trabalho referentes à organização do ambiente de trabalho, ao exercício de funções de confiança, aos salários e aos locais onde os serviços são prestados.

Como exemplo do *jus variandi* lícito do empregador, podemos citar a reversão do empregado de uma função de confiança ao cargo que anteriormente ocupava e a alteração da data de pagamento dos salários, desde que respeitado o disposto no art. 459 da CLT.

> Art. 468, § 1º, da CLT. Não se considera alteração unilateral a determinação do empregador para que o respectivo empregado reverta ao cargo efetivo, anteriormente ocupado, deixando o exercício de função de confiança.
>
> OJ nº 159 da SDI-I. Data de pagamento. Salários. Alteração (inserida em 26/03/1999). Diante da inexistência de previsão expressa em contrato ou em instrumento normativo, a alteração de data de pagamento pelo empregador não viola o art. 468, desde que observado o parágrafo único, do art. 459, ambos da CLT.

Existem casos em que a lei impõe a alteração do contrato de trabalho pelos mais variados motivos. É o que ocorre, por exemplo, quando a gestante necessita mudar de função em razão de sua condição de saúde, conforme art. 392, § 4º, I, da CLT:

CLT

Art. 392. (...)

§ 4º É garantido à empregada, durante a gravidez, sem prejuízo do salário e demais direitos:

I – transferência de função, quando as condições de saúde o exigirem, assegurada a retomada da função anteriormente exercida, logo após o retorno ao trabalho;

Quanto à **alteração por determinação judicial ou administrativa**, cite-se, a título ilustrativo, o caso em que o trabalho do menor está causando prejuízo à sua formação moral ou mesmo escolar, situação em que o empregador é obrigado a alterá-lo de função. Veja o art. 407, *caput*, da CLT:

CLT

Art. 407. Verificado pela autoridade competente que o trabalho executado pelo menor é prejudicial à sua saúde, ao seu desenvolvimento físico ou a sua moralidade, poderá ela obrigá-lo a abandonar o serviço, devendo a respectiva empresa, quando for o caso, proporcionar ao menor todas as facilidades para mudar de funções.

A Reforma Trabalhista trouxe uma nova hipótese de *jus variandi*. De acordo com o art. 75-C, § 2º, da CLT, a alteração do regime de teletrabalho para o presencial pode ocorrer por determinação do empregador, desde que garantido o prazo mínimo de 15 dias de transição e que a alteração conste de aditivo contratual.

> Art. 75-C, § 2º, da CLT. Poderá ser realizada a alteração do regime de teletrabalho para o presencial por determinação do empregador, garantido prazo de transição mínimo de quinze dias, com correspondente registro em aditivo contratual.

Não se exige a concordância do empregado para essa nova alteração introduzida pela reforma.

Se o *jus variandi* do empregador causar, contudo, algum tipo de prejuízo ao empregado, esbarrará no *jus resistentiae* deste. Por meio do *jus resistentiae*, o

Cap. 10 – ALTERAÇÃO DE CONTRATO DE TRABALHO

empregado poderá se insurgir contra as determinações patronais abusivas, podendo, caso seja necessário, ajuizar reclamação trabalhista requerendo a rescisão indireta do contrato de trabalho, por justa causa praticada pelo empregador.

Pode o empregado se opor à alteração contratual? Se ela for ilícita, claro que pode. É o chamado direito de resistência. Leia um exemplo:

"(...) INDENIZAÇÃO POR DANOS MORAIS. DISPENSA DISCRIMINATÓRIA. RECUSA NA PRESTAÇÃO DE HORAS EXTRAS. (...) Acresça-se, ainda, que o contrato de trabalho não cria para o empregado um estado de sujeição, podendo haver o direito de resistência do empregado (*jus resistentiae*) em se contrapor ao poder diretivo do empregador, quando este extrapolar os poderes de direção e organização do empreendimento. Assim, se o empregado não está obrigado a cumprir horas extras e sua realização é uma faculdade, afigura-se abusiva a dispensa do autor que se recusou em prestá-las por motivos justificados e relevantes, no caso, o trabalho de conclusão de curso superior. Tal como prevê a lei, a conduta abusiva do empregador que impede a manutenção do emprego afigura-se discriminatória e, portanto, causadora de dano moral, gerando profunda insatisfação íntima, conforme bem ressaltado pelo Regional, que não pode ser mensurada. (...)" (RR-44-70.2010.5.09.0041, 3ª Turma, Relator Ministro: Alexandre de Souza Agra Belmonte, *DEJT* 04/05/2018).

Para que a alteração do contrato de trabalho seja considerada lícita, é necessária a presença concomitante de dois requisitos: o consentimento do empregado (manifestação livre de vontade, sem vícios de consentimento) e a ausência de prejuízo ao empregado (qualquer que seja o prejuízo, mesmo que aparentemente muito pequeno).

Na falta de qualquer dos requisitos, a alteração será considerada nula, ainda que a parte tenha com ela concordado.

A regra é: mútuo consentimento + ausência de prejuízo. Além disso, qualquer alteração prejudicial, mesmo com a concordância do empregado, será nula de pleno direito, em decorrência da presunção relativa de que ocorreu coação na vontade manifestada pelo empregador.

Art. 9º da CLT. Serão nulos de pleno direito os atos praticados com o objetivo de desvirtuar, impedir ou fraudar a aplicação dos preceitos contidos na presente Consolidação.

Por fim, vale lembrar que as alterações benéficas ao empregado serão sempre permitidas. Mas em alguns casos, como veremos a seguir, é preciso tomar cuidado. O que, em uma primeira análise, pode parecer uma alteração favorável ao empregado, posteriormente irá revelar consequências prejudicais a ele. Isso pode ocorrer até mesmo com a promoção, como será explicado adiante.

10.1. CLASSIFICAÇÃO DAS ALTERAÇÕES DO CONTRATO DE TRABALHO

As alterações do contrato de trabalho podem ser classificadas em:

1. Objetivas: são aquelas que modificam as cláusulas contratuais e as condições de execução do trabalho.

2. Subjetivas: as alterações subjetivas somente ocorrem no polo passivo da relação de emprego, ou seja, só poderá ser modificada a figura do empregador. A alteração da figura do empregado é vedada, pois sobre ele incide o requisito da pessoalidade, a infungibilidade, isto é, a relação de emprego para ele é *intuitu personae*.

10.2. ALTERAÇÕES OBJETIVAS DO CONTRATO DE TRABALHO

10.2.1. Alteração de função

O empregado deve exercer, geralmente, a função prevista em seu contrato de trabalho. Contudo, pode ser que ele exerça outra função, ou apenas uma função com nomenclatura diferente. Seja qual for a hipótese, sempre será aplicado o princípio da primazia da realidade para que se identifique a real função por ele exercida.

É fato que, nos casos em que não houver contrato expresso ou qualquer outro meio de prova da contratação da prestação dos serviços do empregado, presumir-se-á que ele se obrigou a prestar todo e qualquer serviço compatível com a sua condição pessoal.

> Art. 456, parágrafo único, da CLT. A falta de prova ou inexistindo cláusula expressa a tal respeito, entender-se-á que o empregado se obrigou a todo e qualquer serviço compatível com a sua condição pessoal.

Consideram-se, em regra, como alteração de função: a promoção, o rebaixamento, o aproveitamento, a reversão ao cargo anterior e a readaptação.

Também é possível encontrar outros dois tipos de alteração de função: em situação excepcional ou de emergência e a substituição temporária.

Faremos a seguir algumas observações sobre cada tipo de alteração de função:

a) Promoção: é o ato que transfere o empregado, em caráter permanente, de uma categoria ou cargo para outro superior.

A promoção é dividida em duas espécies: a horizontal, que é a evolução funcional dentro do mesmo cargo ou categoria, e a vertical. A promoção vertical é a promoção em sentido estrito, ou seja, o empregado é transferido para um cargo ou uma categoria superior àquela na qual se encontra.

> Pode o empregado se recusar a aceitar uma promoção?

A doutrina majoritária tem se posicionado favoravelmente à possibilidade de o empregado se recusar a aceitar uma promoção quando na empresa não houver Plano de Cargos e Salários, e o empregado entender que a promoção poderá ser prejudicial para a sua vida, ou que não tem qualificação técnica suficiente para o novo cargo, o que futuramente poderia ensejar a sua demissão, por ser considerado desidioso. No entanto, o empregado não poderá recusar a promoção se a empresa tiver Plano de Cargos e Salários e, ainda, se ele tinha conhecimento

Cap. 10 – ALTERAÇÃO DE CONTRATO DE TRABALHO

das condições da promoção desde a sua contratação, sob pena de sua recusa ser considerada um ato de indisciplina ou de insubordinação.

A mera concessão de aumento salarial atrelado à promoção não torna esse ato necessariamente benéfico. O trabalhador pode estar em um momento familiar ou pessoal que não permite essa alteração em sua vida profissional.

b) Rebaixamento (ou retrocesso): o rebaixamento é uma forma de punir o empregado fazendo que ele volte a ocupar um cargo anterior, inferior ao atual. Esse instituto é vedado no ordenamento jurídico pátrio.

c) Aproveitamento: o aproveitamento é o instituto que consagra o princípio da continuidade da relação de emprego, pois altera a função que o empregado exerce em virtude da extinção do cargo que anteriormente ocupava. Em regra, ocorre no plano horizontal da carreira profissional do empregado e, sendo no plano vertical, exigirá a mesma habilitação técnica e profissional, e terá que ocorrer de baixo para cima, sob pena de se caracterizar o rebaixamento.

d) Reversão ao cargo anterior: a reversão ao cargo anterior é a destituição do empregado do cargo ou função de confiança que ocupava e o seu retorno ao cargo anteriormente ocupado, sem que fique configurado o rebaixamento. A reversão do empregado ao cargo anterior é um dos exemplos do exercício do *jus variandi* do empregador, já mencionado.

> Art. 468, § 1º, da CLT. Não se considera alteração unilateral a determinação do empregador para que o respectivo empregado reverta ao cargo efetivo, anteriormente ocupado, deixando o exercício de função de confiança.
>
> Súmula nº 372 do TST – Gratificação de função. Supressão ou redução. Limites (conversão das Orientações Jurisprudenciais nºs 45 e 303 da SBDI-1). Resolução nº 129/2005, *DJ* de 20, 22 e 25/04/2005. I – Percebida a gratificação de função por 10 ou mais anos pelo empregado, se o empregador, sem justo motivo, revertê-lo a seu cargo efetivo, não poderá retirar-lhe a gratificação tendo em vista o princípio da estabilidade financeira. II – Mantido o empregado no exercício da função comissionada, não pode o empregador reduzir o valor da gratificação.

A Súmula nº 372 do TST consagra os princípios da estabilidade financeira e da irredutibilidade salarial, ao determinar, em seu inciso I, que o empregado que exercer função de confiança por, no mínimo, dez anos, irá incorporar definitivamente ao seu salário a gratificação de função, e que não deixará de recebê-la mesmo se for revertido ao cargo de origem; no inciso II, consta a proibição de reduzir o valor da referida gratificação.

Atente-se para o entendimento consubstanciado pelo TST no Informativo nº 7, que assegura permanência da gratificação mesmo que o empregado tenha recebido por períodos descontínuos.

> Gratificação de função. Exercício por mais de dez anos. Períodos descontínuos. Aplicação da Súmula nº 372, I, do TST. Princípio da estabilidade financeira. O exercício de cargo de

confiança em períodos descontínuos, mas que perfizeram um período superior a dez anos, não afasta, por si só, o reconhecimento do direito à estabilidade financeira abraçada pela Súmula nº 372, I, do TST. Cabe ao julgador, diante do quadro fático delineado nos autos, decidir sobre a licitude da exclusão da gratificação de função percebida, à luz do princípio da estabilidade financeira. Assim, na hipótese, o fato de o empregado ter exercido funções distintas ao longo de doze anos, percebendo gratificações de valores variados, e ter um decurso de quase dois anos ininterruptos sem percepção de função, não afasta o direito à incorporação da gratificação. Com esse entendimento, a SBDI-I, por maioria, conheceu dos embargos, por divergência jurisprudencial, vencido o Ministro João Oreste Dalazen, e, no mérito, ainda por maioria, vencidos os Ministros Ives Gandra Martins Filho e Maria Cristina Peduzzi, deu provimento ao recurso para restabelecer amplamente a decisão do TRT, no particular (TST-E-RR-124740-57.2003.5.01.0071, SBDI-I, rel. Min. Lelio Bentes Corrêa, 03/05/2012).

Contudo, fique atento: a Reforma Trabalhista incluída pela Lei nº 13.467/2017 acresceu ao art. 468, da CLT o § 2º, impedindo a incorporação da gratificação, mesmo após dez anos de serviço na função de confiança, contrariando definitivamente o entendimento da Súmula nº 372 do TST. Privilegia-se, desse modo, o poder de controle do empregador na direção de sua empresa.

e) Readaptação: a readaptação é uma mudança de função de caráter obrigatório tanto para o empregador quanto para o empregado. Ou seja, é dever do empregador readaptar o empregado, e este terá que exercer as funções do novo cargo. O exemplo mais comum diz respeito ao empregado acidentado, que tem a necessidade de sua readaptação atestada pelo INSS.

A CLT também estabelece expressamente alguns casos de readaptação, como no inciso I, do art. 392, § 4º, que garante à empregada gestante o direito à transferência de função, "quando as condições de saúde o exigirem", assegurada a retomada da função anteriormente exercida, logo após o retorno ao trabalho.

f) Situação excepcional ou de emergência: essa hipótese possui um nome autoexplicativo, ou seja, a alteração de função possui um caráter excepcional, somente podendo ser aplicada durante uma situação excepcional ou de emergência. Com isso, pode-se afirmar que essa alteração terá um período curto de duração, e de forma alguma poderá causar prejuízos salariais para o empregado.

g) Substituição temporária ou comissionamento interino: a alteração de função consubstanciada na substituição temporária ou no comissionamento interino decorre de fatores previsíveis e inerentes à atividade empresarial. Esses fatores é que diferenciam a substituição temporária da hipótese de substituição excepcional ou de emergência, visto que, em ambos os casos, temos um período de curta duração da alteração da função do empregado.

Art. 450 da CLT. Ao empregado chamado a ocupar, em comissão, interinamente, ou em substituição eventual ou temporária, cargo diverso do que exercer na empresa, serão garantidas a contagem do tempo naquele serviço, bem como volta ao cargo anterior.

Súmula nº 159 do TST – Substituição de caráter não eventual e vacância do cargo (incorporada a Orientação Jurisprudencial nº 112 da SBDI-1). Resolução nº 129/2005, *DJ* de 20, 22 e 25/04/2005. I – Enquanto perdurar a substituição que não tenha caráter meramente eventual, inclusive nas férias, o empregado substituto fará jus ao salário contratual do substituído. II – Vago o cargo em definitivo, o empregado que passa a ocupá-lo não tem direito a salário igual ao do antecessor.

O inciso I da Súmula nº 159 do TST traduz um exemplo de substituição temporária, ou seja, uma substituição decorrente de um fator previsível e inerente à atividade da empresa.

Durante o tempo de substituição, é evidente que o empregado substituto terá o contrato ainda vigente, contando tempo de serviço. Além disso, quando acabar o motivo que justificou a substituição temporária, terá direito de retornar ao cargo anterior:

CLT

Art. 450. Ao empregado chamado a ocupar, em comissão, interinamente, ou em substituição eventual ou temporária, cargo diverso do que exercer na empresa, serão garantidas a contagem do tempo naquele serviço, bem como volta ao cargo anterior.

10.2.2. Alteração do salário

As alterações salariais podem ser positivas ou negativas para o empregado. As positivas consistem em qualquer forma de aumento salarial e são sempre permitidas. As negativas, em regra, são vedadas pelo princípio da irredutibilidade salarial.

Art. 7º, VI, da CF/1988. irredutibilidade do salário, salvo o disposto em convenção ou acordo coletivo;

A Constituição autorizou, excepcionalmente, a existência da redutibilidade salarial temporária, por, no máximo, dois anos, por meio de convenção ou acordo coletivo.

A CLT, por sua vez, seguindo o disposto na Constituição, assegurou ao empregado o direito de requerer a rescisão indireta do contrato de trabalho.

Art. 483 da CLT. O empregado poderá considerar rescindido o contrato e pleitear a devida indenização quando: (...)

g) o empregador reduzir o seu trabalho, sendo este por peça ou tarefa, de forma a afetar sensivelmente a importância dos salários.

O professor normalmente recebe por **hora-aula ministrada**. Logo, se existe uma redução da quantidade de turmas em virtude da diminuição de alunos em uma instituição de ensino empregadora, não existe alteração ilícita do contrato ao se reduzir a carga horária do professor.

A hora-aula continua a mesma. É a quantidade de alunos e, consequentemente, de turmas que diminuiu. Observe o disposto na OJ 244 da SDI-I do TST:

OJ 244 da SDI-I do TST PROFESSOR. REDUÇÃO DA CARGA HORÁRIA. POSSIBILIDADE (inserida em 20/06/2001). A redução da carga horária do professor, em virtude da diminuição do número de alunos, não constitui alteração contratual, uma vez que não implica redução do valor da hora-aula.

Por outro lado, se a quantidade de turmas foi reduzida, mas não houve diminuição do número de alunos, mas sim a colocação de mais alunos na mesma sala de aula ou mesmo a contratação de mais outro profissional, a redução de jornada é ilícita:

"RECURSO DE REVISTA (...) O entendimento jurisprudencial desta Corte Superior é no sentido de que a redução da carga horária do professor, em virtude da diminuição do número de alunos, não constitui alteração contratual, uma vez que não implica redução do valor da hora-aula (Orientação Jurisprudencial n. 244 da SBDI-1). A *contrario sensu*, quando ocorre a junção de turmas, com o aumento do número de alunos, resulta no aumento efetivo da carga horária do professor, com aumento das atividades. Na hipótese, o Tribunal Regional concluiu que a junção de turmas extrapolou o princípio da boa-fé, visto que a unificação das turmas decorreu de uma imposição da reclamada. Concluiu que essa reunião das turmas fez com que o número de alunos dobrasse, sem o correspondente aumento do número de turmas e da carga horária do professor, ocorrendo redução indireta do seu salário, motivo pelo qual deferiu o pagamento das diferenças salarias. Assim, não há falar, portanto, em contrariedade à Orientação Jurisprudencial 244 da SBDI-1 e violação dos dispositivos indicados. Recurso de revista de que não se conhece. (...)" (RR-1186-41.2010.5.15.0042, 4ª Turma, Relator Ministro: Guilherme Augusto *Caputo* Bastos, *DEJT* 01/02/2019).

"AGRAVO DE INSTRUMENTO EM RECURSO DE REVISTA. DIFERENÇA SALARIAL. PROFESSOR. REDUÇÃO CARGA HORÁRIA. REDUÇÃO DE ALUNOS NÃO PROVADA. A despeito da conclusão pericial, a decisão recorrida firmou-se em prova que registra a ascensão de matrículas para os cursos da 'Família Standard', além da contratação de novos professores, aspectos que destoam da tese de defesa que sustenta a evasão de alunos como causadora da redução da carga horária do recorrido. Conclusão adversa só a partir do revolvimento fático-probatório, obstado pela Súmula 126 do TST. Inexistência de contrariedade à OJ 244 da SDI-1 do TST. (...)" (AIRR-49900-89.2006.5.01.0065, 6ª Turma, Relator Desembargador Convocado Paulo Américo Maia de Vasconcelos Filho, *DEJT* 03/10/2014).

10.2.3. Alteração da jornada

As alterações da jornada de trabalho do empregado podem ser de três tipos: de ampliação da jornada, de redução da jornada e de alteração de horário de trabalho.

A ampliação da jornada de trabalho abrange os casos de prorrogação lícita da jornada elencados no art. 7º, XIII, da CF/1988, art. 59 e seguintes da CLT, e Súmula nº 85 do TST. Todos esses casos terão seus estudos aprofundados no capítulo específico sobre jornada de trabalho.

Em relação à redução da jornada, são consideradas lícitas as reduções da jornada que não impliquem a diminuição do salário do empregado, com exceção de quatro casos. Ou seja, nas quatro hipóteses elencadas abaixo será possível reduzir a jornada de trabalho com a consequente redução reflexa no salário do empregado. São elas:

a) Redução da jornada com reflexos no salário do empregado, prevista em acordo ou convenção coletiva, conforme os incisos VI e XIII da CF/1988;

b) Para atender a interesse extracontratual do empregado, sendo necessário que ele consinta de forma absoluta e inequívoca.

Exemplo: Ana é costureira em uma loja e está cursando o quarto ano da faculdade de Direito. Para conseguir se formar, terá que fazer estágio. Ela poderá, assim, realizar um acordo com seu empregador, reduzindo a sua jornada de trabalho e, consequentemente, o valor de seu salário para poder concluir o curso.

☞ ATENÇÃO!
Nesta hipótese, entendemos que a alteração não é permanente e sim temporária, e, ainda, o ideal é que o acordo realizado entre as partes da relação de emprego fosse feito por escrito. No entanto, não há qualquer dispositivo legal nesse sentido.

c) OJ nº 244 da SDI-I do TST – Professor. Redução da carga horária. Possibilidade (inserida em 20/06/2001). "A redução da carga horária do professor, em virtude da diminuição do número de alunos, não constitui alteração contratual, uma vez que não implica redução do valor da hora-aula".

d) Art. 58-A, § 2º, da CLT: "Para os atuais empregados, a adoção do regime de tempo parcial será feita mediante opção manifestada perante a empresa, na forma prevista em instrumento decorrente de negociação coletiva".

Pode, ainda, haver redução da jornada de trabalho em razão de acordo ou convenção coletiva de trabalho.

☞ ATENÇÃO!
Caso o empregador reduza a jornada de trabalho do empregado por mera liberalidade, não poderá posteriormente voltar a aumentá-la, por ser uma alteração prejudicial ao empregado, o que afrontaria o princípio da condição mais benéfica.

A proibição de retorno à jornada inicialmente contratada não se aplica ao servidor público, pois seu horário é definido em lei.

OJ 308 da SDI-I do TST. Jornada de trabalho. Alteração. Retorno à jornada inicialmente contratada. Servidor público. O retorno do servidor público (administração direta, autárquica e fundacional) à jornada inicialmente contratada não se insere nas vedações do art. 468 da CLT, sendo a sua jornada definida em lei e no contrato de trabalho firmado entre as partes.

Por fim, falaremos sobre as alterações de horário de trabalho, que podem ser classificadas em três tipos:

a) Alteração ocorrida dentro da mesma jornada: são permitidas, por força do *jus variandi* do empregador, pequenas alterações dos horários de entrada e saída do empregado, desde que dentro da mesma jornada e que não tragam qualquer manifesto prejuízo ao empregado.

Exemplo: Mário trabalha em um hotel todo dia, das 7h às 16h, com uma hora de intervalo, e à noite dá aulas de violino em uma escola, das 19h às 21h. Caso o hotel onde Mário trabalha resolva alterar sua jornada para que ele passe a trabalhar de 8h às 17h, essa alteração não trará nenhum prejuízo para ele.

b) Transferência do período noturno para o diurno: a transferência permitida é a do período noturno para o diurno, jamais o contrário, pois nesse caso o que se leva em consideração é a condição mais benéfica para a saúde do trabalhador.

Súmula nº 265 do TST – Adicional noturno. Alteração de turno de trabalho. Possibilidade de supressão (mantida). Resolução nº 121/2003, *DJ* de 19, 20 e 21/11/2003. A transferência para o período diurno de trabalho implica a perda do direito ao adicional noturno.

A doutrina classifica o adicional noturno como **salário-condição**, isto é, o empregado só tem direito de receber o respectivo adicional enquanto trabalhar no período noturno. Dessa forma, não há que se falar em direito adquirido ao recebimento do adicional noturno.

Uma alteração para que o empregado saia do horário diurno e passe a cumprir jornada noturna é vedada:

"(...) RESCISÃO INDIRETA. ALTERAÇÃO DO TURNO DE TRABALHO. PREJUÍZOS PARA O TRABALHADOR. Conquanto a mudança de turno de trabalho, quando não revestida de abuso, esteja inserta no campo do *jus variandi* do empregador, certo é que a alteração de horário efetuada pela reclamada, de forma unilateral e, ainda, de forma prejudicial, pois alçado o reclamante a cumprimento de jornada noturna, sabidamente mais desgastante, configura, *in casu*, hipótese de rescisão indireta do contrato de trabalho. Agravo não provido." (Ag-AIRR-37600-69.2008.5.02.0042, 5ª Turma, Relator Ministro: Breno Medeiros, *DEJT* 07/01/2020).

Por outro lado, se a alteração na jornada for **benéfica à saúde** do trabalhador, a alteração unilateral é juridicamente viável:

> "(...) III – RECURSO DE REVISTA. HORAS EXTRAS. TURNOS DE REVEZAMENTO. ALTERAÇÃO DO REGIME DE TRABALHO PARA TURNOS FIXOS. LICITUDE. Conforme estabelece o art. 468 da CLT, nos contratos individuais de trabalho, só é lícita a alteração das respectivas condições por mútuo consentimento e, ainda assim, desde que não resultem, direta ou indiretamente, prejuízos ao empregado, sob pena de nulidade da cláusula infringente dessa garantia. No caso, os substituídos trabalhavam em turnos de revezamento, com limite de 168 horas mensais, em escala 3x2 (três dias de trabalho por dois de descanso), conforme estabelecido por norma coletiva, e passando a submeter-se a regime de turnos fixos, em escala 5x2 – "cinco dias de trabalho por dois dias de folga, com a venda de um dia de folga" –, sujeitos à duração mensal do trabalho de 200 horas. Entende-se que o trabalho realizado em turnos ininterruptos de revezamento é prejudicial à saúde do trabalhador, tanto que se desenvolve em jornada de 6 horas, justamente com o intuito de reduzir os malefícios causados pela troca constante de turnos. Assim, afigura-se benéfica ao empregado a alteração contratual havida e que estabeleceu a prestação de serviços em um horário fixo. Ademais, a mudança da jornada se insere no *"jus variandi"* do empregador, que detém o comando do empreendimento. Registre-se que a questão sobrepuja o mero interesse econômico, prevalecendo o direito indisponível do trabalhador à saúde e à qualidade de vida. Acrescente-se ainda, que nesse mesmo sentido, há a previsão contida na Súmula 391, do Colendo TST, aplicável aos petroleiros. Precedentes. Recurso de revista conhecido por violação do artigo 7º, XXVI, da constituição Federal e provido. Prejudicada a análise dos demais temas." (RR-11181-94.2015.5.01.0203, 3ª Turma, Relator Ministro: Alexandre de Souza Agra Belmonte, *DEJT* 21/02/2020).

Aliás, **a alteração unilateral** (promovida pelo empregador) de jornada do período noturno para o diurno é lícita, pois é benéfica à saúde do trabalhador.

Veja esse julgado do TST:

> "AGRAVO EM RECURSO DE EMBARGOS EM EMBARGOS DE DECLARAÇÃO EM RECURSO DE REVISTA. ACÓRDÃO PUBLICADO NA VIGÊNCIA DA LEI N. 13.015/2014. ADICIONAL NOTURNO. SUPRESSÃO. MUDANÇA DE TURNO DE TRABALHO. POSSIBILIDADE. (...) A c. Turma concluiu que, não obstante o percebimento do adicional noturno por cerca de 20 anos, a supressão de tal parcela decorreu da alteração da jornada noturna para o período diurno, a qual constituiu alteração benéfica à saúde do trabalhador e em conformidade com a diretriz da Súmula 265 do TST, (...)"(Ag-E-ED-RR-356-98.2015.5.12.0037, Subseção I Especializada em Dissídios Individuais, Relator Ministro: Breno Medeiros, *DEJT* 26/06/2020).

10.2.4. Alteração do local da prestação de serviços

Transferência é a alteração do local da prestação de serviços do empregado que implique necessariamente a sua mudança de domicílio (residência).

Regra: para que haja transferência, é necessário que haja o **consentimento do empregado.**

> Art. 469 da CLT. Ao empregador é vedado transferir o empregado, sem a sua anuência, para localidade diversa da que resultar do contrato, não se considerando transferência a que não acarretar necessariamente a mudança do seu domicílio.

Para que haja transferência, portanto, é necessária a anuência do empregado, ou seja, a regra é que a transferência seja um **ato bilateral**, que exige a concordância/aceite do empregado, bem como que acarrete necessariamente a sua mudança de domicílio.

☞ **ATENÇÃO!**

Remoção não é igual a transferência. A remoção é mais um exemplo do exercício do *jus variandi* do empregador, é a mudança de local de prestação de serviços que não implica a mudança de domicílio do empregado.

Exceções: a própria CLT, em seus parágrafos, fez previsão de casos de transferência definitiva por ato unilateral do empregador. São elas:

a) Transferência por ato unilateral em razão da real necessidade do serviço:

> Art. 469, § 1º, da CLT. Não estão compreendidos na proibição deste artigo: os empregados que exerçam cargo de confiança e aqueles cujos contratos tenham como condição, implícita ou explícita, a transferência, quando esta decorra de real necessidade de serviço.

Para que reste configurada a hipótese prevista no § 1º, do art. 469, da CLT, não basta que haja cargo de confiança na empresa ou o contrato tenha uma previsão expressa ou implícita de transferência.

É necessário que exista também a **real necessidade do serviço** para que a transferência seja lícita. Esse entendimento impede que a transferência seja usada pelo empregador como meio de perseguição.

Se não houvesse a real necessidade do serviço, alguns empregadores poderiam constar a cláusula com possibilidade de transferência em qualquer contrato e, quando insatisfeitos com o empregado, determinariam unilateralmente a transferência para forçar o trabalhador a pedir demissão.

O TST considera que é abusiva a transferência realizada sem a real necessidade do serviço, nos termos da Súmula 43 do TST:

> Súmula nº 43 do TST – TRANSFERÊNCIA (mantida). Resolução nº 121/2003, *DJ* de 19, 20 e 21/11/2003. Presume-se abusiva a transferência de que trata o § 1º, do art. 469, da CLT, sem comprovação da necessidade do serviço.

Cap. 10 – ALTERAÇÃO DE CONTRATO DE TRABALHO

Caso o empregador não comprove a real necessidade do serviço, poderá o empregado requerer medida liminar, por meio de reclamação trabalhista, com o objetivo de impedir que ocorra a transferência (ver inciso IX, do art. 659, da CLT c/c OJ nº 67 da SDI-II).

Muito embora seja fácil entender a cláusula expressa, existe certa dificuldade para a cláusula implícita. Essa cláusula decorre do conjunto de regras que regem o contrato, o que inclui a função do trabalhador.

b) Transferência por ato unilateral em razão da extinção do estabelecimento:

> Art. 469, § 2º, da CLT. É lícita a transferência quando ocorrer extinção do estabelecimento em que trabalhar o empregado.

Constatamos aqui uma decorrência lógica do **princípio da continuidade da relação de emprego**. É preferível manter o vínculo de emprego com a transferência do que simplesmente determinar a extinção do vínculo laboral (fonte de subsistência do trabalhador).

Nesse particular, surge uma questão: e se o trabalhador se recusar a ser transferido? Algumas vezes o trabalhador não possui qualquer interesse em se mudar para outra cidade e prefere ter o contrato finalizado. Nesse caso, não seria pedido de demissão, porquanto não se pode impor ao trabalhador os riscos da atividade econômica. Se o empregador fecha o estabelecimento, trata-se de decisão empresarial, não podendo o empregado ser obrigado a suportar os riscos dessa atividade.

Dessa forma, se o trabalhador se recusar a ser transferido, o empregador deve suportar os ônus da dispensa sem justa causa, mesmo que o trabalhador detenha estabilidade. Observe esse julgado do TST:

> "(...) REINTEGRAÇÃO. EXTINÇÃO DO ESTABELECIMENTO. CURSO DA GARANTIA DA PROVISÓRIA NO EMPREGO. DEMISSÃO. VÍCIO DE CONSENTIMENTO. 1. Em que pese, em princípio, ser lícita a transferência do empregado no caso de extinção do estabelecimento, o empregado não é obrigado a aceitar a transferência para outro Município, ainda mais quando o Regional assenta a premissa fática de que a reclamada não comprovou que as condições resultantes de tal transferência seriam mais benéficas ao autor. 2. Portanto, não há como se considerar válido o pedido de demissão, diante da recusa do trabalhador em ser transferido para cidade diversa, pois, ao assim proceder, a empresa acabou transferindo o risco do negócio para o reclamante. Não aceitando o autor a transferência, a empresa deveria assumir os ônus decorrentes da garantia provisória no emprego e arcar com o pagamento das verbas devidas. 3. Dessa maneira, a decisão Regional que concluiu nestes termos não ofendeu aos artigos 468, § 2º, 469, § 2º e 477, § 1º, da Consolidação das Leis do Trabalho. Outrossim, como foi constatado vício de consentimento na manifestação da vontade do autor ao pedir demissão, não ficou configurada violação a qualquer regra de distribuição do ônus da prova prevista nos artigos 818, da CLT e 333 do CPC, que, como regras de julgamento, só são utilizadas quando da ausência de prova, o que não é o caso concreto. Agravo de Instrumento não provido. (...)" (AIRR-988-33.2011.5.04.0702, 1ª Turma, Relatora Desembargadora Convocada: Luiza Lomba, *DEJT* 18/09/2015).

10.2.4.1. Adicional de transferência

Art. 469, § 3º, da CLT. Em caso de necessidade de serviço o empregador poderá transferir o empregado para localidade diversa da que resultar do contrato, não obstante as restrições do artigo anterior, mas, nesse caso, ficará obrigado a um pagamento suplementar, nunca inferior a 25% (vinte e cinco por cento) dos salários que o empregado percebia naquela localidade, enquanto durar essa situação.

De acordo com o § 3º do art. 469 da CLT, o empregador poderá, demonstrando a real necessidade de serviço, transferir provisoriamente o empregado, desde que pague um adicional de 25% do salário durante o tempo em que durar a transferência.

> ☞ **ATENÇÃO!**
>
> O adicional será pago tão somente enquanto durar o período da transferência, não se incorporando ao salário do empregado (não há previsão legal de tempo de duração da transferência provisória). Importante ressaltar que esse adicional possui **natureza salarial**.

O Tribunal Superior do Trabalho, ao analisar a expressão "**enquanto perdurar essa situação**", realizou uma interpretação restritiva, entendendo que o direito à parcela existe se a transferência for provisória. Aliás, não interessa se o empregado possui cargo de confiança ou cláusula que autorize a transferência. Isso **não elimina o direito ao adicional.** Leia a OJ 113 da SDI-I do TST:

OJ nº 113 da SDI-I do TST – Adicional de transferência. Cargo de confiança ou previsão contratual de transferência. Devido. Desde que a transferência seja provisória (inserida em 20/11/1997). O fato de o empregado exercer cargo de confiança ou a existência de previsão de transferência no contrato de trabalho não exclui o direito ao adicional. O pressuposto legal apto a legitimar a percepção do mencionado adicional é a transferência provisória.

O adicional de transferência é pago apenas em razão da transferência provisória.

Admitido o requisito da provisoriedade, o Tribunal Superior do Trabalho considera uma série de critérios para definir o que seria provisório. Não seria somente o requisito temporal, mas também o ânimo da mudança (intenção), além da sucessividade de transferências (quantidade). Observe esses dois julgados da SDI-I do TST sobre o tema:

RECURSO DE EMBARGOS. ADICIONAL DE TRANSFERÊNCIA. OCORRÊNCIA DE ÚNICA TRANS-FERÊNCIA DURANTE O CONTRATO DE TRABALHO. NATUREZA DA TRANSFERÊNCIA QUE PERDUROU POR UM ANO E NOVE MESES ATÉ A RESCISÃO DO CONTRATO. 1. A teor da Orientação Jurisprudencial 113 da SDI-1 desta Corte, o pressuposto legal apto a legitimar a percepção do adicional de transferência é a provisoriedade desta. 2. A celeuma existente quanto ao tema reside em definir quando uma transferência deve ser considerada provisória

Cap. 10 – ALTERAÇÃO DE CONTRATO DE TRABALHO

213

e quando deve ser ela tida como definitiva. 3. A provisoriedade deve ser aferida não apenas sob o enfoque do critério temporal, mas também devem ser considerados o ânimo (se provisório ou definitivo) e a sucessividade de transferências. 4. No caso dos autos, a única transferência perpetrada perdurou por aproximadamente um ano e nove meses, até a extinção do contrato de trabalho. Conquanto nenhum desses fatos isoladamente considerados seja determinante para se concluir pela definitividade da transferência, se apreciados em conjunto, afastam a conclusão de que o empregador tinha a pretensão de efetuar novas transferências, especialmente em razão de ter ocorrido uma única transferência que perdurou até o final do contrato, possibilitando, pois, a conclusão de que a transferência havida foi definitiva. 5. Assim, restando configurada a definitividade da última transferência, não é devido o adicional respectivo. Recurso de Embargos de que se conhece e a que se nega provimento (E-RR-653-56.2012.5.09.0567, Subseção I Especializada em Dissídios Individuais, Relator Ministro: João Batista Brito Pereira, *DEJT* 26/06/2020).

"(...) ADICIONAL DE TRANSFERÊNCIA – INEXISTÊNCIA DE CONTRARIEDADE À ORIENTA-ÇÃO JURISPRUDENCIAL N. 113 DA SBDI. (...) A 3ª Turma consignou que o reclamante foi transferido com mudança de domicílio quatro vezes nos oito anos em que perdurou seu contrato de trabalho, por determinação do reclamado. 2. Registrou, assim, o caráter sucessivo e provisório das transferências a ensejar o pagamento do adicional de transferência. 3. O acórdão embargado, dessa maneira, está em conformidade com a Orientação Jurisprudencial n. 113 da SBDI-1, segundo a qual o pressuposto legal apto a legitimar a percepção do mencionado adicional é a transferência provisória. (...)" (Ag-E-ARR-11017-53.2015.5.15.0070, Subseção I Especializada em Dissídios Individuais, Relator Ministro: Luiz Philippe Vieira de Mello Filho, *DEJT* 08/05/2020).

Fato curioso refere-se à hospedagem em hotel. Se o trabalhador ficar em um hotel, haveria efetiva transferência? Seria mudança de residência? Isso depende das particularidades do caso concreto. Pode ser que não se trate de mudança de domicílio, o que afasta o direito ao adicional:

"(...) ADICIONAL DE TRANSFERÊNCIA. (...) É de se concluir, portanto que, segundo os termos do artigo 469, *caput*, da CLT, não se considera transferência àquela que não acarretar necessariamente a mudança do domicílio do empregado, não bastando, portanto, que essa se dê apenas em caráter provisório. Restando consignado no acórdão regional que o empregado permaneceu em hotel custeado pela empresa, não tendo fixado residência, portanto, na cidade em que foi realocado para prestar seu labor no período em questão, e que sua família continuou a residir na cidade de origem, é de se concluir que o autor não faz jus ao adicional de transferência. Recurso de revista conhecido e provido. (...)" (RR-1718-49.2012.5.04.0204, 7ª Turma, Relator Ministro: Renato de Lacerda Paiva, *DEJT* 30/06/2020).

Contudo, as circunstâncias do caso concreto podem indicar que houve efetiva transferência, ainda que usando um hotel, o que torna o adicional devido:

ADICIONAL DE TRANSFERÊNCIA. PROVISORIEDADE. HOSPEDAGEM PERMANENTE EM HOTEL. DOMICÍLIO. 1. Nos termos do disposto na Orientação Jurisprudencial n.º 113 da SBDI-I desta Corte superior, "o fato de o empregado exercer cargo de confiança ou a existência de previsão de transferência no contrato de trabalho não exclui o direito ao adicional. O pressuposto legal apto a legitimar a percepção do mencionado adicional é a transferência provisória". 2. Assim sendo, configurada a transferência provisória, não é impeditivo ao deferimento do adicional de transferência o fato de o obreiro encontrar-se hospedado em hotel, pois, consoante já decidiu a 2ª Turma desta Corte superior (TST-RR– 112000-33.2009.5.09.0007, Relator Ministro José Roberto Freire Pimenta, DeJT de 5/12/2014), o fato de o trabalhador haver morado em hotel, no período em que perdurou a transferência, não significa dizer que não houve mudança do seu domicílio ou residência. 3. Não evidenciado o caráter definitivo da transferência do reclamante, faz-se devido o pagamento de adicional de transferência em percentual não inferior a 25% (vinte e cinco por cento) dos salários pagos ao obreiro, nos exatos termos prescritos pelo artigo 469, § 3º, da CLT. 4. Recurso de Revista conhecido e provido." (RR-1598-98.2014.5.09.0041, 1ª Turma, Relator Desembargador Convocado Marcelo Lamego Pertence, *DEJT* 23/06/2017).

No caso de empregado que foi contratado no Brasil e transferido para o exterior, o direito ao adicional possui previsão mais específica, qual seja a Lei nº 7.064/1982:

Lei nº 7.064/1982

Art. 4º. Mediante ajuste escrito, empregador e empregado fixarão os valores do salário-base e do adicional de transferência.

Art. 5º. O salário-base do contrato será obrigatoriamente estipulado em moeda nacional, mas a remuneração devida durante a transferência do empregado, computado o adicional de que trata o artigo anterior, poderá, no todo ou em parte, ser paga no exterior, em moeda estrangeira.

Art. 10. O adicional de transferência, as prestações "in natura", bem como quaisquer outras vantagens a que fizer jus o empregado em função de sua permanência no exterior, não serão devidas após seu retorno ao Brasil.

Esse adicional pago ao trabalhador transferido para o exterior também possui natureza salarial:

"(...) 1. ADICIONAL DE TRANSFERÊNCIA. TRABALHO NO EXTERIOR. NATUREZA SALARIAL. INTEGRAÇÃO. REPERCUSSÃO NAS DEMAIS VERBAS TRABALHISTAS. NÃO CONHECIMENTO. I. No caso concreto, restou incontroverso que o contrato de trabalho encontrava-se disciplinado pela Lei n. 7.064/82, que dispõe sobre a situação de trabalhadores contratados ou transferidos para prestar serviços no exterior. II. Com efeito, esse diploma legal não preconiza a natureza indenizatória para o adicional de transferência nas hipóteses por ela disciplinadas, razão pela qual se atrai a aplicação da regra geral, já sedimentada na jurisprudência desta Corte Superior, no sentido de que o adicional de transferência detém natureza salarial e, enquanto percebido pelo empregado, integra o salário para todos os efeitos legais. (...)" (ARR-696-35.2013.5.05.0222, 4ª Turma, Relator Ministro: Alexandre Luiz Ramos, *DEJT* 24/05/2019).

10.2.4.2. Despesas com transferência

De quem seria a despesa pela transferência do empregado (mudança de seus bens móveis etc.)? Essa despesa é suportada pelo **empregador**:

Art. 470 da CLT. As despesas resultantes da transferência correrão por conta do empregador.

Vale lembrar que essas despesas, geralmente, não são consideradas parcelas salariais, mas sim ajuda de custo, com nítido caráter indenizatório.

Art. 457, § 2º, da CLT. As importâncias, ainda que habituais, pagas a título de ajuda de custo, auxílio-alimentação, vedado seu pagamento em dinheiro, diárias para viagem, prêmios e abonos não integram a remuneração do empregado, não se incorporam ao contrato de trabalho e não constituem base de incidência de qualquer encargo trabalhista e previdenciário.

CLT (antes da reforma)	CLT (depois da reforma)
Art. 457, § 2º. Não se incluem nos salários as ajudas de custo, assim como as diárias para viagem que não excedam de 50% (cinquenta por cento) do salário percebido pelo empregado.	Art. 457, § 2º. As importâncias, ainda que habituais, pagas a título de ajuda de custo, auxílio-alimentação, vedado seu pagamento em dinheiro, diárias para viagem, prêmios e abonos não integram a remuneração, não se incorporam ao contrato de trabalho e não constituem base de incidência de qualquer encargo trabalhista e previdenciário.

Aliás, se o empregado foi transferido por determinação do empregador, cabe a esse último também arcar com as despesas de retorno:

RECURSO DE REVISTA. (...) AJUDA DE CUSTO. TRANSFERÊNCIA. DESPESAS DE RETORNO AO LOCAL DE ORIGEM. Consoante disposto no artigo 470 da CLT, "as despesas resultantes da transferência correrão por conta do empregador". Referido preceito não limita a obrigação do empregador de custear somente as despesas de ida. A obrigação alcança também as despesas de retorno quando a transferência tenha sido por determinação do empregador e o trabalhador dispensado sem justa causa, ainda que a mudança ocorra após a rescisão contratual. Precedentes. Recurso de Revista não conhecido. (RR – 54600-37.2012.5.17.0006, Relator Desembargador Convocado: Marcelo Lamego Pertence, Data de Julgamento: 18/11/2015, 1ª Turma, Data de Publicação: *DEJT* 20/11/2015).

Por fim, se o empregador altera o local de trabalho, mas não ocorre a mudança de domicílio, então o empregado apenas tem direito à diferença relativa ao aumento do **custo do transporte**, conforme Súmula 29 do TST:

Súmula 29 do TST. TRANSFERÊNCIA (mantida) – Res. 121/2003, *DJ* 19, 20 e 21/11/2003. Empregado transferido, por ato unilateral do empregador, para local mais distante de sua residência, tem direito a suplemento salarial correspondente ao acréscimo da despesa de transporte.

10.3. ALTERAÇÕES SUBJETIVAS DO CONTRATO DE TRABALHO

Como dissemos em um capítulo anterior, a sucessão de empregadores nada mais é do que a alteração do polo subjetivo do contrato de trabalho, com a transferência da titularidade do negócio. O novo titular assume não apenas o ativo do novo negócio, mas também o passivo, incluindo os contratos de trabalho que estão em curso.

É essa característica, fundamentada no princípio da despersonificação do empregador, que viabiliza a manutenção dos contratos de trabalho e as respectivas relações de emprego quando ocorre a negociação e a transferência da titularidade de um empreendimento. Os contratos de trabalho em vigor no momento da sucessão são de responsabilidade da empresa sucessora.

Trata-se de uma ampliação da garantia de recebimento dos créditos do trabalhador.

10.3.1. Previsão legal

> Art. 10 da CLT. Qualquer alteração na estrutura jurídica da empresa não afetará os direitos adquiridos por seus empregados.
>
> Art. 448 da CLT. A mudança na propriedade ou na estrutura da empresa não afetará os contratos de trabalho dos respectivos empregados.

> **Exemplo**: o banco Ômega é comprado e absorvido pelo banco Alfa (incorporação), então o patrimônio do banco Ômega é transferido para o banco Alfa, que se torna o sucessor trabalhista. Outro exemplo ocorre quando a empresa A se funde com a empresa B (fusão), formando a AB, que será a sucessora.

Outro detalhe é relevante: perceba que até mesmo a alteração na propriedade da empresa empregadora (venda de quotas da sociedade, por exemplo) ou da estrutura jurídica (sociedade limitada transforma-se em sociedade anônima, por exemplo) também é considerada sucessão trabalhista.

Logo, se os sócios de uma empresa vendem as suas quotas para outras pessoas, somente os sócios mudaram, mas houve sucessão, muito embora o empregador seja o mesmo (a empresa pessoa jurídica).

Note que, para caracterizar a sucessão, não existe qualquer exigência no sentido de que o trabalhador continue prestando serviços para o sucessor.

Aliás, o TST entende que, mesmo tendo os contratos sido extintos antes da sucessão, a responsabilidade do sucessor ainda persiste:

> "(...) SUCESSÃO TRABALHISTA. CONTRATO DE TRABALHO EXTINTO ANTES DA SUCESSÃO. RESPONSABILIDADE DA SUCESSORA. (...) Ressalta-se que a jurisprudência desta Corte é no sentido de que a sucessão trabalhista de empregadores traz como consequência legal a transmissão de todas as responsabilidades relativas aos débitos do sucedido, ainda que haja débitos referentes a período anterior à sucessão. Assim, ainda que o contrato de trabalho tenha sido extinto antes da sucessão, não há falar em ausência de responsabilidade do sucessor pelos créditos trabalhistas postulados (precedentes).

Cap. 10 – ALTERAÇÃO DE CONTRATO DE TRABALHO

Agravo de instrumento desprovido." (AIRR – 1024-30.2015.5.09.0562, Relator Ministro: José Roberto Freire Pimenta, Data de Julgamento: 02/08/2017, 2ª Turma, Data de Publicação: *DEJT* 04/08/2017)

Há duas situações em que a continuidade na prestação de serviços torna-se relevante:

• **Quando se trata de serventia extrajudicial (cartório):**

O TST entende que o fato de o titular da serventia (notário ou registrador) ter assumido a função em virtude de concurso público não elimina a sucessão trabalhista, desde que o trabalhador continue prestando serviços para o novo titular. Se houver a continuidade da prestação de serviços, há responsabilidade do novo titular pelos créditos devidos pelo titular anterior.

Observe esse julgado que fixa essas mesmas premissas:

"(...) II – RECURSO DE REVISTA. LEI N. 13.015/2014. MUDANÇA DE TITULARIDADE DE CARTÓRIO EXTRAJUDICIAL. APROVAÇÃO EM CONCURSO PÚBLICO. CONTINUIDADE DA PRESTAÇÃO DOS SERVIÇOS. SUCESSÃO TRABALHISTA. Depreende-se do acórdão recorrido que a alteração da titularidade do cartório ocorreu por ocasião da aprovação em concurso público do novo notarial, tendo assumido o acervo em 09/05/2014, sendo incontroverso que a reclamante continuou a prestar serviços ao novo titular após mudança de titularidade do cartório. Com efeito, ainda que a titularidade notarial tenha se operado em razão de aprovação em concurso público do novo titular, não há óbice ao reconhecimento da sucessão trabalhista, porquanto houve aproveitamento dos empregados do titular sucedido pelo sucessor, que também se beneficiou da força de trabalho da reclamante. Nesse contexto, a jurisprudência desta Corte pacificou o entendimento de que, demonstradas a transferência da unidade econômica jurídica pelo titular e a continuidade da prestação de serviços, hipótese dos autos, resta caracterizada a sucessão trabalhista. Precedentes. Recurso de revista conhecido e provido. (...)" (RR – 10700-06.2014.5.18.0006, Relatora Ministra: Maria Helena Mallmann, Data de Julgamento: 19/09/2018, 2ª Turma, Data de Publicação: *DEJT* 05/10/2018).

Se não houver a continuidade para o novo titular da serventia, então não haverá sucessão trabalhista:

"(...) II – RECURSO DE REVISTA. SUCESSÃO TRABALHISTA. TITULAR DE CARTÓRIO EXTRA-JUDICIAL. POSSIBILIDADE. RESPONSABILIDADE DO SUCESSOR. AUSÊNCIA DE PRESTAÇÃO DE SERVIÇOS AO NOVO DELEGATÁRIO. Cinge-se a controvérsia a se perquirir sobre a sucessão trabalhista – titular de cartório extrajudicial – possibilidade – responsabilidade do sucessor. (...) Note-se que esta Corte sedimentou o entendimento de que não caracteriza sucessão trabalhista quando o empregado do titular anterior não prestou serviços ao novo titular do cartório. (...)" (RR-1001539-11.2015.5.02.0314, 3ª Turma, Relator Ministro Alexandre de Souza Agra Belmonte, *DEJT* 06/12/2019).

• **Quando se trata de concessão de serviços públicos:**

Na concessão de serviços públicos, é natural que os bens que eram utilizados por uma concessionária passem a ser utilizados pela nova concessionária que assume o serviço público.

O TST entende que a nova concessionária apenas assume a responsabilidade pelos créditos devidos pela concessionária anterior, quando o contrato de trabalho do empregador é **extinto após o início da nova concessão**.

> OJ 225 da SDI-I do TST. CONTRATO DE CONCESSÃO DE SERVIÇO PÚBLICO. RESPONSABILI-DADE TRABALHISTA. (nova redação) – Res. 129/2005, DJ 20, 22 e 25/04/2005. Celebrado contrato de concessão de serviço público em que uma empresa (primeira concessionária) outorga a outra (segunda concessionária), no todo ou em parte, mediante arrendamento, ou qualquer outra forma contratual, a título transitório, bens de sua propriedade:
>
> I – em caso de rescisão do contrato de trabalho após a entrada em vigor da concessão, a segunda concessionária, na condição de sucessora, responde pelos direitos decorrentes do contrato de trabalho, sem prejuízo da responsabilidade subsidiária da primeira concessionária pelos débitos trabalhistas contraídos até a concessão;
>
> II – no tocante ao contrato de trabalho extinto antes da vigência da concessão, a responsabilidade pelos direitos dos trabalhadores será exclusivamente da antecessora.

Veja uma aplicação prática:

> "(...) TRANSPORTADORA E INDUSTRIAL AUTOBUS S.A. E TURB TRANSPORTE URBANO S.A. RESPONSABILIDADE POR VERBAS TRABALHISTAS. SUCESSÃO DE EMPRESAS. CONCESSIONÁRIAS DE SERVIÇO PÚBLICO. OJ 225 DA SBDI-1 DO TST. SÚMULA 126 DO TST. Trata-se de hipótese na qual houve sucessão entre concessionárias do serviço público de transporte coletivo do Município de Petrópolis-RJ. A controvérsia reside na possibilidade de responsabilização da empresa sucessora no que diz respeito às verbas trabalhistas inadimplidas pela antiga prestadora de serviços. A Orientação Jurisprudencial 225 da SBDI-1 do TST preleciona que não há responsabilidade da empresa sucessora nos casos em que o contrato de trabalho foi extinto antes da entrada em vigor da concessão. Na hipótese, o Regional, soberano no exame da matéria probatória, consignou que 'o contrato de trabalho do reclamante foi extinto antes que o mesmo tenha iniciado a prestação de serviços para a nova empresa'. Pressupõe-se, portanto, utilizando como base o quadro fático delineado pelo Tribunal de origem, que a Reclamante não prestou serviços à empresa sucessora (TURB). (...)" (AIRR-1598-84.2012.5.01.0302, 2ª Turma, Relatora Ministra: Maria Helena Mallmann, DEJT 29/05/2020).

10.3.2. Princípios que regem a sucessão de empregadores

a) **Princípio da continuidade da relação de emprego**: esse princípio, como já repetimos ao longo desta obra, visa manter o vínculo de emprego, preservando a relação de trabalho existente, mesmo na hipótese em que ocorra a sucessão de empregadores.

b) **Princípio da despersonalização da figura do empregador**: a relação de emprego não é *intuitu personae* em relação à figura do empregador.

Cap. 10 – ALTERAÇÃO DE CONTRATO DE TRABALHO

c) **Princípio da intangibilidade objetiva do contrato**: esse princípio implica a manutenção integral das cláusulas e condições de trabalho.

10.3.3. Requisitos

a) **Transferência do negócio para outro titular**: a transferência do negócio para outro titular é a transferência da propriedade da empresa, a alteração do polo passivo da relação de trabalho, mesmo que parcial. Ou seja, se apenas uma das empresas integrantes do grupo econômico for objeto de negociação, ficará configurada a sucessão de empregadores.

b) **Continuidade da atividade empresarial**: apenas haverá sucessão de empregadores se a empresa sucessora der continuidade às atividades desenvolvidas pela sucedida sem que ocorra solução de continuidade.

Esse requisito, hoje, é um dos mais importantes para configurar não só a sucessão de empregadores, como também a questão da responsabilidade.

c) **Continuidade da relação de emprego**: a continuidade da relação de emprego vem sendo um pouco questionada como requisito indispensável para a configuração da sucessão de empregadores. O próprio TST vem entendendo que não é imprescindível a continuação da prestação de serviços pelos empregados. Este é o posicionamento contido na OJ nº 261 da SDI-I do TST.

> OJ nº 261 da SDI-I do TST – Bancos. Sucessão trabalhista (inserida em 27/09/2002). As obrigações trabalhistas, inclusive as contraídas à época em que os empregados trabalhavam para o banco sucedido, são de responsabilidade do sucessor, uma vez que a este foram transferidos os ativos, as agências, os direitos e deveres contratuais, caracterizando típica sucessão trabalhista.

Embora o verbete referido mencione "bancos", sua inteligência de que a sucessão ocorre com a transferência de ativos evidencia o entendimento da Corte Superior acerca do que seria uma sucessão trabalhista.

E o que seria a transferência de unidade econômico-jurídica? Seria o trespasse, a fusão, a incorporação ou que tipo de outra figura?

Na realidade, qualquer modalidade de transferência de um conjunto de bens que afete substancialmente a estrutura anterior do empregador existente pode ser enquadrada nesse conceito, porque afeta o patrimônio do antigo devedor trabalhista. Observe esse julgado do TST:

> "(...) Cabe, ainda, reiterar que a noção tida como fundamental é a de transferência de uma universalidade, ou seja, a transferência de parte significativa do(s) estabelecimento(s) ou da empresa de modo a afetar significativamente os contratos de trabalho. Assim, a passagem para outro titular de uma fração importante de um complexo empresarial (bens materiais e imateriais), comprometendo de modo importante o antigo complexo, pode ensejar a sucessão de empregadores, por afetar de maneira importante os antigos contratos de trabalho. Desse modo, qualquer título jurídico hábil a operar a

transferência de universalidade no Direito brasileiro (compra e venda, arrendamento, concessão, permissão, delegação etc.) é compatível com a sucessão de empregadores. É indiferente, portanto, à ordem justrabalhista, a modalidade de título jurídico utilizada para o trespasse efetuado. (...)" (ED-ARR – 753-70.2011.5.14.0061, Relator Ministro: Mauricio Godinho Delgado, Data de Julgamento: 04/10/2017, 3ª Turma, Data de Publicação: *DEJT* 06/10/2017).

10.3.4. Responsabilidades das empresas na sucessão de empregadores

a) Responsabilidade da empresa sucessora:

Regra: A responsabilidade é total: com a sucessão de empresa, a sucessora automaticamente passa a responder por todos os direitos e obrigações contratuais existentes, bem como todas as suas repercussões.

Observe um julgado nessa direção:

"(...) SUCESSÃO DE EMPREGADORES. RESPONSABILIDADE EXCLUSIVA DA EMPRESA SUCESSORA PELAS VERBAS TRABALHISTAS DEVIDAS AO EMPREGADO. A jurisprudência desta Corte Superior é no sentido de que a sucessão trabalhista, regra geral, transfere para o sucessor a exclusiva responsabilidade pelo adimplemento e pela execução dos contratos de trabalho da empresa sucedida, obrigando a quem for o empregador o ônus pelos contratos já existentes à época em que se deu a sucessão. Precedentes. Incide o óbice da Súmula n. 333 do TST. Recurso de revista não conhecido." (RR-578-21.2013.5.04.0664, 2ª Turma, Relatora Ministra: Maria Helena Mallmann, *DEJT* 04/09/2020).

Nesse ponto, o entendimento existente foi confirmado pelo art. 448-A, *caput*, da CLT:

Art. 448-A CLT. Caracterizada a sucessão empresarial ou de empregadores prevista nos arts. 10 e 448 desta Consolidação, as obrigações trabalhistas, inclusive as contraídas à época em que os empregados trabalhavam para a empresa sucedida, são de responsabilidade do sucessor.

O dispositivo *supra* seguiu a tese consagrada pela jurisprudência do TST (OJ nº 261 da SDI-I). O sucessor responde inclusive pelas obrigações contraídas à época em que seus empregados trabalhavam para o sucedido.

Assim, com a sucessão, os **direitos já adquiridos pelo empregado** (direitos adquiridos são aqueles para cuja aquisição o trabalhador já preencheu todos os requisitos) durante o tempo em que trabalhou para o sucedido passam a ser, como regra, de **responsabilidade exclusiva do sucessor**.

O sucedido está desonerado de responsabilidade, salvo em caso de fraude, fato que ensejará a sua responsabilidade solidária.

> ☞ **ATENÇÃO!**
>
> As cláusulas contratuais restritivas de responsabilização, ou de não responsabilização da empresa sucessora, não possuem qualquer valor para o Direito do Trabalho, em razão da natureza cogente das normas trabalhistas que regem o instituto sucessório. Se, porventura, essas cláusulas tiverem algum efeito, não será na seara trabalhista.

b) Responsabilidade da empresa sucedida:

A empresa sucedida, geralmente, não possui qualquer tipo de responsabilidade pelos créditos trabalhistas anteriores à transferência.

A jurisprudência, porém, vem se posicionando no sentido de que a empresa sucedida responde subsidiariamente nos casos em que a transferência tenha gerado uma redução das garantias de adimplemento dos créditos trabalhistas.

Já nos casos em que fique configurado que a transferência é fruto de um ato fraudulento, a jurisprudência vem se posicionando no sentido da aplicação analógica dos arts. 942 e 1.146 do Código Civil. Portanto, nos casos de existência de fraude, a empresa sucedida responderá solidariamente pelo prazo de um ano.

> Art. 1.146 do CC. O adquirente do estabelecimento responde pelo pagamento dos débitos anteriores à transferência, desde que regularmente contabilizados, continuando o devedor primitivo solidariamente obrigado pelo prazo de um ano, a partir, quanto aos créditos vencidos, da publicação, e, quanto aos outros, da data do vencimento.

No mesmo sentido, a Lei nº 13.467/2017 inseriu o parágrafo único do art. 448-A da CLT, assegurando maior garantia ao trabalhador, elencando que a responsabilidade da empresa sucedida será solidária com a empresa sucessora, quando for decretada fraude na transferência, a qualquer tempo.

> Art. 448-A, parágrafo único, da CLT. A empresa sucedida responderá solidariamente com a sucessora quando ficar comprovada fraude na transferência.

O parágrafo único do artigo 448-A da CLT estabelece uma única exceção para que haja responsabilidade tanto do sucessor como do sucedido. Ambos responderão solidariamente quando ficar constatada a **fraude na transferência das empresas**.

Exemplo: a empresa Ouro deve 1 milhão de reais em direitos trabalhistas, mas apenas possui patrimônio de 100 mil reais. O proprietário, então, transfere o estabelecimento para outra empresa que pertence a "laranjas", com objetivo de transferir toda a dívida. Trata-se de fraude.

Não resta dúvidas que o dispositivo traz maior segurança jurídica às relações laborais, permitindo ao empregado exigir todas as parcelas do sucessor e incluir o sucedido como solidariamente responsável caso comprovada a fraude na sucessão.

O Tribunal Superior do Trabalho tem uma posição no sentido de que a responsabilidade do sucedido pode existir se houver **absoluta insuficiência econômica do sucessor**, isto é, não possui claramente bens bastantes para pagar o crédito trabalhista. Veja julgados:

> "(...) SUCESSÃO DE EMPREGADORES. RESPONSABILIDADE EXCLUSIVA DA EMPRESA SUCES-SORA. A jurisprudência desta Corte firmou entendimento de que a sucessão trabalhista transfere para a empresa sucessora a exclusiva responsabilidade pelo adimplemento e execução dos contratos de trabalho da empresa sucedida existentes na época em que ocorreu a sucessão. Com efeito, a responsabilidade solidária somente é possível em circunstâncias excepcionais, como fraude ou absoluta insuficiência econômico-financeira do sucessor, o que não acontece no presente caso. (...)" (RR-800-24.2014.5.04.0641, 2ª Turma, Relatora Ministra: Maria Helena Mallmann, *DEJT* 26/06/2020).

E qual seria o nível de responsabilidade do sucedido nesse caso? Será **responsabilidade solidária** da mesma forma, porquanto não faria sentido o sucedido ter transferido seus ativos para uma empresa que não possui suficiência econômica sequer relativa e simplesmente se isentar da responsabilidade:

> "(...) SUCESSÃO DE EMPREGADORES. RESPONSABILIDADE SOLIDÁRIA. 1. A teor do art. 10 da CLT, qualquer alteração na estrutura jurídica da empresa não afetará os direitos adquiridos por seus empregados. 2. Como regra geral, a sucessão trabalhista transfere para o sucessor a exclusiva responsabilidade pelo adimplemento e execução dos contratos de trabalho do empregador sucedido. A responsabilidade solidária é possível apenas em circunstâncias excepcionais de fraude ou absoluta insuficiência econômico-financeira do sucessor, hipóteses não delineadas no caso. 3. O quadro descrito no acórdão denota que a dispensa do autor se deu em momento posterior à aquisição da unidade fabril da primeira ré pela segunda. Recurso de revista conhecido e provido." (RR-20056-45.2017.5.04.0641, 3ª Turma, Relator Ministro: Alberto Luiz Bresciani de Fontan Pereira, *DEJT* 10/05/2019).

Lembre-se de que a dívida era originariamente do sucedido, de forma que não se trata de uma criação de responsabilidade solidária pela jurisprudência, mas uma interpretação da responsabilidade que já era do sucedido antes da sucessão, não podendo ser simplesmente transferida para aquele não possui qualquer condição econômica.

☞ ATENÇÃO!

Ocorre, na prática, por diversas vezes, a inclusão da chamada cláusula de exclusão de responsabilidade, prevendo que o sucessor (comprador) do estabelecimento não terá responsabilidade no polo passivo de futura recla-

Cap. 10 – ALTERAÇÃO DE CONTRATO DE TRABALHO | **223**

> matória trabalhista. Essa cláusula não tem efeito jurídico, pois há expressa previsão legal sobre a sucessão empresarial. Os artigos 10, 448 e agora 448-A, da CLT são imperativos, não cabendo qualquer tipo de tentativa transacional entre as partes.

c) Sócio retirante:

Antes da Reforma Trabalhista instituída pela Lei nº 13.467/2017, por ausência de regras, era grande a insegurança jurídica sobre a responsabilidade que afetava as empresas, os sócios atuais e o sócio que se retirava. A lei era silente sobre quem responderia pelas obrigações trabalhistas, por quanto tempo, sobre qual período, de que forma, gerando decisões diferentes, conflitantes e sem parâmetros legais.

Os sócios atuais da empresa respondem pela sucessão, nos termos do art. 448-A da CLT. E a lei também pode alcançar aquele que saiu, ou seja, o retirante, esgotados os meios de execução perante os outros devedores.

> Art. 10-A da CLT. O sócio retirante responde subsidiariamente pelas obrigações trabalhistas da sociedade relativas ao período em que figurou como sócio, somente em ações ajuizadas até dois anos depois de averbada a modificação do contrato, observada a seguinte ordem de preferência:
>
> I – a empresa devedora;
>
> II – os sócios atuais; e
>
> III – os sócios retirantes.
>
> Parágrafo único. O sócio retirante responderá solidariamente com os demais quando ficar comprovada fraude na alteração societária decorrente da modificação do contrato.

A nova redação a todos alcança, conferindo alto grau de garantias ao trabalhador, disciplinando a ordem de execução e delimitando no tempo a responsabilidade por fatos pretéritos que alcançam o período do sócio retirante.

O período em que o sócio retirante pode ser alcançado (2 anos) teve o prazo extraído da legislação civil em vigor, além do fato de que o prazo prescricional de 2 anos, previsto na Constituição Federal.

De forma indireta, o art. 10-A da CLT também trata da desconsideração da personalidade jurídica.

> Art. 1.003 do CC. A cessão total ou parcial de quota, sem a correspondente modificação do contrato social com o consentimento dos demais sócios, não terá eficácia quanto a estes e à sociedade.
>
> Parágrafo único. Até dois anos depois de averbada a modificação do contrato, responde o cedente solidariamente com o cessionário, perante a sociedade e terceiros, pelas obrigações que tinha como sócio.

Por fim, de acordo com o parágrafo único do artigo 10-A do texto consolidado, a regra da responsabilidade subsidiária acima exposta não se aplica quando ficar comprovada fraude na alteração societária. Nesse caso, a responsabilidade do sócio que se retira será solidária.

10.3.5. Casos especiais

a) Empregador doméstico:

Não cabe falar em sucessão de empregadores em relação ao empregador doméstico. Podemos elencar algumas razões que justificam a sua inaplicabilidade neste caso: a noção de empresa e o princípio da despersonificação da figura do empregador são incompatíveis com o conceito de empregador doméstico, bem como a ausência de finalidade lucrativa.

b) Jornalista:

Não cabe falar em sucessão de empregadores em relação ao empregador do jornalista, sempre que o novo proprietário do veículo de comunicação possuir ideologias radicalmente distintas dos comunicadores que lá trabalharem. A diferença ideológica existente entre o novo empregador e o jornalista empregado da antiga empresa torna inviável a continuidade da relação de emprego. Nesse caso, o empregado poderá pleitear a rescisão do contrato de trabalho.

c) Empresa individual:

Quando falamos em empresa individual, nos deparamos com duas situações distintas: a de sucessão de empregadores, caso uma empresa individual altere sua estrutura jurídica e passe a ser uma sociedade, e no caso de morte do empregador.

Havendo alteração da estrutura da empresa, ou seja, deixando de ser propriedade de uma única pessoa e passando a ser uma sociedade empresarial, restará configurada a figura da sucessão de empregadores.

Se, porém, a hipótese for de morte do empregador constituído em empresa individual, a CLT confere ao empregado o direito de rescindir o contrato de trabalho.

CLT, art. 483. O empregado poderá considerar rescindido o contrato e pleitear a devida indenização quando: (...)

§ 2º No caso de morte do empregador constituído em empresa individual, é facultado ao empregado rescindir o contrato de trabalho.

☞ ATENÇÃO!

Nessa hipótese, não há necessidade do cumprimento do aviso-prévio.

d) Falência:

O arrematante da empresa falida não sucede o falido nas obrigações trabalhistas, isto é, não será considerado sucessor. Ou seja, de acordo com o inciso II, § 2º, do art. 141 da Lei nº 11.101/2005, não incidirá a sucessão de empregadores no caso

Cap. 10 – ALTERAÇÃO DE CONTRATO DE TRABALHO

de alienação da empresa falida ou de alguns de seus estabelecimentos. O § 2º do art. 141 determina, ainda, que serão considerados novos contratos de trabalho aqueles firmados entre os empregados da empresa extinta e a empresa sucessora.

> Art. 141 da Lei nº 11.101/2005. Na alienação conjunta ou separada de ativos, inclusive da empresa ou de suas filiais, promovida sob qualquer das modalidades de que trata este artigo: (...)
>
> II – o objeto da alienação estará livre de qualquer ônus e não haverá sucessão do arrematante nas obrigações do devedor, inclusive as de natureza tributária, as derivadas da legislação do trabalho e as decorrentes de acidentes de trabalho. (...)
>
> § 2º Empregados do devedor contratados pelo arrematante serão admitidos mediante novos contratos de trabalho e o arrematante não responde por obrigações decorrentes do contrato anterior.

O Supremo Tribunal Federal reconheceu a constitucionalidade desse preceito na ADI 3934/DF.

> AÇÃO DIRETA DE INCONSTITUCIONALIDADE. ARTIGOS 60, PARÁGRAFO ÚNICO, 83, I E IV, c, E 141, II, DA LEI 11.101/2005. FALÊNCIA E RECUPERAÇÃO JUDICIAL. INEXISTÊNCIA DE OFENSA AOS ARTIGOS 1º, III E IV, 6º, 7º, I, E 170, DA CONSTITUIÇÃO FEDERAL de 1988. ADI JULGADA IMPROCEDENTE. (...) II – Não há, também, inconstitucionalidade quanto à ausência de sucessão de créditos trabalhistas. (...) (ADI 3934, Relator Ministro: Ricardo Lewandowski, Tribunal Pleno, Data de Publicação: 06/11/2009).

O TST segue, a mesma linha:

> "(...) II – RECURSO DE REVISTA. LEI N. 13.467/2017. LACTALIS DO BRASIL – COMÉRCIO, IMPORTAÇÃO E EXPORTAÇÃO DE LATICÍNIOS LTDA. ARREMATAÇÃO DE UNIDADE PRODUTIVA ISOLADA (UPI) EM RECUPERAÇÃO JUDICIAL. RESPONSABILIDADE DO ARREMATANTE EM PERÍODO ANTERIOR À ARREMATAÇÃO. DISCUSSÃO ACERCA DA SUCESSÃO DE EMPREGADORES (...) 3 – O STF, no exame do mérito da ADIn n. 3.934-2, decidiu que a Lei n. 11.101/2005, ao estabelecer que o arrematante não tem responsabilidade pelas obrigações do devedor, no caso da alienação de filiais ou de unidades produtivas isoladas, ocorrida no curso da recuperação judicial (art. 60, parágrafo único) ou após a convolação da recuperação judicial em falência (art. 141, II), salvo nas hipóteses previstas na própria lei (art. 141, II e § 1º), não afrontou os dispositivos constitucionais que tratam da proteção jurídica dos trabalhadores (arts. 1º, III E IV, 6º, 7º, I, e 170 da Constituição Federal de 1988). 4 – O TST, em observância à decisão do STF, a qual teve efeito vinculante (art. 102, § 2º, da Constituição Federal de 1988), vem adotando o entendimento de que o art. 60, parágrafo único, da Lei n. 11.101/2005 estabelece que no caso de recuperação judicial de empresas, a alienação de unidade produtiva isolada não enseja a caracterização de sucessão de empresa quanto às obrigações trabalhistas. Julgados. 5 – Recurso de revista de que se conhece e a que se dá provimento (RR-20218-39.2016.5.04.0782, 6ª Turma, Relatora Ministra: Katia Magalhães Arruda, *DEJT* 24/04/2020).

e) Desmembramento de estado e município:

O Município pode sofrer um desmembramento, **gerando mais de um Município**. As obrigações trabalhistas deverão ser, então, fracionadas, de maneira que cada novo ente público responda pelo período em que foi beneficiado pela prestação de serviços.

Trata-se de uma situação muito peculiar, porquanto, como se refere a entes públicos, **não se poderia seguir a mesma regra de sucessão**, sobretudo porque os entes públicos possuem receita significativa, além de que pagam suas eventuais condenações judiciais por precatório ou requisição de pequeno valor, demonstrando que a garantia do empegado público não seria afetada pelo desmembramento.

O Tribunal Superior do Trabalho consolidou a responsabilidade somente pelo período em que atuaram como efetivo empregador:

> OJ nº 92 da SDI-I do TST. Desmembramento de municípios. Responsabilidade trabalhista (inserida em 30/05/1997). Em caso de criação de novo município, por desmembramento, cada uma das novas entidades responsabilizar-se-á pelos direitos trabalhistas do empregado no período em que figurarem como real empregador.

O TST entende que não se aplica a sucessão de empregadores no caso de desmembramento de estados e municípios, em face do **princípio da autonomia político-administrativa** de tais entes.

INTERRUPÇÃO E SUSPENSÃO DO CONTRATO DE TRABALHO

11.1. CONCEITO

Há situações em que, mesmo não havendo prestação de serviços pelo empregado, o vínculo empregatício fica mantido diante do princípio da continuidade do contrato de trabalho. São as hipóteses de interrupção e suspensão do contrato de trabalho.

a) Interrupção:

A interrupção do contrato de trabalho é a sustação temporária da principal obrigação do empregado na relação de emprego, ou seja, a prestação de serviços.

b) Suspensão:

A suspensão do contrato de trabalho é a cessação provisória dos principais efeitos do contrato de trabalho.

11.2. CARACTERÍSTICAS

a) Interrupção:

O contrato de trabalho, com exceção da prestação de serviços por parte do empregado, permanece em plena vigência durante a interrupção do contrato de trabalho.

Portanto, podemos afirmar que durante a interrupção do contrato de trabalho o empregado não presta serviços, mas receberá salário e terá direito ao cômputo do tempo como de serviço prestado.

Cessado o motivo ensejador da interrupção, o empregado retornará ao serviço, de imediato, com a garantia de receber todas as vantagens que tenham sido atribuídas à sua categoria. Durante o período em que o contrato estiver interrompido, o empregador só poderá dispensar o empregado por justa causa, bastando que este pratique um ato faltoso. Nesse caso, o TST aceita que ocorra dispensa do empregado inclusive durante o afastamento, pouco importando se a conduta reprovável ocorreu antes ou durante o afastamento:

EMBARGOS EM RECURSO DE REVISTA INTERPOSTOS NA VIGÊNCIA DA LEI N. 13.015/2014 – SUSPENSÃO DO CONTRATO DE TRABALHO – DISPENSA POR JUSTA CAUSA – MOMENTO

DA PRODUÇÃO DE EFEITOS. A suspensão do contrato de trabalho, para percepção de benefício previdenciário, não impede a produção imediata de efeitos da sua rescisão por justa causa, sendo irrelevante que os fatos causadores tenham ocorrido antes ou durante o afastamento. Precedentes da C. SBDI-I. Embargos conhecidos e providos. (E-ED-RR – 3164-91.2011.5.12.0045, Relatora Ministra: Maria Cristina Irigoyen Peduzzi, Data de Julgamento: 02/08/2018, Subseção I Especializada em Dissídios Individuais, Data de Publicação: *DEJT* 10/08/2018).

DISPENSA DO EMPREGADO POR JUSTA CAUSA NO CURSO DO AUXÍLIO-DOENÇA – FALTA COMETIDA EM PERÍODO ANTERIOR À FRUIÇÃO DO BENEFÍCIO – POSSIBILIDADE. (...) Não obstante a ausência de eficácia das principais cláusulas contratuais no período de suspensão do contrato de trabalho, ainda prevalecem, nesse interregno, os princípios norteadores da relação empregatícia, tais como: lealdade, boa-fé, fidúcia, confiança recíproca, honestidade, etc. Incontroverso nos autos que a dispensa do recorrido se deu por justa causa. Assim, é de se concluir que o poder potestativo de rescindir o contrato de trabalho não deve ser afetado por esta suspensão de eficácia. Seria uma incoerência se reconhecer uma justa causa e, por conta da suspensão do contrato de trabalho, obrigar o empregador a continuar a pagar obrigações contratuais acessórias. Quando a confiança entre as partes é quebrada, há sério comprometimento de importante pilar da contratação, sendo irrelevante que os fatos ensejadores dessa quebra tenham ocorrido antes ou durante o período de afastamento do empregado, porque a fixação de tal marco não vai restaurar a confiança abalada. Portanto, não há que se falar em concretização dos efeitos da demissão por justa causa após o término do período da suspensão do contrato. Estando comprovada a justa causa, a suspensão do contrato de trabalho não se revela como motivo capaz de impedir a rescisão do contrato de trabalho de imediato. Recurso de embargos conhecido e provido. (E-ED-RR – 20300-40.2008.5.01.0263, Redator Ministro: Renato de Lacerda Paiva, Data de Julgamento: 01/12/2016, Subseção I Especializada em Dissídios Individuais, Data de Publicação: *DEJT* 27/01/2017).

De fato, durante o afastamento, muito embora a principal obrigação do trabalhador se mantenha paralisada (não presta serviços), outras obrigações existem tanto na suspensão como na interrupção, como é o caso da lealdade, boa-fé, urbanidade, confiança etc.

b) Suspensão:

Durante a suspensão, praticamente todas as cláusulas contratuais perdem a eficácia, logo, não se prestam serviços, não se recebe salário, não se computa o tempo de serviço e não se efetuam os recolhimentos relacionados ao contrato.

Cessado o motivo ensejador da suspensão, o empregado deverá reapresentar-se ao empregador, sob pena de configurar abandono de emprego. Ao retornar, o empregado terá direito a todas as vantagens que tenham sido atribuídas à sua categoria.

Súmula nº 32 do TST – Abandono De Emprego (nova redação). Resolução nº 121/2003, *DJ* de 19, 20 e 21/11/2003. Presume-se o abandono de emprego se o trabalhador não retornar ao serviço no prazo de 30 (trinta) dias após a cessação do benefício previdenciário nem justificar o motivo de não o fazer.

Dissemos que a suspensão é a cessação provisória dos principais efeitos do contrato de trabalho. Sendo assim, temos que mencionar pelo menos alguns destes efeitos que, em geral, recebem a denominação de obrigações acessórias como, por exemplo, o dever de não violar segredo da empresa e de não praticar concorrência desleal.

Por fim, no período suspensivo é possível haver a incidência da dispensa do empregado por justa causa, bem como do pedido de demissão.

Mas observe: Durante a suspensão do contrato de trabalho poderá o empregador dispensar o empregado por justa causa, bastando para tanto que este pratique um ato que configure falta grave.

11.3. PRINCIPAIS PONTOS DE SEMELHANÇAS ENTRE OS INSTITUTOS

1. Manutenção do vínculo empregatício.

Em ambos os casos o empregador não poderá rescindir o contrato de trabalho, bem como o empregado terá garantido o direito de retornar ao trabalho, tão logo cesse a causa interruptiva ou suspensiva, sendo-lhe garantidas todas as vantagens atribuídas à categoria no período em que esteve afastado.

2. O empregado não presta serviços ao empregador.

11.4. PRINCIPAIS PONTOS DE DIFERENÇAS ENTRE OS INSTITUTOS

INTERRUPÇÃO	SUSPENSÃO
("sem trabalho/com salário")	("sem trabalho/sem salário")
Não há prestação de serviço	Não há prestação de serviço
Empregado recebe salário	Empregado não recebe salário
Há contagem de tempo de serviço	Não há contagem de tempo de serviço
Há recolhimento do FGTS	Não há recolhimento do FGTS

Caro leitor, fique atento para o texto dos arts. 471 e 472 da CLT.

Art. 471 da CLT. Ao empregado afastado do emprego, são asseguradas, por ocasião de sua volta, todas as vantagens que, em sua ausência, tenham sido atribuídas à categoria a que pertencia na empresa.

Art. 472 da CLT. O afastamento do empregado em virtude das exigências do serviço militar, ou de outro encargo público, não constituirá motivo para alteração ou rescisão do contrato de trabalho por parte do empregador.

§ 1º Para que o empregado tenha direito a voltar a exercer o cargo do qual se afastou em virtude de exigências do serviço militar ou de encargo público, é indispensável que notifique o empregador dessa intenção, por telegrama ou carta registrada, dentro do prazo máximo de 30 (trinta) dias, contados da data em que se verificar a respectiva baixa ou a terminação do encargo a que estava obrigado.

§ 2º Nos contratos por prazo determinado, o tempo de afastamento, se assim acordarem as partes interessadas, não será computado na contagem do prazo para a respectiva terminação.

§ 3º Ocorrendo motivo relevante de interesse para a segurança nacional, poderá a autoridade competente solicitar o afastamento do empregado do serviço ou do local de trabalho, sem que se configure a suspensão do contrato de trabalho.

§ 4º O afastamento a que se refere o parágrafo anterior será solicitado pela autoridade competente diretamente ao empregador, em representação fundamentada com audiência da Procuradoria Regional do Trabalho, que providenciará desde logo a instauração do competente inquérito administrativo.

§ 5º Durante os primeiros 90 (noventa) dias desse afastamento, o empregado continuará percebendo sua remuneração.

11.5. HIPÓTESES DE CABIMENTO DA INTERRUPÇÃO

Hipóteses de cabimento da interrupção do contrato de trabalho:

a) art. 473 da CLT;

b) licença-paternidade;

c) encargos públicos específicos, em geral, de curta duração;

Exemplos: Jurados, mesários...

d) férias;

Art. 142 da CLT. O empregado perceberá, durante as férias, a remuneração que lhe for devida na data da sua concessão.

e) repouso semanal remunerado e feriados civis e religiosos;

f) intervalos remunerados para repouso durante a jornada de trabalho;

g) licença remunerada concedida pelo empregador;

h) período em que não houver serviço, por culpa ou responsabilidade da empresa (ver art. 133, inciso III da CLT);

i) interrupção dos serviços na empresa, resultante de causas acidentais ou de força maior (ver art. 61, § 3º, da CLT);

j) período de redução da jornada durante o aviso prévio;

k) afastamento, até 90 dias, mediante requisição da autoridade competente, em razão da ocorrência de motivo relevante de interesse para a segurança nacional (ver os §§ 3º e 4º do art. 472, expostos anteriormente);

l) período de afastamento dos representantes dos empregados na CCP (Comissão de Conciliação Prévia) para atuar nas comissões;

Art. 625-B, § 2º, da CLT. O representante dos empregados desenvolverá seu trabalho normal na empresa afastando-se de suas atividades apenas quando convocado para atuar como conciliador, sendo computado como tempo de trabalho efetivo o despendido nessa atividade.

Cap. 11 – INTERRUPÇÃO E SUSPENSÃO DO CONTRATO DE TRABALHO

m) afastamento do empregado representante dos trabalhadores em atividade do Conselho Curador do FGTS;

Art. 65, § 6º, do Decreto nº 99.684/1990. As ausências ao trabalho dos representantes dos trabalhadores no Conselho Curador, decorrentes das atividades desse órgão, serão abonadas, computando-se como jornada efetivamente trabalhada para todos os fins e efeitos legais.

n) tempo necessário para a gestante realizar consultas médicas (ver art. 392, § 4º, II, da CLT);

o) licença-maternidade;

A licença-maternidade é garantida tanto para as empregadas gestantes como para aquelas que adotarem seus filhos.

Art. 392 da CLT. A empregada gestante tem direito à licença-maternidade de 120 (cento e vinte) dias, sem prejuízo do emprego e do salário.

Art. 392-A da CLT. À empregada que adotar ou obtiver guarda judicial para fins de adoção de criança será concedida licença-maternidade nos termos do art. 392.

☞ **ATENÇÃO!**

A Lei nº 13.509/2017 alterou três dispositivos da CLT, objetivando estender à pessoa que adotar uma criança ou adolescente as mesmas garantias trabalhistas dos pais sanguíneos, como licença-maternidade, estabilidade ou garantia provisória após a adoção e o direito a amamentação.

A Lei amplia a possibilidade de concessão de licença-maternidade, incluindo aquelas empregadas que adotam adolescentes (jovens que completaram os 12 anos de idade).

Antes da referida lei, a CLT concedia tal direito apenas às empregadas que adotassem crianças (pessoa até 12 anos incompletos). Veja a alteração:

Art. 392-A da CLT. À empregada que adotar ou obtiver guarda judicial para fins de adoção de criança ou adolescente será concedida licença-maternidade nos termos do art. 392 desta Lei.

Para que a alteração fique clara, é importante que você conheça o Estatuto da Criança e do Adolescente (ECA) – Lei nº 8.069/1990, que diferencia os termos "criança" e "adolescente" da seguinte forma:

Criança	Até 12 anos de idade incompletos
Adolescente	Entre 12 e 18 anos de idade

Observação: A Lei nº 11.770/2008 instituiu o Programa Empresa Cidadã, facultando a prorrogação da licença maternidade por mais 60 dias, mediante a concessão de incentivos fiscais.

p) aborto não criminoso;

Art. 395 da CLT. Em caso de aborto não criminoso, comprovado por atestado médico oficial, a mulher terá um repouso remunerado de 2 (duas) semanas, ficando-lhe assegurado o direito de retornar à função que ocupava antes de seu afastamento.

q) acidente de trabalho ou doença nos primeiros 15 dias.

A interrupção ocorre somente nos primeiros 15 dias de afastamento do empregado das atividades laborais por motivo de acidente de trabalho ou doença; ultrapassado esse prazo, o afastamento passa a ser considerado causa de suspensão do contrato de trabalho.

Tenha sempre em mente, concursando, o teor da Súmula nº 282 do TST que determina que: "Ao serviço médico da empresa ou ao mantido por esta última mediante convênio compete abonar os primeiros 15 (quinze) dias de ausência ao trabalho".

11.5.1. Hipóteses do art. 473 da CLT

O art. 473 da CLT merece uma leitura cautelosa do candidato porque as bancas de concurso costumam cobrar seus dispositivos em sua literalidade.

Art. 473 da CLT. O empregado poderá deixar de comparecer ao serviço sem prejuízo do salário:

I – até 2 dias consecutivos, em caso de falecimento do cônjuge, ascendente, descendente, irmão ou pessoa que, declarada em sua CTPS, viva sob sua dependência econômica;

II – até 3 dias consecutivos, em virtude de casamento;

Temos uma exceção específica para o professor, prevista na CLT.

Art. 320, § 3º, da CLT. Não serão descontadas, no decurso de 9 (nove) dias, as faltas verificadas por motivo de gala ou de luto em consequência de falecimento do cônjuge, do pai ou mãe, ou de filho. (...)

III – por 1 dia, em caso de nascimento de filho, no decorrer da primeira semana;

☞ ATENÇÃO!

O art. 10, § 1º, do ADCT dispõe que o prazo da licença paternidade é de cinco dias. Este prazo também se aplica nos casos de adoção.

Cap. 11 – INTERRUPÇÃO E SUSPENSÃO DO CONTRATO DE TRABALHO

☞ ATENÇÃO!

O art. 38 da Lei nº 13.257/2016 alterou os arts. 1º, 3º, 4º e 5º da Lei nº 11.770, de 9 de setembro de 2008, que passam a vigorar com as seguintes alterações:

Art. 1º. É instituído o Programa Empresa Cidadã, destinado a prorrogar:

I – por 60 (sessenta) dias a duração da licença-maternidade prevista no inciso XVIII do *caput* do art. 7º da Constituição Federal;

II – por 15 (quinze) dias a duração da licença-paternidade, nos termos desta Lei, além dos 5 (cinco) dias estabelecidos no § 1º do art. 10 do Ato das Disposições Constitucionais Transitórias.

§ 1º A prorrogação de que trata este artigo:

I – será garantida à empregada da pessoa jurídica que aderir ao Programa, desde que a empregada a requeira até o final do primeiro mês após o parto, e será concedida imediatamente após a fruição da licença-maternidade de que trata o inciso XVIII do *caput* do art. 7º da Constituição Federal;

II – será garantida ao empregado da pessoa jurídica que aderir ao Programa, desde que o empregado a requeira no prazo de 2 (dois) dias úteis após o parto e comprove participação em programa ou atividade de orientação sobre paternidade responsável.

§ 2º A prorrogação será garantida, na mesma proporção, à empregada e ao empregado que adotar ou obtiver guarda judicial para fins de adoção de criança. (NR) (...)

Art. 3º Durante o período de prorrogação da licença-maternidade e da licença-paternidade:

I – a empregada terá direito à remuneração integral, nos mesmos moldes devidos no período de percepção do salário-maternidade pago pelo Regime Geral de Previdência Social (RGPS);

II – o empregado terá direito à remuneração integral. (NR)

Art. 4º No período de prorrogação da licença-maternidade e da licença-paternidade de que trata esta Lei, a empregada e o empregado não poderão exercer nenhuma atividade remunerada, e a criança deverá ser mantida sob seus cuidados.

Parágrafo único. Em caso de descumprimento do disposto no *caput* deste artigo, a empregada e o empregado perderão o direito à prorrogação. (NR)

Só terá direito à prorrogação da licença-paternidade por mais quinze dias o empregado da pessoa jurídica que aderir ao Programa, desde que o empregado a requeira no prazo de dois dias úteis após o parto e comprove participação em programa ou atividade de orientação sobre paternidade responsável.

IV – por 1 dia, em cada 12 meses de trabalho, em caso de doação voluntária de sangue devidamente comprovada;

V – até 2 dias consecutivos ou não, para o fim de se alistar eleitor, nos termos da lei respectiva;

VI – no período de tempo em que tiver de cumprir as exigências do Serviço Militar referidas na letra c do art. 65 da Lei nº 4.375, de 17 de agosto de 1964 (Lei do Serviço Militar);

> **Exemplo:** Convocação para jurar bandeira, entrega de documentação exigida etc.

☞ ATENÇÃO!
O texto do inciso VI, *supra*, fala em "exigências do Serviço Militar"; já na suspensão, a hipótese é do serviço militar obrigatório.

VII – nos dias em que estiver comprovadamente realizando provas de exame vestibular para ingresso em estabelecimento de ensino superior;

VIII – pelo tempo que se fizer necessário, quando tiver que comparecer a juízo;

☞ ATENÇÃO!
Associe a leitura deste inciso ao teor da Súmula nº 155 do TST.

Súmula nº 155 do TST – Ausência Ao Serviço (mantida). Resolução nº 121/2003, *DJ* de 19, 20 e 21/11/2003. As horas em que o empregado falta ao serviço para comparecimento necessário, como parte, à Justiça do Trabalho não serão descontadas de seus salários.

(...) IX – pelo tempo que se fizer necessário, quando, na qualidade de representante de entidade sindical, estiver participando de reunião oficial de organismo internacional do qual o Brasil seja membro.

X – até 2 (dois) dias para acompanhar consultas médicas e exames complementares durante o período de gravidez de sua esposa ou companheira;

XI – por 1 (um) dia por ano para acompanhar filho de até 6 (seis) anos em consulta médica.

11.6. HIPÓTESES DE CABIMENTO DA SUSPENSÃO

São consideradas hipóteses de cabimento da suspensão do contrato de trabalho:

a) Acidente de trabalho ou doença, a partir do 16º dia:

Art. 476 da CLT. Em caso de seguro-doença ou auxílio-enfermidade, o empregado é considerado em licença não remunerada, durante o prazo desse benefício.

Como já dissemos, serão consideradas como causas de interrupção do contrato de trabalho as hipóteses de acidente de trabalho ou doença que não excederem 15 dias.

Cap. 11 – INTERRUPÇÃO E SUSPENSÃO DO CONTRATO DE TRABALHO

> ☞ **ATENÇÃO!**
>
> Esta hipótese traz dois benefícios regulados pelo Direito Previdenciário: o auxílio-doença e o auxílio-acidentário.

O TST, recentemente, assegurou aos empregados beneficiários do auxílio doença-doença e acidentário, bem como para o aposentado por invalidez, o direito à manutenção do plano de saúde ou de assistência médica pelo empregador.

Súmula nº 440 do TST – Auxílio-doença acidentário. Aposentadoria por invalidez. Suspensão do contrato de trabalho. Reconhecimento do direito à manutenção de plano de saúde ou de assistência médica. Resolução nº 185/2012, *DEJT* divulgado em 25, 26 e 27/9/2012. Assegura-se o direito à manutenção de plano de saúde ou de assistência médica oferecido pela empresa ao empregado, não obstante suspenso o contrato de trabalho em virtude de auxílio-doença acidentário ou de aposentadoria por invalidez.

E esse entendimento tem sido estendido para o afastamento do trabalhador em situações de auxílio-doença comum (aquele não relacionado a acidente de trabalho):

"(...) SUSPENSÃO DO CONTRATO DE TRABALHO. AUXÍLIO-DOENÇA COMUM. RECONHECIMENTO DO DIREITO À MANUTENÇÃO DE PLANO DE SAÚDE OU DE ASSISTÊNCIA MÉDICA. 1. Prevalece, nesta Corte, o entendimento de que, durante a fruição de auxílio-doença ou aposentadoria por invalidez, não podem ser cancelados benefícios assistenciais à saúde do trabalhador, uma vez que estes independem da prestação de serviços e decorrem apenas da manutenção do vínculo empregatício, que não foi extinto com a suspensão do contrato de trabalho. 2. Aos casos de auxílio-doença comum, também se aplica, por analogia, a Súmula n. 440 do TST. Óbice do art. 896, § 7º, da CLT e da Súmula 333 do TST. Agravo de instrumento conhecido e desprovido." (AIRR – 10216-86.2014.5.03.0174, Relator Ministro: Alberto Luiz Bresciani de Fontan Pereira, Data de Julgamento: 05/09/2018, 3ª Turma, Data de Publicação: *DEJT* 14/09/2018).

> ☞ **ATENÇÃO!**
>
> Entendemos que a Súmula nº 440 do TST supracitada deverá ser alterada haja vista a ausência de correspondente legal nesse sentido, o que contraria o art. 8º, § 2º, da CLT:
>
> "Art. 8º da CLT. As autoridades administrativas e a Justiça do Trabalho, na falta de disposições legais ou contratuais, decidirão, conforme o caso, pela jurisprudência, por analogia, por equidade e outros princípios e normas gerais de direito, principalmente do direito do trabalho, e, ainda, de acordo com os usos e costumes, o direito comparado, mas sempre de maneira que nenhum interesse de classe ou particular prevaleça sobre o interesse público.
>
> (...)

> § 2º Súmulas e outros enunciados de jurisprudência editados pelo Tribunal Superior do Trabalho e pelos Tribunais Regionais do Trabalho não poderão restringir direitos legalmente previstos nem criar obrigações que não estejam previstas em lei".

b) Prestação do serviço militar obrigatório:

A prestação do serviço militar obrigatório tem duração de 12 meses, para os cidadãos do sexo masculino que completem 18 anos de idade.

> Art. 472 da CLT. O afastamento do empregado em virtude das exigências do serviço militar, ou de outro encargo público, não constituirá motivo para alteração ou rescisão do contrato de trabalho por parte do empregador.
>
> § 1º Para que o empregado tenha direito a voltar a exercer o cargo do qual se afastou em virtude de exigências do serviço militar ou de encargo público, é indispensável que notifique o empregador dessa intenção, por telegrama ou carta registrada, dentro do prazo máximo de 30 (trinta) dias, contados da data em que se verificar a respectiva baixa ou a terminação do encargo a que estava obrigado.

Cuidado com a redação do § 1º do art. 472 da CLT: ela pode vir a ser cobrada em sua literalidade nas provas.

☞ **ATENÇÃO!**

Nesses dois primeiros casos de cabimento de suspensão, ou seja, na prestação de serviço militar obrigatório e durante a concessão do auxílio doença ou acidentário, configura-se exceção à regra do não recolhimento do FGTS e da contagem de tempo de serviço. Portanto, quando ocorrer um dos dois casos acima, o empregador deverá recolher o FGTS, bem como computar o período como tempo de serviço.

c) Greve:

Os casos de participação pacífica em greve configuram, em regra, hipóteses de suspensão do contrato de trabalho.

> Art. 7º da Lei nº 7.783/1989. Observadas as condições previstas nesta Lei, a participação em greve suspende o contrato de trabalho, devendo as relações obrigacionais, durante o período, ser regidas pelo acordo, convenção, laudo arbitral ou decisão da Justiça do Trabalho.

Nesse ponto, cabe uma observação importante. Não existe qualquer norma em Direito do Trabalho que proíba as partes, em sede de negociação coletiva, de acordarem que a greve passará a produzir naquele caso específico e para as partes envolvidas os efeitos relativos à interrupção do contrato de trabalho.

Não ocorre rescisão do contrato, muito menos por justa causa, pela mera participação na greve. O próprio STF já decidiu na **Súmula nº 316** que a adesão ao movimento não configura justa causa para a rescisão:

Súmula nº 316 do TST. A simples adesão a greve não constitui falta grave.

d) Eleição de empregado para o cargo de dirigente sindical:

Art. 543, § 2º, da CLT. Considera-se de licença não remunerada, salvo assentimento da empresa ou cláusula contratual, o tempo em que o empregado se ausentar do trabalho no desempenho das funções a que se refere este artigo.

Se porventura o empregador continuar a pagar o salário do empregado eleito para cargo de dirigente sindical, não será mais hipótese de suspensão, mas sim de interrupção do contrato de trabalho.

e) Eleição de empregado para cargo de diretor:

Se o empregado for eleito diretor da empresa, tem o contrato de trabalho suspenso, exceto se a subordinação continuar mesmo sendo diretor. Veja a **Súmula 269 do TST**:

Súmula nº 269 do TST – Diretor eleito. Cômputo do período como tempo de serviço (mantida). Resolução nº 121/2003, *DJ* de 19, 20 e 21/11/2003. O empregado eleito para ocupar cargo de diretor tem o respectivo contrato de trabalho suspenso, não se computando o tempo de serviço desse período, salvo se permanecer a subordinação jurídica inerente à relação de emprego.

Se o empregado eleito diretor continuar subordinado durante o exercício da função diretora, o contrato de trabalho não fica suspenso. Veja esse julgado do TST:

AGRAVO REGIMENTAL. EMBARGOS. "DIRETOR ESTATUTÁRIO". SUBORDINAÇÃO JURÍDICA AO EMPREGADOR. SÚMULA N. 269 DO TST. INEXISTÊNCIA DE CONTRARIEDADE. 1. Não incorre em contrariedade à Súmula n. 269 do TST, mas, ao contrário, observa-a plenamente, acórdão de Turma do TST que ratifica acórdão regional segundo o qual não há suspensão do contrato de trabalho se o empregado, mesmo após assumir cargo de direção denominado "Diretor Estatutário", permanece juridicamente subordinado ao empregador. Embargos inadmissíveis por contrariedade à Súmula n. 269 do TST. 2. Agravo regimental a que se nega provimento. (Ag-E-ED-RR – 155700-78.2007.5.09.0670, Relator Ministro: João Oreste Dalazen, Data de Julgamento: 29/06/2017, Subseção I Especializada em Dissídios Individuais, Data de Publicação: *DEJT* 04/08/2017).

f) Concessão de licença não remunerada:

Na concessão de licença não remunerada a pedido do empregado, este não trabalha, mas também não recebe.

g) Suspensão disciplinar:

A suspensão disciplinar é penalidade aplicada pelo empregador ao empregado. Em relação ao prazo da suspensão disciplinar, aplicamos, por analogia, o art. 474 da CLT. Logo, a suspensão disciplinar que for aplicada por mais de 30 dias não é considerada penalidade disciplinar, e sim demissão do empregado.

> Art. 474 da CLT. A suspensão do empregado por mais de 30 dias consecutivos importa na rescisão injusta do contrato de trabalho.

h) Suspensão do empregado estável para ajuizamento de inquérito para apuração de falta grave:

A suspensão neste caso durará pelo tempo em que estiver tramitando o inquérito para apuração de falta grave. A suspensão neste caso não tem prazo máximo de duração; ela permanecerá até o fim do inquérito.

> Art. 494 da CLT. O empregado acusado de falta grave poderá ser suspenso de suas funções, mas a sua despedida só se tornará efetiva após o inquérito em que se verifique a procedência da acusação.
>
> Parágrafo único. A suspensão, no caso deste artigo, perdurará até a decisão final do processo.
>
> Art. 853 da CLT. Para a instauração do inquérito para apuração de falta grave contra empregado garantido com estabilidade, o empregador apresentará reclamação por escrito à Junta ou Juízo de Direito, dentro de 30 dias, contados da data da suspensão do empregado.

De acordo com entendimento já consubstanciado pelo STF na Súmula n° 403, a natureza do prazo de 30 dias para a propositura do inquérito é decadencial.

Se, ao final, o inquérito para apuração de falta grave for julgado procedente, o contrato será resolvido por justa causa, com data retroativa à suspensão contratual. Mas se for julgado improcedente, o período de suspensão do empregado será convertido em interrupção, ele será reintegrado ao trabalho e, ainda, receberá todos os salários do período.

> Art. 495 da CLT. Reconhecida a inexistência de falta grave praticada pelo empregado, fica o empregador obrigado a readmiti-lo no serviço e a pagar-lhe os salários a que teria direito no período da suspensão.

i) Prisão do empregado por ato não relacionado com seu trabalho:

Durante o tempo em que o empregado ficar afastado em virtude de prisão por ato não relacionado ao seu trabalho, o contrato de trabalho ficará suspenso e, ao final, se ele for condenado por sentença com trânsito em julgado, permanecendo preso, poderá ser demitido por justa causa.

j) Afastamento do empregado para exercer determinados encargos públicos:

Cap. 11 – INTERRUPÇÃO E SUSPENSÃO DO CONTRATO DE TRABALHO

Existem **encargos públicos** cujo exercício afeta o curso do contrato de trabalho. Alguns encargos geram suspensão do contrato e outros geram interrupção. Remetemos ao teor dos arts. 472, *caput* e § 1º, e 483, *caput* e § 1º.

Exemplos de casos de suspensão do contrato: Secretário de Estado, vereador, deputado.

O Tribunal Superior do Trabalho já proferiu uma decisão que ajuda a esclarecer a situação:

RECURSO DE REVISTA. EMPREGADO PÚBLICO MUNICIPAL. ATENDIMENTO A ENCARGO PÚBLICO. INVESTIDURA EM MANDATO DE VEREADOR. SUSPENSÃO DO CONTRATO DE TRABALHO. OPÇÃO PELOS SUBSÍDIOS DO CARGO ELETIVO. FGTS INDEVIDO. O atendimento a encargo público pelo obreiro envolve inúmeras e diferenciadas situações, e não apenas uma única situação padronizada. Cada uma dessas situações tem características e normas próprias, conduzindo a um enquadramento específico, portanto. Contudo, de maneira geral, pode-se alinhavar o seguinte critério básico: as situações de atendimento a encargo público de duração curta e delimitada no tempo (um ou poucos dias) enquadram-se, em geral, como mera interrupção da prestação de serviços. Por outro lado, enquadram-se como suspensão do contrato de trabalho as situações de atendimento a encargo público de larga duração. Portanto, caso o empregado público, com a investidura no mandato de vereador, se afaste do trabalho e faça a opção pelos subsídios do cargo eletivo, não há como manter o recolhimento de FGTS em relação ao trabalho precedente. Na suspensão, é certo, ambas as partes se desobrigam (o empregado de prestar os serviços, e o empregador de pagar a devida contraprestação). E a partir daí toda a cadeia de suspensão dos demais efeitos contratuais ocorre de forma lógica, excetuando-se os casos especiais previstos em Lei. Recurso de revista não conhecido. (RR – 8000-69.2009.5.16.0012, Relator Ministro: Mauricio Godinho Delgado, Data de Julgamento: 27/10/2010, 6ª Turma, Data de Publicação: *DEJT* 12/11/2010).

k) Faltas injustificadas.

l) Participação em curso de qualificação profissional:

Art. 476-A da CLT. O contrato de trabalho poderá ser suspenso, por um período de dois a cinco meses, para participação do empregado em curso ou programa de qualificação profissional oferecido pelo empregador, com duração equivalente à suspensão contratual, mediante previsão em convenção ou acordo coletivo de trabalho e aquiescência formal do empregado, observado o disposto no art. 471 desta Consolidação.

§ 1º Após a autorização concedida por intermédio de convenção ou acordo coletivo, o empregador deverá notificar o respectivo sindicato, com antecedência mínima de quinze dias da suspensão contratual.

O contrato não pode ser suspenso por esse motivo por mais de uma vez a cada 16 meses:

CLT

Art. 476-A. (...)

§ 2º O contrato de trabalho não poderá ser suspenso em conformidade com o disposto no *caput* deste artigo mais de uma vez no período de dezesseis meses.

E o que recebe o trabalhador durante esse período? Não recebe salário, mas uma bolsa de qualificação que é paga com recursos do Fundo de Amparo do Trabalhador. Veja o disposto no art. 2º da Lei 7.998/90:

Lei nº 7.998/90

Art. 2º O programa do seguro-desemprego tem por finalidade:

II – auxiliar os trabalhadores na busca ou preservação do emprego, promovendo, para tanto, ações integradas de orientação, recolocação e qualificação profissional.

Art. 2º-A. Para efeito do disposto no inciso II do art. 2º, fica instituída a bolsa de qualificação profissional, a ser custeada pelo Fundo de Amparo ao Trabalhador – FAT, à qual fará jus o trabalhador que estiver com o contrato de trabalho suspenso em virtude de participação em curso ou programa de qualificação profissional oferecido pelo empregador, em conformidade com o disposto em convenção ou acordo coletivo celebrado para este fim.

Claro que o empregador pode conceder uma complementação dessa bolsa (sem natureza salarial), desde que autorizado pela norma coletiva. Além disso, nesse período o empregado possui direito às vantagens voluntariamente concedidas pelo empregador:

CLT

Art. 476-A. (...)

§ 3º O empregador poderá conceder ao empregado ajuda compensatória mensal, sem natureza salarial, durante o período de suspensão contratual nos termos do *caput* deste artigo, com valor a ser definido em convenção ou acordo coletivo.

§ 4º Durante o período de suspensão contratual para participação em curso ou programa de qualificação profissional, o empregado fará jus aos benefícios voluntariamente concedidos pelo empregador.

Caso haja norma coletiva autorizando esta suspensão e exista a concordância do trabalhador, a suspensão do contrato para qualificação profissional pode ser ampliada, desde que o empregador suporte arcar com o pagamento da bolsa de qualificação, na forma do art. 476-A, § 7º, da CLT:

CLT

Art. 476-A. (...)

§ 7º O prazo limite fixado no *caput* poderá ser prorrogado mediante convenção ou acordo coletivo de trabalho e aquiescência formal do empregado, desde que o empregador arque com o ônus correspondente ao valor da bolsa de qualificação profissional, no respectivo período.

Importante lembrar de que existe uma **garantia** para o trabalhador que teve esse contrato suspenso com base nesse motivo. Ele somente pode ser dispensado sem justa causa durante a suspensão e nos 3 meses seguintes ao fim dela se houver pagamento de uma multa prevista na norma coletiva (que não pode ser inferior a uma remuneração), além de todas as verbas rescisórias inerentes a uma dispensa normal. **Leia o art. 476-A, § 5º, da CLT:**

Cap. 11 - INTERRUPÇÃO E SUSPENSÃO DO CONTRATO DE TRABALHO

CLT

Art. 476-A. (...)

§ 5º Se ocorrer a dispensa do empregado no transcurso do período de suspensão contratual ou nos três meses subsequentes ao seu retorno ao trabalho, o empregador pagará ao empregado, além das parcelas indenizatórias previstas na legislação em vigor, multa a ser estabelecida em convenção ou acordo coletivo, sendo de, no mínimo, cem por cento sobre o valor da última remuneração mensal anterior à suspensão do contrato.

E se não houver o curso para qualificação e tiver havido "suspensão" para isso? Nessa hipótese haverá **fraude**, a suspensão é **nula**, sendo que os salários do período passam a ser devidos, além das sanções previstas em norma coletiva:

CLT

Art. 476-A. (...)

§ 6º Se durante a suspensão do contrato não for ministrado o curso ou programa de qualificação profissional, ou o empregado permanecer trabalhando para o empregador, ficará descaracterizada a suspensão, sujeitando o empregador ao pagamento imediato dos salários e dos encargos sociais referentes ao período, às penalidades cabíveis previstas na legislação em vigor, bem como às sanções previstas em convenção ou acordo coletivo.

m) Aposentadoria por invalidez:

A aposentadoria por invalidez é um ponto um pouco complicado por conta da divergência jurisprudencial das Cortes Superiores, como veremos a seguir.

O trabalhador aposentado por invalidez fica com seu contrato de trabalho suspenso e durante esse período não recebe salário, mas sim benefícios de natureza previdenciária, de acordo com a Lei nº 8.213/1991.

O aposentado por invalidez deverá ser submetido periodicamente a perícias médicas para avaliação da sua capacidade laboral e a possibilidade de retorno ao emprego.

Art. 475 da CLT. O empregado que for aposentado por invalidez terá suspenso o seu contrato de trabalho durante o prazo fixado pelas leis de previdência social para efetivação do benefício.

Art. 475, § 2º, da CLT. Se o empregador houver admitido substituto para o aposentado, poderá rescindir, com este, o respectivo contrato de trabalho sem indenização, desde que tenha havido ciência inequívoca da interinidade ao ser celebrado o contrato.

Observe bem, candidato: O art. 475, § 2º, da CLT consubstancia uma espécie de contrato de trabalho sob condição resolutiva, ou seja, o empregado será contratado sabendo, desde o início, e de forma inequívoca, que está ocupando o lugar de outro, que poderá retornar a qualquer momento.

Nesse ponto, é muito comum constatar que existe uma crença indevida de que a aposentadoria por invalidez durante mais de 5 (cinco) anos autoriza a extinção do contrato, mas isso não é verdade. Observe esse julgado do TST:

"(...) II – RECURSO DE REVISTA. APOSENTADORIA POR INVALIDEZ. IMPOSSIBILIDADE DE CONVERSÃO AUTOMÁTICA EM DISPENSA SEM JUSTA CAUSA APÓS O PRAZO DE 5 ANOS. SUSPENSÃO DO CONTRATO DE TRABALHO. O Tribunal Regional considerou inválida a norma coletiva que estabelece o pagamento de verbas rescisórias, típicas da dispensa injusta, aos empregados que estejam aposentados por invalidez, com fundamento no artigo 475 da CLT. Cinge-se a discussão acerca da validade da dispensa do empregado, aposentado por invalidez há mais de cinco anos. O artigo 475 da CLT dispõe que a concessão de aposentadoria por invalidez implica a suspensão do contrato de trabalho, ou seja, deixa-se de prestar as obrigações principais mútuas do contrato de trabalho, porém, permanecem as obrigações secundárias decorrentes da relação empregatícia. Por outro lado, o artigo 47 da Lei n. 8.213/91, em nenhum momento, delimita a aposentadoria por invalidez a um período de 5 (cinco) anos. Percebe-se, assim, que o ordenamento jurídico, em momento algum, autoriza a conversão automática da aposentadoria em definitivo ou autoriza a rescisão do contrato de trabalho suspenso, após o curso desse prazo. Nessa linha, esta Corte firmou o entendimento, consubstanciado na Súmula 160, garantindo o retorno ao trabalho em razão da cessação da aposentadoria por invalidez, mesmo após o decurso de cinco anos. Precedentes. Recurso de revista não conhecido." (RR – 10447-58.2013.5.03.0042, Relator Ministro: Alexandre de Souza Agra Belmonte, Data de Julgamento: 07/02/2018, 3ª Turma, Data de Publicação: *DEJT* 09/02/2018).

Em relação a este tema, estabeleceu-se uma importante divergência jurisprudencial: O TST firmou entendimento, em sua Súmula nº 160, de que não há prazo para a confirmação definitiva da aposentadoria decorrente da invalidez. O STF, por seu turno, entende que, se dentro do prazo de cinco anos o empregado não recuperar a capacidade para retornar ao trabalho, é porque a aposentadoria adquiriu o *status* de definitiva.

Súmula nº 160 do TST – Aposentadoria por invalidez (mantida). Resolução nº 121/2003, *DJ* de 19, 20 e 21/11/2003. Cancelada a aposentadoria por invalidez, mesmo após cinco anos, o trabalhador terá direito de retornar ao emprego, facultado, porém, ao empregador, indenizá-lo na forma da lei.

Súmula nº 217 do STF: Tem direito de retornar ao emprego ou ser indenizado em caso de recusa do empregador o empregado que recupera a capacidade de trabalho dentro de 5 anos, a contar da aposentadoria, que se torna definitiva após esse prazo.

n) Intervalos intrajornadas e interjornadas:

Em regra, durante o período para descanso e alimentação (intervalo intrajornada) e o descanso de uma jornada e outra de onze horas consecutivas, não há remuneração.

o) Violência doméstica (art. 9º, § 2º, II, da Lei nº 11.340/2006 – Lei Maria da Penha):

O juiz assegurará à mulher em situação de violência doméstica e familiar, para preservar sua integridade física e psicológica, a manutenção do vínculo trabalhista, quando necessário o afastamento do local de trabalho, por até seis meses.

Cap. 11 – INTERRUPÇÃO E SUSPENSÃO DO CONTRATO DE TRABALHO

Trata-se de hipótese de suspensão do contrato de trabalho. O Tribunal Superior do Trabalho decidiu:

"(...) Esclarece-se que a questão ora tratada não se confunde com as hipóteses previstas no artigo 9º, § 2º, incisos I e II, da Lei n. 11.340/2006, sendo aquelas hipóteses, sim, de competência dos Juizados de Violência Doméstica e Familiar contra a Mulher, ou supletivamente, das varas criminais. Isso porque, naquelas hipóteses, em sendo a vítima servidora pública, pode o juiz da ação determinar sua remoção, ou sendo empregada, o afastamento do local do trabalho e manutenção do vínculo de emprego. Ou seja, trata-se de hipótese legal de suspensão do liame empregatício por ordem judicial, sem a percepção de remuneração. (...)" (AIRR-608-59.2017.5.10.0014, 2ª Turma, Relator Ministro: Jose Roberto Freire Pimenta, *DEJT* 14/12/2018).

Por outro lado, registre-se que o Superior Tribunal Justiça, por sua vez, entendeu que é devido o pagamento de auxílio-doença pelo INSS, mas os 15 primeiros dias correm por conta do empregador:

RECURSO ESPECIAL. VIOLÊNCIA DOMÉSTICA E FAMILIAR. MEDIDA PROTETIVA. AFASTA-MENTO DO EMPREGO. MANUTENÇÃO DO VÍNCULO TRABALHISTA. (...) INTERRUPÇÃO DO CONTRATO DE TRABALHO. PAGAMENTO. (...) FALTA JUSTIFICADA. PAGAMENTO DE INDENI-ZAÇÃO. AUXÍLIO DOENÇA. INSTITUTO NACIONAL DO SEGURO SOCIAL. (...) 2. Tem direito ao recebimento de salário a vítima de violência doméstica e familiar que teve como medida protetiva imposta ao empregador a manutenção de vínculo trabalhista em decorrência de afastamento do emprego por situação de violência doméstica e familiar, ante o fato de a natureza jurídica do afastamento ser a interrupção do contrato de trabalho, por meio de interpretação teleológica da Lei n. 11.340/2006. 3. Incide o auxílio-doença, diante da falta de previsão legal, referente ao período de afastamento do trabalho, quando reconhecida ser decorrente de violência doméstica e familiar, pois tal situação advém da ofensa à integridade física e psicológica da mulher e deve ser equiparada aos casos de doença da segurada, por meio de interpretação extensiva da Lei Maria da Penha. 4. Cabe ao empregador o pagamento dos quinze primeiros dias de afastamento da empregada vítima de violência doméstica e familiar e fica a cargo do INSS o pagamento do restante do período de afastamento estabelecido pelo juiz, com necessidade de apresentação de atestado que confirme estar a ofendida incapacitada para o trabalho e desde que haja aprovação do afastamento pela perícia do INSS, por incidência do auxílio-doença, aplicado ao caso por meio de interpretação analógica. (...) (REsp 1757775/ SP, Rel. Ministro Rogério Schietti Cruz, 6ª Turma, julgado em 20/08/2019, *DJe* 02/09/2019).

p) Suspensão temporária do contrato de trabalho durante a pandemia do coronavírus:

No dia 1º de abril do ano de 2020, foi publicada a MP nº 936/2020, que institui o Programa Emergencial de Manutenção do Emprego e da Renda e dispõe sobre medidas trabalhistas complementares para o enfrentamento do estado de calamidade pública reconhecido pelo Decreto Legislativo nº 06 de 2020, e da emergência de saúde pública de importância internacional decorrente do coronavírus (Covid-19).

A MP foi convertida em lei e sancionada a Lei nº 14.020/2020, que passou a regulamentar as hipóteses de redução salarial e suspensão temporária do contrato de trabalho.

A suspensão pode ocorrer de forma setorial, departamental, parcial ou na totalidade dos postos de trabalho. Durante a suspensão do contrato, não há prestação de serviços pelo empregado e não ocorre o pagamento dos salários do trabalhador.

O prazo máximo para suspensão contratual é de 60 (sessenta) dias, fracionável em 2 (dois) períodos de até 30 (trinta) dias, podendo ser prorrogado por prazo determinado em ato do Poder Executivo.

Até o fechamento desta edição, tivemos as seguintes prorrogações:

- **Decreto nº 10.422/2020**, que prorrogou os prazos para celebrar os acordos de suspensão temporária do contrato de trabalho por mais 60 dias, totalizando 120 dias;
- **Decreto nº 10.470/2020**, que ampliou o prazo por mais 60 dias, totalizando 180 dias;
- **Decreto nº 10.517/2020**, que prorrogou novamente por mais 60 dias o pagamento dos benefícios de redução de salários e jornada e suspensão contratual, totalizando 240 dias.

> ☞ **ATENÇÃO!**
>
> Até o fechamento da edição desta obra, era possível celebrar acordo de suspensão temporária de contrato de trabalho pelo prazo máximo de 240 dias.

A Lei nº 14.020/2020 permite a suspensão do contrato de trabalho por acordo individual entre empregado e empregador e exige a comunicação ao trabalhador com antecedência de, no mínimo, dois dias corridos. A referida lei prevê distinções na possibilidade de suspensão do contrato a depender da receita bruta da empresa no ano de 2019 e o salário dos empregados:

- → **Empresas com receita bruta superior a R# 4.800.000,00** – maior restrição ao acordo individual de acordo com a faixa salarial dos empregados;
- → **Empresas com receita bruta igual ou inferior a R$ 4.800.000,00** – menor restrição ao acordo individual de acordo com a faixa salarial dos empregados.

Durante o período de suspensão temporária do contrato de trabalho, o empregado:

I – fará jus a todos os benefícios concedidos pelo empregador aos seus empregados; e

II – ficará autorizado a contribuir para o Regime Geral de Previdência Social na qualidade de segurado facultativo.

O contrato de trabalho será restabelecido no prazo de 2 (dois) dias corridos, contado da cessação do estado de calamidade pública, da data estabelecida como termo de encerramento do período de suspensão pactuado ou da data de comunicação do empregador que informe ao empregado sua decisão de antecipar o fim do período de suspensão pactuado.

> **☞ ATENÇÃO!**
>
> Se, durante o período de suspensão temporária do contrato de trabalho, o empregado mantiver as atividades de trabalho, ainda que parcialmente, por meio de teletrabalho, trabalho remoto ou trabalho a distância, ficará descaracterizada a suspensão temporária do contrato de trabalho.

Nesse caso, o empregador estará sujeito:

I – ao pagamento imediato da remuneração e dos encargos sociais e trabalhistas referentes a todo o período;

II – às penalidades previstas na legislação em vigor; e

III – às sanções previstas em convenção coletiva ou acordo coletivo de trabalho.

A empresa que tiver auferido, no ano-calendário de 2019, receita bruta superior a R$ 4.800.000,00 (quatro milhões e oitocentos mil reais), somente poderá suspender o contrato de trabalho de seus empregados mediante o pagamento de ajuda compensatória mensal no valor de 30% (trinta por cento) do valor do salário do empregado, durante o período de suspensão temporária do contrato de trabalho pactuado.

Para os empregados que se encontrem em gozo do benefício de aposentadoria, a implementação das medidas de redução proporcional de jornada de trabalho e de salário ou suspensão temporária do contrato de trabalho por acordo individual escrito somente será admitida quando, além do enquadramento em alguma das hipóteses de autorização do acordo individual de trabalho, houver o pagamento, pelo empregador, de ajuda compensatória mensal.

> **☞ ATENÇÃO!**
>
> Por fim, merece destaque que o período de mandato dos membros da Comissão de representantes de empregados, que será de um ano, não configura hipótese de suspensão ou interrupção do contrato de trabalho.

Art. 510-D, CLT. O mandato dos membros da comissão de representantes dos empregados será de um ano.

§ 2º. O mandato de membro de comissão de representantes dos empregados não implica suspensão ou interrupção do contrato de trabalho, devendo o empregado permanecer no exercício de suas funções.

FÉRIAS 12

As férias podem ser definidas como descanso anual remunerado assegurado constitucionalmente a todo empregado. Elas têm por objetivo que o empregado desfrute de um tempo de descanso para reestabelecer as suas energias físicas, o seu equilíbrio emocional, o seu convívio com a família, dentre outros aspectos. As férias anuais permitem uma desconexão do trabalho por um tempo mais significativo, o que contribui para uma melhor recuperação física e mental do trabalhador, além de maior possibilidade de interação social e familiar e desenvolvimento de projetos pessoais.

As férias, portanto, não podem ser vistas apenas como um direito do empregado; ele também tem o dever de descansar. Esse entendimento pode parecer estranho, mas é o que encontramos determinado no art. 138 da CLT que proíbe o empregado, em regra, de exercer qualquer outro tipo de serviço a outro empregador durante as férias.

> Art. 138 da CLT. Durante as férias, o empregado não poderá prestar serviços a outro empregador, salvo se estiver obrigado a fazê-lo em virtude de contrato de trabalho regularmente mantido com aquele.

As férias constituem verdadeiras normas de saúde públicas, ou seja, normas de caráter imperativo, razão pela qual veremos mais à frente que não poderá o empregado abrir mão do direito de gozá-las, bem como que a lei veda a sua integral conversão em pecúnia.

> Art. 7º, XVII, da CF/1988: gozo de férias anuais remuneradas com, pelo menos, um terço a mais do que o salário normal.

É importante ressaltar que o período de férias é uma das hipóteses de interrupção do contrato de trabalho e, portanto, será computado, para todos os efeitos, como tempo de serviço.

Para que o empregado tenha direito às férias anuais remuneradas deve ter passado pelo chamado período aquisitivo. Já o período em que o empregado goza as férias é chamado de período concessivo.

As férias não serão iniciadas do descanso semanal remunerado ou no dia em que houver feriado.

O Precedente Normativo nº 100 do TST dispõe que o início das férias, coletivas ou individuais, não poderá coincidir com sábado, domingo, feriado ou dia de compensação de repouso semanal.

A Reforma Trabalhista aprovada pela Lei nº 13.467/2017 vedou o início das férias no período de dois dias que antecede feriado ou dia de repouso semanal remunerado, ajudando, dessa forma, o empregado a descansar mais.

> Art. 134, § 3º, da CLT. É vedado o início das férias no período de dois dias que antecede feriado ou dia de repouso semanal remunerado.

> **Exemplo**: se o feriado for na sexta-feira, as férias podem começar na terça-feira, mas jamais na quarta-feira ou na quinta-feira.

12.1. PERÍODO AQUISITIVO

O período aquisitivo é de cumprimento obrigatório para que o empregado possa, a partir daí, ter garantido o direito ao período de férias. O período aquisitivo tem o prazo de 12 meses de vigência do contrato de trabalho, ou seja, corresponde a 12 meses de prestação de serviços por parte do empregado. É o que determina o art. 130 da legislação consolidada.

> Art. 130 da CLT. Após cada período de 12 (doze) meses de vigência do contrato de trabalho, o empregado terá direito a férias, na seguinte proporção: (...).

12.1.1. Da perda do direito às férias

A CLT em seu art. 133 apresenta quatro hipóteses que, se evidenciadas no curso do período aquisitivo, fazem que empregado perca o direito de gozar férias, tendo que reiniciar um novo período aquisitivo.

> Art. 133. Não terá direito a férias o empregado que, no curso do período aquisitivo:
>
> I - deixar o emprego e não for readmitido dentro de 60 (sessenta) dias subsequentes à sua saída;

O **inciso I** caracteriza a chamada perda da *accessio temporis*. Ou seja, se o empregado for readmitido dentro de 60 dias será somado o período aquisitivo anterior ao novo período, incidindo assim a *accessio temporis*;

> II - permanecer em gozo de licença, com percepção de salários, por mais de 30 (trinta) dias;

Quanto ao **inciso II**, o texto é claro no sentido de que, caso o empregado permaneça de licença remunerada, no período aquisitivo, por mais de 30 dias, perde o direito às férias, iniciando novo período aquisitivo quando retorna da licença.

De fato, tendo o empregado permanecido afastado de forma remunerada, já houve tempo para recuperação física e mental, justificando o início de novo período aquisitivo.

O TST entende que o terço constitucional continua sendo devido pelo empregador, mesmo não se tratando de férias:

LICENÇA REMUNERADA SUPERIOR A 30 DIAS. PAGAMENTO DO TERÇO CONSTITUCIONAL. DEVIDO. Recurso calcado em divergência jurisprudencial. O entendimento desta Corte é no sentido de que: a licença remunerada por mais de trinta dias (artigo 133, II, da CLT) não elide o direito à percepção do terço constitucional (art. 7º, XVII, da CF), porque à época em que editado o Decreto-lei 1.535/77, que conferiu nova redação à aludida regra legal, era assegurado ao trabalhador o direito tão somente às férias anuais remuneradas, sem a vantagem pecuniária (terço constitucional). Assim, o art. 133 da CLT não retira o direito ao terço constitucional. Precedentes da SBDI-1. Recurso conhecido por divergência jurisprudencial e provido. CONCLUSÃO: Recurso de revista integralmente conhecido e provido (ARR-131800-73.2002.5.02.0464, 3ª Turma, Relator Ministro: Alexandre de Souza Agra Belmonte, *DEJT* 03/06/2016).

Se não houvesse o pagamento do terço, haveria risco significativo de fraude, porquanto poderia ocorrer de o empregador conceder licença remunerada simplesmente para evitar de pagar o terço.

III – deixar de trabalhar, com percepção do salário, por mais de 30 (trinta) dias, em virtude de paralisação parcial ou total dos serviços da empresa; e

O caso do **inciso III** segue a mesma lógica (o empregado fica sem trabalhar por mais de 30 dias de forma remunerada), mas o legislador exige que haja a devida comunicação ao sindicato e ao Ministério da Economia (o Ministério do Trabalho foi extinto).

O terço constitucional continua sendo devido no art. 133, III, da CLT:

"(...) RECURSO DE REVISTA – LICENÇA REMUNERADA E TERÇO CONSTITUCIONAL DE FÉRIAS. Se, no curso do período aquisitivo das férias, o empregador concede licença ao empregado, com percepção do salário, por mais de 30 (trinta) dias, como no caso vertente, há, com efeito, a perda do direito ao aludido descanso anual. Todavia, tal prática patronal não tem o condão de elidir o direito do empregado ao recebimento do terço constitucional de férias. Do contrário, terá sido violado o inciso XVII do art. 7º da Constituição Federal. E, a par disso, estaria aberta a oportunidade para fraudar-se os direitos trabalhistas, no sentido de que o empregador estaria, então, autorizado a conceder licença remunerada, por período superior a trinta dias, desobrigando-se de arcar com o pagamento do terço constitucional, entendimento que conspira contra o Direito e à Justiça. Recurso de Revista conhecido e provido." (RR-669911-33.2000.5.15.5555, 5ª Turma, Relator Juiz Convocado: Walmir Oliveira da Costa, *DEJT* 16/08/2002).

IV – tiver percebido da Previdência Social prestações de acidente de trabalho ou de auxílio-doença por mais de 6 (seis) meses, embora descontínuos.

Quanto ao **inciso IV**, se o trabalhador ficou afastado por mais de seis meses durante o período aquisitivo, ainda que de forma fracionada, recebendo benefício previdenciário, seja ele auxílio-doença ou auxílio-doença acidentário, perde o direito às férias.

§ 1º A interrupção da prestação de serviços deverá ser anotada na Carteira de Trabalho e Previdência Social.

Note que, em qualquer dos incisos do art. 133, a sua ocorrência zera a contagem do período aquisitivo, o qual começa tudo de novo após o retorno ao serviço:

§ 2º Iniciar-se-á o decurso de novo período aquisitivo quando o empregado, após o implemento de qualquer das condições previstas neste artigo, retornar ao serviço.

§ 3º Para os fins previstos no inciso III deste artigo a empresa comunicará ao órgão local do Ministério do Trabalho, com antecedência mínima de 15 (quinze) dias, as datas de início e fim da paralisação total ou parcial dos serviços da empresa, e, em igual prazo, comunicará, nos mesmos termos, ao sindicato representativo da categoria profissional, bem como afixará aviso nos respectivos locais de trabalho.

☞ **ATENÇÃO!**

As hipóteses do art. 133 da CLT são de perda do direito às férias, como afirmamos. Porém, nas circunstâncias elencadas nos incisos II, III, IV do referido artigo, apesar de o empregado não gozar férias, receberá o terço constitucional devidamente assegurado pela Carta Magna.

O Informativo nº 10 do TST reforça a tese pelo recebimento do terço constitucional, embora o empregado não goze o período de férias, senão vejamos:

Terço constitucional. Art. 7º, XVII, da CF. Férias não usufruídas em razão de concessão de licença remunerada superior a 30 dias. Art. 133, II, da CLT. Devido. "O empregado que perdeu o direito às férias em razão da concessão, durante o período aquisitivo, de licença remunerada por período superior a trinta dias, nos termos do art. 133, II, da CLT, faz jus à percepção do terço constitucional (art. 7º, XVII, da CF). À época em que editado o Decreto-lei nº 1.535/77, que conferiu nova redação ao art. 133 da CLT, vigia a Constituição anterior, que assegurava ao trabalhador apenas o direito às férias anuais remuneradas, sem o respectivo adicional, de modo que o referido dispositivo consolidado não tem o condão de retirar direito criado após a sua edição. Ademais, na espécie, a referida licença não decorreu de requerimento do empregado, mas de paralisação das atividades da empresa por força de interdição judicial, razão pela qual a não percepção do terço constitucional também implicaria em transferir os riscos da atividade econômica ao trabalhador, impondo-lhe prejuízo inaceitável. Com esse entendimento, a SBDI-I, em sua composição plena, por maioria, deu provimento aos embargos para acrescer à condenação o pagamento do adicional de 1/3 das férias, previsto no art. 7º,

XVII, da CF, atinente aos períodos em que o autor foi afastado em razão de gozo de licença remunerada, observada a prescrição pronunciada. Vencidos os Ministros Maria Cristina Peduzzi, João Oreste Dalazen, Brito Pereira, Lelio Bentes Corrêa e Dora Maria da Costa. TST-E-RR-42700-67.2002.5.02.0251, SBDI-I, rel. Min. Rosa Maria Weber, 24/05/2012".

Outro ponto a ser considerado é o tempo do período aquisitivo anterior ao serviço militar obrigatório. Ressalte-se que, durante o tempo de serviço militar obrigatório, o contrato estava suspenso. Nesse caso, se o empregado, após a baixa nas Forças Armadas, retornar à empresa no prazo de 90 dias, o tempo anterior ao serviço será computado como período aquisitivo:

CLT

Art. 132. O tempo de trabalho anterior à apresentação do empregado para serviço militar obrigatório será computado no período aquisitivo, desde que ele compareça ao estabelecimento dentro de 90 (noventa) dias da data em que se verificar a respectiva baixa.

12.2. PERÍODO CONCESSIVO

Após adquirir o direito às férias, estas devem ser concedidas ao empregado dentro do chamado período concessivo. O período concessivo são os 12 meses seguintes ao término do período aquisitivo.

Art. 134 da CLT. As férias serão concedidas por ato do empregador, em um só período, nos 12 meses subsequentes à data em que o empregador tiver adquirido o direito.

Resumindo, temos:

Exemplo: empregado foi admitido em 1º/07/2015.

PERÍODO AQUISITIVO   PERÍODO CONCESSIVO

1º. 1º/07/2015 a 30/06/2016 – 1º/07/2016 a 30/06/2017

2º. 1º/07/2016 a 30/06/2017 – 1º/07/2017 a 30/06/2018

12.2.1. Da época da concessão do período de férias

Quanto à **comunicação** ao trabalhador do início das férias, essas devem ser informadas com, no mínimo, 30 dias de antecedência. Esse prazo serve para que o empregado possa planejar suas férias:

Art. 135 da CLT. A concessão das férias será participada, por escrito, ao empregado, com antecedência de, no mínimo, 30 dias. Dessa participação o interessado dará recibo.

No entanto, se não houver a comunicação com essa antecedência mínima, incidiria o direito ao pagamento em dobro?

O TST entende de forma negativa. Se houve pagamento tempestivo e concessão no período adequado, não há que se falar em pagamento em dobro pela mera ausência de comunicação o prazo, sendo caso somente de **infração administrativa**:

> "(...) FÉRIAS. AUSÊNCIA DE COMUNICAÇÃO PRÉVIA AO EMPREGADO COM ANTECEDÊNCIA MINÍMA DE 30 DIAS. CONCESSÃO E PAGAMENTO DENTRO DO PRAZO LEGAL. PAGAMENTO EM DOBRO INDEVIDO. Ante a ausência de previsão legal, o mero descumprimento do prazo de 30 (trinta) dias, previsto no art. 135 da CLT, para a comunicação prévia ao empregado da concessão das férias, não resulta na condenação ao pagamento em dobro, quando o empregador observa os prazos para sua concessão e pagamento, previstos nos artigos 134 e 145 da CLT. Julgados desta Corte Superior. Recurso de revista conhecido e provido (RR-3087-43.2015.5.12.0045, 3ª Turma, Relator Ministro: Mauricio Godinho Delgado, *DEJT* 22/11/2019). RECURSO DE REVISTA REGIDO PELA LEI 13.015/2014. FÉRIAS. COMUNICAÇÃO PRÉVIA AO EMPREGADO. ART. 135 DA CLT. INOBSERVÂNCIA DO PRAZO DE 30 (TRINTA) DIAS. DOBRA INDEVIDA. Inexiste previsão legal de pagamento em dobro das férias em razão do descumprimento do prazo de 30 (trinta) dias, disposto no art. 135 da CLT, para a comunicação prévia ao empregado. Hipótese que caracteriza mera infração administrativa, nos termos do art. 153 da CLT. Precedentes. Recurso de revista conhecido e não provido." (RR-20226-17.2014.5.04.0772, 2ª Turma, Relatora Ministra: Delaide Miranda Arantes, *DEJT* 20/04/2018).

> Art. 136. A época da concessão das férias será a que melhor consulte os interesses do empregador.
>
> § 1º Os membros de uma família, que trabalharem no mesmo estabelecimento ou empresa, terão direito a gozar férias no mesmo período, se assim o desejarem e se disto não resultar prejuízo para o serviço.
>
> § 2º O empregado estudante, menor de 18 (dezoito) anos, terá direito a fazer coincidir suas férias com as férias escolares.

Como se nota, o empregado **estudante** que seja **menor de 18 anos** possui direito de fazer coincidir as férias do trabalho com as férias escolares.

Já os **membros da mesma família** que sejam empregados na mesma empresa possuem direito, se não houver prejuízo ao serviço e se assim desejarem, a gozar as férias no mesmo período.

12.2.2. Da concessão do parcelamento das férias

> Art. 134 da CLT. As férias serão concedidas por ato do empregador, em um só período, nos 12 (doze) meses subsequentes à data em que o empregado tiver adquirido o direito.

A CLT determina que a regra é que os empregados usufruam das férias em um único período. O parcelamento das férias passou a ser permitido com a Reforma Trabalhista em até três períodos. Essa sistemática é usualmente acordada por iniciativa dos empregados, em instrumentos coletivos de trabalho, pois permite racionalizar melhor o gozo das férias.

§ 1º Desde que haja concordância do empregado, as férias poderão ser usufruídas em até três períodos, sendo que um deles não poderá ser inferior a quatorze dias corridos e os demais não poderão ser inferiores a cinco dias corridos, cada um.

Não resta dúvida de que o parcelamento foi positivo. Entretanto, permitir que uma das partes das férias seja inferior a cinco dias significa que o empregado que trabalha seis dias na semana terá de retornar na semana para trabalhar no sexto dia, regra que interfere no descanso pleno, já que o sétimo dia, necessariamente, é dia de descanso.

CLT (antes da reforma)	CLT (depois da reforma)
Art. 134, § 1º Somente em casos excepcionais serão as férias concedidas em 2 (dois) períodos, um dos quais não poderá ser inferior a 10 (dez) dias corridos.	Art. 134, § 1º Desde que haja concordância do empregado, as férias poderão ser usufruídas em até três períodos, sendo que um deles não poderá ser inferior a quatorze dias corridos e os demais não poderão ser inferiores a cinco dias corridos, cada um.

Em boa hora foi revogado o § 2º do art. 134 da CLT, pois os maiores de 50 anos de hoje não se comparam com aqueles dos anos 1940. Hoje, as pessoas com mais de 50 anos são ativas e dispostas, podendo tranquilamente parcelar suas férias. O início das férias não deve ocorrer no período de 2 dias que anteceda feriado ou dia de repouso semanal remunerado.

12.2.3. Da fixação das férias por sentença

Vencido o período concessivo sem que o empregador tenha concedido ao empregado o direito de gozar as férias, poderá este ajuizar reclamação trabalhista requerendo ao juiz a fixação, por sentença, de data para poder usufruí-las. O magistrado, por sua vez, poderá fixar *astreintes* diárias de 5% do valor do salário mínimo, devidas até o cumprimento da sentença.

Art. 137 da CLT. (...)

§ 1º Vencido o mencionado prazo sem que o empregador tenha concedido às férias, o empregado poderá ajuizar reclamação pedindo a fixação, por sentença, da época de gozo das mesmas.

§ 2º A sentença cominará pena diária de 5% (cinco por cento) do salário mínimo da região, devida ao empregado até que seja cumprida.

§ 3º Cópia da decisão judicial transitada em julgado será remetida ao órgão local do Ministério do Trabalho, para fins de aplicação da multa de caráter administrativo.

12.3. DOS CÁLCULOS DAS FÉRIAS (ART. 130 DA CLT)

Para se ter o direito às férias, é necessário cumprir um período aquisitivo de 12 meses, mas a quantidade de faltas injustificadas durante esse período pode afetar o direito às férias, conforme se constata no art. 130 da CLT.

Mostraremos a seguir uma tabela resumida do cálculo das férias.

12.3.1. Cálculo das férias

DIAS DE FÉRIAS	Nº DE FALTAS INJUSTIFICADAS
30 DIAS	Até 5 faltas injustificadas
24 DIAS	de 6 a 14 faltas injustificadas
18 DIAS	de 15 a 23 faltas injustificadas
12 DIAS	de 24 a 32 faltas injustificadas

Art. 130 da CLT. Após cada período de 12 (doze) meses de vigência do contrato de trabalho, o empregado terá direito a férias, na seguinte proporção:

I – 30 (trinta) dias corridos, quando não houver faltado ao serviço mais de 5 (cinco) vezes;

II – 24 (vinte e quatro) dias corridos, quando houver tido de 6 (seis) a 14 (quatorze) faltas;

III – 18 (dezoito) dias corridos, quando houver tido de 15 (quinze) a 23 (vinte e três) faltas;

IV – 12 (doze) dias corridos, quando houver tido de 24 (vinte e quatro) a 32 (trinta e duas) faltas.

§ 1º É vedado descontar, do período de férias, as faltas do empregado ao serviço.

O § 1º deixa expressa a proibição de descontar as faltas do empregado do seu período de férias. As faltas do empregado só poderão ser consideradas para o cálculo das férias de acordo com a tabela *retro*.

Exemplo: determinado empregado teve dez faltas injustificadas no curso do período aquisitivo; ele fará *jus* a 24 dias de férias e não a 20 dias, que seria o resultado a que se chegaria erroneamente pelo desconto direto.

§ 2º O período das férias será computado, para todos os efeitos, como tempo de serviço.

 ATENÇÃO!

Se houver mais de 32 faltas injustificadas no período aquisitivo, o empregado perderá o direito de gozar férias dentro do período concessivo correspondente.

Observe, ainda, que o desconto referente às faltas injustificadas ocorrerá na semana em que houver a ausência injustificada do empregado. Os valores descontados em dinheiro não ocorrerão nas férias.

 **ATENÇÃO!**

Leitor, algumas observações finais devem ser observadas:

Se o empregado ficar doente durante o período de férias, não há suspensão do período.

O adicional de 1/3 de férias é proporcional aos dias conquistados, ou seja, se o empregado tem apenas 18 dias de férias, somente nesses 18 dias terá o adicional de 1/3.

Para fins de duração das férias, serão considerados dias corridos, não suspendendo em sábados, domingos e feriados.

12.3.2. Das faltas justificadas

Consideram-se faltas justificadas as que são autorizadas por lei e computadas como tempo de serviço. A CLT considera como faltas justificadas as elencadas explicitamente no rol do art. 131 e os casos de interrupção do contrato de trabalho do art. 473.

Art. 131 da CLT. Não será considerada falta ao serviço, para os efeitos do artigo anterior, a ausência do empregado:

I – nos casos referidos no art. 473;

II – durante o licenciamento compulsório da empregada por motivo de maternidade ou aborto, observados os requisitos para percepção do salário-maternidade custeado pela Previdência Social;

III – por motivo de acidente do trabalho ou enfermidade atestada pelo Instituto Nacional do Seguro Social – INSS, excetuada a hipótese do inciso IV do art. 133;

IV – justificada pela empresa, entendendo-se como tal a que não tiver determinado o desconto do correspondente salário;

V – durante a suspensão preventiva para responder a inquérito administrativo ou de prisão preventiva, quando for impronunciado ou absolvido; e

VI – nos dias em que não tenha havido serviço, salvo na hipótese do inciso III do art. 133.

Claro que esse rol é meramente exemplificativo, porquanto qualquer falta justificada seja por outra norma legal, seja por meio de norma coletiva, não pode afetar o cálculo do tempo de férias.

Súmula nº 89 do TST – Falta ao Serviço (mantida). Resolução nº 121/2003, *DJ* de 19, 20 e 21/11/2003. Se as faltas já são justificadas pela lei, consideram-se como ausências legais e não serão descontadas para o cálculo do período de férias.

Quanto às faltas referentes ao acidente de trabalho, resta claro que são faltas justificadas:

Súmula nº 46 do TST – ACIDENTE DE TRABALHO (mantida) – Res. 121/2003, *DJ* 19, 20 e 21/11/2003. As faltas ou ausências decorrentes de acidente do trabalho não são consideradas para os efeitos de duração de férias e cálculo da gratificação natalina.

12.4. DO PAGAMENTO DA REMUNERAÇÃO DAS FÉRIAS

A Constituição assegura ao empregado o direito de receber durante as férias a remuneração devida à época da concessão, acrescida, no mínimo, de um terço – inciso XVII, do art. 7º, da CF/1988: "gozo de férias anuais remuneradas com, pelo menos, um terço a mais do que o salário normal".

Férias = Remuneração + 1/3 Constitucional

Art. 142 da CLT. O empregado perceberá, durante as férias, a remuneração que lhe for devida na data da sua concessão.

§ 1º Quando o salário for pago por hora com jornadas variáveis, apurar-se-á a média do período aquisitivo, aplicando-se o valor do salário na data da concessão das férias.

O § 1º é aplicável ao empregado horista.

§ 2º Quando o salário for pago por tarefa tomar-se-á por base a média da produção no período aquisitivo do direito a férias, aplicando-se o valor da remuneração da tarefa na data da concessão das férias.

O § 2º é aplicável ao empregado que recebe o salário-tarefa.

§ 3º Quando o salário for pago por percentagem, comissão ou viagem, apurar-se-á a média percebida pelo empregado nos 12 (doze) meses que precederem à concessão das férias.

O § 3º é aplicável ao empregado comissionista. Neste caso, devemos observar o teor da OJ nº 181 da SDI-I do TST, segundo a qual: "O valor das comissões deve ser corrigido monetariamente para em seguida obter-se a média para efeito de cálculo de férias, 13º salário e verbas rescisórias".

§ 4º A parte do salário paga em utilidades será computada de acordo com a anotação na Carteira de Trabalho e Previdência Social.

O § 4º é aplicável aos empregados que recebem parte do salário em utilidades.

§ 5º Os adicionais por trabalho extraordinário, noturno, insalubre ou perigoso serão computados no salário que servirá de base ao cálculo da remuneração das férias.

§ 6º Se, no momento das férias, o empregado não estiver percebendo o mesmo adicional do período aquisitivo, ou quando o valor deste não tiver sido uniforme será computada a média duodecimal recebida naquele período, após a atualização das importâncias pagas, mediante incidência dos percentuais dos reajustamentos salariais supervenientes.

Súmula nº 328 do TST – Férias. Terço constitucional (mantida). Resolução nº 121/2003, *DJ* de 19, 20 e 21/11/2003. O pagamento das férias, integrais ou proporcionais, gozadas ou não, na vigência da CF/1988, sujeita-se ao acréscimo do terço previsto no respectivo art. 7º, XVII.

Súmula nº 253 do TST – Gratificação semestral. Repercussões (nova redação). Resolução nº 121/2003, *DJ* de 19, 20 e 21/11/2003. A gratificação semestral não repercute no cálculo das horas extras, das férias e do aviso-prévio, ainda que indenizados. Repercute, contudo, pelo seu duodécimo na indenização por antiguidade e na gratificação natalina.

12.4.1. Do prazo para o pagamento

Art. 145 da CLT. O pagamento da remuneração das férias e, se for o caso, o do abono referido no art. 143 serão efetuados até 2 dias antes do respectivo período.

Caso contrário, ou seja, se o empregador não efetuar o pagamento referente ao período das férias até dois dias antes do respectivo período, será devido o pagamento da remuneração em dobro, incluído o terço constitucional, de acordo com a Súmula nº 450 do TST, que será mencionada logo abaixo.

Parágrafo único. O empregado dará quitação do pagamento, com indicação do início e do termo das férias.

12.4.2. Do pagamento das férias em dobro

Art. 137 da CLT. Sempre que as férias forem concedidas após o prazo de que trata o art. 134, o empregador pagará em dobro a respectiva remuneração.

☞ **ATENÇÃO!**

Pagamento das férias em dobro = (remuneração + 1/3) x 2.

Súmula nº 7 do TST – Férias (mantida). Resolução nº 121/2003, *DJ* de 19, 20 e 21/11/2003. A indenização pelo não deferimento das férias no tempo oportuno será calculada com base na remuneração devida ao empregado na época da reclamação ou, se for o caso, na da extinção do contrato.

Súmula nº 450 do TST. Férias. Gozo na época própria. Pagamento fora do prazo. Dobra devida. Arts. 137 e 145 da CLT (conversão da Orientação Jurisprudencial nº 386 da SBDI-1) – Res. 194/2014, *DEJT* divulgado em 21, 22 e 23/05/2014. É devido o pagamento em dobro da remuneração de férias, incluído o terço constitucional, com base no art. 137 da CLT, quando, ainda que gozadas na época própria, o empregador tenha descumprido o prazo previsto no art. 145 do mesmo diploma legal.

Observe essa Súmula com muito cuidado: embora o empregador tenha concedido ao obreiro o gozo de férias em época própria, não efetuou o pagamento das férias no prazo de até dois dias antes do período, o que ocasionará o pagamento da remuneração das férias em dobro.

E se o **terço constitucional** férias foi pago no prazo, mas a remuneração das férias não foram? Ainda assim, o TST entende que incide a dobra das férias:

> "(...) FÉRIAS. TERÇO CONSTITUCIONAL PAGO DENTRO DO PRAZO. RESTANTE DA REMUNE-RAÇÃO QUITADA A DESTEMPO. PAGAMENTO EM DOBRO. (...) O art. 145 da CLT estabelece que o pagamento da remuneração das férias seja efetuado até dois dias anteriores ao início do respectivo período de gozo. Já o art. 7º, XVII, da Constituição Federal prevê o pagamento das férias com o acréscimo de, no mínimo, um terço a mais que o salário normal. Por esse motivo, este Tribunal Superior tem aplicado a sanção prevista no art. 137 da CLT em casos nos quais a remuneração das férias é paga fora do prazo legal previsto. Ressalte-se que o pagamento antecipado do terço constitucional não afasta o pagamento da dobra prevista no art. 137 da CLT, haja vista a lei determinar que a respectiva remuneração, incluído o terço constitucional e, se for o caso, o abono indenizatório previsto no art. 143 da CLT, sejam pagos até dois dias antes do início do respectivo período, conforme estabelece o art. 145 da CLT. No caso dos autos, portanto, sendo incontroverso que o terço das férias foi pago dentro do prazo legal, é devida apenas a dobra da remuneração dos dias de férias. Recurso de revista conhecido e parcialmente provido." (RR-345-02.2018.5.21.0009, 6ª Turma, Relator Ministro: Augusto César Leite de Carvalho, *DEJT* 13/09/2019).

Se as férias forem concedidas parcialmente fora do período concessivo, apenas esses dias serão remunerados em dobro.

> Súmula nº 81 do TST. Férias (mantida) – Res. 121/2003, *DJ* 19, 20 e 21/11/2003. Os dias de férias gozados após o período legal de concessão deverão ser remunerados em dobro.

Na prática, infelizmente é muito comum constatar que alguns empregadores muitas vezes pagam a remuneração de férias, sem que haja a efetiva concessão, isto é, o empregado não as usufrui.

Se o empregador tiver pago as férias, mas o empregado não as usufruiu, então o trabalhador possui direito a mais um pagamento simples para que a dobra seja integralizada (um pagamento já ocorreu):

> RECURSO DE REVISTA. ACÓRDÃO REGIONAL PUBLICADO NA VIGÊNCIA DA LEI 13.015/2014 E ANTES DA LEI 13.467/2017. FÉRIAS PAGAS E NÃO USUFRUÍDAS. PAGAMENTO DE FORMA SIMPLES. Esta Corte Superior, sopesando a situação como a registrada nos autos – em que efetuado o pagamento das férias dentro do prazo legal, embora não usufruídas pelo empregado –, entende que o respectivo pagamento deve ser efetuado de forma simples, acrescido do terço constitucional, a fim de observar a dobra prevista no artigo 137 da CLT e evitar o enriquecimento ilícito pelo triplo pagamento do período. Precedentes. (...) (RR-936-61.2012.5.09.0670, 5ª Turma, Relator Desembargador Convocado: João Pedro Silvestrin, *DEJT* 17/04/2020).

> "(...) RECURSO DE REVISTA. LEI 13.467/2017. FÉRIAS PAGAMENTO NO PRAZO. AUSÊNCIA DE FRUIÇÃO. DOBRA INDEVIDA. TRANSCENDÊNCIA POLÍTICA. A condenação da reclamada em férias indenizadas, pagas e não usufruídas, confere ao Reclamante o direito ao

Cap. 12 – FÉRIAS

pagamento apenas de forma simples nos termos do art. 137 da CLT. Recurso de revista conhecido e provido." (RR-1000334-58.2017.5.02.0610, 6ª Turma, Relator Ministro: Aloysio Correa da Veiga, *DEJT* 13/03/2020).

Interessante observar o que ocorre com os trabalhadores que recebem parte dos salários em utilidades (bens que não sejam dinheiro, como alimentos, por exemplo).

Caso o trabalhador receba também utilidades salariais, o valor dessas utilidades deve ser considerado no valor em dinheiro da remuneração das férias, se a utilidade deixar de ser concedida durante o descanso anual:

CLT

Art. 142. (...)

§ 4º A parte do salário paga em utilidades será computada de acordo com a anotação na Carteira de Trabalho e Previdência Social.

Quando o empregado continua recebendo a utilidade durante as férias, então o valor da utilidade não precisa ser considerado na remuneração, mas deve ser considerado para o cálculo do terço de férias.

Os adicionais de horas extras, noturno, de insalubridade e de periculosidade, por **integrarem** o salário, sendo habituais, integram o cálculo da remuneração das férias:

CLT

Art. 142. (...)

§ 5º Os adicionais por trabalho extraordinário, noturno, insalubre ou perigoso serão computados no salário que servirá de base ao cálculo da remuneração das férias.

E se ocorrer de o empregado não estar mais recebendo um adicional por ocasião das férias? O que ocorre? Imagine que Manoela, durante o período aquisitivo de férias, recebeu 5 meses de adicional noturno, mas foi transferida para o período diurno e perdeu o referido adicional. Quando for tirar as férias, como será o cálculo da remuneração?

Nessa hipótese, será considerada a remuneração da época das férias, mas também será considerada a média duodecimal atualizada do adicional noturno percebido. Funciona assim: atualizam-se (com a incidência da correção monetária) e somam-se todos os adicionais noturnos dos 5 meses de Manoela e divide-se o valor por 12 (média duodecimal). Essa ideia pode ser vista no art. 142, § 6º, da CLT:

CLT

Art. 142. (...)

§ 6º Se, no momento das férias, o empregado não estiver percebendo o mesmo adicional do período aquisitivo, ou quando o valor deste não tiver sido uniforme será computada a média duodecimal recebida naquele período, após a atualização das importâncias pagas, mediante incidência dos percentuais dos reajustamentos salariais supervenientes.

Se o trabalhador receber gratificação semestral, essa parcela não entra no cálculo das férias:

> Súmula n° 253 do TST. GRATIFICAÇÃO SEMESTRAL. REPERCUSSÕES (nova redação) – Res. 121/2003, *DJ* 19, 20 e 21/11/2003. A gratificação semestral não repercute no cálculo das horas extras, das férias e do aviso-prévio, ainda que indenizados. Repercute, contudo, pelo seu duodécimo na indenização por antiguidade e na gratificação natalina.

Isso ocorre porque a gratificação semestral somente atinge parcelas que consideram, no seu cálculo, dois semestres completos de acordo com o ano civil, como acontece, por exemplo, com o 13° salário.

Outro ponto merece atenção: se o empregado, com o contrato em vigor, ajuizar uma ação trabalhista pleiteando indenização por férias não usufruídas, o juiz deve considerar o valor da remuneração na época da propositura da demanda:

> Súmula n° 7 do TST – FÉRIAS (mantida) – Res. 121/2003, *DJ* 19, 20 e 21/11/2003. A indenização pelo não deferimento das férias no tempo oportuno será calculada com base na remuneração devida ao empregado na época da reclamação ou, se for o caso, na da extinção do contrato.

Registre-se, ainda, que o pagamento das férias, sejam gozadas ou indenizadas, sempre recebe a incidência do terço constitucional:

> Súmula n° 328 do TST – FÉRIAS. TERÇO CONSTITUCIONAL (mantida) – Res. 121/2003, *DJ* 19, 20 e 21/11/2003. O pagamento das férias, integrais ou proporcionais, gozadas ou não, na vigência da CF/1988, sujeita-se ao acréscimo do terço previsto no respectivo art. 7°, XVII.

12.4.3. Direito de receber pelas férias na extinção do contrato de trabalho

Mesmo ocorrendo o término do contrato de trabalho sem que o empregado tenha usufruído as férias, terá ele direito de recebê-las. Contudo, os direitos do empregado variam de acordo com o motivo que justificou o fim de seu contrato de trabalho.

A CLT deixa expressamente claro que a remuneração das férias terá natureza salarial e, por isso, constitui crédito de natureza trabalhista, mesmo quando devida após o término do contrato de trabalho.

> Art. 148 da CLT. A remuneração das férias, ainda quando devida após a cessação do contrato de trabalho, terá natureza salarial, para os efeitos do art. 449.
>
> Art. 449 da CLT. Os direitos oriundos da existência do contrato de trabalho subsistirão em caso de falência, concordata ou dissolução da empresa.

Cap. 12 – FÉRIAS

> ☞ **ATENÇÃO!**
> Não incidirá a contribuição do FGTS sobre as férias indenizadas.

OJ nº 195 da SDI-I do TST – Férias indenizadas. FGTS. Não incidência (inserido dispositivo) – *DJ* 20/04/2005. Não incide a contribuição para o FGTS sobre as férias indenizadas.

I) Despedida sem justa causa:

O empregado fará jus ao pagamento das:

- férias integrais (simples ou em dobro) + 1/3 constitucional;
- férias proporcionais + 1/3 constitucional.

Súmula nº 171 do TST – Férias proporcionais. Contrato de trabalho. Extinção (republicada em razão de erro material no registro da referência legislativa), *DJ* 5/5/2004. Salvo na hipótese de dispensa do empregado por justa causa, a extinção do contrato de trabalho sujeita o empregador ao pagamento da remuneração das férias proporcionais, ainda que incompleto o período aquisitivo de 12 (doze) meses (art. 147 da CLT).

II) Despedida por justa causa:

O empregado fará jus ao pagamento das:

- férias integrais + 1/3 constitucional.

Esta é a única hipótese em que o empregado perde o direito de receber as férias proporcionais e o 13º salário proporcional.

III) Culpa recíproca:

O empregado fará jus ao pagamento das:

- férias integrais (simples ou em dobro) + 1/3 constitucional;
- 50% das férias proporcionais + 1/3 constitucional.

Súmula nº 14 do TST – Culpa recíproca (nova redação). Resolução nº 121/2003, *DJ* de 19, 20 e 21/11/2003. Reconhecida a culpa recíproca na rescisão do contrato de trabalho (art. 484 da CLT), o empregado tem direito a 50% (cinquenta por cento) do valor do aviso-prévio, do décimo terceiro salário e das férias proporcionais.

IV) Pedido de demissão:

O empregado fará *jus* ao pagamento das:

- férias integrais (simples ou em dobro) + 1/3 constitucional;
- férias proporcionais + 1/3 constitucional.

MANUAL DE DIREITO DO TRABALHO – ROGÉRIO RENZETTI

Súmula nº 261 do TST – Férias proporcionais. Pedido de demissão. Contrato vigente há menos de um ano (nova redação). Resolução nº 121/2003, *DJ* de 19, 20 e 21/11/2003. O empregado que se demite antes de complementar doze meses de serviço tem direito a férias proporcionais.

Logo, podemos concluir que em relação às férias integrais o empregado nunca as perderá, tornando-se um direito adquirido com relação ao seu contrato de trabalho.

12.5. DO ABONO PECUNIÁRIO

O abono pecuniário é um direito potestativo, ou seja, constitui uma faculdade do empregado de converter um terço de suas férias em pecúnia, não podendo o empregador a ele se opor.

É vedado ao empregado vender a totalidade de suas férias, pois elas constituem um direito irrenunciável.

Tratando-se de férias individuais, o abono é considerado um direito potestativo do empregado. Já em relação às férias coletivas, o abono é fruto de negociação coletiva.

O abono pecuniário previsto na CLT, ou seja, aquele que não exceda a 20 dias, tem natureza jurídica de parcela indenizatória, e aquele que for superior a 20 dias terá natureza salarial.

Sendo assim, por possuir natureza indenizatória, o abono de férias não integrará a base de cálculo para as demais verbas trabalhistas.

Art. 143 da CLT. É facultado ao empregado converter 1/3 do período de férias a que tiver direito em abono pecuniário, no valor da remuneração que lhe seria devida nos dias correspondentes.

☞ **ATENÇÃO!**

O abono pecuniário inclui o terço constitucional. Não confunda o terço constitucional com o terço do período de férias que pode ser convertido em abono. O terço constitucional irá integrar o cálculo do abono.

O *caput* do art. 143 da CLT menciona a faculdade do empregado de converter 1/3 do período de férias em abono pecuniário. Neste ponto, a doutrina é majoritária no sentido de que o empregado pode converter até 1/3 e não somente o terço.

Art. 143. (...)

§ 1º O abono de férias deverá ser requerido até 15 (quinze) dias antes do término do período aquisitivo.

§ 2º Tratando-se de férias coletivas, a conversão a que se refere este artigo deverá ser objeto de acordo coletivo entre o empregador e o sindicato representativo da respectiva categoria profissional, independendo de requerimento individual a concessão do abono.

Cap. 12 – FÉRIAS

☞ ATENÇÃO!

Note que a lei menciona acordo coletivo e não convenção coletiva.

Observe dois jugados do TST:

"FÉRIAS. ABONO PECUNIÁRIO. TERÇO CONSTITUCIONAL. 1. A eg. Quarta Turma proferiu acórdão em harmonia com a jurisprudência deste Tribunal Superior, ao dar provimento ao recurso de revista, quanto às diferenças de férias, sob o fundamento de que, quitado o terço constitucional referente aos 30 dias, não é devido novo pagamento do terço constitucional sobre os dias de abono pecuniário. (...)" (E-ED-RR – 856300-36.2007.5.12.0036, Relator Ministro: Walmir Oliveira da Costa, Data de Julgamento: 06/12/2018, Subseção I Especializada em Dissídios Individuais, Data de Publicação: *DEJT* 14/12/2018).

"(...) DIFERENÇAS. FÉRIAS. ABONO PECUNIÁRIO. FORMA DE CÁLCULO. INCLUSÃO DO TERÇO CONSTITUCIONAL. NÃO CONHECIMENTO. 1. A Constituição Federal, no artigo 7º, XVII, assegura ao trabalhador o gozo de férias anuais, as quais serão remuneradas com, pelo menos, um terço a mais do que o salário normal. 2. A partir da exegese do referido dispositivo constitucional, a jurisprudência desta Corte tem se firmado no sentido de que o pagamento do terço constitucional sobre os vinte dias usufruídos de férias não implica prejuízo ao trabalhador, desde que a remuneração do abono pecuniário, na hipótese do artigo 143 da CLT, contemple o valor correspondente à incidência do terço constitucional na remuneração dos dez dias indenizados, como ocorreu na hipótese. (...)" (E-RR-935- 35.2015.5.08.0109, Subseção I Especializada em Dissídios Individuais, Relator Ministro: Guilherme Augusto *Caputo* Bastos, *DEJT* 09/03/2018).

Art. 144. O abono de férias de que trata o artigo anterior, bem como o concedido em virtude de cláusula do contrato de trabalho, do regulamento da empresa, de convenção ou acordo coletivo, desde que não excedente de 20 dias do salário, não integrarão a remuneração do empregado para efeitos da legislação do trabalho.

O empregador não pode obrigar o trabalhador a converter as férias em abono. Essa prática ilegal muitas vezes é realizada porque o empregador possui mais interesse em pagar o abono e ter o empregado trabalhando um terço do período de férias do que liberá-lo.

Nesse caso, diante da nulidade da conversão, o período correspondente deve ser pago em dobro. Lógico que, tendo havido o pagamento do abono, resta apenas mais um pagamento simples para inteirar a dobra:

"(...) FÉRIAS. CONVERSÃO EM ABONO. IMPOSIÇÃO PATRONAL. PAGAMENTO EM DOBRO. (...) 3 – A prática adotada pela reclamada de impor aos empregados a venda de 10 dias de férias representa autêntica coação, prevista no art. 151 do CC, pois provoca no empregado temor das consequências pelo não cumprimento da determinação do empregador, no caso, a venda de 10 dias de férias, o que não é tolerado pela legislação trabalhista, a qual prevê no art. 143 da CLT que 'é facultado ao empregado converter 1/3 (um terço) do período de férias a que tiver direito em abono pecuniário'. 4 – Desse modo, a imposição de venda de 10 dias de férias enseja o pagamento em dobro do período correspondente, na forma do art. 137 da CLT. Julgados. 5 – No caso dos autos, o TRT consignou que o abono pecuniário já havia sido pago pelo empregador. Desse modo, correta a determinação de pagamento do abono de forma simples. 6 – Recurso de revista de que não se conhece. (...)" (RR – 918-91.2010.5.09.0029, Relatora Ministra: Kátia Magalhães Arruda, Data de Julgamento: 09/05/2018, 6ª Turma, Data de Publicação: *DEJT* 11/05/2018).

12.6. DAS FÉRIAS COLETIVAS

As férias coletivas caracterizam a possibilidade de o empregador conceder férias a todos os empregados simultaneamente, ou a determinado setor, ou a determinados estabelecimentos.

Art. 139 da CLT. Poderão ser concedidas férias coletivas a todos os empregados de uma empresa ou de determinados estabelecimentos ou setores da empresa.

12.6.1. Do fracionamento das férias coletivas

As férias coletivas **podem ser concedidas em dois períodos**, desde que nenhum desses períodos seja inferior a 10 dias:

Art. 139, § 1º, da CLT. As férias poderão ser gozadas em 2 (dois) períodos anuais desde que nenhum deles seja inferior a 10 (dez) dias corridos.

A lei não exige qualquer excepcionalidade para o fracionamento das férias coletivas:

"(...) FÉRIAS COLETIVAS. FRACIONAMENTO. COMPROVAÇÃO DE EXCEPCIONALIDADE (...) 2 – No que toca à disciplina das férias coletivas, o art. 139, § 1º, da CLT não trata expressamente da excepcionalidade como condição do fracionamento em dois períodos, se limitando a dispor que: 'As férias poderão ser gozadas em 2 (dois) períodos anuais desde que nenhum deles seja inferior a 10 (dez) dias corridos'. Isso ocorre porque a hipótese de férias coletivas já caracteriza em si mesma uma excepcionalidade, cuja regularidade depende de requisitos distintos das férias individuais, como a prévia comunicação ao sindicato e ao órgão local do Ministério do Trabalho. Julgados. 3 – Observados os requisitos próprios para a sua concessão, o fracionamento das férias coletivas não depende da comprovação de qualquer outra excepcionalidade, (...)" (RR-226-32.2013.5.20.0013, 6ª Turma, Relatora Ministra: Kátia Magalhães Arruda, *DEJT* 15/02/2019).

Caso o fracionamento ocorra com qualquer período inferior a 10 dias, aplica-se o pagamento em dobro:

"(...) FÉRIAS. FRACIONAMENTO. ART. 139, § 1º, DA CLT. Se a lei autoriza o fracionamento das férias coletivas em dois períodos, desde que nenhum seja inferior a dez dias corridos (art. 139, § 1º, da CLT), sua concessão em infringência à norma acarreta a frustração da finalidade do instituto, gerando direito ao pagamento da dobra, acrescida do terço constitucional. Precedentes. Recurso de revista não conhecido." (RR – 87700-61.2009.5.09.0668, Relator Ministro: Hugo Carlos Scheuermann, Data de Julgamento: 30/08/2017, 1ª Turma, Data de Publicação: *DEJT* 01/09/2017).

O fracionamento em **mais de dois períodos** também configura **ilegalidade** e atrai o pagamento em dobro das férias:

"(...) FÉRIAS COLETIVAS. FRACIONAMENTO EM TRÊS PERÍODOS. IRREGULARIDADE. PAGAMENTO EM DOBRO. 1 – Cinge-se a controvérsia, no particular, a definir se há regularidade no fracionamento de férias coletivas em três períodos. 2 – O art. 139, § 1º preconiza a possibilidade do fracionamento das férias coletivas, desde que concedidas em 2 (dois) períodos, um dos quais não inferior a 10 (dez) dias. 3 – Sob esse prisma, a iterativa, notória e atual jurisprudência do TST entende que o fracionamento das férias em três períodos padece de irregularidade e enseja o pagamento em dobro do período correspondente, nos termos do art. 137 da CLT. Julgados. (...)" (ARR-11329-74.2015.5.03.0163, 6ª Turma, Relatora Ministra: Katia Magalhães Arruda, *DEJT* 29/03/2019).

12.6.2. Da ampla publicidade

Quando são concedidas férias coletivas, o sindicato dos trabalhadores e o Ministério da Economia (Ministério do Trabalho foi extinto) devem ser comunicados:

Art. 139 da CLT. (...)

§ 2º Para os fins previstos neste artigo, o empregador comunicará ao órgão local do Ministério do Trabalho, com a antecedência mínima de 15 (quinze) dias, as datas de início e fim das férias, precisando quais os estabelecimentos ou setores abrangidos pela medida.

§ 3º Em igual prazo, o empregador enviará cópia da aludida comunicação aos sindicatos representativos da respectiva categoria profissional, e providenciará a afixação de aviso nos locais de trabalho.

☞ **ATENÇÃO!**

As microempresas e empresas de pequeno porte estão dispensadas de comunicar ao Ministério da Economia a concessão de férias coletivas.

Art. 51 da LC nº 123/2006: "As microempresas e as empresas de pequeno porte são dispensadas: (...)

V – de comunicar ao Ministério do Trabalho e Emprego a concessão de férias coletivas".

A **ausência de comunicação**, contudo, configura infração administrativa, mas não justifica direito ao pagamento de férias em dobro:

"(...) FÉRIAS COLETIVAS - AUSÊNCIA DE COMUNICAÇÃO AO MTE E AO SINDICATO. Os arts. 139 a 141 da CLT, que disciplinam a concessão de férias coletivas, não preveem qualquer cominação à ausência de comunicação ao Ministério do Trabalho do fracionamento do período de descanso, não sendo o caso de pagamento em dobro, que só ocorre nas hipóteses legalmente previstas. Agravo de Instrumento a que se nega provimento." (ARR – 534-32.2014.5.04.0384, Relatora Ministra: Maria Cristina Irigoyen Peduzzi, Data de Julgamento: 13/09/2017, 8ª Turma, Data de Publicação: DEJT 15/09/2017).

12.6.3. Dos empregados com período aquisitivo incompleto

Art. 140 da CLT. Os empregados contratados há menos de 12 (doze) meses gozarão, na oportunidade, férias proporcionais, iniciando-se, então, novo período aquisitivo.

Nesse caso, o empregado terá direito ao pagamento do salário acrescido do terço constitucional, apenas nos dias em que já conquistou o direito às férias. Nos demais, o empregador pagará salário normal, tornando-se uma licença remunerada ao obreiro.

Exemplo: O empregador resolve dar férias coletivas de 30 dias para todos os seus empregados. A empregada Kelly só possui direito a 10 dias de férias. Nesse caso, os 10 dias serão remunerados com **salário + 1/3 constitucional**. Nos demais 20 dias, ficará afastada das atividades laborais e receberá normalmente o seu salário, sem o acréscimo das férias.

12.7. DA PRESCRIÇÃO

Violado o Direito Subjetivo do empregado de usufruir as férias (descansar e receber por elas), nasce para ele a pretensão de exigir a satisfação de seu direito. Essa pretensão possui um prazo para ser exercida, sob pena de ocorrer a prescrição.

Portanto, a prescrição das férias é a perda da pretensão de exigir a satisfação do direito de férias que foi violado.

Art. 149 da CLT. A prescrição do direito de reclamar a concessão das férias ou o pagamento da respectiva remuneração é contada do término do prazo mencionado no art. 134 ou, se for o caso, da cessação do contrato de trabalho.

Art. 7°, XXIX, da CF/1988: ação, quanto aos créditos resultantes das relações de trabalho, com prazo prescricional de cinco anos para os trabalhadores urbanos e rurais, até o limite de dois anos após a extinção do contrato de trabalho.

Assim, a contagem do prazo prescricional inicia-se com o fim do período concessivo. Logo, se o contrato de trabalho estiver em vigor, o prazo será de cinco anos a contar do término do período concessivo. Na hipótese de extinção do contrato de trabalho, o prazo será de dois anos para pleitear o direito de férias.

REMUNERAÇÃO E SALÁRIO

Salário é o principal direito do empregado. É o conjunto de parcelas contraprestativas pagas diretamente pelo empregador ao empregado pelos serviços por ele prestados. Como veremos mais adiante, a composição do salário é a seguinte:

SALÁRIO = SALÁRIO-BASE + SOBRESSALÁRIO
SALÁRIO-BASE = SALÁRIO EM DINHEIRO + SALÁRIO *IN NATURA*

Salário, portanto, é um complexo de parcelas, ou, como é usualmente chamado, um complexo salarial.

Art. 457 da CLT. Compreendem-se na remuneração do empregado, para todos os efeitos legais, além do salário devido e pago diretamente pelo empregador, como prestação do serviço, as gorjetas que receber.

Essa lógica não contraria o disposto no art. 1º da **Convenção 100 da Organização Internacional do Trabalho**. As definições são compatíveis. Veja o preceito:

Convenção 100 da OIT

Artigo 1º

Para os fins da presente convenção:

a) o termo "remuneração" compreende o salário ou o tratamento ordinário, de base, ou mínimo, e todas as outras vantagens, pagas direta ou indiretamente, em espécie ou *in natura* pelo empregador ao trabalhador em razão do emprego deste último;

Remuneração é o conjunto de parcelas pagas ao empregado. A remuneração representa o somatório das parcelas contraprestativas pagas diretamente pelo empregador com as parcelas contraprestativas pagas diretamente por terceiros ao empregado. Essas parcelas pagas por terceiros possuem caráter estritamente remuneratório. O exemplo mais clássico de parcela remuneratória são as gorjetas.

Art. 457, § 3º, da CLT. Considera-se gorjeta não só a importância espontaneamente dada pelo cliente ao empregado, como também o valor cobrado pela empresa, como serviço ou adicional, a qualquer título, e destinado à distribuição aos empregados.

As gorjetas, portanto, são tanto aquelas dadas espontaneamente pelo terceiro ou que são cobradas na nota de serviço. Aliás, lembre-se de que a estimativa ou o percentual das gorjetas deve ser anotada na Carteira de Trabalho, conforme art. 29, § 1º, da CLT:

CLT

Art. 29.

(...)

§ 1º As anotações concernentes à remuneração devem especificar o salário, qualquer que seja sua forma de pagamento, seja ele em dinheiro ou em utilidades, bem como a estimativa da gorjeta.

A doutrina majoritária aponta, ainda, as gueltas como sendo mais um tipo de parcela remuneratória. As gueltas são pagamentos feitos pelas empresas fabricantes e/ou distribuidores de determinadas marcas aos empregados das empresas que comercializam seus produtos, com habitualidade, como vantagem pecuniária a título de incentivos pagos para impulsionar o aumento das vendas aos consumidores. O TST tem se posicionado no sentido de equiparar as gueltas às gorjetas, aplicando, por analogia, a Súmula nº 354 do TST. É o que pode ser observado no Informativo nº 81:

> Gueltas. Bonificações pagas por terceiros em virtude do contrato de trabalho. Natureza jurídica salarial. Súmula nº 354 do TST e art. 457, § 3º, da CLT. Aplicação por analogia. "Assim como as gorjetas, as gueltas – bonificações pagas ao empregado pelo fabricante do produto comercializado pelo empregador – decorrem diretamente do contrato de trabalho, integrando a remuneração do empregado, nos termos da Súmula nº 354 do TST e do art. 457, § 3º, da CLT, aplicados por analogia. Na espécie, em virtude de contrato de trabalho celebrado com empresa atacadista de produtos farmacêuticos e correlatos, a reclamante percebia, habitualmente, valores 'extrarrecibo' decorrentes de bonificações pagas por laboratórios a título de incentivo pela venda de medicamentos. Tal verba tem nítido caráter salarial, pois o incentivo dado ao empregado beneficia diretamente o empregador, em razão do incremento nas vendas e da repercussão no lucro do empreendimento. Com esses fundamentos, a SBDI-I, por unanimidade, não conheceu dos embargos interpostos pela reclamada, mantendo a decisão turmária que determinara a integração dos valores pagos por terceiros para fins de incidência nas férias mais 1/3, nos 13º salários e no FGTS mais 40%. Ressalvou entendimento o Ministro Alexandre Agra Belmonte. TST-E-RR-224400-06.2007.5.02.0055, SBDI-I, rel. Min. João Oreste Dalazen, 08/05/2014."

REMUNERAÇÃO = SALÁRIO + GORJETA

Podemos afirmar, portanto, que a remuneração é gênero do qual o salário é espécie.

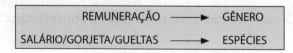

É muito importante que se faça a diferença entre parcelas que tenham natureza salarial ou estritamente remuneratória. As parcelas de natureza salarial possuem o chamado "efeito expansionista circular dos salários", ou seja, repercutem sobre as demais parcelas de natureza trabalhista e previdenciária.

As parcelas de caráter estritamente remuneratório, por sua vez, não integram a base de cálculo das parcelas de natureza salarial; é o que determina a Súmula nº 354 do TST.

> Súmula nº 354 do TST. Gorjetas. Natureza jurídica. Repercussões (mantida). Resolução nº 121/2003, DJ de 19, 20 e 21/11/2003. As gorjetas, cobradas pelo empregador na nota de serviço ou oferecidas espontaneamente pelos clientes, integram a remuneração do empregado, não servindo de base de cálculo para as parcelas de aviso-prévio, adicional noturno, horas extras e repouso semanal remunerado.

Gorjeta não é salário, logo não integra a base de cálculo das seguintes verbas:

a) aviso-prévio;
b) hora extra;
c) adicional noturno;
d) repouso semanal remunerado.

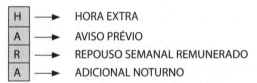

As gorjetas, contudo, integrarão a base de cálculo das verbas que são calculadas sobre o valor da remuneração:

a) férias;
b) FGTS;
c) 13º salário.

As gorjetas podem ser de dois tipos: espontâneas e cobradas. As espontâneas são aquelas pagas de forma voluntária pelo cliente, enquanto as cobradas são um adicional nas notas de serviço cobrado diretamente pela empresa ao cliente.

☞ **ATENÇÃO!**
O empregado que recebe gorjeta deverá receber de seu empregador pelo menos um salário mínimo ou o piso salarial da categoria.

> O valor das gorjetas deverá ser anotado na CTPS do empregado com fulcro no art. 29, § 1º, art. 457, §§ 6º, III, e 8º, da CLT.

O TST vinha decidindo que é inválida a cláusula de instrumento coletivo que preveja a retenção e o rateio do valor arrecadado a título de gorjetas pelo empregador.

Gorjetas. Cláusula de acordo coletivo que prevê a retenção e o rateio de parte dos valores arrecadados. Invalidade. Art. 457 da CLT e Súmula n° 354 do TST. É inválida cláusula de acordo coletivo que autoriza a retenção de parte do valor das gorjetas para fins de indenização e ressarcimento das despesas e benefícios inerentes à introdução do próprio sistema de taxa de serviço, bem como para contemplar o sindicato da categoria profissional, principalmente quando constatado que a retenção atinge mais de um terço do respectivo valor. De outra sorte, nos termos do art. 457 da CLT e da Súmula n° 354 do TST, as gorjetas, ainda que não integrem o salário, constituem acréscimo remuneratório e configuram contraprestação paga diretamente pelo cliente, não podendo ter outro destino que não o próprio empregado. Com esse entendimento, a SBDI-I, por unanimidade, conheceu dos embargos interpostos pelo reclamado, por divergência jurisprudencial e, no mérito, negou-lhe provimento. TST-E-ED-RR-139400-03.2009.5.05.0017, SBDI-I, rel. Min. Márcio Eurico Vitral Amaro, 13/11/2014 (Informativo n° 95 do TST).

O destino das gorjetas não pode ser outro senão destinada ao próprio empregado.

Recentemente, ocorreu a promulgação da Lei n° 13.419/2017, que regulamenta o pagamento das gorjetas aos trabalhadores.

☞ ATENÇÃO!

Não mudou! A natureza jurídica da gorjeta é remuneratória, que não integra o salário do empregado. Logo, permanece válido o entendimento consubstanciado na Súmula n° 354 do TST.

A nova "lei das gorjetas" (como foi apelidada) alterou a redação do art. 457 da CLT e trouxe a regulamentação do pagamento das gorjetas. Grande destaque deve ser dado à obrigação legal de reverter toda a gorjeta aos empregados.

Art. 457, § 4°, da CLT. A gorjeta mencionada no § 3° não constitui receita própria dos empregadores, destina-se aos trabalhadores e será distribuída segundo critérios de custeio e de rateio definidos em convenção ou acordo coletivo de trabalho.

Em conformidade com a tendência atual do negociado, estampada claramente na Reforma Trabalhista trazida pela Lei n° 13.467/2017, assegura-se à negociação coletiva dispor sobre as regras de rateio das gorjetas. Contudo, se o sindicato se recusar à negociação ou quedar-se inerte, é permitido aos próprios trabalhadores estabelecer os percentuais de retenção e rateio na assembleia geral dos trabalhadores prevista na CLT.

☞ ATENÇÃO!

A Reforma Trabalhista alterou a redação do § 4° para tratar de prêmios:

Art. 457, § 4°, da CLT: "Consideram-se prêmios as liberalidades concedidas pelo empregador em forma de bens, serviços ou valor em dinheiro a

> empregado ou a grupo de empregados, em razão de desempenho superior
> ao ordinariamente esperado no exercício de suas atividades".
>
> O § 4º, acrescido pela Reforma Trabalhista, equivocou-se na numeração,
> pois se superpôs ao § 3º do mesmo artigo com a redação dada pela Lei
> nº 13.419/2017 (Lei da Gorjeta). Como a lei posterior revoga a anterior,
> vida curta teve a redação pela Lei nº 13.419/2017.

13.1. PRINCÍPIOS DE PROTEÇÃO AO SALÁRIO

13.1.1. Princípio da irredutibilidade salarial

Em regra, não se admite a redução do salário do empregado. Somente se
houver convenção ou acordo coletivo é que poderá ocorrer redução do salário do
empregado, sendo certo de que essa condição só poderá perdurar por no máximo
dois anos. Estamos, portanto, diante de um princípio de caráter relativo.

Art. 7º, VI, da CLT: irredutibilidade do salário, salvo o disposto em convenção ou acordo
coletivo;

Art. 614, § 3º, da CLT. Não será permitido estipular duração de convenção coletiva ou
acordo coletivo de trabalho superior a dois anos, sendo vedada a ultratividade.

A Lei nº 14.020/2020 passou a prever expressamente a possibilidade de
redução salarial por acordo individual entre empregado e empregador durante a
pandemia do coronavírus.

Ou seja, durante o estado de calamidade pública, o empregador poderá acordar
a redução proporcional de jornada de trabalho e de salário de seus empregados, de
forma setorial, departamental, parcial ou na totalidade dos postos de trabalho, por até
90 (noventa) dias, prorrogáveis por prazo determinado em ato do Poder Executivo.

Na hipótese de pactuação por acordo individual escrito, deverá ser observado
o encaminhamento da proposta de acordo ao empregado com antecedência de,
no mínimo, 2 (dois) dias corridos, e redução da jornada de trabalho e do salário
exclusivamente nos seguintes percentuais:

a) 25% (vinte e cinco por cento);

b) 50% (cinquenta por cento);

c) 70% (setenta por cento).

Os acordos individuais de redução de jornada de trabalho e de salário ou
de suspensão temporária do contrato de trabalho deverão ser comunicados pelos
empregadores ao respectivo sindicato da categoria profissional, no prazo de até
10 (dez) dias corridos, contado da data de sua celebração. Se, após a pactuação
de acordo individual houver a celebração de convenção coletiva ou acordo coletivo
de trabalho com cláusulas conflitantes com as do acordo individual, deverão ser
observadas as seguintes regras:

I – a aplicação das condições estabelecidas no acordo individual em relação
ao período anterior ao da negociação coletiva;

II – a partir da entrada em vigor da convenção coletiva ou do acordo coletivo de trabalho, a prevalência das condições estipuladas na negociação coletiva, naquilo em que conflitarem com as condições estipuladas no acordo individual.

Quando as condições do acordo individual forem mais favoráveis ao trabalhador, prevalecerão sobre a negociação coletiva.

O Benefício Emergencial de Preservação do Emprego e da Renda poderá ser acumulado com o pagamento, pelo empregador, de ajuda compensatória mensal, em decorrência da redução proporcional de jornada de trabalho e de salário ou da suspensão temporária de contrato de trabalho.

Na hipótese de redução proporcional de jornada de trabalho e de salário, a ajuda compensatória não integrará o salário devido pelo empregador.

☞ ATENÇÃO!

Fica reconhecida a garantia provisória no emprego ao empregado que receber o Benefício Emergencial de Preservação do Emprego e da Renda, em decorrência da redução da jornada de trabalho e do salário ou da suspensão temporária do contrato de trabalho, nos seguintes termos:

I – durante o período acordado de redução da jornada de trabalho e do salário ou de suspensão temporária do contrato de trabalho;

II – após o restabelecimento da jornada de trabalho e do salário ou do encerramento da suspensão temporária do contrato de trabalho, por período equivalente ao acordado para a redução ou a suspensão; e

III – no caso da empregada gestante, por período equivalente ao acordado para a redução da jornada de trabalho e do salário ou para a suspensão temporária do contrato de trabalho, contado a partir do término do período da garantia estabelecida na alínea "*b*" do inciso II do *caput* do art. 10 do Ato das Disposições Constitucionais Transitórias.

13.1.2. Princípio da intangibilidade

Em regra, o salário do empregado deve ser pago de forma integral, ou seja, sem sofrer qualquer tipo de desconto.

As hipóteses de descontos permitidos no salário do empregado serão estudadas mais à frente, em um tópico específico para o tema.

13.2. CARACTERÍSTICAS DO SALÁRIO

a) Caráter alimentar:

O salário é a fonte de subsistência do empregado e de sua família.

Por ter tal característica, alguns doutrinadores ainda mencionam o salário como espécie de crédito privilegiado, pois em caso de falência do empregador o seu caráter alimentar fará que os créditos trabalhistas gozem de certa preferência.

Cap. 13 - REMUNERAÇÃO E SALÁRIO

b) Comutatividade:

Deve existir uma proporcionalidade entre o salário recebido pelo empregado e os serviços por ele prestados.

c) Caráter forfetário:

Deriva da alteridade inerente à figura do empregador e à atividade econômica por ele exercida. Ou seja, o empregado tem a certeza de que receberá o salário a que faz jus independentemente da situação econômica do empregador.

d) Irredutibilidade:

O salário não pode ser reduzido, salvo negociação coletiva na forma do art. 7º, VI, da CF/1988.

> ☞ **CUIDADO!**
>
> Em regra, só é vedada a redução do valor nominal do salário.

e) Indisponibilidade:

O salário não pode ser objeto de renúncia.

f) Periodicidade:

O pagamento periódico do salário decorre da sua natureza de obrigação de trato sucessivo ou débito permanente.

Art. 459 da CLT. O pagamento do salário, qualquer que seja a modalidade do trabalho, não deve ser estipulado por período superior a 1 (um) mês, salvo no que concerne a comissões, percentagens e gratificações.

g) Natureza composta:

O salário, como já dissemos, é composto do chamado complexo salarial, ou seja, de um complexo de parcelas contraprestativas.

h) Persistência ou continuidade:

O salário é pago ao empregado durante toda a duração do contrato de trabalho de forma contínua, e não de maneira intermitente.

i) Pós-numeração:

A regra é de que o salário seja pago após a prestação do serviço pelo empregado.

j) Tendência à determinação heterônoma:

A fixação do valor do salário sofre grande influência de agentes externos à relação de emprego. **Exemplo:** o valor do salário mínimo não é fixado pelas partes da relação de emprego.

13.3. COMPLEXO SALARIAL E SUAS MODALIDADES

O salário ou complexo salarial é composto pela soma do salário básico ao sobressalário. Note-se que o salário básico deverá conter sempre uma parte em pecúnia de no mínimo 30% do valor do salário mínimo.

SALÁRIO = SALÁRIO BÁSICO + SOBRESSALÁRIO

13.3.1. Salário básico

É a contraprestação salarial fixa, principal, paga pelo empregador ao empregado, e que se submete à regra da periodicidade máxima mensal.

Apesar de ser a principal contraprestação salarial, existe um caso em que não haverá essa previsão: para os comissionistas puros não há estipulação de um salário básico, eles ganham somente com base nas comissões.

O salário básico pode ser pago somente em dinheiro, ou ainda ser pago em dinheiro e utilidades, devendo, nesse caso, a parte pecuniária corresponder a pelo menos 30% do seu total.

Nos casos em que o salário for pago em dinheiro e utilidades, aplica-se a regra do art. 82 da CLT, ou seja, o empregado deverá sempre receber no mínimo 30% do valor do salário mínimo em dinheiro, independentemente do valor de seu salário contratual.

SALÁRIO = SALÁRIO BÁSICO + SOBRESSALÁRIO
SALÁRIO BÁSICO = DINHEIRO (ao menos 30% do SM) + SALÁRIO IN NATURA

> Art. 82 da CLT. Quando o empregador fornecer, *in natura*, uma ou mais das parcelas do salário mínimo, o salário em dinheiro será determinado pela fórmula Sd = Sm – P, em que Sd representa o salário em dinheiro, Sm o salário mínimo e P a soma dos valores daquelas parcelas na região, zona ou subzona.
>
> Parágrafo único. O salário mínimo pago em dinheiro não será inferior a 30% (trinta por cento) do salário mínimo fixado para a região, zona ou subzona.

13.3.2. Salário *in natura* (ou salário-utilidade)

O salário *in natura* é aquele pago em utilidades, com habitualidade, pelo trabalho. Por sua vez, podemos definir utilidade como sendo tudo aquilo que não for dinheiro, ou seja, será o fornecimento habitual de bens e serviços. As utilidades podem ser **salariais** ou **não salariais**.

Quando uma utilidade é salarial, seu valor gera diversos efeitos:

* integra a remuneração;
* integra a base de cálculo do FGTS;
* integra a base de cálculo da contribuição previdenciária;
* se forem fornecidas habitualmente, geram reflexos em outras parcelas.

As utilidades **não salariais**, por seu turno, **não** integram a remuneração, **não** integram a base de cálculo do FGTS, **não** sofrem incidência da contribuição previdenciária e, ainda que habituais, **não** geram reflexos em outras parcelas.

Lembre-se de que o salário não precisa ser pago completamente em dinheiro. Pode parte do salário ser pago em utilidades, desde que, no **mínimo, 30% seja pago em dinheiro**. Aplica-se analogicamente o art. 82, parágrafo único, da CLT:

CLT

Art. 82.

(...)

Parágrafo único. O salário mínimo pago em dinheiro não será inferior a 30% (trinta por cento) do salário mínimo fixado para a região, zona ou subzona.

Características do salário utilidade:

a) Habitualidade no fornecimento:

O fornecimento da utilidade pelo empregador tem que ser habitual, ou seja, tem que se repetir ao longo do tempo, de modo a gerar no empregado a expectativa de seu recebimento.

b) Gratuidade:

Esse requisito não é pacífico entre os doutrinadores. Alguns entendem que para ser considerado salário o empregador não poderia realizar nenhum tipo de desconto do empregado pelo fornecimento da utilidade. Já outro grupo considera que o desconto feito ao empregado não retira do fornecimento da utilidade o seu caráter salarial.

Há, ainda, aqueles que defendem a ideia de que este requisito deve ser considerado impróprio, ou seja, deve ser entendido como não essencial, tendo em vista a dificuldade em se aferir se o valor descontado do empregado é módico ou não. Se o valor for considerado razoável o fornecimento terá natureza salarial, caso contrário, não terá.

c) Ser benéfico ao empregado:

O *caput* do art. 458 da CLT veda expressamente o pagamento do empregado por meio de bebidas alcoólicas ou drogas nocivas. A intenção do legislador foi proibir o empregador de pagar o empregado com qualquer substância que fosse prejudicial para sua saúde, que causasse qualquer tipo de dependência química e, ainda, que essa dependência fosse alimentada com substâncias produzidas pela própria empresa. O TST no inciso II da Súmula nº 367 consolidou esse entendimento ao elucidar que não considera o cigarro como salário-utilidade.

Súmula nº 367, II, do TST. O cigarro não se considera salário-utilidade em face de sua nocividade à saúde.

d) Caráter contraprestativo:

Toda vez que a utilidade fornecida for condição necessária para o trabalho, ela não será considerada salário *in natura*, nem terá natureza de parcela salarial.

Mas se a utilidade for fornecida como vantagem pelo trabalho, ela será considerada salário *in natura*.

- PARA o trabalho ("ferramenta") – não é salário *in natura*
- PELO trabalho ("luxo") – é salário *in natura*

E quando as utilidades são salariais e quando não são salariais?

A **regra** é a utilidade ser **salarial**. Essa premissa pode ser constatada no art. 458, *caput*, da CLT:

Art. 458 da CLT. Além do pagamento em dinheiro, compreende-se no salário, para todos os efeitos legais, a alimentação, habitação, vestuário ou outras prestações "in natura" que a empresa, por força do contrato ou do costume, fornecer habitualmente ao empregado. Em caso algum será permitido o pagamento com bebidas alcoólicas ou drogas nocivas.

E qual valor deve ser considerado para cada utilidade?

Isso depende do valor do salário. Se o trabalhador recebe um salário mínimo, deve-se considerar o percentual previsto nas leis para cada parcela integrante do salário mínimo. Leia o art. 458, § 1º, da CLT:

§ 1º Os valores atribuídos às prestações in natura deverão ser justos e razoáveis, não podendo exceder, em cada caso, os dos percentuais das parcelas componentes do salário mínimo (arts. 81 e 82).

Exemplo disso ocorre com a Lei n. 3.030/1956:

Lei n. 3.030/1956

Art. 1º Para efeitos do art. 82 do Decreto-lei n. 5.452, de 1º de maio de 1943. (Consolidação das Leis do Trabalho), os descontos por fornecimento de alimentação, quando preparada pelo próprio empregador, não poderão exceder a 25% (vinte e cinco por cento) do salário mínimo.

Os cálculos dos valores das utilidades devem ter como parâmetros o § 1º, do art. 458, da CLT, bem como a Súmula nº 258 do TST, que determina que: "Os percentuais fixados em lei relativos ao salário *in natura* apenas se referem às hipóteses em que o empregado percebe salário mínimo, apurando-se, nas demais, o real valor da utilidade".

Compreendidas as diferenças entre uma utilidade salarial (regra) e a não salarial, deve-se entender que tanto a lei como a norma coletiva podem retirar a natureza salarial da utilidade, tornando-se não salarial.

Não são consideradas salário as utilidades mencionadas no § 2º do art. 458 da CLT.

§ 2º Para os efeitos previstos neste artigo, não serão consideradas como salário as seguintes utilidades concedidas pelo empregador:

I – vestuários, equipamentos e outros acessórios fornecidos aos empregados e utilizados no local de trabalho, para a prestação do serviço;

II – educação, em estabelecimento de ensino próprio ou de terceiros, compreendendo os valores relativos a matrícula, mensalidade, anuidade, livros e material didático;

III – transporte destinado ao deslocamento para o trabalho e retorno, em percurso servido ou não por transporte público;

☞ **ATENÇÃO!**
O desconto equivalente ao vale-transporte pode ser de até 6% do salário--base, e não tem natureza salarial. (Ver Decreto n° 95.247/1987 e Lei n° 7.418/1985.)

IV – assistência médica, hospitalar e odontológica prestada diretamente ou mediante seguro-saúde;

V – seguros de vida e de acidentes pessoais;

VI – previdência privada;

VII – (VETADO)

VIII – o valor correspondente ao vale-cultura.

O art. 458, §2°, I, da CLT traz uma informação importante. Quando a utilidade é concedida "para" viabilizar a prestação de trabalho, não pode ser considerada salário, mas como efetiva ferramenta de trabalho.

Claro que, se o empregado recebe vestuário e equipamentos não "para" o desempenho do trabalho, mas "pelo" seu trabalho, a utilidade reveste-se de natureza retributiva, sendo considerada utilidade salarial.

Exemplo: a empresa Roupa Linda LTDA., compromete-se a pagar roupas para a empregada Gabriella que não são essenciais para o desempenho do trabalho (não são uniforme), então a utilidade será salarial.

Ressalte-se também que, se a habitação, a energia elétrica ou o veículo for concedido pelo empregador "para" a realização de serviço, trata-se de efetiva ferramenta necessária para o trabalho, não sendo uma utilidade salarial. Nesse caso, mesmo que o veículo eventualmente seja utilizado para atividade particular, não há como fugir de seu uso normal como ferramenta.

Imagine, agora, o trabalhador que necessita da residência dentro da propriedade para realizar seu trabalho (zelador de um condomínio). A habitação e a energia elétrica, nesse caso, são ferramentas de trabalho.

Essas peculiaridades reforçam a compreensão da Súmula n. 367, I, do TST:

Súmula n. 367 do TST. UTILIDADES *"IN NATURA"*. HABITAÇÃO. ENERGIA ELÉTRICA. VEÍCULO. CIGARRO. NÃO INTEGRAÇÃO AO SALÁRIO (conversão das Orientações Jurisprudenciais n.s 24, 131 e 246 da SBDI-I) – Res. 129/2005, *DJ* 20, 22 e 25/04/2005.

I – A habitação, a energia elétrica e veículo fornecidos pelo empregador ao empregado, quando indispensáveis para a realização do trabalho, não têm natureza salarial, ainda que, no caso de veículo, seja ele utilizado pelo empregado também em atividades particulares.

O art. 458, II, da CLT vem sendo interpretado de forma ampliativa. Logo, ainda que a empresa não forneça diretamente os livros, as matrículas e as mensalidades, se ela paga um auxílio-educação e exige a comprovação dos gastos com educação, a parcela não é salarial:

> "(...) AUXÍLIO-EDUCAÇÃO. NATUREZA JURÍDICA. INTEGRAÇÃO AO SALÁRIO. Antes da alteração legislativa promovida pela Lei n. 10.243/2001, não havia no ordenamento jurídico a previsão expressa contida no inciso II do § 2º do artigo 458 da CLT no sentido de excluir do salário a 'educação, em estabelecimento de ensino próprio ou de terceiros, compreendendo os valores relativos a matrícula, mensalidade, anuidade, livros e material didático'. Todavia, a referida Lei refletiu o posicionamento já adotado pela doutrina e jurisprudência prevalecente nos Tribunais trabalhistas no sentido de que o auxílio-educação não detinha natureza salarial. Isso porque, apesar de se tratar de prestação decorrente do trabalho, não tem o escopo de remunerá-lo, e sim de atender preceito constitucional (artigo 205 da Constituição Federal) no sentido de que a educação é direito de todos e dever do Estado e da família, será promovida e incentivada com a colaboração da sociedade, visando ao pleno desenvolvimento da pessoa, seu preparo para o exercício da cidadania e sua qualificação para o trabalho. Assim, a utilidade relacionada à educação oferecida pela ré não é considerada salário, porque não tem por escopo remunerar o trabalho. Portanto, deve ser afastada a natureza salarial do auxílio-educação, bem como sua integração ao salário. Agravo conhecido e não provido (Ag-RR-2100-87.2000.5.01.0061, 7ª Turma, Relator Ministro: Cláudio Mascarenhas Brandão, DEJT 12/04/2019).

Também se insere na ausência de natureza salarial os descontos fornecidos na mensalidade ao descendente do empregado:

> "(...) RECURSO DE REVISTA INTERPOSTO PELA RECLAMANTE. MENSALIDADE ESCOLAR. NÃO INTEGRAÇÃO AO SALÁRIO. NATUREZA ASSISTENCIAL. A jurisprudência do TST é firme no sentido de que o fornecimento de benefícios de natureza assistencial, como aqueles ligados à educação, não se reveste de natureza salarial e, portanto, não caracteriza salário 'in natura'. De outro lado, a CLT expressamente afasta a natureza salarial dos benefícios ligados à educação (art. 458, § 2º, IV). Logo, os descontos concedidos nas mensalidades dos filhos da reclamante não possuem natureza salarial, por não ostentarem caráter retributivo. Incidência do art. 896, § 7º, da CLT. Recurso de revista de que não se conhece. (RR – 122900-86.2008.5.04.0771, Relator Ministro: Walmir Oliveira da Costa, Data de Julgamento: 16/12/2015, 1ª Turma, Data de Publicação: DEJT 18/12/2015).

O art. 458, III, da CLT incentiva o fornecimento de transporte pelo empregador, seja pelo sistema público ou pelo sistema privado. Aliás, no que tange ao transporte público, o vale-transporte não possui natureza salarial por expressa previsão legal:

Lei n. 7.418/1985

Art. 2º. O Vale-Transporte, concedido nas condições e limites definidos, nesta Lei, no que se refere à contribuição do empregador:

a) não tem natureza salarial, nem se incorpora à remuneração para quaisquer efeitos.

Nesse ponto em particular, apenas para conhecimento mais detalhado, o TST não reconhece a natureza salarial nem mesmo se o empregador pagar em dinheiro o valor do vale-transporte:

"(...) VALE-TRANSPORTE. PAGAMENTO EM PECÚNIA. NATUREZA INDENIZATÓRIA. A Jurisprudência pacífica desta Corte posiciona-se no sentido de que o pagamento em pecúnia do vale-transporte não altera a sua natureza indenizatória, ante o que dispõe o art. 2° da Lei 7.418/83. Nesse diapasão, ao concluir pela natureza salarial do vale-transporte, pelo simples fato de ter sido pago ao reclamante em dinheiro, o Regional contrariou a Jurisprudência deste Tribunal Superior. Recurso de revista conhecido e provido. (...)" (RR-2019-33.2011.5.03.0018, 6ª Turma, Relator Ministro: Augusto Cesar Leite de Carvalho, *DEJT* 17/05/2019).

O art. 458, VIII, da CLT cuida do vale-cultura. Essa utilidade está prevista na Lei n. 12.761/2012:

Lei n. 12.761/2012

Art. 7°. O vale-cultura deverá ser fornecido ao trabalhador que perceba até 5 (cinco) salários mínimos mensais.

Parágrafo único. Os trabalhadores com renda superior a 5 (cinco) salários mínimos poderão receber o vale-cultura, desde que garantido o atendimento à totalidade dos empregados com a remuneração prevista no *caput*, na forma que dispuser o regulamento.

Art. 8°. O valor mensal do vale-cultura, por usuário, será de R$ 50,00 (cinquenta reais).

§ 1° O trabalhador de que trata o *caput* do art. 7° poderá ter descontado de sua remuneração o percentual máximo de 10% (dez por cento) do valor do vale-cultura, na forma definida em regulamento.

§ 2° Os trabalhadores que percebem mais de 5 (cinco) salários mínimos poderão ter descontados de sua remuneração, em percentuais entre 20% (vinte por cento) e 90% (noventa por cento) do valor do vale-cultura, de acordo com a respectiva faixa salarial, obedecido o disposto no parágrafo único do art. 7° e na forma que dispuser o regulamento.

§ 3° É vedada, em qualquer hipótese, a reversão do valor do vale-cultura em pecúnia.

§ 4° O trabalhador de que trata o art. 7° poderá optar pelo não recebimento do vale-cultura, mediante procedimento a ser definido em regulamento.

Art. 11. A parcela do valor do vale-cultura cujo ônus seja da empresa beneficiária:

I – não tem natureza salarial nem se incorpora à remuneração para quaisquer efeitos;

II – não constitui base de incidência de contribuição previdenciária ou do Fundo de Garantia do Tempo de Serviço – FGTS; e

III – não se configura como rendimento tributável do trabalhador.

§ 3º A habitação e a alimentação fornecidas como salário-utilidade deverão atender aos fins a que se destinam e não poderão exceder, respectivamente, a 25% (vinte e cinco por cento) e 20% (vinte por cento) do salário contratual.

Entendemos que, com a alteração do art. 457, § 2º, da CLT, a alimentação perde a natureza salarial.

§ 4º Tratando-se de habitação coletiva, o valor do salário-utilidade a ela correspondente será obtido mediante a divisão do justo valor da habitação pelo número de coabitantes, vedada, em qualquer hipótese, a utilização da mesma unidade residencial por mais de uma família. (Rural – ver art. 9º da Lei nº 5.889/1973.)

§ 5º O valor relativo à assistência prestada por serviço médico ou odontológico, próprio ou não, inclusive o reembolso de despesas com medicamentos, óculos, aparelhos ortopédicos, próteses, órteses, despesas médico-hospitalares e outras similares, mesmo quando concedido em diferentes modalidades de planos e coberturas, não integram o salário do empregado para qualquer efeito nem o salário de contribuição, para efeitos do previsto na alínea q do § 9º do art. 28 da Lei nº 8.212, de 24 de julho de 1991.

O § 5º do art. 458 da CLT retira a natureza salarial de valores pagos em pecúnia relativos a serviço médico, odontológico, medicamentos e despesas com próteses, órteses etc. O inciso IV do § 2º do mesmo dispositivo já continha regra similar, mas concedida *in natura*. Dessa vez, a exclusão da natureza salarial ocorre com parcelas pagas em dinheiro.

☞ ATENÇÃO!

Além de as citadas despesas previstas no § 5º do art. 458 da CLT não integrarem o salário, também não constituem base de cálculo para integrar o salário de contribuição.

Com a regulamentação do teletrabalho, o art. 75-D da CLT aponta que os instrumentos, as ferramentas concedidas para os empregados que possam trabalhar em casa, não terão natureza salarial.

Art. 75-D da CLT. As disposições relativas à responsabilidade pela aquisição, manutenção ou fornecimento dos equipamentos tecnológicos e da infraestrutura necessária e adequada à prestação do trabalho remoto, bem como ao reembolso de despesas arcadas pelo empregado, serão previstas em contrato escrito.

Parágrafo único. As utilidades mencionadas no *caput* deste artigo não integram a remuneração do empregado.

Jurisprudência do TST:

a) Alimentação:

Antes da Reforma Trabalhista, o vale-alimentação, era considerado, como regra, salarial. Veja a Súmula n. 241 do TST:

Súmula nº 241 do TST – Salário-utilidade. Alimentação (mantida). Resolução nº 121/2003, *DJ* de 19, 20 e 21/11/2003. O vale para refeição, fornecido por força do contrato de trabalho, tem caráter salarial, integrando a remuneração do empregado, para todos os efeitos legais.

Mesmo antes da reforma trabalhista, a norma coletiva podia retirar a natureza salarial da parcela. Observe esse julgado exemplificativo do TST:

"(...) 3. AUXÍLIO-ALIMENTAÇÃO. NATUREZA JURÍDICA. BENEFÍCIO CONCEDIDO POR MEIO DE NORMA COLETIVA. PREVISÃO DA NATUREZA INDENIZATÓRIA. NÃO PROVIMENTO. A previsão de natureza indenizatória do auxílio alimentação fornecido ao empregado, como no caso dos autos, apta a afastar sua integração ao salário para fins de reflexos em outras verbas, está em consonância com o artigo 7º, XXVI, da Constituição Federal, que assegura o reconhecimento da validade dos instrumentos coletivos. Em face de tal peculiaridade, é inaplicável o entendimento da Súmula n. 241, e do artigo 458, § 3º, da CLT. Isso porque o caráter salarial de utilidades fornecidas pode, legitimamente, ser afastado pela norma jurídica (lei, instrumento normativo coletivo ou sentença normativa) que as conceda ou regule. Precedentes do TST. Incidência do artigo 896, § 7º, da CLT, e da Súmula n. 333. Agravo de instrumento a que se nega provimento. (...)" (ARR – 5200-65.2009.5.06.0103, Relator Ministro: Guilherme Augusto *Caputo* Bastos, Data de Julgamento: 04/10/2017, 5ª Turma, Data de Publicação: *DEJT* 13/10/2017).

Um exemplo de lei que retira a natureza salarial é o PAT (Programa de Alimentação do Trabalhador). Regulado pela Lei n. 6.321/1976, esse programa concede vantagens tributárias se o empregador fornece alimentação ou vale-alimentação ou vale-refeição:

Lei n. 6.321/1976

Art. 1º. As pessoas jurídicas poderão deduzir, do lucro tributável para fins do imposto sobre a renda o dobro das despesas comprovadamente realizadas no período base, em programas de alimentação do trabalhador, previamente aprovados pelo Ministério do Trabalho na forma em que dispuser o Regulamento desta Lei.

Art. 3º. Não se inclui como salário de contribuição a parcela paga in natura, pela empresa, nos programas de alimentação aprovados pelo Ministério do Trabalho.

O TST, interpretando a norma, entende que a ajuda-alimentação fornecida por empresa que participa do PAT não possui natureza salarial:

OJ nº 133 da SDI-I do TST – Ajuda alimentação. PAT. Lei nº 6.321/1976. Não integração ao salário (inserida em 27/11/1998). A ajuda alimentação fornecida por empresa participante do programa de alimentação ao trabalhador, instituído pela Lei nº 6.321/1976, não tem caráter salarial. Portanto, não integra o salário para nenhum efeito legal.

OJ nº 123 da SDI-I do TST. Bancários. Ajuda alimentação (inserida em 20/04/1998). A ajuda alimentação prevista em norma coletiva em decorrência de prestação de horas extras tem natureza indenizatória e, por isso, não integra o salário do empregado bancário.

Se o empregado já recebia a alimentação como parcela salarial, a adesão ao PAT não retira a natureza salarial da parcela, apenas atingindo empregados contratados após a adesão ao programa. É que o benefício era concedido como parcela salarial, passando a ser direito adquirido daqueles que já o recebiam. Veja um trecho da OJ 413 da SDI-I do TST:

OJ nº 413 da SDI-I do TST. Auxílio-alimentação. Alteração da natureza jurídica. Norma coletiva ou adesão ao PAT. (*DEJT* divulgado em 14, 15 e 16/2/2012).

A pactuação em norma coletiva conferindo caráter indenizatório à verba "auxílio-alimentação" ou a adesão posterior do empregador ao Programa de Alimentação do Trabalhador – PAT não altera a natureza salarial da parcela, instituída anteriormente, para aqueles empregados que, habitualmente, já percebiam o benefício, a teor das Súmulas n°s 51, I, e 241 do TST.

ATENÇÃO!
Entendemos que as jurisprudências citadas perderam o objetivo. De acordo com a Reforma Trabalhista, ainda que a empresa seja participante do PAT, a alimentação não tem natureza salarial.

A partir da reforma trabalhista, não mais será necessária a adesão ao PAT, pois a nova regra retira a natureza salarial do auxílio-alimentação, qualquer que seja a sua modalidade (tíquete-refeição, tíquete-alimentação, alimentação *in natura*, vale-refeição), mesmo que o benefício seja concedido de forma gratuita ao trabalhador.

Exemplo: João recebe salário de R$ 2.000,00 (dois mil reais) e auxílio-alimentação, fornecido como tíquete-alimentação, no valor de R$ 500,00 (quinhentos reais); seu salário somente será considerado no valor de R$ 2.000,00 (dois mil reais) para o cálculo das demais verbas trabalhistas.

b) Habitação, energia elétrica, veículo e cigarro:

Súmula nº 367 do TST – Utilidades *in natura*. Habitação. Energia elétrica. Veículo. Cigarro. Não integração ao salário (conversão das Orientações Jurisprudenciais n°s 24, 131 e 246 da SBDI-1). Resolução nº 129/2005, *DJ* de 20, 22 e 25/4/2005. I – A habitação, a energia elétrica e veículo fornecidos pelo empregador ao empregado, quando indispensáveis para a realização do trabalho, não têm natureza salarial, ainda que, no caso de veículo, seja ele utilizado pelo empregado também em atividades particulares. II – O cigarro não se considera salário utilidade em face de sua nocividade à saúde.

13.3.3. Sobressalário

O salário ou complexo salarial é composto de uma parcela fixa principal chamada salário-base somada ao sobressalário. De acordo com o § 1º do art. 457 da CLT, são considerados como parcelas sobressalário: as gratificações, comissões e os adicionais (noturno, hora extra, insalubridade e periculosidade).

Art. 457, § 1º, da CLT. Integram o salário a importância fixa estipulada, as gratificações legais e as comissões pagas pelo empregador.

CLT (antes da reforma)	CLT (depois da reforma)
Art. 457, § 1º Integram o salário não só a importância fixa estipulada, como também as comissões, percentagens, gratificações ajustadas, diárias para viagens e abonos pagos pelo empregador.	Art. 457, § 1º Integram o salário a importância fixa estipulada, as gratificações legais e as comissões pagas pelo empregador.

O § 1º do art. 457 da CLT excluiu do texto legal os abonos, as diárias de viagem, as percentagens e substituiu a expressão "gratificações ajustadas" por "gratificações legais".

a) Comissão e percentagens:

Comissão é a parcela paga pelo empregador ao empregado em virtude da produção por ele alcançada. As comissões poderão ser pagas por meio de percentagens ou de unidades. Assim, as percentagens são conhecidas como uma espécie da qual a comissão é gênero.

A comissão pode ser utilizada como única forma de remuneração, no caso do comissionista puro, ou ser associada a um salário básico, no caso do comissionista misto. Mas seja qual for a modalidade escolhida, será sempre assegurado ao empregado o direito de nunca receber salário inferior ao mínimo.

Art. 466 da CLT. O pagamento de comissões e percentagens só é exigível depois de ultimada a transação a que se referem.

Quando determinada transação for fechada para **pagamento em prestações**, essas comissões são devidas proporcionalmente ao vencimento de cada parcela:

§ 1º Nas transações realizadas por prestações sucessivas, é exigível o pagamento das percentagens e comissões que lhes disserem respeito proporcionalmente à respectiva liquidação.

§ 2º A cessação das relações de trabalho não prejudica a percepção das comissões e percentagens devidas na forma estabelecida por este artigo.

Lei n. 3.207/1957

Art. 5º Nas transações em que a empresa se obrigar por prestações sucessivas, o pagamento das comissões e percentagens será exigível de acordo com a ordem de recebimento das mesmas.

Embora a lei mencione "liquidação", não se pode entender isso como pagamento. Isso porque o **inadimplemento do comprador** e até mesmo a **desistência da compra** não eliminam o direito do empregado à comissão. Ora, o trabalhador não pode assumir os riscos da atividade econômica. Se o comprador desiste ou não paga, o risco é do empregador. Não pode o empregador pretender a restituição da comissão paga ("estornar a comissão").

Sobre a questão da desistência e do inadimplemento do comprador, o TST possui vários julgados exemplificativos:

"(...) ESTORNO DE COMISSÕES. DESISTÊNCIA DO COMPRADOR. Tal como proferido, o acórdão regional está em consonância com a jurisprudência desta Corte no sentido de que, ultimada a venda, é indevido o estorno das comissões no caso de inadimplemento contratual ou desistência do negócio, haja vista ser do empregado os riscos da atividade econômica (art. 2º da CLT). Este Tribunal Superior, ao interpretar o art. 466 da CLT, consolidou o entendimento de que a expressão 'ultimada a transação' diz respeito ao momento em que o negócio é efetivado e não àquele em que há o cumprimento das obrigações decorrentes desse negócio jurídico. Agravo não provido. (...)" (Ag-AIRR-1027-72.2015.5.18.0161, 5ª Turma, Relator Ministro: Breno Medeiros, *DEJT* 08/05/2020).

"(...) NATUREZA DE COMISSÃO. DESCONTOS. IMPOSSIBILIDADE. NÃO CONHECIMENTO. A jurisprudência desta Corte Superior é no sentido de que, uma vez ultimada a transação, é indevido o estorno das comissões, por inadimplência ou cancelamento do comprador, em respeito ao princípio da alteridade, segundo o qual os riscos da atividade econômica devem ser suportados pelo empregador (artigo 2º da CLT). Precedentes. (...)" (RR-1442-68.2015.5.17.0004, 4ª Turma, Relator Ministro: Guilherme Augusto *Caputo* Bastos, *DEJT* 13/12/2019).

Contudo, muita confusão surge com a literalidade do art. 7º da Lei n. 3.207/1957:

Lei n. 3.207/1957

Art. 7º Verificada a insolvência do comprador, cabe ao empregador o direito de estornar a comissão que houver pago.

A expressão "insolvência do comprador" não significa inadimplência. A insolvência cuida de um estado decretado judicialmente quando as dívidas legalmente exigíveis da pessoa são muito superiores ao seu patrimônio. É uma situação reconhecida por um juiz em sentença. Jamais se confunde com inadimplência.

Veja um julgado do TST sobre o tema:

RECURSO DE REVISTA. (...) ESTORNO DE COMISSÕES – INADIMPLEMENTO OU DESISTÊNCIA (alegação de violação aos artigos 466, § 1º, da Consolidação das Leis do Trabalho e 5º e 7º da Lei n. 3.207/1957 e divergência jurisprudencial). A Lei n. 3.207/57 restringe a possibilidade de estorno de comissões apenas à hipótese de "insolvência" do comprador, sendo inadmitida a interpretação ampliativa para efeito de considerar válido o estorno decorrente de inadimplência ou desistência do contrato firmado entre o cliente e a empregadora, pois vedada a transferência do risco da atividade econômica ao empregado, suprimindo-lhe o direito à retribuição pelo seu trabalho em decorrência de descumprimento, pelo comprador, de obrigações relacionadas ao contrato intermediado pelo obreiro. Recurso de revista não conhecido. (RR – 1439-87.2010.5.09.0012, Relator Ministro: Renato de Lacerda Paiva, Data de Julgamento: 17/02/2016, 2ª Turma, Data de Publicação: *DEJT* 26/02/2016).

Ademais, o comprador, quando adquire um produto ou serviço, muitas vezes se utiliza de parcelamentos ou de cartões de crédito, o que pode gerar encargos financeiros para a empresa vendedora do bem ou serviço. E a empresa não pode descontar, da base de cálculo das comissões, esses encargos, porque os riscos da atividade econômica pertencem ao empregador:

RECURSO DE REVISTA INTERPOSTO NA VIGÊNCIA DA LEI N. 13.015/2014. DIFERENÇAS DE COMISSÕES. VENDAS FEITAS A PRAZO. ENCARGOS FINANCEIROS DECORRENTES DO PARCELAMENTO E DA UTILIZAÇÃO DE CARTÃO DE CRÉDITO. TRANSFERÊNCIA DOS RISCOS DO NEGÓCIO AO EMPREGADO. IMPOSSIBILIDADE. A jurisprudência prevalecente nesta Corte superior firmou entendimento de que o empregador não está autorizado a descontar, da base de cálculo das comissões de vendas feitas a prazo, os valores dos encargos financeiros decorrentes do parcelamento e da utilização de cartão de crédito, porquanto configuraria transferência ilegal dos riscos do negócio ao trabalhador, em afronta ao artigo 2º da CLT (precedentes). Recurso de revista conhecido e provido. (...) (RR – 10565-25.2015.5.03.0184, Relator Ministro: José Roberto Freire Pimenta, Data de Julgamento: 20/09/2017, 2ª Turma, Data de Publicação: *DEJT* 22/09/2017).

E se as vendas forem realizadas à vista por um preço e a prazo por preço maior? Qual será a base de cálculo das comissões?

O TST entende que, salvo se for pactuado pelas partes expressamente o valor à vista, deve haver a incidência sobre todo o valor da venda:

"(...) 1. DIFERENÇAS DAS COMISSÕES. CÁLCULO COM DESCONTO DE ENCARGOS FINAN-CEIROS. IMPOSSIBILIDADE. O Tribunal Regional condenou a Reclamada ao pagamento das diferenças de comissões, que devem passar a ser calculadas sobre o valor efetivamente pago pelos clientes. A jurisprudência deste TST, ao interpretar o disposto no artigo 2º da Lei 3.207/1957, tem se posicionado no sentido de que a norma não faz qualquer distinção entre preço à vista e o preço a prazo para fins de cálculo das comissões sobre vendas, não havendo, pois, falar em restrição em relação à dedução de juros e multas, em caso de vendas parceladas. Desse modo, entende-se que o cálculo das comissões deve incidir sobre o valor final pago pelo cliente, exceto se houver sido pactuado entre as partes que as comissões serão pagas sobre o valor à vista. Precedentes. Recurso de revista não conhecido. (...)" (RR – 136800-45.2009.5.12.0039, Relator Ministro: Douglas Alencar Rodrigues, Data de Julgamento: 21/06/2017, 7ª Turma, Data de Publicação: *DEJT* 23/06/2017).

Esse ponto envolve a extinção do contrato de trabalho e seus reflexos sobre as comissões ainda devidas pelo empregador. Nessa hipótese, elas continuam sendo devidas normalmente em relação às transações/negócios de que participou o agora ex-empregado:

CLT

Art. 466.

(...)

§ 2º A cessação das relações de trabalho não prejudica a percepção das comissões e percentagens devidas na forma estabelecida por este artigo.

Lei n. 3.207/1957

Art. 6º. A cessação das relações de trabalho, ou a inexecução voluntária do negócio pelo empregador, não prejudicará a percepção das comissões e percentagens devidas.

Para o comissionista puro (aquele que recebe apenas comissões) que estiver sujeito a controle de horários e realizar horas extras, o pagamento será diferente dos demais empregados. Como o empregado permanecerá recebendo as comissões durante a sobrejornada, ele receberá apenas o adicional de, no mínimo, 50%, pois as horas laboradas estão sendo pagas pelo valor da comissão.

> Súmula nº 340 do TST. Comissionista. Horas extras (nova redação) – Res. 121/2003, *DJ* 19, 20 e 21/11/2003. O empregado, sujeito a controle de horário, remunerado à base de comissões, tem direito ao adicional de, no mínimo, 50% (cinquenta por cento) pelo trabalho em horas extras, calculado sobre o valor-hora das comissões recebidas no mês, considerando-se como divisor o número de horas efetivamente trabalhadas.

Já em relação ao comissionista misto (o que recebe uma parte fixa e outra variável), o trabalhador receberá as horas extras da seguinte forma:

* hora normal, acrescida de adicional de 50% (relativa à parte fixa);
* apenas o adicional de 50% (relativo à comissão).

> OJ nº 397 da SDI-I do TST. Comissionista misto. Horas extras. Base de cálculo. Aplicação da Súmula nº 340 do TST (*DEJT* divulgado em 02, 03 e 04/08/2010). O empregado que recebe remuneração mista, ou seja, uma parte fixa e outra variável, tem direito a horas extras pelo trabalho em sobrejornada. Em relação à parte fixa, são devidas as horas simples acrescidas do adicional de horas extras. Em relação à parte variável, é devido somente o adicional de horas extras, aplicando-se à hipótese o disposto na Súmula nº 340 do TST.

Percentagem é sinônimo de comissão, portanto o legislador adequou o texto a técnica, evitando, assim, desnecessária repetição.

b) Gratificações:

As gratificações são parcelas pagas pelo empregador ao empregado, em razão de um evento ou circunstância tidos por ele ou pela norma jurídica como relevantes. As gratificações ajustadas possuem como característica principal o elemento da habitualidade. É a habitualidade, e não a liberalidade do empregador, a característica responsável por integrar as gratificações aos salários.

Em relação às gratificações, é importante mencionarmos algumas jurisprudências do TST. Leia cada uma das súmulas abaixo com atenção, em especial a Súmula nº 247 do TST, que aborda a gratificação paga aos bancários chamada de "quebra de caixa":

> Súmula nº 152 do TST – Gratificação. Ajuste tácito (mantida). Resolução nº 121/2003, *DJ* de 19, 20 e 21/11/2003. O fato de constar do recibo de pagamento de gratificação o caráter de liberalidade não basta, por si só, para excluir a existência de ajuste tácito.

Súmula nº 372 do TST – Gratificação de função. Supressão ou redução. Limites (conversão das Orientações Jurisprudenciais nos 45 e 303 da SBDI-1). Resolução nº 129/2005, DJ de 20, 22 e 25/04/2005.

I – Percebida a gratificação de função por dez ou mais anos pelo empregado, se o empregador, sem justo motivo, revertê-lo a seu cargo efetivo, não poderá retirar-lhe a gratificação tendo em vista o princípio da estabilidade financeira.

II – Mantido o empregado no exercício da função comissionada, não pode o empregador reduzir o valor da gratificação.

> ☞ **ATENÇÃO!**
> A novidade trazida pelo § 2º do art. 468 da CLT impede a incorporação da gratificação, mesmo após dez anos de serviço na função de confiança, contrariando o entendimento da Súmula nº 372, do TST.

Súmula nº 253 do TST – Gratificação semestral. Repercussões (nova redação). Resolução nº 121/2003, DJ de 19, 20 e 21/11/2003. A gratificação semestral não repercute no cálculo das horas extras, das férias e do aviso-prévio, ainda que indenizados. Repercute, contudo, pelo seu duodécimo na indenização por antiguidade e na gratificação natalina.

Súmula nº 247 do TST – Quebra de caixa. Natureza jurídica (mantida). Resolução nº 121/2003, DJ de 19, 20 e 21/11/2003. A parcela paga aos bancários sob a denominação "quebra de caixa" possui natureza salarial, integrando o salário do prestador de serviços, para todos os efeitos legais.

A gratificação chamada "quebra de caixa" é normalmente paga aos bancários que exercem a função de caixa, em razão de eventuais diferenças que venham a aparecer no momento do fechamento do caixa. Essas diferenças, por força do § 2º do art. 462 da CLT poderão ser descontadas do caixa responsável.

Exemplo: Carlos é caixa bancário e recebe um adicional de R$ 2.500,00. Ao final do mês, constatou-se que estava faltando do caixa do banco R$ 300,00. Pode esse valor, então, ser deduzido da gratificação/adicional.

Veja esse julgado que menciona a existência, no caso concreto, da parcela estudada:

"(...) GRATIFICAÇÃO POR QUEBRA DE CAIXA. RECEBIMENTO CONCOMITANTE COM A GRATIFICAÇÃO DA FUNÇÃO DE CONFIANÇA. VIOLAÇÃO AO ART. 37, INCS. XVI E XVII, DA CONSTITUIÇÃO DA REPÚBLICA NÃO CONSTATADA. Na hipótese, a 'gratificação por quebra de caixa' é devida aos empregados exercentes da atividade de caixa como forma de compensá-los por eventuais descontos decorrentes de diferenças que venham a ser encontradas no caixa da empresa (...) Recurso de Revista de que não se conhece." (RR – 130072-48.2014.5.13.0018, Relator Ministro: João Batista Brito Pereira, Data de Julgamento: 18/10/2017, 5ª Turma, Data de Publicação: DEJT 20/10/2017).

Considerando que a finalidade é diversa da gratificação de função, ambas as parcelas podem perfeitamente ser cumuladas:

> "(...) 3. CUMULAÇÃO DO ADICIONAL 'QUEBRA DE CAIXA' COM A GRATIFICAÇÃO COMISSIONADA PELO EXERCÍCIO DA FUNÇÃO DE TESOUREIRO. POSSIBILIDADE. PROVIMENTO. Esta Corte Superior fixou o entendimento no sentido de que a parcela denominada adicional de 'quebra de caixa' e a gratificação comissionada pelo exercício da função de tesoureiro podem ser cumuladas, porquanto detém naturezas jurídicas diversas. Isso porque o adicional denominado 'quebra de caixa' objetiva cobrir eventuais diferenças existentes no fechamento do caixa e a gratificação comissionada pelo exercício da função de tesoureiro, de outra face, visa remunerar o empregado pela maior responsabilidade no desempenho de suas atividades. Precedentes. (...)" (RR-11341-32.2017.5.18.0121, 4ª Turma, Relator Ministro: Guilherme Augusto *Caputo* Bastos, *DEJT* 06/09/2019).

☞ ATENÇÃO!

Apesar de o legislador não apontar a integração das gratificações ajustadas ao salário, também não retirou sua natureza salarial, como fez com os abonos, prêmios, auxílio-alimentação, ajudas de custo e diárias para viagem.

Dessa forma, nesse primeiro momento, entendo que as gratificações habituais ou periódicas concedidas ou contratualmente ajustadas continuam tendo a natureza salarial.

13.3.4. Adicionais

Os adicionais são parcelas pagas pelo empregador ao empregado, em razão da prestação de serviços em circunstâncias específicas de trabalho que tornam a sua execução mais gravosa. Os adicionais mais conhecidos são os estabelecidos na CLT, ou seja, os adicionais legais. Entre eles, podemos citar o adicional noturno, o adicional de transferência provisória, o adicional de insalubridade e de periculosidade.

Nos adicionais, aplica-se a noção do **salário-condição**, isto é, os adicionais não são incorporados definitivamente aos salários dos empregados. Basta que o empregado deixe de exercer a condição mais gravosa para que deixe de receber o respectivo adicional. Não existe incorporação de adicional.

☞ ATENÇÃO!

Muito embora o objetivo do adicional seja compensar o empregado por laborar em condições que são consideradas prejudiciais à sua saúde, ele não tem caráter indenizatório e sim salarial.

Existem inúmeras parcelas de natureza salarial. Assim, devemos focar nossa atenção naquelas que são mais relevantes.

Cap. 13 – REMUNERAÇÃO E SALÁRIO

• Adicional de Insalubridade

Quando o labor ocorre exposto a agentes nocivos à saúde, o trabalhador possui direito ao adicional respectivo. O art. 7º, XXIII, da CF preceitua esse direito social:

CF

Art. 7º.

(...)

XXIII – adicional de remuneração para as atividades penosas, insalubres ou perigosas, na forma da lei;

A definição de atividades ou operações insalubres pode ser encontrada no art. 189 da CLT:

CLT

Art. 189. Serão consideradas atividades ou operações insalubres aquelas que, por sua natureza, condições ou métodos de trabalho, exponham os empregados a agentes nocivos à saúde, acima dos limites de tolerância fixados em razão da natureza e da intensidade do agente e do tempo de exposição aos seus efeitos.

O texto evidencia a necessidade de um regramento que explicite quais são os agentes nocivos, as atividades e os limites de tolerância. A indicação desses elementos era realizada pelo Ministério do Trabalho. A principal norma é, inclusive, a NR-15 do extinto Ministério do Trabalho. Com a sua extinção, essa atividade passa a ser realizada pelo Ministério da Economia. Observe o art. 190 da CLT que ainda não foi atualizado:

CLT

Art. 190. O Ministério do Trabalho aprovará o quadro das atividades e operações insalubres e adotará normas sobre os critérios de caracterização da insalubridade, os limites de tolerância aos agentes agressivos, meios de proteção e o tempo máximo de exposição do empregado a esses agentes.

Parágrafo único. As normas referidas neste artigo incluirão medidas de proteção do organismo do trabalhador nas operações que produzem aerodispersoides tóxicos, irritantes, alérgicos ou incômodos.

A delimitação desses elementos é fundamental, porquanto o ordenamento somente garante o direito ao adicional na hipótese de haver a previsão da atividade ou do agente nocivo na relação elaborada pelo Ministério. Logo, de nada adianta um perito judicial reconhecer a existência de insalubridade se não constar essa atividade/operação na relação oficial.

Observe a Súmula n. 448, I, do TST:

Súmula n. 448 do TST. ATIVIDADE INSALUBRE. CARACTERIZAÇÃO. PREVISÃO NA NORMA REGULAMENTADORA N. 15 DA PORTARIA DO MINISTÉRIO DO TRABALHO N. 3.214/78. INSTALAÇÕES SANITÁRIAS. (conversão da Orientação Jurisprudencial n. 4 da SBDI-I com nova redação do item II) – Res. 194/2014, *DEJT* divulgado em 21, 22 e 23/05/2014.

I – Não basta a constatação da insalubridade por meio de laudo pericial para que o empregado tenha direito ao respectivo adicional, sendo necessária a classificação da atividade insalubre na relação oficial elaborada pelo Ministério do Trabalho.

Exemplo: o trabalhador Ruy, que atua externamente sob o sol escaldante, não recebe adicional por exposição à radiação solar nas normas do Ministério, mas a exposição a calor excessivo existem. Logo, torna-se compreensível o disposto na OJ 173 da SDI-I:

OJ 173 da SDI-I. ADICIONAL DE INSALUBRIDADE. ATIVIDADE A CÉU ABERTO. EXPOSIÇÃO AO SOL E AO CALOR (redação alterada na sessão do tribunal pleno realizada em 14/09/2012) – Res.186/2012, *DEJT* divulgado em 25, 26 e 27/09/2012.

I – Ausente previsão legal, indevido o adicional de insalubridade ao trabalhador em atividade a céu aberto, por sujeição à radiação solar (art. 195 da CLT e Anexo 7 da NR 15 da Portaria N. 3214/78 do MTE).

II – Tem direito ao adicional de insalubridade o trabalhador que exerce atividade exposto ao calor acima dos limites de tolerância, inclusive em ambiente externo com carga solar, nas condições previstas no Anexo 3 da NR 15 da Portaria n. 3214/78 do MTE.

Outro exemplo de aplicação da relação oficial ocorre na Súmula no 448, II, do TST:

Súmula n. 448, II, do TST. ATIVIDADE INSALUBRE. CARACTERIZAÇÃO. PREVISÃO NA NORMA REGULAMENTADORA N. 15 DA PORTARIA DO MINISTÉRIO DO TRABALHO N. 3.214/78. INSTALAÇÕES SANITÁRIAS. (conversão da Orientação Jurisprudencial n. 4 da SBDI-1 com nova redação do item II) – Res. 194/2014, DEJT divulgado em 21, 22 e 23/05/2014.

II – A higienização de instalações sanitárias de uso público ou coletivo de grande circulação, e a respectiva coleta de lixo, por não se equiparar à limpeza em residências e escritórios, enseja o pagamento de adicional de insalubridade em grau máximo, incidindo o disposto no Anexo 14 da NR-15 da Portaria do MTE n. 3.214/78 quanto à coleta e industrialização de lixo urbano.

Atente-se ao fato de que, se o trabalhador estiver exposto a mais de um agente nocivo, não possui direito a mais de um adicional de insalubridade, tendo direito àquele adicional que reflita o maior grau, conforme o item 15.3 da NR 15 do extinto Ministério do Trabalho:

NR 15 do extinto Ministério do Trabalho

15.3 No caso de incidência de mais de um fator de insalubridade, será apenas considerado o de grau mais elevado, para efeito de acréscimo salarial, sendo vedada a percepção cumulativa.

No tocante ao nível de contato com o agente nocivo, surgiram questionamentos sobre o direito ao adicional se o contato fosse intermitente, (aquele habitual, mas não contínuo). Contudo, não é apenas o contato permanente com agentes insalubres que faz surgir o direito ao adicional, mas também o contato intermitente:

Súmula n. 47 do TST. INSALUBRIDADE (mantida) – Res. 121/2003, *DJ* 19, 20 e 21/11/2003. O trabalho executado em condições insalubres, em caráter intermitente, não afasta, só por essa circunstância, o direito à percepção do respectivo adicional.

Pergunta-se: e se houver o fornecimento de equipamentos de proteção individual?

O fornecimento de equipamentos de proteção individual que elimine os agentes nocivos retira o direito ao adicional de insalubridade, conforme Súmula no 80, do TST:

Súmula n. 80 do TST. INSALUBRIDADE (mantida) – Res. 121/2003, *DJ* 19, 20 e 21/11/2003. A eliminação da insalubridade mediante fornecimento de aparelhos protetores aprovados pelo órgão competente do Poder Executivo exclui a percepção do respectivo adicional.

No entanto, o simples fornecimento desses equipamentos não é o bastante, sendo que ainda é necessário que o trabalhador os utilize. Logo, cabe ao empregador fiscalizar a utilização. Se não houver o uso efetivo, então continuará a haver o direito ao adicional. Leia a Súmula no 289 do TST:

Súmula n. 289 do TST. INSALUBRIDADE. ADICIONAL. FORNECIMEN-TO DO APARELHO DE PROTEÇÃO. EFEITO (mantida) – Res. 121/2003, *DJ* 19, 20 e 21/11/2003. O simples fornecimento do aparelho de proteção pelo empregador não o exime do pagamento do adicional de insalubridade. Cabe-lhe tomar as medidas que conduzam à diminuição ou eliminação da nocividade, entre as quais as relativas ao uso efetivo do equipamento pelo empregado.

Além disso, se o equipamento de proteção individual não possuir certificado de aprovação, seu uso não obsta o direito ao adicional:

"(...) ADICIONAL DE INSALUBRIDADE. EQUIPAMENTO DE PROTEÇÃO INDIVIDUAL. NECES-SIDADE DE CERTIFICADO DE APROVAÇÃO DO MINISTÉRIO DO TRABALHO E EMPREGO. Trata-se de insurgência da reclamada contra decisão em que se determinou o pagamento à reclamante de adicional de insalubridade em grau médio e reflexos. A jurisprudência desta Corte firma-se no sentido da necessidade do Certificado de Aprovação (CA) do Ministério do Trabalho e Emprego para o fim de comprovação da eficácia dos equipamentos de proteção individual (EPIs) em neutralizar os agentes insalubres. A Norma Regulamentadora n. 6 da Portaria n. 3.214/78 do Ministério do Trabalho, com a redação atualizada pela Portaria n. 25 de 2001, prevê, no item 6.6.1, letra 'c', que, quanto ao EPI, cabe ao empregador 'fornecer ao trabalhador somente o aprovado pelo órgão nacional competente em matéria de segurança e saúde no trabalho'. Ou seja, sem o referido Certificado de Aprovação (CA), o equipamento destinado a garantir a segurança e a higiene do trabalho não pode ser comercializado nem utilizado. No caso, como comprovado que os EPIs utilizados não possuíam o Certificado de Aprovação (CA) competente, é devido o adicional de insalubridade, visto que não se encontraram aptos a elidir o agente danoso. Precedentes de Turmas. Recurso de revista não conhecido (ARR-11865-04.2015.5.12.0012, 2 Turma, Relator Ministro: José Roberto Freire Pimenta, *DEJT* 15/03/2019).

Mais uma vez lembramos que o adicional de insalubridade é um salário--condição. Se a condição for suprimida, ou seja, se a insalubridade for eliminada (o agente nocivo deixa de existir) ou for neutralizada (ele existe, mas está dentro dos limites de tolerância), o adicional não será mais devido.

CLT

Art. 191. A eliminação ou a neutralização da insalubridade ocorrerá:

I – com a adoção de medidas que conservem o ambiente de trabalho dentro dos limites de tolerância;

II – com a utilização de equipamentos de proteção individual ao trabalhador, que diminuam a intensidade do agente agressivo a limites de tolerância.

Parágrafo único. Caberá às Delegacias Regionais do Trabalho, comprovada a insalubridade, notificar as empresas, estipulando prazos para sua eliminação ou neutralização, na forma deste artigo.

Aliás, o art. 194 da CLT prevê a cessação do direito ao adicional qual existe a eliminação do risco:

CLT

Art. 194. O direito do empregado ao adicional de insalubridade ou de periculosidade cessará com a eliminação do risco à sua saúde ou integridade física, nos termos desta Seção e das normas expedidas pelo Ministério do Trabalho.

E se um determinado agente que era considerado nocivo deixa de ser? E se um agente que era de insalubridade no grau máximo passa a ser considerado insalubre no grau mínimo? Nesses casos, o adicional é afetado, deixando de ser pago no primeiro caso e passa a ser pago no percentual do grau mínimo no segundo caso.

A Súmula no 248 do TST inclusive traduz essa lógica:

Súmula n. 248 do TST. ADICIONAL DE INSALUBRIDADE. DIREITO ADQUIRIDO (mantida) – Res. 121/2003, DJ 19, 20 e 21/11/2003. A reclassificação ou a descaracterização da insalubridade, por ato da autoridade competente, repercute na satisfação do respectivo adicional, sem ofensa a direito adquirido ou ao princípio da irredutibilidade salarial.

O adicional de insalubridade depende do grau de insalubridade (mínimo, médio e máximo), sendo respectivamente de 10%, 20% e 40% sobre o salário mínimo, conforme o art. 192 da CLT:

CLT

Art. 192. O exercício de trabalho em condições insalubres, acima dos limites de tolerância estabelecidos pelo Ministério do Trabalho, assegura a percepção de adicional respectivamente de 40% (quarenta por cento), 20% (vinte por cento) e 10% (dez por cento) do salário-mínimo da região, segundo se classifiquem nos graus máximo, médio e mínimo.

O cálculo do adicional de insalubridade sobre o salário mínimo, em princípio, é vedado pelo art. 7º, IV, da CF:

CF

Art. 7º. São direitos dos trabalhadores urbanos e rurais, além de outros que visem à melhoria de sua condição social:

IV – salário mínimo, fixado em lei, nacionalmente unificado, capaz de atender a suas necessidades vitais básicas e às de sua família com moradia, alimentação, educação, saúde, lazer, vestuário, higiene, transporte e previdência social, com reajustes periódicos que lhe preservem o poder aquisitivo, sendo vedada sua vinculação para qualquer fim;

O legislador constitucional não admite o risco de o salário mínimo poder ser utilizado como um indexador. Entendimento contrário permitiria que várias parcelas e contratos fossem atrelados ao salário mínimo com automática correção assim que fosse reajustado. Isso prejudicaria os trabalhadores, porque gera um efeito inflacionário na cadeia produtiva. Se muitas parcelas sobem de acordo com o salário mínimo, então os produtos e serviços ao final da cadeia ficarão mais caros e, portanto, o ganho que o trabalhador teve com o reajuste do salário mínimo não terá resultado útil.

Observe o disposto na Súmula Vinculante no 4 do STF:

Súmula Vinculante n. 4 do STF. Salvo nos casos previstos na Constituição, o salário mínimo não pode ser usado como indexador de base de cálculo de vantagem de servidor público ou de empregado, nem ser substituído por decisão judicial.

Na mesma linha, seguiu a tese do Tema 25 da Lista de Repercussão Geral:

Tese do Tema 25 da Lista de Repercussão Geral

Salvo nos casos previstos na Constituição, o salário mínimo não pode ser usado como indexador de base de cálculo de vantagem de servidor público ou de empregado, nem ser substituído por decisão judicial.

No entanto, embora a norma celetista não seja constitucionalmente aceitável, não pode o Poder Judiciário criar outra base de cálculo, razão pela qual, se não houver uma previsão de base de cálculo específica na norma coletiva, deve continuar sendo utilizado o salário mínimo até que sobrevenha uma lei que estabeleça uma nova base de cálculo.

Veja julgados do TST sobre o tema:

"(...) ADICIONAL DE INSALUBRIDADE. BASE DE CÁLCULO. SALÁRIO MÍNIMO. (...) O Tribunal Regional manteve o salário mínimo como base de cálculo do adicional de insalubridade. Enquanto não for editada lei ou convenção coletiva prevendo a base de cálculo do adicional de insalubridade, não incumbe ao Judiciário Trabalhista esta definição, devendo permanecer o salário mínimo. (...)" (RR-2070-43.2013.5.02.0037, 2ª Turma, Relatora Ministra: Maria Helena Mallmann, *DEJT* 09/10/2020).

AGRAVO. ADICIONAL DE INSALUBRIDADE. BASE DE CÁLCULO. SÚMULA VINCULANTE N. 4. SALÁRIO MÍNIMO. UTILIZAÇÃO ATÉ EDIÇÃO DE LEI OU NORMA COLETIVA. NÃO PROVIMENTO. Na esteira da jurisprudência do Supremo Tribunal Federal, esta Corte Superior firmou entendimento de que o salário mínimo continua sendo utilizado no cálculo do adicional de insalubridade, até que lei ou norma coletiva de trabalho estipule outra base para a apuração da referida verba. Precedentes. (...) (Ag-AIRR-20341-17.2016.5.04.0821, 4ª Turma, Relator Ministro: Guilherme Augusto *Caputo* Bastos, *DEJT* 04/09/2020).

Como se admite o uso da base de cálculo adotada em norma coletiva, essa fixação deve ser expressa ou pode o juiz entender que basta a mera existência de piso salarial na norma coletiva?

O TST entende que a norma coletiva precisa ser expressa quanto à base de cálculo do adicional de insalubridade, não podendo simplesmente ser usado o piso salarial da categoria:

"(...) ADICIONAL DE INSALUBRIDADE. BASE DE CÁLCULO. Embora reconhecida a inconstitucionalidade da utilização do salário mínimo como indexador de vantagem de servidor público ou empregado, a Súmula Vinculante 4 do STF, não indicou o parâmetro a ser utilizado como base de cálculo do adicional de insalubridade. Cabe ressaltar que a parte final da referida súmula não permite criar outra base de cálculo por decisão judicial. Em razão da necessidade de adequação jurisdicional ao teor desta súmula vinculante, tem-se que a solução da controvérsia, até que sobrevenha legislação específica dispondo em outro sentido, é a permanência da utilização do salário mínimo como base de cálculo do adicional de insalubridade, ressalvada a hipótese de salário profissional em sentido estrito ou salário normativo, quando houver expressa previsão em norma coletiva estipulando que o piso fixado será considerado como critério, o que não se evidenciou no caso dos autos. Precedentes da SbDI-1 do TST. Recurso de revista não conhecido. (...)" (RR – 103300-84.2011.5.17.0004, Relator Ministro: Márcio Eurico Vitral Amaro, Data de Julgamento: 30/10/2018, 8ª Turma, Data de Publicação: *DEJT* 05/11/2018).

Pode a norma interna da empresa estabelecer uma base de cálculo mais vantajosa para o trabalhador do que o salário mínimo? Se o fizer, isso seria válido?

Como o STF, ao examinar a Reclamação no 6266, entendeu que a base de cálculo deve, até que seja editada uma lei, ser o salário mínimo ou outra base definida na norma coletiva, o TST não vem admitindo a base de cálculo prevista de norma interna:

RECURSO DE EMBARGOS. REGÊNCIA DA LEI N. 13.015/2014. ADICIONAL DE INSALUBRIDADE. (...) BASE DE CÁLCULO DEFINIDA POR NORMA INTERNA. IMPOSSIBILIDADE. 1. O Supremo Tribunal Federal, em julgados proferidos no exame de Reclamação Constitucional, em face do entendimento fixado na Súmula Vinculante 4 e do comando que emerge do art. 103-A da Constituição Federal de 1988, decidiu ser defeso ao Poder Judiciário estabelecer novos parâmetros para base de cálculo do adicional de insalubridade. 2. Em observância à jurisprudência do STF, esta Corte Superior firmou o entendimento de que, em regra, o salário mínimo deve ser adotado como base de cálculo do adicional de insalubridade, salvo se a lei ou norma coletiva expressamente estipular que o piso nela fixado será considerado como base para a parcela. 3. Nesse contexto, o adicional de insalubridade deve continuar sendo calculado com base no salário mínimo, ainda que haja previsão, em norma interna da empregadora, de base de cálculo diversa. Precedentes. Recurso de embargos conhecido e a que se nega provimento (E-ED-RR-145400-12.2008.5.04.0751, Subseção I Especializada em Dissídios Individuais, Relator Ministro: Walmir Oliveira da Costa, *DEJT* 07/12/2018).

Outra questão de destaque refere-se à alteração do grau de insalubridade por norma coletiva.

A reforma trabalhista autorizou essa possibilidade:

CLT

Art. 611-A. A convenção coletiva e o acordo coletivo de trabalho têm prevalência sobre a lei quando, entre outros, dispuserem sobre:

XII – enquadramento do grau de insalubridade;

O adicional de insalubridade é uma parcela salarial e, como tal, integra a remuneração para todos os fins:

> Súmula n. 139 do TST. ADICIONAL DE INSALUBRIDADE (incorporada a Orientação Jurisprudencial n. 102 da SBDI-I) – Res. 129/2005, *DJ* 20, 22 e 25/04/2005. Enquanto percebido, o adicional de insalubridade integra a remuneração para todos os efeitos legais.

Apenas a título de exemplo, se o empregado recebe adicional de insalubridade, essa parcela integra a base de cálculo das horas extras que o trabalhador realiza. Veja a OJ nº 47 da SDI-I do TST:

> OJ nº 47 da SDI-I do TST. HORA EXTRA. ADICIONAL DE INSALUBRIDADE. BASE DE CÁLCULO (alterada) – Res. 148/2008, *DJ* 04 e 07.07.2008 – Republicada *DJ* 08, 09 e 10/07/2008. A base de cálculo da hora extra é o resultado da soma do salário contratual mais o adicional de insalubridade.

• Adicional de Periculosidade

O adicional de periculosidade é assegurado pela Constituição Federal quando um trabalhador atua em atividade reputada de efetivo perigo. O art. 7º, XXIII, prevê o direito à parcela:

CF

Art. 7º.

(...)

XXIII – adicional de remuneração para as atividades penosas, insalubres ou perigosas, na forma da lei;

Temos 6 hipóteses que justificam o pagamento do adicional de periculosidade:

1. Trabalho com energia elétrica.

2. Trabalho com inflamáveis.

3. Trabalho com explosivos.

CLT

Art. 193. São consideradas atividades ou operações perigosas, na forma da regulamentação aprovada pelo Ministério do Trabalho e Emprego, aquelas que, por sua natureza ou métodos de trabalho, impliquem risco acentuado em virtude de exposição permanente do trabalhador a:

I – inflamáveis, explosivos ou energia elétrica;

O frentista de posto de gasolina é um exemplo clássico de labor com inflamáveis:

Súmula n. 39 do TST. PERICULOSIDADE (mantida) – Res. 121/2003, *DJ* 19, 20 e 21/11/2003. Os empregados que operam em bomba de gasolina têm direito ao adicional de periculosidade (Lei n. 2.573, de 15/08/1955).

4 – atividades profissionais de segurança pessoal ou patrimonial com risco de roubo ou outras hipóteses de violência física;

CLT

Art. 193. São consideradas atividades ou operações perigosas, na forma da regulamentação aprovada pelo Ministério do Trabalho e Emprego, aquelas que, por sua natureza ou métodos de trabalho, impliquem risco acentuado em virtude de exposição permanente do trabalhador a:

II – roubos ou outras espécies de violência física nas atividades profissionais de segurança pessoal ou patrimonial.

5 – trabalho com motocicleta;

CLT

Art. 193. São consideradas atividades ou operações perigosas, na forma da regulamentação aprovada pelo Ministério do Trabalho e Emprego, aquelas que, por sua natureza ou métodos de trabalho, impliquem risco acentuado em virtude de exposição permanente do trabalhador a: (...)

§ 4º São também consideradas perigosas as atividades de trabalhador em motocicleta.

6 – trabalho exposto à radiação ionizante ou substância radioativa;

OJ 345 da SDI-I do TST. ADICIONAL DE PERICULOSIDADE. RADIAÇÃO IONIZANTE OU SUBSTÂNCIA RADIOATIVA. DEVIDO (*DJ* 22/06/2005). A exposição do empregado à radiação ionizante ou à substância radioativa enseja a percepção do adicional de periculosidade, pois a regulamentação ministerial (Portarias do Ministério do Trabalho n. 3.393, de 17/12/1987, e 518, de 07/04/2003), ao reputar perigosa a atividade, reveste-se de plena eficácia, porquanto expedida por força de delegação legislativa contida no art. 200, *caput*, e inciso VI, da CLT. No período de 12/12/2002 a 06/04/2003, enquanto vigeu a Portaria n. 496 do Ministério do Trabalho, o empregado faz jus ao adicional de insalubridade.

Contudo, o TST entende que não é devido ao adicional ao trabalhador que, não operando equipamento de raio-X, permaneça na área de seu uso:

Tese do Tema 10 da Lista de Recursos Repetitivos do TST

II – não é devido o adicional de periculosidade a trabalhador que, sem operar o equipamento móvel de Raios X, permaneça, habitual, intermitente ou eventualmente, nas áreas de seu uso.

O direito ao adicional não depende somente da exposição a esses riscos, mas também das atividades que geram essa exposição.

Essas atividades eram definidas pelo Ministério do Trabalho. A principal norma é a NR-16 do extinto Ministério do Trabalho. Com a extinção desse ministério, atualmente as normas são atualizadas pelo Ministério da Economia. A regra celetista, contudo, ainda não foi atualizada:

CLT

Art. 193. São consideradas atividades ou operações perigosas, na forma da regulamentação aprovada pelo Ministério do Trabalho e Emprego, aquelas que, por sua natureza ou métodos de trabalho, impliquem risco acentuado em virtude de exposição permanente do trabalhador a: (...)

Quanto ao grau de contato, não é qualquer contato que gera direito ao adicional.

O contato permanente ou mesmo o intermitente (habitual que não seja por tempo extremamente reduzido) gera direito ao adicional. Por outro lado, o contato eventual com o agente perigoso ou mesmo o contato habitual por tempo extremamente reduzido afasta o adicional:

> Súmula n. 361 do TST. ADICIONAL DE PERICULOSIDADE. ELETRICITÁRIOS. EXPOSIÇÃO INTERMITENTE (mantida) – Res. 121/2003, DJ 19, 20 e 21/11/2003. O trabalho exercido em condições perigosas, embora de forma intermitente, dá direito ao empregado a receber o adicional de periculosidade de forma integral, porque a Lei n. 7.369, de 20/09/1985, não estabeleceu nenhuma proporcionalidade em relação ao seu pagamento.

> Súmula n. 364 do TST. ADICIONAL DE PERICULOSIDADE. EXPOSIÇÃO EVENTUAL, PERMANENTE E INTERMITENTE. (inserido o item II) – Res. 209/2016, *DEJT* divulgado em 01, 02 e 03/06/2016.

> I – Tem direito ao adicional de periculosidade o empregado exposto permanentemente ou que, de forma intermitente, sujeita-se a condições de risco. Indevido, apenas, quando o contato dá-se de forma eventual, assim considerado o fortuito, ou o que, sendo habitual, dá-se por tempo extremamente reduzido.

É importante destacar que o TST entende que a exposição habitual a agentes de risco, ainda que por poucos minutos, torna o contato intermitente, gerando o direito ao adicional:

> "(...) ADICIONAL DE PERICULOSIDADE. OPERADOR DE EMPILHADEIRA. CONTATO HABITUAL COM GÁS GLP. PERÍODO REDUZIDO. VERBA DEVIDA. A jurisprudência desta Corte firmou o entendimento de que a exposição habitual do trabalhador ao gás GLP, na função de operador de empilhadeira, ainda que por poucos minutos, confere o direito ao adicional de periculosidade, por estar sujeito de forma intermitente à condição de risco. Precedentes. (...)" (RR-1216-07.2014.5.09.0009, 2ª Turma, Relatora Ministra: Maria Helena Mallmann, *DEJT* 18/09/2020).

> "(...) ADICIONAL DE PERICULOSIDADE. A decisão recorrida revela consonância com o disposto na Súmula n. 364, I, do TST, segundo a qual 'tem direito ao adicional de periculosidade o empregado exposto permanentemente ou que, de forma intermitente, sujeita-se a condições de risco'. Ademais, é pacífica a jurisprudência desta Corte no sentido de que a exposição habitual a agente inflamável, ainda que por poucos minutos, não pode ser tida por extremamente reduzida a ponto de minimizar substancialmente o risco

e afastar o direito ao adicional de periculosidade. Precedentes. Agravo de instrumento conhecido e não provido." (AIRR-194-31.2017.5.09.0130, 8ª Turma, Relatora Ministra: Dora Maria da Costa, *DEJT* 04/10/2019).

Ressalte-se que a norma coletiva não pode, segundo o TST, estipular percentual de adicional inferior ao legalmente previsto e tampouco estipular adicional proporcional ao tempo de exposição:

Súmula n. 364 do TST. ADICIONAL DE PERICULOSIDADE. EXPOSIÇÃO EVENTUAL, PERMANENTE E INTERMITENTE (inserido o item II) – Res. 209/2016, DEJT divulgado em 01, 02 e 03/06/2016.

II – Não é válida a cláusula de acordo ou convenção coletiva de trabalho fixando o adicional de periculosidade em percentual inferior ao estabelecido em lei e proporcional ao tempo de exposição ao risco, pois tal parcela constitui medida de higiene, saúde e segurança do trabalho, garantida por norma de ordem pública (arts. 7º, XXII e XXIII, da CF e 193, § 1º, da CLT).

Quanto ao cálculo do adicional de periculosidade, será de 30% sobre o salário básico do empregado. Isso significa que, se o empregado receber diversas parcelas salariais, tais como salário básico, outros adicionais, gratificações etc., apenas o salário básico será considerado:

CLT

Art. 193.

(...)

§ 1º O trabalho em condições de periculosidade assegura ao empregado um adicional de 30% (trinta por cento) sobre o salário sem os acréscimos resultantes de gratificações, prêmios ou participações nos lucros da empresa.

No caso do eletricitário, a base de cálculo era outra (Lei n. 7.369/1985) até que a Lei n. 12.740/2012 revogou a lei anterior e passou a colocar a energia elétrica dentro do art. 193 da CLT. Antes dessa lei atual, a base de cálculo era todas as parcelas de natureza salarial e, com a Lei nº 12.740/2012, passou a ser o salário básico. O TST, então, deixou claro que, nos contratos de eletricitários que já estavam em curso, aplicava-se a orientação anterior, sendo que a nova base de cálculo apenas seria aplicável para novos contratos:

Súmula n. 191 do TST. ADICIONAL DE PERICULOSIDADE. INCIDÊNCIA. BASE DE CÁLCULO (cancelada a parte final da antiga redação e inseridos os itens II e III) – Res. 214/2016, DEJT divulgado em 30/11/2016 e 01 e 02/12/2016.

I – O adicional de periculosidade incide apenas sobre o salário básico e não sobre este acrescido de outros adicionais.

II – O adicional de periculosidade do empregado eletricitário, contratado sob a égide da Lei n. 7.369/1985, deve ser calculado sobre a totalidade das parcelas de natureza salarial. Não é válida norma coletiva mediante a qual se determina a incidência do referido adicional sobre o salário básico.

III – A alteração da base de cálculo do adicional de periculosidade do eletricitário promovida pela Lei n. 12.740/2012 atinge somente contrato de trabalho firmado a partir de sua vigência, de modo que, nesse caso, o cálculo será realizado exclusivamente sobre o salário básico, conforme determina o § 1º do art. 193 da CLT.

A lei do bombeiro civil possui uma norma com a mesma base de cálculo da CLT:

Lei n. 11.901/2009

Art. 6º É assegurado ao Bombeiro Civil:

III – adicional de periculosidade de 30% (trinta por cento) do salário mensal sem os acréscimos resultantes de gratificações, prêmios ou participações nos lucros da empresa;

Questão interessante refere-se à impossibilidade de a norma coletiva reduzir a base de cálculo do adicional. O TST não admite que isso aconteça:

"(...) II – RECURSO DE REVISTA DO RECLAMANTE ADICIONAL DE PERICULOSIDADE. REDUÇÃO DO PERCENTUAL POR MEIO DE NORMA COLETIVA. IMPOSSIBILIDADE. Não obstante a possibilidade de flexibilização de direitos trabalhistas por meio de acordos e convenções coletivas de trabalho (art. 7º, XXVI, da CF), a jurisprudência desta Corte, nos termos da Súmula nº 364, II do TST, consolidou-se no sentido da impossibilidade de alteração da base de cálculo e do percentual do adicional de periculosidade por meio de instrumento coletivo, por se tratar de norma de ordem pública, relacionada com a saúde e a segurança do trabalho. Recurso de revista conhecido e provido. (...)" (ARR-1343-70.2012.5.09.0863, 2ª Turma, Relatora Ministra: Maria Helena Mallmann, *DEJT* 31/05/2019).

Quanto aos vigilantes, existem, em alguns lugares, normas coletivas que já preveem o adicional de periculosidade, razão pela qual a lei estabeleceu que devem ser descontados ou compensados o adicional legal e o normativo, de maneira a evitar a duplicidade de pagamento:

CLT

Art. 193.

(...)

§ 3º Serão descontados ou compensados do adicional outros da mesma natureza eventualmente já concedidos ao vigilante por meio de acordo coletivo.

O trabalhador não pode receber de forma cumulada o adicional de periculosidade e o adicional de insalubridade, devendo escolher um deles:

CLT

Art. 193.

(...)

§ 2º O empregado poderá optar pelo adicional de insalubridade que porventura lhe seja devido.

Assim, ainda que se trate de fatos geradores diferentes, não é possível a cumulação de adicionais. O Tribunal Superior do Trabalho inclusive definiu a seguinte Tese do Tema 17 da Lista de Repercussão Geral:

Tese do Tema 17 da Lista de Recursos Repetitivos do TST

O art. 193, § 2º, da CLT foi recepcionado pela Constituição Federal e veda a cumulação dos adicionais de insalubridade e de periculosidade, ainda que decorrentes de fatos geradores distintos e autônomos.

Pontue-se, ainda, que o adicional de periculosidade integra o salário para todos os fins:

Súmula n. 132 do TST. ADICIONAL DE PERICULOSIDADE. INTEGRAÇÃO (incorporadas as Orientações Jurisprudenciais n.s 174 e 267 da SBDI-I) – Res. 129/2005, *DJ* 20, 22 e 25/04/2005.

I – O adicional de periculosidade, pago em caráter permanente, integra o cálculo de indenização e de horas extras.

Uma situação peculiar envolve o prédio que possui armazenamento de inflamáveis em um dos andares. O risco existiria somente para aquele pavimento ou para todos os outros? O TST entende que toda a área interna do prédio deve ser considerada área de risco:

OJ nº 385 da SDI-I do TST. ADICIONAL DE PERICULOSIDADE. DEVIDO. ARMAZENAMENTO DE LÍQUIDO INFLAMÁVEL NO PRÉDIO. CONSTRUÇÃO VERTICAL. (*DEJT* divulgado em 09, 10 e 11/06/2010) Orientação Jurisprudencial da SBDI-I. É devido o pagamento do adicional de periculosidade ao empregado que desenvolve suas atividades em edifício (construção vertical), seja em pavimento igual ou distinto daquele onde estão instalados tanques para armazenamento de líquido inflamável, em quantidade acima do limite legal, considerando-se como área de risco toda a área interna da construção vertical.

Por último, se abastecimento pode gerar direito ao adicional, será que aqueles trabalhadores que atuam na área interna do avião durante esse abastecimento (piloto, comissários etc.) possuem direito a essa vantagem? A resposta é negativa, segundo o TST:

Súmula n. 447 do TST. ADICIONAL DE PERICULOSIDADE. PERMANÊNCIA A BORDO DURANTE O ABASTECIMENTO DA AERONAVE. INDEVIDO – Res. 193/2013, *DEJT* divulgado em 13, 16 e 17/12/2013. Os tripulantes e demais empregados em serviços auxiliares de transporte aéreo que, no momento do abastecimento da aeronave, permanecem a bordo não têm direito ao adicional de periculosidade a que aludem o art. 193 da CLT e o Anexo 2, item 1, "c", da NR 16 do MTE.

13.3.5. Prêmio

É uma parcela espontânea paga pelo empregador ao empregado em face de evento ou circunstância individual, ou por integrar determinado setor da empresa.

Art. 457, § 4º, da CLT. Consideram-se prêmios as liberalidades concedidas pelo empregador em forma de bens, serviços ou valor em dinheiro a empregado ou a grupo de empregados, em razão de desempenho superior ao ordinariamente esperado no exercício de suas atividades.

A intenção do legislador é a de permitir que o empregador possa premiar o seu funcionário sem que isso seja considerado salário.

Exemplo: uma viagem ou um objeto em razão de um recorde de vendas.

13.3.6. Salário complessivo

É o salário pago em importância única, sem discriminação das parcelas. O salário complessivo é vedado pelo TST.

Súmula nº 91 do TST – Salário Complessivo (mantida). Resolução nº 121/2003, *DJ* de 19, 20 e 21/11/2003. Nula é a cláusula contratual que fixa determinada importância ou percentagem para atender englobadamente vários direitos legais ou contratuais do trabalhador.

13.4. PARCELAS QUE NÃO POSSUEM NATUREZA SALARIAL

Após analisarmos as parcelas de natureza salarial, passaremos ao estudo das parcelas que não possuem natureza salarial.

Não possuem natureza salarial as seguintes parcelas:

a) Parcela indenizatória:

A parcela indenizatória tem por objetivo ressarcir o empregado das despesas realizadas na execução da prestação dos serviços. Por exemplo: ajuda de custo, diárias para viagem percebidas pelo empregado, verbas de representação.

Art. 457, § 2º, da CLT. As importâncias, ainda que habituais, pagas a título de ajuda de custo, auxílio-alimentação, vedado seu pagamento em dinheiro, diárias para viagem, prêmios e abonos não integram a remuneração do empregado, não se incorporam ao contrato de trabalho e não constituem base de incidência de qualquer encargo trabalhista e previdenciário.

De forma correta, o § 2º do art. 457 da CLT incluiu as diárias de viagens como parcela de natureza indenizatória, já que visam ressarcir o empregado das despesas, mesmo que superiores a 50% do salário do empregado, decorrentes de viagens realizadas a trabalho.

CLT (antes da reforma)	CLT (depois da reforma)
Art. 457, § 2º Não se incluem nos salários as ajudas de custo, assim como as diárias para viagem que não excedam de 50% (cinquenta por cento) do salário percebido pelo empregado.	Art, 457, § 2º As importâncias, ainda que habituais, pagas a título de ajuda de custo, auxílio-alimentação, vedado seu pagamento em dinheiro, diárias para viagem, prêmios e abonos não integram a remuneração do empregado, não se incorporam ao contrato de trabalho e não constituem base de incidência de qualquer encargo trabalhista e previdenciário.

Note que os abonos pagos pelo empregador e as diárias para viagem que ultrapassavam 50% do salário do empregado eram consideradas parcelas integrantes do salário.

O TST inclusive entendia, antes da reforma trabalhista (Lei nº 13.467/2017), que as diárias para viagem, quando excediam 50% do salário mensal, deveriam ser consideradas pelo seu valor integral e não apenas na parte que excedia os 50%, conforme a Súmula nº 101 do TST:

Súmula n. 101 do TST. DIÁRIAS DE VIAGEM. SALÁRIO (incorporada à Orientação Jurisprudencial n. 292 da SBDII) – Res. 129/2005, DJ 20, 22 e 25/04/2005. Integram o salário, pelo seu valor total e para efeitos indenizatórios, as diárias de viagem que excedam a 50% (cinquenta por cento) do salário do empregado, enquanto perdurarem as viagens.

Exemplo: Rita recebia R$ 3.000,00 de salário e mais R$ 1.600,00 de diárias para viagem, então, todos os R$ 1.600,00 deveriam ser considerados no salário.

E as diárias para viagem, **antes da Reforma Trabalhista** (Lei nº 13.467/2017), quando se tratava de empregado mensalista (que recebe por mês), deveriam ser consideradas em relação ao salário mensal e não em relação ao salário diário. Assim, imagine que Tatiana recebesse R$ 3.000,00 de salário mensal e R$ 500,00 de diárias para viagens por 5 dias de viagens no mês. Nesse caso, Tatiana ganha menos que 50% do salário mensal a título de diárias para viagem. Tatiana não teria a integração das diárias para viagem no salário. Observe a Súmula nº 318 do TST:

Súmula n. 318 do TST. DIÁRIAS. BASE DE CÁLCULO PARA SUA INTEGRAÇÃO NO SALÁRIO (mantida) – Res. 121/2003, DJ 19, 20 e 21/11/2003. Tratando-se de empregado mensalista, a integração das diárias no salário deve ser feita tomando-se por base o salário mensal por ele percebido e não o valor do dia de salário, somente sendo devida a referida integração quando o valor das diárias, no mês, for superior à metade do salário mensal.

Essa natureza salarial também era aplicada, **antes de reforma trabalhista**, aos **prêmios**, tendo o Supremo Tribunal Federal editado a Súmula nº 209:

Súmula n. 209 do STF. O salário-produção, como outras modalidades de salário-prêmio, é devido, desde que verificada a condição a que estiver subordinado, e não pode ser suprimido unilateralmente, pelo empregador, quando pago com habitualidade.

Contudo, como já destacamos, a Reforma Trabalhista retirou essas parcelas da remuneração, de maneira que não integram mais a remuneração e não integram sequer o contrato, o que, para alguns, permitiria que fossem suprimidas sem que o trabalhador pudesse alegar alteração lesiva.

Por fim, a **ajuda de custo** historicamente é parcela destinada a fazer frente as despesas que o trabalhador possui no desempenho de seu trabalho. Exemplo disso é o gasto com pagamento do combustível do vendedor externo.

Todavia, deve-se atentar para o fato de que as fraudes devem ser combatidas. Assim, se a ajuda de custo for utilizada como salário disfarçado, deve ser afastada a irregularidade e reconhecida a natureza salarial:

> "(...) AJUDA DE CUSTO. NATUREZA SALARIAL. INTEGRAÇÃO. A verba paga pelo empregador ao obreiro a título de ajuda de custo possui, a rigor, natureza indenizatória. Contudo, sua utilização irregular, com finalidade de contraprestação dissimulada, frustrando a finalidade para a qual foi criada, conduz ao reconhecimento do caráter salarial. No caso dos autos, registrou a Corte de Origem que na CTPS da autora, o salário contratado para o exercício das atividades inerentes ao cargo de Médica Socorrista foi de R$ 2.539,92, e como ajuda de custo percebia 'R$ 1.800,00 mensais a título de aluguel, R$ 400,00 mensais de conta de água, R$ 250,00 mensais para pagamento de faxineira, R$ 250,00 de celular pré-pago, além de reembolso de despesas no importe de R$ 500,00 e salário de R$ 17.000,00'. Concluiu, por conseguinte, que as verbas recebidas a título de 'ajuda de custo' detinham nítido caráter salarial em evidente fraude à legislação trabalhista, sendo certo que não houve prova de que se referia à parcela de natureza indenizatória. Indene, assim, o artigo 457, § 2º, da CLT. Agravo de instrumento a que se nega provimento. (...)" (ARR – 700-27.2011.5.03.0019, Relator Ministro: Cláudio Mascarenhas Brandão, Data de Julgamento: 29/06/2016, 7ª Turma, Data de Publicação: *DEJT* 01/07/2016).

b) Parcela instrumental (ferramentas para o trabalho):

As parcelas instrumentais são aquelas utilidades fornecidas como condição necessária para o trabalho.

Exemplo: uniformes, equipamentos de proteção individual.

c) Parcela de Direito Intelectual:

As parcelas de Direito Intelectual são aquelas que derivam do Direito de Propriedade em geral, como, por exemplo, o Direito Autoral e o Direito de Propriedade Industrial.

d) Parcela de participação nos lucros:

A Participação nos Lucros e Resultados, a famosa "PL" ou "PLR", não tem natureza salarial. De acordo com a Lei nº 10.101/2000, a PL só pode ser instituída mediante negociação coletiva, e não substitui ou complementa a remuneração devida a qualquer empregado, nem constitui base de incidência de qualquer encargo trabalhista, não se lhe aplicando o princípio da habitualidade.

Lei n° 10.101/2000

Art. 1°. Esta Lei regula a participação dos trabalhadores nos lucros ou resultados da empresa como instrumento de integração entre o capital e o trabalho e como incentivo à produtividade, nos termos do art. 7°, inciso XI, da Constituição.

Essa participação deve ser criada por meio de negociação coletiva, a qual fixa os valores, percentuais, base de cálculo, critérios e prazos:

Lei n° 10.101/2000

Art. 2° A participação nos lucros ou resultados será objeto de negociação entre a empresa e seus empregados, mediante um dos procedimentos a seguir descritos, escolhidos pelas partes de comum acordo:

I – comissão paritária escolhida pelas partes, integrada, também, por um representante indicado pelo sindicato da respectiva categoria;

II – convenção ou acordo coletivo.

§ 1° Dos instrumentos decorrentes da negociação deverão constar regras claras e objetivas quanto à fixação dos direitos substantivos da participação e das regras adjetivas, inclusive mecanismos de aferição das informações pertinentes ao cumprimento do acordado, periodicidade da distribuição, período de vigência e prazos para revisão do acordo, podendo ser considerados, entre outros, os seguintes critérios e condições:

I – índices de produtividade, qualidade ou lucratividade da empresa;

II – programas de metas, resultados e prazos, pactuados previamente.

§ 2° O instrumento de acordo celebrado será arquivado na entidade sindical dos trabalhadores.

§ 3° Não se equipara a empresa, para os fins desta Lei:

I – a pessoa física;

II – a entidade sem fins lucrativos que, cumulativamente:

a) não distribua resultados, a qualquer título, ainda que indiretamente, a dirigentes, administradores ou empresas vinculadas;

b) aplique integralmente os seus recursos em sua atividade institucional e no País;

c) destine o seu patrimônio a entidade congênere ou ao poder público, em caso de encerramento de suas atividades;

d) mantenha escrituração contábil capaz de comprovar a observância dos demais requisitos deste inciso, e das normas fiscais, comerciais e de direito econômico que lhe sejam aplicáveis.

§ 3°-A. A não equiparação de que trata o inciso II do § 3° deste artigo não é aplicável às hipóteses em que tenham sido utilizados índices de produtividade ou qualidade ou programas de metas, resultados e prazos.

A periodicidade do pagamento dessa participação é importante para evitar fraude, impedindo que o salário seja pago de forma disfarçada de participação nos lucros e resultados. Logo, o legislador somente aceita, no máximo, dois pagamentos por ano civil, mas nenhum deles por ter periodicidade inferior a um trimestre:

Cap. 13 – REMUNERAÇÃO E SALÁRIO

Lei nº 10.101/2000

Art. 3º. A participação de que trata o art. 2º não substitui ou complementa a remuneração devida a qualquer empregado, nem constitui base de incidência de qualquer encargo trabalhista, não se lhe aplicando o princípio da habitualidade.

§ 2º É vedado o pagamento de qualquer antecipação ou distribuição de valores a título de participação nos lucros ou resultados da empresa em mais de 2 (duas) vezes no mesmo ano civil e em periodicidade inferior a 1 (um) trimestre civil.

☞ **ATENÇÃO!**

Não existe obrigatoriedade para o empregador de conceder o pagamento da PLR. Logo, a PLR é facultativa.

É devida a participação nos lucros proporcional por ocasião da rescisão do contrato de trabalho.

Súmula nº 451 do TST. Participação nos lucros e resultados. Rescisão contratual anterior à data da distribuição dos lucros. Pagamento proporcional aos meses trabalhados. Princípio da isonomia (conversão da Orientação Jurisprudencial nº 390 da SBDI-1) – Res. 194/2014, *DEJT* divulgado em 21, 22 e 23/05/2014. Fere o princípio da isonomia instituir vantagem mediante acordo coletivo ou norma regulamentar que condiciona a percepção da parcela participação nos lucros e resultados ao fato de estar o contrato de trabalho em vigor na data prevista para a distribuição dos lucros. Assim, inclusive na rescisão contratual antecipada, é devido o pagamento da parcela de forma proporcional aos meses trabalhados, pois o ex-empregado concorreu para os resultados positivos da empresa.

e) Parcelas pagas por terceiros:

São as parcelas de caráter estritamente remuneratório, já vistas neste capítulo, como as gorjetas e as gueltas.

f) Parcelas previdenciárias:

As parcelas previdenciárias são aquelas que têm origem na legislação previdenciária. Por exemplo: salário-família, salário-maternidade, auxílio-doença, entre outras.

g) *Stock Options* (opção de compra):

O *stock options* é a oportunidade conferida pelo empregador ao empregado de comprar ou subscrever ações da empresa por condições bem mais vantajosas do que as oferecidas no mercado de ações.

O empregador, dessa forma, estimula o empregado a adquirir essas ações e, consequentemente, aumentar o seu interesse na prosperidade da própria empresa. É uma forma indireta de incentivar o empregado a ter maior comprometimento com o trabalho, pois o bom resultado obtido nos negócios da empresa irá refletir nas suas ações.

13.5. DESCONTOS NO SALÁRIO

Em regra, é vedada a realização de descontos no salário do empregado. Essa regra decorre da incidência direta do princípio da intangibilidade salarial.

> Art. 462 da CLT. Ao empregador é vedado efetuar qualquer desconto nos salários do empregado, salvo quando este resultar de adiantamentos, de dispositivos de lei ou de contrato coletivo.

O art. 462 da CLT prevê tanto a regra da vedação aos descontos no salário do empregado como estabelece três casos de exceção. Mas ainda existem outros casos possíveis de descontos.

13.5.1. Descontos permitidos no salário do empregado

a) Resultantes de adiantamentos:

Os descontos relativos a adiantamentos não são descontos propriamente ditos, mas sim uma forma de compensação. O empregado solicita uma antecipação de uma parte de seu salário, e o empregador irá compensar esse adiantamento quando do pagamento de sua parcela contraprestativa. Proibir essa prática seria estimular o enriquecimento ilícito por parte do empregado.

b) Resultantes de dispositivos de lei:

Como o próprio nome diz, esses descontos derivam de expressa autorização legal. São exemplos desses descontos as contribuições previdenciárias, o Imposto de Renda retido na fonte, os empréstimos descontados em folha (ver art. 1º da Lei nº 10.820/2003) e a pensão alimentícia, entre outros.

Lei nº 10.820/2003

Art. 1º. Os empregados regidos pela Consolidação das Leis do Trabalho – CLT, aprovada pelo Decreto-lei nº 5.452, de 1º de maio de 1943, poderão autorizar, de forma irrevogável e irretratável, o desconto em folha de pagamento ou na sua remuneração disponível dos valores referentes ao pagamento de empréstimos, financiamentos, cartões de crédito e operações de arrendamento mercantil concedidos por instituições financeiras e sociedades de arrendamento mercantil, quando previsto nos respectivos contratos.

Se o empregador não efetuar o desconto referente ao empréstimo assumido pelo trabalhador, deixando de repassar esse valor à instituição financeira, o empregador responderá **solidariamente** pelos valores devidos:

Lei n. 10.820/2003

Art. 5º. O empregador será o responsável pelas informações prestadas, pelo desconto dos valores devidos e pelo seu repasse às instituições consignatárias, que deverá ser realizado até o quinto dia útil após a data de pagamento ao mutuário de sua remuneração disponível.

§ 1º O empregador, salvo disposição contratual em contrário, não será corresponsável pelo pagamento dos empréstimos, financiamentos, cartões de crédito e arrendamentos mercantis concedidos aos seus empregados, mas responderá como devedor principal e solidário perante a instituição consignatária por valores a ela devidos em razão de contratações por ele confirmadas na forma desta Lei e de seu regulamento que deixarem, por sua falha ou culpa, de ser retidos ou repassados.

O empregado também participa, com desconto salarial, do valor do vale--transporte que ultrapassa 6% de seu salário básico:

Lei nº 7.418/1985

Art. 4º. A concessão do benefício ora instituído implica a aquisição pelo empregador dos vales-transporte necessários aos deslocamentos do trabalhador no percurso residência-trabalho e vice-versa, no serviço de transporte que melhor se adequar.

Parágrafo único. O empregador participará dos gastos de deslocamento do trabalhador com a ajuda de custo equivalente à parcela que exceder a 6% (seis por cento) de seu salário básico.

O trabalhador que adquire residência mediante empréstimo obtido junto ao Sistema Financeiro da Habitação também pode sofrer desconto no salário:

Lei nº 5.725/1971

Art. 1º. É permitido o desconto, no salário do empregado, das prestações correspondentes ao pagamento de dívidas contraídas para a aquisição de unidade habitacional no Sistema Financeiro da Habitação.

c) Resultantes de norma coletiva:

Esses descontos são resultantes de instrumento de negociação coletiva. Seu exemplo clássico é a contribuição assistencial devida somente pelos empregados filiados aos sindicatos.

OJ nº 17 da SDC do TST. Contribuições para entidades sindicais. Inconstitucionalidade de sua extensão a não associados (inserida em 25/05/1998). As cláusulas coletivas que estabeleçam contribuição em favor de entidade sindical, a qualquer título, obrigando trabalhadores não sindicalizados, são ofensivas ao direito de livre associação e sindicalização, constitucionalmente assegurado, e, portanto, nulas, sendo passíveis de devolução, por via própria, os respectivos valores eventualmente descontados.

d) Resultantes de danos causados pelo empregado:

Art. 462, § 1º, da CLT. Em caso de dano causado pelo empregado, o desconto será lícito, desde que esta possibilidade tenha sido acordada ou na ocorrência de dolo do empregado.

No caso de dano doloso causado pelo empregado, é lícito ao empregador realizar descontos em seu salário, desde que seja imediato. O TST entende que os descontos não poderão ser superiores a 70% do valor do salário-base percebido pelo empregado.

OJ nº 18 da SDC do TST – Descontos autorizados no salário pelo trabalhador. Limitação máxima de 70% do salário-base (inserida em 25/05/1998). Os descontos efetuados com base em cláusula de acordo firmado entre as partes não podem ser superiores a 70% do salário-base percebido pelo empregado, pois deve-se assegurar um mínimo de salário em espécie ao trabalhador.

No caso de dano culposo, o desconto realizado pelo empregador no salário do empregado só será lícito se houver prévia previsão contratual ou em norma coletiva.

Para a doutrina, o desconto realizado em qualquer das modalidades de dano causado pelo empregado não poderá ultrapassar 30% do salário. Ou seja, o empregador poderá descontar até 30% do salário mês a mês, até que satisfaça o valor integral do dano.

Um dos casos ocorre com o cheque sem fundo, que é recebido por frentista que não seguiu as determinações do empregador ao receber o cheque. Há várias localidades em que a norma coletiva autoriza que o valor do cheque seja descontado do trabalhador se ele não seguiu as recomendações da norma coletiva. Leia a OJ 251 da SDI-I do TST:

OJ nº 251 da SDI-I do TST – Descontos. Frentista. Cheques sem fundos (inserida em 13/03/2002). É lícito o desconto salarial referente à devolução de cheques sem fundos, quando o frentista não observar as recomendações previstas em instrumento coletivo.

e) Demais descontos autorizados pelo empregado:

Não existe qualquer dispositivo legal que proíba outras maneiras de descontos, desde que tenham sido autorizadas de forma prévia e expressa pelo empregado.

Infelizmente, o TST, a nosso ver, facilitou de forma exagerada os descontos que podem ser efetuados no salário do empregado, como preconiza a Súmula nº 342.

Súmula nº 342 do TST – Descontos salariais. Art. 462 da CLT (mantida). Resolução nº 121/2003, *DJ* de 19, 20 e 21/11/2003. Descontos salariais efetuados pelo empregador, com a autorização prévia e por escrito do empregado, para ser integrado em planos de assistência odontológica, médico-hospitalar, de seguro, de previdência privada, ou de entidade cooperativa, cultural ou recreativo-associativa de seus trabalhadores, em seu benefício e de seus dependentes, não afrontam o disposto no art. 462 da CLT, salvo se ficar demonstrada a existência de coação ou de outro defeito que vicie o ato jurídico.

Neste ponto, vale pontuar que o simples fato de o empregado ter aderido ao benefício na época da admissão não significa que houve qualquer tipo de vício de vontade, não podendo ser presumida a coação. Aliás, a OJ 160 da SDI-I do TST milita nesse sentido:

OJ nº 160 da SDI-I do TST – Descontos salariais. Autorização no ato da admissão. Validade (inserida em 26/03/1999). É inválida a presunção de vício de consentimento resultante do fato de ter o empregado anuído expressamente com descontos salariais na oportunidade da admissão. É de se exigir demonstração concreta do vício de vontade.

13.5.2. *Truck system* (sistema de trocas)

No *truck system*, o empregado recebe a contraprestação pelos seus serviços por meio de mercadorias, alimentos e até moradia. Esse pagamento pode ser feito de forma direta ou indireta, ou seja, o empregado recebe os bens diretamente ou em vales para serem trocados nos estabelecimentos do próprio empregador que pode, ainda, coagir aqueles que recebem dinheiro a usá-lo somente no seu estabelecimento.

> Art. 462 da CLT. (...)
>
> § 2º É vedado à empresa que mantiver armazém para venda de mercadorias aos empregados ou serviços destinados a proporcionar-lhes prestações in natura exercer qualquer coação ou induzimento no sentido de que os empregados se utilizem do armazém ou dos serviços.
>
> § 3º Sempre que não for possível o acesso dos empregados a armazéns ou serviços não mantidos pela Empresa, é lícito à autoridade competente determinar a adoção de medidas adequadas, visando a que as mercadorias sejam vendidas e os serviços prestados a preços razoáveis, sem intuito de lucro e sempre em benefício dos empregados.

13.5.3. Descontos no salário dos domésticos

O empregado doméstico pode sofrer desconto a título de plano de assistência médico-hospitalar, de seguro e de previdência privada, desde que haja acordo escrito e não ultrapasse 20% do salário:

> LC nº 150/2015. (...)
>
> Art. 18. É vedado ao empregador doméstico efetuar descontos no salário do empregado por fornecimento de alimentação, vestuário, higiene ou moradia, bem como por despesas com transporte, hospedagem e alimentação em caso de acompanhamento em viagem.
>
> § 1º É facultado ao empregador efetuar descontos no salário do empregado em caso de adiantamento salarial e, mediante acordo escrito entre as partes, para a inclusão do empregado em planos de assistência médico-hospitalar e odontológica, de seguro e de previdência privada, não podendo a dedução ultrapassar 20% (vinte por cento) do salário.
>
> § 2º Poderão ser descontadas as despesas com moradia de que trata o *caput* deste artigo quando essa se referir a local diverso da residência em que ocorrer a prestação de serviço, desde que essa possibilidade tenha sido expressamente acordada entre as partes.

13.6. DÉCIMO TERCEIRO SALÁRIO

O décimo terceiro salário tem natureza de gratificação legal, assegurado constitucionalmente, regido pela Lei nº 4.090/1962, e é conhecido como gratificação natalina por ser devido até o dia 20 do mês de dezembro de cada ano.

> Art. 7º, VIII, da CLT: décimo terceiro salário com base na remuneração integral ou no valor da aposentadoria;

Seu valor equivale à **remuneração de dezembro**, sendo que, para cada mês trabalhado no ano civil, deve-se considerar **1/12 avos dessa remuneração**.

Se não for atingido o mês inteiro, a fração igual ou superior a 15 dias deve ser considerada como um mês integral.

Toda essa lógica pode ser vista no art. 1º da Lei nº 4.090/1962.

13.6.1. Lei nº 4.090/1962

Art. 1º. No mês de dezembro de cada ano, a todo empregado será paga, pelo empregador, uma gratificação salarial, independentemente da remuneração a que fizer jus.

§ 1º A gratificação corresponderá a 1/12 avos da remuneração devida em dezembro, por mês de serviço, do ano correspondente.

§ 2º A fração igual ou superior a 15 (quinze) dias de trabalho será havida como mês integral para os efeitos do parágrafo anterior.

§ 3º A gratificação será proporcional:

I – na extinção dos contratos a prazo, entre estes incluídos os de safra, ainda que a relação de emprego haja findado antes de dezembro; e

II – na cessação da relação de emprego resultante da aposentadoria do trabalhador, ainda que verificada antes de dezembro.

☞ ATENÇÃO!

As faltas justificadas não podem afetar o direito ao 13º salário.

Art. 2º. As faltas legais e justificadas ao serviço não serão deduzidas para os fins previstos no § 1º do art. 1º desta Lei.

Aliás, apenas como exemplo, as faltas justificadas por motivo de acidente de trabalho não afetam o 13º salário:

Súmula n. 46 do TST. ACIDENTE DE TRABALHO (mantida) – Res. 121/2003, DJ 19, 20 e 21/11/2003. As faltas ou ausências decorrentes de acidente do trabalho não são consideradas para os efeitos de duração de férias e cálculo da gratificação natalina.

Art. 3º Ocorrendo rescisão, sem justa causa, do contrato de trabalho, o empregado receberá a gratificação devida nos termos dos parágrafos 1º e 2º do art. 1º desta Lei, calculada sobre a remuneração do mês da rescisão.

(...)

13.6.2. Lei nº 4.749/1965 – Dispõe sobre o pagamento da gratificação prevista na Lei nº 4.090, de 13 de julho de 1962

O pagamento dessa gratificação deve ser realizado em duas parcelas, sendo a primeira paga entre fevereiro e novembro do ano e a segunda até o dia 20 de dezembro:

Cap. 13 – REMUNERAÇÃO E SALÁRIO

Art. 1º. A gratificação salarial instituída pela Lei nº 4.090/62, será paga pelo empregador até o dia 20 de dezembro de cada ano, compensada a importância que, a título de adiantamento, o empregado houver recebido na forma do art. seguinte.

Art. 2º. Entre os meses de fevereiro e novembro de cada ano, o empregador pagará, como adiantamento da gratificação referida no art. precedente, de uma só vez, metade do salário recebido pelo respectivo empregado no mês anterior.

Registre-se que o empregador **não** possui obrigação de adiantar o 13º salário a todos os empregados no exato mesmo mês:

§ 1º O empregador não estará obrigado a pagar o adiantamento, no mesmo mês, a todos os seus empregados.

Como visto, a 1ª parcela deve ser, no mínimo, a metade do salário pago no mês anterior. Se o empregado quiser receber a primeira parcela do 13º salário junto com as férias, deve requerer tal vantagem no mês de janeiro do mesmo ano:

§ 2º O adiantamento será pago ao ensejo das férias do empregado, sempre que este o requerer no mês de janeiro do correspondente ano.

(...)

13.6.3. Decreto nº 57.155/1965 (regulamenta a Lei nº 4.090/1962)

Se o empregado tiver **salário variável**? Como se calcula o 13º salário? A resposta pode ser vista no art. 2º do Decreto nº 57.155/1965:

Art. 2º Para os empregados que recebem salário variável, a qualquer título, a gratificação será calculada na base de 1/11 (um onze avos) da soma das importâncias variáveis devidas nos meses trabalhados até novembro de cada ano. A esta gratificação se somará a que corresponder à parte do salário contratual fixo.

Parágrafo único. Até o dia 10 de janeiro de cada ano, computada a parcela do mês de dezembro, o cálculo da gratificação será revisto para 1/12 (um doze avos) do total devido no ano anterior, processando-se a correção do valor da respectiva gratificação com o pagamento ou compensação das possíveis diferenças.

13.6.4. 13º salário proporcional

O empregado adquire o direito ao 13º salário a cada mês ou período igual ou superior a quinze dias trabalhados. O pagamento do 13º salário será proporcional aos meses trabalhados. Ocorrerá nas seguintes hipóteses:

- empregado dispensado sem justa causa;
- pedido de demissão;
- culpa recíproca;
- término dos contratos a prazo;

MANUAL DE DIREITO DO TRABALHO – ROGÉRIO RENZETTI

- final do período de prestação do serviço no contrato de trabalho intermitente;
- distrato.

Não terá direito ao décimo terceiro proporcional o empregado que foi dispensado por justa causa.

13.6.5. Servidor público cedido – Súmula nº 50 do TST

Súmula nº 50 do TST. Gratificação natalina. **Resolução nº 121/2003, DJ de 19, 20 e 21/11/2003.** A gratificação natalina, instituída pela Lei nº 4.090, de 13/07/1962, é devida pela empresa cessionária ao servidor público cedido enquanto durar a cessão.

13.6.6. Resumo sobre 13º salário

Por fim, um breve resumo sobre o 13º salário:

a) É um direito social assegurado a todos os trabalhadores urbanos, rurais, domésticos e avulsos, sendo devido até o dia 20 de dezembro de cada ano.

b) É possível o empregado requerer, no mês de janeiro, que o adiantamento do pagamento do 13º salário seja feito na oportunidade em que for tirar férias. Esse pedido de adiantamento é um direito potestativo do empregado, ou seja, caso ele exerça o seu direito não poderá o empregador se opor (ver art. 2º, § 3º, da Lei nº 4.749/1965).

c) O empregado dispensado por justa causa não terá direito ao 13º salário do ano corrente.

d) Em caso de culpa recíproca, o empregado fará jus a 50% do 13º salário do ano em curso.

e) O FGTS incide sobre as duas parcelas do 13º salário.

f) Ver as Súmulas nºs 14, 45, 46, 148, 157, 242, 253 do TST, bem como a OJ nº 181 do SDI-I do TST.

13.7. DA PROTEÇÃO AO SALÁRIO MÍNIMO

A CF/1988 acabou com o salário mínimo regional e estabeleceu o salário mínimo, fixado em lei, nacionalmente unificado.

Art. 7º da CF/1988. (...)

IV – salário mínimo, fixado em lei, nacionalmente unificado, capaz de atender a suas necessidades vitais básicas e às de sua família com moradia, alimentação, educação, saúde, lazer, vestuário, higiene, transporte e previdência social, com reajustes periódicos que lhe preservem o poder aquisitivo, sendo vedada sua vinculação para qualquer fim;

Art. 76 da CLT. Salário mínimo é a contraprestação mínima devida e paga diretamente pelo empregador a todo trabalhador, inclusive ao trabalhador rural, sem distinção de sexo, por dia normal de serviço, e capaz de satisfazer, em determinada época e região do País, as suas necessidades normais de alimentação, habitação, vestuário, higiene e transporte.

Se o empregado recebe por empreitada, tarefa ou peça, a remuneração por dia desses trabalhos não pode ser inferior ao equivalente ao 1º dia de salário mínimo:

CLT

Art. 78. Quando o salário for ajustado por empreitada, ou convencionado por tarefa ou peça, será garantida ao trabalhador uma remuneração diária nunca inferior à do salário mínimo por dia normal da região, zona ou subzona.

Se o salário for pago com base em comissão ou percentagem, será sempre devido, ao menos, um salário mínimo mensal, sendo proibido promover uma compensação com os valores maiores obtidos pelo trabalhador (por meio de comissões e percentagens) no mês seguinte:

CLT

Art. 78.

(...)

Parágrafo único. Quando o salário-mínimo mensal do empregado a comissão ou que tenha direito a percentagem for integrado por parte fixa e parte variável, ser-lhe-á sempre garantido o salário-mínimo, vedado qualquer desconto em mês subsequente a título de compensação.

É claro que, se o trabalhador labora em seu domicílio, é devido o salário mínimo também. Não há qualquer fundamento para discriminação:

CLT

Art. 83. É devido o salário mínimo ao trabalhador em domicílio, considerado este como o executado na habitação do empregado ou em oficina de família, por conta de empregador que o remunere.

Se o salário mínimo for pago parte em dinheiro e parte em utilidades, então no mínimo 30% precisa ser pago em dinheiro:

CLT

Art. 82.

(...)

Parágrafo único. O salário mínimo pago em dinheiro não será inferior a 30% (trinta por cento) do salário mínimo fixado para a região, zona ou subzona.

O texto celetista apresenta uma forma matemática simplesmente para dizer que: Salário em dinheiro = salário mínimo – valor das utilidades recebidas. Isso é óbvio:

CLT

Art. 82. Quando o empregador fornecer, in natura, uma ou mais das parcelas do salário mínimo, o salário em dinheiro será determinado pela fórmula Sd = Sm – P, em que Sd representa o salário em dinheiro, Sm o salário mínimo e P a soma dos valores daquelas parcelas na região, zona ou subzona.

Como o salário mínimo é salário, então, somente podem ser consideradas, na sua composição, as parcelas salariais pagas diretamente pelo empregador. Não podem ser consideradas, na sua base, as gorjetas, porque estas são pagas por terceiro.

Registre-se que **todas as verbas salariais que não sejam salário-condição** podem integrar o salário mínimo. Assim, o salário mínimo não precisa ser necessariamente o salário básico. Pode ser, por exemplo, que o salário básico seja menor do que o mínimo, mas a soma do salário básico com uma gratificação mensal corresponda ao salário mínimo. Veja a OJ 272 da SDI-I do TST:

> OJ 272 da SDI-I. SALÁRIO-MÍNIMO. SERVIDOR. SALÁRIO-BASE INFERIOR. DIFERENÇAS. INDEVIDAS (inserida em 27/09/2002). A verificação do respeito ao direito ao salário-mínimo não se apura pelo confronto isolado do salário-base com o mínimo legal, mas deste com a soma de todas as parcelas de natureza salarial recebidas pelo empregado diretamente do empregador.

Esse verbete deve ser lido com adequações, porque não se pode considerar, no salário mínimo, as verbas consideradas salário-condição.

A garantia do salário mínimo assegurada pela Constituição tem como referência a contraprestação mínima que deve ser paga a um empregado que cumprir a jornada normal de trabalho, isto é, oito horas diárias e 44 horas semanais. Ou seja, no caso do cumprimento de jornada sob o regime de tempo parcial será lícito o pagamento do salário inferior ao mínimo legal.

OJ n° 358 da SDI-I do TST. Salário mínimo e piso salarial proporcional à jornada reduzida. Empregado. Servidor público (redação alterada na sessão do Tribunal Pleno realizada em 16/02/2016) – Res. 202/2016, *DEJT* divulgado em 19, 22 e 23/02/2016. I – Havendo contratação para cumprimento de jornada reduzida, inferior à previsão constitucional de oito horas diárias ou quarenta e quatro semanais, é lícito o pagamento do piso salarial ou do salário mínimo proporcional ao tempo trabalhado. II – Na Administração Pública Direta, autárquica e fundacional não é válida remuneração de empregado público inferior ao salário mínimo, ainda que cumpra jornada de trabalho reduzida. Precedentes do Supremo Tribunal Federal. Observe que o TST incluiu o item II à OJ n° 358 para dispor que a remuneração do servidor público não pode ser inferior ao salário mínimo, independentemente da jornada trabalhada.

Nesse ponto, temos que prestar atenção à redação da OJ n° 393 da SDI-I do TST e da Súmula Vinculante n° 6 do STF, que trazem duas hipóteses específicas quanto à possiblidade de pagamento do salário inferior ao mínimo legal.

> OJ n° 393 da SDI-I do TST – Professor. Jornada de trabalho especial. Art. 318 DA CLT. Salário mínimo. Proporcionalidade. (*DEJT* divulgado em 9, 10 e 11/06/2010). A contraprestação mensal devida ao professor, que trabalha no limite máximo da jornada prevista no art. 318 da CLT, é de um salário mínimo integral, não se cogitando do pagamento proporcional em relação a jornada prevista no art. 7°, XIII, da Constituição Federal.

> Súmula Vinculante n° 6 do STF: Não viola a Constituição o estabelecimento de remuneração inferior ao salário mínimo para as praças prestadoras de serviço militar inicial.

Cap. 13 – REMUNERAÇÃO E SALÁRIO

Nesse sentido, segue o julgado do STF:

"(...) Servidor público. Jornada reduzida. Remuneração inferior a um salário mínimo. Impossibilidade. Precedentes. 1. A Suprema Corte vem se pronunciando no sentido de que a remuneração do servidor público não pode ser inferior a um salário-mínimo. Esse entendimento se aplica ao servidor que trabalha em regime de jornada reduzida. 2. Agravo regimental não provido." (AI 815869 AgR, Relator Ministro: Dias Toffoli, Primeira Turma, julgado em 04/11/2014, Data de Publicação: 24/11/2014).

O salário mínimo possui algumas características:

• imperatividade: decorre de norma imposta pelo Estado e deve ser respeitada;

• generalidade: não há qualquer categoria que esteja excluída de sua incidência;

• irrenunciabilidade: o empregado não pode renunciar o direito de receber o salário mínimo quando trabalha a jornada padrão para sua categoria;

• intransacionabilidade: as normas coletivas não podem transacionar o salário mínimo para pior.

Aproveitando o tema da proteção ao salário mínimo, faremos um breve comentário sobre o piso salarial e o salário profissional.

Piso salarial é o valor mínimo que pode ser pago a uma determinada categoria. Já o salário profissional é o piso salarial fixado em lei para uma categoria profissional específica, cuja profissão encontra-se devidamente regulamentada.

A possibilidade de estabelecimento de um piso decorre da própria norma constitucional:

CF

Art. 7º.

(...)

V – piso salarial proporcional à extensão e à complexidade do trabalho;

> **Exemplo**: os médicos possuem salário profissional previsto na Lei nº 3.999/1961.

Esse piso salarial pode ser fixado em **múltiplos do salário mínimo**. Assim, a título ilustrativo, pode uma lei fixar um piso de duas ou três vezes o salário mínimo.

A vedação é no sentido de que o reajuste não pode ser automático a cada ano. Portanto, se o salário mínimo aumenta, o salário do trabalhador que foi contratado com base no piso não sofre reajuste automático. Essa é a ideia expressa na OJ 71 da SDI-II do TST:

OJ 71 da SDI-II do TST. AÇÃO RESCISÓRIA. SALÁRIO PROFISSIONAL. FIXAÇÃO. MÚLTIPLO DE SALÁRIO MÍNIMO. ART. 7º, IV, DA CF/1988 (nova redação) – *DJ* 22/11/2004. A estipulação do salário profissional em múltiplos do salário mínimo não afronta o art. 7º, inciso IV, da Constituição Federal de 1988, só incorrendo em vulneração do referido preceito constitucional a fixação de correção automática do salário pelo reajuste do salário mínimo.

Para melhor compreensão, leia esse julgado do TST:

"(...) DIFERENÇAS SALARIAIS. PISO SALARIAL. TÉCNICO DE LABORATÓRIO. SALÁRIO PROFISSIONAL FIXADO EM MÚLTIPLOS DO SALÁRIO MÍNIMO. POSSIBILIDADE RESTRITA À DEFINIÇÃO DO PISO SALARIAL DE INGRESSO NO EMPREGO. VEDAÇÃO À INDEXAÇÃO (ART. 7º, IV, PARTE FINAL, CF). A estipulação do salário profissional em múltiplos do salário-mínimo é permitida, porém apenas como piso inicial de contratação, em face da proibição de indexação explicitada pelo art. 7º, IV, da CF (Súmula Vinculante n. 4 do STF). Assim, quando da contratação do técnico de laboratório, sua remuneração deve observar os parâmetros previstos na Lei n. 3.999/61, que estão estabelecidos com base no mínimo legal. Entretanto, havendo correção dos valores do salário mínimo, é vedada a mudança proporcional do seu salário profissional. No mesmo sentido, esta Corte Superior tem entendimento pacificado de que a determinação para que seja observado, durante a vigência do contrato de trabalho, o reajuste do salário profissional a partir dos índices de reajuste do salário mínimo encontra óbice na Orientação Jurisprudencial n. 71 da SBDI-2 e na Súmula Vinculante n. 4 do STF, sob pena de ofensa ao inciso IV do art. 7º da CF. Recurso de revista conhecido e provido." (RR-1000848-94.2016.5.02.0044, 3ª Turma, Relator Ministro: Mauricio Godinho Delgado, *DEJT* 30/08/2019).

O STF também possui o mesmo entendimento:

"(...) DIREITO DO TRABALHO. AGRAVO INTERNO EM RECURSO EXTRAORDINÁRIO COM AGRAVO. PISO SALARIAL. LEI 4.950-A/66. FIXAÇÃO. MÚLTIPLOS DE SALÁRIO MÍNIMO. POSSIBILIDADE. PRECEDENTES. 1. O acórdão do Tribunal de origem está alinhado à jurisprudência do Supremo Tribunal Federal no sentido de que não há vedação para a fixação de piso salarial em múltiplos do salário mínimo, desde que inexistam reajustes automáticos. Precedentes. (...)" (ARE 1145305 AgR, Relator Ministro: Roberto Barroso, 1ª Turma, julgado em 26/10/2018, Processo Eletrônico *DJe*-239, Data de Divulgação: 09/11/2018, Data de Publicação: 12/11/2018).

AGRAVO REGIMENTAL EM RECURSO EXTRAORDINÁRIO COM AGRAVO. SALÁRIO PROFIS-SIONAL. ENGENHEIROS. PISO SALARIAL FIXADO PELA LEI 4.950-A/66 EM MÚLTIPLOS DO SALÁRIO MÍNIMO. INEXISTÊNCIA DE REAJUSTES AUTOMÁTICOS. VIOLAÇÃO DA SÚMULA VINCULANTE 4 E ADPF 53-MC. NÃO OCORRÊNCIA. PRECEDENTES. AGRAVO A QUE SE NEGA PROVIMENTO, COM APLICAÇÃO DE MULTA. I – Não há vedação para a fixação de piso salarial em múltiplos do salário mínimo, desde que inexistam reajustes automáticos. Precedentes. II – Não configurada afronta a Súmula Vinculante 4, nem a ADPF 53 MC/PI. III – Agravo regimental a que se nega provimento, com aplicação de multa (art. 1.021, § 4º, do CPC). (ARE 1110094 AgR, Relator Ministro: Ricardo Lewandowski, 2ª Turma, julgado em 29/06/2018, Processo Eletrônico *DJe*-157 Data de Divulgação: 03/08/2018, Data de Publicação: 06/08/2018).

A Constituição possibilitou que cada estado pudesse fixar pisos salariais de acordo com a atividade desenvolvida pelo trabalhador, desde que não fosse inferior ao valor do salário mínimo nacionalmente unificado.

CF

Art. 22. Compete privativamente à União legislar sobre:

I – direito civil, comercial, penal, processual, eleitoral, agrário, marítimo, aeronáutico, espacial e do trabalho;

Parágrafo único. Lei complementar poderá autorizar os Estados a legislar sobre questões específicas das matérias relacionadas neste artigo.

Como se nota, uma lei complementar pode tratar da matéria. E isso, de fato, aconteceu por meio da LC nº 103/2000:

LC nº 103/2000

Art. 1º. Os Estados e o Distrito Federal ficam autorizados a instituir, mediante lei de iniciativa do Poder Executivo, o piso salarial de que trata o inciso V do art. 7º da Constituição Federal para os empregados que não tenham piso salarial definido em lei federal, convenção ou acordo coletivo de trabalho.

§ 1º A autorização de que trata este artigo não poderá ser exercida:

I – no segundo semestre do ano em que se verificar eleição para os cargos de Governador dos Estados e do Distrito Federal e de Deputados Estaduais e Distritais;

II – em relação à remuneração de servidores públicos municipais.

§ 2º O piso salarial a que se refere o *caput* poderá ser estendido aos empregados domésticos.

Portanto, se não houver um piso estabelecido em lei federal ou em norma coletiva, pode a lei estadual ou distrital fixar o piso salarial.

Note: tanto o salário mínimo quanto o piso salarial e o salário profissional têm por escopo atender os direitos sociais básicos elencados no inciso IV, do art. 7º, da CF/1988.

☞ ATENÇÃO!

Não esqueça que a Lei nº 13.152/2015 dispõe sobre a política de valorização do salário mínimo e dos benefícios pagos pelo Regime Geral de Previdência Social (RGPS) para o período de 2016 a 2019. Convém a leitura do texto legal.

13.7.1. Salário mínimo do professor

A Lei nº 13.415/2017 alterou a jornada de trabalho dos professores. Na redação antiga, a jornada de trabalho era de, no máximo, 4 aulas consecutivas ou 6 aulas intercaladas. Logo, se a jornada ultrapassasse 4 aulas consecutivas ou 6 intercaladas, no mesmo estabelecimento, deveria ser pago o adicional de horas extras ao professor.

Pelo novo texto legal, não persiste mais a limitação da jornada do professor pelo número de horas prestadas. Passa a ser permitido que o professor lecione em um mesmo estabelecimento por mais de um turno, desde que não exceda a jornada de trabalho semanal legal, constitucional.

Art. 318 da CLT. O professor poderá lecionar em um mesmo estabelecimento por mais de um turno, desde que não ultrapasse a jornada de trabalho semanal estabelecida legalmente, assegurado e não computado o intervalo para refeição.

☞ **ATENÇÃO!**

Se o professor for servidor público ou empregado público, prevalece a regra do item II da OJ nº 358 da SDI-I, do TST, pela qual o trabalhador receberá sempre o salário mínimo integral, ainda que cumpra jornada de trabalho reduzida.

13.8. DO PAGAMENTO

13.8.1. Do tempo do pagamento

Qual seria a periodicidade do salário? O salário deve ser pago com periodicidade máxima mensal, exceto quando se trata de comissões, percentagens ou gratificações. E o pagamento deve ser feito até o 5º dia útil do mês seguinte ao trabalhado:

Art. 459 da CLT. O pagamento do salário, qualquer que seja a modalidade do trabalho, não deve ser estipulado por período superior a um mês, salvo no que concerne a comissões, percentagens e gratificações.

§ 1º Quando o pagamento houver sido estipulado por mês, deverá ser efetuado, o mais tardar, até o quinto dia útil do mês subsequente ao vencido.

Registre-se que, se o empregador habitualmente efetuava o pagamento antes da data limite, não existe qualquer irregularidade na alteração da data, desde que respeitado esse prazo máximo:

OJ 159 da SDI-I. DATA DE PAGAMENTO. SALÁRIOS. ALTERAÇÃO (inserida em 26/03/1999). Diante da inexistência de previsão expressa em contrato ou em instrumento normativo, a alteração de data de pagamento pelo empregador não viola o art. 468, desde que observado o parágrafo único, do art. 459, ambos da CLT.

Regra: o pagamento do salário é feito mensalmente até o quinto dia útil do mês. Como para toda regra existe uma exceção, aqui a exceção fica a cargo dos empregados que recebem à base de comissões ou percentagens (ver art. 4º da Lei nº 3.207/1957).

Caso o empregador efetue o pagamento do salário após o quinto dia útil do mês, deverá lembrar de realizar a correção monetária do valor antes de entregá-lo ao empregado.

Cap. 13 – REMUNERAÇÃO E SALÁRIO

Súmula nº 381 do TST – Correção monetária. Salário. Art. 459 da CLT (conversão da Orientação Jurisprudencial nº 124 da SBDI-1). Resolução nº 129/2005, DJ de 20, 22 e 25/04/2005. O pagamento dos salários até o 5º dia útil do mês subsequente ao vencido não está sujeito à correção monetária. Se essa data limite for ultrapassada, incidirá o índice da correção monetária do mês subsequente ao da prestação dos serviços, a partir do dia 1º.

Temos, ainda, que falar do Decreto-lei nº 368/1968, que dispõe sobre os efeitos dos débitos salariais, e que em seus artigos trouxe importantes definições já cobradas em prova, como débito salarial e mora contumaz.

Art. 1º, parágrafo único, do Decreto-lei nº 368/1998. Considera-se em débito salarial a empresa que não paga, no prazo e nas condições da lei ou do contrato, o salário devido a seus empregados.

Art. 2º, § 1º, do Decreto-lei nº 368/1998. Considera-se mora contumaz o atraso ou sonegação de salários devidos aos empregados, por período igual ou superior a 3 (três) meses, sem motivo grave e relevante, excluídas as causas pertinentes ao risco do empreendimento.

☞ **ATENÇÃO!**

O atraso no pagamento dos salários confere ao empregado o direito de rescindir de forma indireta o contrato de trabalho, de acordo com o art. 483, *d*, da CLT.

Súmula nº 13 do TST – Mora (mantida). Resolução nº 121/2003, DJ de 19, 20 e 21/11/2003. O só pagamento dos salários atrasados em audiência não ilide a mora capaz de determinar a rescisão do contrato de trabalho.

13.8.2. Do lugar do pagamento

O pagamento deve ser feito mediante **assinatura de recibo** pelo trabalhador, exceto se ele for analfabeto, quando então o recibo será marcado pela impressão digital ou, se for impossível tirar a impressão digital, alguém autorizado pelo analfabeto assina por ele ("a seu rogo"). Claro que o comprovante de depósito bancário também vale como recibo:

Art. 464 da CLT. O pagamento do salário deverá ser efetuado contra recibo, assinado pelo empregado; em se tratando de analfabeto, mediante sua impressão digital, ou, não sendo esta possível, a seu rogo.

Parágrafo único. Terá força de recibo o comprovante de depósito em conta bancária, aberta para esse fim em nome de cada empregado, com o consentimento deste, em estabelecimento de crédito próximo ao local de trabalho.

Recibos de pagamento sem assinatura não possuem qualquer tipo de validade:

"(...) 2 – HORAS EXTRAS. RECIBOS DE PAGAMENTO SEM ASSINATURA DO TRABALHA-DOR. AUSÊNCIA DE VALOR PROBANTE. 2.1. Nos termos do art. 464 da CLT, para serem considerados válidos como meio de prova, os recibos de pagamento necessitam da assinatura do empregado. A jurisprudência desta Corte possui firme entendimento de que a comprovação do pagamento somente será válida se realizada por meio de recibo devidamente assinado ou mediante a apresentação do respectivo comprovante de depósito, o que não se verifica na hipótese dos autos. 2.2. Assim, a decisão do Tribunal Regional que considerou válidos os recibos de pagamento apócrifos juntados aos autos pela reclamada, para fins de dedução dos valores discriminados a título de horas extras, incorreu em violação do art. 464 da CLT. Precedentes. Recurso de revista conhecido e provido." (RR-1411-77.2014.5.09.0013, 2ª Turma, Relatora Ministra: Delaide Miranda Arantes, *DEJT* 25/10/2019).

O pagamento deve ser realizado em dia útil e no local de trabalho, seja durante a jornada ou logo após seu término, exceto quando houver depósito em conta bancária:

Art. 465. O pagamento dos salários será efetuado em dia útil e no local do trabalho, dentro do horário do serviço ou imediatamente após o encerramento deste, salvo quando efetuado por depósito em conta bancária, observado o disposto no artigo anterior.

13.8.3. Do meio de pagamento

O salário deve ser pago em reais (moeda corrente), conforme art. 463 da CLT, sendo que o pagamento feito em outra moeda, em regra, não é considerado como realizado:

Art. 463 da CLT. A prestação, em espécie, do salário será paga em moeda corrente do País.

Parágrafo único. O pagamento do salário realizado com inobservância deste artigo considera-se como não feito.

☞ ATENÇÃO!

O salário-utilidade é exemplo de exceção à regra do art. 463 da CLT.

A Convenção nº 95/1949 da OIT (que trata da proteção ao salário) também indica a necessidade de pagamento em moeda corrente:

Convenção no 95/1949 da OIT (Decreto no 10.088/2019)

Art. 3º.

1. Os salários pagáveis em espécie serão pagos exclusivamente em moeda de curso legal, o pagamento sob forma de ordem de pagamento, bônus, cupons ou sob toda qualquer outra forma que se suponha representar a moeda de curso legal, será proibida.

Cap. 13 – REMUNERAÇÃO E SALÁRIO

2. A autoridade competente poderá permitir ou prescrever o pagamento do salário em cheque contra um banco ou em cheque ou vale postal, quando esse modo de pagamento for de prática corrente ou necessário em razão de circunstâncias especiais, quando uma convenção coletiva ou uma sentença arbitral o determinar, ou quando, apesar de tais disposições, o trabalhador interessado consentir.

Questão interessante pode surgir: é possível o salário ser ajustado em moeda estrangeira, mas ser pago em moeda corrente? Poderia, por exemplo, ser estabelecido o pagamento mensal de U$ 5,000.00, mas o valor ser pago em Reais?

A resposta é positiva, mas exige-se um cuidado: não se admite a variação da moeda para prejudicar o trabalhador. Isso significa que, se o valor da moeda estrangeira se valoriza, mais reais serão pagos ao trabalhador brasileiro. Contudo, o contrário não acontece. Se o real se valoriza, não pode o trabalhador receber menos reais do que antes, porque haveria uma redução salarial.

Leia esse julgado sobre o tema:

"(...) 1. DIFERENÇAS SALARIAIS. SALÁRIO FIXADO EM MOEDA ESTRANGEIRA COM PAGAMENTO EM MOEDA NACIONAL PELA TAXA CAMBIAL DO DIA DO PAGAMENTO. IMPOSSIBILIDADE. REDUÇÃO SALARIAL DEMONSTRADA. Segundo o Regional, embora não haja proibição da fixação do salário em euros, a determinação do seu respectivo pagamento em moeda corrente do País, na forma estipulada no contrato de trabalho, não poderia implicar em reduções no salário do empregado, tendo em vista a expressa vedação da redução salarial, sem previsão normativa, nos termos dos artigos 7º, VI, da CF e 468 da CLT. Com efeito, a decisão tal como posta não implica violação do artigo 463 da CLT, porquanto constatado que a reclamante sofreu redução nominal do salário em razão da variação cambial. Divergência jurisprudencial inválida e inespecífica. (...)" (AIRR – 1813-84.2012.5.09.0028, Relatora Ministra: Dora Maria da Costa, Data de Julgamento: 11/05/2016, 8ª Turma, Data de Publicação: DEJT 13/05/2016).

13.8.4. Retenção do salário

A Constituição considerou como crime a retenção dolosa do salário do empregado pelo empregador.

Art. 7º, X, da CF/1988: proteção do salário na forma da lei, constituindo crime sua retenção dolosa;

13.9. EQUIPARAÇÃO SALARIAL

A equiparação salarial assegura a igualdade de salários entre empregados que exerçam simultaneamente a mesma função, desempenhando um trabalho de igual valor, para o mesmo empregador, desde que na mesma localidade.

O princípio constitucional da isonomia é o fundamento desse instituto de Direito do Trabalho que assegura a não discriminação entre os empregados.

Art. 5º, *caput,* da CF/1988. Todos são iguais perante a lei, sem distinção de qualquer natureza, garantindo-se aos brasileiros e aos estrangeiros residentes no País a inviolabilidade do direito à vida, à liberdade, à igualdade, à segurança e à propriedade, nos termos seguintes:

Art. 7º, XXX, da CF/1988: proibição de diferença de salários, de exercício de funções e de critério de admissão por motivo de sexo, idade, cor ou estado civil;

13.9.1. Art. 461 da CLT

O art. 461 da CLT junto com a Súmula nº 6 do TST são os responsáveis pelo conteúdo necessário sobre a equiparação salarial na área trabalhista.

O art. 461 da CLT foi sensivelmente afetado pela Reforma Trabalhista. Agora ficará mais difícil alcançar a equiparação salarial.

Vejamos o art. 461 da CLT.

Art. 461. Sendo idêntica a função, a todo trabalho de igual valor, prestado ao mesmo empregador, no mesmo estabelecimento empresarial, corresponderá igual salário, sem distinção de sexo, etnia, nacionalidade ou idade.

§ 1º Trabalho de igual valor, para os fins deste Capítulo, será o que for feito com igual produtividade e com a mesma perfeição técnica, entre pessoas cuja diferença de tempo de serviço para o mesmo empregador não seja superior a quatro anos e a diferença de tempo na função não seja superior a dois anos.

O art. 461, *caput,* da CLT incluiu diversos requisitos para o direito à equiparação salarial, a exigência de que paragonado e paradigma trabalhem no mesmo estabelecimento. Inseriu, ainda, a etnia como tipo de discriminação salarial proibida.

Antes da reforma, a diferença na função não poderia ser superior a 2 anos. Agora, caso o empregado esteja na empresa há mais de 4 anos ("tempo de casa"), não poderá pleitear a equiparação.

Com o advento da Reforma Trabalhista, o tempo de serviço ("casa") também será requisito para o direito à equiparação salarial.

Em suma: caberá a equiparação de empregados que tenham na função uma diferença não superior a 2 anos e na empresa uma diferença não superior a 4 anos.

§ 2º Os dispositivos deste artigo não prevalecerão quando o empregador tiver pessoal organizado em quadro de carreira ou adotar, por meio de norma interna da empresa ou de negociação coletiva, plano de cargos e salários, dispensada qualquer forma de homologação ou registro em órgão público.

§ 3º No caso do § 2º deste artigo, as promoções poderão ser feitas por merecimento e por antiguidade, ou por apenas um destes critérios, dentro de cada categoria profissional.

Antes da reforma, as promoções deveriam ser alternadas: merecimento e antiguidade. Agora, torna-se possível o critério de um único requisito.

Cap. 13 – REMUNERAÇÃO E SALÁRIO

O plano de cargos e salários não mais precisa da chancela do Ministério do Trabalho, como exigia a norma anterior.

> § 4º O trabalhador readaptado em nova função por motivo de deficiência física ou mental atestada pelo órgão competente da Previdência Social não servirá de paradigma para fins de equiparação salarial.
>
> § 5º A equiparação salarial só será possível entre empregados contemporâneos no cargo ou na função, ficando vedada a indicação de paradigmas remotos, ainda que o paradigma contemporâneo tenha obtido a vantagem em ação judicial própria.

A Reforma Trabalhista põe fim à equiparação salarial em cadeia.

O § 5º do art. 461 da CLT também incorpora o entendimento do item IV da Súmula nº 6 do TST, que exige a contemporaneidade no exercício da função entre o empregado e o paradigma.

> § 6º No caso de comprovada discriminação por motivo de sexo ou etnia, o juízo determinará, além do pagamento das diferenças salariais devidas, multa, em favor do empregado discriminado, no valor de 50% (cinquenta por cento) do limite máximo dos benefícios do Regime Geral de Previdência Social.

Esse dispositivo traz uma novidade e cria uma multa de 50% do valor máximo do benefício da Previdência em caso de diferença salarial motivado por diferenças de sexo ou etnia.

CLT (antes da reforma)	CLT (depois da reforma)
Art. 461. Sendo idêntica a função, a todo trabalho de igual valor, prestado ao mesmo empregador, na mesma localidade, corresponderá igual salário, sem distinção de sexo, nacionalidade ou idade.	Art. 461. Sendo idêntica a função, a todo trabalho de igual valor, prestado ao mesmo empregador, no mesmo estabelecimento empresarial, corresponderá igual salário, sem distinção de sexo, etnia, nacionalidade ou idade.
§ 1º Trabalho de igual valor, para os fins deste Capítulo, será o que for feito com igual produtividade e com a mesma perfeição técnica, entre pessoas cuja diferença de tempo de serviço não for superior a 2 (dois) anos.	§ 1º Trabalho de igual valor, para os fins deste Capítulo, será o que for feito com igual produtividade e com a mesma perfeição técnica, entre pessoas cuja diferença de tempo de serviço para o mesmo empregador não seja superior a quatro anos e a diferença de tempo na função não seja superior a dois anos.
§ 2º Os dispositivos deste artigo não prevalecerão quando o empregador tiver pessoal organizado em quadro de carreira, hipótese em que as promoções deverão obedecer aos critérios de antiguidade e merecimento.	§ 2º Os dispositivos deste artigo não prevalecerão quando o empregador tiver pessoal organizado em quadro de carreira ou adotar, por meio de norma interna da empresa ou de negociação coletiva, plano de cargos e salários, dispensada qualquer forma de homologação ou registro em órgão público.
§ 3º No caso do parágrafo anterior, as promoções deverão ser feitas alternadamente por merecimento e por antiguidade, dentro de cada categoria profissional.	§ 3º No caso do § 2º deste artigo, as promoções poderão ser feitas por merecimento e por antiguidade, ou por apenas um destes critérios, dentro de cada categoria profissional.
§ 4º O trabalhador readaptado em nova função por motivo de deficiência física ou mental atestada pelo órgão competente da Previdência Social não servirá de paradigma para fins de equiparação salarial.	(...)

CLT (antes da reforma)	CLT (depois da reforma)
	§ 5º A equiparação salarial só será possível entre empregados contemporâneos no cargo ou na função, ficando vedada a indicação de paradigmas remotos, ainda que o paradigma contemporâneo tenha obtido a vantagem em ação judicial própria.
	§ 6º No caso de comprovada discriminação por motivo de sexo ou etnia, o juízo determinará, além do pagamento das diferenças salariais devidas, multa, em favor do empregado discriminado, no valor de 50% (cinquenta por cento) do limite máximo dos benefícios do Regime Geral de Previdência Social.

O art. 461 nos traz os requisitos necessários para a configuração da figura da equiparação salarial, mas antes de falarmos sobre eles, é importante esclarecer dois conceitos básicos: paragonado é o empregado que requer a equiparação, e paradigma, o que serve como parâmetro, modelo.

13.9.2. Requisitos da equiparação salarial

São requisitos da equiparação salarial:

a) Identidade de funções:

Os empregados deverão desempenhar as mesmas tarefas, não importando se as tarefas desempenhadas possuem a mesma denominação.

Inciso III da Súmula nº 6 do TST: "a equiparação salarial só é possível se o empregado e o paradigma exercerem a mesma função, desempenhando as mesmas tarefas, não importando se os cargos têm, ou não, a mesma denominação".

b) Identidade de empregador:

Os empregados devem prestar serviços para o mesmo empregador.

A equiparação também é aplicável nos casos de grupos de empresas. O próprio TST, no texto da Súmula nº 129, ao se posicionar pela responsabilidade dual dos entes integrantes do grupo de empresa, deixa claro que considera viável a sua aplicação.

Súmula nº 129 do TST – Contrato de trabalho. Grupo econômico (mantida). Resolução nº 121/2003, DJ de 19, 20 e 21/11/2003. A prestação de serviços a mais de uma empresa do mesmo grupo econômico, durante a mesma jornada de trabalho, não caracteriza a coexistência de mais de um contrato de trabalho, salvo ajuste em contrário.

c) Mesmo estabelecimento empresarial:

A Reforma Trabalhista introduzida pela Lei nº 13.467/2017 definiu que a equiparação salarial fique limitada aos empregados do mesmo estabelecimento, isto é, da mesma unidade técnica produtiva, alterando o antigo texto legal que, em conjunto com a Súmula nº 6 do TST, previa a possibilidade de equiparação para a mesma localidade (município ou região metropolitana).

Exemplo: uma farmácia que possui vários estabelecimentos na mesma localidade poderá, doravante, adotar níveis salariais diferenciados para as mesmas funções nos diferentes estabelecimentos.

 ATENÇÃO!

O conceito de mesma localidade previsto no inciso X da Súmula nº 6 do TST será alterado ou cancelado.

d) Simultaneidade no exercício das funções:

Este requisito traduz a contemporaneidade na prestação dos serviços pelos empregados, objeto da equiparação. O que se afere é a questão de a prestação do serviço ter sido realizada na mesma época.

Como mencionamos, exige-se, portanto, a simultaneidade ou contemporaneidade no exercício da função entre o paragonado e o paradigma.

A Súmula nº 6 do TST deixa clara a desnecessidade de que ao tempo da reclamação trabalhista os empregados ainda estejam prestando serviços ao empregador na função que deu ensejo ao pedido de equiparação. O importante, segundo entendimento da Corte, é saber se existia a simultaneidade na época referente ao pedido da equiparação.

> Súmula nº 6, IV, do TST: é desnecessário que, ao tempo da reclamação sobre equiparação salarial, reclamante e paradigma estejam a serviço do estabelecimento, desde que o pedido se relacione com situação pretérita.

 ATENÇÃO!

O art. 460 da CLT prevê a equiparação por equivalência, ou seja, trata-se de uma forma de arbitrar o valor da remuneração diante da ausência de estipulação do salário ou inexistência de prova sobre a importância ajustada entre as partes.

> Art. 460 da CLT. Na falta de estipulação do salário ou não havendo prova sobre a importância ajustada, o empregado terá direito a perceber salário igual ao daquela que, na mesma empresa, fizer serviço equivalente ou do que for habitualmente pago para serviço semelhante.

13.9.3. Súmula nº 6 do TST

Um dos pontos mais importantes e cobrados nas provas de concurso em relação à equiparação salarial é a Súmula nº 6 do TST. Portanto, a leitura minuciosa do seu texto é extremamente importante para os certames de qualquer área trabalhista.

Faremos, a seguir, alguns comentários e remissões que consideramos pertinentes em cada um dos itens da súmula, de modo a facilitar o estudo desse ponto, tendo em vista a aprovação da Reforma Trabalhista.

> Súmula nº 6 do TST. Equiparação salarial. Art. 461 da CLT (redação do item VI alterada na sessão do Tribunal Pleno realizada em 14/09/2012). Resolução nº 185/2012, *DEJT* divulgado em 25, 26 e 27/09/2012.
>
> Inciso I – Para os fins previstos no § 2º do art. 461 da CLT, só é válido o quadro de pessoal organizado em carreira quando homologado pelo Ministério do Trabalho, excluindo-se, apenas, dessa exigência o quadro de carreira das entidades de direito público da administração direta, autárquica e fundacional aprovado por ato administrativo da autoridade competente.

Esse item torna-se prejudicado com a nova redação do § 2º do art. 461 da CLT, que dispensa qualquer forma de homologação ou registro em órgão público, inclusive para as empresas privadas.

> Art. 461, § 2º, da CLT. Os dispositivos deste artigo não prevalecerão quando o empregador tiver pessoal organizado em quadro de carreira ou adotar, por meio de norma interna da empresa ou de negociação coletiva, plano de cargos e salários, dispensada qualquer forma de homologação ou registro em órgão público.
>
> Súmula nº 127 do TST – Quadro de carreira (mantida). Resolução nº 121/2003, *DJ* de 19, 20 e 21/11/2003. Quadro de pessoal organizado em carreira, aprovado pelo órgão competente, excluída a hipótese de equiparação salarial, não obsta reclamação fundada em preterição, enquadramento ou reclassificação.
>
> OJ nº 418 da SDI-I do TST – Equiparação salarial. Plano de cargos e salários. Aprovação por instrumento coletivo. Ausência de alternância de critérios de promoção por antiguidade e merecimento (*DEJT* divulgado em 12, 13 e 16/04/2012). Não constitui óbice à equiparação salarial a existência de plano de cargos e salários que, referendado por norma coletiva, prevê critério de promoção apenas por merecimento ou antiguidade, não atendendo, portanto, o requisito de alternância dos critérios, previsto no art. 461, § 2º, da CLT.

☞ ATENÇÃO!

O § 3º do art. 461 da CLT destaca que as promoções poderão ser feitas por merecimento e por antiguidade, ou apenas por um dos critérios, o que ocasionará o cancelamento da OJ nº 418 da SDI, I, do TST que destacamos acima.

Cap. 13 – REMUNERAÇÃO E SALÁRIO

Art. 461, § 3º, da CLT: "No caso do § 2º deste artigo, as promoções poderão ser feitas por merecimento e por antiguidade, ou por apenas um destes critérios, dentro de cada categoria profissional."

Súmula nº 6, II, do TST: "Para efeito de equiparação de salários em caso de trabalho igual, conta-se o tempo de serviço na função e não no emprego."

O § 1º do art. 461 da CLT cria um requisito que dificulta a equiparação que é o tempo de serviço no emprego (4 anos), medida que importa um retrocesso e limitação dos direitos dos trabalhadores.

Art. 461, § 1º, da CLT. Trabalho de igual valor, para os fins deste Capítulo, será o que for feito com igual produtividade e com a mesma perfeição técnica, entre pessoas cuja diferença de tempo de serviço para o mesmo empregador não seja superior a quatro anos e a diferença de tempo na função não seja superior a dois anos.

Súmula nº 6, III, do TST. A equiparação salarial só é possível se o empregado e o paradigma exercerem a mesma função, desempenhando as mesmas tarefas, não importando se os cargos têm, ou não, a mesma denominação;

Súmula nº 6, IV, do TST. É desnecessário que, ao tempo da reclamação sobre equiparação salarial, reclamante e paradigma estejam a serviço do estabelecimento, desde que o pedido se relacione com situação pretérita;

Súmula nº 6, V, do TST. A cessão de empregados não exclui a equiparação salarial, embora exercida a função em órgão governamental estranho à cedente, se esta responde pelos salários do paradigma e do reclamante.

OJ nº 383 da SDI-I do TST. Terceirização. Empregados da empresa prestadora de serviços e da tomadora. Isonomia. Art. 12, *a*, da Lei nº 6.019, de 03/01/1974 (mantida). Resolução nº 175/2011, *DEJT* divulgado em 27, 30 e 31/05/2011. A contratação irregular de trabalhador, mediante empresa interposta, não gera vínculo de emprego com ente da Administração Pública, não afastando, contudo, pelo princípio da isonomia, o direito dos empregados terceirizados às mesmas verbas trabalhistas legais e normativas asseguradas àqueles contratados pelo tomador dos serviços, desde que presente a igualdade de funções. Aplicação analógica do art. 12, *a*, da Lei nº 6.019, de 03/01/1974.

O TST, na OJ nº 383 da SDI-I, afastou a possibilidade de o terceirizado requerer a equiparação salarial propriamente dita.

O empregado terceirizado não poderá pedir equiparação, mas poderá pleitear, com base no princípio da isonomia, as mesmas verbas salariais asseguradas aos empregados do tomador.

Súmula nº 6, VI, do TST. Presentes os pressupostos do art. 461 da CLT, é irrelevante a circunstância de que o desnível salarial tenha origem em decisão judicial que beneficiou o paradigma, exceto: a) se decorrente de vantagem pessoal ou de tese jurídica superada pela jurisprudência de Corte Superior; b) na hipótese de equiparação salarial em cadeia, suscitada em defesa, se o empregador produzir prova do alegado fato modificativo, impeditivo ou extintivo do direito à equiparação salarial em relação ao paradigma remoto, considerada irrelevante, para esse efeito, a existência de diferença de tempo de serviço na função superior a dois anos entre o reclamante e os empregados paradigmas componentes da cadeia equiparatória, à exceção do paradigma imediato.

O § 5º do art. 461 da CLT, por sua vez, impede a utilização de paradigmas remotos, ou seja, a equiparação em cadeia. A proibição é válida, pois trata de um paradigma remoto que teve sua majoração salarial decorrente de sentença.

Art. 461, § 5º, da CLT. A equiparação salarial só será possível entre empregados contemporâneos no cargo ou na função, ficando vedada a indicação de paradigmas remotos, ainda que o paradigma contemporâneo tenha obtido a vantagem em ação judicial própria.

Súmula nº 6, VII, do TST. Desde que atendidos os requisitos do art. 461 da CLT, é possível a equiparação salarial de trabalho intelectual, que pode ser avaliado por sua perfeição técnica, cuja aferição terá critérios objetivos.

☞ **ATENÇÃO!**

Memorize! É possível a equiparação salarial de trabalho intelectual.

Súmula nº 6, VIII, do TST. É do empregador o ônus da prova do fato impeditivo, modificativo ou extintivo da equiparação salarial;

O empregador terá o ônus de provar fatos que inviabilizem o pleito não discriminatório do empregado, e para isso terá que provar, ao menos, os fatos impeditivos, modificativos ou extintivos específicos elencados no art. 461 da CLT, ou seja, terá que provar que:

a) existe diferença de perfeição técnica na execução dos serviços executados pelos empregados (diferença de qualidade do serviço);

b) existe diferença na produtividade dos empregados (diferença de quantidade do serviço);

c) existe uma diferença de tempo de serviço na função superior a quatro anos e a diferença de tempo na função superior a dois anos entre os empregados;

d) existe quadro de pessoal organizado em carreira;

e) o paradigma está em readaptação funcional. O empregado readaptado por motivo físico ou psíquico não pode ser paradigma.

Súmula nº 6, IX, do TST. Na ação de equiparação salarial, a prescrição é parcial e só alcança as diferenças salariais vencidas no período de 5 (cinco) anos que precedeu o ajuizamento;

Súmula nº 452 do TST. Diferenças salariais. Plano de cargos e salários. Descumprimento. Critérios de promoção não observados. Prescrição parcial (conversão da Orientação

Cap. 13 - REMUNERAÇÃO E SALÁRIO

Jurisprudencial nº 404 da SBDI-1) – Res. 194/2014, *DEJT* divulgado em 21, 22 e 23/05/2014. Tratando-se de pedido de pagamento de diferenças salariais decorrentes da inobservância dos critérios de promoção estabelecidos em Plano de Cargos e Salários criado pela empresa, a prescrição aplicável é a parcial, pois a lesão é sucessiva e se renova mês a mês.

A prescrição na equiparação salarial é parcial.

Súmula nº 6, X, do TST. O conceito de "mesma localidade" de que trata o art. 461 da CLT refere-se, em princípio, ao mesmo município, ou a municípios distintos que, comprovadamente, pertençam à mesma região metropolitana.

Como mencionamos, com a nova redação do art. 461 da CLT, a equiparação salarial fica limitada aos empregados do mesmo estabelecimento, o que levará ao cancelamento do item X da Súmula nº 6 do TST, que possibilita a equiparação para a mesma localidade (município ou região metropolitana).

Em ótima hora foi inserido o § 6º do art. 461 da CLT, mencionando que, no caso de comprovada discriminação por motivo de sexo ou etnia, o juízo determinará, além do pagamento das diferenças salariais devidas, multa, em favor do empregado discriminado, no valor de 50% do limite máximo dos benefícios do Regime Geral de Previdência Social.

13.9.4. Equiparação salarial e a Administração Pública

Não cabe nesta obra abordarmos as discussões dos administrativistas a respeito do cabimento ou não da equiparação no âmbito da Administração Pública. A nós cabe, tão somente, mencionar a jurisprudência do TST que veda a aplicação da equiparação na Administração.

OJ nº 297 da SDI-I do TST – Equiparação salarial. Servidor público da administração direta, autárquica e fundacional. Art. 37, XIII, da CF/1988 (*DJ* de 11/08/2003). O art. 37, inciso XIII, da CF/1988, veda a equiparação de qualquer natureza para o efeito de remuneração do pessoal do serviço público, sendo juridicamente impossível a aplicação da norma infraconstitucional prevista no art. 461 da CLT quando se pleiteia equiparação salarial entre servidores públicos, independentemente de terem sido contratados pela CLT.

As regras de equiparação salarial, entretanto, são aplicáveis aos empregados públicos de sociedade de economia mista e de empresas públicas (pessoas jurídicas de direito privado).

Súmula nº 455 do TST. Equiparação salarial. Sociedade de economia mista. Art. 37, XIII, da CF/1988. Possibilidade (conversão da Orientação Jurisprudencial nº 353 da SBDI-1 com nova redação) – Res. 194/2014, *DEJT* divulgado em 21, 22 e 23/05/2014. "À sociedade de economia mista não se aplica a vedação à equiparação prevista no art. 37, XIII, da CF/1988, pois, ao admitir empregados sob o regime da CLT, equipara-se a empregador privado, conforme disposto no art. 173, § 1º, II, da CF/1988".

13.9.5. Equiparação e substituição de caráter não eventual

Nos casos em que um empregado estiver substituindo outro em caráter não eventual e provisório, ele fará jus ao salário contratual do substituído. Esse é o entendimento consubstanciado na Súmula nº 159 do TST.

> Súmula nº 159 do TST – Substituição de caráter não eventual e vacância do cargo (incorporada a Orientação Jurisprudencial nº 112 da SBDI-1) – Resolução nº 129/2005, *DJ* de 20, 22 e 25/04/2005. I – Enquanto perdurar a substituição que não tenha caráter meramente eventual, inclusive nas férias, o empregado substituto fará jus ao salário contratual do substituído; II – Vago o cargo em definitivo, o empregado que passa a ocupá-lo não tem direito a salário igual ao do antecessor.

13.9.6. Desvio de função

Quando um trabalhador é contratado ou tem seu contrato alterado para exercer uma determinada função, mas, na prática, exerce outra, ocorre o chamado desvio funcional. Esse desvio funcional gera direito a diferenças salariais, devendo o trabalhador receber o salário referente ao cargo para o qual foi desviado.

Claro que o desvio, por ser uma irregularidade, deve cessar, devendo o trabalhador desempenhar a função para a qual foi contratado.

Mesmo que a empresa tenha adotado um plano de cargos e salários ou um quadro de carreira, esse desvio não gera direito a que o trabalhador seja reenquadrado (recolocado em outro cargo no plano), mas gera apenas direito às diferenças salariais durante o período em que esteve desviado. Leia a OJ 125 da SDI-I do TST:

> OJ 125 da SDI-I do TST. DESVIO DE FUNÇÃO. QUADRO DE CARREIRA (alterado em 13/03/2002). O simples desvio funcional do empregado não gera direito a novo enquadramento, mas apenas às diferenças salariais respectivas, mesmo que o desvio de função haja iniciado antes da vigência da CF/1988.

Exemplo: a empresa RR Cursos Online adota um quadro de carreira em que existe a função de operador de câmera e de editor de vídeo (esse último de salário maior). Se Rafael foi contratado como operador de câmera, mas, na prática, é editor de vídeo, então não possui o direito a ser enquadrado como editor, mas apenas às diferenças de salários, devendo retornar à função original.

E se não houver um valor claro para aquela função que ele desempenhava na prática?

Caso não haja prova sobre qual seria o salário da função real, deve-se considerar o que se paga na empresa por serviço similar ou aquilo que se costuma pagar no mercado:

CLT

Art. 460. Na falta de estipulação do salário ou não havendo prova sobre a importância ajustada, o empregado terá direito a perceber salário igual ao daquela que, na mesma empresa, fizer serviço equivalente ou do que for habitualmente pago para serviço semelhante.

13.9.7. Acúmulo de funções

Quando um trabalhador é admitido para uma função, então consideramos que está apto a realizar qualquer tarefa inserida naquela função. Uma função pode envolver diversas tarefas.

> **Exemplo**: Laura foi contratada pela empresa Delta para ser auxiliar administrativa. Portanto, pode ter diversas tarefas como tirar cópias, atender telefones, fazer planilhas, remeter comunicações etc.

Aliás, o art. 456, parágrafo único, da CLT preceitua essa gama de serviços inerentes à função:

CLT

Art. 456.

(...)

Parágrafo único. A falta de prova ou inexistindo cláusula expressa a tal respeito, entender-se-á que o empregado se obrigou a todo e qualquer serviço compatível com a sua condição pessoal.

Logo, não se pode falar em acúmulo de funções, mas diversas tarefas ligadas à mesma função. Assim, não há acréscimo salarial. Veja um julgado exemplificativo:

> "(...) ACÚMULO DE FUNÇÕES. FRENTISTA E CAIXA. (...) No aspecto político, ressalta-se que o artigo 456, parágrafo único, da CLT, dispõe que, à falta de prova ou inexistindo cláusula expressa a tal respeito, entender-se-á que o empregado se obrigou a todo e qualquer serviço compatível com a sua condição pessoal. Por outro lado, a Consolidação das Leis do Trabalho não exige a contratação de um salário específico para remunerar cada uma das tarefas desenvolvidas pelo empregado, assim como não obsta que um único salário seja fixado para remunerar todas as atividades executadas durante a jornada laboral. Logo, não há falar em acúmulo de funções sem a demonstração de alterações funcionais significativas, (...)" (ARR-948-17.2017.5.17.0011, 7ª Turma, Relator Ministro: Claudio Mascarenhas Brandao, *DEJT* 23/10/2020).

Para se falar em direito a diferenças salariais derivadas de acúmulo de funções, deve-se constatar que as tarefas principais de outra função estão também sendo exercidas de forma sistemática (além das tarefas da função original). O mero exercício de tarefas menos centrais de outra função não geram direito a diferenças salariais.

Veja esse julgado esclarecedor:

> "(...) DIFERENÇAS SALARIAIS. VENDEDOR. ADICIONAL POR ATIVIDADE DE INSPEÇÃO E FISCALIZAÇÃO. PREVISÃO LEGAL. ART. 8º DA LEI 3.205/1957. ACÚMULO DE FUNÇÃO

CARACTERIZADO. Função é o conjunto sistemático de atividades, atribuições e poderes laborativos integrados entre si, formando um todo unitário no contexto da divisão do trabalho estruturada no estabelecimento ou na empresa. A tarefa, por sua vez, consiste em uma atividade laborativa específica, estrita e delimitada, existente na divisão do trabalho estruturada no estabelecimento ou na empresa. É uma atribuição ou ato singular no contexto da prestação laboral. O simples exercício de algumas tarefas componentes de uma outra função não traduz, automaticamente, a ocorrência de uma efetiva alteração funcional no tocante ao empregado. É preciso que haja uma concentração significativa do conjunto de tarefas integrantes da enfocada função para que se configure a alteração funcional objetivada. Frise-se que, à falta de prova ou inexistindo cláusula a respeito, entende-se que o obreiro se obriga a todo e qualquer serviço compatível com a sua condição pessoal (art. 456, parágrafo único, da CLT). (...)" (RRAg-1370-56.2017.5.09.0094, 3ª Turma, Relator Ministro: Mauricio Godinho Delgado, *DEJT* 11/09/2020).

Agora veja um julgado exemplificativo em que se reconhecem o acúmulo de funções e o direito às diferenças salariais:

"(...) ACÚMULO DE FUNÇÕES. 1. A exegese do parágrafo único do artigo 456 da Consolidação das Leis do Trabalho permite concluir que, na ausência de previsão expressa no contrato de emprego, o empregado deve desempenhar todas as funções compatíveis com a sua condição pessoal e com o cargo que ocupa na empresa. Nesse passo, configura-se o acúmulo indevido de função quando é atribuído ao empregado o exercício de funções que exigem do obreiro maiores responsabilidades ou conhecimentos técnicos específicos. 2. Na hipótese, 'embora a reclamante tenha sido contratada para exercer atribuições típicas de recepcionista, também passou a executar outras funções, quais sejam de coletadora, manipulando material biológico, com exigência de conhecimentos diferenciados, submetida a riscos e responsabilidades diversas daquelas inerentes às atribuições de mera recepcionista' (p. 271 do eSIJ). 3. A habilidade exigida e os riscos biológicos envolvidos na função de coletadora de materiais laboratoriais evidenciam que a atribuição cumulativa exige maiores responsabilidades e conhecimentos técnicos específicos, razão pela qual não merece reforma a decisão recorrida, que reconheceu à autora o direito a diferenças salariais decorrentes do acúmulo de funções. Incólume, portanto, o parágrafo único do artigo 456 da CLT. Precedentes desta Corte superior. 4. Recurso de Revista não conhecido." (RR – 135300-30.2008.5.04.0029, Relator Ministro: Lelio Bentes Corrêa, Data de Julgamento: 27/09/2017, 1ª Turma, Data de Publicação: *DEJT* 29/09/2017).

DURAÇÃO DO TRABALHO

A expressão "duração do trabalho" conceitua um gênero do qual jornada de trabalho, horário de trabalho e descansos trabalhistas são espécies.

> DURAÇÃO ⟶ GÊNERO
> JORNADA, HORÁRIO e DESCANSO ⟶ ESPÉCIES

Jornada de trabalho é o período em que o empregado fica à disposição do empregador, seja prestando serviços ou aguardando suas ordens.

O horário de trabalho compreende as horas em que o empregado efetivamente ficou à disposição do empregador, ou seja, o somatório das horas compreendidas entre o início e o término da jornada, somadas aos intervalos concedidos.

> Art. 4º da CLT. Considera-se como de serviço efetivo o período em que o empregado esteja à disposição do empregador, aguardando ou executando ordens, salvo disposição especial expressamente consignada.

Note que há uma ressalva na parte final do dispositivo. De fato, existem casos em que a lei contabiliza o tempo na jornada, mas não existe trabalho efetivo e tampouco tempo à disposição.

O art. 4º da CLT confirma o conceito trazido por nós sobre jornada de trabalho. Com base nesse conceito, podemos afirmar que, no cálculo da jornada de trabalho, devem ser levados em conta os seguintes elementos: trabalho efetivo; tempo à disposição do empregador (de caráter obrigatório); sobreaviso; e prontidão.

O tempo à disposição do empregador compreende todas as atividades por ele oferecidas, que forem de participação obrigatória do empregado e que contem com controle de presença. Em contrapartida a essa assertiva, temos então que atividades que forem facultativas não se enquadram no conceito de tempo à disposição do empregador e, por consequência, não integram o cálculo da jornada e seus reflexos.

> Art. 4º, § 2º, da CLT. Por não se considerar tempo à disposição do empregador, não será computado como período extraordinário o que exceder a jornada normal, ainda que

ultrapasse o limite de cinco minutos previsto no § 1º do art. 58 desta Consolidação, quando o empregado, por escolha própria, buscar proteção pessoal, em caso de insegurança nas vias públicas ou más condições climáticas, bem como adentrar ou permanecer nas dependências da empresa para exercer atividades particulares, entre outras:

I – práticas religiosas;

II – descanso;

III – lazer;

IV – estudo;

V – alimentação;

VI – atividades de relacionamento social;

VII – higiene pessoal;

VIII – troca de roupa ou uniforme, quando não houver obrigatoriedade de realizar a troca na empresa.

A ideia prevista na modificação do art. 4º da CLT é a de não caracterizar como tempo à disposição do empregador o período em que o empregado estiver no seu local de trabalho para a realização de atividades particulares, sem qualquer espécie de demanda por parte do empregador. Dessa forma, esse período não será incluído na jornada de trabalho e, consequentemente, não será contabilizado para fins de pagamento de horas extras.

O rol elencado no § 2º é meramente exemplificativo, pois o que será determinante para classificar esse período como à disposição do empregador ou não é a natureza da atividade prestada.

A redação contida no texto aprovado, entretanto, deixa dúvidas acerca de sua interpretação, pois mesmo nas hipóteses contidas nos incisos I a VIII pode haver trabalho de fato e, nesses casos, deve ser computado o tempo.

Ademais, a expressão "por sua escolha própria" se refere apenas às situações descritas no § 2º ou também àquelas mencionadas nos incisos? Essas e outras controvérsias surgiram na Justiça do Trabalho.

Seria mais lógico que o legislador invertesse a expressão, de modo a deixar expresso que, se for por imposição do empregador ou se houver de fato trabalho, o tempo será computado como à disposição.

☞ ATENÇÃO!

O texto legal exclui o tempo de troca de uniforme ou de roupa como tempo à disposição, salvo quando houver obrigatoriedade de realizar a troca na empresa, assim como o tempo de lanche e higiene pessoal. Essa regra afronta literalmente a Súmula nº 366 do TST, que será cancelada.

Um detalhe nesse preceito. Note que a troca de roupa ou uniforme não é computada quando não existe obrigação de troca no estabelecimento. Todavia, se houver essa obrigatoriedade, então o tempo deve ser contabilizado na jornada.

Cap. 14 – DURAÇÃO DO TRABALHO

É que existem empresas que não aceitam, seja por uma questão de controle, seja por questões técnicas (como o uso de vestimentas especiais ou critérios de higiene mais rígidos), que o empregado venha diretamente de casa com o uniforme ou roupa especial para o trabalho.

Art. 4º, § 1º, da CLT. Computar-se-ão, na contagem de tempo de serviço, para efeito de indenização e estabilidade, os períodos em que o empregado estiver afastado do trabalho prestando serviço militar e por motivo de acidente do trabalho.

A Reforma Trabalhista introduzida no ordenamento jurídico por força da Lei nº 13.467/2017 aproveitou a oportunidade para atualizar a redação do § 1º vigente, que teve apenas parte do dispositivo vetada.

O sobreaviso e a prontidão estão previstos no art. 244 da CLT e serão vistos mais à frente, quando falarmos de casos especiais de prorrogação da jornada. Aqui apenas faremos a distinção entre os dois institutos. Sobreaviso é o tempo em que o empregado fica em casa aguardando ser chamado a qualquer momento pelo empregador, já prontidão é o tempo em que o empregado fica nas dependências da empresa, esperando as ordens do empregador.

Tanto a prontidão quanto o sobreaviso foram previstos na CLT no capítulo que trata do trabalhador ferroviário, mas esses conceitos têm sido estendidos para as demais categorias de trabalho.

Por fim, a Súmula nº 429 do TST estabelece que o tempo necessário ao deslocamento do trabalhador entre a portaria da empresa e o local de trabalho já é considerado como tempo à disposição do empregador.

Súmula nº 429 do TST – Tempo à disposição do empregador. Art. 4º da CLT. Período De deslocamento entre a portaria e o local de trabalho – Resolução nº 174/2011, *DEJT* divulgado em 27, 30 e 31/05/2011. Considera-se à disposição do empregador, na forma do art. 4º da CLT, o tempo necessário ao deslocamento do trabalhador entre a portaria da empresa e o local de trabalho, desde que supere o limite de 10 (dez) minutos diários.

☞ ATENÇÃO!

Precisamos aguardar o posicionamento do TST no tocante à sua jurisprudência. Contudo, nesse primeiro momento pós-reforma trabalhista, entendemos que foi excluído da jornada de trabalho o tempo despendido pelo empregado desde a sua residência até o local de trabalho. Logo, o tempo gasto pelo trabalhador do portão da empresa até o local de trabalho não será também contado, revogando o entendimento da Súmula nº 429 do TST.

Outra peculiaridade refere-se aos cursos que o empregado frequenta e que são relacionados ao trabalho. Seria o tempo de curso considerado na jornada? A resposta depende da obrigatoriedade ou facultatividade do curso.

Se o curso for obrigatório, o empregado apenas cumpre uma determinação patronal, devendo o tempo de curso ser computado na jornada.

(...) HORAS EXTRAS. PARTICIPAÇÃO EM CURSOS. Esta Corte Superior já firmou o entendimento de que o período destinado para realização de cursos obrigatórios de aperfeiçoamento, quando ultrapasse o limite máximo da jornada, deve ser remunerado como labor extraordinário, por se tratar de tempo à disposição do empregador (artigo 4º da CLT). Precedentes. (...) (Ag-RR-20429-61.2014.5.04.0292, 7ª Turma, Relator Ministro: Cláudio Mascarenhas Brandão, *DEJT* 22/02/2019).

Por outro lado, se o curso for facultativo, então seu tempo não é computado na jornada de trabalho:

(...) 2 – HORAS EXTRAS. TEMPO GASTO NA PARTICIPAÇÃO EM CURSO DE APERFEIÇOAMENTO PELA INTERNET. 2.1. Esta Corte possui o entendimento de que a participação facultativa em curso oferecido pelo empregador não enseja a condenação ao pagamento de horas extras, pois o empregado não se encontra à disposição da empresa. (...) (RR – 4744-09.2012.5.12.0018, Relatora Ministra: Delaíde Miranda Arantes, Data de Julgamento: 04/09/2018, 2ª Turma, Data de Publicação: *DEJT* 14/09/2018).

> ☞ **ATENÇÃO!**
>
> Para a regra do professor, trazida pelo TST no Informativo nº 88: o intervalo para o recreio dos alunos de uma escola é considerado como tempo à disposição do empregador. Observe: Professor. Intervalo para recreio. Tempo à disposição do empregador. "O intervalo entre as aulas, conhecido como recreio, é considerado tempo à disposição do empregador, nos termos do art. 4º da CLT, pois o professor permanece no estabelecimento de ensino, aguardando ou executando ordens. Com esse entendimento, a SBDI-I, à unanimidade, conheceu dos embargos da reclamante, por divergência jurisprudencial, e, no mérito, deu-lhes provimento para julgar procedente o item 'g' da petição inicial, respeitadas as aulas efetivamente ministradas e a prescrição quinquenal pronunciada na sentença. Ressalvou a fundamentação o Ministro Alexandre Agra Belmonte. TST-E-ED-RR-49900-47.2006.5.09.0007, SBDI-I, rel. Min. Márcio Eurico Vitral Amaro, 04.09.2014".

14.1. JORNADA DE TRABALHO

Superada a questão relativa ao conceito de duração do trabalho e da composição do tempo à disposição do empregador, passaremos a estudar mais especificadamente a questão da jornada de trabalho.

A jornada de trabalho atual, com suas limitações, está prevista e assegurada na Constituição como sendo um dos direitos sociais do trabalhador.

Art. 7º da CF/1988. São direitos dos trabalhadores urbanos e rurais, além de outros que visem à melhoria de sua condição social: (...)

XIII – duração do trabalho normal não superior a oito horas diárias e quarenta e quatro semanais, facultada a compensação de horários e a redução da jornada, mediante acordo ou convenção coletiva;

Cap. 14 – DURAÇÃO DO TRABALHO

XIV – jornada de 6 horas para o trabalho realizado em turnos ininterruptos de revezamento, salvo negociação coletiva;

XVI – remuneração do serviço extraordinário superior, no mínimo, em cinquenta por cento à do normal;

Como o art. 7º, *caput*, da CF assegura a possibilidade de existir outros direitos que melhorem a condição social dos trabalhadores, resta claro que a jornada pode ser inferior. Aliás, existem categorias para as quais a lei prevê jornadas mais vantajosas.

Há casos em que a jornada é, como regra, **máxima de 6 horas diárias**. Veja alguns exemplos:

- CLT (**aprendiz**), Art. 432. A duração do trabalho do aprendiz não excederá de seis horas diárias, sendo vedadas a prorrogação e a compensação de jornada;

  § 1º O limite previsto neste artigo poderá ser de até oito horas diárias para os aprendizes que já tiverem completado o ensino fundamental, se nelas forem computadas as horas destinadas à aprendizagem teórica.

- CLT (**bancário**), Art. 224-A duração normal do trabalho dos empregados em bancos, casas bancárias e Caixa Econômica Federal será de 6 (seis) horas contínuas nos dias úteis, com exceção dos sábados, perfazendo um total de 30 (trinta) horas de trabalho por semana;

  § 2º As disposições deste artigo não se aplicam aos que exercem funções de direção, gerência, fiscalização, chefia e equivalentes ou que desempenhem outros cargos de confiança desde que o valor da gratificação não seja inferior a um terço do salário do cargo efetivo.

- CLT (**mineiros de subsolo**), Art. 293. A duração normal do trabalho efetivo para os empregados em minas no subsolo não excederá de 6 (seis) horas diárias ou de 36 (trinta e seis) semanais;

  Art. 295. A duração normal do trabalho efetivo no subsolo poderá ser elevada até 8 (oito) horas diárias (...), mediante acordo escrito entre empregado e empregador ou contrato coletivo de trabalho, sujeita essa prorrogação à prévia licença da autoridade competente em matéria de higiene do trabalho.

  Parágrafo único. A duração normal do trabalho efetivo no subsolo poderá ser inferior a 6 (seis) horas diárias, por determinação da autoridade de que trata este artigo, tendo em vista condições locais de insalubridade e os métodos e processos do trabalho adotado.

- CLT (**operadores cinematográficos**), Art. 234. A duração normal do trabalho dos operadores cinematográficos e seus ajudantes não excederá de seis horas diárias, assim distribuídas:

  a) 5 (cinco) horas consecutivas de trabalho em cabina, durante o funcionamento cinematográfico;

  b) 1 (um) período suplementar, até o máximo de 1 (uma) hora para limpeza, lubrificação dos aparelhos de projeção, ou revisão de filmes;

- Lei n. 3.270/1957 (**cabineiros de elevador**), Art. 1º. É fixado em seis (6) o número de horas de trabalho diário dos cabineiros de elevador;

- CLT (**telefonistas**), Art. 227. Nas empresas que explorem o serviço de telefonia, telegrafia submarina ou subfluvial, de radiotelegrafia ou de radiotelefonia, fica estabelecida para os respectivos operadores a duração máxima de seis horas contínuas de trabalho por dia ou 36 (trinta e seis) horas semanais.

Art. 229. Para os empregados sujeitos a horários variáveis, fica estabelecida a duração máxima de 7 (sete) horas diárias de trabalho e 17 (dezessete) horas de folga, deduzindo-se deste tempo 20 (vinte) minutos para descanso, de cada um dos empregados, sempre que se verificar um esforço contínuo de mais de 3 (três) horas.

Vale a pena mencionar que a jornada dos telefonistas é aplicável mesmo que a empresa empregadora não seja uma empresa de telefonia:

> Súmula n. 178 do TST TELEFONISTA. ART. 227, E PARÁGRAFOS, DA CLT. APLICABILIDADE (mantida) – Res. 121/2003, DJ 19, 20 e 21.11.2003. É aplicável à telefonista de mesa de empresa que não explora o serviço de telefonia o disposto no art. 227, e seus parágrafos, da CLT.

Assim, mesmo que o empregador seja uma indústria ou uma loja, a telefonista empregada possui a jornada especial de 6 horas diárias.

O **operador de telemarketing** possui também direito à jornada especial, sobretudo diante da semelhança do desgaste que sofre:

> (...) VENDAS POR TELEFONE. OPERADOR DE TELEMARKETING. DIREITO À JORNADA REDUZIDA DOS EMPREGADOS TELEFONISTAS. O Tribunal Regional deu provimento parcial ao recurso ordinário da reclamada para afastar o pagamento da 7ª e 8ª horas como extras, sob o fundamento de que o trabalho de vendas por telefone não tem previsão legal. Esta Corte Superior, após o cancelamento da OJ 273 da SBDI-1 do TST, firmou entendimento no sentido de que o operador de telemarketing está sujeito à jornada reduzida dos empregados telefonistas, na forma do art. 227 da CLT e do Anexo II da NR 17 do MTE, em face da similitude do desgaste físico e mental inerente a essas funções. Assim, delimitado no acórdão regional que o trabalho do autor consistia na realização de vendas por telefone, tem direito à jornada de trabalho reduzida de seis horas diárias e 36 horas semanais, conforme determinado na sentença, nos moldes do art. 227 da CLT. Precedentes. Recurso de revista conhecido e provido. (...) (RR-533-81.2012.5.02.0090, 2ª Turma, Relatora Ministra: Maria Helena Mallmann, *DEJT* 13/09/2019).

Há outros casos em que a jornada é, como regra, máxima de 5 horas diárias. Confira algumas hipóteses:

- Lei n. 3.857/1960 (**músicos profissionais**), Art. 41. A duração normal do trabalho dos músicos não poderá exceder de 5 (cinco) horas, excetuados os casos previstos nesta lei;

  § 1º O tempo destinado aos ensaios será computado no período de trabalho.

  Art. 42. A duração normal do trabalho poderá ser elevada:

  I – a 6 (seis) horas, nos estabelecimentos de diversões públicas, tais como cabarés, boates, dancings, táxi-dancings, salões de danças e congêneres, onde atuem 2 (dois) ou mais conjuntos.

  II – excepcionalmente, a 7 (sete) horas, nos casos de força maior, ou festejos populares e serviço reclamado pelo interesse nacional.

- Lei n. 6.615/1978 (**locutores de rádio**) Art. 18. A duração normal do trabalho do Radialista é de:

  I – 5 (cinco) horas para os setores de autoria e de locução;

Cap. 14 – DURAÇÃO DO TRABALHO

- CLT (**jornalistas profissionais**), Art. 303. A duração normal do trabalho dos empregados compreendidos nesta Seção não deverá exceder de 5 (cinco) horas, tanto de dia como à noite.

Art. 304. Poderá a duração normal do trabalho ser elevada a 7 (sete) horas, mediante acordo escrito, em que se estipule aumento de ordenado, correspondente ao excesso do tempo de trabalho, em que se fixe um intervalo destinado a repouso ou a refeição.

Registre-se que, quanto aos jornalistas, **não importa** se o empregador é uma empresa jornalística, bastando que o empregado atue como efetivo jornalista:

OJ 407 da SDI-I do TST JORNALISTA. EMPRESA NÃO JORNALÍSTICA. JORNADA DE TRABALHO REDUZIDA. ARTS. 302 E 303 DA CLT. (*DEJT* divulgado em 22, 25 e 26.10.2010). O jornalista que exerce funções típicas de sua profissão, independentemente do ramo de atividade do empregador, tem direito à jornada reduzida prevista no artigo 303 da CLT.

Como se nota, além da CLT, é natural a existência de leis especiais que tratam de profissões e, com isso, trazem regras especiais de jornada diferentes da jornada padrão. Isso também ocorre com os advogados.

No caso do advogado empregado, por exemplo, a **jornada máxima é de 4 horas diárias**, salvo se foi fixada dedicação exclusiva ou outra jornada foi estipulada em norma coletiva:

Lei n. 8.906/1994, Art. 20. A jornada de trabalho do advogado empregado, no exercício da profissão, não poderá exceder a duração diária de quatro horas contínuas e a de vinte horas semanais, salvo acordo ou convenção coletiva ou em caso de dedicação exclusiva.

A **dedicação exclusiva** exige que haja previsão expressa no contrato de trabalho. Essa lógica deriva do art. 12 do Regulamento Geral da OAB:

Regulamento Geral da OAB

Art. 12. Para os fins do art. 20 da Lei n. 8.906/94, considera-se de dedicação exclusiva o regime de trabalho que for expressamente previsto em contrato individual de trabalho.

Parágrafo único. Em caso de dedicação exclusiva, serão remuneradas como extraordinárias as horas trabalhadas que excederem a jornada normal de oito horas diárias.

☞ ATENÇÃO!

Quando existe dedicação exclusiva, a jornada passa a ser de 8 horas diárias.

Contudo, vale um destaque! Se houver um **edital de concurso público** para o cargo de **advogado** e houver previsão de jornada de 8 horas diárias, isso equivale à dedicação exclusiva, porquanto, ao aceitar fazer o concurso, o trabalhador aceita as regras:

(...) ADVOGADO EMPREGADO. APROVAÇÃO EM CONCURSO PÚBLICO. JORNADA DE TRABALHO DE OITO HORAS DIÁRIAS E QUARENTA HORAS SEMANAIS. PREVISÃO EXPRESSA NO EDITAL DO CERTAME. EQUIVALÊNCIA AO REGIME DE DEDICAÇÃO EXCLUSIVA. 1. A

Segunda Turma concluiu ser inaplicável à hipótese o disposto no artigo 20 da Lei n. 8.906/94, quanto à jornada de trabalho de quatro horas diárias, uma vez que o edital do concurso público, prevendo jornada de trabalho de oito horas diárias e quarenta semanais, integra o contrato de trabalho, e, via de consequência, equivale ao regime de dedicação exclusiva. 2. Tem-se, portanto, que, ao aderir aos termos do edital do certame, a autora concordou com as disposições ali contidas, inclusive no tocante à previsão de jornada de oito horas diárias e quarenta semanais, pelo que não há cogitar de ausência de previsão expressa ou anuência ao regime de dedicação exclusiva, sobretudo porque, conforme asseverado pela Turma, o princípio da vinculação ao edital torna suas disposições integrantes do contrato de trabalho firmado com a administração pública, em ordem a inviabilizar o pedido de horas extras além da quarta diária. Recurso de embargos conhecido e desprovido (E-ED-RR-700-16.2008.5.11.0017, Subseção I Especializada em Dissídios Individuais, Relator Ministro: Walmir Oliveira da Costa, *DEJT* 09/10/2020).

Por fim, sobre a jornada dos advogados, recorde-se que essa regra do estatuto da OAB **não se aplica** aos advogados empregados públicos:

Lei n. 9.527/1997, Art. 4º As disposições constantes do Capítulo V, Título I, da Lei n. 8.906, de 4 de julho de 1994, não se aplicam à Administração Pública direta da União, dos Estados, do Distrito Federal e dos Municípios, bem como às autarquias, às fundações instituídas pelo Poder Público, às empresas públicas e às sociedades de economia mista.

Interessante observar que, em algumas vezes, a lei traz apenas a jornada máxima semanal inferior a 44 horas, mas não especifica qual seria a máxima diária, o que atrai a regra máxima de 8 horas por dia (art. 7º, XIII, da CF):

- Lei n. 8.856/1994 (**fisioterapeutas**), Art. 1º. Os profissionais Fisioterapeuta e Terapeuta Ocupacional ficarão sujeitos à prestação máxima de 30 horas semanais de trabalho;

- Lei n. 7.394/1985 (**técnicos em radiologia**), Art. 14. A jornada de trabalho dos profissionais abrangidos por esta Lei será de 24 (vinte e quatro) horas semanais.

Salienta-se, ainda, que a **norma coletiva**, o **regulamento de empresa** e o **contrato de trabalho** também podem estipular jornadas inferiores à jornada padrão.

Algumas vezes, o legislador não cria uma jornada especial, mas simplesmente cria um valor remuneratório mínimo para certa quantidade de horas diárias. Foi o que ocorreu com os médicos e com os engenheiros:

Lei n. 3.999/61, Art. 2º A classificação de atividades ou tarefas, desdobrando-se por funções, será a seguinte:

a) médicos (seja qual for a especialidade);

b) auxiliares (auxiliar de laboratorista e radiologista e internos).

Art. 5º Fica fixado o salário mínimo dos médicos em quantia igual a três vezes e o dos auxiliares a duas vezes mais o salário mínimo comum das regiões ou sub-regiões em que exercerem a profissão.

Art. 8º A duração normal do trabalho, salvo acordo escrito que não fira de modo algum o disposto no artigo 12, será:

Cap. 14 – DURAÇÃO DO TRABALHO

a) para médicos, no mínimo de duas horas e no máximo de quatro horas diárias;

b) para os auxiliares será de quatro horas diárias.

Lei n. 4.950-A/66, Art. 3° Para os efeitos desta Lei as atividades ou tarefas desempenhadas pelos profissionais enumerados no art. 1° são classificadas em:

a) atividades ou tarefas com exigência de 6 (seis) horas diárias de serviço;

b) atividades ou tarefas com exigência de mais de 6 (seis) horas diárias de serviço.

Parágrafo único. A jornada de trabalho é a fixada no contrato de trabalho ou determinação legal vigente.

Art. 4° Para os efeitos desta Lei, os profissionais citados no art. 1° são classificados em:

a) diplomados pelos cursos regulares superiores mantidos pelas Escolas de Engenharia, de Química, de Arquitetura, de Agronomia e de Veterinária com curso universitário de 4 (quatro) anos ou mais;

b) diplomados pelos cursos regulares superiores mantidos pelas Escolas de Engenharia, de Química, de Arquitetura, de Agronomia e de Veterinária com curso universitário de menos de 4 (quatro) anos.

Art. 5° Para a execução das atividades e tarefas classificadas na alínea a do art. 3°, fica fixado o salário-base mínimo de 6 (seis) vezes o maior salário mínimo comum vigente no País, para os profissionais relacionados na alínea "a" do art. 4°, e de 5 (cinco) vezes o maior salário mínimo comum vigente no País, para os profissionais da alínea "b" do art. 4°.

Dessa forma, os médicos possuem direito a 3 (três) salários-mínimos para cada 4 horas de trabalho, ao passo que os engenheiros fazem jus a 4 (quatro) salários-mínimos para cada 6 horas de trabalho. Contudo, a jornada diária continua sendo a padrão de 8 horas.

A CLT seguiu os preceitos constitucionais e, em seu art. 58, fixou como regra o limite máximo da jornada diária do empregado como sendo de 8 horas.

Art. 58 da CLT. A duração normal do trabalho, para os empregados em qualquer atividade privada, não excederá de oito horas diárias, desde que não seja fixado expressamente outro limite. (...)

§ 2° O tempo despendido pelo empregado desde a sua residência até a efetiva ocupação do posto de trabalho e para o seu retorno, caminhando ou por qualquer meio de transporte, inclusive o fornecido pelo empregador, não será computado na jornada de trabalho, por não ser tempo à disposição do empregador.

A redação do art. 58, § 2°, da CLT que estudávamos antes da Reforma Trabalhista foi inspirada pela maciça jurisprudência que interpretava extensivamente o art. 4° da CLT e que está retratada nas Súmulas nos 90 e 320 do TST.

O texto atual sepulta as horas *in intinere* porque desconsidera o tempo gasto pelo empregado no transporte casa-trabalho e vice-versa, independentemente do fornecimento, pelo patrão, da condução e do local onde se situa a empresa.

A medida importa em retrocesso social e supressão de direitos arduamente conquistados pelos trabalhadores.

14.1.1. Espécies de jornadas

14.1.1.1. Turnos ininterruptos de revezamento

O turno ininterrupto de revezamento pressupõe uma continuidade da atividade empresarial e da prestação de serviços pelos empregados que, ao se revezarem, fazem com que, em qualquer momento, haja um trabalhador laborando.

A ideia é a seguinte: a empresa funciona 24 horas e os empregados se revezam, ou seja, ora trabalham pela manhã, ora pela tarde, ora pela noite.

 ATENÇÃO!

Para poder configurar o turno ininterrupto de revezamento, deve necessariamente haver **alternância de horários**. O mesmo empregado tem de trabalhar ora pela manhã, ora pela tarde, ora pela noite, sempre observado o intervalo interjornada.

O TST entende que esse revezamento pode ser feito apenas em dois turnos, desde que compreendam, no todo ou em parte, o horário diurno e o noturno.

> OJ nº 360 da SDI-I do TST – Turno ininterrupto de revezamento. Dois turnos. Horário diurno e noturno. Caracterização (DJ de 14/03/2008). Faz jus à jornada especial prevista no art. 7º, XIV, da CF/1988 o trabalhador que exerce suas atividades em sistema de alternância de turnos, ainda que em dois turnos de trabalho, que compreendam, no todo ou em parte, o horário diurno e o noturno, pois submetido à alternância de horário prejudicial à saúde, sendo irrelevante que a atividade da empresa se desenvolva de forma ininterrupta.

> **Exemplo:** Marcos, empregado de uma grande siderúrgica, labora os primeiros 15 dias do mês de janeiro no período diurno e, nos outros 15 dias, é transferido para o período noturno.

Observe que a mera alternância (diurno e noturno) já caracteriza a jornada especial em turnos ininterruptos de revezamento, não sendo obrigatório o labor em todos os períodos disponíveis na empresa.

De acordo com o inciso XIV do art. 7º da CF/1988, o limite da jornada diária para os empregados que trabalham em turnos ininterruptos de revezamento é de 6 horas, salvo negociação coletiva. No entanto, a negociação coletiva não poderá estabelecer uma jornada superior às 8 horas previstas na jornada normal.

> Súmula nº 423 do TST – Turno ininterrupto de revezamento. Fixação de jornada de trabalho mediante negociação coletiva. Validade (conversão da Orientação Jurisprudencial nº 169 da SBDI-1) Resolução nº 139/2006 – DJ de 10, 11 e 13/10/2006). Estabelecida jornada superior a seis horas e limitada a oito horas por meio de regular negociação coletiva, os empregados submetidos a turnos ininterruptos de revezamento não têm direito ao pagamento da 7ª e da 8ª horas como extras.

No entanto, não pode a norma coletiva fixar jornada superior a 8 horas diárias, sob pena de invalidade da cláusula, quando então serão devidas as horas extras a partir da sétima hora diária trabalhada (isto é, além da sexta hora diária):

"(...) II – RECURSO DE REVISTA. HORAS EXTRAS. TURNOS ININTERRUPTOS DE REVEZAMENTO. ESCALA DE 4X4. FIXAÇÃO DE JORNADA DE DOZE HORAS POR MEIO DE NEGOCIAÇÃO COLETIVA. IMPOSSIBILIDADE. (...) A mesma Constituição, que consagra acordos e convenções coletivas de trabalho, fixa direitos mínimos para a classe trabalhadora, exigindo a proteção da dignidade da pessoa humana e dos valores sociais do trabalho. Esta proteção não pode subsistir sem a reserva de direitos mínimos, infensos à redução ou supressão por particulares e categorias. Em tal área, garantidas estão as normas que disciplinam a jornada. Com fundamento no art. 7º, XIV, da Constituição, a jurisprudência autoriza a majoração da jornada, em caso de turnos ininterruptos de revezamento, desde que prevista em negociação coletiva e limitada a oito horas diárias (Súmula n. 423 do TST). Assim, não há como reputar válida cláusula de acordo ou convenção coletiva de trabalho que preveja jornada superior a oito horas em turnos ininterruptos de revezamento, sendo devidas as horas laboradas além da sexta diária. Recurso de revista conhecido e provido" (RR-207-02.2018.5.12.0004, 3ª Turma, Relator Ministro: Alberto Luiz Bresciani de Fontan Pereira, *DEJT* 29/05/2020).

E mesmo que a norma coletiva fixe jornada de 8 horas diárias, haverá direito às horas extras se o trabalho passar a jornada, sendo as horas extras devidas além da sexta diária trabalhada:

"(...) TURNO ININTERRUPTO DE REVEZAMENTO (ESCALA 4x2x4). NORMA COLETIVA QUE PREVÊ JORNADA DIÁRIA DE 8 HORAS. PRESTAÇÃO HABITUAL DE HORAS EXTRAS. LABOR NOS DIAS DE FOLGA. (...) 3 – Nos termos da Súmula n. 423 do TST, somente se admite a exclusão do direito ao pagamento como extras das horas excedentes da sexta diária, quando, além de haver previsão expressa em norma coletiva acerca do elastecimento da jornada, seja respeitado o limite de oito horas, sob pena de se tornar ineficaz a própria norma coletiva. 4 – Assim, tal como decidido monocraticamente, o elastecimento da jornada para além da oitava hora, como no caso em exame, torna ineficaz a norma coletiva e é devido ao reclamante o pagamento das horas extras a partir da 6ª diária e 36ª semanal, e o conhecimento do recurso encontraria óbice no art. 896, §7º, da CLT e na Súmula n. 333 do TST. 5 – Agravo a que se nega provimento." (Ag-RR-1000296-43.2017.5.02.0029, 6ª Turma, Relatora Ministra: Katia Magalhães Arruda, *DEJT* 05/06/2020).

O TST também já se posicionou em relação a outros direitos do empregado que trabalha em regime de turnos ininterruptos de revezamento. Vejamos algumas das jurisprudências dessa Corte:

Ininterrupta é a atividade da empresa, e não o trabalho do empregado. Ou seja, a concessão do intervalo para descanso e refeição não descaracteriza o turno ininterrupto de revezamento.

Súmula nº 360 do TST – Turnos ininterruptos de revezamento. Intervalos intrajornada e semanal (mantida). Resolução nº 121/2003, *DJ* de 19, 20 e 21/11/2003. A interrupção do trabalho destinada a repouso e alimentação, dentro de cada turno, ou o intervalo para repouso semanal, não descaracteriza o turno de revezamento com jornada de 6 (seis) horas previsto no art. 7º, XIV, da CF/1988.

No mesmo sentido, a Súmula n° 675 do STF determina que: "Os intervalos fixados para descanso e alimentação durante a jornada de seis horas não descaracterizam o sistema de turnos ininterruptos de revezamento para o efeito do art. 7°, XIV, da Constituição".

O enquadramento do empregado em turnos ininterruptos de revezamento não exclui as vantagens do trabalho noturno, inclusive o cômputo da hora noturna.

> OJ n° 395 da SDI-I do TST – Turno ininterrupto de revezamento. Hora noturna reduzida. Incidência (*DEJT* divulgado em 9, 10 e 1°/06/2010). O trabalho em regime de turnos ininterruptos de revezamento não retira o direito à hora noturna reduzida, não havendo incompatibilidade entre as disposições contidas nos arts. 73, § 1°, da CLT e 7°, XIV, da Constituição Federal.

> OJ n° 396 da SDI-I – Turnos ininterruptos de revezamento. Alteração da jornada de 8 para 6 horas diárias. Empregado horista. Aplicação do divisor 180. (*DEJT* divulgado em 9, 10 e 11/06/2010). Para o cálculo do salário-hora do empregado horista, submetido a turnos ininterruptos de revezamento, considerando a alteração da jornada de 8 para 6 horas diárias, aplica-se o divisor 180, em observância ao disposto no art. 7°, VI, da Constituição Federal, que assegura a irredutibilidade salarial.

Registre-se que esse direito a uma jornada especial, por evidente, também se estende aos ferroviários:

OJ n° 274 da SDI-I do TST – Turno ininterrupto de revezamento. Ferroviário. Horas extras devidas (inserida em 27/09/2002). O ferroviário submetido a escalas variadas, com alternância de turnos, faz jus à jornada especial prevista no art. 7°, XIV, da CF/1988.

Atente-se para o fato de que, independentemente da forma de remuneração do empregado (diarista, quinzenal, mensal ou horista), se laborar em turnos ininterruptos de revezamento, terá direito a jornada reduzida de 6 horas, salvo se houver negociação coletiva aumentando para 8 horas.

OJ n° 275 da SDI-I do TST – Turno ininterrupto de revezamento. Horista. Horas extras e adicional. Devidos (inserida em 27/09/2002). Inexistindo instrumento coletivo fixando jornada diversa, o empregado horista submetido a turno ininterrupto de revezamento faz jus ao pagamento das horas extraordinárias laboradas além da 6ª, bem como ao respectivo adicional.

O TST decidiu que o empregado submetido a turnos ininterruptos de revezamento com jornada de 8 horas, em virtude de norma coletiva, não pode prestar serviços após essa jornada para fins de compensação.

> Turnos ininterruptos de revezamento. Norma coletiva. Extensão da jornada para além da oitava hora. Adoção de regime de compensação semanal. Invalidade. Art. 7°, XIV, da CF e Súmula n° 423 do TST. Nos termos do art. 7°, XIV, da CF e da Súmula n° 423 do TST, não é válida cláusula de instrumento normativo que estipula jornada superior a oito horas em turnos ininterruptos de revezamento, ainda que a extrapolação do limite diário decorra da adoção de regime de compensação semanal, com vistas à supressão

da realização de trabalho aos sábados. Na hipótese, não se admite a majoração da jornada para além da oitava hora, pois a alternância de jornadas diurnas e noturnas a que submetidos os empregados em turnos ininterruptos de revezamento é particularmente gravosa, causando-lhes prejuízos à saúde, à vida social e à organização de atividades extraprofissionais. Com base nesse entendimento, a SBDI-I, por unanimidade, conheceu dos embargos, por contrariedade à Súmula nº 423 do TST, e, no mérito, por maioria, deu-lhes provimento para, reconhecendo a invalidade da cláusula coletiva que prevê jornada superior ao limite de oito horas fixado, condenar a reclamada ao pagamento das horas laboradas além da sexta diária (art. 7º, XIV, da CF), ficando restabelecida a sentença quanto à forma de apuração das referidas horas. Vencidos os Ministros Dora Maria da Costa, Brito Pereira, Renato de Lacerda Paiva e Aloysio Corrêa da Veiga TST-EED-ARR-483-91.2010.5.03.0027, SBDI-I, rel. Min. Alberto Luiz Bresciani de Fontan Pereira, 11/04/2013 (Informativo nº 42 do TST).

Ressalte-se, ainda, que não cabe fixação, via norma coletiva, do regime de jornada 12 x 36 (doze horas de trabalho para trinta e seis de descanso) para o labor em turnos ininterruptos de revezamento, sob pena de a empresa ser condenada a pagar horas extras e reflexos a partir da 9ª hora trabalhada.

Regime 12x36 e turnos ininterruptos de revezamento. Alternância. Invalidade da norma coletiva. Contrariedade à Súmula nº 423 do TST. Horas extras. Devidas. Conforme disciplina a Súmula nº 423 do TST, a prorrogação da jornada em turnos ininterruptos de revezamento somente é possível até o limite de oito horas diárias. Assim sendo, contraria o referido verbete a decisão que considera válidos os instrumentos coletivos que, alternando o regime de 12x36 com os turnos ininterruptos de revezamento, estabeleceram escala de quatro tempos, com jornada de 7h às 19h em dois dias da semana, 19h às 7h, em dois dias, folgando o empregado, além do dia no qual deixou o trabalho, mais três dias. Com base nessas premissas, a SBDI-I, à unanimidade, conheceu do recurso de embargos do reclamante, por contrariedade à Súmula nº 423 do TST, e, no mérito, deu-lhe provimento para julgar procedente o pedido de condenação em horas extraordinárias e reflexos a partir da 9ª hora laborada. TST-E-ED-RR-174500-06.2009.5.03.0007, SBDI-I, rel. Min. Augusto César Leite de Carvalho, 18/09/2014 (Informativo nº 90 do TST).

O empregador poderá alterar o contrato de trabalho, transferindo um empregado que labora em turnos ininterruptos para um turno fixo, sem que isso configure alteração contratual ilícita.

Turno ininterrupto de revezamento. Alteração para turno fixo. Retaliação por negociação coletiva frustrada. Abuso do *jus variandi* do empregador. A alteração do turno ininterrupto de revezamento para turno fixo de oito horas, em tese, é benéfica aos empregados, pois a alternância entre turnos diurnos e noturnos é notoriamente gravosa à saúde e à vida social. Entretanto, a referida modificação é inválida e configura abuso do *jus variandi* do empregador quando levada a efeito unilateralmente, sem a observância dos princípios da isonomia e da proporcionalidade, e com o fim de retaliar os empregados em razão da não aceitação da proposta de prorrogação do acordo coletivo autorizando o trabalho em turnos ininterruptos de oito horas. Com esse entendimento, a SBDI-I, por maioria, vencidos os Ministros Maria de Assis Calsing, relatora, Augusto César Leite de Carvalho, Ives Gandra Martins Filho, Lelio Bentes Corrêa e Aloysio Corrêa da Veiga, conheceu dos embargos da reclamada, por divergência jurisprudencial, e, no mérito, ainda por maioria, negou-lhes provimento, mantendo a decisão do Regional que determinou o retorno dos empregados ao sistema de turnos ininterruptos de seis horas, ante a falta de negociação coletiva para a prorrogação da jornada. Vencidos os Ministros Brito Pereira, João Oreste Dalazen, Ives Gandra da Silva Martins Filho e Renato de Lacerda Paiva. TST-E-ED-RR-34700-84.2004.5.03.0088, SBDI-I, rel. Min. Maria de Assis Calsing, 29/08/2013 (Informativo nº 57 do TST).

Por fim, não esqueça! Norma coletiva não tem o condão de regulamentar situação pretérita para o empregador que não quitou, de forma correta, as horas laboradas além da 6ª diária do turno ininterrupto de revezamento.

OJ nº 420 da SDI-I do TST. Turnos ininterruptos de revezamento. Elastecimento da jornada de trabalho. Norma coletiva com eficácia retroativa. Invalidade. (*DEJT* divulgado em 28 e 29/06/2012 e 02/07/2012). É inválido o instrumento normativo que, regularizando situações pretéritas, estabelece jornada de oito horas para o trabalho em turnos ininterruptos de revezamento.

14.1.1.2. Trabalho em regime de tempo parcial

O trabalho em regime de tempo parcial é aquele em que a quantidade de horas semanais respeita um limite menor do que o normal, com base em critério fixado pelo legislador:

Considera-se jornada em regime de tempo parcial aquela cuja duração não exceda 26 ou 30 horas semanais. Esse é o conceito trazido pelo art. 58-A da CLT, que passaremos a analisar.

Art. 58-A. Considera-se trabalho em regime de tempo parcial aquele cuja duração não exceda a trinta horas semanais, sem a possibilidade de horas suplementares semanais, ou, ainda, aquele cuja duração não exceda a vinte e seis horas semanais, com a possibilidade de acréscimo de até seis horas suplementares semanais.

§ 1º O salário a ser pago aos empregados sob o regime de tempo parcial será proporcional à sua jornada, em relação aos empregados que cumprem, nas mesmas funções, tempo integral.

A Reforma Trabalhista altera o contrato por tempo parcial de 25 horas semanais para 26 ou 30 horas semanais. Data máxima vênia, a medida é desprezível, pois há muito tempo se admite o pagamento do salário de forma proporcional ao tempo trabalhado (OJ nº 358, I da SDI-I, do TST).

Pelo amor ao debate, vale ainda destacar que as leis que fixam o salário mínimo já apontam o valor hora, dia e mês, justamente para atender aos que trabalham menos que as 44 horas semanais, de maneira que seu pagamento seja proporcional ao tempo trabalhado.

Cap. 14 – DURAÇÃO DO TRABALHO

☞ **ATENÇÃO!**

A nova redação do art. 58-A da CLT pode gerar a interpretação de não ser mais possível contratar empregados para trabalhar mais de 30 horas semanais e menos de 44 horas e receber de forma proporcional.

Pelo texto aprovado, somente os contratos com jornada de até 26 horas semanais poderão ser objeto de horas extras, o que não se aplica aos contratos de até trinta horas semanais.

Apesar de não ter se referido ao limite máximo diário, entendemos que deve ser respeitada a regra geral, isto é, de oito horas diárias.

☞ **ATENÇÃO!**

O regime de tempo parcial pode ser adotado em qualquer atividade, inclusive para o trabalho doméstico (LC nº 150/2015).

Cuidado com o empregado doméstico. Para ele, a jornada do regime em tempo parcial é de, no máximo, de 25 horas semanais, podendo ser realizada 1 hora extra por dia e, ainda assim, desde que a jornada diária não passe de 6 horas totais:

LC n. 150/2015, Art. 3º Considera-se trabalho em regime de tempo parcial aquele cuja duração não exceda 25 (vinte e cinco) horas semanais.

§ 1º O salário a ser pago ao empregado sob regime de tempo parcial será proporcional a sua jornada, em relação ao empregado que cumpre, nas mesmas funções, tempo integral.

§ 2º A duração normal do trabalho do empregado em regime de tempo parcial poderá ser acrescida de horas suplementares, em número não excedente a 1 (uma) hora diária, mediante acordo escrito entre empregador e empregado, aplicando-se-lhe, ainda, o disposto nos §§ 2º e 3º do art. 2º, com o limite máximo de 6 (seis) horas diárias.

O salário pago aos empregados sob o regime de tempo parcial será proporcional à sua jornada. Repita essa regra várias vezes para não esquecer.

OJ nº 358 da SDI-I do TST. Salário mínimo e piso salarial proporcional à jornada reduzida. Empregado. Servidor público (redação alterada na sessão do Tribunal Pleno realizada em 16/02/2016) – Res. 202/2016, *DEJT* divulgado em 19, 22 e 23/02/2016. I – Havendo contratação para cumprimento de jornada reduzida, inferior à previsão constitucional de oito horas diárias ou quarenta e quatro semanais, é lícito o pagamento do piso salarial ou do salário mínimo proporcional ao tempo trabalhado. II – Na Administração Pública direta, autárquica e fundacional não é válida remuneração de empregado público inferior ao salário mínimo, ainda que cumpra jornada de trabalho reduzida. Precedentes do Supremo Tribunal Federal.

§ 2º Para os atuais empregados, a adoção do regime de tempo parcial será feita mediante opção manifestada perante a empresa, na forma prevista em instrumento decorrente de negociação coletiva.

O § 2º do art. 58-A aborda a questão da adoção do regime de tempo parcial pelos empregados que já trabalhem na empresa no regime normal. Para que essa alteração se concretize, é necessário que cada "atual" empregado manifeste livremente a sua opção pela mudança e, consequentemente, passagem do regime integral para o regime de tempo parcial, além do que deve ser observada a forma prevista em instrumento coletivo.

 ATENÇÃO!

O regime de tempo parcial deverá ser anotado na CTPS do empregado.

O limite diário de labor pode ser de até 8 horas. O que caracteriza o regime é a duração semanal.

Exemplo: Mariana trabalha 3 dias por semana, cumprindo jornada de 8 horas; ela será enquadrada no regime de tempo parcial, pois labora 24 horas semanais.

A Reforma Trabalhista iguala o gozo de férias dos empregados sob esse regime aos empregados contratados por prazo determinado, permitindo, ainda, a conversão de um terço do período de férias em dinheiro, o chamado abono pecuniário.

14.1.2. Variações de horários – minutos que antecedem ou sucedem a jornada

Estabelece o § 1º do art. 58 da CLT que: "Não serão descontadas nem computadas como jornada extraordinária as variações de horário no registro de ponto não excedentes de 5 minutos, observado o limite máximo de 10 minutos diários".

Uma vez registrado o ponto, não se pode considerar que qualquer variação mínima no registro (**atraso de poucos minutos** ou a existência de **trabalho a mais de poucos minutos**) possa gerar efeitos trabalhistas. Logo, essas variações mínimas (**5 minutos em cada registro**) não servem nem para contabilizar horas extras nem para se admitir descontos do empregado:

ATENÇÃO!

A lei quis dizer que são toleradas as variações de horário que não excedam cinco minutos antes da jornada e cinco minutos depois da jornada. O limite de dez minutos será a soma desses dois prazos de cinco minutos;

> caso contrário o tempo será considerado como hora extra, mesmo que inferior a esse limite.

Exemplo: o horário de trabalho de João é de 8 às 17 horas, com uma hora de intervalo intrajornada. Se João registrar sua entrada às 7h58 e sua saída às 17h04, não há que se falar em horas extras. Nesse caso foi respeitado tanto o limite de cinco minutos em cada registro como o limite máximo de dez minutos. Mas observe: Se João registrar sua entrada às 8h e sua saída às 17h07, ele terá direito a percepção de sete minutos de hora extra. Nessa última hipótese, o registro da entrada respeitou os cinco minutos e a soma dos registros não excedeu o limite máximo de dez minutos; contudo, o registro da saída desrespeitou o limite de cinco minutos e, assim, João fará jus ao recebimento das horas extras.

O TST entendia, **antes da Reforma Trabalhista**, que as atividades de higienização, troca de uniforme e alimentação eram preparatórias para o trabalho e deviam ser consideradas na jornada de trabalho como tempo à disposição do empregador:

> Súmula nº 366 do TST. Cartão de ponto. Registro. Horas extras. Minutos que antecedem e sucedem a jornada de trabalho (nova redação) – Res. 197/2015 – *DEJT* divulgado em 14, 15 e 18.05.2015. Não serão descontadas nem computadas como jornada extraordinária as variações de horário do registro de ponto não excedentes de cinco minutos, observado o limite máximo de dez minutos diários. Se ultrapassado esse limite, será considerada como extra a totalidade do tempo que exceder a jornada normal, pois configurado tempo à disposição do empregador, não importando as atividades desenvolvidas pelo empregado ao longo do tempo residual (troca de uniforme, lanche, higiene pessoal etc.).

Todavia, como já mencionamos, a Reforma Trabalhista (Lei n. 13.467/17) promoveu uma alteração profunda nesse ponto, visto que expressamente afasta a contagem do tempo mencionado, não o considerando trabalho.

Surge, então, um questionamento: poderia a norma coletiva aumentar os minutos residuais (para mais 5 minutos antes e depois da jornada)? O TST classicamente entende de forma negativa, conforme Súmula n. 449:

> Súmula nº 449 do TST. Minutos que antecedem e sucedem a jornada de trabalho. Lei nº 10.243, de 19.06.2001. Norma coletiva. Flexibilização. Impossibilidade (conversão da Orientação Jurisprudencial nº 372 da SBDI-1) – Res. 194/2014, *DEJT* divulgado em 21, 22 e 23/05/2014. "A partir da vigência da Lei nº 10.243, de 19/06/2001, que acrescentou o § 1º ao art. 58 da CLT, não mais prevalece cláusula prevista em convenção ou acordo coletivo que elastece o limite de 5 minutos que antecedem e sucedem a jornada de trabalho para fins de apuração das horas extras".

Todavia, a Reforma Trabalhista aponta que a norma coletiva tem prevalência sobre a lei, sendo possível o pacto sobre a jornada:

CLT, Art. 611-A. A convenção coletiva e o acordo coletivo de trabalho têm prevalência sobre a lei quando, entre outros, dispuserem sobre:

I – pacto quanto à jornada de trabalho, observados os limites constitucionais;

Apenas o tempo nos dirá como o TST enfrentará essa questão diante dessa regra celetista.

Para se controlar uma jornada, normalmente o empregador adota o sistema de **registro de ponto**, mas ele apenas é obrigatório para os estabelecimentos com **mais de 20 empregados**, na forma do art. 74, § 2º, da CLT:

CLT, Art. 74, § 2º Para os estabelecimentos com mais de 20 (vinte) trabalhadores será obrigatória a anotação da hora de entrada e de saída, em registro manual, mecânico ou eletrônico, conforme instruções expedidas pela Secretaria Especial de Previdência e Trabalho do Ministério da Economia, permitida a pré-assinalação do período de repouso.

14.2. HORAS EXTRAORDINÁRIAS

Todo o tempo em que o empregado estiver à disposição do empregador além da sua jornada normal de trabalho que, em regra, será de oito horas diárias ou 44 horas semanais, conforme estabelecido pela Constituição Federal, será considerado como horas extraordinárias.

Art. 7º, XIII, da CF: duração do trabalho normal não superior a oito horas diárias e quarenta e quatro semanais, facultada a compensação de horários e a redução da jornada, mediante acordo ou convenção coletiva de trabalho.

> A CF destacou duas possibilidades ao sindicato:
> → redução da jornada;
> → compensação das horas extras.

Só será considerado lícito, contudo, o trabalho extraordinário que respeite os limites legais.

Art. 59 da CLT. A duração diária do trabalho poderá ser acrescida de horas extras, em número não excedente de duas, por acordo individual, convenção coletiva ou acordo coletivo de trabalho.

§ 1º A remuneração da hora extra será, pelo menos, 50% (cinquenta por cento) superior à da hora normal.

O *caput* do art. 59 da CLT foi alterado apenas para atualizar a expressão "**contrato coletivo**" pela correta "**convenção ou acordo coletivo**", e o § 1º também

Cap. 14 – DURAÇÃO DO TRABALHO

foi atualizado, retificando o adicional de **20%** para o adicional de **50%** previsto no art. XVI da CF/88.

> ☞ **ATENÇÃO!**
>
> Horas Extras – Requisito: realização de acordo individual ou norma coletiva. É em razão desse requisito que a doutrina comumente chama as horas extras de "Acordo de prorrogação de jornada de trabalho".

Essa limitação a 2 horas extras diárias contribui diretamente para a manutenção do direito fundamental à saúde e diminui substancialmente o risco de acidentes de trabalho.

Como se nota, esse ajuste para se realizar horas extras pode ser feito de forma individual ou mediante norma coletiva (acordo ou convenção coletiva de trabalho).

A remuneração das horas extras é, no mínimo, 50% maior do que a remuneração da hora normal de trabalho. Evidente que a norma coletiva, o regulamento da empresa, a lei e o contrato de trabalho podem estipular adicional superior.

Em relação a esse acordo cabe uma ressalva: o TST entende, com toda razão, que a pré-contratação das horas extras quando da admissão do empregado é inválida.

> Súmula nº 199 do TST – Bancário. Pré-contratação de horas extras (incorporadas as Orientações Jurisprudenciais nos 48 e 63 da SBDI-1). Resolução nº 129/2005, *DJ* de 20, 22 e 25/04/2005. I – A contratação do serviço suplementar, quando da admissão do trabalhador bancário, é nula. Os valores assim ajustados apenas remuneram a jornada normal, sendo devidas as horas extras com o adicional de, no mínimo, 50% (cinquenta por cento), as quais não configuram pré-contratação, se pactuadas após a admissão do bancário.

Entendemos que a posição do TST exarada no texto da Súmula nº 199 deve ser estendida às demais relações de trabalho.

Observe que a CLT deixa claro que é permitido o acréscimo de até duas horas extras diárias na jornada do empregado, e não de duas horas. Outro ponto importante é que, apesar de ter limitado em até duas horas diárias o número de horas extras prestadas pelo empregado, as horas prestadas além desse limite também serão pagas como extras, sob pena de o empregador enriquecer ilicitamente à custa do empregado.

> Súmula nº 376 do TST – horas extras. Limitação. Art. 59 da CLT. Reflexos (conversão das Orientações Jurisprudenciais nos 89 e 117 da SBDI-1). Resolução nº 129/2005, *DJ* de 20, 22 e 25/04/2005. I – A limitação legal da jornada suplementar a duas horas diárias não exime o empregador de pagar todas as horas trabalhadas. II – O valor das horas extras habitualmente prestadas integra o cálculo dos haveres trabalhistas, independentemente da limitação prevista no *caput* do art. 59 da CLT.

☞ ATENÇÃO!

Não pode ser estabelecido por norma coletiva um valor fixo mensal para o pagamento de horas extras, pois devem ser recebidas na sua totalidade, correspondente ao que o empregado efetivamente trabalhou.

Horas extras. Fixação em norma coletiva. Impossibilidade. Prejuízo ao empregado. A fixação das horas extras pagas mensalmente ao empregado, mediante negociação coletiva, afronta o direito à percepção integral das horas efetivamente trabalhadas em sobrejornada, causando prejuízo ao trabalhador. Com base nesse entendimento, a SBDI-I, por unanimidade, conheceu dos embargos, por divergência jurisprudencial e, no mérito, deu-lhes provimento para declarar inválida a cláusula normativa que prevê o pagamento de horas extras de forma fixa, vencidos os Ministros Ives Gandra Martins Filho, Brito Pereira e Maria Cristina Irigoyen Peduzzi. Na espécie, a Turma manteve o acórdão do Regional que havia concluído pela validade da norma coletiva que fixou o pagamento de sessenta horas extras mensais, porquanto atendia às peculiaridades dos motoristas da empresa acordante, remunerando satisfatoriamente as eventuais horas extras prestadas durante os longos intervalos intrajornada a que eram submetidos, o que acabava por desdobrar a jornada em três períodos, sem caracterizar, porém, tempo à disposição do empregador. TST-ERR-1219-71.2010.5.18.0131, SBDI-I, Min. Horácio Raymundo de Senna Pires, 30/08/2012 (**Informativo nº 20 do TST**).

Ressalte-se que existem categorias que não podem fazer horas extras ou apenas podem fazer de forma excepcional por expressa previsão legal. Veja alguns exemplos:

- Lei nº 3.270/1957 (**cabineiros de elevador**), Art. 1º. É fixado em seis (6) o número de horas de trabalho diário dos cabineiros de elevador;

  Parágrafo único. É vetado a empregador e empregado qualquer acordo visando ao aumento das horas de trabalho fixadas no art. 1º desta lei.

- CLT (**aprendiz**), Art. 432. A duração do trabalho do aprendiz não excederá de seis horas diárias, sendo vedadas a prorrogação e a compensação de jornada;

- CLT (**bancários**), Art. 225. A duração normal de trabalho dos bancários poderá ser excepcionalmente prorrogada até 8 (oito) horas diárias, não excedendo de 40 (quarenta) horas semanais, observados os preceitos gerais sobre a duração do trabalho.

Se, nesses casos, houver descumprimento (com realização de horas extras ou habitualidade na prestação delas), incide a mesma lógica da Súmula n. 376 do TST (pagamento de todas as horas extras trabalhadas), sem prejuízo da multa administrativa que será imposta pela fiscalização do trabalho.

Uma situação é bastante interessante: o que ocorre com o empregado que **recebe por produção**, ou seja, recebe **comissões** ou mesmo recebe por **tarefa realizada**?

Cap. 14 – DURAÇÃO DO TRABALHO

O empregado que recebe por **comissões** trabalha para as receber durante todo o tempo (seja durante a jornada normal, seja durante a jornada extra). Logo, **as comissões pagam todas as horas trabalhadas**. Todas as horas trabalhadas já são remuneradas pela comissão.

No entanto, a **hora extra** abrange a hora trabalhada e o adicional de 50% (**Hora extra = Hora trabalhada + Adicional de 50%**). Se as horas estão todas pagas pelas comissões, então, quanto à jornada extraordinária ainda remanesce o pagamento do adicional de horas extras. Assim, aquele que trabalha e recebe comissões tem direito apenas ao adicional de 50% em relação às horas extras, na forma da Súmula nº 340 do TST:

Súmula nº 340 do TST. COMISSIONISTA. HORAS EXTRAS (nova redação) – Res. 121/2003, *DJ* 19, 20 e 21/11/2003. O empregado, sujeito a controle de horário, remunerado à base de comissões, tem direito ao adicional de, no mínimo, 50% (cinquenta por cento) pelo trabalho em horas extras, calculado sobre o valor-hora das comissões recebidas no mês, considerando-se como divisor o número de horas efetivamente trabalhadas.

Na mesma linha, segue aquele que recebe por tarefa ou outra forma de produção. A remuneração da produção quita todas as horas trabalhadas (isso significa que todas essas horas estão pagas pela produção realizada). Nesse contexto, se houver horas extras, apenas o adicional é devido, conforme a diretriz da OJ 235 da SDI-I do TST:

OJ 235 da SDI-I; HORAS EXTRAS. SALÁRIO POR PRODUÇÃO (redação alterada na sessão do Tribunal Pleno realizada em 16/04/2012) – Res. 182/2012, *DEJT* divulgado em 19, 20 e 23/04/2012. O empregado que recebe salário por produção e trabalha em sobrejornada tem direito à percepção apenas do adicional de horas extras, exceto no caso do empregado cortador de cana, a quem é devido o pagamento das horas extras e do adicional respectivo.

Existe uma ressalva quanto ao **cortador de cana**. É que o trabalho é tão penoso e a remuneração por produção tão baixa (o que gera a necessidade de realização de horas extras) que o TST entende que não se justificaria a mesma premissa, de forma que, nesse caso, são devidas a remuneração pelas horas trabalhadas acima da jornada com adicional de 50%.

Veja esse julgado:

"(...) HORAS EXTRAORDINÁRIAS. TRABALHADOR RURAL. LAVOURA DE CANA-DE-AÇÚCAR. TRABALHO POR PRODUÇÃO. REMUNERAÇÃO INTEGRAL DAS HORAS EXTRAORDINÁRIAS E DO ADICIONAL RESPECTIVO. INCIDÊNCIA DA PARTE FINAL DA ORIENTAÇÃO JURISPRUDEN-CIAL N. 235 DA SBDI-1. A jurisprudência desta Corte superior uniformizadora se consolidou no entendimento de que o empregado comissionista puro bem como aquele que recebe salário por produção, quando se ativam em sobrejornada, fazem jus somente à percepção do adicional de horas extras. A mesma *ratio essendi* não se estende, entretanto, ao trabalhador rural que se ativa no corte da cana-de-açúcar, cuja atividade é extremamente árdua e penosa, de quem se exige o máximo da força física de trabalho, em exercício de extrema fadiga, a revelar até mesmo estatísticas alarmantes de acidentes de trabalho, nada comparado ao empregado urbano que trabalha por comissão. O trabalhador rural que labora em canavial no corte de cana-de-açúcar possui meta diária e tem o valor unitário de sua tarifa muito reduzido, de forma que existe sempre a necessidade de labor em sobrejornada para que a meta seja alcançada, fato esse que, por representar desgaste físico excessivo e altamente prejudicial à saúde do trabalhador, deve ser remunerado integralmente, ou seja, com o pagamento das horas extraordinárias prestadas de forma integral (horas extraordinárias acrescidas do respectivo adicional). Ao contrário disso, se pagas somente com o adicional respectivo, as horas extraordinárias do trabalhador rural na lavoura de cana-de-açúcar, desvirtuariam os princípios norteadores do Direito Material do Trabalho, em razão das peculiaridades da atividade do trabalho por produção no campo. (...) O entendimento da jurisprudência atual desta Corte tem como fundamento resguardar a dignidade do trabalhador e do ser humano, objeto de proteção na ordem constitucional brasileira (artigos 5º e 7º), além de privilegiar a isonomia (artigo 5º, *caput*, da Constituição Federal), estabelecendo tratamento desigual a trabalhadores rurais que se diferenciam pelo grande esforço físico demandado no trabalho executado. Recurso de revista conhecido e provido." (RR-469-54.2010.5.05.0641, 2ª Turma, Relator Ministro: José Roberto Freire Pimenta, *DEJT* 03/05/2019).

Essa exceção não é aplicável apenas ao cortador de cana, mas também ao **colhedor de frutas cítricas**, como os colhedores de laranja. Como o desgaste é enorme e o valor obtido pela produção muito baixo, o TST aplica a mesma inteligência no sentido de que são devidas horas extras com o adicional e não somente o adicional:

"(...) COLHEDOR DE LARANJA. SALÁRIO POR PRODUÇÃO. HORAS EXTRAS. ORIENTAÇÃO JURISPRUDENCIAL 235 DA SBDI-I. Discute-se a aplicabilidade da parte final da Orientação Jurisprudencial 235 da SBDI-1, para pagamento de horas extras e adicional respectivo, à trabalhadora rural que labora em sobrejornada, na função de colhedora de citrus, recebendo salário por produção. O trabalho por produção implica a fixação de metas diárias estabelecidas pelo próprio empregador e induz o empregado a extrapolar a jornada de trabalho contratada, a fim de atingir as metas pré-fixadas. Tal regime de trabalho enseja uma produção crescente porque quanto maior os resultados maior será a retribuição. A sobrejornada no sistema de produção exige, evidentemente, que o empregado reúna forças para continuar produzindo além das árduas oito horas já trabalhadas e exceda a sua capacidade física, podendo acarretar danos à saúde. Como é de conhecimento desta Corte, no setor de produção agrícola há uma concentração de trabalhos penosos que envolvem não apenas as atividades exercidas pelos cortadores de cana-de-açúcar, mas outras atividades próprias do setor, como as exercidas pelos colhedores de citrus. Esses trabalhadores se ativam no corte de frutas cítricas, geralmente de laranjas. São utilizadas sacolas especiais e ferramentas de corte para a colheita das frutas nas árvores, as quais atingem em torno de dois metros de altura, fazendo-se necessária a utilização de escada para atingir os galhos mais altos. A colheita dessas frutas exige movimentos repetitivos do trabalhador, que precisa erguer os braços para alcançar os frutos mais altos, se embrenhar por entre os galhos, além do esforço físico para subir e descer das árvores com a sacola repleta de frutos. O trabalho é feito a céu aberto, com exposição a raios solares, sob condições de calor excessivo e variações climáticas. A colheita de frutas, evidentemente, é tarefa árdua e penosa, tal qual a exercida pelos cortadores de cana-de-açúcar. O caso presente revela que a Orientação Jurisprudencial 235 da SBDI-1, ao excepcionar o cortador de cana-de-açúcar, traduz em sua essência o necessário tratamento diferenciado

Cap. 14 – DURAÇÃO DO TRABALHO

que se deve atribuir ao trabalho por produção no campo, fundamentada na dignidade do trabalhador e no princípio de isonomia de tratamento, inscritas nos artigos 5º, *caput*, e 7º da Constituição Federal. A segurança e saúde dos trabalhadores, assim como o meio ambiente de trabalho, constituem pressupostos embasadores das decisões judiciais que envolvem relação de trabalho, em atendimento não apenas às regras legais e constitucionais, mas também às ratificadas pelo Estado Brasileiro na Convenção 155 da OIT (Decreto n. 1.254/94). Por conseguinte, deve ser mantido o pagamento das horas extras e adicional respectivo ao trabalhador rural que labora em sobrejornada, na função de colhedor de laranja, recebendo salário por produção, na forma da diretriz da Orientação Jurisprudencial 235 da SBDI-1. Recurso de embargos conhecido e não provido. (...)" (E-RR-1540-73.2012.5.09.0459, Subseção I Especializada em Dissídios Individuais, Relator Ministro: Augusto Cesar Leite de Carvalho, *DEJT* 15/12/2017).

E se estivermos na hipótese de um trabalhador que é **comissionista misto** (que recebe parte do salário fixo e parte em comissões)? Nesse caso, teremos que calcular o valor das horas extras separadamente. Em relação à parte fixa do salário, o direito do trabalhador considera o valor da hora e o adicional de horas extras (não é apenas o adicional). Quanto à parte da comissão, o direito do trabalhador é apenas ao adicional de horas extras de 50%:

OJ 397 da SDI-I do TST. COMISSIONISTA MISTO. HORAS EXTRAS. BASE DE CÁLCULO. APLICAÇÃO DA SÚMULA N.º 340 DO TST. (*DEJT* divulgado em 02, 03 e 04/08/2010). O empregado que recebe remuneração mista, ou seja, uma parte fixa e outra variável, tem direito a horas extras pelo trabalho em sobrejornada. Em relação à parte fixa, são devidas as horas simples acrescidas do adicional de horas extras. Em relação à parte variável, é devido somente o adicional de horas extras, aplicando-se à hipótese o disposto na Súmula n.º 340 do TST.

14.2.1. Horas extras autorizadas por lei

A lei autoriza que, em caso de necessidade imperiosa do serviço, o empregador possa exigir do empregado a realização de horas extras sem a necessidade de realização de acordo escrito.

Entende-se por necessidade imperiosa do serviço a ocorrência de força maior e a recuperação do tempo perdido para atender à realização ou à conclusão de serviços inadiáveis ou cuja inexecução possa acarretar prejuízo manifesto ao empregador.

Força maior, de acordo com o art. 501 da CLT, consiste em todo acontecimento inevitável em relação à vontade do empregador e para a realização do qual este não concorreu, direta ou indiretamente.

Os serviços inadiáveis ou cuja inexecução possa acarretar prejuízos manifestos ao empregador são os serviços emergenciais que não podem ser postergados sob pena de resultar uma perda financeira razoável, além de outros prejuízos reflexos para as atividades da empresa.

Art. 61 da CLT. Ocorrendo necessidade imperiosa, poderá a duração do trabalho exceder do limite legal ou convencionado, seja para fazer face a motivo de força maior, seja para atender à realização ou conclusão de serviços inadiáveis ou cuja inexecução possa acarretar prejuízo manifesto.

§ 1º O excesso, nos casos deste artigo, pode ser exigido independentemente de convenção coletiva ou acordo coletivo de trabalho.

O § 1º do art. 61 da CLT corrigiu a antiga expressão "contrato coletivo" por "convenção e acordo coletivo".

Quando há necessidade de horas extras, por motivo de força maior ou em casos urgentes por serviço inadiável, as horas extras laboradas que extrapolam o limite legal não precisarão ser comunicadas ao Ministério da Economia. Podemos destacar dois motivos:

- os serviços inadiáveis, urgentes ou força maior não são recorrentes;

- se a empresa eventualmente se utilizar desse expediente para fraudar a lei, qualquer trabalhador pode denunciar o abuso junto ao Ministério do Trabalho.

Não há, portanto, qualquer prejuízo para o trabalhador, ao mesmo tempo que se assegura menor burocracia ao empregador.

A alteração ocorreu para permitir a prorrogação excepcional independentemente de acordo ou convenção coletiva de trabalho.

Quanto à remuneração dessas horas extras anormais, veja o art. 61, § 2º, da CLT:

§ 2º Nos casos de excesso de horário por motivo de força maior, a remuneração da hora excedente não será inferior à da hora normal. Nos demais casos de excesso previstos neste artigo, a remuneração será, pelo menos, 25% superior à da hora normal, e o trabalho não poderá exceder de doze horas, desde que a lei não fixe expressamente outro limite.

☞ ATENÇÃO!

O § 2º deve ser lido à luz do texto Constitucional, tendo em vista que ele não foi totalmente recepcionado pela CF/1988. Sendo assim, em vez de se ler que a remuneração da hora extraordinária será de 25%, deve-se ler 50%.

Logo, qualquer hora extra anormal será hora acrescida de adicional de 50%.

Como regra, as horas extras precisam de uma concordância do empregado para que possam ocorrer validamente. E para isso existem diversos meios, como já estudamos.

Todavia, as **horas extras anormais** são aquelas que podem ser exigidas do trabalhador independentemente de sua concordância, sendo que a recusa injustificada pode gerar imputação de penalidade.

Essas horas estão indicadas no art. 61, *caput* e § 3º, da CLT.

A doutrina entende que esse adicional extraordinário de 50% deve ser aplicado, também, nos casos de força maior:

§ 3º Sempre que ocorrer interrupção do trabalho, resultante de causas acidentais, ou de força maior, que determinem a impossibilidade de sua realização, a duração do trabalho poderá ser prorrogada pelo tempo necessário até o máximo de duas horas, durante o número de dias indispensáveis à recuperação do tempo perdido, desde que não exceda de dez horas diárias, em período não superior a 45 dias por ano, sujeita essa recuperação à prévia autorização da autoridade competente.

 ATENÇÃO!
Limite temporal: até o máximo de duas horas extras – não exceda dez horas diárias – em período não superior a 45 dias por ano.

Diante desse panorama, temos 3 hipóteses de horas extras anormais:

As horas necessárias em virtude de **força maior**. Força maior constitui qualquer evento imprevisível e inevitável para o qual não concorreu o empregador.

Exemplo: a pandemia do novo coronavírus que exigiu a produção de vacina em massa por uma empresa estatal que fabrica medicamentos e vacinas. Trata-se de caso em que serão necessárias horas extras por força maior.

As horas necessárias para a **realização ou a conclusão de serviços inadiáveis ou cuja inexecução possa acarretar prejuízo manifesto**. Pense, agora, em uma determinada ponte que desabou em virtude de fortes chuvas. A rodovia não pode ficar sem a referida ponte, sob pena de haver acidentes fatais. Trata-se de serviços inadiáveis.

As horas necessárias para a **recuperação de tempo perdido em virtude de paralisação derivada de acidente ou de força maior**.

Exemplo: uma indústria que possui contratos de fornecimento de produtos teve que ser paralisada em virtude de falta de energia derivada de explosão em uma subestação da companhia elétrica. Quando a energia retorna, deve-se admitir a realização de horas extras para recuperar o tempo perdido.

14.2.2. Integração, cálculo e supressão das horas extras

a) Integração das horas extras ao salário do empregado:

As horas extras habitualmente prestadas integram o salário para o cálculo das demais parcelas.

A integração das horas extras prestadas com habitualidade ao salário do empregado é o entendimento já há muito tempo consolidado pelo TST, como poderemos ver em alguns dos enunciados a seguir elencados:

Súmula nº 376 do TST – Horas extras. Limitação. Art. 59 da CLT. Reflexos. (...) II – O valor das horas extras habitualmente prestadas integra o cálculo dos haveres trabalhistas, independentemente da limitação prevista no *caput* do art. 59 da CLT.

Súmula nº 24 do TST – Serviço extraordinário (mantida). Resolução nº 121/2003, *DJ* de 19, 20 e 21/11/2003. Insere-se no cálculo da indenização por antiguidade o salário relativo a serviço extraordinário, desde que habitualmente prestado.

Súmula nº 45 do TST – Serviço suplementar (mantida). Resolução nº 121/2003, *DJ* de 19, 20 e 21/11/2003. A remuneração do serviço suplementar, habitualmente prestado, integra o cálculo da gratificação natalina prevista na Lei nº 4.090, de 13/07/1962.

No que tange ao FGTS, a base de cálculo exige apenas que a parcela tenha natureza remuneratória, não sendo necessária qualquer habitualidade. Logo, sobre qualquer valor de horas extras, incide o FGTS:

Súmula nº 63 do TST – Fundo de Garantia (mantida). Resolução nº 121/2003, *DJ* de 19, 20 e 21/11/2003. A contribuição para o Fundo de Garantia do Tempo de Serviço incide sobre a remuneração mensal devida ao empregado, inclusive horas extras e adicionais eventuais.

Súmula nº 115 do TST – Horas extras. Gratificações semestrais (nova redação). Resolução nº 121/2003, *DJ* de 19, 20 e 21/11/2003. O valor das horas extras habituais integra a remuneração do trabalhador para o cálculo das gratificações semestrais.

Súmula nº 172 do TST – Repouso remunerado. Horas extras. Cálculo (mantida). Resolução nº 121/2003, *DJ* de 19, 20 e 21/11/2003. Computam-se no cálculo do repouso remunerado as horas extras habitualmente prestadas.

A CLT também prevê a integração das horas extras em dois dispositivos. São eles:

Art. 487, § 5º, da CLT. O valor das horas extraordinárias habituais integra o aviso-prévio indenizado.

Art. 142, § 5º, da CLT. Os adicionais por trabalho extraordinário, noturno, insalubre ou perigoso serão computados no salário que servirá de base ao cálculo da remuneração das férias.

b) Cálculo das horas extras:

O valor das horas extras deverá observar não só o acréscimo de 50% sobre o valor da hora normal previsto na Constituição, como também as demais verbas trabalhistas que incidem no seu cálculo.

Súmula nº 264 do TST – Hora suplementar. Cálculo (mantida. Resolução nº 121/2003, *DJ* de 19, 20 e 21/11/2003. A remuneração do serviço suplementar é composta do valor da hora normal, integrado por parcelas de natureza salarial e acrescido do adicional previsto em lei, contrato, acordo, convenção coletiva ou sentença normativa.

A Súmula nº 264 do TST menciona o valor da hora normal e, neste ponto, temos que nos reportar aos arts. 64 e 65 da CLT.

Art. 64 da CLT. O salário-hora normal, no caso de empregado mensalista, será obtido dividindo-se o salário mensal correspondente à duração do trabalho, a que se refere o art. 58, por 30 (trinta) vezes o número de horas dessa duração.

Parágrafo único. Sendo o número de dias inferior a 30 (trinta), adotar-se-á para o cálculo, em lugar desse número, o de dias de trabalho por mês.

Art. 65. No caso do empregado diarista, o salário-hora normal será obtido dividindo-se o salário diário correspondente à duração do trabalho, estabelecido no art. 58, pelo número de horas de efetivo trabalho.

Súmula nº 60, I, do TST. O adicional noturno, pago com habitualidade, integra o salário do empregado para todos os efeitos.

Súmula nº 132, I, do TST. O adicional de periculosidade, pago em caráter permanente, integra o cálculo de indenização e de horas extras.

Para se calcular o valor médio das horas extras para fins de reflexos, surgiu um debate: seria o cálculo com base na média dos valores pagos ou na média física de horas extras realizadas?

Venceu o **segundo critério**. Se fosse feita a média dos valores pagos, a inflação prejudicaria o cálculo dos reflexos e o trabalhador seria prejudicado pela corrosão inflacionária. Assim, deve-se calcular o número de horas extras (quantidade) que foram realmente trabalhadas e aplicar o valor da hora na época do pagamento da verba que sofre o reflexo:

Súmula nº 347 do TST – Horas extras habituais. Apuração. Média física (mantida). Resolução nº 121/2003, *DJ* de 19, 20 e 21/11/2003. O cálculo do valor das horas extras habituais, para efeito de reflexos em verbas trabalhistas, observará o número de horas efetivamente prestadas e a ele aplica-se o valor do salário-hora da época do pagamento daquelas verbas.

☞ **ATENÇÃO!**

Horas extras para os comissionistas. Para reforçar! Leia atentamente a Súmula e as OJs que se seguem:

Súmula nº 340 do TST – Comissionista. Horas extras (nova redação). Resolução nº 121/2003, *DJ* de 19, 20 e 21/11/2003. O empregado, sujeito a controle de horário, remunerado à base de comissões, tem direito ao adicional de, no mínimo, 50% (cinquenta por cento) pelo trabalho em horas extras, calculado sobre o valor-hora das comissões recebidas no mês, considerando-se como divisor o número de horas efetivamente trabalhadas.

OJ nº 397 da SDI-I do TST – Comissionista misto. Horas extras. Base de cálculo. Aplicação da súmula nº 340 do TST. (*DEJT* divulgado em 2, 3 e 04/08/2010.) O empregado que recebe remuneração mista, ou seja, uma parte fixa e outra variável, tem direito a horas extras pelo trabalho em sobrejornada. Em relação à parte fixa, são devidas as horas simples acrescidas do adicional de horas extras. Em relação à parte variável, é devido somente o adicional de horas extras, aplicando-se à hipótese o disposto na Súmula nº 340 do TST.

OJ nº 235 da SDI-I do TST – Horas extras. Salário por produção (redação alterada na sessão do Tribunal Pleno realizada em 16/04/2012). Resolução nº 182/2012, *DEJT* divulgado em 19, 20 e 23/04/2012. "O empregado que recebe salário por produção e trabalha em sobrejornada tem direito à percepção apenas do adicional de horas extras, exceto no caso do empregado cortador de cana, a quem é devido o pagamento das horas extras e do adicional respectivo."

c) Supressão das horas extras:

O adicional de horas extras será devido enquanto o empregado estiver cumprindo as horas suplementares correspondentes, tendo em vista a sua natureza de salário condição.

A supressão das horas extras não configura alteração unilateral ilícita. Embora ocorra uma redução nos ganhos percebidos pelo empregado, é benéfica à saúde do obreiro.

A supressão das horas extras prestadas com habitualidade durante pelo menos um ano, contudo, confere ao empregado o direito de receber uma indenização. Essa indenização encontra-se expressamente prevista na Súmula nº 291 do TST.

Súmula nº 291 do TST – Horas extras. Habitualidade. Supressão. Indenização (nova redação em decorrência do julgamento do processo TST-IUJERR 10700-45.2007.5.22.0101). Resolução nº 174/2011, *DEJT* divulgado em 27, 30 e 31/05/2011.

A supressão total ou parcial, pelo empregador, de serviço suplementar prestado com habitualidade, durante pelo menos um ano, assegura ao empregado o direito à indenização correspondente ao valor de um mês das horas suprimidas, total ou parcialmente, para cada ano ou fração igual ou superior a seis meses de prestação de serviço acima da jornada normal. O cálculo observará a média das horas suplementares nos últimos doze meses anteriores à mudança, multiplicada pelo valor da hora extra do dia da supressão.

14.3. FORMAS DE COMPENSAÇÃO DA JORNADA

As formas de compensação de jornada estão autorizadas expressamente no inciso XIII do art. 7º da Constituição, que, devido à sua importância, deve ser mais uma vez mencionado: "duração do trabalho normal não superior a oito horas diárias e quarenta e quatro semanais, facultada a compensação de horários e a redução da jornada, mediante acordo ou convenção coletiva de trabalho".

As compensações, como veremos abaixo, podem derivar diretamente de dispositivo legal ou de jurisprudência firmada pelo TST.

São formas de compensação:

14.3.1. Compensação de jornada (semanal)

> ☞ **ATENÇÃO!**
> A base legal para qualquer forma de compensação é a Constituição.

A compensação de jornada está prevista na Súmula nº 85 do TST, a qual passaremos a analisar.

A Súmula nº 85 do TST sofreu vários impactos com a aprovação da Reforma Trabalhista. No entanto, até o fechamento desta edição, não ocorreu qualquer alteração ou cancelamento, por isso, passaremos a análise:

> Súmula nº 85 do TST – Compensação de jornada (inserido o item V). Resolução nº 174/2011, *DEJT* divulgado em 27, 30 e 31/05/2011. I – A compensação de jornada de trabalho deve ser ajustada por acordo individual escrito, acordo coletivo ou convenção coletiva.

Para alguns doutrinadores, a compensação firmada por acordo individual escrito só pode ser a compensação semanal de jornada. Mas observe que o texto da Súmula não fez essa distinção; em consequência, aconselhamos que nas provas objetivas seja seguida a sua literalidade.

O **acordo individual**, contudo, pode esbarrar na previsão do art. 619 da CLT:

CLT, Art. 619. Nenhuma disposição de contrato individual de trabalho que contrarie normas de Convenção ou Acordo Coletivo de Trabalho poderá prevalecer na execução dele, sendo considerada nula de pleno direito.

O item I traz o requisito necessário para a realização da compensação de jornada – o acordo escrito, individual ou coletivo. Contudo, o inciso II nos informa que o acordo individual não será válido se já existir norma coletiva que disponha em sentido contrário.

> II. O acordo individual para compensação de horas é válido, salvo se houver norma coletiva em sentido contrário.

Esse acordo individual, todavia, **antes da Reforma Trabalhista**, apenas autorizava a **compensação semanal**. Isso significava que, se as horas extras eram realizadas na semana, tinham que ser compensadas na mesma semana.

Exemplo: Márcia labora de segunda-feira a quinta-feira 9 horas diárias e sexta-feira 8 horas, folgando sábado e domingo. Logo, totalizava 44 horas de trabalho semanais, mas fazia uma hora extra (passa a 8ª hora) em quatro dias na semana (de segunda-feira a quinta-feira). A compensação ocorria com a ausência de trabalho no sábado.

O **descumprimento da compensação** de jornada gera consequências bem específicas.

- para as **horas extras que ultrapassam a jornada diária**, mas não passavam a jornada semanal, então não é devido o pagamento da hora, mas apenas do adicional de horas extras;

Quanto às **horas que ultrapassam a jornada semanal**, então é **devida a hora extra completa** (valor da hora com adicional de 50%).

> Exemplo: se o trabalhador labora 9 horas diárias de segunda-feira a quinta-feira e 8 horas na sexta-feira (com folga em sábados e domingos) mediante acordo individual que viola proibição expressa de norma coletiva, o empregado apenas tem direito de receber o adicional de horas extras de 50% em relação às horas que passam da 8ª diária (1 hora por dia de segunda-feira a sexta-feira). Não recebe hora mais adicional, porque a jornada semanal não foi ultrapassada (no exemplo, o total era de 44 horas semanais).

Veja a previsão da Súmula n. 85, III, do TST:

> III. O mero não atendimento das exigências legais para a compensação de jornada, inclusive quando encetada mediante acordo tácito, não implica a repetição do pagamento das horas excedentes à jornada normal diária, se não dilatada a jornada máxima semanal, sendo devido apenas o respectivo adicional.

No item III, a hipótese é de incidência apenas do adicional extraordinário de 50% nos casos em que a compensação ocorrer mediante acordo tácito, ou se não atender às exigências legais.

Ilustrando a hipótese acima:

SEG	TER	QUA	QUI	SEX	SÁB	DOM
8h	8h	8h	8h	8h	~~4h~~	RSR

+2h +2h ➔ Nas horas destinadas à compensação incidirá apenas o adicional de 50%

- antes da Reforma Trabalhista, se havia a prestação de horas extras habituais, a compensação de jornada era descaracterizada e eram devidas horas extras (com adicional) quando se passava da jornada semanal e apenas o adicional quando a jornada semanal não era ultrapassada, mas a jornada diária sim.

> Exemplo: João trabalhava, mediante acordo de compensação escrito individual, de segunda-feira a quinta-feira por 9 horas diárias e 8 horas na sexta-feira, folgando sábados e domingos. Meses depois, o empregador sugere que ele também trabalhe no sábado por 3 horas. Ora, João está, agora, fazendo 47 horas semanais, o que não é possível. O sábado, que era utilizado para a compensação das horas a mais (que trabalhava de segunda a quinta), está agora ocupado com as 3 horas extras. Isso descaracterizava a compensação de jornada.

Considerando o exemplo, eram devidas 3 horas extras (com adicional de 50%) pelas horas que passaram da jornada semanal e, em relação às horas que passaram a 8ª diária, mas não passaram a jornada semanal (1 hora diária de segunda-feira a quinta-feira), eram devidos somente 4 adicionais de 50%. No total da semana, eram devidas 3 horas extras (inclusive com o adicional de 50%) e mais 4 adicionais de 50%.

Leia a Súmula n. 85, IV, do TST:

IV – A prestação de horas extras habituais descaracteriza o acordo de compensação de jornada. Nesta hipótese, as horas que ultrapassarem a jornada semanal normal deverão ser pagas como horas extraordinárias e, quanto àquelas destinadas à compensação, deverá ser pago a mais apenas o adicional por trabalho extraordinário.

No item IV, temos a descaracterização da compensação.

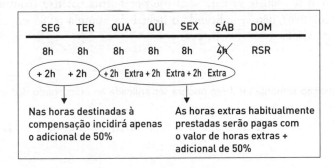

V – As disposições contidas nesta súmula não se aplicam ao regime compensatório na modalidade "banco de horas", que somente pode ser instituído por negociação coletiva.

O TST no item V, inserido em 2011, encerrou com qualquer polêmica eventualmente existente sobre a aplicação da Súmula nos casos de bancos de horas previstos no § 2º do art. 59 da CLT. A Súmula em questão só é aplicável para os casos de compensação de jornada, e não se aplica no caso de banco de horas.

O § 5º do art. 59 da CLT autorizou a compensação de jornada de banco de horas também por acordo escrito entre empregado e empregador, desde que, nesse caso, a compensação ocorra no máximo em 6 meses. Portanto, deve ser alterada a Súmula nº 85 do TST ou cancelado o item V.

 ATENÇÃO!

A Resolução nº 209, de 30 de maio de 2016, do TST acrescentou o item VI da Súmula 85: VI – Não é válido acordo de compensação de jornada em atividade insalubre, ainda que estipulado em norma coletiva, sem a necessária inspeção prévia e permissão da autoridade competente, na forma do art. 60 da CLT.

Quando o empregado prestar horas extras laborando em atividade insalubre, é indispensável a autorização prévia da autoridade competente (Ministério da Economia) nos moldes do art. 60 da CLT, como veremos ainda neste capítulo.

Embora o novo item não trate da atividade perigosa, pensamos que deverá ser adotado o mesmo entendimento.

 ATENÇÃO!

Esse regime compensatório também é aplicado ao menor de 18 anos. Contudo, o seu ajuste se dará somente por norma coletiva (convenção ou acordo coletivo), não se aplicando o item I da Súmula nº 85 do TST (art. 413, I, da CLT).

A compensação semanal também poderá ser aplicada ao empregado doméstico.

O art. 59-B da CLT se limitou a reproduzir os incisos I e III da referida Súmula:

> Art. 59-B da CLT. O não atendimento das exigências legais para compensação de jornada, inclusive quando estabelecida mediante acordo tácito, não implica a repetição do pagamento das horas excedentes à jornada normal diária se não ultrapassada a duração máxima semanal, sendo devido apenas o respectivo adicional.
>
> Parágrafo único. A prestação de horas extras habituais não descaracteriza o acordo de compensação de jornada e o banco de horas.

Portanto, agora, a prestação habitual de horas extras não descaracteriza a compensação de jornada. E lembre-se de que a compensação, após a reforma trabalhista, pode ser mensal.

Logo, no exemplo dado acima, João poderia fazer 47 horas trabalhadas na primeira semana, 47 horas na segunda e 47 horas na terceira, sendo que essas 9 horas extras poderiam ser compensadas na quarta semana do mesmo mês.

14.3.2. Banco de horas

>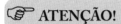
> A base legal de qualquer forma de compensação é a Constituição.

O banco de horas está previsto no art. 59 da CLT, em seus §§ 2º, 3º e 5º.

O banco de horas tem por fundamento o acordo ou convenção coletiva de trabalho, e a compensação da jornada deverá ser realizada dentro do prazo máximo de um ano, desde que respeitados os limites legais.

Perceba que o banco de horas é vantajoso para o empregador, pois ele, em regra, não terá que arcar com os custos das horas extras prestadas pelo empregado.

> Art. 59 da CLT. (...)
>
> § 2º Poderá ser dispensado o acréscimo de salário se, por força de acordo ou convenção coletiva de trabalho, o excesso de horas em um dia for compensado pela correspondente diminuição em outro dia, de maneira que não exceda, no período máximo de um ano, à soma das jornadas semanais de trabalho previstas, nem seja ultrapassado o limite máximo de dez horas diárias.

> ☞ ATENÇÃO!
> Caso o empregado seja dispensado antes de compensar a totalidade das horas extras acumuladas, fará jus a recebê-las, com o acréscimo do adicional de no mínimo 50%, calculado sobre o salário da época da rescisão.

> § 3º Na hipótese de rescisão do contrato de trabalho sem que tenha havido a compensação integral da jornada extraordinária, na forma do parágrafo anterior, fará o trabalhador jus ao pagamento das horas extras não compensadas, calculadas sobre o valor da remuneração na data da rescisão.

O regime de banco de horas também pode ser implantado ao empregado doméstico, por meio de mero acordo escrito entre as partes. Contudo, a compensação para essa categoria não poderá atingir as 40 primeiras horas extras do mês.

O art. 59, § 5º, da CLT, incluído pela Reforma Trabalhista, assim dispõe:

Art. 59, § 5º, da CLT. O banco de horas de que trata o § 2º deste artigo poderá ser pactuado por acordo individual escrito, desde que a compensação ocorra no período máximo de seis meses.

A CLT passa a permitir que o banco de horas já previsto na regra atual do § 2º seja pactuado por acordo individual, desde que a compensação ocorra no máximo em seis meses. Deve ser alterada, portanto, a Súmula nº 85 do TST ou cancelado o item V.

A previsão de ajuste escrito individual para a adoção do sistema de compensação por banco de horas não prejudica o empregado, desde que respeitados os limites previstos no § 2º, mas facilita esse tipo de contratação, que provavelmente será ajustada desde a admissão.

14.3.3. Regime de 12 x 36 horas de trabalho

> ☞ **ATENÇÃO!**
>
> Repetimos mais uma vez: A base legal de qualquer forma de compensação é a Constituição.

O regime de 12 x 36 horas é o popular regime de plantão, prática comum entre os profissionais da área de saúde. Apesar de extrapolar o limite máximo das dez horas diárias permitidas, essa jornada garante ao empregado um tempo de descanso muito superior ao dos demais.

> Art. 59-A da CLT. Em exceção ao disposto no art. 59 desta Consolidação, é facultado às partes, mediante acordo individual escrito, convenção coletiva ou acordo coletivo de trabalho, estabelecer horário de trabalho de doze horas seguidas por trinta e seis horas ininterruptas de descanso, observados ou indenizados os intervalos para repouso e alimentação.
>
> Parágrafo único. A remuneração mensal pactuada pelo horário previsto no *caput* deste artigo abrange os pagamentos devidos pelo descanso semanal remunerado e pelo descanso em feriados, e serão considerados compensados os feriados e as prorrogações de trabalho noturno, quando houver, de que tratam o art. 70 e o § 5º do art. 73 desta Consolidação.

O dispositivo *supra* apenas traz para a lei a previsão expressa de realização da jornada de 12 horas seguidas por 36 horas ininterruptas de descanso (jornada 12 x 36), já consagrada nas convenções coletivas e nos acordos coletivos de trabalho celebrados pelas entidades sindicais dos trabalhadores e nas jurisprudências firmadas pelos tribunais trabalhistas.

A jornada de trabalho 12 x 36 é uma exceção à regra geral e traz fadiga e exaustão ao trabalhador, por conta das 12 horas seguidas de trabalho. O texto proposto pela reforma, de que o intervalo pode ser suprimido e que nesses casos ele não terá natureza salarial e sim indenizatória e, ainda, retirar o direito à remuneração em dobro dos dias feriados trabalhados e suprimir a redução da hora noturna prevista no art. 73 da CLT, tornará ainda mais extenuante o trabalho e sonegará direitos legais do trabalhador.

Cap. 14 – DURAÇÃO DO TRABALHO

A jurisprudência do TST, que deve sofrer alterações por conta da reforma, prevê que a jornada 12 x 36 seja pactuada apenas por norma coletiva e se houver previsão legal, assegurando a remuneração em dobro dos feriados trabalhados.

> Súmula nº 444 do TST – Jornada de trabalho. Norma coletiva. Lei. Escala de 12 por 36. Validade. Resolução nº 185/2012, *DEJT* divulgado em 25, 26 e 27/09/2012, e republicada em decorrência do despacho proferido no processo TST-PA-504.280/2012.2, *DEJT* divulgado em 26/11/2012. É válida, em caráter excepcional, a jornada de doze horas de trabalho por trinta e seis de descanso, prevista em lei ou ajustada exclusivamente mediante acordo coletivo de trabalho ou convenção coletiva de trabalho, assegurada a remuneração em dobro dos feriados trabalhados. O empregado não tem direito ao pagamento de adicional referente ao labor prestado na décima primeira e décima segunda horas.

O regime de escala 12 x 36 também pode ser aplicado ao empregado doméstico, mediante acordo escrito entre as partes.

Há, ainda, previsão da jornada 12 x 36 também para o motorista profissional e o bombeiro civil.

> Art. 235-F da CLT. Convenção e acordo coletivo poderão prever jornada especial de 12 (doze) horas de trabalho por 36 (trinta e seis) horas de descanso para o trabalho do motorista profissional empregado em regime de compensação.
>
> Art. 5º da Lei nº 11.901/2009. A jornada do Bombeiro Civil é de 12 (doze) horas de trabalho por 36 (trinta e seis) horas de descanso, num total de 36 (trinta e seis) horas semanais.

Ocorre que o legislador fixou, para um bombeiro civil, um limite máximo semanal de 36 horas, o que impede 4 dias trabalho em qualquer semana. O TST entende que, se esse limite for ultrapassado, deverá o empregador pagar horas extras:

> "(...) BOMBEIRO CIVIL. JORNADA 12X36. PREVALÊNCIA DA LIMITAÇÃO DE JORNADA PREVISTA DA LEI N. 11.901/2009. (...) O artigo 5º da Lei n. 11.901/2009 é bastante claro ao reconhecer que o bombeiro civil submete-se a uma jornada limitada a, no máximo, 36 horas semanais. Ultrapassado esse limite, é devido o pagamento das horas extras. Nesse passo, decidiu o TRT de acordo com a jurisprudência desta Corte, no sentido de que deve ser observada a limitação de jornada preconizada no artigo 5º da Lei n. 11.901/2009, por se tratar de benefício assegurado à categoria em face de legislação específica. Precedentes. Agravo de instrumento desprovido" (AIRR-11149-86.2016.5.03.0110, 5ª Turma, Relator Ministro: Emanoel Pereira, *DEJT* 22/03/2019).

Por fim, o art. 60, parágrafo único, da CLT passa a dispor:

> Art. 60. Nas atividades insalubres, assim consideradas as constantes dos quadros mencionados no capítulo "Da Segurança e da Medicina do Trabalho", ou que neles venham a ser incluídas por ato do Ministro do Trabalho, Indústria e Comércio, quaisquer prorrogações só poderão ser acordadas mediante licença prévia das autoridades competentes em

matéria de higiene do trabalho, as quais, para esse efeito, procederão aos necessários exames locais e à verificação dos métodos e processos de trabalho, quer diretamente, quer por intermédio de autoridades sanitárias federais, estaduais e municipais, com quem entrarão em entendimento para tal fim.

Parágrafo único. Excetuam-se da exigência de licença prévia as jornadas de doze horas de trabalho por trinta e seis horas ininterruptas de descanso. (NR)

O dispositivo merece crítica. O trabalho exercido em condições insalubres pode se intensificar conforme o tempo de exposição do trabalhador ao agente agressivo, daí a necessidade de um *expert* em matéria de higiene e segurança do trabalho em informar se a exposição por 12 horas seguidas pode agravar a nocividade prevista nas Normas Regulamentares ou até afetar a saúde do trabalhador.

Foram mantidas a compensação dos feriados e as prorrogações de trabalho noturno.

14.3.4. Semana espanhola

> **ATENÇÃO!**
> Lembre-se mais uma vez: A base legal de qualquer forma de compensação é a Constituição.

Antes da reforma trabalhista, se a compensação das horas extras fosse superior a uma semana, então era necessária uma norma coletiva autorizadora (convenção ou acordo coletivo de trabalho). É o que ocorre com a "semana espanhola", quando um empregado trabalha 48 horas em uma semana (de segunda-feira a sábado por 8 horas diárias) e 40 horas na semana seguinte (de segunda-feira a sexta-feira por 8 horas diárias, folgando sábado e domingo). Nessa hipótese, as horas extras a mais trabalhadas em uma semana acabam sendo compensadas na semana seguinte, gerando uma média de 44 horas semanais a cada duas semanas.

Veja o disposto na OJ 323 da SDI-I do TST:

> OJ 323 da SDI-I ACORDO DE COMPENSAÇÃO DE JORNADA. "SEMANA ESPANHOLA". VALIDADE (*DJ* 09.12.2003). É válido o sistema de compensação de horário quando a jornada adotada é a denominada "semana espanhola", que alterna a prestação de 48 horas em uma semana e 40 horas em outra, não violando os arts. 59, § 2º, da CLT e 7º, XIII, da CF/1988 o seu ajuste mediante acordo ou convenção coletiva de trabalho.

Com a Reforma Trabalhista, esse panorama mudou completamente, uma vez que a nova lei permite que a compensação possa ser estabelecida por acordo individual, até mesmo tácito, para que haja compensação no mesmo mês:

> Art. 59, § 6º, da CLT. É lícito o regime de compensação de jornada estabelecido por acordo individual, tácito ou escrito, para a compensação no mesmo mês.

Logo, por exemplo, em princípio, nada impede que o trabalhador faça horas extras nas 3 primeiras semanas de um mês e compense as horas com folga ou redução de jornada na última semana desse mês. E esse ajuste pode ser expresso ou tácito.

14.3.5. Empregado Doméstico

Como se sabe, a jornada do doméstico segue a jornada padrão, sendo que o adicional de horas extras será de, no mínimo, 50%:

LC n. 150/2015, Art. 2º A duração normal do trabalho doméstico não excederá 8 (oito) horas diárias e 44 (quarenta e quatro) semanais, observado o disposto nesta Lei.

§ 1º A remuneração da hora extraordinária será, no mínimo, 50% (cinquenta por cento) superior ao valor da hora normal.

É possível a compensação dessas horas extras com folga ou redução de jornada mediante **acordo individual escrito** entre empregado e empregador seguindo algumas regras:

- as primeiras 40 horas extras podem ser compensadas no mesmo mês. Se não forem compensadas com folga ou redução da carga horária, serão pagas com o respectivo adicional:

LC n. 150/2015, Art. 2º, § 4º Poderá ser dispensado o acréscimo de salário e instituído regime de compensação de horas, mediante acordo escrito entre empregador e empregado, se o excesso de horas de um dia for compensado em outro dia;

§ 5º No regime de compensação previsto no § 4º:

I – será devido o pagamento, como horas extraordinárias, na forma do § 1º, das primeiras 40 (quarenta) horas mensais excedentes ao horário normal de trabalho;

II – das 40 (quarenta) horas referidas no inciso I, poderão ser deduzidas, sem o correspondente pagamento, as horas não trabalhadas, em função de redução do horário normal de trabalho ou de dia útil não trabalhado, durante o mês;

- o que ultrapassar 40 horas extras no mês poderá ser compensado durante 1 ano:

LC n. 150/2015, Art. 2º, § 5º No regime de compensação previsto no § 4º:

III – o saldo de horas que excederem as 40 (quarenta) primeiras horas mensais de que trata o inciso I, com a dedução prevista no inciso II, quando for o caso, será compensado no período máximo de 1 (um) ano;

- se houver rescisão antes da compensação completa das horas extras, o empregado doméstico possui direito ao pagamento das horas extras com o adicional respectivo:

LC n. 150/2015, Art. 2º, § 6º Na hipótese de rescisão do contrato de trabalho sem que tenha havido a compensação integral da jornada extraordinária, na forma do § 5º, o empregado fará jus ao pagamento das horas extras não compensadas, calculadas sobre o valor da remuneração na data de rescisão;

- quando o empregado doméstico trabalhar em viagem, há regra especial:

LC n. 150/2015

Art. 11. Em relação ao empregado responsável por acompanhar o empregador prestando serviços em viagem, serão consideradas apenas as horas efetivamente trabalhadas no período, podendo ser compensadas as horas extraordinárias em outro dia, observado o art. 2º.

§ 1º O acompanhamento do empregador pelo empregado em viagem será condicionado à prévia existência de acordo escrito entre as partes.

Neste contexto, encerram os debates sobre quais horas devem ser consideradas em uma jornada. Restou definido que somente as horas efetivamente trabalhadas devem ser consideradas.

Um ponto é interessante. Por se tratar de viagem, o legislador entendeu que a hora trabalhada deve ser paga com adicional de, no mínimo, 25%:

LC n. 150/2015, Art. 11, § 2º A remuneração-hora do serviço em viagem será, no mínimo, 25% (vinte e cinco por cento) superior ao valor do salário-hora normal.

No entanto, o legislador reconheceu que esse acréscimo da hora pode ser convertido em tempo favorável ao empregado no banco de horas, de maneira que possa haver compensação futura:

LC n. 150/2015, Art. 11, § 3º O disposto no § 2º deste artigo poderá ser, mediante acordo, convertido em acréscimo no banco de horas, a ser utilizado a critério do empregado.

Assim, a título ilustrativo, 4 (quatro) horas em viagem com acréscimo de 25% correspondem a 5 horas no banco de horas.

14.3.6. Menor Trabalhador

O menor trabalhador pode ter uma compensação de jornada em um caso específico:

CLT, Art. 413. É vedado prorrogar a duração normal diária do trabalho do menor, salvo:

I – até mais 2 (duas) horas, independentemente de acréscimo salarial, mediante convenção ou acordo coletivo nos termos do Título VI desta Consolidação, desde que o excesso de horas em um dia seja compensado pela diminuição em outro, de modo a ser observado o limite máximo de 48 (quarenta e oito) horas semanais ou outro inferior legalmente fixada;

Como se observa, é preciso que haja **norma coletiva**, que o trabalho ocorra, no **máximo, por 2 horas extras diárias** e que a compensação das horas extras se dê na **mesma semana**, com observância do limite semanal de 44 horas semanais.

Cap. 14 – DURAÇÃO DO TRABALHO

> **☞ ATENÇÃO!**
>
> Não são 48 horas semanais, visto que a Constituição Federal não recepcionou essa parte, porque a norma constitucional estabeleceu o limite semanal de 44 horas (art. 7°, XIII, da CF).

14.3.5. Do sobreaviso e da prontidão

Conforme dissemos anteriormente, sobreaviso é o tempo que o empregado fica em casa aguardando ser chamado a qualquer momento pelo empregador. A prontidão, por seu turno, é o tempo que o empregado fica nas dependências da empresa esperando as ordens do empregador.

Esses dois institutos possuem algumas peculiaridades que fazem com que mereçam ser tratados separadamente dos demais.

Ambos se encontram previstos na CLT, no capítulo que trata do trabalho dos ferroviários. Senão, vejamos:

> Art. 244. As estradas de ferro poderão ter empregados extranumerários, de sobreaviso e de prontidão, para executarem serviços imprevistos ou para substituições de outros empregados que faltem à escala organizada.
>
> (...)
>
> § 2° Considera-se de "sobreaviso" o empregado efetivo, que permanecer em sua própria casa, aguardando a qualquer momento o chamado para o serviço. Cada escala de "sobreaviso" será, no máximo, de vinte e quatro horas, As horas de "sobreaviso", para todos os efeitos, serão contadas à razão de 1/3 (um terço) do salário normal.
>
> § 3° Considera-se de "prontidão" o empregado que ficar nas dependências da estrada, aguardando ordens. A escala de prontidão será, no máximo, de doze horas. As horas de prontidão serão, para todos os efeitos, contadas à razão de 2/3 (dois terços) do salário-hora normal.

Apesar de os institutos terem sido previstos no capítulo referente aos ferroviários, repetimos: eles vêm sendo aplicados aos demais trabalhadores que precisam ficar à disposição do empregador, aguardando as suas ordens, seja em casa ou nas dependências da empresa.

Nas duas hipóteses, se o empregado for convocado para trabalhar, ocorrerá o pagamento da hora normal.

O TST utiliza esse preceito de forma analógica para outras categorias. Veja o exemplo dos eletricitários na Súmula n. 229 do TST:

Súmula n° 229 do TST. SOBREAVISO. ELETRICITÁRIOS (nova redação) – Res. 121/2003, *DJ* 19, 20 e 21/11/2003. Por aplicação analógica do art. 244, § 2°, da CLT, as horas de sobreaviso dos eletricitários são remuneradas à base de 1/3 sobre a totalidade das parcelas de natureza salarial.

Se o trabalhador labora com celular, bip etc., deve-se considerar que não está com liberdade restringida, razão pela qual não se reconhece que existe sobreaviso. Esses aparelhos permitem ampla flexibilidade ao trabalhador. Veja a Súmula n. 428, I, do TST:

> Súmula n° 428 do TST – Sobreaviso. Aplicação analógica do art. 244, § 2° da CLT (redação alterada na sessão do Tribunal Pleno realizada em 14/09/2012). Resolução n° 185/2012, *DEJT* divulgado em 25, 26 e 27/09/2012. I – O uso de instrumentos telemáticos ou informatizados fornecidos pela empresa ao empregado, por si só, não caracteriza o regime de sobreaviso.

Por outro lado, mesmo portando os referidos aparelhos, se estiver o trabalhador em escala ou plantão, então haverá significativa chance de ser chamado. Ora, um sistema de escala ou plantão exige que o trabalhador fique constantemente preocupado em estar disponível, seja física, seja mentalmente, além de que deve frequentemente checar a existência de chamadas e o funcionamento do próprio aparelho. Logo, são devidas as horas de sobreaviso. Observe a Súmula n. 428, II, do TST:

> II – Considera-se em sobreaviso o empregado que, à distância e submetido a controle patronal por instrumentos telemáticos ou informatizados, permanecer em regime de plantão ou equivalente, aguardando a qualquer momento o chamado para o serviço durante o período de descanso.

SOBREAVISO	PRONTIDÃO
↓	↓
EMPREGADO FICA EM CASA	EMPREGADO FICA NO TRABALHO
MÁXIMO DE 24h	MÁXIMO DE 12h
1/3 DO SALÁRIO-HORA	2/3 DO SALÁRIO-HORA

 ATENÇÃO!

Durante as horas em que o empregado estiver em sobreaviso, não receberá adicional de insalubridade nem de periculosidade, porque não estará submetido a risco ou agente nocivo à saúde.

Súmula 132, II, do TST. Durante as horas de sobreaviso, o empregado não se encontra em condições de risco, razão pela qual é incabível a integração do adicional de periculosidade sobre as mencionadas horas.

ATENÇÃO!

Reafirmando o principal fundamento da Reforma Trabalhista, que é o fortalecimento da negociação sindical, as horas de sobreaviso poderão ser objeto de negociação coletiva e, uma vez acordado, prevalecerá sobre o dispositivo de lei.

Art. 611-A da CLT. A convenção coletiva e o acordo coletivo de trabalho têm prevalência sobre a lei quando, entre outros, dispuserem sobre: (...)

VIII – teletrabalho, regime de sobreaviso, e trabalho intermitente;

14.4. VEDAÇÃO DA PRORROGAÇÃO DA JORNADA

a) Para os empregados contratados sob o regime de tempo parcial:

Já analisamos essa hipótese no início deste capítulo, mas é sempre útil e interessante rememorar o conteúdo do art. 58-A da CLT: considera-se trabalho em regime de tempo parcial aquele cuja duração não exceda a 30 horas semanais, sem a possibilidade de horas suplementares semanais, ou, ainda, aquele cuja duração não exceda a 26 horas semanais, com a possibilidade de acréscimo de até 6 horas suplementares semanais.

> ☞ **NÃO ESQUEÇAM!**
> A LC nº 150/2015 permite que seja realizada 1 hora extra, desde que não ultrapasse 6 horas diárias.

b) Para os empregados menores de idade:

A vedação da prorrogação do trabalho do menor é a regra estabelecida no *caput* do art. 413 da CLT. As duas exceções trazidas em seus incisos mostram o caráter especial com que a prorrogação do trabalho do menor deve ser tratada pelo empregador.

No inciso I, encontramos a hora extra propriamente dita, inclusive com a exigência constitucional da existência de acordo ou convenção coletiva de trabalho.

Já o inciso II traz a hipótese de força maior que dispensa a existência da norma coletiva, mas exige a comprovação de que o trabalho do menor é realmente indispensável.

Art. 413. É vedado prorrogar a duração normal diária do trabalho do menor, salvo:

I – Até mais 2 (duas) horas, independentemente de acréscimo salarial, mediante convenção ou acordo coletivo nos termos do Título VI desta Consolidação, desde que o excesso de horas em um dia seja compensado pela diminuição em outro, de modo a ser observado o limite máximo de 48 (quarenta e oito) horas semanais ou outro inferior legalmente fixada;

II – Excepcionalmente, por motivo de força maior, até o máximo de 12 (doze) horas, com acréscimo salarial de, pelo menos, 25% (vinte e cinco por cento) sobre a hora normal e desde que o trabalho do menor seja imprescindível ao funcionamento do estabelecimento.

Parágrafo único. Aplica-se à prorrogação do trabalho do menor o disposto no art. 375, no parágrafo único do art. 376, no art. 378 e no art. 384 dessa Consolidação.

☞ NÃO ESQUEÇAM!

Não esqueça que o art. 384 da CLT foi revogado pela Lei nº 13.467/2017 (reforma trabalhista).

c) Para os empregados que não possuem controle de jornada:

Existem casos em que a própria lei reconhece que o empregador não possui meios hábeis para realizar o controle da jornada. Nesses casos, portanto, se não há controle da jornada de trabalho, não há, consequentemente, que se falar na sua prorrogação.

Senão, vejamos:

Art. 62 da CLT. Não são abrangidos pelo regime previsto neste capítulo:

O *caput* do art. 62 faz menção ao Capítulo II da CLT – Duração do Trabalho. Portanto, as pessoas elencadas neste artigo não estão sujeitas às regras referentes ao controle da jornada, nem têm direito aos intervalos de descanso e ao adicional noturno. Mas terão direito ao repouso semanal remunerado, pois este não está previsto na CLT, mas sim na Constituição e em lei específica.

I – os empregados que exercem atividade externa incompatível com a fixação de horário de trabalho, devendo tal condição ser anotada na Carteira de Trabalho e Previdência Social e no registro de empregados;

Aqui cabe um cuidado. Quando se tratar de **motorista profissional** que atua no transporte rodoviário coletivo de passageiros e de cargas, embora atue de forma externa, a jornada será, como regra, de oito horas diárias por determinação legal, não se aplicando o art. 62, I, da CLT:

CLT, Art. 235-C. A jornada diária de trabalho do motorista profissional será de 8 (oito) horas, admitindo-se a sua prorrogação por até 2 (duas) horas extraordinárias ou, mediante previsão em convenção ou acordo coletivo, por até 4 (quatro) horas extraordinárias.

No entanto, esse motorista pode ter jornada no regime 12x36:

CLT, Art. 235-F. Convenção e acordo coletivo poderão prever jornada especial de 12 (doze) horas de trabalho por 36 (trinta e seis) horas de descanso para o trabalho do motorista profissional empregado em regime de compensação.

II – os gerentes, assim considerados os exercentes de cargos de gestão, aos quais se equiparam, para efeito do disposto neste artigo, os diretores e chefes de departamento ou filial;

Esses empregados funcionam como a personificação do empregador no local de trabalho, gerindo as atividades com liberdade significativa. No entanto, o legislador entende que não basta o encargo de gestão, sendo necessário que o valor do salário desse cargo de confiança seja igual ou superior ao salário efetivo acrescido de 40%.

III – os empregados em regime de teletrabalho.

A lógica deriva do fato de que, em princípio, o empregador não teria como controlar o exato período em que o empregado está prestando serviços, porquanto o trabalhador atua predominantemente fora do estabelecimento patronal.

Parágrafo único. O regime previsto neste capítulo será aplicável aos empregados mencionados no inciso II deste artigo, quando o salário do cargo de confiança, compreendendo a gratificação de função, se houver, for inferior ao valor do respectivo salário efetivo acrescido de 40% (quarenta por cento).

Por fim, uma última observação. Os empregados domésticos, como nós já estudamos, têm direito assegurado à jornada de trabalho e, portanto, estão sujeitos ao controle da jornada, têm direito a hora extra, aos intervalos de descanso e ao adicional noturno.

14.5. PRORROGAÇÃO E COMPENSAÇÃO DE JORNADA EM CONDIÇÕES INSALUBRES

É possível o trabalho em horas extras em atividade insalubre, mas é preciso que haja, como regra, um consentimento **concedido pela autoridade administrativa de fiscalização do trabalho** (era o Ministério do Trabalho, mas com sua extinção, é o Ministério da Economia):

Art. 60. Nas atividades insalubres, assim consideradas as constantes dos quadros mencionados no capítulo Da Segurança e da Medicina do Trabalho, ou que neles venham a ser incluídas por ato do Ministro do Trabalho, Indústria e Comércio, quaisquer prorrogações só poderão ser acordadas mediante licença prévia das autoridades competentes em matéria de higiene do trabalho, as quais, para esse efeito, procederão aos necessários exames locais e à verificação dos métodos e processos de trabalho, quer diretamente, quer por intermédio de autoridades sanitárias federais, estaduais e municipais, com quem entrarão em entendimento para tal fim.

O TST recentemente cancelou a Súmula nº 349 que dizia ser prescindível, ou seja, desnecessária a inspeção prévia da autoridade competente em matéria de higiene do trabalho para validar a negociação coletiva sobre a compensação de jornada de trabalho em atividade insalubre.

Portanto, a literalidade do art. 60 da CLT é o que está valendo para as provas, ou seja, quaisquer prorrogações da jornada de trabalho em atividade considerada insalubre só poderão ser acordadas mediante licença prévia das autoridades competentes em matéria de higiene do trabalho.

O TST acrescentou no ano de 2016 o item VI da Súmula nº 85, ao tratar da hipótese de compensação de jornada em atividades insalubres. Pacificou o

Colendo Tribunal o entendimento de que é indispensável a realização de inspeção prévia e da permissão da autoridade competente para que seja válido o acordo de compensação de jornada.

No entanto, a Reforma Trabalhista deixou claro que a norma coletiva pode afastar essa exigência de autorização administrativa:

CLT, Art. 611-A. A convenção coletiva e o acordo coletivo de trabalho têm prevalência sobre a lei quando, entre outros, dispuserem sobre:

XIII – prorrogação de jornada em ambientes insalubres, sem licença prévia das autoridades competentes do Ministério do Trabalho;

Além disso, a Reforma Trabalhista tornou essa exigência desnecessária quando se tratar de **trabalho no regime 12x36**:

> Art. 60, parágrafo único, da CLT. Excetuam-se da exigência de licença prévia as jornadas de doze horas de trabalho por trinta e seis horas ininterruptas de descanso.

Como afirmamos anteriormente, o trabalho exercido em condições insalubres pode se intensificar conforme o tempo de exposição do trabalhador ao agente agressivo, daí a necessidade de um *expert* em matéria de higiene e segurança do trabalho em informar se a exposição por 12 horas seguidas pode agravar a nocividade prevista nas Normas Regulamentares ou até afetar a saúde do trabalhador.

14.6. ÔNUS DA PROVA DA DURAÇÃO DO TRABALHO

De acordo com os termos do art. 818 da CLT e inciso I do art. 373 do CPC, em regra, é ônus do empregado a prova de realização de horas extras por se tratar de fato constitutivo do seu direito de receber o pagamento das horas extraordinárias.

CLT (antes da reforma)	CLT (depois da reforma)
Art. 818 da CLT. A prova das alegações incumbe à parte que as fizer.	Art. 818 da CLT. O ônus da prova incumbe: I – ao reclamante, quanto ao fato constitutivo de seu direito; II – ao reclamado, quanto à existência de fato impeditivo, modificativo ou extintivo do direito do reclamante. § 1º Nos casos previstos em lei ou diante de peculiaridades da causa relacionadas à impossibilidade ou à excessiva dificuldade de cumprir o encargo nos termos deste artigo ou à maior facilidade de obtenção da prova do fato contrário, poderá o juízo atribuir o ônus da prova de modo diverso, desde que o faça por decisão fundamentada, caso em que deverá dar à parte a oportunidade de se desincumbir do ônus que lhe foi atribuído. § 2º A decisão referida no § 1º deste artigo deverá ser proferida antes da abertura da instrução e, a requerimento da parte, implicará o adiamento da audiência e possibilitará provar os fatos por qualquer meio em direito admitido. § 3º A decisão referida no § 1º deste artigo não pode gerar situação em que a desincumbência do encargo pela parte seja impossível ou excessivamente difícil.

Cap. 14 – DURAÇÃO DO TRABALHO

Atenção! Novidade! As empresas com mais de 20 empregados têm a obrigação de manter a anotação de entrada e de saída de seus empregados, em registro manual, mecânico ou eletrônico.

> Art. 74, § 2º, CLT. Para os estabelecimentos com mais de 20 (vinte) trabalhadores será obrigatória a anotação da hora de entrada e de saída, em registro manual, mecânico ou eletrônico, conforme instruções expedidas pela Secretaria Especial de Previdência e Trabalho do Ministério da Economia, permitida a pré-assinalação do período de repouso. Note que a parte final autoriza a pré-assinalação do intervalo, ou seja, que o registro indique previamente, de maneira expressa, qual o horário do intervalo intrajornada. Se esse intervalo estiver devidamente assinalado previamente, cabe ao empregado comprovar que não usufruiu o intervalo:

> "(...) 1. INTERVALO INTRAJORNADA. ÔNUS DA PROVA. NÃO APRESENTAÇÃO DOS CARTÕES DE PONTO. TRANSCENDÊNCIA POLÍTICA RECONHECIDA. CONHECIMENTO E PROVIMEN-TO. (...) II. A jurisprudência desta Corte Superior é no sentido de que, na hipótese de existência de pré-assinalação do intervalo mínimo intrajornada, o ônus da prova em relação à sua não fruição pertence ao empregado, por se tratar de fato constitutivo de seu direito. Isso porque, o art. 74, § 2º, da CLT determina tão somente a obrigatoriedade de o empregador anotar os horários de entrada e saída, não havendo previsão em lei quanto ao registro do período de repouso. (...)" (RR-11513-74.2015.5.01.0522, 4ª Turma, Relator Ministro Alexandre Luiz Ramos, *DEJT* 04/09/2020).

Por outro lado, se não houver a referida pré-assinalação, então o encargo probatório de que houve a fruição do intervalo adequado pertence ao empregador:

> (...) INTERVALO INTRAJORNADA. (...) A jurisprudência do TST é no sentido de que a ausência de pré-assinalação do período de repouso imputa à parte reclamada o dever de provar que os empregados gozaram, efetivamente, desse intervalo, sob pena de lhes serem deferidas como extras as horas relativas a esse período. No caso, sequer foram juntados os cartões de ponto pela reclamada. Logo o ônus do encargo de comprovar a fruição do intervalo intrajornada pelo reclamante é da reclamada. Recurso de revista de que se conhece e a que se dá provimento" (RRAg-1001711-80.2017.5.02.0055, 6ª Turma, Relatora Ministra Katia Magalhães Arruda, *DEJT* 16/10/2020).

☞ **ATENÇÃO!**

Essa regra não será aplicada aos empregados domésticos, cujo controle da jornada independe do número de empregados que laboram na residência.

Quando estivermos diante de um pequeno estabelecimento (menos de 20 empregados), não há a exigência de controle de jornada de trabalho especial.

A obrigação trazida pelo dispositivo supra, traz impactos também na seara processual. No Direito Processual do Trabalho, a obrigação e controle de jornada faz que o empregador tenha maior aptidão para a prova do fato, ficando sob sua incumbência demonstrar o registro da jornada do trabalhador.

Nesse sentido, é a Súmula nº 338, I do TST, que ainda faz referência à redação anterior (mais de 10 empregados). Com o advento da Lei nº 13.874/2019, referida súmula deverá ser alterada, passando a prever o ônus do registro de jornada de trabalho ao empregador que contar com mais de 20 empregados.

> Súmula nº 338 do TST – Jornada de trabalho. Registro. Ônus da prova (incorporadas as Orientações Jurisprudenciais nᵒˢ 234 e 306 da SBDI-1). Resolução nº 129/2005, *DJ* de 20, 22 e 25/04/2005. I – É ônus do empregador que conta com mais de 10 (dez) empregados o registro da jornada de trabalho na forma do art. 74, § 2º, da CLT. A não apresentação injustificada dos controles de frequência gera presunção relativa de veracidade da jornada de trabalho, a qual pode ser elidida por prova em contrário. II – A presunção de veracidade da jornada de trabalho, ainda que prevista em instrumento normativo, pode ser elidida por prova em contrário.

O item II da Súmula reverenciou o **princípio da primazia da realidade**.

> III – Os cartões de ponto que demonstram horários de entrada e saída uniformes são inválidos como meio de prova, invertendo-se o ônus da prova, relativo às horas extras, que passa a ser do empregador, prevalecendo a jornada da inicial se dele não se desincumbir.

O item III nos traz o conceito do chamado "cartão de ponto britânico", ou seja, aqueles cartões de ponto que apresentam os mesmos horários de entrada e de saída, sem qualquer variação normal existente no dia a dia do empregado. Esses cartões de ponto britânico apresentados pelo empregador serão considerados inválidos como meios de prova e, assim, ele passará a ter o ônus de provar que as horas extras requeridas pelo empregado não foram realizadas.

Apesar de estarmos tratando também de um aspecto processual, ouso discorrer nesta obra que a nova redação do art. 818 da CLT teve a finalidade de atualizar a regra da distribuição do ônus da prova, seguindo o previsto no art. 373 do CPC. Entretanto, o § 1º autoriza a teoria dinâmica da distribuição do ônus da prova. O § 2º deixa claro que, no caso de inversão, o juiz deve decidir antes, de forma fundamentada, permitindo prazo para a parte produzir a prova e impedir a prova diabólica.

14.7. REGISTRO DE PONTO POR EXCEÇÃO

Grande polêmica à vista! A Lei nº 13.874/2019 passa a aceitar de forma expressa no artigo 74, § 4º da CLT o sistema de controle de jornada por exceção, mediante acordo individual escrito e por norma coletiva de trabalho, o que gerará conflitos no tocante ao ônus da prova.

A lei permite ao trabalhador anotar apenas os horários que não coincidam com os regulares. Em suma: o empregado, por exemplo, não precisará registrar o seu ponto diário se trabalha de 8h às 17h, com 1 hora de intervalo intrajornada. Ele só anotaria as horas extras eventualmente prestadas.

Art. 74, § 4º, CLT. Fica permitida a utilização de registro de ponto por exceção à jornada regular de trabalho, mediante acordo individual escrito, convenção coletiva ou acordo coletivo de trabalho.

Vejo uma grande preocupação nesta regra. A depender do empregador, certamente o empregado ficará constrangido e terá muita dificuldade prática para registrar a exceção.

Enfim, a anotação por exceção provocará diversas discussões sobre o ônus probatório.

14.8. DESCANSOS TRABALHISTAS

Os descansos trabalhistas constituem gênero do qual são espécies os intervalos, os repousos (remunerados ou não) e as férias.

As férias já foram vistas por nós em capítulo próprio. Passaremos, então, ao estudo dos intervalos e do repouso.

Os intervalos são lapsos de tempo destinados ao descanso e recuperação física e mental do trabalhador. Os intervalos podem ser **intrajornada** ou **interjornadas**.

14.8.1. Intervalo intrajornada

O intervalo intrajornada é aquele concedido pelo empregador durante a jornada de trabalho. Esse intervalo, em regra, não é computado na jornada como tempo trabalhado pelo empregado.

Esses intervalos podem ser concedidos em virtude de:

- lei;
- norma coletiva;
- norma regulamentar;
- contrato de trabalho;
- liberalidade do empregador.

O intervalo intrajornada pode ser remunerado ou não remunerado.

Os intervalos remunerados são aqueles cujo tempo é computado na jornada. Ora, se o salário quita o trabalho na jornada e sendo eventualmente o intervalo computado, então ele é remunerado.

Os intervalos não remunerados são aqueles cujo tempo não é computado na jornada. A maioria dos intervalos intrajornada não são remunerados.

Existem diversos tipos de intervalo intrajornada, sendo que serão analisados alguns dos mais relevantes.

Em seu art. 71, a CLT determina que a concessão desse intervalo obedecerá a seguinte proporção:

JORNADA DE TRABALHO		INTERVALO
Até 4h diárias	⟶	Não há previsão
Mais de 4h diárias até 6h diárias	⟶	15 minutos
Mais de 6h diárias	⟶	No mín. 1h e no máx. 2h

Art. 71. Em qualquer trabalho contínuo→, cuja duração exceda de 6 horas, é obrigatória a concessão de um intervalo para repouso ou alimentação, o qual será, no mínimo, de 1 hora e, salvo acordo ou contrato coletivo em contrário, não poderá exceder de 2 horas.

§ 1º Não excedendo de 6 horas o trabalho, será, entretanto, obrigatório um intervalo de 15 minutos quando a duração ultrapassar 4 horas.

§ 2º Os intervalos de descanso não serão computados na duração do trabalho.

Assim, se houver trabalho por mais de 6 horas na jornada, o intervalo será, como regra, de 1 a 2 horas. Se o trabalho for maior do que 4 horas, mas limitado até 6 horas, o intervalo é de 15 minutos.

No entanto, constata-se que o *caput* admite a possibilidade de haver o elasticimento do intervalo intrajornada para mais de 2 horas. A norma prevê que acordo individual ou norma coletiva pode estender esse intervalo para além de 2 horas.

☞ **ATENÇÃO!**

Essa situação não se aplica às mulheres, as quais possuem uma norma protetiva no art. 383 da CLT:

CLT, Art. 383. Durante a jornada de trabalho, será concedido à empregada um período para refeição e repouso não inferior a 1 (uma) hora nem superior a 2 (duas) horas salvo a hipótese prevista no art. 71, § 3º.

De fato, intervalos muito longos são extremamente prejudiciais, visto que o trabalhador demora mais para voltar ao segundo turno de trabalho da jornada e, como consequência, para retornar à sua residência no final da jornada diária. Assim, não se trata de uma discriminação contra as mulheres, mas uma efetiva norma de proteção em favor delas.

Veja a posição do TST sobre o tema:

"RECURSO DE EMBARGOS – PROTEÇÃO DO TRABALHO DA MULHER – ELASTECIMENTO DO INTERVALO INTRAJORNADA MEDIANTE ACORDO ESCRITO – IMPOSSIBILIDADE – INTE-LIGÊNCIA DO ART. 383 DA CLT. A gênese do art. 383 da CLT, ao proibir, expressamente, a majoração do intervalo intrajornada de duas horas para a mulher, não concedeu direito desarrazoado às trabalhadoras. Ao contrário, objetivou preservá-las da nocividade decorrente da concessão de intervalo excessivamente elastecido, que gera um desgaste natural pelo longo período de tempo em que a trabalhadora fica vinculada ao local de trabalho, uma vez que necessita retornar à empresa para complementar sua jornada laboral. Essa previsão legislativa considerou, para tanto, a condição física, psíquica e

Cap. 14 – DURAÇÃO DO TRABALHO

até mesmo social da mulher, pois é público e notório que, não obstante as mulheres venham conquistando merecidamente e a duras penas sua colocação no mercado de trabalho, em sua grande maioria ainda são submetidas a uma dupla jornada, tendo que cuidar dos seus lares e de suas famílias. O comando do art. 383 da CLT, recepcionado pelo princípio isonômico tratado no art. 5º, I, da Magna Carta, é expresso em vedar essa prática, ao dispor que o intervalo não poderá ser 'inferior a 1 (uma) hora nem superior a 2 (duas) horas salvo a hipótese prevista no art. 71, § 3º'. A única exceção à aludida proibição, admitida pelo legislador ordinário, é a do § 3º do art. 71 da CLT, que autoriza a diminuição do intervalo mínimo, o que não é o caso. (...)" (E-RR-5100-23.2002.5.12.0028, Subseção I Especializada em Dissídios Individuais, Redator Ministro: Luiz Philippe Vieira de Mello Filho, *DEJT* 07/08/2009).

O intervalo suspende o contrato de trabalho, logo não será remunerado, mas fique atento: caso o intervalo não seja concedido, total ou parcialmente, deverá ser remunerado em sua totalidade como horas extraordinárias (como veremos logo adiante).

Outro ponto interessante refere-se à possibilidade de redução desse intervalo. Pode ele ser reduzido?

A CLT prevê a possibilidade de redução do intervalo para repouso e alimentação quando estão presentes os seguintes requisitos: a) autorização administrativa; b) atendimento pelo estabelecimento das exigências sobre organização de refeitório; c) ausência de realização de horas extras pelos trabalhadores. Observe o art. 71, § 3º, da CLT:

§ 3º O limite mínimo de uma hora para repouso ou refeição poderá ser reduzido por ato do Ministro do Trabalho, Indústria e Comércio, quando ouvido o Serviço de Alimentação de Previdência Social, se verificar que o estabelecimento atende integralmente às exigências concernentes à organização dos refeitórios, e quando os respectivos empregados não estiverem sob regime de trabalho prorrogado a horas suplementares.

Três requisitos permitem a redução da jornada:

→ prévia autorização do órgão competente;

→ o estabelecimento deve atender às exigências acerca de refeitórios; e

→ os empregados não podem prestar horas extraordinárias.

Outra situação excepcional é o caso do art. 71, § 5º, da CLT:

CLT, Art. 71, § 5º. O intervalo expresso no *caput* poderá ser reduzido e/ou fracionado, e aquele estabelecido no § 1º poderá ser fracionado, quando compreendidos entre o término da primeira hora trabalhada e o início da última hora trabalhada, desde que previsto em convenção ou acordo coletivo de trabalho, ante a natureza do serviço e em virtude das condições especiais de trabalho a que são submetidos estritamente os motoristas, cobradores, fiscalização de campo e afins nos serviços de operação de veículos rodoviários, empregados no setor de transporte coletivo de passageiros, mantida a remuneração e concedidos intervalos para descanso menores ao final de cada viagem.

Nesse caso de transporte coletivo de passageiros, dadas as peculiaridades desse serviço envolvendo os motoristas, cobradores, fiscais de campo e afins, o intervalo de, pelo menos, 1 hora para as jornadas diárias superiores a 6 horas pode ser reduzido ou fracionado, assim como pode ser fracionado (mas não reduzido) o intervalo de 15 minutos, quando se trabalha mais do que 4 horas até 6 horas. No entanto, para isso, é necessário que haja autorização por norma coletiva e que o intervalo todo ocorra entre o final da primeira hora de jornada e o começo da última hora de jornada.

Quanto à norma coletiva, **antes da Reforma Trabalhista**, ela não podia reduzir esse intervalo:

> Súmula nº 437 do TST. INTERVALO INTRAJORNADA PARA REPOUSO E ALIMENTAÇÃO. APLICAÇÃO DO ART. 71 DA CLT (conversão das Orientações Jurisprudenciais nºs 307, 342, 354, 380 e 381 da SBDI-I) – Res. 185/2012, *DEJT* divulgado em 25, 26 e 27/09/2012
> II – É inválida cláusula de acordo ou convenção coletiva de trabalho contemplando a supressão ou redução do intervalo intrajornada porque este constitui medida de higiene, saúde e segurança do trabalho, garantido por norma de ordem pública (art. 71 da CLT e art. 7º, XXII, da CF/1988), infenso à negociação coletiva.

A reforma trabalhista (Lei n. 13.467/17), entretanto, alterou profundamente esse panorama, visto que a norma coletiva passa a poder reduzir o intervalo do art. 71, *caput*, desde que não seja para menos de 30 minutos:

CLT, Art. 611-A. A convenção coletiva e o acordo coletivo de trabalho têm prevalência sobre a lei quando, entre outros, dispuserem sobre:

III – intervalo intrajornada, respeitado o limite mínimo de trinta minutos para jornadas superiores a seis horas;

☞ **ATENÇÃO! Descumprimento!**

Art 71, § 4º, CLT A não concessão ou a concessão parcial do intervalo intrajornada mínimo, para repouso e alimentação, a empregados urbanos e rurais, implica o pagamento, de natureza indenizatória, apenas do período suprimido, com acréscimo de 50% sobre o valor da remuneração da hora normal de trabalho.

Quem trabalha acima de 6 horas num dia, por exemplo, tem direito a uma hora de intervalo para repouso e alimentação. Porém, se o trabalhador usufruir de apenas 30 minutos desse intervalo, o TST, nos termos da Súmula nº 437, entende que o intervalo restante, de 30 minutos, gera uma condenação de 1 hora e 30 minutos, e ainda com adicional de 50%, e reflexos em férias com 1/3, 13º salário, base de cálculo ainda para recolhimento de FGTS, INSS e outros adicionais, como adicional noturno e de insalubridade.

O que pretendeu o legislador com a alteração do § 4º do art. 71 da CLT é fazer que o tempo devido pela violação de um intervalo para repouso e alimentação seja aquele efetivamente suprimido.

Entender que o trabalho extra não tem natureza salarial, no entanto, viola o art. 58 da CLT e prejudica o trabalhador. O trabalho realizado durante o intervalo, que extrapola a jornada, é extra e por isso deve ser remunerado com acréscimo de 50%. Logo, como toda hora extra, o intervalo trabalhado também tem natureza salarial.

Em suma: o intervalo concedido parcialmente pelo empregador dá ao empregado o direito de receber apenas o período não gozado, e não a totalidade do período previsto para o gozo. Além disso, o dispositivo aponta com natureza indenizatória o pagamento do intervalo suprimido.

Vejamos as duas principais súmulas do TST sobre o tema; repare que a Súmula nº 437, editada no ano de 2012, é fruto da conversão de cinco antigas OJs dessa Corte.

> ☞ **ATENÇÃO!**
>
> Entendemos que Súmula nº 437 do TST sofrerá alterações em razão da Reforma Trabalhista.

O empregador pode conceder intervalos por mera vontade, como acontece, por exemplo, com intervalos para comemorar aniversários, para o cafezinho, lanche da tarde etc.

Esses intervalos são remunerados e não podem ser compensados com trabalho extra. Se isso ocorrer, o TST entende que o tempo extra deve ser pago como hora extra. Atente-se ao disposto na Súmula nº 118 do TST:

Súmula nº 118 do TST – Jornada de trabalho. Horas extras (mantida). Resolução nº 121/2003, *DJ* de 19, 20 e 21/11/2003. Os intervalos concedidos pelo empregador na jornada de trabalho, não previstos em lei, representam tempo à disposição da empresa, remunerados como serviço extraordinário, se acrescidos ao final da jornada.

Portanto, não pode o empregador conceder um intervalo por mera liberalidade e posteriormente pretender compensar o tempo parado com mais trabalho ao final da jornada. O tempo em excesso que o empregador exigiu de trabalho para fazer a compensação deve ser considerado como tempo extra de trabalho e será remunerado.

Súmula nº 437 do TST – Intervalo intrajornada para repouso e alimentação. Aplicação do art. 71 da CLT (conversão das Orientações Jurisprudenciais nºs 307, 342, 354, 380 e 381 da SBDI-1). Resolução nº 185/2012, *DEJT* divulgado em 25, 26 e 27/09/2012. I – Após a edição da Lei nº 8.923/94, a não concessão ou a concessão parcial do intervalo intrajornada mínimo, para repouso e alimentação, a empregados urbanos e rurais, implica o pagamento total do período correspondente, e não apenas daquele suprimido, com acréscimo de, no mínimo, 50% sobre o valor da remuneração da hora normal de trabalho (art. 71 da CLT), sem prejuízo do cômputo da efetiva jornada de labor para efeito de remuneração. II – É inválida cláusula de acordo ou convenção coletiva de trabalho contemplando a supressão ou redução do intervalo intrajornada porque este constitui medida de higiene, saúde e segurança do trabalho, garantido por norma de ordem pública (art. 71 da CLT e art. 7º, XXII, da CF/1988), infenso à negociação coletiva. III – Possui natureza salarial a parcela prevista no art. 71, § 4º, da CLT, com redação introduzida pela Lei nº 8.923, de 27 de julho de 1994, quando não concedido ou reduzido pelo empregador o intervalo mínimo intrajornada para repouso e alimentação, repercutindo, assim, no cálculo de outras parcelas salariais. IV – Ultrapassada habitualmente a jornada de seis horas de trabalho, é devido o gozo do intervalo intrajornada mínimo de uma hora, obrigando o empregador a remunerar o período para descanso e alimentação não usufruído como extra, acrescido do respectivo adicional, na forma prevista no art. 71, *caput* e § 4º, da CLT.

De acordo com o TST, é inválida cláusula de instrumento coletivo que estabeleça a concessão do intervalo intrajornada apenas ao final da jornada de trabalho, permitindo que o trabalhador saia mais cedo do trabalho. A concessão do intervalo apenas no final da jornada não atende à finalidade legal, que é assegurar ao empregado o intervalo dentro da jornada para reparar o desgaste físico.

Intervalo intrajornada de 15 minutos. Concessão ao final da jornada. Previsão em instrumento coletivo. Invalidade. Art. 71, § 1º, da CLT. Norma cogente. É inválida cláusula de instrumento coletivo que prevê a concessão do intervalo intrajornada de 15 minutos apenas ao final da jornada, antecipando o seu final e permitindo ao empregado chegar mais cedo em casa. A previsão contida no § 1º do art. 71 da CLT é norma cogente que tutela a higiene, a saúde e a segurança do trabalho, insuscetível, portanto, à negociação. Ademais, a concessão do intervalo apenas ao final da jornada não atende à finalidade da norma, que é a de reparar o desgaste físico e intelectual do trabalhador durante a prestação de serviços, sobretudo quando se trata de atividade extenuante, como a executada pelos trabalhadores portuários. Com esse entendimento, a SBDI-I, por unanimidade, conheceu dos embargos, por divergência jurisprudencial, e, no mérito, por maioria, negou-lhes provimento, confirmando a decisão do Regional que condenou o reclamado ao pagamento de 15 minutos diários, como extras, referentes ao intervalo intrajornada não usufruído, com os reflexos postulados. Vencidos os Ministros Aloysio Corrêa da Veiga, Ives Gandra Martins Filho e Maria Cristina Irigoyen Peduzzi. TST-ERR-126-56.2011.5.04.0122, SBDII, rel. Augusto César Leite de Carvalho, 14/02/2013 (Informativo nº 36 do TST).

Não esqueça ainda que, para os **empregados domésticos**, basta um simples acordo escrito para redução do intervalo (art. 13, LC 150/2015).

LC 150/2015

Art. 13. É obrigatória a concessão de intervalo para repouso ou alimentação pelo período de, no mínimo, 1 (uma) hora e, no máximo, 2 (duas) horas, admitindo-se, mediante prévio acordo escrito entre empregador e empregado, sua redução a 30 (trinta) minutos.

§ 1º Caso o empregado resida no local de trabalho, o período de intervalo poderá ser desmembrado em 2 (dois) períodos, desde que cada um deles tenha, no mínimo, 1 (uma) hora, até o limite de 4 (quatro) horas ao dia.

§ 2º Em caso de modificação do intervalo, na forma do § 1º, é obrigatória a sua anotação no registro diário de horário, vedada sua prenotação.

Cap. 14 – DURAÇÃO DO TRABALHO

Visando aumentar ainda mais a segurança jurídica do acordado, além de um rol exemplificativo do que pode ser negociado, a Reforma Trabalhista acrescentou o art. 611-B da CLT para especificar taxativamente quais matérias não podem ser objeto de negociação, por serem direitos de indisponibilidade absoluta.

> Art. 611-B da CLT. Constituem objeto ilícito de convenção coletiva ou de acordo coletivo de trabalho, exclusivamente, a supressão ou a redução dos seguintes direitos: (...)
>
> XVII – normas de saúde, higiene e segurança do trabalho previstas em lei ou em normas regulamentadoras do Ministério do Trabalho;

14.8.1.1. Intervalos intrajornadas específicos

a) Específico para a mulher:

A mulher possui um intervalo intrajornada específico que deve ser a ela concedido, além dos previstos no art. 71 da CLT.

> Art. 396 da CLT. Para amamentar o próprio filho, até que este complete 6 (seis) meses de idade, a mulher terá direito, durante a jornada de trabalho, a 2 (dois) descansos especiais, de meia hora cada um.
>
> § 1º Quando o exigir a saúde do filho, o período de 6 (seis) meses poderá ser dilatado, a critério da autoridade competente.
>
> § 2º Os horários dos descansos previstos no *caput* deste artigo deverão ser definidos em acordo individual entre a mulher e o empregador.

O objetivo do art. 396 da CLT não é proteger propriamente a mulher, mas sim a criança e o seu direito de ser alimentado por meio da amamentação.

b) Específico para o menor:

O intervalo intrajornada do empregado menor de idade está previsto no parágrafo único do art. 413 da CLT.

> Art. 413, parágrafo único, da CLT. Aplica-se à prorrogação do trabalho do menor o disposto no art. 375, no parágrafo único do art. 376, no art. 378 e no art. 384 desta Consolidação.

c) Específico para o rural:

O intervalo intrajornada do rural está previsto no art. 5º da Lei nº 5.889/1973 e no § 1º, do art. 5º, do Decreto nº 73.626/1974 (lembre-se de que este Decreto regulamenta a Lei do Rural).

> Art. 5º da Lei nº 5.889/1973. Em qualquer trabalho contínuo de duração superior a seis horas, será obrigatória a concessão de um intervalo para repouso ou alimentação

observados os usos e costumes da região, não se computando este intervalo na duração do trabalho. Entre duas jornadas de trabalho haverá um período mínimo de onze horas consecutivas para descanso.

Entretanto, esse intervalo **não pode ser inferior a 1 hora** quando o trabalho ocorre por mais de **6 horas diárias:**

Art. 5º do Decreto nº 73.626/1974. Os contratos de trabalho, individuais ou coletivos, estipularão, conforme os usos, praxes e costumes, de cada região, o início e o término normal da jornada de trabalho, que não poderá exceder de 8 (oito) horas por dia.

§ 1º Será obrigatória, em qualquer trabalho contínuo de duração superior a 6 (seis) horas, a concessão de um intervalo mínimo de 1 (uma) hora para repouso ou alimentação, observados os usos e costumes da região.

§ 2º Os intervalos para repouso ou alimentação não serão computados na duração do trabalho.

Contudo, o TST admite a possibilidade de o intervalo do trabalhador rural ser fracionado, desde que, no total da soma dos intervalos intrajornada, seja o intervalo mínimo assegurado:

"RECURSO DE EMBARGOS. REGÊNCIA DA LEI N. 13.015/2014. INTERVALO PARA O CAFÉ. TRABALHADOR RURAL. Esta Subseção Especializada firmou o entendimento de que, em relação aos rurícolas, respeitado o período mínimo de uma hora para o almoço, não configura tempo à disposição do empregador o intervalo para o café, uma vez que o art. 5º da Lei n. 5.889/1973, ao prever que sejam observados os usos e costumes da região, não veda a concessão fracionada do intervalo intrajornada. Recurso de embargos conhecido e provido." (E-RR-1355-20.2010.5.09.0325, Subseção I Especializada em Dissídios Individuais, Relator Ministro: Walmir Oliveira da Costa, *DEJT* 24/11/2017).

"RECURSO DE EMBARGOS REGIDO PELA LEI N. 13.015/2014. TRABALHADOR RURAL – HORAS EXTRAS – INTERVALO FRACIONADO –INTERVALO PARA O CAFÉ. No caso, restou incontroverso que o embargado usufruía de dois intervalos intrajornadas, a saber: o primeiro, para o almoço, e o segundo, de 30 minutos, para o café. O artigo 5º da Lei n. 5.889/73, que estatui normas reguladoras do trabalho rural, dispõe expressamente que: 'Em qualquer trabalho contínuo de duração superior a seis horas, será obrigatória a concessão de um intervalo para repouso ou alimentação observados os usos e costumes da região, não se computando este intervalo na duração do trabalho.' Da análise do dispositivo legal acima, extrai-se que não houve vedação para a concessão de intervalo intrajornada de forma fracionada, como na presente hipótese, onde havia a concessão de dois intervalos, o primeiro para o almoço e o segundo, de 30 minutos, para o café. Pelo contrário, o referido preceito legal estabelece a possibilidade de concessão do período destinado ao repouso e alimentação do trabalhador rural, tomando-se o cuidado de observar os usos e costumes da região. É notório que no meio rural o costume é a concessão de mais de um intervalo para alimentação, sendo que o segundo intervalo é condição mais benéfica ao trabalhador, por se tratar de trabalho braçal que causa enorme desgaste físico ao mesmo. Na realidade, o que o legislador ordinário visava

Cap. 14 – DURAÇÃO DO TRABALHO

garantir é que o período destinado a repouso e alimentação do trabalhador rural não pode ser inferior a uma hora e não vedar a possibilidade de fracionar esse intervalo em duas vezes ou mais. (...)" (E-RR-932-60.2010.5.09.0325, Subseção I Especializada em Dissídios Individuais, Relator Ministro: Renato de Lacerda Paiva, *DEJT* 12/05/2017).

A Súmula n° 437, I, do TST iguala o intervalo intrajornada do empregado urbano e rural.

d) Específico para os serviços de mecanografia e digitação:

O intervalo intrajornada para os empregados que prestam serviço permanente de mecanografia está previsto no art. 72 da CLT. O TST equiparou os digitadores, para fins de aplicação do art. 72 da CLT, aos prestadores de serviço de mecanografia, ou seja, os digitadores também podem usufruir do intervalo intrajornada de dez minutos a cada período de 90 minutos de trabalho consecutivo.

☞ **ATENÇÃO!**

Encontramos aqui a primeira exceção à regra de que o intervalo intrajornada não é computado na jornada de trabalho, ou seja, os dez minutos de descanso integram o tempo de trabalho deste empregado.

Art. 72 da CLT. Nos serviços permanentes de mecanografia (datilografia, escrituração ou cálculo), a cada período de noventa minutos de trabalho consecutivo corresponderá um repouso de dez minutos não deduzidos da duração normal de trabalho.

Súmula n° 346 do TST – Digitador. Intervalos intrajornada. Aplicação analógica do art. 72 da CLT (mantida). Resolução n° 121/2003, *DJ* de 19, 20 e 21/11/2003. Os digitadores, por aplicação analógica do art. 72 da CLT, equiparam-se aos trabalhadores nos serviços de mecanografia (datilografia, escrituração ou cálculo), razão pela qual têm direito a intervalos de descanso de 10 (dez) minutos a cada 90 (noventa) de trabalho consecutivo.

O TST recentemente se posicionou no sentido de aplicar de forma analógica, aos empregados rurais que trabalhem no corte de cana-de-açúcar, o disposto no art. 72 da CLT. Entendeu ainda o Colendo Tribunal que, havendo previsão em regulamento interno e em termo de ajustamento de conduta, o intervalo será estendido ao caixa bancário:

Empregado rural. Atividade de corte de cana-de-açúcar. Pausa para descanso. Obrigatoriedade. Norma Regulamentar n° 31 do Ministério do Trabalho e Emprego. Aplicação analógica do art. 72 da CLT. Possibilidade. Aos empregados rurais que trabalham no corte de cana-de-açúcar aplica-se, por analogia, o disposto no art. 72 da CLT, que garante um intervalo de dez minutos a cada período de noventa minutos de trabalho consecutivo nos serviços permanentes de mecanografia. Isso porque a Norma Regulamentar n° 31 do Ministério do Trabalho e Emprego, apesar de estabelecer a obrigatoriedade de concessão de pausas para descanso aos trabalhadores rurais que realizem atividades em pé ou submetam-se à sobrecarga muscular, não especifica as condições ou o tempo de duração dos períodos de repouso. Com base nesse entendimento, a SBDI-I, por unanimidade, conheceu dos embargos do reclamante, por divergência jurisprudencial, e, no mérito, deu-lhes provimento para acrescer à condenação o pagamento de 10 minutos a cada 90 minutos de trabalho como extras, com acréscimo de 50% sobre o valor da remuneração da hora normal de trabalho, com os reflexos postulados nas prestações contratuais vinculadas ao salário. TST-E-RR-912-26.2010.5.15.0156, SBDI-I, rel. Min. João Oreste Dalazen, 05/12/2013 (Informativo nº 69 do TST).

Caixa bancário. Intervalo do digitador. Art. 72 da CLT. Previsão em regulamento interno e em termo de ajustamento de conduta. Devido. O caixa bancário tem direito ao intervalo do digitador a que se refere o art. 72 da CLT na hipótese em que há norma regulamentar e termo de ajustamento de conduta firmado com o Ministério Público do Trabalho garantindo o intervalo de 10 minutos a cada 50 minutos trabalhados, sem fixar o requisito da exclusividade no exercício da atividade de digitação. Sob esse entendimento, a SBDII, por unanimidade, conheceu dos embargos, por divergência jurisprudencial, e, no mérito, deu-lhes provimento para, reformando o acórdão recorrido, restabelecer o acórdão do Regional na parte em que condenou a reclamada ao pagamento de horas extras decorrentes da não concessão do intervalo de 10 minutos a cada 50 minutos trabalhados. TST-E-ED-RR-1268-95.2011.5.04.0025, SBDI-I, rel. Min. Augusto César Leite de Carvalho, 09/03/2017 (Informativo nº 154 do TST).

e) Específico para os serviços em frigorífico e em ambiente artificialmente frio:

Quando se trabalha em câmaras frigoríficas, existe efetivo risco à saúde, porque as alterações súbitas de temperatura afetam diretamente o corpo do trabalhador. Entrar e sair de câmaras frias implica uma variação térmica brutal, que afeta a saúde do trabalhador.

O intervalo intrajornada dos empregados que trabalham em frigorífico está previsto no art. 253 da CLT; já para os que trabalham em ambiente artificialmente frio, a previsão está na Súmula nº 438 do TST.

☞ ATENÇÃO!

Encontramos aqui mais uma exceção à regra de que o intervalo intrajornada não é computado na jornada de trabalho, ou seja, nesse caso os 20 minutos de descanso integram o tempo de trabalho deste empregado.

Art. 253. Para os empregados que trabalham no interior das câmaras frigoríficas e para os que movimentam mercadorias do ambiente quente ou normal para o frio e vice-versa, depois de 1 (uma) hora e 40 (quarenta) minutos de trabalho contínuo, será assegurado um período de 20 (vinte) minutos de repouso, computado esse intervalo como de trabalho efetivo.

Essa mesma lógica passou a ser aplicada para ambientes que, embora não sejam câmara frigorífica, envolvem ambiente artificialmente frio. É que algumas empresas necessitam ter ambientes muito mais frios do que a temperatura ambiente para a produção de bens ou funcionamento de certos equipamentos, mas não se trata de câmaras frigoríficas.

Nesse contexto, surgiu a Súmula nº 438 do TST:

> Súmula nº 438 do TST – Intervalo para recuperação térmica do empregado. Ambiente artificialmente frio. Horas extras. Art. 253 da CLT. Aplicação analógica. Resolução nº 185/2012, *DEJT* divulgado em 25, 26 e 27/09/2012. O empregado submetido a trabalho contínuo em ambiente artificialmente frio, nos termos do parágrafo único, do art. 253, da CLT, ainda que não labore em câmara frigorífica, tem direito ao intervalo intrajornada previsto no *caput* do art. 253 da CLT.

f) Específico para trabalhadores em minas de subsolo:

O intervalo intrajornada específico para os trabalhadores em minas de subsolo está previsto no art. 298 da CLT.

> ☞ **ATENÇÃO!**
>
> Temos, nesta hipótese, mais uma exceção à regra de que o intervalo intrajornada não é computado na jornada de trabalho, ou seja, os 15 minutos de descanso fruídos a cada três horas consecutivas de trabalho integram o tempo de trabalho deste empregado.

> Art. 298 da CLT. Em cada período de 3 (três) horas consecutivas de trabalho, será obrigatória uma pausa de 15 (quinze) minutos para repouso, a qual será computada na duração normal de trabalho efetivo.

Debate interessante decorreu do fato de que diversos mineiros pretendiam que o tempo de deslocamento da boca da mina até o ponto de trabalho fosse computado na jornada para todos os efeitos, inclusive para contabilizar o tempo de 3 horas, de maneira a permitir a concessão do intervalo de 15 minutos. Pretendiam uma interpretação ampliativa do art. 294 da CLT:

> CLT, Art. 294. O tempo despendido pelo empregado da boca da mina ao local do trabalho e vice-versa será computado para o efeito de pagamento do salário.

No entanto, o TST entendeu que esse tempo de deslocamento é contado para fins de pagamento de salário, mas não para integrar o tempo de trabalho que se exige para fins de concessão do intervalo:

> "EMBARGOS – TRABALHO EM MINA DE SUBSOLO – TURNO ININTERRUPTO DE REVEZAMENTO DE 6 (SEIS) HORAS – JORNADA DE TRABALHO – DESLOCAMENTO DA BOCA

DA MINA AO LOCAL DE TRABALHO – INTERVALO INTRAJORNADA – PROVIMENTO DO APELO. 1. Os arts. 293, 294 e 298 da CLT dispõem que a duração normal do trabalho efetivo para os empregados em minas no subsolo não excederá de 6 (seis) horas diárias, sendo que o tempo despendido pelo empregado da boca da mina ao local de trabalho e vice-versa será computado para efeito de pagamento do salário, com direito, em cada período de três horas consecutivas de trabalho, a uma pausa de quinze minutos para repouso, computada na duração normal de trabalho efetivo. 2. A 1ª Turma desta Corte conheceu do recurso de revista obreiro, por contrariedade à Súmula n. 437, IV, do TST e, no mérito, deu-lhe provimento para condenar a Reclamada ao pagamento do intervalo intrajornada não usufruído, acrescido do adicional de 50%, com reflexo nas demais parcelas, ao fundamento de que a partir do momento em que o trabalha-dor adentra a boca da mina ele já se encontra à disposição do empregador, devendo o tempo gasto no percurso até o local do trabalho e vice-versa, ser computado à jornada. 3. *In casu*, assiste razão à Empresa Embargante, ao pretender a reforma da decisão turmária desta Corte, pois: a) os trabalhadores em minas de subsolo estão regidos por normas especiais de tutela do trabalho constantes no Capítulo I, Título III, da CLT, precipuamente no tocante ao regime especial de duração do trabalho, daí porque o tempo gasto no percurso entre a boca da mina e a frente da lavra não pode ser computado na jornada de trabalho dos mineiros para efeito de concessão de intervalo intrajornada, como previsto no art. 71, *caput*, da CLT, pois os arts. 293 e 294 da CLT são absolutamente claros ao dispor que a jornada não ultrapassa as 6 (seis) horas diárias e que o tempo de percurso será computado apenas para efeito de pagamento de salário, com regra própria e específica quanto ao intervalo intrajornada (CLT, art. 298); (...)" (E-ED-RR-909-46.2011.5.20.0011, Tribunal Pleno, Relator Ministro: Ives Gandra Martins Filho, *DEJT* 12/12/2019).

g) Específico para os motoristas profissionais:

Como afirmamos anteriormente, a Lei nº 13.103/2015, que dispõe sobre o exercício da profissão de motorista, alterou a Consolidação das Leis do Trabalho. Dessa forma, devemos observar o intervalo intrajornada dessa classe de trabalhadores.

A regra geral está no § 2º do art. 235-C, segundo o qual: "Será assegurado ao motorista profissional empregado intervalo mínimo de uma hora para refeição, podendo esse período coincidir com o tempo de parada obrigatória na condução do veículo estabelecido pela Lei nº 9.503, de 23 de setembro de 1997 – Código de Trânsito Brasileiro, exceto quando se tratar do motorista profissional enqua-drado no § 5º do art. 71 desta Consolidação."

A lei, contudo, estabelece nos artigos seguintes da CLT intervalos espe-cíficos para situações diferenciadas do cotidiano de um motorista profissional. Recomendamos a leitura integral desses artigos (235-A ao 235-G) não apenas no que diz respeito aos intervalos, mas em relação a toda a regulamentação da profissão.

Não obstante as mais variadas discussões políticas e econômicas que vêm ocorrendo, mantemos a opinião da edição anterior, ou seja, apesar de acreditarmos que ainda devem ocorrer algumas modificações, reconhecemos nesses dispositivos legais uma importante alteração legislativa trabalhista a favor dessa categoria de empregados.

14.8.2. Intervalos interjornadas

Intervalo interjornadas é o descanso a que o trabalhador tem direito entre o final de uma jornada de trabalho e o início de outra. Esse intervalo, previsto no art. 66 da CLT, tem que ser de no mínimo 11 horas.

> Art. 66 da CLT. Entre 2 (duas) jornadas de trabalho haverá um período mínimo de 11 (onze) horas consecutivas de descanso.

O art. 412 da CLT milita no mesmo sentido em relação ao menor trabalhador:

> CLT, Art. 412. Após cada período de trabalho efetivo, quer contínuo, quer dividido em 2 (dois) turnos, haverá um intervalo de repouso, não inferior a 11 (onze) horas.

O art. 382 da CLT preceitua a mesma regra para a mulher:

> CLT, Art. 382. Entre 2 (duas) jornadas de trabalho, haverá um intervalo de 11 (onze) horas consecutivas, no mínimo, destinado ao repouso.

☞ **ATENÇÃO!**
Quando concedido junto ao repouso semanal, o intervalo interjornadas deverá ser a ele somado, caso contrário o empregador deverá pagar as horas suprimidas ao empregado como horas extras prestadas.

Exemplo:

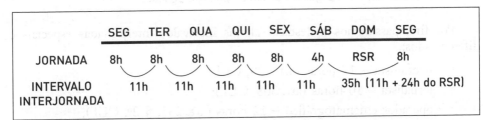

Note que, uma vez por semana, o empregado realmente terá direito a um descanso de 35 horas, pois as 11 horas do intervalo interjornadas serão somadas às 24 horas do repouso semanal a que tem direito. O desrespeito a essa regra confere ao empregado o direito de receber as horas suprimidas como horas extraordinárias. Esse é o entendimento do TST.

> Súmula nº 110 do TST – Jornada de trabalho. Intervalo (mantida). Resolução nº 121/2003, DJ de 19, 20 e 21/11/2003. No regime de revezamento, as horas trabalhadas em seguida ao repouso semanal de 24 horas, com prejuízo do intervalo mínimo de 11 horas

consecutivas para descanso entre jornadas, devem ser remuneradas como extraordinárias, inclusive com o respectivo adicional.

Não sendo usufruído pelo empregado o intervalo interjornadas, acarretará o pagamento das horas usufruídas como horas extraordinárias.

OJ nº 355 do TST – Intervalo interjornadas. Inobservância. Horas extras. Período pago como sobrejornada. Art. 66 da CLT. Aplicação analógica do § 4º do art. 71 da CLT (DJ de 14/3/2008).

O desrespeito ao intervalo mínimo interjornadas previsto no art. 66 da CLT acarreta, por analogia, os mesmos efeitos previstos no § 4º do art. 71 da CLT e na Súmula nº 110 do TST, devendo-se pagar as horas do período suprimido, acrescidas do respectivo adicional.

A redução do intervalo interjornadas é vedada, seja por ato unilateral do empregador, seja norma coletiva.

Destacamos ainda que o intervalo interjornadas do motorista profissional também será de 11 horas consecutivas. Contudo, a Lei nº 13.103/2015 possibilitou o fracionamento do período, desde que garantidos o mínimo de 8 horas ininterruptas do primeiro dia do fracionamento e o gozo do restante dentro de 16 horas seguintes ao final do primeiro período.

Art. 235-C, § 3º, da CLT. Dentro do período de 24 (vinte e quatro) horas, são asseguradas 11 (onze) horas de descanso, sendo facultados o seu fracionamento e a coincidência com os períodos de parada obrigatória na condução do veículo estabelecida pela Lei nº 9.503, de 23 de setembro de 1997 – Código de Trânsito Brasileiro, garantidos o mínimo de 8 (oito) horas ininterruptas no primeiro período e o gozo do remanescente dentro das 16 (dezesseis) horas seguintes ao fim do primeiro período.

Por fim, passaremos a destacar alguns intervalos interjornadas especiais e diferenciados:

- telefonista – 17 horas (art. 229, CLT);
- jornalista – 10 horas (art. 308, CLT);
- operador cinematográfico – 12 horas (art. 235, § 2º, CLT);
- cabineiros (art. 245, CLT).
- ferroviário – 14 horas (art. 245, CLT)

14.9. REPOUSO SEMANAL REMUNERADO E FERIADOS

O repouso semanal remunerado (RSR) é um direito do empregado assegurado constitucionalmente. O RSR é o período semanal de 24 horas consecutivas, preferencialmente os domingos, no qual o empregado descansa sem prejuízo da sua remuneração.

Cap. 14 – DURAÇÃO DO TRABALHO

> ☞ **ATENÇÃO!**
> O RSR é período no qual o empregado não trabalha, mas recebe remuneração, logo a sua natureza jurídica é de interrupção do contrato de trabalho.

O RSR também é chamado de descanso semanal remunerado ou, ainda, repouso hebdomadário.

Como dissemos, o RSR encontra amparo na Constituição; sendo assim, temos que mais uma vez fazer a leitura do texto constitucional.

Inciso XV do art. 7º da CF/1988: "repouso semanal remunerado, preferencialmente aos domingos".

A concessão do RSR, conforme o próprio nome diz, tem que ser semanal. Sendo assim, a sua concessão em período superior a sete dias viola a norma constitucional. Esse é o entendimento da OJ nº 410 da SDI-I do TST.

OJ nº 410 da SDI-I – Repouso semanal remunerado. Concessão após o sétimo dia consecutivo de trabalho. Art. 7º, XV, da CF. Violação. (*DEJT* divulgado em 22, 25 e 26/10/2010). Viola o art. 7º, XV, da CF a concessão de repouso semanal remunerado após o sétimo dia consecutivo de trabalho, importando no seu pagamento em dobro.

O RSR está regulado na CLT, na Lei nº 605/1949 e em outras normas protetivas de Direito do Trabalho. Normalmente o repouso semanal recai no domingo, mas isso não é obrigatório (a Constituição fala em "preferencialmente"). Senão, vejamos:

Art. 67 da CLT. Será assegurado a todo empregado um descanso semanal de 24 (vinte e quatro) horas consecutivas, o qual, salvo motivo de conveniência pública ou necessidade imperiosa do serviço, deverá coincidir com o domingo, no todo ou em parte.

Registre-se que a **liberdade religiosa** é um direito fundamental consagrado expressamente na Constituição Federal:

CF, Art. 5º, VI – é inviolável a liberdade de consciência e de crença, sendo assegurado o livre exercício dos cultos religiosos e garantida, na forma da lei, a proteção aos locais de culto e a suas liturgias;

Assim, o trabalhador possui direito que a sua folga semanal respeite sua eventual crença religiosa, não importando qual seria o dia da semana de folga obrigatória para essa crença. Nesse caso, revela-se natural reconhecer não precisa a folga recair aos domingos.

Quanto aos demais trabalhadores que não exigem folga em dia especial em virtude de crença religiosa, a folga deve recair preferencialmente aos domingos. Logo, a regra é ter folga aos domingos, sendo excepcional o trabalho aos domingos e folga em outro dia da semana.

☞ ATENÇÃO!

O art. 611-B da CLT aponta taxativamente as matérias de cuja negociação coletiva não se pode dispor, considerando objeto ilícito do negócio jurídico.

Art. 611-B da CLT. Constituem objeto ilícito de convenção coletiva ou de acordo coletivo de trabalho, exclusivamente, a supressão ou a redução dos seguintes direitos:

(...)

IX – repouso semanal remunerado;

14.9.1. Trabalho em domingo e feriados

Somente em casos especiais que possuem autorização legal ou administrativa (ainda que genérica), é que se pode falar de trabalho aos domingos. Isso decorre da previsão dos arts. 67 e 68 da CLT:

Art. 67, parágrafo único, da CLT. Nos serviços que exijam trabalho aos domingos, com exceção quanto aos elencos teatrais, será estabelecida escala de revezamento, mensalmente organizada e constando de quadro sujeito à fiscalização.

O art. 67 da CLT diz que o RSR será aplicado a todo empregado. Já a Lei nº 605/1949 diz que:

Art. 1º Todo empregado tem direito ao repouso semanal remunerado de vinte e quatro horas consecutivas, preferentemente aos domingos e, nos limites das exigências técnicas das empresas, nos feriados civis e religiosos, de acordo com a tradição local.

Art. 2º Entre os empregados a que se refere esta lei, incluem-se os trabalhos rurais, salvo os que operem em qualquer regime de parceria, meação, ou forma semelhante de participação na produção.

Art. 3º O regime desta lei será extensivo àqueles que, sob forma autônoma, trabalhem agrupados, por intermédio de Sindicato, Caixa Portuária, ou entidade congênere. A remuneração do repouso obrigatório, nesse caso, consistirá no acréscimo de 1/6 (um sexto) calculado sobre os salários efetivamente percebidos pelo trabalhador e paga juntamente com os mesmos.

Art. 4º É devido o repouso semanal remunerado, nos termos desta lei, aos trabalhadores das autarquias e de empresas industriais, ou sob administração da União, dos estados e dos municípios ou incorporadas nos seus patrimônios, que não estejam subordinados ao regime do funcionalismo público.

Art. 5º Esta lei não se aplica às seguintes pessoas:

a) Revogado pela Lei nº 11.324/2006.

b) aos funcionários públicos da União, dos estados e dos municípios e aos respectivos extranumerários em serviço nas próprias repartições;

c) aos servidores de autarquias paraestatais, desde que sujeitos a regime próprio de proteção ao trabalho que lhes assegure situação análoga à dos funcionários públicos.

Cap. 14 – DURAÇÃO DO TRABALHO

Parágrafo único. São exigências técnicas, para os efeitos desta lei, as que, pelas condições peculiares às atividades da empresa, ou em razão do interesse público, tornem indispensável a continuidade do serviço.

Art. 68. O trabalho em domingo, seja total ou parcial, na forma do art. 67, será sempre subordinado à permissão prévia da autoridade competente em matéria de trabalho.

Parágrafo único. A permissão será concedida a título permanente nas atividades que, por sua natureza ou pela conveniência pública, devem ser exercidas aos domingos, cabendo ao Ministro do Trabalho, Indústria e Comércio, expedir instruções em que sejam especificadas tais atividades. Nos demais casos, ela será dada sob forma transitória, com discriminação do período autorizado, o qual, de cada vez, não excederá de 60 (sessenta) dias.

Exemplos de autorização legal ou administrativa podem ser visualizados em vários diplomas:

Lei n. 10.101/00, Art. 6º Fica autorizado o trabalho aos domingos nas atividades do comércio em geral, observada a legislação municipal, nos termos do art. 30, inciso I, da Constituição.

Decreto 27.048/49, Art. 7º É concedida, em caráter permanente e de acordo com o disposto no §1º do art. 6º, permissão para o trabalho nos dias de repouso a que se refere o art. 1º, nas atividades constantes da relação anexa ao presente regulamento.

§ 1º Os pedidos de permissão para quaisquer outras atividades, que se enquadrem no § 1º do art. 6º, serão apresentados às autoridades regionais referidas no art. 16, que os encaminharão ao Ministro do Trabalho, Indústria e Comércio, devidamente informados.

§ 2º A permissão dar-se-á por decreto ao Poder Executivo.

Art. 8º Fora dos casos previstos no artigo anterior admitir-se-á excepcionalmente, o trabalho em dia de repouso:

a) quando ocorrer motivo de força maior, cumprindo à empresa justificar a ocorrência perante a autoridade regional a que se refere o art. 15, no prazo de 10 dias;

b) quando, para atender à realização ou conclusão de serviços inadiáveis ou cuja inexecução possa acarretar prejuízo manifesto, a empresa obtiver da autoridade regional referida no art. 15 autorização prévia, com discriminação do período autorizado, o qual, de cada vez, não excederá de 60 dias, cabendo neste caso a remuneração em dobro, na forma e com a ressalva constante do artigo 6º, § 3º.

No tocante às atividades que podem funcionar aos domingos, deve ser privilegiada uma **escala de revezamento que favoreça a folga coincidente com o domingo**. Essa escala de revezamento depende do trabalho.

Se o trabalho for no comércio, deve haver uma escala de revezamento em que a folga semanal coincida com o domingo uma vez a cada três semanas:

Lei n. 10.101/00, Art. 6º, Parágrafo único. O repouso semanal remunerado deverá coincidir, pelo menos uma vez no período máximo de três semanas, com o domingo, respeitadas as demais normas de proteção ao trabalho e outras a serem estipuladas em negociação coletiva.

Quando se trata de **mulher** trabalhadora, a folga semanal deve coincidir com o domingo a cada 15 dias:

CLT, Art. 386. Havendo trabalho aos domingos, será organizada uma escala de revezamento quinzenal, que favoreça o repouso dominical.

Quando se trata de **aeroviário**, deve ser uma folga coincidente com o domingo a cada mês:

Decreto 1.232/62, Art. 13. Havendo trabalho aos domingos por necessidade do serviço será organizada uma escala mensal de revezamento que favoreça um repouso dominical por mês.

Por outro lado, se for trabalhador homem que não seja aeroviário e tampouco trabalhe no comércio, a folga deve coincidir com o domingo pelo menos uma vez a cada 7 semanas, na forma da Portaria 417/66 do extinto Ministério do Trabalho:

Portaria 417/66 do extinto Ministério do Trabalho

Art. 2º Os agentes da Fiscalização do Trabalho, no tocante ao repouso semanal, limitar-se-ão a exigir:

b) das empresas legalmente autorizadas a funcionar nesses dias, a organização de escala de revezamento ou folga, como estatuído no parágrafo único do mesmo artigo, a fim de que, em um período máximo de sete semanas de trabalho, cada empregado usufrua pelo menos um domingo de folga.

A jurisprudência, quando não existe uma norma legal mais favorável, admite essa coincidência da folga com um domingo a cada sete semanas:

"(...) REGIME DE TRABALHO EM ESCALA DE 5X1. DESCANSO SEMANAL REMUNERADO AOS DOMINGOS A CADA SETE SEMANAS. NÃO CONHECIMENTO. (...) Nessa linha, por meio da Portaria n. 417/1966, o Ministério do Trabalho regulamentou o labor em dias de repouso semanal, estabelecendo que as empresas legalmente autorizadas a funcionar nos dias de repouso semanal deverão organizar escala de revezamento ou folga para que, em um período máximo de sete semanas de trabalho, cada empregado usufrua, no mínimo, um domingo de folga. (...)" (RR-11097-79.2017.5.18.0129, 4ª Turma, Relator Ministro: Guilherme Augusto *Caputo* Bastos, *DEJT* 01/02/2019).

(...) REPOUSO SEMANAL REMUNERADO. DOMINGOS E FERIADOS. PAGAMENTO EM DOBRO. (...) A coincidência do repouso semanal aos domingos, pelo seu caráter preferencial, pode ser mitigada, desde que haja autorização pelo Ministério do Trabalho e Emprego, nos termos do art. 68 da CLT. No caso, a parte invoca o disposto na Portaria 417/66 do Ministério do Trabalho que autoriza o usufruto de pelo menos um domingo de folga em um período máximo de sete semanas de trabalho. Esta Corte Superior, em casos análogos, tem entendido que, havendo a coincidência do RSR aos domingos a cada 7 semanas e, não obstante, não haja a sua concessão sempre nesse dia, havendo a fruição

Cap. 14 – DURAÇÃO DO TRABALHO

de folga em outro dia dentro da mesma semana, tem-se por cumprida a finalidade da norma. Precedentes. Recurso de revista conhecido e provido. (RR – 4-60.2012.5.05.0193, Relatora Ministra: Maria Helena Mallmann, Data de Julgamento: 24/02/2016, 5ª Turma, Data de Publicação: *DEJT* 04/03/2016)

Art. 3º da Portaria nº 417/1966 do MT. A escala de revezamento será efetuada através de livre escolha da empresa.

Art. 6º da Lei nº 10.101/2000. Fica autorizado o trabalho aos domingos nas atividades do comércio em geral, observada a legislação municipal, nos termos do art. 30, inciso I, da Constituição.

Parágrafo único. O repouso semanal remunerado deverá coincidir, pelo menos uma vez no período máximo de três semanas, com o domingo, respeitadas as demais normas de proteção ao trabalho e outras a serem estipuladas em negociação coletiva.

> ☞ **ATENÇÃO!**
>
> No comércio varejista a regra é de que o RSR coincida com o domingo, pelo menos, de 3 em 3 semanas. Logo, um comerciário não pode trabalhar 3 semanas seguidas sem ao menos um domingo de folga.

Art. 6º-A. É permitido o trabalho em feriados nas atividades do comércio em geral, desde que autorizado em convenção coletiva de trabalho e observada a legislação municipal, nos termos do art. 30, inciso I, da Constituição.

> ☞ **ATENÇÃO!**
>
> A lei é muito clara ao exigir que, nos dias de feriados, as empresas que exerçam atividades do comércio em geral só funcionem se forem autorizadas por convenção coletiva que, por sua vez, deverá observar a legislação municipal.

O próprio TST, por meio do Informativo nº 17, ratifica esse dispositivo.

Ação anulatória. Trabalho em feriados no comércio em geral. Autorização em acordo coletivo. Impossibilidade. Exigência de previsão em convenção coletiva. Art. 6º-A da Lei nº 10.101/00. "Nos termos do art. 6º-A da Lei nº 10.101/00, conforme alteração introduzida pela Lei nº 11.603/07, o trabalho no comércio em geral em feriados é possível tão somente mediante autorização firmada em convenção coletiva de trabalho, ou seja, negociação ajustada entre os sindicatos representativos das categorias econômica e profissional. Trata-se de dispositivo de interpretação restritiva que, fundada no princípio da proteção ao trabalho, não pode ser alargada para abarcar as autorizações concedidas em sede de acordo coletivo. Assim, a SDC, por unanimidade, deu provimento ao recurso ordinário do Sindicato do Comércio Varejista de Itapetininga para, julgando parcialmente procedente a ação anulatória, declarar a nulidade da cláusula quadragésima quarta (calendário de funcionamento do comércio em datas especiais) do ACT 2009/2010, firmado entre o réu e a empresa Arthur Lundgren Tecidos S.A. – Casas Pernambucanas, e da cláusula quadragésima terceira (calendário de funcionamento do comércio em datas especiais) do ACT 2009/2010, firmado entre o réu e a empresa Cofesa – Comercial Ferreira Santos Ltda.TST-RO-13955-13.2010.5.15.0000, SDC, rel. Min. Kátia Magalhães Arruda, 13.08.2012".

Art. 69 da CLT. Na regulamentação do funcionamento de atividades sujeitas ao regime deste Capítulo, os municípios atenderão aos preceitos nele estabelecidos, e as regras que venham a fixar não poderão contrariar tais preceitos nem as instruções que, para seu cumprimento, forem expedidas pelas autoridades competentes em matéria de trabalho.

Art. 70. Salvo o disposto nos arts. 68 e 69, é vedado o trabalho em dias feriados nacionais e feriados religiosos, nos termos da legislação própria.

Os arts. 69 e 70 nos remetem ao art. 6º-A da Lei nº 10.101/2000 que acabamos de citar, e segundo o qual é vedado o trabalho em feriados nas atividades do comércio em geral sem a existência de convenção coletiva que o autorize.

> ☞ **ATENÇÃO!**
>
> Flexibilização significa tornar maleável a rigidez dos direitos trabalhistas. Em suma: flexibilizar quer dizer redução ou supressão de direitos trabalhistas previstos em lei. O art. 611-A da CLT trata de flexibilização por meio de norma coletiva ao permitir a troca do dia do feriado.
>
> Art. 611-A da CLT. A convenção coletiva e o acordo coletivo de trabalho têm prevalência sobre a lei quando, entre outros, dispuserem sobre: (...)
>
> XI – troca do dia de feriado;

14.9.2. Da remuneração

a) Do direito a ter o repouso semanal de forma remunerada:

Para que o empregado tenha direito ao repouso semanal de forma remunerada, é preciso que durante a semana ele tenha cumprido a jornada de trabalho de modo integral, sem ter faltado ou chegado atrasado de forma injustificada, caso contrário terá direito tão somente ao repouso semanal, mas este não será remunerado. Esta é a regra que encontramos no art. 6º da Lei nº 605/1949.

Art. 6º Não será devida a remuneração quando, sem motivo justificado, o empregado não tiver trabalhado durante toda a semana anterior, cumprindo integralmente o seu horário de trabalho.

§ 1º São motivos justificados:

a) os previstos no art. 473 e seu parágrafo único da Consolidação das Leis do Trabalho;

Cap. 14 – DURAÇÃO DO TRABALHO

b) a ausência do empregado devidamente justificada, a critério da administração do estabelecimento;

c) a paralisação do serviço nos dias em que, por conveniência do empregador, não tenha havido trabalho;

d) a ausência do empregado, até três dias consecutivos, em virtude do seu casamento;

e) a falta ao serviço com fundamento na lei sobre acidente do trabalho;

f) a doença do empregado, devidamente comprovada.

Esse rol é meramente exemplificativo, porquanto qualquer falta justificada não afeta o direito à remuneração do repouso.

Aliás, quanto à comprovação da doença do empregado, pode ser apresentado atestado médico, mas existe uma ordem de prevalência desses atestados no art. 6º, § 2º, da Lei n. 605/1949:

> Lei n. 605/1949, Art. 6º, § 2º A doença será comprovada mediante atestado de médico da instituição da previdência social a que estiver filiado o empregado, e, na falta deste e sucessivamente, de médico do Serviço Social do Comércio ou da Indústria; de médico da empresa ou por ela designado; de médico a serviço de representação federal, estadual ou municipal incumbido de assuntos de higiene ou de saúde pública; ou não existindo estes, na localidade em que trabalhar, de médico de sua escolha.
>
> Súmula nº 27 do TST – Comissionista (mantida). Resolução nº 121/2003, *DJ* 19, 20 e 21/11/2003. É devida a remuneração do repouso semanal e dos dias feriados ao empregado comissionista, ainda que pracista.

☞ **ATENÇÃO!**

Vendedor pracista é aquele que vende externamente.

b) Do valor da remuneração:

O cálculo da remuneração do repouso pode ser compreendido no art. 7º da Lei n. 605/1949:

> Art. 7º da Lei nº 605/1949. A remuneração do repouso semanal corresponderá:
>
> a) para os que trabalham por dia, semana, quinzena ou mês, à de um dia de serviço, computadas as horas extraordinárias habitualmente prestadas;
>
> b) para os que trabalham por hora, à sua jornada norma de trabalho, computadas as horas extraordinárias habitualmente prestadas;
>
> c) para os que trabalham por tarefa ou peça, o equivalente ao salário correspondente às tarefas ou peças feitas durante a semana, no horário normal de trabalho, dividido pelos dias de serviço efetivamente prestados ao empregador;
>
> d) para o empregado em domicílio, o equivalente ao quociente da divisão por 6 (seis) da importância total da sua produção na semana.

§ 1º Os empregados cujos salários não sofram descontos por motivo de feriados civis ou religiosos são considerados já remunerados nesses mesmos dias de repouso, conquanto tenham direito à remuneração dominical.

§ 2º Consideram-se já remunerados os dias de repouso semanal do empregado mensalista ou quinzenalista cujo cálculo de salário mensal ou quinzenal, ou cujos descontos por falta sejam efetuados na base do número de dias do mês ou de 30 (trinta) e 15 (quinze) diárias, respectivamente.

Assim, se o empregado recebe R$ 3.000,00 por mês, o valor do repouso semanal remunerado já está incluído.

Por outro lado, o empregado que recebe por dia de trabalho não possui repouso semanal integrado à remuneração, devendo seu valor ser pago.

As horas extras, habitualmente prestadas, refletem no valor do RSR.

Súmula nº 172 do TST – Repouso remunerado. Horas extras. Cálculo (mantida). Resolução nº 121/2003, *DJ* de 19, 20 e 21/11/2003. Computam-se no cálculo do repouso remunerado as horas extras habitualmente prestadas.

Quanto ao professor, esse profissional recebe com base em hora-aula e a quantidade de aulas normalmente varia durante a semana. Portanto, o TST definiu um parâmetro para facilitar o cálculo do repouso:

Súmula nº 351 do TST – Professor. Repouso semanal remunerado. Art. 7º, § 2º, da LEI nº 605, de 05/01/1949, e art. 320 da CLT (mantida). Resolução nº 121/2003, *DJ* de 19, 20 e 21/11/2003. O professor que recebe salário mensal à base de hora-aula tem direito ao acréscimo de 1/6 a título de repouso semanal remunerado, considerando-se para esse fim o mês de quatro semanas e meia.

Este acréscimo de 1/6 não será devido ao professor que ganha salário mensal fixo.

Súmula nº 225 do TST – Repouso semanal. Cálculo. Gratificações por tempo de serviço e produtividade (mantida). Resolução nº 121/2003, *DJ* de 19, 20 e 21/11/2003. "As gratificações por tempo de serviço e produtividade, pagas mensalmente, não repercutem no cálculo do repouso semanal remunerado."

As gorjetas (como já estudamos) têm natureza remuneratória, por isso não há repercussão no cálculo do RSR.

Súmula nº 354 do TST – Gorjetas. Natureza jurídica. Repercussões (mantida). Resolução nº 121/2003, *DJ* de 19, 20 e 21/11/2003. As gorjetas, cobradas pelo empregador na nota de serviço ou oferecidas espontaneamente pelos clientes, integram a remuneração do empregado, não servindo de base de cálculo para as parcelas de aviso-prévio, adicional noturno, horas extras e repouso semanal remunerado.

Cap. 14 – DURAÇÃO DO TRABALHO

Para os empregados que recebem salário por mês ou quinzena, consideram-se já remunerados os dias do RSR.

OJ n° 103 da SDI-I do TST – Adicional de insalubridade. Repouso semanal e feriados (nova redação) – *DJ* de 20/04/2005. O adicional de insalubridade já remunera os dias de repouso semanal e feriados.

> ☞ **ATENÇÃO!**
>
> OJ n° 394 da SDI-I do TST – Repouso semanal remunerado – RSR. Integração das horas extras. Não repercussão no cálculo das férias, do décimo terceiro salário, do aviso-prévio e dos depósitos do FGTS (*DEJT* divulgado em 9, 10 e 11/06/2010). "A majoração do valor do repouso semanal remunerado, em razão da integração das horas extras habitualmente prestadas, não repercute no cálculo das férias, da gratificação natalina, do aviso-prévio e do FGTS, sob pena de caracterização de *bis in idem.*"
>
> Ou seja, o valor do RSR, acrescido das horas extras, não irá repercutir nas férias, 13° salário, aviso-prévio e FGTS, pois teríamos uma dupla incidência de adicionais.
>
> O adicional de horas extras já refletirá diretamente nas parcelas elencadas.

14.9.3. Da não concessão do RSR

Primeiramente, temos que fazer uma diferenciação entre não concessão do RSR aos domingos e a não concessão do RSR. A não concessão dos RSR aos domingos importa a sua compensação em outro dia dentro da semana de trabalho. Contudo, a não concessão do RSR importa o seu pagamento em dobro ao empregado.

Art. 9° da Lei n° 605/1949. Nas atividades em que não for possível, em virtude das exigências técnicas das empresas, a suspensão do trabalho, nos dias feriados civis e religiosos, a remuneração será paga em dobro, salvo se o empregador determinar outro dia de folga.

OJ n° 410 da SDI-I do TST. Viola o art. 7°, XV, da CF a concessão de RSR após o sétimo dia consecutivo de trabalho, importando no seu pagamento em dobro.

Súmula n° 146 do TST – Trabalho em domingos e feriados, não compensado (incorporada a Orientação Jurisprudencial n° 93 da SBDI-1). Resolução n° 121/2003, *DJ* de 19, 20 e 21/11/2003. O trabalho prestado em domingos e feriados, não compensado, deve ser pago em dobro, sem prejuízo da remuneração relativa ao repouso semanal.

O TST decidiu recentemente que o empregado que exerce cargo de gestão e que não está submetido a controle de jornada deve ter assegurado o gozo do repouso semanal remunerado e da folga em feriados.

Cargo de confiança. Art. 62, II, da CLT. Repouso semanal remunerado e feriados. Não concessão. Pagamento em dobro. Incidência da Súmula n° 146 do TST. O empregado exercente de cargo de gestão, inserido no art. 62, II, da CLT, tem direito ao gozo do repouso semanal e à folga referente aos feriados com a remuneração correspondente. Assim, caso não usufrua esse direito ou não tenha a oportunidade de compensar a folga na semana seguinte, o empregador deve pagar, em dobro, a remuneração dos dias laborados, nos termos da Súmula nº 146 do TST. O objetivo do art. 62, II, da CLT é excluir a obrigação de o empregador remunerar, como extraordinário, o trabalho prestado pelos ocupantes de cargo de confiança, mas isso não retira do empregado o direito constitucionalmente assegurado ao repouso semanal remunerado, previsto no art. 7º, XV, da CF. Sob esse entendimento, a SBDI-I, por unanimidade, conheceu do recurso de embargos, por divergência jurisprudencial, e, no mérito, negou-lhe provimento. TST-E-RR- 3453300-61.2008.5.09.0013, SBDI-I, rel. Min. José Roberto Freire Pimenta, 17/11/2016 (Informativo nº 149 do TST).

Conclui-se que o art. 62 da CLT, em seu inciso II, objetiva apenas a exclusão do pagamento de horas extras ao ocupante de cargo de confiança, o que não alcança o direito constitucional ao repouso semanal remunerado.

14.10. TRABALHO NOTURNO

A proteção da saúde do empregado que labora no período noturno encontra amparo na Constituição e nos mecanismos de proteção estabelecidos pelas leis e pela jurisprudência.

Art. 7º, IX, da CF: remuneração do trabalho noturno superior à do diurno.

O trabalho noturno do empregado urbano está previsto no art. 73 da CLT, enquanto o do rural encontra previsão na Lei nº 5.889/1973. O advogado, por sua vez, encontra a previsão do adicional noturno no Estatuto da OAB.

O trabalho noturno é vedado expressamente pela Constituição ao empregado menor de 18 anos.

Art. 7º, XXXIII, da CF/1988: proibição de trabalho noturno, perigoso ou insalubre a menores de dezoito e de qualquer trabalho a menores de dezesseis anos, salvo na condição de aprendiz, a partir de quatorze anos.

14.10.1. Trabalho noturno para o empregado urbano

Art. 73 da CLT. Salvo nos casos de revezamento semanal ou quinzenal, o trabalho noturno terá remuneração superior a do diurno e, para esse efeito, sua remuneração terá um acréscimo de 20 % (vinte por cento), pelo menos, sobre a hora diurna.

§ 1º A hora do trabalho noturno será computada como de 52 minutos e 30 segundos.

§ 2º Considera-se noturno, para os efeitos deste artigo, o trabalho executado entre as 22 horas de um dia e as 5 horas do dia seguinte.

§ 3º O acréscimo, a que se refere o presente artigo, em se tratando de empresas que não mantêm, pela natureza de suas atividades, trabalho noturno habitual, será feito, tendo em vista os quantitativos pagos por trabalhos diurnos de natureza semelhante.

Cap. 14 – DURAÇÃO DO TRABALHO

Em relação às empresas cujo trabalho noturno decorra da natureza de suas atividades, o aumento será calculado sobre o salário mínimo geral vigente na região, não sendo devido quando exceder desse limite, já acrescido da percentagem.

§ 4º Nos horários mistos, assim entendidos os que abrangem períodos diurnos e noturnos, aplica-se às horas de trabalho noturno o disposto neste artigo e seus parágrafos.

§ 5º Às prorrogações do trabalho noturno aplica-se o disposto neste capítulo.

Súmula nº 213 do STF – Adicional de serviço noturno – Regime de revezamento. É devido o adicional de serviço noturno, ainda que sujeito o empregado ao regime de revezamento.

Súmula nº 214 do STF – Duração legal da hora de serviço noturno – Vantagem suplementar – Salário adicional. A duração legal da hora de serviço noturno (52 minutos e 30 segundos) constitui vantagem suplementar, que não dispensa o salário adicional.

☞ **ATENÇÃO!**

A hora noturna reduzida também é devida ao vigia noturno.

Súmula nº 65 do TST – Vigia (mantida). Resolução nº 121/2003, *DJ* de 19, 20 e 21/11/2003. O direito à hora reduzida de 52 minutos e 30 segundos aplica-se ao vigia noturno.

Súmula nº 140 do TST – VIGIA (mantida). Resolução nº 121/2003, *DJ* de 19, 20 e 21/11/2003. É assegurado ao vigia sujeito ao trabalho noturno o direito ao respectivo adicional.

OJ nº 395 da SDI-I do TST – Turno ininterrupto de revezamento. Hora noturna reduzida. Incidência. (*DEJT* divulgado em 9, 10 e 11/06/2010.) O trabalho em regime de turnos ininterruptos de revezamento não retira o direito à hora noturna reduzida, não havendo incompatibilidade entre as disposições contidas nos arts. 73, § 1º, da CLT, e 7º, XIV, da Constituição Federal.

A continuidade do adicional noturno também deve ser paga ao empregado submetido à jornada 12 x 36.

OJ nº 388 da SDI-I do TST – 388. Jornada 12 x 36. Jornada mista que compreenda a totalidade do período noturno. Adicional noturno. Devido. (*DEJT* divulgado em 9, 10 e 11/06/2010.) O empregado submetido à jornada de 12 horas de trabalho por 36 de descanso, que compreende a totalidade do período noturno, tem direito ao adicional noturno, relativo às horas trabalhadas após as 5 horas da manhã.

Os empregados rurais e os petroleiros não têm direito à hora reduzida.

Súmula nº 112 do TST. Trabalho noturno. Petróleo (mantida) – Res. 121/2003, *DJ* 19, 20 e 21/11/2003. O trabalho noturno dos empregados nas atividades de exploração, perfuração, produção e refinação do petróleo, industrialização do xisto, indústria petroquímica e transporte de petróleo e seus derivados, por meio de dutos, é regulado pela Lei nº 5.811, de 11/10/1972, não se lhe aplicando a hora reduzida de 52 minutos e 30 segundos prevista no art. 73, § 1º, da CLT.

14.10.2. Trabalho noturno para o empregado rural

A lei do rural diferencia o trabalho noturno realizado pelo empregado que trabalha na pecuária do realizado por aquele que trabalha na agricultura.

> Art. 7º da Lei nº 5.889/1973. Para os efeitos desta Lei, considera-se trabalho noturno o executado entre as vinte e uma horas de um dia e as cinco horas do dia seguinte, na lavoura, e entre as vinte horas de um dia e as quatro horas do dia seguinte, na atividade pecuária.
>
> Parágrafo único. Todo trabalho noturno será acrescido de 25% (vinte e cinco por cento) sobre a remuneração normal.
>
> Art. 8º Ao menor de 18 anos é vedado o trabalho noturno.

14.10.3. Trabalho noturno para o advogado (Estatuto da OAB – Lei nº 8.906/1994)

> Art. 20, § 3º, do Estatuto da OAB (Lei nº 8.906/1994). As horas trabalhadas no período das vinte horas de um dia até as cinco horas do dia seguinte são remuneradas como noturnas, acrescidas do adicional de vinte e cinco por cento.

14.10.4. Trabalho noturno do empregado doméstico (LC nº 150/2015)

A regulamentação do trabalho noturno do empregado doméstico realizada pela LC nº 150/2015 é a mesma prevista na CLT para aqueles que trabalham das 22 horas de um dia até às 5 horas de outro, com jornada reduzida de 52 minutos e 30 segundos, sendo devido o pagamento de adicional de, no mínimo, 20% sobre a hora normal (art. 14, LC nº 150/2015).

14.9.5. Trabalho noturno dos engenheiros, arquitetos, agrônomos, químicos e veterinários.

No que tange aos engenheiros, arquitetos, agrônomos, químicos e veterinários a diferença está no adicional noturno, que será de 25%:

Lei n. 4.950-A, Art. 7º A remuneração do trabalho noturno será feita na base da remuneração do trabalho diurno, acrescida de 25% (vinte e cinco por cento).

14.10.5. Trabalho noturno do portuário

Nos portos, o trabalho do portuário será noturno se realizado das 19h às 7h do dia seguinte, sendo que a hora é de 60 minutos:

Lei n. 4.860/65, Art. 4º, § 1º Os períodos de serviço serão diurno, entre 7 (sete) e 19 (dezenove) horas, e noturno, entre 19 (dezenove) e 7 (sete) horas do dia seguinte,... VETADO... A hora do trabalho... VETADO... é de 60 (sessenta) minutos... VETADO...

Aliás, nesse ponto, observe a OJ 60, I, da SDI-I do TST:

OJ 60 da SDI-I do TST. PORTUÁRIOS. HORA NOTURNA. HORAS EXTRAS. (LEI N. 4.860/65, ARTS. 4º E 7º, § 5º) (nova redação em decorrência da incorporação da Orientação Jurisprudencial n. 61 da SBDI-I) – Res. 129/2005, DJ 20, 22 e 25.04.2005 I – A hora noturna no regime de trabalho no porto, compreendida entre dezenove horas e sete horas do dia seguinte, é de sessenta minutos.

14.9.6. Do adicional noturno

Se o empregado cumprir integralmente o horário noturno e estendê-lo ao diurno, além de realizar horas extras, o período estendido também será considerado como horário noturno.

Exemplo: Marcos, empregado celetista, labora na empresa "g" das 22h às 7h. Seu horário noturno (incluindo o adicional) será das 22h às 7h.

Súmula nº 60 do TST – Adicional noturno. Integração no salário e prorrogação em horário diurno (incorporada a Orientação Jurisprudencial nº 6 da SBDI-1). Resolução nº 129/2005, DJ de 20, 22 e 25/4/2005. I – O adicional noturno, pago com habitualidade, integra o salário do empregado para todos os efeitos. II – Cumprida integralmente a jornada no período noturno e prorrogada esta, devido é também o adicional quanto às horas prorrogadas. Exegese do art. 73, § 5º, da CLT.

A irradiação do trabalho noturno sobre o diurno não se aplica ao empregado doméstico por força do art. 10, § 1º, da LC nº 150/2015.

 ATENÇÃO!

No caso específico da Súmula nº 60 do TST, objeto de nossa análise, observe o teor do Informativo nº 24 do TST:

Jornada mista. Trabalho prestado majoritariamente à noite. Adicional noturno. Súmula nº 60, II, do TST. "Na hipótese de jornada mista, iniciada pouco após as 22h, mas preponderantemente trabalhada à noite (das 23:10h às 07:10h do dia seguinte), é devido o adicional noturno quanto às horas que se seguem no período diurno, aplicando-se o entendimento da Súmula nº 60, II, do TST. Assim, a SBDI-I, por unanimidade, conheceu dos embargos por divergência jurisprudencial e, no mérito, negou-lhes provimento. No caso, ressaltou-se que a interpretação a ser dada ao item II da Súmula nº 60 do TST não pode estimular o empregador a adotar jornada que se inicia pouco depois das 22h com o propósito de desvirtuar o preceito. Ademais, a exegese do art. 73, §§ 3º e 4º, da CLT, à luz dos princípios da proteção ao trabalhador e da dignidade da pessoa humana, permite concluir que, para garantir a higidez física e mental do trabalhador, o adicional noturno deve incidir sobre o labor executado durante o dia em continuidade àquele majoritariamente prestado à noite. TST-E-RR-154-04.2010.5.03.0149, SBDI-I, rel. Min. Augusto César Leite de Carvalho, 04.10.2012."

Observe pelo teor do informativo *supra* que, mesmo quando a jornada do obreiro tenha se iniciado um pouco após 22 horas, se for preponderantemente trabalhada à noite, é devido o adicional noturno.

O TST entende que, mesmo que o empregado comece a trabalhar pouco depois das 22h, tendo trabalhado a maior parte do tempo durante a jornada noturna, possui ele direito ao adicional em relação às horas posteriores às 5h da manhã. Não se exige que tenha começado a trabalhar às 22h ou antes. Observe mais esse julgado:

"(...) ADICIONAL NOTURNO. PRORROGAÇÃO. JORNADA INICIADA ÀS 23 HORAS E PRORRO-GADA ATÉ AS 7 HORAS. TRABALHO PREDOMINANTE EM HORÁRIO NOTURNO. DIREITO AO ADICIONAL EM RELAÇÃO ÀS HORAS TRABALHADAS APÓS AS 5 HORAS. (...) A discussão dos autos refere-se ao cabimento, ou não, da prorrogação do pagamento do adicional noturno ao empregado que inicia sua jornada após as 22 horas (às 22 horas e 40 mi-nutos ou 23 horas), não cumprindo todo o período 'entre as 22 horas de um dia e as 5 horas do dia seguinte', previsto no artigo 73, § 2º, da CLT, e continua a trabalhar após as 5 horas da manhã do dia seguinte. Com efeito, o item II da Súmula n. 60 desta Corte estabelece que, 'cumprida integralmente à jornada no período noturno e prorrogada esta, devido é também o adicional quanto às horas prorrogadas. Exegese do art. 73, § 5º, da CLT. (ex-OJ n. 6 da SBDI-1 – inserida em 25.11.1996)'. Observa-se que a súmula, ao estabelecer que a jornada deve ser cumprida integralmente no horário noturno, não limita o deferimento do adicional noturno sobre as horas prorrogadas somente às hipóteses em que haja o cumprimento da jornada das 22 horas às 5 horas da manhã do dia seguinte, sendo cabível o deferimento do aludido adicional também quando a jornada de trabalho se inicie após as 22 horas e termine depois das 5 horas da manhã. Assim, é irrelevante o fato de a reclamante não ter trabalhado integralmente no horário noturno, desde as 22 horas, tendo em vista que esta Corte entende que, uma vez que tenha havido trabalho majoritariamente durante o horário noturno compreendido entre as 22 horas e as 5 horas, é devido o adicional em questão. (...)" (RR-10876-81.2015.5.03.0033, 2ª Turma, Relator Ministro: José Roberto Freire Pimenta, *DEJT* 27/09/2019).

Aliás, o TST compreende que a mesma premissa de adicional na prorrogação é aplicada para os que laboram no regime 12x36:

OJ 388 da SDI-I JORNADA 12X36. JORNADA MISTA QUE COMPREENDA A TOTALIDADE DO PERÍODO NOTURNO. ADICIONAL NOTURNO. DEVIDO. (*DEJT* divulgado em 09, 10 e 11/06/2010). O empregado submetido à jornada de 12 horas de trabalho por 36 de descanso, que compreenda a totalidade do período noturno, tem direito ao adicional noturno, relativo às horas trabalhadas após as 5 horas da manhã.

Outro aspecto relevante refere-se ao nível de negociação admitido em norma coletiva. O TST admite que a norma coletiva possa restringir o adicional noturno ao período entre 22h e 5h, ou seja, não aplicar o adicional para as horas prorrogadas:

"ADICIONAL NOTURNO. JORNADA MISTA. TRABALHO EM PERÍODO NOTURNO. PRORRO-GAÇÃO EM HORÁRIO DIURNO. ADICIONAL. LIMITAÇÃO. NORMA COLETIVA. VALIDADE 1. Os sindicatos brasileiros desfrutam de relativa autonomia privada coletiva, o que bem transparece no tocante aos salários dos representados, passíveis até mesmo de redução mediante Acordo ou Convenção Coletiva de Trabalho. Exegese do art. 7º, VI e XXVI, da Constituição Federal. 2. É válida cláusula de Convenção Coletiva de Trabalho que considera noturno apenas o trabalho executado entre as 22 horas de um dia e as 5 horas do dia seguinte, mesmo quando prorrogada a jornada após as 5 horas. A Súmula n. 60, II, do TST cede passo ante a negociação coletiva e o princípio do conglobamento em matéria salarial. Se o salário pode ser excepcionalmente reduzido mediante negociação coletiva, é lícito que, por Convenção Coletiva de Trabalho, os interlocutores sociais excluam o pagamento do adicional noturno em período não considerado noturno pela lei. (...)" (E-RR-142600-55.2009.5.05.0037, Subseção I Especializada em Dissídios Individuais, Relator Ministro: João Oreste Dalazen, *DEJT* 16/02/2018).

Além disso, a convenção ou o acordo coletivo podem fixar que a hora noturna será de 60 minutos se houver a concessão de aumento do valor do adicional, segundo o TST:

"(...) HORA NOTURNA DE 60 MINUTOS. CONCESSÃO DE ADICIONAL NOTURNO SUPERIOR AO PREVISTO EM LEI. O entendimento da SDC é o de que se mostra válida a norma negociada que flexibiliza a hora noturna ficta (art. 73, § 1º, da CLT), desde que, em con-trapartida, o trabalhador seja beneficiado com o pagamento do adicional em percentual mais elevado do que aquele estabelecido no *caput* do mesmo dispositivo consolidado. (...)" (RO-11200-54.2013.5.17.0000, Seção Especializada em Dissídios Coletivos, Relatora Ministra: Dora Maria da Costa, *DEJT* 22/08/2014).

Claro que, com a reforma trabalhista, em especial o art. 611-A, § 2º, da CLT que dispensa a necessidade de contrapartidas em negociação coletiva, ainda temos que aguardar a posição do TST sobre eventual possibilidade dessa ampliação da hora noturna sem que haja aumento de adicional noturno.

Registre-se, ainda, que, se o trabalhador atua durante o período noturno em situação perigosa, o adicional noturno será calculado considerando o adicional de periculosidade também:

OJ 259 da SDI-I do TST, ADICIONAL NOTURNO. BASE DE CÁL-CULO. ADICIONAL DE PERICULOSIDADE. INTEGRAÇÃO (inserida em 27/09/2002). O adicional de periculosidade deve compor a base de cálculo do adicional noturno, já que também nesse horário o trabalhador permanece sob as condições de risco.

Ademais, se houver realização de horas extras no período noturno, o adicional noturno integra a base de cálculo das horas extras:

OJ 97 da SDI-I do TST. HORAS EXTRAS. ADICIONAL NOTURNO. BASE DE CÁLCULO (inserida em 30/05/1997). O adicional noturno integra a base de cálculo das horas extras prestadas no período noturno.

O empregado só receberá o adicional enquanto estiver prestando serviços em período noturno. A transferência do empregado para o período diurno acarretará a perda do direito ao adicional de 20%, não configurando alteração ilícita do contrato de trabalho.

Súmula nº 265 do TST – Adicional noturno. Alteração de turno de trabalho. Possibilidade de supressão (mantida). Resolução nº 121/2003, *DJ* de 19, 20 e 21/11/2003. A transferência para o período diurno de trabalho implica a perda do direito ao adicional noturno.

QUADRO RESUMIDO DO TRABALHO NOTURNO			
EMPREGADO	HORÁRIO NOTURNO	ADICIONAL NOTURNO	HORA NOTURNA
URBANO	Das 22h às 5h	20%	= 52 min e 30 segundos
PECUÁRIA	Das 20h às 4h	25%	= 60 min
AGRICULTURA	Das 21h às 5h	25%	= 60 min

Somente o empregado urbano terá a hora noturna reduzida de 60 minutos para 52 minutos e 30 segundos. Note que, após 8 períodos de 52m30s o empregado terá trabalhado o equivalente a 7 horas (das 22h às 5h).

Por fim, observe que será considerado objeto ilícito norma coletiva que dispuser sobre supressão ou redução da remuneração do trabalho noturno.

Art. 611-B da CLT. Constituem objeto ilícito de convenção coletiva ou de acordo coletivo de trabalho, exclusivamente, a supressão ou a redução dos seguintes direitos:

(...)

VI – remuneração do trabalho noturno superior à do diurno;

14.11. JORNADAS ESPECIAIS DE TRABALHO

Deixamos para citar no final deste capítulo alguns casos de jornada que possuem um tratamento diferenciado por lei, tendo em vista as peculiaridades das atividades desenvolvidas.

14.11.1. Bancário

A jornada do bancário está regulada nos arts. 224 a 226 da CLT.

Observamos três categorias de bancários:

- bancário comum (jornada de 6 horas diárias e 30 horas semanais);
- bancário exercente de função de confiança (jornada de 8 horas diárias e 40 horas semanais, desde que receba gratificação mínima de 1/3 do salário);

Cap. 14 – DURAÇÃO DO TRABALHO

- bancário gerente geral (sem controle de jornada, inserido no art. 62, II, da CLT, desde que receba gratificação mínima de 40% do salário).

Art. 224. A duração normal do trabalho dos empregados em bancos, casas bancárias e Caixa Econômica Federal será de 6 (seis) horas contínuas nos dias úteis, com exceção dos sábados, perfazendo um total de 30 (trinta) horas de trabalho por semana.

§ 1º A duração normal do trabalho estabelecida neste artigo ficará compreendida entre 7 (sete) e 22 (vinte e duas) horas, assegurando-se ao empregado, no horário diário, um intervalo de 15 (quinze) minutos para alimentação.

§ 2º As disposições deste artigo não se aplicam aos que exercem funções de direção, gerência, fiscalização, chefia e equivalentes, ou que desempenhem outros cargos de confiança, desde que o valor da gratificação não seja inferior a 1/3 (um terço) do salário do cargo efetivo.

Art. 225. A duração normal de trabalho dos bancários poderá ser excepcionalmente prorrogada até 8 (oito) horas diárias, não excedendo de 40 (quarenta) horas semanais, observados os preceitos gerais sobre a duração do trabalho.

O pessoal empregado de banco indicado no art. 226 da CLT também possui a mesma jornada:

Art. 226. O regime especial de 6 (seis) horas de trabalho também se aplica aos empregados de portaria e de limpeza, tais como porteiros, telefonistas de mesa, contínuos e serventes, empregados em bancos e casas bancárias.

Parágrafo único. A direção de cada banco organizará a escala de serviço do estabelecimento de maneira a haver empregados do quadro da portaria em função, meia hora antes e até meia hora após o encerramento dos trabalhos, respeitado o limite de 6 (seis) horas diárias.

Algumas jurisprudências do TST também merecem destaque:

Ressalte-se que o fato de não haver trabalho aos sábados não significa que os bancários tenham dois dias repouso semanal remunerado. O domingo é o dia de repouso semanal remunerado, sendo que o **sábado é dia útil não trabalhado.** Veja a Súmula nº 113 do TST:

Súmula nº 113 do TST – Bancário. Sábado. Dia útil (mantida). Resolução nº 121/2003, *DJ* de 19, 20 e 21/11/2003. O sábado do bancário é dia útil não trabalhado, não dia de repouso remunerado. Não cabe a repercussão do pagamento de horas extras habituais em sua remuneração.

☞ **ATENÇÃO!**

Tanto o bancário quanto o gerente não trabalham aos sábados, de acordo com o posicionamento do TST.

Súmula n° 124 do TST. Bancário. Salário-hora. Divisor (alteração em razão do julgamento do processo TST-IRR 849-83.2013.5.03.0138) – Res. 219/2017, *DEJT* divulgado em 28, 29 e 30/06/2017 – republicada – *DEJT* divulgado em 12, 13 e 14/07/2017. I – o divisor aplicável para o cálculo das horas extras do bancário será: a) 180, para os empregados submetidos à jornada de seis horas prevista no *caput* do art. 224 da CLT; b) 220, para os empregados submetidos à jornada de oito horas, nos termos do § 2° do art. 224 da CLT. II – Ressalvam-se da aplicação do item anterior as decisões de mérito sobre o tema, qualquer que seja o seu teor, emanadas de Turma do TST ou da SBDI-I, no período de 27/09/2012 até 21/11/2016, conforme a modulação aprovada no precedente obrigatório firmado no Incidente de Recursos de Revista Repetitivos n° TST-IRR-849-83.2013.5.03.0138, *DEJT* 19/12/2016.

E qual será a jornada do gerente de banco? Depende! A regra como já abordamos é que se enquadrem no art. 224, § 2°, da CLT, mas, se for o **gerente geral**, então pode ser enquadrado no art. 62, II, da CLT. Nesse último caso, não possuem direito a horas extras. Veja a Súmula n. 287 do TST:

Súmula n° 287 do TST – Jornada de trabalho. Gerente bancário (nova redação). Resolução n° 121/2003, *DJ* de 19, 20 e 21/11/2003. A jornada de trabalho do empregado de banco gerente de agência é regida pelo art. 224, § 2°, da CLT. Quanto ao gerente-geral de agência bancária, presume-se o exercício de encargo de gestão, aplicando-se-lhe o art. 62 da CLT.

☞ **ATENÇÃO!**

Ainda que seja determinada a realização de cursos externos fora do expediente, não será devido o pagamento de adicional de horas extras.

Bancário. Gerente-geral. Tempo despendido na realização de cursos pela internet e a distância, fora do horário de trabalho. Horas extras. Indeferimento. Os cursos realizados por exigência do empregador, via internet e a distância, fora do horário de trabalho, por empregado gerente-geral de agência bancária, não ensejam o pagamento de horas extras, porquanto o trabalhador que se enquadra no art. 62, II, da CLT não tem direito a qualquer parcela regida pelo capítulo "Da Duração do Trabalho". Com esse entendimento, a SBDI-I, por maioria, conheceu dos embargos, por contrariedade à Súmula n° 287 do TST, e, no mérito, deu-lhes provimento para excluir da condenação o pagamento das horas extras decorrentes da realização de cursos desempenhados via internet e a distância, fora do horário de trabalho. Vencidos os Ministros Lelio Bentes Corrêa, relator, Luiz Philippe Vieira de Mello Filho, Augusto César Leite de Carvalho, José Roberto Freire Pimenta e Delaíde Miranda Arantes. TST-ERR-82700-69.2006.5.04.0007, SBDI-I, rel. Min. Lelio Bentes Corrêa, red. p/ acórdão Min. João Oreste Dalazen, 20/09/2012 (Informativo n° 22 do TST).

É importante destacar que, mesmo que a Justiça do Trabalho reconheça o direito às horas extras, o TST não admite a compensação dessas horas com a gratificação de função que o empregado eventualmente tenha recebido:

Súmula n° 109 do TST – Gratificação de função (mantida). Resolução n° 121/2003, *DJ* de 19, 20 e 21/11/2003. O bancário não enquadrado no § 2° do art. 224 da CLT, que receba gratificação de função, não pode ter o salário relativo a horas extraordinárias compensado com o valor daquela vantagem.

Algumas situações são peculiares. O **caixa bancário**, ainda que seja um caixa executivo, não possui função de confiança, estando enquadrado na jornada de 6 horas diárias.

> Súmula nº 102 do TST – Bancário. Cargo de confiança (mantida). Resolução nº 174/2011, *DEJT* divulgado em 27, 30 e 31/05/2011. I – A configuração, ou não, do exercício da função de confiança a que se refere o art. 224, § 2º, da CLT, dependente da prova das reais atribuições do empregado, é insuscetível de exame mediante recurso de revista ou de embargos. II – O bancário que exerce a função a que se refere o § 2º do art. 224 da CLT e recebe gratificação não inferior a um terço de seu salário já tem remuneradas as duas horas extraordinárias excedentes de seis. III – Ao bancário exercente de cargo de confiança previsto no artigo 224, § 2º, da CLT são devidas as 7ª e 8ª horas, como extras, no período em que se verificar o pagamento a menor da gratificação de 1/3. IV – O bancário sujeito à regra do art. 224, § 2º, da CLT cumpre jornada de trabalho de 8 (oito) horas, sendo extraordinárias as trabalhadas além da oitava. V – O advogado empregado de banco, pelo simples exercício da advocacia, não exerce cargo de confiança, não se enquadrando, portanto, na hipótese do § 2º do art. 224 da CLT. VI – O caixa bancário, ainda que caixa executivo, não exerce cargo de confiança. Se perceber gratificação igual ou superior a um terço do salário do posto efetivo, essa remunera apenas a maior responsabilidade do cargo e não as duas horas extraordinárias além da sexta. VII – O bancário exercente de função de confiança, que percebe a gratificação não inferior ao terço legal, ainda que norma coletiva contemple percentual superior, não tem direito às sétima e oitava horas como extras, mas tão somente às diferenças de gratificação de função, se postuladas.

> Exemplo: se o salário efetivo do bancário ocupante de função de confiança é de R$ 6.000,00 e sua gratificação de função for de R$ 2.000,00, mas a convenção coletiva exigir que seja a gratificação de, pelo menos, 50% do salário do cargo efetivo, resta evidente que esse bancário teria direito à diferença entre as gratificações (R$ 3.000,00 – R$ 2.000,00 = R$ 1.000,00), mas não teria jornada de 6 horas diárias. Sua jornada continuaria sendo de 8 horas diárias, porquanto ambos os requisitos mínimos da lei foram atendidos.

Os **empregados de financeiras**, embora não sejam bancários, possuem a **mesma jornada dos bancários**, dada a similaridade das atividades:

> Súmula nº 55 do TST – Financeiras (mantida). Resolução nº 121/2003, *DJ* de 19, 20 e 21/11/2003. As empresas de crédito, financiamento ou investimento, também denominadas financeiras, equiparam-se aos estabelecimentos bancários para os efeitos do art. 224 da CLT.

É obvio que ter a mesma jornada não significa pertencer à mesma categoria. Assim, muito embora as regras sobre jornada sejam as mesmas, as normas coletivas não se confundem, porque financiários são uma categoria e bancários são categoria diversa:

> (...) ENQUADRAMENTO SINDICAL. FINANCIÁRIOS. CONVENÇÕES COLETIVAS APLICÁVEIS. A decisão regional encontra-se em consonância com a jurisprudência desta Corte, no sentido de que as financeiras equiparam-se aos estabelecimentos bancários para os efeitos únicos e exclusivos de aplicação do artigo 224 da CLT, nos termos da Súmula n. 55 do TST, não sendo aplicáveis as normas coletivas dos bancários aos financiários. (...)" (RR-1909-40.2010.5.02.0004, 8ª Turma, Relator Ministro: Marcio Eurico Vitral Amaro, *DEJT* 31/08/2018).

O TST entende que os empregados de **empresas processadoras de dados** que prestam serviços a banco do mesmo grupo econômico da empresa empregadora são bancários. Isso certamente impede o risco de bancos criarem empresas somente para baratear o custo com despesa de pessoal.

Contudo, existe uma exceção: se a empresa processamento prestar serviços a outras empresas não bancárias do mesmo grupo ou a terceiros, então não haveria qualquer fraude, de maneira que esses trabalhadores não seriam bancários:

> Súmula nº 239 do TST – Bancário. Empregado de empresa de processamento de dados (incorporadas as Orientações Jurisprudenciais nºs 64 e 126 da SBDI-1). Resolução nº 129/2005, *DJ* de 20, 22 e 25/04/2005. É bancário o empregado de empresa de processamento de dados que presta serviço a banco integrante do mesmo grupo econômico, exceto quando a empresa de processamento de dados presta serviços a banco e a empresas não bancárias do mesmo grupo econômico ou a terceiros.

☞ **ATENÇÃO!**

Não são considerados bancários:

* empregados de corretoras de títulos e valores mobiliários;
* empregados de cooperativas de crédito;
* vigilantes;
* empregados pertencentes a categorias diferenciadas.

Súmula nº 119 do TST – Jornada de trabalho (mantida). Resolução 121/2003, *DJ* de 19, 20 e 21/11/2003. Os empregados de empresas distribuidoras e corretoras de títulos e valores mobiliários não têm direito à jornada especial dos bancários.

OJ nº 379 da SDI-I do TST – Empregado de cooperativa de crédito. Bancário. Equiparação. Impossibilidade. (Republicada em razão de erro material no registro da referência legislativa) – *DEJT* divulgado em 29, 30 e 31/03/2017. Os empregados de cooperativas de crédito não se equiparam a bancário, para efeito de aplicação do art. 224 da CLT, em razão da inexistência de expressa previsão legal, considerando, ainda, as diferenças

Cap. 14 – DURAÇÃO DO TRABALHO

estruturais e operacionais entre as instituições financeiras e as cooperativas de crédito. Inteligência das Leis nos 4.595, de 31/12/1964, e 5.764, de 16/12/1971.

Súmula nº 257 do TST. Vigilante (mantida) – Res. 121/2003, *DJ* 19, 20 e 21/11/2003. O vigilante, contratado diretamente por banco ou por intermédio de empresas especializadas, não é bancário.

Súmula nº 117 do TST. Bancário. Categoria diferenciada (mantida) – Res. 121/2003, *DJ* 19, 20 e 21/11/2003. Não se beneficiam do regime legal relativo aos bancários os empregados de estabelecimento de crédito pertencentes a categorias profissionais diferenciadas.

Por exemplo, os engenheiros, categoria diferenciada por ser regida por estatuto próprio, não possuem a jornada especial. Veja esse julgado do TST:

AGRAVO DE INSTRUMENTO. RECURSO DE REVISTA INTERPOSTO SOB A ÉGIDE DA LEI N. 13.015/2014 – DESCABIMENTO. 1. ENGENHEIRO. EMPREGADO DE ESTABELECIMENTO BANCÁRIO. CATEGORIA DIFERENCIADA. JORNADA REDUZIDA. IMPOSSIBILIDADE. A jurisprudência predominante desta Corte tem equiparado os profissionais liberais aos membros de categoria diferenciada, para afastar o regime dos empregados bancários (arts. 224 a 226) aos arquitetos, engenheiros e advogados das instituições financeiras, na linha da Súmula n. 117 do TST. (...) (AIRR – 68672.2013.5.02.0028, Relator Ministro: Alberto Luiz Bresciani de Fontan Pereira, Data de Julgamento: 14/12/2016, 3ª Turma, Data de Publicação: *DEJT* 19/12/2016)

14.11.2. Advogado

Art 20 do Estatuto da OAB (Lei nº 8.906/1994). A jornada de trabalho do advogado empregado, no exercício da profissão, não poderá exceder a duração diária de quatro horas contínuas e a de vinte horas semanais, salvo acordo ou convenção coletiva ou em caso de dedicação exclusiva.

§ 1º Para efeitos deste artigo, considera-se como período de trabalho o tempo em que o advogado estiver à disposição do empregador, aguardando ou executando ordens, no seu escritório ou em atividades externas, sendo-lhe reembolsadas as despesas feitas com transporte, hospedagem e alimentação.

§ 2º As horas trabalhadas que excederem a jornada normal são remuneradas por um adicional não inferior a cem por cento sobre o valor da hora normal, mesmo havendo contrato escrito.

§ 3º As horas trabalhadas no período das vinte horas de um dia até as cinco horas do dia seguinte são remuneradas como noturnas, acrescidas do adicional de vinte e cinco por cento.

OJ nº 403 da SDI-I do TST – Advogado empregado. Contratação anterior a Lei nº 8.906, de 04/07/1994. Jornada de trabalho mantida com o advento da lei. Dedicação exclusiva. Caracterização (*DEJT* divulgado em 16, 17 e 20/09/2010). O advogado empregado contratado para jornada de 40 horas semanais, antes da edição da Lei nº 8.906, de 04/07/1994, está sujeito ao regime de dedicação exclusiva disposto no art. 20 da referida lei, pelo que não tem direito à jornada de 20 horas semanais ou 4 diárias.

14.11.3. Professor

> ☞ **ATENÇÃO!**
> **Novidade!** A jornada do professor era prevista da seguinte forma: Art. 318 da CLT. Num mesmo estabelecimento de ensino, não poderá o professor dar, por dia, mais de 4 (quatro) aulas consecutivas, nem mais de 6 (seis), intercaladas. Ou seja, existia uma limitação por aulas.

Em 16/02/2017, o professor teve a sua jornada alterada pela Lei nº 13.415/2017.

Art. 318 da CLT. O professor poderá lecionar em um mesmo estabelecimento por mais de um turno, desde que não ultrapasse a jornada de trabalho semanal estabelecida legalmente, assegurado e não computado o intervalo para refeição. (Redação dada pela Lei nº 13.415, de 2017.)

A primeira observação que deve ser feita é a de que a limitação de 4 aulas consecutivas ou 6 intercaladas não existe mais. Hoje a jornada do professor é de 44 horas semanais.

Como a nova redação do art. 318 da CLT não prevê uma norma excepcional, uma exceção, a jornada diária do professor será de 8 horas, possibilitadas 2 horas a mais, desde que haja acordo de prorrogação ou para fins de compensação.

A segunda observação é a possibilidade da jornada 12x36, se houver norma coletiva (acordo ou convenção coletiva) disciplinando.

A terceira observação diz respeito ao salário proporcional, previsto na OJ nº 393 da SDI, I, do TST. Essa orientação previa o salário proporcional do professor: aquele que proferisse 4 aulas consecutivas ou 6 aulas intercaladas não poderia receber menos que um salário mínimo. Hoje a jornada máxima é de 44 horas semanais; então essa orientação, de acordo com a nova redação do art. 318 da CLT, não será mais aplicada.

Vamos aguardar o cancelamento da orientação aqui examinada. Mas, de qualquer forma, passo a transcrevê-la:

> OJ nº 393 da SDI-I do TST. Professor. Jornada de trabalho especial. Art. 318 da CLT. Salário mínimo. Proporcionalidade. (*DEJT* divulgado em 09, 10 e 11/06/2010). A contraprestação mensal devida ao professor, que trabalha no limite máximo da jornada prevista no art. 318 da CLT, é de um salário mínimo integral, não se cogitando do pagamento proporcional em relação a jornada prevista no art. 7º, XIII, da Constituição Federal.

Agora a jornada proporcional do professor assegura o recebimento de salário mínimo por hora ou piso da categoria. Consequentemente, aplica-se hoje ao professor a redação da OJ nº 358 da SDI.I do TST.

> OJ nº 358 da SDI-I do TST. Salário mínimo e piso salarial proporcional à jornada reduzida. Empregado. Servidor público (redação alterada na sessão do Tribunal Pleno realizada em 16/02/2016) – Res. 202/2016, *DEJT* divulgado em 19, 22 e 23/02/2016. I – Havendo

contratação para cumprimento de jornada reduzida, inferior à previsão constitucional de oito horas diárias ou quarenta e quatro semanais, é lícito o pagamento do piso salarial ou do salário mínimo proporcional ao tempo trabalhado. II – Na Administração Pública direta, autárquica e fundacional não é válida remuneração de empregado público inferior ao salário mínimo, ainda que cumpra jornada de trabalho reduzida. Precedentes do Supremo Tribunal Federal.

A última observação a ser feita diz respeito ao professor, servidor público (empregado público) ele terá direito ao salário mínimo integral.

CLT, Art. 318. O professor poderá lecionar em um mesmo estabelecimento por mais de um turno, desde que não ultrapasse a jornada de trabalho semanal estabelecida legalmente, assegurado e não computado o intervalo para refeição.

Art. 319. Aos professores é vedado, aos domingos, a regência de aulas e o trabalho em exames.

Art. 322. No período de exames e no de férias escolares, é assegurado aos professores o pagamento, na mesma periodicidade contratual, da remuneração por eles percebida, na conformidade dos horários, durante o período de aulas.

§ 1º Não se exigirá dos professores, no período de exames, a prestação de mais de 8 (oito) horas de trabalho diário, salvo mediante o pagamento complementar de cada hora excedente pelo preço correspondente ao de uma aula.

§ 2º No período de férias, não se poderá exigir dos professores outro serviço senão o relacionado com a realização de exames.

§ 3º Na hipótese de dispensa sem justa causa, ao término do ano letivo ou no curso das férias escolares, é assegurado ao professor o pagamento a que se refere o *caput* deste artigo.

14.11.4. Jornalista

Em relação à jornada de trabalho dos jornalistas, merece destaque a OJ nº 407 da SDI-I do TST.

OJ nº 407 da SDI-I do TST – Jornalista. Empresa não jornalística. Jornada de trabalho reduzida. Arts. 302 e 303 da CLT (*DEJT* divulgado em 22, 25 e 26/10/2010). O jornalista que exerce funções típicas de sua profissão, independentemente do ramo de atividade do empregador, tem direito à jornada reduzida prevista no art. 303 da CLT.

14.11.5. Engenheiro e médico

Em relação à jornada de trabalho dos engenheiros e dos médicos, merece destaque a Súmula nº 370 do TST.

Súmula nº 370 do TST – Médico e engenheiro. Jornada de trabalho. Leis n°s 3.999/1961 e 4.950-A/1966 (conversão das Orientações Jurisprudenciais n°s 39 e 53 da SBDI-1).

Resolução n° 129/2005, *DJ* 20, 22 e 25/04/2005. Tendo em vista que as Leis n°s 3.999/1961 e 4.950-A/1966 não estipulam a jornada reduzida, mas apenas estabelecem o salário mínimo da categoria para uma jornada de 4 horas para os médicos e de 6 horas para os engenheiros, não há que se falar em horas extras, salvo as excedentes à oitava, desde que seja respeitado o salário mínimo/horário das categorias.

AVISO-PRÉVIO

Aviso-prévio é o direito que qualquer das partes da relação de emprego tem de ser comunicada com antecedência pela outra parte do desejo de romper, sem justa causa, o contrato de trabalho. A comunicação do aviso-prévio, independentemente da parte que demonstre a intenção de romper o vínculo do contrato de trabalho, deverá ser feita com antecedência mínima de 30 dias.

A finalidade do instituto é proteger as partes que confiam na continuidade daquela relação de emprego de uma eventual ruptura inesperada que possa lhes trazer prejuízos. O aviso-prévio, portanto, é uma cláusula contratual implícita aplicada nos contratos de trabalho por prazo indeterminado.

Existe, ainda, a hipótese de cabimento do aviso-prévio quando ocorre o fim das atividades da empresa. Nesse caso, por mais que o fim dos contratos de trabalho dos empregados não ocorra por vontade do empregador, ele terá que arcar com o valor das indenizações dos avisos-prévios de seus empregados.

> Súmula nº 44 do TST – Aviso-prévio (mantida). Resolução nº 121/2003, DJ de 19, 20 e 21/11/2003. A cessação da atividade da empresa, com o pagamento da indenização, simples ou em dobro, não exclui, por si só, o direito do empregado ao aviso-prévio.

15.1. AVISO-PRÉVIO TRABALHADO E INDENIZADO

O aviso-prévio poderá ocorrer de duas formas, ou seja, ele poderá ser indenizado ou trabalhado, mas sempre observado o prazo mínimo de 30 dias. No trabalhado, o empregado continua prestando serviços ao empregador, durante o período do aviso-prévio. Já no indenizado, o empregador paga ao empregado o valor correspondente ao período do aviso-prévio, juntamente com as demais verbas rescisórias.

> ☞ **ATENÇÃO!**
> Mesmo quando o aviso-prévio é indenizado, a projeção do período a ele correspondente integrará o tempo de serviço do empregado para todos os efeitos. De acordo com a jurisprudência do TST, a data de saída a ser anotada na CTPS deve corresponder à do término do prazo do aviso--prévio, ainda que indenizado.

MANUAL DE DIREITO DO TRABALHO – ROGÉRIO RENZETTI

Por fim, o Direito do Trabalho não reconhece a figura do aviso-prévio cumprido em casa. Segundo a jurisprudência do TST, o empregador que conceder o aviso-prévio para o empregado cumprir em casa estará de fato concedendo o aviso-prévio indenizado.

> OJ nº 14 da SDI-I do TST – Aviso-prévio cumprido em casa. Verbas rescisórias. Prazo para pagamento (título alterado e inserido dispositivo) – *DJ* 20/04/2005. Em caso de aviso-prévio cumprido em casa, o prazo para pagamento das verbas rescisórias é até o décimo dia da notificação de despedida.

Nessa OJ, o TST fez alusão ao art. 477, § 6º, alínea *b*, da CLT, que fala do prazo que o empregado tem para pagar as parcelas constantes do instrumento de rescisão sempre que o aviso-prévio não for trabalhado pelo empregado.

15.2. NATUREZA JURÍDICA

O aviso-prévio é uma cláusula contratual exercida por meio de um ato unilateral, receptício e potestativo.

15.3. CARACTERÍSTICAS

a) Declaração unilateral receptícia de vontade: o aviso-prévio só produz efeitos a partir do momento em que a outra parte é avisada da intenção do rompimento sem justa causa do contrato de trabalho.

b) Informal: não existe forma específica prevista em lei para a concessão do aviso-prévio. Contudo, recomenda-se que a sua comunicação e ciência da outra parte sejam realizadas por escrito.

c) Natureza constitutiva: a princípio, põe fim ao contrato de trabalho.

d) Direito potestativo: a parte que é avisada da intenção de rompimento do contrato de trabalho não pode a ela se opor.

e) Gera efeitos *ex nunc*: o aviso-prévio só produz efeitos a partir da comunicação feita à outra parte, não cabe falar em efeitos retroativos. Essa característica é uma decorrência imediata da declaração unilateral receptícia de vontade.

15.4. BASE CONSTITUCIONAL

O aviso-prévio proporcional é um direito assegurado pela Constituição Federal, nos seguintes termos:

> Art. 7º, XXI, da CF/1988: aviso-prévio proporcional ao tempo de serviço, sendo no mínimo de trinta dias, nos termos da lei;

O mesmo sentido está inserido no art. 611-B, XVI, da CLT, que veda a redução ou supressão do direito ao aviso-prévio por meio de negociação coletiva.

Art. 611-B. Constituem objeto ilícito de convenção coletiva ou de acordo coletivo de trabalho, exclusivamente, a supressão ou a redução dos seguintes direitos:

(...)

XVI – aviso-prévio proporcional ao tempo de serviço, sendo no mínimo de trinta dias, nos termos da lei.

15.5. AVISO-PRÉVIO PROPORCIONAL – LEI Nº 12.506/2011

O aviso-prévio proporcional instituído e assegurado pela Constituição em 1998 ficou até a edição da Lei nº 12.506 de 2011 sem regulamentação.

A Lei nº 12.506/2011 regulamentou o prazo do aviso-prévio determinando que, após um ano de serviço na mesma empresa, serão acrescidos três dias por ano de serviço prestado, até o máximo de 60 dias.

A Lei nº 12.506/2011 possui apenas dois artigos: o primeiro dispõe sobre a proporcionalidade do aviso-prévio, e o segundo sobre a sua vigência. A lei não possui qualquer dispositivo dizendo que tenha revogado os artigos da CLT sobre o aviso-prévio. Portanto, não diga que essa lei revogou algum artigo da CLT: ela tão somente regulamentou a questão do aviso-prévio proporcional ao tempo de serviço. Por isso, em relação a essa norma, temos um único artigo para nos concentrar.

Lei nº 12.506/2011 – Ementa: Dispõe sobre o aviso-prévio e dá outras providências.

Art. 1º. O aviso-prévio, de que trata o Capítulo VI do Título IV da Consolidação das Leis do Trabalho – CLT, aprovada pelo Decreto-lei nº 5.452, de 1º de maio de 1943, será concedido na proporção de 30 (trinta) dias aos empregados que contem até 1 (um) ano de serviço na mesma empresa.

Parágrafo único. Ao aviso-prévio previsto neste artigo serão acrescidos 3 (três) dias por ano de serviço prestado na mesma empresa, até o máximo de 60 (sessenta) dias, perfazendo um total de até 90 (noventa) dias.

Sendo assim, se somarmos os primeiros 30 dias a que o empregado faz jus pelo primeiro ano de trabalho aos 60 dias regulamentados pela referida lei, iremos chegar às seguintes conclusões: o prazo máximo do aviso-prévio será de 90 dias e, a partir de 20 anos de trabalho, o empregado terá direito a 90 dias de aviso-prévio.

Assim, por exemplo, se o trabalhador completar 1 ano de serviço, passará a ter 33 dias de aviso-prévio; se forem 4 anos, terá 42 dias de aviso-prévio.

Essa proporcionalidade já existe quando se completa o primeiro ano de serviço:

"(...) AVISO-PRÉVIO PROPORCIONAL. FORMA DE CONTAGEM. PROJEÇÃO. (...) Nos termos do art. 1º, parágrafo único, da Lei 12.506/2011, o empregado tem direito a 30 dias de aviso-prévio, acrescidos de 3 dias a cada ano de trabalho, não sendo excluído dessa contagem o primeiro ano completo de contrato. No caso dos autos, tendo o empregado sido despedido após mais de quatro anos completos de trabalho, tem direito a 42 dias de aviso-prévio. (...)" (RR-2141-76.2017.5.09.0662, 8ª Turma, Relator Ministro: João Batista Brito Pereira, *DEJT* 28/08/2020).

MANUAL DE DIREITO DO TRABALHO – ROGÉRIO RENZETTI

☞ **ATENÇÃO!**

A partir de 20 anos de trabalho, o empregado terá direito a 90 dias de aviso-prévio.

Atente-se ao fato de que a lei da proporcionalidade apenas pode valer para as rescisões que ocorreram **após a vigência da lei**. Não há retroatividade nesse direito. O TST consolidou o entendimento na Súmula n° 441:

> Súmula n° 441 do TST – Aviso-prévio. Proporcionalidade. Resolução n° 185/2012, *DEJT* divulgado em 25, 26 e 27/09/2012. O direito ao aviso-prévio proporcional ao tempo de serviço somente é assegurado nas rescisões de contrato de trabalho ocorridas a partir da publicação da Lei n° 12.506, em 13 de outubro de 2011.

☞ **ATENÇÃO!**

A Lei n° 12.506/2011 é de 13 de outubro de 2011. Logo, o aviso-prévio proporcional ao tempo de serviço nela previsto só é assegurado nas rescisões de contrato de trabalho que ocorrerem após a sua edição.

O aviso proporcional regulado pela Lei n° 12.506/2011 é aplicado somente em benefício do empregado. Essa posição está clara na redação do art. 1° da lei, e é a que vem sendo adotada pelo Ministério da Economia e pela maioria da doutrina e da jurisprudência. Ou seja, o empregador não tem o direito de exigir que o empregado permaneça trabalhando mais de 30 dias, quando houver pedido de demissão.

Essa posição de ser a proporcionalidade apenas aplicável em favor do trabalhador prevalece no TST:

"(...) PROPORCIONALIDADE DO AVISO-PRÉVIO AO TEMPO DE SERVIÇO. VANTAGEM ESTENDIDA APENAS AOS EMPREGADOS. A Lei n. 12.506/2011 é clara em considerar a proporcionalidade uma vantagem estendida aos empregados (*caput* do art. 1° do diploma legal), sem a bilateralidade que caracteriza o instituto original, fixado em 30 dias desde 5/10/1988. A bilateralidade restringe-se ao aviso-prévio de 30 dias, que tem de ser concedido também pelo empregado a seu empregador, caso queira pedir demissão (*caput* do art. 487 da CLT), sob pena de poder sofrer o desconto correspondente ao prazo descumprido (art. 487, § 2°, CLT). Esse prazo de 30 dias também modula a forma de cumprimento físico do aviso-prévio (aviso trabalhado): redução de duas horas de trabalho ao dia, durante 30 dias (*caput* do art. 488, CLT) ou cumprimento do horário normal de trabalho durante o pré-aviso, salvo os últimos sete dias (parágrafo único do art. 488 da CLT). A escolha jurídica feita pela Lei n. 12.506/2011, mantendo os trinta dias como módulo que abrange todos os aspectos do instituto, inclusive os desfavoráveis ao empregado, ao passo que a proporcionalidade favorece apenas o trabalhador, é sensata, proporcional e razoável, caso considerados a lógica e o direcionamento jurídicos da Constituição e de todo o Direito do Trabalho. Trata-se da única maneira de se evitar que o avanço normativo da proporcionalidade se converta em uma contrafacção, como seria impor-se ao trabalhador com vários anos de serviço gravíssima restrição a seu direito de se desvincular do contrato de emprego. Essa restrição nunca existiu no Direito do Trabalho nem na Constituição, que jamais exigiram até mesmo do trabalhador estável ou com garantia de emprego (que tem – ou tinha – vantagem enorme em seu benefício) qualquer óbice ao exercício de seu pedido de demissão. Ora, o cumprimento de um aviso de 60, 80 ou 90 dias ou o desconto salarial nessa mesma proporção fariam a ordem jurídica retornar a períodos selvagens da civilização ocidental, antes do advento do próprio Direito do Trabalho – situação normativa incompatível com o espírito da Constituição da República e do Direito do Trabalho brasileiros. Agravo de instrumento desprovido."(AIRR-1025-17.2016.5.05.0004, 3ªTurma, Relator Ministro: Mauricio Godinho Delgado, *DEJT* 04/09/2020).

No entanto, seria direito do empregado dispensado trabalhar apenas 30 dias, de forma que o empregador tivesse que indenizar o restante do período de proporcionalidade (o que excede os 30 dias)? Ou teria o empregado que trabalhar durante toda a proporcionalidade?

O TST entende que o empregador deve indenizar o período que excede os 30 dias de aviso-prévio:

"(...) AVISO-PRÉVIO PROPORCIONAL. CUMPRIMENTO ALÉM DOS 30 DIAS. LEI N. 12.506/2011. DIREITO EXCLUSIVO DO TRABALHADOR. A Egrégia Turma decidiu consoante jurisprudência pacificada desta Corte, no sentido de que a proporcionalidade do aviso – prévio, prevista na Lei n. 12.506/2011, é direito exclusivo do trabalhador, de forma que sua exigência pelo empregador impõe o pagamento de indenização pelo período excedente a trinta dias. Precedentes. (...)" (Ag-E-RR-100-36.2017.5.17.0009, Subseção I Especializada em Dissídios Individuais, Relator Ministro: Claudio Mascarenhas Brandao, *DEJT* 29/11/2019).

☞ ATENÇÃO!

O STF, recentemente, decidiu estender a aplicabilidade do aviso-prévio proporcional previsto na Lei nº 12.506/2011 aos trabalhadores que tiverem ajuizado mandado de injunção anteriormente à sua edição, visando sanar a omissão legislativa até então existente em relação ao inciso XXI da CF.

Essa decisão da Suprema Corte foi amplamente divulgada pela mídia e, apesar das especulações, temos que admitir que essa decisão nos parece plenamente correta, pois observa não apenas os princípios de Direito Constitucional, mas também os princípios e os direitos trabalhistas.

Para que fique clara a posição do **STF**, vamos nos reportar à literalidade de trecho da matéria divulgada no *site* da Corte:

O Supremo Tribunal Federal (STF) decidiu, por unanimidade de votos, que a regra sobre o pagamento de aviso-prévio estabelecida pela Lei nº 12.506, de 11 de outubro de 2011, deve ser aplicada a outros casos em andamento na Corte nos quais o tema é abordado. Previsto no art. 7º, inciso XXI, da Constituição Federal, o valor do aviso-prévio estava pendente de regulamentação até a edição da Lei nº 12.506/2011. Ao longo desse período, o tema foi questionado no STF por meio de vários mandados de injunção, nos quais trabalhadores exigiam uma solução para a omissão legislativa.

O caso foi debatido pelo STF no julgamento do Mandado de Injunção (MI) 943, de relatoria do Ministro Gilmar Mendes. Segundo o ministro, no caso em exame, o STF havia decidido e deferido o mandado de injunção, suspendendo o julgamento em 22 de junho de 2011 para a apresentação de uma solução conciliatória pelo Tribunal a fim de suprir a lacuna legislativa.

A proposta apresentada hoje (6) pelo Ministro Gilmar Mendes, e aprovada pelo Plenário, prevê a aplicação dos parâmetros da Lei nº 12.506/2011 aos mandados de injunção ajuizados antes de sua edição. Trata-se de mandados de injunção ajuizados anteriormente à edição da lei, e cujos julgamentos, muito embora iniciados, foram suspensos, afirmou o ministro.

Juntamente com o MI 943, foram decididos em Plenário também os MIs 1.010, 1.074 e 1.090.

Em seu voto, o Ministro Gilmar Mendes salientou que o entendimento proposto em seu voto se aplica tão somente àqueles Mandados de Injunção em trâmite no STF, não devendo se estender indiscriminadamente a disputas estabelecidas anteriormente à edição da Lei nº 12.506/2011.

Registre-se que por segurança jurídica não é possível exigir-se a aplicação dos parâmetros trazidos pela Lei nº 12.506/2011 para todas as situações jurídicas que se consolidaram entre a promulgação da Constituição e a edição da referida lei. Em primeiro lugar, a mora legislativa pressupõe certo lapso temporal de inação, que não estaria configurado tão logo promulgada a Constituição. Além disso, muitas situações se consolidaram de tal modo que a Constituição lhes atribui proteção a título de "ato jurídico perfeito" ou de "coisa julgada", afirmou o ministro.[1]

Observe, contudo: nas provas objetivas, atenham-se à regra, ou seja, o aviso-prévio proporcional tem a sua aplicabilidade a partir de 13 de outubro de 2011.

15.6. DA CONTAGEM DO PRAZO

A contagem do prazo do aviso-prévio, por se tratar de prazo regulado pelo Direito Material, obedece à regra prevista no art. 132 do Código Civil, ou seja, exclui o dia do começo e inclui o dia do vencimento. "Art. 132. Salvo disposição legal ou convencional em contrário, computam-se os prazos, excluído o dia do começo, e incluído o do vencimento."

---

[1] Disponível em: <http://www.stf.jus.br/portal/cms/verNoticiaDetalhe.asp?idConteudo=230144>.

Súmula n° 380 da SDI-I do TST – Aviso-prévio. Início da contagem. Art. 132 do Código Civil de 2002 (conversão da Orientação Jurisprudencial n° 122 da SBDI-1). Resolução n° 129/2005, *DJ* de 20, 22 e 25/04/2005. Aplica-se a regra prevista no *caput* do art. 132 do Código Civil de 2002 à contagem do prazo do aviso-prévio, excluindo-se o dia do começo e incluindo o do vencimento.

Exemplo: Adriana foi dispensada numa terça-feira de forma imotivada. O prazo do aviso-prévio, trabalhado ou indenizado, começará a ser contado na quarta-feira.

15.7. DA INTEGRAÇÃO AO TEMPO DE SERVIÇO

O período referente ao aviso-prévio integrará o tempo de serviço para todos os efeitos. Por isso, como veremos mais adiante, a falta de concessão do aviso-prévio por parte do empregador confere ao empregado o direito à percepção dos salários correspondentes ao prazo do aviso-prévio, bem como à inclusão desse período em seu tempo de serviço.

Por integrar o tempo de serviço para todos os efeitos, a consequência lógica é que a data do fim do contrato de trabalho deva coincidir com a do término do aviso-prévio.

OJ n° 82 da SDI-I do TST – Aviso-prévio. Baixa na CTPS (inserida em 28/04/1997). A data de saída a ser anotada na CTPS deve corresponder à do término do prazo do aviso-prévio, ainda que indenizado.

 ATENÇÃO!
Lembrando o que já dissemos anteriormente, mesmo quando indenizado, a projeção do período correspondente ao aviso-prévio integrará o tempo de serviço do empregado para todos os efeitos.

Nas sábias palavras do ilustre professor e jurista Gustavo Cisneiros: "infeliz, consequentemente, a denominação aviso-prévio indenizado. O aviso-prévio indenizado é um típico caso de interrupção do contrato de trabalho, situação em que o empregado recebe salário sem prestar serviços...".[2]

15.8. DO CABIMENTO

De acordo com o que dissemos anteriormente, o aviso-prévio, em regra, é uma cláusula contratual implícita nos contratos por prazo indeterminado; na verdade, é um instituto típico dessa modalidade contratual.

---

[2] CISNEIROS, Gustavo. *Direito do Trabalho sintetizado*. São Paulo: Método, 2016. p. 106.

MANUAL DE DIREITO DO TRABALHO – ROGÉRIO RENZETTI

Existe, contudo, previsão na CLT de que as partes possam estabelecer expressamente nos contratos a termo o direito ao rompimento antecipado. Tal direito é conhecido como cláusula assecuratória do direito recíproco de rescisão ou cláusula de aviso-prévio.

A diferença entre os contratos por prazo indeterminado e os que têm prazo determinado quanto ao aviso-prévio está na forma pela qual ele aparece nos respectivos instrumentos. Enquanto nos contratos por prazo indeterminado o aviso-prévio pode aparecer na forma de cláusula implícita, nos contratos a termo, ele necessariamente tem que estar explícito.

> Art. 481 da CLT. Aos contratos por prazo determinado, que contiverem cláusula assecuratória do direito recíproco de rescisão antes de expirado o termo ajustado, aplicam-se, caso seja exercido tal direito por qualquer das partes, os princípios que regem a rescisão dos contratos por prazo indeterminado.
>
> Súmula nº 163 do TST – Aviso-prévio. Contrato de experiência (mantida). Resolução nº 121/2003, *DJ* de 19, 20 e 21/11/2003. Cabe aviso-prévio nas rescisões antecipadas dos contratos de experiência, na forma do art. 481 da CLT.

☞ **ATENÇÃO!**

Apesar de a Súmula nº 163 do TST falar apenas do contrato de experiência, ela deve ser aplicada, por analogia, aos demais contratos por prazo determinado previstos na CLT.

15.9. DAS CONSEQUÊNCIAS JURÍDICAS DA FALTA DE AVISO-PRÉVIO

As consequências jurídicas da ausência do aviso-prévio dependem do conhecimento sobre qual parte da relação de emprego tinha o dever de concedê-lo.

15.9.1. Por parte do empregador

A não concessão do aviso-prévio pelo empregador confere ao empregado direito aos salários correspondentes ao prazo respectivo, além da integração do período como tempo de serviço.

> Art. 487, § 1º, da CLT. A falta de aviso-prévio por parte do empregador dá ao empregado o direito aos salários correspondentes ao prazo do aviso, garantida sempre a integração desse período no seu tempo de serviço.

15.9.2. Por parte do empregado

O aviso-prévio concedido pelo empregado não é um direito, mas sim um dever: ele tem de conceder aviso-prévio a seu empregador quando pedir demissão.

Portanto, a não concessão do aviso-prévio pelo empregado gera para o empregador o direito de descontar do empregado os salários correspondentes ao prazo respectivo.

Art. 487, § 2º, da CLT. A falta de aviso-prévio por parte do empregado dá ao empregador o direito de descontar os salários correspondentes ao prazo respectivo.

As faltas injustificadas do empregado no curso do aviso-prévio também conferem ao empregador o direito de descontar os valores correspondentes aos respectivos dias.

☞ **ATENÇÃO!**

O aviso-prévio proporcional regulado pela Lei nº 12.506/2011 é aplicado somente em benefício do empregado. Portanto, não importa há quanto tempo o empregado preste serviço para o empregador, o aviso-prévio por ele concedido será, em qualquer caso, de no máximo 30 dias.

Na dispensa imotivada (sem justa causa), o aviso-prévio é um dever do empregador e um direito do empregado. Já no pedido de demissão, o aviso--prévio é um dever do empregado e um direito do empregador.

15.10. DA REDUÇÃO DO HORÁRIO NO CURSO DO AVISO-PRÉVIO

A redução do horário de trabalho no curso do aviso-prévio só é obrigatória quando a iniciativa da ruptura contratual ocorrer por parte do empregador.

CLT

Art. 488. O horário normal de trabalho do empregado, durante o prazo do aviso, e se a rescisão tiver sido promovida pelo empregador, será reduzido de 2 (duas) horas diárias, sem prejuízo do salário integral.

Essa redução do horário de trabalho tem a finalidade de ajudar o trabalhador a procurar um novo emprego enquanto cumpre o período do aviso-prévio. Sendo assim, o TST já se pronunciou no sentido de que é ilegal a substituição dessa redução pelo pagamento das horas correspondentes.

Súmula nº 230 do TST – Aviso-prévio. Substituição pelo pagamento das horas reduzidas da jornada de trabalho (mantida). Resolução nº 121/2003, *DJ* de 19, 20 e 21/11/2003. É ilegal substituir o período que se reduz da jornada de trabalho, no aviso-prévio, pelo pagamento das horas correspondentes.

Nesse caso, se houver essa irregularidade, o juiz condena o empregador a indenizar um **novo aviso-prévio**.

Vale lembrar que o trabalhador, quando dispensado, pode escolher entre a redução de 2 horas por dia ou 7 dias inteiros corridos. Veja o art. 488, parágrafo único da CLT:

CLT

Art. 488. (...)

Parágrafo único. É facultado ao empregado trabalhar sem a redução das 2 (duas) horas diárias previstas neste artigo, caso em que poderá faltar ao serviço, sem prejuízo do salário integral, por 1 (um) dia, na hipótese do inciso l, e por 7 (sete) dias corridos, na hipótese do inciso II do art. 487 desta Consolidação.

Por oportuno, registre-se que, no caso específico do **trabalhador rural**, o aviso-prévio impõe uma folga a mais por semana, isto é, existe uma folga extra, além do repouso semanal remunerado. É que as distâncias, no meio rural, são substanciais, de maneira que a redução por apenas duas horas não seria suficiente para encontrar outro emprego:

Lei n° 5.889/73

Art. 15. Durante o prazo do aviso-prévio, se a rescisão tiver sido promovida pelo empregador, o empregado rural terá direito a um dia por semana, sem prejuízo do salário integral, para procurar outro trabalho.

15.10.1. Para o empregado urbano

Art. 488 da CLT. O horário normal de trabalho do empregado, durante o prazo do aviso, e se a rescisão tiver sido promovida pelo empregador, será reduzido de 2 (duas) horas diárias, sem prejuízo do salário integral.

Parágrafo único. É facultado ao empregado trabalhar sem a redução das 2 (duas) horas diárias previstas neste artigo, caso em que poderá faltar ao serviço, sem prejuízo do salário integral, por 1 (um) dia, na hipótese do inciso I, e por 7 (sete) dias corridos, na hipótese do inciso II do art. 487 desta Consolidação.

A decisão sobre qual será a forma de redução do horário do trabalho no curso do aviso-prévio, muito embora haja doutrinadores que sustentem o contrário, é uma faculdade do empregado.

> Redução do horário do urbano = 2 horas diárias durante 30 dias ou falta por 7 dias corridos.

☞ ATENÇÃO!

A Lei n° 12.506/2011 regulamentou a proporcionalidade do aviso-prévio, que pode chegar até o máximo de 90 dias, mas não alterou a aplicabilidade do art. 488 da CLT. Portanto, não há que se falar que o empregado terá direito a redução da jornada no curso do aviso-prévio por duas horas por prazo superior a 30 dias ou a faltar mais de sete dias corridos. Esse é o entendimento que vem prevalecendo na doutrina e que tem sido adotado pelo antgo Ministério do Trabalho, como, por exemplo, na Nota Técnica n° 184/12/CGRT/SRT/MTE.

Cap. 15 – AVISO-PRÉVIO

427

15.10.2. Para o empregado rural

> Art. 15 da Lei n° 5.889/1973. Durante o prazo do aviso-prévio, se a rescisão tiver sido promovida pelo empregador, o empregado rural terá direito a 1 dia por semana, sem prejuízo do salário integral, para procurar outro trabalho.

15.10.3. Para o empregado doméstico

A LC n° 150/2015 regulamentou o aviso-prévio para os empregados domésticos. Trazendo inclusive a regra do aviso-prévio proporcional.

> Art. 23 da LC n° 150/2015. Não havendo prazo estipulado no contrato, a parte que, sem justo motivo, quiser rescindi-lo deverá avisar a outra de sua intenção.
>
> § 1° O aviso-prévio será concedido na proporção de 30 (trinta) dias ao empregado que conte com até 1 (um) ano de serviço para o mesmo empregador.
>
> § 2° Ao aviso-prévio previsto neste artigo, devido ao empregado, serão acrescidos 3 (três) dias por ano de serviço prestado para o mesmo empregador, até o máximo de 60 (sessenta) dias, perfazendo um total de até 90 (noventa) dias.

15.11. DA IRRENUNCIABILIDADE DO AVISO-PRÉVIO

O aviso-prévio concedido pelo empregador é um direito irrenunciável pelo empregado, e ainda que haja dispensa de seu cumprimento, o empregador terá que pagar o respectivo valor, salvo se ficar comprovado que o empregado conseguiu novo emprego.

> Súmula n° 276 do TST – Aviso-prévio. Renúncia pelo empregado (mantida). Resolução n° 121/2003, *DJ* de 19, 20 e 21/11/2003. O direito ao aviso-prévio é irrenunciável pelo empregado. O pedido de dispensa de cumprimento não exime o empregador de pagar o respectivo valor, salvo comprovação de haver o prestador dos serviços obtido novo emprego.

Em suma: o aviso-prévio é um direito irrenunciável ao empregado, salvo se, durante o aviso, o obreiro obtiver um novo emprego, o que lhe permite renunciar ao período do aviso. Contudo, quando o empregado pede demissão, poderá o empregador dispensá-lo do cumprimento do aviso-prévio.

> "(...) AVISO-PRÉVIO INDENIZADO. OBTENÇÃO DE NOVO EMPREGO. AUSÊNCIA DE PEDIDO DE DISPENSA DO SEU CUMPRIMENTO. O fato de o reclamante ter obtido novo emprego após a despedida imotivada não afasta seu direito ao pagamento do aviso--prévio, se não houve pedido de dispensa do seu cumprimento. Exegese da Súmula n. 276 desta Corte. Precedentes desta Subseção e de Turmas deste Tribunal. Incide,

portanto, o disposto no artigo 894, § 2º, da CLT. Recurso de embargos não conhecido."
(E-ARR-1756-83.2013.5.10.0002, Subseção I Especializada em Dissídios Individuais, Relator
Ministro: Claudio Mascarenhas Brandao, *DEJT* 02/08/2019).

Agora, deve-se ter um cuidado. Essa lógica do verbete somente se justifica se o empregado for dispensado. Isso porque, quando o empregado pede demissão, o aviso-prévio é favorável ao empregador. Assim, se o empregado não quiser cumprir o aviso após o pedido de demissão e o empregador aceitar dispensar esse cumprimento, não terá que indenizar o aviso-prévio, não sendo aplicável a súmula aludida. Leia dois julgados interessantes que revelam a posição majoritária do TST:

"(...) PEDIDO DE DEMISSÃO. PEDIDO DE DISPENSA DO CUMPRIMENTO DO AVISO-PRÉVIO. DIREITO DE RENÚNCIA DO EMPREGADOR. INAPLICABILIDADE DA SÚMULA 276 DO TST. (...) 2. Com efeito, quando há pedido de demissão, o direito ao cumprimento do aviso-prévio é do empregador e não do empregado. Nesse contexto, irrelevante a comprovação de que a reclamante obteve novo vínculo empregatício, sendo suficiente para a manutenção do desconto a ausência de consentimento da reclamada quanto ao pedido de dispensa de cumprimento do aviso-prévio. O aviso-prévio somente é irrenunciável quando se trata do direito do empregado, na dispensa sem justa causa, nos termos da Súmula 276 do TST. Assim, considerando que o caso trata-se de pedido de demissão, não há que se falar em irrenunciabilidade do direito. Portanto, não se constata contrariedade à Súmula 276 do TST, que não disciplina a hipótese dos autos, em que a ruptura do vínculo empregatício decorreu da iniciativa da empregada. Precedentes da SDI-1 do TST. (...)" (AIRR –1000739-19.2016.5.02.0711, Relatora Ministra: Maria Helena Mallmann, Data de Julgamento: 17/10/2017, 2ª Turma, Data de Publicação: *DEJT* 20/10/2017).

EMBARGOS. PEDIDO DE DEMISSÃO DO EMPREGADO COM AFASTAMENTO IMEDIATO E LIBERAÇÃO DO AVISO-PRÉVIO PELO EMPREGADOR. ARREPENDIMENTO POSTERIOR NÃO ACEITO PELA EMPRESA. PRINCÍPIO DA IRRENUNCIABILIDADE DO AVISO-PRÉVIO. INAPLI-CABILIDADE. Quando há pedido de demissão, o direito do aviso-prévio é do empregador e não do empregado. Neste contexto, o fato do empregado se arrepender do pedido de demissão, e pretender retornar à empresa para cumprir o aviso-prévio trabalhando, o que no caso, não foi aceito pela empregadora, não retrata matéria a ser dirimida sob o prisma da Súmula 276 do c. TST. Assim, diante do pedido de demissão, não há que se falar em irrenunciabilidade do direito pelo empregado, em razão de arrependimento posterior, quando efetivamente já havia encerrado o contrato de trabalho. Embargos conhecidos e providos. (E-ED-RR – 1035-10.2012.5.01.0070, Relator Ministro: Aloysio Corrêa da Veiga, Data de Julgamento: 22/09/2016, Subseção I Especializada em Dissídios Individuais, Data de Publicação: *DEJT* 30/09/2016).

Contudo, há julgado que defende a posição minoritária:

"(...) PEDIDO DE DEMISSÃO PELO EMPREGADO. NÃO CUMPRIMENTO DO AVISO-PRÉVIO. DESCONTO DEVIDO. ARTIGO 487, § 2º, DA CLT. (...) Esclarece-se que o disposto na Sú-mula n. 276 do TST é aplicável à hipótese em que o empregado pede demissão e o empregador dispensa-o do cumprimento do aviso-prévio, caso em que, ainda assim,

Cap. 15 – AVISO-PRÉVIO

é devida a indenização desse período. (...) Agravo de instrumento desprovido." (AIRR -10153-06.2017.5.03.0029, Relator Ministro: José Roberto Freire Pimenta, Data de Julgamento: 29/08/2018, 2ª Turma, Data de Publicação: *DEJT* 31/08/2018).

15.12. DA RECONSIDERAÇÃO DO AVISO-PRÉVIO

A parte que tomou a iniciativa de pôr fim ao contrato de trabalho e, consequentemente, concedeu o aviso-prévio, poderá, até o final do prazo deste, reconsiderar a sua decisão.

Apesar de o aviso-prévio constituir um Direito Potestativo da parte que decide pelo término do contrato de trabalho, a sua reconsideração não possui essa característica. Dessa forma, a outra parte terá a faculdade de aceitar ou não o pedido de reconsideração.

> Art. 489 da CLT. Dado o aviso-prévio, a rescisão torna-se efetiva depois de expirado o respectivo prazo, mas, se a parte notificante reconsiderar o ato, antes de seu termo, à outra parte é facultado aceitar ou não a reconsideração.
>
> Parágrafo único. Caso seja aceita a reconsideração ou continuando a prestação depois de expirado o prazo, o contrato continuará a vigorar, como se o aviso não tivesse sido dado.

☞ ATENÇÃO!

Só cabe falar em reconsideração nos casos do aviso-prévio trabalhado.

15.13. DA JUSTA CAUSA NO CURSO DO AVISO-PRÉVIO

No curso do aviso-prévio trabalhado, poderá tanto o empregado quanto o empregador cometer alguma ou algumas das faltas graves capazes de transformar o que a princípio seria uma simples resilição contratual (término do contrato de trabalho sem justa causa) em resolução contratual (término do contrato de trabalho por justa causa).

Se o empregado cometer a justa causa, perderá o direito ao tempo restante do aviso-prévio e as parcelas rescisórias. Já o empregador terá que pagar ao empregado o tempo restante do aviso-prévio, sem prejuízo das indenizações devidas. Esse entendimento é o que encontramos nos arts. 490 e 491 da CLT.

> Art. 490. O empregador que, durante o prazo do aviso-prévio dado ao empregado, praticar ato que justifique a rescisão imediata do contrato, sujeita-se ao pagamento da remuneração correspondente ao prazo do referido aviso, sem prejuízo da indenização que for devida.
>
> Art. 491. O empregado que, durante o prazo do aviso-prévio, cometer qualquer das faltas consideradas pela lei como justas para a rescisão, perde o direito ao restante do respectivo prazo.

Súmula nº 73 do TST – Despedida. Justa causa (nova redação). Resolução nº 121/2003, *DJ* de 19, 20 e 21/11/2003. A ocorrência de justa causa, salvo a de abandono de emprego, no decurso do prazo do aviso-prévio dado pelo empregador, retira do empregado qualquer direito às verbas rescisórias de natureza indenizatória.

Súmula nº 10 do TST – Professor. Dispensa sem justa causa. Término do ano letivo ou no curso de férias escolares. Aviso-prévio (redação alterada em sessão do Tribunal Pleno realizada em 14/09/2012). Resolução nº 185/2012, *DEJT* divulgado em 25, 26 e 27/09/2012. O direito aos salários do período de férias escolares assegurado aos professores (art. 322, *caput* e § 3º, da CLT) não exclui o direito ao aviso-prévio, na hipótese de dispensa sem justa causa ao término do ano letivo ou no curso das férias escolares.

Veja um julgado do TST:

"(...) RECURSO DE REVISTA DO BANCO DO BRASIL S.A. (...) Frise-se que, do ponto de vista jurídico, no período de pré-aviso, permanecem inalteradas algumas importantes obrigações das partes, inclusive a lealdade contratual, podendo inclusive ocorrer infração trabalhista por qualquer das partes, apta a transmudar a resilição contratual em resolução culposa do pacto empregatício, ou seja, a dispensa injusta ou o pedido de demissão em ruptura por justa causa de uma das partes (arts. 490 e 491 da CLT e Súmula 73/TST). (...)" (ARR – 1099-02.2011.5.02.0046, Relator Ministro: Mauricio Godinho Delgado, Data de Julgamento: 13/04/2016, 3ª Turma, Data de Publicação: *DEJT* 15/04/2016).

15.14. DO AVISO-PRÉVIO E DA GARANTIA DA ESTABILIDADE

O ponto do aviso-prévio e da estabilidade deve, ainda, ser estudado sob duas óticas: a possibilidade de concessão do aviso-prévio aos empregados já detentores da garantia da estabilidade do emprego, e a possibilidade de o empregado adquirir a estabilidade no curso do aviso-prévio.

a) Possibilidade de concessão do aviso-prévio aos empregados já detentores da garantia da estabilidade do emprego:

Não cabe falar em concessão de aviso-prévio para empregado que seja beneficiário de uma das garantias da estabilidade.

Súmula nº 348 do TST – Aviso-prévio. Concessão na fluência da garantia de emprego. Invalidade (mantida). Resolução nº 121/2003, *DJ* de 19, 20 e 21/11/2003. É inválida a concessão do aviso-prévio na fluência da garantia de emprego, ante a incompatibilidade dos dois institutos.

b) Possibilidade de o empregado adquirir a estabilidade no curso do aviso--prévio:

Em regra, não é possível o empregado adquirir a estabilidade no curso do aviso-prévio. Mesmo que o empregado faça jus, no curso do aviso-prévio, a uma das garantias que levam à chamada estabilidade do emprego, a jurisprudência do TST vem reconhecendo apenas a possibilidade, em alguns casos, da projeção econômica do contrato, enquanto perdurar a garantia, e a correspondente contagem do tempo de serviço.

Súmula nº 369, V, do TST: O registro da candidatura do empregado a cargo de dirigente sindical durante o período de aviso-prévio, ainda que indenizado, não lhe assegura a estabilidade, visto que inaplicável a regra do § 3º do art. 543 da Consolidação das Leis do Trabalho.

Súmula nº 371 do TST – Aviso-prévio indenizado. Efeitos. Superveniência de auxílio-doença no curso deste (conversão das Orientações Jurisprudenciais nos 40 e 135 da SBDI-1). Resolução nº 129/2005, *DJ* de 20, 22 e 25/04/2005. A projeção do contrato de trabalho para o futuro, pela concessão do aviso-prévio indenizado, tem efeitos limitados às vantagens econômicas obtidas no período de pré-aviso, ou seja, salários, reflexos e verbas rescisórias. No caso de concessão de auxílio-doença no curso do aviso-prévio, todavia, só se concretizam os efeitos da dispensa depois de expirado o benefício previdenciário.

Repare que o TST não garantiu a estabilidade conferida pelo art. 118 da Lei nº 8.213/1991 ao empregado que adquiriu direito ao benefício do auxílio-doença no curso do aviso-prévio, mas conferiu os efeitos meramente econômicos à projeção do contrato de trabalho para o futuro, com a correspondente contagem do tempo de serviço.

Dessa forma, a concessão do benefício previdenciário no curso do aviso-prévio não torna nula a dispensa nem dará direito à estabilidade, apenas a prorrogação da extinção do contrato de trabalho quando cessar o auxílio-doença.

Aviso-prévio indenizado. Superveniência de auxílio-doença. Estabilidade provisória. Previsão em instrumento coletivo. Efeitos exclusivamente financeiros. Inviável a reintegração. Súmula nº 371 do TST. A concessão do auxílio-doença no curso do aviso-prévio indenizado apenas adia os efeitos da dispensa para depois do término do benefício previdenciário (Súmula nº 371 do TST), e não implica nulidade da despedida, ainda que norma coletiva assegure estabilidade provisória por sessenta dias após a concessão da alta médica. Desse modo, o empregado somente tem direito às vantagens econômicas previstas na norma coletiva, e, passado o período nela assegurado, pode o empregador extinguir o contrato de trabalho. Com esse entendimento, a SBDI-I, por unanimidade, conheceu dos embargos da reclamada por contrariedade à Súmula nº 371 (má aplicação), e, no mérito, deu-lhes provimento para afastar a declaração da nulidade da dispensa e, consequentemente, a determinação de reintegração no emprego, reconhecendo que a condenação deve limitar-se a resguardar os direitos patrimoniais da reclamante até a concretização da dispensa, ocorrida no período de sessenta dias após o término do benefício previdenciário. TST-E-ED-RR-59000-67.2005.5.01.0012, SBDII, Relator Ministro: Renato de Lacerda Paiva, 12/03/2015 (Informativo nº 101, TST).

Posicionamo-nos no sentido de que, se a concessão ao obreiro no curso do aviso-prévio tenha sido do auxílio-doença acidentário, quando do retorno, ele terá 12 meses de estabilidade, fato que afetará a existência do aviso-prévio.

☞ **ATENÇÃO!**
O TST tem decidido reiteradamente que a gravidez ocorrida no curso do aviso-prévio não afasta o direito da empregada à estabilidade. Na verdade, a condição essencial para ser assegurada a estabilidade à empregada gestante é o fato de a gravidez ter ocorrido no curso do contrato de trabalho; lembre-se de que o aviso-prévio, ainda que indenizado, integra o contrato para todos os seus efeitos. Aliás, a própria CLT foi alterada, recentemente, para prever esse novo direito à gestante.

Art. 391-A da CLT. A confirmação do estado de gravidez advindo no curso do contrato de trabalho, ainda que durante o prazo do aviso-prévio trabalhado ou indenizado, garante à empregada gestante a estabilidade provisória prevista na alínea *b* do inciso II do art. 10 do Ato das Disposições Constitucionais Transitórias. (Incluído pela Lei nº 12.812, de 2013.)

☞ **ATENÇÃO!**
Com a mudança promovida pela Lei nº 13.509/2017, quem adotar também passa a ter direito à estabilidade ou garantia provisória no emprego. Dessa forma, o(a) empregado(a) que recebe guarda provisória para fins de adoção tem direito à estabilidade, nos moldes da empregada genitora de uma criança, como já existia.

Art. 391-A, parágrafo único, da CLT. O disposto no *caput* deste artigo aplica-se ao empregado adotante ao qual tenha sido concedida guarda provisória para fins de adoção.

15.15. DO CÁLCULO DO AVISO-PRÉVIO

O cálculo do aviso-prévio deverá observar as seguintes normas:

a) As gorjetas não integram a base de cálculo do aviso-prévio.

Súmula nº 354 do TST – Gorjetas. Natureza jurídica. Repercussões (mantida). Resolução nº 121/2003, *DJ* de 19, 20 e 21/11/2003. As gorjetas, cobradas pelo empregador na nota de serviço ou oferecidas espontaneamente pelos clientes, integram a remuneração do empregado, não servindo de base de cálculo para as parcelas de aviso-prévio, adicional noturno, horas extras e repouso semanal remunerado.

Cap. 15 – AVISO-PRÉVIO

```
H ——▶ HORA EXTRA
A ——▶ AVISO PRÉVIO
R ——▶ REPOUSO SEMANAL REMUNERADO
A ——▶ ADICIONAL NOTURNO
```

b) Salário pago à base de tarefa.

Art. 487, § 3°, da CLT. Em se tratando de salário pago na base de tarefa, o cálculo, para os efeitos dos parágrafos anteriores, será feito de acordo com a média dos últimos 12 (doze) meses de serviço.

c) As horas extras habituais integram o aviso-prévio indenizado.

Não podemos nos esquecer de que o cálculo do aviso-prévio será feito com base no salário. Dessa forma, as horas extras prestadas habitualmente integram o valor do aviso.

Art. 487, § 5°, da CLT. O valor das horas extraordinárias habituais integra o aviso-prévio indenizado.

d) O reajuste salarial coletivo determinado no curso do aviso-prévio beneficia o empregado pré-avisado.

Se houver a concessão de reajuste salarial por norma coletiva durante o período de aviso-prévio, então aquele empregado que foi dispensado, mas ainda não teve o período do aviso findado, possui direito às **diferenças de verbas rescisórias**:

Art. 487, § 6°, da CLT. O reajustamento salarial coletivo, determinado no curso do aviso--prévio, beneficia o empregado pré-avisado da despedida, mesmo que tenha recebido antecipadamente os salários correspondentes ao período do aviso, que integra seu tempo de serviço para todos os efeitos legais.

Se as verbas já tiverem sido pagas no termo de rescisão, deve o empregador elaborar um termo de rescisão complementar para pagar as diferenças.

e) O aviso-prévio concedido no período de 30 dias que antecede a data da correção salarial do empregado dá a ele o direito a uma indenização equivalente a um salário.

Súmula n° 182 do TST – Aviso-prévio. Indenização compensatória. Lei n° 6.708, de 30/10/1979 (mantida). Resolução n° 121/2003, *DJ* de 19, 20 e 21/11/2003. O tempo do aviso-prévio, mesmo indenizado, conta-se para efeito da indenização adicional prevista no art. 9° da Lei n° 6.708, de 30/10/1979.

Diz o art. 9° da Lei n° 6.708/1979 que: "O empregado dispensado, sem justa causa, no período de 30 (trinta) dias que antecede a data de sua correção salarial

MANUAL DE DIREITO DO TRABALHO – ROGÉRIO RENZETTI

terá direito à indenização adicional equivalente a um salário mensal, seja ele, ou não, optante pelo Fundo de Garantia por Tempo de Serviço."

No mesmo sentido, dispõe a Súmula nº 242 do TST:

> Súmula nº 242 do TST. Indenização adicional. Valor (mantida) – Res. 121/2003, *DJ* 19, 20 e 21/11/2003. A indenização adicional, prevista no art. 9º da Lei nº 6.708, de 30/10/1979, e no art. 9º da Lei nº 7.238, de 28/10/1984, corresponde ao salário mensal, no valor devido na data da comunicação do despedimento, integrado pelos adicionais legais ou convencionados, ligados à unidade de tempo mês, não sendo computável a gratificação natalina.

Diz o art. 9º da Lei nº 7.238/1984 que: "O empregado dispensado, sem justa causa, no período de 30 (trinta) dias que antecede a data de sua correção salarial, terá direito à indenização adicional equivalente a um salário mensal, seja ele optante ou não pelo Fundo de Garantia do Tempo de Serviço – FGTS."

> ☞ **ATENÇÃO!**
>
> Essa indenização será devida mesmo que o empregador pague as verbas rescisórias já com o valor do salário corrigido.

> Súmula nº 314 do TST. Indenização adicional. Verbas rescisórias. Salário corrigido (mantida) – Res. 121/2003, *DJ* 19, 20 e 21/11/2003. Se ocorrer a rescisão contratual no período de 30 (trinta) dias que antecede a data-base, observado a Súmula nº 182 do TST, o pagamento das verbas rescisórias com o salário já corrigido não afasta o direito à indenização adicional prevista nas Leis nºˢ 6.708, de 30/10/1979, e 7.238, de 28/10/1984.

f) O aviso-prévio e o FGTS.

Para fins previdenciários, apenas o aviso-prévio trabalhado é levado da base para a contribuição; o mesmo ocorre com a multa de 40% sobre o FGTS, que não sofrerá a integração do aviso-prévio indenizado, mas apenas do trabalhado.

> Súmula nº 305 do TST – Fundo de Garantia do Tempo de Serviço. Incidência sobre o aviso-prévio (mantida). Resolução nº 121/2003, *DJ* de 19, 20 e 21/11/2003. O pagamento relativo ao período de aviso-prévio, trabalhado ou não, está sujeito a contribuição para o FGTS.
>
> OJ nº 42, II, da SDI-I do TST. O cálculo da multa de 40% do FGTS deverá ser feito com base no saldo da conta vinculada na data do efetivo pagamento das verbas rescisórias, desconsiderada a projeção do aviso-prévio indenizado, por ausência de previsão legal.

15.16. DO INÍCIO DA PRESCRIÇÃO

A prescrição na ocorrência do aviso-prévio tem início sempre do fim do seu período. No aviso-prévio trabalhado, coincidirá com o fim da prestação de serviço pelo empregado; no indenizado, com o fim da projeção do prazo do aviso na contagem do tempo de serviço.

> OJ nº 83 da SDI-I do TST – Aviso-prévio. Indenizado. Prescrição (inserida em 28/4/1997). A prescrição começa a fluir no final da data do término do aviso-prévio. Art. 487, § 1º, da CLT.
>
> Controvérsia sobre vínculo de emprego. Prescrição. Termo inicial. Projeção do aviso-prévio. Incidência da Orientação Jurisprudencial nº 83 da SBDI-I. A diretriz consagrada na Orientação Jurisprudencial nº 83 da SBDI-I, segundo a qual se computa a projeção do aviso-prévio na duração do contrato de emprego para efeito de contagem do prazo prescricional, se estende aos casos em que o vínculo empregatício ainda não foi espontaneamente reconhecido entre as partes ou judicialmente declarado. Sob esse entendimento, a SB-DI-I, por maioria, conheceu dos embargos, por divergência jurisprudencial, e, no mérito, negou-lhes provimento, mantendo, portanto, a decisão turmária que dera provimento ao recurso de revista para determinar o retorno dos autos à Vara de origem, a fim de que, afastada a prescrição bienal, prossiga no exame dos pedidos do reclamante como entender de direito. Na espécie, o TRT manteve a sentença que declarou a prescrição total do direito de ação para postular o reconhecimento da relação de emprego, sob o fundamento de que o ajuizamento da reclamação deu-se após dois anos da cessação da prestação de serviços pelo reclamante no exercício da atividade profissional de corretor de imóveis. Vencidos os Ministros João Oreste Dalazen, relator, Ives Gandra da Silva Martins Filho, Brito Pereira, Guilherme Augusto *Caputo* Bastos e Walmir Oliveira da Costa, os quais entendiam que a relação originalmente havida entre as partes, ainda que passível de modificação em juízo, não era de emprego, não permitindo, portanto, a dilação do termo inicial da contagem do prazo prescricional conforme preconizado pela Orientação Jurisprudencial nº 83 da SBDI-I. TST-E-ED-RR-277-72.2012.5.01.0024, SBDI-I, Relator Ministro: João Oreste Dalazen, red. p/ o acórdão Ministro Augusto César Leite de Carvalho, 15/09/2016 (Informativo nº 144 doTST).

Importante destacar, ainda, a decisão do TST no tocante ao Plano de Demissão Voluntária – PDV. Entendeu a Colendo Tribunal que a adesão ao PDV pode ocorrer, inclusive, no curso do aviso-prévio trabalhado ou indenizado, uma vez que ainda vigente o contrato de trabalho.

> Aviso-prévio indenizado. Projeção do contrato de trabalho. Adesão a programa de demissão voluntário instituído no curso desse período. Possibilidade. O aviso-prévio, ainda que indenizado, integra o contrato de trabalho para todos os efeitos (art. 487, § 1º, da CLT). Assim, vigente o contrato de trabalho até o final da projeção do aviso-prévio, tem o empregado direito a aderir a plano de demissão voluntária instituído pela empresa no curso desse período. Sob esse entendimento, a SBDI-I, por maioria, conheceu dos embargos por divergência jurisprudencial e, no mérito, negou-lhes provimento. Vencido o Ministro Ives Gandra Martins Filho. TST-E-ED-RR-2303-30.2012.5.02.0472, SBDI-I, Relator Ministro: Brito Pereira, 19/05/2016 (Informativo nº 137 do TST).

15.17. AVISO-PRÉVIO E NORMA COLETIVA

OJ nº 367 da SDI-I do TST – Aviso-prévio de 60 dias. Elastecimento por norma coletiva. Projeção. Reflexos nas parcelas trabalhistas (*DEJT* divulgado em 3, 4 e 5/12/2008). O prazo de aviso-prévio de 60 dias, concedido por meio de norma coletiva que silencia sobre alcance de seus efeitos jurídicos, computa-se integralmente como tempo de serviço, nos termos do § 1º do art. 487 da CLT, repercutindo nas verbas rescisórias.

O art. 611-B da CLT aponta taxativamente as matérias de cuja negociação coletiva não pode dispor, considerando-as objeto ilícito do negócio jurídico coletivo.

Art. 611-B da CLT. Constituem objeto ilícito de convenção coletiva ou de acordo coletivo de trabalho, exclusivamente, a supressão ou a redução dos seguintes direitos:
(...)
XVI – aviso-prévio proporcional ao tempo de serviço, sendo no mínimo de trinta dias, nos termos da lei;

TÉRMINO DO CONTRATO DE TRABALHO

O término dos contratos de trabalho pode se dar em razão de fatores diferentes, que podem resultar em efeitos jurídicos distintos. Os fatores que levam à extinção do contrato de trabalho seguem a seguinte classificação:

1. Resilição: extinção do contrato de trabalho sem justa causa.
2. Resolução: extinção do contrato de trabalho com justa causa.
3. Rescisão contratual: ruptura do contrato em razão da sua nulidade.

Outras formas de terminação do contrato de trabalho – outros casos de extinção do contrato do trabalho previstos em lei.

Em relação às questões específicas relativas ao término do contrato de trabalho por prazo determinado, caso ainda exista alguma dúvida, deve ser revisto o Capítulo 7, no qual abordamos essa espécie de contrato de trabalho e suas peculiaridades.

Passaremos agora, então, a analisar cada uma das formas de extinção do contrato de trabalho. Repare que em cada uma delas iremos mencionar a quais direitos o empregado fará jus. Note-se que a esses direitos normalmente correspondem as chamadas verbas rescisórias.

16.1. RESILIÇÃO

A resilição é a hipótese de extinção do contrato de trabalho sem justa causa. A resilição pode ocorrer de três formas: dispensa sem justa causa, pedido de demissão e distrato. Vamos, então, à análise de cada uma dessas formas:

16.1.1. Dispensa sem justa causa

O empregador dispensa o empregado sem justa causa. Podemos chamar, ainda, de dispensa imotivada ou arbitrária.

É **direito potestativo do empregador**, como regra, promover a dispensa sem justa causa do empregado. O trabalhador é chamado e devidamente comunicado de que seu contrato será rescindido.

Ocorrendo a dispensa sem justa causa do empregado, ele fará jus aos seguintes direitos:

- aviso-prévio, seja na forma trabalhada, seja na indenizada;
- saldo de salários;

- indenização das férias integrais não gozadas (simples ou em dobro) + o terço constitucional;
- indenização das férias proporcionais + o terço constitucional;
- 13º salário proporcional ao ano em curso;
- liberação do saldo do FGTS com indenização compensatória de 40%;
- guias de seguro desemprego;
- indenização adicional de um salário mensal previsto no art. 9º da Lei nº 7.238/1984.

Lembre-se, o art. 9º da Lei nº 7.238/1984 já foi visto por nós. De acordo com esse artigo, "O empregado dispensado, sem justa causa, no período de 30 (trinta) dias que antecede a data de sua correção salarial, terá direito à indenização adicional equivalente a um salário mensal, seja ele optante ou não pelo Fundo de Garantia do Tempo de Serviço – FGTS".

O art. 9º da Lei nº 7.238/1984 tem, nesse ponto da matéria, grande relevância em relação à jurisprudência existente do TST, que pode vir a ser objeto de prova. Por isso, vamos citar as súmulas que fazem menção a esse dispositivo:

Súmula nº 182 do TST – Aviso-prévio. Indenização compensatória. Lei nº 6.708, de 30/10/1979 (mantida). Resolução nº 121/2003, *DJ* de 19, 20 e 21/11/2003. O tempo do aviso-prévio, mesmo indenizado, conta-se para efeito da indenização adicional prevista no art. 9º da Lei nº 6.708, de 30/10/1979.

Súmula nº 242 do TST – Indenização adicional. Valor (mantida). Resolução nº 121/2003, *DJ* de 19, 20 e 21/11/2003. A indenização adicional, prevista no art. 9º da Lei nº 6.708, de 30/10/1979 e no art. 9º da Lei nº 7.238, de 28/10/1984, corresponde ao salário mensal, no valor devido na data da comunicação do despedimento, integrado pelos adicionais legais ou convencionados, ligados à unidade de tempo mês, não sendo computável a gratificação natalina.

Súmula nº 314 do TST – Indenização adicional. Verbas rescisórias. Salário corrigido (mantida). Resolução nº 121/2003, *DJ* de 19, 20 e 21/11/2003. "Se ocorrer a rescisão contratual no período de 30 (trinta) dias que antecede à data-base, observado a Súmula nº 182 do TST, o pagamento das verbas rescisórias com o salário já corrigido não afasta o direito à indenização adicional prevista nas Leis nos 6.708, de 30/10/1979 e 7.238, de 28/10/1984."

☞ ATENÇÃO!

Quando falamos do direito do empregado de receber indenização pelas férias integrais simples ou em dobro, queremos dizer o seguinte: as férias integrais não concedidas pelo empregador em período concessivo já vencido serão pagas em dobro; de outro lado, as férias integrais já adquiridas, mas não concedidas, cujo período concessivo corresponde à época da extinção do contrato, serão pagas de forma simples.

Súmula nº 171 do TST – Férias proporcionais. Contrato de trabalho. Extinção (republicada em razão de erro material no registro da referência legislativa), *DJ* de 05/05/2004.

Salvo na hipótese de dispensa do empregado por justa causa, a extinção do contrato de trabalho sujeita o empregador ao pagamento da remuneração das férias proporcionais, ainda que incompleto o período aquisitivo de 12 (doze) meses (art. 147 da CLT).

Atente-se, ainda, que a mudança do regime jurídico de celetista para estatutário gera a extinção do contrato de trabalho, de acordo com a jurisprudência do TST:

Súmula nº 382 do TST. Mudança de regime celetista para estatutário. Extinção do contrato. Prescrição bienal (conversão da Orientação Jurisprudencial nº 128 da SBDI-1) – Res. 129/2005, *DJ* 20, 22 e 25/04/2005. A transferência do regime jurídico de celetista para estatutário implica extinção do contrato de trabalho, fluindo o prazo da prescrição bienal a partir da mudança de regime.

Por fim, existe uma peculiaridade na dispensa sem justa causa em relação aos trabalhadores que representam os empregados nas Cipas. Senão, vejamos o que diz art. 165 da CLT:

Art. 165. Os titulares da representação dos empregados na(s) Cipa(s) não poderão sofrer despedida arbitrária, entendendo-se como tal a que não se fundar em motivo disciplinar, técnico, econômico ou financeiro.

Parágrafo único. Ocorrendo a despedida, caberá ao empregador, em caso de reclamação à Justiça do Trabalho, comprovar a existência de qualquer dos motivos mencionados neste artigo, sob pena de ser condenado a reintegrar o empregado.

Cuidado com o **emprego em comissão**. Assim como há cargos em comissão, existem empregos em comissão, muitas vezes em empresas públicas e sociedades de economia mista. São funções destinadas ao assessoramento, direção e chefia.

Quando um empregado que ocupa o emprego em comissão é dispensado, ele sabia, desde o início, da precariedade de seu vínculo. Logo, o Tribunal Superior do Trabalho consolidou entendimento de que não terá ele, no caso de dispensa sem justa causa, direito ao aviso-prévio e à multa de 40% do FGTS:

"(...) EMPRESA ESTATAL – EMPREGO EM COMISSÃO – LIVRE NOMEAÇÃO E EXONERAÇÃO – VERBAS RESCISÓRIAS. Está pacificado nesta Corte Superior o entendimento de que o empregado público contratado para exercício de cargo em comissão, de livre nomeação e exoneração, não tem direito à multa de 40% do FGTS e ao aviso-prévio indenizado. Precedentes da C. SBDI-I e de todas as Turmas do Eg. TST. (...)" (E-ARR-1642-58.2015.5.02.0080, Subseção I Especializada em Dissídios Individuais, Relatora Ministra: Maria Cristina Irigoyen Peduzzi, *DEJT* 15/03/2019).

16.1.2. Pedido de demissão

No pedido de demissão, o empregado simplesmente requer o término do contrato de trabalho por não ter mais interesse em continuar com aquela relação de emprego.

MANUAL DE DIREITO DO TRABALHO – ROGÉRIO RENZETTI

Ocorrendo o pedido de demissão, o empregado fará jus aos seguintes direitos:

- saldo de salários;
- indenização das férias integrais (simples ou em dobro) + o terço constitucional;
- indenização das férias proporcionais + o terço constitucional;
- 13° salário proporcional do ano em curso.

> ☞ **ATENÇÃO!**
>
> Nos casos de pedido de demissão, o empregado deverá conceder o aviso-prévio ao empregador de, no mínimo, 30 dias, sob pena de ter o respectivo valor descontado do seu salário. Não esqueça, o cálculo do aviso-prévio proporcional, regulamentado por meio da Lei n° 12.506/2011, só é aplicado de forma a favorecer o empregado.

No pedido de demissão, o empregado não terá direito a retirar o FGTS, a multa de 40% do FGTS e as guias para obtenção do seguro desemprego.

Se o empregado pedir demissão, perderá a estabilidade provisória no emprego que possuía.

> Art. 500 da CLT. O pedido de demissão do empregado estável só será válido quando feito com a assistência do respectivo Sindicato e, se não o houver, perante autoridade local competente do Ministério do Trabalho e Previdência Social ou da Justiça do Trabalho.
>
> Súmula n° 261 do TST – Férias proporcionais. Pedido de demissão. Contrato vigente há menos de um ano (nova redação). Resolução n° 121/2003, *DJ* de 19, 20 e 21/11/2003. O empregado que se demite antes de complementar 12 (doze) meses de serviço tem direito a férias proporcionais.

16.1.3. Distrato

Espécie de resilição que ocorre pelo mútuo consentimento das partes que integram a relação de emprego.

> Art. 484-A da CLT. O contrato de trabalho poderá ser extinto por acordo entre empregado e empregador, caso em que serão devidas as seguintes verbas trabalhistas:
>
> I – por metade:
>
> a) o aviso-prévio, se indenizado; e
>
> b) a indenização sobre o saldo do Fundo de Garantia do Tempo de Serviço, prevista no § 1° do art. 18 da Lei n° 8.036, de 11 de maio de 1990;
>
> II – na integralidade, as demais verbas trabalhistas.

§ 1º A extinção do contrato prevista no *caput* deste artigo permite a movimentação da conta vinculada do trabalhador no Fundo de Garantia do Tempo de Serviço na forma do inciso I-A do art. 20 da Lei nº 8.036, de 11 de maio de 1990, limitada até 80% (oitenta por cento) do valor dos depósitos.

§ 2º A extinção do contrato por acordo prevista no *caput* deste artigo não autoriza o ingresso no Programa de Seguro-Desemprego.

O art. 484-A permite que empregador e empregado, de comum acordo, possam extinguir o contrato de trabalho. A medida introduzida na CLT pela Reforma Trabalhista visa coibir o costumeiro acordo informal, pelo qual é feita a demissão sem justa causa para que o empregado possa receber o seguro-desemprego e o saldo depositado em sua conta no FGTS, com a posterior devolução do valor correspondente à multa do FGTS.

Havendo consenso, o contrato será extinto e serão devidos pela metade o aviso-prévio, se indenizado, e a indenização sobre o saldo do FGTS.

> O empregado somente poderá movimentar 80% do valor depositado na sua conta vinculada e não fará *jus* ao ingresso no Programa do Seguro--Desemprego.

No tocante aos **planos de demissão voluntária (PDV) ou incentivada (PDI)**. São planos que incentivam os empregados a pedir demissão, normalmente com a promessa de pagamento de uma substancial indenização, além dos direitos rescisórios convencionais. O valor dessa indenização é extremamente atrativo para muitos funcionários que, em virtude de projetos ou questões pessoais, ou mesmo temendo uma dispensa sem justa causa posterior, aderem ao PDV/PDI.

Não temos como afirmar com precisão quais são os direitos garantidos aos empregados que aderem ao **Programa de Demissão Voluntária** (PDV), por isso a medida é boa, pois permite que os empregados possam se beneficiar com o levantamento parcial do FGTS (80%) e a percepção pela metade do aviso-prévio e metade da indenização adicional sobre o FGTS, além das férias e trezenos a que tiver direito.

A jurisprudência aceita os referidos planos, mas houve séria divergência sobre os efeitos dessa adesão. A pergunta que surge é: se o plano prevê **eficácia liberatória geral**, ou seja, que a adesão do empregado elimina discussão sobre qualquer direito trabalhista eventualmente pendente, essa previsão é válida?

O debate surgiu porque diversos planos condicionam a adesão do trabalhador à declaração de que não possui mais qualquer direito pendente, implicando uma eficácia liberatória completa em favor do empregador. Recebida a indenização e os direitos rescisórios, segundo essa cláusula, o empregado que pediu demissão não poderia demandar qualquer outra verba trabalhista que entendesse devida.

O Tribunal Superior do Trabalho não vinha dando validade a essa cláusula liberatória, apontando que o valor indenizatório pago no plano de demissão voluntária não eliminaria o direito às outras verbas trabalhistas devidas. Veja o teor da OJ 270 da SDI-I do TST:

OJ nº 270 da SDI-I do TST – Programa de incentivo à demissão voluntária. Transação extrajudicial. Parcelas oriundas do extinto contrato de trabalho. Efeitos (inserida em 27/09/2002). A transação extrajudicial que importa rescisão do contrato de trabalho ante a adesão do empregado a plano de demissão voluntária implica quitação exclusivamente das parcelas e valores constantes do recibo.

OJ nº 207 da SDI-I do TST – Programa de incentivo à demissão voluntária. Indenização. Imposto de renda. Não incidência (inserido dispositivo) – DJ 20/04/2005. A indenização paga em virtude de adesão a programa de incentivo à demissão voluntária não está sujeita à incidência do Imposto de Renda.

Nesse contexto, muitas empresas, nas demandas judiciais promovidas pelo empregado para cobrar supostos direitos trabalhistas, requereram, de forma subsidiária, a compensação dos valores pagos a título indenizatório com eventual quantia deferida ao trabalhador pelo juiz.

Contudo, o TST **não** admitia que o valor do crédito trabalhista seja compensado com a indenização do PDV:

OJ nº 356 da SDI-I do TST – Programa de Incentivo à Demissão Voluntária (PDV). Créditos trabalhistas reconhecidos em juízo. Compensação. Impossibilidade (DJ 14/03/2008). Os créditos tipicamente trabalhistas reconhecidos em juízo não são suscetíveis de compensação com a indenização paga em decorrência de adesão do trabalhador a Programa de Incentivo à Demissão Voluntária (PDV).

Entretanto, o **Supremo Tribunal Federal** decidiu que, quando a eficácia liberatória geral fosse prevista em **norma coletiva** e o trabalhador estivesse ciente dessa situação ao aderir ao plano de demissão voluntária, deveria ser respeitada a eficácia liberatória geral. Isso ficou decidido no **tema 152 da Lista de Repercussão Geral do STF**, cuja tese é a seguinte:

A transação extrajudicial que importa rescisão do contrato de trabalho, em razão de adesão voluntária do empregado a plano de dispensa incentivada, enseja quitação ampla e irrestrita de todas as parcelas objeto do contrato de emprego, caso essa condição tenha constado expressamente do acordo coletivo que aprovou o plano, bem como dos demais instrumentos celebrados com o empregado.

Para melhor compreensão do entendimento do STF, veja um trecho da ementa do processo paradigma:

"(...) DIREITO DO TRABALHO. ACORDO COLETIVO. PLANO DE DISPENSA INCENTIVADA. VALIDADE E EFEITOS. 1. Plano de dispensa incentivada aprovado em acordo coletivo que contou com ampla participação dos empregados. Previsão de vantagens aos trabalhadores, bem como quitação de toda e qualquer parcela decorrente de relação de emprego. Faculdade do empregado de optar ou não pelo plano. 2. Validade da quitação ampla. Não incidência, na hipótese, do art. 477, § 2º da Consolidação das Leis do Trabalho, que restringe a eficácia liberatória da quitação aos valores e às parcelas discriminadas no termo de rescisão exclusivamente. 3. No âmbito do direito coletivo do trabalho não se verifica a mesma situação de assimetria de poder presente nas relações individuais de

Cap. 16 – TÉRMINO DO CONTRATO DE TRABALHO

trabalho. Como consequência, a autonomia coletiva da vontade não se encontra sujeita aos mesmos limites que a autonomia individual. 4. A Constituição de 1988, em seu artigo 7º, XXVI, prestigiou a autonomia coletiva da vontade e a autocomposição dos conflitos trabalhistas, acompanhando a tendência mundial ao crescente reconhecimento dos mecanismos de negociação coletiva, retratada na Convenção n. 98/1949 e na Convenção n. 154/1981 da Organização Internacional do Trabalho. O reconhecimento dos acordos e convenções coletivas permite que os trabalhadores contribuam para a formulação das normas que regerão a sua própria vida. 5. Os planos de dispensa incentivada permitem reduzir as repercussões sociais das dispensas, assegurando àqueles que optam por seu desligamento da empresa condições econômicas mais vantajosas do que aquelas que decorreriam do mero desligamento por decisão do empregador. É importante, por isso, assegurar a credibilidade de tais planos, a fim de preservar a sua função protetiva e de não desestimular o seu uso. 7. Provimento do recurso extraordinário. (...)" (RE 590415, Relator Ministro: Roberto Barroso, Tribunal Pleno, julgado em 30/04/2015, Acórdão Eletrônico Repercussão Geral – Data de Publicação: 29/05/2015).

Assim, se houver, em norma coletiva, previsão da eficácia liberatória dando ampla e irrestrita quitação do contrato de trabalho, a cláusula é válida, desde que o empregado tenha ciência dessa condição.

> ☞ **ATENÇÃO!**
>
> Foi incluído pela Reforma Trabalhista o art. 477-B da CLT, que incorpora ao texto consolidado o entendimento de que o Supremo Tribunal Federal consolidou em repercussão geral que a transação extrajudicial que importa rescisão do contrato de trabalho, em razão da adesão voluntária do empregado ao PDV, enseja quitação ampla e irrestrita (geral) de todas as parcelas objeto do contrato de trabalho, caso essa condição tenha constado expressamente do acordo coletivo que aprovou o plano, bem como dos demais instrumentos celebrados com o empregado.

Art. 477-B, CLT. Plano de Demissão Voluntária ou Incentivada, para dispensa individual, plúrima ou coletiva, previsto em convenção coletiva ou acordo coletivo de trabalho, enseja quitação plena e irrevogável dos direitos decorrentes da relação empregatícia, salvo disposição em contrário estipulada entre as partes.

Atente-se, por oportuno, que, como o período do aviso-prévio integra o contrato de trabalho (art. 487, § 1º, da CLT), caso a empresa institua o plano de demissão voluntário no curso deste aviso, o empregado pode aderir a esse plano. Assim, se tivesse sido dispensado, mas o aviso-prévio indenizado ainda estivesse em curso, poderia o empregado aderir ao PDV:

"PLANO DE DEMISSÃO VOLUNTÁRIA. INSTITUIÇÃO NO CURSO DE AVISO-PRÉVIO INDE-NIZADO. ADESÃO DO EMPREGADO 1. Se a lei assegura a projeção do aviso-prévio para todos os efeitos legais (art. 487, § 1º, da CLT), o empregado beneficia-se de plano de demissão voluntária instituído pela empresa nesse interregno, quando ainda em vigor o contrato de trabalho. (...)" (E-ED-RR-2002-83.2012.5.02.0472, Subseção I Especializada em Dissídios Individuais, Relator Ministro: João Oreste Dalazen, *DEJT* 17/02/2017).

16.2. RESOLUÇÃO

A resolução é a hipótese de extinção do contrato de trabalho por justa causa. A resolução pode ocorrer de três formas: dispensa por **justa causa**, rescisão indireta e culpa recíproca. Passamos, então, à análise de cada uma dessas formas.

16.2.1. Dispensa por justa causa

A dispensa por justa causa, também conhecida como dispensa motivada ou despedida por justa causa, ocorre quando o empregado comete algum ato caracterizador de falta grave ou pela reiteração de um ato anteriormente punido com suspensão.

O empregado dispensado por justa causa só terá direito de receber como verbas rescisórias o saldo de salário e a indenização das férias integrais não gozadas mais o terço constitucional e o 13º integral não recebido.

☞ **ATENÇÃO!**

A simples prática de um ato faltoso pode, por si só, não bastar para que o empregador dispense o empregado sem justo motivo. É preciso, portanto, que além do ato faltoso também estejam presentes alguns requisitos, a saber: tipicidade do ato faltoso; gravidade da falta cometida pelo empregado; o ato faltoso ser doloso ou culposo; nexo de causalidade e proporcionalidade/razoabilidade entre a falta cometida e a penalidade aplicada; imediaticidade da aplicação da penalidade e ausência de perdão tácito; proibição do *bis in idem*.

16.2.1.1. Requisitos caracterizadores da justa causa

Seguindo a lógica de nossos estudos, vamos analisar cada um dos requisitos citados anteriormente:

* Tipicidade do ato faltoso:

Para que o ato cometido pelo empregado seja considerado faltoso e capaz de levar à sua dispensa por justa causa, tem que estar previsto expressamente na lei como tal.

* A gravidade da falta cometida:

A falta cometida pelo empregado deverá ser considerada grave a ponto de acarretar a sua dispensa.

Cap. 16 – TÉRMINO DO CONTRATO DE TRABALHO

Devemos lembrar que o empregador, no exercício de seu poder disciplinar, poderá aplicar ao empregado as seguintes penalidades: advertência (verbal ou escrita), suspensão (até o limite de 30 dias consecutivos, de acordo com o art. 494 da CLT) e despedida por justa causa.

Assim, uma falta cometida pelo empregado que, inicialmente, pode gerar uma simples advertência, diante de sua prática reiterada, pode acabar configurando um motivo justo para a resolução do contrato de trabalho.

Além disso, o empregador terá o ônus de provar que o empregado cometeu o ato faltoso de forma dolosa ou culposa.

Art. 818 da CLT. O ônus da prova incumbe:

I – ao reclamante, quanto ao fato constitutivo de seu direito;

II – ao reclamado, quanto à existência de fato impeditivo, modificativo ou extintivo do direito do reclamante.

CLT (antes da reforma)	CLT (depois da reforma)
Art. 818. A prova das alegações incumbe à parte que as fizer.	Art. 818. O ônus da prova incumbe: I – ao reclamante, quanto ao fato constitutivo de seu direito; II – ao reclamado, quanto à existência de fato impeditivo, modificativo ou extintivo do direito do reclamante. § 1º Nos casos previstos em lei ou diante de peculiaridades da causa relacionadas à impossibilidade ou à excessiva dificuldade de cumprir o encargo nos termos deste artigo ou à maior facilidade de obtenção da prova do fato contrário, poderá o juízo atribuir o ônus da prova de modo diverso, desde que o faça por decisão fundamentada, caso em que deverá dar à parte a oportunidade de se desincumbir do ônus que lhe foi atribuído. § 2º A decisão referida no § 1º deste artigo deverá ser proferida antes da abertura da instrução e, a requerimento da parte, implicará o adiamento da audiência e possibilitará provar os fatos por qualquer meio em direito admitido. § 3º A decisão referida no § 1º deste artigo não pode gerar situação em que a desincumbência do encargo pela parte seja impossível ou excessivamente difícil.

• O ato faltoso tem que ser doloso ou culposo:

O empregado tem que ter cometido o ato faltoso, pelo menos, a título de culpa, ou seja, o ato deve ter decorrido no mínimo de imperícia, negligência ou imprudência de sua parte.

• O nexo de causalidade e a proporcionalidade/razoabilidade entre a falta cometida e a penalidade aplicada:

O nexo de causalidade, nesse caso, segue os mesmos princípios do Direito Penal, ou seja, deve haver uma relação entre o ato faltoso cometido pelo empregado e a penalidade aplicada pelo empregador.

Além disso, a pena aplicada pelo empregador ao empregado em razão da falta cometida deve ser proporcional à gravidade do ato cometido.

• A imediaticidade da aplicação da penalidade e ausência de perdão tácito:

Toda penalidade aplicada pelo empregador ao empregado, para que seja considerada válida, deverá ocorrer tão logo ele tome conhecimento do ato praticado, sob pena de se configurar o chamado perdão tácito. Por sua vez, as faltas já perdoadas tacitamente não poderão ser punidas em virtude de sua reiteração.

No entanto, qual seria esse tempo entre a ciência e a aplicação da justa causa? Não existe um tempo definido na lei. Usa-se a **razoabilidade**. De toda forma, observe esse julgado que estabelece uma diretriz, mas que admite exceções:

"(...) 1. REVERSÃO DA JUSTA CAUSA EM JUÍZO. IMEDIATICIDADE DA PUNIÇÃO NÃO CONFIGURADA. (...) No que tange à imediaticidade da punição, exige a ordem jurídica que a aplicação de penas trabalhistas se faça tão logo se tenha conhecimento da falta cometida. Com isso, evita-se eventual situação de pressão permanente, ou, pelo menos, por largo e indefinido prazo sobre o obreiro, em virtude de alguma falta cometida. A quantificação do prazo tido como razoável a mediar a falta e a punição não é efetuada expressamente pela legislação. Algumas regras, contudo, podem ser alinhavadas. Em primeiro lugar, tal prazo conta-se não exatamente do fato irregular ocorrido, mas do instante de seu conhecimento pelo empregador (ou seus prepostos intraempresariais). Em segundo lugar, esse prazo pode ampliar-se ou reduzir-se em função da existência (ou não) de algum procedimento administrativo prévio à efetiva consumação da punição. Se houver instalação de comissão de sindicância para apuração dos fatos envolventes à irregularidade detectada, por exemplo, obviamente que disso resulta um alargamento do prazo para consumação da penalidade, já que o próprio conhecimento pleno do fato, sua autoria, culpa ou dolo incidentes, tudo irá concretizar-se apenas depois dos resultados da sindicância efetivada. Finalmente, em terceiro lugar, embora não haja prazo legal prefixado para todas as situações envolvidas, há um parâmetro máximo fornecido pela CLT e eventualmente aplicável a algumas situações concretas. Trata-se do lapso temporal de 30 dias (prazo decadencial: Súmula 403, STF) colocado ao empregador para ajuizamento de ação de inquérito para apuração de falta grave de empregado estável (art. 853, CLT; Enunciado 62, TST). O prazo trintidial celetista pode servir de relativo parâmetro para outras situações disciplinares, mesmo não envolvendo empregado estável nem a propositura de inquérito. Observe-se, porém, que tal lapso de 30 dias somente seria aplicável quando houvesse necessidade de alguma diligência averiguatória acerca dos fatos referentes à infração. É que a jurisprudência tende a considerar muito longo semelhante prazo em situações mais singelas (e mais frequentes), que digam respeito a faltas inequivocamente cometidas e inequivocamente conhecidas pelo empregador. (...)" (AIRR-301-52.2012.5.02.0031, 3ª Turma, Relator Ministro: Mauricio Godinho Delgado, *DEJT* 11/03/2016).

Chamamos a atenção apenas para uma exceção a essa regra, que é a dispensa por justa causa pela prática da desídia. Nessa hipótese, faz-se necessária a habitualidade pelas faltas cometidas pelo obreiro, bem como a aplicação de penalidades gradativas. Esse é o teor do **Informativo nº 79 do TST**:

Cap. 16 – TÉRMINO DO CONTRATO DE TRABALHO

Dispensa por justa causa. Desídia. Art. 482, "e", da CLT. Princípios da proporcionalidade e da gradação da pena. Inobservância. Falta grave afastada. "Para a caracterização da desídia de que trata o art. 482, 'e', da CLT, faz-se necessária a habitualidade das faltas cometidas pelo empregado, bem como a aplicação de penalidades gradativas, até culminar na dispensa por justa causa. Os princípios da proporcionalidade e da gradação da pena devem ser observados, pois as punições revestem-se de caráter pedagógico, visando o ajuste do empregado às normas da empresa. Nesse contexto, se o empregador não observa a necessária gradação da pena, apressando-se em romper o contrato de trabalho por justa causa, frustra o sentido didático da penalidade, dando azo à desqualificação da resolução contratual em razão do excessivo rigor no exercício do poder diretivo da empresa. Com esse entendimento, a SBDI-I, por unanimidade, conheceu dos embargos interpostos pela reclamada, por divergência jurisprudencial, e, no mérito, negou-lhes provimento. TST-E-ED- -RR-21100-72.2009.5.14.0004, SBDI-I, rel. Min. Luiz Philippe Vieira de Mello Filho, 10/04/2014."

Existem situações em que a empresa cria procedimentos favoráveis ao empregado antes da dispensa, tais como inquéritos, sindicâncias, processos administrativos etc. Aqui se deve ter mais tolerância com esse tempo, visto que a empresa, depois de criar essa norma vantajosa, é obrigada a segui-la. Aliás, o TST especificou na Súmula nº 77 que, quando existe esse procedimento, o descumprimento implica a nulidade da punição aplicada:

Súmula n. 77 do TST – PUNIÇÃO (mantida) – Res. 121/2003, *DJ* 19, 20 e 21/11/2003. Nula é a punição de empregado se não precedida de inquérito ou sindicância internos a que se obrigou a empresa por norma regulamentar.

Além disso, há empresas cuja estrutura é tão grande que a maior delonga no tempo para aplicação da penalidade é compreensível, dada a burocracia interna: "(...) JUSTA CAUSA – IMEDIATIDADE. Para a verificação da presença do requisito da imediatidade, para fins de demissão por justa causa, devem ser considerados aspectos como o porte da empresa empregadora, a circunstância de se tratar ou não de ente da Administração Pública, a complexidade das irregularidades notificadas, entre outros. Julgados. Recurso de Revista conhecido e provido." (RR – 1208-60.2014.5.08.0202, Relatora Ministra: Maria Cristina Irigoyen Peduzzi, Data de Julgamento: 08/08/2018, 8ª Turma, Data de Publicação: *DEJT* 10/08/2018).

• A proibição do *bis in idem*:

É vedado ao empregador punir o empregado pelo mesmo ato mais de uma vez. Ou seja, para cada falta praticada pelo empregado, o empregador poderá, apenas, aplicar imediatamente uma única penalidade.

16.2.1.2. Hipóteses de justa causa previstas na CLT

Art. 482. Constituem justa causa para rescisão do contrato de trabalho pelo empregador:

a) ato de improbidade;

A pessoa que pratica atos de improbidade está praticando atos desonestos, contrários à lei, à moral ou aos bons costumes.

A palavra-chave na improbidade é a desonestidade.

Existem duas correntes a respeito da configuração do ato de improbidade praticado pelo empregado. A primeira, subjetiva, sustenta que não importa se houve ou não dano patrimonial ao empregador, basta a ocorrência do ato desonesto para configurar o ato de improbidade cometido pelo empregado. Já a corrente objetiva sustenta que, se não houver prejuízos, estaremos diante de um mau procedimento do empregado, e não de um ato de improbidade.

Nas provas objetivas, as bancas examinadoras vêm considerando como correta a primeira corrente, ou seja, a caracterização do ato de improbidade independe da ocorrência de dano ao empregador ou a terceiros. Um exemplo clássico de ato de improbidade é a falsificação de atestado médico pelo empregado, muito citado nas provas de concursos.

Registre-se que a tentativa também gera a possibilidade de aplicação da justa causa por improbidade. Não é necessário que tenha o obreiro logrado êxito no intento, porquanto houve quebra grave da confiança:

"RECURSO DE REVISTA. ATO DE IMPROBIDADE. TENTATIVA DE FURTO. ALIMENTOS *IN NATURA*. DISPENSA POR JUSTA CAUSA. O ato de improbidade, por consistir em uma grave violação do dever de lealdade do empregado para com seu empregador, justifica a aplicação direta da penalidade de demissão por justa causa, conforme permissivo do artigo 482, *a*, da CLT. A fidúcia exigida na relação de emprego foi arranhada de morte, não se justificando a gradação de penalidades. Conhecido e provido. (...)" (RR – 46500-26.2007.5.04.0008, Relator Ministro: Emmanoel Pereira, 5ª Turma, Data de Publicação: *DEJT* 03/09/2010).

b) incontinência de conduta ou mau procedimento;

A incontinência de conduta está ligada à prática de atos de cunho sexual dentro do ambiente de trabalho.

Exemplo: o empregado gerente comete assédio sexual em relação a uma funcionária. Configurada está a justa causa do gerente.

"(...) DISPENSA POR JUSTA CAUSA. DESCARACTERIZAÇÃO. MATÉRIA FÁTICA. É insuscetível de revisão, em sede extraordinária, a decisão proferida pelo Tribunal Regional à luz da prova carreada aos autos. Somente com o revolvimento do substrato fático-probatório dos autos seria possível afastar a premissa sobre a qual se erigiu a conclusão consagrada pelo Tribunal Regional, no sentido de que o autor assediou, sexualmente, empregada que prestava serviços no refeitório do reclamado, o que caracterizou a incontinência de conduta prevista no artigo 482, *b*, da CLT, a ensejar a despedida por justa causa, em face do mau procedimento do reclamante. Incidência da Súmula n.º 126 do Tribunal Superior do Trabalho. Agravo de instrumento a que se nega provimento." (AIRR – 8300-50.2010.5.01.0000, Relator Ministro: Lelio Bentes Corrêa, 1ª Turma, Data de Publicação: *DEJT* 01/06/2012).

Mau procedimento é tudo aquilo que for considerado fora dos padrões morais daquele grupo social e não se enquadrar no conceito de improbidade, nem de incontinência de conduta. Trata-se de um tipo aberto em que se enquadram todas as condutas graves que não estejam descritas nos demais incisos.

Veja um julgado do TST sobre o tema:

"RESCISÃO POR JUSTA CAUSA. INCONTINÊNCIA DE CONDUTA. MAU PROCEDIMENTO. DESÍDIA. ÔNUS DA PROVA. NECESSIDADE DE REVOLVIMENTO DE MATÉRIA FÁTICA. A Corte regional consignou na decisão recorrida que, ao contrário do alegado pelo reclamante, ficou comprovada sua conduta negligente e seu desrespeito às normas de segurança a que estava obrigado a observar, principalmente em razão do material radioativo que estava sendo transportado pelo autor e seus colegas de trabalho. Consta na decisão que, em viagem realizada pelo reclamante e por outros dois empregados da reclamada no dia 13/9/2008 para a cidade de Paranaguá – PR, ocorreu o homicídio de um dos componentes da equipe 'dentro do veículo da empresa, na madrugada do dia 13 (4h30min), o qual encontrava-se estacionado em frente ao clube ou bailão (...), na periferia de Curitiba/PR, enquanto o reclamante dormia no banco do carona'. Ainda, a 'situação toda é agravada pelo fato de o veículo em questão ter sido apreendido pela polícia contendo, no porta-malas, a fonte radioativa e demais equipamentos a serem utilizados no trabalho, sem a necessária identificação, uma vez que os adesivos indicativos da radioatividade foram retirados do automóvel'. Apontou-se, ainda, o teor do comunicado de dispensa por justa causa, o qual 'consigna que o reclamante contrariou as normas de segurança da empresa, do Conselho Nacional de Energia Nuclear, da Vigilância Sanitária e da Defesa Civil ao transportar equipamento de alta periculosidade (fonte radioativa de irídio) em local não permitido, sem autorização dos órgãos competentes, nos termos do relatório de não conformidades detectadas no transporte da fonte radioativa para serviço a ser prestado na cidade de Paranaguá, litoral do Paraná'. De todos esses registros feitos pela instância ordinária, (...) a prova dos autos aponta que 'à noite, pretendendo sair com o veículo da empresa sem chamar atenção, removeram os rótulos indicativos de material radioativo. Segundo o RIA, Robson, efetuaram o transporte de Otacílio Costa/SC até o hotel com os rótulos adesivos corretos e que, em comum acordo, resolveram retirá-los para irem até a boate'. (...)" (RR – 69700-48.2009.5.04.0281, Relator Ministro: José Roberto Freire Pimenta, Data de Julgamento: 31/05/2017, 2ª Turma, Data de Publicação: *DEJT* 09/06/2017).

c) negociação habitual por conta própria ou alheia sem permissão do empregador, quando constituir ato de concorrência à empresa para a qual trabalha o empregado ou for prejudicial ao serviço;

Nesse caso, há duas faltas: A negociação habitual.

Exemplo: empregada que comercializa bijuterias durante o trabalho sem a permissão do empregador. A concorrência desleal afronta a lealdade contratual.

Exemplo: empregada que oferece os mesmos serviços da empresa, a preço mais acessível, sendo que deveria fazê-lo em nome da empregadora.

> ### ☞ ATENÇÃO!
> Havendo permissão do empregador, expressa ou tácita, não há que falar em falta grave.

Veja um exemplo prático:

"(...) 1. JUSTA CAUSA. O Regional, instância soberana na apreciação dos fatos e provas, concluiu que o reclamante praticava negociação habitual como ato de concorrência do empregador. Consignou que a responsável pela dispensa do reclamante afirmou que, ao tomar conhecimento de que ele tinha um blog e verificar o e-mail corporativo, observou que 'as propostas comerciais de cursos ofertadas pelo reclamante eram as mesmas da reclamada' e que o reclamante estava prestando serviço para outra empresa durante o horário de trabalho. Nesse contexto fático, insuscetível de revisão nesta instância extraordinária, não é possível aferir violação do art. 482, 'c', da CLT, nem divisar dissenso pretoriano. (...)" (AIRR – 759-02.2011.5.01.0009, Relatora Ministra: Dora Maria da Costa, Data de Julgamento: 09/03/2016, 8ª Turma, Data de Publicação: *DEJT* 11/03/2016).

d) condenação criminal do empregado, passada em julgado, caso não tenha havido suspensão da execução da pena;

Essa hipótese foi vista por nós quando falamos em causas de interrupção e suspensão do contrato de trabalho. Lembre-se: enquanto o empregado estiver preso provisoriamente, antes do trânsito em julgado da sentença condenatória, o contrato de trabalho permanecerá suspenso. Porém, após o trânsito em julgado, se o empregado permanecer preso, não sendo possível a suspensão da pena, o empregador poderá dispensar o empregado por justa causa.

> ### ☞ ATENÇÃO!
> A condenação deve tornar impossível a continuidade do contrato de trabalho. Se o empregado, por exemplo, for condenado a fornecer cestas básicas ou prestação de serviços comunitários, não há que falar em justa causa.

Por outro lado, observe um exemplo da impossibilidade de prestação de serviços pela incompatibilidade com o cumprimento da pena:

"(...) RESCISÃO DO CONTRATO DE TRABALHO POR JUSTA CAUSA. DISPENSA APÓS CONDENAÇÃO CRIMINAL DO EMPREGADO TRANSITADA EM JULGADO. ARTIGO 482, ALÍNEA 'D', DA CLT. O artigo 482, alínea 'd', da CLT dispõe que 'constituem justa causa para rescisão do contrato de trabalho pelo empregador: (...) d) condenação criminal do empregado, passada em julgado, caso não tenha havido suspensão da execução da pena'. Na hipótese, o Regional, com base no mencionado dispositivo celetista, reconheceu a validade da dispensa por justa causa ocorrida em 11/11/2015, em virtude de a condenação criminal

Cap. 16 – TÉRMINO DO CONTRATO DE TRABALHO

do autor ter transitado em julgado em 22/7/2015, tendo sido o reclamante preso em 2/10/2015, sem o benefício da suspensão da execução da pena. Por outro lado, a Corte de origem assentou que, embora o Juízo de Execução Penal tenha autorizado o autor a laborar externamente, a atividade laborativa desempenhada pelo obreiro é incompatível com o cumprimento da pena, visto que o autor estava submetido à jornada de trabalho em regime especial de 12x36 horas, a qual exige o trabalho em dias de domingo. Assim, sopesando que o autor estava obrigado a se apresentar no estabelecimento prisional, todo sábado, a partir das 19h, e nele permanecer até às 5h da segunda-feira, consoante determinou o Juízo das Execuções Penais, é incontroversa a impossibilidade de normal cumprimento do contrato de trabalho pelo empregado, quando na escala semanal o seu labor recaísse em dia de domingo. (...)" (AIRR – 575-96.2016.5.06.0020, Relator Ministro: José Roberto Freire Pimenta, 2ª Turma, Data de Publicação: *DEJT* 29/06/2018).

e) desídia no desempenho das respectivas funções;

Na desídia, o empregado presta seus serviços com desleixo, desatenção, desinteresse ou preguiça, de forma reiterada.

Exemplo disso ocorre quando o empregado falta muitos dias de forma injustificada:

"(...) DISPENSA POR JUSTA CAUSA. DESÍDIA COMPROVADA. (...) No caso, entendeu o Regional pela validade da dispensa do reclamante por justa causa, diante da desídia configurada em razão das diversas faltas injustificadas no decorrer do contrato de trabalho. O Tribunal de origem consignou que os cartões de ponto do obreiro indicaram suas inúmeras faltas e saídas antecipadas, bem como a prova testemunhal confirmou o comportamento proposital e desidioso do obreiro de não comparecer ao trabalho com o intuito de ser dispensado sem justa causa. Neste contexto, o Regional entendeu pela gravidade da conduta reiterada pelo autor, o que evidenciou a desídia reconhecida pelo Juízo de primeiro grau. (...)" (AIRR – 11824-76.2015.5.01.0001, Relator Ministro: José Roberto Freire Pimenta, Data de Julgamento: 04/09/2018, 2ª Turma, Data de Publicação: *DEJT* 06/09/2018).

Contudo, eventualmente, se o ato for muito grave, essa justa causa pode derivar de ato único:

"(...) DESÍDIA. JUSTA CAUSA. O Regional registrou que o aviso de despedida por justa causa contém a descrição dos fatos ensejadores da ruptura contratual, sendo irrelevante que nele não haja referência expressa à alínea 'e' do art. 482 da CLT. Nesse contexto, não há invalidade a ser declarada, na medida em que o reclamante, expressamente, teve ciência do motivo pelo qual estava sendo dispensado, tendo inclusive exercitado o seu direito de questioná-lo judicialmente. Por outro lado, é possível que, excepcionalmente, a conduta desidiosa decorra de um único ato praticado pelo empregado, caso seja grave o suficiente a inviabilizar, de imediato, a continuidade da relação de emprego, em razão da quebra da fidúcia entre as partes. Precedentes. Extrai-se do acórdão recorrido que o reclamante, na função de Programador, trabalhou na área de informática por mais de quinze anos, cujas atribuições diziam respeito 'somente às questões que envolvem o computador que recebia as imagens e a respectiva impressora', não se estendendo à operação do aparelho de ressonância magnética que captava e enviava as imagens ao seu computador. Em 23/06/2012, o autor acionou, sem autorização e por razões não esclarecidas nos autos, o botão de STOP do referido aparelho, o qual se encontrava lacrado e somente poderia ser acionado em duas únicas situações de emergência: incêndio e ameaça à vida do paciente. Nesse contexto, como bem registrou o Regional, evidencia-se que a conduta do reclamante decorreu, no mínimo, da 'displicência e da falta de atenção', bem como da inobservância das normas de segurança, em proporção capaz de romper o vínculo de confiança entre as partes, inviabilizando a manutenção da relação de emprego, razão pela qual resulta acertado o enquadramento dos fatos na disposição do art. 482, 'e', da CLT. Agravo de instrumento não provido. (...)" (ARR – 978-40.2012.5.04.0512, Relator Ministro: Breno Medeiros, 5ª Turma, Data de Publicação: *DEJT* 31/08/2018).

f) embriaguez habitual ou em serviço;

Apesar de ocorrer fora do local de trabalho, os efeitos da embriaguez habitual repercutem no trabalho executado pelo empregado. Já a embriaguez em serviço é aquela que ocorre dentro da empresa.

☞ ATENÇÃO!

Diante das recomendações da Organização Mundial de Saúde, a respeito de se enxergar e tratar o alcoolismo como doença, o TST tem decidido que cabe também ao empregador, junto com a sociedade, auxiliar na recuperação do alcoólatra, e não, simplesmente, afastá-lo. O TST tem orientado o encaminhamento do empregado ao INSS para tratamento e, se for o caso, dependendo do grau da doença e da irreversibilidade das sequelas causadas, que esse órgão possa tomar as medidas necessárias para aposentar o empregado.

☞ ATENÇÃO!

A embriaguez não se dá apenas pela ingestão de álcool, mas por qualquer substância tóxica.

Observe esse julgado:

"(...) DISPENSA DISCRIMINATÓRIA. NULIDADE. REINTEGRAÇÃO. INDENIZAÇÃO. O alcoolismo não justifica, por si só, a rescisão do contrato de trabalho. Trata-se, em verdade, de doença já catalogada no índice da Organização Mundial de Saúde, referência F.10.2, como 'transtornos mentais e comportamentais devidos ao uso de álcool – síndrome de dependência'. O empregado que sofre dessa doença deve ser encaminhado para tratamento e receber da empresa o apoio necessário para sua recuperação. Desse modo, caso comprovado que o empregado era portador da síndrome de dependência do uso do álcool, poderá ser declarada nula a dispensa efetivada pelo empregador, em virtude do caráter discriminatório da medida. (...)" (RR – 648-81.2010.5.09.0671, Relator Ministro: Cláudio Mascarenhas Brandão, 7ª Turma, Data de Publicação: *DEJT* 29/06/2018).

g) violação de segredo da empresa;[1]

Na violação do segredo da empresa, o empregado quebra a confiança nele depositada, repassando informações privilegiadas e sigilosas de que tinha conhecimento em razão da função que exercia na empresa.

Para ilustrar, leia essa aplicação prática:

"(...) RESCISÃO DO CONTRATO DE TRABALHO. DISPENSA POR JUSTA CAUSA. ARTIGO 482, ALÍNEA 'G', DA CLT. DEMONSTRAÇÃO INEQUÍVOCA DE FALTA GRAVE. VIOLAÇÃO DE SEGREDO DA EMPRESA CARACTERIZADA. (...) II – Para tanto, assentou o TRT que 'é patente que o autor publicou no seu facebook informações de cunho sigiloso, o que implica quebra de fidúcia e, portanto, atrai a incidência do disposto no artigo 482, g, da CLT'. III – Nesse passo, asseverou que 'é indene de dúvidas de que o reclamante tinha ciência de que era proibido tirar e publicar fotos do estaleiro, ainda que tenha impugnado o termo de confidencialidade, pois, todas as testemunhas ouvidas no processo confirmaram a ciência da aludida obrigação'. IV – E ponderou que 'analisado as fotos colacionadas, verifico que o reclamante não publicou uma ou duas fotos, mas dezenas de fotos dos mais diversos ângulos, onde é possível observar todo o parque industrial e processo de montagem de um navio, não precisando ser um profissional da área para deduzir que violam segredo da reclamada. (...)" (AIRR – 544-92.2015.5.17.0121, Relator Ministro: Antonio José de Barros Levenhagen, Data de Julgamento: 23/11/2016, 5ª Turma, Data de Publicação: *DEJT* 25/11/2016).

h) ato de indisciplina ou de insubordinação;

O ato de indisciplina difere do ato de insubordinação, pois enquanto este diz respeito ao descumprimento das normas/ordens específicas/individuais, aquele se refere à transgressão das normas/ordens gerais.

Ressalte-se que não será hipótese de justa causa quando a recusa do empregado refere-se a ordens ilegais ou ilegítimas. Nesse caso, o trabalhador pode exercer o que chamamos de direito de resistência.

i) abandono de emprego;

No abandono de emprego, encontramos a presença de dois elementos: as faltas injustificadas e reiteradas do empregado, bem como a clara intenção do empregado de pôr fim ao contrato de trabalho.

E quando o empregado estava afastado do trabalho recebendo benefício previdenciário e recebe alta do INSS (está apto a trabalhar), mas não volta ao serviço? Configura abandono?

---

[1]   TST, RR 152900-21.2004.5.15.0022, 1ª Turma, Rel. Min. Lelio Bentes Corrêa, *DJET* 20/05/2011.

O TST entende que, como o empregado tem o dever de retornar, a ausência injustificada de retorno por mais de 30 dias após alta faz presumir o abandono, na forma da **Súmula nº 32 do TST**:

> Súmula nº 32 do TST – Abandono de emprego (nova redação). Resolução nº 121/2003, *DJ* de 19, 20 e 21/11/2003. Presume-se o abandono de emprego se o trabalhador não retornar ao serviço no prazo de 30 (trinta) dias após a cessação do benefício previdenciário nem justificar o motivo de não o fazer.
>
> Súmula nº 62 do TST – Abandono de emprego (mantida). Resolução nº 121/2003, *DJ* de 19, 20 e 21/11/2003. O prazo de decadência do direito do empregador de ajuizar inquérito em face do empregado que incorre em abandono de emprego é contado a partir do momento em que o empregado pretendeu seu retorno ao serviço.

Em relação ao abandono de emprego, aplica-se, ainda, por analogia, o art. 474 da CLT: "A suspensão do empregado por mais de 30 (trinta) dias consecutivos importa na rescisão injusta do contrato de trabalho."

Resumindo: se a suspensão do empregado por mais de 30 dias consecutivos importa na rescisão sem justa causa do contrato de trabalho, se ele vier a faltar por mais de 30 dias consecutivos injustificadamente, o empregador poderá dispensá-lo por justa causa.

> ☞ **ATENÇÃO!**
>
> A LC nº 150/2015 (domésticos) estabeleceu o prazo de, pelo menos, 30 dias para que o abandono seja configurado. É o mesmo prazo fixado pelo TST para os demais empregados.

Existe uma exceção. Quando o trabalhador consegue outro emprego com horário de trabalho incompatível com o horário de trabalho anterior, não é necessário aguardar os 30 dias para aplicar a penalidade.

A convocação de trabalhador para retornar ao serviço muitas vezes é feita mediante correspondência física ou eletrônica, comunicação eletrônica (como no WhatsApp) e mensagens privadas em redes sociais.

No entanto, é comum ver a publicação de anúncio em jornais, mas essa forma acarreta uma polêmica sobre a validade desse método, sobretudo porque não é comum o homem médio buscar, em todas as partes do jornal, em especial em classificados, publicação em seu nome. Além disso, o jornal físico é muito caro para diversos trabalhadores, além de que a evolução da internet e dos diversos meios de comunicação reduziu a quantidade de leitores de jornais.

Assim, existem algumas decisões que não admitem a validade da convocação por publicação em jornal:

> "(...) 1. JUSTA CAUSA. ABANDONO DE EMPREGO. CONFIGURAÇÃO. MATÉRIA FÁTICA. SÚMULAS 32 E 126/TST. (...) O elemento subjetivo, que consiste na intenção de romper o contrato, desponta, às vezes, como de difícil evidenciação. A jurisprudência não tem

Cap. 16 – TÉRMINO DO CONTRATO DE TRABALHO

conferido validade a convocações por avisos publicados em órgãos de imprensa, por se tratar, na verdade, de uma espécie de notificação ficta, de raríssimo conhecimento pelo trabalhador. Mais apropriado tem sido o envio de telegrama pessoal à residência do obreiro, com aviso de recebimento, alertando-o sobre sua potencial infração e convocando-o para o imediato retorno ao serviço. (...)" (AIRR-1000660-28.2017.5.02.0445, 3ª Turma, Relator Ministro: Mauricio Godinho Delgado, *DEJT* **24/05/2019).**

Todavia, existem situações em que a única alternativa possível é a publicação por jornal, quando, então, não existe dúvida da validade:

"(...) DANOS MORAIS – PUBLICAÇÃO DE ANÚNCIO – ABANDONO DE EMPREGO. (...) A decisão recorrida consignou que a publicação consistiu em uma convocação feita pelo empregador ao empregado para que comparecesse à empresa para retornar ao trabalho ou para justificar as ausências ao serviço. Entendeu a Corte a quo que na aludida publicação não houve nenhuma menção ofensiva à honra do empregado faltoso, até porque o empregador não publicaria a comunicação em um jornal se o empregado, de fato, não estivesse se ausentando do trabalho. Nesse sentido, concluiu que a publicação constituiu exercício regular do direito potestativo do empregador de convocar o empregado ausente, quando outros meios de contato se revelam infrutíferos, como no caso do reclamante. Das circunstâncias narradas pelo Regional, notadamente quanto aos aspectos de que a 'publicação na imprensa constitui exercício regular do direito potestativo do empregador de convocar o empregado ausente, quando outros meios de contato se revelam infrutíferos' e de que não havia 'na aludida publicação qualquer menção ofensiva à honra do empregado faltoso', não representam vulneração aos arts. 1º, III, e 5º, V e X, da CF e 186 e 927 do CCB. A publicação, conforme consta, resultou como o último meio de que dispunha a empresa para requerer a presença do empregado, a fim de dissolver o pacto, diante das anteriores tentativas, que não lograram êxito. Note-se, ademais, que o reclamante, ao que emerge da decisão, impossibilitou todas as tentativas de contato feitas pela empresa, a fim de oficializar a ruptura do pacto, vindo, depois, em juízo, postular a indenização por dano moral por publicação de edital para comparecimento ao trabalho, único meio que restou para que se pudesse dar-lhe ciência da convocação. É dizer, dá causa ao ato da empresa, para depois imputar-lhe a pecha de ofensivo a sua honra. No mínimo, a atitude beira à litigância de má-fé. Por todos os prismas que se observe a decisão, não se vislumbra o dano à honra, à vida privada ou à imagem do reclamante, restando incólumes os comandos da CF e da lei elencados pela parte como vulnerados. Recurso de revista não conhecido. (...) (RR – 33-48.2011.5.04.0331, Relator Ministro: Alexandre de Souza Agra Belmonte, Data de Julgamento: 05/10/2016, 3ª Turma, Data de Publicação: *DEJT* 07/10/2016).

j) ato lesivo da honra ou da boa fama praticado no serviço contra qualquer pessoa, ou ofensas físicas, nas mesmas condições, salvo em caso de legítima defesa, própria ou de outrem;

☞ **ATENÇÃO!**

O ato tem que ser praticado no serviço, contra qualquer pessoa. Assim, se o empregado atacar um colega ou um cliente do empregador no trabalho, isso pode gerar justa causa.

Veja um exemplo prático de ato lesivo da honra:

"(...) 1. DISPENSA POR JUSTA CAUSA. DIVULGAÇÃO DE FOTOS ÍNTIMAS DE COLEGA DE TRABALHO POR MEIO DE CELULAR. (...) Consignou a E. Corte de origem que o demandante, após pedir emprestado o celular de sua colega de trabalho, a fim de copiar algumas músicas nele contidas, também transferiu fotos íntimas para seu próprio aparelho móvel e as divulgou para um outro colega de trabalho. Postas tais premissas fáticas, concluiu o E. Regional que o empregado praticou ato lesivo da honra e da boa fama de sua colega de trabalho, nos exatos moldes do artigo 482, -j-, da CLT, o qual torna insustentável a manutenção do pacto laboral e enseja a dispensa por justa causa. (...)" (AIRR – 24400-11.2013.5.21.0003, Relatora Desembargadora Convocada: Jane Granzoto Torres da Silva, Data de Julgamento: 08/10/2014, 8ª Turma, Data de Publicação: DEJT 10/10/2014).

k) ato lesivo da honra ou da boa fama ou ofensas físicas praticadas contra o empregador e superiores hierárquicos, salvo em caso de legítima defesa, própria ou de outrem;

Nessa hipótese, estamos diante da figura do empregador ou do superior hierárquico. O ato ofensivo contra eles não pode ser praticado em lugar algum (dentro ou fora do serviço).

l) prática constante de jogos de azar.

Para que seja configurada a falta grave por essa hipótese, é necessário que a conduta repercuta no ambiente de trabalho. A prática eventual de jogos de azar pelo empregado não dará ensejo à justa causa.

m) perda da habilitação ou dos requisitos estabelecidos em lei para o exercício da profissão, em decorrência de conduta dolosa do empregado.

A Reforma Trabalhista introduzida no nosso ordenamento pela Lei nº 13.467/2017 incluiu uma nova hipótese de justa causa para permitir que empregado que perdeu a habilitação profissional, que é requisito imprescindível para o exercício de suas funções, possa ser demitido por justa causa.

Exemplo: um médico que teve o seu registro profissional cassado ou um motorista que perdeu a sua habilitação para conduzir veículo.

Parágrafo único. Constitui igualmente justa causa para dispensa de empregado a prática, devidamente comprovada em inquérito administrativo, de atos atentatórios à segurança nacional.

A conduta mencionada no parágrafo único do art. 482 da CLT foi utilizada durante o regime militar. Essa hipótese não foi recepcionada pela CF/1988.

A Reforma Trabalhista perdeu a oportunidade de sepultar definitivamente a redação desse dispositivo.

Cap. 16 – TÉRMINO DO CONTRATO DE TRABALHO

16.2.1.3. Outras hipóteses de falta grave

- Declaração falsa ou uso indevido do vale-transporte:

Art. 7º do Decreto nº 95.247/1987. Para o exercício do direito de receber o Vale-Transporte o empregado informará ao empregador, por escrito:

I – seu endereço residencial;

II – os serviços e meios de transporte mais adequados ao seu deslocamento residência-trabalho e vice-versa. (...)

§ 3º A declaração falsa ou o uso indevido do Vale-Transporte constituem falta grave.

- Das normas segurança e medicina do trabalho:

Art. 158, parágrafo único, da CLT. Constitui ato faltoso do empregado a recusa injustificada:

a) à observância das instruções expedidas pelo empregador na forma do item II do artigo anterior;

b) ao uso dos equipamentos de proteção individual fornecidos pela empresa.

- Do motorista profissional:

Art. 235-B da CLT. São deveres do motorista profissional empregado:

(...)

VII – submeter-se a exames toxicológicos com janela de detecção mínima de 90 (noventa) dias e a programa de controle de uso de droga e de bebida alcoólica, instituído pelo empregador, com sua ampla ciência, pelo menos uma vez a cada 2 (dois) anos e 6 (seis) meses, podendo ser utilizado para esse fim o exame obrigatório previsto na Lei nº 9.503, de 23 de setembro de 1997 – Código de Trânsito Brasileiro, desde que realizado nos últimos 60 (sessenta) dias.

Parágrafo único. A recusa do empregado em submeter-se ao teste ou ao programa de controle de uso de droga e de bebida alcoólica previstos no inciso VII será considerada infração disciplinar, passível de penalização nos termos da lei.

- Do ferroviário:

Art. 240 da CLT. Nos casos de urgência ou de acidente, capazes de afetar a segurança ou regularidade do serviço, poderá a duração do trabalho ser excepcionalmente elevada a qualquer número de horas, incumbindo à Estrada zelar pela incolumidade dos seus empregados e pela possibilidade de revezamento de turmas, assegurando ao pessoal um repouso correspondente e comunicando a ocorrência ao Ministério do Trabalho, Indústria e Comércio, dentro de 10 (dez) dias da sua verificação.

Parágrafo único. Nos casos previstos neste artigo, a recusa, sem causa justificada, por parte de qualquer empregado, à execução de serviço extraordinário será considerada falta grave.

- Aprendiz:

Art. 433 da CLT. O contrato de aprendizagem extinguir-se-á no seu termo ou quando o aprendiz completar 24 (vinte e quatro) anos, ressalvada a hipótese prevista no § 5º do art. 428 desta Consolidação, ou ainda antecipadamente nas seguintes hipóteses:

I – desempenho insuficiente ou inadaptação do aprendiz, salvo para o aprendiz com deficiência quando desprovido de recursos de acessibilidade, de tecnologias assistivas e de apoio necessário ao desempenho de suas atividades;

II – falta disciplinar grave;

III – ausência injustificada à escola que implique perda do ano letivo; ou

IV – a pedido do aprendiz.

Por fim, destacamos que a conduta grave praticada pelo empregado não poderá constar da CTPS, pois dificultaria, e muito, a obtenção de novo emprego.

Dano moral. Configuração. Retificação de registro na Carteira de Trabalho e Previdência Social. Inclusão da informação de que se trata de cumprimento de decisão judicial. Configura lesão moral a referência, na Carteira de Trabalho e Previdência Social do empregado, de que algum registro ali constante decorreu de determinação judicial, constituindo anotação desnecessária e desabonadora, nos termos do art. 29, § 4º, da CLT. Tal registro dificulta a obtenção de novo emprego e acarreta ofensa a direito da personalidade do trabalhador. Sob esse fundamento, a SBDI-1, à unanimidade, não conheceu do recurso de embargos da reclamada, com ressalva de entendimento dos Ministros Antonio José de Barros Levenhagen, João Oreste Dalazen, Ives Gandra Martins Filho, Renato de Lacerda Paiva e Guilherme Augusto *Caputo* Bastos. TST-EEDRR-148100-34.2009.5.03.0110, SBDII, rel. Min. Hugo Carlos Scheuermann, 18/06/2015 (Informativo nº 111 do TST).

Outro ponto interessante refere-se à **reversão da justa causa**. Se a justa causa for afastada pelo juiz, haveria dano moral?

O TST entende que a simples reversão não gera dano moral, exceto se comprovada uma conduta abusiva do empregador (ex.: quando sabia que toda a acusação era falsa):

"(...) 5 – INDENIZAÇÃO POR DANO MORAL E MATERIAL. JUSTA CAUSA. REVERSÃO EM JUÍZO. A jurisprudência desta Corte é no sentido de que a reversão da justa causa em juízo, por si só, não enseja indenização por dano moral e material, a qual somente é devida se comprovada conduta abusiva do empregador, o que não é possível extrair das premissas fáticas trazidas no acórdão recorrido (Súmula 126 do TST). Precedentes. Recurso de revista não conhecido. (...)" (RR – 189000-67.2008.5.15.0140, Relatora Ministra: Delaíde Miranda Arantes, Data de Julgamento: 24/04/2019, 2ª Turma, Data de Publicação: *DEJT* 26/04/2019).

Porém, existe uma exceção: a justa causa por improbidade. É que o ato imputado ao trabalhador é tão grave que muitas vezes a conduta apontada como

Cap. 16 – TÉRMINO DO CONTRATO DE TRABALHO

de autoria do trabalhador tangencia a esfera penal. Isso agride profundamente, se a acusação for falsa, a autoestima, a dignidade e a honra. Como consequência, existe direito à indenização. Observe essa ementa:

> "(...) REPARAÇÃO. DANO MORAL. DISPENSA POR JUSTA CAUSA. ATO DE IMPROBIDADE. REVERSÃO EM JUÍZO. DEVIDO. PROVIMENTO. A SBDI-1 desta egrégia Corte Superior tem o posicionamento de que a reversão em juízo da dispensa por justa causa não enseja, por si só, o direito à percepção de reparação por dano moral, porquanto necessária a comprovação de ofensa à honra e à imagem do empregado. Diferentemente, contudo, entende esta Subseção se a justa causa tem por fundamento o cometimento de suposto ato de improbidade, situação em que o dano se configura *in re ipsa*. Precedentes. (...)" (E-ED-RR – 143700-80.2009.5.12.0027, Relator Ministro: Guilherme Augusto *Caputo* Bastos, Data de Julgamento: 21/03/2019, Subseção I Especializada em Dissídios Individuais, Data de Publicação: *DEJT* 29/03/2019).

16.2.2. Rescisão indireta

Sempre que o empregador deixar de cumprir com seus deveres/obrigações previstos no contrato de trabalho ou em lei, poderá o empregado pleitear a rescisão indireta do contrato. O justo motivo ensejador da ruptura contratual, nesse caso, é cometido pelo empregador.

Nessa hipótese, o empregado fará jus aos mesmos direitos que teria se fosse dispensado sem justa causa, com uma diferença: **o aviso-prévio será sempre indenizado**, porque não se poderia exigir que o trabalhador continuasse normalmente laborando durante o aviso-prévio depois de ter sido reconhecida a irregularidade grave praticada pelo empregador.

Aqui também incide **o princípio da gravidade** ou da **proporcionalidade**, de maneira que apenas as condutas patronais graves justificam a aplicação dessa modalidade de extinção.

Entretanto, note que o **princípio da imediatidade** ou **imediaticidade** é bastante flexibilizado. Isso ocorre devido ao fato de que, na rescisão indireta, muitas vezes o trabalhador suporta graves infrações patronais durante muito tempo para manter a sua fonte de sustento. Logo, não se exige que o trabalhador promova a rescisão indireta de forma contemporânea à ciência do ilícito. Veja julgados do TST sobre o tema:

> "(...) 6. RESCISÃO INDIRETA DO CONTRATO DE TRABALHO. NÃO CONFIGURAÇÃO DOS DESCUMPRIMENTOS CONTRATUAIS ALEGADOS. DESNECESSIDADE DE CARACTERIZAÇÃO DA IMEDIATIDADE. (...) II. Prevalece nesta Corte Superior o entendimento de que a ausência de imediatidade no pedido da rescisão indireta do contrato de trabalho não constitui fato impeditivo à sua concessão. Isso não somente em vista da hipossuficiência do trabalhador na relação contratual, mas igualmente porque a configuração da falta grave se dá justamente por intermédio da reiteração do comportamento irregular do empregador. Precedentes. (...)" (RR-13900-04.2012.5.17.0011, 7ª Turma, Relator Ministro: Evandro Pereira Valadão Lopes, *DEJT* 25/09/2020).

"(...) RESCISÃO INDIRETA. IRREGULARIDADES. REDUÇÃO DA CARGA HORÁRIA. ATRASOS SALARIAIS. AUSÊNCIA DE RECOLHIMENTO DO FGTS. RELATIVIZAÇÃO DO PRINCÍPIO DA IMEDIATIDADE. (...) Esta Corte Superior tem reiteradamente decidido que a ausência ou irregularidades no recolhimento dos depósitos fundiários configura falta grave enquadrada na hipótese do artigo 483, alínea 'd', da CLT, apta a ensejar o reconhecimento da rescisão indireta do contrato de trabalho. Precedentes. Acresça-se que a jurisprudência do Tribunal Superior do Trabalho tem se posicionado pela possibilidade da relativização da aplicação do 'princípio da imediatidade', quanto à rescisão indireta. Nesse contexto, diante do quadro fático exposto no acórdão regional, quanto às diversas irregularidades praticadas pela reclamada, resta caracterizada a rescisão indireta. Recurso de revista conhecido e provido." (RRAg-1348-09.2010.5.09.0008, 5ª Turma, Relator Ministro: Breno Medeiros, *DEJT* 11/09/2020).

As hipóteses de rescisão indireta também estão na lei, atraindo o **princípio da legalidade ou da reserva legal**. O principal preceito é o art. 483 da CLT:

> Art. 483 da CLT. O empregado poderá considerar rescindido o contrato e pleitear a devida indenização quando:
>
> a) forem exigidos serviços superiores às suas forças, defesos por lei, contrários aos bons costumes, ou alheios ao contrato;

O emprego de força muscular está limitado, nos termos do art. 198 da CLT, a 60 kg. No caso da mulher e do menor de 18 anos, o limite é reduzido para 20 kg, em trabalho contínuo, e 25 kg, em trabalho ocasional.

> Art. 198. É de 60 kg (sessenta quilogramas) o peso máximo que um empregado pode remover individualmente, ressalvadas as disposições especiais relativas ao trabalho do menor e da mulher.
>
> Parágrafo único. Não está compreendida na proibição deste artigo a remoção de material feita por impulsão ou tração de vagonetes sobre trilhos, carros de mão ou quaisquer outros aparelhos mecânicos, podendo o Ministério do Trabalho, em tais casos, fixar limites diversos, que evitem sejam exigidos do empregado serviços superiores às suas forças.
>
> Art. 390. Ao empregador é vedado empregar a mulher em serviço que demande o emprego de força muscular superior a 20 (vinte) quilos para o trabalho contínuo, ou 25 (vinte e cinco) quilos para o trabalho ocasional.
>
> Parágrafo único. Não está compreendida na determinação deste artigo a remoção de material feita por impulsão ou tração de vagonetes sobre trilhos, de carros de mão ou quaisquer aparelhos mecânicos.

☞ ATENÇÃO!

A exigência não se limita apenas à força física, como também à exigência de trabalhos intelectuais superiores às forças do empregado.

Cap. 16 – TÉRMINO DO CONTRATO DE TRABALHO

"RECURSO DE REVISTA DA EMPREGADORA. RESCISÃO INDIRETA. CONFIGURAÇÃO. O TRT concluiu, com fulcro no depoimento da única testemunha ouvida nos autos, que houve exigência de trabalhos superiores às forças do empregado, em função da redução gradativa de sua equipe, de quinze para sete subordinados, de modo que restou configurada a hipótese autorizadora da resilição contratual por culpa do empregador, em consonância com o disposto no artigo 483, "*a*", da CLT. (...)" (RR – 68500-87.2012.5.17.0006, Relator Ministro: Alexandre de Souza Agra Belmonte, Data de Julgamento: 04/10/2017, 3ª Turma, Data de Publicação: *DEJT* 06/10/2017).

Serviços defesos por lei são aqueles proibidos, ou seja, ilícitos. Suponha, por exemplo, que o empregador esteja exigindo que o empregado do RH participe de um crime de fraude. O empregado poderia pedir rescisão indireta.

Observe um exemplo de rescisão indireta baseada em serviços defesos por lei:

"(...) RESCISÃO INDIRETA. O Regional deixou expressamente registrado que ficou configurada a rescisão indireta, em face da comprovação nos autos de que a reclamada exigia 'do autor a prestação de serviços defesos por lei', mormente porque se constatou, 'através das informações prestadas pelas testemunhas inquiridas, fls. 168/170, que mesmo antes da admissão do reclamante já pairava no seio do estabelecimento filial no qual trabalhava o mesmo, um certo descontrole quanto ao estoque de medicamento controlado' e 'que o gerente pedia aos empregados, inclusive ao reclamante, para que fizessem o acerto do estoque, através de inscrição fictícia de quantidade de medicamento controlado na documentação inerente à espécie, de maneira a obter uma equivalência meramente formal entre o estoque físico e o estoque especificado no sistema'. (...)" (RR–1286-20.2010.5.07.0009, Relatora Ministra: Kátia Magalhães Arruda, Data de Julgamento: 09/09/2015, 6ª Turma, Data de Publicação: *DEJT* 11/09/2015).

Exigir serviços alheios ao contrato significa trabalho diverso do contratado. Exemplo disso é o **desvio de função**.

b) for tratado pelo empregador ou por seus superiores hierárquicos com rigor excessivo;

Um exemplo para essa hipótese é o assédio moral, que ocorre, geralmente, quando o empregador ultrapassa os limites do seu poder diretivo, provocando um terror psicológico no obreiro.

"(...) RESCISÃO INDIRETA DO CONTRATO. Na hipótese, o quadro fático delineado pela decisão recorrida demonstra que a reclamante foi vítima de atos praticados pelo preposto do empregador que, em tese, podem ser enquadrados como assédio moral (rigor excessivo, perseguições e/ou humilhações), tal ato faltoso justifica a rescisão indireta, pois é de natureza grave o bastante a ponto de impossibilitar à empregada a continuação da prestação de seus serviços. Recurso de revista não conhecido. (...)" (RR – 491-64.2012.5.04.0611, Relatora Ministra: Maria Helena Mallmann, Data de Julgamento: 27/09/2017, 2ª Turma, Data de Publicação: *DEJT* 06/10/2017).

c) correr perigo manifesto de mal considerável;

O trabalho em condições perigosas não é um fato gerador para configurar a rescisão indireta. Contudo, caso o empregador não forneça os equipamentos de proteção, colocando o empregado em condições de risco, este poderá pleitear a despedida indireta.

Veja um julgado envolvendo outro exemplo:

"RECURSO DE REVISTA. CONTRATO DE EMPREGO. RESCISÃO INDIRETA. EMPREGADA PORTADORA DE DOENÇA RENAL. USO DO BANHEIRO. LIMITAÇÃO. PERIGO MANIFESTO DE MAL CONSIDERÁVEL 1. Tipifica justa causa patronal a limitação em 15 minutos para o uso do toalete, em pausas diluídas em períodos de 2 ou 5 minutos no decorrer da jornada, ante o perigo manifesto de mal considerável à saúde da empregada portadora de doença renal, mormente quando ciente da necessidade de maior ingestão de líquidos e consequente utilização do banheiro com maior frequência. (...)" (RR – 2120-18.2011.5.03.0003, Relator Ministro: João Oreste Dalazen, Data de Julgamento: 25/09/2013, 4ª Turma, Data de Publicação: DEJT 04/10/2013).

Contudo, existem atividades cuja exposição ao risco é inerente à sua atividade, não havendo descumprimento de obrigações pelo empregador, afastando a rescisão indireta:

"(...) AGENTE DE DISCIPLINA. UNIDADE PRISIONAL. PRETENSÃO DE RESCISÃO INDIRETA DO CONTRATO DE TRABALHO. CONTATO COM AGENTES BIOLÓGICOS. ATRIBUIÇÕES COMPATÍVEIS COM O CARGO DESEMPENHADO. PERIGO MANIFESTO DE MAL CONSIDE-RÁVEL NÃO CARACTERIZADO. 1. Trata-se de pretensão ao reconhecimento da rescisão indireta do contrato de trabalho pautado na alínea 'c' do art. 483 da CLT (perigo manifesto de mal considerável), decorrente da exposição do trabalhador ao contato direto com presos portadores de doenças infectocontagiosas sem a proteção adequada. (...) 5. Nada obstante, no caso presente, a conduta narrada não caracteriza infração apta a autorizar a rescisão indireta. Isso porque as atribuições do reclamante, descritas pelo Tribunal Regional, são compatíveis com o cargo desempenhado, de maneira que a eventual exposição do trabalhador a presos portadores de doenças infectocontagiosas e seus pertences não decorre de descumprimento pelo empregador de suas obrigações contratuais. Portanto, a despeito de não prosperarem os fundamentos adotados pelo Tribunal Regional, quanto à imediatidade e à obtenção de novo emprego, não se constata haver violação do art. 483 da CLT. (...)" (RR – 32400-24.2009.5.17.0141, Relator Ministro: Hugo Carlos Scheuermann, 1ª Turma, Data de Publicação: DEJT 05/10/2018).

d) não cumprir o empregador as obrigações do contrato;

A principal obrigação do empregador é pagar os salários. Caso não o faça, poderá o trabalhador ajuizar uma reclamação trabalhista, postulando a rescisão indireta do contrato de trabalho. Há outras obrigações acessórias, como o FGTS, INSS etc.

Cumpre salientar que o pagamento dos salários atrasados, em audiência, não afasta a rescisão indireta.

Cap. 16 – TÉRMINO DO CONTRATO DE TRABALHO

Súmula nº 13 do TST – Mora (mantida). Resolução nº 121/2003, *DJ* de 19, 20 e 21/11/2003. O só pagamento dos salários atrasados em audiência não ilide a mora capaz de determinar a rescisão do contrato de trabalho.

Aproveitando esse ponto da matéria, vamos lembrar o conceito de débito salarial e mora contumaz.

Quanto ao atraso no pagamento de salários, existe uma corrente que defende que somente pode haver a rescisão indireta quando o atraso atinge 3 (três) meses. Essa linha sustenta sua tese no art. 2º, § 1º, do Decreto-lei nº 368/68:

> Art. 1º, parágrafo único, do Decreto-lei nº 368/1968. Considera-se em débito salarial a empresa que não paga, no prazo e nas condições da lei ou do contrato, o salário devido a seus empregados.
>
> Art. 2º, § 1º, do Decreto-lei nº 368/1968. Considera-se mora contumaz o atraso ou sonegação de salários devidos aos empregados, por período igual ou superior a 3 (três) meses, sem motivo grave e relevante, excluídas as causas pertinentes ao risco do empreendimento.

Ocorre que esse entendimento nos parece equivocado, porquanto não faz sentido o trabalhador ser obrigado a aguardar três meses sem receber seu crédito, que, reitere-se, possui natureza alimentar.

Ademais, quando empregado não cumpre sua principal obrigação, qual seja a prestação de serviços, basta faltar de forma injustificada por mais de 30 dias para que haja abandono de emprego. Logo, por uma questão de isonomia, não se deve aguardar até três meses de uma mora do empregador em relação a sua principal obrigação, isto é, pagar salário.

> "(...) INDENIZAÇÃO POR DANOS MORAIS – ATRASO NO PAGAMENTO DE SALÁRIOS (...) 2 – Na jurisprudência desta Corte Superior, adota-se o entendimento de que é devida a indenização por danos morais na hipótese do atraso reiterado de salários, o que é o caso dos autos. Julgados. 3 – A Sexta Turma do TST já decidiu que não é preciso que o atraso seja de 90 dias para que se defira indenização por danos morais: Não é necessário que o atraso no pagamento dos salários se dê por período igual ou superior a três meses, para que se configure a mora salarial justificadora da rescisão indireta do contrato de trabalho. O Decreto-lei n. 368/68 diz respeito apenas aos efeitos administrativos e fiscais em desfavor da empresa com débitos salariais com seus empregados, de modo que o prazo amplo de três meses para a incidência das restrições nele previstas se justifica, nesse aspecto, a fim de viabilizar a reorganização da empresa e a quitação de suas dívidas. (..) quando, no entanto, entra-se na seara do Direito do Trabalho, o prazo de três meses previsto no § 1º do artigo 2º da referida lei é extremamente longo, na medida em que o salário tem natureza reconhecidamente alimentar. Assim, não é justificável que um empregado tenha que aguardar pacificamente mais de noventa dias para receber a contraprestação pecuniária pelo trabalho já prestado. (...)" (RR – 1521-61.2015.5.23.0107, Relatora Ministra: Kátia Magalhães Arruda, Data de Julgamento: 22/11/2017, 6ª Turma, Data de Publicação: *DEJT* 24/11/2017).

Registre-se que a ausência ou a irregularidade de depósitos do FGTS é motivo bastante comum para o enquadramento da conduta do empregador nesse preceito:

"(...) RESCISÃO INDIRETA. IRREGULARIDADES NO RECOLHIMENTO DO FGTS. A jurisprudência desta Corte Superior é no sentido de que a ausência de recolhimento dos depósitos do FGTS, ou seu recolhimento irregular, configura ato faltoso do empregador suficientemente grave para ensejar a rescisão indireta do contrato de trabalho, nos termos da alínea 'd' do art. 483 da CLT. Precedentes. Recurso de revista conhecido e provido." (RR-1122-49.2012.5.23.0006, 2ª Turma, Relatora Ministra: Maria Helena Mallmann, *DEJT* 31/05/2019).

No que tange à ausência de anotação da carteira de trabalho, a posição majoritária entende que essa falha basta para a rescisão indireta:

"(...) RESCISÃO INDIRETA. AUSÊNCIA DE ANOTAÇÃO DA CTPS. (...) A jurisprudência do Tribunal Superior do Trabalho consolidou o entendimento de que a ausência de anotação na CTPS do empregado justifica o reconhecimento da rescisão indireta do contrato de emprego, nos termos do art. 483, d, da CLT, ainda que reconhecido o vínculo empregatício somente em juízo. (...)" (ARR-852-38.2015.5.09.0126, 6ª Turma, Relator Ministro: Augusto Cesar Leite de Carvalho, *DEJT* 08/11/2019).

e) praticar o empregador ou seus prepostos, contra ele ou pessoas de sua família, ato lesivo da honra e boa fama;

A conduta aqui tipificada refere-se à honra e boa fama do empregado e/ou de sua família.

Destacam-se os atos que configuram injúria, calúnia e difamação.

☞ ATENÇÃO!

Não é necessário que ocorra a condenação criminal para configuração da falta.

O empregador não pode violar o direito fundamental à honra, à imagem e à dignidade do trabalhador. Veja um julgado prático:

"(...) RESCISÃO INDIRETA DO CONTRATO DE EMPREGO. REITERADA PRÁTICA PELO EMPREGADOR DE ATO LESIVO À HONRA DO EMPREGADO. PERDÃO TÁCITO. 1. A reiterada prática pela empresa de ato lesivo à honra do empregado, consubstanciado na submissão do obreiro a xingamentos proferidos por seu superior hierárquico, dá ensejo à rescisão indireta do contrato de emprego, prevista no artigo 483, alínea *e*, da Consolidação das Leis do Trabalho. (...)" (AIRR – 154640-95.2006.5.06.0021, Relator Ministro: Lelio Bentes Corrêa, Data de Julgamento: 17/12/2014, 1ª Turma, Data de Publicação: *DEJT* 27/02/2015).

f) o empregador ou seus prepostos ofenderem-no fisicamente, salvo em caso de legítima defesa, própria ou de outrem;

Os atos aqui mencionados são ofensas físicas (não incluindo as pessoas da família do empregado).

> ☞ **ATENÇÃO!**
> Assim como na conduta tipificada na alínea *e*, não se exige condenação criminal.

g) o empregador reduzir o seu trabalho, sendo este por peça ou tarefa, de forma a afetar sensivelmente a importância dos salários;

Estamos diante de uma hipótese de redução indireta do salário. A redução de trabalho reduzirá o salário, pois o trabalho por peça ou tarefa depende do fornecimento de meios necessários para produção.

Em relação à alínea *g*, mencionamos a OJ nº 244 da SDI-I do TST:

> OJ nº 244 da SDI-I do TST – Professor. Redução da carga horária. Possibilidade (inserida em 20/06/2001). A redução da carga horária do professor, em virtude da diminuição do número de alunos, não constitui alteração contratual, uma vez que não implica redução do valor da hora-aula.

A menção aos salários é exemplificativa, porquanto a renda do trabalhador é o foco da preocupação, mesmo que se trate de parcela de natureza civil. Veja um exemplo:

> RECURSO DE REVISTA. (...) RESCISÃO INDIRETA. DECISÃO DA RECLAMADA DE ALTERAR O NOME DO PROGRAMA APRESENTADO PELO RECLAMANTE QUE PROVOCOU A REDUÇÃO DO NÚMERO DE ANUNCIANTES. ALEGAÇÃO DE QUE O ARTIGO 483, -G-, DA CLT SERIA INAPLICÁVEL PORQUE OS PREJUÍZOS SOFRIDOS PELO RECLAMANTE SÃO DE NATURE-ZA CIVIL, E NÃO SALARIAL. IMPROCEDÊNCIA. Dispõe o artigo 483, -*g*-, da CLT que o empregado poderá considerar rescindido o contrato e pleitear a devida indenização quando (...) o empregador reduzir o seu trabalho, sendo este por peça ou tarefa, de forma a afetar sensivelmente a importância dos salários. Ora, de uma superficial leitura desse dispositivo, infere-se que a conduta nele prevista como apta a ensejar a rescisão indireta é a mera redução do trabalho do empregado por ato do empregador, do que se conclui que a alusão à redução dos salários é mero consectário daquele ato, e não elemento essencial do tipo. Nesse contexto, e considerando-se que os prejuízos experi-mentados pelo Reclamante correspondem precisamente à redução de trabalho porque afastados anunciantes, bem como que aqueles prejuízos decorreram de ato praticado pela Reclamada – sem qualquer motivação plausível –, segundo o e. TRT da 2ª Região, correta a conclusão de estar caracterizada a falta grave tipificada no artigo 483,-*g*-, da CLT, independentemente de os prejuízos afetarem uma verba de natureza civil, e não salários no sentido estrito. Recurso de revista não conhecido. Conclusão: Recurso de revista parcialmente conhecido e provido. (RR – 161800-62.2005.5.02.0040, Relator Ministro: Mauricio Godinho Delgado, Data de Julgamento: 27/06/2012, 3ª Turma, Data de Publicação: *DEJT* 05/10/2012).

Existem outras hipóteses de rescisão indireta fora do art. 483 da CLT. O rol do art. 483 da CLT é **meramente exemplificativo**.

Observe, a título ilustrativo, o disposto no art. 407 da CLT:

Art. 407. Verificado pela autoridade competente que o trabalho executado pelo menor é prejudicial à sua saúde, ao seu desenvolvimento físico ou a sua moralidade, poderá ela obrigá-lo a abandonar o serviço, devendo a respectiva empresa, quando for o caso, proporcionar ao menor todas as facilidades para mudar de funções.

Parágrafo único. Quando a empresa não tomar as medidas possíveis e recomendadas pela autoridade competente para que o menor mude de função, configurar-se-á a rescisão do contrato de trabalho, na forma do art. 483.

Como se nota, se o menor trabalhador estiver em função prejudicial à sua saúde e o empregador não adotar medidas para mudá-lo de função, haverá motivo para rescisão indireta, conforme referência indicada no parágrafo único do artigo transcrito.

Outros pontos são relevantes. Quando o trabalhador necessita cumprir uma obrigação legal que não é compatível com a prestação de serviços, pode o empregado optar entre suspender a prestação de serviços para cumprir, por óbvio, o dever legal, ou pedir a rescisão do contrato:

§ 1º O empregado poderá suspender a prestação dos serviços ou rescindir o contrato, quando tiver de desempenhar obrigações legais, incompatíveis com a continuação do serviço;

☞ ATENÇÃO!

O § 1º previu uma situação especial, qual seja, a possibilidade de o empregado optar entre rescindir ou suspender o contrato de trabalho quando tiver de desempenhar obrigações legais, incompatíveis com a continuação da prestação de seus serviços. Essa opção constitui um direito potestativo do empregado; ao empregador restará, tão somente, o direito de exigir a comprovação dos motivos por ele alegados.

Exemplo: Vinícius foi convocado para prestação do serviço militar obrigatório. Como já estudamos em capítulo próprio, na hipótese apresentada o pacto laboral ficará suspenso. Porém, se Vinícius, convocado, não quiser continuar com o vínculo empregatício, poderá pleitear a rescisão indireta do contrato.

☞ ATENÇÃO!

Também aplicaremos essa hipótese quando o empregado for eleito para cumprir mandato de deputado, senador, prefeito etc.

Veja bem, esse dispositivo não traduz um ato faltoso cometido pelo empregado como os elencados nas alíneas acima. Portanto, caso o empregado opte pela rescisão do contrato de trabalho nesse caso, fará jus às mesmas verbas a que teria direito se tivesse pedido demissão, e não precisará conceder o aviso-prévio ao empregador.

Quando se trata de empregador empresa individual, considerando a maior proximidade entre o trabalhador e o titular da pessoa jurídica, no caso de eventual morte do titular, o legislador decidiu conceder uma **faculdade ao empregado de dar o contrato por rescindido**:

§ 2º No caso de morte do empregador constituído em empresa individual, é facultado ao empregado rescindir o contrato de trabalho;

No § 2º, apesar de o empregador constituído em empresa individual ter morrido, a empresa continuou a existir. Nesse caso, poderá o empregado optar por dar continuidade ao seu contrato de trabalho ou por rescindi-lo. Se optar pela rescisão, o empregado fará jus às mesmas verbas a que teria direito se tivesse pedido demissão, e não precisará conceder o aviso-prévio ao empregador.

Existe uma questão interessante: precisa o trabalhador se afastar do emprego para ajuizar uma ação pedindo na Justiça rescisão indireta ou pode continuar trabalhando enquanto tramita referida ação?

O art. 483, § 3º da CLT esclarece a faculdade do trabalhador de se afastar:

§ 3º Nas hipóteses das letras *d* e *g*, poderá o empregado pleitear a rescisão de seu contrato de trabalho e o pagamento das respectivas indenizações, permanecendo ou não no serviço até final decisão do processo.

> ☞ **ATENÇÃO!**
>
> Se ocorrer uma das condutas tipificadas no art. 483 da CLT, restará configurada a falta grave praticada pelo empregador (rescisão indireta). No entanto, existem duas situações previstas no parágrafo acima que possibilitam que o trabalhador permaneça prestando serviços até que seja declarada judicialmente a rescisão indireta:
>
> quando o empregador descumprir as obrigações contratuais;
>
> quando houver redução do trabalho por peça ou tarefa.

Nas demais hipóteses, o empregado será obrigado a se afastar do emprego e ajuizar a reclamatória para que o Poder Judiciário Trabalhista confirme a falta praticada pelo empregador.

"RECURSO DE REVISTA. 1. PEDIDO DE RESCISÃO INDIRETA AJUIZADO EM AÇÃO ANTERIOR. RECUSA INJUSTIFICADA DO EMPREGADOR EM ADMITIR A CONTINUAÇÃO DA RELAÇÃO DE EMPREGO NO CURSO DA RECLAMAÇÃO TRABALHISTA. ART. 483, § 3º, DA CLT. DESISTÊNCIA DA AÇÃO PRETÉRITA E AJUIZAMENTO DE NOVA DEMANDA PLEITEANDO RESCISÃO DIRETA POR JUSTA CAUSA DO EMPREGADOR. A interpretação conferida pelo Regional ao preceito do art. 483, § 3º, da CLT, no sentido de que o direito à permanência no emprego não se adstringe às alíneas 'd' e 'g' do preceito consolidado, revela-se consentânea com o princípio protetivo do trabalhador e os direitos constitucionais de petição e de ação (art. 5º, XXXIV e XXXV, da Constituição Federal), não sendo razoável concluir que há incompatibilidade incontornável na continuação da relação de emprego pelo só fato do ajuizamento de reclamação trabalhista com fundamento em existência de justa causa para a rescisão indireta, até porque o próprio legislador, atento a essa realidade, declarou o direito à permanência no emprego até decisão final, exatamente por ser mais vantajoso ao obreiro, a seu critério, a manutenção do vínculo, evitando-se que a eventual improcedência do pleito judicial de rescisão indireta converta-se automaticamente em pedido de demissão. Não conhecido. (...)" (RR – 1578-12.2012.5.03.0020, Relator Ministro: Emmanoel Pereira, Data de Julgamento: 24/06/2015, 5ª Turma, Data de Publicação: *DEJT* 01/07/2015).

"(...) RESCISÃO INDIRETA. ARTIGO 483, § 3º, DA CONSOLIDAÇÃO DAS LEIS DO TRABALHO. Conforme se depreende do artigo 483, § 3º, da Consolidação das Leis do Trabalho, é facultado ao empregado que pleiteia em juízo a rescisão indireta do contrato de emprego, nas hipóteses das infrações previstas nas alíneas d e g do referido preceito de lei, permanecer ou afastar-se do serviço. Tais alíneas referem-se às infrações mais brandas entre aquelas elencadas no dispositivo consolidado, constituindo-se nas menos gravosas em relação à pessoa do empregado. Conclui-se, assim, que, se o legislador faculta o afastamento do empregado mesmo nas infrações empresariais consideradas menos gravosas, logicamente o admitirá em relação às condutas mais graves, de que resulta possivelmente comprometida a convivência entre empregado e empregador. Não é razoável exigir que o obreiro, para postular a rescisão indireta, deva permanecer submetido à situação vexatória, constrangedora ou até mesmo danosa à sua integridade moral ou física que ensejou o pedido de rescisão indireta. Recurso de revista de que não se conhece. (...)" (RR – 8039200-53.2003.5.04.0900, Relator Ministro: Lelio Bentes Corrêa, Data de Julgamento: 30/06/2010, 1ª Turma, Data de Publicação: *DEJT* 11/11/2011).

Questão interessante envolve as consequências de uma improcedência no pedido de rescisão indireta. O que ocorre com o contrato se o juiz julgar improcedente o pleito (não houver falta grave patronal)? Depende se houve ou não afastamento do emprego.

Se o trabalhador se afastou, então queria deixar o emprego. Logo, como não houve falta grave patronal, trata-se de pedido de demissão:

"(...) RESCISÃO INDIRETA INDEFERIDA. AVISO-PRÉVIO NÃO CONCEDIDO PELO EMPREGADO. DESCONTO DOS VALORES CORRESPONDENTES. É cediço que a improcedência do pedido de rescisão indireta faz com que a extinção do contrato de trabalho tenha os efeitos do pedido de demissão do empregado. (...)" (RR – 1786-16.2013.5.03.0002, Relator Ministro: Cláudio Mascarenhas Brandão, 7ª Turma, Data de Publicação: *DEJT* 23/03/2018).

Por outro lado, quando ainda está trabalhando, a improcedência não enseja rescisão do contrato, o qual pode prosseguir normalmente:

"(...) RECURSO DE REVISTA DO RECLAMANTE. MODALIDADE DE RESCISÃO CONTRATUAL. PEDIDO DE RECONHECIMENTO DA RESCISÃO INDIRETA JULGADO IMPROCEDENTE. EMPREGADO QUE PERMANECE EM SERVIÇO COM O AJUIZAMENTO DA DEMANDA. O art. 483, § 3º, da CLT autoriza o empregado a continuar trabalhando quando propõe reclamação trabalhista com base nas suas alíneas 'd' e 'g'. O dispositivo garante que, se mal sucedido na tentativa de provar que o empregador cometeu justa causa, o empregado tem preservado o seu vínculo laboral. A interpretação de que a improcedência do pedido de reconhecimento da rescisão indireta implica pedido de demissão é incongruente com a própria norma que autoriza o reclamante a continuar trabalhando. O art. 483, § 3º, da CLT autoriza que o empregado permaneça no serviço. Não é uma imposição. Assim, se houvesse interesse do reclamante de resilir o contrato sponte sua, o pedido de demissão seria realizado antes mesmo do ajuizamento da reclamação trabalhista. Portanto, a norma, ao garantir a permanência no serviço, não impede a continuidade do contrato após ser julgado improcedente o pedido de rescisão indireta. O contrato de trabalho é, em regra, contrato por tempo indeterminado, ungido pelo princípio da continuidade (o qual conspira em proveito da preservação dos vínculos de emprego), característica não afastada com o pedido de rescisão indireta. (...)" (ARR – 20379-14.2015.5.04.0029, Relator Ministro: Augusto César Leite de Carvalho, Data de Julgamento: 11/04/2018, 6ª Turma, Data de Publicação: *DEJT* 27/04/2018).

16.2.3. Culpa recíproca

Nessa hipótese, **as duas partes** da relação de trabalho cometem **atos faltosos** capazes de levar à ruptura do contrato de trabalho. É a chamada **culpa recíproca**. Essa culpa recíproca é reconhecida pela Justiça do Trabalho.

Ocorrendo a culpa recíproca, o empregado terá direito a **50%** das verbas rescisórias a que teria direito no caso da dispensa sem justa causa, incluindo a liberação do FGTS acrescida de uma multa de apenas 20%.

> Art. 484 da CLT. Havendo culpa recíproca no ato que determinou a rescisão do contrato de trabalho, o tribunal de trabalho reduzirá a indenização à que seria devida em caso de culpa exclusiva do empregador, por metade.
>
> Súmula nº 14 do TST – Culpa recíproca (nova redação). Resolução nº 121/2003, DJ de 19, 20 e 21/11/2003. Reconhecida a culpa recíproca na rescisão do contrato de trabalho (art. 484 da CLT), o empregado tem direito a 50% (cinquenta por cento) do valor do aviso-prévio, do décimo terceiro salário e das férias proporcionais.
>
> Art. 18 da Lei nº 8.036/1990. Ocorrendo rescisão do contrato de trabalho, por parte do empregador, ficará este obrigado a depositar na conta vinculada do trabalhador no FGTS os valores relativos aos depósitos referentes ao mês da rescisão e ao imediatamente anterior, que ainda não houver sido recolhido, sem prejuízo das cominações legais.
>
> § 1º Na hipótese de despedida pelo empregador sem justa causa, depositará este, na conta vinculada do trabalhador no FGTS, importância igual a quarenta por cento do montante de todos os depósitos realizados na conta vinculada durante a vigência do contrato de trabalho, atualizados monetariamente e acrescidos dos respectivos juros.
>
> § 2º Quando ocorrer despedida por culpa recíproca ou força maior, reconhecida pela Justiça do Trabalho, o percentual de que trata o § 1º será de 20 (vinte) por cento.

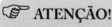
ATENÇÃO!
A culpa recíproca só poderá ser decretada judicialmente.

Nessas hipóteses, devemos considerar que o trabalhador possui determinados direitos:

- saldo de salário integral;
- férias vencidas (se houver) acrescidas de 1/3;
- metade do aviso-prévio;
- metade das férias proporcionais acrescidas de 1/3;
- metade do 13º salário proporcional;
- multa de 20% do FGTS;
- saque do FGTS.

16.3. RESCISÃO CONTRATUAL

A rescisão contratual é a hipótese de extinção do contrato de trabalho em virtude de alguma nulidade, ou seja, o contrato de trabalho é nulo.

São exemplos de hipóteses que levam à rescisão contratual: a contratação de servidor público sem a realização de concurso público e os contratos que tenham por objeto a prestação de atividade ilícita.

Súmula nº 363 do TST – contrato nulo. Efeitos (nova redação). Resolução nº 121/2003, DJ de 19, 20 e 21/11/2003. A contratação de servidor público, após a CF/1988, sem prévia aprovação em concurso público, encontra óbice no respectivo art. 37, II e § 2º, somente lhe conferindo direito ao pagamento da contraprestação pactuada, em relação ao número de horas trabalhadas, respeitado o valor da hora do salário mínimo, e dos valores referentes aos depósitos do FGTS.

Súmula nº 430 do TST – Administração Pública Indireta. Contratação. Ausência de concurso público. Nulidade. Ulterior privatização. Convalidação. Insubsistência do vício. Resolução nº 177/2012, DEJT divulgado em 13, 14 e 15/02/2012. Convalidam-se os efeitos do contrato de trabalho que, considerado nulo por ausência de concurso público, quando celebrado originalmente com ente da Administração Pública Indireta, continua a existir após a sua privatização.

OJ nº 199 da SDI-I do TST – Jogo do bicho. Contrato de trabalho. Nulidade. Objeto ilícito (título alterado e inserido dispositivo) – DEJT divulgado em 16, 17 e 18/11/2010. É nulo o contrato de trabalho celebrado para o desempenho de atividade inerente à prática do jogo do bicho, ante a ilicitude de seu objeto, o que subtrai o requisito de validade para a formação do ato jurídico.

16.4. OUTRAS FORMAS DE TERMINAÇÃO DO CONTRATO DE TRABALHO

Além das formas acima mencionadas, a lei prevê outras hipóteses de extinção do contrato de trabalho. São elas:

a) Extinção da empresa ou do estabelecimento: em razão da característica da alteridade inerente aos contratos de trabalho e à figura do empregador,

Cap. 16 – TÉRMINO DO CONTRATO DE TRABALHO

ocorrendo a extinção da empresa, o empregado terá direito aos mesmos direitos a que teria no caso da dispensa sem justa causa.

Muitas vezes a empresa simplesmente cessa suas atividades sem nenhum aviso aos empregados e tampouco promove uma dispensa formal. Nesse caso, o TST entende que a cessação das atividades da empresa cessa o contrato de trabalho, o que se infere inclusive da **Súmula no 173 do TST**:

Súmula n. 173 do TST – SALÁRIO. EMPRESA. CESSAÇÃO DE ATIVIDADES (mantida) – Res. 121/2003, *DJ* 19, 20 e 21/11/2003. Extinto, automaticamente, o vínculo empregatício com a cessação das atividades da empresa, os salários só são devidos até a data da extinção.

Esse verbete revela uma resposta a uma situação prática bastante comum: quando uma empresa fecha sem dar qualquer satisfação sobre os contratos mantidos com os trabalhadores, vários desses empregados ficam em casa aguardando eventual diretriz da empresa. Posteriormente, ao concluírem que o fechamento foi, de fato, definitivo, ingressam com ações trabalhistas requerendo a rescisão indireta, acreditando que os contratos ainda estariam em vigor.

Ocorre que os contratos foram extintos pelo término das atividades da empresa, de maneira que os salários somente são devidos até essa data.

Quanto aos **direitos rescisórios** devidos, como o risco da atividade econômica pertence ao empregador, a jurisprudência considera que devem ser gerados os mesmos efeitos da **dispensa sem justa causa** (como afirmamos acima). Aliás, o Tribunal Superior do Trabalho inclusive editou uma súmula em que reconhece o direito ao aviso-prévio:

Súmula n. 44 do TST – AVISO-PRÉVIO (mantida) – Res. 121/2003, *DJ* 19, 20 e 21/11/2003. A cessação da atividade da empresa, com o pagamento da indenização, simples ou em dobro, não exclui, por si só, o direito do empregado ao aviso-prévio.

A única ponderação, no caso de encerramento das atividades, é que o **aviso--prévio deve ser necessariamente indenizado**, até mesmo porque não é possível que seja trabalhado quando foi a cessação da empresa que encerrou o vínculo. Se o trabalhador tivesse sido dispensado anteriormente e cumprido o aviso antes do fechamento, então a extinção derivou de dispensa formal e não por cessação das atividades empresariais.

Merece destaque o Decreto nº 10.219/2020 que altera o Decreto nº 10.178, de 18 de dezembro 2019, que regulamenta dispositivos da Lei nº 13.874, de 20 de setembro de 2019, para dispor sobre os critérios e os procedimentos para a classificação de risco de atividade econômica e para fixar o prazo para aprovação tácita.

b) Extinção da empresa por motivo de força maior – o empregado, em regra, tem direito à metade das verbas rescisórias que seriam devidas em caso de rescisão sem justa causa.

No Direito do Trabalho, força maior **é todo acontecimento imprevisível** para o qual **o empregador não contribuiu e não tinha como impedir.**

Art. 501 da CLT. Entende-se como força maior todo acontecimento inevitável, em relação à vontade do empregador, e para a realização do qual este não concorreu, direta ou indiretamente.

 ATENÇÃO!

§ 1º A imprevidência do empregador exclui a razão de força maior.

§ 2º À ocorrência do motivo de força maior que não afetar substancialmente, nem for suscetível de afetar, em tais condições, a situação econômica e financeira da empresa, não se aplicam as restrições desta Lei referentes ao disposto neste Capítulo.

Exemplo: uma empresa destruída por uma enchente ocorrida durante a madrugada. Nesse caso, o estabelecimento foi eliminado e os contratos de emprego também.

O art. 502 da CLT determina quais são as verbas rescisórias a que o empregado faz jus no caso de força maior que determine a extinção da empresa.

Art. 502 da CLT. Ocorrendo motivo de força maior que determine a extinção da empresa, ou de um dos estabelecimentos em que trabalhe o empregado, é assegurada a este, quando despedido, uma indenização na forma seguinte:

I – sendo estável, nos termos dos arts. 477 e 478;

II – não tendo direito à estabilidade, metade da que seria devida em caso de rescisão sem justa causa;

III – havendo contrato por prazo determinado, aquela a que se refere o art. 479 desta Lei, reduzida igualmente à metade.

Art. 504. Comprovada a falsa alegação do motivo de força maior, é garantida a reintegração aos empregados estáveis, e aos não estáveis o complemento da indenização já percebida, assegurado a ambos o pagamento da remuneração atrasada.

Em suma: os direitos rescisórios na extinção por força maior são os seguintes:

- saldo de salário;
- férias proporcionais acrescidas de 1/3;
- férias vencidas (se houver) acrescidas de 1/3;
- 13º salário proporcional;

Cap. 16 – TÉRMINO DO CONTRATO DE TRABALHO

- saque do FGTS;
- multa de 20% sobre o FGTS;
- seguro-desemprego, se preenchidos os requisitos legais.

Como o empregador não concorreu para a extinção e não se trata de risco de atividade econômica, não há aviso-prévio.

c) Alteração do regime jurídico do servidor público.

Os entes públicos podem, mediante lei, definir o regime jurídico adotado para seus servidores. Ocorre que eventual **mudança de regime jurídico celetista** (empregos públicos) **para estatutários** (cargos públicos) gera a extinção do contrato de trabalho existente com o empregado público, de maneira que, no primeiro dia de vigência da regra nova, ele se torna estatutário.

Essa lógica de extinção pode inclusive ser vista na Súmula 382 do TST:

Súmula nº 382 do TST – Mudança de regime celetista para estatutário. Extinção do contrato. Prescrição bienal (conversão da Orientação Jurisprudencial nº 128 da SBDI-1). Resolução nº 129/2005, *DJ* de 20, 22 e 25/04/2005. A transferência do regime jurídico de celetista para estatutário implica extinção do contrato de trabalho, fluindo o prazo da prescrição bienal a partir da mudança de regime.

Não há acerto rescisório, porquanto o trabalhador continua prestando serviços.

d) Morte do empregado.

O contrato de trabalho é **personalíssimo** em relação ao trabalhador. Se ele falece, o contrato de trabalho é extinto. Os direitos rescisórios devem ser pagos aos dependentes habilitados perante o INSS ou, se não existirem, aos sucessores na forma da lei civil. É o que dispõe o art. 1º da Lei nº 6.858/1980:

Lei nº 6.858/80

Art. 1º. Os valores devidos pelos empregadores aos empregados e os montantes das contas individuais do Fundo de Garantia do Tempo de Serviço e do Fundo de Participação PIS-PASEP, não recebidos em vida pelos respectivos titulares, serão pagos, em quotas iguais, aos dependentes habilitados perante a Previdência Social (...), e, na sua falta, aos sucessores previstos na lei civil, indicados em alvará judicial, independentemente de inventário ou arrolamento.

Se houver **menor**, os valores a ele devidos serão depositados em caderneta de poupança até que ele complete 18 anos ou se houver necessidade de aquisição de imóvel destinado à sua residência ou para custear as despesas de subsistência e/ou educação:

Lei nº 6.858/80

Art. 1º. (...)

§ 1º As quotas atribuídas a menores ficarão depositadas em caderneta de poupança, rendendo juros e correção monetária, e só serão disponíveis após o menor completar 18 (dezoito) anos, salvo autorização do juiz para aquisição de imóvel destinado à residência do menor e de sua família ou para dispêndio necessário à subsistência e educação do menor.

E quais seriam os direitos rescisórios na extinção por óbito do trabalhador? São eles:

- saldo de salário;
- férias proporcionais acrescidas de 1/3;
- férias vencidas (se houver) acrescidas de 1/3;
- 13º salário proporcional;
- saque do FGTS.

Não há, por motivos óbvios, aviso-prévio e multa de 40% do FGTS. Ora, o empregador não foi responsável pela extinção do contrato. Contudo, existe uma corrente que defende que, se houver morte por culpa do empregador (como em **acidente de trabalho** por culpa patronal), haveria direito ao pagamento dessas parcelas aos dependentes/sucessores.

e) Morte do empregador pessoa física.

No caso de morte do empregador pessoa física, aplica-se por analogia o § 2º, do art. 483, da CLT, o qual dispõe que: "No caso de morte do empregador constituído em empresa individual, é facultado ao empregado rescindir o contrato de trabalho." Poderá, então, o empregado optar, caso haja continuidade da prestação das atividades, por dar continuação ao contrato de trabalho, configurando a hipótese de sucessão de empregadores ou, então, poderá rescindir o contrato. O empregado fará jus, nesse caso, aos mesmos direitos que teria se tivesse pedido demissão, estando dispensado do aviso-prévio.

Se com a morte do empregador, entretanto, ocorrer o fechamento da empresa, o empregado será dispensado e o contrato de trabalho extinto, fazendo jus a todas as verbas rescisórias, o que equivale à dispensa sem justa causa.

Art. 485 do CLT. Quando cessar a atividade da empresa, por morte do empregador, os empregados terão direito, conforme o caso, à indenização a que se referem os arts. 477 e 497.

f) Falência da empresa.

Art. 83 da Lei nº 11.101/2005. A classificação dos créditos na falência obedece à seguinte ordem:

I – os créditos derivados da legislação do trabalho, limitados a 150 (cento e cinquenta) salários mínimos por credor, e os decorrentes de acidentes de trabalho; (...)

VI – créditos quirografários, a saber: (...)

c) os saldos dos créditos derivados da legislação do trabalho que excederem o limite estabelecido no inciso I do *caput* deste artigo; (...)

§ 4º Os créditos trabalhistas cedidos a terceiros serão considerados quirografários.

g) Fato do príncipe ou *factum principis*.

Em algumas situações ocorre de a atividade empresarial não poder prosseguir em virtude de **lei ou de ato administrativo superveniente**, situação em que o contrato de trabalho será extinto.

Como o ato que afeta a atividade empresarial foi editado pelo Estado (em seu sentido amplo), essa situação passou a ser conhecida como fato do príncipe (*factum principis*). O art. 486 da CLT prevê essa causa:

> Art. 486 da CLT. No caso de paralisação temporária ou definitiva do trabalho, motivada por ato de autoridade municipal, estadual ou federal, ou pela promulgação de lei ou resolução que impossibilite a continuação da atividade, prevalecerá o pagamento da indenização, que ficará a cargo do governo responsável.

Há uma corrente doutrinária que somente admite o fato do príncipe se o ato administrativo for discricionário (uma desapropriação, por exemplo) ou uma lei derivada de opção pura do legislador (ex.: reconhecimento como zona de preservação ambiental, por lei de efeito concreto, de área em que ocorre exploração de minérios).

> **Exemplo:** uma lei "x" que declara uma área zona de preservação ambiental e, como consequência, inviabiliza totalmente a atividade de uma empresa ali sediada, gerando o fim dos contratos por fato do príncipe.

Por outro lado, outra corrente reconhece a existência de fato do príncipe, independentemente de a medida ser discricionária ou inevitável.

Não vamos nos aprofundar em nenhuma discussão sobre esse tema, mas apenas mencionar que prevalece o entendimento na doutrina de que a indenização devida pela Administração, mencionada no art. 486, seria somente a multa indenizatória de 40% do FGTS. As demais parcelas, provenientes da prestação de serviços, serão suportadas pelo empregador.

Há quem defenda que as verbas de natureza tipicamente indenizatória, como a multa de 40% do FGTS, o aviso-prévio indenizado e sua repercussão (projeção do aviso) sobre as férias proporcionais e 13º salário proporcional são de responsabilidade da Administração, ao passo que as demais verbas restantes, como saldo de salário, férias proporcionais e 13º salário proporcional (essas duas últimas sem a projeção do aviso) são de responsabilidade do empregador.

Por fim, é certo que o empregado terá direito de receber do empregador as mesmas verbas rescisórias a que teria direito no caso da dispensa sem justa causa.

h) Aposentadoria espontânea.

A aposentadoria espontânea revela-se direito do trabalhador que contribuiu para um sistema atuarial financeiro. A aposentadoria espontânea, por si só, não é causa de extinção do contrato de trabalho. Ora, se nem mesmo quando o empregado comete um ato grave, o empregador é obrigado a aplicar a penalidade de justa causa, com mais razão não se justifica a extinção do contrato como corolário da aposentadoria.

O art. 453, § 2º, da CLT previa essa extinção do contrato pela aposentadoria. No entanto, o STF reconheceu a **inconstitucionalidade** da norma na **ADI 1721**:

AÇÃO DIRETA DE INCONSTITUCIONALIDADE. ARTIGO 3º DA MEDIDA PROVISÓRIA N. 1.596-14/97, CONVERTIDA NA LEI N. 9.528/97, QUE ADICIONOU AO ARTIGO 453 DA CONSOLIDAÇÃO DAS LEIS DO TRABALHO UM SEGUNDO PARÁGRAFO PARA EXTINGUIR O VÍNCULO EMPREGATÍCIO QUANDO DA CONCESSÃO DA APOSENTADORIA ESPONTÂNEA. PROCEDÊNCIA DA AÇÃO. (...) 3. A Constituição Federal versa a aposentadoria como um benefício que se dá mediante o exercício regular de um direito. E o certo é que o regular exercício de um direito não é de colocar o seu titular numa situação jurídico-passiva de efeitos ainda mais drásticos do que aqueles que resultariam do cometimento de uma falta grave (sabido que, nesse caso, a ruptura do vínculo empregatício não opera automaticamente). 4. O direito à aposentadoria previdenciária, uma vez objetivamente constituído, se dá no âmago de uma relação jurídica entre o segurado do Sistema Geral de Previdência e o Instituto Nacional de Seguro Social. Às expensas, portanto, de um sistema atuarial-financeiro que é gerido por esse Instituto mesmo, e não às custas desse ou daquele empregador. 5. O Ordenamento Constitucional não autoriza o legislador ordinário a criar modalidade de rompimento automático do vínculo de emprego, em desfavor do trabalhador, na situação em que este apenas exercita o seu direito de aposentadoria espontânea, sem cometer deslize algum. 6. A mera concessão da aposentadoria voluntária ao trabalhador não tem por efeito extinguir, instantânea e automaticamente, o seu vínculo de emprego. 7. Inconstitucionalidade do § 2º do artigo 453 da Consolidação das Leis do Trabalho, introduzido pela Lei n. 9.528/97. (ADI 1721, Relator Ministro: Carlos Britto, Tribunal Pleno, julgado em 11/10/2006).

Assim, o TST passou a entender, por evidente, na mesma linha:

OJ nº 361 do TST – Aposentadoria espontânea. Unicidade do contrato de trabalho. Multa de 40% do FGTS sobre todo o período (*DJ* de 20, 21 e 23/05/2008). A aposentadoria espontânea não é causa de extinção do contrato de trabalho se o empregado permanece prestando serviços ao empregador após a jubilação. Assim, por ocasião da sua dispensa imotivada, o empregado tem direito à multa de 40% do FGTS sobre a totalidade dos depósitos efetuados no curso do pacto laboral.

Logo, se o empregado continua prestando serviços após a aposentadoria e o empregador o dispensa, essa será uma dispensa sem justa causa.

A aposentadoria por invalidez, por sua vez, não extingue o contrato de trabalho, mas apenas o suspende, conforme art. 475 da CLT, estudado no capítulo sobre suspensão e interrupção do contrato de trabalho:

CLT

Art. 475. O empregado que for aposentado por invalidez terá suspenso o seu contrato de trabalho durante o prazo fixado pelas leis de previdência social para a efetivação do benefício.

16.5. DO PAGAMENTO, QUITAÇÃO E HOMOLOGAÇÃO DA RESCISÃO TRABALHISTA

As normas referentes ao pagamento, quitação e homologação da rescisão do contrato de trabalho estão previstas no art. 477 da CLT.

Quanto ao **termo de rescisão do contrato de trabalho** (**TRCT**) ou **recibo de quitação** das verbas rescisórias, o art. 477, § 2º, da CLT prevê a necessidade de que cada parcela paga seja discriminada com o respectivo valor:

> Art. 477 da CLT. Na extinção do contrato de trabalho, o empregador deverá proceder à anotação na Carteira de Trabalho e Previdência Social, comunicar a dispensa aos órgãos competentes e realizar o pagamento das verbas rescisórias no prazo e na forma estabelecidos neste artigo.
>
> (...)
>
> § 2º O instrumento de rescisão ou recibo de quitação, qualquer que seja a causa ou forma de dissolução do contrato, deve ter especificada a natureza de cada parcela paga ao empregado e discriminado o seu valor, sendo válida a quitação, apenas, relativamente às mesmas parcelas.

Para melhor explicar como funcionaria a eficácia liberatória do termo de rescisão ou recibo de quitação, o TST editou a Súmula nº 330:

> Súmula n. 330 do TST – QUITAÇÃO. VALIDADE (mantida) – Res. 121/2003, *DJ* 19, 20 e 21/11/2003. A quitação passada pelo empregado, com assistência de entidade sindical de sua categoria, ao empregador, com observância dos requisitos exigidos nos parágrafos do art. 477 da CLT, tem eficácia liberatória em relação às parcelas expressamente consignadas no recibo, salvo se oposta ressalva expressa e especificada ao valor dado à parcela ou parcelas impugnadas.
>
> I – A quitação não abrange parcelas não consignadas no recibo de quitação e, consequentemente, seus reflexos em outras parcelas, ainda que estas constem desse recibo.
>
> II – Quanto a direitos que deveriam ter sido satisfeitos durante a vigência do contrato de trabalho, a quitação é válida em relação ao período expressamente consignado no recibo de quitação.

Na primeira parte da súmula, deve-se entender que, se uma parcela (verba trabalhista) com seu respectivo valor constou no termo de rescisão assinado pelo empregado, deve-se presumir que houve a regular quitação da parcela e do valor respectivo indicado. Percebe-se que a súmula está defasada no que tange à necessidade de assistência pelo sindicato na homologação, visto que a obrigatoriedade da homologação foi extinta pela Reforma Trabalhista.

Assim, quando a súmula menciona que houve ressalva aposta pelo sindicato no documento, atualmente deve-se considerar a ressalva aposta pelo próprio empregado, quando não houver homologação da rescisão. Se houver essa ressalva, as parcelas e valores ressalvados não são atingidos pela eficácia liberatória, mesmo que constem no termo de rescisão.

Portanto, se o trabalhador verifica que, no termo de rescisão, constam 10.000 reais de saldo de salário, mas somente estão lhe pagando 4.000, resta evidente que pode, antes de assinar o termo, fazer a ressalva expressa de que somente está conferindo quitação em 4.000 reais ou que apenas recebeu esse valor.

Quanto ao **inciso I**, nada impede que o trabalhador possa demandar verbas trabalhistas que não estejam indicadas no termo de rescisão ou mesmo que sejam diferentes das que estejam. Isso porque a eficácia liberatória apenas atinge as parcelas indicadas no termo e, ainda assim, pelos valores que ali estão expressos.

> **Exemplo**: se o trabalhador Carlos pretende as horas extras que não recebeu e que não estão incluídas no termo de rescisão, pode postular essas verbas na Justiça do Trabalho.

Claro que as horas extras habituais geram reflexos no aviso-prévio. Logo, mesmo que o aviso-prévio conste no termo de rescisão (TRCT), pode o obreiro pedir as diferenças de aviso-prévio derivadas das horas extras.

O **inciso II** revela-se ainda mais simples. Se uma determinada verba trabalhista constou no termo de rescisão e refere-se a um período trabalhado, a quitação apenas se reporta àquela parcela pelo tempo ali previsto. Nada impede que o trabalhador peça a mesma verba em relação a períodos que não estão pagos no TRCT.

> **Exemplo**: imagine um TRCT que conste pagamento de horas extras pelo período de 12 meses, mas, na verdade, o reclamante trabalhou 24 meses de horas extras. É evidente que pode pedir, na Justiça, os 12 meses faltantes.

CLT (antes da reforma)	CLT (depois da reforma)
Art. 477. É assegurado a todo empregado, não existindo prazo estipulado para a terminação do respectivo contrato, e quando não haja ele dado motivo para cessação das relações de trabalho, o direto de haver do empregador uma indenização, paga na base da maior remuneração que tenha percebido na mesma empresa.	Art. 477. Na extinção do contrato de trabalho, o empregador deverá proceder à anotação na Carteira de Trabalho e Previdência Social, comunicar a dispensa aos órgãos competentes e realizar o pagamento das verbas rescisórias no prazo e na forma estabelecidos neste artigo.

Reafirmada uma das metas da Reforma Trabalhista, a estabilidade das relações de trabalho, busca-se evitar que as conciliações ocorridas extrajudicialmente sejam levadas ao Poder Judiciário indiscriminadamente.

É justamente com esse intento que a nova redação do art. 477 da CLT não mais exige a homologação da rescisão dos contratos com mais de um ano de vigência, mantida, contudo, a exigência de especificação da natureza e do valor de cada parcela paga ao empregado no ato rescisório, sendo considerada válida a quitação apenas em relação a essas parcelas.

Lembre-se, ainda, de que, se o TST veda o pagamento do salário complessivo, não há como admitir a quitação das verbas rescisórias de forma complessiva.

Súmula nº 91 do TST – Salário complessivo (mantida). Resolução nº 121/2003, *DJ* de 19, 20 e 21/11/2003. Nula é a cláusula contratual que fixa determinada importância ou percentagem para atender englobadamente vários direitos legais ou contratuais do trabalhador.

Art. 477 da CLT. (...)

§ 4º O pagamento a que fizer jus o empregado será efetuado:

I – em dinheiro, depósito bancário ou cheque visado, conforme acordem as partes; ou

II – em dinheiro ou depósito bancário quando o empregado for analfabeto.

CLT (antes da reforma)	CLT (depois da reforma)
Art. 477, § 4º O pagamento a que fizer jus o empregado será efetuado no ato da homologação da rescisão do contrato de trabalho, em dinheiro ou em cheque visado, conforme acordem as partes, salvo se o empregado for analfabeto, quando o pagamento somente poderá ser feito em dinheiro.	Art. 477, § 4º O pagamento a que fizer jus o empregado será efetuado: I – em dinheiro, depósito bancário ou cheque visado, conforme acordem as partes; ou II – em dinheiro ou depósito bancário quando o empregado for analfabeto.

☞ ATENÇÃO!

Exigir ajuste para forma de pagamento da rescisão e ainda que, caso seja em cheque, que ele seja visado, é criar muita burocracia para o pagamento. O importante é que seja nominal ao empregado e que o empregador escolha a forma de pagamento, e não o empregado, pois este não é o devedor.

A intenção do legislador é assegurar um mínimo de recursos para o trabalhador que estará desempregado:

"(...) RECURSO DE REVISTA (...) DEVOLUÇÃO DOS DESCONTOS REALIZADOS NO TRCT. LIMITE AO VALOR DA ÚLTIMA REMUNERAÇÃO. ART. 477, § 5º, DA CLT. (...) A exceção está contida no artigo 477, § 5º, da CLT que estabelece que qualquer compensação a ser realizada no momento da rescisão deverá ser limitada ao máximo de um mês de remuneração do trabalhador. Referido dispositivo tem por escopo a proteção do trabalhador, constituindo em garantia conferida pelo legislador que ao limitar o valor a ser descontado pelo empregador possibilita que o empregado, em caso de rescisão do contrato de trabalho, tenha recursos mínimos suficientes a sua manutenção, evitando, assim, seu estado famélico. Recurso de revista de que se conhece e a que se dá provimento." (ARR-11609-16.2014.5.03.0087, 6ª Turma, Relatora Desembargadora Convocada Cilene Ferreira Amaro Santos, *DEJT* 29/03/2019).

Ocorre que esse limite não se aplica se houver uma determinação judicial para o desconto. Assim, se o trabalhador deve pensão alimentícia e existe, por exemplo, uma determinação judicial para bloqueio de 30% das verbas rescisórias, cabe ao empregador cumprir a determinação. Veja o julgado:

RECURSO DE REVISTA. RESCISÃO CONTRATUAL. DESCONTOS. PENSÃO ALIMENTÍCIA JUDICIAL. LIMITE PREVISTO NO ART. 477, § 5º, DA CLT. Na espécie, o Tribunal Regional noticiou que os valores descontados na rescisão contratual, excedentes a uma remuneração, decorreram de pensão alimentícia judicial reconhecida pelo reclamante. O art. 477, § 5º, da CLT autoriza a compensação, no momento da rescisão contratual, de valores devidos pelo empregado, desde que não excedente ao equivalente a um mês de remuneração. (...) Todavia, não se tratando de hipótese de compensação de verbas trabalhistas, mas desconto de natureza civil decorrente de ordem judicial, revela-se inaplicável o limite estabelecido no art. 477, § 5º, da CLT. Recurso de revista conhecido mas negado provimento. (RR – 1263-63.2011.5.09.0242, Relator Ministro: Walmir Oliveira da Costa, Data de Julgamento: 08/08/2018, 1ª Turma, Data de Publicação: *DEJT* 10/08/2018).

Outro ponto aqui interessante: eventual dívida trabalhista do obreiro pode ser compensada com as verbas rescisórias devidas? A resposta é positiva, mas existe **limite expresso no art. 477, § 5º da CLT**:

§ 5º Qualquer compensação no pagamento de que trata o parágrafo anterior não poderá exceder o equivalente a um mês de remuneração do empregado.

☞ ATENÇÃO!

A compensação efetuada no ato da homologação da rescisão do contrato de trabalho, além de ficar limitada a um mês da remuneração do empregado, terá que abranger apenas as verbas de natureza salarial.

☞ ATENÇÃO!

A CLT não faz qualquer menção à possibilidade ou vedação do pagamento das verbas rescisórias de forma parcelada. Contudo, a jurisprudência do TST vem se posicionando no sentido de não admitir o parcelamento dessas verbas, mesmo quando o empregado está assistido por sindicato ao firmar o acordo com o empregador. O TST entende se tratar de transação de direito indisponível, e por isso o acordo que dispõe sobre o parcelamento das verbas rescisórias seria nulo.

Casos específicos:

a) Menor:

A idade mínima para o trabalho é 16 anos, salvo na condição de aprendiz (a partir dos 14 anos de idade). O menor de 18 anos terá uma ampla proteção em relação ao maior de idade.

Art. 439 da CLT. É lícito ao menor firmar recibo pelo pagamento dos salários. Tratando-se, porém, de rescisão do contrato de trabalho, é vedado ao menor de 18 (dezoito)

Cap. 16 – TÉRMINO DO CONTRATO DE TRABALHO

anos dar, sem assistência dos seus responsáveis legais, quitação ao empregador pelo recebimento da indenização que lhe for devida.

> ☞ **ATENÇÃO!**
>
> A lei protege mais uma vez os interesses do menor por meio do art. 439 da CLT. Perceba que o menor poderá assinar os recibos de pagamento dos salários, mas quando se tratar da rescisão e da quitação das verbas rescisórias, ele deverá estar devidamente assistido.

Entendemos que seria perfeitamente aplicável à hipótese, por analogia, o art. 793 da CLT, ou seja, na impossibilidade de assistência do menor por seus representantes legais, ele poderá ser assistido pelo Ministério Público do Trabalho, pelo sindicato, pelo Ministério Público Estadual ou curador nomeado em juízo, respectivamente.

b) Pedido de demissão do empregado estável:

A homologação da rescisão ainda existe quando se trata de trabalhador detentor de estabilidade, porquanto o art. 500 da CLT não foi revogado pela reforma trabalhista:

> Art. 500 da CLT. O pedido de demissão do empregado estável só será válido quando feito com a assistência do respectivo Sindicato e, se não o houver, perante autoridade local competente do Ministério do Trabalho e Previdência Social ou da Justiça do Trabalho.

Observe que a norma não especifica o tempo de contrato, o que permite a exigência da homologação da rescisão mesmo que o detentor da estabilidade tenha menos de 1 ano de contrato.

O TST exige que o pedido de demissão realizado por **empregada gestante** (portanto detentora de estabilidade) somente será válido se houver essa homologação. Se não existir, deve-se considerar que a dispensa ocorreu sem justa causa:

> "(...) ESTABILIDADE PROVISÓRIA. EMPREGADA GESTANTE. PEDIDO DE DEMISSÃO. CONTRATO DE TRABALHO COM DURAÇÃO INFERIOR A UM ANO. AUSÊNCIA DE assistência sindical ou da autoridade competente. INDENIZAÇÃO SUBSTITUTIVA 1 – O art. 10, II, *b*, do ADCT dispõe que fica vedada a dispensa arbitrária ou sem justa causa da empregada gestante, desde a confirmação da gravidez até cinco meses após o parto. 2 – Por sua vez, nos termos do art. 500 da CLT, configurada tal estabilidade, o pedido de demissão da empregada só será válido quando feito com a respectiva assistência sindical ou da autoridade competente. 3 – Assim, o pedido de demissão de empregada gestante sem a assistência sindical ou da autoridade competente – prova que

incumbe à reclamada – não importa em renúncia à estabilidade provisória. 4 – Nesse sentido, a jurisprudência desta Corte vem aplicando o art. 500 da CLT na hipótese de empregada grávida, independente do tempo de duração do contrato de trabalho. Julgados. (...)" (RR-1000143-27.2016.5.02.0067, 6ª Turma, Relatora Ministra: Katia Magalhaes Arruda, *DEJT* 14/08/2020).

 **ATENÇÃO**

Nada impede que o contrato, o regulamento empresarial ou a norma coletiva (convenção ou acordo coletivo) possa estabelecer a exigência de homologação sindical.

16.6. PRAZO PARA PAGAMENTO DAS VERBAS RESCISÓRIAS

O prazo para pagamento das verbas rescisórias é de **10 dias corridos**:

Art. 477 da CLT. (...)

§ 6º A entrega ao empregado de documentos que comprovem a comunicação da extinção contratual aos órgãos competentes, bem como o pagamento dos valores constantes do instrumento de rescisão ou recibo de quitação, deverão ser efetuados até dez dias contados a partir do término do contrato.

CLT (antes da reforma)	CLT (depois da reforma)
Art. 477, § 6º O pagamento das parcelas constantes do instrumento de rescisão ou recibo de quitação deverá ser efetuado nos seguintes prazos: a) até o primeiro dia útil imediato ao término do contrato; ou b) até o décimo dia, contado da data da notificação da demissão, quando da ausência do aviso-prévio, indenização do mesmo ou dispensa de seu cumprimento.	Art. 477, § 6º A entrega ao empregado de documentos que comprovem a comunicação da extinção contratual aos órgãos competentes bem como o pagamento dos valores constantes do instrumento de rescisão ou recibo de quitação deverão ser efetuados até dez dias contados a partir do término do contrato.

Como se conta esse prazo? O prazo é contado com a **exclusão do dia do começo e inclusão do dia do vencimento**. Trata-se de aplicação da mesma inteligência do art. 132, *caput*, do Código Civil:

CC

Art. 132. Salvo disposição legal ou convencional em contrário, computam-se os prazos, excluído o dia do começo, e incluído o do vencimento.

Um dos problemas visíveis na homologação da rescisão era o fato de que, sem o ato rescisório, o trabalhador não podia dar início aos procedimentos para movimentação do FGTS e requerimento do seguro-desemprego. Portanto, estando com a documentação necessária para tais atos, o trabalhador não precisará mais ter "pressa" para assinar a sua rescisão, possibilitando uma verificação mais detalhada das verbas rescisórias que lhes são devidas.

OJ nº 162 da SDI-I do TST – Multa. Art. 477 da CLT. Contagem do prazo. Aplicável o art. 132 do Código Civil de 2002 (atualizada a legislação e inserido dispositivo) – *DJ* de

Cap. 16 – TÉRMINO DO CONTRATO DE TRABALHO

20/04/2005. A contagem do prazo para quitação das verbas decorrentes da rescisão contratual prevista no art. 477 da CLT exclui necessariamente o dia da notificação da demissão e inclui o dia do vencimento, em obediência ao disposto no art. 132 do Código Civil de 2002 (art. 125 do Código Civil de 1916).

Na hipótese de o empregador determinar que o empregado **cumpra o aviso- -prévio em casa** (sem trabalhar), o prazo para pagamento das verbas rescisórias será de **10 dias**.

Antes da alteração promovida pela Reforma Trabalhista, o empregado que cumpria o aviso-prévio trabalhado recebia as verbas rescisórias no primeiro dia após o fim do contrato. Assim, muitos empregados recebiam ordem para ficar em casa durante o aviso, porque o empregador acabaria, na sua ideia irregular, tendo 31 dias para pagar (30 dias do aviso acrescido de 1 dia para pagamento), ao passo que, se o aviso fosse indenizado, seria somente de 10 dias.

Nesse contexto, o TST, afastando a fraude, editou a **OJ nº 14 da SDI-I**:

OJ 14 da SDI-I do TST – AVISO-PRÉVIO CUMPRIDO EM CASA. VERBAS RESCISÓRIAS. PRAZO PARA PAGAMENTO (título alterado e inserido dispositivo) – *DJ* 20/04/2005. Em caso de aviso-prévio cumprido em casa, o prazo para pagamento das verbas rescisórias é até o décimo dia da notificação de despedida.

Com a Reforma Trabalhista, o prazo é sempre de 10 dias, eliminando o problema prático que muitas vezes acontecia.

16.7. MULTA DO ART. 477, § 8º, X MULTA DO ART. 467 DA CLT

É preciso que fique claro que a multa estabelecida no art. 477, § 8º, da CLT faz referência ao não cumprimento, pelo empregador, do prazo para pagamento das verbas rescisórias. Já a multa fixada no art. 467 diz respeito ao pagamento das parcelas incontroversas em juízo.

Art. 477, § 8º, da CLT. A inobservância do disposto no § 6º deste artigo sujeitará o in- frator à multa de 160 BTN, por trabalhador, bem assim ao pagamento da multa a favor do empregado, em valor equivalente ao seu salário, devidamente corrigido pelo índice de variação do BTN, salvo quando, comprovadamente, o trabalhador der causa à mora.

☞ **ATENÇÃO!**
A multa de 160 BTN por trabalhador é administrativa, não revertendo em favor do empregado.

Quando é ajuizada uma reclamação trabalhista requerendo verbas rescisórias e o reclamado não contesta (não impugna) essas verbas, as verbas rescisórias são consideradas **incontroversas**. Nesse caso, **devem ser pagas na primeira audiência, sob pena de multa de 50% sobre o valor delas**. É o que prevê o art. 467 da CLT:

Art. 467. Em caso de rescisão de contrato de trabalho, havendo controvérsia sobre o montante das verbas rescisórias, o empregador é obrigado a pagar ao trabalhador, à data do comparecimento à Justiça do Trabalhador, a parte incontroversa dessas verbas, sob pena de pagá-las acrescidas de 50%.

O que gera a multa do art. 467 da CLT é a não quitação das parcelas incontroversas na data do comparecimento do empregador (reclamado) na Justiça do Trabalho.

Essa multa é devida mesmo nos casos em que ocorre **revelia** (ausência de apresentação de defesa do réu), conforme Súmula n° 69 do Tribunal Superior do Trabalho:

> Súmula n° 69 do TST. Rescisão do contrato (nova redação). Resolução n° 121/2003, *DJ* de 19, 20 e 21/11/2003. A partir da Lei n° 10.272, de 5/9/2001, havendo rescisão do contrato de trabalho e sendo revel e confesso quanto à matéria de fato, deve ser o empregador condenado ao pagamento das verbas rescisórias, não quitadas na primeira audiência, com acréscimo de 50% (cinquenta por cento).

O TST já se posicionou no sentido de que as multas previstas nos arts. 467 e 477, § 8°, da CLT **não se aplicam ao empregador quando este for massa falida**. Isso ocorre porque a massa falida apenas pode fazer pagamentos por meio do **processo falimentar**. Naquele processo falimentar, existe uma ordem de preferência de acordo com a classificação do crédito, além de outros requisitos legais. Veja a posição do TST na **Súmula no 388**:

> Súmula n° 388 do TST. Massa falida. Arts. 467 e 477 da CLT. Inaplicabilidade (conversão das Orientações Jurisprudenciais n°s 201 e 314 da SBDI-1). Resolução n° 129/2005, *DJ* de 20, 22 e 25/4/2005. A massa falida não se sujeita à penalidade do art. 467 e nem à multa do § 8° do art. 477, ambos da CLT.

☞ ATENÇÃO!

Por analogia à Súmula n° 86 do TST, o privilégio concedido à massa falida não é extensivo às empresas em recuperação extrajudicial.

"(...) MULTAS PREVISTAS NOS ARTIGOS 467 E 477, § 8°, DA CLT. EMPRESA EM RECUPERAÇÃO JUDICIAL. TRANSCENDÊNCIA. NÃO RECONHECIDA. NÃO CONHECIMENTO. A massa falida não se sujeita às multas previstas nos artigos 467 e 477, § 8°, da CLT. Inteligência da Súmula n. 388. Referido entendimento, todavia, não prevalece quando a dispensa do empregado ocorre em data anterior à decretação da falência ou quando se tratar de empresa em recuperação judicial, sendo cabíveis as penalidades previstas para o caso de pagamento em atraso das verbas rescisórias. (...)" (RR-1057-32.2017.5.09.0018, 4ª Turma, Relator Ministro: Guilherme Augusto *Caputo* Bastos, *DEJT* 11/09/2020).

O TST também já se manifestou no sentido de considerar cabível a multa do art. 477, § 8°, da CLT às **pessoas jurídicas de Direito Público**.

Essas pessoas jurídicas são equiparadas a particular, renunciando a sua posição de superioridade como Administração Pública quando celebram um contrato de trabalho (que é contrato privado).

O TST consolidou esse entendimento na **OJ nº 238 da SDI-I**:

> OJ nº 238 da SDI-I do TST – Multa. Art. 477 da CLT. Pessoa jurídica de Direito público. Aplicável (inserido dispositivo) – *DJ* 20/4/2005. Submete-se à multa do art. 477 da CLT a pessoa jurídica de Direito Público que não observa o prazo para pagamento das verbas rescisórias, pois nivela-se a qualquer particular, em direitos e obrigações, despojando-se do *jus imperii* ao celebrar um contrato de emprego.

A Administração Pública, portanto, não paga a multa do art. 467 da CLT, mas paga a multa do art. 477 da CLT; já a massa falida não paga nenhuma das duas multas.

> Súmula nº 170 do TST – Sociedade de economia mista. Custas (mantida). Resolução nº 121/2003, *DJ* de 19, 20 e 21/11/2003. Os privilégios e isenções no foro da Justiça do Trabalho não abrangem as sociedades de economia mista, ainda que gozassem desses benefícios anteriormente ao Decreto-lei nº 779, de 21/08/1969.

 ATENÇÃO!
Podemos ainda destacar a hipótese de um empregado, não registrado pela empresa, que ajuíza uma reclamação trabalhista postulando o reconhecimento do vínculo empregatício. Se o vínculo for reconhecido em juízo, não afasta a aplicabilidade da multa do art. 477, § 8º, da CLT, salvo se o descumprimento ocorrer por culpa exclusiva do empregado.

Exemplo: Camila prestou serviços durante 2 anos a uma empresa sem vínculo de emprego reconhecido formalmente. Oito meses após a sua saída, ajuizou reclamação trabalhista postulando o reconhecimento do vínculo de emprego e requerendo as verbas rescisórias como aviso-prévio, férias proporcionais etc. A empresa nega o vínculo e defende que existia trabalho autônomo. Se a sentença reconhecer o vínculo, deferirá o direito às verbas rescisórias, as quais estão atrasadas, por óbvio.

Como a decisão judicial que reconhece o vínculo é **declaratória**, o atraso no pagamento das verbas rescisórias existe desde a rescisão. Assim, incidirá, segundo o TST, a multa do art. 477, § 8º da CLT, conforme a Súmula nº 462:

> Súmula nº 462 do TST. Multa do art. 477, § 8º, da CLT. Incidência. Reconhecimento judicial da relação de emprego – (republicada em razão de erro material) – *DEJT* divulgado em

30/06/2016. A circunstância de a relação de emprego ter sido reconhecida apenas em juízo não tem o condão de afastar a incidência da multa prevista no art. 477, § 8º, da CLT. A referida multa não será devida apenas quando, comprovadamente, o empregado der causa à mora no pagamento das verbas rescisórias.

No caso de **reversão de justa causa**, a decisão judicial reconhece que a dispensa não era motivada, o que torna devido, desde àquela época, o direito às verbas típicas da dispensa sem justa causa. Como o pagamento encontra-se atrasado, então também incide a penalidade do art. 477, § 8º, da CLT:

"(...) 2. MULTA DO ART. 477, § 8º, DA CLT. A decisão regional revela-se em sintonia com o entendimento perfilhado por esta Corte Superior de que a reversão da justa causa em juízo não impede a incidência da multa do art. 477, § 8º, da CLT, visto que o empregador suprimiu unilateralmente o pagamento de significativas verbas rescisórias, devendo arcar com as consequências da aplicação equivocada da dispensa por justa causa. Agravo de instrumento conhecido e não provido." (AIRR-11693-66.2017.5.15.0058, 8ª Turma, Relatora Ministra: Dora Maria da Costa, *DEJT* 02/10/2020).

Quando se trata de **rescisão indireta** reconhecida pelo juiz e o trabalhador se afastou do emprego, também é devida a multa mencionada:

"(...) MULTA DO ART. 477 DA CLT. RESCISÃO INDIRETA. O Tribunal Regional registrou que o reconhecimento da rescisão indireta não afasta o pagamento da multa do art. 477, § 8º, da CLT. A jurisprudência desta Corte Superior firmou-se no sentido de que a circunstância de a rescisão indireta do contrato de trabalho ser reconhecida em juízo não obsta a aplicação da multa prevista no art. 477, § 8º, da CLT, não sendo devida a referida multa apenas quando o empregado comprovadamente der causa à mora no pagamento das verbas rescisórias, o que não ocorreu no caso. Precedentes. Óbice da Súmula 333 do TST. Agravo de instrumento a que se nega provimento. (...)" (RR-20519-23.2015.5.04.0005, 2ª Turma, Relatora Ministra: Maria Helena Mallmann, *DEJT* 18/09/2020).

No entanto, lembre-se de que, se o trabalhador não se afastou do emprego e demanda rescisão indireta na ação trabalhista, é a decisão judicial que constata a justa causa imposta ao empregador que irá pôr fim ao vínculo. Logo, o prazo de 10 dias para pagamento de verbas rescisórias não começou, de maneira que não se pode falar em multa.

O fato que determina o pagamento da multa do art. 477 da CLT não depende da data do reconhecimento do vínculo empregatício (seja judicial ou não), mas apenas o desrespeito aos prazos para pagamento das verbas rescisórias.

A multa pelo atraso no pagamento de verbas rescisórias não pode ser aplicada quando a extinção do contrato decorreu de **morte do trabalhador**. Observe esse julgado do TST:

"(...) Nos moldes delineados pelo art. 477, § 8º, da CLT, o empregador pagará multa pelo atraso injustificado no pagamento das parcelas constantes do instrumento de rescisão do contrato. Entretanto, não há previsão para pagamento da multa capitulada no § 8º do referido comando consolidado nos casos em que ocorre a extinção do contrato de trabalho pelo falecimento do empregado, não se podendo condenar a consignante ao pagamento de multa por atraso no acerto rescisório. Recurso de revista conhecido e provido." (RR-12361-91.2015.5.15.0095, 8ª Turma, Relatora Ministra: Dora Maria da Costa, *DEJT* 19/11/2018).

O pagamento a menor das verbas rescisórias não equivale a ausência de pagamento, o que afasta a aplicação da multa do art. 477, § 8º, da CLT:

> RECURSO DE EMBARGOS. REGÊNCIA DA LEI N. 13.015/2014. MULTA DO ART. 477 DA CLT. VERBAS RESCISÓRIAS QUITADAS NO PRAZO LEGAL. DIFERENÇAS RECONHECIDAS EM JUÍZO. INAPLICABILIDADE. É firme o entendimento desta Subseção Especializada no sentido de que o fato de o pagamento das verbas rescisórias, no prazo legal, ter sido apenas parcial, ou a menor, em razão do reconhecimento de diferenças em juízo, não enseja o pagamento da multa prevista no art. 477, § 8º, da CLT, exclusivamente, para a hipótese de atraso no pagamento. Recurso de embargos conhecido e provido (E-RR-68700-41.2011.5.17.0132, Subseção I Especializada em Dissídios Individuais, Relator Ministro Walmir Oliveira da Costa, *DEJT* 02/03/2018).

O TST reconhece que a ausência/atraso no pagamento de verbas rescisórias **não** gera, por si só, **danos morais**. Para que ocorra dano moral, é necessário que essa ausência de pagamento tenha atingido a imagem do trabalhador, causando a ele um constrangimento objetivamente aferível:

> RECURSO DE EMBARGOS INTERPOSTO SOB A ÉGIDE DA LEI N. 13.015/2014. INDENIZAÇÃO POR DANOS MORAIS. AUSÊNCIA OU ATRASO NA QUITAÇÃO DAS VERBAS RESCISÓRIAS. 1. Consoante jurisprudência desta Corte superior, a ausência ou o atraso no pagamento das verbas rescisórias não configura, por si só, dano moral, gerando apenas a incidência da multa prevista no artigo 477, § 8º, da Consolidação das Leis do Trabalho. 2. O dano moral fica caracterizado apenas quando evidenciada a violação dos direitos da personalidade do reclamante, mediante a demonstração de consequências concretas, danosas à imagem e à honra do empregado, decorrentes do atraso. Precedentes. 3. Recurso de embargos a que se nega provimento (E-RR-571-13.2012.5.01.0061, Subseção I Especializada em Dissídios Individuais, Relator Ministro: Lelio Bentes Correa, *DEJT* 29/04/2016).

16.8. DA ANOTAÇÃO DO TÉRMINO DO CONTRATO NA CTPS

Por fim, temos que nos lembrar da necessidade de ser anotada a data de saída do empregado na CTPS.

> OJ nº 82 da SDI-I do TST – Aviso-prévio. Baixa na CTPS (inserida em 28/4/1997). A data de saída a ser anotada na CTPS deve corresponder à do término do prazo do aviso-prévio, ainda que indenizado.

Ou seja, se o empregado foi dispensado em 10 de janeiro de 2012, a data anotada para baixa da CTPS será o dia 10 de fevereiro de 2012.

Com a Reforma Trabalhista (Lei nº 13.467/17), a CTPS com a anotação de baixa passa a ser documento hábil para se requerer o benefício do seguro-desemprego e para sacar o FGTS, desde que, em ambos os casos, os demais requisitos legais estejam presentes:

> Art. 477, § 10, da CLT. A anotação da extinção do contrato na Carteira de Trabalho e Previdência Social é documento hábil para requerer o benefício do seguro-desemprego e a movimentação da conta vinculada no Fundo de Garantia do Tempo de Serviço, nas hipóteses legais, desde que a comunicação prevista no *caput* deste artigo tenha sido realizada.

16.9. DISPENSAS COLETIVAS OU PLÚRIMAS

Inicialmente, cumpre registrar que as **dispensas em massa** (de grandes quantidades de trabalhadores), também conhecidas como **dispensas coletivas** (ocorridas de uma vez ou em pouquíssimo espaço de tempo), sempre geraram grande debate sobre o seu cabimento.

Essas extinções contratuais em massa (que não estão ligadas a trabalhadores específicos e que provavelmente não serão substituídos) provocam efeitos devastadores na sociedade, porquanto muitas vezes não somente os empregados e suas famílias dependem desse emprego, mas também as comunidades em que as empresas estão situadas. A dispensa coletiva pode afetar a economia de determinada região, provocando ainda mais desemprego.

Dessa forma, o Tribunal Superior do Trabalho entendia que a dispensa coletiva deveria ser precedida de negociação coletiva, de maneira a encontrar meios de minimizar esse impacto social.

> RECURSO ORDINÁRIO EM DISSÍDIO COLETIVO. DISPENSAS TRABALHISTAS COLETIVAS. MATÉRIA DE DIREITO COLETIVO. IMPERATIVA INTERVENIÊNCIA SINDICAL. RESTRIÇÕES JURÍDICAS ÀS DISPENSAS COLETIVAS. ORDEM CONSTITUCIONAL E INFRACONSTITUCIONAL DEMOCRÁTICA EXISTENTE DESDE 1988. A sociedade produzida pelo sistema capitalista é, essencialmente, uma sociedade de massas. A lógica de funcionamento do sistema econômico-social induz a concentração e centralização não apenas de riquezas, mas também de comunidades, dinâmicas socioeconômicas e de problemas destas resultantes. A massificação das dinâmicas e dos problemas das pessoas e grupos sociais nas comunidades humanas, hoje, impacta de modo frontal a estrutura e o funcionamento operacional do próprio Direito. Parte significativa dos danos mais relevantes na presente sociedade e das correspondentes pretensões jurídicas têm natureza massiva. O caráter massivo de tais danos e pretensões obriga o Direito a se adequar, deslocando-se da matriz individualista de enfoque, compreensão e enfrentamento dos problemas a que tradicionalmente perfilou-se. A construção de uma matriz jurídica adequada à massividade dos danos e pretensões característicos

Cap. 16 – TÉRMINO DO CONTRATO DE TRABALHO

de uma sociedade contemporânea – sem prejuízo da preservação da matriz individualista, apta a tratar os danos e pretensões de natureza estritamente atomizada – é, talvez, o desafio mais moderno proposto ao universo jurídico, e é sob esse aspecto que a questão aqui proposta será analisada. As dispensas coletivas realizadas de maneira maciça e avassaladora, somente seriam juridicamente possíveis em um campo normativo hiperindividualista, sem qualquer regulamentação social, instigador da existência de mercado hobbesiano na vida econômica, inclusive entre empresas e trabalhadores, tal como, por exemplo, respaldado por Carta Constitucional como a de 1891, já há mais um século superada no país. Na vigência da Constituição de 1988, das convenções internacionais da OIT ratificadas pelo Brasil relativas a direitos humanos e, por consequência, direitos trabalhistas, e em face da leitura atualizada da legislação infraconstitucional do país, é inevitável concluir-se pela presença de um Estado Democrático de Direito no Brasil, de um regime de império da norma jurídica (e não do poder incontrastável privado), de uma sociedade civilizada, de uma cultura de bem-estar social e respeito à dignidade dos seres humanos, tudo repelindo, imperativamente, dispensas massivas de pessoas, abalando empresa, cidade e toda uma importante região. Em consequência, fica fixada, por interpretação da ordem jurídica, a premissa de que "a negociação coletiva é imprescindível para a dispensa em massa de trabalhadores". DISPENSAS COLETIVAS TRABALHISTAS. EFEITOS JURÍDICOS. A ordem constitucional e infraconstitucional democrática brasileira, desde a Constituição de 1988 e diplomas internacionais ratificados (Convenções OIT n. 11, 87, 98, 135, 141 e 151, ilustrativamente), não permite o manejo meramente unilateral e potestativista das dispensas trabalhistas coletivas, por se tratar de ato/fato coletivo, inerente ao Direito Coletivo do Trabalho, e não Direito Individual, exigindo, por consequência, a participação do(s) respectivo(s) sindicato(s) profissional(is) obreiro(s). Regras e princípios constitucionais que determinam o respeito à dignidade da pessoa humana (art. 1º, III, CF), a valorização do trabalho e especialmente do emprego (arts. 1º, IV, 6º e 170, VIII, CF), a subordinação da propriedade à sua função socioambiental (arts. 5º, XXIII e 170, III, CF) e a intervenção sindical nas questões coletivas trabalhistas (art. 8º, III e VI, CF), tudo impõe que se reconheça distinção normativa entre as dispensas meramente tópicas e individuais e as dispensas massivas, coletivas, as quais são social, econômica, familiar e comunitariamente impactantes. Nesta linha, seria inválida a dispensa coletiva enquanto não negociada com o sindicato de trabalhadores, espontaneamente ou no plano do processo judicial coletivo. A d. Maioria, contudo, decidiu apenas fixar a premissa, para casos futuros, de que "a negociação coletiva é imprescindível para a dispensa em massa de trabalhadores", observados os fundamentos supra. Recurso ordinário a que se dá provimento parcial (RODC-30900-12.2009.5.15.0000, Seção Especializada em Dissídios Coletivos, Relator Ministro: Mauricio Godinho Delgado, *DEJT* 04/09/2009).

A **dispensa plúrima** ocorre, por sua vez, quando um conjunto de trabalhadores específicos é dispensado em decorrência de razões subjetivas, não se confundindo com a dispensa coletiva. Na plúrima, não se busca propriamente uma redução definitiva dos postos de trabalho, mas, muitas vezes, atender à necessidade de contratar trabalhadores mais qualificados ou com outro tipo de formação.

Todavia, a Reforma Trabalhista (Lei nº 13.467/17) inseriu o art. 477-A na CLT e equiparou todas essas formas de dispensa, autorizando sua realização independentemente de norma coletiva ou autorização prévia da entidade sindical:

MANUAL DE DIREITO DO TRABALHO – ROGÉRIO RENZETTI

Art. 477-A da CLT. As dispensas imotivadas individuais, plúrimas ou coletivas equiparam-se para todos os fins, não havendo necessidade de autorização prévia de entidade sindical ou de celebração de convenção coletiva ou acordo coletivo de trabalho para sua efetivação.

> ☞ **ATENÇÃO!**
> A posição jurisprudencial do TST foi superada pela norma nova.

A inclusão do art. 477-A ao texto consolidado tem o escopo de assegurar a igualdade de tratamento entre empregados quanto aos direitos oriundos da rescisão imotivada do contrato de trabalho, independentemente da modalidade de dispensa: individual ou coletiva. Isso porque algumas decisões judiciais vinham tratando desigualmente os empregados nos processos de dispensa coletiva, ante a obrigatoriedade de a negociação coletiva prever vantagens adicionais na rescisão.

A nosso ver, contudo, esse dispositivo tem a finalidade de contrariar a Convenção nº 158 da OIT, cuja vigência está *sub judice* no STF.

16.10. ARBITRAGEM

Art. 507-A da CLT. Nos contratos individuais de trabalho cuja remuneração seja superior a duas vezes o limite máximo estabelecido para os benefícios do Regime Geral de Previdência Social, poderá ser pactuada cláusula compromissória de arbitragem, desde que por iniciativa do empregado ou mediante a sua concordância expressa, nos termos previstos na Lei nº 9.307, de 23 de setembro de 1996.

A arbitragem, como método alternativo ao Poder Judiciário, permite a solução de controvérsias de forma mais ágil, sem abrir mão da tecnicidade. No entanto, como uma das principais características da Reforma Trabalhista é evitar que a demanda chegue ao Judiciário, o poder legiferante teve o cuidado de não a permitir indiscriminadamente a todos os empregados, uma vez que sua fundamentação perpassa equivalência entre as partes.

Desse modo, diante da condição de hipossuficiência de boa parte dos empregados, foi restrita a utilização da arbitragem apenas aos empregados cuja remuneração seja superior a duas vezes o limite máximo estabelecido para os benefícios do Regime Geral de Previdência Social.

Não podemos, contudo, deixar de mencionar, por amor ao debate, que os direitos trabalhistas previstos no ordenamento são irrenunciáveis e intransacionáveis pela sua característica pública, logo, são direitos indisponíveis.

O valor do salário percebido pelo empregado não altera a natureza jurídica do direito.

Entender que os empregados que recebem remuneração superior a duas vezes o limite máximo estabelecido para os benefícios do Regime Geral de Previdência

Cap. 16 – TÉRMINO DO CONTRATO DE TRABALHO **491**

Social podem pactuar a arbitragem é desconhecer a Lei nº 9.307/1996, que só permite a arbitragem em direitos patrimoniais disponíveis.

> Art. 1º da Lei nº 9.307/1996. As pessoas capazes de contratar poderão valer-se da arbitragem para dirimir litígios relativos a direitos patrimoniais disponíveis.
>
> § 1º A Administração Pública Direta e Indireta poderá utilizar-se da arbitragem para dirimir conflitos relativos a direitos patrimoniais disponíveis.

16.11. QUITAÇÃO ANUAL DAS OBRIGAÇÕES TRABALHISTAS

A Reforma Trabalhista (Lei nº 13.467/17) criou a figura do termo de quitação anual:

> Art. 507-B da CLT. É facultado a empregados e empregadores, na vigência ou não do contrato de emprego, firmar o termo de quitação anual de obrigações trabalhistas, perante o sindicato dos empregados da categoria.
>
> Parágrafo único. O termo discriminará as obrigações de dar e fazer cumpridas mensalmente e dele constará a quitação anual dada pelo empregado, com eficácia liberatória das parcelas nele especificadas.

O artigo *supra* permite que o empregador firme termo de quitação anual das obrigações trabalhistas, na presença do sindicato representante da categoria do empregado, no qual deverão constar as obrigações discriminadas, e com eficácia liberatória das parcelas nele especificadas.

Fica nítida a intenção do legislador que o termo de quitação sirva como mais um instrumento de prova, na hipótese de futura reclamação trabalhista.

O legislador pretende tão somente, mais uma vez, a quitação ampla, geral e irrestrita pela comprovação de quitação perante o sindicato. Não se quita o que não está pago. A quitação do que foi pago já está prevista na redação do art. 477, § 2º, da CLT.

Criar um mecanismo de quitação anual geral, na vigência do contrato de trabalho, quando o empregado está presumidamente submetido às ordens do empregador, é de duvidosa liberdade de vontade.

☞ **ATENÇÃO!**

Entendemos que será ressuscitada a antiga discussão em torno da eficácia liberatória da chancela sindical da quitação anual.

ESTABILIDADE E GARANTIA DE EMPREGO

A estabilidade no emprego é uma vantagem jurídica de natureza permanente que assegura ao empregado a manutenção do vínculo de emprego, independentemente da vontade do empregador. Para poder usufruir da condição de estável, o empregado deverá se enquadrar em uma das causas ensejadoras da estabilidade tipificadas em lei.

A estabilidade diferencia-se das garantias, tendo em vista que elas são permanentes, enquanto estas possuem um caráter provisório. Contudo, apesar de ter um caráter permanente, o uso reiterado do termo "estabilidade" como sinônimo de garantia de emprego já consagrou essa expressão como correta.

Para nós, no entanto, o melhor é que a estabilidade fique ligada a uma ideia de vínculo mais permanente, e que a garantia que traduz um vínculo provisório possa ser chamada, também, de estabilidade provisória.

Sendo assim, iremos usar o termo "estabilidade" para classificar a estabilidade decenal e a prevista no art. 19 do ADCT da CF/1988, e "estabilidade provisória" para enumerar as garantias previstas em lei.

Vamos, então, ao estudo das formas conhecidas de estabilidade.

17.1. ESTABILIDADE DECENAL

A estabilidade decenal teve a sua origem na Lei Elói Chaves (Lei nº 4.682/1923), que criou as Caixas de Aposentadoria e Pensões dos Ferroviários e garantia a estabilidade dessa categoria depois de cumpridos dez anos de serviço na empresa.

A estabilidade decenal está prevista na CLT em seu art. 492, da seguinte forma:

Art. 492 O empregado que contar mais de 10 anos de serviço na mesma empresa não poderá ser despedido senão por motivo de falta grave ou circunstância de força maior, devidamente comprovadas.

O empregado com mais de 10 anos de serviço, portanto, só poderia ser dispensado por justa causa após apuração da falta grave por meio de inquérito para tal finalidade.

Essa forma de estabilidade, portanto, conferia ao empregado que completava dez anos de serviço na empresa o direito de não poder mais ser dispensado sem justo motivo.

Em 1966, surgiu o FGTS facultativo, que gerava para o empregado o direito de optar pelo regime que lhe parecesse mais favorável. Na prática, ou ele escolhia o sistema da CLT e seria beneficiário da estabilidade decenal ou escolhia o sistema do FGTS e passava a fazer jus ao recolhimento mensal de 8% sobre a sua remuneração, pagamento da multa indenizatória de 10% (valor da época) e levantamento dos depósitos nas hipóteses permitidas na lei.

Com o advento da CF/1988, o sistema do FGTS passou a ser obrigatório a todos os trabalhadores, garantindo-se o direito adquirido aos trabalhadores que já eram estáveis decenais antes da promulgação da Constituição.

Hoje, como já estudamos, é possível o empregador dispensar o empregado sem que tenha ocorrido um justo motivo. O FGTS obrigatório veio assegurar ao empregador o direito de pôr fim a uma relação de emprego sem precisar apresentar um justo motivo, mas também assegurou ao empregado uma forma de indenização em virtude da dispensa imotivada.

17.2. ESTABILIDADE DO ART. 19 DO ADCT DA CF/1988

O art. 19 do ADCT prevê uma forma de estabilidade conhecida como estabilidade definitiva. Esse dispositivo regulou a situação dos trabalhadores que prestavam serviços para a Administração Pública antes do advento da CF/1988 e da exigência de concurso público para contratação de servidor. Senão, vejamos:

> Art. 19. Os servidores públicos civis da União, dos Estados, do Distrito Federal e dos Municípios, da administração direta autárquica e das fundações públicas, em exercício na data da promulgação da Constituição, há pelo menos 5 anos continuados, e que não tenham sido admitidos na forma do art. 37 da Constituição são considerados estáveis no serviço público.
>
> § 2º O disposto neste artigo não se aplica aos ocupantes de cargos, funções e empregos de confiança ou em comissão, nem aos que a lei declare de livre exoneração, cujo tempo de serviço não será computado para os fins do *"caput"* deste artigo, exceto se se tratar de servidor.
>
> § 3º O disposto neste artigo não se aplica aos professores de nível superior, nos termos da lei.

Quando a lei menciona **"servidor público"**, resta evidente que está tratando também do **empregado público**, o qual é **servidor público celetista**.

Uma dúvida bastante comum abrange os empregados públicos de **fundações públicas de direito privado**. Sendo as entidades pessoas jurídicas de direito privado, teriam os seus empregados essa estabilidade?

O TST entende que, se uma entidade que recebe dotação ou subvenção do Poder Público para exercer atividades de interesse do Estado, não faz diferença a natureza jurídica. Logo, nessa hipótese, não há motivo para diferenciar os empregados de fundações públicas de direito público e de direito privado:

OJ 364 da SDI-I do TST – ESTABILIDADE. ART. 19 DO ADCT. SERVIDOR PÚBLICO DE FUNDAÇÃO REGIDO PELA CLT (*DJ* 20, 21 E 23/05/2008). Fundação instituída por lei e que recebe dotação ou subvenção do Poder Público para realizar atividades de interesse do Estado, ainda que tenha personalidade jurídica de direito privado, ostenta natureza de fundação pública. Assim, seus servidores regidos pela CLT são beneficiários da estabilidade excepcional prevista no art. 19 do ADCT.

17.3. ESTABILIDADE PREVISTA NO ART. 41 DA CF/1988

Antes de começarmos a falar das hipóteses de estabilidade provisória, faz-se necessário lembrar a questão da estabilidade do **servidor público** prevista no art. 41 da CLT.

Você, leitor, pode estar se perguntando por que temos que falar sobre a estabilidade do servidor público se, por diversas vezes, declinamos da abordagem de certos assuntos por se enquadrarem na esfera do Direito Administrativo ou Previdenciário. A explicação é muito simples. Todos os manuais de Direito do Trabalho falam de alguma forma sobre o art. 41 da CF/1988 dentro do capítulo de estabilidade.

Então, para evitar que causemos algum prejuízo por deixar de falar no art. 41 da CF/1988, vamos rapidamente passar por ele.

Art. 41. São estáveis após três anos de efetivo exercício os servidores nomeados para cargo de provimento efetivo em virtude de concurso público.

§ 1º O servidor público estável só perderá o cargo:

I – em virtude de sentença judicial transitada em julgado;

II – mediante processo administrativo em que lhe seja assegurada ampla defesa;

III – mediante procedimento de avaliação periódica de desempenho, na forma de lei complementar, assegurada ampla defesa.

§ 2º Invalidada por sentença judicial a demissão do servidor estável, será ele reintegrado, e o eventual ocupante da vaga, se estável, reconduzido ao cargo de origem, sem direito a indenização, aproveitado em outro cargo ou posto em disponibilidade com remuneração proporcional ao tempo de serviço.

§ 3º Extinto o cargo ou declarada a sua desnecessidade, o servidor estável ficará em disponibilidade, com remuneração proporcional ao tempo de serviço, até seu adequado aproveitamento em outro cargo.

§ 4º Como condição para a aquisição da estabilidade, é obrigatória a avaliação especial de desempenho por comissão instituída para essa finalidade.

☞ ATENÇÃO!

Aos empregados públicos da Administração indireta, com exceção dos empregados dos Correios, não é aplicada a estabilidade prevista no art. 41 da CF/1988.

Observe que o TST tem um posicionamento mais abrangente, estendendo a estabilidade aos celetistas que ingressam por concurso público na administração direta, autárquica ou fundacional. Contudo, os empregados públicos de empresas públicas ou sociedades de economia mista não terão estabilidade, mesmo que admitidos por concurso público.

> Súmula nº 390 do TST – Estabilidade. Art. 41 da CF/1988. Celetista. Administração Direta, autárquica ou fundacional. Aplicabilidade. Empregado de empresa pública e sociedade de economia mista. Inaplicável (conversão das Orientações Jurisprudenciais nºs 229 e 265 da SBDI-1 e da Orientação Jurisprudencial nº 22 da SBDI-2). Resolução nº 129/2005, *DJ* de 20, 22 e 25/04/2005. I – O servidor público celetista da administração direta, autárquica ou fundacional é beneficiário da estabilidade prevista no art. 41 da CF/1988. II – Ao empregado de empresa pública ou de sociedade de economia mista, ainda que admitido mediante aprovação em concurso público, não é garantida a estabilidade prevista no art. 41 da CF/1988.

No entanto, o **Supremo Tribunal Federal**, ao julgar o recurso paradigma do Tema 131 da Lista de Repercussão Geral, entendeu que os empregados públicos não possuem estabilidade do art. 41, exceto se tiverem sido contratados antes da EC nº 19/1998:

> "EMPRESA BRASILEIRA DE CORREIOS E TELÉGRAFOS – ECT. DEMISSÃO IMOTIVADA DE SEUS EMPREGADOS. IMPOSSIBILIDADE. NECESSIDADE DE MOTIVAÇÃO DA DISPENSA. RE PARCIALMENTE PROVIDO. I – Os empregados públicos não fazem jus à estabilidade prevista no art. 41 da CF, salvo aqueles admitidos em período anterior ao advento da EC n. 19/1998. Precedentes. (…)" (RE 589998, Relator Ministro: Ricardo Lewandowski, Tribunal Pleno, Data de Publicação: 12/09/2013).

Importante perceber que o STF ressalvou os empregados públicos contratados antes da EC nº 19/98, a qual deu nova redação ao art. 41 da Constituição Federal. É que antes da emenda não havia a menção a "cargo" no preceito.

Todavia, a Súmula do TST ainda não foi alterada. Além disso, ainda existem julgados divergentes no TST:

> "(…) 2. SERVIDOR PÚBLICO CELETISTA. ADMINISTRAÇÃO DIRETA. (…) Em que pese a Corte de origem tenha declarado que o reclamante é detentor da estabilidade prevista no art. 41 da CF nos termos da Súmula n. 390, I, do TST, extrai-se da decisão recorrida que o reclamante foi admitido nos quadros do recorrente em momento posterior à publicação da EC 19/98, motivo pelo qual se conclui não se tratar de servidor que possui direito à aludida estabilidade. (…)" (AIRR-1002601-72.2016.5.02.0372, 8ª Turma, Relatora Ministra: Dora Maria da Costa, *DEJT* 12/04/2019).

> "AGRAVO DE INSTRUMENTO INTERPOSTO PELA RECLAMADA 1. SERVIDOR PÚBLICO. REGIME CELETISTA. AUTARQUIA ESTADUAL. ESTABILIDADE. DISPENSA IMOTIVADA. APOSENTADORIA ESPONTÂNEA. NULIDADE. REINTEGRAÇÃO. NÃO PROVIMENTO. (…) Ademais, o servidor público celetista da administração direta, autárquica ou fundacional é beneficiário da estabilidade prevista no artigo 41 da Constituição de 1988. Assim, tratando-se a reclamada de autarquia pública estadual e, tendo a reclamante sido admitida mediante concurso

público, não poderia ser dispensada imotivadamente, logo após sua aposentadoria voluntária, vez que detentora de estabilidade no serviço público. Interpretação da Súmula n. 390, I. Correta, portanto, a decisão do egrégio Tribunal Regional, que determinou a reintegração da autora aos quadros da reclamada. Incidência dos óbices do artigo 896, § 7º, da CLT e Súmula n. 333. Agravo de instrumento a que se nega provimento. (...)" (ARR-979-22.2011.5.15.0005, 5ª Turma, Relator Ministro: Guilherme Augusto Caputo Bastos, *DEJT* 05/08/2016).

Quanto aos empregados públicos das **empresas estatais,** não existe qualquer divergência entre a posição do STF e do TST, porque ambos **não aceitam a estabilidade do art. 41**. O TST fixou o entendimento na Súmula 390, II, como vimos. Veja, agora, um julgado do STF:

AÇÃO DIRETA DE INCONSTITUCIONALIDADE. CONSTITUCIONAL E ADMINISTRATIVO. ART. 20-G DA CONSTITUIÇÃO DE RORAIMA, INCLUÍDO PELA EMENDA CONSTITUCIONAL ESTADUAL N. 31/2012. ADMISSÃO DE EMPREGADO PÚBLICO EM SOCIEDADE DE ECONOMIA MISTA ESTADUAL. AÇÃO JULGADA PROCEDENTE. 1. Exigência de concurso público para contratação de empregados das sociedades de economia mista estaduais. Art. 37, inc. II, da Constituição da República. Precedentes. 2. Impossibilidade de reconhecimento da estabilidade prevista no art. 41 da Constituição da República ou da estabilidade excepcional estabelecida no art. 19 do Ato das Disposições Constitucionais Transitórias da Constituição da República. Precedentes. 3. Ação julgada procedente para declarar a inconstitucionalidade da expressão "ressalvados aqueles em regime de serviços prestados contínuos, contratados e investidos até o ano de 2005, na forma da lei, os quais serão considerados estáveis a partir da presente emenda constitucional", parte final do art. 20-g da Constituição de Roraima, incluído pela Emenda Constitucional estadual n. 31/2012. (ADI 4977, Relatora Ministra: Cármen Lúcia, Tribunal Pleno, Data de Publicação: 26/06/2019).

Aliás, independentemente de se adotar ou não a tese da estabilidade pelo transcurso dos três anos, na forma do art. 41 mencionado, existe uma restrição específica para as dispensas de empregados da **Administração Pública Federal Direta (União), autarquias federais e fundações públicas federais**. É que foi editada uma lei que limita as hipóteses de dispensa.

Veja os arts. 1º, *caput*, e 3º da **Lei no 9.962/2000:**

Lei nº 9.962/2000

Art. 1º. O pessoal admitido para emprego público na Administração federal direta, autárquica e fundacional terá sua relação de trabalho regida pela Consolidação das Leis do Trabalho, aprovada pelo Decreto-lei n. 5.452, de 1º de maio de 1943, e legislação trabalhista correlata, naquilo que a lei não dispuser em contrário.

Art. 3º. O contrato de trabalho por prazo indeterminado somente será rescindido por ato unilateral da Administração pública nas seguintes hipóteses:

I – prática de falta grave, dentre as enumeradas no art. 482 da Consolidação das Leis do Trabalho – CLT;

II – acumulação ilegal de cargos, empregos ou funções públicas;

III – necessidade de redução de quadro de pessoal, por excesso de despesa, nos termos da lei complementar a que se refere o art. 169 da Constituição Federal;

IV – insuficiência de desempenho, apurada em procedimento no qual se assegurem pelo menos um recurso hierárquico dotado de efeito suspensivo, que será apreciado em trinta dias, e o prévio conhecimento dos padrões mínimos exigidos para continuidade da relação de emprego, obrigatoriamente estabelecidos de acordo com as peculiaridades das atividades exercidas.

Parágrafo único. Excluem-se da obrigatoriedade dos procedimentos previstos no *caput* as contratações de pessoal decorrentes da autonomia de gestão de que trata o § 8º do art. 37 da Constituição Federal.

Outro ponto que merece destaque é a diferença que existe entre estabilidade e necessidade de motivação para a dispensa. Pode ocorrer de o empregado não ser estável, mas sua dispensa pode precisar estar baseada em motivo expresso.

A Administração Direta, Autárquica e Fundacional, ao dispensar o empregado, necessita promover a devida motivação:

"(...) 2. SERVIDOR PÚBLICO CELETISTA. ADMINISTRAÇÃO DIRETA. DISPENSA IMOTIVADA. (...) Todavia, o Regional noticia que o Município dispensou o reclamante sem a devida motivação, o que contraria a jurisprudência desta Corte que adota o entendimento de que, para o servidor público celetista da Administração Pública direta, autárquica ou fundacional admitido por concurso público, deve ser observada a motivação para a dispensa, mediante regular procedimento administrativo, inclusive no período em que o empregado encontra-se em estágio probatório. (...)" (AIRR-1002601-72.2016.5.02.0372, 8ª Turma, Relatora Ministra: Dora Maria da Costa, *DEJT* 12/04/2019).

A necessidade de motivação também se impõe aos **Correios**, cujos empregados não possuem a estabilidade do art. 41 da Constituição Federal. Isso acontece com os Correios, porque se trata de uma empresa que possui diversas vantagens típicas da Fazenda Pública e que são asseguradas pelo **art. 12 do Decreto-lei n. 509/1969**:

Decreto-lei nº 509/1969

Art. 12. A ECT gozará de isenção de direitos de importação de materiais e equipamentos destinados aos seus serviços, dos privilégios concedidos à Fazenda Pública, quer em relação a imunidade tributária, direta ou indireta, impenhorabilidade de seus bens, rendas e serviços, quer no concernente a foro, prazos e custas processuais.

> ☞ **ATENÇÃO!**
>
> O TST entende que é possível a dispensa dos empregados públicos de empresas públicas ou sociedades de economia mista, sem justa causa.

OJ nº 247 da SDI-I do TST – Servidor público. Celetista concursado. Despedida imotivada. Empresa pública ou sociedade de economia mista. Possibilidade (alterada – Resolução n° 143/2007) – *DJ* de 13/11/2007. I – A despedida de empregados de empresa pública e de sociedade de economia mista, mesmo admitidos por concurso público, independe de ato motivado para sua validade; II – A validade do ato de despedida do empregado da Empresa Brasileira de Correios e Telégrafos (ECT) está condicionada à motivação, por gozar a empresa do mesmo tratamento destinado à Fazenda Pública em relação à imunidade tributária e à execução por precatório, além das prerrogativas de foro, prazos e custas processuais.

☞ **ATENÇÃO!**

Você deve estar se perguntando: mas o STF não se manifestou pela necessidade de o ato da dispensa ser motivado para todos os empregados de empresa pública e de sociedade de economia mista? Sim. Porém, tenha cuidado! A OJ n° 247 ainda está em vigor.

O Supremo Tribunal Federal firmou **tese** no julgamento do **Tema 131 da Lista de Repercussão geral** no mesmo sentido da necessidade de fundamentação da dispensa pelos Correios:

"A Empresa Brasileira de Correios e Telégrafos – ECT tem o dever jurídico de motivar, em ato formal, a demissão de seus empregados."

Quanto às **demais empresas estatais,** o Tribunal Superior do Trabalho entende que a dispensa pode ser imotivada, mesmo que o empregado tenha sido contratado sem concurso público. Essa inteligência foi consagrada na Orientação Jurisprudencial 247, I, da SDI-I supra.

A matéria, contudo, encontra-se no Supremo Tribunal Federal, sujeita ao **Tema 1.022 da Lista de Repercussão Geral,** ainda não julgado no mérito. Veja o tema:

"Dispensa imotivada de empregado de empresa pública e de sociedade de economia mista admitido por concurso público."

O próprio TST já se manifestou no sentido de decidir pela necessidade de motivação da dispensa do empregado público, o que certamente levará ao cancelamento do posicionamento contido na OJ n° 247.

Ação rescisória. Sociedade de economia mista. Demissão imotivada. Impossibilidade. Reintegração do empregado. Submissão aos princípios previstos no art. 37, *caput*, da CF. Regulamento interno. Necessidade de motivação. Adesão ao contrato de trabalho. Súmula n° 51 do TST. O STF, nos autos do RE n° 589998, estabeleceu que os empregados de sociedades de economia mista e de empresas públicas admitidas por concurso público somente poderão ser demitidos mediante a motivação do ato de dispensa, porquanto necessária a observação dos princípios constitucionais que regem a Administração Pública Direta e Indireta, previstos no art. 37, *caput*, da CF. Ademais, verificada, no caso, a existência de dispositivo de norma interna do Banestado prevendo a obrigatoriedade da motivação para dispensa de empregados, tal cláusula adere ao contrato de trabalho, impossibilitando a dispensa imotivada a teor do preconizado pela Súmula nº 51 do TST. Com esses fundamentos, e não vislumbrando violação ao art. 173, § 1º, da CF, a SBDI-II, à unanimidade, negou provimento ao recurso ordinário por meio do qual se buscava reformar a decisão do TRT da 9ª Região que, ao julgar improcedente a ação rescisória, manteve o acórdão que determinou a reintegração do empregado do Banestado demitido imotivadamente. TST-RO-219- 22.2012.5.09.0000, SBDI-II, Relator Ministro: Cláudio Mascarenhas Brandão, 15/10/2013 (Informativo nº 63 do TST).

Matéria afetada ao Tribunal Pleno. Servidor público celetista. Administração Pública Direta, autárquica e fundacional. Concurso público. Contrato de experiência. Dispensa imotivada. Impossibilidade. Observância dos princípios constitucionais da impessoalidade e da motivação. A despedida de servidor público celetista da administração pública direta, autárquica e fundacional, admitido por concurso público e em contrato de experiência, deve ser motivada. A observância do princípio constitucional da motivação visa a resguardar o empregado de possível quebra do postulado da impessoalidade por parte do agente estatal investido no poder de dispensar. Sob esse fundamento, o Tribunal Pleno, por unanimidade, conheceu do recurso de embargos, por divergência jurisprudencial, e, no mérito, deu-lhe provimento, para julgar procedentes os pedidos da reclamante de restauração da relação de emprego e de pagamento dos salários e demais vantagens do período compreendido entre a dispensa e a efetiva reintegração. TST-E-ED-RR 64200-46.2006.5.02.0027, Tribunal Pleno, Relator Ministro: Alberto Luiz Bresciani de Fontan Pereira, 29/09/2015 (Informativo nº 119 do TST).

17.4. ESTABILIDADE PROVISÓRIA

Além dos casos expressamente previstos na CF/1988, na CLT ou em leis próprias, como veremos adiante, as normas coletivas também poderão estabelecer outras hipóteses de garantias de emprego.

17.5. EMPREGADO ELEITO DIRIGENTE SINDICAL

Essa garantia visa proteger a independência da atuação do empregado no exercício do mandato de dirigente sindical, assegurando-lhe as condições básicas para que possa exercer a defesa dos interesses da categoria.

Essa garantia encontra-se assegurada na Constituição e regulamentada na CLT.

Art. 8º, VIII, da CF/1988: é vedada a dispensa do empregado sindicalizado a partir do registro da candidatura a cargo de direção ou representação sindical e, se eleito, ainda que suplente, até um ano após o final do mandato, salvo se cometer falta grave nos termos da lei.

Se o empregado não for eleito, não terá a garantia da estabilidade.

Vamos à análise do art. 543 da CLT:

Art. 543. O empregado eleito para cargo de administração sindical ou representação profissional, inclusive junto a órgão de deliberação coletiva, não poderá ser impedido do exercício de suas funções, nem transferido para lugar ou mister que lhe dificulte ou torne impossível o desempenho das suas atribuições sindicais.

> ☞ **ATENÇÃO!**
>
> A CF/1988 não recepcionou o art. 543 da CLT no tocante à extensão da garantia aos dirigentes de associações profissionais. Portanto, a leitura do referido artigo deve ser feita à luz do texto constitucional, de tal modo que tão somente os empregados de mandato sindical possam ser beneficiados por essa garantia.

A questão específica dos destinatários dessa garantia, contudo, será vista logo mais adiante.

§ 1º O empregado perderá o mandato se a transferência for por ele solicitada ou voluntariamente aceita.

(...)

§ 4º Considera-se cargo de direção ou de representação sindical aquele cujo exercício ou indicação decorre de eleição prevista em lei.

(...)

§ 6º A empresa que, por qualquer modo, procurar impedir que o empregado se associe a sindicato, organize associação profissional ou sindical ou exerça os direitos inerentes à condição de sindicalizado fica sujeita à penalidade prevista na letra a do art. 553, sem prejuízo da reparação a que tiver direito o empregado.

Separamos alguns parágrafos do art. 543 da CLT que merecem ser destacados, para serem tratados por assunto, vamos a eles:

a) Do prazo da estabilidade:

> ☞ **ATENÇÃO!**
>
> **Memorize!** A estabilidade tem início a partir do registro da candidatura do candidato e dura até um ano após o final do mandato. O mandato do dirigente sindical é de 3 anos.

§ 3º Fica vedada a dispensa do empregado sindicalizado ou associado, a partir do momento do registro de sua candidatura a cargo de direção ou representação de entidade sindical ou de associação profissional, até 1 (um) ano após o final do seu mandato, caso seja eleito inclusive como suplente, salvo se cometer falta grave devidamente apurada nos termos desta Consolidação.

Atenção ao recente posicionamento do TST: o dirigente manterá o seu direito à estabilidade mesmo na hipótese de pendência de registro sindical no Ministério da Economia. Somente com o indeferimento definitivo do registro sindical, após o julgamento de eventuais recursos, a estabilidade deixará de existir.

> Mandado de segurança. Antecipação de tutela. Dirigente sindical. Estabilidade provisória. Processo de registro sindical no Ministério do Trabalho e Emprego. Pendência. Reintegração. A pendência de registro de entidade sindical junto ao Ministério do Trabalho e Emprego não afasta a garantia da estabilidade provisória de dirigente sindical, consoante atual jurisprudência do STF. No caso concreto, não obstante o pedido de registro tenha sido indeferido pelo Ministério do Trabalho, a entidade sindical interpôs recurso administrativo, o qual está pendente de apreciação. Assim, à luz da interpretação conferida pelo Supremo Tribunal Federal ao art. 8º, VIII, da CF, o empregado eleito dirigente sindical somente não goza da estabilidade provisória a partir do momento em que a solicitação de registro seja definitivamente negada pelo órgão ministerial. Sob esse fundamento, a SBDI-II, por unanimidade, negou provimento ao recurso ordinário interposto pelo impetrante, mantendo incólume a decisão que, ao denegar a segurança, ratificou o deferimento do pedido de antecipação de tutela que determinou a reintegração do dirigente sindical. TST-RO-21386-31.2015.5.04.0000, SBDI-II, Relator Ministro: Douglas Alencar Rodrigues, 07/06/2016 (Informativo nº 139 do TST).

b) Da exigência de comunicação do registro da candidatura ao empregador:

Como a garantia provisória tem **início com registro da candidatura**, cabe ao sindicato comunicar ao empregador, no **prazo de 24 horas do registro da candidatura**, essa ocorrência. Leia o **art. 543, § 5º, da CLT**:

> § 5º Para os fins deste artigo, a entidade sindical comunicará por escrito à empresa, dentro de 24 (vinte e quatro) horas, o dia e a hora do registro da candidatura do seu empregado e, em igual prazo, sua eleição e posse, fornecendo, outrossim, a este, comprovante no mesmo sentido. O Ministério do Trabalho e Previdência Social fará no mesmo prazo a comunicação no caso da designação referida no final do § 4º.

☞ ATENÇÃO!

O TST recentemente firmou entendimento no sentido de que é assegurada a estabilidade provisória mesmo se a comunicação do registro da candidatura for realizada após o prazo de 24 horas estabelecido no § 5º do art. 543 da CLT. Entende o TST que a comunicação ao empregador deverá ser feita por qualquer meio, desde que ocorra na vigência do contrato de trabalho.

> Súmula nº 369 do TST – Dirigente sindical. Estabilidade provisória (redação do item I alterada na sessão do Tribunal Pleno realizada em 14/09/2012). Resolução nº 185/2012, *DEJT* divulgado em 25, 26 e 27/09/2012.

Cap. 17 – ESTABILIDADE E GARANTIA DE EMPREGO

503

I – É assegurada a estabilidade provisória ao empregado dirigente sindical, ainda que a comunicação do registro da candidatura ou da eleição e da posse seja realizada fora do prazo previsto no art. 543, § 5º, da CLT, desde que a ciência ao empregador, por qualquer meio, ocorra na vigência do contrato de trabalho.

Esse prazo também deve ser seguido para o sindicato comunicar ao empregador **a eleição e a posse do empregado**. No entanto, mais uma vez, mesmo que ultrapassado o prazo, a comunicação gera efeitos normalmente.

c) Considera-se causa de suspensão do contrato de trabalho o tempo em que o empregado estiver afastado para exercer o cargo de dirigente sindical:

§ 2º Considera-se de licença não remunerada, salvo assentimento da empresa ou cláusula contratual, o tempo em que o empregado se ausentar do trabalho no desempenho das funções a que se refere este artigo.

d) Da exigência do inquérito para apuração de falta grave:

O empregado que exerce mandato de dirigente sindical só poderá ser dispensado por justa causa apurada em inquérito para averiguação de falta grave.

Vamos, então, repetir a leitura do art. 8º, VIII, da CF/1988, bem como do § 3º do art. 543 da CLT. Como já dissemos inúmeras vezes no decorrer do nosso livro, a reiteração da leitura dos dispositivos de leis e da jurisprudência é sempre proveitosa.

Art. 8, VIII, da CF/1988: é vedada a dispensa do empregado sindicalizado a partir do registro da candidatura a cargo de direção ou representação sindical e, se eleito, ainda que suplente, até 1 ano após o final do mandato, salvo se cometer falta grave nos termos da lei;

§ 3º Fica vedada a dispensa do empregado sindicalizado ou associado, a partir do momento do registro de sua candidatura a cargo de direção ou representação de entidade sindical ou de associação profissional, até 1 ano após o final do seu mandato, caso seja eleito, inclusive como suplente, salvo se cometer falta grave devidamente apurada nos termos desta Consolidação.

Nesse sentido também temos o texto da Súmula nº 379 do TST.

Súmula nº 379 do TST – Dirigente sindical. Despedida. Falta grave. Inquérito judicial. Necessidade (conversão da Orientação Jurisprudencial nº 114 da SBDI-1). Resolução nº 129/2005, DJ de 20, 22 e 25/04/2005. O dirigente sindical somente poderá ser dispensado por falta grave mediante a apuração em inquérito judicial, inteligência dos arts. 494 e 543, § 3º, da CLT.

☞ ATENÇÃO!
Súmula nº 369 do TST.

Em relação ao tema da estabilidade do empregado dirigente sindical, temos ainda que analisar a Súmula nº 369 do TST, que é sempre muito cobrada nas provas de concurso.

> Súmula nº 369 do TST – Dirigente sindical. Estabilidade provisória (redação do item I alterada na sessão do Tribunal Pleno realizada em 14/09/2012). Resolução nº 185/2012, *DEJT* divulgado em 25, 26 e 27/09/2012. I – É assegurada a estabilidade provisória ao empregado dirigente sindical, ainda que a comunicação do registro da candidatura ou da eleição e da posse seja realizada fora do prazo previsto no art. 543, § 5º, da CLT, desde que a ciência ao empregador, por qualquer meio, ocorra na vigência do contrato de trabalho.

O item I desta Súmula fala da questão da exigência de que a comunicação do registro da candidatura do empregado seja feita ao empregador, por qualquer meio, desde que ocorra na vigência do contrato de trabalho. Esse item já foi citado por nós há pouco, quando falamos que ele consubstancia um novo posicionamento do TST perante o § 5º do art. 543 da CLT.

> II – O art. 522 da CLT foi recepcionado pela Constituição Federal de 1988. Fica limitada, assim, a estabilidade a que alude o art. 543, § 3º, da CLT a sete dirigentes sindicais e igual número de suplentes.

O item II da súmula trata da questão da limitação quanto ao número de dirigentes estáveis, dizendo que foi recepcionado o texto do art. 522 da CLT, que dispõe que: "A administração do sindicato será exercida por uma diretoria constituída no máximo de sete e no mínimo de três membros e de um Conselho Fiscal composto de três membros, eleitos esses órgãos pela Assembleia Geral".

☞ ATENÇÃO!
É de sete, no máximo, e de três, no mínimo, o número de dirigentes titulares e suplentes que detêm a garantia da estabilidade.

Outro ponto importante: se o empregado for eleito dirigente de uma entidade sindical que representa uma **categoria diferenciada**, apenas terá estabilidade provisória se exercer a referida profissão no estabelecimento patronal.

Categoria diferenciada é aquela categoria de trabalhadores que são regidos por estatuto próprio ou possuem condições de vida singulares:

CLT

Art. 511. (...)

§3º. Categoria profissional diferenciada é a que se forma dos empregados que exerçam profissões ou funções diferenciadas por força de estatuto profissional especial ou em consequência de condições de vida singulares.

> **Exemplo**: Marta é eleita dirigente sindical do sindicato dos professores da cidade de São Paulo e somente terá garantia provisória se trabalhar como professora na instituição de ensino empregadora.

III – O empregado de categoria diferenciada eleito dirigente sindical só goza de estabilidade se exercer na empresa atividade pertinente à categoria profissional do sindicato para o qual foi eleito dirigente.

Note que o TST foi muito coerente ao determinar que, se a atividade exercida pelo dirigente sindical na empresa não corresponder à da categoria profissional do sindicato para o qual foi eleito, torna-se inaplicável a concessão da estabilidade provisória sindical.

Por outro lado, se Marta (personagem do nosso exemplo) for empregada administrativa da instituição de ensino, então não pode alegar estabilidade do empregador por ser dirigente de sindicato dos professores.

Questão interessante envolve a existência de estabilidade antes de o sindicato receber o registro sindical. As entidades sindicais somente possuem personalidade sindical após a concessão de registro sindical, que atualmente é conferido pelo Ministério da Economia:

Lei 13.844/19

Art. 31. Constituem áreas de competência do Ministério da Economia:

XLI – registro sindical.

No entanto, a concessão de registro sindical é um processo que leva certo tempo, razão pela qual o TST reconhece a estabilidade do dirigente, mesmo antes da concessão formal do registro.

 ATENÇÃO!

O Tribunal Superior do Trabalho entende que a estabilidade provisória existe, mesmo que o sindicato ainda não tenha obtido registro sindical perante o Ministério.

EMBARGOS REGIDOS PELA LEI N. 11.496/2007. GARANTIA NO EMPREGO DO DIRIGENTE SINDICAL. REGISTRO DO SINDICATO NO MINISTÉRIO DO TRABALHO E EMPREGO. DESNECESSIDADE. Discute-se, *in casu*, se a ausência do prévio registro do sindicato no Ministério do Trabalho e Emprego, bem como do depósito de seus atos constitutivos em Cartório de

Títulos e Documentos, obsta o reconhecimento da estabilidade provisória do dirigente sindical. Esta Corte, entretanto, já pacificou o entendimento de que o reconhecimento da garantia de emprego ao empregado eleito para cargo de direção ou representação sindical independe da efetivação do registro do respectivo sindicato no Ministério do Trabalho e Emprego ou no Cartório de Registro de Títulos e Documentos. No caso, é incontroverso que o reclamante, no momento da fundação da entidade sindical, foi eleito para o cargo de tesoureiro e que a reclamada tomou ciência desse fato no dia seguinte à realização da respectiva assembleia. Incontroverso também que a dispensa do reclamante ocorreu quando o sindicato ainda não estava regularmente constituído, uma vez que o pedido de registro no Ministério do Trabalho e Emprego somente foi protocolado posteriormente à dispensa. No entanto, na linha da jurisprudência sedimentada nesta Corte, a *ratio essendi* que anima as liberdades constitucionais das associações sindicais não é o seu registro, mas o momento de sua efetiva fundação. Embargos conhecidos e desprovidos. (E-ED-RR – 261600-83.2007.5.12.0050, Relator Ministro: José Roberto Freire Pimenta, Data de Julgamento: 05/10/2017, Subseção I Especializada em Dissídios Individuais, Data de Publicação: *DEJT* 13/10/2017).

O Supremo Tribunal Federal decidiu na mesma direção:

"Estabilidade sindical provisória (...); reconhecimento da garantia aos diretores eleitos, na assembleia constitutiva da entidade sindical, desde, pelo menos, a data do pedido de registro no Ministério do Trabalho, o que não contraria a exigência deste, constante do art. 8º, I, da Constituição. A constituição de um sindicato — posto culmine no registro no Ministério do Trabalho (STF, MI 144, 3-8-92, Pertence, RTJ 147/868) — a ele não se resume: não é um ato, mas um processo. Da exigência do registro para o aperfeiçoamento da constituição do sindicato, não cabe inferir que só a partir dele estejam os seus dirigentes ao abrigo da estabilidade sindical: é 'interpretação pedestre', que esvazia de eficácia aquela garantia constitucional, no momento talvez em que ela se apresenta mais necessária, a da fundação da entidade de classe." (RE 205.107, Relator Ministro: Sepúlveda Pertence, julgamento em 06/08/1998, *DJ* de 25/09/1998).

Muito embora a Subseção I de Dissídios Individuais considere que a estabilidade existe desde a fundação, a Subseção II de Dissídios Individuais decidiu que haveria a necessidade, pelo menos, o pedido de registro formulado no Ministério:

"(...) MANDADO DE SEGURANÇA. DEFERIMENTO DE TUTELA DE URGÊNCIA NA RECLAMAÇÃO TRABALHISTA ORIGINÁRIA PARA REINTEGRAÇÃO DOS RECLAMANTES AO EMPREGO. DISPENSAS, SEM JUSTA CAUSA, EFETUADAS NO DECORRER DA ALEGADA ESTABILIDADE PROVISÓRIA DOS SUPOSTOS DIRIGENTES SINDICAIS. AUSÊNCIA DE PROVA DO PEDIDO DE REGISTRO DO SINDICATO PERANTE O MINISTÉRIO DO TRABALHO E EMPREGO. REINTEGRAÇÃO LIMINAR INDEVIDA. (...) 2. A segurança foi concedida pela Corte de origem em face da ausência de comprovação de que fora formalizado pedido de concessão de registro sindical perante o Ministério do Trabalho e Emprego. 3. De fato, para efeito de reconhecimento da estabilidade provisória no emprego de que cuidam os arts. 8º, VIII, da Carta de 1988 e 543, § 3º, da CLT, não basta o mero registro dos estatutos sindicais junto ao Cartório de Registro Civil de Pessoas Jurídicas. O Excelso Supremo Tribunal Federal já decidiu que a estabilidade prevista no art. 8º, VIII, da Constituição Federal alcança o empregado eleito dirigente de sindicato em processo de obtenção do registro sindical. Desse modo, na linha da jurisprudência do STF e desta Corte, a estabilidade sindical apenas existirá a partir do instante em que formulado o requerimento junto ao Ministério do Trabalho e Emprego, pois a partir desse instante é que se instala a expectativa de aquisição da personalidade jurídica sindical. No período anterior ao pedido de registro, apenas há uma associação civil, de caráter não sindical, ainda que a razão social adote a denominação 'sindicato'. 4. No caso examinado, inexistindo prova do pedido de registro do SINDIMETAL junto ao Ministério do Trabalho e Emprego, revela-se escorreita a conclusão regional de cassação da decisão antecipatória exarada pela autoridade judicial de primeira instância. Recurso ordinário conhecido e não provido." (RO-293-31.2016.5.20.0000, Subseção II Especializada em Dissídios Individuais, Relator Ministro: Douglas Alencar Rodrigues, *DEJT* 03/05/2019).

Como mencionado, a garantia provisória destina-se a assegurar uma atuação sindical livre de perseguições do empregador. Partindo dessa premissa, a garantia apenas se justifica na localidade em que se situe a base territorial do sindicato. **Se o estabelecimento patronal for extinto na base territorial do sindicato**, então não haverá mais motivo para estabilidade.

IV – Havendo extinção da atividade empresarial no âmbito da base territorial do sindicato, não há razão para subsistir a estabilidade.

Exemplo: Vitório é dirigente sindical do Sindicato dos Trabalhadores na Indústria na cidade de Salvador e a indústria onde trabalhava foi extinta, não havendo outro estabelecimento patronal em Salvador, então não haverá mais estabilidade. Claro que, se houver outro estabelecimento em Salvador (mesmo que diferente daquele em que Vitório laborava), a estabilidade persiste.

Além disso, se o registro da candidatura dirigente sindical ocorreu no curso do aviso-prévio, não há que se falar em estabilidade provisória, uma vez que o empregado já tinha ciência da data do término de seu contrato.

V – O registro da candidatura do empregado a cargo de dirigente sindical durante o período de aviso-prévio, ainda que indenizado, não lhe assegura a estabilidade, visto que inaplicável a regra do § 3º do art. 543 da Consolidação das Leis do Trabalho.

**ATENÇÃO!**

Já vimos esse inciso no capítulo específico sobre aviso-prévio, quando falamos sobre a possibilidade de o empregado adquirir a estabilidade no curso do aviso-prévio. Vimos que, em regra, não há esta possibilidade. Essa é a regra estabelecida no item V dessa súmula.

Não se pode admitir que o empregado, tendo sido pré-avisado de seu desligamento, promova dolosamente o registro de candidatura para obstar a rescisão.

Em regra, não há direito à estabilidade se a candidatura for realizada durante o contrato por prazo determinado, pois as partes já sabem previamente a data do término do contrato de trabalho. Encontramos como exceção a essa regra o contrato por prazo determinado previsto na Lei nº 9.601/1998, que analisamos em momento oportuno. Na citada lei, há expressa previsão de estabilidade para o dirigente sindical.

> Art. 1º, § 4º, da Lei nº 9.601/1998. São garantidas as estabilidades provisórias da gestante; do dirigente sindical, ainda que suplente; do empregado eleito para cargo de direção de comissões internas de prevenção de acidentes; do empregado acidentado, nos termos do art. 118 da Lei nº 8.213, de 24 de julho de 1991, durante a vigência do contrato por prazo determinado, que não poderá ser rescindido antes do prazo estipulado pelas partes.

- Destinatários da garantia:

Essa garantia provisória no emprego, contudo, **não foi estendida** aos **delegados sindicais**. Isso ocorre porque os delegados sindicais não são eleitos, mas simplesmente indicados pela diretoria da entidade, na forma do **art. 523 da CLT**:

CLT

Art. 523. Os Delegados Sindicais destinados à direção das delegacias ou seções instituídas na forma estabelecida no § 2º do art. 517 serão designados pela diretoria dentre os associados radicados no território da correspondente delegacia.

Esses delegados sindicais atuam na direção de delegacias ou seções, que nada mais são do que a representação do sindicato em uma área dentro da base territorial da entidade.

> **Exemplo**: um sindicato estadual. A diretoria necessita manter contato com a base em todos os Municípios, mas a sede da entidade fica localizada em um Município específico. Logo, pode o sindicato estadual indicar um delegado para um outro Município de maneira a facilitar a interlocução com os anseios da classe naquela área.

Observe o disposto no art. 517, § 2º, da CLT:

CLT

Art. 517. (...)

§ 2º Dentro da base territorial que lhe for determinada é facultado ao sindicato instituir delegacias ou secções para melhor proteção dos associados e da categoria econômica ou profissional ou profissão liberal representada.

Quanto aos **membros do conselho fiscal**, a função desses cargos é fiscalizar a atuação financeira da diretoria e não representar a categoria diante de órgãos públicos ou em negociações coletivas. Logo, não possuem também essa garantia:

OJ n° 365 da SDI-I do TST – Estabilidade provisória. Membro de conselho fiscal de sindicato. Inexistência (*DJ* de 20, 21 e 23/05/2008). Membro de Conselho Fiscal de sindicato não tem direito à estabilidade prevista nos arts. 543, § 3°, da CLT e 8°, VIII, da CF/1988, porquanto não representa ou atua na defesa de direitos da categoria respectiva, tendo sua competência limitada à fiscalização da gestão financeira do sindicato (art. 522, § 2°, da CLT).

Como não existe efetiva eleição, não possuem estabilidade os **delegados sindicais**:

OJ n° 369 da SDI-I do TST – Estabilidade provisória. Delegado sindical. Inaplicável. (*DEJT* divulgado em 3, 4 e 05/12/2008). O delegado sindical não é beneficiário da estabilidade provisória prevista no art. 8°, VIII, da CF/1988, a qual é dirigida, exclusivamente, àqueles que exerçam ou ocupem cargos de direção nos sindicatos, submetidos a processo eletivo.

As regras estabelecidas para a estabilidade do dirigente sindical também são aplicadas aos dirigentes eleitos para o Conselho de Representantes das Federações e Confederações.

A interpretação de normas constitucionais deve ser ampla, de modo a conceder a plena efetividade da proteção pretendida pelo legislador constitucional. Logo, não importa a hierarquia da entidade sindical, haverá estabilidade para o dirigente. Leia esse julgado ilustrativo sobre Federação:

RECURSO DE REVISTA. ESTABILIDADE. DIRIGENTE SINDICAL. FEDERAÇÃO. MEMBRO SUPLENTE. Conforme entendimento da Súmula n. 369, II, desta Corte Superior, a estabilidade a que alude os arts. 8°, VIII, da Constituição Federal e 543, § 3°, da CLT, destina-se não apenas aos membros titulares da entidade, em máximo de sete, mas também aos seus respectivos suplentes, em mesmo número. Na hipótese, o Tribunal Regional registrou expressamente que o reclamante foi eleito como quarto suplente da Diretoria da Federação. Assim, resta assegurada a estabilidade sindical ao obreiro. Recurso de revista conhecido e provido. (RR – 72600-84.2007.5.01.0013, Relatora Ministra: Delaíde Miranda Arantes, Data de Julgamento: 30/05/2012, 7ª Turma, Data de Publicação: *DEJT* 01/06/2012).

Neste sentido é o entendimento do TST:

Estabilidade provisória. Representante sindical e suplente eleitos para o Conselho de Representantes de federação ou confederação. Incidência dos arts. 8°, VIII, da CF e 543, § 3°, da CLT. A diretriz da Orientação Jurisprudencial n° 369 da SBDI-I, que diz respeito a delegado sindical junto a empresas, não se aplica ao representante sindical eleito, e ao seu suplente, junto ao Conselho de Representantes de federação ou confederação (art. 538, "*b*", da CLT), uma vez que estes últimos gozam da estabilidade provisória disposta no inciso VIII do art. 8° da CF e no § 3° do art. 543 da CLT. Ademais, não há falar na incidência do limite quantitativo previsto no art. 522 da CLT e na Súmula n° 369, II, do TST, visto que aplicável tão somente aos cargos da Diretoria e do Conselho Fiscal da entidade sindical, pois o Conselho de Representantes dispõe de número fixo de membros de cada sindicato ou federação, quais sejam dois titulares e dois suplentes (CLT, art. 538, § 4°). Com esse entendimento, a SBDI-I, por maioria, conheceu e deu provimento aos embargos para restabelecer a decisão do TRT que reconheceu a estabilidade pleiteada e determinou a reintegração do reclamante com pagamento dos salários do período do afastamento. Vencida a Ministra Maria Cristina Irigoyen Peduzzi. TST-E-ED-RR-125600-83.2003.5.10.0014, SBDI-I, Relatora Ministra: Delaíde Miranda Arantes, 22/03/2012 (Informativo n° 03 do TST).

O TST recentemente estabeleceu a estabilidade provisória do dirigente de central sindical.[1]

Quanto ao **dirigente da central sindical**, mesmo essa entidade não integrando a hierarquia sindical brasileira (que é formada pela confederação, federação e sindicato), certo é que o TST possui julgado que reforça a importância representativa das centrais sindicais, bem como a grande influência que elas exercem nas entidades sindicais. Portanto, a garantia também deve ser estendida aos dirigentes dela:

"(...) 2. ESTABILIDADE PROVISÓRIA. DIRIGENTE DE FEDERAÇÃO COMPOSTA POR CENTRAL SINDICAL. REGISTRO DA ENTIDADE NÃO SE CONFIGURA COMO PRESSUPOSTO PARA A FRUIÇÃO DA ESTABILIDADE. No tocante ao pleito de reconhecimento de estabilidade em razão de ter sido dirigente da Federação Interestadual dos Metalúrgicos da Central Única dos Trabalhadores, cabe pontuar que o Tribunal Regional adotou o entendimento de ser o registro de entidades sindicais perante o Ministério do Trabalho medida imprescindível. Sobre o tema, portanto, há duas particularidades que precisam ser enfrentadas: a) o cabimento de reconhecimento de estabilidade para dirigente de central sindical ou de Federação composta por central sindical, qualquer que seja ela, desde que regularmente reconhecida na forma da Lei das Centrais Sindicais (caso dos autos); (...). Em relação ao primeiro aspecto, tem-se que as Centrais Sindicais não compõem o modelo corporativista tradicional, sendo, de certo modo, seu contraponto. Porém, constituem, do ponto de vista social, político e ideológico, entidades líderes do movimento sindical, que atuam e influem em toda a pirâmide regulada pela ordem jurídica. A importância das Centrais Sindicais é notável, sendo, de maneira geral, componente decisivo da Democracia contemporânea. No plano interno de suas atividades, não apenas fixam linhas gerais de atuação para o sindicalismo em contextos geográficos e sociais mais amplos, como podem erigir instrumentos culturais e logísticos de grande significado para as respectivas bases envolvidas. No plano externo de suas atividades, participam da fundamental dinâmica democrática ao dialogarem com as grandes forças institucionais do País, quer as de natureza pública, quer as de natureza privada. A teor do Direito brasileiro, portanto (Lei n. 11.648/08, art. 1°, *caput* e parágrafo único, combinado com art. 2°), considera-se Central Sindical a entidade de representação dos trabalhadores, constituída em âmbito nacional, como ente associativo privado, composto por organizações sindicais de trabalhadores e que atenda os requisitos de filiação mínimos legalmente estabelecidos. Consequentemente, em face de as Centrais Sindicais constituírem, do ponto de vista social, político e ideológico, entidades líderes do movimento sindical, que atuam e influem em toda a pirâmide regulada pela ordem jurídica, há de se assegurar aos seus dirigentes, na linha consagrada às demais entidades representativas dos trabalhadores, as garantias mínimas de proteção à atuação de ente obreiro coletivo. Ressalte-se que, entre as proteções afirmadas às entidades representativas

---

[1] TST-RR-50000-91.2008.5.17.0012, Relator Ministro: Maurício Godinho Delgado, j. 23.10.2013.

Cap. 17 – ESTABILIDADE E GARANTIA DE EMPREGO

dos trabalhadores para plena atuação, está a vedação à dispensa sem justa causa do dirigente sindical, desde a data de sua inscrição eleitoral até um ano após o término do correspondente mandato (art. 8º, VIII, CF/1988). Nesse sentido, seria inadequado, diante da complexidade das estruturas organizativas hoje existentes no Brasil, entender-se que a garantia prevista no art. 8º, VIII, da CF/1988, não pudesse ser extensível aos dirigentes das Centrais Sindicais, cujo reconhecimento formal se deu pelo advento da Lei 11.648, de 31/03/2008. Essa não extensão, a propósito, iria ferir, igualmente, a proteção normativa inserida tanto na Convenção 98, como na Convenção 135, ambas da OIT e ratificadas pelo Brasil há mais de 25 anos. (...)" (RR-205340-68.1997.5.01.0041, 3ª Turma, Relator Ministro: Mauricio Godinho Delgado, *DEJT* 17/11/2017).

Outro ponto interessante envolve o **dirigente do sindicato patronal**. É comum verificar a existência de dirigentes de sindicato de empresas que são empregados de alguma dessas empresas. Nesse ponto, teria ele estabilidade na sua própria empresa? A resposta é **positiva**.

Não se pode conferir interpretação restritiva à norma constitucional protetiva. Observe os seguintes julgados do Supremo Tribunal Federal:

DIREITO DO TRABALHO. AGRAVO INTERNO EM RECURSO EXTRAORDINÁRIO COM AGRAVO. ESTABILIDADE SINDICAL. SENTIDO AMPLO. DIRIGENTES DO GRUPO ECONÔMICO. 1. A jurisprudência do Supremo Tribunal Federal é firme no sentido de que a norma constitucional prevista no art. 8º, VIII, dispõe de forma ampla acerca da estabilidade provisória, referindo-se genericamente ao empregado sindicalizado, candidato a cargo de direção ou representação de entidade sindical ou de associação profissional. (...) (ARE 646861 AgR, Relator (a): Min. ROBERTO BARROSO, Primeira Turma, Publicado em 29-03-2017) "Interpretação restritiva do inciso VIII do artigo 8º da Constituição Federal: impossibilidade. Inexistência de norma legal ou constitucional que estabeleça distinção entre o dirigente sindical patronal e o dos trabalhadores. Não perde a condição de empregado o trabalhador que, malgrado ocupe cargo de confiança na empresa empregadora, exerça mandato sindical como representante da categoria econômica. Representante sindical patronal. Dispensa no curso do mandato. Indenização e consectários legais devidos desde a data da despedida até um ano após o final do mandato." (RE 217.355, Relator Ministro: Maurício Corrêa, *DJ* de 02/02/2001).

Outro questionamento refere-se ao dirigente sindical que possui **contrato nulo por ausência de concurso público**. O trabalhador contratado pela Administração Pública sem concurso fora das hipóteses constitucionalmente admissíveis não possui estabilidade se for eleito dirigente sindical. Sua eleição não pode suplantar o postulado básico do concurso público previsto no art. 37, II, da Carta Magna. A estabilidade pressupõe validade da relação jurídica, o que não ocorre pela ausência de concurso público.

O Supremo Tribunal Federal já decidiu a matéria:

"Insubsistente o ingresso no serviço público ante o desrespeito à norma do inciso II do artigo 37 da Constituição Federal – Aprovação em concurso –, descabe assentar a existência da estabilidade prevista no inciso VIII do artigo 8º da Constituição Federal." (RE 248.282, Relator Ministro: Marco Aurélio, julgamento em 13-2-01, 2ª Turma, *DJ* de 27/04/2001).

MANUAL DE DIREITO DO TRABALHO – ROGÉRIO RENZETTI

O Tribunal Superior do Trabalho decidiu no mesmo sentido:

"(...) CONTRATAÇÃO TEMPORÁRIA – FRAUDE – UNICIDADE CONTRATUAL – NULIDADE – AUSÊNCIA DE PRÉVIA APROVAÇÃO EM CONCURSO PÚBLICO – ESTABILIDADE PROVISÓRIA – INEXISTÊNCIA 1. Uma vez afastada a contratação temporária e reconhecido o vínculo por prazo indeterminado, pela instância ordinária, a consequência é a declaração da nulidade do liame, por ausência de prévia aprovação em concurso público. 2. Com efeito, não obstante a fraude ocorrida na contratação na forma do art. 37, IX, da Constituição, impossível é, na espécie, o reconhecimento do vínculo empregatício. Isso porque o art. 37, inciso II e § 2º, também da Carta de 1988, dispõe que a não observância da exigência de prévia realização de concurso público de provas ou de provas e títulos implica nulidade do ato e a punição da autoridade responsável, na forma da lei. 3. *In casu*, o Autor foi eleito dirigente sindical. Entretanto, declarado nulo o vínculo com a Reclamada, não há como reconhecer a estabilidade, nem o direito à reintegração pretendida, os quais exigiriam a validade da relação jurídica havida entre as partes. Embargos parcialmente conhecidos e providos." (E-RR-533068-58.1999.5.02.5555, Subseção I Especializada em Dissídios Individuais, Relatora Ministra Maria Cristina Irigoyen Peduzzi, *DEJT* 28/08/2009).

E se o trabalhador for ocupante de **emprego em comissão**? Teria ele estabilidade se eleito dirigente sindical, mesmo sendo sua função demissível *ad nutum*? Ora, sendo o empregado ocupante de emprego em comissão, seu liame com a Administração Pública é **precário**, podendo ser dispensado a qualquer tempo. Trata-se de uma função de confiança, cuja natureza é **incompatível com a estabilidade**. Veja um julgado do STF sobre a ausência de estabilidade:

"Estabilidade sindical provisória (art. 8º, VIII, CF): não alcança o servidor público, regido por regime especial, ocupante de cargo em comissão e, concomitantemente, de cargo de direção no sindicato da categoria." (STF, RE 183.884, Relator Ministro: Sepúlveda Pertence, julgamento em 08/06/1999, 1ª Turma, *DJ* de 13/08/1999).

O TST também possui julgado no mesmo sentido:

AGRAVO DE INSTRUMENTO. CARGO EM COMISSÃO. DIRIGENTE SINDICAL. ESTABILIDADE. VIOLAÇÃO DO ARTIGO 37, II, DA CONSTITUIÇÃO FEDERAL. CONFIGURAÇÃO. PROVIMENTO. 1. O artigo 37, II, da Constituição Federal estabelece que os cargos em comissão são de livre nomeação e exoneração, o que decorre de sua própria destinação às atribuições de direção, chefia e assessoramento no âmbito da Administração Pública. 2. Assim, possibilidade de os servidores públicos se organizarem em sindicatos não confere o direito à estabilidade provisória aos dirigentes dessas entidades com amparo exclusivamente no artigo 8º, VIII, da Constituição Federal. 3. Portanto, ofende o artigo 37, II, da Constituição Federal a decisão cujo conteúdo declara garantia provisória ao emprego ao ocupante de cargo em comissão tão-somente em virtude da posição de dirigente sindical. 4. Agravo de instrumento a que se dá provimento. (...) (RR – 1925300-34.2002.5.04.0900, Relator Ministro: Guilherme Augusto *Caputo* Bastos, Data de Julgamento: 19/08/2009, 7ª Turma, Data de Publicação: *DEJT* 28/08/2009).

Cap. 17 – ESTABILIDADE E GARANTIA DE EMPREGO

Por fim, observe que, por força constitucional, é obrigatória a eleição de um representante dos trabalhadores nas empresas com mais de **200** empregados.

> Art. 11 da CF/1988. Nas empresas de mais de duzentos empregados, é assegurada a eleição de um representante destes com a finalidade exclusiva de promover-lhes o entendimento direto com os empregadores.
>
> Precedente Normativo nº 86 do TST. Representantes dos trabalhadores. Estabilidade no emprego (positivo). Nas empresas com mais de 200 empregados é assegurada a eleição direta de um representante, com as garantias do art. 543 e seus parágrafos, da CLT.

A Reforma Trabalhista introduzida no ordenamento jurídico pela Lei nº 13.467/2017 inseriu um título próprio – "Da Representação dos Empregados". Em razão de sua importância, trataremos do tema com cautela no próximo tópico deste capítulo.

17.6. DA REPRESENTAÇÃO DOS EMPREGADOS

A reforma trabalhista institui a Comissão de Trabalhadores nas empresas com mais de 200 empregados, composta de, no mínimo, 3 (de 200 a 3.000 empregados) e no máximo 7 membros (quando a empresa tiver mais de 5.000 empregados).

A empresa deverá convocar eleição, com antecedência mínima de 30 dias, contados do término do mandato anterior, por meio de edital que deverá ser fixado na empresa, com ampla liberdade, para inscrição de candidatura dos interessados.

☞ **ATENÇÃO!**

Não poderá se candidatar o empregado com contrato suspenso, ou determinado ou no período do aviso-prévio.

O prazo para o mandato será de 1 ano e o seu exercício não afasta o trabalhador do trabalho e, por isso, não suspende nem interrompe o contrato.

> Art. 510-A da CLT. Nas empresas com mais de duzentos empregados, é assegurada a eleição de uma comissão para representá-los, com a finalidade de promover-lhes o entendimento direto com os empregadores.
>
> § 1º A comissão será composta:
>
> I – nas empresas com mais de duzentos e até três mil empregados, por três membros;
>
> II – nas empresas com mais de três mil e até cinco mil empregados, por cinco membros;
>
> III – nas empresas com mais de cinco mil empregados, por sete membros.
>
> § 2º No caso de a empresa possuir empregados em vários Estados da Federação e no Distrito Federal, será assegurada a eleição de uma comissão de representantes dos empregados por Estado ou no Distrito Federal, na mesma forma estabelecida no § 1º deste artigo.

MANUAL DE DIREITO DO TRABALHO – ROGÉRIO RENZETTI

Art. 510-B da CLT. A comissão de representantes dos empregados terá as seguintes atribuições:

I – representar os empregados perante a administração da empresa;

II – aprimorar o relacionamento entre a empresa e seus empregados com base nos princípios da boa-fé e do respeito mútuo;

III – promover o diálogo e o entendimento no ambiente de trabalho com o fim de prevenir conflitos;

IV – buscar soluções para os conflitos decorrentes da relação de trabalho, de forma rápida e eficaz, visando à efetiva aplicação das normas legais e contratuais;

V – assegurar tratamento justo e imparcial aos empregados, impedindo qualquer forma de discriminação por motivo de sexo, idade, religião, opinião política ou atuação sindical;

VI – encaminhar reivindicações específicas dos empregados de seu âmbito de representação;

VII – acompanhar o cumprimento das leis trabalhistas, previdenciárias e das convenções coletivas e acordos coletivos de trabalho.

§ 1º As decisões da comissão de representantes dos empregados serão sempre colegiadas, observada a maioria simples.

§ 2º A comissão organizará sua atuação de forma independente.

Art. 510-C da CLT. A eleição será convocada, com antecedência mínima de trinta dias, contados do término do mandato anterior, por meio de edital que deverá ser fixado na empresa, com ampla publicidade, para inscrição de candidatura.

§ 1º Será formada comissão eleitoral, integrada por cinco empregados, não candidatos, para a organização e o acompanhamento do processo eleitoral, vedada a interferência da empresa e do sindicato da categoria.

§ 2º Os empregados da empresa poderão candidatar-se, exceto aqueles com contrato de trabalho por prazo determinado, com contrato suspenso ou que estejam em período de aviso-prévio, ainda que indenizado.

§ 3º Serão eleitos membros da comissão de representantes dos empregados os candidatos mais votados, em votação secreta, vedado o voto por representação.

§ 4º A comissão tomará posse no primeiro dia útil seguinte à eleição ou ao término do mandato anterior.

§ 5º Se não houver candidatos suficientes, a comissão de representantes dos empregados poderá ser formada com número de membros inferior ao previsto no art. 510-A desta Consolidação.

§ 6º Se não houver registro de candidatura, será lavrada ata e convocada nova eleição no prazo de um ano.

Art. 510-D da CLT. O mandato dos membros da comissão de representantes dos empregados será de um ano.

§ 1º O membro que houver exercido a função de representante dos empregados na comissão não poderá ser candidato nos dois períodos subsequentes.

§ 2º O mandato de membro de comissão de representantes dos empregados não implica suspensão ou interrupção do contrato de trabalho, devendo o empregado permanecer no exercício de suas funções.

§ 3º Desde o registro da candidatura até um ano após o fim do mandato, o membro da comissão de representantes dos empregados não poderá sofrer despedida arbitrária,

Cap. 17 – ESTABILIDADE E GARANTIA DE EMPREGO

entendendo-se como tal a que não se fundar em motivo disciplinar, técnico, econômico ou financeiro.

§ 4º Os documentos referentes ao processo eleitoral devem ser emitidos em duas vias, as quais permanecerão sob a guarda dos empregados e da empresa pelo prazo de cinco anos, à disposição para consulta de qualquer trabalhador interessado, do Ministério Público do Trabalho e do Ministério do Trabalho.

A Reforma Trabalhista regulamentou o art. 11 da CF, acerca da eleição do representante das empresas com mais de 200 empregados, o qual tem a finalidade exclusiva de promover-lhes (os empregados) o entendimento direto com os empregadores.

> O representante deve atuar na conciliação de conflitos trabalhistas no âmbito da empresa.

De fato, é de se imaginar que uma pessoa que tenha credibilidade junto aos demais empregados contribuirá para reduzir os desentendimentos internos da empresa.

A Constituição Federal não previu em momento algum que esse representante dos trabalhadores fosse vinculado à estrutura sindical. Ao contrário, se essa fosse a intenção, o artigo teria sido incorporado aos dispositivos específicos da organização sindical (art. 8º).

Dessa forma, visando sanar qualquer equívoco, o legislador propôs a regulamentação do representante dos empregados na empresa de forma distinta. Para tanto, foi criado um título à CLT, o Título IV-A, para tratar unicamente desse representante apartado da organização sindical, para que não reste dúvida de que o representante é autônomo em relação ao sindicato.

A inclusão é positiva e protege àquele que, em nome do grupo, reivindica melhorias trabalhistas.

Considerando que esse representante dos empregados normalmente atua na defesa de interesses que são contrários aos interesses patronais, o legislador optou por estabelecer uma garantia.

Criou-se uma forma de garantia provisória no emprego, ao estabelecer que o representante dos empregados não poderia ser dispensado de forma arbitrária, mas poderia ser dispensado se houvesse razões **disciplinares, técnicas, econômicas** ou **financeiras**.

17.7. EMPREGADOS ELEITOS DIRETORES DE SOCIEDADES COOPERATIVAS

Os diretores de sociedades cooperativas terão as mesmas garantias asseguradas aos dirigentes sindicais. Portanto, aos diretores titulares de sociedade cooperativa é assegurada a estabilidade desde o registro de suas candidaturas, até um ano após o final de seus mandatos. No entanto, essa garantia só incide para os empregados eleitos diretores, não se aplicando aos suplentes.

Art. 55 da Lei nº 5.764/1971. Os empregados de empresas que sejam eleitos diretores de sociedades cooperativas pelos mesmos criadas, gozarão das garantias asseguradas aos dirigentes sindicais pelo art. 543 da Consolidação das Leis do Trabalho.

OJ nº 253 da SDI-I do TST – Estabilidade provisória. Cooperativa. Lei nº 5.764/1971. Conselho fiscal. Suplente. Não assegurada (inserida em 13/03/2002). O art. 55 da Lei nº 5.764/1971 assegura a garantia de emprego apenas aos empregados eleitos diretores de Cooperativas, não abrangendo os membros suplentes.

Outro ponto relevante refere-se à estrutura adotada pelas cooperativas: Elas podem ter Conselho de Administração ou Diretoria, na forma do art. 47, *caput*, da Lei nº 5.764/1971:

Lei nº 5.764/1971

Art. 47. A sociedade será administrada por uma Diretoria ou Conselho de Administração, composto exclusivamente de associados eleitos pela Assembleia Geral, com mandato nunca superior a 4 (quatro) anos, sendo obrigatória a renovação de, no mínimo, 1/3 (um terço) do Conselho de Administração.

Quando existe o Conselho de Administração e não existe a Diretoria, a estabilidade é atribuída ao integrante do Conselho:

RECURSO DE REVISTA. ESTABILIDADE PROVISÓRIA. MEMBRO DO CONSELHO DE ADMINISTRAÇÃO DE COOPERATIVA. INEXISTÊNCIA DE ÓRGÃO DE DIRETORIA. A SBDI-1, no julgamento dos embargos n. E-RR-483274-32.1998.5.01.5555, firmou entendimento de que a estabilidade provisória, prevista no artigo 55, da Lei n. 5.764/1971, restrita aos empregados eleitos para exercer cargos diretivos, abrangem os membros do Conselho da Administração, desde que a cooperativa não tenha optado pela instituição do órgão de Diretoria, como se deu *in casu*. Não tendo a cooperativa órgão de diretoria, cabendo o exercício da função diretiva exclusivamente ao Conselho Administrativo, os membros do mencionado conselho detêm estabilidade provisória. Recurso de revista não conhecido. (...) (RR – 1118600-08.2004.5.09.0014, Relator Ministro: Augusto César Leite de Carvalho, Data de Julgamento: 26/04/2017, 6ª Turma, Data de Publicação: *DEJT* 28/04/2017).

No entanto, se a cooperativa possui ambos os órgãos, somente os integrantes da Diretoria podem ostentar a estabilidade. O TST consolidou esse entendimento:

"(...) ESTABILIDADE PROVISÓRIA – MEMBRO DE CONSELHO DE ADMINISTRAÇÃO DE COOPERATIVA – ARTIGOS 47 E 55 DA LEI N. 5.764/1971 Nos termos do artigo 47 da Lei n. 5.764/1971 as sociedades cooperativas são administradas por uma Diretoria ou por um Conselho de Administração. A estabilidade provisória, prevista no art. 55, restringe- se aos empregados que sejam eleitos para exercer cargos diretivos. Assim, se a cooperativa optar pela Constituição de apenas um dos órgãos (Diretoria ou Conselho) os seus membros serão detentores de estabilidade provisória. Se houver coexistência de ambos na gestão dos negócios da cooperativa, somente os membros da diretoria gozarão da garantia. Na hipótese dos autos, restou comprovado que houve eleição tanto para a Diretoria como para o Conselho de Administração, motivo pelo qual o Autor, eleito membro do Conselho de Administração, não tem direito à estabilidade

Cap. 17 – ESTABILIDADE E GARANTIA DE EMPREGO

provisória. Embargos conhecidos e desprovidos." (E-RR-483274-32.1998.5.01.5555, Subseção I Especializada em Dissídios Individuais, Relatora Ministra: Maria Cristina Irigoyen Peduzzi, *DEJT* 08/08/2008).

Destaca-se, ainda, o **Informativo nº 38 do TST**, que entende que também terão direito à estabilidade provisória os diretores de cooperativas e o membro do Conselho de Administração que também exercer atividade diretiva.

> Estabilidade provisória do art. 55 da Lei 5.764/71. Membro de Conselho de Administração de Cooperativa. Exercício de funções diretivas. O membro de Conselho de Administração de sociedade cooperativa faz jus à estabilidade provisória de que trata o art. 55 da Lei nº 5.764/71, desde que exerça também funções diretivas. Com esse entendimento, a SBDI-I, por unanimidade, conheceu dos embargos, por divergência jurisprudencial e, no mérito, por maioria, deu-lhes provimento para restabelecer a decisão do TRT que, mantendo a sentença, reconheceu a estabilidade pretendida pelo reclamante. Vencidos os Ministros Renato de Lacerda Paiva e Maria Cristina Irigoyen Peduzzi. TST-E-RR-1409976-74.2004.5.01.0900, SBDI-I, Relator Ministro: Lelio Bentes Côrrea, 28/02/2013 (Informativo nº 38 do TST).

17.8. EMPREGADOS ELEITOS MEMBROS DA CIPA

Dispõe o art. 163 da CLT que: "Será obrigatória a constituição de Comissão Interna de Prevenção de Acidentes (CIPA), de conformidade com instruções expedidas pelo Ministério da Economia nos estabelecimentos ou locais de obra nelas especificadas."

O dimensionamento da CIPA é realizado com observância da Norma Regulamentadora 5 do extinto Ministério do Trabalho.

A CIPA é composta de representantes do empregador e do empregado, sendo que apenas os representantes da classe operária é que gozarão da estabilidade. Logo, o presidente da CIPA, por ser representante patronal, não gozará da estabilidade; de outro lado, o vice-presidente terá direito à estabilidade, visto que representa os empregados.

☞ **ATENÇÃO!**

A estabilidade garantida aos cipeiros representantes dos empregados veda apenas que eles sofram a despedida arbitrária (art. 165 da CLT), além de não se exigir a comprovação do justo motivo por meio do inquérito para apuração de falta grave, como ocorre no caso dos empregados eleitos dirigentes sindicais.

O objetivo dessa garantia é conferir ao empregado cipeiro autonomia no exercício do seu mandato.

Vamos, então, à leitura dos dispositivos que versam sobre a garantia dos representantes dos empregados na CIPA.

Art. 164 da CLT. Cada CIPA será composta de representantes da empresa e dos empregados, de acordo com os critérios que vierem a ser adotados na regulamentação de que trata o parágrafo único do artigo anterior.

§ 1º Os representantes dos empregadores, titulares e suplentes, serão por eles designados.

§ 2º Os representantes dos empregados, titulares e suplentes, serão eleitos em escrutínio secreto, do qual participem, independentemente de filiação sindical, exclusivamente os empregados interessados.

§ 3º O mandato dos membros eleitos da CIPA terá a duração de 1 (um) ano, permitida uma reeleição.

§ 4º O disposto no parágrafo anterior não se aplicará ao membro suplente que, durante o seu mandato, tenha participado de menos da metade do número de reuniões da CIPA.

§ 5º O empregador designará, anualmente, dentre os seus representantes, o Presidente da CIPA e os empregados elegerão, dentre eles, o vice-presidente.

> O presidente da CIPA não tem estabilidade, mas o vice tem.

Art. 165. Os titulares da representação dos empregados na(s) CIPA(s) não poderão sofrer despedida arbitrária, entendendo-se como tal a que não se fundar em motivo disciplinar, técnico, econômico ou financeiro.

Parágrafo único. Ocorrendo a despedida, caberá ao empregador, em caso de reclamação à Justiça do Trabalho, comprovar a existência de qualquer dos motivos mencionados neste artigo, sob pena de ser condenado a reintegrar o empregado.

Como se constata do texto legal, não é arbitrária a dispensa por justa causa, por motivo técnico, econômico ou financeiro, na forma do art. 165 da CLT. O TST tem reconhecido que o cipeiro pode também ser dispensado por razões técnicas, financeiras ou econômicas e não apenas por motivos disciplinares (justa causa):

"(...) RECURSO DE REVISTA. PROCESSO SOB A ÉGIDE DA LEI 13.015/2014. MEMBRO DA CIPA. ESTABILIDADE PROVISÓRIA. TÉRMINO DO CONTRATO DE PRESTAÇÃO DE SERVIÇOS. ENCERRAMENTO DA OBRA OBJETO DO REFERIDO CONTRATO. SÚMULA 339, II/TST. MATÉRIA FÁTICA. SÚMULA 126/TST. O art. 10, II, 'a', do ADCT da Constituição Federal confere estabilidade provisória ao dirigente eleito da CIPA, protegendo-o da 'dispensa arbitrária ou sem justa causa'. Todavia, a norma jurídica não proibiu a dispensa do membro da CIPA quando fundada em motivo disciplinar, técnico, econômico ou financeiro (art. 165 da CLT). Com efeito, a proteção ao empregado detentor de estabilidade provisória se justifica enquanto funciona o estabelecimento para o qual foi formada a CIPA, visando ao cumprimento das normas relativas à segurança dos trabalhadores da empresa. Assim, o encerramento da obra para a qual o empregado foi contratado e eleito como membro da CIPA, com o término, inclusive, do contrato de prestação de serviços pactuado entre

Cap. 17 – ESTABILIDADE E GARANTIA DE EMPREGO

519

as Rés, com período definido, concernente à referida obra em específico, inviabiliza a sua ação fiscalizadora e educativa, sendo motivo hábil para fundamentar a dispensa desse representante. Inteligência da Súmula n. 339, II, do TST. Recurso de revista não conhecido." (ARR – 1562-45.2014.5.12.0050, Relator Ministro: Mauricio Godinho Delgado, Data de Julgamento: 30/08/2017, 3ª Turma, Data de Publicação: DEJT 01/09/2017).

Quanto aos pedidos formulados na petição inicial do trabalhador, a inexistência de pedido de reintegração não obsta o reconhecimento do direito à indenização:

"RECURSO DE EMBARGOS – INTERPOSIÇÃO SOB A REGÊNCIA DA LEI N. 13.015/2014 – ESTABILIDADE PROVISÓRIA – CIPA – PEDIDO DE INDENIZAÇÃO SUBSTITUTIVA – AUSÊNCIA DE PEDIDO DE REINTEGRAÇÃO 1. Esta Corte firmou o entendimento de que a ausência do pedido de reintegração ao emprego não obsta o deferimento da indenização substitutiva ao membro de CIPA demitido sem justa causa, tampouco implica renúncia tácita à estabilidade provisória. Precedentes da SDI e de todas as Turmas do TST. 2. Estando o acórdão embargado em sintonia com esse entendimento, inviável o conhecimento dos Embargos (art. 894, II, e § 2º, da CLT). Embargos não conhecidos" (E-RR-732-53.2012.5.01.0051, Subseção I Especializada em Dissídios Individuais, Relatora Ministra: Maria Cristina Irigoyen Peduzzi, DEJT 06/12/2019).

No que tange à recusa à oferta de reintegração, existe divergência no TST sobre as consequências dessa recusa. Assim, se a empresa oferece o emprego de volta ao cipeiro e o trabalhador recusa essa oferta, existem posições diferentes sobre o tema. Uma parte defende que não há renúncia à estabilidade ao passo que outra parte defende o oposto. Leia esses julgados exemplificativos:

"RECURSO DE REVISTA DA RECLAMANTE. 1. ESTABILIDADE PROVISÓRIA. MEMBRO DA CIPA. DISPENSA IMOTIVADA. RECUSA EM RETORNAR AO EMPREGO. DIREITO À INDENIZAÇÃO ESTABILITÁRIA. PROVIMENTO. Conforme se extrai do acórdão regional, a reclamante foi dispensada sem justa causa no período da estabilidade provisória, mas no dia seguinte a reclamada reverteu a dispensa imotivada. A reclamante, contudo, valendo-se da faculdade prevista no artigo 489 da CLT, recusou-se a retornar ao trabalho. O Tribunal Regional considerou tal fato como renúncia tácita ao direito à estabilidade. Registrou, ainda, que a conduta da autora fez presumir que ela tinha a intenção de auferir os haveres salariais devidos no período estabilitário sem, contudo, trabalhar, o que se equipararia à inexistência de pedido de reintegração. Por essa razão, indeferiu a indenização substitutiva. Essa decisão destoa da jurisprudência desta Corte Superior, que, em casos análogos, adota o entendimento de que a ausência de pedido de reintegração ao emprego e/ou a própria recusa pelo empregado da oportunidade de retorno ao trabalho não caracterizam renúncia ao direito à estabilidade e tampouco ocasionam a perda desse direito ou da indenização estabilitária. Precedentes. Recurso de revista de que se conhece e a que se dá provimento. (...)" (ARR-10698-21.2015.5.15.0059, 4ª Turma, Relator Ministro: Guilherme Augusto Caputo Bastos, DEJT 22/03/2019).

"RECURSO DE REVISTA. ACÓRDÃO PUBLICADO NA VIGÊNCIA DA LEI N. 13.467/2017. ART. 896-A DA CLT. MEMBRO DA CIPA. RECUSA À REINTEGRAÇÃO. TRANSCENDÊNCIA JURÍDICA RECONHECIDA. A matéria ainda não foi suficientemente examinada no âmbito desta Corte, que ainda não pacificou a questão, razão pela qual se reconhece caracterizada a transcendência jurídica. Discute-se os efeitos da recusa à oferta de reintegração no emprego e suas implicações sobre o direito do empregado detentor da garantia prevista no art. 10, II, 'a', do ADCT. Esta Corte tem firme jurisprudência no sentido de que a estabilidade provisória do cipeiro não constitui vantagem pessoal, mas garantia para as atividades dos membros da CIPA, admitindo que o referido direito não é absoluto, conforme inteligência da Súmula n. 339, II, do TST. Assim, diante da recusa à oferta de reintegração, não há falar em direito à indenização, uma vez que houve, em verdade, expressa renúncia ao mandato da CIPA e, por consectário, à garantia de emprego prevista no art. 10, II, 'a', do ADCT. Há precedentes. Recurso de revista conhecido e provido." (RR-1104-09.2017.5.10.0105, 5ª Turma, Relator Ministro: Breno Medeiros, *DEJT* 19/12/2018).

E no **contrato por prazo determinado**? Se o trabalhador tiver um contrato de experiência ou um contrato por prazo determinado qualquer terá estabilidade se eleito cipeiro?

A resposta é **negativa**. O trabalhador, ao ser contratado, possuía ciência do término futuro e não pode alegar um fato superveniente decorrente de sua vontade (candidatar-se e eleger-se cipeiro) para impedir a dispensa:

"(...) CANDIDATURA E/OU ELEIÇÃO COMO MEMBRO DA CIPA. CONTRATO DE EXPERIÊN-CIA. ESTABILIDADE PROVISÓRIA. INEXISTÊNCIA. O artigo 10, II, *a*, do Ato das Disposições Constitucionais Transitórias, ao garantir a estabilidade provisória ao empregado eleito para cargo de direção de comissões internas de prevenção de acidentes, desde o registro de sua candidatura até um ano após o final do seu mandato, tem a finalidade de coibir dispensas arbitrárias ou sem justa causa. O término do contrato de experiência, por expiração do prazo pactuado entre as partes, não se equivale à dispensa arbitrária ou sem justa causa de modo a legitimar a concessão da estabilidade provisória ao empregado candidato ou mesmo eleito membro da CIPA. Recurso de revista conhecido e provido." (RR-63-33.2013.5.05.0122, 2ª Turma, Relatora Ministra: Maria Helena Mallmann, *DEJT* 09/03/2018).

O texto da Súmula nº 339 do TST é um dos temas mais importante no ponto em que dispõe que a estabilidade do cipeiro que não constitui uma vantagem pessoal, mas sim uma garantia para que possa exercer as atividades como membro da CIPA.

Súmula nº 339 do TST – CIPA. Suplente. Garantia de emprego. CF/1988 (incorporadas as Orientações Jurisprudenciais nºs 25 e 329 da SBDI-1). Resolução nº 129/2005, *DJ* de 20, 22 e 25/4/2005. I – O suplente da CIPA goza da garantia de emprego prevista no art. 10, II, *a*, do ADCT a partir da promulgação da Constituição Federal de 1988. II – A estabilidade provisória do cipeiro não constitui vantagem pessoal, mas garantia para as atividades dos membros da CIPA, que somente tem razão de ser quando em atividade a empresa. Extinto o estabelecimento, não se verifica a despedida arbitrária, sendo impossível a reintegração e indevida a indenização do período estabilitário.

Súmula nº 676 do STF. A garantia da estabilidade provisória prevista no art. 10, II, "*a*", do Ato das Disposições Constitucionais Transitórias, também se aplica ao suplente do cargo de direção de comissões internas de prevenção de acidentes (CIPA).

Cap. 17 – ESTABILIDADE E GARANTIA DE EMPREGO

Como a Constituição Federal não limita a garantia ao membro titular, uma interpretação que garanta a maior efetividade à norma constitucional permite que o **membro suplente** goze dessa proteção.

O TST também, por meio do **Informativo nº 94**, determinou que o encerramento de uma obra específica para a qual foi instituída a CIPA equivale à extinção do próprio estabelecimento, como preceitua a Súmula nº 339, II, não havendo falar em despedida arbitrária do cipeiro.

> Estabilidade provisória. Membro da CIPA. Término da obra. Equivalência à extinção do estabelecimento. Súmula nº 339, II, do TST. "O encerramento da obra específica para a qual fora instituída a Comissão Interna de Prevenção de Acidentes – CIPA equivale à extinção do próprio estabelecimento, não havendo falar em despedida arbitrária do cipeiro. A garantia provisória no emprego assegurada ao membro da CIPA não se traduz em direito ilimitado, tampouco em vantagem pessoal, uma vez que fundada na necessidade de assegurar ao empregado eleito a autonomia necessária ao livre e adequado exercício das funções inerentes ao seu mandato, relativas à busca pela diminuição de acidentes e por melhores condições de trabalho. Desse modo, inativado o canteiro de obras onde o empregado exercia sua função de cipeiro, cessa a garantia de emprego, sem que haja a possibilidade de reintegração ou de pagamento de indenização pelo período estabilitário, nos termos do item II da Súmula nº 339 do TST. Com esse entendimento, a SBDI-I, por unanimidade, conheceu dos embargos das reclamadas, por divergência jurisprudencial, e, no mérito, por maioria, deu-lhes provimento para excluir da condenação o pagamento da indenização relativa aos salários correspondentes ao período compreendido entre a dispensa do reclamante e o término da estabilidade provisória. Vencido o Ministro José Roberto Pimenta. TST-E-ED-RR-24000-48.2004.5.24.0061, SBDI-I, Relator Ministro: Lelio Bentes Corrêa, 06/11/2014".

No caso específico da construção civil, é comum ver a CIPA ser constituída por obra. Quando terminada a obra, tal fato equivale à extinção do estabelecimento, permitindo a dispensa do cipeiro sem justa causa:

> "AGRAVO INTERPOSTO CONTRA DECISÃO MONOCRÁTICA DE PRESIDENTE DE TURMA QUE NEGA SEGUIMENTO A RECURSO DE EMBARGOS EM RECURSO DE REVISTA. ESTABILIDADE PROVISÓRIA. MEMBRO DA CIPA. LIMITAÇÃO DA CONDENAÇÃO À DATA DO TÉRMINO DA OBRA DE CONSTRUÇÃO CIVIL. DIVERGÊNCIA JURISPRUDENCIAL E CONTRARIEDADE À SÚMULA 339, II, DO TST NÃO CONFIGURADAS. Os fatos descritos pelo Tribunal Regional demonstram que o reclamante foi eleito membro da CIPA e que o edital de convocação da Comissão Provisória de Prevenção de Acidentes vinculou a permanência dessa comissão ao tempo de duração de obra específica. Esta Subseção tem julgado reconhecendo que a garantia provisória de emprego a empregado membro da CIPA criada para atuar em canteiro de obras, somente se justifica enquanto a obra estiver ativa. Na mesma linha de entendimento são os julgados de todas as Turmas deste Tribunal. Decisão recorrida que se mantém, porquanto não verificada a contrariedade à Súmula n. 339, II, do TST. Agravo conhecido e desprovido" (Ag-E-ED-RR-1635-88.2012.5.04.0121, Subseção I Especializada em Dissídios Individuais, Relator Ministro: August César Leite de Carvalho, *DEJT* 08/05/2020).

A extinção de mero setor da empresa, contudo, não obsta a manutenção da estabilidade. Isso ocorre porque, mesmo que haja o fechamento do setor em que o trabalhador cipeiro atue, as funções do membro da CIPA continuam valendo para as demais áreas do estabelecimento:

"(...) DE REVISTA INTERPOSTO PELO RECLAMANTE. MEMBRO DA CIPA. ESTABILIDADE PROVISÓRIA. EXTINÇÃO DO SETOR. A jurisprudência desta Corte Superior é firme no sentido de que a desativação do setor da empresa não elide a estabilidade provisória do empregado, membro da CIPA, tendo em vista que as exceções à regra da referida estabilidade não comportam interpretação extensiva, pois o escopo da garantia é viabilizar a atuação deste, cingida à segurança e saúde do trabalhador exercida em seu local de trabalho. Na hipótese, extinto, apenas, o setor onde trabalhava o reclamante, faz ele jus à estabilidade provisória concernente aos empregados membros da CIPA, prevista no art. 165 da CLT. Precedentes. Recurso de revista parcialmente conhecido e provido." (ARR– 128300-11.2006.5.02.0059, Relator Ministro: Walmir Oliveira da Costa, Data de Julgamento: 15/03/2017, 1ª Turma, Data de Publicação: *DEJT* 17/03/2017).

• Do prazo da estabilidade:

O prazo da estabilidade do cipeiro representante dos trabalhadores está previsto no inciso II do art. 10 do ADCT da CF/1988.

II – fica vedada a dispensa arbitrária ou sem justa causa:

a) do empregado eleito para cargo de direção de comissões internas de prevenção de acidentes, desde o registro de sua candidatura até 1 ano após o final de seu mandato;

17.9. EMPREGADOS ELEITOS MEMBROS DE COMISSÃO DE CONCILIAÇÃO PRÉVIA (CCP)

A Comissão de Conciliação Prévia deverá ser constituída de forma paritária, de modo a assegurar para cada representante do empregador um representante dos empregados. A CLT assegurou a estabilidade prevista no § 1º, do art. 625-B, da CLT apenas para os representantes dos trabalhadores, titulares e suplentes, da mesma forma como fez no caso das CIPAs.

Art. 625-A da CLT. As empresas e os sindicatos podem instituir Comissões de Conciliação Prévia, de composição paritária, com representante dos empregados e dos empregadores, com a atribuição de tentar conciliar os conflitos individuais do trabalho.

(...)

Art. 625-B. A Comissão instituída no âmbito da empresa será composta de, no mínimo, dois e, no máximo, dez membros, e observará as seguintes normas:

I – a metade de seus membros será indicada pelo empregador e outra metade eleita pelos empregados, em escrutínio secreto, fiscalizado pelo sindicato de categoria profissional;

II – haverá na Comissão tantos suplentes quantos forem os representantes titulares;

Cap. 17 – ESTABILIDADE E GARANTIA DE EMPREGO

III – o mandato dos seus membros, titulares e suplentes, é de um ano, permitida uma recondução.

§ 1º É vedada a dispensa dos representantes dos empregados membros da Comissão de Conciliação Prévia, titulares e suplentes, até um ano após o final do mandato, salvo se cometerem falta, nos termos da lei.

Como podemos perceber, a CLT é omissa em relação ao marco inicial da estabilidade dos membros da CCP. Dessa forma, os doutrinadores se dividem em dois grupos: um sustenta que o marco inicial da estabilidade seria a data do registro da candidatura e o outro sustenta que a estabilidade tem início com a eleição.

17.10. GESTANTE

O legislador constituinte optou por conceder garantia provisória para a gestante. Trata-se de uma forma de proteger o emprego da mulher em estado gestacional, concedendo-lhe uma maior segurança. Além disso, trata-se também de proteção ao nascituro, cujo desenvolvimento depende de saúde da genitora.

A empregada gestante tem estabilidade no emprego desde a confirmação da gravidez até cinco meses após o parto. Esse direito foi estendido também às empregadas domésticas por força do art. 25, parágrafo único, da LC nº 150/2015.

☞ **ATENÇÃO!**

Caso a gestante cometa falta grave, ela poderá ser dispensada por justa causa, **sem a necessidade de apuração por inquérito.**

A estabilidade da gestante está assegurada no art. 10 do ADCT da CF/1988.

II – fica vedada a dispensa arbitrária ou sem justa causa:

(...)

b) da empregada gestante, desde a confirmação da gravidez até 5 meses após o parto.

Muito embora a norma constitucional mencione "confirmação da gravidez", a jurisprudência consolidou que não se trata de confirmação científica por meio de exames, mas da **concepção do feto**. Portanto, tendo em vista sobretudo a proteção do nascituro, o que importa é o estado gravídico.

Portanto, ocorrida a concepção no curso do contrato de trabalho, haverá estabilidade:

"AGRAVO EM RECURSO DE REVISTA – AUSÊNCIA DE DEMONSTRAÇÃO DE DESACERTO DO DESPACHO AGRAVADO – RECURSO INFUNDADO – APLICAÇÃO DE MULTA. (...) 2. Para tanto, aplicou-se o entendimento uniforme e pacificado nesta Corte Superior que, ao interpretar o art. 10, II, 'b', do ADCT e editar a Súmula n. 244, da qual guardo reserva, pontuou-se que a única condição para o reconhecimento do direito à estabilidade provisória da gestante é que a concepção tenha se dado na vigência do contrato de trabalho. (...)" (Ag-RR-10769-70.2016.5.18.0005, 4ª Turma, Relator Ministro: Ives Gandra Martins Filho, *DEJT* 20/03/2020).

> Não confunda a estabilidade da gestante com a licença-maternidade de 120 dias prevista no art. 392 da CLT. Esta equivale a um período de interrupção do contrato de trabalho, no qual a empregada recebe um benefício previdenciário intitulado "salário-maternidade". Já a estabilidade é uma garantia de emprego, durante um lapso temporal, que impede a dispensa sem justa causa da obreira. A licença-maternidade tem o prazo de 120 dias, ao passo que a estabilidade ocorre desde a confirmação da gravidez até cinco meses após o parto, como já dissemos.

Em relação à estabilidade da gestante, algumas questões pontuais são importantes e merecem ser abordadas. Vamos a elas:

a) Possibilidade de renúncia e transação do direito à estabilidade:

Essa estabilidade não configura uma garantia exclusiva da mulher, mas um direito do nascituro de passar por uma gestação saudável e da criança de ter resguardados os primeiros meses de vida ao lado da mãe. Portanto, não cabe falar em transação, e muito menos em renúncia a essa garantia.

O TST reconheceu a importância desse momento para a mulher e para a criança na **OJ nº 30 da SDC**.

OJ nº 30 da SDC do TST – Estabilidade da gestante. Renúncia ou transação de direitos constitucionais. Impossibilidade (republicada em decorrência de erro material) – *DET* divulgado em 19, 20 e 21/09/2011. Nos termos do art. 10, II, *b*, do ADCT, a proteção à maternidade foi erigida à hierarquia constitucional, pois retirou do âmbito do direito potestativo do empregador a possibilidade de despedir arbitrariamente a empregada em estado gravídico. Portanto, a teor do art. 9º, da CLT, torna-se nula de pleno direito a cláusula que estabelece a possibilidade de renúncia ou transação, pela gestante, das garantias referentes à manutenção do emprego e salário.

Assim, mesmo que se trate de imposição de limitações ao exercício do direito, essas restrições seriam nulas:

"RECURSO ORDINÁRIO INTERPOSTO PELO MINISTÉRIO PÚBLICO DO TRABALHO. AÇÃO ANULATÓRIA. ACORDO COLETIVO DE TRABALHO 2016/2016. CLÁUSULA 15 – ESTABILIDADE PROVISÓRIA/GESTANTE. §§ 1º e 2º. CONDICIONANTES PARA O EXERCÍCIO DE DIREITO CONSTITUCIONALMENTE GARANTIDO. Considerando que o nosso ordenamento jurídico não permite vislumbrar nenhuma condição a limitar o gozo da estabilidade de emprego à gestante, prevista no art. 10, II, '*b*', do ADCT, não se pode declarar válida a norma coletiva que, a pretexto de ampliar o benefício, impõe condicionantes que podem levar à supressão de um direito constitucionalmente garantido. No caso em tela, os §§ 1º e 2º da cláusula 15 – ESTABILIDADE PROVISÓRIA/GESTANTE, constante do ACT

Cap. 17 – ESTABILIDADE E GARANTIA DE EMPREGO

2016/2016, os quais tratam da necessidade de comunicação e comprovação do estado gravídico da empregada gestante, além de violarem o Texto Constitucional, contrariam a jurisprudência desta Corte, consubstanciada no item I da Súmula n. 244 e na Orientação Jurisprudencial n. 30 da SDC, segundo a qual o direito da empregada gestante à estabilidade provisória prescinde do conhecimento prévio, pelo empregador, do seu estado gestacional, no momento da rescisão contratual, ou mesmo de comprovação da gestação, por qualquer meio. Impõe-se, pois, declarar nula a referida cláusula. Recurso ordinário conhecido e provido." (RO-690-26.2016.5.08.0000, Seção Especializada em Dissídios Coletivos, Relatora Ministra: Dora Maria da Costa, *DEJT* 24/08/2018).

Quanto à negociação coletiva envolvendo estabilidade gestacional, o TST reconhece a validade de norma coletiva que estabelece prazo diferenciado de estabilidade para gestante com contrato por prazo determinado ou gestante com prazo indeterminado, desde que sempre respeitado o prazo mínimo previsto constitucionalmente. Leia esse julgado:

"(...) GARANTIA DE EMPREGO. GESTANTE. AMPLIAÇÃO DO PRAZO CONSTITUCIONAL. CLÁUSULA BENÉFICA RESTRITA ÀS EMPREGADAS CONTRATADAS POR PRAZO INDETERMINADO. INEXISTÊNCIA DE AFRONTA AO PRINCÍPIO DA ISONOMIA. Afigura-se legítima a prorrogação do prazo de estabilidade provisória prevista no art. 7º, I, do ADCT, mediante cláusula convencional que alcança somente a empregada gestante admitida por prazo indeterminado, já que a natureza do seu vínculo laboral é distinta da situação daquela contratada por prazo determinado, exatamente naquilo que, por esse viés, importa à caracterização do contrato, vale dizer, seu tempo de vigência. Não se pode cogitar, pois, de ofensa ao princípio da isonomia quando em análise situações jurídicas diversas, ligadas apenas a um fato comum, que diz respeito à gestação no curso do contrato de trabalho. Recurso Ordinário provido." (RO – 422-69.2016.5.08.0000, Relatora Ministra: Maria de Assis Calsing, Data de Julgamento: 05/06/2017, Seção Especializada em Dissídios Coletivos, Data de Publicação: *DEJT* 13/06/2017).

Importante questão enfrentada pela jurisprudência referiu-se ao **natimorto,** isto é, ao filho nascido morto. O debate envolveu o direito à estabilidade. Considerando que não se trata de caso de aborto (que possui norma própria quanto à interrupção do contrato por duas semanas – art. 395 da CLT) e tendo em vista que a norma constitucional não exige o nascimento com vida, firmou-se posição no sentido de existe efetivamente a garantia provisória. Veja o julgado do TST nessa direção:

"(...) II – RECURSO DE REVISTA INTERPOSTO NA VIGÊNCIA DA LEI N. 13.467/2017. GESTANTE. NATIMORTO. ESTABILIDADE PROVISÓRIA. INDENIZAÇÃO SUBSTITUTIVA. O art. 10, inciso II, alínea 'b', do ADCT, ao prever a estabilidade 'desde a confirmação da gravidez até cinco meses após o parto', não faz qualquer ressalva ao natimorto. Logo, é forçoso concluir que a garantia provisória ao emprego prevista no referido dispositivo não está condicionada ao nascimento com vida. Indenização substitutiva do período de estabilidade devida desde a data seguinte à dispensa até cinco meses após o parto. Recurso de revista conhecido e provido." (RR-1001880-03.2016.5.02.0023, 2ª Turma, Relatora Ministra: Delaíde Miranda Arantes, *DEJT* 14/06/2019).

Cabe destacar, contudo, que a empregada gestante poderá pedir demissão a qualquer momento. Nesse caso, ela receberá as verbas decorrentes do pedido de demissão (já analisado em capítulo próprio). Esse pedido não precisa da vontade do empregador, sendo necessária, portanto, a assistência sindical para homologação das verbas rescisórias.

> Art. 500 da CLT. O pedido de demissão do empregado estável só será válido quando feito com a assistência do respectivo Sindicato e, se não o houver, perante autoridade local competente do Ministério do Trabalho e Previdência Social ou da Justiça do Trabalho.

b) Súmula nº 244 do TST:

A premissa segundo a qual, ocorrida a concepção do feto no curso do contrato de trabalho, haverá estabilidade, nos permite concluir que existe a garantia provisória ainda que o empregador desconheça o estado gravídico da empregada. Observe a Súmula nº 244, I, do TST:

> Súmula nº 244 do TST. Gestante. Estabilidade provisória (redação do item III alterada na sessão do Tribunal Pleno realizada em 14/09/2012). Resolução nº 185/2012, *DEJT* divulgado em 25, 26 e 27/09/2012. I – O desconhecimento do estado gravídico pelo empregador não afasta o direito ao pagamento da indenização decorrente da estabilidade (art. 10, II, *b* do ADCT).

O Item I da súmula atribuiu ao empregador uma responsabilidade objetiva, ou seja, mesmo comprovando o seu desconhecimento do estado gravídico da empregada, ele terá que indenizá-la.

Aliás, mesmo que a própria empregada não saiba que está grávida, haverá a garantia. Veja esse julgado do TST:

> "RECURSO DE REVISTA DA AUTORA. CPC/2015. INSTRUÇÃO NORMATIVA N. 40 DO TST. LEI 13.467/2017. TRANSCENDÊNCIA POLÍTICA CONSTATADA. ESTABILIDADE GESTANTE. DESCONHECIMENTO DO ESTADO GRAVÍDICO NO MOMENTO DA DISPENSA. A estabilidade provisória da gestante é garantia constitucional a direitos fundamentais da mãe e do nascituro, especialmente no que diz respeito à proteção da gestante contra a dispensa arbitrária, com vistas a proteger a vida que nela se forma com dignidade desde a concepção. A efetividade dessa garantia tem respaldo no artigo 7º, XVIII, da Constituição Federal. O art. 10, II, 'b', do ADCT confere estabilidade provisória à obreira e exige apenas a confirmação de sua condição de gestante. Portanto, não há que se falar em outros requisitos para o exercício desse direito, como a prévia ou imediata comunicação da gravidez ao empregador ou o conhecimento da própria empregada a respeito do seu estado gravídico quando da extinção do vínculo. Nesse cenário, a tese adotada pelo Tribunal Regional encontra-se em conflito com a jurisprudência desta Corte. Recurso de revista conhecido e provido." (RR-1000830-72.2017.5.02.0421, 7ª Turma, Relator Ministro: Claudio Mascarenhas Brandão, *DEJT* 08/05/2020).

Cap. 17 – ESTABILIDADE E GARANTIA DE EMPREGO

> ☞ **ATENÇÃO!**
>
> O Supremo Tribunal Federal também considera que a estabilidade da empregada gestante depende somente de um requisito objetivo, qual seja a gravidez.

A excelsa Corte fixou a seguinte **Tese de Repercussão Geral** ao julgar o **Tema 497** da Lista: "A incidência da estabilidade prevista no art. 10, inc. II, do ADCT, somente exige a anterioridade da gravidez à dispensa sem justa causa."

Questão polêmica envolve a **dúvida quanto ao momento da concepção.** Atualmente os exames médicos não permitem uma segurança plena quanto à data exata da concepção, mas apenas uma aproximação temporal.

Dessa forma, por exemplo, imagine que a empregada tenha sido dispensada na quarta e o exame comprova que, considerando o número de semanas de gestação, a concepção ocorreu naquela semana da extinção do contrato. Seria ela estável diante da impossibilidade de saber qual o dia exato?

A posição majoritária atesta positivamente. Parte da premissa de que as normas constitucionais devem se ser interpretadas com base no **princípio da máxima efetividade**, de maneira que o objetivo é tutelar a saúde do nascituro e da genitora, assegurando a dignidade da pessoa humana. Leia esse julgado ilustrativo:

"(...) RECURSO DE REVISTA. ESTABILIDADE GESTANTE. CONTROVÉRSIA QUANTO A DATA DA CONCEPÇÃO. DIVERGÊNCIA JURISPRUDENCIAL. ENTENDIMENTO PACIFICADO PELA SBDI-I, DESTE TRIBUNAL SUPERIOR DO TRABALHO. (...) 7. No caso de existir dúvida razoável e objetiva quanto ao início do estado gestacional, a jurisprudência da SBDI-I segue a linha de privilegiar a garantia constitucional à estabilidade provisória, tendo como prisma os princípios da dignidade da pessoa humana e da proteção à saúde do nascituro e da mãe. 8. A medicina, apesar de toda sua evolução tecnológica, não é uma ciência exata, permitindo, em muitos casos, margens de erros e possibilidades de diagnósticos. 9. Diante desta imprevisibilidade objetiva, deve-se ter em vista, sempre, a proteção do ser humano, da saúde da criança, da mãe, além da estabilidade social no âmbito familiar, em detrimento de cálculos matemáticos quanto ao dia preciso da concepção do nascituro. Precedente da SBDI-I, deste Tribunal Superior do Trabalho. Recurso de Revista conhecido e provido." (RR – 504-44.2013.5.15.0022, Relatora Desembargadora Convocada: Luíza Lomba, Data de Julgamento: 21/10/2015, 1ª Turma, Data de Publicação: *DEJT* 23/10/2015).

II – A garantia de emprego à gestante só autoriza a reintegração se esta se der durante o período de estabilidade. Do contrário, a garantia restringe-se aos salários e demais direitos correspondentes ao período de estabilidade.

O item II da Súmula deixa claro que o direito à reintegração só é cabível se o seu pedido ocorrer durante o período correspondente ao da estabilidade.

Esse item é totalmente pertinente, tendo em vista que a reclamação trabalhista poderá ser ajuizada dentro do prazo prescricional de dois anos e o seu ajuizamento, após decorrido o período de garantia de emprego, não configura abuso do exercício de ação. Contudo, nesse caso, a empregada terá convertido o período de estabilidade a ela não concedido em indenização.

Em resumo: a reintegração ao emprego só ocorrerá se a decisão for proferida durante o período estabilitário. Do contrário, a empregada só terá direito aos salários do período entre a dispensa e o final da estabilidade.

O TST não configura abuso do direito de ação o fato de a empregada ajuizar a reclamatória após o período estabilitário.

> OJ nº 399 da SDI-I do TST. Estabilidade provisória. Ação trabalhista ajuizada após o término do período de garantia no emprego. Abuso do exercício do direito de ação. Não configuração. Indenização devida. (*DEJT* divulgado em 02, 03 e 04/08/2010.) O ajuizamento de ação trabalhista após decorrido o período de garantia de emprego não configura abuso do exercício do direito de ação, pois este está submetido apenas ao prazo prescricional inscrito no art. 7º, XXIX, da CF/1988, sendo devida a indenização desde a dispensa até a data do término do período estabilitário.

> A garantia provisória da gestante existe, como regra, ainda que se trate de contrato por prazo determinado, conforme Súmula nº 244, III, do TST:

> III – A empregada gestante tem direito à estabilidade provisória prevista no art. 10, inciso II, alínea *b*, do Ato das Disposições Constitucionais Transitórias, mesmo na hipótese de admissão mediante contrato por tempo determinado.

☞ ATENÇÃO!

Importante! O item III da súmula trouxe a tão falada hipótese de aquisição da estabilidade da empregada gestante mesmo nos contratos por tempo determinado.

Perceba que a súmula não fez distinção entre os tipos de contrato por prazo determinado. Logo, tendo em vista que a posição que vem sendo demonstrada pela jurisprudência é a de proteger a gestante, garantir uma gestação saudável e uma criança com cuidados maternos, o ideal é que se dê uma interpretação ampla ao conceito de contrato por tempo determinado, alcançando, assim, todas as suas espécies, como, por exemplo, o contrato de experiência.

Nesse contexto, não importa que a mulher tenha sido contratada por experiência ou qualquer outra forma por prazo determinado. Se houver gravidez no curso do contrato, haverá estabilidade como regra.

Aliás, a garantia existe inclusive no contrato de aprendizagem:

> "RECURSO DE REVISTA DA RECLAMANTE SOB A ÉGIDE DA LEI 13.015/2014. REQUISITOS DO ART. 896, § 1º-A, DA CLT, ATENDIDOS. GESTANTE. ESTABILIDADE PROVISÓRIA. CONTRATO DE APRENDIZAGEM. A empregada gestante tem direito à estabilidade provisória, prevista no artigo 10, inciso II, alínea *b*, do Ato das Disposições Constitucionais Transitórias, mesmo na hipótese de admissão mediante contrato por tempo determinado como é o caso do contrato de aprendizagem, regido pelo Decreto 5.598/2005 e pela IN 97/2012. Inteligência da Súmula n. 244, III, do TST. (...)" (RR-1001936-09.2016.5.02.0323, 6ª Turma, Relator Ministro: Augusto Cesar Leite de Carvalho, *DEJT* 13/03/2020).

Todavia, existe uma exceção para a estabilidade em contratos por prazo determinado. Se a mulher foi contratada por uma **empresa de trabalho temporário** para prestar serviços em típico trabalho temporário, a situação é diferente. Recorde o conceito de trabalho temporário no art. 2°, *caput*, da Lei n° 6.019/1974:

Lei n. 6.019/1974

Art. 2°. Trabalho temporário é aquele prestado por pessoa física contratada por uma empresa de trabalho temporário que a coloca à disposição de uma empresa tomadora de serviços, para atender à necessidade de substituição transitória de pessoal permanente ou à demanda complementar de serviços.

Nessa hipótese (trabalho temporário do art. 2° da Lei n° 6.019/1974), considerando a finalidade desse tipo de contratação, consolidou-se o entendimento de que não haveria estabilidade gestacional. O TST fixou essa premissa na **Tese do Tema 2 dos Incidentes de Assunção de Competência**:

É inaplicável ao regime de trabalho temporário, disciplinado pela Lei n° 6.019/74, a garantia de estabilidade provisória à empregada gestante, prevista no art. 10, II, *b*, do Ato das Disposições Constitucionais Transitórias.

Apenas para consolidar o entendimento, veja esse julgado do TST:

"(...) RECURSO DE REVISTA SOB A ÉGIDE DA LEI N. 13.467/2017. RITO SUMARÍSSIMO. ESTABILIDADE GESTACIONAL. CONTRATO TEMPORÁRIO. O debate relativo à garantia de estabilidade provisória da gestante contratada temporariamente, não comporta mais discussão nesta Corte, visto que o Pleno, por meio do julgamento do TST – IAC – 5639-31.2013.5.12.0051, decidiu que 'é inaplicável ao regime de trabalho temporário, disciplinado pela Lei n. 6.019/1974, a garantia de estabilidade provisória à empregada gestante, prevista no art. 10, II, b, do Ato das Disposições Constitucionais Transitórias'. Recurso de revista conhecido e provido." (RR-1000846-84.2018.5.02.0067, 6ª Turma, Relator Ministro: Augusto César Leite de Carvalho, *DEJT* 14/02/2020).

Caso a empregada seja contratada grávida e tenha celebrado um contrato por prazo determinado ou indeterminado, já ingressa com estabilidade no emprego.

Um ponto bastante interessante é: se a mulher for dispensada sem justa causa durante o período estabilitário, pode ela pedir indenização sem que peça reintegração? Se fizesse isso, haveria o equivalente a uma renúncia da estabilidade?

O TST entende que não há qualquer problema. A ausência de pedido de reintegração não torna a dispensa lícita e não pode ser interpretada como renúncia. Veja esse julgado:

ESTABILIDADE GESTANTE. INDENIZAÇÃO. PEDIDO DE REINTEGRAÇÃO. DESNECESSIDADE. Segundo as disposições do artigo 10, II, 'b', do ADCT, a empregada gestante tem direito à estabilidade, desde a concepção até cinco meses após o parto. Referida garantia constitucional tem como escopo a proteção da maternidade e do nascituro, haja vista a notória dificuldade de obtenção de novo emprego pela gestante. Nessa esteira, a ausência de pedido de reintegração ao emprego não afasta o direito da reclamante à estabilidade provisória, uma vez que ao assim entender, estar-se-ia admitindo renúncia à estabilidade. Todavia, tal direito é irrenunciável, pois objetiva a proteção do nascituro e não da empregada em si. Dessa forma, possível apenas o pedido de indenização. Recurso de revista de que se conhece e a que se dá provimento." (RR-1182-47.2017.5.12.0040, 4ª Turma, Relator Ministro: Guilherme Augusto *Caputo* Bastos, *DEJT* 27/09/2019).

Muitas vezes ocorre de o empregador oferecer a reintegração como acordo na audiência e a empregada recusar. Essa recusa não tem sido interpretada como renúncia. Logo, ainda que a trabalhadora recuse a reintegração, certo é que a indenização é devida:

> "(...) 2. ESTABILIDADE DA GESTANTE. RECUSA À REINTEGRAÇÃO. DIREITO À INDENIZA-ÇÃO SUBSTITUTIVA. O direito à estabilidade da gestante é norma de ordem pública, irrenunciável, pois visa à proteção do nascituro. Diante disso, a recusa ao retorno ao emprego não obsta o direito à indenização substitutiva. Precedentes. (...)" (AIRR-1423-03.2017.5.17.0001, 3ª Turma, Relator Ministro: Alberto Luiz Bresciani de Fontan Pereira, *DEJT* 06/12/2019).

Claro que nada impede que a trabalhadora pretenda a reintegração, mas o juiz apenas deferirá seu pedido se não houver incompatibilidade entre as partes e ainda não houver exaurido o período estabilitário. Em outras palavras, se a empregada ajuíza reclamação trabalhista e consegue o reconhecimento de sua garantia, a reintegração apenas é possível se o prazo da garantia ainda não foi vencido. Se esse prazo já foi ultrapassado, resta apenas converter o período estabilitário em indenização substitutiva. Releia a Súmula no 244, II, do TST.

Lembre-se de que já foi comentado por nós que o TST vem decidindo que até mesmo a gravidez ocorrida no curso do aviso-prévio não afasta o direito da empregada à estabilidade, pois a condição essencial para ser assegurada a estabilidade para a empregada gestante é a gravidez ter ocorrido no curso do contrato de trabalho.

Entendimento que hoje está pacificado por meio do art. 391-A, da CLT, incluído no ano de 2013 e que será certamente abordado nos próximos concursos na área trabalhista:

Art. 391-A da CLT. A confirmação do estado de gravidez advindo no curso do contrato de trabalho, ainda que durante o prazo do aviso-prévio trabalhado ou indenizado, garante à empregada gestante a estabilidade provisória prevista na alínea *b* do inciso II do art. 10 do Ato das Disposições Constitucionais Transitórias. (Incluído pela Lei no 12.812, de 2013).

☞ ATENÇÃO!

Com a mudança promovida pela Lei nº 13.509/2017, quem adotar também passa a ter direito à estabilidade ou garantia provisória no emprego. Dessa forma, o(a) empregado(a) que recebe guarda provisória para fins de adoção tem direito à estabilidade, nos moldes da empregada genitora de uma criança, como já existia:

Cap. 17 – ESTABILIDADE E GARANTIA DE EMPREGO

531

Art. 391-A, parágrafo único, da CLT. O disposto no *caput* deste artigo aplica-se ao empregado adotante ao qual tenha sido concedida guarda provisória para fins de adoção.

O *caput* do dispositivo *supra* menciona a estabilidade ou garantia provisória da gestante prevista no texto constitucional (art. 10, II, *b*, do ADCT).

☞ **ATENÇÃO!**

Foi promulgada a Lei Complementar nº 146/2014 que estende a estabilidade provisória da gestante à pessoa que detiver a guarda do filho no caso de falecimento da genitora. Observe, com isso, que a estabilidade deixa, no caso de falecimento da empregada, de ser um direito personalíssimo.

Por fim, não confunda o repouso remunerado de duas semanas previsto no art. 395 da CLT, que configura uma hipótese de interrupção do contrato de trabalho com a estabilidade da gestante.[2]

O TST no mês de outubro de 2014 destacou em seu julgado que a aprendiz gestante também tem assegurado seu direito à estabilidade provisória.

No tocante à exigência de teste de gravidez pelo empregador, é ilícita, segundo a CLT, no momento da admissão ou durante a permanência no emprego. No entanto, não há nenhuma menção à possibilidade de sua realização no término do contrato. O tema apresenta muitas discussões.

Art. 373-A da CLT. Ressalvadas as disposições legais destinadas a corrigir as distorções que afetam o acesso da mulher ao mercado de trabalho e certas especificidades estabelecidas nos acordos trabalhistas, é vedado: (...)

IV – exigir atestado ou exame, de qualquer natureza, para comprovação de esterilidade ou gravidez, na admissão ou permanência no emprego;

No mesmo sentido, dispõe a Lei nº 9.029/1995:

Art. 1º. É proibida a adoção de qualquer prática discriminatória e limitativa para efeito de acesso à relação de trabalho, ou de sua manutenção, por motivo de sexo, origem, raça, cor, estado civil, situação familiar, deficiência, reabilitação profissional, idade, entre outros, ressalvadas, nesse caso, as hipóteses de proteção à criança e ao adolescente previstas no inciso XXXIII do art. 7º da Constituição Federal.

Art. 2º. Constituem crime as seguintes práticas discriminatórias:

---

[2] RR-911-64.2013.5.23.0107, 8ª Turma, Rel. Min. Dora Maria da Costa, Data de Publicação: 31/10/2014.

I – a exigência de teste, exame, perícia, laudo, atestado, declaração ou qualquer outro procedimento relativo à esterilização ou a estado de gravidez;

Destaca-se, por fim, que, se a empregada tiver o **contrato nulo por ausência de concurso público**, não haverá estabilidade:

"AGRAVO DE INSTRUMENTO. RECURSO DE REVISTA INTERPOSTO NA VIGÊNCIA DA LEI N. 13.015/2014. GESTANTE. ESTABILIDADE PROVISÓRIA. AUSÊNCIA DE CONCURSO PÚBLICO. CONTRATO NULO. INDENIZAÇÃO SUBSTITUTIVA. A jurisprudência desta Corte superior consolidou o entendimento de que a empregada gestante, contratada pela Administração Pública sem concurso público, não tem direito à estabilidade prevista no art.10, inciso II, letra 'b', do ADCT, uma vez que a referida garantia somente é cabível no caso de contrato regularmente válido, sendo também indevido o pagamento da indenização substitutiva. Precedentes. Óbice da Súmula 333 do TST. Agravo de instrumento a que se nega provimento." (AIRR-10089-11.2013.5.05.0019, 2ª Turma, Relatora Ministra: Maria Helena Mallmann, *DEJT* 19/12/2017).

17.11. EMPREGADO ACIDENTADO

No momento em que ocorre um acidente de trabalho que provoca uma incapacidade, ainda que temporária, no trabalhador, e uma necessidade de afastamento significativo, seu retorno não é simples. Há necessidade de que, após a alta previdenciária, seja assegurado um certo tempo para que possa o obreiro se readequar à rotina de trabalho. Além disso, pode o trabalhador ter incorrido em uma série de despesas para sua recuperação, revelando ainda mais a importância da manutenção do emprego.

De acordo com a **Lei Previdenciária nº 8.213/1991**, o empregado que sofreu acidente de trabalho faz *jus* à estabilidade provisória de 12 meses, após o término do auxílio-doença acidentário.

Considera-se acidente de trabalho tanto o acidente propriamente dito, que ocorre dentro do local de trabalho, quanto a doença ocupacional (ex.: LER – Lesão por Esforço Repetitivo) e, ainda, o acidente sofrido no percurso casa/trabalho.

Art. 118 da Lei nº 8.213/1991. O segurado que sofreu acidente do trabalho tem garantida, pelo prazo mínimo de 12 meses, a manutenção do seu de trabalho na empresa, após a cessação do auxílio-doença acidentário, independentemente de percepção de auxílio-acidente.

Assim, se o trabalhador ficar afastado em decorrência de acidente de trabalho e receber benefício previdenciário, contará com 12 meses de garantia provisória no emprego após a alta previdenciária. Logo, o empregado não poderá ser dispensado sem justa causa nesse período.

O empregador deverá comunicar o acidente de trabalho à Previdência Social, sob pena de multa. Essa comunicação é feita pela emissão da CAT (comunicação de acidente de trabalho).

Cap. 17 - ESTABILIDADE E GARANTIA DE EMPREGO | **533**

Além da comunicação *supra*, o empregador deverá transportar o empregado para o hospital.

> PN n° 113 do TST. Transporte de acidentados, doentes e parturientes (positivo). Obriga-se o empregador a transportar o empregado, com urgência, para local apropriado, em caso de acidente, mal súbito ou parto, desde que ocorram no horário de trabalho ou em consequência deste.
>
> Súmula n° 378 do TST – Estabilidade provisória. Acidente do trabalho. Art. 118 da Lei n° 8.213/1991 (inserido item III). Resolução n° 185/2012, *DEJT* divulgado em 25, 26 e 27/09/2012. I – É constitucional o art. 118 da Lei n° 8.213/1991 que assegura o direito à estabilidade provisória por período de 12 meses após a cessação do auxílio-doença ao empregado acidentado.

Assim, são requisitos legais para a estabilidade: o afastamento por período superior a 15 dias e a percepção do benefício previdenciário auxílio-doença acidentário.

Ocorre que, algumas vezes, o trabalhador fica afastado com base no **benefício previdenciário errado** (auxílio-doença comum) e posteriormente descobre que sua doença era ocupacional. Lembre-se de que o afastamento por doença comum não garante o direito à estabilidade.

Observe que o início da estabilidade ocorre com a suspensão do auxílio--doença acidentário.

> II – São pressupostos para a concessão da estabilidade o afastamento superior a 15 dias e a consequente percepção do auxílio-doença acidentário, salvo se constatada, após a despedida, doença profissional que guarde relação de causalidade com a execução do contrato de emprego.

O empregado fará jus ao auxílio-doença acidentário a partir do 16° dia do seu afastamento. Logo, se o acidente do trabalho não acarretar um afastamento superior a 15 dias, o empregado não receberá o auxílio-doença acidentário e, consequentemente, não será detentor da estabilidade provisória no emprego.

Doenças ocupacionais são consideradas **acidentes de trabalho**. O art. 20, I e II, da Lei n° 8.213/1991 esclarece os tipos de doenças ocupacionais:

Lei n° 8.213/1991

Art. 20. Consideram-se acidente do trabalho, nos termos do artigo anterior, as seguintes entidades mórbidas:

I – doença profissional, assim entendida a produzida ou desencadeada pelo exercício do trabalho peculiar a determinada atividade e constante da respectiva relação elaborada pelo Ministério do Trabalho e da Previdência Social;

II – doença do trabalho, assim entendida a adquirida ou desencadeada em função de condições especiais em que o trabalho é realizado e com ele se relacione diretamente, constante da relação mencionada no inciso I.

ATENÇÃO!
No caso de doença profissional, a suspensão do contrato de trabalho não é requisito para aquisição da estabilidade. O item II da súmula *supra* destaca exatamente isso na sua parte final, afirmando que, nesse caso, o empregado terá direito à estabilidade.

Esse entendimento é extremamente justo, porquanto não se poderia privar o trabalhador de um direito em virtude de erro da autarquia previdenciária que não constatou, na época própria, a existência de doença ocupacional.

Recorde-se de que o prazo de 12 meses é contado da **alta previdenciária regular**. Assim, se o INSS conceder alta, mas o trabalhador ainda estiver impossibilitado de retornar, não é caso de estabilidade, mas de nulidade da alta previdenciária.

Outro ponto revela-se importante: essa **estabilidade existe também nos contratos por prazo determinado**. Logo, se o trabalhador ficar afastado em virtude de acidente trabalho e retornar após alta previdenciária, não pode ser dispensado ao final do contrato por prazo determinado, quando ainda não cessada a garantia provisória. Veja a **Súmula no 378, III, do TST**:

III – O empregado submetido a contrato de trabalho por tempo determinado goza da garantia provisória de emprego decorrente de acidente de trabalho prevista no art. 118 da Lei nº 8.213/1991.

Perceba que a estabilidade acidentária também será aplicada nas hipóteses de celebração de contrato por prazo determinado. Destacou o TST o princípio da alteridade previsto no art. 2º da CLT: os riscos do negócio/atividade pertencem única e exclusivamente ao empregador.

Não podemos deixar de destacar o **empregado doméstico**, que, de acordo com a LC nº 150/2015, passou a ter direito ao SAT (seguro contra acidente do trabalho). Sendo assim, ele também terá direito à estabilidade acidentária prevista no art. 118 da Lei nº 8.213/1991.

 ATENÇÃO!
A estabilidade do empregado doméstico não está condicionada ao afastamento médico por mais de 15 dias. Ou seja, o doméstico receberá o auxílio-doença acidentário a partir do primeiro dia da licença médica. Dessa forma, não incide para essa categoria a parte inicial do item II da Súmula nº 378 do TST.

O TST passou a entender pela não suspensão do plano de saúde durante o período em que o empregado estiver gozando o benefício previdenciário.

Súmula nº 440 do TST. Auxílio-doença acidentário. Aposentadoria por invalidez. Suspensão do contrato de trabalho. Reconhecimento do direito à manutenção de plano de saúde ou de assistência médica – Res. 185/2012, *DEJT* divulgado em 25, 26 e 27/09/2012. Assegura-se o direito à manutenção de plano de saúde ou de assistência médica oferecido pela empresa ao empregado, não obstante suspenso o contrato de trabalho em virtude de auxílio-doença acidentário ou de aposentadoria por invalidez.

Em relação à estabilidade dos empregados acidentados temos, ainda, que rever a Súmula nº 371 do TST. Lembre-se de que estudamos que o TST não garantiu a estabilidade conferida pelo art. 118 da Lei nº 8.213/1991 ao empregado que adquiriu direito ao benefício do auxílio-doença no curso do aviso-prévio.

Súmula nº 371 do TST – Aviso-prévio indenizado. Efeitos. Superveniência de auxílio-doença no curso deste (conversão das Orientações Jurisprudenciais nºs 40 e 135 da SBDI-1). Resolução nº 129/2005, *DJ* de 20, 22 e 25/04/2005. A projeção do contrato de trabalho para o futuro, pela concessão do aviso-prévio indenizado, tem efeitos limitados às vantagens econômicas obtidas no período de pré-aviso, ou seja, salários, reflexos e verbas rescisórias. No caso de concessão de auxílio-doença no curso do aviso-prévio, todavia, só se concretizam os efeitos da dispensa depois de expirado o benefício previdenciário.

Cumpre destacar ainda que, de acordo com a jurisprudência do TST, é assegurada a estabilidade provisória para o denominado acidente de trajeto, que é aquele que ocorre no trajeto casa-trabalho e trabalho-casa, ainda que ocorra um pequeno desvio no curso do trajeto, não há descaracterização do acidente de trajeto e o empregado permanece com o direito à estabilidade.

A ausência de pedido de reintegração ou a recusa na oferta de reintegração não afastam o direito à indenização:

"(...) ESTABILIDADE ACIDENTÁRIA. AUSÊNCIA DE PEDIDO DE REINTEGRAÇÃO E RECUSA AO RETORNO AO TRABALHO. O objetivo da estabilidade acidentária é assegurar ao empregado que sofreu acidente do trabalho ou doença ocupacional, a manutenção do seu contrato de trabalho pelo período necessário a sua total recuperação, independentemente da percepção de auxílio-acidente, em observância ao princípio fundamental da dignidade da pessoa humana, nos termos do art. 1º, III, da CF. Não há amparo legal que condicione o direito do acidentado à proteção contra a despedida arbitrária à existência de pedido de reintegração ou à sua concordância em voltar para o trabalho. Ademais, a recusa de proposta pela reclamante de retornar ao emprego não convalida a conduta ilícita da reclamada, que demitiu a empregada dentro do seu período de estabilidade, que se estendeu até 02/05/2011. (...)" (RR – 347-14.2010.5.15.0075, Relatora Ministra: Maria Helena Mallmann, Data de Julgamento: 15/06/2016, 2ª Turma, Data de Publicação: *DEJT* 24/06/2016).

Claro que, se cometer ato que autorize a dispensa por **justa causa**, a rescisão motivada é possível. Quanto ao inquérito para apuração de falta grave, esse procedimento não é necessário para a dispensa por justa causa nesse tipo de estabilidade. Veja julgado do TST:

MANUAL DE DIREITO DO TRABALHO – ROGÉRIO RENZETTI

"AGRAVO DE INSTRUMENTO. RECURSO DE REVISTA. INQUÉRITO PARA APURAÇÃO DE FALTA GRAVE. ESTABILIDADE ACIDENTÁRIA. DECISÃO DENEGATÓRIA. MANUTENÇÃO. (...) Desse modo, não há como prosperar a pretensão da empresa, de possibilidade de inquérito para apuração de falta grave, quando o empregado é detentor de estabilidade provisória por acidente de trabalho, nos termos do art. 118 da Lei n. 8.231/1991. (...)" (AIRR – 2021-03.2009.5.10.0010, Relator Ministro: Mauricio Godinho Delgado, Data de Julgamento: 16/05/2012, 3ª Turma, Data de Publicação: *DEJT* 18/05/2012).

17.12. EMPREGADOS ELEITOS MEMBROS DO CONSELHO CURADOR DO FGTS

O Conselho Curador do FGTS é um órgão tripartite, formado por representantes de trabalhadores, representantes de empregadores e representantes do governo federal:

Lei nº 8.036/1990

Art. 3º. O FGTS será regido por normas e diretrizes estabelecidas por um Conselho Curador, composto por representação de trabalhadores, empregadores e órgãos e entidades governamentais, na forma estabelecida pelo Poder Executivo.

Os **representantes dos trabalhadores no Conselho Curador do FGTS** são indicados pelas centrais sindicais e possuem mandato de 2 anos, podendo ser reconduzidos por uma única vez:

Lei n. 8.036/1990

Art. 3º. (...)

§ 3º Os representantes dos trabalhadores e dos empregadores e seus suplentes serão indicados pelas respectivas centrais sindicais e confederações nacionais, serão nomeados pelo Poder Executivo, terão mandato de 2 (dois) anos e poderão ser reconduzidos uma única vez, vedada a permanência de uma mesma pessoa como membro titular, como suplente ou, de forma alternada, como titular e suplente, por período consecutivo superior a 4 (quatro) anos no Conselho.

A Lei nº 8.036/1990, em seu art. 3º, § 9º, assegura aos membros do Conselho Curador do FGTS representantes dos trabalhadores estabilidade desde a nomeação até um ano após o término do mandato, salvo na hipótese de falta grave apurada por meio de processo sindical.

A lei não define o que seria o **processo sindical**; com isso, os doutrinadores vêm se posicionando no sentido de que ele seria, na realidade, o inquérito para apuração de falta grave.

Art. 3º da Lei nº 8.036/1990. (...)

§ 9º Aos membros do Conselho Curador, enquanto representantes dos trabalhadores, efetivos e suplentes, é assegurada a estabilidade no emprego, da nomeação até 1 ano após o término do mandato de representação, somente podendo ser demitidos por motivo de falta grave, regularmente comprovada através de processo sindical.

17.13. REPRESENTANTES DOS EMPREGADOS NO CONSELHO NACIONAL DE PREVIDÊNCIA – CNP

O Conselho Nacional de Previdência Social é um órgão quadripartite, com representantes do governo, dos trabalhadores, dos empregadores e dos aposentados e pensionistas:

Lei nº 8.213/1991

Art. 3º. Fica instituído o Conselho Nacional de Previdência Social–CNPS, órgão superior de deliberação colegiada, que terá como membros:

I – seis representantes do Governo Federal;

II – nove representantes da sociedade civil, sendo:

a) três representantes dos aposentados e pensionistas;

b) três representantes dos trabalhadores em atividade;

c) três representantes dos empregadores.

§ 2º Os representantes dos trabalhadores em atividade, dos aposentados, dos empregadores e seus respectivos suplentes serão indicados pelas centrais sindicais e confederações nacionais.

O mandato de seus membros e suplentes é de 2 (dois) anos, podendo ser reconduzidos uma única vez:

Lei nº 8.213/1991

Art. 3º. (...)

§ 1º Os membros do CNPS e seus respectivos suplentes serão nomeados pelo Presidente da República, tendo os representantes titulares da sociedade civil mandato de 2 (dois) anos, podendo ser reconduzidos, de imediato, uma única vez.

Aos membros do Conselho Nacional de Previdência representantes da classe dos trabalhadores é assegurada a estabilidade, desde a sua nomeação até um ano após o término do mandato, salvo no caso de falta grave comprovada por Inquérito para Apuração de Falta Grave.

Art. 3º da Lei nº 8.213/1991. (...)

§ 7º Aos membros do CNPS, enquanto representantes dos trabalhadores em atividade, titulares e suplentes, é assegurada a estabilidade no emprego, da nomeação até 1 ano após o término do mandato de representação, somente podendo ser demitidos por motivo de falta grave, regularmente comprovada através de processo judicial.

☞ ATENÇÃO!

Com a edição da MP nº 726/2016, o Conselho Nacional de Previdência Social passa a se chamar Conselho Nacional de Previdência.

17.14. DISPENSA DISCRIMINATÓRIA

Em alguns momentos no curso do contrato de trabalho, o trabalhador não possui qualquer espécie de estabilidade, mas a sua **dispensa foi discriminatória**, o que a torna completamente **nula**. Nesse ponto, vale lembrar do disposto no **art. 1º da Lei no 9.029/1995**:

Lei nº 9.029/1995

Art. 1º. É proibida a adoção de qualquer prática discriminatória e limitativa para efeito de acesso à relação de trabalho, ou de sua manutenção, por motivo de sexo, origem, raça, cor, estado civil, situação familiar, deficiência, reabilitação profissional, idade, entre outros, ressalvadas, nesse caso, as hipóteses de proteção à criança e ao adolescente previstas no inciso XXXIII do art. 7º da Constituição Federal.

Estamos diante de um **rol meramente exemplificativo**, o que se infere da expressão **"entre outros"**, além de que não se poderia interpretar a norma de forma restritiva quando existem diversas diretrizes constitucionais destinadas a combater a discriminação.

Apenas para ilustrar, o TST reconhece que a dispensa promovida pelo empregador em virtude de ajuizamento anterior de ação trabalhista é discriminatória, por ter caráter retaliatório:

"DISPENSA RETALIATÓRIA – DISCRIMINAÇÃO EM RAZÃO DO AJUIZAMENTO DE RE-CLAMATÓRIA TRABALHISTA – ABUSO DE DIREITO – REINTEGRAÇÃO. Demonstrado o caráter retaliatório da dispensa promovida pela Empresa, em face do ajuizamento de ação trabalhista por parte do Empregado, ao ameaçar demitir os empregados que não desistissem das reclamatórias ajuizadas, há agravamento da situação de fato no processo em curso, justificando o pleito de preservação do emprego. A dispensa, nessa hipótese, apresenta-se discriminatória e, se não reconhecido esse caráter à despedida, a Justiça do Trabalho passa a ser apenas a justiça dos desempregados, ante o temor de ingresso em juízo durante a relação empregatícia. Garantir ao trabalhador o acesso direto à Justiça, independentemente da atuação do Sindicato ou do Ministério Público, decorre do texto constitucional (CF, art. 5º, XXXV), e da Declaração Universal dos Direitos Humanos de 1948 (arts. VIII e X), sendo vedada a discriminação no emprego (conven-ções 111 e 117 da OIT) e assegurada ao trabalhador a indenidade frente a eventuais retaliações do empregador (cfr. Augusto César Leite de Carvalho, Direito Fundamental de Ação Trabalhista, *in*: Revista Trabalhista: Direito e Processo, Anamatra – Forense, ano 1, v. 1, n. 1 – jan./mar. 2002 – Rio). Diante de tal quadro, o pleito reintegratório merece agasalho. Recurso de embargos conhecido e provido." (E-RR-7633000-19.2003.5.14.0900, Subseção I Especializada em Dissídios Individuais, Relator Ministro: Ives Gandra Martins Filho, *DEJT* 13/04/2012).

Se a dispensa for considerada discriminatória, além do direito à indenização do dano moral, pode o trabalhador optar entre a reintegração no emprego com o pagamento das remunerações do período de afastamento ou, no caso de ausência de intenção de reintegração, a percepção em dobro do período de afastamento:

Lei n° 9.029/1995

Art. 4°. O rompimento da relação de trabalho por ato discriminatório, nos moldes desta Lei, além do direito à reparação pelo dano moral, faculta ao empregado optar entre:

I – a reintegração com ressarcimento integral de todo o período de afastamento, mediante pagamento das remunerações devidas, corrigidas monetariamente e acrescidas de juros legais;

II – a percepção, em dobro, da remuneração do período de afastamento, corrigida monetariamente e acrescida dos juros legais.

> ☞ **ATENÇÃO!**
>
> A dispensa discriminatória, portanto, permite a reintegração diante da nulidade da extinção contratual e não por força de qualquer estabilidade.

Nesse particular, lembre-se de que o dirigente sindical somente possui estabilidade até o número máximo de 7 titulares e seus respectivos suplentes. No entanto, se o dirigente que possui essa proteção estabilitária for dispensado em virtude de sua atuação sindical, poderia buscar a reintegração devido à conduta discriminatória do empregador.

O Brasil é signatário da **Convenção n° 135 da OIT**, a qual cuida de proteção ao representante dos trabalhadores. A norma internacional protege qualquer dirigente sindical contra atos patronais que visam prejudicá-los em virtude de suas atividades sindicais:

Convenção n° 135 da OIT (Decreto n° 10.088/2019)

Art. 1°. Os representantes dos trabalhadores na empresa devem ser beneficiados com uma proteção eficiente contra quaisquer medidas que poderiam vir a prejudicá-los, inclusive o licenciamento, e que seriam motivadas por sua qualidade ou suas atividades como representantes dos trabalhadores, sua filiação sindical, ou participação em atividades sindicais, conquanto ajam de acordo com as leis, convenções coletivas ou outros arranjos convencionais vigorando.

Art. 3°. Para os fins da presente Convenção, os termos "representantes dos trabalhadores" designam pessoas reconhecidas como tais pela legislação ou pelas práticas nacionais, quer sejam:

a) representantes sindicais, a saber representantes nomeados ou eleitos por sindicatos;

O TST recentemente afirmou seu entendimento no sentido de que se presumirá discriminatória a dispensa do **empregado portador do vírus do HIV**, ou de **outra doença grave**, que alegue ter sido vítima de estigmas ou preconceito por parte do empregador. Caso fique demonstrada a veracidade da presunção, ou o empregador não faça prova do contrário, o ato da dispensa será considerado inválido e o empregado terá direito à reintegração.

Súmula n° 443 do TST – Dispensa discriminatória. Presunção. Empregado portador de doença grave. Estigma ou preconceito. Direito à reintegração. Resolução n° 185/2012, *DEJT* divulgado em 25, 26 e 27/09/2012. Presume-se discriminatória a despedida de empregado portador do vírus HIV ou de outra doença grave que suscite estigma ou preconceito. Inválido o ato, o empregado tem direito à reintegração no emprego.

> ☞ **ATENÇÃO!**
>
> A Lei n° 12.984/2014 define como crime a discriminação dos portadores do vírus da imunodeficiência humana (HIV) e doentes de Aids, em razão da sua condição de portador ou de doente.

Por fim, cabe destacar que o TST ainda entende como discriminatória a dispensa de empregado portador de tuberculose:

Dispensa discriminatória. Presunção. Empregado portador de tuberculose. Súmula n° 443 do TST. A SBDI-I, por maioria, conheceu dos embargos, por contrariedade à Súmula n° 443 do TST e, no mérito, por unanimidade, deu-lhes provimento para reconhecer o caráter discriminatório da dispensa sem justa causa de empregada portadora de tuberculose. Na hipótese, a Subseção reformou decisão turmária que não conhecera do recurso de revista sob o fundamento de que a presunção prevista na Súmula n° 443 do TST não se aplica ao caso em que o vínculo foi mantido por mais de seis anos após a empresa ter ciência da doença, não houve afastamento do trabalho para tratamento de saúde, nem a percepção de benefício previdenciário, não havia incapacidade de ordem psiquiátrica ao tempo da dispensa e muito menos nexo causal com as condições laborais. Prevaleceu o entendimento de que, sendo incontroverso que a reclamada sabia que a reclamante era portadora de tuberculose, não há base legal para se exigir, como requisitos para a comprovação da dispensa discriminatória, a imediatidade da despedida, a redução da capacidade laboral, o afastamento para tratamento de saúde, a concessão de auxílio-doença ou o nexo causal entre a enfermidade e o trabalho realizado. Ademais, a fundamentação da Corte regional, endossada pela Turma do TST, adotou posicionamento diametralmente oposto aos termos da Súmula n° 443 do TST, pois reputou à reclamante o ônus de comprovar a discriminação alegada. Vencidos os Ministros João Oreste Dalazen, Ives Gandra Martins Filho, Aloysio Corrêa da Veiga, Márcio Eurico Vitral Amaro e Cláudio Mascarenhas Brandão. TST-E-ED-RR-65800-46.2009.5.02.0044, SBDI-I, Relator Ministro: Walmir Oliveira da Costa, 09/03/2017 (Informativo n° 154 do TST).

17.15. EMPREGADO REABILITADO E EMPREGADO COM DEFICIÊNCIA

A empresa que possui cem ou mais empregados deve manter uma quantidade mínima de trabalhadores reabilitados ou trabalhadores com deficiência. O **art. 93, caput, da Lei n° 8.213/1991** estabelece os parâmetros:

Cap. 17 – ESTABILIDADE E GARANTIA DE EMPREGO

Lei nº 8.213/1991

Art. 93. A empresa com 100 (cem) ou mais empregados está obrigada a preencher de 2% (dois por cento) a 5% (cinco por cento) dos seus cargos com beneficiários reabilitados ou pessoas portadoras de deficiência, habilitadas, na seguinte proporção:

I – até 200 empregados...2%;

II – de 201 a 500..3%;

III – de 501 a 1.000..4%;

IV – de 1.001 em diante. .... 5%.

V – (VETADO). (Incluído pela Lei n. 13.146, de 2015)

Estamos diante de uma espécie de **ação afirmativa**, que permite a devida integração de pessoas com deficiência ou reabilitadas ao mercado de trabalho.

Ressalte-se que o Brasil é signatário da **Convenção nº 159 da Organização Internacional do Trabalho (OIT)**, que trata da reabilitação profissional e do emprego de pessoas deficientes. A convenção orienta no sentido de adoção de política pública inclusiva, como se nota nos arts. 3 e 4:

Convenção 159 da OIT (Decreto nº 10.088/2019)

Art. 3º. Essa política deverá ter por finalidade assegurar que existam medidas adequadas de reabilitação profissional ao alcance de todas as categorias de pessoas deficientes e promover oportunidades de emprego para as pessoas deficientes no mercado regular de trabalho.

Art. 4º. Essa política deverá ter como base o princípio de igualdade de oportunidades entre os trabalhadores deficientes e dos trabalhadores em geral. Dever-se-á respeitar a igualdade de oportunidades e de tratamento para os trabalhadores deficientes. As medidas positivas especiais com a finalidade de atingir a igualdade efetiva de oportunidades e de tratamento entre os trabalhadores deficientes e os demais trabalhadores, não devem ser vistas como discriminatórias em relação a estes últimos.

O Brasil é signatário da Convenção Internacional da ONU sobre Direitos das Pessoas com Deficiência. Desse diploma (promulgado pelo Decreto nº 6.949/2009) expressamente consta a proteção do trabalho no art. 27, e ele incentiva a adoção de várias práticas inclusivas, apontando um rol meramente exemplificativo, de forma a incentivar os estados signatários a adotar formas adicionais:

Convenção sobre Direitos das Pessoas com Deficiência

Art. 27.

Trabalho e emprego

1. Os Estados Partes reconhecem o direito das pessoas com deficiência ao trabalho, em igualdade de oportunidades com as demais pessoas. Esse direito abrange o direito à oportunidade de se manter com um trabalho de sua livre escolha ou aceitação no mercado laboral, em ambiente de trabalho que seja aberto, inclusivo e acessível a pessoas com deficiência. Os Estados Partes salvaguardarão e promoverão a realização do direito ao trabalho, inclusive daqueles que tiverem adquirido uma deficiência no emprego, adotando medidas apropriadas, incluídas na legislação, com o fim de, entre outros:

a) Proibir a discriminação baseada na deficiência com respeito a todas as questões relacionadas com as formas de emprego, inclusive condições de recrutamento, contratação e admissão, permanência no emprego, ascensão profissional e condições seguras e salubres de trabalho;

b) Proteger os direitos das pessoas com deficiência, em condições de igualdade com as demais pessoas, às condições justas e favoráveis de trabalho, incluindo iguais oportunidades e igual remuneração por trabalho de igual valor, condições seguras e salubres de trabalho, além de reparação de injustiças e proteção contra o assédio no trabalho;

c) Assegurar que as pessoas com deficiência possam exercer seus direitos trabalhistas e sindicais, em condições de igualdade com as demais pessoas;

d) Possibilitar às pessoas com deficiência o acesso efetivo a programas de orientação técnica e profissional e a serviços de colocação no trabalho e de treinamento profissional e continuado;

e) Promover oportunidades de emprego e ascensão profissional para pessoas com deficiência no mercado de trabalho, bem como assistência na procura, obtenção e manutenção do emprego e no retorno ao emprego;

f) Promover oportunidades de trabalho autônomo, empreendedorismo, desenvolvimento de cooperativas e estabelecimento de negócio próprio;

g) Empregar pessoas com deficiência no setor público;

h) Promover o emprego de pessoas com deficiência no setor privado, mediante políticas e medidas apropriadas, que poderão incluir programas de ação afirmativa, incentivos e outras medidas;

i) Assegurar que adaptações razoáveis sejam feitas para pessoas com deficiência no local de trabalho;

j) Promover a aquisição de experiência de trabalho por pessoas com deficiência no mercado aberto de trabalho;

k) Promover reabilitação profissional, manutenção do emprego e programas de retorno ao trabalho para pessoas com deficiência.

O legislador constituinte elevou a tutela do trabalho da pessoa com deficiência a verdadeiro patamar de direito fundamental no art. 7º, XXXI:

CF

Art. 7º. São direitos dos trabalhadores urbanos e rurais, além de outros que visem à melhoria de sua condição social:

XXXI – proibição de qualquer discriminação no tocante a salário e critérios de admissão do trabalhador portador de deficiência;

Pois bem, nesse contexto protetivo, onde está a estabilidade? A garantia provisória no emprego pode ser encontrada no art. 93, § 1º, da Lei nº 8.213/1991:

Lei nº 8.213/1991

Art. 93. (...)

§ 1º A dispensa de pessoa com deficiência ou de beneficiário reabilitado da Previdência Social ao final de contrato por prazo determinado de mais de 90 (noventa) dias e a dispensa imotivada em contrato por prazo indeterminado

Cap. 17 – ESTABILIDADE E GARANTIA DE EMPREGO

543

somente poderão ocorrer após a contratação de outro trabalhador com deficiência ou beneficiário reabilitado da Previdência Social.

Desta forma, se o trabalhador reabilitado pelo INSS ou trabalhador com deficiência mantiver contrato de trabalho por prazo determinado com duração de mais de 90 dias ou contrato por prazo indeterminado, **não pode ele ser dispensado** sem que haja a contratação de outro trabalhador reabilitado ou com deficiência.

Estamos diante de uma garantia no emprego indireta, porque deve ser lida em conjunto com o art. 93, *caput*, do mesmo preceito. Logo, o que deve ser observado é o percentual mínimo de trabalhadores reabilitados ou com deficiência na empresa e não uma relação direta entre o cargo ocupado e o novo contratado. A finalidade da proteção é a preservação da cota mínima, não se exigindo que a contratação seja para mesma função.

Para ilustrar, veja o recente julgado da SDI-I do TST sobre o tema:

"RECURSO DE EMBARGOS. ACÓRDÃO PUBLICADO NA VIGÊNCIA DA LEI N. 13.015/2014. PESSOAS COM DEFICIÊNCIA OU BENEFICIÁRIO REABILITADO. DISPENSA IMOTIVADA. PRESERVAÇÃO NUMÉRICA DA COTA PREVISTA NO ARTIGO 93, § 1º DA LEI N. 8.213/1991. Encontra-se consolidado nesta Corte o entendimento de que a dispensa de empregado com deficiência ou reabilitado sem a subsequente contratação de outro empregado em condições semelhantes somente rende ensejo à reintegração no emprego caso a empresa não tenha observado o percentual exigido no art. 93, § 1º da Lei n. 8.213/1991. Isso porque a garantia de emprego prevista no art. 93, § 1º, da Lei n. 8.213/1991 é apenas indireta e tem como objetivo a preservação da cota mínima de postos de trabalho reservados aos portadores de necessidades especiais, não sendo exigência da lei que a contratação se dê para as mesmas funções exercidas pelo empregado dispensado. Precedentes. (...)" (E-RR-779-16.2012.5.03.0069, Subseção I Especializada em Dissídios Individuais, Relator Ministro: Breno Medeiros, *DEJT* 30/04/2020).

Mesmo que haja a dispensa sem justa causa de empregado reabilitado ou com deficiência sem a respectiva contratação de um substituto, não haverá garantia provisória se o percentual mínimo de reserva de vagas permanecer mantido.

17.16. DOS DIREITOS DO EMPREGADO NO CASO DE QUEBRA DA ESTABILIDADE

Caso o empregador não observe as garantias de emprego e dispense de forma arbitrária o empregado, esse ato será considerado nulo e o empregado será reintegrado na função que exercia. Caso essa medida se mostre desaconselhável, ele será indenizado.

Apesar de aplicarmos os arts. 495 e 496 da CLT, a indenização a que fará jus o empregado será simples e não em dobro, como menciona o art. 497 da CLT. O art. 497 somente é aplicado aos casos ainda existentes da estabilidade decenal.

Art. 495. Reconhecida a inexistência de falta grave praticada pelo empregado, fica o empregador obrigado a readmiti-lo no serviço e a pagar-lhe os salários a que teria direito no período da suspensão.

Art. 496. Quando a reintegração do empregado estável for desaconselhável, dado o grau de incompatibilidade resultante do dissídio, especialmente quando for o empregador pessoa física, o tribunal do trabalho poderá converter aquela obrigação em indenização devida nos termos do artigo seguinte.

A Súmula nº 396 e a OJ nº 399 da SDI-I do TST merecem uma atenção especial.

Súmula 396 do TST – Estabilidade provisória. Pedido de reintegração. Concessão do salário relativo ao período de estabilidade já exaurido. Inexistência de julgamento *extra petita* (conversão das Orientações Jurisprudenciais nºs 106 e 116 da SBDI-1). Resolução nº 129/2005, *DJ* de 20, 22 e 25/04/2005. I – Exaurido o período de estabilidade, são devidos ao empregado apenas os salários do período compreendido entre a data da despedida e o final do período de estabilidade, não lhe sendo assegurada a reintegração no emprego. II – Não há nulidade por julgamento *extra petita* da decisão que deferir salário quando o pedido for de reintegração, dados os termos do art. 496 da CLT.

OJ nº 399 da SDI-I do TST – Estabilidade provisória. Ação trabalhista ajuizada após o término do período de garantia no emprego. Abuso do exercício do direito de ação. Não configuração. Indenização devida. (*DEJT* divulgado em 2, 3 e 04/08/2010.) O ajuizamento de ação trabalhista após decorrido o período de garantia de emprego não configura abuso do exercício do direito de ação, pois este está submetido apenas ao prazo prescricional inscrito no art. 7º, XXIX, da CF/1988, sendo devida a indenização desde a dispensa até a data do término do período estabilitário.

Importante, nesse ponto, apresentar a distinção entre o instituto da **reintegração** e da **readmissão** no Direito do Trabalho.

Quando se trata de **reintegração**, parte-se da premissa de que eventual ato extintivo do vínculo laboral é nulo, de maneira que o trabalhador retornará à sua mesma função, com a mesma remuneração, além de ter direito de receber todas as vantagens do período em que ficou afastado (vantagens remuneratórias e não remuneratórias). Trata-se do mesmo vínculo, o qual foi apenas restabelecido.

Exemplo: Sócrates, dirigente sindical com a devida garantia foi dispensado de forma imotivada, o juiz, além de determinar sua reintegração, pode deferir os salários do período em que o empregado ficou afastado.

Por outro lado, quando se trata de **readmissão**, fala-se em novo vínculo de emprego, não havendo qualquer nulidade na extinção do vínculo anterior. O trabalhador readmitido não possui direitos trabalhistas referentes ao período entre a extinção anterior e o novo vínculo laboral.

Claro que o fato de haver uma readmissão não impede que vantagens do vínculo anterior sejam consideradas, se a lei assim prever ou as partes ajustarem essa benesse. Veja o exemplo em uma das hipóteses de perda de férias:

CLT

Art. 133. Não terá direito a férias o empregado que, no curso do período aquisitivo:

I – deixar o emprego e não for readmitido dentro de 60 (sessenta) dias subsequentes à sua saída;

A norma consolidada evidencia que, caso o trabalhador tenha pedido demissão e não tenha sido recontratado dentro de 60 dias, então começará novo período aquisitivo de férias. Todavia, se ele pediu demissão, mas foi recontratado dentro desse período, o tempo anterior pode ser considerado para fins de férias.

Exemplo: Marcílio desliga-se da empresa Beta LTDA. após 4 meses de trabalho. Arrependido, quer retornar e a empresa decide recontratá-lo após 45 dias do final do vínculo anterior. Nesse caso, Marcílio terá os 4 meses já trabalhados contabilizados para fins de férias, bastando que trabalhe mais 8 meses para que adquira o direito a férias anuais.

17.17. CARGOS DE CONFIANÇA E A ESTABILIDADE

Pode ocorrer de o empregado que possui estabilidade provisória por algum dos motivos analisados anteriormente coincidentemente ocupar uma função de confiança na estrutura do empregador. A estabilidade não se relaciona com a função de confiança, a qual continua inserida no poder diretivo patronal.

CLT

Art. 499. Não haverá estabilidade no exercício dos cargos de diretoria, gerência ou outros de confiança imediata do empregador, ressalvado o cômputo do tempo de serviço para todos os efeitos legais.

Dessa forma, o fato de um gerente ser coincidentemente dirigente sindical não impede que o empregador o retire da função de confiança por entender que existe um outro profissional mais capacitado ao posto. Impede que ele o dispense sem justa causa no período da garantia. Claro que o empregado retirado da função de confiança retornará à função anteriormente ocupada na estrutura da empresa:

CLT

Art. 499. (...)

§ 1º Ao empregado garantido pela estabilidade que deixar de exercer cargo de confiança, é assegurada, salvo no caso de falta grave, a reversão ao cargo efetivo que haja anteriormente ocupado.

Fique claro que isso não significa que o empregador possa perseguir o empregado estável. Se ficar constatado que houve um descomissionamento (retirada da função de confiança) em virtude da estabilidade ou de atos praticados pelo empregado desvinculados da relação laboral (atos do trabalhador como dirigente sindical, por exemplo), o ato patronal pode ser reputado **discriminatório** e gerar direito a indenização por danos morais e até materiais.

17.18. PEDIDO DE DEMISSÃO DE EMPREGADO ESTÁVEL

Antes da Reforma Trabalhista (Lei nº 13.467/2017), se o trabalhador tivesse mais de um ano no emprego, eventual extinção do contrato somente seria válida se houve assistência sindical. De fato, a reforma eliminou essa necessidade da chancela sindical ao revogar os parágrafos 1º, 3º e 7º, da CLT.

Contudo, a reforma **não** revogou o art. 500 da CLT:

CLT

Art. 500. O pedido de demissão do empregado estável só será válido quando feito com a assistência do respectivo Sindicato e, se não o houver, perante autoridade local competente do Ministério do Trabalho e Previdência Social ou da Justiça do Trabalho.

O preceito continua gerando efeitos. Como exemplo, cite-se a necessidade de homologação sindical para a extinção do contrato de trabalho da gestante. Se ela pedir demissão, mas não houver homologação sindical, a extinção é inválida e o direito decorrente da estabilidade ainda persiste.

"REVISTA INTERPOSTO PELA RECLAMANTE. ACÓRDÃO REGIONAL PUBLICADO NA VIGÊNCIA DAS LEIS N. 13.015/2014 E 13.467/2017. GESTANTE. ESTABILIDADE PROVISÓRIA. PEDIDO DE DEMISSÃO. AUSÊNCIA DE ASSISTÊNCIA DO SINDICATO DA CATEGORIA PROFISSIONAL OU DE FORMULAÇÃO PERANTE AUTORIDADE DO MINISTÉRIO DO TRABALHO. (…) CONHE-CIMENTO E PROVIMENTO. I) O art. 500 da CLT estabelece que 'o pedido de demissão do empregado estável só será válido quando feito com a assistência do respectivo Sindicato e, se não o houver, perante autoridade local competente do Ministério do Trabalho e Previdência Social ou da Justiça do Trabalho'. Por sua vez, no que diz respeito à validade de pedido de demissão de empregada gestante, o entendimento majoritário nesta Corte Superior é no sentido de ser necessária a homologação do referido pedido pela enti-dade sindical ou autoridade competente, independentemente da duração do contrato de trabalho (se inferior ou superior a um ano). Para essa hipótese, o reconhecimento jurídico do pedido de demissão de empregada gestante só se completa com a assistência do sindicato profissional ou de autoridade competente. Ressalta-se que a estabilidade provisória é direito indisponível e, portanto, irrenunciável, ainda mais quando se trata de proteger o nascituro e a empregada gestante. II) No caso dos autos, extrai-se do acórdão recorrido que (a) no período de estabilidade provisória gestante, a Reclamante pediu demissão e (b) a rescisão do contrato de trabalho não teve a assistência sindical, conforme determina o art. 500 da CLT. Diante de tal quadro fático, é nulo o pedido de demissão efetuado pela Reclamante, sendo devido o direito à estabilidade da dispen-sa até cinco meses após o parto. Dessa forma, ao indeferir o pedido de estabilidade provisória, a Corte Regional violou o art. 500 da CLT. (…)" (RR-26-42.2016.5.12.0013, 4ª Turma, Relator Ministro: Alexandre Luiz Ramos, *DEJT* 22/05/2020).

17.19. PANDEMIA – ESTABILIDADE PROVISÓRIA NA HIPÓTESE DE REDUÇÃO DE SALÁRIOS E DE JORNADA OU DE SUSPENSÃO TEMPORÁRIA DO CONTRATO DE TRABALHO

A pandemia provocada pelo coronavírus trouxe diversos impactos para as relações de trabalho. O tema da garantia provisória no emprego foi regulamentado pela Lei nº 14.020/2020.

Fica reconhecida a garantia provisória no emprego ao empregado que receber o Benefício Emergencial de Preservação do Emprego e da Renda, em decorrência da redução da jornada de trabalho e do salário ou da suspensão temporária do contrato de trabalho, nos seguintes termos:

I – durante o período acordado de redução da jornada de trabalho e do salário ou de suspensão temporária do contrato de trabalho;

II – após o restabelecimento da jornada de trabalho e do salário ou do encerramento da suspensão temporária do contrato de trabalho, por período equivalente ao acordado para a redução ou a suspensão; e

III – no caso da empregada gestante, por período equivalente ao acordado para a redução da jornada de trabalho e do salário ou para a suspensão temporária do contrato de trabalho, contado a partir do término do período da garantia estabelecida na alínea "*b*" do inciso II do *caput* do art. 10 do Ato das Disposições Constitucionais Transitórias.

A dispensa sem justa causa que ocorrer durante o período de garantia provisória no emprego sujeitará o empregador ao pagamento, além das parcelas rescisórias previstas na legislação em vigor, de indenização no valor de:

I – 50% (cinquenta por cento) do salário a que o empregado teria direito no período de garantia provisória no emprego, na hipótese de redução de jornada de trabalho e de salário igual ou superior a 25% (vinte e cinco por cento) e inferior a 50% (cinquenta por cento);

II – 75% (setenta e cinco por cento) do salário a que o empregado teria direito no período de garantia provisória no emprego, na hipótese de redução de jornada de trabalho e de salário igual ou superior a 50% (cinquenta por cento) e inferior a 70% (setenta por cento); ou

III – 100% (cem por cento) do salário a que o empregado teria direito no período de garantia provisória no emprego, nas hipóteses de redução de jornada de trabalho e de salário em percentual igual ou superior a 70% (setenta por cento) ou de suspensão temporária do contrato de trabalho.

Essa regra não se aplica às hipóteses de pedido de demissão ou dispensa por justa causa do empregado.

Por fim, cumpre ressaltar que há discussões sobre a natureza jurídica dessa garantia prevista na Lei nº 14.020/2020. Apesar de se referir a uma garantia provisória no emprego, a lei não veda que o empregado seja efetivamente dispensado durante o período, mas assegura tão somente o pagamento de um valor indenizatório caso ocorra a dispensa.

Dessa forma, diante da ausência da possibilidade de reintegração no emprego em decorrência da dispensa durante o período de garantia provisória, a lei não criou uma nova hipótese de estabilidade provisória, mas tão somente a previsão de uma proteção ou indenização compensatória pela perda do emprego.

FUNDO DE GARANTIA POR TEMPO DE SERVIÇO – FGTS

Vamos rapidamente relembrar o que acabamos de ver no capítulo anterior, referente à estabilidade.

Vimos que o FGTS surgiu em 1966 como forma de substituição do sistema celetista de indenização por tempo de serviço e da estabilidade decenal. Inicialmente, o FGTS era facultativo, o que gerava para o empregado o direito de optar pelo regime que lhe parecesse mais favorável. Ou seja, ou ele escolhia o sistema da CLT e seria beneficiário da estabilidade decenal, ou escolhia o sistema do FGTS e passava a fazer jus ao recolhimento mensal de 8% sobre a sua remuneração, pagamento da multa indenizatória de 10% (valor da época) e levantamento dos depósitos nas hipóteses permitidas na lei.

Com o advento da CF/1988, o sistema do FGTS passou a ser obrigatório para todos os trabalhadores, garantindo-se o direito adquirido à estabilidade decenal apenas para os trabalhadores que já eram estáveis antes da promulgação da Constituição.

O FGTS obrigatório, como já dissemos, veio assegurar ao empregador o direito de pôr fim a uma relação de emprego sem precisar apresentar um justo motivo, mas também garantiu para o empregado uma forma de indenização em virtude da dispensa imotivada.

18.1. NATUREZA JURÍDICA DO FGTS

Diversas teorias surgiram para explicar a natureza do FGTS, mas o Supremo Tribunal Federal decidiu, quando julgou o Tema 608 da Lista de Repercussão Geral, que se tratava de um pecúlio permanente passível de saque nas hipóteses legais. Leia o trecho do voto do relator:

Ocorre que o art. 7º, III, da nova Carta expressamente arrolou o Fundo de Garantia do Tempo de Serviço como um direito dos trabalhadores urbanos e rurais, colocando termo, no meu entender, à celeuma doutrinária acerca de sua natureza jurídica. Desde então, tornaram-se desarrazoadas as teses anteriormente sustentadas, segundo as quais o FGTS teria natureza híbrida, tributária, previdenciária, de salário diferido, de indenização, etc. Trata-se, em verdade, de direito dos trabalhadores brasileiros (não só dos empregados, portanto), consubstanciado na criação de um "pecúlio permanente", que pode ser sacado pelos seus titulares em diversas circunstâncias legalmente definidas (cf. art. 20 da Lei nº 8.036/1995)".

MANUAL DE DIREITO DO TRABALHO – ROGÉRIO RENZETTI

> ☞ **CUIDADO!**
>
> Estamos falando da natureza do fundo de garantia por tempo de serviço, no que se refere ao saldo e aos depósitos mensais. Em relação à multa a ser paga nos casos de dispensa sem justa causa, culpa recíproca e força maior, é praticamente pacífico o entendimento de seu caráter indenizatório.

Podemos dizer que, entre as posições existentes, estão as que sustentam ser o FGTS uma espécie de tributo, contribuição parafiscal, indenização por tempo de serviço, salário, entre outros.

Alguns doutrinadores classificam o FGTS sob dois ângulos distintos: o do empregado e o do empregador. Sob o ponto de vista do empregado, que é o beneficiário do FGTS, ele teria uma natureza salarial. Já sob o ponto de vista do empregador, seria uma espécie de tributo.

Por fim, podemos dizer que, independentemente da posição adotada, o FGTS é um direito trabalhista e o seu inadimplemento constituirá para o empregado a pretensão de pleitear créditos de natureza trabalhista.

Quanto à sua constituição, o fundo normalmente é formado por uma contribuição especial efetuada na conta vinculada de trabalhadores beneficiários da parcela. Entretanto, existem outros recursos que podem integrar o fundo:

Lei nº 8.036/1990

Art. 2º. O FGTS é constituído pelos saldos das contas vinculadas a que se refere esta lei e outros recursos a ele incorporados, devendo ser aplicados com atualização monetária e juros, de modo a assegurar a cobertura de suas obrigações.

§ 1º Constituem recursos incorporados ao FGTS, nos termos do *caput* deste artigo:

- eventuais saldos apurados nos termos do art. 12, § 4º;
- dotações orçamentárias específicas;
- resultados das aplicações dos recursos do FGTS;
- multas, correção monetária e juros moratórios devidos;
- demais receitas patrimoniais e financeiras.

18.2. FGTS OBRIGATÓRIO

A obrigatoriedade do FGTS foi estabelecida pela Constituição Federal no inciso III de seu art. 7º, e ele foi regulamentado pela Lei nº 8.036/1990 (chamada de Lei do FGTS) e pelo Decreto nº 99.684/1990.

O FGTS obrigatório instituído pela Constituição é um direito trabalhista do empregado urbano e rural, cuja finalidade é estabelecer um fundo de depósitos em favor do empregado, para que este efetue a retirada quando é dispensado da empresa ou diante das situações previstas em lei.

Passaremos, então, à análise dos institutos que consideramos mais relevantes em relação ao FGTS.

Cap. 18 – FUNDO DE GARANTIA POR TEMPO DE SERVIÇO – FGTS

18.2.1. Da administração do FGTS

A administração do Fundo caberá ao Conselho Curador, cuja composição encontra-se estabelecida no art. 3º da Lei do FGTS.

As **normas e as diretrizes** que devem ser seguidas pelo fundo são definidas pelo Conselho Curador do FGTS, o qual é um órgão tripartite formado for representantes indicados por trabalhadores, empregadores e pelo governo:

Lei nº 8.036/1990

Art. 3º. O FGTS será regido por normas e diretrizes estabelecidas por um Conselho Curador, composto por representação de trabalhadores, empregadores e órgãos e entidades governamentais, na forma estabelecida pelo Poder Executivo.

§ 3º Os representantes dos trabalhadores e dos empregadores e seus suplentes serão indicados pelas respectivas centrais sindicais e confederações nacionais, serão nomeados pelo Poder Executivo, terão mandato de 2 (dois) anos e poderão ser reconduzidos uma única vez, vedada a permanência de uma mesma pessoa como membro titular, como suplente ou, de forma alternada, como titular e suplente, por período consecutivo superior a 4 (quatro) anos no Conselho.

§ 10. Os membros do Conselho Curador do FGTS serão escolhidos dentre cidadãos de reputação ilibada e de notório conhecimento, e deverão ser atendidos os seguintes requisitos:

I – ter formação acadêmica superior; e

II – não se enquadrar nas hipóteses de inelegibilidade previstas nas alíneas "a" a "q" do inciso I do *caput* do art. 1º da Lei Complementar n. 64, de 18 de maio de 1990.

As regras mínimas de funcionamento e composição deste Conselho são encontradas no art. 3º da Lei n. 8.036/1990:

Lei nº 8.036/1990

Art. 3º. (...)

§ 1º A Presidência do Conselho Curador será exercida pelo Ministro de Estado da Economia ou por representante, por ele indicado, da área fazendária do governo.

§ 4º O Conselho Curador reunir-se-á ordinariamente, a cada bimestre, por convocação de seu Presidente. Esgotado esse período, não tendo ocorrido convocação, qualquer de seus membros poderá fazê-la, no prazo de 15 (quinze) dias. Havendo necessidade, qualquer membro poderá convocar reunião extraordinária, na forma que vier a ser regulamentada pelo Conselho Curador.

§ 4º-A. As reuniões do Conselho Curador serão públicas, bem como gravadas e transmitidas ao vivo por meio do sítio do FGTS na internet, o qual também possibilitará acesso a todas as gravações que tiverem sido efetuadas dessas reuniões, resguardada a possibilidade de tratamento sigiloso de matérias assim classificadas na forma da lei.

§ 5º As decisões do Conselho serão tomadas com a presença da maioria simples de seus membros, tendo o Presidente voto de qualidade.

§ 6º As despesas porventura exigidas para o comparecimento às reuniões do Conselho constituirão ônus das respectivas entidades representadas.

§ 8º O Poder Executivo designará, entre os órgãos governamentais com representação no Conselho Curador do FGTS, aquele que lhe proporcionará estrutura administrativa de suporte para o exercício de sua competência e que atuará na função de Secretaria Executiva do colegiado, não permitido ao Presidente do Conselho Curador acumular a titularidade dessa Secretaria Executiva.

Os representantes dos trabalhadores poderão se ausentar de seus trabalhos junto aos respectivos empregadores sem prejuízo do salário. Trata-se de hipótese de interrupção do contrato de trabalho:

Lei nº 8.036/1990

Art. 3º. (...)

§ 7º As ausências ao trabalho dos representantes dos trabalhadores no Conselho Curador, decorrentes das atividades desse órgão, serão abonadas, computando-se como jornada efetivamente trabalhada para todos os fins e efeitos legais.

Além disso, esses representantes dos trabalhadores possuem estabilidade no emprego (matéria estudada no capítulo próprio), conforme art. 3º, § 9º, da Lei nº 8.036/1990:

Lei nº 8.036/1990

Art. 3º. (...)

§ 9º Aos membros do Conselho Curador, enquanto representantes dos trabalhadores, efetivos e suplentes, é assegurada a estabilidade no emprego, da nomeação até um ano após o término do mandato de representação, somente podendo ser demitidos por motivo de falta grave, regularmente comprovada através de processo sindical.

O Conselho Curador do FGTS é órgão que integra o Ministério da Economia, conforme Lei nº 13.844/2019:

Lei nº 13.844/2019

Art. 32. Integram a estrutura básica do Ministério da Economia:

XXIX – o Conselho Curador do Fundo de Garantia do Tempo de Serviço;

Registre-se que as atribuições específicas do Conselho Curador estão elencadas no art. 5º, *caput*, da Lei nº 8.036/1990:

Lei nº 8.036/1990

Art. 5º. Ao Conselho Curador do FGTS compete:

I – estabelecer as diretrizes e os programas de alocação de todos os recursos do FGTS, de acordo com os critérios definidos nesta lei, em consonância com a política nacional de desenvolvimento urbano e as políticas setoriais de habitação popular, saneamento básico e infraestrutura urbana estabelecidas pelo Governo Federal;

II – acompanhar e avaliar a gestão econômica e financeira dos recursos, bem como os ganhos sociais e o desempenho dos programas aprovados;

III – apreciar e aprovar os programas anuais e plurianuais do FGTS;

Cap. 18 – FUNDO DE GARANTIA POR TEMPO DE SERVIÇO – FGTS

IV – aprovar as demonstrações financeiras do FGTS, com base em parecer de auditoria externa independente, antes de sua publicação e encaminhamento aos órgãos de controle, bem como da distribuição de resultados;

V – adotar as providências cabíveis para a correção de atos e fatos do gestor da aplicação e da CEF que prejudiquem o desempenho e o cumprimento das finalidades no que concerne aos recursos do FGTS;

VI – dirimir dúvidas quanto à aplicação das normas regulamentares, relativas ao FGTS, nas matérias de sua competência;

VII – aprovar seu regimento interno;

VIII – fixar as normas e valores de remuneração do agente operador e dos agentes financeiros;

IX – fixar critérios para parcelamento de recolhimentos em atraso;

X – fixar critério e valor de remuneração para o exercício da fiscalização;

XI – divulgar, no Diário Oficial da União, todas as decisões proferidas pelo Conselho, bem como as contas do FGTS e os respectivos pareceres emitidos.

XII – fixar critérios e condições para compensação entre créditos do empregador, decorrentes de depósitos relativos a trabalhadores não optantes, com contratos extintos, e débitos resultantes de competências em atraso, inclusive aqueles que forem objeto de composição de dívida com o FGTS.

XIII – em relação ao Fundo de Investimento do Fundo de Garantia do Tempo de Serviço – FI-FGTS:

a) aprovar a política de investimento do FI-FGTS por proposta do Comitê de Investimento;

b) decidir sobre o reinvestimento ou distribuição dos resultados positivos aos cotistas do FI-FGTS, em cada exercício;

c) definir a forma de deliberação, de funcionamento e a composição do Comitê de Investimento;

d) estabelecer o valor da remuneração da Caixa Econômica Federal pela administração e gestão do FI-FGTS, inclusive a taxa de risco;

e) definir a exposição máxima de risco dos investimentos do FI-FGTS;

f) estabelecer o limite máximo de participação dos recursos do FI-FGTS por setor, por empreendimento e por classe de ativo, observados os requisitos técnicos aplicáveis;

g) estabelecer o prazo mínimo de resgate das cotas e de retorno dos recursos à conta vinculada, observado o disposto no § 19 do art. 20 desta Lei;

h) aprovar o regulamento do FI-FGTS, elaborado pela Caixa Econômica Federal; e

i) autorizar a integralização de cotas do FI-FGTS pelos trabalhadores, estabelecendo previamente os limites globais e individuais, parâmetros e condições de aplicação e resgate.

XIV – (revogado);

XV – autorizar a aplicação de recursos do FGTS em outros fundos de investimento, no mercado de capitais e em títulos públicos e privados, com base em proposta elaborada pelo agente operador, devendo o Conselho Curador regulamentar as formas e condições do investimento, vedado o aporte em fundos nos quais o FGTS seja o único cotista;

XVI – estipular limites às tarifas cobradas pelo agente operador ou pelos agentes financeiros na intermediação da movimentação dos recursos da conta vinculada do FGTS, inclusive nas hipóteses de que tratam os incisos V, VI e VII do *caput* do art. 20 desta Lei.

No entanto, de nada adiantaria criar normas e diretrizes se não houver quem faça a gestão dessa aplicação (apoiando o Conselho Curador e zelando pela efetividade de suas decisões) e quem efetivamente opere os recursos.

A gestão de aplicação compete ao órgão do Poder Executivo responsável pela política de habitação e a operação cabe à Caixa Econômica Federal:

Lei nº 8.036/1990

Art. 4º. O gestor da aplicação dos recursos do FGTS será o órgão do Poder Executivo responsável pela política de habitação, e caberá à Caixa Econômica Federal (CEF) o papel de agente operador.

O que está envolvido na gestão da aplicação? O que faz o órgão do Poder Executivo responsável pela política de habitação? A resposta encontra-se no art. 6º da Lei nº 8.036/1990:

Lei nº 8.036/1990

Art. 6º. Ao gestor da aplicação compete:

I – praticar todos os atos necessários à gestão da aplicação do Fundo, de acordo com as diretrizes e programas estabelecidos pelo Conselho Curador;

II – expedir atos normativos relativos à alocação dos recursos para implementação dos programas aprovados pelo Conselho Curador;

III – elaborar orçamentos anuais e planos plurianuais de aplicação dos recursos, discriminados por região geográfica, e submetê-los até 31 de julho ao Conselho Curador do FGTS;

IV – acompanhar a execução dos programas de habitação popular, saneamento básico e infraestrutura urbana previstos no orçamento do FGTS e implementados pela CEF, no papel de agente operador;

V – submeter à apreciação do Conselho Curador as contas do FGTS;

VI – subsidiar o Conselho Curador com estudos técnicos necessários ao aprimoramento operacional dos programas de habitação popular, saneamento básico e infraestrutura urbana;

VII – definir as metas a serem alcançadas nos programas de habitação popular, saneamento básico e infraestrutura urbana.

Quanto à Caixa Econômica Federal, as atribuições do agente operador estão descritas no art. 7º, *caput*, da Lei nº 8.036/1990:

Lei nº 8.036/1990

Art. 7º. À Caixa Econômica Federal, na qualidade de agente operador, cabe:

Cap. 18 – FUNDO DE GARANTIA POR TEMPO DE SERVIÇO – FGTS

I – centralizar os recursos do FGTS, manter e controlar as contas vinculadas, e emitir regularmente os extratos individuais correspondentes às contas vinculadas e participar da rede arrecadadora dos recursos do FGTS;

II – expedir atos normativos referentes aos procedimentos administrativo-operacionais dos bancos depositários, dos agentes financeiros, dos empregadores e dos trabalhadores, integrantes do sistema do FGTS;

III – definir procedimentos operacionais necessários à execução dos programas estabelecidos pelo Conselho Curador, com base nas normas e diretrizes de aplicação elaboradas pelo gestor da aplicação;

IV – elaborar as análises jurídica e econômico-financeira dos projetos de habitação popular, infraestrutura urbana e saneamento básico a serem financiados com recursos do FGTS;

V – emitir Certificado de Regularidade do FGTS;

VI – elaborar as demonstrações financeiras do FGTS, incluídos o Balanço Patrimonial, a Demonstração do Resultado do Exercício e a Demonstração de Fluxo de Caixa, em conformidade com as Normas Contábeis Brasileiras, e encaminhá-las, até 30 de abril do exercício subsequente, ao gestor de aplicação;

VII – implementar atos emanados do gestor da aplicação relativos à alocação e à aplicação dos recursos do FGTS, de acordo com as diretrizes estabelecidas pelo Conselho Curador;

VIII – (VETADO)

IX – garantir aos recursos alocados ao FI-FGTS, em cotas de titularidade do FGTS, a remuneração aplicável às contas vinculadas, na forma do *caput* do art. 13 desta Lei.

X – realizar todas as aplicações com recursos do FGTS por meio de sistemas informatizados e auditáveis;

XI – colocar à disposição do Conselho Curador, em formato digital, as informações gerenciais que estejam sob gestão do agente operador e que sejam necessárias ao desempenho das atribuições daquele colegiado.

Como se nota pela mera leitura da lei, tanto o agente operador como gestor da aplicação tornam práticas as decisões do Conselho Curador e zelam pela regularidade do Fundo:

Lei nº 8.036/1990

Art. 7º. (...)

Parágrafo único. O gestor da aplicação e o agente operador deverão dar pleno cumprimento aos programas anuais em andamento, aprovados pelo Conselho Curador, e eventuais alterações somente poderão ser processadas mediante prévia anuência daquele colegiado.

O cumprimento da lei cabe, é claro, a todos, ou seja, ao Conselho Curador, ao agente operador e ao gestor de aplicação:

Lei nº 8.036/1990

Art. 8º. O gestor da aplicação, o agente operador e o Conselho Curador do FGTS serão responsáveis pelo fiel cumprimento e observância dos critérios estabelecidos nesta Lei.

Atente-se, ainda, que cabe à Secretaria Especial de Previdência e Trabalho do Ministério da Economia a verificação do cumprimento das normas da Lei nº 8.036/1990, inclusive a verificação da realização dos depósitos pelos empregadores/tomadores de serviço:

Lei nº 8.036/1990

Art. 23. Competirá à Secretaria Especial de Previdência e Trabalho do Ministério da Economia a verificação do cumprimento do disposto nesta Lei, especialmente quanto à apuração dos débitos e das infrações praticadas pelos empregadores ou tomadores de serviço, que os notificará para efetuarem e comprovarem os depósitos correspondentes e cumprirem as demais determinações legais.

18.2.2. Dos depósitos

18.2.2.1. Alíquotas do FGTS

A base de cálculo é a remuneração paga ao empregado, incluindo as parcelas indicadas nos arts. 457 e 458 da CLT e o 13º salário. A alíquota é de 8% sobre essa base de cálculo.

Os empregadores devem depositar até o dia 7 de cada mês, na conta vinculada do trabalhador, o correspondente a 8% de sua remuneração.

Exemplo: o FGTS de março deve ser depositado até o dia 7 de abril.

Se houver descumprimento do prazo, o empregador terá que pagar juros, correção e multa:

Lei nº 8.036/1990

Art. 22. O empregador que não realizar os depósitos previstos nesta Lei, no prazo fixado no art. 15, responderá pela incidência da Taxa Referencial – TR sobre a importância correspondente.

§ 1º Sobre o valor dos depósitos, acrescido da TR, incidirão, ainda, juros de mora de 0,5% a.m. (cinco décimos por cento ao mês) ou fração e multa, sujeitando-se, também, às obrigações e sanções previstas no Decreto-lei n. 368, de 19 de dezembro de 1968.

§ 2º A incidência da TR de que trata o *caput* deste artigo será cobrada por dia de atraso, tomando-se por base o índice de atualização das contas vinculadas do FGTS.

§ 2º-A. A multa referida no § 1º deste artigo será cobrada nas condições que se seguem:

I – 5% (cinco por cento) no mês de vencimento da obrigação;

II – 10% (dez por cento) a partir do mês seguinte ao do vencimento da obrigação.

§ 3º Para efeito de levantamento de débito para com o FGTS, o percentual de 8% (oito por cento) incidirá sobre o valor acrescido da TR até a data da respectiva operação.

Registre-se que essa multa não pertence ao trabalhador, mas ao sistema fundiário. Trata-se de penalidade de natureza administrativa:

1. FGTS. MULTA PREVISTA NO ARTIGO 22 DA LEI N. 8.036/90. Esta Corte se manifesta no sentido de que a multa controvertida (art. 22 da Lei N. 8.036/90) somente é devida ao órgão gestor do FGTS, e não ao empregado, tendo em vista que não detém natureza contratual, mas administrativa, visto que origina-se do atraso no recolhimento das parcelas do FGTS, devendo ser revertida ao próprio sistema gestor daquele fundo. (...) (ARR-1000902-41.2015.5.02.0482, 8ª Turma, Relatora Ministra: Dora Maria da Costa, *DEJT* 30/08/2019).

No tocante à contribuição do FGTS na rescisão do contrato do trabalhado, como funciona? Deve-se depositar o FGTS referente ao mês da rescisão e ao mês imediatamente anterior que eventualmente ainda não tenha sido recolhido:

Lei nº 8.036/1990

Art. 18. Ocorrendo rescisão do contrato de trabalho, por parte do empregador, ficará este obrigado a depositar na conta vinculada do trabalhador no FGTS os valores relativos aos depósitos referentes ao mês da rescisão e ao imediatamente anterior, que ainda não houver sido recolhido, sem prejuízo das cominações legais.

§ 3º As importâncias de que trata este artigo deverão constar da documentação comprobatória do recolhimento dos valores devidos a título de rescisão do contrato de trabalho, observado o disposto no art. 477 da CLT, eximindo o empregador, exclusivamente, quanto aos valores discriminados.

Como veremos, a alíquota de recolhimento do FGTS é, em regra, de 8%, salvo nos caso do aprendiz, quando será de 2%.

Art. 15. da Lei nº 8.036/1990. Para os fins previstos nesta lei, todos os empregadores ficam obrigados a depositar, até o dia 7 (sete) de cada mês, em conta bancária vinculada, a importância correspondente a 8% (oito por cento) da remuneração paga ou devida, no mês anterior, a cada trabalhador, incluídas na remuneração as parcelas de que tratam os arts. 457 e 458 da CLT e a gratificação de Natal a que se refere a Lei nº 4.090, de 13 de julho de 1962, com as modificações da Lei nº 4.749, de 12 de agosto de 1965.

(...)

§ 7º Os contratos de aprendizagem terão a alíquota a que se refere o *caput* deste artigo reduzida para dois por cento.

(...)

A menção no preceito legal à remuneração demonstra que as **gorjetas** também integram a base de cálculo do FGTS, porquanto se trata de parcela que se situa no art. 457 da CLT.

As **horas extras** e os **adicionais** integram a remuneração. Portanto, submetem-se à incidência do FGTS, mesmo que o pagamento não seja habitual. Isso significa que verbas remuneratórias, ainda que eventuais, entram na base de cálculo do FGTS:

> Súmula n. 63 do TST. FUNDO DE GARANTIA (mantida) – Res. 121/2003, *DJ* 19, 20 e 21/11/2003. A contribuição para o Fundo de Garantia do Tempo de Serviço incide sobre a remuneração mensal devida ao empregado, inclusive horas extras e adicionais eventuais.

18.2.2.2. Base de cálculo do FGTS

As alíquotas do FGTS deverão incidir sobre todas as parcelas de natureza remuneratória, independentemente de serem pagas ao empregado com habitualidade.

De acordo com a Lei nº 8.036/1990, serão consideradas como remuneração as seguintes parcelas:

> Art. 15, § 4º: Considera-se remuneração as retiradas de diretores não empregados, quando haja deliberação da empresa, garantindo-lhes os direitos decorrentes do contrato de trabalho de que trata o art. 16.
>
> Art. 15, § 5º: O depósito de que trata o *caput* deste artigo é obrigatório nos casos de afastamento para prestação do serviço militar obrigatório e licença por acidente do trabalho.

O § 5º traz a exceção à regra de que o FGTS será devido sempre que houver para o empregador a obrigação de pagar salário ao empregado.

Logo, nos casos de suspensão do contrato de trabalho, com exceção das duas hipóteses previstas neste parágrafo, o empregador não terá que recolher o FGTS correspondente ao período da suspensão do contrato.

Atente-se, ainda, que, nas hipóteses de licença-maternidade[1] e aborto não criminoso, permanecem também os depósitos do FGTS.

Se estivermos diante da hipótese de aposentadoria por invalidez, torna-se indevido o recolhimento do FGTS.

> Aposentadoria por invalidez decorrente de acidente de trabalho. Suspensão do contrato de trabalho. Recolhimento do FGTS. Indevido. Art. 15, § 5º, da Lei nº 8.036/90. Não incidência.
>
> Tendo em conta que a aposentadoria por invalidez suspende o contrato de trabalho, conforme dicção do art. 475 da CLT, é indevido o recolhimento do FGTS no período em que o empregado estiver no gozo desse benefício previdenciário, ainda que o afastamento

---

[1] Embora exista divergência, permanece predominante o entendimento de que a licença-maternidade é uma hipótese de interrupção do contrato de trabalho.

Cap. 18 – FUNDO DE GARANTIA POR TEMPO DE SERVIÇO – FGTS

tenha decorrido de acidente de trabalho. Com esse entendimento, a SBDI-I, em sua composição plena, por maioria, negou provimento ao recurso de embargos, vencidos os Ministros Renato de Lacerda Paiva, Lelio Bentes Corrêa, José Roberto Freire Pimenta e Delaíde Miranda Arantes. Ressaltou o Ministro relator que o art. 15, § 5º, da Lei nº 8.036/90, ao determinar que a licença por acidente de trabalho será causa de interrupção do contrato de trabalho, com obrigatoriedade de recolhimento do FGTS, estabeleceu situação excepcional que não admite interpretação ampliativa para abarcar a aposentadoria por invalidez decorrente de acidente de trabalho. TST-EEDRR-133900-84.2009.5.03.0057, SBDI-I, rel. Min. Horácio Raymundo de Senna Pires, 24/05/2012 (Informativo nº 10 do TST).

Observe que o legislador teve o cuidado de especificar quais as parcelas que não integram a base de cálculo do FGTS:

Art. 15, § 6º: Não se incluem na remuneração, para os fins desta Lei, as parcelas elencadas no § 9º do art. 28 da Lei nº 8.212, de 24 de julho de 1991.

O art. 28, § 9º, da Lei nº 8.212/1991 arrola que as parcelas não sofrem incidência de contribuição previdenciária. E, como se nota no art. 15, § 6º, da Lei nº 8.036/1990, também não sofrem incidência de FGTS. Observe a previsão legal:

Lei nº 8.212/1991

Art. 28. (...)

§ 9º Não integram o salário-de-contribuição para os fins desta Lei, exclusivamente:

a) os benefícios da previdência social, nos termos e limites legais, salvo o salário-maternidade;

b) as ajudas de custo e o adicional mensal recebidos pelo aeronauta nos termos da Lei n. 5.929, de 30 de outubro de 1973;

c) a parcela "in natura" recebida de acordo com os programas de alimentação aprovados pelo Ministério do Trabalho e da Previdência Social, nos termos da Lei n. 6.321, de 14 de abril de 1976;

d) as importâncias recebidas a título de férias indenizadas e respectivo adicional constitucional, inclusive o valor correspondente à dobra da remuneração de férias de que trata o art. 137 da Consolidação das Leis do Trabalho-CLT;

e) as importâncias:

1. previstas no inciso I do art. 10 do Ato das Disposições Constitucionais Transitórias;

2. relativas à indenização por tempo de serviço, anterior a 5 de outubro de 1988, do empregado não optante pelo Fundo de Garantia do Tempo de Serviço-FGTS;

3. recebidas a título da indenização de que trata o art. 479 da CLT;

4. recebidas a título da indenização de que trata o art. 14 da Lei n. 5.889, de 8 de junho de 1973;

5. recebidas a título de incentivo à demissão;

6. recebidas a título de abono de férias na forma dos arts. 143 e 144 da CLT;

7. recebidas a título de ganhos eventuais e os abonos expressamente desvinculados do salário;

8. recebidas a título de licença-prêmio indenizada;

9. recebidas a título da indenização de que trata o art. 9º da Lei n. 7.238, de 29 de outubro de 1984;

f) a parcela recebida a título de vale-transporte, na forma da legislação própria;

g) a ajuda de custo, em parcela única, recebida exclusivamente em decorrência de mudança de local de trabalho do empregado, na forma do art. 470 da CLT;

h) as diárias para viagens;

i) a importância recebida a título de bolsa de complementação educacional de estagiário, quando paga nos termos da Lei n. 6.494, de 7 de dezembro de 1977;

j) a participação nos lucros ou resultados da empresa, quando paga ou creditada de acordo com lei específica;

l) o abono do Programa de Integração Social-PIS e do Programa de Assistência ao Servidor Público-PASEP;

m) os valores correspondentes a transporte, alimentação e habitação fornecidos pela empresa ao empregado contratado para trabalhar em localidade distante da de sua residência, em canteiro de obras ou local que, por força da atividade, exija deslocamento e estada, observadas as normas de proteção estabelecidas pelo Ministério do Trabalho;

n) a importância paga ao empregado a título de complementação ao valor do auxílio-doença, desde que este direito seja extensivo à totalidade dos empregados da empresa;

o) as parcelas destinadas à assistência ao trabalhador da agroindústria canavieira, de que trata o art. 36 da Lei n. 4.870, de 1º de dezembro de 1965;

p) o valor das contribuições efetivamente pago pela pessoa jurídica relativo a programa de previdência complementar, aberto ou fechado, desde que disponível à totalidade de seus empregados e dirigentes, observados, no que couber, os arts. 9º e 468 da CLT;

q) o valor relativo à assistência prestada por serviço médico ou odontológico, próprio da empresa ou por ela conveniado, inclusive o reembolso de despesas com medicamentos, óculos, aparelhos ortopédicos, próteses, órteses, despesas médico-hospitalares e outras similares;

r) o valor correspondente a vestuários, equipamentos e outros acessórios fornecidos ao empregado e utilizados no local do trabalho para prestação dos respectivos serviços;

s) o ressarcimento de despesas pelo uso de veículo do empregado e o reembolso creche pago em conformidade com a legislação trabalhista, observado o limite máximo de seis anos de idade, quando devidamente comprovadas as despesas realizadas;

Cap. 18 – FUNDO DE GARANTIA POR TEMPO DE SERVIÇO – FGTS

t) o valor relativo a plano educacional, ou bolsa de estudo, que vise à educação básica de empregados e seus dependentes e, desde que vinculada às atividades desenvolvidas pela empresa, à educação profissional e tecnológica de empregados, nos termos da Lei n. 9.394, de 20 de dezembro de 1996, e:

1. não seja utilizado em substituição de parcela salarial; e

2. o valor mensal do plano educacional ou bolsa de estudo, considerado individualmente, não ultrapasse 5% (cinco por cento) da remuneração do segurado a que se destina ou o valor correspondente a uma vez e meia o valor do limite mínimo mensal do salário-de-contribuição, o que for maior;

u) a importância recebida a título de bolsa de aprendizagem garantida ao adolescente até quatorze anos de idade, de acordo com o disposto no art. 64 da Lei n. 8.069, de 13 de julho de 1990;

v) os valores recebidos em decorrência da cessão de direitos autorais;

x) o valor da multa prevista no § 8º do art. 477 da CLT.

y) o valor correspondente ao vale-cultura.

z) os prêmios e os abonos.

aa) os valores recebidos a título de bolsa-atleta, em conformidade com a Lei n. 10.891, de 9 de julho de 2004.

As alíquotas do FGTS não incidirão sobre as parcelas de natureza indenizatória. Contudo, atenção! As alíquotas do FGTS incidirão sobre as parcelas do aviso-prévio indenizado.

A menção no preceito legal à remuneração demonstra que as gorjetas também integram a base de cálculo do FGTS, porquanto se trata de parcela que se situa no art. 457 da CLT.

As horas extras e os adicionais integram a remuneração. Portanto, submetem-se à incidência do FGTS, mesmo que o pagamento não seja habitual. Isso significa que verbas remuneratórias, ainda que eventuais, entram na base de cálculo do FGTS. Vamos retornar a redação do TST: Súmula nº 63 do TST – Fundo de Garantia (mantida). Resolução nº 121/2003, *DJ* de 19, 20 e 21/11/2003. A contribuição para o Fundo de Garantia do Tempo de Serviço incide sobre a remuneração mensal devida ao empregado, inclusive horas extras e adicionais eventuais.

OJ nº 195 da SDI-I do TST – Férias indenizadas. FGTS. Não incidência (inserido dispositivo) – *DJ* de 20/04/2005. Não incide a contribuição para o FGTS sobre as férias indenizadas.

Súmula nº 305 do TST – Fundo de Garantia do Tempo de Serviço. Incidência sobre o aviso-prévio (mantida). Resolução nº 121/2003, *DJ* de 19, 20 e 21/11/2003. O pagamento relativo ao período de aviso-prévio, trabalhado ou não, está sujeito a contribuição para o FGTS.

OJ nº 42 da SDI-I do TST – FGTS. Multa de 40% (nova redação em decorrência da incorporação das Orientações Jurisprudenciais nos 107 e 254 da SBDI-1) – *DJ* 20/04/2005. I – É devida a multa do FGTS sobre os saques corrigidos monetariamente ocorridos na vigência do contrato de trabalho. Art. 18, § 1º, da Lei nº 8.036/1990 e art. 9º, § 1º, do Decreto nº 99.684/1990. II – O cálculo da multa de 40% do FGTS deverá ser feito com base no saldo da conta vinculada na data do efetivo pagamento das verbas rescisórias, desconsiderada a projeção do aviso-prévio indenizado, por ausência de previsão legal.

18.2.2.3. Atualização monetária do saldo do FGTS

O saldo do FGTS, ou seja, os valores recolhidos mensalmente na conta vinculada do empregado, é atualizado monetariamente de acordo com o índice aplicável à caderneta de poupança e capitalização de juros de 3% ao ano.

> Art. 13 da Lei nº 8.036/1990. Os depósitos efetuados nas contas vinculadas serão corrigidos monetariamente com base nos parâmetros fixados para atualização dos saldos dos depósitos de poupança e capitalização juros de três por cento ao ano.
>
> OJ nº 302 da SDI-I do TST – 302. FGTS. Índice de correção. Débitos trabalhistas (DJ de 11/08/2003). Os créditos referentes ao FGTS, decorrentes de condenação judicial, serão corrigidos pelos mesmos índices aplicáveis aos débitos trabalhistas.

18.2.2.4. Recolhimento do FGTS nos contratos declarados nulos

Se um trabalhador começa a prestar serviços para a Administração Pública direta ou indireta, sem concurso público, após a vigência da atual Constituição Federal (admitido após a CF de 1988), ocorre, como regra, nulidade do contrato. Essa previsão decorre do art. 37, II e § 2º, da CF:

> CF
>
> Art. 37. A administração pública direta e indireta de qualquer dos Poderes da União, dos Estados, do Distrito Federal e dos Municípios obedecerá aos princípios de legalidade, impessoalidade, moralidade, publicidade e eficiência e, também, ao seguinte:
>
> II – a investidura em cargo ou emprego público depende de aprovação prévia em concurso público de provas ou de provas e títulos, de acordo com a natureza e a complexidade do cargo ou emprego, na forma prevista em lei, ressalvadas as nomeações para cargo em comissão declarado em lei de livre nomeação e exoneração;
>
> § 2º A não observância do disposto nos incisos II e III implicará a nulidade do ato e a punição da autoridade responsável, nos termos da lei.
>
> Art. 19-A da Lei nº 8.036/1990. É devido o depósito do FGTS na conta vinculada do trabalhador cujo contrato de trabalho seja declarado nulo nas hipóteses previstas no art. 37, § 2º, da Constituição Federal, quando mantido o direito ao salário.

Esse preceito foi objeto de exame na Ação Direta de Inconstitucionalidade nº 3.127, a qual foi julgada improcedente, sendo reconhecida a compatibilidade da norma com a Constituição Federal:

Cap. 18 - FUNDO DE GARANTIA POR TEMPO DE SERVIÇO - FGTS

563

TRABALHISTA E CONSTITUCIONAL. MP 2.164-41/2001. INCLUSÃO DO ART. 19-A NA LEI N. 8.036/1990. EMPREGADOS ADMITIDOS SEM CONCURSO PÚBLICO. CONTRATAÇÃO NULA. EFEITOS. RECOLHIMENTO E LEVANTAMENTO DO FGTS. LEGITIMIDADE CONSTITUCIONAL DA NORMA. 1. O art. 19-A da Lei n. 8.036/1990, incluído pela MP 2.164/01, não afronta o princípio do concurso público, pois ele não infirma a nulidade da contratação feita à margem dessa exigência, mas apenas permite o levantamento dos valores recolhidos a título de FGTS pelo trabalhador que efetivamente cumpriu suas obrigações contratuais, prestando o serviço devido. O caráter compensatório dessa norma foi considerado legítimo pelo Supremo Tribunal Federal no RE 596.478, Red. p/ acórdão Min. Dias Toffoli, *DJe* de 1º/3/2013, com repercussão geral reconhecida. (...) 5. Ação direta de inconstitucionalidade julgada improcedente. (ADI 3127, Relator Ministro: Teori Zavascki, Tribunal Pleno, Data de Publicação: 05/08/2015).

Como se não bastasse, essa compatibilidade encontra-se reforçada na tese adotada pelo STF no julgamento do Tema 191 da Lista de Repercussão Geral:

> Tese do tema 191 da Lista de Repercussão Geral do STF É constitucional o art. 19-A da Lei n. 8.036/1990, que dispõe ser devido o depósito do Fundo de Garantia do Tempo de Serviço – FGTS na conta de trabalhador cujo contrato com a Administração Pública seja declarado nulo por ausência de prévia aprovação em concurso público, desde que mantido o direito ao salário.

☞ **ATENÇÃO!**

No que tange ao servidor público, o TST, por meio da Súmula nº 363, já firmou entendimento que vai ao encontro do art. 19-A, da Lei nº 8.036/1990, no sentido de que, caso seja realizada contratação sem a prévia realização de concurso público, ele terá direito de receber o FGTS, entre outras parcelas, apesar de ser considerado nulo o contrato.

> Súmula nº 363 do TST – Contrato nulo. Efeitos. A contratação de servidor público, após a CF/1988, sem prévia aprovação em concurso público, encontra óbice no respectivo art. 37, II e § 2º, somente lhe conferindo direito ao pagamento da contraprestação pactuada, em relação ao número de horas trabalhadas, respeitado o valor da hora do salário mínimo e dos valores referentes aos depósitos do FGTS.

18.2.3. Conceito de contribuinte/empregadores

Art. 15, § 1º Entende-se por empregador a pessoa física ou a pessoa jurídica de direito privado ou de direito público, da administração pública direta, indireta ou fundacional de qualquer dos Poderes, da União, dos Estados, do Distrito Federal e dos Municípios, que admitir trabalhadores a seu serviço, bem assim aquele que, regido por legislação especial, encontrar-se nessa condição ou figurar como fornecedor ou tomador de mão de obra, independente da responsabilidade solidária e/ou subsidiária a que eventualmente venha obrigar-se.

CONTRIBUINTES DO FGTS

EMPREGADORES (urbanos, rurais, pessoas físicas, jurídicas de direito público ou privado)

EMPRESAS DE TRABALHO TEMPORÁRIO

EMPREGADOR DOMÉSTICO

ÓRGÃO GESTOR DA MÃO DE OBRA – OGMO E OS OPERADORES PORTUÁRIOS

18.2.4. Conceito de beneficiários

De plano, o art. 15, § 2º, da Lei nº 8.036/1990 traz uma diretriz assaz genérica:

§ 2º Considera-se trabalhador toda pessoa física que prestar serviços a empregador, a locador ou tomador de mão de obra, excluídos os eventuais, os autônomos e os servidores públicos civis e militares sujeitos a regime jurídico próprio.

BENEFICIÁRIOS DO FGTS	TRABALHADOR FORA DO REGIME DO FGTS
EMPREGADOS REGIDOS PELA CLT	TRABALHADOR AUTÔNOMO
EMPREGADOS RURAIS	TRABALHADOR EVENTUAL
TRABALHADORES TEMPORÁRIOS	SERVIDOR PÚBLICO
TRABALHADORES AVULSOS	MILITAR
EMPREGADO DOMÉSTICO	ESTAGIÁRIO
EMPREGADO APRENDIZ – (art. 15, § 7º – alíquota 2%)	
DIRETORES NÃO EMPREGADOS (na forma do art. 16)	

Cuidado! Não confundir estagiário com aprendiz.

> O único trabalhador que possui o FGTS facultativo é o diretor não empregado.

Súmula nº 269 do TST. Diretor eleito. Cômputo do período como tempo de serviço (mantida) – Res. 121/2003, DJ 19, 20 e 21/11/2003. O empregado eleito para ocupar cargo de diretor tem o respectivo contrato de trabalho suspenso, não se computando o tempo de serviço desse período, salvo se permanecer a subordinação jurídica inerente à relação de emprego.

Art. 16 da Lei nº 8.036/1990. Para efeito desta lei, as empresas sujeitas ao regime da legislação trabalhista poderão equiparar seus diretores não empregados aos demais trabalhadores sujeitos ao regime do FGTS. Considera-se diretor aquele que exerça cargo de administração previsto em lei, estatuto ou contrato social, independente da denominação do cargo.

> ☞ **ATENÇÃO!**
>
> Os servidores públicos ocupantes de cargos de confiança têm direito aos depósitos do FGTS desde que submetidos ao regime trabalhista.

Administração Pública. Contratação pelo regime trabalhista. Cargo em comissão de livre nomeação e exoneração. Art. 37, II, da CF. Depósitos do FGTS. Devidos. É assegurado ao servidor público ocupante de cargo em comissão de livre nomeação e exoneração, contratado sob o regime jurídico trabalhista, o direito aos depósitos do FGTS. O art. 37, II, da CF não autoriza o empregador público a se esquivar da legislação trabalhista a que vinculado no momento da contratação, nem permite concluir que a possibilidade de demissão *ad nutum* dos ocupantes de cargo em comissão é incompatível com o sistema de proteção social contra a dispensa sem justa causa. De outra sorte, se a Súmula nº 363 do TST assegura o direito ao FGTS mesmo diante de uma contratação nula, não se mostra razoável negar o referido direito a quem ingressa regularmente na Administração Pública. Por tais fundamentos, a SBDI-I, por unanimidade, conheceu dos embargos interpostos pelo reclamante, por divergência jurisprudencial, e, no mérito, deu-lhes provimento para deferir o pagamento do FGTS. TST-E-RR-72000-66.2009.5.15.0025, SBDI-I, Min. Augusto César Leite de Carvalho, 02/10/2014 (Informativo nº 91 do TST).

• Empregado doméstico:

O empregado doméstico também possui direito ao FGTS, conforme art. 7º, parágrafo único da Constituição Federal, o qual faz referência ao inciso III:

CF

Art. 7º. (...)

Parágrafo único. São assegurados à categoria dos trabalhadores domésticos os direitos previstos nos incisos IV, VI, VII, VIII, X, XIII, XV, XVI, XVII, XVIII, XIX, XXI, XXII, XXIV, XXVI, XXX, XXXI e XXXIII e, atendidas as condições estabelecidas em lei e observada a simplificação do cumprimento das obrigações tributárias, principais e acessórias, decorrentes da relação de trabalho e suas peculiaridades, os previstos nos incisos I, II, III, IX, XII, XXV e XXVIII, bem como a sua integração à previdência social.

Esse FGTS foi regulado pela LC nº 150/15, que estabelece no art. 21:

LC nº 150/2015

Art. 21. É devida a inclusão do empregado doméstico no Fundo de Garantia do Tempo de Serviço (FGTS), na forma do regulamento a ser editado pelo Conselho Curador e pelo agente operador do FGTS, no âmbito de suas competências, conforme disposto nos arts. 5º e 7º da Lei n. 8.036, de 11 de maio de 1990, inclusive no que tange aos aspectos técnicos de depósitos, saques, devolução de valores e emissão de extratos, entre outros determinados na forma da lei.

Parágrafo único. O empregador doméstico somente passará a ter obrigação de promover a inscrição e de efetuar os recolhimentos referentes a seu empregado após a entrada em vigor do regulamento referido no *caput*.

No caso do empregado doméstico, o FGTS também é de 8%, mas é acrescido de 3,2%, devendo o recolhimento ser realizado por meio do simples doméstico (documento único de arrecadação):

O art. 34, IV, da LC nº 150/2015 passou a assegurar o depósito do valor de 8% da remuneração do empregado doméstico para o recolhimento do FGTS.

> Art. 34. O Simples Doméstico assegurará o recolhimento mensal, mediante documento único de arrecadação, dos seguintes valores: (...)
>
> IV – 8% (oito por cento) de recolhimento para o FGTS;
>
> V – 3,2% (três inteiros e dois décimos por cento), na forma do art. 22 desta Lei;

☞ ATENÇÃO!

Foi editada a Resolução CC/FGTS nº 780/2015 estabelecendo a obrigatoriedade na contribuição para o FGTS a partir de 1º de outubro de 2015.

O acréscimo de 3,2% nada mais é do que o equivalente a 40% de 8%. Explica-se: quando se considera 8% de contribuição, quanto seria 40% desses 8%? A resposta é 3,2% (8 x 0,40 = 3,2).

É que, no caso do empregado doméstico, esses 3,2% de acréscimo correspondem à multa fundiária no caso de dispensa sem justa causa ou rescisão indireta. Ocorre uma antecipação dos depósitos pelo empregador. Assim, se a extinção ocorrer por esses motivos, o trabalhador saca todo o FGTS, já com esse acréscimo relativo à multa incluído:

LC nº 150/2015

Art. 22. O empregador doméstico depositará a importância de 3,2% (três inteiros e dois décimos por cento) sobre a remuneração devida, no mês anterior, a cada empregado, destinada ao pagamento da indenização compensatória da perda do emprego, sem justa causa ou por culpa do empregador, não se aplicando ao empregado doméstico o disposto nos §§ 1º a 3º do art. 18 da Lei n. 8.036, de 11 de maio de 1990.

§ 3º Os valores previstos no *caput* serão depositados na conta vinculada do empregado, em variação distinta daquela em que se encontrarem os valores oriundos dos depósitos de que trata o inciso

IV do art. 34 desta Lei, e somente poderão ser movimentados por ocasião da rescisão contratual.

Se houver dispensa por justa causa ou pedido de demissão, é o empregador que vai sacar esses valores:

Cap. 18 – FUNDO DE GARANTIA POR TEMPO DE SERVIÇO – FGTS

LC n° 150/2015

Art. 22. (...)

§ 1° Nas hipóteses de dispensa por justa causa ou a pedido, de término do contrato de trabalho por prazo determinado, de aposentadoria e de falecimento do empregado doméstico, os valores previstos no *caput* serão movimentados pelo empregador.

Por outro lado, se houver culpa recíproca, cada parte saca a metade desse valor:

LC n° 150/2015

Art. 22. (...)

§ 2° Na hipótese de culpa recíproca, metade dos valores previstos no *caput* será movimentada pelo empregado, enquanto a outra metade será movimentada pelo empregador.

Quanto ao prazo para recolhimento, o art. 35 da LC n° 150/2015 indica que deve a contribuição ser paga até o dia 7 do mês seguinte ao de competência:

LC n° 150/2015

Art. 35. O empregador doméstico é obrigado a pagar a remuneração devida ao empregado doméstico e a arrecadar e a recolher a contribuição prevista no inciso I do art. 34, assim como a arrecadar e a recolher as contribuições, os depósitos e o imposto a seu cargo discriminados nos incisos II, III, IV, V e VI do *caput* do art. 34, até o dia 7 do mês seguinte ao da competência.

§ 2° Os valores previstos nos incisos IV e V, referentes ao FGTS, não recolhidos até a data de vencimento serão corrigidos e terão a incidência da respectiva multa, conforme a Lei n° 8.036, de 11 de maio de 1990.

18.2.5. Da multa indenizatória

O legislador constituinte estabeleceu uma proteção contra a despedida arbitrária, mas essa tutela depende de regulamentação legal. E essa lei complementar ainda não foi editada:

CF

Art. 7° São direitos dos trabalhadores urbanos e rurais, além de outros que visem à melhoria de sua condição social:

I – relação de emprego protegida contra despedida arbitrária ou sem justa causa, nos termos de lei complementar, que preverá indenização compensatória, dentre outros direitos;

O art. 10, I, do Ato das Disposições Constitucionais Transitórias (ADCT) prevê uma solução até que a lei complementar seja editada:

ADCT

Art. 10. Até que seja promulgada a lei complementar a que se refere o art. 7°, I, da Constituição:

I – fica limitada a proteção nele referida ao aumento, para quatro vezes, da porcentagem prevista no art. 6°, *caput* e § 1°, da Lei n. 5.107, de 13 de setembro de 1966;

A Lei nº 5.107/1966 foi revogada pela Lei nº 8.036/1990. Contudo, a Lei nº 8.036/1990 seguiu a mesma premissa do legislador constitucional.

Assim, quando o empregado é dispensado sem justa causa, deve ser paga uma indenização (multa) equivalente a 40% dos depósitos do FGTS.

> ☞ **ATENÇÃO!**
>
> **Memorize!** A multa indenizatória terá cabimento nas hipóteses de dispensa sem justa causa, culpa recíproca e força maior.

DISPENSA SEM JUSTA CAUSA	MULTA DE 40%
CULPA RECÍPROCA E FORÇA MAIOR	MULTA DE 20%
CULPA RECÍPROCA, FORÇA MAIOR E DISTRATO	MULTA DE 20%

Art. 18. Ocorrendo rescisão do contrato de trabalho por parte do empregador, ficará este obrigado a depositar na conta vinculada do trabalhador no FGTS os valores relativos aos depósitos referentes ao mês da rescisão e ao imediatamente anterior, que ainda não houver sido recolhido, sem prejuízo das cominações legais.

§ 1º Na hipótese de despedida pelo empregador sem justa causa, depositará este, na conta vinculada do trabalhador no FGTS, importância igual a 40% do montante de todos os depósitos realizados na conta vinculada durante a vigência do contrato de trabalho, atualizados monetariamente e acrescidos dos respectivos juros.

§ 2º Quando ocorrer despedida por culpa recíproca ou força maior, reconhecida pela Justiça do Trabalho, o percentual de que trata o § 1º será de 20 (vinte) por cento.

§ 3º As importâncias de que trata este art. deverão constar da documentação comprobatória do recolhimento dos valores devidos a título de rescisão do contrato de trabalho, observado o disposto no art. 477 da CLT, eximindo o empregador, exclusivamente, quanto aos valores discriminados.

> ☞ **ATENÇÃO!**
>
> Na hipótese da extinção do contrato de trabalho motivada por acordo entre as partes (distrato), a indenização sobre o saldo do FGTS será pela metade (art. 484-A, I, *b*, da CLT).

Não será devida a multa de 40%, que incide na dispensa sem justa causa, nos casos de aposentadoria espontânea, tendo em vista que a aposentadoria, por si só, não tem o condão de extinguir o contrato de trabalho. Só será devido o pagamento da multa ao empregado aposentado que permanece prestando serviços se ele for posteriormente dispensado por justa causa.

OJ nº 361 da SDI-I do TST – Aposentadoria espontânea. Unicidade do contrato de trabalho. Multa de 40% do FGTS sobre todo o período (*DJ* de 20, 21 e 23/05/2008).

Cap. 18 – FUNDO DE GARANTIA POR TEMPO DE SERVIÇO – FGTS

A aposentadoria espontânea não é causa de extinção do contrato de trabalho se o empregado permanece prestando serviços ao empregador após a jubilação. Assim, por ocasião da sua dispensa imotivada, o empregado tem direito à multa de 40% do FGTS sobre a totalidade dos depósitos efetuados no curso do pacto laboral.

Quanto aos contratos por prazo determinado, se houver extinção na data ajustada, não haverá multa do FGTS.

Contudo, se houver rescisão antecipada pelo empregador, a multa de 40% será devida. Se essa rescisão antecipada ocorrer por culpa recíproca, então a multa é de 20%. Essa previsão está no art. 14 do Decreto nº 99.684/1990:

Decreto nº 99.684/1990

Art. 14. No caso de contrato a termo, a rescisão antecipada, sem justa causa ou com culpa recíproca, equipara-se às hipóteses previstas nos §§ 1º e 2º do art. 9º, respectivamente, sem prejuízo do disposto no art. 479 da CLT.

Art. 9º. (...)

§ 1º No caso de despedida sem justa causa, ainda que indireta, o empregador depositará na conta vinculada do trabalhador no FGTS, importância igual a quarenta por cento do montante de todos os depósitos realizados na conta vinculada durante a vigência do contrato de trabalho atualizados monetariamente e acrescidos dos respectivos juros, não sendo permitida, para este fim, a dedução dos saques ocorridos.

Por outro lado, o pedido de demissão, a justa causa e a extinção do contrato por morte do trabalhador não geram qualquer dircito à multa fundiária.

Um ponto deve ser destacado com a máxima atenção: nas hipóteses em que existe multa fundiária, o cálculo deve considerar todos os depósitos relativos ao contrato, mesmo que já tenha o FGTS sido sacado por outro motivo diferente. Logo, os valores sacados devem ser considerados na base de cálculo com a devida correção:

OJ 42 da SDI-I do TST. FGTS. MULTA DE 40% – Res. 129/2005, *DJ* 20, 22 e 25.04.2005. I – É devida a multa do FGTS sobre os saques corrigidos monetariamente ocorridos na vigência do contrato de trabalho. Art. 18, § 1º, da Lei n. 8.036/90 e art. 9º, § 1º, do Decreto n. 99.684/1990.

O empregado que optou pelo saque-aniversário do FGTS também possui direito à multa fundiária nas hipóteses legalmente cabíveis:

Lei nº 8.036/1990

Art. 20-D. (...)

§ 7º Na hipótese de despedida sem justa causa, o trabalhador que optar pela sistemática saque-aniversário também fará jus à movimentação da multa rescisória de que tratam os §§ 1º e 2º do art. 18 desta Lei.

Quanto à **norma coletiva**, o TST entende que a convenção ou o acordo coletivo não podem reduzir ou suprimir a multa fundiária por se tratar de **parcela indisponível**:

"(...) RECURSO DE REVISTA INTERPOSTO PELO RECLAMANTE. CLÁUSULA DE GARANTIA DE EMPREGO. CULPA RECÍPROCA. INDENIZAÇÃO DE 40% DO FGTS. REDUÇÃO POR NORMA COLETIVA. INVALIDADE. DIREITO INDISPONÍVEL. A jurisprudência desta Corte é firme no sentido de que é inválida cláusula de convenção coletiva de trabalho que prevê a hipótese de culpa recíproca na rescisão do contrato de trabalho e impõe a redução da indenização de 40% do FGTS para 20%, a pretexto de assegurar a contratação do empregado terceirizado pela empresa prestadora de serviços que substitua a empregadora anterior. A multa rescisória constitui direito indisponível do trabalhador, garantido em norma de ordem pública, logo, infenso à negociação coletiva. Ainda, conforme o art. 18, § 2º, da Lei n. 8.036/90, a configuração de culpa recíproca para a rescisão do contrato deve ser objeto de decisão da Justiça do Trabalho, não cabendo sua extensão para situações não previstas na norma legal, mesmo que por meio da livre manifestação da vontade coletiva. Recurso de revista conhecido e provido." (ARR – 1547-58.2011.5.10.0011, Relator Ministro: Walmir Oliveira da Costa, Data de Julgamento: 23/05/2018, 1ª Turma, Data de Publicação: *DEJT* 25/05/2018).

O art. 611-B, III, da CLT reforça essa proibição: CLT

Art. 611-B. Constituem objeto ilícito de convenção coletiva ou de acordo coletivo de trabalho, exclusivamente, a supressão ou a redução dos seguintes direitos:

III – valor dos depósitos mensais e da indenização rescisória do Fundo de Garantia do Tempo de Serviço (FGTS);

18.2.6. Da movimentação do saldo do FGTS pelo trabalhador

☞ **ATENÇÃO!**

Não é possível o trabalhador movimentar o saldo do FGTS nas hipóteses de pedido de demissão ou dispensa por justa causa.

Art. 19-A. É devido o depósito do FGTS na conta vinculada do trabalhador cujo contrato de trabalho seja declarado nulo nas hipóteses previstas no art. 37, § 2º, da Constituição Federal, quando mantido o direito ao salário.

Parágrafo único. O saldo existente em conta vinculada, oriundo de contrato declarado nulo até 28 de julho de 2001, nas condições do *caput*, que não tenha sido levantado até essa data, será liberado ao trabalhador a partir do mês de agosto de 2002.

Art. 20. A conta vinculada do trabalhador no FGTS poderá ser movimentada nas seguintes situações:

I – despedida sem justa causa, inclusive a indireta, de culpa recíproca e de força maior;

I-A – extinção do contrato de trabalho prevista no art. 484-A da Consolidação das Leis do Trabalho (CLT), aprovada pelo Decreto-lei nº 5.452, de 1º de maio de 1943;

Cap. 18 – FUNDO DE GARANTIA POR TEMPO DE SERVIÇO – FGTS

571

> ☞ **ATENÇÃO!**
> A alteração visa apenas adaptar a legislação do FGTS à hipótese de extinção do contrato de trabalho, contida no art. 484-A, para fazer constar expressamente a possibilidade de movimentação do saldo disponível na conta vinculada do trabalhador que teve o contrato extinto.

II – extinção total da empresa, fechamento de quaisquer de seus estabelecimentos, filiais ou agências, supressão de parte de suas atividades, declaração de nulidade do contrato de trabalho nas condições do art. 19-A, ou ainda falecimento do empregador individual sempre que qualquer dessas ocorrências implique rescisão de contrato de trabalho, comprovada por declaração escrita da empresa, suprida, quando for o caso, por decisão judicial transitada em julgado;

III – aposentadoria concedida pela Previdência Social;

IV – falecimento do trabalhador, sendo o saldo pago a seus dependentes, para esse fim habilitados perante a Previdência Social, segundo o critério adotado para a concessão de pensões por morte. Na falta de dependentes, farão jus ao recebimento do saldo da conta vinculada os seus sucessores previstos na lei civil, indicados em alvará judicial, expedido a requerimento do interessado, independente de inventário ou arrolamento;

V – pagamento de parte das prestações decorrentes de financiamento habitacional concedido no âmbito do Sistema Financeiro da Habitação (SFH), desde que:

a) o mutuário conte com o mínimo de 3 (três) anos de trabalho sob o regime do FGTS, na mesma empresa ou em empresas diferentes;

b) o valor bloqueado seja utilizado, no mínimo, durante o prazo de 12 (doze) meses;

c) o valor do abatimento atinja, no máximo, 80 (oitenta) por cento do montante da prestação;

VI – liquidação ou amortização extraordinária do saldo devedor de financiamento imobiliário, observadas as condições estabelecidas pelo Conselho Curador, dentre elas a de que o financiamento seja concedido no âmbito do SFH e haja interstício mínimo de 2 (dois) anos para cada movimentação;

VII – pagamento total ou parcial do preço de aquisição de moradia própria, ou lote urbanizado de interesse social não construído, observadas as seguintes condições:

a) o mutuário deverá contar com o mínimo de 3 (três) anos de trabalho sob o regime do FGTS, na mesma empresa ou empresas diferentes;

b) seja a operação financiável nas condições vigentes para o SFH;

VIII – quando o trabalhador permanecer três anos ininterruptos, a partir de 1º de junho de 1990, fora do regime do FGTS, podendo o saque, neste caso, ser efetuado a partir do mês de aniversário do titular da conta;

IX – extinção normal do contrato a termo, inclusive o dos trabalhadores temporários regidos pela Lei nº 6.019, de 3 de janeiro de 1974;

X – suspensão total do trabalho avulso por período igual ou superior a 90 (noventa) dias, comprovada por declaração do sindicato representativo da categoria profissional;

XI – quando o trabalhador ou qualquer de seus dependentes for acometido de neoplasia maligna;

XII – aplicação em quotas de Fundos Mútuos de Privatização, regidos pela Lei nº 6.385, de 7 de dezembro de 1976, permitida a utilização máxima de 50% (cinquenta por cento) do saldo existente e disponível em sua conta vinculada do Fundo de Garantia do Tempo de Serviço, na data em que exercer a opção;

XIII – quando o trabalhador ou qualquer de seus dependentes for portador do vírus HIV;

XIV – quando o trabalhador ou qualquer de seus dependentes estiver em estágio terminal, em razão de doença grave, nos termos do regulamento;

XV – quando o trabalhador tiver idade igual ou superior a setenta anos;

XVI – necessidade pessoal, cuja urgência e gravidade decorra de desastre natural, conforme disposto em regulamento, observadas as seguintes condições:

a) o trabalhador deverá ser residente em áreas comprovadamente atingidas de Município ou do Distrito Federal em situação de emergência ou em estado de calamidade pública, formalmente reconhecidos pelo Governo Federal;

b) a solicitação de movimentação da conta vinculada será admitida até 90 (noventa) dias após a publicação do ato de reconhecimento, pelo Governo Federal, da situação de emergência ou de estado de calamidade pública; e

c) o valor máximo do saque da conta vinculada será definido na forma do regulamento (c/c Decreto nº 7.664/2012 – limita o valor máximo do saque à quantia de R$ 6.220,00, por evento caracterizado como desastre natural, desde que o intervalo entre uma movimentação e outra não seja inferior a doze meses).

XVII – integralização de cotas do FI-FGTS, respeitado o disposto na alínea *i* do inciso XIII do art. 5º desta Lei, permitida a utilização máxima de 30% (trinta por cento) do saldo existente e disponível na data em que exercer a opção.

XVIII – quando o trabalhador com deficiência, por prescrição, necessite adquirir órtese ou prótese para promoção de acessibilidade e de inclusão social.

§ 1º A regulamentação das situações previstas nos incisos I e II assegurará que a retirada a que faz jus o trabalhador corresponda aos depósitos efetuados na conta vinculada durante o período de vigência do último contrato de trabalho, acrescida de juros e atualização monetária, deduzidos os saques.

Com relação à compra de imóvel para habitação/moradia, o legislador trouxe normas específicas:

§ 2º O Conselho Curador disciplinará o disposto no inciso V, visando beneficiar os trabalhadores de baixa renda e preservar o equilíbrio financeiro do FGTS.

§ 3º O direito de adquirir moradia com recursos do FGTS, pelo trabalhador, só poderá ser exercido para um único imóvel.

§ 4º O imóvel objeto de utilização do FGTS somente poderá ser objeto de outra transação com recursos do fundo, na forma que vier a ser regulamentada pelo Conselho Curador.

§ 5º O pagamento da retirada após o período previsto em regulamento, implicará atualização monetária dos valores devidos.

(...)

Registre-se, ainda, que existem situações em que a presença física do titular da conta vinculada é exigida para o saque. Observe o disposto no art. 20, § 18, da lei:

Cap. 18 – FUNDO DE GARANTIA POR TEMPO DE SERVIÇO – FGTS

§ 18. É indispensável o comparecimento pessoal do titular da conta vinculada para o pagamento da retirada nas hipóteses previstas nos incisos I, II, III, VIII, IX e X deste artigo, salvo em caso de grave moléstia comprovada por perícia médica, quando será paga a procurador especialmente constituído para esse fim. (...).

Algumas ponderações devem ser feitas. Em primeiro lugar, quanto ao **distrato**, deve-se lembrar de que não é possível o saque de todo o FGTS, tendo o saque sido limitado a, no máximo, 80%:

CLT

Art. 484-A. O contrato de trabalho poderá ser extinto por acordo entre empregado e empregador, (...)

§ 1º A extinção do contrato prevista no *caput* deste artigo permite a movimentação da conta vinculada do trabalhador no Fundo de Garantia do Tempo de Serviço na forma do inciso I-A do art. 20 da Lei n. 8.036, de 11 de maio de 1990, limitada até 80% (oitenta por cento) do valor dos depósitos.

No caso dos incisos **I e II do art. 20**, apenas são sacados pelo trabalhador os depósitos efetuados no **último contrato de trabalho**. Portanto, se houver outros depósitos de outros contratos de trabalho, esses não serão levantados em conjunto.

Quantos às sistemáticas de saque, existem dois tipos:

* **saque-rescisão** – é a rescisão do contrato que autoriza o saque:

Lei nº 8.036/1990

Art. 20-A. O titular de contas vinculadas do FGTS estará sujeito a somente uma das seguintes sistemáticas de saque:

I – saque-rescisão; (...)

§ 2º São aplicáveis às sistemáticas de saque de que trata o *caput* deste artigo as seguintes situações de movimentação de conta:

I – para a sistemática de saque-rescisão, as previstas no art. 20 desta Lei, à exceção da estabelecida no inciso XX do *caput* do referido artigo; e

* **saque-aniversário** – é o aniversário autoriza o saque.

Lei nº 8.036/1990

Art. 20-A. O titular de contas vinculadas do FGTS estará sujeito a somente uma das seguintes sistemáticas de saque:

II – saque-aniversário.

§ 2º São aplicáveis às sistemáticas de saque de que trata o *caput* deste artigo as seguintes situações de movimentação de conta:

II – para a sistemática de saque-aniversário, as previstas no art. 20 desta Lei, à exceção das estabelecidas nos incisos I, I-A, II, IX e X do *caput* do referido artigo.

Art. 20. A conta vinculada do trabalhador no FGTS poderá ser movimentada nas seguintes situações:

XX – anualmente, no mês de aniversário do trabalhador, por meio da aplicação dos valores constantes do Anexo desta Lei, observado o disposto no art. 20-D desta Lei;

§ 24. O trabalhador poderá sacar os valores decorrentes da situação de movimentação de que trata o inciso XX do *caput* deste artigo até o último dia útil do segundo mês subsequente ao da aquisição do direito de saque.

E quanto pode ser sacado quando a sistemática for a do saque-aniversário? Deve o trabalhador somar os valores que possui em todas as contas vinculadas, multiplicar pela alíquota da tabela constante do anexo da Lei nº 8.036/1990 e somar uma parcela adicional prevista no anexo:

Lei nº 8.036/1990

Art. 20-D. Na situação de movimentação de que trata o inciso XX do *caput* do art. 20 desta Lei, o valor do saque será determinado:

I – pela aplicação da alíquota correspondente, estabelecida no Anexo desta Lei, à soma de todos os saldos das contas vinculadas do titular, apurados na data do débito; e

II – pelo acréscimo da parcela adicional correspondente, estabelecida no Anexo desta Lei, ao valor apurado de acordo com o disposto no inciso I do *caput* deste artigo.

Exemplo: se o empregado possuía, em todas as contas vinculadas, R$ 2.000,00, o cálculo será: (R$ 2.000,00 x 30%) + R$ 150,00 (parcela adicional).

Se o trabalhador possuir várias contas vinculadas, o saque-aniversário começa por aquelas relacionadas a contratos de trabalho extintos, começando pela que possui o menor saldo. Terminadas as contas vinculadas dos contratos extintos, passa-se àquelas relacionadas a contratos que ainda estão em curso, começando pela que possui o menor saldo:

Lei nº 8.036/1990

Art. 20-D. (...)

§ 1º Na hipótese de o titular possuir mais de uma conta vinculada, o saque de que trata este artigo será feito na seguinte ordem:

I – contas vinculadas relativas a contratos de trabalho extintos, com início pela conta que tiver o menor saldo; e

II – demais contas vinculadas, com início pela conta que tiver o menor saldo.

Observe que o Poder Executivo Federal pode alterar essas faixas, alíquotas e parcelas adicionais, mas isso somente valerá para o ano seguinte e desde que a alteração ocorra até 30 de junho de cada ano:

Cap. 18 – FUNDO DE GARANTIA POR TEMPO DE SERVIÇO – FGTS

Lei n° 8.036/1990

Art. 20-D. (...)

§ 2° O Poder Executivo federal, respeitada a alíquota mínima de 5% (cinco por cento), poderá alterar, até o dia 30 de junho de cada ano, os valores das faixas, das alíquotas e das parcelas adicionais constantes do Anexo desta Lei para vigência no primeiro dia do ano subsequente.

Nesse ponto, vale lembrar que, se o trabalhador possuir mais de uma conta vinculada, todas as contas devem estar sujeitas à mesma sistemática de saque:

Lei n° 8.036/1990

Art. 20-A. (...)

§ 1° Todas as contas do mesmo titular estarão sujeitas à mesma sistemática de saque.

O trabalhador pode trocar a sua sistemática de saque, mas existem regras para isso:

Lei n° 8.036/1990

Art. 20-B. O titular de contas vinculadas do FGTS estará sujeito originalmente à sistemática de saque-rescisão e poderá optar por alterá-la, observado o disposto no art. 20-C desta Lei. (Incluído pela Lei n. 13.932, de 2019)

Art. 20-C. A primeira opção pela sistemática de saque-aniversário poderá ser feita a qualquer tempo e terá efeitos imediatos.

§ 1° Caso o titular solicite novas alterações de sistemática será observado o seguinte:

I – a alteração será efetivada no primeiro dia do vigésimo quinto mês subsequente ao da solicitação, desde que não haja cessão ou alienação de direitos futuros aos saques anuais de que trata o § 3° do art. 20-D desta Lei;

II – a solicitação poderá ser cancelada pelo titular antes da sua efetivação; e

III – na hipótese de cancelamento, a nova solicitação estará sujeita ao disposto no inciso I do *caput* deste artigo.

§ 2° Para fins do disposto no § 2° do art. 20-A desta Lei, as situações de movimentação obedecerão à sistemática a que o titular estiver sujeito no momento dos eventos que as ensejarem.

18.2.7. Ônus da Prova

O trabalhador possui pleno acesso ao saldo da conta vinculada, ao passo que o empregador/ tomador de serviços possui os comprovantes de recolhimento.

Portanto, se houver alegação de ausência de recolhimento de FGTS ou de recolhimento a menor, de quem seria o ônus da prova? É o empregado que precisa provar a irregularidade alegada ou é o empregador que deve provar que o recolhimento foi correto?

Ora, a quitação do FGTS cuida de **fato extintivo do direito do autor**, o que atrai o ônus da prova para o empregador. Aplica-se o art. 373, II, do CPC:

CPC

Art. 373. O ônus da prova incumbe:

II – ao réu, quanto à existência de fato impeditivo, modificativo ou extintivo do direito do autor.

Lembre-se de que o art. 818, II, da CLT ostenta regra similar:

CLT

Art. 818. O ônus da prova incumbe:

I – ao reclamante, quanto ao fato constitutivo de seu direito;

O TST, partindo dessa premissa, tornou o entendimento cristalino na Súmula n° 461:

Súmula 461 do TST. FGTS. DIFERENÇAS. RECOLHIMENTO. ÔNUS DA PROVA – Res. 209/2016, *DEJT* divulgado em 01, 02 e 03/06/2016. É do empregador o ônus da prova em relação à regularidade dos depósitos do FGTS, pois o pagamento é fato extintivo do direito do autor (art. 373, II, do CPC de 2015).

18.2.8. Suspensão e Interrupção Contratual

Como estudamos no capítulo próprio, na suspensão do contrato, o empregado paralisa a prestação de trabalho e o empregador paralisa o pagamento de salário (exemplo: afastamento previdenciário por doença).

Por outro lado, na interrupção do contrato de trabalho, o empregador mantém o pagamento de salário, mas o trabalhador cessa a prestação de serviços (exemplo: férias).

Como ocorre o pagamento de remuneração durante a interrupção contratual, claro que o FGTS é devido durante esse período.

Quanto ao período de suspensão contratual, ocorre exatamente o contrário. Não havendo o pagamento de remuneração durante a suspensão do contrato, como regra não há FGTS.

Entretanto, existem duas exceções previstas no art. 15, § 5°, da Lei n° 8.036/1990:

Lei n° 8.036/1990

Art. 15. (...)

§ 5° O depósito de que trata o *caput* deste artigo é obrigatório nos casos de afastamento para prestação do serviço militar obrigatório e licença por acidente do trabalho.

A primeira das exceções é o período de serviço militar obrigatório. A segunda exceção é o período durante o qual o trabalhador está afastado por acidente de

Cap. 18 – FUNDO DE GARANTIA POR TEMPO DE SERVIÇO – FGTS

trabalho, recebendo benefício previdenciário do INSS. Nesses períodos excetivos, apesar de haver suspensão do contrato, haverá incidência de FGTS.

> ☞ **ATENÇÃO!**
>
> A existência da obrigação de o empregador depositar o FGTS durante o afastamento previdenciário por acidente deixa de existir se o empregado se aposenta por invalidez. Isso porque não existe previsão legal assegurando direito ao FGTS durante a aposentadoria por invalidez. Leia esse julgado do TST sobre o tema:

"AGRAVO INTERNO. RECURSO DE REVISTA. FGTS. DEPÓSITOS. CONTRATO DE TRABALHO. SUSPENSÃO. APOSENTADORIA POR INVALIDEZ DECORRENTE DE ACIDENTE DE TRABALHO. INDEVIDOS. 1. A jurisprudência desta Corte Superior firmou-se no sentido de que cessa a obrigação do empregador de efetuar os depósitos do FGTS no período de suspensão do contrato de emprego em razão de aposentadoria por invalidez, ainda que decorrente de acidente de trabalho. Nesse sentido, destaca-se precedente da SbDI-1, em sua composição completa, em que foi debatida a matéria (E-ED-RR-133900-84.2009.5.03.0057, Relator Ministro Horácio Raymundo de Senna Pires, data de julgamento: 24/5/2012, Subseção I Especializada em Dissídios Individuais, data de publicação: 5/10/2012). (...)" (Ag-RR – 120400-85.2009.5.03.0077, Relator Desembargador Convocado: Ubirajara Carlos Mendes, Data de Julgamento: 03/10/2018, 7ª Turma, Data de Publicação: *DEJT* 11/10/2018).

Por fim, não há direito ao FGTS quando se trata de afastamento por doença não relacionada ao trabalho.

Todavia, se a doença tiver nexo de causalidade com o trabalho, na forma da lei, haverá doença ocupacional, sendo equiparada a acidente de trabalho, gerando direito ao FGTS.

18.2.9. Alienação/Cessão Fiduciária

Na hipótese de saque-aniversário, o legislador permitiu que o empregado pudesse promover uma alienação ou cessão fiduciária desse seu direito quando tivesse interesse em um empréstimo:

Lei nº 8.036/1990

Art. 20-D. Na situação de movimentação de que trata o inciso XX do *caput* do art. 20 desta Lei, o valor do saque será determinado: (...)

§ 3º A critério do titular da conta vinculada do FGTS, os direitos aos saques anuais de que trata o *caput* deste artigo poderão ser objeto de alienação ou cessão fiduciária, nos termos do art. 66-B da Lei n. 4.728, de 14 de julho de 1965, em favor de qualquer instituição financeira do Sistema Financeiro Nacional, sujeitas as taxas de juros praticadas nessas operações aos limites estipulados pelo Conselho Curador, os quais serão inferiores aos limites de taxas de juros estipulados para os empréstimos consignados dos servidores públicos federais do Poder Executivo.

Isso significa que um empregado pode buscar uma instituição financeira, formalizar um contrato de empréstimo com ela e, como garantia desse contrato ou forma de pagamento dele, transferir o direito de saque para a instituição financeira. Se o empregado não pagar o ajustado, na alienação fiduciária, a instituição pode promover o saque do FGTS do empregado ou transferir a terceiros. Na cessão fiduciária, ele pode pagar o empréstimo com os saques. Observe o art. 66-B da Lei nº 4.728/1965:

Lei nº 4.728/1965

Art. 66-B. O contrato de alienação fiduciária celebrado no âmbito do mercado financeiro e de capitais, bem como em garantia de créditos fiscais e previdenciários, deverá conter, além dos requisitos definidos na Lei n. 10.406, de 10 de janeiro de 2002 – Código Civil, a taxa de juros, a cláusula penal, o índice de atualização monetária, se houver, e as demais comissões e encargos.

§ 3º É admitida a alienação fiduciária de coisa fungível e a cessão fiduciária de direitos sobre coisas móveis, bem como de títulos de crédito, hipóteses em que, salvo disposição em contrário, a posse direta e indireta do bem objeto da propriedade fiduciária ou do título representativo do direito ou do crédito é atribuída ao credor, que, em caso de inadimplemento ou mora da obrigação garantida, poderá vender a terceiros o bem objeto da propriedade fiduciária independente de leilão, hasta pública ou qualquer outra medida judicial ou extrajudicial, devendo aplicar o preço da venda no pagamento do seu crédito e das despesas decorrentes da realização da garantia, entregando ao devedor o saldo, se houver, acompanhado do demonstrativo da operação realizada.

§ 4º No tocante à cessão fiduciária de direitos sobre coisas móveis ou sobre títulos de crédito aplica-se, também, o disposto nos arts. 18 a 20 da Lei n. 9.514, de 20 de novembro de 1997.

No que tange à cessão fiduciária, observe o art. 18 da Lei nº 9.514/1997:

Lei nº 9.514/1997

Art. 18. O contrato de cessão fiduciária em garantia opera a transferência ao credor da titularidade dos créditos cedidos, até a liquidação da dívida garantida, e conterá, além de outros elementos, os seguintes:

I – o total da dívida ou sua estimativa;

II – o local, a data e a forma de pagamento;

III – a taxa de juros;

IV – a identificação dos direitos creditórios objeto da cessão fiduciária.

É notório que essa matéria é regulada por regras definidas pelo **Conselho Curador do FGTS**, que esclarece pontos como o bloqueio de percentual existente nas contas (visto que houve alienação ou cessão fiduciária pelo trabalhador,

Cap. 18 – FUNDO DE GARANTIA POR TEMPO DE SERVIÇO – FGTS   579

que não poderá sacar esses valores), a impossibilidade de alterar a sistemática de saque-aniversário para saque-rescisão (visto que fez alienação/cessão do direito de saque relativo ao saque aniversário e não pode, agora, querer mudar o direito que já transferiu a outrem) e o saque em favor do credor (instituição financeira ou terceiro que possui o direito de crédito em virtude do inadimplemento do trabalhador em relação ao empréstimo):

Lei n° 8.036/1990

Art. 20-D. (...)

§ 4° O Conselho Curador poderá regulamentar o disposto no § 3° deste artigo, com vistas ao cumprimento das obrigações financeiras de seu titular, inclusive quanto ao:

I – bloqueio de percentual do saldo total existente nas contas vinculadas;

II – impedimento da efetivação da opção pela sistemática de saque-rescisão prevista no inciso I do

§ 1° do art. 20-C desta Lei; e

III – saque em favor do credor.

§ 5° As situações de movimentação de que trata o § 2° do art. 20-A desta Lei serão efetuadas com observância ao limite decorrente do bloqueio referido no § 4° deste artigo.

Esse direito do trabalhador que foi transferido para a instituição financeira pode ser penhorado? A resposta é positiva, porquanto **não** se aplica a vedação geral da lei:

Lei n° 8.036/1990

Art. 20-D. (...)

§ 6° A vedação prevista no § 2° do art. 2° desta Lei não se aplica às disposições dos §§ 3°, 4° e 5° deste artigo.

Art. 2°. (...)

§ 2° As contas vinculadas em nome dos trabalhadores são absolutamente impenhoráveis.

18.2.10. Da prescrição dos créditos referentes ao FGTS

Antigamente, o direito do trabalhador de reclamar o não recolhimento pelo empregador das contribuições relativas ao FGTS prescrevia, ao contrário da regra das demais verbas trabalhistas, em 30 anos.

A prescrição trintenária referente aos valores do FGTS, contudo, deve observar a prescrição bienal após o término do contrato de trabalho.

Súmula n° 362 do TST – FGTS. Prescrição (nova redação) – Resolução n° 121/2003, *DJ* de 19, 20 e 21/11/2003. É trintenária a prescrição do direito de reclamar contra o não recolhimento da contribuição para o FGTS, observado o prazo de dois anos após o término do contrato de trabalho.

☞ ATENÇÃO!

O STF alterou o entendimento sobre prescrição para cobrança do FGTS. O Plenário do Supremo Tribunal Federal declarou a inconstitucionalidade das normas que previam prazo prescricional de 30 anos para ações relativas a valores não depositados no Fundo de Garantia do Tempo de Serviço (FGTS). O entendimento é o de que o FGTS está expressamente definido na Constituição da República (art. 7º, inciso III) como direito dos trabalhadores urbanos e rurais e, portanto, deve se sujeitar à prescrição trabalhista de cinco anos. A decisão da corte foi embasada em uma ação que responde o Banco do Brasil postulada por uma funcionária, mas com repercussão geral, ou seja, juízes de outros tribunais ficam obrigados a dar a mesma decisão em casos semelhantes. Diante do posicionamento da Corte Suprema, a Súmula nº 362 do TST foi alterada:

Súmula nº 362 do TST. FGTS. Prescrição (nova redação) – Res. 198/2015, republicada em razão de erro material – *DEJT* divulgado em 12, 15 e 16/06/2015. I – Para os casos em que a ciência da lesão ocorreu a partir de 13/11/2014, é quinquenal a prescrição do direito de reclamar contra o não recolhimento de contribuição para o FGTS, observado o prazo de dois anos após o término do contrato; II – Para os casos em que o prazo prescricional já estava em curso em 13/11/2014, aplica-se o prazo prescricional que se consumar primeiro: trinta anos, contados do termo inicial, ou cinco anos, a partir de 13/11/2014.

Note que foi estabelecida uma regra de transição intertemporal para as hipóteses em que o prazo prescricional já estava em curso. O prazo prescricional será aquele que ocorrer primeiro, 30 anos contados do termo inicial ou cinco anos a partir da decisão do STF.

☞ ATENÇÃO!

A Súmula nº 206 do TST prevê que a parcela não paga e já alcançada pela prescrição bienal ou quinquenal não dá a possibilidade de exigir os depósitos do FGTS.

Súmula nº 206 do TST – FGTS. Incidência Sobre Parcelas Prescritas (nova redação). Resolução nº 121/2003, *DJ* de 19, 20 e 21/11/2003. A prescrição da pretensão relativa às parcelas remuneratórias alcança o respectivo recolhimento da contribuição para o FGTS.

De toda forma, não haverá mais discussão no tocante à aplicação conjunta das Súmulas nº 206 e nº 362 do TST, pois a prescrição das parcelas trabalhistas não pagas ocorrerá juntamente com a prescrição referente aos depósitos do FGTS.

Por fim, é importante, mais uma vez, destacar que o art. 611-B da CLT aponta taxativamente as matérias de cuja negociação coletiva não pode dispor, considerando como objeto ilícito do negócio jurídico coletivo.

Art. 611-B da CLT. Constituem objeto ilícito de convenção coletiva ou de acordo coletivo de trabalho, exclusivamente, a supressão ou a redução dos seguintes direitos:

(...)

III – valor dos depósitos mensais e da indenização rescisória do Fundo de Garantia do Tempo de Serviço (FGTS);

SEGURANÇA E MEDICINA DO TRABALHO

Segurança e medicina do trabalho é um importante segmento científico relacionado ao Direito do Trabalho, cujo escopo é estabelecer medidas protetivas à segurança e à saúde do empregado.

O tema, embora se encontre inserido no Direito do Trabalho, apresenta **alcance multidisciplinar**, abrangendo várias áreas do conhecimento: além do próprio Direito do Trabalho, o Direito Constitucional, o Direito Ambiental, o Direito Previdenciário, e ciências como a medicina, a engenharia e a psiquiatria, entre outras.

Na Constituição Federal de 1988, o art. 7º assegurou tal proteção:

> Art. 7º São direitos dos trabalhadores urbanos e rurais, além de outros que visem à melhoria de sua condição social:
> (...)
> XXII – redução dos riscos inerentes ao trabalho, por meio de normas de saúde, higiene e segurança;

Desse modo, prescreveu o constituinte que o meio ambiente do trabalho sadio é Direito Fundamental do trabalhador.

O meio ambiente de trabalho **seguro e saudável** é obrigação de empregadores, tomadores de serviço, trabalhadores e da Administração Pública.

O Brasil é signatário da Convenção 155 da OIT, a qual trata da segurança e da saúde dos trabalhadores e o meio ambiente de trabalho.

A Administração Pública exerce papel fundamental na edição de leis protetivas, na orientação de empregadores/tomadores de serviço e na fiscalização do cumprimento das normas:

Convenção 155 da OIT

Art. 4º.

1. Todo Membro deverá, em consulta às organizações mais representativas de empregadores e de trabalhadores, e levando em conta as condições e a prática nacionais, formular, pôr em prática e reexaminar periodicamente uma política nacional coerente em matéria de segurança e saúde dos trabalhadores e o meio ambiente de trabalho.

2. Essa política terá como objetivo prevenir os acidentes e os danos à saúde que forem consequência do trabalho, tenham relação com a atividade de trabalho, ou se apresentarem durante o trabalho, reduzindo ao mínimo, na medida que for razoável e possível, as causas dos riscos inerentes ao meio ambiente de trabalho.

Art. 8º.

Todo Membro deverá adotar, por via legislativa ou regulamentar ou por qualquer outro método de acordo com as condições e a prática nacionais, e em consulta às organizações representativas de empregadores e de trabalhadores interessadas, as medidas necessárias para tornar efetivo o artigo 4 da presente Convenção.

Art. 9º.

O controle da aplicação das leis e dos regulamentos relativos à segurança, à higiene e ao meio ambiente de trabalho deverá estar assegurado por um sistema de inspeção das leis ou dos regulamentos.

Art. 10

Deverão ser adotadas medidas para orientar os empregadores e os trabalhadores com o objetivo de ajudá-los a cumprirem com suas obrigações legais.

19.1. DOS DEVERES DO EMPREGADOR

O empregador deve adotar todas as medidas necessárias para garantir a segurança dos trabalhadores:

Convenção nº 155 da OIT

Art. 16.

1. Deverá ser exigido dos empregadores que, na medida que for razoável e possível, garantam que os locais de trabalho, o maquinário, os equipamentos e as operações e processos que estiverem sob seu controle são seguros e não envolvem risco algum para a segurança e a saúde dos trabalhadores.

2. Deverá ser exigido dos empregadores que, na medida que for razoável e possível, garantam que os agentes e as substâncias químicas, físicas e biológicas que estiverem sob seu controle não envolvem riscos para a saúde quando são tomadas medidas de proteção adequadas.

3. Quando for necessário, os empregadores deverão fornecer roupas e equipamentos de proteção adequados a fim de prevenir, na medida que for razoável e possível, os riscos de acidentes ou de efeitos prejudiciais para a saúde.

Essa obrigação envolve inclusive o fornecimento de informação e treinamento:

Convenção nº 155 da OIT

Art. 19

Deverão ser adotadas disposições, em nível de empresa, em virtude das quais:

c) os representantes dos trabalhadores na empresa recebam informação adequada acerca das medidas tomadas pelo empregador para garantir a segurança e a saúde, e possam consultar as suas organizações representativas sobre essa informação, sob condição de não divulgarem segredos comerciais;

Cap. 19 – SEGURANÇA E MEDICINA DO TRABALHO

d) os trabalhadores e seus representantes na empresa recebam treinamento apropriado no âmbito da segurança e da higiene do trabalho;

No que tange à segurança e à medicina do trabalho, dispõe o art. 157 da CLT que cabe ao empregador:

Art. 157. Cabe às empresas:

I – cumprir e fazer cumprir as normas de segurança e medicina do trabalho;

II – instruir os empregados, através de ordens de serviço, quanto às precauções a tomar no sentido de evitar acidentes do trabalho ou doenças ocupacionais;

III – adotar as medidas que lhes sejam determinadas pelo órgão regional competente;

IV – facilitar o exercício da fiscalização pela autoridade competente.

Dentre as obrigações do empregador encontra-se o fornecimento de equipamentos de proteção individual em perfeito estado de conservação e funcionamento, com certificado de aprovação administrativa:

CLT

Art. 166. A empresa é obrigada a fornecer aos empregados, gratuitamente, equipamento de proteção individual adequado ao risco e em perfeito estado de conservação e funcionamento, sempre que as medidas de ordem geral não ofereçam completa proteção contra os riscos de acidentes e danos à saúde dos empregados.

Art. 167. O equipamento de proteção só poderá ser posto à venda ou utilizado com a indicação do Certificado de Aprovação do Ministério do Trabalho.

Ademais, o empregador deve promover exames médicos nos empregados, conforme art. 168, *caput*, da CLT:

CLT

Art. 168. Será obrigatório exame médico, por conta do empregador, nas condições estabelecidas neste artigo e nas instruções complementares a serem expedidas pelo Ministério do Trabalho:

I – a admissão;

II – na demissão;

III – periodicamente.

19.2. DOS DEVERES DO EMPREGADO

Os trabalhadores devem cumprir as normas de proteção e utilizar os equipamentos de proteção individual, sendo que a recusa injustificada pode autorizar até mesmo a dispensa por justa causa. Com relação aos empregados, dispõe o art. 158 da CLT:

Art. 158. Cabe aos empregados:

I – observar as normas de segurança e medicina do trabalho, inclusive as instruções de que trata o item II do artigo anterior;

II – colaborar com a empresa na aplicação dos dispositivos deste Capítulo.

Parágrafo único. Constitui ato faltoso do empregado a recusa injustificada:

a) à observância das instruções expedidas pelo empregador na forma do item II do artigo anterior;

b) ao uso dos equipamentos de proteção individual fornecidos pela empresa.

Convenção nº 155 da OIT

Art. 19.

Deverão ser adotadas disposições, em nível de empresa, em virtude das quais:

a) os trabalhadores, ao executarem seu trabalho, cooperem com o cumprimento das obrigações que correspondem ao empregador;

b) os representantes dos trabalhadores na empresa cooperem com o empregador no âmbito da segurança e higiene do trabalho;

Ressalte-se que os trabalhadores participam das medidas para promover a segurança no trabalho, inclusive comunicando eventuais riscos existentes no meio ambiente de trabalho:

Convenção nº 155 da OIT

Art. 19.

Deverão ser adotadas disposições, em nível de empresa, em virtude das quais:

f) o trabalhador informará imediatamente o seu superior hierárquico direto sobre qualquer situação de trabalho que, a seu ver e por motivos razoáveis, envolva um perigo iminente e grave para sua vida ou sua saúde. Enquanto o empregador não tiver tomado medidas corretivas, se forem necessárias, não poderá exigir dos trabalhadores a sua volta a uma situação de trabalho onde exista, em caráter contínuo, um perigo grave ou iminente para sua vida ou sua saúde.

Logo, se o empregado se recusar a seguir um procedimento de segurança estipulado pela empresa, para o uso de uma determinada máquina, por exemplo, ou se ele se negar a utilizar o equipamento de proteção individual fornecido pelo empregador, poderá ser dispensado por falta grave.

O art. 156 da CLT estabelece a competência das Superintendências Regionais do Trabalho e Emprego (antigas Delegacias Regionais do Trabalho):

Art. 156. Compete especialmente às Delegacias Regionais do Trabalho, nos limites de sua jurisdição:

I – promover a fiscalização do cumprimento das normas de segurança e medicina do trabalho;

II – adotar as medidas que se tornem exigíveis, em virtude das disposições deste Capítulo, determinando as obras e reparos que, em qualquer local de trabalho, se façam necessárias;

Cap. 19 – SEGURANÇA E MEDICINA DO TRABALHO **587**

III – impor as penalidades cabíveis por descumprimento das normas constantes deste Capítulo, nos termos do art. 201.

O art. 160 da CLT prevê, ainda, que nenhum estabelecimento pode iniciar suas atividades sem prévia inspeção e aprovação das respectivas instalações pela autoridade regional competente em matéria de segurança e medicina do trabalho, que, nesse caso, é a Superintendência Regional do Trabalho e Emprego.

19.3. COMISSÃO INTERNA DE PREVENÇÃO DE ACIDENTES (CIPA)

A CIPA tem como objetivo a prevenção de acidentes e doenças decorrentes do trabalho, e, por consequência, aponta medidas que previnam e orientem os trabalhadores nesse sentido.

É obrigatória a sua constituição, conforme as instruções expedidas pelo Ministério da Economia nos estabelecimentos ou locais de obra nelas especificadas (art. 163, CLT).

CLT

Art. 163. Será obrigatória a constituição de Comissão Interna de Prevenção de Acidentes (CIPA), de conformidade com instruções expedidas pelo Ministério do Trabalho, nos estabelecimentos ou locais de obra nelas especificadas.

Parágrafo único. O Ministério do Trabalho regulamentará as atribuições, a composição e o funcionamento das CIPA (s).

A lógica da CIPA surgiu com uma Recomendação da Organização Internacional do Trabalho (OIT) de 1921.

O extinto Ministério do Trabalho editou a Norma Regulamentadora n. 5, que trata da CIPA. Atualmente a norma é atualizada pelo Ministério da Economia.

Ressalte-se que não é todo estabelecimento que precisa constituir CIPA. Isso depende da atividade desempenhada pelo empregador e do número de empregados existentes, o que afeta o tamanho da CIPA (quantidade de membros). Isso é conhecido como dimensionamento da CIPA e é definido na NR 5.

> ☞ **ATENÇÃO!**
>
> Atente para o disposto no art. 164 da CLT, que estabelece diversas regras relativas à composição e funcionamento da CIPA.

A CIPA possui representantes dos empregados e da empresa (titulares e suplentes), sendo que o **presidente** é um representante do empregador e o **vice-presidente** é um representante dos empregados:

Art. 164. Cada Cipa será composta de representantes da empresa e dos empregados, de acordo com os critérios que vierem a ser adotados na regulamentação de que trata o parágrafo único do artigo anterior.

§ 1º Os representantes dos empregadores, titulares e suplentes, serão por eles designados.

(...)

§ 5º O empregador designará, anualmente, dentre os seus representantes, o presidente da CIPA e os empregados elegerão, dentre eles, o vice-presidente.

E como funciona a eleição e o mandato dos membros? O art. 164, §§ 2º, 3º e 4º da CLT menciona a necessidade de escrutínio secreto, além fixar o mandato de 1 ano com possibilidade de uma reeleição:

CLT

Art. 164. (...)

§ 2º Os representantes dos empregados, titulares e suplentes, serão eleitos em escrutínio secreto, do qual participem, independentemente de filiação sindical, exclusivamente os empregados interessados.

§ 3º O mandato dos membros eleitos da CIPA terá a duração de 1 (um) ano, permitida uma reeleição.

§ 4º O disposto no parágrafo anterior não se aplicará ao membro suplente que, durante o seu mandato, tenha participado de menos da metade do número de reuniões da CIPA.

> ☞ **ATENÇÃO!**
>
> Os representantes dos trabalhadores na CIPA, titulares e suplentes, possuem estabilidade no emprego, conforme estudado no capítulo sobre estabilidade e garantias provisórias.

19.4. EQUIPAMENTO DE PROTEÇÃO INDIVIDUAL (EPI)

A empresa é obrigada a fornecer, de forma gratuita, os equipamentos de proteção individual adequados ao trabalho, em perfeito estado de conservação e funcionamento, sempre que as medidas de ordem geral não ofereçam completa proteção contra os riscos de acidentes e danos à saúde dos empregados (art. 166, CLT).

São exemplos de EPI: as luvas, os capacetes, os protetores auriculares, as máscaras, os óculos etc.

Não basta, contudo, o empregador fornecer o EPI; ele também é obrigado a fiscalizar o seu uso efetivo pelo empregado. O empregado que se nega a utilizar o equipamento comete falta grave, que poderá acarretar a sua dispensa por justa causa. Esse entendimento pode ser observado na Súmula nº 289 do TST:

Súmula nº 289 do TST – Insalubridade. Adicional. Fornecimento do aparelho de proteção. Efeito (mantida). Resolução nº 121/2003, *DJ* de 19, 20 e 21/11/2003. O simples fornecimento do aparelho de proteção pelo empregador não o exime do pagamento do adicional de insalubridade. Cabe-lhe tomar as medidas que conduzam à diminuição ou eliminação da nocividade, entre as quais as relativas ao uso efetivo do equipamento pelo empregado.

Cap. 19 – SEGURANÇA E MEDICINA DO TRABALHO 589

O equipamento de proteção só poderá ser posto à venda ou utilizado com a indicação do Certificado de Aprovação do Ministério do Trabalho (art. 167 da CLT).

Caso o empregador não forneça o EPI, haverá duas consequências:

1ª – ser autuado pela fiscalização do trabalho;

2ª – acarretará a rescisão indireta.

19.5. ATIVIDADES INSALUBRES

O art. 189 da CLT conceitua as atividades insalubres ao dispor:

> Art. 189. Serão consideradas atividades ou operações insalubres aquelas que, por sua natureza, condições ou métodos de trabalho, exponham os empregados a agentes nocivos à saúde, acima dos limites de tolerância fixados em razão da natureza e da intensidade do agente e do tempo de exposição aos seus efeitos.

Ao Ministério da Economia cabe aprovar o quadro das atividades e operações insalubres e adotar normas sobre os critérios de caracterização da insalubridade, os limites de tolerância aos agentes agressivos, os meios de proteção e o tempo máximo de exposição do empregado a esses agentes (art. 190, CLT).

As atividades e operações insalubres encontram-se inseridas na NR 15 da Portaria nº 3.214/1978, com alterações posteriores.

Para obtenção do adicional de insalubridade, devemos preencher dois requisitos:

> 1. Atividade nociva constatada por prova pericial.
> 2. Necessidade do agente nocivo na relação oficial do Ministério da Economia.

A jurisprudência confirma a importância da regulamentação do Ministério do Trabalho em matéria de definição de atividades e operações insalubres, ou seja, de caracterização da insalubridade.

> Súmula nº 460 do STF – Adicional de insalubridade. Perícia judicial em reclamação trabalhista. Enquadramento da atividade. Para efeito do adicional de insalubridade, a perícia judicial, em reclamação trabalhista, não dispensa o enquadramento da atividade entre as insalubres, que é ato da competência do Ministro do Trabalho e Previdência Social.
>
> Súmula nº 448 do TST – Atividade insalubre. Caracterização. Previsão na norma regulamentadora nº 15 da Portaria do Ministério do Trabalho nº 3.214/78. Instalações sanitárias (conversão da Orientação Jurisprudencial nº 4 da SBDI-1 com nova redação do item II) – Res. 194/2014, *DEJT* divulgado em 21, 22 e 23/05/2014.
>
> I – Não basta a constatação da insalubridade por meio de laudo pericial para que o empregado tenha direito ao respectivo adicional, sendo necessária a classificação da atividade insalubre na relação oficial elaborada pelo Ministério do Trabalho. II – A higienização de instalações sanitárias de uso público ou coletivo de grande circulação, e a respectiva coleta

de lixo, por não se equiparar à limpeza em residências e escritórios, enseja o pagamento de adicional de insalubridade em grau máximo, incidindo o disposto no Anexo 14 da NR-15 da Portaria do MTE nº 3.214/78 quanto à coleta e industrialização de lixo urbano.

Aliás, é importante destacar a possibilidade de reclassificação ou a descaracterização das atividades ou agentes insalubres:

Súmula nº 248 do TST – adicional de insalubridade. Direito adquirido (mantida). Resolução nº 121/2003, *DJ* de 19, 20 e 21/11/2003. A reclassificação ou a descaracterização da insalubridade, por ato da autoridade competente, repercute na satisfação do respectivo adicional, sem ofensa a direito adquirido ou ao princípio da irredutibilidade salarial.

Temos, como exemplo para a configuração da referida súmula, a iluminação deficiente no local de trabalho, que definia a atividade como insalubre, entendimento que hoje não mais prevalece.

A regra geral é a necessidade de perícia no local de trabalho para a caracterização da insalubridade. Não obstante, o TST mitigou tal regra ao admitir, no caso de fechamento da empresa, outros meios de prova em Direito admitidos, consoante a Orientação Jurisprudencial nº 278:

OJ nº 278 da SDI-I do TST – Adicional de insalubridade. Perícia. Local de trabalho desativado (*DJ* 11/08/2003). A realização de perícia é obrigatória para a verificação de insalubridade. Quando não for possível sua realização, como em caso de fechamento da empresa, poderá o julgador utilizar-se de outros meios de prova.

A caracterização e a classificação da insalubridade e da periculosidade serão feitas por meio de perícia a cargo de Médico do Trabalho ou Engenheiro do Trabalho, registrados no Ministério da Economia (art. 195, CLT).

OJ nº 165 da SDI-I do TST – Perícia. Engenheiro ou médico. Adicional de insalubridade e periculosidade. Válido. Art. 195 da CLT (inserida em 26/03/1999). O art. 195 da CLT não faz qualquer distinção entre o médico e o engenheiro para efeito de caracterização e classificação da insalubridade e periculosidade, bastando para a elaboração do laudo seja o profissional devidamente qualificado.

Uma exceção diz respeito ao trabalho em caldeiras. Nesse caso, as inspeções serão feitas exclusivamente pelo Engenheiro.

Art. 188 da CLT. As caldeiras serão periodicamente submetidas a inspeções de segurança, por engenheiro ou empresa especializada, inscritos no Ministério do Trabalho, de conformidade com as instruções que, para esse fim, forem expedidas.

A eliminação ou a neutralização da insalubridade ocorrerá nas formas preceituadas pelo art. 191 da CLT:

Art. 191. A eliminação ou a neutralização da insalubridade ocorrerá:

Cap. 19 – SEGURANÇA E MEDICINA DO TRABALHO

I – com a adoção de medidas que conservem o ambiente de trabalho dentro dos limites de tolerância;

II – com a utilização de equipamentos de proteção individual ao trabalhador, que diminuam a intensidade do agente agressivo a limites de tolerância.

Caberá às Superintendências Regionais do Trabalho, comprovada a insalubridade, notificar as empresas, estipulando prazos para a sua eliminação ou neutralização (art. 191, parágrafo único, da CLT).

O exercício do trabalho em condições insalubres, acima dos limites de tolerância estabelecidos pelo Ministério da Economia, assegura ao trabalhador o direito ao adicional, respectivamente, de 40%, 20% e 10% do salário mínimo, segundo se classifique em grau máximo, médio e mínimo.

☞ ATENÇÃO!
Memorize!

PERCENTUAL DO ADICIONAL DE INSALUBRIDADE
10% para insalubridade em grau mínimo
20% para insalubridade em grau médio
40% para insalubridade em grau máximo

Caro leitor, não posso deixar de mencionar aqui a grande divergência que existe sobre a questão de o adicional de insalubridade incidir sobre o salário mínimo após a edição da Súmula Vinculante n° 4 do STF. Todavia, como a presente obra objetiva um estudo do Direito do Trabalho, não entraremos nesta celeuma. A única coisa que interessa nesse momento, e que você deve saber muito bem, é que o adicional de insalubridade de fato incide sobre o salário mínimo, até que sobrevenha lei ou norma coletiva em sentido contrário. Enquanto isso, vale o adicional sendo calculado sobre o salário mínimo.

O adicional de insalubridade tem natureza salarial, apesar da finalidade indenizatória; esse é o teor da Súmula n° 139 do TST:

Súmula n° 139 do TST – Adicional de insalubridade (incorporada a Orientação Jurisprudencial n° 102 da SBDI-1). Resolução n° 129/2005, *DJ* de 20, 22 e 25/04/2005. Enquanto percebido, o adicional de insalubridade integra a remuneração para todos os efeitos legais.

Segundo a Súmula n° 80 do TST, porém, não existe direito adquirido à percepção do adicional pelo empregado. Cessada a circunstância caracterizadora da insalubridade, cessará a percepção do referido adicional.

Súmula n° 80 do TST – Insalubridade (mantida). Resolução n° 121/2003, *DJ* 19, 20 e 21/11/2003. A eliminação da insalubridade mediante fornecimento de aparelhos protetores aprovados pelo órgão competente do Poder Executivo exclui a percepção do respectivo adicional.

O trabalho executado em condições insalubres, em caráter intermitente, não afasta o direito à percepção do respectivo adicional apenas em razão dessa circunstância, conforme preconiza a Súmula nº 47 do TST:

> Súmula nº 47 do TST – Insalubridade (mantida). Resolução nº 121/2003, DJ de 19, 20 e 21/11/2003. O trabalho executado em condições insalubres, em caráter intermitente, não afasta, só por essa circunstância, o direito à percepção do respectivo adicional.

Recentemente, o TST alterou a redação da OJ nº 173, que dispõe sobre o adicional de insalubridade em razão da exposição ao sol e ao calor:

> OJ nº 173 da SDI-I do TST – Adicional de insalubridade. Atividade a céu aberto. Exposição ao sol e ao calor (redação alterada na sessão do Tribunal Pleno realizada em 14/09/2012). Resolução nº 186/2012, DEJT divulgado em 25, 26 e 27/09/2012. I – Ausente previsão legal, indevido o adicional de insalubridade ao trabalhador em atividade a céu aberto, por sujeição à radiação solar (art. 195 da CLT e Anexo 7 da NR 15 da Portaria nº 3.214/1978 do MTE). II – Tem direito ao adicional de insalubridade o trabalhador que exerce atividade exposto ao calor acima dos limites de tolerância, inclusive em ambiente externo com carga solar, nas condições previstas no Anexo 3 da NR 15 da Portaria nº 3.214/1978 do MTE.

Por fim, como já dissemos nesta obra, um dos fundamentos da Reforma Trabalhista é o fortalecimento da negociação sindical. Dessa forma, o art. 611-A da CLT estabelece um rol exemplificativo de temas que poderão ser objeto de negociação coletiva e que, uma vez acordados, prevalecerão sobre o disposto em lei.

> Art. 611-B da CLT. Constituem objeto ilícito de convenção coletiva ou de acordo coletivo de trabalho, exclusivamente, a supressão ou a redução dos seguintes direitos:
>
> (...)
>
> XVII – normas de saúde, higiene e segurança do trabalho previstas em lei ou em normas regulamentadoras do Ministério do Trabalho;
>
> XVIII – adicional de remuneração para as atividades penosas, insalubres ou perigosas;

19.6. ATIVIDADES PERIGOSAS

O art. 193 da CLT define as atividades perigosas ao dispor:

> Art. 193. São consideradas atividades ou operações perigosas, na forma da regulamentação aprovada pelo Ministério do Trabalho e Emprego, aquelas que, por sua natureza ou métodos de trabalho, impliquem risco acentuado em virtude de exposição permanente do trabalhador a:
>
> I – inflamáveis, explosivos ou energia elétrica;
>
> II – roubos ou outras espécies de violência física nas atividades profissionais de segurança pessoal ou patrimonial.

Cap. 19 – SEGURANÇA E MEDICINA DO TRABALHO

593

(...)

§ 4º São também consideradas perigosas as atividades de trabalhador em motocicleta.

OJ nº 345 da SDI-I do TST – Adicional de periculosidade. Radiação ionizante ou substância radioativa. Devido (*DJ* 22/06/2005). A exposição do empregado à radiação ionizante ou à substância radioativa enseja a percepção do adicional de periculosidade, pois a regulamentação ministerial (Portarias do Ministério do Trabalho nos 3.393, de 17/12/1987, e 518, de 07/04/2003), ao reputar perigosa a atividade, reveste-se de plena eficácia, porquanto expedida por força de delegação legislativa contida no art. 200, *caput*, e inciso VI, da CLT. No período de 12/12/2002 a 06/04/2003, enquanto vigeu a Portaria nº 496 do Ministério do Trabalho, o empregado faz jus ao adicional de insalubridade.

Em suma: são atividades consideradas perigosas:

* inflamáveis;

* explosivos;

* energia elétrica;

* segurança;

* motocicleta;

* radiação.

As atividades e operações perigosas encontram-se indicadas na NR nº 16 da Portaria nº 3.214/1978.

Da mesma forma que ocorre com a insalubridade, a caracterização da periculosidade depende de perícia a cargo de médico do trabalho ou engenheiro do trabalho, aplicando-se igualmente a já mencionada OJ nº 165 da SDI-I do TST.

Entre diversas atividades consideradas perigosas, merece atenção especial, em sede de concurso público voltado para a área dos tribunais, atividade exercida pelo frentista que opera a bomba de gasolina. É o que contempla a Súmula nº 39 do TST.

Súmula nº 39 do TST. Periculosidade (mantida) – Resolução nº 121/2003, *DJ* de 19, 20 e 21/11/2003. Os empregados que operam em bomba de gasolina têm direito ao adicional de periculosidade.

Assim como ocorre com a insalubridade, o empregado que labora em condições perigosas tem direito a um adicional; é o que estipula o § 1º do art. 193 da CLT: "O trabalho em condições de periculosidade assegura ao empregado um adicional de 30% (trinta por cento) sobre o salário sem os acréscimos resultantes de gratificações, prêmios ou participações nos lucros da empresa."

Observe que, dessa vez, não iremos encontrar nenhuma divergência, como encontramos no adicional de insalubridade, isso porque o legislador foi claro quanto a esse adicional: é de 30% sobre o salário-base do empregado.

ATENÇÃO!
O adicional de periculosidade é de 30% sobre o salário-base do empregado.

Os eletricitários tiveram o adicional de periculosidade calculado sobre o salário acrescido das demais parcelas de natureza salarial. Contudo, com a nova redação do art. 193 da CLT, surgiu a discussão entre os operadores do direito se deveria ou não incidir sobre o salário-base ou sobre o complexo salarial. Em 30/11/2016, o TST alterou a redação da Súmula nº 191 do TST e cancelou a OJ nº 279 da SDI I TST.

> Súmula nº 191 do TST. Adicional de periculosidade. Incidência. Base de cálculo (cancelada a parte final da antiga redação e inseridos os itens II e III) – Res. 214/2016, *DEJT* divulgado em 30/11/2016 e 01 e 02/12/2016. I – O adicional de periculosidade incide apenas sobre o salário básico e não sobre este acrescido de outros adicionais. II – O adicional de periculosidade do empregado eletricitário, contratado sob a égide da Lei nº 7.369/1985, deve ser calculado sobre a totalidade das parcelas de natureza salarial. Não é válida norma coletiva mediante a qual se determina a incidência do referido adicional sobre o salário básico. III – A alteração da base de cálculo do adicional de periculosidade do eletricitário promovida pela Lei nº 12.740/2012 atinge somente contrato de trabalho firmado a partir de sua vigência, de modo que, nesse caso, o cálculo será realizado exclusivamente sobre o salário básico, conforme determina o § 1º do art. 193 da CLT.

De acordo com a nova redação da Súmula nº 191 do TST, o adicional de periculosidade será calculado da seguinte forma:

→ Empregados contratados na vigência da Lei nº 7.369/1985: o pagamento do adicional de periculosidade deve ser calculado sobre a totalidade das parcelas de natureza salarial.

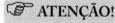

ATENÇÃO!
Não será válida norma coletiva que restrinja a incidência apenas sobre o salário básico.

→ Empregados contratados após a alteração do art. 193 da CLT: Nessa hipótese, o cálculo do adicional de periculosidade para os eletricitários é realizado sobre o salário-base, sem outros acréscimos.

CUIDADO!
Não é qualquer eletricitário que recebe o adicional de periculosidade, mas sim o que trabalha em sistema elétrico de potência em condições de risco, conforme o teor da OJ nº 324 do TST:

> OJ nº 324 da SDI-I do TST – Adicional de periculosidade. Sistema elétrico de potência. Decreto nº 93.412/86, art. 2º, § 1º (*DJ* de 09/12/2003). É assegurado o adicional de

Cap. 19 – SEGURANÇA E MEDICINA DO TRABALHO

periculosidade apenas aos empregados que trabalham em sistema elétrico de potência em condições de risco, ou que o façam com equipamentos e instalações elétricas similares, que ofereçam risco equivalente, ainda que em unidade consumidora de energia elétrica.

O § 2º do art. 193 da CLT prevê que o empregado pode optar pelo adicional de insalubridade que porventura lhe seja devido.

Logo, prevalece o entendimento de que o empregado não tem direito a receber os dois adicionais (insalubridade e periculosidade) ao mesmo tempo, entendimento que, a nosso ver, merece críticas, pois o empregado pode estar exposto tanto a um agente insalubre como no labor em condições perigosas simultaneamente. Portanto, nada seria mais justo e coerente do que receber ambos os adicionais, pois os fatos geradores são distintos e autônomos.

Acreditamos que o TST também conjuga do nosso posicionamento, pois recentemente decidiu pela acumulação de adicionais de insalubridade e periculosidade (RR-1072-72.2011.5.02.0384).

Com novo julgamento a respeito da temática (cumulação dos adicionais), o TST entendeu que, de fato, o art. 193, § 2º, da CLT veda a cumulação.

Adicional de insalubridade e de periculosidade. Fatos geradores distintos. Cumulação. Impossibilidade. O art. 193, § 2º, da CLT veda a cumulação dos adicionais de periculosidade e insalubridade, podendo, no entanto, o empregado fazer a opção pelo que lhe for mais benéfico. Sob esses fundamentos, a SBDI-I decidiu, por unanimidade, conhecer do recurso de embargos, por divergência jurisprudencial e, no mérito, por maioria, dar-lhe provimento para excluir da condenação a possibilidade de acúmulo dos dois adicionais. Vencidos os Ministros Augusto César Leite de Carvalho, João Oreste Dalazen, José Roberto Freire Pimenta, Hugo Carlos Scheuermann, Alexandre de Souza Agra Belmonte e Cláudio Mascarenhas Brandão, que negavam provimento aos embargos para manter o pagamento cumulado dos adicionais de insalubridade e de periculosidade, sob o fundamento de que a exposição do indivíduo a um determinado tipo de risco não exclui a sua eventual exposição a outro risco diferente, ante a existência de fatos geradores e causa de pedir distintas. TST-E-RR-1072-72.2011.5.02.0384, SBDI-I, rel. Min. Renato de Lacerda Paiva, 13/10/2016 (Informativo nº 147 do TST)

OJ nº 259 da SDI-I do TST – Adicional noturno. Base de cálculo. Adicional de periculosidade. Integração (inserida em 27/09/2002). O adicional de periculosidade deve compor a base de cálculo do adicional noturno, já que também neste horário o trabalhador permanece sob as condições de risco.

> ☞ **ATENÇÃO!**
>
> O empregado que labora no período noturno e em atividades perigosas terá direito de cumular os dois adicionais, noturno e de periculosidade. Calcula-se primeiro a hora normal, acrescida do adicional de periculosidade. Em seguida, soma-se o adicional noturno.

Da leitura do art. 193 da CLT que fala em "exposição permanente", surge uma dúvida: como fica a situação dos empregados que são expostos apenas de forma intermitente, descontínua? A resposta vem com a Súmula nº 364 do TST:

Súmula n° 364 do TST. Adicional de periculosidade. Exposição eventual, permanente e intermitente (inserido o item II) – Res. 209/2016, *DEJT* divulgado em 01, 02 e 03/06/2016. I – Tem direito ao adicional de periculosidade o empregado exposto permanentemente ou que, de forma intermitente, sujeita-se a condições de risco. Indevido, apenas, quando o contato dá-se de forma eventual, assim considerado o fortuito, ou o que, sendo habitual, dá-se por tempo extremamente reduzido. II – Não é válida a cláusula de acordo ou convenção coletiva de trabalho fixando o adicional de periculosidade em percentual inferior ao estabelecido em lei e proporcional ao tempo de exposição ao risco, pois tal parcela constitui medida de higiene, saúde e segurança do trabalho, garantida por norma de ordem pública (arts. 7°, XXII e XXIII, da CF e 193, § 1°, da CLT).

Fortuito é considerado o que acontece por acaso, o eventual, o imprevisto. Assim, se o empregado fica sujeito a condições de risco apenas eventualmente ou de vez em quando, ou ainda de forma eventual, mas por tempo extremamente reduzido (só passa pelo local), nesses casos não será devido o adicional de periculosidade. Nas demais hipóteses, independentemente do tempo de exposição, que pode até ser intermitente, é devido integralmente o adicional.

No mesmo sentido é a Súmula n° 361 do TST:

Súmula n° 361 do TST. Adicional de periculosidade. Eletricitários. Exposição intermitente (mantida). Resolução n° 121/2003, *DJ* de 19, 20 e 21/11/2003. O trabalho exercido em condições perigosas, embora de forma intermitente, dá direito ao empregado a receber o adicional de periculosidade de forma integral, porque a Lei n° 7.369, de 20/09/1985, não estabeleceu nenhuma proporcionalidade em relação ao seu pagamento.

Merece destaque ainda a OJ n° 347 do TST, com o seguinte esclarecimento:

OJ n° 347 da SDI-I do TST – Adicional de periculosidade. Sistema elétrico de potência. Lei n° 7.369, de 20/09/1985, regulamentada pelo decreto n° 93.412, de 14/10/1986. Extensão do direito aos cabistas, instaladores e reparadores de linhas e aparelhos em empresa de telefonia (*DJ* de 25/04/2007). É devido o adicional de periculosidade aos empregados cabistas, instaladores e reparadores de linhas e aparelhos de empresas de telefonia, desde que, no exercício de suas funções, fiquem expostos a condições de risco equivalente ao do trabalho exercido em contato com sistema elétrico de potência.

A OJ em tela se aplica aos empregados que trabalham nas empresas de telefonia, que para realizarem os reparos nas linhas telefônicas, muitas vezes sobem nos postes de eletricidade, expondo-se a risco similar ao dos empregados que trabalham em contato com sistemas de alta tensão.

O TST editou a OJ n° 385 da SDI-I esclarecendo ser devido o adicional de periculosidade também aos empregados que desenvolvem suas atividades em construção vertical, quando expostos ao risco decorrente do armazenamento de líquidos inflamáveis:

OJ n° 385 da SDI-I do TST – Adicional de periculosidade. Devido. Armazenamento de líquido inflamável no prédio. Construção vertical (*DEJT* divulgado em 9, 10 e 11/06/2010).

É devido o pagamento do adicional de periculosidade ao empregado que desenvolve suas atividades em edifício (construção vertical), seja em pavimento igual ou distinto daquele onde estão instalados tanques para armazenamento de líquido inflamável, em quantidade acima do limite legal, considerando-se como área de risco toda a área interna da construção vertical.

A Lei nº 12.740/2012, que alterou o art. 193 da CLT, inseriu o § 3º com a seguinte redação: "Serão descontados ou compensados do adicional outros da mesma natureza eventualmente já concedidos ao vigilante por meio de acordo coletivo".

> ☞ **ATENÇÃO!**
>
> Se o empregador já paga ao empregado o adicional de periculosidade, ainda que de forma proporcional ao tempo de exposição ao risco ou em percentual inferior ao previsto em lei, será desnecessária a realização de prova pericial.

Súmula nº 453 do TST – Adicional de periculosidade. Pagamento espontâneo. Caracterização de fato incontroverso. Desnecessária a perícia de que trata o art. 195 DA CLT (conversão da Orientação Jurisprudencial nº 406 da SBDI-1) – Res. 194/2014, *DEJT* divulgado em 21, 22 e 23/05/2014. O pagamento de adicional de periculosidade efetuado por mera liberalidade da empresa, ainda que de forma proporcional ao tempo de exposição ao risco ou em percentual inferior ao máximo legalmente previsto, dispensa a realização da prova técnica exigida pelo art. 195 da CLT, pois torna incontroversa a existência do trabalho em condições perigosas.

Por fim, recentemente o TST editou a Súmula nº 447 para dizer que os tripulantes e demais empregados em serviços auxiliares de transporte aéreo que, no momento do abastecimento da aeronave, estiverem a bordo, não têm direito ao adicional de periculosidade.

19.7. NORMAS COMUNS À INSALUBRIDADE E À PERICULOSIDADE

Como devidamente exposto ao longo deste capítulo, passamos a verificar as normas comuns à insalubridade e à periculosidade.

O direito do empregado ao adicional de insalubridade ou de periculosidade cessará com a eliminação do risco a sua saúde ou integridade física.

A caracterização e a classificação da insalubridade e da periculosidade, segundo as normas do Ministério da Economia, far-se-á por meio de perícia a cargo de médico do trabalho ou de engenheiro do trabalho, registrados no Ministério do Trabalho.

Os efeitos pecuniários decorrentes do trabalho em condições de insalubridade ou periculosidade serão devidos a contar da data da inclusão da respectiva atividade nos quadros aprovados pelo Ministério do Trabalho, respeitados os prazos prescricionais (art. 196 da CLT).

MANUAL DE DIREITO DO TRABALHO – ROGÉRIO RENZETTI

Os materiais e substâncias empregados, manipulados ou transportados nos locais de trabalho, quando perigosos ou nocivos à saúde, devem conter, no rótulo, sua composição, recomendações de socorro imediato e o símbolo de perigo correspondente, segundo a padronização internacional (art. 197 da CLT).

19.8. ACIDENTE DE TRABALHO

Os adicionais de insalubridade e periculosidade, assim como o adicional noturno, são chamados de salários-condição, ou seja, tais parcelas só serão devidas enquanto existirem os motivos que deram ensejo ao recebimento. Releia a Súmula nº 80 do TST.

O art. 19, *caput*, da Lei nº 8.213/1991 fixa um conceito para o acidente de trabalho:

Lei nº 8.213/1991

Art. 19. Acidente do trabalho é o que ocorre pelo exercício do trabalho a serviço de empresa ou de empregador doméstico ou pelo exercício do trabalho dos segurados referidos no inciso VII do art. 11 dessa lei, provocando lesão corporal ou perturbação funcional que cause a morte ou a perda ou redução, permanente ou temporária, da capacidade para o trabalho.

Observe que o conceito considera o fato ocorrido no exercício do trabalho, como ocorre, por exemplo, com uma queda, corte etc. Muitos operadores do Direito denominam esse acidente como acidente de trabalho "típico", ao passo que o acidente de trabalho "atípico" seriam as doenças ocupacionais, profissionais.

Essa diferenciação não faz muito sentido, porque típico é aquilo que se caracteriza como "comum". No entanto, existem atividades em que doenças ocupacionais são os tipos de acidente que mais acontecem, enquanto as demais lesões são atípicas.

Exemplo: um empregado bancário passa o dia digitando. Não se pode imaginar que perder uma mão ou um dedo seja um acidente "comum", ao passo que desenvolver uma lesão por esforço repetitivo é muito mais "comum". Por outro lado, na construção civil, a lesão em membros superiores e inferiores é mais comum.

As doenças ocupacionais configuram acidente de trabalho:

Lei nº 8.213/1991

Art. 20. Consideram-se acidente do trabalho, nos termos do artigo anterior, as seguintes entidades mórbidas:

I – doença profissional, assim entendida a produzida ou desencadeada pelo exercício do trabalho peculiar a determinada atividade e constante da respectiva relação elaborada pelo Ministério do Trabalho e da Previdência Social;

II – doença do trabalho, assim entendida a adquirida ou desencadeada em função de condições especiais em que o trabalho é realizado e com ele se relacione diretamente, constante da relação mencionada no inciso I.

§ 2º Em caso excepcional, constatando-se que a doença não incluída na relação prevista nos incisos I e II deste artigo resultou das condições especiais em que o trabalho é executado e com ele se relaciona diretamente, a Previdência Social deve considerá-la acidente do trabalho.

A doença profissional (também conhecida como doença profissional típica, ergopatia ou tecnopatia) está diretamente ligada ao trabalho em uma atividade específica.

> Exemplo: Jairo labora exposto a poeira de sílica e pode desenvolver silicose.

A doença do trabalho (também conhecida como doença profissional atípica ou mesopatia) não se relaciona especificamente a uma profissão, mas às condições e formas como o trabalho é executado. Uma Lesão por Esforço Repetitivo (LER), por exemplo, pode ocorrer tanto com o bancário quanto com um trabalhador de uma fábrica.

Registre-se, contudo, que algumas enfermidades escapam do conceito de doenças ocupacionais:

Lei nº 8.213/1991

Art. 20. (...)

§ 1º Não são consideradas como doença do trabalho:

a) a doença degenerativa;

b) a inerente a grupo etário;

c) a que não produza incapacidade laborativa;

d) a doença endêmica adquirida por segurado habitante de região em que ela se desenvolva, salvo comprovação de que é resultante de exposição ou contato direto determinado pela natureza do trabalho.

§ 2º Em caso excepcional, constatando-se que a doença não incluída na relação prevista nos incisos I e II deste artigo resultou das condições especiais em que o trabalho é executado e com ele se relaciona diretamente, a Previdência Social deve considerá-la acidente do trabalho.

Além disso, o acidente de trabalho pode ser caracterizado em situações diversas, conforme definido pelo legislador. É o que se denomina acidente de trabalho por equiparação:

Lei nº 8.213/1991

Art. 21. Equiparam-se também ao acidente do trabalho, para efeitos desta Lei:

I – o acidente ligado ao trabalho que, embora não tenha sido a causa única, haja contribuído diretamente para a morte do segurado, para redução ou perda da sua capacidade para o trabalho, ou produzido lesão que exija atenção médica para a sua recuperação;

II – o acidente sofrido pelo segurado no local e no horário do trabalho, em consequência de:

a) ato de agressão, sabotagem ou terrorismo praticado por terceiro ou companheiro de trabalho;

b) ofensa física intencional, inclusive de terceiro, por motivo de disputa relacionada ao trabalho;

c) ato de imprudência, de negligência ou de imperícia de terceiro ou de companheiro de trabalho;

d) ato de pessoa privada do uso da razão;

e) desabamento, inundação, incêndio e outros casos fortuitos ou decorrentes de força maior;

III – a doença proveniente de contaminação acidental do empregado no exercício de sua atividade;

IV – o acidente sofrido pelo segurado ainda que fora do local e horário de trabalho:

a) na execução de ordem ou na realização de serviço sob a autoridade da empresa;

b) na prestação espontânea de qualquer serviço à empresa para lhe evitar prejuízo ou proporcionar proveito;

c) em viagem a serviço da empresa, inclusive para estudo quando financiada por esta dentro de seus planos para melhor capacitação da mão de obra, independentemente do meio de locomoção utilizado, inclusive veículo de propriedade do segurado;

d) no percurso da residência para o local de trabalho ou deste para aquela, qualquer que seja o meio de locomoção, inclusive veículo de propriedade do segurado.

§ 1º Nos períodos destinados a refeição ou descanso, ou por ocasião da satisfação de outras necessidades fisiológicas, no local do trabalho ou durante este, o empregado é considerado no exercício do trabalho.

§ 2º Não é considerada agravação ou complicação de acidente do trabalho a lesão que, resultante de acidente de outra origem, se associe ou se superponha às consequências do anterior.

Merece atenção especial o art. 21, IV, d, qual seja o acidente de trajeto. Se o trabalhador sofre acidente no trajeto casa-trabalho e vice-versa, esse evento é caracterizado como acidente de trabalho. Ocorre que devem estar presentes tanto o nexo cronológico quanto o nexo topográfico.

O nexo topográfico exige que haja uma razoabilidade no trajeto geográfico escolhido. Um desvio significativo do trabalhador para atender a seus interesses particulares desqualifica o nexo topográfico. Contudo, não precisa o trabalhador seguir sempre o mesmo caminho, bastando que não haja um desvio substancial.

O nexo cronológico refere-se ao tempo, ou seja, se o trabalhador levou o tempo convencional ou, caso tenha demandado mais tempo no trajeto, isso ocorreu por situações alheias à sua vontade (como engarrafamentos, fechamento de vias etc.). Todavia, se o obreiro para no caminho para fazer uma visita a um parente, o nexo foi quebrado.

Ocorrido o acidente de trabalho, deve ser feita a comunicação do fato pelo empregador à Previdência, na forma do art. 22, *caput* e § 1º, da Lei nº 8.213/1991:

Lei nº 8.213/1991

Art. 22. A empresa ou o empregador doméstico deverão comunicar o acidente do trabalho à Previdência Social até o primeiro dia útil seguinte ao da ocorrência e, em caso de morte, de imediato, à autoridade competente, sob pena de multa variável entre o limite mínimo e o limite máximo do salário de contribuição, sucessivamente aumentada nas reincidências, aplicada e cobrada pela Previdência Social.

Cap. 19 – SEGURANÇA E MEDICINA DO TRABALHO

§ 1º Da comunicação a que se refere este artigo receberão cópia fiel o acidentado ou seus dependentes, bem como o sindicato a que corresponda a sua categoria.

Na hipótese de o empregador não promover a devida comunicação, podem outras pessoas realizá-la, conforme o art. 22, § 2º, da Lei nº 8.213/1991:

Lei nº 8.213/1991

Art. 22. (...)

§ 2º Na falta de comunicação por parte da empresa, podem formalizá-la o próprio acidentado, seus dependentes, a entidade sindical competente, o médico que o assistiu ou qualquer autoridade pública, não prevalecendo nestes casos o prazo previsto neste artigo.

Nesse ponto, surge uma pergunta: o descumprimento da regra pelo empregador ou a demora na emissão da CAT gera indenização por dano moral? O art. 22, §§ 3º e 4º, da Lei nº 8.213/1991 trata somente de aplicação de multa administrativa:

Lei nº 8.213/1991

Art. 22. (...)

§ 3º A comunicação a que se refere o § 2º não exime a empresa de responsabilidade pela falta do cumprimento do disposto neste artigo.

§ 4º Os sindicatos e entidades representativas de classe poderão acompanhar a cobrança, pela Previdência Social, das multas previstas neste artigo.

Assim, a jurisprudência não é pacífica sobre o tema. Observe alguns julgados divergentes:

"(...) II – RECURSO DE REVISTA. RECLAMANTE. VIGÊNCIA DA LEI N. 13.015/2014. INSTRUÇÃO NORMATIVA N. 40 DO TST. DEMORA NA EMISSÃO DA CAT. AUSÊNCIA DE DANO MORAL. (...) 2 – Desse modo, a Sexta Turma do TST entende que a demora na emissão da CAT por parte do empregador não enseja, por si só, dano moral ao empregado, diante da possibilidade dos demais sujeitos mencionados preencherem o respectivo formulário. 3 – No caso, o TRT entendeu que a demora na emissão na CAT por parte da reclamada, que ensejou demora na concessão do auxílio-doença, não caracteriza dano moral, visto que 'a própria norma legal pertinente autoriza que o acidentado, seus dependentes, a entidade sindical competente, o médico que o assistiu, ou qualquer autoridade pública, na falta da comunicação por parte da empresa, formalizem-na junto ao órgão previdenciário (Lei n. 8.213/93, art. 22, § 2º)'. Nesse sentido, não violou os arts. 1º, III, 5º, V e X, da Constituição Federal. Também não está demonstrada a divergência jurisprudencial. 4 – Recurso de revista de que não se conhece." (ARR-22282-81.2015.5.04.0030, 6ª Turma, Relatora Ministra: Kátia Magalhães Arruda, *DEJT* 04/10/2019).

"(...) DANOS MORAIS. ATRASO NA EMISSÃO DA CAT. A Corte regional apontou que, embora a reclamada não tenha incorrido com culpa para a ocorrência do acidente de trabalho, visto que 'cumpriu com suas obrigações e, em momento algum, negou assistência ao reclamante, tendo arcado com todas as despesas de tratamento', foi mantida a condenação ao pagamento de indenização por danos morais em razão do 'atraso na emissão da CAT e, também, pela incerteza sofrida pelo autor durante cerca de um mês, defiro a redução da multa, fixando-a em R$ 10.000,00 (dez mil reais)'. Não se observa, assim, aplicação da teoria da responsabilidade objetiva, ao contrário do alegado pela recorrente, visto ser incontroverso que o atraso na emissão da CAT decorreu de culpa exclusiva da reclamada. Ainda, é incontroverso que, após o infortúnio ocorrido em razão do trabalho, a reclamada foi negligente, impossibilitando, no período do atraso da emissão da CAT, a habilitação do reclamante perante o órgão previdenciário, para que pudesse receber o benefício e, assim, manter a fonte de sua própria subsistência e a de sua família, ainda que apenas temporariamente. Neste sentido, precedente de minha relatoria, em que foi mantida a condenação por danos morais coletivos à empresa que deixou de emitir os respectivos CATs, em hipótese da constatação de LER/DORT, mesmo em situações em que havia controvérsia acerca do nexo causal entre a doença adquirida e o trabalho prestado (precedentes). Pelo exposto, não se observa a apontada violação dos artigos 5º, incisos V e XXIII, e 7º, XXXVIII, da Constituição Federal e 297 do Código Civil. Recurso de revista não conhecido. (...)" (RR – 58700-54.2007.5.17.0121, Relator Ministro: José Roberto Freire Pimenta, Data de Julgamento: 28/02/2018, 2ª Turma, Data de Publicação: *DEJT* 02/03/2018).

DANO MORAL DECORRENTE DA NEGLIGÊNCIA DO EMPREGADOR EM TRATAR DOENÇA PSICOLÓGICA ADQUIRIDA PELA RECLAMANTE APÓS ASSALTO À AGÊNCIA BANCÁRIA EM QUE TRABALHAVA. (...) A emissão da CAT, com ou sem o afastamento do trabalhador de suas atividades laborais, tem a importante função de registro e documentação junto ao INSS, constituindo material para a prova, não somente do acidente do trabalho, como das suas circunstâncias, da sua materialidade e do seu nexo causal. Ressalte-se que o stress pós-traumático e as doenças psicológicas desencadeadas por fatores violentos, além da dificuldade do diagnóstico – quase sempre clínico – podem não se manifestar imediatamente, com a apresentação dos sintomas apenas tardiamente. A emissão da CAT, portanto, contribuiria para resguardar e amparar o trabalhador junto ao INSS. Trata-se, ainda, de medida que poderia oferecer mais tranquilidade, segurança e proteção à reclamante, o que, todavia, o Banco-reclamado se recusou a oferecer. Agravo desprovido. (Ag-AIRR – 249600-52.2007.5.02.0075, Relator Ministro: Luiz Philippe Vieira de Mello Filho, Data de Julgamento: 23/08/2017, 7ª Turma, Data de Publicação: *DEJT* 25/08/2017).

As doenças que o trabalhador pode desenvolver ou adquirir muitas vezes geram divergências interpretativas nas perícias do INSS. Havia médicos que reconheciam o nexo causal da enfermidade com o trabalho, ao passo que outros profissionais, nas mesmas situações, afastavam o nexo.

No sentido de uniformizar os procedimentos, o legislador criou uma presunção denominada nexo técnico epidemiológico previdenciário. Essa presunção é uma relação estatística das principais doenças que ocorrem em virtude do trabalho em determinadas atividades econômicas.

Assim, considera-se, de um lado, a atividade econômica (representada pelo CNAE – Classificação Nacional das Atividade Econômicas) e, de outro, as enfermidades estatisticamente consideradas (representadas pelo código da CID – Classificação Internacional de Doenças).

Observe o art. 21-A da Lei nº 8.213/1991:

Lei nº 8.213/1991

Art. 21-A. A perícia médica do Instituto Nacional do Seguro Social (INSS) considerará caracterizada a natureza acidentária da incapacidade quando constatar ocorrência de nexo técnico epidemiológico entre o trabalho e o agravo, decorrente da relação entre a atividade da empresa ou do empregado doméstico e a entidade mórbida motivadora da incapacidade elencada na Classificação Internacional de Doenças (CID), em conformidade com o que dispuser o regulamento.

O quadro que relaciona o CNAE com a CID pode ser visto na Lista C do Decreto 3.048/99, que regulamenta a Lei nº 8.213/1991.

O legislador criou uma presunção relativa, podendo a perícia médica do INSS afastar essa relação da enfermidade com o trabalho quando ela não existir, seja de ofício, seja mediante provocação do empregador:

Lei nº 8.213/1991

Art. 21-A. (...)

§ 1º A perícia médica do INSS deixará de aplicar o disposto neste artigo quando demonstrada a inexistência do nexo de que trata o *caput* deste artigo.

§ 2º A empresa ou o empregador doméstico poderão requerer a não aplicação do nexo técnico epidemiológico, de cuja decisão caberá recurso, com efeito suspensivo, da empresa, do empregador doméstico ou do segurado ao Conselho de Recursos da Previdência Social.

☞ **ATENÇÃO!**

O Supremo Tribunal Federal reconheceu a constitucionalidade desse nexo técnico epidemiológico, conforme definido na ADI no 3931:

AÇÃO DIRETA DE INCONSTITUCIONALIDADE. ART. 21-A DA LEI N. 8.213/1991 E §§ 3º E 5º A 13 DO ART. 337 DO REGULAMENTO DA PREVIDÊNCIA SOCIAL. ACIDENTE DE TRABALHO. ESTABELECIMENTO DE NEXO ENTRE O TRABALHO E O AGRAVO PELA CONSTATAÇÃO DE RELEVÂNCIA ESTATÍSTICA ENTRE A ATIVIDADE DA EMPRESA E A DOENÇA. PRESUNÇÃO DA NATUREZA ACIDENTÁRIA DA INCAPACIDADE. AUSÊNCIA DE OFENSA AO INC. XIII DO ART. 5º, AO INC. XXVIII DO ART. 7º, AO INC. I E AO § 1º DO ART. 201 DA CONSTITUIÇÃO DA REPÚBLICA. AÇÃO DIRETA DE INCONSTITUCIONALIDADE JULGADA IMPROCEDENTE. 1. É constitucional a previsão legal de presunção de vínculo entre a incapacidade do segurado e suas atividades profissionais quando constatada pela Previdência Social a presença do nexo técnico epidemiológico entre o trabalho e o agravo, podendo ser elidida pela perícia médica do Instituto Nacional do Seguro Social se demonstrada a inexistência. 2. Ação direta de inconstitucionalidade julgada improcedente. (ADI 3931, Relatora Ministra: Cármen Lúcia, Tribunal Pleno, julgado em 20/04/2020, Processo Eletrônico DJe-117, Data de Divulgação: 11/05/2020, Data de Publicação: 12/05/2020).

A Justiça do Trabalho reconhece que a existência desse nexo possui relevância nas ações indenizatórias por acidente de trabalho para fixar o nexo causal da doença com o trabalho:

"(...) RESPONSABILIDADE CIVIL DO EMPREGADOR. DANOS MORAIS E MATERIAIS CAUSADOS AO EMPREGADO. CARACTERIZAÇÃO. DOENÇA OCUPACIONAL. (...) A Corte de origem consignou que a reclamante, no exercício de suas atribuições, estava exposta a riscos ergonômicos e que não foram adotadas as medidas necessárias para prevenção do adoecimento. Ficou anotado, ainda, o estabelecimento do nexo técnico epidemiológico (NTE), o que reforça a tese de que as doenças da autora estão diretamente relacionados com as atividade exercidas na empresa. Logo, a conduta da reclamada, ao não fornecer as medidas de segurança compatíveis com as atividades exercidas – ônus que lhe pertence, nos termos do artigo 157 da CLT – demonstra a sua negligência e omissão quanto às normas de segurança e saúde do trabalho. Evidenciado os danos, assim como a conduta culposa do empregador e o nexo causal entre ambos, deve ser mantido o acórdão regional que condenou a reclamada a indenizá-los. Recurso de revista de que não se conhece. (...)" (ARR – 2167-13.2011.5.12.0012, Relator Ministro: Cláudio Mascarenhas Brandão, Data de Julgamento: 04/10/2017, 7ª Turma, Data de Publicação: *DEJT* 31/10/2017).

Temos uma posição no sentido de que, havendo a constatação do NTEP, o nexo causal fica presumivelmente comprovado, cabendo ao empregador comprovar que a enfermidade não possui relação com o trabalho:

"(...) NEXO TÉCNICO EPIDEMIOLÓGICO. PRESUNÇÃO LEGAL RELATIVA DE NEXO DE CAU-SALIDADE ENTRE DOENÇA E TRABALHO. ÔNUS DA PROVA. RESPONSABILIDADE. (...) A instituição do nexo técnico epidemiológico previdenciário – NTEP constitui medida de proteção à saúde do trabalhador e decorre do reiterado descumprimento, pelos empre-gadores, da emissão de CAT e das dificuldades de fiscalização. Trata-se de método de associação estatística, em que se compara a recorrência do surgimento de patologias, em grupos de trabalhadores, a determinada atividade, estabelecendo-se nexo de causalidade presumido. 3.2. A atividade na lavoura canavieira está inserida nesse quadro, gerando presunção relativa de causalidade entre a entidade mórbida e a atividade laboral (arts. 21-A da Lei n. 8.213/1991, 337, § 3º, e Anexos do Decreto n. 3.048/1999). Em tal caso, o afastamento da presunção recai, no ambiente processual, sobre o empregador. (...)" (RR – 154800-57.2009.5.18.0191 Data de Julgamento: 14/12/2011, Relator Ministro: Al-berto Luiz Bresciani de Fontan Pereira, 3ª Turma, Data de Publicação: *DEJT* 19/12/2011).

19.9. RESPONSABILIDADE DO EMPREGADOR/TOMADOR PELO ACIDENTE DE TRABALHO

Existem situações em que pode haver acidente de trabalho sem que haja responsabilidade do empregador/tomador de serviço. A caracterização do acidente de trabalho envolve elementos objetivos previstos na Lei nº 8.213/1991.

A responsabilidade do empregador/tomador de serviços pelo acidente de trabalho é, como regra, subjetiva, ou seja, depende de culpa ou dolo, conforme se constata no art. 7º, XXXVIII, da CF:

CF

Art. 7º. São direitos dos trabalhadores urbanos e rurais, além de outros que visem à melhoria de sua condição social:

XXVIII – seguro contra acidentes de trabalho, a cargo do empregador, sem excluir a indenização a que este está obrigado, quando incorrer em dolo ou culpa;

Essa responsabilidade subjetiva (aquiliana) também possui matriz no arts. 186 do CC:

CC

Art. 186. Aquele que, por ação ou omissão voluntária, negligência ou imprudência, violar direito e causar dano a outrem, ainda que exclusivamente moral, comete ato ilícito.

Para melhor compreensão, leia o julgado do TST:

> "(...) DOENÇA OCUPACIONAL. RESPONSABILIDADE CIVIL. NEXO CAUSAL. TEORIA DA CULPA PRESUMIDA DA RECLAMADA. INDENIZAÇÕES POR DANOS MATERIAIS E MORAIS. O pleito de indenização por dano moral, estético e material resultante de acidente do trabalho e/ou doença profissional ou ocupacional supõe a presença de três requisitos: a) ocorrência do fato deflagrador do dano ou do próprio dano, que se constata pelo fato da doença ou do acidente, os quais, por si sós, agridem o patrimônio moral e emocional da pessoa trabalhadora (nesse sentido, o dano moral, em tais casos, verifica-se 'in re ipsa', vale dizer, pela própria circunstância da ocorrência do malefício físico ou psíquico); b) nexo causal ou concausal, que se evidencia pela circunstância de o malefício ter ocorrido em face das circunstâncias laborativas; c) culpa empresarial, excetuadas as hipóteses de responsabilidade objetiva. A regra geral do ordenamento jurídico, no tocante à responsabilidade civil do autor do dano, mantém-se com a noção da responsabilidade subjetiva (arts. 186 e 927, *caput*, CC). Trata-se, porém, de culpa presumida, pois o gestor do ambiente empresarial é que cria, organiza, mantém e administra o meio ambiente, tendo o dever de zelar para que não provoque danos à saúde e à segurança dos trabalhadores. Se o dano surge, presume-se a omissão do gestor, ainda que pelo fato de as medidas tomadas terem sido insuficientes para evitar o malefício. (...)" (RR-1002117-69.2016.5.02.0465, 3ª Turma, Relator Ministro: Mauricio Godinho Delgado, *DEJT* 16/10/2020).

Conclui-se, portanto, que a responsabilidade da Previdência é objetiva, ao passo que a regra para a responsabilidade do empregador/tomador é a responsabilidade subjetiva:

> "(...) II – RECURSO DE REVISTA. ACIDENTE DE TRABALHO. LUCROS CESSANTES. AUSÊNCIA DE PROVAS DO DANO. SÚMULA N. 126/TST. O fato de o empregado ter recebido benefício previdenciário não afasta o direito ao pagamento da indenização por lucros cessantes uma vez que aquele provém da responsabilidade objetiva da Previdência Social, ao passo que estes decorrem do dever de indenizar do empregador por culpa na ocorrência do acidente de trabalho. (...)"(RR – 785-35.2011.5.04.0811, Relator Desembargador Convocado: Francisco Rossal de Araújo, Data de Julgamento: 16/09/2015, 7ª Turma, Data de Publicação: *DEJT* 18/09/2015).

Quanto ao nexo de causalidade, registre-se que o TST, para fins de responsabilidade patronal, exige que haja uma relação entre o trabalho e a lesão/enfermidade. De fato, não é necessário que o trabalho seja a causa principal, mas que tenha, ao menos, contribuído para o agravamento do resultado. Trata-se de aplicação da teoria da causalidade adequada:

> ACIDENTE DO TRABALHO – DOENÇA LABORAL – NEXO DE CAUSALIDADE. De acordo com a teoria da causalidade adequada, as concausas preexistentes – patologia anterior,

predisposição genética do trabalhador ou caráter degenerativo da moléstia – não eliminam a relação de causalidade. Se as atividades laborais desenvolvidas pelo reclamante potencializaram ou agravaram a moléstia preexistente ou degenerativa, a doença deve ser considerada ocupacional, em razão da concausa originada no trabalho. Incidência da Súmula no 126 do TST. (...)" (Ag-AIRR-1972-47.2012.5.18.0005, 7ª Turma, Relator Ministro: Luiz Philippe Vieira de Mello Filho, DEJT 27/09/2019).

> ☞ **ATENÇÃO!**
>
> Eventuais valores percebidos pelo acidentado da previdência social, tais como auxílio-doença acidentário ou aposentadoria por invalidez, não podem ser compensados com a indenização devida pelo empregador/tomador. São fatos geradores diferentes.

No caso do benefício previdenciário, o trabalhador recebe a parcela como segurado obrigatório, contribuinte de um sistema atuarial financeiro, ao passo que a indenização relativa ao dano pelo acidente refere-se a um ilícito cuja responsabilidade lhe é imputável.

Leia com atenção esse julgado do TST sobre o tema:

"(...) DANO MATERIAL NA FORMA DE PENSÃO MENSAL. POSSIBILIDADE DE CUMULAÇÃO COM BENEFÍCIO PREVIDENCIÁRIO. A indenização devida pelo empregador é autônoma em relação aos direitos concedidos pela Previdência Social, motivo pelo qual é cabível a sua cumulação, sem nenhuma dedução ou compensação. Não se trata de *bis in idem*, visto que os benefícios previdenciários são pagos em razão dos riscos normais do trabalho e a indenização prevista no art. 7º, XXVIII, da CF tem como fato gerador o comportamento ilícito do empregador que resulta no evento danoso. Assim, a pensão paga por ato ilícito não exclui o direito à percepção do benefício previdenciário, porquanto o art. 950 do CC visa apenas à reparação do ato ilícito do qual decorre a incapacidade total para o trabalho ou a sua redução, o que difere da situação prevista na legislação previdenciária, sendo esse o entendimento do órgão uniformizador de jurisprudência interna corporis desta Corte Superior. Recurso de revista conhecido e provido." (RRAg-42100- 15.2008.5.01.0461, 8ª Turma, Relatora Ministra: Dora Maria da Costa, *DEJT* 16/10/2020).

Ponto que chama muito a nossa atenção centra-se na possibilidade de compensação da indenização paga em virtude de um seguro contratado pelo empregador/tomador e a indenização devida pelo acidente de trabalho. Se o empregador/tomador contrata um seguro e ocorre o acidente (o sinistro para fins securitários), a indenização paga pela seguradora pode ser compensada com a indenização devida pelo responsável? Ela suprime a responsabilidade?

O TST entende que o fato de haver seguro não elimina responsabilidade patronal, cuja indenização devida e fixada judicialmente pode ser superior ao valor da indenização paga pelo seguro. Contudo, o TST não desconsidera a importância da realização do seguro, razão pela qual autoriza a compensação somente com a indenização devida por danos materiais e não danos morais:

Cap. 19 – SEGURANÇA E MEDICINA DO TRABALHO

"(...) EMBARGOS INTERPOSTOS PELA RECLAMADA. COMPENSAÇÃO ENTRE O SEGURO DE VIDA E A INDENIZAÇÃO POR DANOS MORAIS E MATERIAIS PAGA AOS HERDEIROS. CONFLITO JURISPRUDENCIAL NA APRECIAÇÃO DO MESMO TEMA. As indenizações a título de seguro de vida/acidentes pessoais e as decorrentes de dolo ou culpa do empregador, em razão de acidente de trabalho, na hipótese de o empregador arcar exclusivamente com o pagamento das parcelas do seguro, são deduzíveis apenas no que se refere aos danos materiais, na medida em que a indenização por dano moral, no caso, tem por fim não apenas reparar o dano patrimonial, mas também se traduz no caráter punitivo e pedagógico da medida, que visa inibir a conduta ilícita. Quanto ao dano material, deve-se diferenciar o seguro de vida/acidentes de trabalho pago pelo empregador, do seguro contra acidentes de trabalho, a cargo do empregador, previsto como direito de todos os empregados no art. 7º, XXVIII, da CF. Este último consiste atualmente em contribuição do empregador à Previdência Social, paga na forma de percentual sobre a remuneração, conforme o risco da atividade. Já aquele visa à reparação, em certa medida, do acidente ocorrido. A indenização por dano material, decorrente de dolo ou culpa do empregador em casos de acidentes de trabalho visa, igualmente, à reparação do dano ocorrido, em relação ao empregado; além de outras finalidades na órbita da relação empregador-sociedade, e o objetivo se desdobra, em especial, na reparação econômica. Assim, a forma como o empregador paga essa indenização, se diretamente ou compartilhando o risco com uma empresa seguradora, diz respeito ao poder gerencial. O certo é que, in casu, houve um acidente de trabalho e o empregador indenizou parcialmente o dano, nos moldes do art. 7º, XXVIII, in fine, da CF, não podendo tal fato ser desconsiderado pelo Poder Judiciário. Não consiste a existência de seguro em estímulo à desproteção, pois o pagamento do prêmio ao empregado não impede a Justiça do Trabalho arbitrar o valor do dano conforme a conduta específica do empregador, havendo apenas a dedução. Dessa forma, o abatimento, com a dedução do valor pago a título de seguro de vida, em razão do acidente de trabalho que vitimou o empregado, não somente evita o enriquecimento ilícito do reclamante, como se trata de estímulo para que as empresas se cerquem de garantias para proteção do empregado submetido a situação de risco no trabalho. Recurso de Embargos conhecido e parcialmente provido. (E-ED-RR – 1535-82.2012.5.09.0093, Rel. Min. Aloysio Corrêa da Veiga, Subseção I Especializada em Dissídios Individuais, Data de Publicação: *DEJT* 29/06/2018).

A doutrina e jurisprudência reconhece que, muito embora a responsabilidade subjetiva do empregador/tomador seja a regra, pode ocorrer de haver casos de responsabilidade objetiva, isto é, que independe de culpa.

A lógica encontra-se no art. 7º, *caput*, da CF, regra que estabelece que as normas ali previstas no preceito não excluem outras que visem melhorar a condição de vida do trabalhador:

CF

Art. 7º. São direitos dos trabalhadores urbanos e rurais, além de outros que visem à melhoria de sua condição social: (...)

Neste contexto, passou-se a admitir a aplicação do art. 927, parágrafo único, do Código Civil ao Direito do Trabalho:

CC

Art. 927. (...)

Parágrafo único. Haverá obrigação de reparar o dano, independentemente de culpa, nos casos especificados em lei, ou quando a atividade normalmente desenvolvida pelo autor do dano implicar, por sua natureza, risco para os direitos de outrem.

Essa lógica foi confirmada pelo STF que, ao julgar o Tema 932 da Lista de Repercussão Geral, firmou tese no sentido da compatibilidade da responsabilidade objetiva do empregador com a Constituição:

Tese do tema 932 da Lista de Repercussão Geral do STF:

O artigo 927, parágrafo único, do Código Civil é compatível com o artigo 7º, XXVIII, da Constituição Federal, sendo constitucional a responsabilização objetiva do empregador por danos decorrentes de acidentes de trabalho, nos casos especificados em lei, ou quando a atividade normalmente desenvolvida, por sua natureza, apresentar exposição habitual a risco especial, com potencialidade lesiva e implicar ao trabalhador ônus maior do que aos demais membros da coletividade.

Desta forma, a jurisprudência adota, como regra, a teoria do risco criado. Logo, caso o empregador/tomador de serviços crie um risco superior ao que às demais pessoas podem estar sujeitas no trabalho, pode ser reconhecida a responsabilidade objetiva. Veja um caso prático julgado pelo TST:

RECURSO DE EMBARGOS – ACIDENTE DE TRABALHO – INDENIZAÇÃO POR DANOS MORAIS – MOTORISTA DE CAMINHÃO CARRETEIRO – TRANSPORTE RODOVIÁRIO – RESPONSABILIDADE CIVIL OBJETIVA DO EMPREGADOR – EXPOSIÇÃO DO EMPREGADO A ATIVIDADE DE ALTO RISCO. 1. Na forma do art. 927, parágrafo único, do Código Civil, é possível a responsabilização objetiva – dispensada a culpa daquele a quem se imputa o evento lesivo – quando houver determinação legal nesse sentido e nos casos em que a atividade do causador do dano implicar, por sua natureza, risco para o direito de outrem. 2. Somente o dano decorrente do risco voluntariamente criado e assumido pelo empreendedor é passível de reparação. O empresário, na execução de suas atividades, cria um risco e expõe outrem a perigo de dano (risco criado), além de se beneficiar e tirar proveito financeiro do risco por ele próprio gerado, auferindo lucros (risco – proveito). 3. No caso, o empregado, motorista de caminhão carreteiro, sofreu acidente automobilístico e faleceu em decorrência do infortúnio. 4. Verifica-se que a reclamada submetia a vítima, motorista de caminhão rodoviário, ao desempenho de atividade de alto risco. Assumiu, assim, voluntariamente, o risco inerente ao negócio empresarial e passou a expor, diferenciadamente, a vida e a integridade física dos trabalhadores cuja força de trabalho contrata e dirige. 5. Eventual erro humano do empregado está absolutamente inserido no risco assumido pela empresa. Ao auferir lucros, dirigir o empreendimento de risco e controlar a atividade laboral do empregado, a empresa internaliza todo o potencial ofensivo de sua atividade. Possível negligência ou imperícia do empregado na sua função de motorista não impede a responsabilização da empresa, visto que a culpa do empregado-motorista faz parte do risco da atividade de transporte rodoviário de cargas, assemelhando-se ao caso fortuito interno. 6. Considerando o risco da atividade desenvolvida, o infortúnio com nexo de causalidade e o dano sofrido pelo empregado, imperiosa a responsabilização objetiva da reclamada e a condenação ao pagamento de danos materiais e morais. Recurso desembargo conhecido e desprovido. (E-RR-270-73.2012.5.15.0062, Subseção I Especializada em Dissídios Individuais, Relator Ministro: Luiz Philippe Vieira de Mello Filho, *DEJT* 23/10/2020).

Cap. 19 – SEGURANÇA E MEDICINA DO TRABALHO

Além disso, também há responsabilidade objetiva quando a lei assim define. Isso ocorre, por exemplo, quando o empregador fornece o transporte próprio (e não público) ao trabalhador. Se ocorrer um acidente de trabalho, a responsabilidade é objetiva, porque se aplica à responsabilidade objetiva do transportador, conforme arts. 734 e 735 do Código Civil:

Código Civil

Art. 734. O transportador responde pelos danos causados às pessoas transportadas e suas bagagens, salvo motivo de força maior, sendo nula qualquer cláusula excludente da responsabilidade.

Parágrafo único. É lícito ao transportador exigir a declaração do valor da bagagem a fim de fixar o limite da indenização.

Art. 735. A responsabilidade contratual do transportador por acidente com o passageiro não é elidida por culpa de terceiro, contra o qual tem ação regressiva.

Veja um julgado do TST sobre o tema:

"ACIDENTE DE TRABALHO. MORTE DURANTE O TRAJETO EM VEÍCULO FORNECIDO PELO EMPREGADOR. RESPONSABILIDADE OBJETIVA DECORRENTE DO CONTRATO DE TRANSPORTE. INDENIZAÇÃO POR DANOS MORAIS E MATERIAIS. A responsabilidade do empregador nas hipóteses em que o acidente de trânsito ocorreu durante o transporte do empregado em veículo fornecido pela empresa é objetiva, com amparo nos artigos 734 e 735 do Código Civil. O contrato de transporte, no presente caso acessório ao contrato de trabalho, caracteriza-se, fundamentalmente, pela existência de cláusula de incolumidade decorrente da obrigação de resultado (e não apenas de meio) que dele provém, o que significa dizer, em outras palavras, que o transportador não se obriga a tomar as providências e cautelas necessárias para o bom sucesso do transporte; muito ao contrário, obriga-se pelo fim, isto é, garante o bom êxito. Nesse contexto, a reclamada, ao fornecer transporte aos seus empregados em veículo da empresa, equipara-se ao transportador, assumindo, portanto, o ônus e o risco dessa atividade. Desse modo, há de se reconhecer a corresponsabilidade do réu, por ser o ex-empregador da vítima, o que enseja a condenação ao pagamento de indenização por danos morais e materiais, decorrente do acidente que culminou na morte do companheiro e pai dos autores. (...)" (E-ED-RR-1625-11.2013.5.15.0054, Subseção I Especializada em Dissídios Individuais, Relator Ministro: Claudio Mascarenhas Brandao, *DEJT* 20/03/2020).

Outra hipótese de responsabilidade objetiva prevista em lei abrange os danos ocorridos ao meio ambiente, consoante art. 225, § 3º, da CF, e art. 14, § 1º, da Lei nº 6.938/1981:

CF

Art. 225. Todos têm direito ao meio ambiente ecologicamente equilibrado, bem de uso comum do povo e essencial à sadia qualidade de vida, impondo-se ao Poder Público e à coletividade o dever de defendê-lo e preservá-lo para as presentes e futuras gerações.

§ 3º As condutas e atividades consideradas lesivas ao meio ambiente sujeitarão os infratores, pessoas físicas ou jurídicas, a sanções penais e administrativas, independentemente da obrigação de reparar os danos causados.

Lei n° 6.938/1981 (dispõe sobre a política nacional de meio ambiente)

Art. 14. (...)

§ 1° Sem obstar a aplicação das penalidades previstas neste artigo, é o poluidor obrigado, independentemente da existência de culpa, a indenizar ou reparar os danos causados ao meio ambiente e a terceiros, afetados por sua atividade. O Ministério Público da União e dos Estados terá legitimidade para propor ação de responsabilidade civil e criminal, por danos causados ao meio ambiente.

Nesse particular, registre-se que o meio ambiente de trabalho integra o meio ambiente, conforme diretriz do art. 200, VIII, da CF:

CF

Art. 200. Ao sistema único de saúde compete, além de outras atribuições, nos termos da lei:

VIII – colaborar na proteção do meio ambiente, nele compreendido o do trabalho.

Assim, caso haja contaminação do meio ambiente de trabalho e, diante disso, o desenvolvimento de doença ocupacional, pode o empregador/tomador ser civilmente responsabilizado de forma objetiva.

Aliás, registre-se que, no caso de danos ambientais, não se aplica a teoria do risco criado, mas a teoria do risco integral. A diferença é que, nessa última, não se admite qualquer tipo de excludente. Veja esse julgado do Superior Tribunal de Justiça:

"(...) DANO AMBIENTAL. TEORIA DO RISCO INTEGRAL. PRINCÍPIO DO POLUIDOR-PAGADOR. EXONERAÇÃO DA RESPONSABILIDADE. NEXO CAUSAL. (...) 6. Os danos ambientais são regidos pela teoria do risco integral, colocando-se aquele que explora a atividade econômica na posição de garantidor da preservação ambiental, sendo sempre considerado responsável pelos danos vinculados à atividade, descabendo questionar sobre a exclusão da responsabilidade pelo suposto rompimento do nexo causal (fato exclusivo de terceiro ou força maior). Precedentes. (...)" (REsp 1612887/ PR, Relatora Ministra: Nancy Andrighi, 3ª Turma, julgado em 28/04/2020, DJe 07/05/2020).

Também existe risco integral quando se trata de acidentes envolvendo atividade nuclear, conforme art. 21, XXIII, da CF:

CF

Art. 21. Compete à União:

XXIII – explorar os serviços e instalações nucleares de qualquer natureza e exercer monopólio estatal sobre a pesquisa, a lavra, o enriquecimento e reprocessamento, a industrialização e o comércio de minérios nucleares e seus derivados, atendidos os seguintes princípios e condições:

d) a responsabilidade civil por danos nucleares independe da existência de culpa;

A responsabilidade objetiva com base na teoria do risco criado admite causas excludentes, as quais, uma vez constatadas, eliminam a responsabilidade patronal.

A culpa exclusiva de vítima é uma excludente subjetiva. Caso o acidente seja unicamente imputável ao trabalhador, não haverá responsabilidade do empregador/tomador de serviços.

Cap. 19 – SEGURANÇA E MEDICINA DO TRABALHO

Leia esse julgado exemplificativo:

RECURSO DE REVISTA INTERPOSTO NA VIGÊNCIA DA LEI N. 13.015/2014. ACIDENTE DE TRABALHO. DANOS MORAL E ESTÉTICO. ATO DANOSO ATRIBUÍDO EXCLUSIVAMENTE AO EMPREGADO. No caso concreto, o Tribunal Regional concluiu que "o acidente ocorreu por culpa exclusiva da vítima, a qual, após a máquina emperrar, optou por pressionar a carne contra o aparelho com suas próprias mãos, sem fazer uso dos dispositivos para apoiar e empurrar o objeto, os quais se encontravam disponíveis e em boas condições". Nesse contexto, insuscetível de revisão em recurso de revista (Súmula n. 126 do TST), a atribuição do ato danoso exclusivamente ao empregado afasta o nexo de causalidade entre o acidente e a atividade desenvolvida, situação excludente da obrigação de indenizar, até mesmo sob a ótica da responsabilidade objetiva, como quer o recorrente. Precedentes. Recurso de revista de que não se conhece. (RR – 4-66.2015.5.09.0024, Relator Ministro: Walmir Oliveira da Costa, Data de Julgamento: 27/06/2018, 1ª Turma, Data de Publicação: *DEJT* 02/07/2018).

Se houver culpa tanto do trabalhador como culpa patronal, haverá direito à indenização na medida e extensão em que o empregador/tomador tiver contribuído para o dano, conforme diretriz do art. 945 do CC:

CC

Art. 945. Se a vítima tiver concorrido culposamente para o evento danoso, a sua indenização será fixada tendo-se em conta a gravidade de sua culpa em confronto com a do autor do dano.

A força maior ou o caso fortuito são excludentes objetivas. No Direito do Trabalho, não interessa a diferenciação entre os institutos, porquanto os efeitos gerados são os mesmos. Força maior/caso fortuito são eventos naturais ou humanos inevitáveis e imprevisíveis para os quais não concorreu o empregador/tomador. Veja uma definição do art. 501 da CLT:

CLT

Art. 501. Entende-se como força maior todo acontecimento inevitável, em relação à vontade do empregador, e para a realização do qual este não concorreu, direta ou indiretamente.

§ 1º A imprevidência do empregador exclui a razão de força maior.

Obviamente estamos tratando do fortuito externo, ou seja, aquele evento cujo risco não integra naturalmente as atividades laborais desenvolvidas. É o caso, por exemplo, da queda de um raio sobre o trabalhador:

EMBARGOS. INDENIZAÇÃO POR DANO MORAL. CORTADOR DE CANA. QUEDA DE RAIO. CASO FORTUITO EXTERNO. ACIDENTE DE TRABALHO COM ÓBITO. RESPONSABILIDADE CIVIL. FORÇA MAIOR. A reparação a ser conferida em decorrência de acidente de trabalho decorre da responsabilidade civil da parte que coloca o empregado em atividade de risco. A aplicação da responsabilidade objetiva, pelo acidente, todavia, deve decorrer da atividade realizada, o que não alcança o caso fortuito externo, quando não verificada a culpa por conduta omissiva ou comissiva do empregador. In casu, havendo excludente de culpa, por se tratar de caso fortuito externo à atividade e à conduta do agente, não há se falar em indenização por dano moral. Embargos conhecidos e providos. (E-ED-RR – 195-49.2011.5.19.0000, Relator Ministro: Aloysio Corrêa da Veiga, Data de Julgamento: 22/06/2017, Subseção I Especializada em Dissídios Individuais, Data de Publicação: *DEJT* 06/10/2017).

Todavia, caso se trate de fortuito interno, isto é, aquele evento cujo risco insere-se naturalmente nas atividades desenvolvidas, a responsabilidade persiste e não existe excludente. Ora, o empregador/tomador possui perfeito conhecimento do risco superior a que está submetendo o trabalhador no simples exercício da atividade.

Leia um julgado do TST sobre o tema:

"(...) 4. MOTORISTA. ASSALTO. DANO MORAL. RESPONSABILIDADE CIVIL OBJETIVA DO EMPREGADOR EM RAZÃO DA ATIVIDADE DE RISCO DESEMPENHADA NO TRANSPORTE DE CARGA. 4.1. À proporção em que assaltos se tornam ocorrências frequentes, adquirem 'status' de previsibilidade para aquele que explora a atividade econômica, incorporando-se ao risco do negócio (fortuito interno), cujo encargo é do empregador (art. 2º da CLT). 4.2. A realidade de violência que assola o transporte no Brasil atrai para a esfera trabalhista a responsabilidade civil objetiva da empresa de transporte, em face da atividade de risco desempenhada pelos seus funcionários, quase que rotineiramente submetidos a atos violentos de terceiros. Incidência da cláusula geral de responsabilidade objetiva positivada no parágrafo único do art. 927 do Código Civil. 4.3. Na linha da teoria do *'danum in re ipsa'*, não se exige que o dano moral seja demonstrado: decorre, inexoravelmente, da gravidade do fato ofensivo que, no caso, restou materializado nos diversos assaltos sofridos pelo reclamante como motorista. (...)" (AIRR-10283-58.2014.5.15.0096, 3ª Turma, Relator Ministro: Alberto Luiz Bresciani de Fontan Pereira, *DEJT* 13/03/2020).

Por último, registre-se que, quando se tratar das excepcionais hipóteses de risco integral, não há margem para aplicação de excludentes. Logo, se um trabalhador empregado em uma usina nuclear sofre um acidente radioativo, não importa se houve culpa sua, de terceiro ou evento da natureza. Haverá responsabilidade de indenizar pelo empregador. Veja esse trecho de julgado do TST:

"(...) RESPONSABILIDADE CIVIL DO EMPREGADOR. INDENIZAÇÕES POR DANO MORAL E POR DANO MATERIAL. PRESUNÇÃO DE NEXO CAUSAL. (...) 5 Frise-se inclusive que apenas a responsabilidade civil à luz da teoria do risco integral dispensa a caracterização detida do nexo causal. Constitui modalidade extremada da teoria do risco que funda o dever de indenizar mesmo nos casos em que, normalmente, a ausência de nexo causal afastaria a responsabilidade, como nas hipóteses de fato de terceiro, caso fortuito ou de força maior – o que não se constata nos autos. Diferentemente da teoria do risco da atividade (responsabilidade objetiva), na qual, embora se afaste a necessidade de comprovação de culpa, a configuração do nexo causal é indispensável. 6 – No ordenamento jurídico brasileiro, contudo, a aplicação da teoria do risco integral é limitada a raras hipóteses, tal qual a de danos causados por acidentes nucleares (art. 21, XXIII, d, da Constituição Federal) ou por acidentes ambientais. Inviável, pois, condenar o empregador ao pagamento de indenização por dano moral sem comprovação detida do nexo causal. (...)" (ARR-331-57.2014.5.11.0002, 6ª Turma, Relatora Ministra: Katia Magalhaes Arruda, *DEJT* 28/06/2019).

TRABALHO DO MENOR

Dispõe o art. 227 da CF/1988:

Art. 227. É dever da família, da sociedade e do Estado assegurar à criança, ao adolescente e ao jovem, com absoluta prioridade, o direito à vida, à saúde, à alimentação, à educação, ao lazer, à profissionalização, à cultura, à dignidade, ao respeito, à liberdade e à convivência familiar e comunitária, além de colocá-los a salvo de toda forma de negligência, discriminação, exploração, violência, crueldade e opressão.

Essa regra consagrou o **princípio da proteção integral**, segundo o qual o menor passou a ser visto como um sujeito de direitos, destinatário de tutela pelo ordenamento e pela sociedade em todos os sentidos e independentemente de estar ou não em uma situação adequada, sempre sendo observada a condição de que é uma pessoa em desenvolvimento.

Essa doutrina afasta a antiga doutrina da situação irregular, a qual via o menor como objeto passivo de proteção quando estivesse desamparado. Assim, apenas quando um menor estivesse em uma situação irregular (como abandono, por exemplo), é que o ordenamento destinava tutela a ele.

A norma constitucional consagra, ainda, o **princípio da absoluta prioridade**, segundo o qual se deve centrar o menor como foco primário nas políticas públicas e ações da sociedade.

A absoluta prioridade pode ser vista em preceitos como o art. 4º da Lei nº 8.069/1990:

Lei nº 8.069/1990

Art. 4º. É dever da família, da comunidade, da sociedade em geral e do poder público assegurar, com absoluta prioridade, a efetivação dos direitos referentes à vida, à saúde, à alimentação, à educação, ao esporte, ao lazer, à profissionalização, à cultura, à dignidade, ao respeito, à liberdade e à convivência familiar e comunitária.

Parágrafo único. A garantia de prioridade compreende:

a) primazia de receber proteção e socorro em quaisquer circunstâncias;

b) precedência de atendimento nos serviços públicos ou de relevância pública;

MANUAL DE DIREITO DO TRABALHO – ROGÉRIO RENZETTI

c) preferência na formulação e na execução das políticas sociais públicas;

d) destinação privilegiada de recursos públicos nas áreas relacionadas com a proteção à infância e à juventude.

Outra aplicação é o Decreto n° 9.579/2018 que trata, dentre outras matérias, da aprendizagem:

Decreto n° 9.579/2018

Art. 53. A contratação de aprendizes deverá atender, prioritariamente, aos adolescentes entre quatorze e dezoito anos, exceto quando:

I – as atividades práticas da aprendizagem ocorrerem no interior do estabelecimento e sujeitarem os aprendizes à insalubridade ou à periculosidade, sem que se possa elidir o risco ou realizá-las integralmente em ambiente simulado;

II – a lei exigir, para o desempenho das atividades práticas, licença ou autorização vedada para pessoa com idade inferior a dezoito anos; e

III – a natureza das atividades práticas for incompatível com o desenvolvimento físico, psicológico e moral dos adolescentes aprendizes.

Parágrafo único. As atividades práticas da aprendizagem a que se refere o *caput* deverão ser designadas aos jovens de dezoito a vinte e quatro anos.

O direito a essa proteção especial abrange os seguintes aspectos: idade mínima de 14 anos para admissão no trabalho, garantia de direitos previdenciários e trabalhistas, entre outros.

O Estatuto da Criança e do Adolescente – ECA, Lei n° 8.069/1990, em seu art. 7°, assegura à criança e ao adolescente a proteção à vida e à saúde, mediante a efetivação de políticas sociais públicas que permitam o nascimento e o desenvolvimento sadio e harmonioso, em condições dignas de existência.

O art. 611-B da CLT assegura que as normas de proteção legal de crianças e adolescentes não podem ser objeto de convenção e acordo coletivo de trabalho.

Art. 611-B. Constituem objeto ilícito de convenção coletiva ou de acordo coletivo de trabalho, exclusivamente, a supressão ou a redução dos seguintes direitos:

(...)

XXIV – medidas de proteção legal de crianças e adolescentes;

20.1. IDADES E TRABALHOS NOTURNO, PERIGOSO E INSALUBRE

A Constituição proíbe o trabalho noturno, perigoso e insalubre a menores de 18 anos e qualquer trabalho a menores de 16 anos, salvo na condição de aprendiz, a partir de 14 anos (art. 7°, XXXIII).

Nesse mesmo sentido, os arts. 403, *caput*, 404 e 405, I, da CLT:

Cap. 20 – TRABALHO DO MENOR

Art. 403. É proibido qualquer trabalho a menores de dezesseis anos de idade, salvo na condição de aprendiz, a partir dos quatorze anos.

Art. 404. Ao menor de dezoito anos é vedado o trabalho noturno, considerado este o que for executado no período compreendido entre as vinte e duas e as cinco horas.

Art. 405. Ao menor não será permitido o trabalho:

I – nos locais e serviços perigosos ou insalubres, constantes de quadro para esse fim aprovado pelo diretor-geral do Departamento de Segurança e Higiene do Trabalho;

O menor empregado entre 16 e 18 anos tem assegurados todos os direitos trabalhistas previstos na CLT, como qualquer empregado adulto.

Considera-se menor para os efeitos da CLT o trabalhador de 14 até 18 anos. Aos 18 anos cessa a menoridade para fins trabalhistas.

O art. 611-B da CLT aponta taxativamente as matérias de cuja negociação coletiva não pode dispor, considerando-as objeto ilícito do negócio jurídico coletivo.

Art. 611-B da CLT. Constituem objeto ilícito de convenção coletiva ou de acordo coletivo de trabalho, exclusivamente, a supressão ou a redução dos seguintes direitos: (...)

XXIII – proibição de trabalho noturno, perigoso ou insalubre a menores de dezoito anos e de qualquer trabalho a menores de dezesseis anos, salvo na condição de aprendiz, a partir de quatorze anos;

☞ ATENÇÃO!

Para o empregado doméstico, a LC nº 150/2015 determina a idade mínima de 18 anos.

Algumas outras profissões, não só o empregado doméstico, apresentam restrições de idade, tais como: o vigilante (21 anos – art. 16, II, da Lei nº 7.102/1983) e mãe social (25 anos – art. 9º, *a*, da Lei nº 7.644/1987).

Apenas uma ressalva deve ser feita em relação à idade mínima. A observação do cotidiano demonstra que existem **menores que trabalham de forma artística** e possuem menos de 16 anos, e até mesmo menos de 14 anos. Como isso se justifica?

Isso ocorre porque o Brasil ratificou a Convenção nº 138 da OIT, que cuida da idade mínima para o trabalho.

Nessa Convenção, existe uma exceção em que se permite o trabalho para idade menor do que a mínima, citando representação artística:

Convenção nº 138 da OIT

Art. 8º.

1. A autoridade competente, após consulta às organizações de empregadores e de trabalhadores concernentes, se as houver, poderá, mediante licenças

concedidas em casos individuais, permitir exceções para a proibição de emprego ou trabalho provida no Artigo 2º desta Convenção, para finalidades como a participação em representações artísticas.

2. Licenças dessa natureza limitarão o número de horas de duração do emprego ou trabalho e estabelecerão as condições em que é permitido.

Note que, para esse labor em específico, é necessário que haja **autorização concedida por autoridade** que, atualmente no Brasil, é o juiz da Vara da Infância e da Juventude. Caberá ao juiz analisar se o trabalho artístico não será prejudicial e impor as condições em que será realizado.

20.2. SERVIÇOS PREJUDICIAIS

Assegura o art. 403, parágrafo único, da CLT:

Parágrafo único. O trabalho do menor não poderá ser realizado em locais prejudiciais à sua formação, ao seu desenvolvimento físico, psíquico, moral e social e em horários e locais que não permitam a frequência à escola.

O art. 405, II, da CLT também proíbe o trabalho do menor em locais e serviços prejudiciais à sua moralidade.

O art. 405, § 3º, *a* a *d*, da CLT traz as hipóteses de trabalho prejudicial à moralidade do menor:

§ 3º Considera-se prejudicial à moralidade do menor o trabalho:

a) prestado de qualquer modo em teatros de revista, cinemas, boates, cassinos, cabarés, dancings e estabelecimentos análogos;

b) em empresas circenses, em funções de acrobata, saltimbanco, ginasta e outras semelhantes;

c) de produção, composição, entrega ou venda de escritos, impressos, cartazes, desenhos, gravuras, pinturas, emblemas, imagens e quaisquer outros objetos que possam, a juízo da autoridade competente, prejudicar sua formação moral;

d) consistente na venda, a varejo, de bebidas alcoólicas.

Nas localidades em que existirem, oficialmente reconhecidas, instituições destinadas ao amparo dos menores jornaleiros, só aos que se encontrarem sob o patrocínio dessas entidades será outorgada a autorização do trabalho a que alude o § 2º do art. 405 da CLT (art. 405, § 4º, da CLT).

As restrições de força física aplicadas à mulher previstas no art. 390 e seu parágrafo único da CLT, por força do art. 405, § 5º, aplicam-se ao menor. Ou seja, é vedado ao empregador alocar o menor em serviços que demandem o emprego de força muscular superior a 20 quilos para o trabalho contínuo, ou 25 quilos para o trabalho ocasional. Não estaria compreendida nessa determinação a remoção de material feita por impulsão ou tração de vagonetes sobre trilhos, de carros de mão ou quaisquer aparelhos mecânicos.

Cap. 20 – TRABALHO DO MENOR

Convém destacar que o Decreto nº 6.481/2008 em seu art. 2º proíbe o trabalho do menor de 18 anos nas atividades descritas na lista TIP (são as piores formas de trabalho infantil).

Nesse sentido, verifica-se no item de número 80 da lista TIP (anexa ao Decreto nº 6.481/2008), que é vedado ao menor o trabalho em que se desenvolvam atividades com levantamento, transporte, carga ou descarga manual de pesos, quando realizados raramente, superiores a 20 quilos, para o gênero masculino e superiores a 15 quilos para o gênero feminino; e superiores a 11 quilos para o gênero masculino e superiores a 7 quilos para o gênero feminino, quando realizados frequentemente.

Dispõe o art. 406 da CLT que o juiz de menores poderá autorizar ao menor o trabalho a que se referem as letras *a* e *b* do § 3º do art. 405 da CLT, desde que a representação tenha fim educativo ou a peça de que participe não seja prejudicial à sua formação moral, e que se certifique ser a ocupação do menor indispensável à sua própria subsistência ou à de seus pais, avós ou irmãos, e não advier nenhum prejuízo à sua formação moral.

Reza, contudo, o art. 407 da CLT:

> Art. 407. Verificado pela autoridade competente que o trabalho executado pelo menor é prejudicial à sua saúde, ao seu desenvolvimento físico ou à sua moralidade, poderá ela obrigá-lo a abandonar o serviço, devendo a respectiva empresa, quando for o caso, proporcionar ao menor todas as facilidades para mudar de funções.
>
> Parágrafo único. Quando a empresa não tomar as medidas possíveis e recomendadas pela autoridade competente para o menor mude de função, configurar-se-á a rescisão do contrato de trabalho, na forma do art. 483.

Ao responsável legal do menor, é facultado pleitear a extinção do contrato de trabalho, desde que o serviço possa acarretar para ele prejuízos de ordem física ou moral (art. 408 da CLT).

20.3. DEVERES DOS REPRESENTANTES LEGAIS E DO EMPREGADOR

Os deveres objeto deste capítulo estão previstos nos arts. 424 a 427 da CLT, agora organizados de forma didática para você, candidato.

> Art. 424. É dever dos responsáveis legais de menores, pais, mães, ou tutores, afastá-los de empregos que diminuam consideravelmente o seu tempo de estudo, reduzam o tempo de repouso necessário à sua saúde e constituição física ou prejudiquem a sua educação moral.
>
> Art. 425. Os empregadores de menores de dezoito anos são obrigados a velar pela observância, nos seus estabelecimentos ou empresas, dos bons costumes e da decência pública, bem como das regras de higiene e segurança do trabalho.
>
> Art. 426. É dever do empregador, na hipótese do art. 407, proporcionar ao menor todas as facilidades para mudar de serviço.

MANUAL DE DIREITO DO TRABALHO – ROGÉRIO RENZETTI

Art. 427. O empregador, cuja empresa ou estabelecimento ocupar menores, será obrigado a conceder-lhes o tempo que for necessário para a frequência às aulas.

Parágrafo único. Os estabelecimentos situados em lugar onde a escola estiver a maior distância que dois quilômetros, e que ocuparem, permanentemente, mais de trinta menores analfabetos, de 14 (catorze) a 18 (dezoito) anos, serão obrigados a manter local apropriado em que lhes seja ministrada a instrução primária.

20.4. CARTEIRA DE TRABALHO

O menor trabalhador, como os empregados em geral, tem direito à Carteira de Trabalho, conforme os art. 415 da CLT:

CLT
Art. 415. Haverá a Carteira de Trabalho e Previdência Social para todos os menores de 18 anos, sem distinção do sexo, empregados em empresas ou estabelecimentos de fins econômicos e daqueles que lhes forem equiparados.

Os menores apenas podem ser contratados mediante apresentação da carteira, na forma do art. 416 da CLT:

CLT
Art. 416. Os menores de 18 anos só poderão ser admitidos, como empregados, nas empresas ou estabelecimentos de fins econômicos e naqueles que lhes forem equiparados, quando possuidores da carteira a que se refere o artigo anterior, salvo a hipótese do art. 422.

☞ ATENÇÃO!
O art. 422 da CLT foi revogado pela Lei nº 13.784/2019.

20.5. DURAÇÃO DO TRABALHO

A duração do trabalho do menor regular-se-á pelas disposições legais relativas à duração do trabalho em geral, com as restrições estabelecidas no Capítulo IV (art. 411 da CLT).

Assim, sendo aplicáveis as regras gerais de duração do trabalho, a jornada do menor segue o art. 7º, XIII, da Constituição, ou seja, **8 horas diárias e 44 horas semanais**.

Entretanto, não se pode esquecer que o menor também pode estar em atividades laborais para as quais a lei estipula jornada menor. Nesse caso, por ser uma jornada mais vantajosa ao trabalhador, deve a jornada específica ser seguida.

Dessa forma, dispõem os arts. 412 e 413 da CLT:

Art. 412. Após cada período de trabalho efetivo, quer contínuo, quer dividido em dois turnos, haverá um intervalo de repouso, não inferior a 11 (onze) horas.

O dispositivo em comento traz a hipótese do intervalo **interjornada** prevista no art. 66 da CLT.

No caso do **intervalo intrajornada** (dentro da jornada), segue-se a legislação normal, ou seja, mínimo de 1 hora e máximo de 2 horas para quem trabalha mais de 6 horas diárias, ao passo que o intervalo será 15 minutos para quem trabalha mais de 4 horas até 6 horas. Incide o art. 71, *caput* e § 1º, da CLT:

CLT

Art. 71. Em qualquer trabalho contínuo, cuja duração exceda de 6 (seis) horas, é obrigatória a concessão de um intervalo para repouso ou alimentação, o qual será, no mínimo, de 1 (uma) hora e, salvo acordo escrito ou contrato coletivo em contrário, não poderá exceder de 2 (duas) horas.

§ 1º Não excedendo de 6 (seis) horas o trabalho, será, entretanto, obrigatório um intervalo de 15 (quinze) minutos quando a duração ultrapassar 4 (quatro) horas.

Vale ressaltar que o texto celetista não admite que o menor fique, durante o intervalo, no local de trabalho. A exigência existe para assegurar o seu descanso e segurança:

CLT

Art. 409. Para maior segurança do trabalho e garantia da saúde dos menores, a autoridade fiscalizadora poderá proibir-lhes o gozo dos períodos de repouso nos locais de trabalho.

E as **horas extras**? A regra é que o menor **não pode** fazer horas extras, mas existem exceções:

Art. 413. É vedado prorrogar a duração normal diária do trabalho do menor, salvo:

I – até mais 2 (duas) horas, independentemente de acréscimo salarial, mediante convenção ou acordo coletivo nos termos do Título VI desta Consolidação, desde que o excesso de horas em um dia seja compensado pela diminuição em outro, de modo a ser observado o limite máximo de 44 (quarenta e quatro) horas semanais ou outro inferior legalmente fixado;

II – excepcionalmente, por motivo de força maior, até o máximo de 12 (doze) horas, com acréscimo salarial de pelo menos 25% (vinte e cinco por cento) sobre a hora normal e desde que o trabalho do menor seja imprescindível ao funcionamento do estabelecimento.

☞ ATENÇÃO!

A regra é a vedação da prorrogação de jornada do menor, mas em duas hipóteses excepcionais o legislador autorizou tal hipótese.

A **primeira exceção** refere-se à **compensação de jornada**, que deve ser realizada na mesma semana, sendo respeitado o limite de 2 horas extras por dia e o limite semanal de 44 horas. Não são 48 horas semanais, visto que a Constituição Federal não recepcionou essa parte, porque a norma constitucional estabeleceu o limite semanal de 44 horas (art. 7º, XIII, da CF). Deve, ainda, haver **convenção ou acordo coletivo de trabalho** autorizando esse trabalho.

Assim, poderia um menor trabalhar, se autorizado por norma coletiva, 9 horas de segunda-feira a quinta-feira, e 8 horas na sexta, folgando o sábado e o domingo. Isso totaliza 44 horas semanais.

A **segunda exceção** cuida de situação em que existe a necessidade de se trabalhar mais por motivo de **força maior** (acontecimento imprevisível e para o qual o empregador não concorreu). Nesse caso, o trabalho é de, no máximo, 12 horas por dia.

> **Exemplo**: uma enchente inundou um pequeno estabelecimento (onde apenas trabalhavam como empregados um maior e um menor) e afetou diversas mercadorias que precisavam ser limpas em curto espaço de tempo. O trabalho extra para ambos os empregados tornou-se imprescindível ao funcionamento do estabelecimento.

No que se refere ao adicional de horas extras, esse sempre será de, no mínimo, 50%, conforme previsto no art. 7º, XVI, da Constituição. As indicações menores que isso (como os 25% previstos no art. 413) não foram recepcionadas pela nova ordem constitucional.

Quando o menor de 18 anos for empregado em mais de um estabelecimento, as horas de trabalho em cada um serão totalizadas (art. 414 da CLT).

Logo, se trabalha no estabelecimento A por 6 horas e no estabelecimento B por 3 horas, terá 9 horas de jornada e haverá, portanto, 1 hora extra.

20.6. ESTATUTO DA CRIANÇA E DO ADOLESCENTE

De acordo com previsão expressa no ECA, é considerada criança a pessoa com até 12 anos incompletos, e adolescente aquela entre 12 e 18 anos de idade.

> Art. 2º da Lei nº 8.069/1990. Considera-se criança, para os efeitos desta Lei, a pessoa até doze anos de idade incompletos, e adolescente aquela entre doze e dezoito anos de idade.
>
> Parágrafo único. Nos casos expressos em lei, aplica-se excepcionalmente este Estatuto às pessoas entre dezoito e vinte e um anos de idade.

O Estatuto assegura direito à qualificação para o trabalho:

Lei nº 8.069/1990

Art. 53. A criança e o adolescente têm direito à educação, visando ao pleno desenvolvimento de sua pessoa, preparo para o exercício da cidadania e qualificação para o trabalho, assegurando-se-lhes:

(...)

Interessante notar que, ao mencionar trabalho, o Estatuto (art. 60) proíbe trabalho aos menores de 14 anos, salvo na condição de aprendiz, assim como prevê que o adolescente aprendiz até 14 anos possui direito a bolsa de aprendizagem (art. 64). Contudo, esses preceitos foram revogados pela EC 20/98, visto que o art. 7º, XXXIII, da Constituição Federal passou a constar a proibição de trabalho a menor de 16 anos, salvo aprendiz a partir dos 14 anos, como já transcrito anteriormente.

A formação técnico-profissional do adolescente obedece a princípios e a aspectos importantes:

CLT

Art. 63. A formação técnico-profissional obedecerá aos seguintes princípios:

I – garantia de acesso e frequência obrigatória ao ensino regular;

II – atividade compatível com o desenvolvimento do adolescente;

III – horário especial para o exercício das atividades.

Art. 69. O adolescente tem direito à profissionalização e à proteção no trabalho, observados os seguintes aspectos, entre outros:

I – respeito à condição peculiar de pessoa em desenvolvimento;

II – capacitação profissional adequada ao mercado de trabalho.

E pode haver programas sociais que tenham como fundamento um trabalho educativo? A resposta é positiva, desde que atendidos os critérios previstos em lei:

Lei nº 8.069/1990

Art. 68. O programa social que tenha por base o trabalho educativo, sob responsabilidade de entidade governamental ou não governamental sem fins lucrativos, deverá assegurar ao adolescente que dele participe condições de capacitação para o exercício de atividade regular remunerada.

§ 1º Entende-se por trabalho educativo a atividade laboral em que as exigências pedagógicas relativas ao desenvolvimento pessoal e social do educando prevalecem sobre o aspecto produtivo.

§ 2º A remuneração que o adolescente recebe pelo trabalho efetuado ou a participação na venda dos produtos de seu trabalho não desfigura o caráter educativo.

Claro que os adolescentes com necessidades especiais também merecem toda a proteção no trabalho que sua condição exija:

Lei nº 8.069/1990

Art. 66. Ao adolescente portador de deficiência é assegurado trabalho protegido.

Quanto à aprendizagem, o Estatuto possui diversos preceitos basilares:

Lei nº 8.069/1990

Art. 62. Considera-se aprendizagem a formação técnico-profissional ministrada segundo as diretrizes e bases da legislação de educação em vigor.

Art. 65. Ao adolescente aprendiz, maior de quatorze anos, são assegurados os direitos trabalhistas e previdenciários.

MANUAL DE DIREITO DO TRABALHO – ROGÉRIO RENZETTI

Art. 67. Ao adolescente empregado, aprendiz, em regime familiar de trabalho, aluno de escola técnica, assistido em entidade governamental ou não governamental, é vedado trabalho:

I – noturno, realizado entre as vinte e duas horas de um dia e as cinco horas do dia seguinte;

II – perigoso, insalubre ou penoso;

III – realizado em locais prejudiciais à sua formação e ao seu desenvolvimento físico, psíquico, moral e social;

IV – realizado em horários e locais que não permitam a frequência à escola.

20.7. EMPREGADO APRENDIZ

O contrato de aprendizagem é regulado pelos arts. 428 e seguintes da CLT.

É o contrato especial, formulado por escrito (formal) e por prazo determinado, em que o empregador se compromete a assegurar ao maior de 14 anos e menor de 24 anos formação técnico-profissional compatível com seu desenvolvimento físico, moral e psicológico, e o aprendiz a executar, com zelo e diligência, as tarefas necessárias a essa formação.

A validade do contrato de aprendizagem pressupõe anotação na Carteira de Trabalho e Previdência Social, matrícula e frequência do aprendiz na escola, caso não haja concluído o ensino médio, e inscrição em programa de aprendizagem desenvolvido sob orientação de entidade qualificada em formação técnico-profissional metódica.

Ao aprendiz, salvo condição mais favorável, será garantido o salário mínimo/hora.

É assegurado ao aprendiz o direito ao vale-transporte.

> Art. 27 do Decreto nº 5.598/2005. É assegurado ao aprendiz o direito ao benefício da Lei nº 7.418, de 16 de dezembro de 1985, que institui o vale-transporte.

O contrato de aprendizagem não poderá ser estipulado por mais de dois anos, exceto quando se tratar de aprendiz com deficiência. Observe, candidato, que, se o aprendiz for portador de deficiência, o seu contrato não terá termo estipulado.

A duração do trabalho do aprendiz não excederá seis horas diárias, sendo vedadas a prorrogação e a compensação de jornada.

> O menor poderia fazer hora extra por compensação semanal ou força maior. Mas a lei veda essa possibilidade para o aprendiz, pois para ele não há prorrogação de jornada.

O limite da jornada de trabalho poderá ser de até oito horas diárias para os aprendizes que já tiverem completado o ensino fundamental, se nelas forem computadas as horas destinadas à aprendizagem teórica.

Nos contratos de aprendizagem, a alíquota do FGTS fica reduzida a 2%.

Cap. 20 – TRABALHO DO MENOR

A CLT prevê obrigatoriedade na contratação de aprendizes. As empresas estão obrigadas a contratar, no mínimo, 5% e, no máximo, 15% do quadro de trabalhadores (art. 429 da CLT).

Essa obrigatoriedade não se aplica às empresas sem fins lucrativos, às microempresas e às empresas de pequeno porte.

A Lei nº 13.840/2019 que modificou diversos artigos da Lei nº 11.343/2006 (Lei de Drogas). Dentre as alterações realizadas, houve modificação no Sistema Nacional de Políticas Públicas sobre Drogas e na oferta de vagas à aprendizes.

> Art. 429, § 3º, CLT. Os estabelecimentos de que trata o *caput* poderão ofertar vagas de aprendizes a adolescentes usuários do Sistema Nacional de Políticas Públicas sobre Drogas – SISNAD nas condições a serem dispostas em instrumentos de cooperação celebrados entre os estabelecimentos e os gestores locais responsáveis pela prevenção do uso indevido, atenção e reinserção social de usuários e dependentes de drogas.

O contrato de aprendizagem se extingue no seu termo ou quando o aprendiz completar 24 anos, ressalvada a hipótese de aprendizes com deficiência (nesse caso, não se aplica esse limite máximo de idade), ou ainda antecipadamente se ocorrer algum dos seguintes cenários:

- desempenho insuficiente ou inadaptação do aprendiz;
- falta disciplinar grave;
- ausência injustificada à escola que implique perda do ano letivo; ou
- a pedido do aprendiz.

☞ ATENÇÃO!

Não se aplicam ao contrato de aprendizagem as hipóteses de indenização previstas nos arts. 479 e 480 da CLT em razão do término antecipado do contrato.

É lícito ao menor firmar recibo pelo pagamento dos salários. Tratando-se, porém, de rescisão do contrato de trabalho, é vedado ao menor de 18 anos dar, sem assistência dos seus responsáveis legais, quitação ao empregador pelo recebimento da indenização que lhe for devida.

Contra os menores de 18 anos não corre nenhum prazo de prescrição.

☞ ATENÇÃO!

Em outubro de 2014, o TST reconheceu que a aprendiz gestante também tem assegurado o direito à estabilidade provisória no emprego.

Foi promulgada recentemente a Lei nº 13.420, de 13 de março de 2017, que altera dispositivos da Consolidação das Leis do Trabalho (CLT), para incentivar a formação técnico-profissional de adolescentes e jovens em áreas relacionadas à gestão e prática de atividades desportivas e à prestação de serviços relacionados à infraestrutura, à organização e à promoção de eventos esportivos.

> Art. 430 da CLT. Na hipótese de os Serviços Nacionais de Aprendizagem não oferece-rem cursos ou vagas suficientes para atender à demanda dos estabelecimentos, esta poderá ser suprida por outras entidades qualificadas em formação técnico-profissional metódica, a saber:
>
> I – Escolas Técnicas de Educação;
>
> II – entidades sem fins lucrativos, que tenham por objetivo a assistência ao adolescente e à educação profissional, registradas no Conselho Municipal dos Direitos da Criança e do Adolescente;
>
> III – entidades de prática desportiva das diversas modalidades filiadas ao Sistema Na-cional do Desporto e aos Sistemas de Desporto dos Estados, do Distrito Federal e dos Municípios. (Incluído pela Lei nº 13.420, de 2017.)
>
> (...)
>
> § 3º O Ministério do Trabalho fixará normas para avaliação da competência das entidades mencionadas nos incisos II e III deste artigo.
>
> § 4º As entidades mencionadas nos incisos II e III deste artigo deverão cadastrar seus cursos, turmas e aprendizes matriculados no Ministério do Trabalho.
>
> § 5º As entidades mencionadas neste artigo poderão firmar parcerias entre si para o desenvolvimento dos programas de aprendizagem, conforme regulamento. (NR)
>
> Art. 431 da CLT. A contratação do aprendiz poderá ser efetivada pela empresa onde se realizará a aprendizagem ou pelas entidades mencionadas nos incisos II e III do art. 430, caso em que não gera vínculo de emprego com a empresa tomadora dos serviços.

20.8. CONVENÇÃO Nº 138 E 182 DA OIT

O Brasil é signatário da Convenção 138 da OIT que trata de idade mínima para admissão no emprego. O art. 1º indica o foco do normativo internacional:

Convenção nº 138 da OIT (Decreto nº 10.088/2019)

Art. 1º. Todo País Membro em que vigore esta Convenção, compromete-se a seguir uma política nacional que assegure a efetiva abolição do trabalho infantil e eleve progressivamente, a idade mínima de admissão a emprego ou a trabalho a um nível adequado ao pleno desenvolvimento físico e mental do adolescente.

A convenção exige que cada país indique a **idade mínima para admissão no emprego**, sendo que ela não será inferior à idade de conclusão da escolaridade obrigatória ou, em nenhuma hipótese, inferior a quinze anos:

Convenção nº 138 da OIT (Decreto nº 10.088/2019)

Art. 2º.

1. Todo Membro que ratificar esta Convenção especificará, em declaração anexa à ratificação, uma idade mínima para admissão a emprego ou

trabalho em seu território e nos meios de transporte registrados em seu território; ressalvado o disposto nos Artigos 4º e 8º desta Convenção, nenhuma pessoa com idade inferior a essa idade será admitida a emprego ou trabalho em qualquer ocupação.

2. Todo País Membro que ratificar esta Convenção poderá notificar ao Diretor--Geral da Repartição Internacional do Trabalho, por declarações subsequentes, que estabelece uma idade mínima superior à anteriormente definida.

3. A idade mínima fixada nos termos do parágrafo 1º deste Artigo não será inferior à idade de conclusão da escolaridade obrigatória ou, em qualquer hipótese, não inferior a quinze anos.

O Brasil, ao ratificar, fez sua declaração de que a idade mínima é de 16 anos: Decreto nº 10.088/2019

Art. 3º. As Convenções anexas a este Decreto serão executadas e cumpridas integralmente em seus termos.

§ 3º A Convenção n. 138 da OIT sobre Idade Mínima de Admissão ao Emprego, constante no Anexo LXX a este Decreto, foi promulgada com as seguintes declarações interpretativas:

I – para os efeitos do item 1 do art. 2º da Convenção, fica estabelecido que a idade mínima para admissão a emprego ou trabalho é de dezesseis anos; e (...)

O diploma internacional também menciona que não se admite, como regra, o trabalho de menores de 18 anos em atividades que possam prejudicar a saúde, segurança e a moral:

Convenção nº 138 da OIT (Decreto nº 10.088/2019)

Art. 3º.

1. Não será inferior a dezoito anos a idade mínima para a admissão a qualquer tipo de emprego ou trabalho que, por sua natureza ou circunstâncias em que for executado, possa prejudicar a saúde, a segurança e a moral do adolescente.

2. Serão definidos por lei ou regulamentos nacionais ou pela autoridade competente, após consulta às organizações de empregadores e de trabalhadores concernentes, se as houver, as categorias de emprego ou trabalho às quais se aplica o parágrafo 1 deste Artigo.

3. Não obstante o disposto no parágrafo 1 deste Artigo, a lei ou regulamentos nacionais ou a autoridade competente poderá, após consultar as organizações de empregadores e de trabalhadores concernentes, se as houver, autorizar emprego ou trabalho a partir da idade de dezesseis anos, desde que estejam plenamente protegidas a saúde, a segurança e a moral dos adolescentes envolvidos e lhes seja proporcionada instrução ou treinamento adequado e específico no setor da atividade pertinente.

Para facilitar a aplicação do normativo internacional em países cuja economia não esteja suficientemente desenvolvida, a convenção autorizou uma limitação inicial de seus termos, mas especificou quais os setores mínimos a que deve ser aplicada:

Convenção nº 138 da OIT (Decreto nº 10.088/2019)

Art. 5º.

1. O País Membro, cuja economia e condições administrativas não estiverem suficientemente desenvolvidas, poderá, após consulta às organizações de empregadores e de trabalhadores, se as houver, limitar inicialmente o alcance de aplicação desta Convenção.

2. Todo País Membro que se servir do disposto no parágrafo 1 deste Artigo especificará, em declaração anexa à sua ratificação, os setores de atividade econômica ou tipos de empreendimentos aos quais aplicará os dispositivos da Convenção.

3. Os dispositivos desta Convenção serão aplicáveis, no mínimo, a: mineração e pedreira; indústria manufatureira; construção; eletricidade, água e gás; serviços sanitários; transporte, armazenamento e comunicações; plantações e outros empreendimentos agrícolas de fins comerciais, excluindo, porém, propriedades familiares e de pequeno porte que produzam para o consumo local e não empreguem regularmente mão de obra remunerada.

O Brasil utilizou desse permissivo na época da ratificação da norma internacional:

Decreto nº 10.088/2019

Art. 3º. As Convenções anexas a este Decreto serão executadas e cumpridas integralmente em seus termos.

§ 3º A Convenção n. 138 da OIT sobre Idade Mínima de Admissão ao Emprego, constante no Anexo LXX a este Decreto, foi promulgada com as seguintes declarações interpretativas:

II – em virtude do permissivo contido nos itens 1 e 3 do Artigo 5º, o âmbito de aplicação da Convenção restringe-se inicialmente a minas e pedreiras, a indústrias manufatureiras, a construção, a serviços de eletricidade, de gás e de água, a saneamento, a transporte e armazenamento, a comunicações, a plantações e a outros empreendimentos agrícolas que produzam principalmente para o comércio, excluídas as empresas familiares ou de pequeno porte que trabalhem para o mercado local e que não empreguem regularmente trabalhadores assalariados.

E como se explica, na norma internacional, a possibilidade de se ter aprendizes a partir de 14 anos? O art. 6º autoriza essa modalidade a partir de 14 anos:

Convenção nº 138 da OIT (Decreto nº 10.088/2019)

Art. 6º. Esta Convenção não se aplicará a trabalho feito por crianças e adolescentes em escolas de educação vocacional ou técnica ou em outras instituições de treinamento em geral ou a trabalho feito por pessoas de no mínimo quatorze anos de idade em empresas em que esse trabalho for executado dentro das condições prescritas pela autoridade competente, após consulta com as organizações de empregadores e de trabalhadores concernentes, onde as houver, e constituir parte integrante de:

a) curso de educação ou treinamento pelo qual é principal responsável uma escola ou instituição de treinamento;

b) programa de treinamento principalmente ou inteiramente executado em uma empresa, que tenha sido aprovado pela autoridade competente, ou

c) programa de orientação vocacional para facilitar a escolha de uma profissão ou de um tipo de treinamento.

O Brasil também ratificou a Convenção n° 182 da OIT, que trata da proibição das piores formas de trabalho infantil e da ação imediata para sua eliminação. O art. 1° estabelece a finalidade da norma internacional:

Convenção n° 182 da OIT (Decreto n° 10.088/2019)

Art. 1°. Todo Membro que ratifique a presente Convenção deverá adotar medidas imediatas e eficazes para assegurar a proibição e eliminação das piores formas de trabalho infantil, em caráter de urgência.

Ressalte-se que, muito embora criança seja menor de 12 anos e adolescente entre 12 anos e 18 anos incompletos no Brasil, a OIT considera criança qualquer menor de 18 anos:

Convenção n° 182 da OIT (Decreto n° 10.088/2019)

Art. 2°. Para efeitos da presente Convenção, o termo "criança" designa toda pessoa menor de 18 anos.

E quais seriam as piores formas de trabalho infantil? O art. 3° da convenção indica um rol exemplificativo:

Convenção n° 182 da OIT (Decreto n° 10.088/2019)

Art. 3°. Para efeitos da presente Convenção, a expressão "as piores formas de trabalho infantil" abrange:

a) todas as formas de escravidão ou práticas análogas à escravidão, tais como a venda e tráfico de crianças, a servidão por dívidas e a condição de servo, e o trabalho forçado ou obrigatório, inclusive o recrutamento forçado ou obrigatório de crianças para serem utilizadas em conflitos armados;

b) a utilização, o recrutamento ou a oferta de crianças para a prostituição, a produção de pornografia ou atuações pornográficas;

c) a utilização, recrutamento ou a oferta de crianças para a realização para a realização de atividades ilícitas, em particular a produção e o tráfico de entorpecentes, tais com definidos nos tratados internacionais pertinentes; e,

d) o trabalho que, por sua natureza ou pelas condições em que é realizado, é suscetível de prejudicar a saúde, a segurança ou a moral das crianças.

Note que o art. 3°, *d*, é um preceito aberto, que pode abarcar uma série de atividades. A definição fica a cargo da legislação nacional, conforme atesta o art. 4° do diploma internacional:

Convenção n° 182 da OIT (Decreto n° 10.088/2019)

Art. 4°.

1. Os tipos de trabalhos a que se refere o Artigo 3, *d*, deverão ser determinados pela legislação nacional ou pela autoridade competente, após consulta às organizações de empregadores e de trabalhadores interessadas e levando

em consideração as normas internacionais na matéria, em particular os parágrafos 3 e 4 da Recomendação sobre as piores formas de trabalho infantil, 1999.

2. A autoridade competente, após consulta às organizações de empregados e de trabalhadores interessadas, deverá localizar os tipos de trabalho determinados conforme o parágrafo 1º desse artigo.

3. A lista dos tipos de trabalho determinados conforme o parágrafo 1º desse artigo deverá ser examinada periodicamente e, caso necessário, revista, em consulta com as organizações de empregados e de trabalhadores interessadas.

No Brasil, foi publicado o **Decreto no 6.481/2008**, cujos arts. 1º e 2º estabeleceram:

Decreto nº 6.481/2008

Art. 1º. Fica aprovada a Lista das Piores Formas de Trabalho Infantil (Lista TIP), na forma do Anexo, de acordo com o disposto nos artigos 3º, *d*, e 4º da Convenção 182 da Organização Internacional do Trabalho – OIT, aprovada pelo Decreto Legislativo nº 178, de 14 de dezembro de 1999 e promulgada pelo Decreto nº 3.597, de 12 de setembro de 2000.

Art. 2º. Fica proibido o trabalho do menor de dezoito anos nas atividades descritas na Lista TIP, salvo nas hipóteses previstas neste decreto.

§ 1º A proibição prevista no *caput* poderá ser elidida:

I – na hipótese de ser o emprego ou trabalho, a partir da idade de dezesseis anos, autorizado pelo Ministério do Trabalho e Emprego, após consulta às organizações de empregadores e de trabalhadores interessadas, desde que fiquem plenamente garantidas a saúde, a segurança e a moral dos adolescentes; e

II – na hipótese de aceitação de parecer técnico circunstanciado, assinado por profissional legalmente habilitado em segurança e saúde no trabalho, que ateste a não exposição a riscos que possam comprometer a saúde, a segurança e a moral dos adolescentes, depositado na unidade descentralizada do Ministério do Trabalho e Emprego da circunscrição onde ocorrerem as referidas atividades.

☞ ATENÇÃO!

A lista TIP indica as atividades consideradas as piores formas de trabalho infantil. Essas atividades referem-se ao art. 3º, *d*, e 4º, da Convenção nº 182 da OIT.

A convenção internacional estabelece, ainda, a obrigação de que os Estados membros que ratificarem a norma devem adotar medidas de implementação da proteção do menor, bem como a fiscalização do cumprimento dessas medidas:

Convenção nº 182 da OIT (Decreto nº 10.088/2019)

Cap. 20 – TRABALHO DO MENOR

Art. 5º.

1. Todo Membro, após consulta às organizações de empregadores e de trabalhadores, deverá estabelecer ou designar mecanismos apropriados para monitorar a aplicação dos dispositivos que colocam em vigor a presente Convenção.

Art. 6.

1. Todo Membro deverá elaborar e implementar programas de ação para eliminar, como medida prioritária, as piores formas de trabalho infantil.

2. Esses programas de ação deverão ser elaborados e implementados em consulta com as instituições governamentais competentes e as organizações de empregadores e de trabalhadores, levando em consideração as opiniões de outros grupos interessados, caso apropriado.

Art. 7.

1. Todo Membro deverá adotar todas as medidas necessárias para garantir a aplicação efetiva e o cumprimento dos dispositivos que colocam em vigor a presente Convenção, inclusive o estabelecimento e a aplicação de sanções penais ou outras sanções, conforme o caso.

2. Todo Membro deverá adotar, levando em consideração a importância para a eliminação de trabalho infantil, medidas eficazes e em prazo determinado, com o fim de:

a) impedir a ocupação de crianças nas piores formas de trabalho infantil;

b) prestar a assistência direta necessária e adequada para retirar as crianças das piores formas de trabalho infantil e assegurar sua reabilitação e inserção social;

c) assegurar o acesso ao ensino básico gratuito e, quando for possível e adequado, à formação profissional a todas as crianças que tenham sido retiradas das piores formas de trabalho infantil;

d) identificar as crianças que estejam particularmente expostas a riscos e entrar em contato direto com elas; e

e) levar em consideração a situação particular das meninas.

3. Todo Membro deverá designar a autoridade competente encarregada da aplicação dos dispositivos que colocam em vigor a presente Convenção.

A importância da adesão à norma é tamanha que o Estado membro somente pode denunciar a Convenção dez anos após sua vigência. E se não o fizer, ele se compromete por mais 10 anos:

Convenção nº 182 da OIT (Decreto nº 10.088/2019)

Art. 11.

1. Todo Membro que tenha ratificado esta Convenção poderá denunciá-la ao expirar um período de dez anos, a partir da data em que tenha entrado em vigor, mediante ata comunicada, para registro, ao Diretor-Geral da Repartição Internacional do Trabalho. A denúncia não surtirá efeito até 1 (um) ano após a data em que tenha sido registrada.

2. Todo Membro que tenha ratificado esta Convenção e que, no prazo de um ano após a expiração do período de dez anos mencionados no parágrafo precedente, não faça uso do direito de denúncia previsto neste Artigo ficará obrigado durante um novo período de dez anos, podendo, sucessivamente, denunciar esta Convenção ao expirar cada período de dez anos, nas condições previstas neste Artigo.

TRABALHO DA MULHER

21.1. INTRODUÇÃO

A Constituição Federal de 1988, por meio de suas normas expressas, em especial os arts. 5º e 6º, e de seus princípios, com destaque para os princípios da isonomia, da não discriminação e da dignidade da pessoa humana, tem como um de seus objetivos primordiais igualar as pessoas, considerando e respeitando as suas diferenças.

Somente após a promulgação da Constituição, em 1999, é que foi inserido na CLT o capítulo destinado à proteção do trabalho da mulher, que visa não apenas proteger a mulher nas suas diferenças, mas, em especial, conferir-lhe o direito a uma gestação segura e o direito de amamentação.

É certo que, diante da força das barreiras e das diferenças socioculturais sedimentadas ao longo da história, a Constituição ainda não conseguiu levar à construção uma sociedade livre de preconceitos.

Quando falamos em barreiras socioculturais, estamos nos referindo aos preconceitos e às discriminações não apenas sociais, mas àquelas que também têm reflexos no campo trabalhista. E nesse ponto não vamos nos alongar, porque senão teríamos que escrever uma verdadeira monografia sobre o tema, visto que são inúmeros os grupos dos excluídos ao longo dos tempos e as formas de exclusão. Podemos citar como exemplos: os negros, as mulheres, as pessoas com deficiência, entre outros.

É certo que a discriminação no Brasil é uma realidade pública e notória, que nos envergonha, nos traz uma ideia de retrocesso político e social, desqualifica nossa democracia e exige da sociedade e dos poderes constituídos uma resposta urgente e efetiva.

A fase de constatação dos problemas deve, no entanto, evoluir, pois o que os dias atuais exigem é uma atuação positiva, capaz de trazer soluções.

A erradicação da discriminação, seja ela qual for, mostra-se como um fator essencial e determinante para que grande parte da nossa sociedade, que hoje encontra-se marginalizada, possa ter um trabalho decente, bem como a possibilidade real de lutar por uma vida digna em todos os sentidos.

Em razão desse reconhecimento, o Ministério da Economia, junto com o Ministério Público do Trabalho, vem adotando diversas providências com vistas a combater a discriminação.

21.2. CONDIÇÕES DE TRABALHO DA MULHER

São aplicáveis os preceitos que regulam o trabalho masculino e o trabalho feminino naquilo que não for prejudicial.

Dispõe o art. 372 da CLT:

> Art. 372. Os preceitos que regulam o trabalho masculino são aplicáveis ao trabalho feminino, naquilo em que não colidirem com a proteção especial instituída por este Capítulo.

Sem delongas, porém, sabemos que a relação empregatícia independe do gênero, sendo condicionada apenas pela existência dos pressupostos esculpidos nos arts. 2º e 3º da CLT.

Quanto à jornada de trabalho da mulher, o art. 373 da CLT estabelece a duração de oito horas diárias, exceto na hipótese que for fixada duração menor: "A duração normal de trabalho da mulher será de oito horas diárias, exceto nos casos para os quais for fixada duração inferior".

O art. 373-A da CLT, que foi acrescido pela Lei nº 9.799/1999, traz um rol de vedações ao trabalho da mulher, quais sejam:

> Art. 373-A. Ressalvadas as disposições legais destinadas a corrigir as distorções que afetam o acesso da mulher ao mercado de trabalho e certas especificidades estabelecidas nos acordos trabalhistas, é vedado:
>
> I – publicar ou fazer publicar anúncio de emprego no qual haja referência ao sexo, à idade, à cor ou situação familiar, salvo quando a natureza da atividade a ser exercida, pública e notoriamente, assim exigir;
>
> II – recusar emprego, promoção ou motivar a dispensa do trabalho em razão do sexo, idade, cor, situação familiar ou estado de gravidez, salvo quando a natureza da atividade seja notória e publicamente incompatível;
>
> III – considerar o sexo, a idade, a cor ou situação familiar como variável determinante para fins de remuneração, formação profissional e oportunidade de ascensão profissional;
>
> IV – exigir atestado ou exame, de qualquer natureza, para comprovação de esterilidade ou gravidez, na admissão ou permanência no emprego;
>
> V – impedir o acesso ou adotar critérios subjetivos para deferimento de inscrição ou aprovação em concursos, em empresas privadas, em razão de sexo, idade, cor, situação familiar ou estado de gravidez;
>
> VI – proceder o empregador ou preposto a revistas íntimas nas empregadas ou funcionárias.
>
> Parágrafo único. O disposto neste artigo não obsta a adoção de medidas temporárias que visem ao estabelecimento das políticas de igualdade entre homens e mulheres, em particular as que se destinam a corrigir as distorções que afetam a formação profissional, o acesso ao emprego e as condições gerais de trabalho da mulher.

Note, contudo, que existem ressalvas nos incisos I e II. Essas exceções são constitucionalmente justificáveis.

No caso do **inciso I**, deve-se lembrar, por exemplo, de que alguns trabalhos pressupõem premissas que podem afastar homens ou mulheres. Imagine um produto que seja fabricado e destinado exclusivamente ao público masculino e a empresa necessita contratar um empregado para testes ou para propaganda. Da mesma forma e de modo oposto, pense em um produto criado exclusivamente para o público feminino. A empresa pode precisar contratar uma empregada para testes ou propaganda. Nesses exemplos, pode o anúncio especificar o gênero para o candidato ao emprego.

Quanto ao **inciso II**, imagine que a empresa necessite contratar um empregado(a) para trabalhar com atividades que envolvem radiações que prejudicam qualquer gravidez. Resta claro que a empresa poderia recusar o emprego a uma candidata gestante. Essa recusa é legítima porque atende a um bem maior, qual seja a saúde do feto e da própria gestante.

Registre-se que as premissas basilares, justas e constitucionais, de isonomia e de combate à discriminação previstas no art. 373-A da CLT tornam alguns outros preceitos da CLT redundantes, por refletirem exatamente a mesma ideia. De toda forma, servem esses preceitos para reforçar a necessidade de incrementar a isonomia e obstar a discriminação.

A adoção de medidas de proteção ao trabalho da mulher é considerada de ordem pública, não justificando, em hipótese alguma, a redução do salário (art. 377 da CLT).

Vale recordar, ainda, que o art. 7º, XX, da CF prevê a necessidade de adoção de incentivos à proteção do mercado da mulher:

CF

Art. 7º. (...)

XX – proteção do mercado de trabalho da mulher, mediante incentivos específicos, nos termos da lei;

Apesar de essa lei ainda não ter sido editada (a norma constitucional depende de regulamentação posterior), constata-se claramente a intenção do legislador constitucional de incentivar o mercado de trabalho da mulher.

Chamamos a atenção para a hipótese da revista íntima prevista no inciso VI. Essa vedação tem sido estendida também aos empregados do sexo masculino, com fundamento no princípio da igualdade.

Foi promulgada a Lei nº 13.271/2016, que estabelece a proibição de revistas íntimas de funcionários e clientes do sexo feminino por empresas privadas e órgãos e entidades da Administração Pública:

Art. 1º. As empresas privadas, os órgãos e entidades da administração pública, direta e indireta, ficam proibidos de adotar qualquer prática de revista íntima de suas funcionárias e de clientes do sexo feminino.

Art. 2º. Pelo não cumprimento do art. 1º, ficam os infratores sujeitos a:

I – multa de R$ 20.000,00 (vinte mil reais) ao empregador, revertidos aos órgãos de proteção dos direitos da mulher;

II – multa em dobro do valor estipulado no inciso I, em caso de reincidência, independentemente da indenização por danos morais e materiais e sanções de ordem penal.

MANUAL DE DIREITO DO TRABALHO – ROGÉRIO RENZETTI

Discute-se, ainda, a possibilidade de revistas íntimas das empregadas e servidoras públicas que prestam serviços em sistemas prisionais. O art. 3º da lei *supra* previa que a revista íntima em estabelecimentos prisionais seria permitida desde que realizadas por servidoras do sexo feminino. Contudo, esse dispositivo foi vetado pelo Poder Executivo.

21.3. DURAÇÃO DO TRABALHO

As normas gerais sobre jornada são perfeitamente aplicáveis, ressalvada a prevalência das disposições especiais de proteção da mulher.

As normas gerais sobre jornada serão estudadas em capítulo próprio.

A regra em relação à duração do trabalho da mulher segue o parâmetro constitucional previsto no art. 7º, XIII, isto é, limite de 8 horas diárias e 44 semanais. Aliás, o art. 373 da CLT preceitua:

CLT

Art. 373. A duração normal de trabalho da mulher será de 8 (oito) horas diárias, exceto nos casos para os quais for fixada duração inferior.

21.3. TRABALHO NOTURNO

O art. 381 da CLT contém disposição que se pode concluir do sistema constitucional em vigor: "O trabalho noturno das mulheres terá salário superior ao diurno".

Os salários serão acrescidos com um percentual de no mínimo 20% (art. 381, § 1º, da CLT): "Para os fins deste artigo, os salários serão acrescidos duma percentagem adicional de 20% (vinte por cento) no mínimo".

Repetindo o preceito do § 1º do art. 73 da CLT, o § 2º do art. 381 dispõe que cada hora do período noturno trabalhado pela mulher terá 52 minutos e 30 segundos: "Cada hora do período noturno de trabalho das mulheres terá 52 (cinquenta e dois) minutos e 30 (trinta) segundos".

No meio rural, aplicam-se as disposições previstas na Lei nº 5.889/1973, já estudadas, que prevê um adicional noturno de 25%, não havendo previsão de hora noturna reduzida.

21.4. PERÍODOS DE DESCANSO

Entre duas jornadas de trabalho, haverá um intervalo mínimo de 11 horas consecutivas, destinada ao repouso. O art. 382 da CLT repetiu a regra estipulada no art. 66 do mesmo diploma legal. "Art. 382. Entre duas jornadas de trabalho, haverá um intervalo de onze horas consecutivas, no mínimo, destinado ao repouso."

Seguindo a previsão do art. 71 da CLT, o art. 383 confirma que, durante a jornada de trabalho, será concedido à empregada um período para refeição e repouso não inferior a uma hora nem superior a duas horas, salvo a hipótese prevista no art. 71, § 3º.

Cap. 21 – TRABALHO DA MULHER

Art. 383. Durante a jornada de trabalho, será concedida à empregada um período para refeição e repouso não inferior a 1 (uma) hora nem superior a 2 (duas) horas, salvo a hipótese prevista no art. 71, § 3º.

O art. 385 da CLT, por sua vez, prevê:

Art. 385. O descanso semanal será de 24 (vinte e quatro) horas consecutivas e coincidirá no todo ou em parte com o domingo, salvo motivo de conveniência pública ou necessidade imperiosa de serviço, a juízo da autoridade competente, na forma das disposições gerais, caso em que recairá em outro dia.

É evidente que devemos observar, igualmente, os preceitos da legislação geral sobre a proibição de trabalho nos feriados civis e religiosos (art. 385, parágrafo único, da CLT).

Parágrafo único. Observar-se-ão, igualmente, os preceitos da legislação geral sobre a proibição de trabalho nos feriados civis e religiosos.

Nos termos do art. 386 da CLT, havendo trabalho aos domingos, será organizada uma escala de revezamento quinzenal, que favoreça o repouso dominical. Há entendimentos doutrinários de que essa norma é discriminatória em relação ao homem, pois não há o mesmo tratamento a este na legislação trabalhista.

Art. 386. Havendo trabalho aos domingos, será organizada uma escala de revezamento quinzenal, que favoreça o repouso dominical.

21.5. MÉTODOS E LOCAIS DE TRABALHO

O art. 389 da CLT estabelece as obrigações da empresa no tocante aos métodos e locais de trabalho.

Art. 389. Toda empresa é obrigada:

I – a prover os estabelecimentos de medidas concernentes à higienização dos métodos e locais de trabalho, tais como ventilação e iluminação e outros que se fizerem necessários à segurança e ao conforto das mulheres, a critério da autoridade competente;

II – a instalar bebedouros, lavatórios, aparelhos sanitários; dispor de cadeiras ou bancos, em número suficiente, que permitam às mulheres trabalhar sem grande esgotamento físico;

III – a instalar vestiário com armários individuais privativos das mulheres, exceto os estabelecimentos comerciais, escritórios, bancos e atividades afins em que não seja exigida a troca de roupa, e outros a critério da autoridade competente em matéria de segurança e higiene do trabalho, admitindo-se como suficientes as gavetas ou escaninhos, onde possam as empregadas guardar seus pertences;

IV – a fornecer, gratuitamente, a juízo da autoridade competente, os recursos de proteção individual, tais como óculos, máscaras, luvas e roupas especiais, para a defesa dos olhos, do aparelho respiratório e da pele, de acordo com a natureza do trabalho.

Os estabelecimentos em que trabalharem pelo menos trinta mulheres com mais de 16 anos de idade terão local apropriado onde seja permitido às empregadas guardar sob vigilância e assistência os seus filhos no período de amamentação (art. 389, § 1º, da CLT).

Essa exigência poderá ser suprida por meio de creches distritais mantidas, diretamente ou mediante convênios, com outras entidades públicas ou privadas, pelas próprias empresas, em regime comunitário, ou a cargo do Sesi, do Sesc, da LBA, ou de entidades sindicais (art. 389, § 2º, da CLT).

☞ ATENÇÃO!

É importante observar a Portaria nº 3.296/1986 do antigo Ministério do Trabalho que prevê a substituição da concessão de creche pelo pagamento, pelo empregador, do "reembolso creche". Este deve cobrir, integralmente, despesas efetuadas com o pagamento de creches de livre escolha da empregada, ou outra modalidade de prestação de serviço dessa natureza, pelo menos até os seis meses de idade da criança, nas condições, prazos e valor estipulados em norma coletiva.

Ao empregador, é vedado empregar a mulher em serviço que demande o emprego de força muscular superior a 20 quilos para o trabalho contínuo, ou 25 quilos pera o trabalho ocasional. Não está compreendida na determinação deste artigo a remoção de material feita por impulsão ou tração de vagonetes sobre trilhos, de carros de mão ou quaisquer aparelhos mecânicos (art. 390, parágrafo único, da CLT).

As vagas dos cursos de formação de mão de obra, ministrados por instituições governamentais, pelos próprios empregadores ou por qualquer órgão de ensino profissionalizante, serão oferecidas aos empregados de ambos os sexos (art. 390-B da CLT, acrescentado pela Lei nº 9.799/1999).

As empresas com mais de 100 empregados, de ambos os sexos, deverão manter programas especiais de incentivos e aperfeiçoamento profissional da mão de obra (art. 390-C da CLT).

O art. 390-E da CLT dispõe que a pessoa jurídica poderá associar-se a entidade de formação profissional, sociedades civis, sociedades cooperativas, órgãos e entidades públicas ou entidades sindicais, bem como firmar convênios para o desenvolvimento de ações conjuntas, visando à execução de projetos relativos ao incentivo ao trabalho da mulher.

21.6. PROTEÇÃO À MATERNIDADE

Não constitui justo motivo para a rescisão do contrato de trabalho da mulher o fato de haver contraído matrimônio ou de encontrar-se em estado de gravidez (art. 391 da CLT).

Além disso, não são permitidos, em regulamentos de qualquer natureza, convenções e acordos coletivos ou individuais de trabalho, restrições ao direito da mulher ao seu emprego, por motivo de casamento ou de gravidez (art. 391, parágrafo único, da CLT).

Mediante atestado médico, à mulher grávida é facultado romper o compromisso resultante de qualquer contrato de trabalho, desde que este seja prejudicial à gestação (art. 394 da CLT).

Nessa hipótese especial, a empregada poderá pedir demissão sem o dever de conceder o aviso prévio ao empregador.

Em caso de aborto não criminoso, comprovado por atestado médico oficial, a mulher terá um repouso remunerado de duas semanas, ficando-lhe assegurado o direito de retornar à função que ocupava antes de seu afastamento (art. 395 da CLT).

Para amamentar o próprio filho, até que este complete seis meses de idade, a mulher terá direito, durante a jornada de trabalho, a dois descansos especiais, de meia hora cada um (art. 396 da CLT).

Quando o exigir a saúde do filho, o período de seis meses poderá ser dilatado a critério da autoridade competente (art. 396, § 1º, da CLT).

Os horários dos descansos previstos no art. 396 da CLT deverão ser definidos em acordo individual entre a mulher e o empregador (art. 396, § 2º, da CLT).

O Sesi, o Sesc, a LBA e outras entidades públicas destinadas à assistência à infância manterão ou subvencionarão, de acordo com suas possibilidades financeiras, escolas maternais e jardins de infância, distribuídos nas zonas de maior densidade de trabalhadores, destinados especialmente aos filhos das mulheres empregadas (art. 397 da CLT).

O Ministro do Trabalho e Emprego, de acordo com o art. 399 da CLT, conferirá diploma de benemerência aos empregadores que se distinguirem pela organização e manutenção de creches e de instituições de proteção aos menores em idade pré-escolar, desde que tais serviços se recomendem por sua generosidade e pela eficiência das respectivas instalações.

Os locais destinados à guarda dos filhos das operárias durante o período da amamentação deverão possuir, no mínimo, um berçário, uma saleta de amamentação, uma cozinha dietética e uma instalação sanitária (art. 400 da CLT).

☞ **ATENÇÃO!**

A Lei nº 13.287/2016 acrescentou o art. 394-A à CLT, que proíbe o trabalho de gestantes e lactantes em atividade, operações ou locais insalubres.

Quando da sanção da referida lei que acrescentou a redação do art. 394-A da CLT, pensou-se que se estava adotando uma medida protetiva à mulher, mas que acaba por lhe ser prejudicial.

O dispositivo em comento provocou situações de discriminação ao trabalho da mulher em locais insalubres. Essa situação é marcante em setores de saúde,

MANUAL DE DIREITO DO TRABALHO – ROGÉRIO RENZETTI

como hospitais e clínicas, em que todas as atividades são consideradas insalubres, o que provoca o desestímulo à contratação de mulheres.

Além disso, ao afastar a empregada gestante ou lactante de quaisquer atividades, operações ou locais insalubres, há de imediato uma redução salarial, pois ela deixa de receber o respectivo adicional, refletindo, inclusive, no benefício da licença-maternidade a que fizer *jus*.

O que propõe a Reforma Trabalhista, com a nova redação do dispositivo, é uma inversão lógica. Ao invés de se restringir obrigatoriamente o exercício de atividades em ambientes insalubres, será necessária a apresentação de um atestado médico comprovando que o ambiente não oferecerá risco à gestante ou à lactante.

> Quando for absolutamente impossível a prestação do serviço em ambiente insalubre, a empregada gestante ou lactante será redirecionada para um ambiente salubre.

CLT

Art. 394-A. Sem prejuízo de sua remuneração, nesta incluído o valor do adicional de insalubridade, a empregada deverá ser afastada de:

I – atividades consideradas insalubres em grau máximo, enquanto durar a gestação;

II – atividades consideradas insalubres em grau médio ou mínimo, quando apresentar atestado de saúde, emitido por médico de confiança da mulher, que recomende o afastamento durante a gestação;

III – atividades consideradas insalubres em qualquer grau, quando apresentar atestado de saúde, emitido por médico de confiança da mulher, que recomende o afastamento durante a lactação.

Essa matéria foi objeto de Ação Direta de Inconstitucionalidade, a **ADI nº 5.938**, que rejeitou a necessidade de atestado médico para que a mulher pudesse ser afastada de atividades insalubres:

"DIREITOS SOCIAIS. REFORMA TRABALHISTA. PROTEÇÃO CONSTITUCIONAL À MATERNI-DADE. PROTEÇÃO DO MERCADO DE TRABALHO DA MULHER. DIREITO À SEGURANÇA NO EMPREGO. DIREITO À VIDA E À SAÚDE DA CRIANÇA. GARANTIA CONTRA A EXPOSIÇÃO DE GESTANTES E LACTANTES A ATIVIDADES INSALUBRES. 1. O conjunto dos Direitos sociais foi consagrado constitucionalmente como uma das espécies de direitos fundamentais, caracterizando-se como verdadeiras liberdades positivas, de observância obrigatória em um Estado Social de Direito, tendo por finalidade a melhoria das condições de vida aos hipossuficientes, visando à concretização da igualdade social, e são consagrados como fundamentos do Estado Democrático, pelo art. 1º, IV, da Constituição Federal. 2. A Constituição Federal proclama importantes direitos em seu artigo 6º, entre eles a proteção à maternidade, que é a *ratio* para inúmeros outros direitos sociais instrumentais, tais como a licença-gestante e o direito à segurança no emprego, a proteção do mercado de trabalho da mulher, mediante incentivos específicos, nos termos da lei, e redução dos riscos inerentes ao trabalho, por meio de normas de saúde, higiene e segurança. 3. A proteção contra a exposição da gestante e lactante a atividades insalubres caracteriza-se como importante direito social instrumental protetivo tanto da mulher quanto da criança, tratando-se de normas de salvaguarda dos direitos sociais da mulher e de efetivação de integral proteção ao recém-nascido, possibilitando seu pleno desenvolvimento, de maneira harmônica, segura e sem riscos decorrentes da exposição a ambiente insalubre (CF, art. 227). 4. A proteção à maternidade e a integral proteção à criança são direitos irrenunciáveis e não podem ser afastados pelo desconhecimento, impossibilidade ou a própria negligência da gestante ou lactante em apresentar um atestado médico, sob pena de prejudicá-la e prejudicar o recém-nascido. 5. Ação Direta julgada procedente." (ADI 5.938, Relator Ministro: Alexandre de Moraes, Tribunal Pleno, julgado em 29/05/2019, Processo Eletrônico *DJe*-205 Data de Divulgação: 20/09/2019 Data de Publicação: 23/09/2019).

Dessa forma, foi declarada a **inconstitucionalidade** da expressão "quando apresentar atestado de saúde, emitido por médico de confiança da mulher, que recomende o afastamento" prevista nos incisos II e III. Logo, a redação do preceito deve ser lida dessa forma:

CLT

Art. 394-A. Sem prejuízo de sua remuneração, nesta incluído o valor do adicional de insalubridade, a empregada deverá ser afastada de:

I – atividades consideradas insalubres em grau máximo, enquanto durar a gestação;

II – atividades consideradas insalubres em grau médio ou mínimo, durante a gestação;

III – atividades consideradas insalubres em qualquer grau, durante a lactação.

Mesmo afastada da função insalubre em que estava trabalhando antes da gestação/lactação, a empregada possui direito ao **adicional de insalubridade** que será pago pelo empregador e será compensado com recolhimentos previdenciários:

CLT

Art. 394-A. (...)

§ 2º Cabe à empresa pagar o adicional de insalubridade à gestante ou à lactante, efetivando-se a compensação, observado o disposto no art. 248 da Constituição Federal, por ocasião do recolhimento das contribuições incidentes sobre a folha de salários e demais rendimentos pagos ou creditados, a qualquer título, à pessoa física que lhe preste serviço.

Se não for possível a transferência da empregada para área salubre, o texto celetista determina que se considere **gravidez de risco** e fique a empregada em **licença-maternidade durante todo o período de afastamento**:

CLT

Art. 394-A. (...)

§ 3º Quando não for possível que a gestante ou a lactante afastada nos termos do *caput* deste artigo exerça suas atividades em local salubre na empresa, a hipótese será considerada como gravidez de risco e ensejará a percepção de salário-maternidade, nos termos da Lei nº 8.213, de 24 de julho de 1991, durante todo o período de afastamento.

☞ ATENÇÃO!

O art. 611-A, XIII, da CLT permite a prorrogação da jornada em atividade insalubre sem a prévia autorização da autoridade competente.

Art. 611-A da CLT. A convenção coletiva e o acordo coletivo de trabalho têm prevalência sobre a lei quando, entre outros, dispuserem sobre:

(...)

XIII – prorrogação de jornada em ambientes insalubres, sem licença prévia das autoridades competentes do Ministério do Trabalho;

Recentemente, a Lei nº 13.363/2016 foi promulgada para estipular direitos e garantias para a advogada gestante, lactante, adotante ou que der à luz e para o advogado que se tornar pai. Fique claro que estamos nos referindo aos advogados empregados.

☞ ATENÇÃO!

A lei assegurou os seguintes direitos às advogadas:

I – Gestante:

• entrada em tribunais sem ser submetida a detectores de metais e aparelhos de raios X;

• reserva de vaga em garagens dos fóruns dos tribunais;

• preferência na ordem das sustentações orais e das audiências.

II – Adotante:

• acesso a creche, onde houver, ou a local adequado ao atendimento das necessidades do bebê;

• preferência na ordem das sustentações orais e das audiências;

• suspensão de prazos processuais quando for a única patrona da causa, desde que haja notificação por escrito ao cliente.

III – Lactente

• acesso a creche, onde houver, ou a local adequado ao atendimento das necessidades do bebê;

• preferência na ordem das sustentações orais e das audiências.

IV – Advogada que der à luz:

• acesso a creche, onde houver, ou a local adequado ao atendimento das necessidades do bebê;

• preferência na ordem das sustentações orais e das audiências;

• suspensão de prazos processuais quando for a única patrona da causa, desde que haja notificação por escrito ao cliente.

21.7. LICENÇA-MATERNIDADE

A empregada gestante tem direito à licença-maternidade de 120 dias, sem prejuízo do emprego e do salário, como preveem os arts. 7º, XVIII, da CF e 392 da CLT).

> Art. 7º. São direitos dos trabalhadores urbanos e rurais, além de outros que visem à melhoria de sua condição social: (...)
>
> XVIII – licença à gestante, sem prejuízo do emprego e do salário, com a duração de cento e vinte dias;
>
> Art. 392. A empregada gestante tem direito à licença-maternidade de 120 (cento e vinte) dias, sem prejuízo do emprego e do salário.

Mediante atestado médico, a empregada deve notificar o seu empregador da data do início do afastamento do emprego, que poderá ocorrer entre o 28º dia antes do parto e a ocorrência deste (art. 392, § 1º, da CLT).

Os períodos de repouso, antes e depois do parto, poderão ser aumentados de duas semanas cada um, mediante atestado médico (art. 392, § 2º, da CLT).

Durante a licença-maternidade, a mulher continua percebendo valores equivalentes ao salário. O entendimento contrário seria até mesmo discriminatório, o que é inadmissível. Aliás, o art. 393 da CLT menciona:

CLT

Art. 393. Durante o período a que se refere o art. 392, a mulher terá direito ao salário integral e, quando variável, calculado de acordo com a média dos 6 (seis) últimos meses de trabalho, bem como os direitos e vantagens adquiridos, sendo-lhe ainda facultado reverter à função que anteriormente ocupava.

Em caso de parto antecipado, a empregada terá o direito aos 120 dias previstos no *caput* do art. 392 da CLT (art. 392, § 3º, da CLT).

Destaca-se ainda que essa licença não está condicionada ao nascimento da criança com vida. A empregada terá o repouso de 120 dias para se recuperar.

> Art. 343, § 3º, da IN INSS/PREV nº 77/2015. Para fins de concessão do salário-maternidade, considera-se parto o evento que gerou a certidão de nascimento ou certidão de óbito da criança.

O § 4º do art. 392 garante ainda à mulher:

> § 4º É garantido à empregada, durante a gravidez, sem prejuízo do salário e demais direitos:
>
> I – transferência de função, quando as condições de saúde o exigirem, assegurada a retomada da função anteriormente exercida, logo após o retorno ao trabalho;
>
> II – dispensa do horário de trabalho pelo tempo necessário para a realização de, no mínimo, seis consultas médicas e demais exames complementares.

É importante ressaltar que a Lei nº 11.770/2008 instituiu o **Programa Empresa Cidadã**, destinado a prorrogar por 60 dias a duração da licença-maternidade à empregada da pessoa jurídica que aderir ao respectivo programa, desde que a obreira a requeira até o final do primeiro mês após o parto.

Lei nº 11.770/2008

Art. 1º. É instituído o Programa Empresa Cidadã, destinado a prorrogar:

I – por 60 (sessenta) dias a duração da licença-maternidade prevista no inciso XVIII do *caput* do art. 7º da Constituição Federal;

Nesse caso, a empregada deve requerer a extensão até o final do primeiro mês após o parto, sendo que será concedida a vantagem dos 60 dias extras após a fruição dos 120 dias normais:

Lei nº 11.770/2008

Art. 1º.

§ 1º A prorrogação de que trata este artigo:

I – será garantida à empregada da pessoa jurídica que aderir ao Programa, desde que a empregada a requeira até o final do primeiro mês após o parto, e será concedida imediatamente após a fruição da licença-maternidade de que trata o inciso XVIII do *caput* do art. 7º da Constituição Federal;

☞ ATENÇÃO!

Algumas leis municipais ou estaduais criam maior prazo de licença-maternidade para as servidoras públicas, por força inclusive da autorização do art. 2º da Lei nº 11.770/2008:

Lei nº 11.770/2008

Art. 2º. É a administração pública, direta, indireta e fundacional, autorizada a instituir programa que garanta prorrogação da licença-maternidade para suas servidoras, nos termos do que prevê o art. 1º desta Lei.

No entanto, algumas vezes, os entes públicos editam essas leis somente para as **servidoras públicas estatutárias**, sem mencionar as empregadas públicas (servidoras celetistas). Surge uma questão: haveria, nesse caso, automático direito ao mesmo prazo com base em isonomia?

O TST entende de forma negativa, porquanto os regimes são diferentes e incomunicáveis, além de que o deferimento violaria o princípio da legalidade:

"EMBARGOS EM RECURSO DE REVISTA. INTERPOSIÇÃO SOB A ÉGIDE DA LEI N. 13.015/2014. (...) 2. LICENÇA-MATERNIDADE DE 180 (CENTO E OITENTA) DIAS. PREVISÃO EM LEI ESTADUAL PARA ÀS SERVIDORAS DA ADMINISTRAÇÃO DIRETA E DAS AUTARQUIAS SUBMETIDAS AO REGIME ESTATUTÁRIO. EXTENSÃO ÀS EMPREGADAS PÚBLICAS REGIDAS PELO REGIME CELETISTAS. IMPOSSIBILIDADE. (...) 3. No mérito, assiste razão ao reclamado, pois a jurisprudência prevalente no âmbito desta Corte é no sentido de que, sob pena de afronta ao princípio da legalidade, é inviável conceder às empregadas públicas (celetistas) a licença-maternidade de 180 (cento e oitenta) dias assegurada por lei estadual às servidoras públicas (estatutárias). Trata-se, em tal hipótese, de trabalhadoras submetidas a regimes jurídicos distintos, o que é suficiente a afastar a aplicação do princípio da isonomia. Recurso de embargos conhecido e provido." (E-ED-RR-3256-96.2013.5.02.0071, Subseção I Especializada em Dissídios Individuais, Relator Ministro: Hugo Carlos Scheuermann, *DEJT* 25/10/2019).

"EMBARGOS. VIGÊNCIA DA LEI N. 13.015/2014. SERVIDORA PÚBLICA REGIDA PELA CLT. PRORROGAÇÃO DA LICENÇA-MATERNIDADE. LEI ESTADUAL QUE LIMITA O DIREITO ÀS SERVIDORAS PÚBLICAS ESTATUTÁRIAS. REGIMES JURÍDICOS DISTINTOS. AUSÊNCIA DE ISONOMIA. Em regra, é defeso conceder pela via judicial benefícios previstos exclusivamente para os servidores submetidos ao regime de trabalho da CLT aos estatutários, bem como o inverso. Informam esse entendimento o princípio da separação dos poderes e a incomunicabilidade dos regimes, a afastar a isonomia entre desiguais. Se a lei estadual limita a prorrogação da licença-maternidade às servidoras da Administração direta e das autarquias submetidas ao regime estatutário, inviável impor ao estado empregador a extensão desse benefício às servidoras sujeitas ao regime celetista. Nesse contexto, oportuno realçar o princípio da legalidade, consagrado no art. 37, *caput*, da Constituição Federal, no sentido de que a Administração nada pode fazer senão aquilo que a lei determina. O princípio da isonomia não resguarda a postulação, seja porque, como já pacificado nos tribunais brasileiros, trata-se de regimes jurídicos distintos, cada qual com seus benefícios e vantagens, seja porque a se entender por uma isonomia entre servidoras mães trabalhadoras, impor-se-ia o reconhecimento do direito a todas as trabalhadoras brasileiras, independentemente de se tratar de servidoras, empregadas públicas ou trabalhadoras do setor privado da economia. (...)" (E-ED-RR-71-08.2013.5.02.0085, Subseção I Especializada em Dissídios Individuais, Relator Ministro: Márcio Eurico Vitral Amaro, *DEJT* 05/05/2017).

Recentemente, foi promulgada a Lei nº 13.301/2016, que dispõe sobre a adoção de medidas de vigilância em saúde quando verificada situação de iminente perigo à saúde pública pela presença do mosquito transmissor do vírus da dengue, do vírus chikungunya e do vírus da zika.

Destacamos o art. 18, § 3º, da Lei nº 13.301/2016 que estendeu o prazo da licença-maternidade para 180 dias para mães de crianças acometidas por sequelas neurológicas de doenças transmitidas pelo *Aedes Aegypti*, como a microcefalia:

Art. 18, § 3º. A licença-maternidade prevista no art. 392 da Consolidação das Leis do Trabalho – CLT, aprovada pelo Decreto-lei nº 5.452, de 1º de maio de 1943, será de cento e oitenta dias no caso das mães de crianças acometidas por sequelas neurológicas decorrentes de doenças transmitidas pelo *Aedes aegypti*, assegurado, nesse período, o recebimento de salário-maternidade previsto no art. 71 da Lei nº 8.213, de 24 de julho de 1991.

Em abril de 2020 foi sancionada a Lei nº 13.985, que institui pensão especial destinada a crianças com Síndrome Congênita do Zika Vírus, nascidas entre 1º de janeiro de 2015 e 31 de dezembro de 2019, beneficiárias do Benefício de Prestação Continuada (BPC).

ATENÇÃO!

O art. 611-B da CLT especifica taxativamente um marco regulatório com as matérias que não podem ser objeto de negociação, por serem direitos que se enquadram no conceito de indisponibilidade absoluta, preservando--se, dessa forma, o que se convencionou determinar patamar civilizatório mínimo dos trabalhadores.

Art. 611-B da CLT. Constituem objeto ilícito de convenção coletiva ou de acordo coletivo de trabalho, exclusivamente, a supressão ou a redução dos seguintes direitos: (...)

XIII – licença-maternidade com a duração mínima de cento e vinte dias; (...)

XV – proteção do mercado de trabalho da mulher, mediante incentivos específicos, nos termos da lei; (...)

XXX – as disposições previstas nos arts. 373-A, 390, 392, 392-A, 394, 394-A, 395, 396 e 400 desta Consolidação.

21.8. LICENÇA-MATERNIDADE NA ADOÇÃO E GUARDA JUDICIAL

Dispõe o art. 392-A da CLT: "À empregada que adotar ou obtiver guarda judicial para fins de adoção de criança será concedida licença-maternidade nos termos do art. 392".

A Lei nº 13.509/2017 ampliou a possibilidade de concessão de licença-maternidade, passando a incluir as empregadas que adotam adolescentes (jovens que completaram os 12 anos de idade).

A CLT, até então, só concedia tal direito às empregadas que adotassem crianças (pessoas com até 12 anos incompletos).

O art. 8º da Lei 12.010/2009, que veio disciplinar a adoção, revogou expressamente os §§ 1º a 3º do art. 392-A da CLT. A revogação expressa desses dispositivos autoriza entendimento no sentido de ser aplicável, em geral, o prazo de 120 dias previsto no art. 392 da CLT, nesses casos de adoção ou guarda judicial, independentemente da idade da criança, como ocorria anteriormente.

A licença-maternidade só será concedida mediante apresentação do termo judicial de guarda à adotante ou guardiã (art. 392-A, § 4º, da CLT).

O Supremo Tribunal Federal não permite que haja prazo da licença-adotante inferior ao tampo de licença-maternidade. De fato, havendo maior necessidade de adaptação do menor no caso de adoção, um eventual tempo maior para desenvolvimento de laços de afeto e superação de traumas jamais se justificaria haver prazo inferior à licença-maternidade:

"DIREITO CONSTITUCIONAL. RECURSO EXTRAORDINÁRIO. REPERCUSSÃO GERAL. EQUIPARAÇÃO DO PRAZO DA LICENÇA-ADOTANTE AO PRAZO DE LICENÇA-GESTANTE. 1. A licença maternidade prevista no artigo 7º, XVIII, da Constituição abrange tanto a licença gestante quanto a licença adotante, ambas asseguradas pelo prazo mínimo de 120 dias. Interpretação sistemática da Constituição à luz da dignidade da pessoa humana, da igualdade entre filhos biológicos e adotados, da doutrina da proteção integral, do princípio da prioridade e do interesse superior do menor. 2. As crianças adotadas constituem grupo vulnerável e fragilizado. Demandam esforço adicional da família para sua adaptação, para a criação de laços de afeto e para a superação de traumas. Impossibilidade de se lhes conferir proteção inferior àquela dispensada aos filhos biológicos, que se encontram em condição menos gravosa. Violação do princípio da proporcionalidade como vedação à proteção deficiente. 3. Quanto mais velha a criança e quanto maior o tempo de internação compulsória em instituições, maior tende a ser a dificuldade de adaptação à família adotiva. Maior é, ainda, a dificuldade de viabilizar sua adoção, já que predomina no imaginário das famílias adotantes o desejo de reproduzir a paternidade biológica e adotar bebês. Impossibilidade de conferir proteção inferior às crianças mais velhas. Violação do princípio da proporcionalidade como vedação à proteção deficiente. 4. Tutela da dignidade e da autonomia da mulher para eleger seus projetos de vida. Dever reforçado do Estado de assegurar-lhe condições para compatibilizar maternidade e profissão, em especial quando a realização da maternidade ocorre pela via da adoção, possibilitando o resgate da convivência familiar em favor de menor carente. Dívida moral do Estado para com menores vítimas da inepta política estatal de institucionalização precoce. Ônus assumido pelas famílias adotantes, que devem ser encorajadas. 5. Mutação constitucional. Alteração da realidade social e nova compreensão do alcance dos direitos do menor adotado. Avanço do significado atribuído à licença parental e à igualdade entre filhos, previstas na Constituição. Superação de antigo entendimento do STF. 6. Declaração da inconstitucionalidade do art. 210 da Lei n. 8.112/1990 e dos parágrafos 1º e 2º do artigo 3º da Resolução CJF n. 30/2008. (...)" (RE 778889, Relator Ministro: Roberto Barroso, Tribunal Pleno, julgado em 10/03/2016, Acórdão Eletrônico Repercussão Geral – Mérito *DJe*-159, Data de Divulgação: 29/07/2016, Data de Publicação: 01/08/2016).

Observe a **Tese firmada pelo STF no Tema 782 da Lista de Repercussão Geral**:

Os prazos da licença adotante não podem ser inferiores aos prazos da licença gestante, o mesmo valendo para as respectivas prorrogações. Em relação à licença adotante, não é possível fixar prazos diversos em função da idade da criança adotada.

Ademais, é interessante notar que o TST decidiu que, considerando a finalidade da licença, não importa se se trata de guarda provisória, guarda definitiva ou guarda para fins de adoção. Há a possibilidade de concessão de licença-adotante:

"(...) LICENÇA-MATERNIDADE. LICENÇA ADOTANTE. GUARDA JUDICIAL PROVISÓRIA. PRINCÍPIO DA ISONOMIA ENTRE OS FILHOS. INTERPRETAÇÃO TELEOLÓGICA E CONFORME A CONSTITUIÇÃO FEDERAL. O período de licença-maternidade tem como espoco principal, não só o restabelecimento físico e psíquico após o parto no caso da mãe biológica, mas também a estruturação familiar e a formação dos vínculos afetivos entre o filho, seja ele biológico ou adotado, e os pais, especificamente, a mãe. A par da proteção à mulher e à maternidade, a licença em questão é voltada para o filho, resguarda o bem estar da criança ou do adolescente e viabiliza a eficácia dos direitos que lhe são garantidos pelos artigos 227, *caput*, da Constituição Federal, e 3º e 4º do Estatuto da Criança e do Adolescente. Nesse diapasão, qualquer distinção entre a concessão da licença-maternidade para a mãe biológica ou adotiva ofende, em última análise, a isonomia jurídica entre os filhos (biológicos ou adotados, matrimoniais ou extramatrimoniais), garantida nos artigos 227, § 6º, da Constituição Federal, 19 e 20 do Estatuto da Criança e do Adolescente, e 1.596 do Código Civil. Na hipótese dos autos, o Tribunal de origem registrou ser incontroverso que a empregada obteve a guarda provisória de menor em 03/11/2014, a qual, em 25/03/2015, foi convertida em guarda definitiva. Ademais, consignou que não foi possível o desfecho do processo de adoção em virtude de ainda se encontrar em andamento ação de interdição da mãe biológica. Desta feita, concluiu ser perfeitamente possível a equiparação da guarda provisória à guarda para fins de adoção, e a concessão da licença-maternidade, tendo em vista que ficou evidente o propósito da adoção. Considerando todo o explanado, embora os institutos da guarda provisória, guarda definitiva e guarda para fins de adoção não se confundam, a finalidade precípua da licença adotante é viabilizar a fruição dos direitos do menor adotado, que devem ser garantidos pela sociedade, pela família e pelo Estado, consoante o artigo 227, *caput*, da Constituição Federal. Não se pode inviabilizar o regular exercício dos direitos da mãe adotante e do menor em razão de formalismos legais e de nomenclaturas. Verifica-se, por conseguinte, que a Corte a quo, mediante exegese teleológica e conforme a Constituição Federal, deu a exata subsunção dos fatos ao sistema jurídico pátrio, privilegiando os Princípios e Direitos assegurados na Constituição Federal, em observância às regras de hierarquia das normas do ordenamento jurídico brasileiro, segundo as quais a Magna Carta consiste em Lei suprema e fundamental. Agravo de Instrumento conhecido e não provido. (...)" (ARR-10303-43.2015.5.15.0119, 7ª Turma, Relator Ministro: Claudio Mascarenhas Brandão, *DEJT* 07/08/2020).

> ☞ **ATENÇÃO!**
>
> O valor do benefício pago à empregada corresponde à remuneração devida no mês de seu afastamento, respeitado o teto máximo de remuneração do funcionalismo público (valor recebido pelos ministros do STF).

> ☞ **ATENÇÃO!**
>
> A Lei nº 12.873/2013 alterou a CLT trazendo algumas modificações:
> a) se a guarda judicial for conjunta, apenas um dos adotantes terá direito à licença, mesmo que o adotante seja do sexo masculino.

> A jurisprudência dominante do STF veda qualquer forma de discriminação entre casais do mesmo sexo. Logo, o empregado que adotar uma criança, qualquer que seja sua opção sexual, solteiro ou casado, passa a ter direito à licença-maternidade.

Caso a empregada venha a falecer no parto ou durante a licença-maternidade, o marido ou companheiro poderá usufruir da licença integralmente ou pelo período restante.

Cap. 21 – TRABALHO DA MULHER

Nessa hipótese, para que tenha direito ao benefício, é necessário o preenchimento dos seguintes requisitos:

- falecimento da segurada ou segurado que tiver direito ao salário-maternidade;
- cônjuge ou companheiro deve ser segurado da Previdência Social; e
- cônjuge ou companheiro deve se afastar das atividades em seu trabalho para cuidar do filho.

> Art. 392-A, § 5º, da CLT. A adoção ou guarda judicial conjunta ensejará a concessão de licença-maternidade a apenas um dos adotantes ou guardiães empregado ou empregada.
>
> Art. 392-B da CLT. Em caso de morte da genitora, é assegurado ao cônjuge ou companheiro empregado o gozo de licença por todo o período da licença-maternidade ou pelo tempo restante a que teria direito a mãe, exceto no caso de falecimento do filho ou de seu abandono.
>
> Art. 392-C da CLT. Aplica-se, no que couber, o disposto no art. 392-A e 392-B ao empregado que adotar ou obtiver guarda judicial para fins de adoção.

Por fim, destaca-se que a licença-maternidade já era garantida às empregadas domésticas antes da promulgação da EC nº 72/2013:

> Art. 25 da LC nº 150/2915. A empregada doméstica gestante tem direito a licença-maternidade de 120 (cento e vinte) dias, sem prejuízo do emprego e do salário, nos termos da Seção V do Capítulo III do Título III da Consolidação das Leis do Trabalho (CLT), aprovada pelo Decreto-lei nº 5.452, de 1º de maio de 1943.

O art. 396 da CLT assegura à mulher intervalos para amamentação durante a jornada de trabalho. Antes do advento da Lei nº 13.509/2017, faziam jus a tal benefício apenas as mães "de sangue", ou seja, aquelas que dessem à luz uma criança.

Nesse sentido, a lei em comento passa a possibilitar que as empregadas que adotem crianças e amamentem também desfrutem deste benefício:

> Art. 396 da CLT. Para amamentar seu filho, inclusive se advindo de adoção, até que este complete 6 (seis) meses de idade, a mulher terá direito, durante a jornada de trabalho, a 2 (dois) descansos especiais de meia hora cada um.

21.9. GARANTIA PROVISÓRIA NO EMPREGO

O legislador constituinte criou uma norma de proteção à gestante e ao nascituro no art. 10, II, *b*, do ADCT:

> ADCT
>
> Art. 10. Até que seja promulgada a lei complementar a que se refere o art. 7º, I, da Constituição:

II – fica vedada a dispensa arbitrária ou sem justa causa:

b) da empregada gestante, desde a confirmação da gravidez até cinco meses após o parto.

Essa regra impede a dispensa sem justa causa da mulher, desde a confirmação da gravidez até cinco meses após o parto. Nesse ponto, você deve ter em mente que o TST entende que a confirmação da gravidez ocorre com a concepção, e não com a confirmação científica da gravidez. Veja julgado do TST sobre o tema:

"RECURSO DE REVISTA. GARANTIA CONSTITUCIONAL DE ESTABILIDADE PROVISÓRIA DA GESTANTE. PROTEÇÃO DA MATERNIDADE E DO NASCITURO. CONTRATO POR TEMPO DETERMINADO. PROVIMENTO. Segundo as disposições do artigo 10, II, 'b', do ADCT, a empregada gestante tem direito à estabilidade, desde a concepção (e não com a constatação da gravidez mediante exame clínico) até cinco meses após o parto. Referida garantia constitucional tem como escopo a proteção da maternidade e do nascituro, haja vista a notória dificuldade de obtenção de novo emprego pela gestante. (...)" (RR – 1148- 09.2015.5.02.0303, Relator Ministro: Guilherme Augusto *Caputo* Bastos, Data de Julgamento: 10/05/2017, 5ª Turma, Data de Publicação: *DEJT* 19/05/2017).

Diante desse contexto, o desconhecimento do empregador acerca do estado gravídico da empregada é irrelevante. O TST consolidou esse entendimento na Súmula nº 244, I, do TST:

Súmula n. 244 do TST. GESTANTE. ESTABILIDADE PROVISÓRIA (redação do item III alterada na sessão do Tribunal Pleno realizada em 14/09/2012) – Res. 185/2012 – *DEJT* divulgado em 25, 26 e 27/09/2012.

I – O desconhecimento do estado gravídico pelo empregador não afasta o direito ao pagamento da indenização decorrente da estabilidade (art. 10, II, "b" do ADCT).

Registre-se que o STF reconheceu que a proteção à maternidade é objetiva, ou seja, basta a gravidez, conforme a **Tese adotada no Tema 497 das Lista de Repercussão Geral**:

A incidência da estabilidade prevista no art. 10, inc. II, do ADCT, somente exige a anterioridade da gravidez à dispensa sem justa causa.

Nessa linha da garantia de emprego seguiu o texto celetista, que inclusive esclareceu que a gravidez ocorrida durante o aviso prévio, trabalhado ou indenizado, assegura a estabilidade no emprego:

CLT

Art. 391-A. A confirmação do estado de gravidez advindo no curso do contrato de trabalho, ainda que durante o prazo do aviso prévio trabalhado ou indenizado, garante à empregada gestante a estabilidade provisória prevista na alínea b do inciso II do art. 10 do Ato das Disposições Constitucionais Transitórias.

Esse mesmo direito à estabilidade também foi reconhecido à pessoa que recebeu guarda provisória para fins de adoção:

CLT

Art. 391-A. (...)

Parágrafo único. O disposto no *caput* deste artigo aplica-se ao empregado adotante ao qual tenha sido concedida guarda provisória para fins de adoção.

Destaca-se, ainda, que a estabilidade existe mesmo quando se trata de **contrato de trabalho por prazo determinado**:

Súmula n. 244 do TST. GESTANTE. ESTABILIDADE PROVISÓRIA (redação do item III alterada na sessão do Tribunal Pleno realizada em 14/09/2012) – Res. 185/2012 – *DEJT* divulgado em 25, 26 e 27/09/2012.

III – A empregada gestante tem direito à estabilidade provisória prevista no art. 10, inciso II, alínea "b", do Ato das Disposições Constitucionais Transitórias, mesmo na hipótese de admissão mediante contrato por tempo determinado.

Ressalte-se que essa estabilidade não pode ser reconhecida nos contratos nulos por ausência de concurso público. Somente contratos válidos admitem essa estabilidade:

"(...) CONTRATO NULO. AUSÊNCIA DE APROVAÇÃO EM CONCURSO PÚBLICO. INEXISTÊNCIA DE ESTABILIDADE PROVISÓRIA. GESTANTE. EFEITOS. A contratação de empregada pública, sem submissão a concurso público, sendo nula, não tem o condão de assegurar garantia de emprego à gestante. Não se nega que a proteção do nascituro é princípio fundamental, constitucional. No entanto, a sua efetivação pressupõe uma relação jurídica regularmente estabelecida, em respeito à regra legal de submissão prévia a concurso público, nos termos dos artigos 37, II e § 2º e 37, IX, da Constituição da República. A Súmula n. 363 do c. TST, diante do contrato nulo, autoriza ao trabalhador apenas o pagamento da contraprestação pactuada, em relação ao número de horas trabalhadas, respeitado o valor da hora do salário mínimo, e dos valores referentes aos depósitos do FGTS. Não alcança a garantia de emprego de que trata o art. 10, II, b, do ADCT. Recurso de embargos conhecido e não provido." (E-ED-RR-175700-88.2007.5.04.0751, Tribunal Pleno, Relator Ministro: Aloysio Corrêa da Veiga, *DEJT* 30/06/2017).

☞ **ATENÇÃO!**

Maiores detalhes sobre a estabilidade gestacional podem ser estudados no capítulo sobre estabilidades e garantias provisórias no emprego.

PRESCRIÇÃO E DECADÊNCIA

Prescrição e decadência são duas figuras jurídicas distintas, mas com um ponto em comum que leva, com frequência, o leitor a confundir os institutos, que é o decurso do tempo que acaba gerando a perda de um direito.

Não se admite que as relações jurídicas possam ser discutidas sem qualquer limite de tempo. Isso traria grande dificuldade à necessidade de manter as relações jurídicas estáveis. É necessário dar segurança às pessoas para que a sociedade possa se fortalecer, impedindo que as questões possam ser debatidas a qualquer momento sem limites.

O conceito de prescrição é facilmente encontrado no Código Civil, em seu art. 189, o qual dispõe que: "Violado o direito, nasce para o titular a pretensão, a qual se extingue, pela prescrição (...)". Ou seja, a prescrição nada mais é do que a perda da pretensão pelo decurso do tempo em razão da inércia de seu titular. Pretensão é a possibilidade de o titular de um direito recorrer ao poder coercitivo do Estado, por meio do Poder Judiciário, para exigir a satisfação do seu direito.

Esse prazo é estabelecido apenas na **Constituição ou em lei**, não podendo ser estabelecido por norma coletiva (convenção ou acordo coletivo de trabalho), regulamento de empresa ou contrato de trabalho.

Se o prazo for excedido sem que o titular ou aquele autorizado a atuar busque exercer o direito, ocorrerá a prescrição. Prescrito, **o direito torna-se inexigível** e não se pode mais se impor ao devedor o atendimento do direito existente.

A prescrição, contudo, não incide sobre as ações meramente declaratórias, ao contrário do que ocorre nas ações de natureza condenatória.

Isso ocorre porque, quando se busca na Justiça uma decisão que declare algo, apenas se pretende o reconhecimento do que já existia. Portanto, não se está exigindo absolutamente nada. Logo, não há prescrição.

> **Exemplo**: Letícia processa a empresa XYZ LTDA. e postula, na reclamação trabalhista, o reconhecimento de vínculo de emprego, a sentença do juiz que reconhece que houve relação de emprego meramente declaratória. Logo, mesmo que Letícia tenha deixado de trabalhar para a empresa há mais de dez anos, nada impede que peça para que a Justiça reconheça o vínculo e, como consequência lógica, determine a anotação na Carteira de Trabalho.

Essa é a lógica que o legislador pretendia expor no art. 11, § 1º, da CLT:

> Art. 11 da CLT. A pretensão quanto a créditos resultantes das relações de trabalho prescreve em cinco anos para os trabalhadores urbanos e rurais, até o limite de dois anos após a extinção do contrato de trabalho.
>
> § 1º O disposto neste artigo não se aplica às ações que tenham por objeto anotações para fins junto à Previdência Social.
>
> § 2º Tratando-se de pretensão que envolva pedido de prestações sucessivas decorrente de alteração ou descumprimento do pactuado, a prescrição é total, exceto quando o direito à parcela esteja também assegurado por preceito de lei.
>
> § 3º A interrupção da prescrição somente ocorrerá pelo ajuizamento de reclamação trabalhista, mesmo que em juízo incompetente, ainda que venha a ser extinta sem resolução do mérito, produzindo efeitos apenas em relação aos pedidos idênticos.

Veja julgados do Tribunal Superior do Trabalho sobre o referido tema:

> "1. PRESCRIÇÃO. RECONHECIMENTO DE VÍNCULO EMPREGATÍCIO. CUMULAÇÃO DE PRETENSÃO DECLARATÓRIA E CONDENATÓRIA. A jurisprudência desta Corte possui o entendimento de que o reconhecimento de vínculo empregatício é imprescritível, uma vez que possui natureza meramente declaratória, nos termos do art. 11, § 1º, da CLT. (...)" (AIRR-21037-11.2014.5.04.0017, 8ª Turma, Relatora Ministra: Dora Maria da Costa, *DEJT* 06/03/2020).
>
> "PRESCRIÇÃO – CUMULAÇÃO DE PEDIDOS DE PRESCRIÇÃO – FGTS – ANOTAÇÃO NA CTPS – FGTS – DEPÓSITOS – PRESCRIÇÃO TRINTENÁRIA. (...) 3. No que tange à prescrição da pretensão de retificação da data de anotação da CTPS, o entendimento majoritário desta Corte é no sentido de que o direito de o reclamante ajuizar ação visando ao reconhecimento da relação de emprego e à anotação da CTPS é imprescritível, pois tem natureza declaratória. Recurso de revista não conhecido. (...)" (RR-450-14.2011.5.22.0003, 7ª Turma, Relator Ministro: Luiz Philippe Vieira de Mello Filho, *DEJT* 18/11/2019).

Devemos entender que a prescrição, de certa forma, funciona como um escudo protetor do "devedor", que não passará anos temendo sofrer uma possível execução, bem como um meio hábil para fazer o "credor" se utilizar do Judiciário para buscar a satisfação de seu direito dentro de um período razoável.

Data venia, acreditamos ser possível mesmo afirmar, nesse aspecto, consistir a prescrição em um instituto que consagra os princípios da segurança jurídica, da razoabilidade e da necessidade.

Por outro lado, a decadência é a perda do direito potestativo em virtude da inércia de seu titular quanto ao seu exercício. Direito potestativo é aquele exercido pelo seu titular independentemente da vontade do outro, ou seja, ao exercício do direito potestativo por seu titular não há como ocorrer a resistência de um terceiro. Ressalte-se que o direito potestativo traz a prerrogativa jurídica de o seu titular unilateralmente impor o seu exercício, mas não de exigir que alguém cumpra uma obrigação.

A decadência, portanto, atinge o direito em si, ao contrário da prescrição, que alcança a pretensão.

Os prazos decadenciais não podem ser suspensos e tampouco interrompidos, exceto se houver previsão legal em sentido contrário:

CC

Art. 207. Salvo disposição legal em contrário, não se aplicam à decadência as normas que impedem, suspendem ou interrompem a prescrição.

Registre-se, contudo, que a decadência não corre contra menores absolutamente incapazes:

CC

Art. 208. Aplica-se à decadência o disposto nos arts. 195 e 198, inciso I.

Art. 198. Também não corre a prescrição:

I – contra os incapazes de que trata o art. 3º;

O art. 198, I, do CC informa que não corre a prescrição contra incapazes do art. 3º (absolutamente incapazes). Logo, por força, do art. 208, também não corre a decadência contra eles.

Ressalte-se que os prazos decadenciais podem ser criados por lei, norma coletiva (convenção ou acordo coletivo de trabalho), regulamento de empresa ou contrato de trabalho.

Por último, pontue-se que a decadência pode ser reconhecida de ofício pelo juiz se ela foi prevista em lei, conforme o art. 210 do Código Civil:

CC

Art. 210. Deve o juiz, de ofício, conhecer da decadência, quando estabelecida por lei.

PRESCRIÇÃO	DECADÊNCIA
Atinge/extingue a pretensão por estar relacionada a um direito subjetivo (a uma prestação).	Está relacionada a um direito potestativo.
O início da contagem do prazo prescricional se dá como a lesão do direito.	O início do prazo decadencial surge com o próprio direito.
Os casos de prescrição e seus respectivos prazos só podem ser estabelecidos por lei. Art. 192 do CC – Os prazos de prescrição não podem ser alterados por acordo das partes.	Os casos de decadência e seus respectivos prazos podem ser estabelecidos por lei ou pelas partes, sendo, nesse caso, usualmente chamada de convencional. Contudo, nos casos em que a lei estabelecer um prazo decadencial, as partes não poderão dispor em sentido contrário.
A prescrição se submete às causas previstas nos arts. 197 a 202 do CC, quais sejam: – Impeditivas; – Suspensivas; – Interruptivas.	Art. 207 do CC – Salvo disposição legal em contrário, não se aplicam à decadência as normas que impedem, suspendem, ou interrompem a prescrição.
A prescrição será pronunciada de ofício pelo juiz (art. 487, parágrafo único, do CPC). Essa regra, todavia, de acordo com o TST, não se aplica à Justiça do Trabalho.	A decadência legal será conhecida de ofício pelo juiz. A decadência convencional, por seu turno, terá que ser arguida pelas partes.
A prescrição, depois de consumada, pode ser renunciada. Art. 191 do CC – a renúncia da prescrição pode ser expressa ou tácita, e só valerá, sendo feita, sem prejuízo de terceiro, depois que a prescrição se consumar; tácita é a renúncia quando se presume de fatos do interessado, incompatíveis com a prescrição.	A decadência legal é irrenunciável. Art. 209 do CC – É nula a renúncia à decadência fixada em lei.

☞ ATENÇÃO!

Não corre prescrição e decadência contra os absolutamente incapazes.
CUIDADO COM A OJ N° 130 DA SDI-I DO TST!

OJ n° 130 da SDI-I do TST. Prescrição. Ministério público. Arguição. *Custos legis*. Ilegitimidade (atualizada em decorrência do CPC de 2015) – Res. 209/2016, *DEJT* divulgado em 01, 02 e 03/06/2016. Ao exarar o parecer na remessa de ofício, na qualidade de *custos legis*, o Ministério Público não tem legitimidade para arguir a prescrição em favor de entidade de direito público, em matéria de direito patrimonial.

O texto desta OJ é um tanto quanto complicado para se entender, mas vamos tentar analisar, juntos, o que o TST quis dizer. No Direito do Trabalho, a prescrição somente pode ser arguida pelas partes. Isso porque a prescrição é considerada matéria de defesa e, portanto, o momento correto para a sua arguição ocorre junto às instâncias ordinárias, conforme entendimento já firmado na Súmula n° 153 dessa mesma Corte (como veremos mais adiante). Dessa forma, o Ministério Público do Trabalho, na qualidade de *custos legis*, não tem legitimidade para arguir a prescrição no momento em que exarar parecer pleiteando a remessa oficial, ainda que a parte envolvida seja um ente de Direito público.

Outro ponto de destaque: no processo civil, a prescrição pode ser reconhecida de ofício:

CPC

Art. 487. Haverá resolução de mérito quando o juiz:

II – decidir, de ofício ou a requerimento, sobre a ocorrência de decadência ou prescrição;

Todavia, no **processo do trabalho**, a prescrição de crédito trabalhista **não pode ser reconhecida de ofício**, em virtude do princípio da proteção ao hipossuficiente, cabendo à parte interessada a alegação da prejudicial:

"(...) PRESCRIÇÃO ARGUIDA EM CONTRARRAZÕES AO RECURSO ORDINÁRIO. (...) A prescrição consiste na perda da pretensão para o titular de um direito, em virtude do esgotamento do prazo para seu exercício. Nesse contexto, não se mostra compatível com o processo do trabalho a regra processual inserida no art. 219, § 5°, do CPC/1973 (art. 487, II, do CPC/2015), que determina a aplicação da prescrição, de ofício, em face da natureza alimentar dos créditos trabalhistas. É que, ao determinar a atuação judicial em franco desfavor dos direitos sociais laborais, a regra civilista entraria em choque com vários princípios constitucionais, como o da valorização do trabalho e do emprego, da norma mais favorável e da submissão da propriedade à sua função socioambiental, além do próprio princípio da proteção. (...)" (ARR-1131-35.2016.5.10.0005, 3ª Turma, Relator Ministro: Mauricio Godinho Delgado, *DEJT* 18/10/2019).

PRESCRIÇÃO. DECLARAÇÃO DE OFÍCIO. ARTIGO 487, II, do CPC/2015. IMPOSSIBILIDADE. O entendimento firmado nesta Corte Superior é de que não cabe o pronunciamento da prescrição de ofício pelo juiz, em face da incompatibilidade do art. 487, II, do CPC/2015

Cap. 22 – PRESCRIÇÃO E DECADÊNCIA

com os princípios que norteiam o direito do trabalho, incumbindo à parte interessada arguir a prescrição no momento oportuno, consoante a diretriz da Súmula 153 do TST. Recurso de revista conhecido e provido." (RR-2245-24.2012.5.02.0085, 2ª Turma, Relatora Ministra: Delaíde Miranda Arantes, *DEJT* 04/10/2019).

No entanto, deve-se ter cuidado, porque há uma situação excepcional: o juiz pode reconhecer, de ofício, a prescrição intercorrente, matéria essa que estudaremos mais adiante.

22.1. DOS PRAZOS DECADENCIAIS

Existem diversos casos de decadência no âmbito trabalhista, mas apenas alguns deles são mais relevantes. Assim, passa-se ao exame desses principais casos:

a) prazo para informar o interesse na conversão das férias em abono.

O art. 143, *caput* e § 1º, da CLT prevê que o empregado pode transformar um terço de suas férias em abono:

CLT

Art. 143. É facultado ao empregado converter 1/3 (um terço) do período de férias a que tiver direito em abono pecuniário, no valor da remuneração que lhe seria devida nos dias correspondentes.

§ 1º O abono de férias deverá ser requerido até 15 (quinze) dias antes do término do período aquisitivo.

A regra assegura ao empregado o direito de requerer que 1/3 (um terço) de suas férias seja convertida em abono em dinheiro (pecuniário). Logo, por exemplo, se o empregado tinha férias de 30 dias, pode exigir a conversão de 10 dias (um terço) de férias em dinheiro. Na prática, ele terá 20 dias de férias, e trabalhará os outros 10 dias, sendo que receberá o equivalente aos 30 dias de férias (o que já tinha direito antes da conversão) e mais um valor referente aos 10 dias trabalhados. Nesse contexto, ele receberia o valor das férias completas mais o valor (abono) de, pelo menos, 10 dias trabalhados.

Esse direito pertence ao empregado, mas deve ser exercido mediante requerimento até 15 dias antes do término do período aquisitivo de férias. Se passar esse período sem se manifestar, ele perde esse direito. Não perde o direito às férias, mas apenas perde o direito à conversão de 1/3 em abono.

Por exemplo, se o período aquisitivo de férias (período de 12 meses de trabalho para ganhar o direito às férias) acabar em 20/04/2021, o empregado tem até 05/04/2021 para informar ao empregador que pretende converter parte das férias. Se não o fizer no prazo legal, perde esse direito, de maneira que não pode mais impor ao empregador essa conversão em relação às férias referentes ao período aquisitivo mencionado.

Registre-se que, no caso da empregada doméstica, o prazo é de 30 dias:

LC nº 150/15

Art. 17. (...)

§ 4º O abono de férias deverá ser requerido até 30 (trinta) dias antes do término do período aquisitivo.

No Direito do Trabalho, o exemplo clássico de prazo decadencial é o art. 853 da CLT, que determina o prazo de 30 dias, contados a partir da data de suspensão do empregado, para o empregador ajuizar o inquérito para apuração de falta grave.

b) prazo para ajuizar inquérito para apuração de falta grave, quando ocorre suspensão do empregado

> Art. 853. Para a instauração do inquérito para apuração de falta grave contra empregado garantido com estabilidade, o empregador apresentará reclamação por escrito à Junta ou Juízo de Direito, dentro de 30 (trinta) dias, contados da data da suspensão do empregado.

O exemplo mais famoso dessas garantias provisórias é a garantia do dirigente sindical (art. 8º, VIII, da CF), que vai do registro da candidatura até 1 ano após o vencimento do mandato:

> CF
>
> Art. 8º. (...)
>
> VIII – é vedada a dispensa do empregado sindicalizado a partir do registro da candidatura a cargo de direção ou representação sindical e, se eleito, ainda que suplente, até um ano após o final do mandato, salvo se cometer falta grave nos termos da lei.
>
> Na mesma linha segue a CLT:
>
> CLT
>
> Art. 543 (...)
>
> § 3º Fica vedada a dispensa do empregado sindicalizado (...), a partir do momento do registro de sua candidatura a cargo de direção ou representação de entidade sindical ou de associação profissional, até 1 (um) ano após o final do seu mandato, caso seja eleito inclusive como suplente, salvo se cometer falta grave devidamente apurada nos termos desta Consolidação.

Quando a lei fala "devidamente apurada nos termos desta consolidação", refere-se ao inquérito judicial para apurar falta grave. Logo, para dispensar o dirigente sindical, é necessário que haja justa causa comprovada em ação própria (inquérito judicial para apurar falta grave).

O TST inclusive sumulou a matéria:

> Súmula 379 do TST. DIRIGENTE SINDICAL. DESPEDIDA. FALTA GRAVE. INQUÉRITO JUDICIAL. NECESSIDADE (conversão da Orientação Jurisprudencial n. 114 da SBDI-I) – Res. 129/2005, DJ 20, 22 e 25/04/2005. O dirigente sindical somente poderá ser dispensado por falta grave mediante a apuração em inquérito judicial, inteligência dos arts. 494 e 543, § 3º, da CLT.

Esse é o entendimento consubstanciado na Súmula n° 62 do TST e na Súmula n° 403 do STF, que preconizam:

> Súmula n° 403 do STF – Decadência. Prazo para instauração do inquérito judicial. Contagem. Suspensão, por falta grave, de empregado estável. É de decadência o prazo de trinta dias para instauração do inquérito judicial, a contar da suspensão, por falta grave, de empregado estável.
>
> Súmula n° 62 do TST – Abandono de emprego (mantida). Resolução n° 121/2003, *DJ* de 19, 20 e 21/11/2003. O prazo de decadência do direito do empregador de ajuizar inquérito em face do empregado que incorre em abandono de emprego é contado a partir do momento em que o empregado pretendeu seu retorno ao serviço.

Assim, uma vez suspenso o empregado, tem o empregador 30 dias para propor o inquérito judicial, sob pena de perder o direito de aplicar a justa causa no empregado pela falta cometida. Se isso ocorrer (transcurso do prazo sem ajuizamento da ação), apenas terá nova oportunidade o empregador se descobrir uma nova infração grave, não podendo mais querer se valer daquele ato ilícito anterior praticado pelo empregado.

O prazo de 30 dias contados da suspensão do empregado para ajuizar inquérito é decadencial. Veja esse julgado do TST:

> "(...) INQUÉRITO JUDICIAL PARA APURAÇÃO DE FALTA GRAVE. TERMO FINAL. PRAZO DECADENCIAL. PRORROGAÇÃO. INTELIGÊNCIA DO ITEM IX DA SÚMULA 100 DO TST. VIOLAÇÃO DO ART. 853 DA CLT. NÃO CARACTERIZAÇÃO. 1. O prazo de 30 (trinta) dias a que alude o art. 853 da CLT, consoante jurisprudência pacificada no âmbito desta Egrégia Corte Superior, é decadencial. (...)" (AIRR – 141800-15.2009.5.20.0003, Relator Ministro: Alberto Luiz Bresciani de Fontan Pereira, Data de Julgamento: 13/04/2016, 3ª Turma, Data de Publicação: *DEJT* 15/04/2016).

c) prazo para impetrar mandado de segurança

Mandado de segurança é uma ação constitucional de natureza cível (art. 5°, LXIX, da CF). O prazo para impetrar mandado de segurança é de 120 dias contados da ciência da lesão. O art. 23 da Lei n° 12.016/2009 prevê:

> Lei n° 12.016/2009
>
> Art. 23. O direito de requerer mandado de segurança extinguir-se-á decorridos 120 (cento e vinte) dias, contados da ciência, pelo interessado, do ato impugnado.

Este prazo é decadencial. Veja inclusive esse julgado do TST:

> RECURSO ORDINÁRIO EM MANDADO DE SEGURANÇA. LEI N. 5.869/73. DECADÊNCIA. PRAZO. CONSUMAÇÃO. 1. Nos termos do art. 23 da Lei n. 12.016/2009, "o direito de requerer mandado de segurança extinguir-se-á decorridos 120 (cento e vinte) dias, contados da

ciência, pelo interessado, do ato impugnado". 2. A decisão combatida (determinação de penhora das contas dos impetrantes) foi proferida em 18/02/2015, sendo o mandado de segurança impetrado em 29/01/2016. 3. Decorrido o prazo decadencial a que alude o art. 23 da Lei n. 12.016/2009, impõe-se a extinção do processo com resolução de mérito, nos termos do art. 269, IV, do CPC/73. Denega-se a segurança. Processo extinto com resolução de mérito. (RO – 20073-98.2016.5.04.0000, Relator Ministro: Alberto Luiz Bresciani de Fontan Pereira, Data de Julgamento: 25/04/2017, Subseção II Especializada em Dissídios Individuais, Data de Publicação: *DEJT* 28/04/2017).

d) prazo para ajuizar ação rescisória

A ação rescisória deve ser proposta no prazo de 2 anos contados a partir do trânsito em julgado da decisão, sendo ou não a última decisão de mérito:

CPC
Art. 975. O direito à rescisão se extingue em 2 (dois) anos contados do trânsito em julgado da última decisão proferida no processo.

Observe a Súmula 100, I, do TST:

Súmula 100 do TST. AÇÃO RESCISÓRIA. DECADÊNCIA (incorporadas as Orientações Jurisprudenciais n.s 13, 16, 79, 102, 104, 122 e 145 da SBDI-II) – Res. 137/2005, DJ 22, 23 e 24/08/2005.

I – O prazo de decadência, na ação rescisória, conta-se do dia imediatamente subsequente ao trânsito em julgado da última decisão proferida na causa, seja de mérito ou não.

22.2. DOS PRAZOS PRESCRICIONAIS

22.2.1. Do momento da arguição da prescrição

Como mencionamos, quando falamos a respeito da OJ nº 130 da SDI-I do TST, as partes devem arguir a prescrição como matéria de defesa nas instâncias ordinárias.

Súmula nº 153 do TST – Prescrição (mantida). Resolução nº 121/2003, DJ de 19, 20 e 21/11/2003. Não se conhece de prescrição não arguida na instância ordinária.

☞ ATENÇÃO!

O art. 332, § 1º, do CPC prevê que o juiz poderá julgar liminarmente improcedente o pedido se verificar, desde logo, a ocorrência de decadência ou de prescrição.

Cap. 22 – PRESCRIÇÃO E DECADÊNCIA

> Observe, ainda, a regra prevista no art. 487, parágrafo único, do CPC: "Ressalvada a hipótese do § 1º do art. 332, a prescrição e a decadência não serão reconhecidas sem que antes seja dada às partes oportunidade de manifestar-se".

Nesse sentido, com base na celeridade processual, o juiz, uma vez identificado que o direito não pode mais ser exigido, poderá declarar a prescrição e extinguir o processo com relação ao pedido.

Na seara laboral, o TST tem decidido reiteradamente que o Juiz do Trabalho não pode decretar a prescrição de ofício, conforme o posicionamento adotado pela Súmula nº 153 do TST, destacada *supra*.

22.2.2. Dos prazos previstos em lei

O prazo prescricional mais relevante no Direito do Trabalho encontra-se no art. 7º, XXIX, da Constituição Federal:

a) Art. 7º da CF:

> (...) XXIX – ação, quanto aos créditos resultantes das relações de trabalho, com prazo prescricional de cinco anos para os trabalhadores urbanos e rurais, até o limite de dois anos após a extinção do contrato de trabalho;

Caro leitor, tenha sempre em mente o inciso XXXIV do art. 7º da CF/1988, que determina a igualdade de direitos entre o trabalhador com vínculo empregatício permanente e o trabalhador avulso, e que esse dispositivo tem reflexos em relação à prescrição.

> ☞ ATENÇÂO!
> Se o contrato de trabalho for extinto, deve-se contar o prazo da prescrição de dois anos a partir do rompimento do vínculo (extinção contratual).

> 💡
> **Exemplo**: Laura é empregada da empresa Zoe LTDA., possui direito a horas extras que não foram pagas e foi dispensada sem justa causa. Extinto o contrato, a reclamação trabalhista deve ser ajuizada dentro dos dois anos. Se não for proposta a ação nesse prazo, incidirá a prescrição bienal e as horas extras não poderão ser mais exigidas pela trabalhadora.

Vale ressaltar que **a prescrição não elimina o direito, mas sim sua exigibilidade**. Se o empregador, no exemplo dado, resolver pagar as horas extras prescritas, então a trabalhadora as receberá (ela continua credora, mesmo estando as horas extras prescritas). Todavia, se o empregador não pagar voluntariamente, não poderá ser condenado mais na Justiça e tampouco executado, já que as horas extras estão prescritas.

Registre-se que essa prescrição existe **independentemente da modalidade de extinção do contrato**, o que inclui a extinção por falecimento do trabalhador.

Assim, torna-se compreensível a OJ 129 da SDI-I do TST:

> OJ 129 da SDI-I do TST. PRESCRIÇÃO. COMPLEMENTAÇÃO DA PENSÃO E AUXÍLIO FUNERAL. Inserida em 20/04/1998. A prescrição extintiva para pleitear judicialmente o pagamento da complementação de pensão e do auxílio-funeral é de 2 anos, contados a partir do óbito do empregado.

Importante ponderar que o TST reconhece a aplicação do prazo de dois anos do art. 7º, XXIX, da CF ao **trabalhador avulso**. No entanto, como para essa relação de trabalho existe a peculiaridade de que o trabalhador se engaja em serviços diferentes perante tomadores diversos em momentos diversos, o TST fixou a compreensão de que esses dois anos são contados a partir de eventual cancelamento ou extinção do registro do trabalhador perante o Órgão Gestor de Mão de Obra e não do encerramento do serviço perante cada tomador:

> "(...) PRESCRIÇÃO. TRABALHADOR PORTUÁRIO AVULSO. MARCO INICIAL. ART. 894, § 2º, DA CLT. Não merece reparos a decisão singular por meio da qual se denegou seguimento aos embargos. Isso porque a iterativa, notória e atual jurisprudência do Tribunal Superior do Trabalho é no sentido de que, em relação ao trabalhador portuário avulso, o prazo prescricional de dois anos previsto no art. 7º, XXIX, da Constituição Federal, conta-se somente a partir da data do cancelamento ou extinção do registro perante o OGMO. (...)" (Ag-E-ED- ED-ARR-1225-97.2014.5.09.0322, Subseção I Especializada em Dissídios Individuais, Relator Ministro: Alexandre Luiz Ramos, *DEJT* 25/09/2020).

> "(...) PRESCRIÇÃO. TRABALHADOR PORTUÁRIO AVULSO. TERMO INICIAL. ORIENTAÇÃO JURISPRUDENCIAL 384 DA SBDI-1 CANCELADA. Cinge-se a controvérsia a respeito da aplicação do prazo prescricional e seu marco inicial em demanda trabalhista formulada por trabalhadores portuários avulsos. A Orientação Jurisprudencial n. 384 da SBDI-1 do TST, que recomendava a incidência do biênio prescritivo a partir do encerramento do vínculo do trabalhador avulso com cada tomador de serviços, foi cancelada. Evoluiu a jurisprudência desta Corte para entender que a alternância do tomador de serviços ou do operador portuário e a relação jurídica imediata apenas com o OGMO fazem incompatível a prescrição bienal, salvo se considerado o cancelamento da inscrição no cadastro ou do registro do trabalhador portuário avulso no OGMO como termo inicial do biênio. (...)" (E-ED- Ag-ED-RR-170800-06.2009.5.09.0411, Subseção I Especializada em Dissídios Individuais, Relator Ministro: Augusto Cesar Leite de Carvalho, *DEJT* 11/10/2019).

Além disso, ainda existe, no art. 7º, XXIX, da Constituição, o clássico prazo quinquenal contado retroativamente (para trás) a partir da propositura da ação trabalhista. Assim, ajuizada reclamação trabalhista (ação), apenas as parcelas devidas dentro dos 5 (cinco) anos anteriores à propositura são exigíveis. As verbas eventualmente devidas que sejam anteriores aos 5 anos estão prescritas.

Exemplo: Renato teve um contrato de trabalho iniciado em 19/03/2012, e ajuizou ação trabalhista em 27/03/2020 pleiteando horas extras, então estão prescritas as horas extras anteriores a 27/03/2015. As horas extras anteriores a essa data (período anterior a 27/03/2015) não serão objeto de condenação (ainda que Renato as tenha trabalhado e não recebido), se o juiz reconhecer a prescrição.

Em relação aos empregados domésticos, o melhor é que se adote essa mesma posição, ou seja, aplicar, para fins de concurso, o art. 7º, XXIX, da CF/1988.

 ATENÇÃO!

A Reforma Trabalhista acrescentou o art. 611-B à CLT para especificar taxativamente um marco regulatório com as matérias que não podem ser objeto de negociação, por serem direitos que se enquadram no conceito de indisponibilidade absoluta, preservando-as, o que se convencionou denominar patamar civilizatório mínimo dos trabalhadores.

Art. 611-B da CLT. Constituem objeto ilícito de convenção coletiva ou de acordo coletivo de trabalho, exclusivamente, a supressão ou a redução dos seguintes direitos: (...)

XXI – ação, quanto aos créditos resultantes das relações de trabalho, com prazo prescricional de cinco anos para os trabalhadores urbanos e rurais, até o limite de dois anos após a extinção do contrato de trabalho;

b) Lei nº 8.036/1990:

Prescrição Trintenária do FGTS – Art. 23, § 5º, da Lei nº 8.036/1990. O processo de fiscalização, de autuação e de imposição de multas reger-se-á pelo disposto no Título VII da CLT, respeitado o privilégio do FGTS à prescrição trintenária.

 ATENÇÃO!

Diante do novo posicionamento assumido pelo STF, o TST alterou o teor da Súmula nº 362, igualando a prescrição quinquenal para o não recolhimento dos depósitos do FGTS.

Súmula nº 362 do TST. FGTS. Prescrição (nova redação) – Res. nº 198/2015, republicada em razão de erro material – *DEJT* divulgado em 12, 15 e 16/06/2015. I – Para os casos em que a ciência da lesão ocorreu a partir de 13/11/2014, é quinquenal a prescrição do direito de reclamar contra o não recolhimento de contribuição para o FGTS, observado o prazo de dois anos após o término do contrato; II – Para os casos em que o prazo prescricional já estava em curso em 13/11/.2014, aplica-se o prazo prescricional que se consumar primeiro: trinta anos, contados do termo inicial, ou cinco anos, a partir de 13/11/2014.

Essa Corte também já firmou entendimento no sentido de que, caso o FGTS seja considerado uma parcela reflexa ou assessória, ele seguirá a sorte de sua parcela principal. Esse é o entendimento preconizado na Súmula nº 206.

Foi estabelecida regra de transição intertemporal para as hipóteses em que o prazo prescricional já estava em curso. O prazo prescricional será aquele que ocorrer primeiro, 30 anos contados do termo inicial, ou 5 anos a partir da decisão do STF.

> Súmula nº 206 do TST – FGTS. Incidência sobre parcelas prescritas (nova redação). Resolução 121/2003, *DJ* de 19, 20 e 21/11/2003. A prescrição da pretensão relativa às parcelas remuneratórias alcança o respectivo recolhimento da contribuição para o FGTS.

c) LC nº 150/2015:

O prazo prescricional aplicado ao empregado doméstico está previsto expressamente na LC nº 150/2015, destacando a prescrição bienal e quinquenal:

> Art. 43 da LC nº 150/2015. O direito de ação quanto a créditos resultantes das relações de trabalho prescreve em 5 (cinco) anos até o limite de 2 (dois) anos após a extinção do contrato de trabalho.

22.2.3. Prescrição bienal e prescrição quinquenal

Para falarmos dessa classificação, precisamos repetir o inciso XXIX do art. 7º da CF/1988. Aqui cabe repetir um conselho: nunca é demais ler e reler o texto de lei, pois ele é cobrado com frequência em prova.

> Art. 7º, XXIX, da CF/1988: ação, quanto aos créditos resultantes das relações de trabalho, com prazo prescricional de cinco anos para os trabalhadores urbanos e rurais, até o limite de dois anos após a extinção do contrato de trabalho;

Lembre-se de que a **prescrição quinquenal**, independentemente de o contrato de trabalho ter sido extinto, conta-se da propositura da ação trabalhista e não da extinção do contrato de trabalho. Aliás, nesse ponto, veja a Súmula 308, I, do TST:

> Súmula nº 308 do TST – Prescrição quinquenal (incorporada a Orientação Jurisprudencial nº 204 da SBDI-1). Resolução nº 129/2005, *DJ* de 20, 22 e 25/04/2005. I – Respeitado o biênio subsequente à cessação contratual, a prescrição da ação trabalhista concerne às pretensões imediatamente anteriores a cinco anos, contados da data do ajuizamento da reclamação e, não, às anteriores ao quinquênio da data da extinção do contrato.

II – A norma constitucional que ampliou o prazo de prescrição da ação trabalhista para 5 (cinco) anos é de aplicação imediata e não atinge pretensões já alcançadas pela prescrição bienal quando da promulgação da CF/1988.

A Súmula nº 308 do TST termina com qualquer tipo de discussão sobre o início da contagem dos prazos de prescrição bienal e quinquenal, deixando claro que a contagem da prescrição quinquenal tem início na data do ajuizamento da ação e não no término do contrato de trabalho. Já a prescrição bienal tem sua contagem iniciada automaticamente após o término do contrato de trabalho.

A prescrição quinquenal é aquela que ocorre na vigência do contrato de trabalho, e a prescrição bienal ocorre após a extinção do contrato de trabalho.

22.2.4. Prescrição total e prescrição parcial

A prescrição pode ser, ainda, classificada em total ou parcial.

A doutrina e a jurisprudência são uníssonas em citar que essa classificação não advém de lei, mas sim de entendimento jurisprudencial materializado por meio da Súmula nº 294 do TST.

> Súmula 294 do TST – Prescrição. Alteração contratual. Trabalhador urbano (mantida). Resolução nº 121/2003, DJ de 19, 20 e 21/11/2003. Tratando-se de ação que envolva pedido de prestações sucessivas decorrente de alteração do pactuado, a prescrição é total, exceto quando o direito à parcela esteja também assegurado por preceito de lei.

A prescrição total e a prescrição parcial estão consagradas na Súmula 294 do TST.

Em suma, se a parcela pretendida se refere a obrigações de trato sucessivo que foram **alteradas/suprimidas por um ato único, a prescrição será total** (partindo da premissa de que a parcela não é prevista em lei). Caso a parcela esteja prevista em lei, a prescrição será parcial.

Temos, então, com base neste enunciado:

a) **Prescrição Parcial**: classifica-se a prescrição como parcial quando o direito atingido envolver parcelas de trato sucessivo fundadas em dispositivo legal. Na prescrição parcial a lesão renova-se mês a mês.

Exemplo: Mara foi contratada pele Empresa Sol & Lua em 20/04/2000 e ajuíza, em 29/05/2020, uma reclamação trabalhista pleiteando horas extras trabalhadas e não pagas, pode exigir as horas extras retroativas a 29/05/2015, sendo que estão prescritas as horas extras anteriores a essa data. Logo, houve prescrição de parte das horas extras (prescrição parcial). Vale lembrar de que as horas extras **são asseguradas por preceito lei** (art. 7º, XVI, da CF e art. 59 da CLT).

Outros exemplos jurisprudenciais:

Súmula nº 6, IX, do TST – Equiparação salarial: na ação de equiparação salarial, a prescrição é parcial e só alcança as diferenças salariais vencidas no período de 5 (cinco) anos que precedeu o ajuizamento.

> **Exemplo**: se Cássio, contratado em 10/04/2000, ajuizou reclamação trabalhista contra a empresa X em 28/01/2020, demandando diferenças salariais derivadas da equiparação salarial com o outro empregado (Renan, também contratado no mesmo dia, mas com remuneração superior), então, estarão prescritas as diferenças salariais anteriores a 28/01/2015.

E se ocorrer desvio de função? Seria parcial ou total a prescrição para as diferenças salariais?

> **Exemplo**: Claudia foi admitida em 2002 como auxiliar de serviços gerais mediante remuneração de R$ 3.200,00, mas sempre exerceu, na prática, a função de gerente (e não de auxiliar), cuja remuneração era bem maior. Nesse caso teria direito às diferenças salariais entre a função de auxiliar e a de gerente. Esse direito ao salário condizente com as funções realmente exercidas decorre de lei (art. 460 da CLT).

Súmula nº 373 do TST – Gratificação semestral: Tratando-se de pedido de diferença de gratificação semestral que teve seu valor congelado, a prescrição aplicável é a parcial.

Súmula nº 275, I, do TST – Desvio funcional: Na ação que objetive corrigir desvio funcional, a prescrição só alcança as diferenças salariais vencidas no período de 5 (cinco) anos que precedeu o ajuizamento.

Súmula nº 452 do TST – Planos de cargos e salários: Tratando-se de pedido de pagamento de diferenças salariais decorrentes da inobservância dos critérios de promoção estabelecidos em Plano de Cargos e Salários criado pela empresa, a prescrição aplicável é a parcial, pois a lesão é sucessiva e se renova mês a mês.

Súmula nº 327 do TST – Complementação de aposentadoria. Diferenças. Prescrição parcial: A pretensão a diferenças de complementação de aposentadoria sujeita-se à prescrição parcial e quinquenal, salvo se o pretenso direito decorrer de verbas não recebidas no curso da relação de emprego e já alcançadas pela prescrição, à época da propositura da ação.

b) **Prescrição Total:** na prescrição total, a lesão decorre de ato do empregador que, de forma direta e instantânea, altera o contrato de trabalho.

Na prescrição total, quando ela ocorre, não há qualquer parte que escape da prescrição. A prescrição total incide sobre parcelas que não estão previstas em lei.

> **Exemplo**: a Empresa Lua cria um regulamento interno que prevê o fornecimento de uma cesta básica no valor de R$ 200,00 por mês. Nenhuma lei assegura o referido benefício ao trabalhador, sendo uma vantagem criada, no exemplo, pelo regulamento. Nesse contexto, se a empresa decidir suprimir a concessão da cesta básica mediante revogação do regulamento em 23/04/2015, os trabalhadores poderiam ajuizar ação trabalhista até 23/04/2020 para pedir o restabelecimento da vantagem e a condenação da empresa na indenização dos meses em que não tiveram o plano. Entretanto, se o dia 23/04/2020 foi ultrapassado sem que tenha sido ajuizada ação, haverá prescrição total e, mesmo que o trabalhador proponha reclamatória posterior, não poderá exigir a indenização de nenhum mês e tampouco o restabelecimento da cesta básica.

Em relação ao ponto em questão, chamamos a atenção para a Súmula nº 275, em especial para o seu inciso II.

Súmula nº 275, II, do TST – **Reenquadramento**: Em se tratando de pedido de reenquadramento, a prescrição é total, contada da data do enquadramento do empregado.

Quanto à **prescrição total**, um caso bastante comum envolve a redução do percentual de comissões do emprego. É claro que, se o trabalhador tinha ajustado uma comissão de 5%, não poderia tê-la reduzida para 3% em virtude da mera vontade do empregador. Seria um ilícito. Se isso ocorre, contudo, como não existe lei que defina um percentual de comissões, cabe ao empregado ajuizar ação dentro de 5 anos da ciência dessa redução, sob pena de prescrição.

Leia a OJ 175 da SDI-I do TST:

OJ nº 175 da SDI-I do TST – **Supressão de comissões ou alterações do percentual das comissões**: A supressão das comissões, ou a alteração quanto à forma ou ao percentual, em prejuízo do empregado, é suscetível de operar a prescrição total da ação, nos termos da **Súmula nº 294** do TST, em virtude de cuidar-se de parcela não assegurada por preceito de lei.

OJ nº 242 da SDI-I do TST – **Horas extras**: Embora haja previsão legal para o direito à hora extra, inexiste previsão para a incorporação ao salário do respectivo adicional, razão pela qual deve incidir a prescrição total."

Súmula nº 382 do TST – **Alteração do regime jurídico**: A transferência do regime jurídico de celetista para estatutário implica extinção do contrato de trabalho, fluindo o prazo da prescrição bienal a partir da mudança de regime.

Súmula nº 326 do TST – **Complementação de aposentadoria. Prescrição Total**: A pretensão à complementação de aposentadoria jamais recebida prescreve em 2 (dois) anos contados da cessação do contrato de trabalho.

OJ nº 129 da SDI-I do TST – **Complementação da pensão e auxílio-funeral**: A prescrição extintiva para pleitear judicialmente o pagamento da complementação de pensão e do auxílio-funeral é de 2 anos, contados a partir do óbito do empregado.

Art. 11, § 2º, da CLT. Tratando-se de pretensão que envolva pedido de prestações sucessivas decorrente de alteração ou descumprimento do pactuado, a prescrição é total, exceto quando o direito à parcela esteja também assegurado por preceito de lei.

☞ ATENÇÃO!

Hipóteses de Prescrição Total	Hipóteses de Prescrição Parcial
Supressão de comissões ou alterações do percentual das comissões.	Desvio funcional.
Reenquadramento.	Equiparação Salarial.
Horas extras.	Gratificação Semanal.
Alteração do regime jurídico.	Plano de cargos e salários.
Complementação da aposentadoria.	Diferença em relação e complementação da aposentadoria.
	Complementação de pensão e auxílio-funeral.

22.2.5. Mudança de Regime

Os entes políticos devem adotar um regime jurídico único para seus servidores, exigência essa que está no art. 39, *caput*, da Constituição Federal (com a redação atual por força da ADI nº 2.135):

CF

Art. 39. A União, os Estados, o Distrito Federal e os Municípios instituirão, no âmbito de sua competência, regime jurídico único e planos de carreira para os servidores da administração pública direta, das autarquias e das fundações públicas.

Dessa maneira, se o ente público editar uma lei própria adotando um regime jurídico estatutário, os contratos de emprego que estejam em vigência (empregados públicos) serão extintos, visto que os trabalhadores celetistas passarão a ser servidores públicos estatutários.

Diante da extinção do contrato de emprego, se o empregado público (que passa a ser servidor estatutário) quiser ajuizar ação trabalhista pedindo verbas do período em que atuou como empregado, o prazo prescricional será de dois anos a contar da extinção do contrato (que ocorreu na mudança do regime).

Nesse sentido, segue a Súmula nº 382 do TST:

Súmula 382 do TST. MUDANÇA DE REGIME CELETISTA PARA ESTATUTÁRIO. EXTINÇÃO DO CONTRATO. PRESCRIÇÃO BIENAL (conversão da Orientação Jurisprudencial n. 128 da SBDI-I) – Res. 129/2005, *DJ* 20, 22 e 25/04/2005. A transferência do regime jurídico de celetista para estatutário implica extinção do contrato de trabalho, fluindo o prazo da prescrição bienal a partir da mudança de regime.

22.2.5 Das causas interruptivas, suspensivas e impeditivas

Primeiramente, temos que esclarecer que os casos de suspensão e interrupção da prescrição não se confundem em nada com os casos de suspensão e interrupção do contrato de trabalho. Creio que não há razões para nos alongarmos nesse tipo de explicação, até para, eventualmente, não confundirmos o raciocínio do leitor.

Temos, também, que deixar claro que todas as causas impeditivas, interruptivas ou suspensivas do prazo prescricional têm que estar previstas em lei, até porque todas as hipóteses de prescrição têm necessariamente previsão legal. Como vimos, não existe prescrição convencional.

O prazo de prescrição pode ser **suspenso** ou **interrompido**.

Se for **suspenso**, seu prazo tem a contagem paralisada e, após o término do evento que a suspendeu, **volta a correr pelo que resta** (continua a contagem normalmente).

Quando o prazo for **interrompido**, **recomeça** a contagem tudo de novo, desconsiderando todos os dias já contabilizados. O prazo é, então, reiniciado.

A situação mais comum de interrupção do prazo prescricional é o **ajuizamento de ação trabalhista**. A propositura de ação trabalhista demonstra que o interessado (titular do direito ou aquele que possui autorização para defendê-lo) não ficou parado e tomou providência para exigir o direito.

Exemplo: Flávia teve o seu contrato de trabalho com a Empresa Delta extinto em 20/02/2018, terá até 20/02/2020 para ajuizar reclamação trabalhista. Se ingressou com a ação em 10/02/2020, a prescrição bienal (2 anos da extinção do contrato prevista no art. 7°, XXIX) foi interrompida. Logo, se o processo de Flávia foi extinto sem resolução de mérito (os pedidos não foram julgados) por algum motivo, terá ela mais dois anos para ajuizar uma nova reclamação trabalhista a contar do final do primeiro processo.

a) Causas impeditivas:

O prazo prescricional não tem sequer início de contagem.

Exemplo: não corre prescrição contra o menor empregado. O TST, em consonância com o Código Civil, tem se posicionado no sentido de que também não corre prescrição contra os herdeiros menores do empregado. E esse entendimento já vem sendo cobrado pelo Cespe, que considerou correta a seguinte afirmação na prova de 2009, para procurador do município da Prefeitura de Ipojuca: "O prazo prescricional previsto na CLT não se aplica a herdeiro menor de trabalhador morto."

Já chamamos atenção mais acima para o fato de que não corre prescrição contra os absolutamente incapazes. Isso nada mais é do que uma causa impeditiva do prazo prescricional.

b) Causas suspensivas:

As causas suspensivas, como o próprio nome já diz, suspendem o curso do prazo prescricional. Este terá sua contagem retomada do ponto em que parou quando do fim da causa suspensiva.

Exemplo:
Art. 625-G da CLT. O prazo prescricional será suspenso a partir da provocação da Comissão de Conciliação Prévia, recomeçando a fluir, pelo que lhe resta, a partir da tentativa frustrada de conciliação ou do esgotamento do prazo previsto no art. 625-F.

c) Causas interruptivas:

Seguem a mesma lógica usada acima. As causas interruptivas, como o próprio nome já diz, interrompem o curso do prazo prescricional, o qual terá sua contagem reiniciada quando do fim da causa interruptiva.

ATENÇÃO!
Na suspensão, a contagem do prazo continua do ponto em que parou; já na interrupção, o prazo volta a ser contado "do zero".

A causa interruptiva possui, ainda, uma peculiaridade muito importante: somente pode ocorrer uma vez.

Art. 202 do CC. A interrupção da prescrição, que somente poderá ocorrer uma vez, (...).

Exemplo: a propositura de ação trabalhista, mesmo que arquivada, interrompe a prescrição em relação aos pedidos idênticos.

Súmula nº 268 do TST – Prescrição. Interrupção. Ação trabalhista arquivada (nova redação). Resolução nº 121/2003, *DJ* de 19, 20 e 21/11/2003. A ação trabalhista, ainda que arquivada, interrompe a prescrição somente em relação aos pedidos idênticos.

Logo, no nosso primeiro exemplo, se na primeira reclamatória Flávia pedisse o pagamento do salário de novembro de 2017 e o 13º salário de 2017, apenas haveria interrupção da prescrição em relação a esses pedidos.

Se seu processo for extinto, por exemplo, por defeito da petição inicial (inépcia), sendo a reclamação trabalhista arquivada, pode Flávia então ajuizar uma nova ação pedindo essas mesmas parcelas dentro de dois anos contados do fim do primeiro processo. Dessa forma, se Flávia promover nova ação em 28/05/2020, pode pedir as mesmas parcelas, já que o biênio foi renovado pela interrupção da prescrição.

Cap. 22 – PRESCRIÇÃO E DECADÊNCIA

669

Por outro lado, se não houve pedido de indenização por danos morais na primeira ação, Flávia não saiu da inércia em relação a essa pretensão. Logo, no exemplo dado, se ela entrou com uma ação em 28/05/2020, já ocorreu o transcurso dos dois anos a contar da extinção do contrato (extinção ocorre em 20/02/2018 e o biênio venceu em 20/02/2020). Houve prescrição dessa pretensão.

O art. 11, § 3º, da CLT reforça a regra da interrupção pelo ajuizamento da ação trabalhista:

CLT

Art. 11. (...)

§ 3º A interrupção da prescrição somente ocorrerá pelo ajuizamento de reclamação trabalhista, mesmo que em juízo incompetente, ainda que venha a ser extinta sem resolução do mérito, produzindo efeitos apenas em relação aos pedidos idênticos.

Embora o texto celetista mencione que "**somente**" o ajuizamento da ação trabalhista interrompe a prescrição, diversos estudiosos vêm se posicionando no sentido de que esse caso não será a única hipótese, porque o Código Civil pode ser aplicado subsidiariamente na forma do art. 8º, § 1º, da CLT:

CLT

Art. 8º (...)

§ 1º O direito comum será fonte subsidiária do direito do trabalho.

Dessa forma, existem diversas vozes doutrinárias que admitem também as hipóteses indicadas no art. 202, II a VI, do CC:

CC

Art. 202. A interrupção da prescrição, que somente poderá ocorrer uma vez, dar-se-á:

II – por protesto, nas condições do inciso antecedente;

III – por protesto cambial;

IV – pela apresentação do título de crédito em juízo de inventário ou em concurso de credores;

V – por qualquer ato judicial que constitua em mora o devedor;

VI – por qualquer ato inequívoco, ainda que extrajudicial, que importe reconhecimento do direito pelo devedor.

Assim, por exemplo, se o empregador manda mensagem eletrônica para o trabalhador reconhecendo que ainda deve as horas extras, o prazo prescricional teria sido interrompido, na forma do art. 202, VI, do CC.

Outra ilustração refere-se ao **protesto judicial** (art. 202, II, do CC). Protesto é uma ação destinada a assegurar direitos e/ou a prevenir responsabilidades. É muito comum o trabalhador ou o sindicato ajuizar um protesto para interromper a prescrição que estava em curso. O TST, inclusive, possui orientação no sentido de que o protesto tem esse efeito interruptivo:

> OJ n° 392 da SDI-I do TST. Prescrição. Interrupção. Ajuizamento de protesto judicial. Marco inicial (republicada em razão de erro material) – Res. 209/2016, *DEJT* divulgado em 01, 02 e 03/06/2016. O protesto judicial é medida aplicável no processo do trabalho, por força do art. 769 da CLT e do art. 15 do CPC de 2015. O ajuizamento da ação, por si só, interrompe o prazo prescricional, em razão da inaplicabilidade do § 2° do art. 240 do CPC de 2015 (§ 2° do art. 219 do CPC de 1973), incompatível com o disposto no art. 841 da CLT.

Outra questão que costuma gerar debate é a possibilidade de a prescrição ser interrompida pela propositura de uma ação **por quem não possui legitimidade**.

Pense na hipótese de um sindicato X que promove uma ação coletiva para buscar a condenação da empresa em gratificações devidas para 50 trabalhadores. Ocorre que esse sindicato não representa esses trabalhadores, os quais são representados pelo sindicato Y. Se o processo coletivo movido pelo sindicato X for extinto sem resolução de mérito (sem julgamento dos pedidos) por ilegitimidade, houve interrupção da prescrição?

O TST entende de forma positiva, conforme OJ 359 da SDI-I do TST:

OJ 359 da SDI-I do TST. SUBSTITUIÇÃO PROCESSUAL. SINDICATO. LEGITIMIDADE. PRESCRIÇÃO. INTERRUPÇÃO. (*DJ* 14/03/2008) A ação movida por sindicato, na qualidade de substituto processual, interrompe a prescrição, ainda que tenha sido considerado parte ilegítima *"ad causam"*.

Quanto às **causas suspensivas e impeditivas** do prazo prescricional, elas são as mesmas. A diferença está quando ocorrem. Se o prazo ainda não tinha iniciado, então a causa é impeditiva. Se a contagem já havia começado, então é suspensiva.

> O art. 197, I, do CC elenca alguns casos:
>
> CC
>
> Art. 197. Não corre a prescrição:
>
> I – entre os cônjuges, na constância da sociedade conjugal;
>
> II – entre ascendentes e descendentes, durante o poder familiar;

III – entre tutelados ou curatelados e seus tutores ou curadores, durante a tutela ou curatela.

No caso do art. 197, I, do Código Civil, imagine que o empregado se case com sua empregadora. Nesse caso, o prazo prescricional que estava em curso (em relação a verbas trabalhistas eventualmente devidas) tem a sua contagem paralisada.

Na hipótese do art. 197, II, do Código Civil, a aplicação pode ser inserida na previsão do art. 440 da CLT:

Cap. 22 – PRESCRIÇÃO E DECADÊNCIA

CLT

Art. 440. Contra os menores de 18 (dezoito) anos não corre nenhum prazo de prescrição.

É que, se o pai contrata o filho menor de 18 anos, não corre prescrição, seja em virtude do art. 440 da CLT, seja em razão do art. 197, II, do CC.

Quanto ao art. 197, III, do CC, se o curador, por exemplo, contrata o curatelado, não correrá prescrição durante a curatela.

Outro preceito relevante sobre o tema é o art. 198 do Código Civil:

CC

Art. 198. Também não corre a prescrição:

I – contra os incapazes de que trata o art. 3º;

II – contra os ausentes do País em serviço público da União, dos Estados ou dos Municípios;

III – contra os que se acharem servindo nas Forças Armadas, em tempo de guerra.

No caso específico do art. 198, I, do CC, deve ser feita uma ponderação. Esse preceito não é aplicado ao menor trabalhador, porquanto, para ele, existe regra específica no art. 440 da CLT.

Assim, o preceito civil deve ser aplicado somente ao menor herdeiro de trabalhador falecido.

Observe esses julgados do TST sobre o tema:

"(...) PRESCRIÇÃO. HERDEIRO MENOR SUCESSOR DE EMPREGADO FALECIDO. A jurisprudência do TST firmou o entendimento de que, nas reclamações trabalhistas, envolvendo interesse de herdeiro menor em que se postulam direitos decorrentes do contrato de trabalho do empregado falecido, se aplica o disposto no artigo 198, I, do Código Civil, que estabelece a suspensão do prazo prescricional para os menores absolutamente incapazes, pois o preceito inserido no art. 440 da CLT abrange tão somente o empregado menor de 18 anos, não beneficiando o menor herdeiro de empregado falecido. Precedentes. (...)" (ARR-818-03.2012.5.02.0049, 5ª Turma, Relator Ministro: Breno Medeiros, *DEJT* 04/10/2019).

"(...) PRESCRIÇÃO. SUCESSÃO. HERDEIRO MENOR DE IDADE. INAPLICABILIDADE DO ART. 440 DA CLT. O acórdão regional adotou tese no sentido de que deve ser aplicada à menor herdeira, em isonomia, a regra do artigo 440 da CLT, afastando-se, com isso, a prescrição. No julgamento de casos similares, este Tribunal Superior tem entendido que aplica-se o artigo 198, I, do Código Civil, ou seja, não corre a prescrição contra os herdeiros menores absolutamente incapazes. Em complemento, esta Corte possui jurisprudência sedimentada de que não se aplica o disposto no artigo 440 da CLT, uma vez que a discussão não versa sobre trabalho do menor, mas, sim, sobre a prescrição aplicável aos herdeiros do trabalhador falecido, cuja filha era menor ao tempo do óbito. (...)" (RR-105100-24.2006.5.15.0152, 2ª Turma, Relatora Ministra: Maria Helena Mallmann, *DEJT* 21/06/2019).

Exemplo: se Carolina foi contratada aos 12 anos de idade para trabalhar em uma empresa (contratação irregular, já que o menor não pode trabalhar, em regra, antes dos 16 anos, salvo na condição de aprendiz a partir dos 14 anos, na forma do art. 7°, XXXIII, da CF) e foi dispensada quando tinha 17 anos, os 2 (dois) anos de prescrição do art. 7°, XXIX, da CF não podem ser contados a partir da extinção do contrato. Apenas quando Carolina fizer 18 anos é que a prescrição vai começar a correr. Agora imagine que Carolina esteja com 22 anos e ainda empregada na mesma empresa desde os 12 anos. Se ajuizar ação, quando fazemos a retroação de 5 anos (voltar 5 anos para trás), o marco da prescrição recairia quando ela tinha 17 anos, o que significa que não tem qualquer prescrição a ser declarada, visto que possuía menos de 18 anos. Logo, Carolina poderia pedir qualquer parcela devida desde os 12 anos em que foi indevidamente contratada.

Situação distinta ocorre com o menor herdeiro/sucessor de trabalhador falecido. Se o trabalhador morreu e não recebeu todos os direitos que lhe eram devidos, o descendente é herdeiro/sucessor desses direitos. Se esse herdeiro/sucessor for menor, não se aplica a regra da CLT, mas sim o art. 198, I, do Código Civil.

Logo, para o menor que seja herdeiro/sucessor de trabalhador falecido, a prescrição começa a contar quando faz 16 anos (quando cessa a incapacidade absoluta e começa a incapacidade relativa).

No que tange ao art. 198, II e III, do CC, se o empregado estiver ausente do país a serviço público ou em serviço militar em tempo de guerra, qualquer prazo prescricional de direitos trabalhistas anteriores estará paralisado.

Um último registro deve ser feito. O fato de o contrato de trabalho estar interrompido ou suspenso não quer dizer que o prazo da prescrição está suspenso ou interrompido. São situações completamente diferentes.

Quando um trabalhador está, ilustrativamente, de férias, seu contrato de trabalho está interrompido (está recebendo, mas não está trabalhando). Entretanto, o prazo de prescrição para cobrar horas extras que não recebeu está correndo normalmente.

Além disso, apenas para facilitar o entendimento, veja outro caso: o trabalhador não recebeu as horas extras (está com o prazo de prescrição correndo) e ficou doente, tendo sido afastado do trabalho (recebendo do INSS benefício previdenciário). O contrato está suspenso (não está trabalhando e tampouco recebendo salário), mas o prazo de prescrição continua correndo para as horas extras.

O TST já esclareceu a questão na OJ 375 da SDI-I:

OJ 375 da SDI-I do TST. AUXÍLIO-DOENÇA. APOSENTADORIA POR INVALIDEZ. SUSPENSÃO DO CONTRATO DE. TRABALHO. PRESCRIÇÃO. CONTAGEM (*DEJT* divulgado em 19, 20 e 22/04/2010). A suspensão do contrato de trabalho, em virtude da percepção do auxílio-doença ou da aposentadoria por invalidez, não impede a fluência da prescrição quinquenal, ressalvada a hipótese de absoluta impossibilidade de acesso ao Judiciário.

22.2.6. Prescrição intercorrente

O TST e o STF divergem sobre cabimento da prescrição intercorrente na Justiça do Trabalho, ou seja, quanto ao cabimento da prescrição no curso do processo. Enquanto o STF entende ser cabível, o TST já declarou que esse instituto é inaplicável na Justiça trabalhista.

> Súmula n° 114 do TST – Prescrição intercorrente (mantida). Resolução n° 121/2003, *DJ* de 19, 20 e 21/11/2003. É inaplicável na Justiça do Trabalho a prescrição intercorrente.
>
> Súmula n° 327 do STF – Direito Trabalhista. Admissibilidade. Prescrição intercorrente. O Direito trabalhista admite a prescrição intercorrente.

Prescrição intercorrente é aquela que ocorre no curso do processo, com sua incidência mais frequente na fase de execução. Podemos afirmar que se trata de uma penalidade aplicada em razão da inércia da parte no andamento processual.

Convém recordar que a prescrição não é a perda do direito, mas a perda da ação correspondente ao implemento do direito pretendido, pela passagem do tempo e inércia do titular do direito em buscá-lo.

A redação do art. 11-A, introduzida pela Reforma Trabalhista, é criteriosa a ponto de prever que a prescrição intercorrente (que ocorre na fase de execução do processo) somente ocorrerá após 2 anos.

> Art. 11-A da CLT. Ocorre a prescrição intercorrente no processo do trabalho no prazo de dois anos.
>
> § 1° A fluência do prazo prescricional intercorrente inicia-se quando o exequente deixa de cumprir determinação judicial no curso da execução.
>
> § 2° A declaração da prescrição intercorrente pode ser requerida ou declarada de ofício em qualquer grau de jurisdição.

O marco inicial do prazo da prescrição intercorrente ocorre somente quando o próprio exequente deixa de cumprir alguma determinação do juízo para prosseguir com o processo.

Até mesmo os créditos da Fazenda Pública podem prescrever de forma intercorrente, na forma da lei federal regente. O prazo de 2 anos foi estabelecido a partir da norma constitucional, que prevê o prazo prescricional de 2 anos para propositura de ação.

22.2.7. FGTS

Por muitos anos, sempre se entendeu que o prazo de prescrição do FGTS que ainda não foi recolhido (em relação à parcela remuneratória já paga) seria de **30 anos** (trintenária).

Entretanto, o Supremo Tribunal Federal julgou o **Tema 608 da Lista de Repercussão Geral**, reconhecendo que o prazo não é de 30 anos, mas de 5 anos.

Todavia, o próprio STF, reconhecendo que o entendimento anterior era diferente, necessitou adaptar os efeitos da decisão, razão pela qual estabeleceu uma regra de transição.

Essa nova sistemática foi resumida pelo Tribunal Superior do Trabalho na Súmula nº 362:

> Súmula 362 do TST. FGTS. PRESCRIÇÃO (redação alterada) – Res. 198/2015, republicada em razão de erro material – *DEJT* divulgado em 12, 15 e 16/06/2015.
>
> I – Para os casos em que a ciência da lesão ocorreu a partir de 13/11/2014, é quinquenal a prescrição do direito de reclamar contra o não recolhimento de contribuição para o FGTS, observado o prazo de dois anos após o término do contrato;
>
> II – Para os casos em que o prazo prescricional já estava em curso em 13/11/2014, aplica-se o prazo prescricional que se consumar primeiro trinta anos, contados do termo inicial, ou cinco anos, a partir de 13/11/2014 (STF-ARE-709212/DF).

Para entender o enunciado, observe as seguintes premissas. Em primeiro lugar, lembre-se de que, se o contrato de trabalho for extinto, o prazo de dois anos para ajuizar ação será contado da extinção do contrato de trabalho. Logo, se Francisco teve o contrato de trabalho extinto em 18/05/2017 e havia FGTS não recolhido, a ação trabalhista (cobrando o FGTS) deveria ter sido proposta até 18/05/2019, sob pena de prescrição.

Em segundo lugar, a decisão do STF foi proferida em 13/11/2014. Logo, por exemplo, se o FGTS não recolhido for referente ao mês de janeiro de 2015, então o prazo de prescrição será de cinco anos a contar da exigibilidade da parcela (sempre respeitado o prazo de 2 anos para ajuizar ação trabalhista contados da extinção do contrato).

Nesse ponto, lembre-se de que o FGTS deve ser recolhido até o dia 7 do mês seguinte ao mês do FGTS devido, conforme art. 15, *caput*, da Lei nº 8.036/1990:

Lei nº 8.036/1990

Art. 15. Para os fins previstos nesta lei, todos os empregadores ficam obrigados a depositar, até o dia 7 (sete) de cada mês, em conta bancária vinculada, a importância correspondente a 8 (oito) por cento da remuneração paga ou devida, no mês anterior, a cada trabalhador, incluídas na remuneração as parcelas de que tratam os arts. 457 e 458 da CLT e a gratificação de Natal a que se refere a Lei nº 4.090, de 13 de julho de 1962, com as modificações da Lei nº 4.749, de 12 de agosto de 1965.

Dessa maneira, conforme exemplo, se o contrato de trabalho estiver em vigor, o empregador teria até 7 de fevereiro de 2015 para recolher o FGTS de janeiro de 2015. Logo, caso não tenha recolhido, o trabalhador possui até 7 de fevereiro de 2020 para ajuizar ação demandando o FGTS (prazo quinquenal – 5 anos). Lembre-se de que o contrato de trabalho está em curso. Aqui incide a Súmula 362, I, do TST.

Por outro lado, suponha que não tenha sido recolhido o FGTS relativo ao mês de outubro de 2008 sobre os salários que foram pagos ao empregado Francisco.

Nesse caso, o prazo prescricional já estava em curso e era de 30 anos, quando veio a decisão do STF. Assim, deve o operador do Direito se perguntar: o que vem primeiro? 30 anos (quer dizer, 2038) ou 13/11/2019 (esse último é cinco anos contados da decisão do STF em 13/11/2014)? A resposta era clara: 13/11/2019. É a aplicação da Súmula n° 362, II, do TST. Portanto, o trabalhador tinha até essa data para ajuizar ação pedindo o FGTS referente a outubro de 2008.

De outra sorte, imagine que Francisco é empregado desde 1970. Se Francisco não teve o FGTS de outubro de 1988 recolhido (em relação a salário já pago), o que ocorre primeiro? 30 anos (prazo que vence em 2018) ou 13/11/2019 (esse último é cinco anos contados da decisão do STF em 13/11/2014)? A resposta também é clara: 2018. É também a incidência da Súmula n° 362, II, do TST.

> ☞ **ATENÇÂO!**
>
> Esse debate somente se justificou **até 13/11/2019**. Após essa data, todo e qualquer prazo prescricional do FGTS não recolhido sobre verbas remuneratórias já pagas passou a ser de cinco anos.

Discutiu-se, até agora, sobre FGTS não recolhido sobre verba remuneratória já paga (ex.: o salário já foi pago, mas o FGTS não foi recolhido; horas extras foram pagas, mas o FGTS não foi recolhido; o adicional de insalubridade já foi pago, mas o FGTS não foi recolhido etc.).

E o que acontece se há salário não pago e, em consequência, o FGTS também não foi recolhido? De início, deve ficar claro que a verba remuneratória respeita a prescrição quinquenal. Assim, se Renato ajuíza reclamação trabalhista em 24/05/2020, pode pedir as horas extras retroativas a 24/05/2015, sendo que as anteriores a essa data estão prescritas (não podem ser exigidas). Nesse caso, o que ocorreria com o FGTS em relação às horas extras prescritas?

O TST entende que o FGTS também estaria atingido pela prescrição, na forma da Súmula n° 206:

Súmula 206 do TST. FGTS. INCIDÊNCIA SOBRE PARCELAS PRESCRITAS (nova redação) – Res. 121/2003, DJ 19, 20 e 21/11/2003. A prescrição da pretensão relativa às parcelas remuneratórias alcança o respectivo recolhimento da contribuição para o FGTS.

DIREITO COLETIVO DO TRABALHO

23.1. CONCEITO

Direito Coletivo do Trabalho é o conjunto de princípios e regras que regem as **relações coletivas de trabalho** entre grupos de trabalhadores e empregador(es) e que permitem a solução de conflitos coletivos.

Enquanto o Direito Individual foca na relação entre trabalhador e empregador/tomador de serviços, o Direito Coletivo centra-se nas relações que envolvem a coletividade de trabalhadores e seus interesses, de um lado, e os empregadores e seus interesses de outro. A negociação coletiva, a organização e a atuação sindical, a greve, a solução de conflitos coletivos são apenas algumas das matérias abrangidas pelo Direito Coletivo do Trabalho.

> ☞ Não esqueça!
> No Direito Coletivo o empregado não caminha sozinho, mas sempre de "mãos dadas" com o seu sindicato.

No que tange à **denominação,** podem ser observadas inúmeras fabricações doutrinárias para o que se convencionou chamar de Direito Coletivo do Trabalho.

Historicamente, era comum a utilização da expressão **Direito Industrial,** remontando à época da Revolução Industrial inglesa. Certo é que tal nomenclatura era ao mesmo tempo restritiva (só englobava o trabalhador do âmbito industrial) e ao mesmo tempo ampliativa (no sentido que sugeria relações de Direito Econômico ou Empresarial).

A doutrina utilizou-se, ainda, da nomenclatura **"Direito Operário",** tendo praticamente a mesma influência da corrente acima exposta, em detrimento do foco dado ao local em que as atividades eram desenvolvidas (indústria). Esse segmento direcionou-se ao executor das atividades, ou seja, o operário em si, esquecendo-se das demais categorias profissionais.

O Direito Coletivo é chamado por alguns de **"Direito Sindical",** nomenclatura que evidencia uma visão subjetivista do campo, porquanto foca na figura das entidades sindicais. Muito embora se deva reconhecer a extrema importância das entidades sindicais, certo é que o Direito Coletivo não se limita a elas ou à sua atuação.

Outros denominam o Direito Coletivo como **"Direito Social"**. Ocorre que é uma nomenclatura muito ampla, que ultrapassa a ideia do que se pretende estudar, porquanto diversos outros conjuntos normativos possuem regras igualmente sociais, tais como o Direito Previdenciário e o Direito Ambiental. Além disso, o próprio Direito Individual do Trabalho não deixa de ser um Direito Social, retirando a ideia de representação mais específica que se espera de um nome que cuida de normas trabalhistas para uma coletividade.

☞ **Atenção!**

A expressão **"Direito Sindical"** é encontrada em julgados, mas com referência sempre a assuntos relativos no âmbito dos sindicatos, como enquadramento sindical, contribuições para as entidades, registro, eleições internas, dentre outros. Observe:

"(...) MATÉRIA COMUM AOS RECURSOS DE REVISTA DA CONFEDERAÇÃO NACIONAL DO COMÉRCIO DE BENS. SERVIÇOS E TURISMO – CNC. E DA FEDERAÇÃO DO COMÉRCIO DE SANTA CATARINA – FECOMÉRCIO. *DIREITO SINDICAL*. CONTRIBUIÇÃO SINDICAL. 1 – Foram atendidos os requisitos do art. 896, § 1º-A, da CLT. 2 – De acordo com o disposto no art. 580, III, da CLT, a contribuição sindical será recolhida de uma só vez, anualmente, e consistirá, para os 'empregadores', numa importância proporcional ao capital social da firma ou empresa, registrado nas respectivas Juntas Comerciais ou órgãos equivalentes mediante a aplicação das alíquotas (...)". (grifo nosso) (ARR – 178-54.2014.5.12.0019, Relatora Ministra: Kátia Magalhães Arruda. Data de Julgamento: 23/08/2017, 6ª Turma, Data de Publicação: *DEJT* 25/08/2017).

"(...) RECURSO DE REVISTA. *DIREITO SINDICAL* – CONTRIBUIÇÃO SINDICAL – HOLDING – EMPRESA SEM EMPREGADOS. Empresa que não possui empregados, construída como holding, não está obrigada ao recolhimento de contribuição sindical patronal. Os artigos 578 e 579 da CLT impõem a obrigatoriedade da contribuição aos que integram categorias econômicas ou profissionais, destinando-se à defesa de interesses comuns na órbita primordialmente trabalhista, e o artigo 580, III, do mesmo diploma legal, atribui esse ônus especificamente aos empregadores, ou seja, aqueles que admitem, assalariam e dirigem a prestação pessoal de serviços (art. 2º da CLT). (...)". (grifo nosso) (RR – 1630-16.2010.5.07.0004, Relator Desembargador Convocado: André Genn de Assunção Barros, Data de julgamento: 16/12/2018, 7ª Turma, Data de Publicação: *DEJT* 12/02/2019).

Convencionou-se, majoritariamente, a utilização da nomenclatura de **"Direito Coletivo do Trabalho"** em detrimento de todas as demais acima apresentadas. Não há preocupação tão somente com os sujeitos atuantes, mas com as relações coletivas tratadas, seja por meio de atuação sindical, seja por meio de outras formas de ação coletiva de cunho relevante como as greves, sem autorização sindical, ou as entidades representativas internas das empresas que não tenham participação sindical.

A expressão **"Direito Coletivo do Trabalho"** é, inclusive, a utilizada no âmbito jurisprudencial, como se observa:

> "(...) RECURSO DE REVISTA. HORAS *IN ITINERE*. SUPRESSÃO POR MEIO DE NORMA COLETIVA. CONCESSÃO DE OUTRAS VANTAGENS. VALIDADE. (...). Registrou, ainda, que a Constituição Federal reconheceu as convenções e os acordos coletivos como instrumentos legítimos de prevenção e de autocomposição de conflitos trabalhistas, com possibilidade inclusive de redução de direitos, de modo que, em face do princípio da autonomia da vontade no âmbito do *direito coletivo do trabalho*, deveria ser reputada válida a disposição coletiva que suprimiu direito assegurado pela lei, tendo em vista que, em contrapartida, por meio do mesmo acordo coletivo, foram outorgados aos trabalhadores outros ganhos no lugar das horas de percurso. Recurso de revista conhecido e provido". (grifo nosso) (ARR – 37-69.2016.5.23.0141, Relatora Ministra: Dora Maria da Costa, Data de julgamento: 21/02/2018, 8ª Turma, Data de Publicação: *DEJT* 23/02/2018).

A Reforma Trabalhista, introduzida no nosso ordenamento pela Lei nº 13.467/2017, alterou o modelo sindical adotado no Brasil.

É fato que o modelo sindical vigente no Brasil antes da reforma era praticamente o mesmo da época de sua criação, no período conhecido como Estado Novo.

23.2. FUNÇÕES

O Direito Coletivo possui diversas funções:

- **Função tutelar**: muito embora exista uma maior liberdade na negociação no âmbito coletivo, não se pode negar que diversas premissas desse conjunto de normas visam, em última análise, a proteção do trabalhador. A relevância e a legitimidade dos sindicatos e o reconhecimento da greve como direito fundamental evidenciam essa função.

- **Função coordenadora**: as normas permitem uma harmonização de interesses claramente conflitantes entre capital e trabalho. O diálogo entre esses polos ocorre sobretudo por meio de um conjunto normativo que estabelece um equilíbrio.

- **Função modernizante** (progressista): os constantes avanços tecnológicos impactam diretamente as relações de trabalho, o que exige a edição de normas e meios de solução dos conflitos que certamente surgirão. Nesse panorama, o Direito Coletivo atualiza as relações de trabalho, adequando às novas tecnologias e novas profissões.

- **Função econômica**: as normas desse campo permitem maior circulação de riquezas, seja mediante a criação ou revisão de vantagens e obrigações econômicas, seja por meio da adequação às novas relações de trabalho e tecnologias.

- **Função conservadora**: permite a manutenção das estruturas sociais inerentes ao capitalismo mediante a pacificação de conflitos coletivos de trabalho.

23.3. PRINCÍPIOS DO DIREITO COLETIVO

No que se refere aos princípios especiais de Direito Coletivo do Trabalho, devem ser os mesmos seguidos no sentido de orientação dos agentes coletivos no ato negocial, servindo tanto para assegurar a existência do ser coletivo, quanto para reger as relações entre os entes acordantes e análise de validade da norma coletiva face à estatal.

23.3.1. Princípio da Liberdade Sindical

Trata-se de um princípio que é espécie do gênero liberdade associativa, estampado no artigo 5ª, XVII, XVIII, XIX, XX e XXI da CF/88.

As pessoas possuem **direito fundamental de formar associações de natureza civil** com objetivo de defender interesses comuns que não violem matrizes constitucionais:

CF

Art. 5º. (...)

XVII – é plena a liberdade de associação para fins lícitos, vedada a de caráter paramilitar;

As **entidades sindicais** são associações especiais, como estudaremos no próximo capítulo. De toda sorte, veja o art. 511, *caput*, da CLT:

CLT

Art. 511. É lícita a associação para fins de estudo, defesa e coordenação dos seus interesses econômicos ou profissionais de todos os que, como empregadores, empregados, agentes ou trabalhadores autônomos ou profissionais liberais exerçam, respectivamente, a mesma atividade ou profissão ou atividades ou profissões similares ou conexas.

No âmbito da organização sindical, essa liberdade associativa passa a ser conhecida como liberdade sindical, também assegurada de forma constitucional. Assim, não se pode exigir autorização do Estado para a criação de sindicato, conforme art. 8º, I, da CF:

CF

Art. 8º. É livre a associação profissional ou sindical, observado o seguinte:

I – a lei não poderá exigir autorização do Estado para a fundação de sindicato, ressalvado o registro no órgão competente, vedadas ao Poder Público a interferência e a intervenção na organização sindical;

Essa liberdade sindical também pode ser vista na **Declaração Universal do Direitos Humanos**:

Declaração Universal Dos Direitos Humanos

Art. XXIII.

4. Toda pessoa tem direito a organizar sindicatos e neles ingressar para proteção de seus interesses.

No mesmo sentido, segue o art. 22, itens 1 e 2, do **Pacto Internacional dos Direitos Civis e Políticos**:

Pacto Internacional sobre Direitos Civis e Políticos

Art. 22.

1. Toda pessoa terá o direito de associar-se livremente a outras, inclusive o direito de construir sindicatos e de a eles filiar-se, para a proteção de seus interesses.

2. O exercício desse direito estará sujeito apenas às restrições previstas em lei e que se façam necessárias, em uma sociedade democrática, no interesse da segurança nacional, da segurança e da ordem públicas, ou para proteger a saúde ou a moral públicas ou os direitos e liberdades das demais pessoas. O presente artigo não impedirá que se submeta a restrições legais o exercício desse direito por membros das forças armadas e da polícia.

Também caminha nessa direção o art. 16 da **Convenção Americana de Direitos Humanos**:

Convenção Americana de Direitos Humanos (Pacto de San José da Costa Rica)

Artigo 16 – Liberdade de associação

1. Todas as pessoas têm o direito de associar-se livremente com fins ideológicos, religiosos, políticos, econômicos, trabalhistas, sociais, culturais, desportivos ou de qualquer outra natureza.

2. O exercício de tal direito só pode estar sujeito às restrições previstas pela lei que sejam necessárias, numa sociedade democrática, no interesse da segurança nacional, da segurança ou da ordem públicas, ou para proteger a saúde ou a moral públicas ou os direitos e liberdades das demais pessoas.

3. O disposto neste artigo não impede a imposição de restrições legais, e mesmo a privação do exercício do direito de associação, aos membros das forças armadas e da polícia.

Quanto aos **servidores públicos civis**, a lei consagra a liberdade sindical:

CF

Art. 37. A administração pública direta e indireta de qualquer dos Poderes da União, dos Estados, do Distrito Federal e dos Municípios obedecerá aos princípios de legalidade, impessoalidade, moralidade, publicidade e eficiência e, também, ao seguinte:

VI – é garantido ao servidor público civil o direito à livre associação sindical;

Claro que a liberdade sindical prevista na Constituição não é absoluta. Em primeiro lugar, a Constituição Federal pode criar exceções para ela mesma. Isso ocorreu com os militares, para os quais não é admitida a sindicalização:

CF

Art. 142 (...)

§ 3º Os membros das Forças Armadas são denominados militares, aplicando-se-lhes, além das que vierem a ser fixadas em lei, as seguintes disposições:

IV – ao militar são proibidas a sindicalização e a greve;

☞ **ATENÇÃO!**

Existe uma outra restrição: o **princípio da unicidade sindical** que estudaremos mais adiante.

O princípio da liberdade sindical deve ser interpretado de forma ampla, tanto no campo coletivo como no plano individual. Ele comporta duas dimensões: a positiva e a negativa.

Na dimensão positiva, existe liberdade de criação do sindicato, bem como a liberdade de cada indivíduo se filiar (se associar) ao sindicato. Lembre-se de que nem todo integrante de uma categoria é sindicalizado, mas o sindicalizado deve ser integrante da categoria. Ser filiado é uma escolha, insere-se no âmbito da liberdade individual.

Assim, pode haver um professor (integra a categoria dos professores que é representada pelo sindicato) sem que ele seja efetivamente filiado. Logo, o professor se associa ao sindicato se ele quiser.

Por outro lado, compreende-se, na dimensão negativa, a premissa de que a pessoa possui direito de se desfiliar do sindicato, bem como de nunca se filiar se assim desejar:

CF

Art. 8º. É livre a associação profissional ou sindical, observado o seguinte:

V – ninguém será obrigado a filiar-se ou a manter-se filiado a sindicato;

Essas dimensões não podem ser violadas nem mesmo por meio de norma coletiva (convenção ou acordo coletivo).

> **Exemplo**: uma norma coletiva **não** pode estabelecer uma prioridade na contratação, pelas empresas, de empregados filiados a sindicato, porque isso discriminaria aqueles trabalhadores que não possuem interesse na sindicalização. Violaria a dimensão negativa da liberdade sindical.

O TST deixou clara essa diretriz na OJ 20 da SDC:

OJ 20 da SDC. EMPREGADOS SINDICALIZADOS. ADMISSÃO PREFERENCIAL. CONDIÇÃO VIOLADORA DO ART. 8º, V, DA CF/1988 (inserido dispositivo) – *DEJT* divulgado em 16, 17 e 18/11/2010. Viola o art. 8º, V, da CF/1988 cláusula de instrumento normativo que estabelece a preferência, na contratação de mão de obra, do trabalhador sindicalizado sobre os demais.

23.3.2. Princípio da Autonomia Sindical

Decorre da premissa a **autonomia** que entidade possui para se organizar e defender seus interesses, desde que não violem matrizes constitucionais.

Dessa forma, restam vedadas a interferência e a intervenção estatal:

CF

Art. 8º. É livre a associação profissional ou sindical, observado o seguinte:

I – a lei não poderá exigir autorização do Estado para a fundação de sindicato, ressalvado o registro no órgão competente, vedadas ao Poder Público a interferência e a intervenção na organização sindical;

Cap. 23 – DIREITO COLETIVO DO TRABALHO

A mesma lógica é aplicável às associações em geral:

CF

Art. 5º (...)

XVIII – a criação de associações e, na forma da lei, a de cooperativas independem de autorização, sendo vedada a interferência estatal em seu funcionamento;

Essa autonomia é expressa em diversos campos: organizacional (possui liberdade para organizar seu estatuto), política (é livre para defender a linha política que atenda seus interesses), de atuação (define quais são os interesses que deve defender) etc.

Vale registrar que essa autonomia de atuação pode ser visualizada no art. 8º, III, da CF:

CF

Art. 8º. É livre a associação profissional ou sindical, observado o seguinte:

III – ao sindicato cabe a defesa dos direitos e interesses coletivos ou individuais da categoria, inclusive em questões judiciais ou administrativas;

Ressalte-se que essa autonomia não se refere somente em relação ao Estado, como poderia parecer. A entidade sindical deve ser livre de qualquer interferência externa, o que inclui outras entidades e empresas. Com base nessa premissa, não se admite que empresas possam dar contribuições a sindicatos de trabalhadores e tampouco sustentar serviços desses, porquanto esse tipo de auxílio poderia afetar, ainda que forma indireta, a autonomia da entidade sindical.

Observe julgados do Tribunal Superior do Trabalho sobre o tema:

AÇÃO ANULATÓRIA. (...) ANÁLISE CONJUNTA. CLÁUSULA 8ª – PRESTAÇÃO DE SERVIÇOS À ASSISTÊNCIA MÉDICA E ODONTOLÓGICA. (...) Trata-se de cláusula que, objetivando subsidiar o custeio da clínica médica e odontológica, para atendimento dos trabalhadores e de seus dependentes, estabelece contribuição a ser paga diretamente pelas empresas ao sindicato da categoria profissional. O entendimento majoritário desta Seção Especializada é o de que, ainda que, a teor do art. 7º, XXVI, da CF, os instrumentos negociais autônomos devam ser respeitados, na medida em que a negociação coletiva é a melhor forma de atender aos interesses de ambos os segmentos, a liberdade negocial não é absoluta, não se podendo admitir a pactuação de cláusula que, a despeito de supostamente estabelecer benefícios aos trabalhadores – no caso a assistência médica e odontológica – prevê contribuição a ser paga pelas empresas e repassada ao sindicato profissional. Entende a SDC que cláusulas desse jaez revelam intervenção patronal na sustentação econômica do sindicato, de forma direta e indireta, afrontando o princípio da autonomia sindical, ínsito no art. 8º, III, da Constituição Federal, e contrariando as disposições constantes do art. 2º da Convenção n. 98 da OIT. Nesse contexto, mantém-se a decisão regional que declarou a nulidade da cláusula 8ª – PRESTAÇÃO DE SERVIÇOS À ASSISTÊNCIA MÉDICA E ODONTOLÓGICA, constante da CCT 2017/2018 firmada pelos réus desta ação. Recursos ordinários conhecidos e não providos (RO-303-40.2018.5.08.0000, Seção Especializada em Dissídios Coletivos, Redatora Ministra: Dora Maria da Costa, *DEJT* 18/09/2019).

(...) 2. NULIDADE DA CLÁUSULA 56 – FUNDO ASSISTENCIAL. O entendimento desta Seção Especializada é o de que a instituição de cláusula na qual se estabelece a obrigação das empresas ao recolhimento de receita em favor do sindicato profissional, ainda que a norma tenha, eventualmente, a finalidade de garantir benefícios aos trabalhadores, ofende o princípio da autonomia sindical, ínsito no art. 8º, III, da Constituição Federal, e contraria as disposições constantes do 2º da Convenção n. 98 da OIT. Nesse sentido, declara-se a nulidade da cláusula 56 – FUNDO ASSISTENCIAL, constante da CCT 2015/2017. Recurso ordinário conhecido e provido. (RO – 586-34.2016.5.08.0000, Relatora Ministra: Dora Maria da Costa, Data de Julgamento: 19/02/2018, Seção Especializada em Dissídios Coletivos, Data de Publicação: *DEJT* 27/02/2018).

23.3.3. Princípio da Intervenção Sindical obrigatória na negociação coletiva

Inicialmente é importante destacar que esse princípio considera que, em uma negociação coletiva, a entidade sindical representativa dos trabalhadores possui **participação obrigatória**. Seu fundamento encontra-se no art. 8º, VI, da Constituição Federal:

CF

Art. 8º. É livre a associação profissional ou sindical, observado o seguinte:

VI – é obrigatória a participação dos sindicatos nas negociações coletivas de trabalho;

Muito embora haja menção a "**sindicatos**", a norma visa a participação da entidade obreira e não necessariamente a entidade patronal. De fato, no caso de Convenção Coletiva, ocorre a participação de ambos os sindicatos:

CLT

Art. 611. Convenção Coletiva de Trabalho é o acordo de caráter normativo, pelo qual dois ou mais Sindicatos representativos de categorias econômicas e profissionais estipulam condições de trabalho aplicáveis, no âmbito das respectivas representações, às relações individuais de trabalho.

Contudo, existe também o **Acordo Coletivo de Trabalho**, o qual abrange o sindicato de trabalhadores e uma ou mais empresas (sem intervenção do sindicato patronal):

CLT

Art. 611. (...)

§ 1º É facultado aos Sindicatos representativos de categorias profissionais celebrar Acordos Coletivos com uma ou mais empresas da correspondente categoria econômica, que estipulem condições de trabalho, aplicáveis no âmbito da empresa ou das acordantes respectivas relações de trabalho.

Ressalte-se que o art. 7º, XXVI, da CF valida tanto a convenção quanto o acordo coletivo:

CF

Art. 7º. São direitos dos trabalhadores urbanos e rurais, além de outros que visem à melhoria de sua condição social:

XXVI – reconhecimento das convenções e acordos coletivos de trabalho;

Cap. 23 – DIREITO COLETIVO DO TRABALHO

> **☞ ATENÇÃO!**
> Existe uma situação especial em que pode haver negociação coletiva sem a participação do sindicato de trabalhadores. É a previsão do art. 617 da CLT.

CLT

Art. 617. Os empregados de uma ou mais empresas que decidirem celebrar Acordo Coletivo de Trabalho com as respectivas empresas darão ciência de sua resolução, por escrito, ao Sindicato representativo da categoria profissional, que terá o prazo de 8 (oito) dias para assumir a direção dos entendimentos entre os interessados, devendo igual procedimento ser observado pelas empresas interessadas com relação ao Sindicato da respectiva categoria econômica.

§ 1º. Expirado o prazo de 8 (oito) dias sem que o Sindicato tenha se desincumbido do encargo recebido, poderão os interessados dar conhecimento do fato à Federação a que estiver vinculado o Sindicato e, em falta dessa, à correspondente Confederação, para que, no mesmo prazo, assuma a direção dos entendimentos. Esgotado esse prazo, poderão os interessados prosseguir diretamente na negociação coletiva até final.

No que se refere às recentes alterações legais promovidas pela Reforma Trabalhista, o artigo 611-A, *caput* da CLT deixou também expressa a necessidade da participação do sindicato na negociação coletiva. No entanto, não houve qualquer revogação, expressa ou tácita, do artigo 617, § 1º, pelo o que, segundo o nosso entendimento, eles se mantêm em pleno vigor em nosso ordenamento por recepcionado pela CF/88 e não revogados por qualquer diploma posterior.

23.3.4. Princípio da Equivalência entre os negociantes coletivos

Todos os negociantes coletivos são equiparados: o empregador, ainda que individualmente (negociando o acordo coletivo), ou por meio de seu sindicato econômico, assim como os sindicatos profissionais.

Atenção! São **seres coletivos** no âmbito trabalhista as **entidades sindicais** (seja representação obreira ou patronal) e a **empresa**.

Os sindicatos dos trabalhadores, em nome do grupo representado, atuam em substituição às individualidades, permitindo que se busquem benefícios negociais sem que os trabalhadores sejam pressionados ou prejudicados pelo empregador.

O princípio parte da premissa de que não há uma hipossuficiência do ser coletivo. Pelo contrário, existe uma equivalência entre eles. Veja um julgado que menciona o princípio:

RECURSO ORDINÁRIO DO MPT. AÇÃO ANULATÓRIA. (...) TRANSAÇÃO COLETIVA SINDICAL. (...). Não há, pois, indício de afronta ao princípio da equivalência entre os contratantes coletivos, no caso em análise. Nesse contexto, forçoso reconhecer que a norma coletiva representou efetiva transação coletiva sindical, com o despojamento bilateral e reciprocidade entre os sujeitos coletivos envolvidos. (...) (RO-1000351-52.2015.5.02.0000, Seção Especializada em Dissídios Coletivos, Relator Ministro: Mauricio Godinho Delgado, *DEJT* 18/05/2018).

MANUAL DE DIREITO DO TRABALHO – ROGÉRIO RENZETTI

A consequência do reconhecimento desse princípio é a **maior amplitude da negociação coletiva trabalhista**. Os seres coletivos podem negociar matérias que não seriam, como regra, acessíveis a uma negociação individual entre empregado e empregador, porquanto, no Direito Individual do Trabalho, o trabalhador é parte claramente hipossuficiente, o que atrai maior proteção e um nível mais profundo de indisponibilidade de direitos.

23.3.5. Princípio da Autonomia Privada Coletiva

A negociação coletiva exerce papel fundamental no Direito Coletivo, porquanto permite aos atores sociais definir as regras que irão reger suas relações laborais. Essa autogestão facilita a consideração de peculiaridades de diversas relações laborais, bem como a modernização em virtude das novas tecnologias introduzidas, além de possibilitar o incremento da condição social dos trabalhadores.

A participação dos destinatários da norma ou de seus representantes na elaboração do conjunto normativo confirma o princípio democrático. O legislador constituinte, visualizando a importância do tema, reconheceu a validade das convenções e dos acordos coletivos de trabalho no art. 7º, XXVI; da CF:

CF

Art. 7º. São direitos dos trabalhadores urbanos e rurais, além de outros que visem à melhoria de sua condição social:

XXVI – reconhecimento das convenções e acordos coletivos de trabalho;

Desta forma, percebe-se que o Direito Coletivo do Trabalho autoriza uma maior flexibilidade na criação ou revisão, no âmbito privado, de normas impessoais, genéricas e abstratas.

Essa liberdade de negociação foi ampliada com a Reforma Trabalhista (Lei nº 13.467/17), conforme se nota no art. 611-A, *caput*, da CLT, que permitiu que o negociado coletivamente no âmbito privado prevalecesse sobre a norma heterônoma estatal (produzida por terceiro – o Estado):

CLT

Art. 611-A. A convenção coletiva e o acordo coletivo de trabalho têm prevalência sobre a lei quando, entre outros, dispuserem sobre: (...)

Aliás, note que a rega mencionada também tornou o rol de matérias passíveis de negociação coletiva meramente exemplificativo, reforçando a autonomia dos seres coletivos.

23.3.6. Princípio da Boa-fé, Lealdade e Transparência na Negociação Coletiva

Necessário na formação e no desenvolvimento das relações estipuladas em norma coletiva, que os seres coletivos envolvidos ajam com boa-fé, lealdade e transparência. As normas coletivas regerão efetivamente as relações laborais individuais entre trabalhadores e empregadores, razão pela qual deve haver boa-fé, ética e respeito nas relações negociais, além de efetiva transparência.

Não pode haver dolo ou buscar fazer a parte contrária incidir em erro no curso das negociações. As pretensões devem ser claras e expressas, evitando interpretações divergentes, bem como pretensões ocultas.

Quanto à **transparência**, ela deve existir não apenas entre os signatários da norma, mas também em relação aos representados pela entidade sindical signatária. É que a entidade, ao firmar uma norma coletiva, representa pessoas e deve, em virtude de sua legitimação constitucional, demonstrar completa ligação aos interesses dos representados.

Nesse contexto, compreende-se perfeitamente a razão pela qual não se pode admitir que uma cláusula normativa permita o custeio de qualquer atividade sindical de trabalhadores por empresas, porquanto haveria o risco de afetar a própria imagem da entidade junto aos representados.

Veja uma aplicação prática do princípio:

> (...) ACORDO COLETIVO DE TRABALHO. HOMOLOGAÇÃO. CONTRIBUIÇÃO PATRONAL EM FAVOR DO SINDICATO PROFISSIONAL. RETRIBUIÇÃO PELA PARTICIPAÇÃO SINDICAL NAS NEGOCIAÇÕES COLETIVAS. LIMITAÇÃO À AUTONOMIA SINDICAL. DESRESPEITO AO PRINCÍPIO DA LEALDADE E TRANSPARÊNCIA NA NEGOCIAÇÃO COLETIVA. 1. O Tribunal Regional de origem homologou cláusula que estipula-doação-da categoria patronal para o sindicato profissional a título de-participação sindical nas negociações coletivas. (...) 3. A cláusula impugnada, na prática, transfere o custeio da atuação sindical da entidade profissional na negociação coletiva para a categoria econômica. Esse fato, além de atentar contra o princípio da autonomia sindical, põe em dúvida a lisura do sindicato profissional na efetiva busca de normas coletivas que visem a beneficiar os trabalhadores por ele representados. Precedentes da SDC. Recurso ordinário conhecido provido. Processo: RO – 3528-60.2010.5.04.0000 Data de Julgamento: 10/10/2011, Relator Ministro: Walmir Oliveira da Costa, Seção Especializada em Dissídios Coletivos, Data de Publicação: *DEJT* 21/10/2011.

23.3.7. Princípio da Criatividade Jurídica na Negociação Coletiva

O referido princípio estatui a ideia de que os processos negociais coletivos acarretam a criação de norma jurídica em harmonia com aquelas heterônomas emanadas do Estado-Legislador e não meramente cláusulas contratuais, sendo verdadeira fonte de obrigações e direitos, com abrangência a seus contratantes.

A autonomia privada coletiva permite a criação de normas que não existem na normatização heterônoma estatal (leis, decretos etc.). Trata-se de decorrência lógica da liberdade na fixação de regras para reger as relações de trabalho.

Podem ser criadas vantagens sociais e econômicas, obrigações, regras procedimentais etc.

> **Exemplo**: criação direitos como vale-refeição, plano de saúde, seguro de vida, estabilidades, descontos salariais, procedimentos de apuração interna na empresa etc.

Logo, fala-se em **criatividade jurídica na negociação coletiva**. Veja um julgado do TST:

> (...) ACORDO COLETIVO DE TRABALHO. APLICAÇÃO DA CLÁUSULA COLETIVA. CONCESSÃO DE VALES-ALIMENTAÇÃO OU REFEIÇÃO E VALES-CESTA AOS EMPREGADOS AFASTADOS POR ACIDENTE DE TRABALHO. O princípio da criatividade jurídica da negociação coletiva traduz a noção de que os processos negociais coletivos e seus instrumentos – ACT/CCT – têm real poder de criar norma jurídica (com qualidades, prerrogativas e efeitos próprios a estas), em harmonia com a normatividade heterônoma. (...) (Ag- AIRR-2618-13.2016.5.22.0003, 3ª Turma, Relator Ministro: Mauricio Godinho Delgado, *DEJT* 16/08/2019).

23.3.8. Princípio da Adequação Setorial Negociada

Também denominado de **princípio do limite da negociação coletiva**, trata-se de um dos mais importantes princípios de Direito Coletivo do Trabalho.

Esse princípio impõe limites à autonomia privada coletiva e à criatividade jurídica na negociação coletiva. Basicamente parte da premissa de que não se pode negociar tudo, havendo restrições que devem ser observadas.

A primeira restrição seria a **impossibilidade de renúncia pura e simples** de direitos trabalhistas. A negociação coletiva partiria de uma premissa de que existe uma transação, isto é, as partes podem afastar determinados direitos em troca de outros. Não se admitirá a simples renúncia sem qualquer contrapartida.

Além disso, ainda na primeira restrição, a transação somente poderia ocorrer em relação às parcelas de indisponibilidade relativa e não parcelas de indisponibilidade absoluta. Direitos como salário mínimo e normas de segurança e medicina do trabalho não podem ser afastadas ou reduzidas, por serem direitos de indisponibilidade absoluta. Por outro lado, normas sobre jornada e participação nos lucros são perfeitamente possíveis em uma negociação coletiva.

Veja um julgado nesse sentido:

> (...) PRINCÍPIO DA ADEQUAÇÃO SETORIAL NEGOCIADA. TURNOS ININTERRUPTOS DE REVEZAMENTO. ELASTECIMENTO DE JORNADA PARA ALÉM DO LIMITE DE 8 HORAS DIÁRIAS. NULIDADE DA NORMA COLETIVA. SÚMULA 423/TST. (...) Noutro norte, amplas são as possibilidades de validade e eficácia jurídicas das normas autônomas coletivas em face das normas heterônomas imperativas, à luz do princípio da adequação setorial negociada. Entretanto, essas possibilidades não são plenas e irrefreáveis, havendo limites objetivos à criatividade jurídica da negociação coletiva trabalhista. Desse modo, ela não prevalece se concretizada mediante ato estrito de renúncia ou se concernente a direitos revestidos de indisponibilidade absoluta (e não indisponibilidade relativa), os quais não podem ser transacionados nem mesmo por negociação sindical coletiva. (...) (RR-1454-61.2017.5.11.0010, 3ª Turma, Relator Ministro: Mauricio Godinho Delgado, *DEJT* 01/07/2019).

Essa primeira restrição sofreu clara atenuação pela reforma trabalhista (Lei nº 13.467/2017), a qual autorizou a negociação coletiva sem que houvesse qualquer contrapartida, exceto quando se trata de redução salarial ou de jornada, situação excepcional para a qual o legislador fixou contrapartida específica:

CLT

Art. 611-A. (...)

§ 2º A inexistência de expressa indicação de contrapartidas recíprocas em convenção coletiva ou acordo coletivo de trabalho não ensejará sua nulidade por não caracterizar um vício do negócio jurídico.

§ 3º Se for pactuada cláusula que reduza o salário ou a jornada, a convenção coletiva ou o acordo coletivo de trabalho deverão prever a proteção dos empregados contra dispensa imotivada durante o prazo de vigência do instrumento coletivo.

A segunda restrição considera que o conjunto de direitos negociados por norma coletiva deve ser superior ao previsto na normatização heterônoma trabalhista (leis, decretos etc.), de maneira que o patamar social do trabalhador seja valorizado.

Novamente essa restrição foi muito flexibilizada pela reforma trabalhista. Isso porque não somente pode haver transações sem contrapartida, como também o negociado prevalece sobre o legislado sem qualquer menção na lei de que o conjunto de direitos negociado deve ser superior ao patamar legal:

CLT

Art. 611-A. A convenção coletiva e o acordo coletivo de trabalho têm prevalência sobre a lei quando, entre outros, dispuserem sobre: (...)

Na realidade, o legislador reformista limitou as hipóteses em relação às quais não pode haver transação:

CLT

Art. 611-B. Constituem objeto ilícito de convenção coletiva ou de acordo coletivo de trabalho, exclusivamente, a supressão ou a redução dos seguintes direitos: (...)

Além disso, o legislador reformista acrescentou uma restrição ao exame das normas coletivas pela Justiça do Trabalho:

CLT

Art. 8º. (...)

§ 3º No exame de convenção coletiva ou acordo coletivo de trabalho, a Justiça do Trabalho analisará exclusivamente a conformidade dos elementos essenciais do negócio jurídico, respeitado o disposto no art. 104, da Lei nº 10.406, de 10 de janeiro de 2002 (Código Civil), e balizará sua atuação pelo princípio da intervenção mínima na autonomia da vontade coletiva.

MANUAL DE DIREITO DO TRABALHO – ROGÉRIO RENZETTI

É evidente que somente o tempo permitirá a consolidação da jurisprudência sobre o tema, bem como a forma como o Tribunal Superior do Trabalho irá examinar a situação, sobretudo em relação a esse "princípio da intervenção mínima na autonomia da vontade coletiva".

23.3.9. Princípio da Unicidade Sindical

Não se pode criar, em relação a uma categoria, mais de uma entidade sindical na mesma base territorial. Trata-se de matriz adotada pelo legislador constituinte no art. 8º, II:

CF

Art. 8º. É livre a associação profissional ou sindical, observado o seguinte:

II – é vedada a criação de mais de uma organização sindical, em qualquer grau, representativa de categoria profissional ou econômica, na mesma base territorial, que será definida pelos trabalhadores ou empregadores interessados, não podendo ser inferior à área de um Município;

O princípio da unicidade sindical é considerado o principal limitador do princípio da liberdade sindical, porquanto não admite a criação de vários sindicatos da mesma categoria na mesma base territorial. O STF reconheceu essa limitação:

AGRAVO REGIMENTAL EM RECLAMAÇÃO. AÇÃO CIVIL PÚBLICA PROPOSTA PELO MINISTÉRIO PÚBLICO DO TRABALHO. RECLAMAÇÃO AJUIZADA NO SUPREMO TRIBUNAL FEDERAL. INTERPOSIÇÃO DE AGRAVO REGIMENTAL DE DECISÃO DE RELATOR. ARTIGO 8º, INCISOS I, II E III, DA CONSTITUIÇÃO FEDERAL. AUSÊNCIA DE LEGITIMIDADE DO SINDICATO PARA ATUAR PERANTE A SUPREMA CORTE. AUSÊNCIA DE REGISTRO SINDICAL NO MINISTÉRIO DO TRABALHO E EMPREGO. NECESSIDADE DE OBSERVÂNCIA DO POSTULADO DA UNICIDADE SINDICAL. LIBERDADE E UNICIDADE SINDICAL. (...) 3. O postulado da unicidade sindical, devidamente previsto no art. 8º, II, da Constituição Federal, é a mais importante das limitações constitucionais à liberdade sindical. (...) (Rcl 4990 AgR, Relatora Ministra: Ellen Gracie, Tribunal Pleno, julgado em 04/03/2009, Data de Publicação: 27/03/2009).

☞ **Atenção!**

O órgão responsável por fiscalizar a unicidade sindical era o Ministério do Trabalho, mas hoje é o **Ministério da Economia**. A exigência de registro prevista no art. 8º, I, da CF serve para permitir o respeito à unicidade sindical:

CF

Art. 8º. É livre a associação profissional ou sindical, observado o seguinte:

I – a lei não poderá exigir autorização do Estado para a fundação de sindicato, ressalvado o registro no órgão competente, vedadas ao Poder Público a interferência e a intervenção na organização sindical;

Cap. 23 – DIREITO COLETIVO DO TRABALHO

23.4. CONVENÇÕES NOS 87 E 141 DA OIT

A Organização Internacional do Trabalho emitiu uma declaração sobre princípios e direitos fundamentais, indicando que um membro da OIT deve respeitar e tornar realidade os princípios relativos a direitos fundamentais que sejam objeto dessas convenções quando tratar de temas específicos, entre os quais se encontra a liberdade sindical:

2. Declara que todos os Membros, ainda que não tenham ratificado as convenções aludidas, têm um compromisso, derivado do fato de pertencer à organização, de respeitar, promover e tornar realidade, de boa fé e de conformidade com a Constituição, os princípios relativos aos direitos fundamentais que são objeto dessas convenções, isto é:

   a) a liberdade sindical e o reconhecimento efetivo do direito de negociação coletiva;

   b) a eliminação de todas as formas de trabalho forçado ou obrigatório;

   c) a abolição efetiva do trabalho infantil; e

   d) a eliminação da discriminação em matéria de emprego e ocupação.

O ordenamento constitucional brasileiro promove a liberdade sindical, o que atende à declaração, mas isso não significa que essa liberdade seja absoluta. E são justamente esses limites que impedem o Brasil de ratificar a Convenção nº 87 da OIT, muito embora seja uma das convenções mais relevantes da entidade internacional.

O art. 2º da Convenção assegura a liberdade sindical tanto no plano coletivo de criação das entidades como no plano individual de filiação:

Art. 2º. Os trabalhadores e os empregadores, sem distinção de qualquer espécie, terão direito de constituir, sem autorização prévia, organizações de sua escolha, bem como o direito de se filiar a essas organizações, sob a única condição de se conformar com os estatutos delas.

Essa regra está de acordo com o ordenamento brasileiro (art. 8º, I, da CF). O art. 3º da Convenção garante a autonomia sindical:

Art. 3º.

1. As organizações de trabalhadores e de empregadores terão o direito de elaborar seus estatutos e regulamentos administrativos, de eleger livremente seus representantes, de organizar a gestão e a atividade dos mesmos e de formular seu programa de ação.

2. As autoridades públicas deverão abster-se de qualquer intervenção que possa limitar esse direito ou entravar o seu exercício legal.

Diante dessa liberdade, a convenção pretendeu libertar as pessoas de qualquer restrição que pudesse ser imposta para o exercício desses direitos. Observe o disposto no art. 7º e no art. 8º, item 2:

Art. 7º. A aquisição de personalidade jurídica por parte das organizações de trabalhadores e de empregadores, suas federações e confederações, não poderá estar sujeita a condições de natureza a restringir a aplicação das disposições dos arts. 2, 3 e 4 acima.

Art. 8º.

2. A legislação nacional não deverá prejudicar nem ser aplicada de modo a prejudicar as garantias previstas pela presente Convenção.

Dessa forma, a convenção defende a pluralidade sindical, tornando possível a criação de mais de uma entidade representativa da categoria na mesma base territorial, o que se contrapõe frontalmente com o princípio da unicidade sindical previsto no art. 8º, II, da CF.

Além disso, surge um outro problema. No Brasil, o legislador constituinte assegurou o direito do aposentado de votar e de ser votado. Ocorre que, de acordo com a autonomia plena prevista na Convenção, poderia ocorrer de o estatuto não autorizar a eleição de um aposentado, situação que não pode existir no Brasil. Veja o art. 8º, VII, da CF:

CF

Art. 8º. É livre a associação profissional ou sindical, observado o seguinte:

VII – o aposentado filiado tem direito a votar e ser votado nas organizações sindicais;

Registre-se, para fins de estudo, que o art. 4º da Convenção assegura que as entidades sindicais não podem ser dissolvidas ou suspensas pela via administrativa:

Art. 4º. As organizações de trabalhadores e de empregadores não estarão sujeitas à dissolução ou à suspensão por via administrativa.

Essa lógica também pode ser vista no art. 5º, XIX, da CF:

CF

Art. 5º. (...)

XIX – as associações só poderão ser compulsoriamente dissolvidas ou ter suas atividades suspensas por decisão judicial, exigindo-se, no primeiro caso, o trânsito em julgado;

Por fim, o art. 5º da Convenção permite a criação de federações e confederações:

Art. 5º. As organizações de trabalhadores e de empregadores terão o direito de constituir federações e confederações, bem como o de filiar-se às mesmas, e toda organização, federação ou confederação terá o direito de filiar-se às organizações internacionais de trabalhadores e de empregadores.

Essa possibilidade também existe no ordenamento brasileiro, como se nota no art. 533 da CLT:

CLT

Art. 533. Constituem associações sindicais de grau superior as federações e confederações organizadas nos termos desta Lei.

Constata-se, assim, que o Brasil não pode ratificar a Convenção nº 87 da OIT diante, sobretudo, do princípio da unicidade sindical.

Por outro lado, o Brasil ratificou a Convenção nº 141 da OIT que trata das organizações de trabalhadores rurais e estabelece o direito de livre sindicalização:

> Convenção nº 141 da OIT (Decreto nº 10.088/19)
>
> Art. 3º.
>
> 1. Todas as categorias de trabalhadores rurais, tanto de assalariados como de pessoas que trabalhem por conta própria, deverão ter o direito de constituir, sem autorização prévia, organizações de sua própria escolha, assim como o de se afiliar a essas organizações, com a única condição de se sujeitarem aos estatutos das mesmas.
>
> 2. Os princípios da liberdade sindical deverão ser respeitados plenamente; as organizações de trabalhadores rurais deverão ser independentes e de caráter voluntário e não deverão ser submetidas a qualquer ingerência, coação ou medida repressiva.
>
> (...)

Claro que o princípio da unicidade sindical previsto na Constituição Federal deve ser respeitado. E qual seria o conceito de trabalhadores rurais para a OIT para fins de aplicação dessa Convenção? O art. 2º da Convenção nº 141 da OIT esclarece:

> Convenção nº 141 da OIT (Decreto nº 10.088/19)
>
> Art. 2º.
>
> 1. Para fins da presente Convenção, o termo "trabalhadores rurais" significa quaisquer pessoas que se dediquem em aéreas rurais, as atividades agrícolas, artesanais ou outras conexas ou assemelhadas, quer como assalariados, quer como observância do disposto no § 2º do presente artigo, como pessoas que trabalhem por conta própria, tais como parceiros-cessionários, meeiros e pequenos proprietários residentes.
>
> 2. A presente Convenção aplica-se somente aos parceiros-cessionários, meeiros ou pequenos proprietários residentes, cuja principal fonte de renda seja a agricultura e que trabalhem eles próprios a terra, com ajuda apenas da família ou, ocasionalmente, de terceiros, e que:
>
> a) não empreguem mão de obra permanentemente; ou
>
> b) não empreguem mão de obra sazonal numerosa; ou
>
> c) não tenham suas terras cultivadas por meeiros ou parceiros-cessionários.

23.5. ORGANIZAÇÃO SINDICAL BRASILEIRA

23.5.1. O Fenômeno Social do Sindicalismo

Os sindicatos, de acordo com a doutrina, passaram por diferentes estágios ao longo da história, desde a proibição e penalização de sua existência, seguindo ao período de tolerância e, por fim, do seu reconhecimento.

Dessa forma, quanto ao movimento sindical, tivemos:

- a fase de proibição, ocorrida logo após a extinção das corporações de ofício, inclusive ocorrendo uma tendência de sua criminalização, como na França e na Inglaterra;

- fase de tolerância, em que os governos passaram a permitir a reunião de trabalhadores, descriminalizando a sua existência, apesar de ainda não reconhecerem a personalidade jurídica do sindicato (seria meramente uma associação de fato);

- fase de reconhecimento, inicialmente sob o controle estatal e, posteriormente, sem tal controle. O reconhecimento sob o controle estatal ocorreu inicialmente na ex-União Soviética, cujos sindicatos eram denominados "corporativistas", subordinados ao Estado, sem a figura capitalista (empregador), pressupondo a inexistência de uma luta entre classes, já que teoricamente existia a união entre capital e trabalho.

23.5.2. Generalidades

Inicialmente, precisamos definir o que seria um sindicato.

Sindicato é uma pessoa jurídica de direito privado sem fins lucrativos destinada ao estudo, à defesa e à coordenação de interesses econômicos ou profissionais de empregadores ou trabalhadores que exerçam a mesma atividade ou profissão ou ainda atividades ou profissões similares ou conexas.

Veja o disposto no art. 44, I, do Código Civil, e art. 511, *caput*, da CLT:

CC

Art. 44. São pessoas jurídicas de direito privado:

I – as associações;

CLT

Art. 511. É lícita a associação para fins de estudo, defesa e coordenação dos seus interesses econômicos ou profissionais de todos os que, como empregadores, empregados, agentes ou trabalhadores autônomos ou profissionais liberais exerçam, respectivamente, a mesma atividade ou profissão ou atividades ou profissões similares ou conexas.

Na preciosa lição do Professor Fábio Villela,

Sindicato é a associação coletiva de natureza privada que tem por finalidade o estudo, a defesa e a coordenação de interesses econômicos ou profissionais de todos os que, como empregadores, empregados, agentes ou trabalhadores autônomos, ou profissionais liberais, exerçam, respectivamente, a mesma atividade ou profissão ou atividades ou profissões similares ou conexas.[1]

---

[1] VILLELA, Fábio Goulart. *Manual de Direito do Trabalho*: teoria e questões. Rio de Janeiro: Elsevier, 2010.

E o que seriam **atividades idênticas**? E **atividades similares e conexas**? Nesse ponto, registre-se o disposto no art. 511, § 4º, da CLT:

CLT

Art. 511. (...)

§ 4º Os limites de identidade, similaridade ou conexidade fixam as dimensões dentro das quais a categoria econômica ou profissional é homogênea e a associação é natural.

23.5.3. Categoria econômica

Quando se fala em **categoria econômica**, o legislador refere-se à **categoria patronal (de empregadores)**. Por outro lado, quando se alude a **categoria profissional**, está se falando em **categoria de trabalhadores**.

Dessa forma, a lei menciona que a associação seria natureza natural entre aqueles que exercem **atividades idênticas** (iguais), **similares** (mesmo ramo de atuação, ou seja, atividades parecidas, mas que não são idênticas) e **conexas** (ramos de atuação diferentes, mas que se complementam).

Exemplo: pode existir, como representante de categoria econômica, um sindicato de restaurantes (atividades idênticas). No entanto, pode surgir um sindicato de bares e restaurantes (atividades do mesmo ramo, parecidas, mas que não são idênticas – são apenas similares). Além disso, pode surgir um sindicato de hotéis, bares e restaurantes (hotéis de um lado e restaurantes/bares de outro não são do mesmo ramo, mas se complementam. São atividades conexas, isto é, elas se relacionam diretamente, muito embora não sejam do mesmo ramo).

Art. 511, § 1º, da CLT. A solidariedade de interesses econômicos dos que empreendem atividades idênticas, similares ou conexas, constitui o vínculo social básico que se denomina categoria econômica.

Logo, pode existir o sindicato de hotéis, bares e restaurantes. É um sindicato representativo da categoria econômica.

23.5.4. Categoria profissional

Aqueles trabalhadores que laboram nas atividades empresariais idênticas, similares ou conexas e que não sejam integrantes de categoria diferenciada (conceito que analisaremos mais adiante) constituem a categoria profissional. Essa categoria de trabalhadores pode constituir um sindicato obreiro.

No exemplo dado anteriormente, pode existir o sindicato dos trabalhadores em hotéis, bares e restaurantes. Esse sindicato representa diversas profissões, tais como empregados, garçons, cozinheiros, recepcionistas, copeiras, ascensoristas etc.

Veja o art. 511, § 2º, da CLT:

> Art. 511, § 2º, da CLT. A similitude de condições de vida oriunda da profissão ou trabalho em comum, em situação de emprego na mesma atividade econômica ou em atividades econômicas similares ou conexas, compõe a expressão social elementar compreendida como categoria profissional.

Nesse contexto, a formação da categoria profissional atende à **bilateralidade**, isto é, existe uma categoria obreira (profissional) que se contrapõe à categoria patronal. Como exemplificado, se existe a categoria dos hotéis, bares e restaurantes, então existe a categoria dos trabalhadores em hotéis, bares e restaurantes.

23.5.5. Categoria profissional diferenciada

O que seria uma categoria profissional diferenciada? É aquele conjunto de trabalhadores específicos que se reúnem em virtude de suas profissões ou funções, porque são regidos por regramento próprio ou porque possuem condições de vida muito peculiares.

> **Exemplo:** os aeronautas possuem lei específica (Lei nº 13.475/17) e podem constituir o sindicato dos aeronautas.

Ilustração de trabalhadores que possuem condições singulares de vida são os professores. Podem formar o sindicato dos professores.

A previsão da categoria profissional diferenciada está no art. 511, § 3º, da CLT:

> Art. 511, § 3º, da CLT. Categoria profissional diferenciada é a que se forma dos empregados que exerçam profissões ou funções diferenciadas por força de estatuto profissional especial ou em consequência de condições de vida singulares.
>
> OJ nº 36 da SDC do TST – 36. Empregados de empresa de processamento de dados. Reconhecimento como categoria diferenciada. Impossibilidade (inserida em 07/12/1998). É por lei, e não por decisão judicial, que as categorias diferenciadas são reconhecidas como tais. De outra parte, no que tange aos profissionais da informática, o trabalho que desempenham sofre alterações, de acordo com a atividade econômica exercida pelo empregador.
>
> Súmula nº 374 do TST – Norma coletiva. Categoria diferenciada. Abrangência (conversão da Orientação Jurisprudencial nº 55 da SBDI-1). Resolução nº 129/2005, DJ 20, 22 e 25/04/2005. Empregado integrante de categoria profissional diferenciada não tem o direito de haver de seu empregador vantagens previstas em instrumento coletivo no qual a empresa não foi representada por órgão de classe de sua categoria.

23.5.6. Do enquadramento sindical

A CLT, em seu art. 570, estabelece como regra de enquadramento sindical o critério por categorias específicas.

Art. 570. Os sindicatos constituir-se-ão, normalmente, por categorias econômicas ou profissionais, específicas, na conformidade da discriminação do quadro das atividades e profissões a que se refere o art. 577 ou segundo as subdivisões que, sob proposta da Comissão do Enquadramento Sindical, de que trata o art. 576, forem criadas pelo ministro do Trabalho, Indústria e Comércio.

Já o parágrafo único do art. 570 da CLT estabelece o critério da atividade preponderante, para os casos em que uma empresa exerce duas ou mais atividades econômicas que correspondam a categorias distintas.

Parágrafo único. Quando os exercentes de quaisquer atividades ou profissões se constituírem, seja pelo número reduzido, seja pela natureza mesma dessas atividades ou profissões, seja pelas afinidades existentes entre elas, em condições tais que não se possam sindicalizar eficientemente pelo critério de especificidade de categoria, é-lhes permitido sindicalizar-se pelo critério de categorias similares ou conexas, entendendo-se como tais as que se acham compreendidas nos limites de cada grupo constante do Quadro de Atividades e Profissões.

O critério da atividade preponderante deve levar em consideração o conceito trazido pelo § 2º do art. 581 da CLT.

Art. 581, § 2º, da CLT. Entende-se por atividade preponderante a que caracterizar a unidade de produto, operação ou objetivo final, para cuja obtenção todas as demais atividades convirjam, exclusivamente em regime de conexão funcional.

23.5.7. Estrutura sindical

a) **Estrutura sindical externa:**

O Brasil adotou a estrutura piramidal, constituída pelos sindicatos em sua base, seguidos das federações e das confederações no topo.

Surge uma pergunta natural: e as centrais sindicais?

MANUAL DE DIREITO DO TRABALHO – ROGÉRIO RENZETTI

Trata-se de pessoas jurídicas de direito privado de representação geral de trabalhadores às quais as entidades sindicais de trabalhadores podem se filiar.

A Lei nº 11.648/2008 reconhece as centrais sindicais como entidades de representação geral dos trabalhadores, constituídas em âmbito nacional. Em seu art. 1º, encontramos as suas atribuições e prerrogativas:

> Art. 1º. A central sindical, entidade de representação geral dos trabalhadores, constituída em âmbito nacional, terá as seguintes atribuições e prerrogativas:
>
> I – coordenar a representação dos trabalhadores por meio das organizações sindicais a ela filiadas; e
>
> II – participar de negociações em fóruns, colegiados de órgãos públicos e demais espaços de diálogo social que possuam composição tripartite, nos quais estejam em discussão assuntos de interesse geral dos trabalhadores.
>
> Parágrafo único. Considera-se central sindical, para os efeitos do disposto nesta Lei, a entidade associativa de direito privado composta por organizações sindicais de trabalhadores.

As centrais sindicais representam apenas os empregados. Não existe central sindical representando os interesses do empregador, e por isso ela está fora da pirâmide ilustrativa mostrada anteriormente.

☞ **ATENÇÃO!**

As centrais sindicais, apesar de exercerem significativo papel na defesa de direitos dos trabalhadores, não integram a hierarquia sindical brasileira.

Existem várias centrais sindicais, por exemplo, a Central Única de Trabalhadores (CUT), a Força Sindical (FS), a União Geral dos Trabalhadores (UGT), a Nova Central Sindical de Trabalhadores (NCST), a Central dos Trabalhadores e Trabalhadoras do Brasil (CTB), a Central dos Sindicatos Brasileiros (CSB) etc.

Assim, diante da existência de diversas centrais, quais podem indicar os representantes? Isso depende do nível de representatividade da central, conforme definido por art. 3º da Lei nº 11.648/2008:

Lei nº 11.648/2008

Art. 3º. A indicação pela central sindical de representantes nos fóruns tripartites, conselhos e colegiados de órgãos públicos a que se refere o inciso II do *caput* do art. 1º desta Lei será em número proporcional ao índice de representatividade previsto no inciso IV do *caput* do art. 2º desta Lei, salvo acordo entre centrais sindicais.

§ 1º O critério de proporcionalidade, bem como a possibilidade de acordo entre as centrais, previsto no *caput* deste artigo não poderá prejudicar a participação de outras centrais sindicais que atenderem aos requisitos estabelecidos no art. 2º desta Lei.

Cap. 23 – DIREITO COLETIVO DO TRABALHO

§ 2º A aplicação do disposto no *caput* deste artigo deverá preservar a paridade de representação de trabalhadores e empregadores em qualquer organismo mediante o qual sejam levadas a cabo as consultas.

A estrutura sindical brasileira é composta pelos **sindicatos**, pelas **confederações** e pelas **federações**. Cada federação é composta de, no mínimo, cinco sindicatos, e as confederações são formadas por pelo menos três federações.

Em relação aos sindicatos, temos que relembrar os termos do inciso II do art. 8º da CF/1988, que determina que: "é vedada a criação de mais de uma organização sindical, em qualquer grau, representativa de categoria profissional ou econômica, na mesma base territorial, que será definida pelos trabalhadores ou empregadores interessados, não podendo ser inferior à área de um município".

De fato, os sindicatos podem ser municipais, intermunicipais, estaduais, interestaduais e até mesmo nacionais.

Já as entidades de grau superior são as federações e confederações:

Art. 533, da CLT. Constituem associações sindicais de grau superior as federações e confederações organizadas nos termos desta Lei.

E como se constituem as federações? O art. 534 da CLT preceitua que existe a necessidade de, pelo menos, 5 sindicatos para a formar uma federação:

Art. 534. É facultado aos Sindicatos, quando em número não inferior a 5 (cinco), desde que representem a maioria absoluta de um grupo de atividades ou profissões idênticas, similares ou conexas, organizarem-se em federação.

(...)

§ 2º As federações serão constituídas por Estados, podendo o Ministro do Trabalho, Indústria e Comércio autorizar a constituição de Federações interestaduais ou nacionais.

(...)

Interessante observar que a criação de uma Federação não importa automática filiação de sindicatos naquela base territorial.

Assim, se for criada a Federação dos Trabalhadores nas Indústrias do estado do Rio de Janeiro, isso não significa que todos os Sindicatos de Trabalhadores na Indústria existentes no Estado estão automaticamente associados à Federação. A filiação depende de ato voluntário de cada entidade ali existente.

Nesse contexto, veja esse trecho de decisão do Supremo Tribunal Federal:

Nem o princípio da unicidade sindical, nem o sistema confederativo, mantidos pela Constituição, impõem que os sindicatos se filiem à federação que pretenda abranger-lhe a categoria-base; por isso, nenhuma federação pode arrogar-se âmbito de representatividade maior que o resultante da soma das categorias e respectivas bases territoriais dos sindicatos que a ela se filiem. (MS 21.549, Rel. Min. Sepúlveda Pertence, julgamento em 17/11/93, Plenário, *DJ* de 6/10/1995).

Já a formação das confederações pressupõe, ao menos, 3 federações. A exigência é estabelecida no art. 535 da CLT:

Art. 535. As Confederações organizar-se-ão com o mínimo de 3 (três) federações e terão sede na Capital da República.

(...)

§ 4º As associações sindicais de grau superior da Agricultura e Pecuária serão organizadas na conformidade do que dispuser a lei que regular a sindicalização dessas atividades ou profissões.

> ☞ **ATENÇÃO!**
>
> A Confederação é a única entidade sindical legitimada a ajuizar **Ação Direta de Constitucionalidade**, conforme art. 103, IX, da Constituição Federal: CF:

Art. 103. Podem propor a ação direta de inconstitucionalidade e a ação declaratória de constitucionalidade:

IX – confederação sindical ou entidade de classe de âmbito nacional.

Além disso, deve existir pertinência temática entre os objetivos institucionais da Confederação e a matéria sobre a qual pretende o exame da inconstitucionalidade:

(...) AÇÃO PROPOSTA POR CONFEDERAÇÃO SINDICAL HETEROGÊNEA QUE NÃO REPRESENTA A TOTALIDADE DA CATEGORIA EM ÂMBITO NACIONAL. AUSÊNCIA DE PERTINÊNCIA TEMÁTICA. ILEGITIMIDADE ATIVA *AD CAUSAM*. AGRAVO NÃO PROVIDO. 1. A Constituição de 1988 ampliou consideravelmente a legitimidade ativa para provocar o controle normativo abstrato, reforçando a jurisdição constitucional por meio da democratização das suas vias de acesso. A atuação das confederações sindicais em sede de controle concentrado de constitucionalidade se submete a duas condicionantes procedimentais: a) o reconhecimento da condição de confederação, entidade sindical de grau máximo, assim considerada a agremiação constituída por, no mínimo, três federações sindicais integrantes de uma mesma categoria econômica ou profissional, registrada no Ministério do Trabalho (Súmula n. 677/STF); e b) a relação de pertinência temática entre os objetivos institucionais da confederação postulante e o conteúdo da norma objeto de impugnação. (ADI 1.873, Rel. Min. Marco Aurélio, Plenário, *DJ* de 19/9/2003). (...) (ADO 46 AgR, Relator: Luiz Fux, Tribunal Pleno, Data de Publicação: 03/04/2019).

No entanto, essa legitimidade deve ficar limitada aos interesses das categorias profissionais ou econômicas respectivas. Logo, uma confederação não ostenta legitimidade para defender interesses gerais, os quais são comuns a qualquer cidadão:

Cap. 23 – DIREITO COLETIVO DO TRABALHO

(...) ILEGITIMIDADE ATIVA *AD CAUSAM*. AGRAVO NÃO PROVIDO. (...) As confederações sindicais e as entidades de classe de âmbito nacional não possuem legitimidade para a defesa de interesses gerais, comuns a todos os cidadãos, mas apenas daqueles afetos às respectivas categorias profissionais e econômicas. Precedentes: ADI 6077-AgR, rel. min. Marco Aurélio, Plenário, *DJe* 27/6/2019; ADI 6078-AgR, rel. min. Ricardo Lewandowski, Plenário, *DJe* 12/6/2019; ADI 4.302-AgR, rel. min. Alexandre de Moraes, Plenário, *DJe* de 4/4/2018; ADI 5.919-AgR, rel. min. Edson Fachin, Plenário, *DJe* de 22/8/2018; ADI 5.757-AgR, rel. min. Roberto Barroso, Plenário, *DJe* de 27/8/2018. 5. Agravo não provido. (ADPF 566 AgR, Relator(a): Luiz Fux, Tribunal Pleno, Data de Publicação: 09/09/2019).

b) Criação da Entidade Sindical

A Constituição Federal consagra o princípio da liberdade sindical ou associativa. Esse princípio possui duas dimensões: a positiva e a negativa.

A dimensão positiva envolve a liberdade de criação de sindicatos e, uma vez criados, a liberdade dos integrantes da categoria de se filiar à entidade.

Quanto à **criação**, o art. 5º, XVII e o art., 8º, I, da Constituição preceituam a desnecessidade de autorização estatal:

CF

Art. 8º. É livre a associação profissional ou sindical, observado o seguinte:

I – a lei não poderá exigir autorização do Estado para a fundação de sindicato, ressalvado o registro no órgão competente, vedadas ao Poder Público a interferência e a intervenção na organização sindical;

Constata-se assim, que não se pode exigir autorização do Estado para a criação de um sindicato, mas perceba que o registro é necessário. Esse registro era feito no Ministério do Trabalho. Atualmente, ele é realizado no Ministério da Economia.

O registro sindical é fundamental porque o princípio da liberdade sindical para fins de criação de sindicato não é absoluta, esbarrando a liberdade em outro princípio: o princípio da unicidade sindical. O registro é a forma pela qual o Estado consegue controlar o respeito a esse princípio da unicidade.

O princípio da unicidade sindical encontra-se previsto no art. 8º, II, da CF:

CF

Art. 8º. É livre a associação profissional ou sindical, observado o seguinte:

II – é vedada a criação de mais de uma organização sindical, em qualquer grau, representativa de categoria profissional ou econômica, na mesma base territorial, que será definida pelos trabalhadores ou empregadores interessados, não podendo ser inferior à área de um Município;

Como se constata, na mesma base territorial não pode haver mais de um sindicato representativo da categoria. E essa base territorial não pode ser inferior a um Município.

Por exemplo, se houver um sindicato dos engenheiros em Recife, não pode haver outro sindicato que, nessa base territorial, represente os engenheiros.

O próprio Supremo Tribunal Federal reconhece que o princípio da unicidade é um limitador da liberdade sindical:

> AGRAVO REGIMENTAL EM RECLAMAÇÃO. AÇÃO CIVIL PÚBLICA PROPOSTA PELO MINISTÉRIO PÚBLICO DO TRABALHO. RECLAMAÇÃO AJUIZADA NO SUPREMO TRIBUNAL FEDERAL. INTERPOSIÇÃO DE AGRAVO REGIMENTAL DE DECISÃO DE RELATOR. ARTIGO 8º, INCISOS I, II E III, DA CONSTITUIÇÃO FEDERAL. AUSÊNCIA DE LEGITIMIDADE DO SINDICATO PARA ATUAR PERANTE A SUPREMA CORTE. AUSÊNCIA DE REGISTRO SINDICAL NO MINISTÉRIO DO TRABALHO E EMPREGO. NECESSIDADE DE OBSERVÂNCIA DO POSTULADO DA UNICIDADE SINDICAL. LIBERDADE E UNICIDADE SINDICAL. (...) 3. O postulado da unicidade sindical, devidamente previsto no art. 8º, II, da Constituição Federal, é a mais importante das limitações constitucionais à liberdade sindical. (...) (Rcl 4990 AgR, Relatora Ministra: Ellen Gracie, Tribunal Pleno, julgado em 04/03/2009, Data de Publicação: 27/03/2009).

O órgão responsável por fiscalizar a unicidade sindical era o Ministério do Trabalho, mas hoje é o Ministério da Economia.

Por último, ressalte-se que o princípio da unicidade não impede a criação de sindicato envolvendo trabalhadores de regime jurídico trabalhista diverso. Assim, é possível ter um sindicato de servidores públicos estatutários e sindicato de empregados:

A existência, na mesma base territorial, de entidades sindicais que representem estratos diversos da vasta categoria dos servidores públicos – funcionários públicos pertencentes à Administração direta, de um lado, e empregados públicos vinculados a entidades paraestatais, de outro, cada qual com regime jurídico próprio – não ofende o princípio da unicidade sindical. (RE 159.228, Rel. Min. Celso de Mello, julgamento em 23/8/1994, 1ª Turma, *DJ* de 27/-10/1994).

c) **Modalidades de Criação de Sindicatos**

Os sindicatos podem ser criados de **forma originária**, ou seja, a **categoria não era organizada em sindicato** e esse é criado.

Todavia, pode ocorrer de um determinado sindicato com base territorial mais ampla ter sua representação diminuída em virtude da criação de um sindicato com base territorial menor. É o **desmembramento ou divisão da base territorial**. Lembre-se de que não pode haver mais de um sindicato representativo da categoria na mesma base territorial (princípio da unicidade sindical).

Exemplo: o sindicato dos professores do Estado do Rio de Janeiro. Nada impede que seja criado o sindicato dos professores do Município de Nova Iguaçu (RJ). Nesse caso, o sindicato dos professores do Estado do Rio de Janeiro representará todos os professores do Estado, exceto os profissionais do Município de Nova Iguaçu, os quais terão seu próprio sindicato.

Cap. 23 – DIREITO COLETIVO DO TRABALHO

Além disso, pode haver um **desmembramento da categoria**. A categoria, algumas vezes, envolve trabalhadores de diferentes profissões e pode ser dividida pelo surgimento de um sindicato que representa um conjunto mais específico de trabalhadores.

> **Exemplo**: imagine que exista o sindicato dos trabalhadores no comércio varejista do Espírito Santo. Esse sindicato, vamos supor, abrange os vendedores, balconistas, atendentes e motociclistas que trabalham como empregados no comércio varejista. Pode ocorrer o surgimento do sindicato dos motociclistas profissionais do Espírito Santo, situação em que o sindicato anterior não representará mais os motociclistas profissionais em virtude do princípio da unicidade sindical.

 ATENÇÃO!
Um cuidado deve ser tomado: não se admite o desmembramento de categorias que a lei considera como únicas. Observe um julgado do STF sobre o tema:

"Mostra-se contrária ao princípio da unicidade sindical a criação de ente que implique desdobramento de categoria disciplinada em lei como única. Em vista da existência do Sindicato Nacional dos Aeronautas, a criação do Sindicato Nacional dos Pilotos da Aviação Civil não subsiste, em face da ilicitude do objeto." (RMS 21.305, Rel. Min. Marco Aurélio, julgamento em 17/10/1991, Plenário, *DJ* de 29/11/1991).

Nesse contexto, se a lei considera os atletas profissionais como categoria (a Lei nº 9.615/1998 trata desses profissionais), podemos ter o sindicato de atletas profissionais, mas não podemos ter o sindicato de goleiros, sindicatos de zagueiros, sindicato de atacantes etc.

 ATENÇÃO!
Respeitada essa premissa da categoria que a lei considera como única, a criação de sindicatos mais específicos, seja pelo desmembramento de uma categoria ou de um território, atende ao princípio da especificidade, o qual é adotado pelo STF e pelo TST.

E essa lógica da especificidade aplica-se tanto ao sindicato de trabalhadores como de empregadores. A ideia encontra-se presente também nos arts. 570 e 571 da CLT:

CLT
Art. 570. Os sindicatos constituir-se-ão, normalmente, por categorias econômicas ou profissionais, específicas, na conformidade da discriminação (...)

MANUAL DE DIREITO DO TRABALHO – ROGÉRIO RENZETTI

Art. 571. Qualquer das atividades ou profissões concentradas na forma do parágrafo único do artigo anterior poderá dissociar-se do sindicato principal, formando um sindicato específico (...).

Veja julgados do TST que esclarecem o tema:

"(...) REPRESENTAÇÃO SINDICAL. PRINCÍPIO DA ESPECIFICIDADE. ARTIGO 571 DA CLT. PRECEDENTES DO TST E DO SUPREMO TRIBUNAL FEDERAL. O desmembramento das atividades similares e conexas em sindicatos dotados de maior especificidade é admitido pelo artigo 571 do Texto Consolidado. Isso porque tal dispositivo, combinado com o 'princípio da unicidade sindical na mesma base territorial', autoriza inferir que igualmente é possível a formação de sindicato menos abrangente numa base municipal. (...)" (AIRR– 1533-20.2015.5.11.0007, Relator Ministro: Cláudio Mascarenhas Brandão, Data de Julgamento: 11/10/2017, 7ª Turma, Data de Publicação: DEJT 20/10/2017).

"(...) REPRESENTAÇÃO SINDICAL. SINTRHORESP E SINDIFAST. PRINCÍPIO DA ESPECIFICIDADE. ARTIGO 571 DA CLT. PRECEDENTES DO SUPREMO TRIBUNAL FEDERAL, DA SUBSEÇÃO DE DISSÍDIOS COLETIVOS DO TST E DE TURMAS DESTA CORTE. O critério definidor do enquadramento sindical é o da especificidade, previsto no art. 570 da CLT. Considerando-se que a especificidade é a regra, é cabível o desmembramento, autorizado por lei, quando as atividades similares e conexas, antes concentradas na categoria econômica mais abrangente, adquirem condições de representatividade por meio de sindicato representativo de categoria específica, nos termos do art. 571 da CLT. O desmembramento pode ocorrer para a formação de sindicatos abrangentes ou específicos para atuação em menor base territorial, como também para a formação de sindicatos específicos destinados à atuação em certa base territorial. Do princípio da unicidade sindical, bem como da interpretação do art. 571 da CLT, conclui-se que a formação de sindicato de representatividade categorial específica ou para atuação em base territorial menor (municipal) tem em mira uma melhor representatividade da categoria profissional e, consequentemente, mais eficiência no encaminhamento das reivindicações coletivas e no diálogo com a categoria econômica, permitindo maior atenção e a devida contextualização em relação aos problemas específicos da categoria e às questões locais, atingindo-se assim o verdadeiro objetivo da norma. (...)" (AIRR – 697-96.2015.5.02.0007, Relator Ministro: Alexandre de Souza Agra Belmonte, Data de Julgamento: 09/08/2017, 3ª Turma, Data de Publicação: DEJT 18/08/2017).

No entanto, algumas vezes ocorre um conflito. O que deve prevalecer: um sindicato de base territorial menor, mas mais abrangente em termos de categoria, ou um sindicato de base territorial maior, mas menos abrangente em termos de categoria (mais específico)?

Prevalece o sindicato mais específico em termos de atividades profissionais ou econômicas, ainda que base territorial seja mais ampla. Leia esse julgado do TST:

"(...) III) PRELIMINAR DE ILEGITIMIDA DE ATIVA AD CAUSAM – ANÁLISE INCIDENTAL DA REPRESENTATIVIDADE SINDICAL – PRINCÍPIO DA ESPECIFICIDADE. 1. O entendimento desta Seção Especializada, nos casos de conflito de representação sindical, orienta-se no sentido de que, havendo correspondência entre as atividades exercidas pelos setores profissional e econômico, o detentor da legitimidade é o sindicato representante da categoria mais específica, conforme o princípio da especificidade, ainda que possua base territorial mais ampla, pois o sindicato mais específico compreende melhor as questões e condições próprias do setor. (...)" (RO-21042-79.2017.5.04.0000, Seção Especializada em Dissídios Coletivos, Relator Ministro: Ives Gandra Martins Filho, *DEJT* 20/02/2019).

Atente-se que a criação de um sindicato mais específico independe da concordância da entidade de representação mais ampla anteriormente existente:

> Os princípios da unicidade e da autonomia sindical não obstam a definição, pela categoria respectiva, e o consequente desmembramento de área com a criação de novo sindicato, independentemente de aquiescência do anteriormente instituído, desde que não resulte, para algum deles, espaço inferior ao território de um Município (Constituição Federal, art. 8º, II) (RE 227.642, Rel. Min. Octavio Gallotti, 1ª Turma, *DJ* de 30/04/1999).

Registre-se que, se forem criados dois sindicatos com a mesma representação e a mesma base territorial, não se pode admitir a existência de ambos como entidade sindical. A solução deve se dar pelo critério da precedência, isto é, o sindicato que surgiu primeiro deve prevalecer:

> Sindicato. Superposição de base territorial. Unicidade Sindical (CF, art. 8º, II). Havendo identidade entre categoria de trabalhadores representados pelo autor e pelo réu e sendo idênticas também as bases territoriais de atuação de um e de outro sindicato, deve prevalecer o primeiro deles, dada a sua constituição anterior. Recurso conhecido e provido. (RE 199142, Relator(a): Nelson Jobim, Segunda Turma, julgado em 03/10/2000, *DJ* 14/12/2001).

Outro modo para se criar um sindicato é por meio da fusão de sindicatos. Nada impede que, havendo dois sindicatos (cada um representando uma categoria ou cada um abrangendo uma base territorial diferente), possam eles se fundir para formar um novo sindicato único (representando mais de uma profissão ou atividade, ou mesmo representando a mesma categoria, a base territorial mais ampla).

d) Enquadramento Sindical

Como saber se o trabalhador integra essa ou aquela categoria?

1º – verifique se o trabalhador integra alguma categoria diferenciada.

Se o trabalhador é regulado por regramento próprio ou possui condições de vida singulares, então o sindicato que o representa é o da **categoria diferenciada**.

> **Exemplo**: uma indústria com 5.000 empregados. Entre eles existem 20 engenheiros, 1 piloto de aeronave e 10 médicos. Ora, os engenheiros integram a categoria representada pelo sindicato dos engenheiros; os médicos integram a categoria representada pelo sindicato dos médicos; e o piloto integra a categoria representada pelo sindicato dos aeronautas. Nenhum deles integra a categoria representada pelo sindicato dos trabalhadores nas indústrias (embora sejam empregados na indústria).

2º – **verifique qual é a atividade preponderante na empresa.**

É essa atividade preponderante que faz o enquadramento da empresa dentro de uma categoria econômica.

E o que seria uma atividade preponderante? O art. 581, § 2º, da CLT auxilia nesse conceito:

CLT

Art. 581. (...)

§ 2º. Entende-se por atividade preponderante a que caracterizar a unidade de produto, operação ou objetivo final, para cuja obtenção todas as demais atividades convirjam, exclusivamente em regime de conexão funcional.

Exemplo: o hipermercado Baixo Preço, que vende gêneros alimentícios e aparelhos eletrodomésticos. A atividade preponderante envolve a venda de alimentos. Logo, o hipermercado insere-se na categoria do sindicato dos supermercados. Não está na categoria representada pelo sindicato das empresas do comércio varejista (onde estaria uma empresa que vende somente eletrodomésticos, por exemplo).

Verificada a atividade preponderante da empresa, os trabalhadores que não sejam (reitere-se) integrantes de categoria diferenciada estão inseridos na categoria profissional (de trabalhadores) que trabalha na atividade econômica mencionada. Portanto, no exemplo, o empregado que trabalha no caixa do hipermercado e o vendedor de geladeira do hipermercado integram a categoria representada pelo sindicato dos trabalhadores em supermercados.

Por outro lado, o vendedor de geladeira que labora na empresa que vende somente eletrodomésticos estará, nesse exemplo, na categoria dos trabalhadores do comércio varejista.

Assim, a atividade preponderante da empresa define o enquadramento sindical de trabalhadores, exceto se eles forem integrantes de categoria diferenciada.

Veja esses julgados:

"(...) ENQUADRAMENTO SINDICAL. ATIVIDADE ECONÔMICA PREPONDERANTE DA EMPREGADORA. (...) No ordenamento jurídico pátrio, o enquadramento sindical se faz pela atividade econômica preponderante do empregador, salvo categoria profissional diferenciada, que se identifica no plano dos fatos. (...)" (Ag-AIRR-100700-29.2013.5.17.0131, 7ª Turma, Relator Ministro: Claudio Mascarenhas Brandão, *DEJT* 29/05/2020).

"(...) ENQUADRAMENTO SINDICAL. MATÉRIA FÁTICA. A jurisprudência desta Corte se consolidou no sentido de que o enquadramento sindical se dá em função da atividade preponderante do empregado, salvo quando se tratar de categoria diferenciada, o que não é a situação discutida nos autos. (...)" (AIRR-1876-56.2013.5.02.0065, 2ª Turma, Relatora Ministra: Maria Helena Mallmann, *DEJT* 29/05/2020).

3º – se não houver uma atividade preponderante na empresa, mas atividades independentes entre si, então o enquadramento sindical deve ser feito em relação a cada uma delas.

De fato, existem sociedades que desempenham diversas atividades econômicas completamente independentes, de maneira autônoma.

> **Exemplo**: o hipermercado que também atua no mercado de comercialização de combustíveis por posto de gasolina (aqueles em que há um posto no supermercado). Logo, os frentistas do posto são integrantes do sindicato de trabalhadores no comércio de minério e derivados de petróleo (por exemplo), ao passo que o caixa e o vendedor da geladeira empregados do hipermercado são integrantes da categoria representada pelo sindicato dos trabalhadores em supermercado.

Observe julgados do TST sobre o tema:

"RECURSO DE REVISTA. (...) ENQUADRAMENTO SINDICAL. INEXISTÊNCIA DE APENAS UMA ATIVIDADE PREPONDERANTE. ATIVIDADES DESTACADAS E INDEPENDENTES EM SEGUIMENTOS VARIADOS. APLICAÇÃO DO ART. 581, § 1º, DA CLT. Nos termos do art. 581, § 1º, da CLT, quando a empresa realizar diversas atividades econômicas, sem que nenhuma delas seja preponderante, cada uma dessas atividades será incorporada à respectiva categoria econômica. Este é o caso dos autos, em que ficou comprovado que a atuação comercial da ré é destacada e independente de sua atividade industrial. Assim, não viola o art. 511 da CLT o entendimento do Tribunal Regional no sentido de aplicar enquadramento sindical relativo ao seguimento empresarial em que se ativava o autor, qual seja, o comercial. Recurso de revista não conhecido. (...)" (RR – 31871.2011.5.03.0039, Relator Ministro: Alexandre de Souza Agra Belmonte, Data de Julgamento: 15/06/2016, 3ª Turma, Data de Publicação: *DEJT* 17/06/2016).

EMPREGADORA QUE EXPLORA DIVERSAS ATIVIDADES ECONÔMICAS. EMPREGADA FRENTISTA. ENQUADRAMENTO SINDICAL. No caso, o Tribunal Regional consignou que, apesar de a atividade preponderante da empresa reclamada ser o comércio atacadista de gêneros alimentícios e não alimentícios, ela mantinha como atividade secundária a venda de combustíveis. (...) Esta Corte superior tem decidido que a exploração de empreendimentos econômicos distintos pelo empregador autoriza o enquadramento sindical do trabalhador de acordo com a atividade que efetivamente exerceu. Dessa forma, o labor em postos de gasolina legitima o enquadramento da reclamante ao Sindicato dos Empregados em Postos de Serviços de Combustíveis e Derivados de Petróleo, tendo em vista as características e as peculiaridades dessa atividade. Portanto, sendo distintas as atividades comerciais, o enquadramento sindical também deve observar essa diferença. Precedentes. Recurso de revista conhecido e provido. (RR – 1447-82.2012.5.09.0242, Relator Ministro: José Roberto Freire Pimenta, Data de Julgamento: 03/02/2016, 2ª Turma, Data de Publicação: *DEJT* 12/02/2016).

Ademais, a definição do enquadramento sindical permite saber qual sindicato representa o obreiro ou a empresa, mas não explica qual norma coletiva deve ser usada na relação de trabalho.

Se o trabalhador presta serviços em um lugar, mas foi contratado em outro local, a norma coletiva (convenção ou acordo coletivo) de qual lugar deve ser aplicada? E se a empresa tiver sede em um terceiro lugar?

Exemplo: o trabalhador pode ter sido contratado por uma indústria em Vitória para prestar serviços em São Paulo. Ambos os lugares possuem convenções coletivas. Suponha que haja a CCT assinada pelo sindicato dos trabalhadores nas indústrias do Espírito Santo e o sindicato das indústrias do Espírito Santo. Por outro lado, imagine que haja também a CCT assinada pelo sindicato dos trabalhadores nas indústrias de São Paulo e o sindicato das indústrias de São Paulo. Qual será a norma coletiva aplicável?

O TST aplica o **princípio da territorialidade**, de forma que se deve considerar o local da prestação de serviços:

"(...) ENQUADRAMENTO SINDICAL. CATEGORIA PROFISSIONAL DIFERENCIADA. NORMAS COLETIVAS FIRMADAS ENTRE OS SINDICATOS REPRESENTATIVOS DAS RESPECTIVAS CATEGORIAS NA BASE TERRITORIAL DO LOCAL DA PRESTAÇÃO DE SERVIÇO. APLICAÇÃO DO PRINCÍPIO DA TERRITORIALIDADE. MATÉRIA PACIFICADA PELA SBDI-1. No julgamento do E-ED-RR-96900-23.2007.5.04.0015, em 9/2/2017, a SBDI-1 decidiu, por maioria (entre os vencidos, este Relator), que, em homenagem ao princípio da territorialidade insculpido no artigo 8º, II, da CF, são aplicáveis, também aos empregados integrantes de categorias profissionais diferenciadas, as normas coletivas firmadas pelos sindicatos representativos das categorias profissional e econômica do local da prestação de serviço, mesmo que não coincidente com a base territorial da sede da empregadora. (...)" (RR-987-45.2011.5.04.0024, 3ª Turma, Relator Ministro: Alexandre de Souza Agra Belmonte, *DEJT* 06/09/2019).

e) Estrutura sindical interna

Art. 522 da CLT. A administração do sindicato será exercida por uma diretoria constituída no máximo de sete e no mínimo de três membros e de um Conselho Fiscal composto de três membros, eleitos esses órgãos pela Assembleia Geral.

Lembre-se do item II da Súmula nº 369 do TST, estudada por nós no Capítulo 15, referente à estabilidade, mais precisamente o item 15.5., quando falamos da estabilidade do dirigente sindical.

Súmula nº 369, II, do TST. O art. 522 da CLT foi recepcionado pela Constituição Federal de 1988. Fica limitada, assim, a estabilidade a que alude o art. 543, § 3º, da CLT a sete dirigentes sindicais e igual número de suplentes.

23.5.8. Do registro do sindicato

Como o **sindicato** é uma **pessoa jurídica de direito privado**, sua criação (adquire personalidade jurídica ou personalidade civil) ocorre quando os **atos constitutivos são inscritos no Registro Civil de Pessoas Jurídicas** (comumente chamado, na prática, de "cartório de pessoas jurídicas").

Para falarmos sobre o registro do sindicato, temos que mencionar dois dispositivos legais: o inciso I do art. 8º da CF e o art. 45 do Código Civil.

Vimos que o inciso I do art. 8º da CF determina que: "a lei não poderá exigir autorização do Estado para a fundação de sindicato, ressalvado o registro no órgão competente, vedadas ao Poder Público a interferência e a intervenção na organização sindical".

Observe que a Constituição Federal deixa claro que o Estado não poderá interferir na criação do sindicato. Contudo, em relação ao registro do sindicato não foi excluída a necessidade de que sejam atendidas as exigências legais.

Determina o art. 45 do Código Civil que é com o registro que as pessoas jurídicas adquirem a personalidade jurídica, pois é a partir desse momento que elas começam a existir.

> Art. 45. Começa a existência legal das pessoas jurídicas de direito privado com a inscrição do ato constitutivo no respectivo registro, precedida, quando necessário, de autorização ou aprovação do Poder Executivo, averbando-se no registro todas as alterações por que passar o ato constitutivo.

No entanto, isso apenas faz surgir a pessoa jurídica. O que legitima sua atuação com todas as prerrogativas e deveres de um sindicato, inclusive o direito de representar toda a categoria, é o **registro sindical**. A ausência do registro sindical somente autoriza a entidade a defender aqueles que forem filiados a ela. Os demais integrantes da categoria (não filiados) não serão representados pela entidade até que ela receba o registro sindical.

☞ ATENÇÃO!

O registro sindical, devidamente publicado, é que confere o que denominamos de personalidade sindical, permitindo a atuação da entidade como representante legítima da categoria.

O STF inclusive já decidiu:

"(...) AUSÊNCIA DE REGISTRO SINDICAL NO MINISTÉRIO DO TRABALHO E EMPREGO. NECESSIDADE DE OBSERVÂNCIA DO POSTULADO DA UNICIDADE SINDICAL. LIBERDADE E UNICIDADE SINDICAL. (...) 2. O registro sindical é o ato que habilita as entidades sindicais para a representação de determinada categoria, tendo em vista a necessidade de observância do postulado da unicidade sindical. (...)" (Rcl 4990 AgR, Relatora Ministra: Ellen Gracie, Tribunal Pleno, julgado em 04/03/2009, Data de Publicação: 27/03/2009).

O **registro sindical** era obtido perante o **Ministério do Trabalho**, ao qual inclusive cabia fiscalizar e zelar pelo princípio da unicidade sindical. Leia a Súmula nº 677 do Supremo Tribunal Federal:

Súmula n. 677 do STF. Até que lei venha a dispor a respeito, incumbe ao ministério do trabalho proceder ao registro das entidades sindicais e zelar pela observância do princípio da unicidade.

No entanto, surgiu a Lei n° 13.844/2019, a qual atribuiu essa função ao Ministério da Economia:

Lei n° 13.844/2019

Art. 31. Constituem áreas de competência do Ministério da Economia:

XLI – registro sindical.

Uma vez preenchidos os requisitos legais e não havendo violação ao princípio da unicidade sindical, o Ministério da Economia deve conceder o registro sindical. O ato administrativo é vinculado e não discricionário. O STF já decidiu nesse sentido:

"O registro sindical qualifica-se como ato administrativo essencialmente vinculado, devendo ser praticado pelo Ministro do Trabalho, mediante resolução fundamentada, sempre que, respeitado o postulado da unicidade sindical e observada a exigência de regularidade, autenticidade e representação, a entidade sindical interessada preencher integralmente, os requisitos fixados pelo ordenamento positivo e por este considerados como necessários à formação dos organismos sindicais." (ADI 1.121-MC, Rel. Min. Celso de Mello, julgamento em 06/09/1995, Plenário, *DJ* de 06/10/1995).

O procedimento para a concessão do registro encontra-se regulado em Portaria do Ministério da Economia. Aliás, o STF já reconheceu que o rito e requisitos mínimos para a obtenção do registro são atribuídos à norma infraconstitucional:

"(...) 4. A jurisprudência da Corte é no sentido de que a Constituição Federal exige o registro sindical no órgão competente com a finalidade de proteger o princípio da unicidade sindical. Contudo, a forma como deve ocorrer o registro e o procedimento necessário a sua regular constituição são questões sujeitas a regulação pela legislação infraconstitucional. (...)" (ARE 695571 AgR, Relator(a): Min. Dias Toffoli, Segunda Turma, julgado em 15/03/2016, Data de Publicação: 20/05/2016).

23.5.9. Funções e prerrogativas

a) Função representativa:

Esta é considerada a principal função/prerrogativa dos sindicatos. A função representativa está prevista no inciso III, do art. 8°, da CF/1988, segundo o qual "ao sindicato cabe a defesa dos direitos e interesses coletivos ou individuais da categoria, inclusive em questões judiciais ou administrativas".

O Supremo Tribunal Federal, ao interpretar o preceito, entende que a representação do sindicato é ampla, tendo fixado, como visto, a seguinte tese no **Tema 823 da Lista de Repercussão Geral**:

Cap. 23 – DIREITO COLETIVO DO TRABALHO

Os sindicatos possuem ampla legitimidade extraordinária para defender em juízo os direitos e interesses coletivos ou individuais dos integrantes da categoria que representam, inclusive nas liquidações e execuções de sentença, independentemente de autorização dos substituídos.

O Tribunal Superior do Trabalho entende que a legitimidade é tão ampla que pode até mesmo haver a defesa de direitos de um único trabalhador, ou seja, o sindicato pode ajuizar uma ação em nome próprio (substituição processual), defendendo direito de um único trabalhador:

"(...) LEGITIMIDADE *AD CAUSAM* DO SINDICATO. (...) A júrisprudência da Subseção I da Seção Especializada em Dissídios Individuais firmou-se no sentido de que deve ser reconhecida a possibilidade de substituição processual ampla dos sindicatos na defesa de interesses coletivos e individuais homogêneos dos integrantes da categoria que representa, sendo irrelevante se atua na defesa de toda a categoria, parte dela ou em favor de um único trabalhador. Agravo desprovido. (...)" (Ag-AIRR-998-97.2010.5.09.0015, 7ª Turma, Relator Ministro: Luiz Philippe Vieira de Mello Filho, *DEJT* 01/07/2019).

Além disso, o TST reconhece a legitimidade do sindicato para defender todos os direitos dos trabalhadores, não importando se envolvem direitos individuais heterogêneos ou homogêneos:

"RECURSO DE REVISTA. LEGITIMIDADE ATIVA *AD CAUSAM*. SINDICATO. SUBSTITUIÇÃO PROCESSUAL AMPLA. (...) A atual jurisprudência deste Tribunal Superior, a partir da interpretação conferida pela Suprema Corte ao art. 8º, III, da Constituição Federal de 1988, firmou o entendimento de que os entes sindicais detêm legitimidade ampla para a defesa dos direitos coletivos e individuais da categoria que representam. Nesse contexto, é irrelevante a origem do direito postulado, se individual homogêneo ou heterogêneo. Recurso de revista conhecido e provido." (RR-11620-31.2017.5.03.0090, 8ª Turma, Relatora Ministra: Dora Maria da Costa, *DEJT* 14/08/2020).

Além disso, existem outras prerrogativas presentes no art. 513 da CLT:

CLT

Art. 513. São prerrogativas dos sindicatos:

a) representar, perante as autoridades administrativas e judiciárias, os interesses gerais da respectiva categoria ou profissão liberal ou interesses individuais dos associados relativos à atividade ou profissão exercida;

b) celebrar contratos coletivos de trabalho;

c) eleger ou designar os representantes da respectiva categoria ou profissão liberal;

d) colaborar com o Estado, como órgãos técnicos e consultivos, na estudo e solução dos problemas que se relacionam com a respectiva categoria ou profissão liberal;

e) impor contribuições a todos aqueles que participam das categorias econômicas ou profissionais ou das profissões liberais representadas.

Parágrafo único. Os sindicatos de empregados terão, outrossim, a prerrogativa de fundar e manter agências de colocação.

MANUAL DE DIREITO DO TRABALHO – ROGÉRIO RENZETTI

Registre-se que, quando a norma menciona "contratos coletivos de trabalho" no art. 513, *b*, deve-se entender, atualmente, como o gênero no qual se incluem a Convenção e o Acordo Coletivo do Trabalho.

Quanto aos deveres, o art. 514 da CLT estabelece algumas obrigações principais:

CLT

Art. 514. São deveres dos sindicatos:

a) colaborar com os poderes públicos no desenvolvimento da solidariedade social;

b) manter serviços de assistência judiciária para os associados;

c) promover a conciliação nos dissídios de trabalho;

d) sempre que possível, e de acordo com as suas possibilidades, manter no seu quadro de pessoal, em convênio com entidades assistenciais ou por conta própria, um assistente social com as atribuições específicas de promover a cooperação operacional na empresa e a integração profissional na classe.

Parágrafo único. Os sindicatos de empregados terão, outrossim, o dever de:

a) promover a fundação de cooperativas de consumo e de crédito;

b) fundar e manter escolas de alfabetização e prevocacionais.

b) Função negocial:

A função negocial está prevista no inciso VI do art. 8º da CF/1988, segundo o qual "é obrigatória a participação dos sindicatos nas negociações coletivas de trabalho".

Se o sindicato da categoria, entretanto, se recusa a assumir a negociação em 8 dias, caberá à Federação a que ele estiver vinculado fazê-lo e, na falta desta, à Confederação. Esgotado esse prazo de 8 dias, poderão os interessados (grupos de empregados) prosseguir na negociação coletiva com a empresa.

O TST permite a celebração do acordo coletivo diretamente pelos empregados, mas exige para a validade do ato a prova da recusa da participação do sindicato.

Acordo direto entre empregados e a empresa. Recepção do art. 617 da CLT pelo art. 8º, VI, da CF. Recusa de participação do sindicato da categoria profissional na negociação coletiva. Necessidade de prova cabal. O art. 8º, VI, da CF estabelece ser obrigatória a participação dos sindicatos nas negociações coletivas de trabalho. Já o art. 617, *caput*, da CLT dispõe que os empregados que decidirem celebrar acordo coletivo de trabalho com as respectivas empresas darão ciência de sua resolução, por escrito, ao sindicato representativo da categoria profissional, que terá o prazo de oito dias para assumir a direção dos entendimentos entre os interessados. Caso não sejam tomadas as medidas negociais por parte do sindicato representativo da categoria, o § 1º do art. 617 da CLT autoriza a formalização de acordo diretamente entre as partes interessadas. Nesse sentido, reputa-se válido acordo firmado diretamente entre o empregador e empregados, sem a intermediação do sindicato da categoria profissional, desde que demonstradas a livre manifestação de vontade dos empregados em assembleia e a efetiva recusa da entidade sindical em consultar a coletividade interessada. O art. 617 da CLT, portanto, foi recepcionado pela Constituição Federal, mas em caráter excepcional, pois é imprescindível que o sindicato seja instado a participar da negociação coletiva. Somente a demonstração da inequívoca resistência da cúpula sindical em consultar as bases autoriza os próprios interessados, regularmente convocados, a firmarem diretamente o pacto coletivo com a empresa, na forma da lei. No caso concreto, em negociação direta entre o empregador e comissão de empregados acordou-se a fixação de jornada de trabalho em turnos ininterruptos de revezamento de doze horas. O TRT, todavia, com fundamento no art. 8º, VI, da CF, considerou inválido o referido acordo, deixando, porém, de apreciar os requisitos previstos no art. 617 da CLT. Assim, a SBDI-I, por unanimidade, conheceu dos embargos, no tópico, por divergência jurisprudencial, e, no mérito, por maioria, deu-lhes provimento parcial para, diante da recepção do art. 617 da CLT pela Constituição da República de 1988, determinar o retorno dos autos ao TRT de origem a fim de que aprecie o atendimento ou não dos requisitos exigidos no art. 617 da CLT para a validade do acordo coletivo de trabalho firmado sem assistência sindical, máxime no tocante à comprovação cabal ou não de recusa do sindicato da categoria profissional em participar da negociação coletiva. Vencidos os Ministros Luiz Philippe Vieira de Mello Filho, relator, Augusto César Leite de Carvalho, José Roberto Freire Pimenta e Hugo Carlos Scheuermann. TST-E-ED-RR-1134676-43.2003.5.04.0900, SBDI-I, rel. Luiz Philippe Vieira de Mello Filho, red. p/ acórdão Min. João Oreste Dalazen, 19/05/2016 (Informativo nº 137 do TST).

O TST, recentemente, reafirmou a necessidade de exigência de prévia negociação coletiva para dispensa em massa como requisito essencial ao ato do empregador.

SDC. Natureza jurídica. Cabimento. Encerramento da unidade industrial. Dispensa em massa. Prévia negociação coletiva. Necessidade. A SDC, por maioria, entendendo cabível o ajuizamento de dissídio coletivo de natureza jurídica para se discutir a necessidade de negociação coletiva, com vistas à efetivação de despedida em massa, negou provimento ao recurso ordinário no tocante à preliminar de inadequação da via eleita, vencidos os Ministros Antônio José de Barros Levenhagen, Maria Cristina Irigoyen Peduzzi e Maria de Assis Calsing. No mérito, também por maioria, vencidos os Ministros Maria Cristina Irigoyen Peduzzi e Fernando Eizo Ono, a Seção negou provimento ao recurso, mantendo a decisão recorrida que declarou a ineficácia da dispensa coletiva e das suas consequências jurídicas no âmbito das relações trabalhistas dos empregados envolvidos. No caso, reafirmou-se o entendimento de que a exigência de prévia negociação coletiva para a dispensa em massa é requisito essencial à eficácia do ato empresarial, pois as repercussões econômicas e sociais dela advindas extrapolam o vínculo empregatício, alcançando a coletividade dos trabalhadores, bem com a comunidade e a economia locais. Ressaltou-se, ademais, que o fato de a despedida coletiva resultar do fechamento da unidade industrial, por questões de estratégia empresarial e redução dos custos de produção, não distingue a hipótese dos outros casos julgados pela Seção, pois a obrigatoriedade de o empregador previamente negociar com o sindicato da categoria profissional visa ao encontro de soluções que minimizem os impactos sociais e os prejuízos econômicos resultantes da despedida coletiva, os quais se mostram ainda mais graves quando se trata de dispensa da totalidade dos empregados do estabelecimento, e não apenas de mera redução do quadro de pessoal. TST-RO-6-61.2011.5.05.0000, SDC, rel. Min. Walmir Oliveira da Costa, 11/12/2012 (Informativo nº 34 do TST).

> **ATENÇÃO!**
> Entendemos que o informativo *supra* deve ser alterado ou cancelado, pois o art. 477-A, da CLT, autoriza as dispensas coletivas ou plúrimas, sem a necessidade de celebração de norma coletiva.

c) Função assistencial:

Aos sindicatos cabe a prestação de alguns serviços a seus associados e, em alguns casos, a todos os membros da categoria.

d) Funções econômicas e políticas:

> **ATENÇÃO!**
> **Polêmica!** De acordo com a CLT, é vedado aos sindicatos o exercício de atividades econômicas e políticas. Porém, ao abrigo da CF/1988, grande parte dos doutrinadores sustenta ser cabível.

Art. 564 da CLT. Às entidades sindicais, sendo-lhes peculiar e essencial a atribuição representativa e coordenadora das correspondentes categorias ou profissões, é vedado, direta ou indiretamente, o exercício de atividade econômica.

Art. 521, *d*, da CLT: proibição de quaisquer atividades não compreendidas nas finalidades mencionadas no art. 511, inclusive as de caráter político-partidário.

23.5.10. Receita sindical

a) Contribuição sindical:

Existem diversos tipos de receitas sindicais.

A contribuição sindical, ou "imposto sindical", prevista no inciso IV do art. 8º da CF/1988, é uma receita de natureza tributária a favor do sistema sindical.

> **ATENÇÃO!**
> **Polêmica!** A contribuição sindical obrigatória ofende o princípio da liberdade sindical. Nesse sentido, foi salutar a alteração dos dispositivos legais pela Reforma Trabalhista para tornar facultativa a contribuição, como mencionamos.

Registre-se que a contribuição sindical prevista na CLT, antes da reforma trabalhista, era obrigatória. Com a reforma trabalhista, a contribuição sindical deixou de ser obrigatória. Apenas com autorização do trabalhador e do empregador é que serão devidas as contribuições aos sindicatos dos trabalhadores e dos empregadores, respectivamente.

Cap. 23 – DIREITO COLETIVO DO TRABALHO

Veja o disposto no art. 578 da CLT:

CLT

Art. 578. As contribuições devidas aos sindicatos pelos participantes das categorias econômicas ou profissionais ou das profissões liberais representadas pelas referidas entidades serão, sob a denominação de contribuição sindical, pagas, recolhidas e aplicadas na forma estabelecida neste Capítulo, desde que prévia e expressamente autorizadas.

Dessa forma, apenas quando autorizado pelo trabalhador, poderá ele ter a contribuição descontada de seu salário:

CLT

Art. 545. Os empregadores ficam obrigados a descontar da folha de pagamento dos seus empregados, desde que por eles devidamente autorizados, as contribuições devidas ao sindicato, quando por este notificados.

Art. 579. O desconto da contribuição sindical está condicionado à autorização prévia e expressa dos que participarem de uma determinada categoria econômica ou profissional, ou de uma profissão liberal, em favor do sindicato representativo da mesma categoria ou profissão ou, inexistindo este, na conformidade do disposto no art. 591 desta Consolidação.

A alteração trazida pela reforma trabalhista quanto à contribuição sindical prevista na CLT foi discutida no Supremo Tribunal Federal, que considerou constitucional a imposição de necessidade de autorização prévia, conforme a **ADI no 5794**:

Direito Constitucional e Trabalhista. Reforma Trabalhista. Facultatividade da Contribuição Sindical. Constitucionalidade. Inexigência de Lei Complementar. Desnecessidade de lei específica. Inexistência de ofensa à isonomia tributária (Art. 150, II, da CRFB). Compulsoriedade da contribuição sindical não prevista na Constituição (artigos 8º, IV, e 149 da CRFB). Não violação à autonomia das organizações sindicais (art. 8º, I, da CRFB). Inocorrência de retrocesso social ou atentado aos direitos dos trabalhadores (artigos 1º, III e IV, 5º, XXXV, LV e LXXIV, 6º e 7º da CRFB). Correção da proliferação excessiva de sindicatos no Brasil. Reforma que visa ao fortalecimento da atuação sindical. Proteção às liberdades de associação, sindicalização e de expressão (artigos 5º, incisos IV e XVII, e 8º, caput, da CRFB). Garantia da liberdade de expressão (art. 5º, IV, da CRFB). Ações Diretas de Inconstitucionalidade julgadas improcedentes. Ação Declaratória de Constitucionalidade julgada procedente. 1. À lei ordinária compete dispor sobre fatos geradores, bases de cálculo e contribuintes quanto à espécie tributária das contribuições, não sendo exigível a edição de lei complementar para a temática, ex vi do art. 146, III, alínea 'a', da Constituição. 2. A extinção de contribuição pode ser realizada por lei ordinária, em paralelismo à regra segundo a qual não é obrigatória a aprovação de lei complementar para a criação de contribuições, sendo certo que a Carta Magna apenas exige o veículo legislativo da lei complementar no caso das contribuições previdenciárias residuais, nos termos do art. 195, § 4º, da Constituição. Precedente (ADI 4697, Relator Ministro: Edson Fachin, Tribunal Pleno, julgado em 06/10/2016). 3. A instituição da facultatividade do pagamento de contribuições sindicais não demanda lei específica, porquanto o art. 150, § 6º, da Constituição trata apenas de "subsídio ou isenção, redução de base de cálculo, concessão de crédito presumido, anistia ou remissão", bem como porque a exigência de lei específica tem por finalidade evitar as chamadas "caudas legais" ou "contrabandos legislativos", consistentes na inserção de benefícios fiscais em diplomas sobre matérias completamente distintas, como forma de chantagem e diminuição da transparência no debate público, o que não ocorreu na tramitação da reforma trabalhista de que trata a Lei n. 13.467/2017. Precedentes (ADI 4033, Relator Ministro: Joaquim Barbosa, Tribunal Pleno, julgado em 15/09/2010; RE 550652 AgR, Relator Ministro Ricardo Lewandowski, Segunda Turma, julgado em 17/12/2013). 4. A Lei n. 13.467/2017 emprega critério homogêneo e igualitário ao exigir prévia e expressa anuência de todo e qualquer trabalhador para o desconto da contribuição sindical, ao mesmo tempo em que suprime a natureza tributária da contribuição, seja em relação aos sindicalizados, seja quanto aos demais, motivos pelos quais não há qualquer violação ao princípio da isonomia tributária (art. 150, II, da Constituição), até porque não há que se invocar uma limitação ao poder de tributar para prejudicar o contribuinte, expandindo o alcance do tributo, como suporte à pretensão de que os empregados não sindicalizados sejam obrigados a pagar a contribuição sindical. 5. A Carta Magna não contém qualquer comando impondo a compulsoriedade da contribuição sindical, na medida em que o art. 8º, IV, da Constituição remete à lei a tarefa de dispor sobre a referida contribuição e o art. 149 da Lei Maior, por sua vez, limita-se a conferir à União o poder de criar contribuições sociais, o que, evidentemente, inclui a prerrogativa de extinguir ou modificar a natureza de contribuições existentes. 6. A supressão do caráter compulsório das contribuições sindicais não vulnera o princípio constitucional da autonomia da organização sindical, previsto no art. 8º, I, da Carta Magna, nem configura retrocesso social e violação aos direitos básicos de proteção ao trabalhador insculpidos nos artigos 1º, III e IV, 5º, XXXV, LV e LXXIV, 6º e 7º da Constituição. 7. A legislação em apreço tem por objetivo combater o problema da proliferação excessiva de organizações sindicais no Brasil, tendo sido apontado na exposição de motivos do substitutivo ao Projeto de Lei n. 6.787/2016, que deu origem à lei ora impugnada, que o país possuía, até março de 2017, 11.326 sindicatos de trabalhadores e 5.186 sindicatos de empregadores, segundo dados obtidos no Cadastro Nacional de Entidades Sindicais do Ministério do Trabalho, sendo que, somente no ano de 2016, a arrecadação da contribuição sindical alcançou a cifra de R$ 3,96 bilhões de reais. 8. O legislador democrático constatou que a contribuição compulsória gerava uma oferta excessiva e artificial de organizações sindicais, configurando uma perda social em detrimento dos trabalhadores, porquanto não apenas uma parcela dos vencimentos dos empregados era transferida para entidades sobre as quais eles possuíam pouca ou nenhuma ingerência, como também o número estratosférico de sindicatos não se traduzia em um correspondente aumento do bem-estar da categoria. 9. A garantia de uma fonte de custeio, independentemente de resultados, cria incentivos perversos para uma atuação dos sindicatos fraca e descompromissada com os anseios dos empregados, de modo que a Lei n. 13.467/2017 tem por escopo o fortalecimento e a eficiência das entidades sindicais, que passam a ser orientadas pela necessidade de perseguir os reais interesses dos trabalhadores, a fim de atraírem cada vez mais filiados. 10. Esta Corte já reconheceu que normas afastando o pagamento obrigatório da contribuição sindical não configuram indevida interferência na autonomia dos sindicatos: ADI 2522, Relator Ministro: Eros Grau, Tribunal Pleno, julgado em 08/06/2006. 11. A Constituição consagra como direitos fundamentais as liberdades de associação, sindicalização e de expressão, consoante o disposto nos artigos 5º, incisos IV e XVII, e 8º, *caput*, tendo o legislador democrático decidido que a contribuição sindical, criada no

Cap. 23 – DIREITO COLETIVO DO TRABALHO

período autoritário do estado novo, tornava nula a liberdade de associar-se a sindicatos. 12. O engajamento notório de entidades sindicais em atividades políticas, lançando e apoiando candidatos, conclamando protestos e mantendo estreitos laços com partidos políticos, faz com que a exigência de financiamento por indivíduos a atividades políticas com as quais não concordam, por meio de contribuições compulsórias a sindicatos, configure violação à garantia fundamental da liberdade de expressão, protegida pelo art. 5º, IV, da Constituição. Direito Comparado: Suprema Corte dos Estados Unidos, casos Janus v. American Federation of State, County, and Municipal Employees, Council 31 (2018) e Abood v. Detroit Board of Education (1977). 13. A Lei n. 13.467/2017 não compromete a prestação de assistência judiciária gratuita perante a Justiça Trabalhista, realizada pelos sindicatos inclusive quanto a trabalhadores não associados, visto que os sindicatos ainda dispõem de múltiplas formas de custeio, incluindo a contribuição confederativa (art. 8º, IV, primeira parte, da Constituição), a contribuição assistencial (art. 513, alínea 'e', da CLT) e outras contribuições instituídas em assembleia da categoria ou constantes de negociação coletiva, bem assim porque a Lei n.º 13.467/2017 ampliou as formas de financiamento da assistência jurídica prestada pelos sindicatos, passando a prever o direito dos advogados sindicais à percepção de honorários sucumbenciais (nova redação do art. 791-A, *caput* e § 1º, da CLT), e a própria Lei n.º 5.584/70, em seu art. 17, já dispunha que, ante a inexistência de sindicato, cumpre à Defensoria Pública a prestação de assistência judiciária no âmbito trabalhista. 14. A autocontenção judicial requer o respeito à escolha democrática do legislador, à míngua de razões teóricas ou elementos empíricos que tornem inadmissível a sua opção, plasmada na reforma trabalhista sancionada pelo Presidente da República, em homenagem à presunção de constitucionalidade das leis e à luz dos artigos 5º, incisos IV e XVII, e 8º, *caput*, da Constituição, os quais garantem as liberdades de expressão, de associação e de sindicalização. 15. Ações Diretas de Inconstitucionalidade julgadas improcedentes e Ação Declaratória de Constitucionalidade julgada procedente para assentar a compatibilidade da Lei n.º 13.467/2017 com a Carta Magna. (ADI 5794, Relator: Edson Fachin, Relator p/ Acórdão: Luiz Fux, Tribunal Pleno, Data de Publicação: 23/04/2019).

E se os trabalhadores e os empregadores tiverem optado por recolher a contribuição sindical aos seus respectivos sindicatos, quando seria devida a contribuição? Veja o disposto no art. 582, *caput*, da CLT:

> **CLT**
> Art. 582. Os empregadores são obrigados a descontar da folha de pagamento de seus empregados relativa ao mês de março de cada ano a contribuição sindical dos empregados que autorizaram prévia e expressamente o seu recolhimento aos respectivos sindicatos.

Caso o empregado não tenha trabalhado no mês de março e tenha autorizado o desconto da contribuição, esse abatimento será realizado no primeiro mês seguinte ao retorno ao trabalho:

> **CLT**
> Art. 602. Os empregados que não estiverem trabalhando no mês destinado ao desconto da contribuição sindical e que venham a autorizar prévia e expressamente o recolhimento serão descontados no primeiro mês subsequente ao do reinício do trabalho.

MANUAL DE DIREITO DO TRABALHO – ROGÉRIO RENZETTI

Diante da autorização do trabalhador, qual é o valor devido pelos empregados? Veja o disposto no art. 580, I, da CLT:

> **CLT**
>
> Art. 580. A contribuição sindical será recolhida, de uma só vez, anualmente, e consistirá:
>
> I – Na importância correspondente à remuneração de um dia de trabalho, para os empregados, qualquer que seja a forma da referida remuneração;

No que tange ao valor devido pelos empregadores que aceitam prévia e expressamente promover o recolhimento ao sindicato patronal, a contribuição é calculada sobre o capital social da empresa, conforme art. 580, III, da CLT:

> **CLT**
>
> Art. 580. A contribuição sindical será recolhida, de uma só vez, anualmente, e consistirá:
>
> III – para os empregadores, numa importância proporcional ao capital social da firma ou empresa, registrado nas respectivas Juntas Comerciais ou órgãos equivalentes, mediante a aplicação de alíquotas, conforme a seguinte tabela progressiva: (...)

E qual o conceito de um dia de trabalho? A definição pode ser vista no art. 582, §§ 1º e 2º, da CLT:

> **CLT**
>
> Art. 582. (...)
>
> § 1º Considera-se um dia de trabalho, para efeito de determinação da importância a que alude o item I do Art. 580, o equivalente:
>
> a) a uma jornada normal de trabalho, se o pagamento ao empregado for feito por unidade de tempo;
>
> b) a 1/30 (um trinta avos) da quantia percebida no mês anterior, se a remuneração for paga por tarefa, empreitada ou comissão.
>
> § 2º Quando o salário for pago em utilidades, ou nos casos em que o empregado receba, habitualmente, gorjetas, a contribuição sindical corresponderá a 1/30 (um trinta avos) da importância que tiver servido de base, no mês de janeiro, para a contribuição do empregado à Previdência Social.

Quanto à época em que ocorrerá o recolhimento da contribuição, isso varia de acordo com o tipo de trabalhador:

> **CLT**
>
> Art. 583. O recolhimento da contribuição sindical referente aos empregados e trabalhadores avulsos será efetuado no mês de abril de cada ano, e o relativo aos agentes ou trabalhadores autônomos e profissionais liberais realizar-se-á no mês de fevereiro, observada a exigência de autorização prévia e expressa prevista no art. 579 desta Consolidação.

Cap. 23 – DIREITO COLETIVO DO TRABALHO

No que tange à contribuição patronal para o sindicato representativo da categoria econômica, observe o art. 587 da CLT:

CLT

Art. 587. Os empregadores que optarem pelo recolhimento da contribuição sindical deverão fazê-lo no mês de janeiro de cada ano, ou, para os que venham a se estabelecer após o referido mês, na ocasião em que requererem às repartições o registro ou a licença para o exercício da respectiva atividade.

Quando a contribuição sindical é paga, como deve ser feito o rateio entre as entidades? O art. 589 da CLT esclarece a repartição de valores:

CLT

Art. 589. Da importância da arrecadação da contribuição sindical serão feitos os seguintes créditos pela Caixa Econômica Federal, na forma das instruções que forem expedidas pelo Ministro do Trabalho:

I – para os empregadores:

a) 5% (cinco por cento) para a confederação correspondente;

b) 15% (quinze por cento) para a federação;

c) 60% (sessenta por cento) para o sindicato respectivo; e

d) 20% (vinte por cento) para a "Conta Especial Emprego e Salário";

II – para os trabalhadores:

a) 5% (cinco por cento) para a confederação correspondente;

b) 10% (dez por cento) para a central sindical;

c) 15% (quinze por cento) para a federação;

d) 60% (sessenta por cento) para o sindicato respectivo; e

e) 10% (dez por cento) para a "Conta Especial Emprego e Salário";

Se não houver confederação, seus valores serão destinados à federação:

CLT

Art. 590. Inexistindo confederação, o percentual previsto no art. 589 desta Consolidação caberá à federação representativa do grupo.

Caso não haja sindicato, os valores que lhe seriam destinados são devidos à federação. Por outro lado, os valores que seriam devidos à federação passam a ser devidos à confederação:

CLT

Art. 591. Inexistindo sindicato, os percentuais previstos na alínea c do inciso I e na alínea d do inciso II do caput do art. 589 desta Consolidação serão creditados à federação correspondente à mesma categoria econômica ou profissional.

Parágrafo único. Na hipótese do *caput* deste artigo, os percentuais previstos nas alíneas *a* e *b* do inciso I e nas alíneas *a* e *c* do inciso II do *caput* do art. 589 desta Consolidação caberão à confederação.

Na hipótese de não haver central sindical, os valores que lhe seriam devidos ficam depositados em conta especial gerida pelo governo. O mesmo ocorre com o valor integral da contribuição sindical caso não haja qualquer entidade sindical e tampouco central sindical:

CLT

Art. 590.

§ 3º Não havendo sindicato, nem entidade sindical de grau superior ou central sindical, a contribuição sindical será creditada, integralmente, à "Conta Especial Emprego e Salário".

§ 4º Não havendo indicação de central sindical, na forma do § 1º do art. 589 desta Consolidação, os percentuais que lhe caberiam serão destinados à "Conta Especial Emprego e Salário".

b) Contribuição confederativa:

A contribuição confederativa, prevista no inciso IV, do art. 8º, da CF/1988 é fixada pela Assembleia Geral para custeio do sistema confederativo de representação sindical.

☞ **ATENÇÃO!**

Essa contribuição é devida somente pelos afiliados aos sindicatos.

Precedente Normativo nº 119 do TST – Contribuições sindicais. Inobservância de preceitos constitucionais (nova redação dada pela SDC em sessão de 02/06/1998) – homologação Resolução nº 82/1998, *DJ* 20/08/1998. A Constituição da República, em seus arts. 5º, XX, e 8º, V, assegura o direito de livre associação e sindicalização. É ofensiva a essa modalidade de liberdade cláusula constante de acordo, convenção coletiva ou sentença normativa estabelecendo contribuição em favor de entidade sindical a título de taxa para custeio do sistema confederativo, assistencial, revigoramento ou fortalecimento sindical e outras da mesma espécie, obrigando trabalhadores não sindicalizados. Sendo nulas as estipulações que inobservem tal restrição, tornam-se passíveis de devolução os valores irregularmente descontados.

Súmula Vinculante nº 40 do STF. A contribuição confederativa de que trata o art. 8º, IV, da Constituição Federal, só é exigível dos filiados ao sindicato respectivo.

c) Contribuição assistencial:

Essa contribuição é prevista em instrumentos de negociação coletiva, acordos ou convenções coletivas de trabalho. Sugerimos, aqui, cuidadosa leitura da OJ nº 17 da SDC do TST:

OJ n° 17 da SDC do TST – Contribuições para entidades sindicais. Inconstitucionalidade de sua extensão a não associados (inserida em 25/5/1998). As cláusulas coletivas que estabeleçam contribuição em favor de entidade sindical, a qualquer título, obrigando trabalhadores não sindicalizados, são ofensivas ao direito de livre associação e sindicalização, constitucionalmente assegurado, e, portanto, nulas, sendo passíveis de devolução, por via própria, os respectivos valores eventualmente descontados.

Aliás, o Supremo Tribunal Federal fixou a seguinte Tese no **Tema 935 da Lista de Repercussão Geral**:

É inconstitucional a instituição, por acordo, convenção coletiva ou sentença normativa, de contribuições que se imponham compulsoriamente a empregados da categoria não sindicalizados.

Não se pode esquecer que existem as chamadas cláusulas ou direito de oposição, isto é, cláusulas previstas em convenções ou acordos coletivos que preveem a obrigação de o trabalhador ou o empregador recolher a contribuição sindical, exceto se manifestarem sua oposição em um determinado prazo. Se não fizerem manifestação expressa contrária, a contribuição seria devida. Esse tipo de cláusula seria válido?

O Tribunal Superior do Trabalho entende de forma **negativa**, porquanto a prática continua a ferir a liberdade sindical:

"(...) DEVOLUÇÃO DE CONTRIBUIÇÃO CONFEDERATIVA E ASSITENCIAL. EMPREGADO NÃO ASSOCIADO. Independentemente de eventual direito de oposição previsto em cláusula coletiva, certo é que o desconto de contribuições assistenciais ou confederativas de quem não é filiado ao sindicato profissional afronta o princípio constitucional da liberdade de associação, previsto no artigo 5°, XX, da CF, bem como se opõe ao entendimento exarado tanto na Súmula Vinculante n. 40 quanto na OJ da SDC n. 17 e no Precedente Normativo n. 119. Julgados, inclusive da SDC e desta 3ª Turma. (...)" (Ag-A IRR-11100-30.2014.5.15.0062, 3ª Turma, Relator Ministro: Alexandre de Souza Agra Belmonte, *DEJT* 28/08/2020).

Outro ponto interessante refere-se à vedação que existe para imposição de desconto ou cobrança de contribuições por meio norma coletiva:

CLT

Art. 611-B. Constituem objeto ilícito de convenção coletiva ou de acordo coletivo de trabalho, exclusivamente, a supressão ou a redução dos seguintes direitos:

XXVI – liberdade de associação profissional ou sindical do trabalhador, inclusive o direito de não sofrer, sem sua expressa e prévia anuência, qualquer cobrança ou desconto salarial estabelecidos em convenção coletiva ou acordo coletivo de trabalho;

O grande debate envolve a possibilidade ou não de se impor a contribuição a filiados do sindicato. A norma coletiva não poderia fazer essa imposição? Ora, se a norma coletiva não puder, como cotejar essa premissa com a assembleia de trabalhadores? Se o sindicato é uma associação, não poderia a própria entidade criar formas de custeio a ser assumida por seus filiados? Se qualquer associação civil (um clube de recreação, por exemplo) cobra mensalidades ou contribuições de associados, seria diferente para o sindicato que inclusive desempenha missão constitucional?

Aliás, como ficaria o art. 548, *b*, da CLT, o qual não foi revogado:

> CLT
>
> Art. 548. Constituem o patrimônio das associações sindicais:
>
> b) as contribuições dos associados, na forma estabelecida nos estatutos ou pelas Assembleias Gerais;

De fato, se admitimos que uma assembleia sozinha pode impor contribuição aos associados (filiados), então por que não poderia uma norma coletiva impor essa regra aos filiados?

Somente o tempo e consolidação dos julgados poderão responder essas perguntas.

As entidades sindicais também podem ter outras rendas eventuais derivadas de doações, legados, multas, rendas oriundas de seu patrimônio:

> CLT
>
> Art. 548. Constituem o patrimônio das associações sindicais:
>
> c) os bens e valores adquiridos e as rendas produzidas pelos mesmos;
>
> d) as doações e legados;
>
> e) as multas e outras rendas eventuais.

Quanto às **multas**, registre-se que a ausência de recolhimento das contribuições devidas, na época própria, enseja o pagamento de multa:

> CLT
>
> Art. 600. O recolhimento da contribuição sindical efetuado fora do prazo referido neste Capítulo, quando espontâneo, será acrescido da multa de 10% (dez por cento), nos 30 (trinta) primeiros dias, com o adicional de 2% (dois por cento) por mês subsequente de atraso, além de juros de mora de 1 % (um por cento) ao mês e correção monetária, ficando, nesse caso, o infrator, isento de outra penalidade.

d) Mensalidade sindical:

A mensalidade sindical, como o próprio nome diz, é uma parcela paga mensalmente pelos afiliados ao sindicato.

23.3. CONDUTAS ANTISSINDICAIS

Condutas antissindicais são aquelas que atentam contra a liberdade sindical, em qualquer de suas dimensões, ou contra o exercício de atividades ligadas à atuação sindical. Não importa se o ato ocorreu no plano individual ou coletivo para fins de caracterização de prática antissindical.

Nesse ponto, registre-se que o Brasil ratificou a **Convenção no 98 da Organização Internacional do Trabalho (OIT)**. Esse diploma internacional trata da aplicação de princípios do direito de organização e de negociação coletiva. O art. 1º, item 1, esclarece a necessidade de se assegurar proteção contra atos atentatórios à liberdade sindical:

Convenção nº 98 da OIT (Decreto nº 10.088/2019)

Art. 1º.

1. Os trabalhadores deverão gozar de proteção adequada contra quaisquer atos atentatórios à liberdade sindical em matéria de emprego.

As condutas antissindicais podem ser de diversas espécies. E quais seriam as condutas antissindicais mais tratadas?

- *Yellow dog contracts* (contratos de cães amarelos): contratação de trabalhador com o compromisso de que ele não se filie ao sindicato. Assim, a ausência de filiação seria pressuposto da admissão e da permanência no emprego. Essa modalidade encontra óbice também no art. 1º, item 2, *a*, da Convenção nº 98 da OIT:

Convenção nº 98 da OIT (Decreto nº 10.088/2019)

Art. 1º.

2. Tal proteção deverá, particularmente, aplicar-se a atos destinados a:

a) subordinar o emprego de um trabalhador à condição de não se filiar a um sindicato ou deixar de fazer parte de um sindicato;

- *Company unions* (sindicatos de empresas ou sindicatos amarelos): o empregador controla o sindicato de trabalhadores, fazendo uso de sua atuação na forma que lhe interessar. Trata-se de uma ingerência indevida, que normalmente promove flexibilização irregular de direitos trabalhistas.

Ressalte-se que o art. 2º da Convenção nº 98 da OIT expressamente veda atos de ingerência sindical:

Convenção nº 98 da OIT (Decreto nº 10.088/2019)

Art. 2º.

1. As organizações de trabalhadores e de empregadores deverão gozar de proteção adequada contra quaisquer atos de ingerência de umas e outras, quer diretamente quer por meio de seus agentes ou membros, em sua formação, funcionamento e administração.

2. Serão particularmente identificados a atos de ingerência, nos termos do presente artigo, medidas destinadas a provocar a criação de organizações de trabalhadores dominadas por um empregador ou uma organização de empregadores, ou a manter organizações de trabalhadores por outros meios financeiros, com o fim de colocar essas organizações sob o controle de um empregador ou de uma organização de empregadores.

- **Despedida injusta de dirigente sindical ou despedida dele por justa causa não precedida de inquérito judicial**. O empregador não pode violar a garantia no emprego concedida ao dirigente sindical. Portanto, eventual dispensa de dirigente deve ocorrer, em princípio, por justa causa mediante decisão judicial que julga procedente inquérito para apuração de falta grave (art. 543, § 3º, da CLT).

- **Proibição de distribuição de material informativo do sindicato na porta dos estabelecimentos patronais.** O empregador não pode impedir que a entidade promova a distribuição de panfletos, folhetos ou qualquer espécie de informativo aos trabalhadores na porta do estabelecimento. A distribuição não envolve qualquer ilícito e via pública não pode ser controlada pelo empregador.

- Mise à L'index **(criação de listas):** o empregador forma listas de trabalhadores que possuem maior atuação sindical, sendo que essas listas muitas vezes são disponibilizadas para outras empresas de forma a desestimular a contratação desses trabalhadores.

- **Ameaças do empregador que visem desestimular a filiação sindical ou defesa de ideias do sindicato pelos trabalhadores.** A liberdade de pensamento e de convicção, além da liberdade sindical, vedam essa prática. Aliás, o art. 1º, item 2, *b*, da Convenção nº 98 da OIT proíbe a dispensa de trabalhador ou qualquer atitude patronal destinada a causar prejuízo em virtude de filiação ou de participação do trabalhador em atividade sindical:

Convenção nº 98 da OIT (Decreto nº 10.088/2019)

Art. 1º.

2. Tal proteção deverá, particularmente, aplicar-se a atos destinados a:

b) dispensar um trabalhador ou prejudicá-lo, por qualquer modo, em virtude de sua filiação a um sindicato ou de sua participação em atividades sindicais, fora das horas de trabalho ou com o consentimento do empregador, durante as mesmas horas.

- Union shops: o empregador contrata apenas empregados filiados a sindicatos ou mesmo não filiados, mas exige que esses se filiem em um determinado espaço de tempo.

Esse tipo de cláusula viola a liberdade sindical em sua dimensão negativa. O trabalhador não pode ser obrigado a se filiar em sindicato.

- Closed shops: o empregador aceita apenas contratar empregados filiados a sindicatos e os trabalhadores devem assim permanecer para manter o emprego. Esse tipo de cláusula também viola a liberdade sindical em sua dimensão negativa.

- Preferential shops: o empregador dá preferência à contratação, promoção ou concessão de vantagens a empregados sindicalizados. Nesse ponto, vale lembrar o disposto na OJ nº 20 da SDC do TST:

EMPREGADOS SINDICALIZADOS. ADMISSÃO PREFERENCIAL. CONDIÇÃO VIOLADORA DO ART. 8º, V, DA CF/1988 (inserido dispositivo) – DEJT divulgado em 16, 17 e 18/11/2010 Viola o art. 8º, V, da CF/1988 cláusula de instrumento normativo que estabelece a preferência, na contratação de mão de obra, do trabalhador sindicalizado sobre os demais.

Cap. 23 – DIREITO COLETIVO DO TRABALHO

- Maintenance of Membership Clause: cláusula contratual que exige que o empregado permaneça filiado ao sindicato enquanto estiver no emprego. Viola a liberdade sindical em sua dimensão negativa.
- **Dispensa de empregados que participaram de greve.** A participação em greve suspende o contrato de trabalho, conforme art. 7º, *caput*, da Lei nº 7.783/1989:

Lei nº 7.783/1989

Art. 7º. Observadas as condições previstas nesta Lei, a participação em greve suspende o contrato de trabalho, (...).

Logo, estando o contrato suspenso, não pode o vínculo ser rescindido. Além disso, existe regra que expressamente veda a dispensa:

Lei nº 7.783/1989

Art. 7º. (...)

Parágrafo único. É vedada a rescisão de contrato de trabalho durante a greve, (...).

Aliás, a dispensa de empregados durante a greve pode inclusive ser configura discriminatória:

"(...) DISPENSA DISCRIMINATÓRIA. PARTICIPAÇÃO EM MOVIMENTO GREVISTA. Esta c. 6ª Turma, por ocasião do julgamento do RR-10327-88.201.5.08.0005 (*DEJT* de 03/06/2016), decidiu, por maioria, que a dispensa dos empregados em face de participação em movimento grevista evidencia a conduta antissindical do empregador e ato discriminatório previsto no art. 4º, I, da Lei n. 9.029/95. (...)" (ARR-294-05.2014.5.08.0005, 6ª Turma, Relatora Desembargadora Convocada Cilene Ferreira Amaro Santos, *DEJT* 16/11/2018).

- Locaute *(Lockout)*

O locaute é a paralisação das atividades empresariais promovida pelo empregador com objetivo frustrar ou causar transtornos ao movimento obreiro e suas reivindicações. A proibição dessa prática pode ser vista no art. 17 da Lei nº 7.783/1989:

Lei nº 7.783/1989

Art. 17. Fica vedada a paralisação das atividades, por iniciativa do empregador, com o objetivo de frustrar negociação ou dificultar o atendimento de reivindicações dos respectivos empregados (*lockout*).

Observe um julgado que separa os elementos do locaute:

"(...) LOCKOUT (LOCAUTE). NÃO CONFIGURAÇÃO. O art. 17 da Lei n. 7.783/89 estabelece que o locaute é a paralisação das atividades, por iniciativa do empregador, com o objetivo de frustrar negociação ou dificultar o atendimento de reivindicações dos respectivos empregados. Esclarece a doutrina que a ocorrência do locaute exige a concomitância de alguns elementos, quais sejam: a paralisação da empresa (estabelecimento ou setor); intenção da empresa de paralisar suas atividades; finalidade de exercer pressão sobre os trabalhadores para frustrar negociação ou dificultar o atendimento de reivindicações dos respectivos empregados. (...)" (RO-51548-68.2012.5.02.0000, Seção Especializada em Dissídios Coletivos, Relatora Ministra Kátia Magalhães Arruda, *DEJT* 16/05/2014).

A prática de condutas antissindicais pode gerar diversas consequências. Em primeiro lugar, por violar direito fundamental relacionado à liberdade sindical e tendo em vista seu reflexo na coletividade, a jurisprudência entende que existe **dano moral coletivo**:

"DANOS MORAIS COLETIVOS. CARACTERIZAÇÃO. PRÁTICA DE CONDUTA ANTISSINDICAL. Caracteriza dano moral coletivo a violação de direitos de certa coletividade ou ofensa a valores próprios dessa. Constitui, pois, instituto jurídico que objetiva a tutela de direitos e interesses transindividuais (difusos, coletivos e individuais homogêneos), os quais, quando vulnerados, também reclamam responsabilidade civil. No caso em análise, ficou registrado que o ato ilícito praticado pelos réus, consubstanciado em diversas condutas que atentam contra o direito de liberdade sindical, causaram (*sic*) diversos prejuízos aos empregados, que se depararam com a desconfiança e temor de retaliação de entidade que deveria ser responsável pela defesa de seus interesses. O desempenho livre e independente das atividades do sindicato dos trabalhadores é pressuposto necessário para a efetiva defesa dos direitos e interesses da categoria representada e garantia da ordem jurídica. Logo, ao realizarem ato qualificado como "conduta antissindical", os réus não apenas violaram o direito fundamental dos trabalhadores ao livre desempenho da sua atividade sindical, como também comprometeram, ainda que por via oblíqua, o desenvolvimento da categoria do sindicato que os representa, em virtude da possibilidade de comprometer uma das mais importantes garantias para o exercício da atividade sindical: a liberdade. A constatação de que as rés descumpriram normas legais referentes à liberdade sindical faz surgir, por si só, o dever de reparação da comunidade afetada, a título de danos morais coletivos. A configuração de lesão ao patrimônio moral coletivo dispensa a prova do efetivo prejuízo de todos os empregados ou do dano psíquico dele derivado. A lesão decorre da própria conduta ilícita da empresa, em desrespeito à lei e à dignidade dos trabalhadores e demais indivíduos ligados direta ou indiretamente à situação. Devida, assim, a recomposição do patrimônio jurídico da coletividade. Agravo de instrumento conhecido e não provido. (...)" (AIRR-1159-02.2010.5.03.0104, 7ª Turma, Relator Ministro Cláudio Mascarenhas Brandão, *DEJT* 29/11/2019).

Ademais, existe a possibilidade de imposição, por via de processo judicial, de obrigação de não fazer ao empregador que adota posturas antissindicais. O juiz, na sentença, defere tutela inibitória, impedindo que a conduta ilícita seja praticada, reiterada ou continuada. Veja esse julgado em uma ação civil pública:

"OBRIGAÇÃO DE NÃO FAZER. ABSTENÇÃO DE PRÁTICAS ANTISSINDICAIS. 1 – Desde a petição inicial percebe-se que o MPT ajuizou a ação civil pública contra o réu com a finalidade de assegurar o pleno exercício da liberdade sindical, diante da constatação de diversas condutas de caráter antissindical, destacando-se a discriminação e retaliação de empregados atuantes no movimento sindical e tentativas de impedir o livre engajamento dos seus empregados em movimentos de greve. 2 – A tutela inibitória se destina a impedir a prática, a repetição ou a continuação de um ilícito (Luiz Guilherme Marinoni,

Cap. 23 – DIREITO COLETIVO DO TRABALHO

Tutela Inibitória, São Paulo, Ed. RT, 2003, 3. ed.). Possui natureza preventiva de direitos, em especial os de conteúdo não patrimonial, e é voltada para o futuro. 3 – Aplicável, no aspecto, o disposto no art. 497 do CPC/15 (correspondente ao art. 461 do CPC/73). 4 – No caso concreto, o TRT deu provimento ao recurso ordinário do autor para determinar a abstenção na prática de diversos atos antissindicais. Nesses termos, mostra-se adequada a tutela preventiva postulada pelo autor, a fim de coibir a reincidência naquelas irregularidades, havendo expresso amparo legal à concessão da medida postulada. 5 – No tocante ao prazo fixado para cumprimento da medida, dispõe o art. 537 do CPC/15 (correspondente ao art. 461, § 4º, do CPC/73), que deverá ser fixado pelo magistrado prazo razoável para cumprimento da decisão judicial. No caso em destaque, cuida-se da impugnação a orientações repassadas pelo réu que geraram limitações ao livre exercício da liberdade sindical, inclusive com a existência de represálias quando da presença de engajamento sindical. 6 – O cumprimento imediato da decisão, conforme determinado pelo Tribunal Regional, apresenta-se como razoável, diante das peculiaridades do caso concreto, em que se discute grave conduta de desrespeito a garantias trabalhistas mínimas para o livre exercício da atuação sindical, consagrada constitucionalmente visando a melhoria das condições em que submetida a categoria profissional representada. (...)" (AIRR-119400-72.2012.5.21.0003, 6ª Turma, Relatora Ministra: Kátia Magalhães Arruda, *DEJT* 16/08/2019).

Quanto ao **plano individual**, também pode o trabalhador discriminado por sua atuação sindical pleitear indenização por danos morais individuais:

"AGRAVO DE INSTRUMENTO EM RECURSO DE REVISTA. CONDUTA ANTISSINDICAL DO EMPREGADOR. DESFILIAÇÃO DE EMPREGADO. DANO MORAL. A hipótese é de acórdão que confirma a sentença no reconhecimento da prática pelo empregador de conduta antissindical, configurada pela coação no sentido de desfiliação sindical em massa dos empregados, com enfraquecimento da atuação do sindicato profissional. Menciona que a prova demonstra que a empresa obrigava a desfiliação, fato corroborado pelos testemunhos e pelos inúmeros requerimentos de desfiliação, redigidos em termos bastante semelhantes. Indica a consistência da prova na demonstração do comportamento irregular com o objetivo de retirar do sindicato a independência, a autonomia e a liberdade, com violação à garantia da liberdade sindical. Conclui pela configuração do dano moral, quantificando-o em R$ 5.000,00. Nesse contexto, a violação patronal aos direitos de filiação e de manutenção da filiação é a mais comum das condutas antissindicais praticadas pelo empregador, objeto de severas reprimendas por meio de aparatos institucionais e normativos internacionais e nacionais. (...)" (AIRR-312-07.2013.5.03.0100, 7ª Turma, Relator Desembargador Convocado Arnaldo Boson Paes, *DEJT* 26/09/2014).

☞ **ATENÇÃO!**

Se houver a dispensa por motivo relacionado à atuação sindical, a conduta pode ser considerada discriminatória, gerando a opção do trabalhador entre: a) invalidação da dispensa e a possibilidade de reintegração do trabalhador com o pagamento dos salários do período de afastamento; ou b) o pagamento em dobro dos salários do período de afastamento. Observe o art. 4º da Lei nº 9.029/1995:

Lei nº 9.029/1995

Art. 4º. O rompimento da relação de trabalho por ato discriminatório, nos moldes desta Lei, além do direito à reparação pelo dano moral, faculta ao empregado optar entre:

I – a reintegração com ressarcimento integral de todo o período de afastamento, mediante pagamento das remunerações devidas, corrigidas monetariamente e acrescidas de juros legais;

II – a percepção, em dobro, da remuneração do período de afastamento, corrigida monetariamente e acrescida dos juros legais.

23.3. NEGOCIAÇÃO COLETIVA DE TRABALHO

A negociação coletiva é um dos mais importantes meios de solução dos conflitos coletivos de trabalho, que se dá por meio de pactos celebrados para conceder melhores condições de trabalho, mediante acordo ou convenção coletiva. Logo, podemos com segurança afirmar tratar-se de modalidade de autocomposição dos conflitos.

A negociação coletiva pode se dar por meio das convenções ou dos acordos coletivos de trabalho.

A Reforma Trabalhista, como já dissemos em diversos momentos desta obra, tem como grande fundamento o fortalecimento da negociação sindical.

Fica assentada a ideia de se definir como regra a prevalência da convenção coletiva e do acordo coletivo de trabalho, e não como exceção, como estudávamos anteriormente.

23.3.1. Convenções Coletivas de Trabalho (CCT)

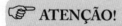

ATENÇÃO!

CCT = SINDICATO DOS EMPREGADORES X SINDICATO DOS EMPREGADOS

Art. 611 da CLT. Convenção Coletiva de Trabalho é o acordo de caráter normativo, pelo qual dois ou mais Sindicatos representativos de categorias econômicas e profissionais estipulam condições de trabalho aplicáveis, no âmbito das respectivas representações, às relações individuais de trabalho.

23.3.2. Acordos Coletivos de Trabalho (ACT)

ATENÇÃO!

ACT = SINDICATO DOS EMPREGADOS X UMA OU MAIS EMPRESAS

Cap. 23 – DIREITO COLETIVO DO TRABALHO

Art. 611, § 1º, da CLT. É facultado aos Sindicatos representativos de categorias profissionais celebrar Acordos Coletivos com uma ou mais empresas da correspondente categoria econômica, que estipulem condições de trabalho, aplicáveis no âmbito da empresa ou das acordantes respectivas relações de trabalho.

Ressalte-se que, atualmente, considera-se que o contrato coletivo é o gênero, do qual o acordo coletivo e a convenção coletiva são espécies.

23.3.3. Diferenças entre as CCT e os ACT

a) Quanto aos signatários:

As partes signatárias das convenções coletivas do trabalho são, de um lado, o sindicato dos empregados, e, do outro, o sindicato dos empregadores. Já as partes signatárias dos acordos coletivos são, de um lado, o sindicato dos empregados, e, do outro, uma ou mais empresas.

b) Quanto ao campo de abrangência:

Os efeitos das convenções coletivas alcançam toda a categoria profissional e econômica representada pelos sindicatos que as assinarem. Já os acordos coletivos serão aplicados apenas para os profissionais que prestarem serviços nas empresas signatárias.

23.3.4. Competência para julgamento

Art. 114 da CF/1988. Compete à Justiça do Trabalho processar e julgar: (...)

III – as ações sobre representação sindical, entre sindicatos, entre sindicatos e trabalhadores, e entre sindicatos e empregadores.

Toda vez que alguma cláusula de convenção ou acordo coletivo de trabalho não for cumprida, poderá ser proposta ação de cumprimento perante a Justiça do Trabalho.

☞ **ATENÇÃO!**

A reforma trabalhista inseriu o § 3º do art. 8º da CLT para afirmar que, na avaliação dos requisitos de validade da norma coletiva, o Judiciário deve analisar exclusivamente os requisitos de validade previstos no art. 104 do Código Civil.

Art. 8º, § 3º, da CLT. No exame de convenção coletiva ou acordo coletivo de trabalho, a Justiça do Trabalho analisará exclusivamente a conformidade dos elementos essenciais do negócio jurídico, respeitado o disposto no art. 104 da Lei nº 10.406, de 10 de janeiro de 2002 (Código Civil), e balizará sua atuação pelo princípio da intervenção mínima na autonomia da vontade coletiva.

Art. 104 do CC. A validade do negócio jurídico requer:

I – agente capaz;

II – objeto lícito, possível, determinado ou determinável;

III – forma prescrita ou não defesa em lei.

A reforma não foi feliz neste ponto. Há outros vícios que podem tornar nulo o negócio jurídico, como aqueles previstos nos arts. 613 e 614 da CLT, bem como contrariar o art. 611-B, além da nulidade por contrariar normas constitucionais.

23.3.5. Limitações ao objeto dos ACT e das CCT

Em regra, as convenções e os acordos poderão ampliar o rol dos direitos trabalhistas previstos em lei.

Os acordos e as convenções, contudo, não poderão dispor sobre as normas proibitivas estatais como, por exemplo, prazo prescricional, nem transacionar os direitos de indisponibilidade absoluta.

Não podemos esquecer que a própria Constituição Federal impôs que alguns direitos assegurados aos trabalhadores somente pudessem ser flexibilizados por meio das convenções e dos acordos coletivos de trabalho. Vamos, então, nos recordar de alguns incisos do art. 7º da CF/1988:

VI – irredutibilidade do salário, salvo o disposto em convenção ou acordo coletivo; (...)

XIII – duração do trabalho normal não superior a oito horas diárias e quarenta e quatro semanais, facultada a compensação de horários e a redução da jornada, mediante acordo ou convenção coletiva de trabalho;

XIV – jornada de seis horas para o trabalho realizado em turnos ininterruptos de revezamento, salvo negociação coletiva; (...)

XXVI – reconhecimento das convenções e acordos coletivos de trabalho;

Data maxima venia, o inciso XXVI do art. 7º da CF/1988 a nosso ver apresenta uma falta de lógica no que se refere à disposição do texto Constitucional, vez que a Carta Magna traz o reconhecimento das Convenções e Acordos Coletivos de Trabalho depois de ter conferido a eles a possibilidade de operarem a flexibilização de direitos trabalhistas. Parece-nos que o mais apropriado seria que esse dispositivo tivesse sido colocado pelo menos antes do inciso VI, pois primeiro deveria a Constituição ter reconhecido as Convenções e os Acordos Coletivos para depois admitir-lhes a possibilidade de excepcionar determinados direitos do trabalhador.

Nesse ponto, algumas jurisprudências do TST merecem destaque:

Súmula nº 437 do TST – Intervalo intrajornada para repouso e alimentação. Aplicação do art. 71 da CLT (conversão das Orientações Jurisprudenciais nᵒˢ 307, 342, 354, 380

Cap. 23 – DIREITO COLETIVO DO TRABALHO

e 381 da SBDI-1). Resolução n° 185/2012, *DEJT* divulgado em 25, 26 e 27/09/2012. I – Após a edição da Lei n° 8.923/1994, a não concessão ou a concessão parcial do intervalo intrajornada mínimo, para repouso e alimentação, a empregados urbanos e rurais, implica o pagamento total do período correspondente, e não apenas daquele suprimido, com acréscimo de, no mínimo, 50% sobre o valor da remuneração da hora normal de trabalho (art. 71 da CLT), sem prejuízo do cômputo da efetiva jornada de labor para efeito de remuneração. II – É inválida cláusula de acordo ou convenção coletiva de trabalho contemplando a supressão ou redução do intervalo intrajornada porque este constitui medida de higiene, saúde e segurança do trabalho, garantido por norma de ordem pública (art. 71 da CLT e art. 7°, XXII, da CF/1988), infenso à negociação coletiva. III – Possui natureza salarial a parcela prevista no art. 71, § 4°, da CLT, com redação introduzida pela Lei n° 8.923, de 27 de julho de 1994, quando não concedido ou reduzido pelo empregador o intervalo mínimo intrajornada para repouso e alimentação, repercutindo, assim, no cálculo de outras parcelas salariais. IV – Ultrapassada habitualmente a jornada de seis horas de trabalho, é devido o gozo do intervalo intrajornada mínimo de uma hora, obrigando o empregador a remunerar o período para descanso e alimentação não usufruído como extra, acrescido do respectivo adicional, na forma prevista no art. 71, *caput* e § 4°, da CLT.

Súmula n° 449 do TST – Minutos que antecedem e sucedem a jornada de trabalho. Lei n° 10.243, de 19/06/2001. Norma coletiva. Flexibilização. Impossibilidade (conversão da Orientação Jurisprudencial n° 372 da SBDI-1) – Res. 194/2014, *DEJT* divulgado em 21, 22 e 23/05/2014. A partir da vigência da Lei n° 10.243, de 19/06/2001, que acrescentou o § 1° ao art. 58 da CLT, não mais prevalece cláusula prevista em convenção ou acordo coletivo que elastece o limite de 5 minutos que antecedem e sucedem a jornada de trabalho para fins de apuração das horas extras.

Súmula n° 451 do TST – Participação nos lucros e resultados. Rescisão contratual anterior à data da distribuição dos lucros. Pagamento proporcional aos meses trabalhados. Princípio da isonomia (conversão da Orientação Jurisprudencial n° 390 da SBDI-1) – Res. 194/2014, *DEJT* divulgado em 21, 22 e 23/05/2014. Fere o princípio da isonomia instituir vantagem mediante acordo coletivo ou norma regulamentar que condiciona a percepção da parcela participação nos lucros e resultados ao fato de estar o contrato de trabalho em vigor na data prevista para a distribuição dos lucros. Assim, inclusive na rescisão contratual antecipada, é devido o pagamento da parcela de forma proporcional aos meses trabalhados, pois o ex-empregado concorreu para os resultados positivos da empresa.

Súmula n° 423 do TST – Turno ininterrupto de revezamento. Fixação de jornada de trabalho mediante negociação coletiva. Validade (conversão da Orientação Jurisprudencial n° 169 da SBDI-1) Resolução n° 139/2006 – *DJ* 10, 11 e 13/10/2006). Estabelecida jornada superior a seis horas e limitada a oito horas por meio de regular negociação coletiva, os empregados submetidos a turnos ininterruptos de revezamento não tem direito ao pagamento da 7ª e 8ª horas como extras.

A Administração Pública não está autorizada a firmar acordo ou convenção coletiva que acarrete impactos financeiros, como um aumento salarial, por exemplo, que decorre de lei. Poderá, entretanto, firmar cláusulas de natureza social, como uma compensação de jornada etc.

Súmula nº 679 do STF – Fixação de vencimentos dos servidores públicos. Possibilidade. Objeto de convenção coletiva. A fixação de vencimentos dos servidores públicos não pode ser objeto de convenção coletiva.

OJ nº 5 da SDC do TST. Dissídio coletivo. Pessoa jurídica de Direito público. Possibilidade jurídica. Cláusula de natureza social (redação alterada na sessão do Tribunal Pleno realizada em 14/09/2012) – Res. 186/2012, *DEJT* divulgado em 25, 26 e 27/09/2012. Em face de pessoa jurídica de direito público que mantenha empregados, cabe dissídio coletivo exclusivamente para apreciação de cláusulas de natureza social. Inteligência da Convenção nº 151 da Organização Internacional do Trabalho, ratificada pelo Decreto Legislativo nº 206/2010.

Como afirmamos ao longo de toda essa obra, o fundamento da Reforma Trabalhista foi o fortalecimento da negociação sindical.

Visando, contudo, aumentar a segurança jurídica de o acordado sobrepor o legislado, seja para os empregados, seja para os empregadores, além de a Reforma apresentar um rol exemplificativo do que pode ser negociado, foi acrescido o art. 611-B para especificar taxativamente um marco regulatório com as matérias que não podem ser objeto de negociação, por serem direitos que se enquadram no conceito de indisponibilidade absoluta, preservando-se dessa forma o que se convencionou denominar patamar civilizatório mínimo dos trabalhadores.

Art. 611-A. A convenção coletiva e o acordo coletivo de trabalho têm prevalência sobre a lei quando, entre outros, dispuserem sobre:

I – pacto quanto à jornada de trabalho, observados os limites constitucionais;

II – banco de horas anual;

III – intervalo intrajornada, respeitado o limite mínimo de trinta minutos para jornadas superiores a seis horas;

IV – adesão ao Programa Seguro-Emprego (PSE), de que trata a Lei nº 13.189, de 19 de novembro de 2015;

V – plano de cargos, salários e funções compatíveis com a condição pessoal do empregado, bem como identificação dos cargos que se enquadram como funções de confiança;

VI – regulamento empresarial;

VII – representante dos trabalhadores no local de trabalho;

VIII – teletrabalho, regime de sobreaviso, e trabalho intermitente;

IX – remuneração por produtividade, incluídas as gorjetas percebidas pelo empregado, e remuneração por desempenho individual;

X – modalidade de registro de jornada de trabalho;

XI – troca do dia de feriado;

XII – enquadramento do grau de insalubridade;

XIII – prorrogação de jornada em ambientes insalubres, sem licença prévia das autoridades competentes do Ministério do Trabalho;

XIV – prêmios de incentivo em bens ou serviços, eventualmente concedidos em programas de incentivo;

XV – participação nos lucros ou resultados da empresa.

Cap. 23 – DIREITO COLETIVO DO TRABALHO

§ 1º No exame da convenção coletiva ou do acordo coletivo de trabalho, a Justiça do Trabalho observará o disposto no § 3º do art. 8º desta Consolidação.

§ 2º A inexistência de expressa indicação de contrapartidas recíprocas em convenção coletiva ou acordo coletivo de trabalho não ensejará sua nulidade por não caracterizar um vício do negócio jurídico.

§ 3º Se for pactuada cláusula que reduza o salário ou a jornada, a convenção coletiva ou o acordo coletivo de trabalho deverão prever a proteção dos empregados contra dispensa imotivada durante o prazo de vigência do instrumento coletivo.

§ 4º Na hipótese de procedência de ação anulatória de cláusula de convenção coletiva ou de acordo coletivo de trabalho, quando houver a cláusula compensatória, esta deverá ser igualmente anulada, sem repetição do indébito.

§ 5º Os sindicatos subscritores de convenção coletiva ou de acordo coletivo de trabalho deverão participar, como litisconsortes necessários, em ação individual ou coletiva, que tenha como objeto a anulação de cláusulas desses instrumentos.

> ☞ **ATENÇÃO!**
>
> O art. 611-A inclui a expressão "entre outros", tornando muito genéricas e meramente exemplificativas as hipóteses de flexibilização, quando deveria ser restritiva a possibilidade de redução ou supressão de direitos por norma coletiva.

O inciso I do art. 611-A estabelece que a compensação da jornada está limitada à Constituição. Ora, o limite constitucional é de 8 horas diárias e 44 horas semanais. Logo, não há compensação ou flexibilização nessa regra. O texto cria uma regra inútil, pois não modifica a regra geral constitucional.

O inciso II autoriza o banco de horas sem especificar seus limites, o que não pode ser admitido, sob pena de, na prática, permitir o trabalho de 16 ou 18 horas diárias, o que coloca em risco a saúde do obreiro.

O inciso V autoriza que o plano de cargos e salários identifique as atribuições que se enquadram na função de confiança.

O inciso VIII propõe que a norma coletiva verse sobre teletrabalho, sobreaviso e trabalho intermitente, com a clara intenção de excluir tais trabalhadores dos direitos contidos no capítulo "Da Duração do Trabalho", excluindo horas extras, intervalos e adicional noturno desses trabalhadores.

O inciso IX exclui a natureza salarial das parcelas pagas por produtividade e incentivo, impedindo sua integração ao salário e base de cálculo do FGTS, INSS, férias e 13º salário.

Os incisos XII e XIII alteram os percentuais do adicional de insalubridade com a óbvia pretensão de reduzi-los, e permite a prorrogação da jornada em atividade insalubre sem a prévia autorização da autoridade competente.

Em suma: o acordo ou convenção coletiva a respeito do enquadramento do grau de insalubridade prevalecerá sobre lei, desde que respeitando as normas de saúde, higiene e segurança ou as normas regulamentadoras (NRs) do MT.

O § 3º do art. 611-A não foi técnico. A redução da jornada não é uma medida redutora de direitos e sim benéfica para o empregado, desde que não haja a redução de salários.

Art. 611-B da CLT. Constituem objeto ilícito de convenção coletiva ou de acordo coletivo de trabalho, exclusivamente, a supressão ou a redução dos seguintes direitos:

I – normas de identificação profissional, inclusive as anotações na Carteira de Trabalho e Previdência Social;

II – seguro-desemprego, em caso de desemprego involuntário;

III – valor dos depósitos mensais e da indenização rescisória do Fundo de Garantia do Tempo de Serviço (FGTS);

IV – salário mínimo;

V – valor nominal do décimo terceiro salário;

VI – remuneração do trabalho noturno superior à do diurno;

VII – proteção do salário na forma da lei, constituindo crime sua retenção dolosa;

VIII – salário-família;

IX – repouso semanal remunerado;

X – remuneração do serviço extraordinário superior, no mínimo, em 50% (cinquenta por cento) à do normal;

XI – número de dias de férias devidas ao empregado;

XII – gozo de férias anuais remuneradas com, pelo menos, um terço a mais do que o salário normal;

XIII – licença-maternidade com a duração mínima de cento e vinte dias;

XIV – licença-paternidade nos termos fixados em lei;

XV – proteção do mercado de trabalho da mulher, mediante incentivos específicos, nos termos da lei;

XVI – aviso-prévio proporcional ao tempo de serviço, sendo no mínimo de trinta dias, nos termos da lei;

XVII – normas de saúde, higiene e segurança do trabalho previstas em lei ou em normas regulamentadoras do Ministério do Trabalho;

XVIII – adicional de remuneração para as atividades penosas, insalubres ou perigosas;

XIX – aposentadoria;

XX – seguro contra acidentes de trabalho, a cargo do empregador;

XXI – ação, quanto aos créditos resultantes das relações de trabalho, com prazo prescricional de cinco anos para os trabalhadores urbanos e rurais, até o limite de dois anos após a extinção do contrato de trabalho;

XXII – proibição de qualquer discriminação no tocante a salário e critérios de admissão do trabalhador com deficiência;

XXIII – proibição de trabalho noturno, perigoso ou insalubre a menores de dezoito anos e de qualquer trabalho a menores de dezesseis anos, salvo na condição de aprendiz, a partir de quatorze anos;

XXIV – medidas de proteção legal de crianças e adolescentes;

XXV – igualdade de direitos entre o trabalhador com vínculo empregatício permanente e o trabalhador avulso;

XXVI – liberdade de associação profissional ou sindical do trabalhador, inclusive o direito de não sofrer, sem sua expressa e prévia anuência, qualquer cobrança ou desconto salarial estabelecidos em convenção coletiva ou acordo coletivo de trabalho;

Cap. 23 – DIREITO COLETIVO DO TRABALHO

XXVII – direito de greve, competindo aos trabalhadores decidir sobre a oportunidade de exercê-lo e sobre os interesses que devam por meio dele defender;

XXVIII – definição legal sobre os serviços ou atividades essenciais e disposições legais sobre o atendimento das necessidades inadiáveis da comunidade em caso de greve;

XXIX – tributos e outros créditos de terceiros;

XXX – as disposições previstas nos arts. 373-A, 390, 392, 392-A, 394, 394-A, 395, 396 e 400 desta Consolidação.

Parágrafo único. Regras sobre duração do trabalho e intervalos não são consideradas como normas de saúde, higiene e segurança do trabalho para os fins do disposto neste artigo.

O art. 611-B aponta taxativamente as matérias de cuja negociação coletiva não pode dispor, considerando-as objeto ilícito do negócio jurídico coletivo.

Há, entretanto, outros direitos que também são considerados indisponíveis e que não constam dos incisos do art. 611-B.

Ao indicar nos incisos I a XXX o que não pode ser reduzido ou suprimido, o legislador dá a entender que nas outras hipóteses é possível, o que não é uma verdade.

23.3.6. CLT – Título VI – Convenções Coletivas de Trabalho

Os arts. 611 a 625 da CLT são de importante memorização. Por isso, temos que tomar especial cuidado com a redação de cada um deles.

Art. 611. Convenção Coletiva de Trabalho é o acordo de caráter normativo, pelo qual dois ou mais Sindicatos representativos de categorias econômicas e profissionais estipulam condições de trabalho aplicáveis, no âmbito das respectivas representações, às relações individuais de trabalho.

§ 1º É facultado aos Sindicatos representativos de categorias profissionais celebrar Acordos Coletivos com uma ou mais empresas da correspondente categoria econômica, que estipulem condições de trabalho, aplicáveis no âmbito da empresa ou das acordantes respectivas relações de trabalho.

Pode a convenção coletiva ser assinada por uma Federação ou uma Confederação? Se a categoria não estiver organizada em um sindicato (não foi criado um sindicato), a Federação e, na falta dessa, a Confederação pode assinar a norma coletiva:

§ 2º As Federações e, na falta desta, as Confederações representativas de categorias econômicas ou profissionais poderão celebrar convenções coletivas de trabalho para reger as relações das categorias a elas vinculadas, inorganizadas em Sindicatos, no âmbito de suas representações.

23.3.6.1. Do procedimento próprio

Para se atingir uma norma coletiva, existe uma negociação coletiva anterior. E essa negociação possui particularidades.

O sindicato não pode simplesmente negociar o que bem entender. Pelo contrário, a diretoria depende de autorização da assembleia. Até mesmo as propostas que são levadas na pauta de reivindicação da categoria devem ser aprovadas.

Essa assembleia, para aprovar a proposta, deve atender a um quórum previsto no estatuto de entidade. Ora, a entidade sindical possui autonomia, de maneira que o sindicato pode estabelecer o quórum que entender adequado no seu estatuto.

Nesse contexto, o quórum previsto no art. 612 da CLT foi flexibilizado pela Constituição Federal. Havendo previsão no estatuto, o mínimo do estatuto é o que deve prevalecer. Veja o art. 612 da CLT:

> Art. 612 da CLT. Os sindicatos só poderão celebrar convenções ou acordos coletivos de trabalho, por deliberação de assembleia geral especialmente convocada para esse fim, consoante o disposto nos respectivos estatutos, dependendo a validade da mesma do comparecimento e votação, em primeira convocação, de 2/3 (dois terços) dos associados da entidade, se se tratar de Convenção, e dos interessados, no caso de Acordo, e, em segunda, de 1/3 (um terço) dos mesmos.
>
> Parágrafo único. O *quorum* de comparecimento e votação será de 1/8 (um oitavo) dos associados em segunda convocação, nas entidades sindicais que tenham mais de 5.000 (cinco mil) associados.

O TST proferiu decisões reconhecendo que esse quórum não prevalece se existe outro previsto no estatuto da entidade sindical:

> AGRAVO DE INSTRUMENTO. RECURSO DE REVISTA. VIGÊNCIA DA LEI N. 13.467/2017. AUTORA. AÇÃO DE DECLARAÇÃO DE INEFICÁCIA DE CONVENÇÃO COLETIVA DE TRABALHO. ASSEMBLEIA DE APROVAÇÃO. INOBSERVÂNCIA DO QUÓRUM DO ART. 612 DA CLT. (...) 2 – Controverte-se sobre a validade de norma coletiva aprovada em assembleia convocada especificamente para sua discussão e celebração que, a despeito de não cumprir o quórum do art. 612 da CLT, observou as disposições previstas nos estatutos das entidades signatárias. Embora aponte nulidade decorrente da inobservância do art. 612 da CLT, a empresa autora da presente ação pleiteia o reconhecimento da ineficácia da convenção coletiva apenas em relação a ela, e não à categoria econômica inteira. 3 – Se, de uma parte, o princípio da liberdade sindical, em suas dimensões positiva e negativa, garante as prerrogativas de livre criação e filiação, bem como de livre dissolução e desfiliação, de uma entidade sindical; o princípio da autonomia sindical, de outra parte, garante a prerrogativa de autogestão de tais entidades. 4 – Sob essa segunda perspectiva, e complementar àquela da liberdade sindical, as entidades sindicais detém autonomia em sua estruturação interna e em sua atuação externa, desvinculadas de controles estatais ou patronais. Tal autonomia abrange, portanto, entre outras prerrogativas, a elaboração dos estatutos. 5 – Cumpre ressaltar que a liberdade e a autonomia sindicais, além das reconhecidas funções normativas e axiológicas que lhe são próprias enquanto princípios, observaram patente valorização na Constituição Federal, de forma que constituem vetores que irradiam a interpretação de toda a ordem jurídica infraconstitucional. São, ainda, albergadas na Convenção n. 98 da OIT, que cuida do "direito de sindicalização e de negociação coletiva". 6 – Nesse sentido, o rígido quórum do art. 612 da CLT, que dispõe sobre a convocação de assembleia geral específica para celebração

Cap. 23 – DIREITO COLETIVO DO TRABALHO

de acordos e convenções coletivas, afronta a autonomia sindical. Tal matéria é própria à livre autogestão das entidades sindicais, que podem dispor, em seus estatutos, dos quóruns que entenderem adequados à representatividade necessária para legitimar a negociação coletiva; observados os demais princípios constitucionais. (...) 9 – O acórdão do TRT encontra-se, portanto, em harmonia com a jurisprudência da SDC acerca da inaplicabilidade do quórum do art. 612 da CLT nas hipóteses em que houve assembleia convocada especificamente para a discussão e celebração da norma coletiva, em observância ao estatuto da entidade sindical signatária. 10 – Agravo de instrumento a que se nega provimento." (AIRR-298-02.2017.5.13.0004, 6ª Turma, Relatora Ministra: Katia Magalhaes Arruda, *DEJT* 08/11/2019).

RECURSO ORDINÁRIO EM AÇÃO ANULATÓRIA. (...) Esta Corte, em observância aos princípios da liberdade e da autonomia sindicais, embora entenda que não cabe mais o rigorosismo do quórum previsto no art. 612 da CLT, mantém seu posicionamento de que a assembleia geral da categoria é a fonte irradiadora dos poderes pertinentes à celebração dos acordos e convenções coletivas de trabalho, devendo ser observadas, para sua realização, as disposições estatutárias, conforme previsto no referido dispositivo consolidado. (...) (RO – 10250-47.2015.5.18.0000, Relatora Ministra: Dora Maria da Costa, Data de Julgamento: 24/04/2017, Seção Especializada em Dissídios Coletivos, Data de Publicação: *DEJT* 05/05/2017).

Alguns estatutos preveem **prazo mínimo** entre a publicação do edital de convocação para a assembleia e a realização dela. A ideia é permitir que o trabalhador possa se programar para participar da assembleia, muitas vezes tendo que se deslocar para a localidade em que ocorrerá a reunião. Nesse caso, é obrigatório observar esse prazo mínimo fixado no estatuto:

OJ 35 da SDC EDITAL DE CONVOCAÇÃO DA AGT. DISPOSIÇÃO ESTATUTÁRIA ESPECÍFICA. PRAZO MÍNIMO ENTRE A PUBLICAÇÃO E A REALIZAÇÃO DA ASSEMBLEIA. OBSERVÂNCIA OBRIGATÓRIA (inserida em 07/12/1998). Se os estatutos da entidade sindical contam com norma específica que estabeleça prazo mínimo entre a data de publicação do edital convocatório e a realização da assembleia correspondente, então a validade desta última depende da observância desse interregno.

Para atingir o maior número de interessados, a convocação para a assembleia deve ser publicada em jornal que circule, se possível, em todos os Municípios da base territorial do sindicato:

OJ 28 da SDC EDITAL DE CONVOCAÇÃO DA AGT. PUBLICAÇÃO. BASE TERRITORIAL. VALIDADE (inserida em 19/08/1998). O edital de convocação para a AGT deve ser publicado em jornal que circule em cada um dos municípios componentes da base territorial.

☞ ATENÇÂO!

A ausência de assembleia autorizadora da formalização da norma coletiva implica a nulidade da norma firmada pelo sindicato. Leia um julgado do TST sobre o tema:

RECURSO ORDINÁRIO. AÇÃO ANULATÓRIA. TERMO ADITIVO À CONVENÇÃO COLETIVA DE TRABALHO 2007/2008. 1) NÃO COMPROVAÇÃO DE REALIZAÇÃO DA ASSEMBLEIA DE TRABALHADORES. NULIDADE DO INSTRUMENTO ENTABULADO. Decorre de expressa previsão legal (art. 612 da CLT), que a celebração de acordos e convenções coletivas de trabalho sejam precedidos da assembleia geral de trabalhadores, correta e especificamente convocada para essa finalidade. In casu, não restando comprovada a participação e deliberação dos trabalhadores da empresa ENDICON – Engenharia de Instalações e Construções Ltda., em assembleia, quanto à concepção e concretização do Termo Aditivo à CCT 2007/2008, reputa-se nulo o referido instrumento, entabulado ao arrepio da lei. Decisão regional mantida, nega-se provimento ao recurso ordinário, no aspecto. (...) Processo: RO – 46200-09.2009.5.08.0000 Data de Julgamento: 09/05/2011, Relatora Ministra: Dora Maria da Costa, Seção Especializada em Dissídios Coletivos, Data de Publicação: DEJT 20/05/2011.

23.3.6.2. Da forma e do conteúdo dos instrumentos dos acordos e das convenções coletivas

As convenções e os acordos coletivos devem possuir um conteúdo mínimo previsto em lei, conforme art. 613 da CLT:

> Art. 613. As convenções e os acordos deverão conter obrigatoriamente:
>
> I – Designação dos sindicatos convenentes ou dos sindicatos e empresas acordantes;
>
> II – Prazo de vigência;
>
> III – Categorias ou classes de trabalhadores abrangidas pelos respectivos dispositivos;
>
> IV – Condições ajustadas para reger as relações individuais de trabalho durante sua vigência;
>
> V – Normas para a conciliação das divergências sugeridas entre os convenentes por motivos da aplicação de seus dispositivos;
>
> VI – Disposições sobre o processo de sua prorrogação e de revisão total ou parcial de seus dispositivos; (c/c art. 615);
>
> VII – Direitos e deveres dos empregados e empresas;
>
> VIII – Penalidades para os Sindicatos convenentes, os empregados e as empresas em caso de violação de seus dispositivos.

Ressalte-se que as normas coletivas são formalizadas por escrito, não podendo apresentar rasuras ou emendas:

> Parágrafo único. As convenções e os Acordos serão celebrados por escrito, sem emendas nem rasuras, em tantas vias quantos forem os Sindicatos convenentes ou as empresas acordantes, além de uma destinada a registro.

ATENÇÃO!

Os instrumentos dos acordos e das convenções serão solenes, ou seja, formais.

Cap. 23 – DIREITO COLETIVO DO TRABALHO

Em relação ao conteúdo dos instrumentos dos acordos e das convenções coletivas, merece destaque a Súmula nº 384 do TST, que faz menção à possibilidade de aplicação da multa prevista em instrumento normativo em caso de descumprimento de obrigação prevista em lei.

> Súmula nº 384 do TST – Multa convencional. Cobrança (conversão das Orientações Jurisprudenciais nos 150 e 239 da SBDI-1). Resolução nº 129/2005, *DJ* 20, 22 e 25/4/2005. I – o descumprimento de qualquer cláusula constante de instrumentos normativos diversos não submete o empregado a ajuizar várias ações, pleiteando em cada uma o pagamento da multa referente ao descumprimento de obrigações previstas nas cláusulas respectivas; II – é aplicável multa prevista em instrumento normativo (sentença normativa, convenção ou acordo coletivo) em caso de descumprimento de obrigação prevista em lei, mesmo que a norma coletiva seja mera repetição de texto legal.

A fixação de penalidade por descumprimento de obrigação é perfeitamente compatível com o Direito Privado.

Assim, por exemplo, o art. 477, § 8º, da CLT expressamente prevê a multa de um salário por atraso no pagamento de verbas rescisórias. A norma coletiva poderia impor uma nova multa, sendo que, no caso de atraso efetivo, o empregado teria direito a receber tanto a multa prevista na lei como a multa normativa.

23.3.6.3. Do registro

Uma vez assinada a norma coletiva, deve o instrumento ser depositado no Ministério, conforme art. 614 da CLT:

> Art. 614. Os Sindicatos convenentes ou as empresas acordantes promoverão, conjunta ou separadamente, dentro de 8 (oito) dias da assinatura da convenção ou acordo, o depósito de uma via do mesmo, para fins de registro e arquivo, no Departamento Nacional do Trabalho, em se tratando de instrumento de caráter nacional ou interestadual, ou nos órgãos regionais do Ministério do Trabalho e Previdência Social, nos demais casos.

No entanto, o TST entende que esse depósito cuida de uma formalidade administrativa, de maneira que a norma coletiva vale independentemente do depósito ter sido realizado. Veja esses julgados:

> RECURSO ORDINÁRIO EM AÇÃO ANULATÓRIA. CONVEÇÃO COLETIVA DE TRABALHO. FALTA DE DEPÓSITO DA NORMA COLETIVA PERANTE O ÓRGÃO COMPETENTE. ART. 614 DA CLT. MERA INFRAÇÃO ADMINISTRATIVA. INSTRUMENTO COLETIVO VÁLIDO. Esta Corte Superior compreende que o não cumprimento da formalidade prevista no art. 614 da CLT, ou seja, não efetuar o depósito da norma coletiva perante o Ministério do Trabalho, acarreta mera infração administrativa, não afetando a validade do instrumento coletivo negociado. Recurso ordinário a que se nega provimento. (...) (RO-10963-05.2016.5.03.0000, Seção Especializada em Dissídios Coletivos, Relatora Ministra: Katia Magalhaes Arruda, *DEJT* 19/12/2017).

(...) RECURSO DE REVISTA DA RECLAMANTE – INDENIZAÇÃO POR DANOS MATERIAIS – GARANTIA NO EMPREGO PREVISTA EM ACORDO COLETIVO E SUPRIMIDA POR ACORDO COLETIVO POSTERIOR – VIGÊNCIA. A interpretação do art. 614, § 1º, da CLT deve guardar harmonia com a nova Constituição Federal, que alterou profundamente a organização sindical e a autonomia das partes para a negociação coletiva, estabelecendo princípios rígidos que vedam a intervenção do Poder Público nessa relação, presente no regramento jurídico infraconstitucional antecessor, e que reconhecem as convenções e os acordos coletivos, incentivando a negociação coletiva. Nessa ótica, a exigência de depósito das convenções e acordos coletivos no órgão ministerial não tem outra finalidade senão dar publicidade a esses ajustes, para fins de conhecimento de terceiros interessados. Sendo assim, a data da entrega do acordo coletivo no Ministério do Trabalho é irrelevante para a fixação da sua vigência, que independe de qualquer manifestação do Estado. As normas e condições de trabalho negociadas de comum acordo entre as partes convenentes valem por si só, criando direitos e obrigações entre elas a partir do momento em que firmado o instrumento coletivo, na forma da lei. Não ficam condicionadas ao depósito no órgão ministerial, cuja função é tão somente dar publicidade do ato negocial a terceiros interessados. Nesse contexto, conforme registrado pelo Tribunal Regional, a vigência do acordo coletivo que suprimiu o direito à garantia no emprego alcançou a rescisão contratual da reclamante. Incólume o art. 614, § 1º, da CLT. Recurso de revista não conhecido. (...) (RR – 4902-47.2011.5.12.0035, Relator Ministro: Luiz Philippe Vieira de Mello Filho, Data de Julgamento: 05/10/2016, 7ª Turma, Data de Publicação: *DEJT* 07/10/2016).

Por esse último julgado, constata-se que o TST entende que a norma coletiva gera efeitos a partir de sua vigência. Veja mais um julgado:

"(...) ADICIONAL DE INSALUBRIDADE. NORMA COLETIVA DISPONDO SOBRE A BASE DE CÁLCULO. DATA DE INÍCIO DA VIGÊNCIA. DEPÓSITO DO INSTRUMENTO JUNTO AO MINIS-TÉRIO DO TRABALHO E EMPREGO. (...) O artigo 614, *caput*, da CLT dispõe que as partes deverão providenciar o depósito da convenção ou acordo coletivo junto ao Ministério do Trabalho e Emprego, para fins de registro e arquivo. Já o § 1º do referido artigo preconiza que as CCTs e os ACTs entrarão em vigor três dias após a data da entrega. Com relação ao tema, esta Corte já decidiu que a ausência ou demora no registro da CCT junto ao órgão ministerial é mera infração administrativa e, portanto, não prejudica o que ficou estabelecido entre as partes convenentes. Desse modo, correta a decisão que concedeu as diferenças salariais desde fevereiro de 2008, data prevista para início de vigência da norma coletiva. Precedentes. (...)" (RR-129100-95.2008.5.17.0012, 2ª Turma, Relatora Ministra: Maria Helena Mallmann, *DEJT* 29/09/2017).

23.3.6.4. Da vigência

§ 1º As convenções e os acordos entrarão em vigor 3 (três) dias após a data da entrega dos mesmos no órgão referido neste artigo.

A vigência das convenções e dos acordos não está condicionada ao registro ou arquivamento de seus instrumentos nos órgãos competentes, mas tão somente à sua entrega nestes órgãos.

Cap. 23 – DIREITO COLETIVO DO TRABALHO

23.3.6.5. Da publicidade

> § 2º Cópias autênticas das convenções e dos acordos deverão ser afixados de modo visível, pelos sindicatos convenentes, nas respectivas sedes e nos estabelecimentos das empresas compreendidas no seu campo de aplicação, dentro de 5 (cinco) dias da data do depósito previsto neste artigo.

23.3.6.6. Prazo máximo de validade dos efeitos do instrumento coletivo de dois anos

E qual é o prazo de vigência da norma coletiva? O legislador fixou o prazo máximo de dois anos:

> § 3º Não será permitido estipular duração de convenção coletiva ou acordo coletivo de trabalho superior a dois anos, sendo vedada a ultratividade.

A nova redação do § 3º do art. 614 propõe a manutenção do prazo de validade máximo de 2 anos para os acordos coletivos e as convenções coletivas de trabalho, vedando expressamente a ultratividade.

O TST decidiu por súmula que as cláusulas negociadas entre as partes se incorporam ao contrato individual de trabalho mesmo após o fim do prazo estipulado no acordo coletivo ou na convenção coletiva, vigorando até que novo instrumento seja celebrado. É o que se chama princípio da ultratividade da norma.

O STF, provocado, decidiu pela suspensão liminar de todos os processos, bem como dos efeitos, de decisões no âmbito da Justiça do Trabalho que discutam a aplicação da ultratividade de normas coletivas de trabalho, conforme se constata no trecho seguinte:

> Em relação ao pedido liminar, ressalto que não tenho dúvidas de que a suspensão do andamento de processos é medida extrema que deve ser adotada apenas em circunstâncias especiais. Em juízo inicial, todavia, as razões declinadas pela requerente, bem como a reiterada aplicação do entendimento judicial consolidado na atual redação da Súmula 277 do TST, são questões que aparentam possuir relevância jurídica suficiente a ensejar o acolhimento do pedido. Da análise do caso extrai-se indubitavelmente que se tem como insustentável o entendimento jurisdicional conferido pelos tribunais trabalhistas ao interpretar arbitrariamente a norma constitucional. Ante o exposto, defiro o pedido formulado e determino, desde já, *ad referendum* do Pleno (art. 5º, § 1º, Lei n. 9.882, de 1999) a suspensão de todos os processos em curso e dos efeitos de decisões judiciais proferidas no âmbito da Justiça do Trabalho que versem sobre a aplicação da ultratividade de normas de acordos e de convenções coletivas, sem prejuízo do término de sua fase instrutória, bem como das execuções já iniciadas.

A ultratividade das normas coletivas inibe a negociação coletiva, pois a principal reinvindicação dos trabalhadores é por reajuste salarial e essa vantagem não se renova no fim da vigência, salvo por novo ajuste coletivo.

Entendemos positiva a alteração do § 3º do art. 614.

> ☞ **ATENÇÃO!**
> Se a norma coletiva contiver uma determinada vantagem, o benefício apenas é devido durante a vigência da norma coletiva, não sendo mais devido posteriormente, exceto se houver nova norma coletiva garantindo a parcela. Trata-se da teoria da aderência sujeita ao prazo.

23.3.6.7. Da prorrogação, revisão, denúncia, revogação e extensão

A prorrogação da norma coletiva significa a extensão do prazo de vigência para além do que fora anteriormente avençado.

Na **revisão**, as partes, antes do término da vigência, resolvem rever as cláusulas existentes, alterando o que for necessário. É claro que a alteração vale, como regra, dali em diante. É um reexame e consequente modificação das cláusulas estipuladas na norma coletiva.

A **denúncia** é o ato pelo qual uma das partes comunica à outra parte coletiva a sua intenção de terminar antecipadamente o ajuste, antes do fim da vigência da norma coletiva. Assim, ocorre quando uma das partes signatárias da norma coletiva resolve não mais cumprir o ajustado, comunicando formalmente a intenção de fazer cessar a norma coletiva.

A **revogação** é ato bilateral por meio do qual as partes, em comum acordo, resolvem acabar com a vigência da norma coletiva antes do termo final. Portanto, envolve um acordo bilateral para pôr fim à norma coletiva, a qual deixa de existir.

> Art. 615. O processo de prorrogação, revisão, denúncia ou revogação total ou parcial de convenção ou acordo ficará subordinado, em qualquer caso, à aprovação de assembleia geral dos sindicatos convenentes ou partes acordantes, com observância do disposto no art. 612.
>
> § 1º O instrumento de prorrogação, revisão, denúncia ou revogação de convenção ou acordo será depositado para fins de registro e arquivamento, na repartição em que o mesmo originariamente foi depositado, observado o disposto no art. 614.

Em relação à prorrogação, apesar da nova redação do texto da Súmula nº 277 do TST, temos que falar da OJ nº 322 da SDI-I do TST que permanece mantida pela referida Corte, que determina o seguinte:

> Nos termos do art. 614, § 3º, da CLT, é de 2 anos o prazo máximo de vigência dos acordos e das convenções coletivas. Assim sendo, é inválida, naquilo que ultrapassa o prazo total de 2 anos, cláusula de termo aditivo que prorroga a vigência do instrumento coletivo originário por prazo indeterminado.

Portanto, se houver uma prorrogação de uma norma coletiva com vigência menor do que 2 anos, o prazo máximo de 2 anos deve ser respeitado.

Cap. 23 – DIREITO COLETIVO DO TRABALHO

Art. 615. (...)

§ 2º As modificações introduzidas em Convenção ou Acordo, por força de revisão ou de revogação parcial de suas cláusulas passarão a vigorar 3 (três) dias após a realização de depósito previsto no § 1º.

Como forma de incentivar a negociação coletiva, o art. 616 da CLT prevê a possibilidade de convocação das partes coletivas (sindicatos e empresas) para tentativa de negociação:

Art. 616. Os Sindicatos representativos de categorias econômicas ou profissionais e as empresas, inclusive as que não tenham representação sindical, quando provocados, não podem recusar-se à negociação coletiva.

§ 1º Verificando-se recusa à negociação coletiva, cabe aos Sindicatos ou empresas interessadas dar ciência do fato, conforme o caso, ao Departamento Nacional do Trabalho ou aos órgãos regionais do Ministério do Trabalho e Previdência Social, para convocação compulsória dos Sindicatos ou empresas recalcitrantes.

§ 2º No caso de persistir a recusa à negociação coletiva, pelo desatendimento às convocações feitas pelo Departamento Nacional do Trabalho ou órgãos regionais do Ministério de Trabalho e Previdência Social, ou se malograr a negociação entabulada, é facultada aos Sindicatos ou empresas interessadas a instauração de dissídio coletivo.

§ 3º Havendo convenção, acordo ou sentença normativa em vigor, o dissídio coletivo deverá ser instaurado dentro dos 60 (sessenta) dias anteriores ao respectivo termo final, para que o novo instrumento possa ter vigência no dia imediato a esse termo.

☞ ATENÇÃO!

O § 3º determina o prazo de 60 dias para a instauração do dissídio coletivo quando já existe CCT, ACT ou sentença normativa em vigor para que o novo instrumento possa ter vigência retroativa, ou seja, desde o dia imediato a esse termo (termo do ACT, CCT, ou sentença normativa em vigor). Se o prazo de 60 dias não for observado, a nova sentença normativa só passará a vigorar a partir da sua prolação.

§ 4º Nenhum processo de dissídio coletivo de natureza econômica será admitido sem antes se esgotarem as medidas relativas à formalização da Convenção ou Acordo correspondente.

Há casos em que os trabalhadores procuram o sindicato para que este assuma a negociação coletiva com a empresa empregadora. Se o sindicato, apesar desse requerimento, fica **inerte por mais de 8 dias** ou se recusa a assumir os trabalhos de forma caprichosa e desfundamentada, podem os trabalhadores buscar a Federação e, na falta dessa, a Confederação para que assinem um acordo coletivo. Veja ao art. 617 da CLT:

Art. 617. Os empregados de uma ou mais empresas que decidirem celebrar acordo coletivo de trabalho com as respectivas empresas darão ciência de sua resolução, por escrito, ao sindicato representativo da categoria profissional, que terá o prazo de 8 (oito) dias para assumir a direção dos entendimentos entre os interessados, devendo igual procedimento ser observado pelas empresas interessadas com relação ao Sindicato da respectiva categoria econômica.

§ 1º Expirado o prazo de 8 (oito) dias sem que o Sindicato tenha se desincumbido do encargo recebido, poderão os interessados dar conhecimento do fato à Federação a que estiver vinculado o Sindicato e, em falta dessa, à correspondente Confederação, para que, no mesmo prazo, assuma a direção dos entendimentos. Esgotado esse prazo, poderão os interessados prosseguir diretamente na negociação coletiva até final.

Na parte final do parágrafo primeiro, consta que, no caso de esgotamento do prazo para as entidades sindicais assumirem os trabalhos, os trabalhadores podem, de forma coletiva, firmar acordo coletivo diretamente com o empregador.

Nesse particular sobre a negociação coletiva direta dos trabalhadores com a empresa, houve discussão se a norma teria sido recepcionada pela Constituição Federal, mais especificamente em virtude do art. 8º, VI. O Tribunal Superior do Trabalho entendeu que houve efetiva recepção. De fato, não se poderia deixar os trabalhadores sem qualquer tutela em ternos de negociação coletiva se houvesse uma recusa injustificada, ilegítima, da entidade sindical.

Observe esse julgado sobre o tema:

RECURSO ORDINÁRIO EM AÇÃO ANULATÓRIA. 1. NULIDADE DO ACORDO COLETIVO DE TRABALHO 2015/2016. ILEGITIMIDADE DO SINDICATO PROFISSIONAL QUE SUBSCREVEU A NORMA COLETIVA. (...) O art. 8º da Constituição Federal, em seu inciso VI, ao declarar a participação obrigatória do sindicato na negociação coletiva de trabalho, revela natureza de preceito de observância inafastável, reforçando as disposições trazidas no art. 611 da CLT. Contudo, em que pese tal exigência constitucional, não se pode admitir que, inviabilizada a negociação por culpa da entidade sindical, fique a categoria profissional indefinidamente desguarnecida das normas coletivas. Nesse sentido, o referido preceito constitucional não retirou a vigência e a eficácia do art. 617 da CLT, o qual faculta aos empregados o direito de negociarem diretamente com seus empregadores, caso o sindicato que os represente ou a federação à qual esse é filiado, não assumam a direção dos entendimentos. Nessas circunstâncias, para que seja dispensada a intermediação do ente sindical, é necessária a comprovação não só da livre manifestação da categoria profissional interessada no conflito, mas, também, que seja patente a recusa do Sindicato profissional, ou a sua inércia. (RO – 10818-80.2015.5.03.0000, Relatora Ministra: Dora Maria da Costa, Data de Julgamento: 21/11/2016, Seção Especializada em Dissídios Coletivos, Data de Publicação: *DEJT* 30/11/2016).

Por outro lado, se houver uma recusa legítima, justificável, para a atuação sindical, a norma coletiva firmada direta e coletivamente pelos trabalhadores pode ser invalidada pelo Poder Judiciário em ação anulatória. Observe esse julgado:

(...) B) RECURSO ORDINÁRIO DA ASSOCIAÇÃO RÉ – AFFEMG. AÇÃO ANULATÓRIA. 1. ACORDO COLETIVO FIRMADO SEM A PRESENÇA DO SINDICATO OBREIRO. ART. 617

DA CLT. REQUISITOS. NÃO CUMPRIMENTO. NULIDADE. EFEITOS EX TUNC. Os sindicatos de categorias profissionais são os sujeitos legitimados, pela ordem jurídica, a celebrar negociação coletiva trabalhista no Brasil, sob o ponto de vista dos empregados (art. 8º, VI, CF). São constitucionais o princípio jurídico e a regra normativa da interveniência do sindicato obreiro nas negociações coletivas. A D. SDC, porém, entende que o art. 617 e parágrafos da CLT foram recepcionados pela Constituição Federal, ressalvado o entendimento deste Relator quanto à recepção. No caso dos autos, além de estar assente na decisão proferida pelo Tribunal Regional que o Sindicato Autor, o SENALBA/MG, é o representante da categoria profissional e, inclusive, firmou o acordo coletivo de trabalho da categoria de 2013/2014, não ficou comprovada a recusa meramente caprichosa, abusiva, inconsistente ou sem fundamentação respaldada pela ordem jurídica do Sindicato Autor em negociar. Na verdade, pelos documentos acostados aos autos, o que se verifica é a sua disposição para a negociação coletiva. O Sindicato Autor não se omitiu de seu dever constitucional de defesa e representação dos trabalhadores. O fato de não ter concordado com os termos da proposta apresentada pela AFFEMG não significa que houve recusa abusiva em negociar. Assim, não se poderia afirmar que a categoria econômica adquiriu, automaticamente, a prerrogativa de estabelecer acordo diretamente com os trabalhadores, que iriam negociar claramente em posição desfavorável, sem as proteções características da atuação sindical. (...) (RO-10768-54.2015.5.03.0000, Seção Especializada em Dissídios Coletivos, Relator Ministro: Mauricio Godinho Delgado, *DEJT* 19/10/2016).

§ 2º Para o fim de deliberar sobre o Acordo, a entidade sindical convocará assembleia geral dos diretamente interessados, sindicalizados ou não, nos termos do art. 612.

Art. 618. As empresas e instituições que não estiverem incluídas no enquadramento sindical a que se refere o art. 577 desta Consolidação poderão celebrar acordos coletivos de trabalho com os sindicatos representativos dos respectivos empregados, nos termos deste Título.

Qual seria a relação entre a norma coletiva e o contrato de trabalho?

Nesse ponto, você deve se recordar de que o contrato de trabalho não pode contrariar a norma coletiva, sob pena de nulidade da cláusula contratual, conforme art. 619 da CLT:

Art. 619. Nenhuma disposição de contrato individual de trabalho que contrarie normas de convenção ou acordo coletivo de trabalho poderá prevalecer na execução do mesmo, sendo considerada nula de pleno direito.

Outro ponto apresenta-se relevante: os efeitos da norma coletiva sobre os empregados integrantes de categoria diferenciada.

É comum, na Justiça do Trabalho, constatar que um trabalhador que integra categoria diferenciada pretende receber vantagens previstas na convenção coletiva assinada pelo seu sindicato e pelo sindicato da categoria econômica respectiva.

Imagine, por exemplo, uma convenção coletiva assinada pelo sindicato dos aeronautas e o sindicato das companhias aéreas. Qualquer piloto de avião pretende receber as vantagens dessa norma coletiva. Todavia, ele nem sempre tem esse direito.

A justificativa para afastar as vantagens de alguns profissionais integrantes de categoria diferenciada decorre de seu caso específico, em especial por força de quem é seu efetivo empregador. Se o empregador desse profissional não for representado pelo respectivo sindicato patronal na negociação coletiva, então não se pode exigir dele o cumprimento das cláusulas normativas assinadas por outra entidade sindical patronal.

Em resumo, não pode pretender que seu empregador cumpra obrigações previstas em norma coletiva que não assinou ou que o sindicato patronal que o representa não tenha assinado.

Logo, no exemplo dado, o piloto de avião empregado de uma indústria não pode desejar uma vantagem prevista na convenção coletiva assinada pelo sindicato dos aeronautas e sindicatos das companhias aéreas. Não foi o sindicato das indústrias que assinou a norma coletiva.

Dessa forma, é perfeitamente compreensível a Súmula n° 374 do TST:

Súmula n° 374 do TST. NORMA COLETIVA. CATEGORIA DIFEREN-CIADA. ABRANGÊNCIA – Res. 129/2005, DJ 20, 22 e 25/04/2005. Empregado integrante de categoria profissional diferenciada não tem o direito de haver de seu empregador vantagens previstas em instrumento coletivo no qual a empresa não foi representada por órgão de classe de sua categoria.

Logo, para que o piloto empregado da indústria tivesse direito a uma vantagem prevista em norma coletiva, deve haver um acordo coletivo entre aquela indústria empregadora e o sindicato dos aeronautas ou uma convenção coletiva entre o sindicato dos aeronautas e o sindicato das indústrias.

Por fim: se houver, ao mesmo tempo, convenção coletiva de trabalho e acordo coletivo de trabalho em vigor, o que prevalece?

Art. 620. As condições estabelecidas em acordo coletivo de trabalho sempre prevalecerão sobre as estipuladas em convenção coletiva de trabalho.

A nova redação do art. 620 da CLT reconhece que as condições ajustadas em acordo coletivo de trabalho prevalecerão sobre as estipuladas em convenção coletiva de trabalho, partindo-se do pressuposto de que, como o acordo é um ato jurídico celebrado entre sindicatos e empresas, as cláusulas que vierem a ser por ele avençadas estarão mais próximas da realidade das partes do que aquelas estabelecidas em convenção, que se destinam a toda uma categoria.

☞ ATENÇÃO!
O art. 620 contraria o princípio da norma mais favorável.

O art. 620 da CLT enfraquece o princípio da proteção do empregado e prioriza a norma menos favorável, mesmo que tenha sido ajustada sem que a empresa esteja atravessando necessidade econômica.

Art. 621. As Convenções e os Acordos poderão incluir entre suas cláusulas disposição sobre a constituição e funcionamento de comissões mistas de consulta e colaboração, no plano da empresa e sobre participação, nos lucros. Estas disposições mencionarão a forma de constituição, o modo de funcionamento e as atribuições das comissões, assim como o plano de participação, quando for o caso.

Cap. 23 – DIREITO COLETIVO DO TRABALHO

Art. 622. Os empregados e as empresas que celebrarem contratos individuais de trabalho, estabelecendo condições contrárias ao que tiver sido ajustado em Convenção ou Acordo que lhes for aplicável, serão passíveis da multa neles fixada.

Parágrafo único. A multa a ser imposta ao empregado não poderá exceder da metade daquela que, nas mesmas condições seja estipulada para a empresa.

Art. 623. Será nula de pleno direito disposição de Convenção ou Acordo que, direta ou indiretamente, contrarie proibição ou norma disciplinadora da política econômico-financeira do Governo ou concernente à política salarial vigente, não produzindo quaisquer efeitos perante autoridades e repartições públicas, inclusive para fins de revisão de preços e tarifas de mercadorias e serviços.

Parágrafo único. Na hipótese deste artigo, a nulidade será declarada, de ofício ou mediante representação, pelo Ministro do Trabalho e Previdência Social, ou pela Justiça do Trabalho em processo submetido ao seu julgamento.

Art. 624. A vigência de cláusula de aumento ou reajuste salarial, que implique elevação de tarifas ou de preços sujeitos à fixação por autoridade pública ou repartição governamental, dependerá de prévia audiência dessa autoridade ou repartição e sua expressa declaração no tocante à possibilidade de elevação da tarifa ou do preço e quanto ao valor dessa elevação.

Art. 625. As controvérsias resultantes da aplicação de Convenção ou de Acordo celebrado nos termos deste Título serão dirimidas pela Justiça do Trabalho.

GREVE

O direito de greve, no ordenamento jurídico brasileiro, encontra amparo na Constituição Federal de 1988:

Art. 9º. É assegurado o direito de greve, competindo aos trabalhadores decidir sobre a oportunidade de exercê-lo e sobre os interesses que devam por meio dele defender.

§ 1º A lei definirá os serviços ou atividades essenciais e disporá sobre o atendimento das necessidades inadiáveis da comunidade.

§ 2º Os abusos cometidos sujeitam os responsáveis às penas da lei.

O Tribunal Superior do Trabalho consolidou o entendimento de que a greve constitui **direito fundamental**:

DISSÍDIO COLETIVO DE GREVE. (...) A Constituição reconhece a greve como um direito fundamental de caráter coletivo, resultante da autonomia privada coletiva inerente às sociedades democráticas. (...) (RO-7628-42.2016.5.15.0000, Seção Especializada em Dissídios Coletivos, Relator Ministro: Mauricio Godinho Delgado, *DEJT* 30/07/2020).

Apesar de ser um direito fundamental, não é um direito absoluto.

Nesse sentido, decidiu o **Supremo Tribuna Federal**:

"Agravo regimental no recurso extraordinário com agravo. Prequestionamento. Ausência. Trabalhista. Direito de greve. Caráter não absoluto. Abusividade do movimento grevista declarada na origem. (...) 2. Esta Corte já se pronunciou no sentido de que o direito de greve não é absoluto, devendo ser observada, para o seu exercício, a legislação infraconstitucional de regência. (...)" (ARE 647650 AgR, Relator Ministro: Dias Toffoli, 1ª Turma, Data de Publicação: 22/08/2012).

Na mesma linha segue o **Tribunal Superior do Trabalho**:

"(...) APLICAÇÃO DE MULTA POR DESCUMPRIMENTO DE DECISÃO JUDICIAL. (...) A greve é um direito dos trabalhadores assegurado pela Carta Magna (art. 9º da CF/88). Porém,

MANUAL DE DIREITO DO TRABALHO – ROGÉRIO RENZETTI

como todos os outros, não se trata de um direito absoluto. O Texto Maior estabelece diretrizes limitadoras ao seu exercício, que remete à legislação infraconstitucional a definição dos serviços ou atividades essenciais, o disciplinamento sobre o atendimento das necessidades inadiáveis da comunidade, bem como a responsabilização pelos abusos cometidos. (...)" (RO – 316-67.2014.5.12.0000, Relatora Ministra: Kátia Magalhães Arruda, Data de Julgamento: 09/10/2017, Seção Especializada em Dissídios Coletivos, Data de Publicação: *DEJT* 18/10/2017).

Ademais, a Lei nº 7.783/1989 alinhou o direito de greve à legislação infraconstitucional.

No enfoque do contrato de trabalho, a greve tem natureza de **suspensão** do pacto laboral.

24.1. CONCEITO DE GREVE

Greve constitui uma modalidade típica e permitida constitucionalmente de autotutela que se dá pela suspensão coletiva, temporária e pacífica, total ou parcial, de prestação pessoal de serviço ao empregador.

A greve tem como objetivo principal abrir os caminhos das negociações entre os trabalhadores e os empregadores.

O Direito brasileiro só considera como greve o movimento de trabalhadores em que ocorre a real paralisação dos serviços. Qualquer outra manifestação que não acarreta a paralisação temporária do serviço não será denominada greve.

Importante ressaltar que, para que seja caracterizada a greve, a suspensão do trabalho não pode ser individual, mas de um grupo de empregados, ou seja, coletiva. Afinal, o exercício do direito de greve é um movimento coletivo por natureza. Mas observe, não estamos dizendo que não é legítima a greve parcial. Muito pelo contrário, a greve parcial é plenamente cabível, afinal ela exprime um direito coletivo – podemos citar como exemplo uma paralisação exercida por apenas parte dos empregados de uma empresa.

Contudo, a greve também constitui um direito individual do trabalhador, na medida em que cabe a ele escolher participar ou não do movimento grevista, sendo inclusive proibida, como veremos mais adiante, pela lei que regulamenta o exercício do direito de greve, a prática pelos grevistas de atos que impeçam o acesso ao trabalho daqueles que não aderirem ao movimento.

Insta esclarecer que toda greve é legal. Não existe greve ilegal, no máximo ela pode ser abusiva. Sempre ressalto essa afirmativa, pois já ouvi de uma grande quantidade de alunos que preparo para os concursos na área trabalhista e exame de ordem a frase "a greve pode ser ilegal", o que é uma assertiva totalmente equivocada.

Devo mencionar, contudo, o posicionamento que vem sendo adotado pela Professora Vólia Bomfim Cassar, para quem o Código Civil de 2002, em seu art. 187, equiparou o ato ilegal ao abusivo. Dessa forma, para a ilustre professora, nos casos em que reste configurada a abusividade da greve, estaria correto dizer que ela é ilegal.

Com todo respeito a essa notável magistrada, todavia, reforço nosso posicionamento no sentido de que a greve jamais poderá ser declarada ilegal.

Toda greve deve ser exercida nos termos e limites que a Lei nº 7.783/1989 define, sob pena de ser considerada abusiva, jamais ilegal.

Podemos extrair um conceito legal de greve a partir da leitura do art. 2º da Lei nº 7.783/1989, também chamada de Lei de Greve:

> Art. 2º da Lei nº 7.783/1989. Para os fins desta Lei, considera-se legítimo exercício do direito de greve a suspensão coletiva, temporária e pacífica, total ou parcial, de prestação pessoal de serviços a empregador.

No Brasil, com frequência são verificadas duas manifestações de trabalhadores que não podem ser consideradas greve, pois não há paralisação dos serviços.

A primeira é a chamada "operação tartaruga" ou "greve de zelo", na qual os empregados trabalham com muita calma, demorando a prestar o serviço que antes era feito com mais velocidade e qualidade, reduzindo a produção com o objetivo de pressionar indiretamente o empregador. Esse movimento é conhecido como uma espécie de anúncio da greve propriamente dita, ou seja, da completa paralisação das atividades laborais. Contudo, os trabalhadores devem ter muito cuidado, pois, apesar de nem ser considerado greve, poderá o movimento ser tido como abusivo.

A segunda é conhecida como "greve branca", que é aquela em que os empregados interrompem a prestação dos serviços, mas permanecem na empresa.

A Reforma Trabalhista estabelece, no art. 611-B, da CLT, que constitui objeto ilícito da negociação coletiva o direito de greve, a supressão ou a redução.

> Art. 611-B. Constituem objeto ilícito de convenção coletiva ou de acordo coletivo de trabalho, exclusivamente, a supressão ou a redução dos seguintes direitos:
>
> (...)
>
> XXVII – direito de greve, competindo aos trabalhadores decidir sobre a oportunidade de exercê-lo e sobre os interesses que devam por meio dele defender;

24.2. DA CLASSIFICAÇÃO DO DIREITO DE GREVE

O direito de greve pode ser classificado da seguinte forma:

a) Quanto aos limites de exercício do direito, temos:

- greve abusiva: quando se cometem abusos que extrapolem as determinações legais;
- greve não abusiva: exercida dentro dos limites previstos em lei.

b) Quanto à extensão:

- greve global: quando o movimento grevista alcança todos os empregados de uma categoria profissional; muito comum para os bancários;
- greve parcial: a greve é deflagrada apenas por alguns empregados ou setores da empresa.

24.3. DOS REQUISITOS INDISPENSÁVEIS

A Lei nº 7.783/1989 estabelece alguns requisitos que devem ser observados pelos trabalhadores grevistas para que o movimento de greve possa não só ser deflagrado, mas mantido de forma a respeitar os direitos dos demais empregados, do empregador e de terceiros. A observância desses requisitos garantirá ao movimento a presunção da legitimidade.

☞ **ATENÇÃO!**

Se os requisitos forem descumpridos, a **greve** pode ser declarada **abusiva**.

Leia o art. 14 da Lei nº 7.783/1989:

Lei nº 7.783/1989

Art. 14. Constitui abuso do direito de greve a inobservância das normas contidas na presente Lei, [...].

Vamos a eles:

a) Tentativa frustrada de negociação:

Primeiramente, tem-se a tentativa frustrada da negociação coletiva ou arbitragem como fase antecedente e necessária para a paralisação. Esse é o teor do art. 3º da Lei de Greve (Lei nº 7.783/1989): "Frustrada a negociação ou verificada a impossibilidade de recursos via arbitral, é facultada a cessação coletiva do trabalho".

OJ nº 11 da SDC do TST – Greve. Imprescindibilidade de tentativa direta e pacífica da solução do conflito. Etapa negocial prévia (inserida em 27/03/1998). É abusiva a greve levada a efeito sem que as partes hajam tentado, direta e pacificamente, solucionar o conflito que lhe constitui o objeto.

Ultrapassada essa fase, caberá à entidade sindical convocar, na forma do seu estatuto, Assembleia Geral que definirá as reinvindicações da categoria e deliberará sobre a paralisação coletiva da prestação de serviços.

b) Aprovação do movimento por Assembleia Geral devidamente convocada para esse fim:

A realização de uma greve, como regra, pressupõe autorização dos trabalhadores em assembleia.

Veja o art. 4º:

Lei nº 7.783/1989:

Art. 4º. Caberá à entidade sindical correspondente convocar, na forma do seu estatuto, Assembleia Geral que definirá as reivindicações da categoria e deliberará sobre a paralisação coletiva da prestação de serviços.

Cap. 24 – GREVE

O quórum de deliberação da assembleia para decidir sobre a greve, considerando o **princípio da autonomia sindical**, depende do estatuto da entidade:

§ 1º O estatuto da entidade sindical deverá prever as formalidades de convocação e o quórum para a deliberação, tanto da deflagração quanto da cessação da greve.

Observe que a legitimidade para a deliberação sobre o exercício do direito de greve é do sindicato. Na falta deste, é da federação e, permanecendo a ausência, caberá a legitimidade à confederação.

Na falta de entidade sindical, a Lei nº 7.783/1989 previu a chamada "**comissão de negociação**". Veja:

Art. 4º, § 2º, da Lei nº 7.783/1989. Na falta de entidade sindical, a assembleia geral dos trabalhadores interessados deliberará para os fins previstos no *caput*, constituindo comissão de negociação.

Jurisprudência recente do TST flexibilizou esse requisito:

DC. Exigência de aprovação da greve por assembleia (art. 4º da Lei nº 7.783/89). Inobservância. Abusividade do movimento paredista. Não configuração. Requisito suprido pela ampla adesão e participação dos trabalhadores. A despeito da inexistência de prova da ocorrência de assembleia geral regular, se os elementos dos autos permitirem a convicção de ter havido aprovação da greve pelos empregados envolvidos, considera-se suprida a formalidade prevista no art. 4º da Lei nº 7.783/89, razão pela qual a inobservância do referido requisito não caracteriza a abusividade do movimento paredista. Com esse entendimento, a SDC, por unanimidade, conheceu do recurso ordinário e, no mérito, por voto prevalente da Presidência, negou-lhe provimento. Vencidos os Ministros Walmir Oliveira da Costa, Fernando Eizo Ono e Márcio Eurico Vitral Amaral, que davam provimento ao apelo para declarar a abusividade da greve. TST-RODC-2017400-02.2009.5.02.0000, SDC, Relator Ministro: Mauricio Godinho Delgado, 12/03/2012 (Informativo nº 01 do TST).

Exercício do direito de greve. Deflagração por ausência de pagamento dos salários. Descumprimento dos requisitos formais previstos na Lei nº 7.783/1989. Culpa recíproca. Declaração de não abusividade da greve. Indeferimento da garantia de emprego. Na hipótese em que a greve foi deflagrada por ausência de pagamento dos salários, mas sem o cumprimento dos requisitos formais previstos no art. 4º e § 1º da Lei nº 7.783/1989, a SDC, concluindo pela existência de culpa recíproca, decidiu, por unanimidade, conhecer do recurso ordinário e, no mérito, por maioria, dar-lhe provimento parcial para afastar a declaração de abusividade da greve, mas indeferir o pleito da garantia de emprego. Vencidos, parcialmente, os Ministros Maria de Assis Calsing, relatora, e Fernando Eizo Ono. TST-RO-9011-91.2011.5.02.0000, SDC, Relatora Ministra: Maria de Assis Calsing, 10/06/2013 (Informativo nº 50 do TST).

Portanto, quando a adesão dos trabalhadores à greve é efetiva e significativa, o TST admite a validade do movimento, mesmo sem a ocorrência da assembleia.

Veja esse julgado:

RECURSO ORDINÁRIO. DISSÍDIO COLETIVO DE GREVE. NÃO ABUSIVIDADE DO MOVIMENTO PAREDISTA. DIREITO FUNDAMENTAL COLETIVO INSCRITO NO ART. 9º DA CF. ARTS. 3º E 4º DA LEI N. 7.783/1989. (...) Embora se reconheça que o direito de greve se submete às condições estabelecidas nos arts. 3º e 4º da Lei 7.783/1989, torna-se indubitável, em casos concretos – revestidos de peculiaridades que demonstrem o justo exercício, pelos trabalhadores, da prerrogativa de pressionarem a classe patronal para obtenção de melhores condições de trabalho –, que não se pode interpretar a Lei com rigor exagerado, compreendendo um preceito legal de forma isolada, sem integrá-lo ao sistema jurídico. A regulamentação do instituto da greve não pode traduzir um estreitamento ao direito de deflagração do movimento, sobretudo porque a Constituição Federal – que implementou o mais relevante avanço democrático no Direito Coletivo brasileiro –, em seu art. 9º, *caput*, conferiu larga amplitude a esse direito: "(...)". Dessa forma, a aprovação por assembleia não pode – em situações especiais em que o movimento paredista foi realizado com razoabilidade, aprovação e adesão dos obreiros – exprimir uma formalidade intransponível a cercear o legítimo exercício do direito de greve. Assim sendo, a despeito de eventuais irregularidades formais ou até mesmo a ausência de prova escrita da assembleia-geral que autorizou a deflagração da greve, se os elementos dos autos permitem a convicção de ter havido aprovação da greve pela parcela de empregados envolvidos, considera-se atendido o requisito formal estabelecido pelo art. 4º da Lei n. 7.783/1989, na substância – caso dos autos. Julgados desta SDC. Recurso ordinário desprovido. (RO-663-91.2016.5.17.0000, Seção Especializada em Dissídios Coletivos, Redator Ministro: Mauricio Godinho Delgado, *DEJT* 24/05/2019).

c) Aviso-prévio da greve:

É indispensável o aviso-prévio da greve. Nesse sentido, o parágrafo único, do art. 3º, da Lei de Greve prevê uma antecedência mínima de 48 horas se a paralisação for para serviços ou atividades comuns.

Art. 3º, parágrafo único, da Lei nº 7.783/1989. A entidade patronal correspondente ou os empregadores diretamente interessados serão notificados, com antecedência mínima de 48 (quarenta e oito) horas, da paralisação.

Se, no entanto, a hipótese de paralisação resultar das atividades ou serviços tidos por essenciais, ficam as entidades sindicais ou os trabalhadores, conforme o caso, obrigados a comunicar a paralisação com a antecedência mínima de 72 horas. É o que dispõe o art. 13 da referida lei:

Na greve, em serviços ou atividades essenciais, ficam as entidades sindicais ou os trabalhadores, conforme o caso, obrigados a comunicar a decisão aos empregadores e aos usuários com antecedência mínima de 72 (setenta e duas) horas da paralisação.

Comunicação antecipada

TIPO DE ATIVIDADE EXERCIDA:	COMUNICAÇÃO ANTECIPADA DE:
COMUM	MÍNIMO DE 48 HORAS
ESSENCIAL	MÍNIMO DE 72 HORAS

Cap. 24 – GREVE

> ☞ **ATENÇÃO!**
> O TST entendeu que a mera comunicação de que a Assembleia Geral deliberou pelo início do movimento paredista não serve para preencher o requisito da comunicação prévia. Logo, a greve seria considerada abusiva.

DC. Exercício do direito de greve. Abusividade. Configuração. Comunicação apenas do "estado de greve". Art. 13 da Lei nº 7.783/89. Inobservância. Tendo em conta que o art. 13 da Lei nº 7.783/89 exige que os empregadores e a população sejam avisados, com antecedência mínima de 72 horas, da data em que concretamente terá início a greve, a SDC, por maioria, deu provimento ao recurso ordinário para declarar a abusividade do movimento paredista na hipótese em que houve apenas a comunicação da realização de assembleia deliberando pelo chamado "estado de greve" da categoria. Vencidos os Ministros Kátia Magalhães Arruda, relatora, e Mauricio Godinho Delgado, os quais mantinham a decisão do TRT, que não considerou a greve abusiva, por entender que o sindicato observou o prazo previsto no art. 13 da Lei de Greve ao emitir, com bastante antecedência, comunicado às empresas e à sociedade informando que a categoria encontrava-se em "estado de greve", aguardando o transcurso das 72 horas exigidas por lei. TST-ReeNec-92400-15.2009.5.03.0000, SDC, Relatora Ministra: Kátia Magalhães Arruda, red. p/acórdão Min. Fernando Eizo Ono, 09/04/2012 (Informativo nº 04 do TST).

Nesse momento, você precisa conhecer as hipóteses de serviços ou atividades essenciais:

Art. 10 da Lei nº 7.783/1989. São considerados serviços ou atividades essenciais:

I – tratamento e abastecimento de água; produção e distribuição de energia elétrica, gás e combustíveis;

II – assistência médica e hospitalar;

III – distribuição e comercialização de medicamentos e alimentos;

IV – funerários;

V – transporte coletivo;

VI – captação e tratamento de esgoto e lixo;

VII – telecomunicações;

VIII – guarda, uso e controle de substâncias radioativas, equipamentos e materiais nucleares;

IX – processamento de dados ligados a serviços essenciais;

X – controle de tráfego aéreo e navegação aérea;

XI – compensação bancária.

XII – atividades médico-periciais relacionadas com o regime geral de previdência social e a assistência social;

XIII – atividades médico-periciais relacionadas com a caracterização do impedimento físico, mental, intelectual ou sensorial da pessoa com deficiência, por meio da integração de equipes multiprofissionais e interdisciplinares, para fins de reconhecimento de direitos previstos em lei, em especial na Lei n° 13.146, de 6 de julho de 2015 (Estatuto da Pessoa com Deficiência);

XIV – outras prestações médico-periciais da carreira de Perito Médico Federal indispensáveis ao atendimento das necessidades inadiáveis da comunidade;

XV – atividades portuárias.

O art. 611-B da CLT especifica taxativamente um marco regulatório com as matérias que não podem ser objeto de negociação, por serem direitos que se enquadram no conceito de indisponibilidade absoluta.

Art. 611-B da CLT. Constituem objeto ilícito de convenção coletiva ou de acordo coletivo de trabalho, exclusivamente, a supressão ou a redução dos seguintes direitos: (...)

XXVIII – definição legal sobre os serviços ou atividades essenciais e disposições legais sobre o atendimento das necessidades inadiáveis da comunidade em caso de greve;

Deve-se, ainda, destacar a OJ n° 38 da SDC do TST:

OJ n° 38 da SDC do TST – Serviços essenciais. Garantia das necessidades inadiáveis da população usuária. Fator determinante da qualificação jurídica do movimento (inserida em 7/12/1998). É abusiva a greve que se realiza em setores que a lei define como sendo essenciais à comunidade, se não é assegurado o atendimento básico das necessidades inadiáveis dos usuários do serviço, na forma prevista na Lei n° 7.783/1989.

Os sindicatos, os empregadores e os trabalhadores ficam obrigados, durante a greve e de comum acordo, à prestação dos serviços indispensáveis ao atendimento das necessidades inadiáveis da população; são as chamadas "equipes de trabalho".

Art. 9° da Lei n° 7.783/1989. Durante a greve, o sindicato ou a comissão de negociação, mediante acordo com a entidade patronal ou diretamente com o empregador, manterá em atividade equipes de empregados com o propósito de assegurar os serviços cuja paralisação resultem em prejuízo irreparável, pela deterioração irreversível de bens, máquinas e equipamentos, bem como a manutenção daqueles essenciais à retomada das atividades da empresa quando da cessação do movimento.

Parágrafo único. Não havendo acordo, é assegurado ao empregador, enquanto perdurar a greve, o direito de contratar diretamente os serviços necessários a que se refere este artigo.

Na ausência de acordo, a lei autoriza que o empregador busque a mão de obra externa.

Como analisamos, se os requisitos legais forem atendidos, **não há** que se declarar a abusividade da greve:

"DISSÍDIO COLETIVO DE GREVE. (...) 1. GREVE EM ATIVIDADE NÃO ESSENCIAL. NÃO ABUSIVIDADE DO MOVIMENTO PAREDISTA. DIREITO FUNDAMENTAL COLETIVO INSCRITO NO

ART. 9º DA CF. ARTS. 3º E 4º DA LEI N. 7.783/1989. A Constituição reconhece a greve como um direito fundamental de caráter coletivo, resultante da autonomia privada coletiva inerente às sociedades democráticas. Não se considera abusivo o movimento paredista se observados os requisitos estabelecidos pela ordem jurídica para sua validade: tentativa de negociação; aprovação pela respectiva assembleia de trabalhadores; aviso-prévio à parte adversa. Preenchidos os requisitos legais, no caso concreto, não se declara a greve abusiva. (...)" (RO-7628-42.2016.5.15.0000, Seção Especializada em Dissídios Coletivos, Relator Ministro: Mauricio Godinho Delgado, *DEJT* 30/07/2020).

Contudo, se houver descumprimento dos requisitos, a greve pode ser considerada abusiva:

"RECURSO ORDINÁRIO EN DISSÍDIO COLETIVO DE GREVE. (...) Quando ocorre a suspensão coletiva, temporária e pacífica, total ou parcial, de prestação pessoal de serviços a empregador, pelos trabalhadores para defesa de seus interesses, estar-se-á diante de movimento grevista, o qual deve ser examinado sob a ótica da lei que dispõe sobre exercício do direito de greve. Nesse contexto, mostra-se abusiva a greve levada a efeito na qual restam inobservados qualquer dos requisitos necessários à validade do movimento grevista: 1 – ocorrência de real tentativa de negociação antes de se deflagrar o movimento grevista (art. 3º, *caput*, da Lei n. 7.783/1989); 2 – aprovação da respectiva assembleia de trabalhadores (art. 4º da Lei n. 7.783/1989); 3 – aviso-prévio aos empregadores e usuários com antecedência mínima de setenta e duas horas da paralisação de serviços ou atividades essenciais (art. 13 da Lei n. 7.783/1989); e 4 – respeito ao atendimento às necessidades inadiáveis da comunidade, quando se tratar de greve em atividades essenciais (art. 9º, § 1º, da Constituição Federal c/c os arts. 10, 11 e 12 da Lei n. 7.738/89). (...)" (RO-130-66.2017.5.11.0000, Seção Especializada em Dissídios Coletivos, Relator Ministro: Guilherme Augusto *Caputo* Bastos, *DEJT* 19/09/2019).

Para ilustrar, veja um exemplo da ausência de tentativa prévia de conciliação:

"(...) DISSÍDIO COLETIVO DE GREVE E DE NATUREZA ECONÔMICA AJUIZADO PELO SINDICATO PROFISSIONAL. TRABALHADORES PORTUÁRIOS. CONFERENTES DE CARGA E DESCARGA. ANÁLISE PELO TRT SOMENTE DA QUESTÃO DA GREVE. NÃO ABUSIVIDADE. A greve deve ser considerada abusiva, em razão da não observância, pelo Sindicato profissional, do requisito relativo à comunicação prévia, ao empregador, acerca da deflagração da greve, com a antecedência mínima de 48 horas, conforme exigido no parágrafo único do art. 3º da Lei n. 7.783/1989. Recurso ordinário conhecido e provido. (RO-1000421-98.2017.5.02.0000, Seção Especializada em Dissídios Coletivos, Relatora Ministra: Dora Maria da Costa, *DEJT* 19/11/2019).

O **uso de violência** também torna a greve abusiva, porque o movimento paredista deve ser pacífico. Veja esse julgado do TST:

"(...) GREVE. NÃO OBSERVÂNCIA DOS REQUISITOS FORMAIS FIXADOS NA LEI. ABUSIVIDADE DO MOVIMENTO PAREDISTA. (...) No caso, infere-se que o direito de greve foi exercido de forma abusiva, uma vez que a categoria profissional extrapolou as diretrizes constitucionais e infraconstitucionais limitadoras ao seu exercício, notadamente quanto ao respeito dos direitos fundamentais, uma vez que houve a prática de atos de violência, de depredação de bens, de ofensas morais e de ameaça de morte. Recurso ordinário provido." (RO-5038-94.2012.5.02.0000, Seção Especializada em Dissídios Coletivos, Relatora Ministra: Kátia Magalhães Arruda, *DEJT* 27/11/2015).

Vale registrar que a greve também é considerada abusiva se a paralisação continua após a formação de convenção ou acordo coletivo ou após decisão da Justiça do Trabalho:

Lei n° 7.783/1989

Art. 14. Constitui abuso do direito de greve a inobservância das normas contidas na presente Lei, bem como a manutenção da paralisação após a celebração de acordo, convenção ou decisão da Justiça do Trabalho.

Isso ocorre porque a norma coletiva e a sentença normativa resolvem o problema do qual se originou a greve, não justificando a manutenção do movimento. A intenção de manter a greve é incompatível com formalização de convenção ou acordo coletivo e tampouco com a solução imposta pelo Judiciário.

Além disso, eventual decisão do Poder Judiciário deve ser respeitada por resolver o conflito coletivo, não subsistindo a intenção grevista frente à decisão estatal. A jurisdição é função soberana que deve prevalecer.

Todavia, a **greve não é abusiva** se, mesmo havendo norma coletiva ou sentença normativa, ocorrer uma das seguintes situações:

Lei n° 7.783/1989

Art. 14, Parágrafo único. Na vigência de acordo, convenção ou sentença normativa não constitui abuso do exercício do direito de greve a paralisação que:

I – tenha por objetivo exigir o cumprimento de cláusula ou condição;

II – seja motivada pela superveniência de fatos novo ou acontecimento imprevisto que modifique substancialmente a relação de trabalho.

A **primeira hipótese** decorre do fato de que os trabalhadores podem exigir o cumprimento do que foi avençado em cláusula normativa. Ora, se houve convenção ou acordo coletivo ou decisão judicial, as obrigações ali contidas devem ser observadas. Eventual inobservância gera a possibilidade de paralisação.

A **segunda hipótese** abrange a ocorrência de fatos imprevistos que afetem de modo substancial a relação de trabalho. Imagine o surgimento de uma pandemia que imponha a necessidade de adoção de medidas de segurança e saúde no trabalho. Os trabalhadores podem exigir tais medidas e, havendo resistência, deflagrar greve.

24.4. DOS DIREITOS E DEVERES

Durante a greve, existem direitos e obrigações que devem ser respeitados.

Os grevistas têm direito de persuadir ou aliciar trabalhadores a aderirem ao movimento, mas somente podem empregar meios pacíficos para tanto.

O art. 6° da Lei n° 7.783/1989 prevê os principais direitos e deveres dos envolvidos no movimento grevista:

Art. 6º. São assegurados aos grevistas, dentre outros direitos:

I – o emprego de meios pacíficos tendentes a persuadir ou aliciar os trabalhadores a aderirem à greve;

II – a arrecadação de fundos e a livre divulgação do movimento.

§ 1º Em nenhuma hipótese, os meios adotados por empregados e empregadores poderão violar ou constranger os direitos e garantias fundamentais de outrem.

§ 2º É vedado às empresas adotar meios para constranger o empregado ao comparecimento ao trabalho, bem como capazes de frustrar a divulgação do movimento.

§ 3º As manifestações e atos de persuasão utilizados pelos grevistas não poderão impedir o acesso ao trabalho nem causar ameaça ou dano à propriedade ou pessoa.

O art. 6º da Lei de Greve, em especial o seu § 3º, deixa muito claro que os trabalhadores que não aderirem ao movimento grevista terão garantido pleno direito de continuar a exercer as suas atividades laborais sem sofrer qualquer tipo de coação, constrangimento ou impedimento por parte dos grevistas.

Sendo assim, os conhecidos piquetes, caracterizados pela presença dos trabalhadores que fazem parte do movimento grevista na porta do local de trabalho visando impedir a entrada de todos os empregados e, também, forçar a sua adesão ao movimento, somente será lícito se exercido de forma pacífica.

☞ ATENÇÃO!

Os piquetes que impedirem a entrada dos empregados nos locais de trabalho são proibidos por lei. Os piquetes poderão tão somente tentar persuadir à adesão os trabalhadores não envolvidos no movimento grevista.

Neste tópico, é importante registramos a Súmula Vinculante nº 23 do STF, que ampliou a competência da Justiça do Trabalho para processar e julgar as ações possessórias em decorrência do exercício do direito de greve:

Súmula Vinculante nº 23 do STF. A Justiça do Trabalho é competente para processar e julgar ação possessória ajuizada em decorrência do exercício do direito de greve pelos trabalhadores da iniciativa privada.

Repetindo o que dissemos anteriormente, o art. 611-B, da CLT especifica taxativamente um marco regulatório com as matérias que não podem ser objeto de negociação, por serem direitos que se enquadram no conceito de indisponibilidade absoluta.

Art. 611-B da CLT. Constituem objeto ilícito de convenção coletiva ou de acordo coletivo de trabalho, exclusivamente, a supressão ou a redução dos seguintes direitos: (...)

XXVII – direito de greve, competindo aos trabalhadores decidir sobre a oportunidade de exercê-lo e sobre os interesses que devam por meio dele defender;

Os grevistas, durante o movimento, por meio do sindicato ou da comissão de negociação, devem chegar a um **consenso** com o empregador para a **manutenção de equipamentos e bens** (que necessitam de cuidados especiais e cuja ausência completa de trabalhadores gera deterioração) e para a retomada das atividades quando terminar a greve:

Lei nº 7.783/1989

Art. 9º Durante a greve, o sindicato ou a comissão de negociação, mediante acordo com a entidade patronal ou diretamente com o empregador, manterá em atividade equipes de empregados com o propósito de assegurar os serviços cuja paralisação resultem em prejuízo irreparável, pela deterioração irreversível de bens, máquinas e equipamentos, bem como a manutenção daqueles essenciais à retomada das atividades da empresa quando da cessação do movimento.

Se não atingirem um acordo, o empregador **pode contratar novos empregados** para realizar esses serviços:

Lei nº 7.783/1989

Art. 9º, Parágrafo único. Não havendo acordo, é assegurado ao empregador, enquanto perdurar a greve, o direito de contratar diretamente os serviços necessários a que se refere este artigo.

Quando se trata de serviços essenciais, não pode haver paralisação plena, de forma que deve ser mantido um número mínimo de trabalhadores atuando, sob pena de a população ser violentamente impactada e diversos valores relevantes à sociedade (como, por exemplo, segurança e saúde) serem afetados:

Lei nº 7.783/1989

Art. 11. Nos serviços ou atividades essenciais, os sindicatos, os empregadores e os trabalhadores ficam obrigados, de comum acordo, a garantir, durante a greve, a prestação dos serviços indispensáveis ao atendimento das necessidades inadiáveis da comunidade. Parágrafo único. São necessidades inadiáveis, da comunidade aquelas que, não atendidas, coloquem em perigo iminente a sobrevivência, a saúde ou a segurança da população.

A situação revela-se tão grave quanto aos serviços essenciais que, se o Poder Público constatar que não está sendo assegurado o **mínimo** de funcionamento dos serviços essenciais durante a greve, pode o Estado adotar medidas garantir os serviços indispensáveis:

Lei nº 7.783/1989

Art. 12. No caso de inobservância do disposto no artigo anterior, o Poder Público assegurará a prestação dos serviços indispensáveis.

Importante ponderar que a lei não fixa um percentual mínimo de funcionamento, porquanto isso depende das peculiaridades do caso concreto. As diferentes atividades exigem funcionamento diferenciado, dependendo do maior ou menor grau de essencialidade, da extensão da greve etc. Veja esse julgado do TST:

> "RECURSO ORDINÁRIO. DISSÍDIO COLETIVO DE GREVE. TRANSPORTE COLETIVO URBANO (ATIVIDADE ESSENCIAL). GREVE MOTIVADA PELA INADIMPLÊNCIA DA EMPREGADORA DE CLÁUSULA ECONÔMICA. MOVIMENTO PAREDISTA DE CURTA DURAÇÃO. CULPA RECÍPROCA PELO DESCUMPRIMENTO DE DECISÃO LIMINAR. GREVE CONSIDERADA LEGÍTIMA. (...) A ordem jurídica infraconstitucional estabelece alguns requisitos para a validade do movimento grevista. Em seu conjunto, não se chocam com o sentido da garantia magna: apenas civilizam o exercício de direito coletivo de tamanho impacto social. Um desses requisitos, que se trata, mais precisamente, de uma limitação constitucional, regula o direito de exercício de greve nos serviços ou atividades essenciais. Nesse segmento destacado, cujo rol compete à lei definir, caberá a esta também dispor sobre o atendimento das necessidades inadiáveis da comunidade (art. 9º, § 1º da CF). Saliente-se que a Lei de Greve (Lei n. 7.783/1989) não prevê expressamente um determinado percentual de trabalhadores que deve se manter em atividade durante a greve para a preservação 'dos serviços indispensáveis ao atendimento das necessidades inadiáveis da comunidade' (art. 11), deixando claro que a obrigação dos grevistas é, efetivamente, manter os serviços mínimos. (...)" (RO – 1001051-57.2017.5.02.0000, Relator Ministro: Mauricio Godinho Delgado, Data de Julgamento: 10/09/2018, Seção Especializada em Dissídios Coletivos, Data de Publicação: *DEJT* 21/09/2018).

Cabe ao **Poder Judiciário**, assim, no caso de indefinição das partes coletivas ou risco à população, fixar um percentual mínimo de funcionamento, de acordo com a razoabilidade e particularidades do caso. Isso pode ocorrer em um **dissídio coletivo de greve**, por exemplo.

No entanto, lembre-se de que toda greve causa certo prejuízo, sendo impossível imaginar que não haja qualquer impacto, sob pena de essa modalidade lícita de pressão tornar-se ineficaz.

24.5. NATUREZA DA PARALISAÇÃO

Como afirmamos anteriormente, no Capítulo 11, destinado ao estudo das hipóteses de suspensão e interrupção do contrato de trabalho, a participação em greve configura hipótese de **suspensão** do contrato de trabalho, devendo as relações obrigacionais, durante o período, ser regidas por acordo, convenção, laudo arbitral ou decisão da Justiça do Trabalho. Sobre a matéria, dispõe o art. 7º da Lei de Greve (Lei nº 7.783/1989):

> Art. 7º. Observadas as condições previstas nesta Lei, a participação em greve suspende o contrato de trabalho, devendo as relações obrigacionais, durante o período, ser regidas pelo acordo, convenção, laudo arbitral ou decisão da Justiça do Trabalho.
>
> Parágrafo único. É vedada a rescisão de contrato de trabalho durante a greve, bem como a contratação de trabalhadores substitutos, exceto na ocorrência das hipóteses previstas nos arts. 9º e 14.

Lembre-se, ainda, de que não existe nenhuma norma que proíba as partes, em sede de negociação coletiva, de acordarem que a greve passará a produzir naquele caso específico e para aquelas partes envolvidas os efeitos relativos à **interrupção** do contrato de trabalho.

Além disso, se a greve decorrer de **culpa do empregador**, o qual deixou de cumprir suas obrigações legais, normativas ou contratais, o TST entende que o caso seria de **interrupção contratual**, cabendo o pagamento dos salários:

> "(...) 2. DESCONTO DOS DIAS DE PARALISAÇÃO. A regra geral no Direito brasileiro, segundo a jurisprudência dominante, é tratar a duração do movimento paredista como suspensão do contrato de trabalho (art. 7º, Lei n. 7.783/1989). Isso significa que os dias parados, em princípio, não são pagos, não se computando para fins contratuais o mesmo período. Entretanto, caso se trate de greve em função do não cumprimento de cláusulas contratuais relevantes e regras legais pela empresa (não pagamento ou atrasos reiterados de salários, más condições ambientais, com risco à higidez dos obreiros, etc.), em que se pode falar na aplicação da regra contida na exceção do contrato não cumprido, a greve deixa de produzir o efeito da mera suspensão. Do mesmo modo, quando o direito constitucional de greve é exercido para tentar regulamentar a dispensa massiva. Nesses dois grandes casos, seria cabível enquadrar-se como mera interrupção o período de duração do movimento paredista, descabendo o desconto salarial. Destaque-se que eventual conduta antissindical por parte do empregador, que tenha contribuído de maneira decisiva para a paralisação, poderia afastar o enquadramento dos dias parados como mera suspensão contratual, passando o lapso temporal paredista a ser enquadrado como interrupção contratual, com o pagamento dos dias parados. (...)" (RO-7628-42.2016.5.15.0000, Seção Especializada em Dissídios Coletivos, Relator Ministro: Mauricio Godinho Delgado, *DEJT* 30/07/2020).

De fato, não faz sentido admitir que não haja pagamento de salário durante o período de greve, quando o movimento decorreu de falhas patronais, como atraso no pagamento de salários, descumprimento de normas de segurança e medicina do trabalho, violações a direitos previstos em norma coletiva etc.

Contudo, mesmo quando se trata de mera suspensão do contrato de trabalho, o TST vem flexibilizando os efeitos da paralisação quando se trata de greves por longos períodos, porque a ausência de salários por tempo significativo acarreta um prejuízo substancial à sobrevivência do trabalhador e de sua família. O critério adotado nas greves de longo período foi permitir a ausência de pagamento de salário por **metade o período de greve** (50% dos dias de paralisação) e autorizar a compensação do tempo parado com a outra metade do tempo (o restante dos 50% dos dias parados):

> "(...) 2. DESCONTO DOS DIAS DE PARALISAÇÃO. (...) Contudo, esta Seção Especializada em Dissídios Coletivos construiu, nos últimos anos, uma jurisprudência sólida no sentido de que é possível se adotar uma solução intermediária quando a greve perdurou por elevado número de dias – como é o caso dos autos, em que a greve perdurou por praticamente um mês –, a fim de evitar o comprometimento de um ou dois meses inteiros de salário dos trabalhadores, acarretando um prejuízo considerável ao mantimento de sua

sobrevivência e o de sua família. Observe-se que, na maioria desses julgados, o critério utilizado por esta SDC foi o de autorizar o desconto de 50% dos dias não trabalhados e a compensação dos outros 50%. (...)" (RO-7628-42.2016.5.15.0000, Seção Especializada em Dissídios Coletivos, Relator Ministro: Mauricio Godinho Delgado, *DEJT* 30/07/2020).

Atente-se que, em alguns casos, a empresa formula proposta de compensação de todos os dias parados, o que tem sido aceito pela jurisprudência. Veja um exemplo:

"(...) COMPENSAÇÃO DOS DIAS PARADOS. Predomina nesta Corte o entendimento de que a greve configura a suspensão do contrato de trabalho, e, por isso, como regra geral, não é devido o pagamento dos dias de paralisação, exceto quando a questão é negociada entre as partes ou em situações excepcionais, como na paralisação motivada por descumprimento de instrumento normativo coletivo vigente, não pagamento de salários e más condições de trabalho. (...) No entanto, cabe acolher a oferta da recorrente para que sejam compensados integralmente os dias não trabalhados, medida que inclusive trilha pela observância do princípio da razoabilidade, considerado que o movimento de paralisação atingiu segmento de serviço público ligado à saúde, cuja compensação evidentemente trará maior ganho à população em relação ao desconto dos salários. Recurso ordinário a que se dá provimento, a fim de determinar a compensação integral dos dias em que não houve efetiva prestação por parte dos trabalhadores que aderiram à greve. (...) (RO – 1001266-67.2016.5.02.0000, Relatora Ministra: Kátia Magalhães Arruda, Data de Julgamento: 10/09/2018, Seção Especializada em Dissídios Coletivos, Data de Publicação: *DEJT* 21/09/2018).

24.6. EFEITOS DA GREVE NO CONTRATO DE TRABALHO

Além de ser considerada uma hipótese de suspensão do contrato de trabalho, como afirmamos em item anterior, é vedada a rescisão contratual e a contratação de empregados substitutos, salvo na hipótese já mencionada no art. 9º, parágrafo único, bem como a do art. 14 (continuidade da paralisação após a celebração de norma coletiva ou a sentença normativa), ambos da Lei nº 7.783/1989.

Nesse sentido, é importante destacar o teor da Súmula nº 316 do STF, que determina que: "A simples adesão à greve não constitui falta grave."

Nesse contexto, não se admite a dispensa sem justa causa, seja no curso da greve, seja em decorrência de sua participação. Aliás, a dispensa por participação em greve cuida de conduta antissindical que pode ser interpretada como discriminatória.

Aliás, ainda que a greve seja declarada abusiva, não se autoriza a dispensa por justa causa. Abusivo é o movimento que não cumpriu os requisitos e não a atuação individual.

No entanto, ainda no plano individual, não se está aqui defendendo os atos graves praticados por determinados trabalhadores que ultrapassam os limites do direito de greve, violando dolosamente direitos fundamentais. Assim, não se impede a aplicação de justa causa a empregados que promovem depredação de bens, violência ou ameaças. O direito de greve não é absoluto, não podendo violar outros direitos fundamentais. Se a atuação daquele trabalhador específico se inserir nas hipóteses legais de rescisão motivada, a penalidade pode ser aplicada.

Portanto, se o trabalhador praticar ilícitos civis, trabalhistas ou mesmo penais, devem ser apuradas as devidas responsabilidades individuais:

Lei nº 7.783/1989

Art. 15. A responsabilidade pelos atos praticados, ilícitos ou crimes cometidos, no curso da greve, será apurada, conforme o caso, segundo a legislação trabalhista, civil ou penal.

Parágrafo único. Deverá o Ministério Público, de ofício, requisitar a abertura do competente inquérito e oferecer denúncia quando houver indício da prática de delito.

☞ **ATENÇÃO!**

No período de paralisação ocasionada pela greve, não há que se falar em abandono de emprego, pela ausência do elemento intencional do abandono.

24.7. INSTAURAÇÃO DO DISSÍDIO COLETIVO DE GREVE

O art. 8º da Lei de Greve prescreve que a iniciativa na instauração do dissídio coletivo de greve é de qualquer das partes ou do Ministério Público do Trabalho:

Art. 8º A Justiça do Trabalho, por iniciativa de qualquer das partes ou do Ministério Público do Trabalho, decidirá sobre a procedência, total ou parcial, ou improcedência das reivindicações, cumprindo ao Tribunal publicar, de imediato, o competente acórdão.

A Emenda Constitucional nº 45/2004, que ampliou significativamente a competência material da Justiça do Trabalho, passou a exigir no art. 114, § 2º, o consenso entre as partes para o ajuizamento do dissídio coletivo de natureza econômica.

Vale aqui ressaltar que o dissídio coletivo de greve não se confunde com o tradicional dissídio coletivo de natureza econômica. Embora o tema ainda não seja pacífico, entendemos não haver exigência de consenso para o ajuizamento do dissídio coletivo de greve, permanecendo em vigor o art. 8º da Lei de Greve, supracitado.

Aliás, nesse ponto, em se tratando de greve em atividade essencial, com a possibilidade de lesão ao interesse público, o ajuizamento do dissídio coletivo pelo MPT não exige comum acordo das partes conflitantes, fato que confirma a tese que defendemos anteriormente.

☞ **ATENÇÃO!**

A legitimidade do MPT está restrita somente às greves em serviços essenciais:

DC. Greve. Ministério Público do Trabalho. Ilegitimidade ativa *ad causam*. Atividade não essencial. O Ministério Público do Trabalho não possui legitimidade ativa *ad causam* para ajuizar dissídio coletivo de greve em razão da paralisação coletiva dos empregados em empresas de transporte de valores, escolta armada, ronda motorizada, monitoramento eletrônico e via satélite, agentes de segurança pessoal e patrimonial, segurança e vigilância em geral da região metropolitana de Vitória/ES, pois tais serviços não estão previstos no art. 10 da Lei nº 7.783/89, que trata das atividades tidas como essenciais. Incidência do art. 114, § 3º, da CF, com redação dada pela Emenda Constitucional nº 45/04. Com esse entendimento, a SDC, por maioria, declarou a extinção do processo, sem resolução do mérito, nos termos do art. 267, VI, do CPC, vencidos os Ministros Maurício Godinho Delgado, Walmir Oliveira da Costa e Kátia Magalhães Arruda, que entendiam pela legitimidade do MPT, uma vez que, tratando-se de vigilância patrimonial, resta patente o interesse público, ainda que não configurada atividade essencial. TST-RO-700-65.2009.5.17.0000, SDC, Relator Ministro: Fernando Eizo Ono, 11/12/2012 (Informativo nº 34 do TST).

24.8. LOCKOUT

É a paralisação das atividades da empresa por iniciativa do empregador, objetivando frustrar a negociação ou dificultar as reivindicações dos empregados:

Art. 17 da Lei nº 7.783/1989. Fica vedada a paralisação das atividades, por iniciativa do empregador, com o objetivo de frustrar negociação ou dificultar o atendimento de reivindicações dos respectivos empregados (*lockout*).

Parágrafo único. A prática referida no *caput* assegura aos trabalhadores o direito à percepção dos salários durante o período de paralisação.

A conduta do *lockout* é vedada pela lei de greve. Dessa forma, caso ocorra, o período respectivo será considerado como de interrupção do contrato de trabalho, sendo devidos os salários e computado o tempo de serviço para todos os efeitos legais. Além disso, é importante salientar que essa possibilidade pode acarretar a rescisão indireta do contrato de trabalho.

24.9. GREVE POLÍTICA

A greve política é aquela que combate políticas ou medidas adotadas pelo governo, atuações parlamentares ou decisões judiciais. Os trabalhadores, insatis-feitos com a opção do Poder Legislativo, atuação do Poder Executivo ou decisão do Poder Judiciário, deflagram greve para tentar pressionar em sentido contrário ou simplesmente para demonstrar a insatisfação.

> **Exemplo**: greve contra a Reforma Trabalhista ou a Reforma da Previdência.

Contudo, o TST não admite a validade desse tipo de greve, considerando o movimento abusivo, uma vez que o empregador ou a categoria patronal não tem como interferir na questão, não podendo negociar o que está fora de sua alçada. Leia esses julgados:

> "(...) 2. GREVE. SUSPENSÃO DO PROCESSO DE PRIVATIZAÇÃO. IRREGULARIDADES NO EDITAL DE DESESTATIZAÇÃO. NATUREZA POLÍTICA DA PARALISAÇÃO. ABUSIVIDADE. Trata-se de greve deflagrada pelos empregados da CESP – sociedade por ações – em razão de irregularidades existentes no edital de desestatização da empresa, consistentes no descumprimento do disposto no art. 41 da Lei n. 9.361/1996. Embora a greve seja um direito assegurado constitucionalmente aos trabalhadores, a quem cabe decidir sobre a oportunidade e os interesses de exercê-lo, via de regra deve se apresentar como um movimento utilizado pela categoria profissional para pressionar os empregadores a negociar e proporcionar melhores condições de trabalho. Nesse sentido, o art. 3º da Lei n. 7.783/1989 estabelece que é facultada a cessação coletiva de trabalho quando frustrada a negociação. Ocorre que, no caso em tela, em que pese a preocupação dos trabalhadores envolvidos quanto à manutenção de seus empregos, a greve direciona-se contra os poderes públicos para conseguir reivindicação não suscetível de negociação coletiva, ou seja a suspensão do processo de licitação, por irregularidades no edital de desestatização, sem nenhuma possibilidade de que o empregador pudesse dar uma solução direta à pretensão defendida. Trata-se, portanto, de uma greve política, devendo ser declarada abusiva, nos termos da jurisprudência majoritária desta SDC (Precedentes). Recurso ordinário conhecido e provido. (...)" (RO-1002589-39.2018.5.02.0000, Seção Especializada em Dissídios Coletivos, Relatora Ministra Dora Maria da Costa, *DEJT* 12/12/2019).

> "GREVE DOS METROVIÁRIOS DE BELO HORIZONTE – RECURSO ORDINÁRIO EM AÇÃO DECLARATÓRIA DE ABUSIVIDADE DE GREVE – PRELIMINARES REJEITADAS – GREVE POLÍTICA E COM PARALISAÇÃO TOTAL DO METRÔ – DESCUMPRIMENTO DE ORDEM JUDICIAL – MANTIDO O DESCONTO DO DIA PARADO PELA ABUSIVIDADE DO MOVIMENTO PAREDISTA – HONORÁRIOS ADVOCATÍCIOS EXPUNGIDOS. 1. O direito de greve é o poder do trabalhador sobre a prestação de serviços, para fazer frente ao poder do empregador sobre a remuneração, quando frustradas as vias negociais para compor conflito coletivo surgido entre eles. Greve política não é direito trabalhista, uma vez que dirigida contra o Poder Público, sem que o empregador tenha o que negociar para compor o conflito social. Nesse sentido tem se posicionado a SDC do TST (...)" (RO-10633-71.2017.5.03.0000, Seção Especializada em Dissídios Coletivos, Relator Ministro: Ives Gandra Martins Filho, *DEJT* 22/08/2019).

24.10. GREVE DOS SERVIDORES PÚBLICOS

O direito de greve é assegurado ao servidor público no art. 37, VII, da Constituição Federal:

> Art. 37. A Administração Pública direta e indireta de qualquer dos Poderes da União, dos Estados, do Distrito Federal e dos Municípios obedecerá aos princípios de legalidade, impessoalidade, moralidade, publicidade e eficiência e, também, ao seguinte: (...)
>
> VII – o direito de greve será exercido nos termos e nos limites definidos em lei específica;

Cap. 24 – GREVE

A necessidade dessa lei específica para o servidor público foi inclusive mencionada no art. 16 da Lei nº 7.783/1989:

Lei nº 7.783/89

Art. 16. Para os fins previstos no art. 37, inciso VII, da Constituição, lei complementar definirá os termos e os limites em que o direito de greve poderá ser exercido.

Até o momento não foi editada a Lei de Greve do servidor público. E não é difícil intuir que há inúmeras divergências sobre a possibilidade ou não do exercício do direito à greve no serviço público. Ante a ausência legislativa, o STF já declarou que, em virtude da omissão legislativa quanto ao dever constitucional de editar lei que regulamente o exercício do direito de greve no setor público, aplica-se ao setor, no que couber, a Lei de Greve vigente para o setor privado, ou seja, a Lei nº 7.783/1989.

> ☞ **ATENÇÃO!**
>
> Nem todo servidor público pode fazer greve, porquanto a Constituição Federal apresenta restrição expressa aos membros das Forças Armadas:

Art. 142 § 3º, IV, da CF/1988: ao militar são proibidas a sindicalização e a greve.

Essa mesma proibição é estendida à polícia civil.

Tema 541 da Lista de Repercussão Geral do STF:

1 – O exercício do direito de greve, sob qualquer forma ou modalidade, é vedado aos policiais civis e a todos os servidores públicos que atuem diretamente na área de segurança pública. 2 – É obrigatória a participação do Poder Público em mediação instaurada pelos órgãos classistas das carreiras de segurança pública, nos termos do art. 165 do CPC, para vocalização dos interesses da categoria.

O Supremo Tribunal Federal decidiu, ao julgar os **Mandados de Injunção 708 e 712** aplicar, com adaptações, a Lei nº 7.783/1989:

"MANDADO DE INJUNÇÃO. GARANTIA FUNDAMENTAL (CF, ART. 5º, INCISO LXXI). DIREITO DE GREVE DOS SERVIDORES PÚBLICOS CIVIS (CF, ART. 37, INCISO VII). (...) 3. DIREITO DE GREVE DOS SERVIDORES PÚBLICOS CIVIS. HIPÓTESE DE OMISSÃO LEGISLATIVA INCONSTITUCIONAL. MORA JUDICIAL, POR DIVERSAS VEZES, DECLARADA PELO PLENÁRIO DO STF. RISCOS DE CONSOLIDAÇÃO DE TÍPICA OMISSÃO JUDICIAL QUANTO À MATÉRIA. A EXPERIÊNCIA DO DIREITO COMPARADO. LEGITIMIDADE DE ADOÇÃO DE ALTERNATIVAS NORMATIVAS E INSTITUCIONAIS DE SUPERAÇÃO DA SITUAÇÃO DE OMISSÃO. 3.1. A permanência da situação de não regulamentação do direito de greve dos servidores públicos civis contribui para a ampliação da regularidade das instituições de um Estado democrático de Direito (CF, art. 1º). Além de o tema envolver uma série de questões estratégicas e orçamentárias diretamente relacionadas aos serviços públicos, a ausência de parâmetros jurídicos de controle dos abusos cometidos na deflagração desse tipo específico de movimento grevista tem favorecido que o legítimo exercício de direitos constitucionais seja afastado por uma verdadeira 'lei da selva'. 3.2. Apesar das modificações implementadas pela Emenda Constitucional no 19/1998 quanto à modificação da reserva legal de lei complementar para a de lei ordinária específica (CF, art. 37, VII), observa-se que o direito de greve dos servidores públicos civis continua sem receber tratamento legislativo minimamente satisfatório para garantir o exercício dessa prerrogativa em consonância com imperativos constitucionais. 3.3. Tendo em vista as imperiosas balizas jurídico-políticas que demandam a concretização do direito de greve a todos os trabalhadores, o STF não pode se abster de reconhecer que, assim como o controle judicial deve incidir sobre a atividade do legislador, é possível que a Corte Constitucional atue também nos casos de inatividade ou omissão do Legislativo. 3.4. A mora legislativa em questão já foi, por diversas vezes, declarada na ordem constitucional brasileira. Por esse motivo, a permanência dessa situação de ausência de regulamentação do direito de greve dos servidores públicos civis passa a invocar, para si, os riscos de consolidação de uma típica omissão judicial. (...) 4. DIREITO DE GREVE DOS SERVIDORES PÚBLICOS CIVIS. REGULAMENTAÇÃO DA LEI DE GREVE DOS TRABALHADORES EM GERAL (LEI N° 7.783/1989). FIXAÇÃO DE PARÂMETROS DE CONTROLE JUDICIAL DO EXERCÍCIO DO DIREITO DE GREVE PELO LEGISLADOR INFRACONSTITUCIONAL. 4.1. A disciplina do direito de greve para os trabalhadores em geral, quanto às 'atividades essenciais', é especificamente delineada nos arts. 9º a 11 da Lei nº 7.783/1989. Na hipótese de aplicação dessa legislação geral ao caso específico do direito de greve dos servidores públicos, antes de tudo, afigura-se inegável o conflito existente entre as necessidades mínimas de legislação para o exercício do direito de greve dos servidores públicos civis (CF, art. 9º, *caput*, c/c art. 37, VII), de um lado, e o direito a serviços públicos adequados e prestados de forma contínua a todos os cidadãos (CF, art. 9º, § 1º), de outro. Evidentemente, não se outorgaria ao legislador qualquer poder discricionário quanto à edição, ou não, da lei disciplinadora do direito de greve. O legislador poderia adotar um modelo mais ou menos rígido, mais ou menos restritivo do direito de greve no âmbito do serviço público, mas não poderia deixar de reconhecer direito previamente definido pelo texto da Constituição. Considerada a evolução jurisprudencial do tema perante o STF, em sede do mandado de injunção, não se pode atribuir amplamente ao legislador a última palavra acerca da concessão, ou não, do direito de greve dos servidores públicos civis, sob pena de se esvaziar direito fundamental positivado. Tal premissa, contudo, não impede que, futuramente, o legislador infraconstitucional confira novos contornos acerca da adequada configuração da disciplina desse direito constitucional. 4.2 Considerada a omissão legislativa alegada na espécie, seria o caso de se acolher a pretensão, tão-somente no sentido de que se aplique a Lei n. 7.783/1989 enquanto a omissão não for devidamente regulamentada por lei específica para os servidores públicos civis (CF, art. 37, VII). (...)" (MI 708, Relator Ministro: Gilmar Mendes, Tribunal Pleno, julgado em 25/10/2007, Data de Publicação: 31/10/2008).

MANDADO DE INJUNÇÃO. ART. 5º, LXXI DA CONSTITUIÇÃO DO BRASIL. CONCESSÃO DE EFETIVIDADE À NORMA VEICULADA PELO ARTIGO 37, INCISO VII, DA CONSTITUIÇÃO DO BRASIL. LEGITIMIDADE ATIVA DE ENTIDADE SINDICAL. GREVE DOS TRABALHADORES EM GERAL [ART. 9º DA CONSTITUIÇÃO DO BRASIL]. APLICAÇÃO DA LEI FEDERAL N. 7.783/89 À GREVE NO SERVIÇO PÚBLICO ATÉ QUE SOBREVENHA LEI REGULAMENTADORA. PARÂMETROS

CONCERNENTES AO EXERCÍCIO DO DIREITO DE GREVE PELOS SERVIDORES PÚBLICOS DEFINIDOS POR ESTA CORTE. CONTINUIDADE DO SERVIÇO PÚBLICO. GREVE NO SERVIÇO PÚBLICO. ALTERAÇÃO DE ENTENDIMENTO ANTERIOR QUANTO À SUBSTÂNCIA DO MANDADO DE INJUNÇÃO. PREVALÊNCIA DO INTERESSE SOCIAL. INSUBSISTÊNCIA DO ARGUMENTO SEGUNDO O QUAL DAR-SE-IA OFENSA À INDEPENDÊNCIA E HARMONIA ENTRE OS PODERES [ART. 2º DA CONSTITUIÇÃO DO BRASIL] E À SEPARAÇÃO DOS PODERES [art. 60, § 4º, III, DA CONSTITUIÇÃO DO BRASIL]. INCUMBE AO PODER JUDICIÁRIO PRODUZIR A NORMA SUFICIENTE PARA TORNAR VIÁVEL O EXERCÍCIO DO DIREITO DE GREVE DOS SERVIDORES PÚBLICOS, CONSAGRADO NO ARTIGO 37, VII, DA CONSTITUIÇÃO DO BRASIL (...) 3. O preceito veiculado pelo artigo 37, inciso VII, da CB/88 exige a edição de ato normativo que integre sua eficácia. Reclama-se, para fins de plena incidência do preceito, atuação legislativa que dê concreção ao comando positivado no texto da Constituição. 4. Reconhecimento, por esta Corte, em diversas oportunidades, de omissão do Congresso Nacional no que respeita ao dever, que lhe incumbe, de dar concreção ao preceito constitucional. Precedentes. 5. Diante de mora legislativa, cumpre ao Supremo Tribunal Federal decidir no sentido de suprir omissão dessa ordem. Esta Corte não se presta, quando se trate da apreciação de mandados de injunção, a emitir decisões desnutridas de eficácia. 6. A greve, poder de fato, é a arma mais eficaz de que dispõem os trabalhadores visando à conquista de melhores condições de vida. Sua autoaplicabilidade é inquestionável; trata-se de direito fundamental de caráter instrumental. 7. A Constituição, ao dispor sobre os trabalhadores em geral, não prevê limitação do direito de greve: a eles compete decidir sobre a oportunidade de exercê-lo e sobre os interesses que devam por meio dela defender. Por isso a lei não pode restringi-lo, senão protegê-lo, sendo constitucionalmente admissíveis todos os tipos de greve. 8. Na relação estatutária do emprego público não se manifesta tensão entre trabalho e capital, tal como se realiza no campo da exploração da atividade econômica pelos particulares. Neste, o exercício do poder de fato, a greve, coloca em risco os interesses egoísticos do sujeito detentor de capital – indivíduo ou empresa – que, em face dela, suporta, em tese, potencial ou efetivamente redução de sua capacidade de acumulação de capital. Verifica-se, então, oposição direta entre os interesses dos trabalhadores e os interesses dos capitalistas. Como a greve pode conduzir à diminuição de ganhos do titular de capital, os trabalhadores podem em tese vir a obter, efetiva ou potencialmente, algumas vantagens mercê do seu exercício. O mesmo não se dá na relação estatutária, no âmbito da qual, em tese, aos interesses dos trabalhadores não correspondem, antagonicamente, interesses individuais, senão o interesse social. A greve no serviço público não compromete, diretamente, interesses egoísticos do detentor de capital, mas sim os interesses dos cidadãos que necessitam da prestação do serviço público. 9. A norma veiculada pelo artigo 37, VII, da Constituição do Brasil reclama regulamentação, a fim de que seja adequadamente assegurada a coesão social. 10. A regulamentação do exercício do direito de greve pelos servidores públicos há de ser peculiar, mesmo porque 'serviços ou atividades essenciais' e 'necessidades inadiáveis da coletividade' não se superpõem a 'serviços públicos'; e vice-versa. 11. Daí porque não deve ser aplicado ao exercício do direito de greve no âmbito da Administração tão-somente o disposto na Lei n. 7.783/89. A esta Corte impõe-se traçar os parâmetros atinentes a esse exercício. 12. O que deve ser regulado, na hipótese dos autos, é a coerência entre o exercício do direito de greve pelo servidor público e as condições necessárias à coesão e interdependência social, que a prestação continuada dos serviços públicos assegura. (...)" (MI 712, Relator Ministro: Eros Grau, Tribunal Pleno, julgado em 25/10/2007, Data de Publicação: 31/10/2008).

Esse entendimento tem sido reiterado pelo STF no julgamento sobre a legitimidade de greve no setor público:

> "AGRAVO INTERNO NA RECLAMAÇÃO. DIREITO DE GREVE DE SERVIDOR PÚBLICO CIVIL. FIXAÇÃO DE PERCENTUAL MÍNIMO DE SERVIDORES EM ATIVIDADE. ANOTAÇÃO DE FALTAS PARA DESCONTO DOS DIAS NÃO TRABALHADOS. ALEGAÇÃO DE AFRONTA AO QUANTO DECIDO NOS MANDADOS DE INJUNÇÃO 6.258, 670, 708 e 712. AUSÊNCIA DE ESTRITA ADERÊNCIA. 1. A jurisprudência desta Casa consolidou-se no sentido de que, sendo o cerne da decisão proferida no MI 708 a aplicação aos servidores públicos da Lei de Greve concernente ao setor privado até que o Poder Legislativo discipline o direito de greve no âmbito da Administração Pública, há afronta a esse julgado quando o ato reclamado nega o direito de greve aos servidores públicos por falta de normatização. (...)" (Rcl 20204 AgR, Relatora Ministra: Rosa Weber, 1ª Turma, Data de Publicação: 17/11/2017).

Um exemplo de aplicação da lógica contida na lei de greve aos servidores públicos refere-se à suspensão do pagamento de salários durante a greve, exceto se a paralisação tiver sido provocada por atraso no pagamento de salários ou por outras situações excepcionais que permitam afastar a premissa de suspensão (como a culpa da Administração, por exemplo).

Portanto, seguindo a regra da Lei nº 7.783/1989, se a participação em greve suspende o contrato de trabalho (não havendo, então, salário), o servidor público em greve também deve ter os dias de greve descontados, exceto se a greve decorreu de conduta ilícita do Poder Público. Contudo, pode haver a compensação.

Esse entendimento foi exarado pelo STF no julgamento do **tema 531 da Lista de Repercussão Geral**, cuja tese assim restou definida:

> A administração pública deve proceder ao desconto dos dias de paralisação decorrentes do exercício do direito de greve pelos servidores públicos, em virtude da suspensão do vínculo funcional que dela decorre, permitida a compensação em caso de acordo. O desconto será, contudo, incabível se ficar demonstrado que a greve foi provocada por conduta ilícita do Poder Público.

Para facilitar a compreensão, veja a ementa desse julgado:

> "Recurso extraordinário. Repercussão geral reconhecida. (...) Servidores públicos civis e direito de greve. Descontos dos dias parados em razão do movimento grevista. Possibilidade. Reafirmação da jurisprudência do Supremo Tribunal Federal. Recurso do qual se conhece em parte, relativamente à qual é provido. (...) 2. A deflagração de greve por servidor público civil corresponde à suspensão do trabalho e, ainda que a greve não seja abusiva, como regra, a remuneração dos dias de paralisação não deve ser paga. 3. O desconto somente não se realizará se a greve tiver sido provocada por atraso no pagamento aos servidores públicos civis ou por outras situações excepcionais que justifiquem o afastamento da premissa da suspensão da relação funcional ou de trabalho, tais como aquelas em que o ente da administração ou o empregador tenha contribuído,

mediante conduta recriminável, para que a greve ocorresse ou em que haja negociação sobre a compensação dos dias parados ou mesmo o parcelamento dos descontos. (...)" (RE 693456, Relator Ministro: Dias Toffoli, Tribunal Pleno, julgado em: 27/10/2016, Data de Publicação: 19/10/2017).

Outro ponto relevante parte da premissa de que o Poder Público desempenha **atividades essenciais** além daquelas descritas no art. 10 da Lei nº 7.783/1989. Logo, o STF entende que o rol de atividades ali descritas, quando se trata de serviço público, é meramente exemplificativo, podendo outros serviços prestados pela Administração ser considerados essenciais:

"(...) 4.3 Em razão dos imperativos da continuidade dos serviços públicos, contudo, não se pode afastar que, de acordo com as peculiaridades de cada caso concreto e mediante solicitação de entidade ou órgão legítimo, seja facultado ao tribunal competente impor a observância a regime de greve mais severo em razão de tratar-se de 'serviços ou atividades essenciais', nos termos do regime fixado pelos arts. 9º a 11 da Lei nº 7.783/1989. Isso ocorre porque não se pode deixar de cogitar dos riscos decorrentes das possibilidades de que a regulação dos serviços públicos que tenham características afins a esses 'serviços ou atividades essenciais' seja menos severa que a disciplina dispensada aos serviços privados ditos 'essenciais'. 4.4. O sistema de judicialização do direito de greve dos servidores públicos civis está aberto para que outras atividades sejam submetidas a idêntico regime. Pela complexidade e variedade dos serviços públicos e atividades estratégicas típicas do Estado, há outros serviços públicos, cuja essencialidade não está contemplada pelo rol dos arts. 9º a 11 da Lei nº 7.783/1989. Para os fins desta decisão, a enunciação do regime fixado pelos arts. 9º a 11 da Lei nº 7.783/1989 é apenas exemplificativa (*numerus apertus*). (...)" (MI 708, Relator Ministro: Gilmar Mendes, Tribunal Pleno, julgado em: 25/10/2007, Data de Publicação: 31/10/2008).

Por todo o exposto, cientes de que as normas sobre greve podem ser aplicadas com adaptações ao servidor público, pode-se concluir que o direito de greve do servidor público é um **direito constitucional de eficácia imediata**:

"AGRAVO REGIMENTAL EM RECURSO EXTRAORDINÁRIO. INTERPOSIÇÃO EM 24/08/2018. DIREITO CONSTITUCIONAL DE GREVE. SERVIDORES PÚBLICOS CIVIS. EFICÁCIA IMEDIATA. APLICAÇÃO DA LEI FEDERAL 7.783/89. FISCALIZAÇÃO E LICENCIAMENTO AMBIENTAL. ESSENCIALIDADE DO SERVIÇO. NEGAÇÃO DESTE DIREITO. NULIDADE DO ACÓRDÃO RECORRIDO. PRECEDENTES. (...) 2. Tal orientação permite apenas eventuais restrições ou limitações quanto ao seu exercício, a depender da essencialidade da atividade considerada, de modo que não inviabilize a fruição do direito constitucional de greve que possui eficácia imediata, a ser exercido por meio da aplicação da Lei Federal 7.783/89, até que sobrevenha lei específica para regulamentá-lo. (...)" (RE 1104823 AgR, Relator Ministro: Edson Fachin, 2ª Turma, *DJe* de 01/02/19).

Destaca-se, ainda, que o servidor público em estágio probatório não pode ser discriminado, de maneira que sua participação em greve, por si só, não permite a exoneração. O direito constitucional de greve também lhe beneficia:

1. Ação Direta de Inconstitucionalidade. 2. Parágrafo único do art. 1º do Decreto estadual n. 1.807, publicado no Diário Oficial do Estado de Alagoas de 26 de março de 2004. 3. Determinação de imediata exoneração de servidor público em estágio probatório, caso seja confirmada sua participação em paralisação do serviço a título de greve. (...) 6. O Supremo Tribunal Federal, nos termos dos Mandados de Injunção n.s 670/ES, 708/DF e 712/PA, já manifestou o entendimento no sentido da eficácia imediata do direito constitucional de greve dos servidores públicos, a ser exercício por meio da aplicação da Lei n. 7.783/89, até que sobrevenha lei específica para regulamentar a questão. 7. Decreto estadual que viola a Constituição Federal, por (a) considerar o exercício não abusivo do direito constitucional de greve como fato desabonador da conduta do servidor público e por (b) criar distinção de tratamento a servidores públicos estáveis e não estáveis em razão do exercício do direito de greve. 8. Ação julgada procedente. (ADI 3235, Relator Ministro: Carlos Velloso, Relator p/ Acórdão: Gilmar Mendes, Tribunal Pleno, Data de Publicação: 12/03/2010).

LEI GERAL DE PROTEÇÃO DE DADOS NAS RELAÇÕES DE TRABALHO

25.1. INTRODUÇÃO

Como vão os seus dados?

Inicio esse capítulo de uma forma não tão convencional exatamente para chamar a sua atenção sobre o tema que será abordado e os profundos impactos que causa nas relações de emprego. O objetivo deste capítulo, além de desenvolver alguns aspectos teóricos, é trazer para a prática a maneira como iremos aplicar essa proteção de dados.

Podemos começar lembrando que estamos vivendo a "Revolução Industrial 4" ou a "Quarta Revolução Industrial", ou "Momento 4.0". O que quer dizer isso? A tecnologia da informação está cada vez mais célere, mais rápida e não conseguimos dar conta de tudo que está acontecendo. Temos vivenciado, nos últimos dez anos, a criação de uma comunidade social nova ou uma forma de envio de informação (e-mail, telegram, e-mail corporativo, WhatsApp). Ou seja, se só estivéssemos avançando numa privacidade-flexibilizada ou relativizada, não haveria a necessidade de o direito regular as consequências do direito ou as sanções de um abuso, mas o que vivenciamos não é bem isso.

Podemos exemplificar com um caso clássico ocorrido no ano de 2014, em que a empresa Amazon realizou processo seletivo para novos empregados realizada por inteligência artificial. Isto é, por processo automatizado. Não era uma pessoa humana que fazia a análise dos currículos. Foram recebidos em torno de 70.000 currículos no primeiro mês e o computador conseguia, com os algoritmos, em segundos, selecionar 7 perfis adequados para determinado cargo.

Começamos dessa forma a perceber que a informação, que é a retirada desses dados pessoais (o que gosta, o que compra, o que come, qual é a sua opinião política ou o seu time de futebol), começou a ter valor econômico e, infelizmente, desvirtuamento do seu uso.

É bom lembrar (antes de entrarmos no Brasil) que, na Europa, no ano de 2018, tivemos o Regulamento Geral de Proteção de Dados. A Europa é pioneira em tratar de qualquer dado, inclusive com transmissão internacional. E a lei brasileira (apesar de não ser igual) tem uma inspiração grande no regulamento europeu, com algumas diferenças: lá há um capítulo específico, comando específico para empregados, e na nossa legislação não. Temos que ter **"olhos de direito do trabalho"** para traduzir os dispositivos para o Direito do Trabalho. O que significa fazer uma "ginástica", mas já fizemos muito isso com o advento do Código Civil e do Código de Processo Civil.

Art. 64, Lei nº 13.709/2018. Os direitos e princípios expressos nesta Lei não excluem outros previstos no ordenamento jurídico pátrio relacionados à matéria ou nos tratados internacionais em que a República Federativa do Brasil seja parte.

Observe que a LGPD não é uma lei que revoga aquela regra de proteção de dados, ela apenas a incrementa e a regulamenta de forma mais aprofundada.

25.2. MISSÕES DA LGPD

A **primeira finalidade** de qualquer lei é regular a outra para não vivermos em uma anarquia. Ao tratar do tema, ela automaticamente traz segurança jurídica.

A **segunda**, obviamente, é respeitar os direitos fundamentais. Entre esses direitos fundamentais, temos a liberdade e a privacidade. A privacidade, até pouco tempo, era o direito ao anonimato, o direito de alguém não invadir a imagem de uma pessoa, dos seus amigos e de quem convive com ela. Ou seja, o de o indivíduo ter a liberdade de explorar suas preferências ou opções sem que outras pessoas o controlem. Isso mudou, porque as próprias pessoas hoje se expõem.

Lembro, na minha época de mestrado, as pessoas debatendo se a privacidade ou os direitos da personalidade são renunciáveis ou não. A posição quase unânime era pela irrenunciabilidade, pois estamos diante de direitos imateriais. Até aparecer o *reality show* Big Brother, o que faz iniciar as primeiras "brigas judiciais" a respeito dessa possível relativização da privacidade-intimidade. Nesse contexto, várias decisões, inclusive do STF, entenderam que não é renunciável, mas ela pode ser comercializada. Isto é, o produto dessa informação pode vir a ser comercializado, o que resulta na relativização dessa privacidade.

Hoje não se quer mais impedir o avanço da tecnologia, a livre iniciativa, a economia da informação, mas também não se quer ir totalmente contra a privacidade. Nesse contexto entra a **privacidade flexibilizada**. O que isso quer dizer? Eu sou o titular dos meus dados (o que são dados? Qualquer coisa que diz respeito a mim de forma identificável).

> 💡 **Exemplo**: "TRABALHO não dá trabalho" é uma frase-lema utilizada e registrada somente pelo Prof. Rogério Renzetti.

Esse conjunto de dados não é patrimônio da empresa que captou os dados e os vende (comercializa). Essa empresa que tem milhões de e-mails e perfis não pode usá-los para fins comerciais, ou até outros fins, sem a autorização do titular do dado, salvo algumas exceções para cumprimento de ordem legal, contratual, políticas públicas etc.

Embora a lei não traga como missão, acrescentaria também que é a **responsabilização** daqueles que desrespeitarem essas missões. Não é só para trazer segurança jurídica e sim para responsabilizar todo aquele que descumpre as regras básicas de proteção de dados.

25.3. FUNDAMENTOS

Art. 2º, Lei nº 13.709/2018. A disciplina da proteção de dados pessoais tem como fundamentos:

I – o respeito à privacidade;

II – a autodeterminação informativa;

III – a liberdade de expressão, de informação, de comunicação e de opinião;

IV – a inviolabilidade da intimidade, da honra e da imagem;

V – o desenvolvimento econômico e tecnológico e a inovação;

VI – a livre iniciativa, a livre concorrência e a defesa do consumidor; e

VII – os direitos humanos, o livre desenvolvimento da personalidade, a dignidade e o exercício da cidadania pelas pessoas naturais.

É errado falar que a LGPD veio para proibir o uso de dados. É um erro essa frase! Ao contrário, ela veio dispor que: quer usar, use, mas de uma forma responsável e com boa-fé. Se não forem cumpridos os parâmetros mínimos, não se cuidar, não se preparar, não gastar dinheiro para proteção desses dados (investir), o usuário dos dados será responsabilizado.

Outra informação importante é que a LGPD não é uma lei trabalhista, não aborda o Direito do Trabalho. Para dizer a verdade, ela não fez menção ao Direito do Trabalho. Algumas questões são até incompatíveis com as regras trabalhistas.

Hoje, o próprio indivíduo determina quais informações irá transmitir.

Exemplo: uma pessoa vai comprar uma camisa e o vendedor pede o seu CPF, o seu e-mail, o seu telefone. O pior é que as pessoas fornecem! Isso acabou! As pessoas precisam aprender a mudar a mentalidade para conhecer e aplicar os seus direitos. Para mudarmos todos esses paradigmas e saber que hoje a pessoa natural tem essa autodeterminação informativa (o sujeito determina quais dados quer passar para a loja), salvo os casos que existem determinações legais e outras exceções trazidas pela lei.

Não falamos mais que a privacidade é intocável. Isto é, afasta-se o conceito clássico de privacidade total (direito ao anonimato) e nos aproximamos cada vez mais de uma boa-fé. Isso significa que aquele que recebe os dados tem o dever de agir com boa-fé, de informar, de ter transparência, de controlar, de preservar etc.

25.4. PRINCÍPIOS

Art. 6º, Lei nº 13.709/2018. As atividades de tratamento de dados pessoais deverão observar a boa-fé e os seguintes princípios:

I – finalidade: realização do tratamento para propósitos legítimos, específicos, explícitos e informados ao titular, sem possibilidade de tratamento posterior de forma incompatível com essas finalidades;

II – adequação: compatibilidade do tratamento com as finalidades informadas ao titular, de acordo com o contexto do tratamento;

III – necessidade: limitação do tratamento ao mínimo necessário para a realização de suas finalidades, com abrangência dos dados pertinentes, proporcionais e não excessivos em relação às finalidades do tratamento de dados;

IV – livre acesso: garantia, aos titulares, de consulta facilitada e gratuita sobre a forma e a duração do tratamento, bem como sobre a integralidade de seus dados pessoais;

V – qualidade dos dados: garantia, aos titulares, de exatidão, clareza, relevância e atualização dos dados, de acordo com a necessidade e para o cumprimento da finalidade de seu tratamento;

VI – transparência: garantia, aos titulares, de informações claras, precisas e facilmente acessíveis sobre a realização do tratamento e os respectivos agentes de tratamento, observados os segredos comercial e industrial;

VII – segurança: utilização de medidas técnicas e administrativas aptas a proteger os dados pessoais de acessos não autorizados e de situações acidentais ou ilícitas de destruição, perda, alteração, comunicação ou difusão;

VIII – prevenção: adoção de medidas para prevenir a ocorrência de danos em virtude do tratamento de dados pessoais;

IX – não discriminação: impossibilidade de realização do tratamento para fins discriminatórios ilícitos ou abusivos;

X – responsabilização e prestação de contas: demonstração, pelo agente, da adoção de medidas eficazes e capazes de comprovar a observância e o cumprimento das normas de proteção de dados pessoais e, inclusive, da eficácia dessas medidas.

Quem pode ter acesso à ficha de dados dos empregados? O empregador precisa limitar apenas ao pessoal do RH? Só eles podem ter acesso ou pode compartilhar, por exemplo, com outra PJ, como, por exemplo, o contador? O empregador precisa ter muita cautela, dar treinamentos etc.

Perguntar o endereço na **fase pré-contratual** é necessário? Já vi empresas negando a contratação porque o vale-transporte seria mais caro para o empregador. Seria esse um motivo legítimo? Deve ser muito bem analisado caso a caso. A questão é polêmica. Na entrevista de emprego, entendemos que é, sim, um dado discriminatório perguntar o endereço do candidato. O número de filhos também seria um dado discriminatório na fase pré-contratual? Isso ensejaria para o empregador o pagamento de mais salário-família.

Daí a dificuldade de se colher dados para o momento pré-contratual. O correto seria apenas questionar: qual é a experiência, qual é a formação e, dependendo da função, o gênero.

25.5. DESTINATÁRIO DA LGPD

Art. 1º, Lei nº 13.709/2018. Esta Lei dispõe sobre o tratamento de dados pessoais, inclusive nos meios digitais, por pessoa natural ou por pessoa jurídica de direito público ou privado, com o objetivo de proteger os direitos fundamentais de liberdade e de privacidade e o livre desenvolvimento da personalidade da pessoa natural.

Cap. 25 – LEI GERAL DE PROTEÇÃO DE DADOS NAS RELAÇÕES DE TRABALHO

Parágrafo único. As normas gerais contidas nesta Lei são de interesse nacional e devem ser observadas pela União, Estados, Distrito Federal e Municípios.

Só a **Pessoa Física** tem a proteção dos seus dados "manipulados" por outra Pessoa Física ou Pessoa Jurídica.

Se essa regra é aplicada a Pessoa Jurídica de Direito Público, como faremos com o princípio da transparência pública e os dados dos empregados públicos? Seus salários, matrículas, datas de admissão etc.? A sugestão é utilizar a transparência com os dados anonimizados, isto é, sem identificar aquele trabalhador.

> ☞ **ATENÇÃO!**
>
> Lembrando que as iniciais de uma pessoa podem levar a identificação.

25.6. A QUEM A LGPD NÃO SE APLICA

A lei só é aplicada se a pessoa natural **NÃO** se aplica a pessoa jurídica.

ATENÇÃO! Se a lei não é aplicável a pessoa jurídica, então pode-se utilizar os dados da pessoa jurídica (imagem, logomarca, segredo industrial)? Não é bem assim! A pessoa jurídica também tem proteção da sua personalidade, de seus bens imateriais, mas para isso vamos para outros ordenamentos, outras fontes de direito com a CF, CDC, CLT (que permite o dano moral que o empregador sofre).

O empregador doméstico, quando tem os dados do seu empregado doméstico, não consome os dados só para ele, mas para ele e para o governo. Nesse sentido, entendemos, nesse primeiro momento, que o empregador doméstico tem que respeitar a LGPD porque, embora seja uma pessoa natural, ele não consome sozinho os dados do empregado doméstico. Os dados também são consumidos pela Caixa Econômica Federal, por exemplo.

> ☞ **ATENÇÃO!**
>
> Mesmo sem a LGPD, havendo violação de privacidade dos empregados de forma desnecessária no âmbito do direito consumerista, existem algumas condenações fundadas em responsabilidade civil e algumas atuações administrativas, como, por exemplo, o PROCON, que já aplicou multas administrativas baseadas em outras legislações e não com fundamentos na LGPD.

A LGPD acaba tangenciando, tocando em pontos, que só cabem para aplicação trabalhista, como dispor com dados sensíveis a filiação em sindicatos. Outra hipótese está no art. 20, que trata exatamente das decisões automatizadas para traçar o perfil profissional, e aí, obviamente, estamos falando do Direito do Trabalho. Outro ponto é quando a LGPD fala no **"encarregado"**, **"operador"**, **"controlador"** e acaba mostrando que deveremos ter esses cuidados nas relações de trabalho (até mesmo se o encarregado pode ser empregado ou precisa ser autônomo).

É importante, por fim, destacar que, embora a LGPD não diga expressamente a sua aplicabilidade ao Direito do Trabalho, ela não precisa fazer de forma expressa, pois estamos diante de uma **LEI GERAL**.

25.7. LGPD NAS RELAÇÕES DE TRABALHO

Vamos repetir essa frase em face da sua importância para os operadores da área trabalhista: a LGPD não traz nenhum dispositivo expresso que se refere especificamente à proteção de dados pessoais nas relações de trabalho, o que poderia suscitar discussões quanto ao seu alcance. No entanto, o próprio art. 1º (que já destacamos) da LGPD deixa claro que a lei é voltada para proteger os dados pessoais de pessoas naturais que sejam tratadas por pessoas físicas ou jurídica de direito público ou privado.

Nos termos do art. 5º, X, da LGPD, tratamento de dados corresponde a toda operação realizada com dados pessoais, como as que se referem a coleta, produção, recepção, classificação, utilização, acesso, reprodução, transmissão, distribuição, processamento, arquivamento, armazenamento, eliminação, avaliação ou controle da informação, modificação, comunicação, transferência, difusão ou extração.

Na prática laboral, há constantemente o tratamento de dados dos empregados e demais prestadores de serviços nas determinadas fases ou etapas contratuais:

PRÉ-CONTRATUAL: obtenção de dados de identificação, currículo, referências do candidato à vaga de emprego etc.

CONTRATUAL: registro de empregados, dados bancários para pagamento de salários, filiação sindical, dados relativos à saúde como exames ocupacionais, atestados médicos etc.

PÓS-CONTRATUAL: o armazenamento das informações dos antigos empregados para fins trabalhistas, previdenciários e para disponibilização aos órgãos de fiscalização.

Dessa forma, a LGPD é aplicada também nas relações de emprego para proteção dos dados pessoais dos empregados. Observe que, de acordo com o legislador, o empregado é titular dos dados pessoais que serão objeto de tratamento e o empregador corresponde ao controlador, que é a pessoa natural ou jurídica, de direito público ou privado, a quem competem as decisões referentes ao tratamento de dados pessoais.

A grande preocupação da nova legislação foi a de elencar os requisitos e hipóteses necessárias para que os dados pessoais possam ser devidamente utilizados pelos controladores, no nosso caso, aplicável às empresas.

Art. 7º, Lei nº 13.709/2018. O tratamento de dados pessoais somente poderá ser realizado nas seguintes hipóteses:

I – mediante o fornecimento de consentimento pelo titular;

II – para o cumprimento de obrigação legal ou regulatória pelo controlador;

Cap. 25 – LEI GERAL DE PROTEÇÃO DE DADOS NAS RELAÇÕES DE TRABALHO

III – pela administração pública, para o tratamento e uso compartilhado de dados necessários à execução de políticas públicas previstas em leis e regulamentos ou respaldadas em contratos, convênios ou instrumentos congêneres, observadas as disposições do Capítulo IV desta Lei;

IV – para a realização de estudos por órgão de pesquisa, garantida, sempre que possível, a anonimização dos dados pessoais;

V – quando necessário para a execução de contrato ou de procedimentos preliminares relacionados a contrato do qual seja parte o titular, a pedido do titular dos dados;

VI – para o exercício regular de direitos em processo judicial, administrativo ou arbitral, esse último nos termos da Lei nº 9.307, de 23 de setembro de 1996 (Lei de Arbitragem);

VII – para a proteção da vida ou da incolumidade física do titular ou de terceiro;

VIII – para a tutela da saúde, exclusivamente, em procedimento realizado por profissionais de saúde, serviços de saúde ou autoridade sanitária;

IX – quando necessário para atender aos interesses legítimos do controlador ou de terceiro, exceto no caso de prevalecerem direitos e liberdades fundamentais do titular que exijam a proteção dos dados pessoais; ou

X – para a proteção do crédito, inclusive quanto ao disposto na legislação pertinente.

Aplicando as hipóteses do art. 7º. da LGPD às relações de emprego, podemos sustentar que os dados pessoais poderão ser exigidos dos empregados, especialmente para as hipóteses de cumprimento de obrigação legal, dados necessários para a execução do contrato a pedido do empregado e interesses legítimos do controlador.

Ademais, além das três hipóteses acima, entendemos que os dados pessoais somente poderão ser tratados pela empresa com o expresso consentimento do trabalhador, preferivelmente realizado por meio escrito para resguardar a empresa de eventuais discussões quanto à sua utilização.

O legislador conferiu, ainda, tratamento especial aos dados pessoais sensíveis.

Art. 5º da Lei nº 13.709/2018. Para os fins desta Lei, considera-se:

II – dado pessoal sensível: dado pessoal sobre origem racial ou étnica, convicção religiosa, opinião política, filiação a sindicato ou a organização de caráter religioso, filosófico ou político, dado referente à saúde ou à vida sexual, dado genético ou biométrico, quando vinculado a uma pessoa natural;

Há discussão quanto à sua exigência especialmente nas denominadas organizações de tendência (instituições que se destinam à difusão de uma determinada ideologia pela manifestação de um interesse coletivo). Assim, surge o questionamento se um colégio católico estaria autorizado a obter dados pessoais sensíveis dos professores da instituição.

No tocante aos trabalhadores que são adventistas, haveria o questionamento quanto à obtenção das informações religiosas do empregado, pois, por motivos religiosos, eles não trabalham no período compreendido entre o pôr do sol de sexta-feira e o pôr do sol de sábado.

O TST já decidiu que a ausência do empregado em plantões na empresa entre sexta-feira e sábado trouxe prejuízos aos demais trabalhadores e não deveria ser admitido pela empresa.

Observe o julgado:

RECURSO DE REVISTA. PRETENSÃO DO RECLAMANTE DE NÃO TRABALHAR AOS SÁBADOS EM RAZÃO DE PROFESSAR A RELIGIÃO ADVENTISTA. 1. O e. TRT da 21ª Região manteve a condenação da Reclamada a "fixar o repouso semanal remunerado do Reclamante das 17:30 horas da sexta-feira às 17:30 horas do sábado, com anotação na CTPS", tendo em vista que o Reclamante é adventista. 2. A Reclamada aponta inúmeras inconstitucionalidades em tal decisão, basicamente por não haver lei que ampare a pretensão e porque seu eventual acolhimento prejudicaria a organização de escala de plantões de eletricistas nos finais de semana. 3. Realmente, conforme doutrina de Hermenêutica hoje majoritariamente aceita, o conflito aparente entre princípios constitucionais (diferentemente do que se dá entre meras regras do ordenamento) resolve-se por meio da busca ponderada de um núcleo essencial de cada um deles, destinada a assegurar que nenhum seja inteiramente excluído daquela determinada relação jurídica. 4. Ora, no presente caso, mesmo que por absurdo se considere que o poder diretivo do empregador seja não uma simples contrapartida ontológica e procedimental da assunção dos riscos da atividade econômica pelo empregador, mas sim um desdobramento do princípio da livre iniciativa com o mesmo status constitucional que a cláusula pétrea da liberdade de crença religiosa, ainda assim não haveria como reformar-se o v. acórdão recorrido. 5. Isso porque a pretensão deduzida pelo Reclamante de não trabalhar aos sábados é perfeitamente compatível com a faceta organizacional do poder diretivo da Reclamada: afinal, o e. TRT da 21ª Região chegou até mesmo a registrar a localidade em que o Reclamante poderia fazer os plantões de finais de semana (a saber, escala entre as 17:30h de sábado e as 17:30h do domingo, no Posto de Atendimento de Caicó-RN), sendo certo que contra esse fundamento a Reclamada nada alega na revista ora *sub judice*. 6. Tem-se, portanto, que, conforme brilhantemente destacado pelo i. Juízo *a quo*, a procedência da pretensão permite a aplicação ponderada de ambos os princípios em conflito aparente. 7. Já a improcedência da pretensão levaria ao resultado oposto: redundaria não apenas na impossibilidade de o Reclamante continuar a prestar serviços à Reclamada – posto que as faltas ocorridas em todos os sábados desde 2008 certamente implicariam alguma das condutas tipificadas no artigo 482 da CLT – e na consequente privação de direitos por motivo de crença religiosa de que trata a parte inicial do artigo 5º, VIII, da Constituição Federal de 1988; como também, de quebra, na afronta também à parte final daquele mesmo dispositivo, já que a obrigação a todos imposta pelos artigos 7º, XV, da Constituição e 1º da Lei nº 605/49 é apenas de trabalhar no máximo seis dias por semana, e não de trabalhar aos sábados. 8. Por outro lado, para ser considerada verdadeira, a extraordinária alegação de que a vedação de trabalho do Reclamante aos sábados poderia vir a colocar em xeque o fornecimento de energia elétrica no Estado do Rio Grande do Norte demandaria prova robusta, que não foi produzida – ou pelo menos sobre ela não se manifestou o i. Juízo *a quo*, o que dá na mesma, tendo em vista a Súmula nº 126 do TST. 9. Incólumes, portanto, os artigos 468 da CLT, 1º, IV, *in fine*, 5º, II, VI e XXII, 7º, XV, 170, IV, e 175 da Constituição Federal de 1988. Recurso de revista não conhecido. Tribunal Superior do Trabalho TST – RECURSO DE REVISTA: RR 51400-80.2009.5.21.0017.

Por sua vez, há decisão do TST no sentido de que o empregador deveria admitir que o descanso semanal remunerado de empregado adventista coincida

Cap. 25 – LEI GERAL DE PROTEÇÃO DE DADOS NAS RELAÇÕES DE TRABALHO

com o período entre 17h30 de sexta-feira e 17h30 de sábado, pois decisão contrária poderia violar o princípio da liberdade religiosa do trabalhador.
Veja o julgado:

> RECURSO DE REVISTA. DIFERENÇAS SALARIAIS. RESCISÃO CONTRATUAL POR DISPENSA DISCRIMINATÓRIA. PLANTÕES NOS SÁBADOS. EMPREGADO ADVENTISTA. REINTEGRAÇÃO. I. O que pondera, no presente caso, não é a conclusão de que a demissão do Reclamante foi discriminatória, uma vez que foi realizada após regular procedimento administrativo e por causa do não comparecimento às situações de emergência previstas no contrato de trabalho. II. Com isso, a rigor, discriminação não houve pois consta do acórdão que "a prova dos autos indica de forma cristalina que a demissão do autor não foi simplesmente motivada por discriminação religiosa, porém, as ausências aos plantões decorreram da observância do Reclamante aos preceitos religiosos". II. a interpretação dada pela Corte Regional configura uma discriminação favorável ao Empregado que professa a fé adventista, que não poderia ser escalado para plantões entre o pôr de sol de sexta-feira e o pôr do sol de sábado, em uma equipe composta de quatro eletricistas, que por norma de segurança do trabalho (NR 10), tem que atuar em duplas, configurando privilégio do Reclamante, em detrimento aos colegas de trabalho, ao Empregador e aos usuários do serviço público essencial de eletricidade. III. Recurso de revista de que se conhece e a que se dá provimento.

Diante da maior restrição ao uso desses dados sensíveis, a empresa somente poderá exigi-los do empregado quando houver expressa previsão em lei, como é o caso da filiação sindical para desconto de contribuições sindicais, confederativa e assistencial ou quando houver expresso consentimento do trabalhador, permitindo o seu uso.

Fato curioso é que a LGPD dedicou tópico específico acerca do tratamento de dados de crianças e adolescentes. De acordo com o art. 14 da lei, os dados de crianças e adolescentes devem ser tratados em seu melhor interesse.

Art. 14, Lei nº 13.709/2018. O tratamento de dados pessoais de crianças e de adolescentes deverá ser realizado em seu melhor interesse, nos termos deste artigo e da legislação pertinente.

§ 1º O tratamento de dados pessoais de crianças deverá ser realizado com o consentimento específico e em destaque dado por pelo menos um dos pais ou pelo responsável legal.

§ 2º No tratamento de dados de que trata o § 1º deste artigo, os controladores deverão manter pública a informação sobre os tipos de dados coletados, a forma de sua utilização e os procedimentos para o exercício dos direitos a que se refere o art. 18 desta Lei.

§ 3º Poderão ser coletados dados pessoais de crianças sem o consentimento a que se refere o § 1º deste artigo quando a coleta for necessária para contatar os pais ou o responsável legal, utilizados uma única vez e sem armazenamento, ou para sua proteção, e em nenhum caso poderão ser repassados a terceiro sem o consentimento de que trata o § 1º deste artigo.

§ 4º Os controladores não deverão condicionar a participação dos titulares de que trata o § 1º deste artigo em jogos, aplicações de internet ou outras atividades ao fornecimento de informações pessoais além das estritamente necessárias à atividade.

§ 5º O controlador deve realizar todos os esforços razoáveis para verificar que o consentimento a que se refere o § 1º deste artigo foi dado pelo responsável pela criança, consideradas as tecnologias disponíveis.

§ 6º As informações sobre o tratamento de dados referidas neste artigo deverão ser fornecidas de maneira simples, clara e acessível, consideradas as características físico-motoras, perceptivas, sensoriais, intelectuais e mentais do usuário, com uso de recursos audiovisuais quando adequado, de forma a proporcionar a informação necessária aos pais ou ao responsável legal e adequada ao entendimento da criança.

Pela disposição *supra*, entendemos que a empresa deverá buscar o consentimento dos representantes legais dos empregados adolescentes sobre o uso dos dados pessoais desses trabalhadores sempre que possível. Dessa forma, na contratação, o fornecimento dos dados de qualificação pessoal deve ser acompanhado de autorização expressa dos pais ou de seus representantes.

Convém lembrar que a CLT já traz diversos dispositivos acerca da necessidade de participação dos representantes legais dos adolescentes. Inicialmente, compete aos representantes legais do menor de 18 anos prestar declarações para a retirada da Carteira de Trabalho e Previdência Social – CTPS. Além disso, para a assinatura do recibo de quitação das verbas rescisórias, há a necessidade de assistência dos representantes legais, sob pena de nulidade, conforme previsto no art. 439 da CLT.

Agora, vamos abordar algumas situações específicas que exigiram novo tratamento e cautela pelos empregadores.

• **Fase pré-contratual**: é comum a realização de processos seletivos para a escolha dos novos empregados. Nesse caso, podem ser realizadas entrevistas, dinâmicas de grupo e/ou individuais, análise de currículos, busca por referências profissionais, entre outros.

Nesse momento, surgem dúvidas quanto à proteção dos dados pessoais contidos nos currículos ou fichas de inscrições dos candidatos à vaga de emprego. Com a nova lei, as empresas devem exigir o consentimento do candidato quanto à possibilidade de manutenção de seu currículo na base de dados da empresa ou a necessidade de sua eliminação.

• **Fase contratual**: uma hipótese que apresenta muitas dúvidas e divergências é o uso da biometria dos empregados da empresa.

Art. 5º, Lei nº 13.709/2018. Para os fins desta Lei, considera-se:

...

II – dado pessoal sensível: dado pessoal sobre origem racial ou étnica, convicção religiosa, opinião política, filiação a sindicato ou a organização de caráter religioso, filosófico ou político, dado referente à saúde ou à vida sexual, dado genético ou biométrico, quando vinculado a uma pessoa natural;

Cap. 25 – LEI GERAL DE PROTEÇÃO DE DADOS NAS RELAÇÕES DE TRABALHO   **783**

O registro de ponto eletrônico pelo uso de biometria depende de autorização prévia e expressa de cada trabalhador, que deverá ser exigida pelas empresas de forma cautelosa para evitar questionamentos futuros.

Muitas vezes, os dados biométricos são obrigatórios para o acesso à empresa. Nesses casos, é necessário destacar que o seu uso deve ser restrito somente ao fim a que se destina, sendo vedada a utilização para outra finalidade sem o consentimento expresso do trabalhador.

Também são considerados dados sensíveis as informações de saúde dos trabalhadores e que podem ser transmitidos à empresa por meio de atestados médicos ocupacionais e planos de saúde empresariais.

No tocante ao tema dos atestados médicos, a exigência de CID em atestados médicos é tema que já era polêmico na própria jurisprudência do TST. A sigla CID corresponde à Classificação Estatística Internacional de Doenças e Problemas Relacionados com a Saúde.

☞ ATENÇÃO!

De acordo com os informativos n° 114 e 191, o TST já entendeu pela nulidade de cláusula de convenção coletiva de trabalho que prevê a obrigatoriedade da inserção do CID (Classificação Internacional de Doenças) no atestado médico do empregado. De acordo com a decisão no Informativo no 114, a apresentação do CID obriga o empregado a informar acerca de seu estado de saúde, o que viola o direito fundamental a sua privacidade e intimidade.

Ação anulatória. Atestado Médico. Exigência da inserção da Classificação Internacional de Doenças – CID. Nulidade de cláusula de convenção coletiva de trabalho. É nula cláusula constante de convenção coletiva de trabalho que exija a inserção da Classificação Internacional de Doenças (CID) nos atestados médicos apresentados pelos empregados. Tal exigência obriga o trabalhador divulgar informações acerca de seu estado de saúde para exercer seu direito de justificar a ausência ao trabalho por motivo de doença. Essa imposição viola o direito fundamental à intimidade e à privacidade (art. 5º, X, da CF), sobretudo por não existir, no caso, necessidade que decorra da atividade profissional. Sob esses fundamentos, a Seção Especializada em Dissídios Coletivos, por unanimidade, conheceu do recurso ordinário e, no mérito, por maioria, negou-lhe provimento, vencido o Ministro Ives Gandra Martins Filho. TST-RO-268-11.2014.5.12.0000, SDC, Relatora Ministra: Maria Cristina Irigoyen Peduzzi, 17/08/2015.

Ação anulatória. Atestados médicos e odontológicos. Exigência de indicação do código referente à Classificação Internacional de Doenças – CID. Nulidade de cláusula de norma coletiva. É nula cláusula de norma coletiva que condiciona a validade de atestados médicos e odontológicos apresentados pelos empregados à indicação do código referente à Classificação Internacional de Doenças – CID. Tal exigência obriga o trabalhador a divulgar informações acerca de seu estado de saúde para exercer seu direito de justificar a ausência ao trabalho por motivo de doença, em afronta às regulamentações do Conselho Federal de

Medicina e às garantias constitucionais de inviolabilidade da intimidade, da vida privada, da honra e da imagem (art. 5º, X, da CF). Sob esses fundamentos, a SDC, por unanimidade, conheceu do recurso ordinário, e, por maioria, negou-lhe provimento para manter a decisão do Tribunal Regional que declarara nula a cláusula em apreço. Vencidos os Ministros Ives Gandra Martins Filho, Dora Maria da Costa e Guilherme Augusto *Caputo* Bastos. TST-RO-213-66.2017.5.08.0000, SDC, Relatora Ministra: Kátia Magalhães Arruda, 19/02/2019.

Em sentido contrário ao Informativo nº 114 supramencionado, o TST já decidiu no Informativo nº 126 que a cláusula normativa que prevê a exigência do CID é válida, uma vez que traz benefícios ao meio ambiente de trabalho e auxilia o empregador a tomar medidas no combate a doenças recorrentes.

Ação anulatória. Atestado Médico. Exigência da inserção da Classificação Internacional de Doenças (CID). Validade da cláusula de convenção coletiva de trabalho. Não violação do direito fundamental à intimidade e à privacidade. Não viola o direito fundamental à intimidade e à privacidade (art. 5º, X, da CF), cláusula constante de convenção coletiva de trabalho que exija a inserção da Classificação Internacional de Doenças (CID) nos atestados médicos apresentados pelos empregados. Essa exigência, que obriga o trabalhador a divulgar informações acerca de seu estado de saúde para exercer seu direito de justificar a ausência ao trabalho por motivo de doença, traz benefícios para o meio ambiente de trabalho, pois auxilia o empregador a tomar medidas adequadas ao combate de enfermidades recorrentes e a proporcionar melhorias nas condições de trabalho. Sob esse entendimento, a SDC, por unanimidade, conheceu do recurso ordinário e, no mérito, pelo voto prevalente da Presidência, deu-lhe provimento para julgar improcedente o pedido de anulação da cláusula em questão. Vencidos os Ministros Mauricio Godinho Delgado, relator, Kátia Magalhães Arruda e Maria de Assis Calsing. TST-RO480-32.2014.5.12.0000, SDC, Relator Ministro: Mauricio Godinho Delgado, red. p/ o acórdão Min. Ives Gandra Martins Filho, 14/12/2015.

- **Fase pós-contratual:** há discussão quanto ao armazenamento dos dados do empregado após a extinção do contrato. De acordo com o art. 15, III, da LGDP, o tratamento dos dados pessoais ocorrerá na hipótese de comunicação do titular, solicitando que os dados sejam eliminados.

Art. 15, Lei nº 13.709/2018. O término do tratamento de dados pessoais ocorrerá nas seguintes hipóteses:

I – verificação de que a finalidade foi alcançada ou de que os dados deixaram de ser necessários ou pertinentes ao alcance da finalidade específica almejada;

II – fim do período de tratamento;

III – comunicação do titular, inclusive no exercício de seu direito de revogação do consentimento conforme disposto no § 5º do art. 8º desta Lei, resguardado o interesse público; ou

IV – determinação da autoridade nacional, quando houver violação ao disposto nesta Lei.

Importante destacar que a maioria dos dados dos ex-empregados deve ser armazenada por prazo indeterminado, pois poderá ser requerida em eventuais fiscalizações

Cap. 25 – LEI GERAL DE PROTEÇÃO DE DADOS NAS RELAÇÕES DE TRABALHO   **785**

das condições de trabalho pelos Auditores-Fiscais do Trabalho ou no âmbito de reclamações trabalhistas, inclusive a pedido do Ministério Público do Trabalho.

Dessa forma, amparado pelo art. 16, I, da LGPD, o empregador poderá manter os dados dos empregados com a função de cumprimento de obrigação legal ou regulatória pelo controlador, ainda que haja pedido de eliminação pelo trabalhador. A manutenção desses dados não autoriza a sua divulgação para terceiros, especialmente se puder trazer prejuízos ao titular.

Por fim, no tocante à possibilidade de regulamentação do uso de dados pessoais por norma coletiva (convenção ou acordo coletivo de trabalho), poderia o sindicato estabelecer em negociação coletiva os dados dos empregados que ficarão disponíveis às empresas? O tema não é pacífico.

A Reforma Trabalhista teve como foco central a valorização do negociado com a ampliação significativa das hipóteses em que a convenção coletiva e o acordo coletivo prevalecem sobre a legislação. Dessa forma, os sindicatos possuem mais força para negociar diversos temas da relação de emprego como observamos de forma exaustiva ao longo desta obra.

No entanto, nesse primeiro momento, entendemos que as entidades sindicais não podem versar sobre o tratamento de dados sensíveis dos trabalhadores nos instrumentos coletivos de trabalho, pois essas informações versam sobre direitos fundamentais dos trabalhadores. O seu uso depende da autorização individual de cada empregado, respeitando a vontade de cada trabalhador quanto aos seus dados.

Em suma, no Direito do Trabalho, a manifestação coletiva prevalece sobre a vontade individual do trabalho (regra). No entanto, existem três exceções atualmente em que a manifestação individual prevalece sobre o coletivo:

- filiação sindical;
- autorização para desconto de contribuição sindical; e
- tratamento de **dados pessoais sensíveis do trabalhador.**

REFERÊNCIAS

ADAMOVICH, Eduardo Henrique Raymundo Von. *Comentários à Consolidação das Leis do Trabalho*. Rio de Janeiro: Forense, 2009.

ALMEIDA, André Luiz Paes de. *Direito do Trabalho*: material, processual e legislação especial. 8. ed. São Paulo: Rideel, 2010.

ALMEIDA, Cleber Lúcio de. *Direito Processual do Trabalho*. 2. ed. Belo Horizonte: Del Rey, 2008.

AROUCA, José Carlos. *Curso básico de Direito sindical*. 2. ed. São Paulo: LTr, 2009.

BARROS, Alice Monteiro de. *Proteção à intimidade do empregado*. São Paulo: LTr, 1997.

BELMONTE, Alexandre Agra. *Curso de responsabilidade trabalhista*: danos morais e patrimoniais nas relações de trabalho. 2. ed. São Paulo: LTr, 2009.

_____. *Danos morais no Direito do Trabalho*: identificação e composição dos danos morais trabalhistas. 3. ed. rev. e atual. conforme a EC n° 45/2004. Rio de Janeiro: Renovar, 2007.

_____. *O novo Código Civil*. Rio de Janeiro: Renovar, 2002.

BONILHA, Ferreira. *Assédio moral nas relações de trabalho*. Campinas: Russel, 2004.

CAIRO JÚNIOR, José. *Curso de Direito do Trabalho*. 4. ed. Salvador: JusPodivm, 2009.

CALVET, Otavio Amaral. A nova competência da Justiça do Trabalho: relação de trabalho x relação de consumo. *Revista LTr*, São Paulo: LTr, v. 69, n. 1, 2005.

CARNEIRO, Athos Gusmão. *Intervenção de terceiros*. 19. ed. São Paulo: Saraiva, 2010.

CARRION, Valentin. *Comentários à Consolidação das Leis do Trabalhador*. 35. ed. atual. por Eduardo Carrion. São Paulo: Saraiva, 2010.

CASSAR, Vólia Bomfim. *Resumo de Direito do Trabalho*. 2. ed. Niterói: Impetus, 2012.

CATHARINO, José Martins. *Tratado jurídico do salário*. São Paulo: LTr, 1994.

DALLEGRAVE NETO, José Affonso. *Contrato individual de trabalho*: uma visão estrutural. São Paulo: LTr, 1998.

DELGADO, Maurício Godinho. *Curso de Direito do Trabalho*. 9. ed. São Paulo: LTr, 2010.

_____. *Curso de Direito do Trabalho*. 10. ed. São Paulo: LTr, 2011.

FARIAS, Cristiano Chaves de; ROSENVALD, Nelson. *Direito das obrigações*. 4. ed. Rio de Janeiro: Lumen Juris, 2010.

FIUZA, César. *Direito Civil*: curso completo. 11. ed. Belo Horizonte: Del Rey, 2008.

GARCIA, Gustavo Filipe Barbosa. *Curso de Direito do Trabalho*. 4. ed. São Paulo: Forense, 2010.

GONÇALVES, Edward Abreu. *Segurança e saúde no trabalho em 2000 perguntas e respostas*. 4. ed. São Paulo: LTr, 2010.

KLIPPEL, Bruno. *Direito sumular esquematizado* – TST. São Paulo: Saraiva, 2011.

LEITE, Carlos Henrique Bezerra. A negociação coletiva no Direito do Trabalho brasileiro. *Revista LTr*, v. 70, n. 7, p. 793-807, jul. 2006.

LENZA, Pedro. *Direito Constitucional esquematizado*. 9. ed. São Paulo: Método, 2005.

LORENZETTI, Ari Pedro. *A prescrição e a decadência na Justiça do Trabalho*. São Paulo: LTr, 2009.

_____. *As nulidades no Direito do Trabalho*. 2. ed. São Paulo: LTr, 2010.

MAIOR, Jorge Luiz Souto. *Curso de Direito do Trabalho*: a relação de emprego. São Paulo: LTr, 2008. v. II.

MARTINEZ, Luciano. *Curso de Direito do Trabalho*: relações individuais, sindicais e coletivas de trabalho. 3. ed. São Paulo: Saraiva, 2012.

MEDEIROS NETO, Xisto Tiago de. *Dano moral coletivo*. São Paulo: LTr, 2004.

MOURA, Marcelo. *Consolidação das Leis do Trabalho para concursos*. Salvador: JusPodivm, 2011.

NASCIMENTO, Amauri Mascaro. *Curso de Direito do Trabalho*. 25. ed. São Paulo: Saraiva, 2010.

NASCIMENTO, Sônia A. C. Mascaro. O assédio moral no ambiente do trabalho. *Revista LTr*, São Paulo, n. 8, 2004.

OLIVEIRA, Francisco Antonio de. *Comentários às Súmulas do TST*. 9. ed. São Paulo: RT, 2008.

PAMPLONA FILHO, Rodolpho. *O dano moral na relação de emprego*. 2. ed. São Paulo: LTr, 1999.

PEREIRA, Leone. *Manual de processo do trabalho*. São Paulo: Saraiva, 2011.

PERES, Antonio Galvão. Estabilidade por acidentes do trabalho – apontamentos. *Revista LTr*, v. 69, n. 10, p. 1.234-1.245, out. 2005.

PINTO, José Augusto Rodrigues. *Tratado de Direito Material do Trabalho*. São Paulo: LTr, 2007.

PINTO, Raymundo Antonio Carneiro. *Enunciados do TST comentados*. 7. ed. São Paulo: LTr, 2004.

PLÁ RODRIGUES, Américo. *Princípios de Direito do Trabalho*. Trad. Wagner D. Giglio. 3. ed. São Paulo: LTr, 2000.

PRUNES, José Luiz Ferreira. *Justa causa e despedida indireta*. 2. ed. Curitiba: Juruá, 2001.

RESENDE, Ricardo. *Direito do Trabalho esquematizado*. 2. ed. Rio de Janeiro/São Paulo: Forense/Método, 2012.

ROMITA, Arion Sayão. *Direitos fundamentais nas relações de trabalho*. São Paulo: LTr, 2005.

SARAIVA, Renato. *Direito do Trabalho*. 14. ed. rev. e atual. Rio de Janeiro/São Paulo: Forense/Método, 2012.

SILVA, Ciro Pereira da. *A terceirização responsável*: modernidade e modismo. São Paulo: LTr, 1997.

SILVA, Jorge Luiz de Oliveira. *Assédio moral no ambiente de trabalho*. Rio de Janeiro: Jurídica, 2005.

VIANNA, Claúdia Salles Vilela. *Manual prático das relações trabalhistas*. 10. ed. São Paulo: LTr, 2009.

VILHENA, Paulo Emílio Ribeiro de. *Relação de emprego*: estrutura legal e supostos. 3. ed. São Paulo: LTr, 2005.

VILLELA, Fabio Goulart. *Direito do Trabalho*: 220 questões de concursos públicos comentadas. Rio de Janeiro: Elsevier, 2009.

_____. *Manual de Direito do Trabalho*: teoria e questões. Rio de Janeiro: Elsevier, 2010.